CW00952789

The New Testament

ELPENOR EDITIONS IN PRINT — www. e l p e n o r . o r g

Cover: Icon from a Byzantine church in Cappadocia
(Read more at www.ellopos.org/photoblog/99/buildings/churches/mother-of-god/)

The New Testament

of the Greek-speaking Orthodox Churches

Original Greek (Koine) Text

Athens 2012

ἐὰν ὑμεῖς μείνητε ἐν τῷ λόγῳ τῷ ἐμῷ, ἀληθῶς μαθηταί μού ἐστε
καὶ γνώσεσθε τὴν ἀλήθειαν, καὶ ἡ ἀλήθεια ἐλευθερώσει ὑμᾶς

ΠΕΡΙΕΧΟΜΕΝΑ

Ἀνοίγοντας τὴν Καινὴ Διαθήκη*

Ἡ ΧΡΙΣΤΙΑΝΟΣΥΝΗ δὲν θεωρεῖ τὴν γλῶσσα τοῦ ἱεροῦ της βιβλίου ἱερὴ καθεαυτήν, ἰσχύουν ὅμως δύο παραδοχές.

Ἐφόσον πρόκειται γιὰ κείμενα ἰδιαίτερων φιλοσοφικῶν ἀξιώσεων, μεταφράζοντας δημιουργοῦμε πρωτότυπες μορφές, λιγώτερο ἢ περισσότερο καινούργια νοήματα. Ἡ δεύτερη παραδοχή, ἰσχυρὴ στὶς Ὀρθόδοξες Ἐκκλησίες, ὅσο στὶς Ρωμαιοκαθολικὲς καὶ Διαμαρτυρόμενες, εἶναι ἡ ἀναγνώριση τεράστιας σημασίας στὸν ὀργανισμὸ τῆς ἑλληνικῆς σκέψης, στὴν ἑλληνικὴ γλῶσσα ἀπὸ Ὁμήρου μέχρι τῶν ἡμερῶν μας.

Διαβάζοντας τὴν Βίβλο στὰ ἑλληνικά, τὴν Καινὴ ὅσο τὴν Παλαιὰ Διαθήκη (πρβλ. σχετικὰ ὅσα γράφω στοὺς *Ἀρχαίους Ἕλληνες,* Ἀθήνα 2012, σ. 12 κ.ἑ.), δημιουργοῦμε προϋποθέσεις βαθύτερης κατανόησης τῶν σημασιῶν τοῦ ἱεροῦ κειμένου, ἐνῶ ἀπὸ μόνη της ἡ ἐπαφὴ μὲ τὰ παλαιότερα ἑλληνικὰ ἐπιδρᾶ εὐεργετικὰ στὴν σημερινὴ μορφὴ τῆς ἑλληνικῆς γλώσσας καὶ στὴν σκέψη μας ἐν γένει.

Πολλοὶ τρόποι ἀνάγνωσης εἶναι δυνατοί, ὅμως γιὰ νὰ ἀξιολογοῦνται οἱ δυνατότητες καὶ νὰ ἐπιλέγεται κατὰ περίπτωση ὁ πιὸ κατάλληλος τρόπος, χρειάζεται ἐκτὸς τῶν ἄλλων προσοχὴ σὲ μιὰ προϋπόθεση, τὴν ὁποία ἰδίως οἱ προτεσταντικὲς Ἐκκλησίες τείνουν νὰ ὑποτιμοῦν: κύρια προτεραιότητα δὲν ἔχει ποτὲ ἡ Βίβλος, ἀλλὰ ἡ Ἐκκλησία, ἡ ὁποία συγκρότησε καὶ τὴν Βίβλο. Χωρὶς τὴν Ἐκκλησία ἢ πρὶν ἀπὸ τὴν Ἐκκλη-

* You can read this introductory text in English at the end of the volume.

σία ἡ Βίβλος δὲν ὑπάρχει καὶ δὲν νοεῖται. Αὐτὸ ἴσως δυσαρεστεῖ τὴν προτεσταντικὴ ψυχή, ὅπου ἡ αὐθεντία τῆς Ἐκκλησίας βυθίζεται σὲ ὀδυνηρὲς μνῆμες ἀπὸ τὴν παποσύνη, ὅμως δὲν παύει νὰ εἶναι ἀκριβές.

Ὁποιαδήποτε σχέση μὲ τὸ ἱερὸ κείμενο θεμελιώνεται στὴν ποιότητα τῆς ἐκκλησιαστικῆς ζωῆς, ὅπου πληροφορεῖται κανεὶς γιὰ τὴν ἴδια τὴν ὕπαρξη τῶν Γραφῶν. Ἡ ἀναφορά μας πρὸς ὅλα, μὲ πιὸ κρίσιμες καὶ πρωταρχικὲς τὶς προσωπικὲς ἢ ἐν δυνάμει προσωπικὲς σχέσεις, καθορίζει στὰ πλέον οὐσιώδη τὴν ποιότητα μὲ τὴν ὁποία προσεγγίζεται τὸ ἱερὸ κείμενο. Στὴν πρώτη ἐπιστολὴ τοῦ Ἰωάννη (4.20) ἡ κυριότητα αὐτὴ θεωρεῖται προφανής: *ὁ μὴ ἀγαπῶν τὸν ἀδελφὸν ὃν ἑώρακε, τὸν Θεὸν ὃν οὐχ ἑώρακε πῶς δύναται ἀγαπᾶν;* Παρομοίως γιὰ τὴν σπουδὴ τῆς Βίβλου — ἡ ποιότητα τοῦ προσωπικοῦ βίου, τῆς βιώσεως τῶν προσωπικῶν μας σχέσεων, καθορίζει τὴν ποιότητα τῆς σπουδῆς τοῦ κειμένου, πέρα ἀπὸ ὅσα δύναται νὰ συναγάγει ἀπὸ μόνη της μιὰ πειθαρχημένη εὐφυΐα.

Μὲ τὸν ἴδιο τρόπο γίνεται ἀντιληπτὴ ἡ διαφορὰ μεταξὺ τοῦ κειμένου ποὺ ἡ Ἐκκλησία χωρὶς κἂν ἐπίσημες ἀνακηρύξεις χρησιμοποιεῖ ὡς αὐθεντικό, καὶ τῶν κειμένων τὰ ὁποῖα διάφοροι φιλόλογοι ζητοῦν νὰ ἑδραιώσουν ὑπὸ τὸν πομπώδη ὅρο τῆς 'κριτικῆς' ἔκδοσης, ὡς ἐὰν ἡ ζωὴ καὶ παράδοση τῆς Ἐκκλησίας ἦταν ἄκριτη. Φανερώνεται ἐκπληκτικὴ ἡ ἀκρισία τῶν ἴδιων τῶν ὑποτιθέμενων 'κριτικῶν' καὶ 'φιλολόγων', οἱ ὁποῖοι δὲν διερωτήθηκαν πόσο μπορεῖ νὰ ἁρμόζει στὴν μελέτη τῆς Βίβλου ὁ προερχόμενος ἀπὸ τὶς κλασικὲς σπουδὲς συγκεκριμμένος ὅρος καὶ τρόπος.

Στοὺς πλατωνικοὺς διαλόγους, γιὰ παράδειγμα, ἡ λεγόμενη κριτικὴ ἔκδοση, πάντοτε ὑπὸ τὴν προϋπόθεση πὼς ἡ ἔρευνα θὰ καταλήξει σὲ βέβαιο κείμενο, δύναται νὰ ἔχει προτεραιότητα, ἐφόσον μόνο κριτήριο ἀποτελεῖ ὁ Πλάτων. Ἂν ὅμως τὸ κριτήριο τῆς γνησιότητας βρίσκεται στὴν Ἐκκλησία, διότι ἡ ἴδια ἀποφάσισε ἀκόμη καὶ τὴν ταυτότητα τῶν συγγραφέων, μόνο ἡ Ἐκκλησία μπορεῖ νὰ γνωρίζει ἀληθινὰ τὸ ἀκριβὲς κείμενο, μὲ διάκριση ποὺ ἁπλώνεται καὶ διαμορφώνεται στὴν ζωντανὴ παράδοση αἰώνων συλλογικῆς σκέψης καὶ συνείδησης. Δὲν ζημιώνει νὰ συμβουλευόμαστε 'κριτικὲς' ἐκδόσεις γιὰ νὰ σκεφτόμαστε πιθανὲς ἀποκλίσεις τοῦ νοήματος, ἐνδεχομένως καὶ ἐξίσου σημαντικές, ὅμως κατ' ἀρχὴν ἔγκυρο εἶναι τὸ κείμενο ποὺ μοιραζόμαστε στὴν παράδοση τῆς Ἐκκλησίας.

Αὐτὸ δὲν σημαίνει πὼς ἡ Ἐκκλησία προχωρεῖ συνεχῶς ἐλεύθερη ἀπὸ σφάλματα ἢ ὅτι δὲν συμβαίνουν λάθη ποὺ ἐπιμένουν ἀκόμη καὶ γιὰ αἰῶνες. Ἡ ἱστορία δείχνει μὲ ποιὸ τρόπο ἐντοπίζονται ἐκκλησιαστικὰ λάθη στὸν Ὀρθόδοξο κόσμο.

Ἀντιρρήσεις διατυπώνονται ἀπὸ ὁποιονδήποτε, καὶ μὲ τὴν πάροδο τοῦ χρόνου μετὰ ἀπὸ πολλὴ συζήτηση οἱ πιστοί, ἡ κοινὴ γνώμη τῆς Ἐκκλησίας, συνειδητοποιοῦν τί θὰ γίνει ἀποδεκτὸ καὶ τί θὰ ἀπορριφθεῖ. Τὴν κοινὴ αὐτὴ συνείδηση ἐνδέχεται νὰ ἐκφράσει ὁ κλῆρος καὶ συνοδικά, ὅμως ἐν πάσῃ περιπτώσει τὴν ἀκολουθεῖ. Ὡς πρὸς τὸ βιβλικὸ κείμενο ἐπίσης, οἱ (μικρὲς συνήθως) ἀποκλίσεις τῶν 'κριτικῶν' ἐκδόσεων μποροῦν νὰ συνεκτιμῶνται καὶ μὲ τὴν πάροδο τοῦ χρόνου νὰ ἐνσωματώνονται ἢ ἀπορρίπτονται.

Ἔχοντας κατ' ἀρχὴν ἀντιτάξει στὴν αὐθεντία τῶν 'κριτικῶν' ἐκδόσεων τὴν παραδοσιακὴ συλλογικὴ διάκριση τῆς Ἐκκλησίας, μποροῦμε νὰ διαπιστώσουμε ὁρισμένες συνέπειες, ἀρκούμενοι ἐδῶ σὲ ἕνα μόνο παράδειγμα διαφορᾶς, τὴν ὁποία ἐπέλεξα ἐπειδὴ δὲν εἶναι ἐπουσιώδης.

Διαβάζουμε στὸ Εὐαγγέλιο τοῦ Ματθαίου (5.22) ὅτι *πᾶς ὁ ὀργιζόμενος τῷ ἀδελφῷ αὐτοῦ εἰκῇ ἔνοχος ἔσται τῇ κρίσει.* Ἀντὶ γι' αὐτὸ ἡ 'κριτικὴ' ἔκδοση Aland, Black, Martini, Metzger καὶ Wikgren ἀφαιρεῖ τὸ ἐπίρρημα — *πᾶς ὁ ὀργιζόμενος ἔνοχος ἔσται...*

Ἀκολουθῶντας τὴν 'κριτικὴ' ἔκδοση εἴμαστε ὑποχρεωμένοι νὰ εἰκάσουμε ὅτι ὁ προσδιορισμὸς τῆς ὀργῆς, ἡ διάκριση μεταξὺ καλῆς καὶ κακῆς ὀργῆς, δὲν ἀνήκει στὸν συγγραφέα τοῦ πρώτου Εὐαγγελίου, ἀλλὰ προσετέθη ἀργότερα στὸ κείμενο — κι αὐτὸ ἀπὸ μόνο του, ὅπως εἴπαμε, δὲν δημιουργεῖ πρόβλημα, ἐφόσον τὴν 'ἐπηυξημένη' ἐκδοχὴ ἀποδέχεται ἡ κοινή μας ἐκκλησιαστικὴ συνείδηση. Ἐκεῖνο ποὺ θέλουμε νὰ σκεφτοῦμε τώρα, εἶναι ἡ σημασία τοῦ προσδιορισμοῦ, μὲ τὴν 'κριτικὴ' ἔκδοση νὰ ἀπαγορεύει ἀπολύτως ἕνα συναίσθημα τὸ ὁποῖο στὸ κείμενο τῶν Ὀρθόδοξων Ἐκκλησιῶν δὲν ἀπορρίπτεται παρὰ μόνο ὑπὸ προϋποθέσεις.

Σκεπτόμενοι τὴν σημασία τῆς 'προσθήκης', ἔστω καὶ συγκαταβαίνοντας ὅτι πράγματι συνέβη προσθήκη, ἔχουμε τὴν δυνατότητα καὶ νὰ διορθώσουμε τὸ κείμενο ποὺ ἀκολουθοῦν οἱ Ἐκκλησίες προτείνοντας ἀφαίρεση τοῦ ἐπιρρήματος, ὄχι κυρίως μὲ φιλολογικὰ ἀλλὰ μὲ σημασιολογικὰ κριτήρια, ὥστε ἐν καιρῷ, συνεκτιμῶντας καὶ τὰ φιλολογικὰ κριτήρια καὶ τὴν χρήση τοῦ κειμένου ἀπὸ τοὺς Πατέρες τῆς Ἐκκλησίας καὶ ὁτιδήποτε ἄλλο μπορεῖ νὰ ἔχει σχέση, ἡ κοινή μας ἐκκλησιαστικὴ συνείδηση ὁδηγηθεῖ ἴσως στὴν ἐγκατάλειψη τοῦ ἐπιρρήματος.

Πρὸς τὸ παρόν, ἡ Καινὴ Διαθήκη τῶν Ὀρθόδοξων Ἐκκλησιῶν δὲν ἐξοβελίζει τὴν ὀργὴ πλήρως ἀπὸ τὸν ἀνθρώπινο βίο, ἐξοβελίζει μόνο τὸ παράλογο, κρατῶντας τὴν ὀργὴ ὡς ἔλλογη ὁρμή, ἰσχὺ μὲ τὴν ὁποία ὁ ἄνθρωπος ἀποστρέφεται τὸν σκοτεινό του ἑαυτό. Ἡ προτεινόμενη ἀπὸ τὴν 'κριτικὴ' ἔκδοση ἀφαίρεση ὁδηγεῖ στὸν ἄνθρωπο ποὺ δὲν ὀργίζεται ποτὲ γιὰ κανένα λόγο.

Εὔκολα καταλαβαίνουμε πόσο ἀταίριαστο εἶναι αὐτὸ ὄχι μόνο γιὰ τὸν ἄνθρωπο, ἀλλὰ γιὰ τὸν ἴδιο τὸν Θεό, ποὺ μπῆκε στὴ συναγωγὴ καὶ πέταξε ὅλα τὰ τραπέζια καὶ τὰ εἴδωλα ἐδῶ κι ἐκεῖ, ὅπως σημειώνει ὁ Σάλιντζερ στὸ διήγημα Φράνυ καὶ Ζούι, θυμίζοντας ὅτι ὁ Χριστὸς τῆς Καινῆς Διαθήκης δὲν ἔχει καμμιά σχέση μὲ διάφορες γλυκανάλατες φιγοῦρες τοῦ μονίμως πράου διδάσκαλου, ἀπ' ὅπου προῆλθε ἡ ἀνάλογη ἀποκρουστικὴ πραότητα τῶν ἱερέων καὶ ἄλλων ἐκκλησιαστικῶν 'ἐπισήμων', γιὰ τοὺς ὁποίους ὁ ἥρωας στὸν Φύλακα στὴν Σίκαλη δικαίως ἀπορεῖ:

"Ὅσους παπάδες γνώρισα σ' ὅλα τὰ σχολεῖα ποὺ πήγαινα, βάζανε μιὰ φωνὴ Ὅσιου Ὀνούφριου κάθε ποὺ μᾶς κάνανε κήρυγμα. Θεούλη μου, πῶς τὸ σιχαίνομαι. Δὲ μπορῶ νὰ καταλάβω τί διάολο τοὺς πιάνει καὶ δὲ μιλᾶνε μὲ τὴν κανονική τους φωνή. Φαίνονται τόσο κάλπηδες ἅμα μιλᾶνε."

Χρειάζεται προσοχή, μὴν υἱοθετοῦνται ἄκριτα οἱ 'κριτικὲς' ἐκδόσεις, μὲ ἀφελῆ ἐμπιστοσύνη στὸν ἰσχυρισμὸ τῶν ἐπιμελητῶν τους, ὅτι δῆθεν παρέχουν ἀκριβέστερη ἐκδοχὴ τοῦ ἱεροῦ κειμένου — ἀκόμη κι ἂν καταλήξουν κάποτε σὲ ἕνα καὶ μόνο κείμενο. Οἱ 'κριτικὲς' ἐκδόσεις, ὅπως, ἐλπίζω, ἔγινε φανερό, δὲν ἔχουν κἂν προϋποθέσεις νὰ ἀποκτήσουν μεγαλύτερη αὐθεντία ἐν συγκρίσει μὲ τὸ πρωτότυπο κείμενο ποὺ διασώζουν οἱ ἑλληνόφωνες Ὀρθόδοξες Ἐκκλησίες στὸν βίο τους καὶ ὄχι μέσα ἀπὸ εὐκαιριακὰ ἐργαστήρια. Ὅμως πέρα ἀπὸ κάθε αὐθεντία, ἂς φροντίζει κανεὶς περισσότερο γιὰ ὅ,τι λέει ὁ Παῦλος, γιὰ ὅσα ἐπιτρέπουν προσωπικὴ ἀνάκριση τῶν πραγμάτων (Α΄ Κορ. 2.15): κανενὸς κειμένου ἡ αὐθεντία δὲν συμφέρει νὰ ἀντικαθιστᾶ τὴν ζωντανὴ προσωπικὴ σκέψη.

Χωρὶς ζωντανὴ σκέψη ὅλα τὰ κείμενα γιὰ μᾶς θὰ εἶναι τὸ ἴδιο ἀνώφελα, διαφορετικὰ ἡ ἴδια ἡ σκέψη μας ἀποκαλύπτει ποῦ ὑπάρχει αὐθεντικότητα, χωρὶς ἀπαίτηση ἐξωτερικῶν ἐγγυήσεων. Καὶ πέρα ἀπὸ αὐτό, ἂς μή λησμονεῖται ὅτι *σὲ ἰδανικὲς συνθῆκες ἡ Βίβλος οὔτε κἂν δὲν χρειάζεται:* πῶς θὰ ὑπῆρχε χρόνος ἢ λόγος ἀνάγνωσης, ἂν κάποιος βρισκόταν πρόσωπο μὲ πρόσωπο κοντὰ στὸν Θεό; Ἀπὸ ἐδῶ συνάγεται μὲ ἀσφάλεια ἡ πιὸ θεμελιώδης προϋπόθεση τῆς σπουδῆς.

Ὅπως ὅταν ἔχει ἀναχωρήσει ἀγαπημένο πρόσωπο καὶ προσπαθοῦμε νὰ μεγαλώσουμε τὴν μνήμη, νὰ συγκρατήσουμε ὅσο γίνεται περισσότερη ἀπὸ τὴν ὕπαρξή του, ἔτσι διαμορφώθηκε ὁ Κανόνας τῆς Καινῆς Διαθήκης, ὡς σῶμα κειμένων / μαρτυριῶν τῆς Παρουσίας τοῦ Χριστοῦ καὶ τοῦ βιώματος τῶν πρώτων Ἐκκλησιῶν. Δὲν πρόκειται γιὰ ἐξ ἀποστάσεως ἀναπαράσταση κάποιου παρελθόντος, ἀλλὰ γιὰ πλευρὰ τῆς προσπάθειας νὰ κρατηθεῖ ἐπαφὴ μὲ τὸν πιὸ οἰκεῖο χρόνο μας, τὴν προϋπόθεση τῶν πνευματικῶν μας γενεθλίων.

Ἔχουμε τὴν Καινὴ Διαθήκη ὅπως θησαυρὸ *προσωπικῶν* ἀναμνήσεων, βιβλίο ἐνεργὸ ἀκόμη κι ὅταν παραμένει κλειστό, ἐφόσον περιθάλπει τὴν συνείδησή μας ἔστω μόνο διὰ τῆς ἐπιγνώσεως ὅτι ἐκεῖ σώζεται διαρκῶς κάτι τόσο δικό Του, ὅσο τὰ λόγια Του, οἱ Μαθητές Του, συναισθήματα, σκέψεις καὶ ἐπιθυμίες Του. Διαβάζοντας δὲν παρακολουθοῦμε ἀφηγήσεις ὡς μακρινοὶ θεατές, ἀλλὰ πλησιάζουμε κοντά Του — στὸν πιὸ δικό μας ἑαυτό, στὴν σχέση ποὺ μᾶς ὁρίζει μέσα σὲ καὶ πέρα ἀπὸ κάθε ἄλλη σχέση.

Ἐπὶ τῆς θεμελιακῆς αὐτῆς προσλήψεως τῆς Καινῆς Διαθήκης ὡς Χώρου, ὅπου προσερχόμαστε ἀναμένοντας μιὰ μεγάλη βοήθεια στὴν προσδοκία νὰ ἀνακτηθεῖ ἡ πιὸ προσωπικὴ σχέση καὶ ἀλήθευσή μας, συμβαίνουν ἐνδιάμεσες ἀξιοποιήσεις, προσπάθειες νὰ στοχαστοῦμε ἐπιμέρους προβλήματα, κλπ.

Εἶναι καλὸ νὰ ἀνοίγουμε τὶς Γραφὲς ἔχοντας συγκεκριμμένα ἐρωτήματα κάθε φορά, μέσα ἀπὸ τὶς ἀνάγκες τους διαμορφώνοντας τὴν ἀνάγνωση μὲ ἔνταση καὶ μοναδικότητα. Ἀλλὰ μποροῦμε ἐπίσης νὰ διαβάζουμε δύο ἢ τρία κεφάλαια τὴν ἡμέρα, ἔστω μόνο γιὰ νὰ ἔρχεται ἡ σκέψη μας στὸν Χῶρο της, εἴτε πρὶν ἀπὸ τὸν ὕπνο νὰ ξεφυλλίζουμε ἕως ὅτου κάποια φράση διακριθεῖ κάνοντας μιὰ ἰδιαίτερη ἐντύπωση, ὥστε νὰ τελειώσουμε τὴν ἡμέρα μας σκεπτόμενοι τὶς Σημασίες της.

Οἱ δυνατότητες πολλές, καὶ σὲ κάθε περίπτωση πρωτεύει ὅ,τι σημαίνει ἡ Λειτουργία στὰ λόγια Σοφία ὀρθοὶ ἀκούσωμεν: τὸ κείμενο δὲν θὰ φανερώσει τὴν πιὸ οὐσιώδη ἀξία του, ἐκτὸς ἂν ἐπιτρέψουμε νὰ ἀνορθώσει τὸν νοῦ μας πέρα ἀπὸ κάθε ἐπιμέρους ἐρώτημα καὶ ἀπάντηση.

*

Γραμματικά, συντακτικὰ ἢ λεξιλογικὰ δὲν ἔχω ἐπέμβει στὸ κείμενο, ἀκολουθῶντας τὴν ἔκδοση τοῦ Οἰκουμενικοῦ Πατριαρχείου ΚΠόλεως καὶ τῶν ἑλληνόφωνων Ὀρθόδοξων Ἐκκλησιῶν, ἀλλὰ εἶμαι ὑπεύθυνος γιὰ τὸν συγκεκριμμένο διαχωρισμὸ σὲ παραγράφους. Θὰ τὴν σεβόμουν, ἂν εἶχε ἐπικρατήσει κι ἐδῶ κάποια μορφή, ὅμως δὲν ἔχει, ἴσως διότι τὰ χειρόγραφα παραδίδουν κεφάλαια χωρὶς παραγράφους.

Ἂς σημειωθεῖ ἐπίσης ὅτι κύριος σκοπὸς τῆς ἔκδοσης εἶναι ἡ προσωπικὴ ἀνάγνωση, γι᾽ αὐτὸ χρησιμοποιοῦνται σχετικῶς μεγάλα τυπογραφικὰ στοιχεῖα ἐν ἀντιθέσει μὲ ἐκδόσεις τσέπης, οἱ ὁποῖες διευκολύνουν τὴν χρήση σὲ λατρευτικὲς συνάξεις (τὸ ὁποῖο σπανίζει στὶς Ὀρθόδοξες Ἐκκλησίες), ὅταν κανεὶς χρειάζεται νὰ διαβάζει ὄρθιος.

Τὸ κείμενο κοσμοῦν φωτογραφίες Βυζαντινῶν χειρογράφων, φωτογραφίες ἀπὸ ἐκκλησίες στὸ Ἅγιο Ὄρος καὶ σὲ ἄλλες περιοχὲς τῆς Ἑλλάδας, ὀρθόδοξες Εἰκόνες καὶ διάφορα σκίτσα ὀρθόδοξης τεχνοτροπίας.

Γιῶργος Βαλσάμης
Πάσχα 2012

ΑΓΕΛΟΣ
ΚΥ

Κατὰ Ματθαῖον ἅγιον Εὐαγγέλιον

ΒΙΒΛΟΣ γενέσεως Ἰησοῦ Χριστοῦ, υἱοῦ Δαυῒδ, υἱοῦ Ἀβραάμ. 2 Ἀ-
βραὰμ ἐγέννησε τὸν Ἰσαάκ, Ἰσαὰκ δὲ ἐγέννησε τὸν Ἰακώβ, Ἰακὼβ
δὲ ἐγέννησε τὸν Ἰούδαν καὶ τοὺς ἀδελφοὺς αὐτοῦ, 3 Ἰούδας δὲ ἐγέν-
νησε τὸν Φαρὲς καὶ τὸν Ζαρὰ ἐκ τῆς Θάμαρ, Φαρὲς δὲ ἐγέννησε τὸν
Ἐσρώμ, Ἐσρὼμ δὲ ἐγέννησε τὸν Ἀράμ, 4 Ἀρὰμ δὲ ἐγέννησε τὸν Ἀμι-
ναδάβ, Ἀμιναδὰβ δὲ ἐγέννησε τὸν Ναασσών, Ναασσὼν δὲ ἐγέννησε τὸν
Σαλμών, 5 Σαλμὼν δὲ ἐγέννησε τὸν Βοὸζ ἐκ τῆς Ραχάβ, Βοὸζ δὲ ἐγέν-
νησε τὸν Ὠβὴδ ἐκ τῆς Ρούθ, Ὠβὴδ δὲ ἐγέννησε τὸν Ἰεσσαί, 6 Ἰεσσαὶ
δὲ ἐγέννησε τὸν Δαυῒδ τὸν βασιλέα. Δαυῒδ δὲ ὁ βασιλεὺς ἐγέννησε τὸν
Σολομῶντα ἐκ τῆς τοῦ Οὐρίου, 7 Σολομὼν δὲ ἐγέννησε τὸν Ροβοάμ,
Ροβοὰμ δὲ ἐγέννησε τὸν Ἀβιά, Ἀβιὰ δὲ ἐγέννησε τὸν Ἀσά, 8 Ἀσὰ δὲ ἐ-
γέννησε τὸν Ἰωσαφάτ, Ἰωσαφὰτ δὲ ἐγέννησε τὸν Ἰωράμ, Ἰωρὰμ δὲ ἐ-
γέννησε τὸν Ὀζίαν, 9 Ὀζίας δὲ ἐγέννησε τὸν Ἰωάθαμ, Ἰωάθαμ δὲ ἐ-
γέννησε τὸν Ἄχαζ, Ἄχαζ δὲ ἐγέννησε τὸν Ἐζεκίαν, 10 Ἐζεκίας δὲ ἐ-
γέννησε τὸν Μανασσῆ, Μανασσῆς δὲ ἐγέννησε τὸν Ἀμών, Ἀμὼν δὲ ἐ-
γέννησε τὸν Ἰωσίαν, 11 Ἰωσίας δὲ ἐγέννησε τὸν Ἰεχονίαν καὶ τοὺς ἀ-
δελφοὺς αὐτοῦ ἐπὶ τῆς μετοικεσίας Βαβυλῶνος.

12 Μετὰ δὲ τὴν μετοικεσίαν Βαβυλῶνος Ἰεχονίας ἐγέννησε τὸν Σαλα-
θιήλ, Σαλαθιὴλ δὲ ἐγέννησε τὸν Ζοροβάβελ, 13 Ζοροβάβελ δὲ ἐγέννησε
τὸν Ἀβιούδ, Ἀβιοὺδ δὲ ἐγέννησε τὸν Ἐλιακείμ, Ἐλιακεὶμ δὲ ἐγέννησε
τὸν Ἀζώρ, 14 Ἀζὼρ δὲ ἐγέννησε τὸν Σαδώκ, Σαδὼκ δὲ ἐγέννησε τὸν
Ἀχείμ, Ἀχεὶμ δὲ ἐγέννησε τὸν Ἐλιούδ, 15 Ἐλιοὺδ δὲ ἐγέννησε τὸν Ἐ-
λεάζαρ, Ἐλεάζαρ δὲ ἐγέννησε τὸν Ματθάν, Ματθὰν δὲ ἐγέννησε τὸν Ἰ-
ακώβ, 16 Ἰακὼβ δὲ ἐγέννησε τὸν Ἰωσὴφ τὸν ἄνδρα Μαρίας, ἐξ ἧς ἐ-
γεννήθη Ἰησοῦς ὁ λεγόμενος Χριστός. 17 Πᾶσαι οὖν αἱ γενεαὶ ἀπὸ Ἀ-

βραάμ ἕως Δαυῒδ γενεαὶ δεκατέσσαρες, καὶ ἀπὸ Δαυῒδ ἕως τῆς μετοικε-
σίας Βαβυλῶνος γενεαὶ δεκατέσσαρες, καὶ ἀπὸ τῆς μετοικεσίας Βαβυ-
λῶνος ἕως τοῦ Χριστοῦ γενεαὶ δεκατέσσαρες.

18 Τοῦ δὲ Ἰησοῦ Χριστοῦ ἡ γέννησις οὕτως ἦν. μνηστευθείσης γὰρ τῆς
μητρὸς αὐτοῦ Μαρίας τῷ Ἰωσήφ, πρὶν ἢ συνελθεῖν αὐτοὺς εὑρέθη ἐν
γαστρὶ ἔχουσα ἐκ Πνεύματος Ἁγίου. 19 Ἰωσὴφ δὲ ὁ ἀνὴρ αὐτῆς, δίκαι-
ος ὢν καὶ μὴ θέλων αὐτὴν παραδειγματίσαι, ἐβουλήθη λάθρα ἀπολῦσαι
αὐτήν. 20 Ταῦτα δὲ αὐτοῦ ἐνθυμηθέντος ἰδοὺ ἄγγελος Κυρίου κατ᾽ ὄ-
ναρ ἐφάνη αὐτῷ λέγων· Ἰωσὴφ υἱὸς Δαυΐδ, μὴ φοβηθῇς παραλαβεῖν
Μαριὰμ τὴν γυναῖκά σου· τὸ γὰρ ἐν αὐτῇ γεννηθὲν ἐκ Πνεύματός ἐστιν
Ἁγίου. 21 τέξεται δὲ υἱὸν καὶ καλέσεις τὸ ὄνομα αὐτοῦ Ἰησοῦν· αὐτὸς
γὰρ σώσει τὸν λαὸν αὐτοῦ ἀπὸ τῶν ἁμαρτιῶν αὐτῶν. 22 Τοῦτο δὲ ὅλον
γέγονεν ἵνα πληρωθῇ τὸ ρηθὲν ὑπὸ τοῦ Κυρίου διὰ τοῦ προφήτου λέγον-
τος· 23 ἰδοὺ ἡ παρθένος ἐν γαστρὶ ἕξει καὶ τέξεται υἱόν, καὶ καλέσουσι
τὸ ὄνομα αὐτοῦ Ἐμμανουήλ, ὅ ἐστι μεθερμηνευόμενον μεθ᾽ ἡμῶν ὁ Θε-
ός. 24 Διεγερθεὶς δὲ ὁ Ἰωσὴφ ἀπὸ τοῦ ὕπνου ἐποίησεν ὡς προσέταξεν
αὐτῷ ὁ ἄγγελος Κυρίου καὶ παρέλαβε τὴν γυναῖκα αὐτοῦ, 25 καὶ οὐκ ἐ-
γίνωσκεν αὐτὴν ἕως οὗ ἔτεκε τὸν υἱὸν αὐτῆς τὸν πρωτότοκον, καὶ ἐκά-
λεσε τὸ ὄνομα αὐτοῦ Ἰησοῦν.

2

ΤΟΥ δὲ Ἰησοῦ γεννηθέντος ἐν Βηθλεὲμ τῆς Ἰουδαίας ἐν ἡμέραις Ἡ-
ρῴδου τοῦ βασιλέως, ἰδοὺ μάγοι ἀπὸ ἀνατολῶν παρεγένοντο εἰς Ἱε-
ροσόλυμα 2 λέγοντες· ποῦ ἐστιν ὁ τεχθεὶς βασιλεὺς τῶν Ἰουδαίων;
εἴδομεν γὰρ αὐτοῦ τὸν ἀστέρα ἐν τῇ ἀνατολῇ καὶ ἤλθομεν προσκυνῆσαι
αὐτῷ. 3 Ἀκούσας δὲ Ἡρῴδης ὁ βασιλεὺς ἐταράχθη καὶ πᾶσα Ἱεροσό-
λυμα μετ᾽ αὐτοῦ, 4 καὶ συναγαγὼν πάντας τοὺς ἀρχιερεῖς καὶ γραμμα-
τεῖς τοῦ λαοῦ ἐπυνθάνετο παρ᾽ αὐτῶν ποῦ ὁ Χριστὸς γεννᾶται. 5 οἱ δὲ
εἶπον αὐτῷ· ἐν Βηθλεὲμ τῆς Ἰουδαίας· οὕτω γὰρ γέγραπται διὰ τοῦ
προφήτου· 6 καὶ σὺ Βηθλεέμ, γῆ Ἰούδα, οὐδαμῶς ἐλαχίστη εἶ ἐν τοῖς
ἡγεμόσιν Ἰούδα· ἐκ σοῦ γὰρ ἐξελεύσεται ἡγούμενος, ὅστις ποιμανεῖ τὸν
λαόν μου τὸν Ἰσραήλ. 7 Τότε Ἡρῴδης λάθρα καλέσας τοὺς μάγους ἠ-
κρίβωσε παρ᾽ αὐτῶν τὸν χρόνον τοῦ φαινομένου ἀστέρος, 8 καὶ πέμψας

αὐτοὺς εἰς Βηθλεὲμ εἶπε· πορευθέντες ἀκριβῶς ἐξετάσατε περὶ τοῦ παι-
δίου, ἐπὰν δὲ εὕρητε, ἀπαγγείλατέ μοι, ὅπως κἀγὼ ἐλθὼν προσκυνήσω
αὐτῷ. 9 οἱ δὲ ἀκούσαντες τοῦ βασιλέως ἐπορεύθησαν· καὶ ἰδοὺ ὁ ἀστὴρ
ὃν εἶδον ἐν τῇ ἀνατολῇ προῆγεν αὐτούς, ἕως ἐλθὼν ἔστη ἐπάνω οὗ ἦν τὸ
παιδίον· 10 ἰδόντες δὲ τὸν ἀστέρα ἐχάρησαν χαρὰν μεγάλην σφόδρα, 11
καὶ ἐλθόντες εἰς τὴν οἰκίαν εἶδον τὸ παιδίον μετὰ Μαρίας τῆς μητρὸς
αὐτοῦ, καὶ πεσόντες προσεκύνησαν αὐτῷ, καὶ ἀνοίξαντες τοὺς θησαυ-
ροὺς αὐτῶν προσήνεγκαν αὐτῷ δῶρα, χρυσὸν καὶ λίβανον καὶ σμύρναν·
12 καὶ χρηματισθέντες κατ' ὄναρ μὴ ἀνακάμψαι πρὸς Ἡρῴδην, δι' ἄλ-
λης ὁδοῦ ἀνεχώρησαν εἰς τὴν χώραν αὐτῶν.

13 Ἀναχωρησάντων δὲ αὐτῶν ἰδοὺ ἄγγελος Κυρίου φαίνεται κατ' ὄναρ
τῷ Ἰωσὴφ λέγων· ἐγερθεὶς παράλαβε τὸ παιδίον καὶ τὴν μητέρα αὐτοῦ
καὶ φεῦγε εἰς Αἴγυπτον, καὶ ἴσθι ἐκεῖ ἕως ἂν εἴπω σοι· μέλλει γὰρ Ἡ-
ρῴδης ζητεῖν τὸ παιδίον τοῦ ἀπολέσαι αὐτό. 14 Ὁ δὲ ἐγερθεὶς παρέλαβε
τὸ παιδίον καὶ τὴν μητέρα αὐτοῦ νυκτὸς καὶ ἀνεχώρησεν εἰς Αἴγυπτον,
15 καὶ ἦν ἐκεῖ ἕως τῆς τελευτῆς Ἡρῴδου, ἵνα πληρωθῇ τὸ ῥηθὲν ὑπὸ
τοῦ Κυρίου διὰ τοῦ προφήτου λέγοντος· ἐξ Αἰγύπτου ἐκάλεσα τὸν υἱόν
μου.

16 Τότε Ἡρῴδης ἰδὼν ὅτι ἐνεπαίχθη ὑπὸ τῶν μάγων, ἐθυμώθη λίαν,
καὶ ἀποστείλας ἀνεῖλε πάντας τοὺς παῖδας τοὺς ἐν Βηθλεὲμ καὶ ἐν πᾶσι
τοῖς ὁρίοις αὐτῆς ἀπὸ διετοῦς καὶ κατωτέρω, κατὰ τὸν χρόνον ὃν ἠκρί-
βωσε παρὰ τῶν μάγων. 17 τότε ἐπληρώθη τὸ ῥηθὲν ὑπὸ Ἱερεμίου τοῦ
προφήτου λέγοντος· 18 φωνὴ ἐν Ῥαμᾷ ἠκούσθη, θρῆνος καὶ κλαυθμὸς
καὶ ὀδυρμὸς πολύς· Ῥαχὴλ κλαίουσα τὰ τέκνα αὐτῆς, καὶ οὐκ ἤθελε πα-
ρακληθῆναι, ὅτι οὐκ εἰσίν.

19 Τελευτήσαντος δὲ τοῦ Ἡρῴδου ἰδοὺ ἄγγελος Κυρίου κατ' ὄναρ φαί-
νεται τῷ Ἰωσὴφ ἐν Αἰγύπτῳ 20 λέγων· ἐγερθεὶς παράλαβε τὸ παιδίον
καὶ τὴν μητέρα αὐτοῦ καὶ πορεύου εἰς γῆν Ἰσραήλ· τεθνήκασι γὰρ οἱ
ζητοῦντες τὴν ψυχὴν τοῦ παιδίου. 21 ὁ δὲ ἐγερθεὶς παρέλαβε τὸ παιδίον
καὶ τὴν μητέρα αὐτοῦ καὶ ἦλθεν εἰς γῆν Ἰσραήλ. 22 ἀκούσας δὲ ὅτι
Ἀρχέλαος βασιλεύει ἐπὶ τῆς Ἰουδαίας ἀντὶ Ἡρῴδου τοῦ πατρὸς αὐτοῦ,
ἐφοβήθη ἐκεῖ ἀπελθεῖν· χρηματισθεὶς δὲ κατ' ὄναρ ἀνεχώρησεν εἰς τὰ
μέρη τῆς Γαλιλαίας, 23 καὶ ἐλθὼν κατῴκησεν εἰς πόλιν λεγομένην
Ναζαρέτ, ὅπως πληρωθῇ τὸ ῥηθὲν διὰ τῶν προφητῶν ὅτι Ναζωραῖος
κληθήσεται.

3

ΕΝ δὲ ταῖς ἡμέραις ἐκείναις παραγίνεται Ἰωάννης ὁ βαπτιστὴς κη-
ρύσσων ἐν τῇ ἐρήμῳ τῆς Ἰουδαίας 2 καὶ λέγων· μετανοεῖτε· ἤγγικε
γὰρ ἡ βασιλεία τῶν οὐρανῶν. 3 οὗτος γάρ ἐστιν ὁ ῥηθεὶς ὑπὸ Ἡσαΐ-
ου τοῦ προφήτου λέγοντος· φωνὴ βοῶντος ἐν τῇ ἐρήμῳ, ἑτοιμάσατε τὴν
ὁδὸν Κυρίου, εὐθείας ποιεῖτε τὰς τρίβους αὐτοῦ. 4 Αὐτὸς δὲ ὁ Ἰωάννης
εἶχε τὸ ἔνδυμα αὐτοῦ ἀπὸ τριχῶν καμήλου καὶ ζώνην δερματίνην περὶ
τὴν ὀσφὺν αὐτοῦ, ἡ δὲ τροφὴ αὐτοῦ ἦν ἀκρίδες καὶ μέλι ἄγριον. 5 Τότε
ἐξεπορεύετο πρὸς αὐτὸν Ἱεροσόλυμα καὶ πᾶσα ἡ Ἰουδαία καὶ πᾶσα ἡ
περίχωρος τοῦ Ἰορδάνου, 6 καὶ ἐβαπτίζοντο ἐν τῷ Ἰορδάνῃ ὑπ' αὐτοῦ ἐ-
ξομολογούμενοι τὰς ἁμαρτίας αὐτῶν. 7 ἰδὼν δὲ πολλοὺς τῶν Φαρισαί-
ων καὶ Σαδδουκαίων ἐρχομένους ἐπὶ τὸ βάπτισμα αὐτοῦ εἶπεν αὐτοῖς·
γεννήματα ἐχιδνῶν, τίς ὑπέδειξεν ὑμῖν φυγεῖν ἀπὸ τῆς μελλούσης ὀρ-
γῆς; 8 ποιήσατε οὖν καρπὸν ἄξιον τῆς μετανοίας, 9 καὶ μὴ δόξητε λέ-
γειν ἐν ἑαυτοῖς, πατέρα ἔχομεν τὸν Ἀβραάμ· λέγω γὰρ ὑμῖν ὅτι δύναται
ὁ Θεὸς ἐκ τῶν λίθων τούτων ἐγεῖραι τέκνα τῷ Ἀβραάμ. 10 ἤδη δὲ καὶ ἡ
ἀξίνη πρὸς τὴν ῥίζαν τῶν δένδρων κεῖται· πᾶν οὖν δένδρον μὴ ποιοῦν
καρπὸν καλὸν ἐκκόπτεται καὶ εἰς πῦρ βάλλεται. 11 ἐγὼ μὲν βαπτίζω ὑ-
μᾶς ἐν ὕδατι εἰς μετάνοιαν· ὁ δὲ ὀπίσω μου ἐρχόμενος ἰσχυρότερός μου
ἐστίν, οὗ οὐκ εἰμὶ ἱκανὸς τὰ ὑποδήματα βαστάσαι· αὐτὸς ὑμᾶς βαπτίσει
ἐν Πνεύματι Ἁγίῳ καὶ πυρί. 12 οὗ τὸ πτύον ἐν τῇ χειρὶ αὐτοῦ καὶ δια-
καθαριεῖ τὴν ἅλωνα αὐτοῦ, καὶ συνάξει τὸν σῖτον αὐτοῦ εἰς τὴν ἀποθή-
κην, τὸ δὲ ἄχυρον κατακαύσει πυρὶ ἀσβέστῳ.

13 Τότε παραγίνεται ὁ Ἰησοῦς ἀπὸ τῆς Γαλιλαίας ἐπὶ τὸν Ἰορδάνην
πρὸς τὸν Ἰωάννην τοῦ βαπτισθῆναι ὑπ' αὐτοῦ. 14 ὁ δὲ Ἰωάννης διεκώ-
λυεν αὐτὸν λέγων· ἐγὼ χρείαν ἔχω ὑπὸ σοῦ βαπτισθῆναι, καὶ σὺ ἔρχῃ
πρός με; 15 ἀποκριθεὶς δὲ ὁ Ἰησοῦς εἶπε πρὸς αὐτόν· ἄφες ἄρτι· οὕτω
γὰρ πρέπον ἐστὶν ἡμῖν πληρῶσαι πᾶσαν δικαιοσύνην· τότε ἀφίησιν αὐ-
τόν· 16 καὶ βαπτισθεὶς ὁ Ἰησοῦς ἀνέβη εὐθὺς ἀπὸ τοῦ ὕδατος· καὶ ἰδοὺ
ἀνεῴχθησαν αὐτῷ οἱ οὐρανοί, καὶ εἶδε τὸ Πνεῦμα τοῦ Θεοῦ καταβαῖνον
ὡσεὶ περιστερὰν καὶ ἐρχόμενον ἐπ' αὐτόν· 17 καὶ ἰδοὺ φωνὴ ἐκ τῶν οὐ-
ρανῶν λέγουσα· οὗτός ἐστιν ὁ υἱός μου ὁ ἀγαπητός, ἐν ᾧ εὐδόκησα.

4

ΤΟΤΕ ὁ Ἰησοῦς ἀνήχθη εἰς τὴν ἔρημον ὑπὸ τοῦ Πνεύματος πειρα-
σθῆναι ὑπὸ τοῦ διαβόλου, 2 καὶ νηστεύσας ἡμέρας τεσσαράκοντα
καὶ νύκτας τεσσαράκοντα ὕστερον ἐπείνασε. 3 καὶ προσελθὼν αὐτῷ
ὁ πειράζων εἶπεν· εἰ υἱὸς εἶ τοῦ Θεοῦ, εἰπὲ ἵνα οἱ λίθοι οὗτοι ἄρτοι γέ-
νωνται. 4 ὁ δὲ ἀποκριθεὶς εἶπε· γέγραπται, οὐκ ἐπ' ἄρτῳ μόνῳ ζήσεται
ἄνθρωπος, ἀλλ' ἐπὶ παντὶ ρήματι ἐκπορευομένῳ διὰ στόματος Θεοῦ. 5
Τότε παραλαμβάνει αὐτὸν ὁ διάβολος εἰς τὴν ἁγίαν πόλιν, καὶ ἵστησιν
αὐτὸν ἐπὶ τὸ πτερύγιον τοῦ ἱεροῦ 6 καὶ λέγει αὐτῷ· εἰ υἱὸς εἶ τοῦ Θεοῦ,
βάλε σεαυτόν κάτω· γέγραπται γὰρ ὅτι τοῖς ἀγγέλοις αὐτοῦ ἐντελεῖται
περὶ σοῦ, καὶ ἐπὶ χειρῶν ἀροῦσί σε, μήποτε προσκόψῃς πρὸς λίθον τὸν
πόδα σου. 7 ἔφη αὐτῷ ὁ Ἰησοῦς· πάλιν γέγραπται, οὐκ ἐκπειράσεις Κύ-
ριον τὸν Θεόν σου. 8 Πάλιν παραλαμβάνει αὐτὸν ὁ διάβολος εἰς ὄρος ὑ-
ψηλὸν λίαν καὶ δείκνυσιν αὐτῷ πάσας τὰς βασιλείας τοῦ κόσμου καὶ
τὴν δόξαν αὐτῶν 9 καὶ λέγει αὐτῷ· ταῦτα πάντα σοι δώσω, ἐὰν πεσὼν
προσκυνήσῃς μοι. 10 τότε λέγει αὐτῷ ὁ Ἰησοῦς· ὕπαγε ὀπίσω μου, σα-
τανᾶ· γέγραπται γάρ, Κύριον τὸν Θεόν σου προσκυνήσεις καὶ αὐτῷ μό-
νῳ λατρεύσεις. 11 Τότε ἀφίησιν αὐτὸν ὁ διάβολος, καὶ ἰδοὺ ἄγγελοι
προσῆλθον καὶ διηκόνουν αὐτῷ.

12 Ἀκούσας δὲ ὁ Ἰησοῦς ὅτι Ἰωάννης παρεδόθη, ἀνεχώρησεν εἰς τὴν
Γαλιλαίαν, 13 καὶ καταλιπὼν τὴν Ναζαρὲτ ἐλθὼν κατῴκησεν εἰς Κα-
περναοὺμ τὴν παραθαλασσίαν ἐν ὁρίοις Ζαβουλὼν καὶ Νεφθαλείμ, 14
ἵνα πληρωθῇ τὸ ρηθὲν διὰ Ἡσαΐου τοῦ προφήτου λέγοντος· 15 γῆ Ζα-
βουλὼν καὶ γῆ Νεφθαλείμ, ὁδὸν θαλάσσης, πέραν τοῦ Ἰορδάνου, Γαλι-
λαία τῶν ἐθνῶν, 16 ὁ λαὸς ὁ καθήμενος ἐν σκότει εἶδε φῶς μέγα καὶ
τοῖς καθημένοις ἐν χώρᾳ καὶ σκιᾷ θανάτου φῶς ἀνέτειλεν αὐτοῖς.

17 Ἀπὸ τότε ἤρξατο ὁ Ἰησοῦς κηρύσσειν καὶ λέγειν· μετανοεῖτε· ἤγγικε
γὰρ ἡ βασιλεία τῶν οὐρανῶν. 18 Περιπατῶν δὲ παρὰ τὴν θάλασσαν τῆς
Γαλιλαίας εἶδε δύο ἀδελφούς, Σίμωνα τὸν λεγόμενον Πέτρον καὶ Ἀν-
δρέαν τὸν ἀδελφὸν αὐτοῦ, βάλλοντας ἀμφίβληστρον εἰς τὴν θάλασσαν·
ἦσαν γὰρ ἁλιεῖς· 19 καὶ λέγει αὐτοῖς· δεῦτε ὀπίσω μου καὶ ποιήσω ὑμᾶς
ἁλιεῖς ἀνθρώπων. 20 οἱ δὲ εὐθέως ἀφέντες τὰ δίκτυα ἠκολούθησαν αὐ-
τῷ. 21 Καὶ προβὰς ἐκεῖθεν εἶδεν ἄλλους δύο ἀδελφούς, Ἰάκωβον τὸν
τοῦ Ζεβεδαίου καὶ Ἰωάννην τὸν ἀδελφὸν αὐτοῦ, ἐν τῷ πλοίῳ μετὰ Ζε-

βεδαίου τοῦ πατρὸς αὐτῶν καταρτίζοντας τὰ δίκτυα αὐτῶν, καὶ ἐκάλεσεν αὐτούς. 22 οἱ δὲ εὐθέως ἀφέντες τὸ πλοῖον καὶ τὸν πατέρα αὐτῶν ἠκολούθησαν αὐτῷ. 23 Καὶ περιῆγεν ὅλην τὴν Γαλιλαίαν ὁ Ἰησοῦς διδάσκων ἐν ταῖς συναγωγαῖς αὐτῶν καὶ κηρύσσων τὸ εὐαγγέλιον τῆς βασιλείας καὶ θεραπεύων πᾶσαν νόσον καὶ πᾶσαν μαλακίαν ἐν τῷ λαῷ. 24 καὶ ἀπῆλθεν ἡ ἀκοὴ αὐτοῦ εἰς ὅλην τὴν Συρίαν, καὶ προσήνεγκαν αὐτῷ πάντας τοὺς κακῶς ἔχοντας ποικίλαις νόσοις καὶ βασάνοις συνεχομένους, καὶ δαιμονιζομένους καὶ σεληνιαζομένους καὶ παραλυτικούς, καὶ ἐθεράπευσεν αὐτούς· 25 καὶ ἠκολούθησαν αὐτῷ ὄχλοι πολλοὶ ἀπὸ τῆς Γαλιλαίας καὶ Δεκαπόλεως καὶ Ἱεροσολύμων καὶ Ἰουδαίας καὶ πέραν τοῦ Ἰορδάνου.

5

ΙΔΩΝ δὲ τοὺς ὄχλους ἀνέβη εἰς τὸ ὄρος, καὶ καθίσαντος αὐτοῦ προσῆλθον αὐτῷ οἱ μαθηταὶ αὐτοῦ, 2 καὶ ἀνοίξας τὸ στόμα αὐτοῦ ἐδίδασκεν αὐτοὺς λέγων·

3 μακάριοι οἱ πτωχοὶ τῷ πνεύματι, ὅτι αὐτῶν ἐστιν ἡ βασιλεία τῶν οὐρανῶν. 4 μακάριοι οἱ πενθοῦντες, ὅτι αὐτοὶ παρακληθήσονται. 5 μακάριοι οἱ πραεῖς, ὅτι αὐτοὶ κληρονομήσουσι τὴν γῆν. 6 μακάριοι οἱ πεινῶντες καὶ διψῶντες τὴν δικαιοσύνην, ὅτι αὐτοὶ χορτασθήσονται. 7 μακάριοι οἱ ἐλεήμονες, ὅτι αὐτοὶ ἐλεηθήσονται. 8 μακάριοι οἱ καθαροί τῇ καρδίᾳ, ὅτι αὐτοὶ τὸν Θεὸν ὄψονται. 9 μακάριοι οἱ εἰρηνοποιοί, ὅτι αὐτοὶ υἱοὶ Θεοῦ κληθήσονται. 10 μακάριοι οἱ δεδιωγμένοι ἕνεκεν δικαιοσύνης, ὅτι αὐτῶν ἐστιν ἡ βασιλεία τῶν οὐρανῶν. 11 μακάριοί ἐστε ὅταν ὀνειδίσωσιν ὑμᾶς καὶ διώξωσι καὶ εἴπωσι πᾶν πονηρὸν ῥῆμα καθ' ὑμῶν ψευδόμενοι ἕνεκεν ἐμοῦ. 12 χαίρετε καὶ ἀγαλλιᾶσθε, ὅτι ὁ μισθὸς ὑμῶν πολὺς ἐν τοῖς οὐρανοῖς· οὕτω γὰρ ἐδίωξαν τοὺς προφήτας τοὺς πρὸ ὑμῶν.

13 Ὑμεῖς ἐστε τὸ ἅλας τῆς γῆς· ἐὰν δὲ τὸ ἅλας μωρανθῇ, ἐν τίνι ἁλισθήσεται; εἰς οὐδὲν ἰσχύει ἔτι εἰ μὴ βληθῆναι ἔξω καὶ καταπατεῖσθαι ὑπὸ τῶν ἀνθρώπων. 14 Ὑμεῖς ἐστε τὸ φῶς τοῦ κόσμου. οὐ δύναται πόλις κρυβῆναι ἐπάνω ὄρους κειμένη· 15 οὐδὲ καίουσι λύχνον καὶ τιθέασι αὐτὸν ὑπὸ τὸν μόδιον, ἀλλ' ἐπὶ τὴν λυχνίαν, καὶ λάμπει πᾶσι τοῖς ἐν τῇ οἰκίᾳ. 16 οὕτω λαμψάτω τὸ φῶς ὑμῶν ἔμπροσθεν τῶν ἀνθρώπων, ὅπως

ἴδωσιν ὑμῶν τὰ καλὰ ἔργα καὶ δοξάσωσι τὸν πατέρα ὑμῶν τὸν ἐν τοῖς
οὐρανοῖς.

17 Μὴ νομίσητε ὅτι ἦλθον καταλῦσαι τὸν νόμον ἢ τοὺς προφήτας· οὐκ
ἦλθον καταλῦσαι, ἀλλὰ πληρῶσαι. 18 ἀμὴν γὰρ λέγω ὑμῖν, ἕως ἂν πα-
ρέλθῃ ὁ οὐρανὸς καὶ ἡ γῆ, ἰῶτα ἓν ἢ μία κεραία οὐ μὴ παρέλθῃ ἀπὸ τοῦ
νόμου ἕως ἂν πάντα γένηται. 19 ὃς ἐὰν οὖν λύσῃ μίαν τῶν ἐντολῶν
τούτων τῶν ἐλαχίστων καὶ διδάξῃ οὕτω τοὺς ἀνθρώπους, ἐλάχιστος
κληθήσεται ἐν τῇ βασιλείᾳ τῶν οὐρανῶν· ὃς δ' ἂν ποιήσῃ καὶ διδάξῃ,
οὗτος μέγας κληθήσεται ἐν τῇ βασιλείᾳ τῶν οὐρανῶν. 20 λέγω γὰρ ὑ-
μῖν ὅτι ἐὰν μὴ περισσεύσῃ ἡ δικαιοσύνη ὑμῶν πλεῖον τῶν γραμματέων
καὶ Φαρισαίων, οὐ μὴ εἰσέλθητε εἰς τὴν βασιλείαν τῶν οὐρανῶν.

21 Ἠκούσατε ὅτι ἐρρέθη τοῖς ἀρχαίοις, οὐ φονεύσεις· ὃς δ' ἂν φονεύσῃ,
ἔνοχος ἔσται τῇ κρίσει. 22 Ἐγὼ δὲ λέγω ὑμῖν ὅτι πᾶς ὁ ὀργιζόμενος τῷ
ἀδελφῷ αὐτοῦ εἰκῇ ἔνοχος ἔσται τῇ κρίσει· ὃς δ' ἂν εἴπῃ τῷ ἀδελφῷ αὐ-
τοῦ ρακά, ἔνοχος ἔσται τῷ συνεδρίῳ· ὃς δ' ἂν εἴπῃ μωρέ, ἔνοχος ἔσται
εἰς τὴν γέενναν τοῦ πυρός. 23 Ἐὰν οὖν προσφέρῃς τὸ δῶρόν σου ἐπὶ τὸ
θυσιαστήριον κἀκεῖ μνησθῇς ὅτι ὁ ἀδελφός σου ἔχει τι κατὰ σοῦ, 24 ἄ-
φες ἐκεῖ τὸ δῶρόν σου ἔμπροσθεν τοῦ θυσιαστηρίου, καὶ ὕπαγε πρῶτον
διαλλάγηθι τῷ ἀδελφῷ σου, καὶ τότε ἐλθὼν πρόσφερε τὸ δῶρόν σου. 25
Ἴσθι εὐνοῶν τῷ ἀντιδίκῳ σου ταχὺ ἕως ὅτου εἶ ἐν τῇ ὁδῷ μετ' αὐτοῦ,
μήποτέ σε παραδῷ ὁ ἀντίδικος τῷ κριτῇ καὶ ὁ κριτής σε παραδῷ τῷ ὑ-
πηρέτῃ, καὶ εἰς φυλακὴν βληθήσῃ· 26 ἀμὴν λέγω σοι, οὐ μὴ ἐξέλθῃς ἐ-
κεῖθεν ἕως οὗ ἀποδῷς τὸν ἔσχατον κοδράντην.

27 Ἠκούσατε ὅτι ἐρρέθη τοῖς ἀρχαίοις, οὐ μοιχεύσεις. 28 Ἐγὼ δὲ λέγω
ὑμῖν ὅτι πᾶς ὁ βλέπων γυναῖκα πρὸς τὸ ἐπιθυμῆσαι αὐτὴν ἤδη ἐμοίχευ-
σεν αὐτὴν ἐν τῇ καρδίᾳ αὐτοῦ. 29 εἰ δὲ ὁ ὀφθαλμός σου ὁ δεξιὸς σκανδα-
λίζει σε, ἔξελε αὐτὸν καὶ βάλε ἀπὸ σοῦ· συμφέρει γάρ σοι ἵνα ἀπόληται
ἓν τῶν μελῶν σου καὶ μὴ ὅλον τὸ σῶμά σου βληθῇ εἰς γέενναν. 30 καὶ
εἰ ἡ δεξιά σου χεὶρ σκανδαλίζει σε, ἔκκοψον αὐτὴν καὶ βάλε ἀπὸ σοῦ·
συμφέρει γάρ σοι ἵνα ἀπόληται ἓν τῶν μελῶν σου καὶ μὴ ὅλον τὸ σῶμά
σου βληθῇ εἰς γέενναν. 31 Ἐρρέθη δέ· ὃς ἂν ἀπολύσῃ τὴν γυναῖκα αὐ-
τοῦ, δότω αὐτῇ ἀποστάσιον. 32 Ἐγὼ δὲ λέγω ὑμῖν ὅτι ὃς ἂν ἀπολύσῃ
τὴν γυναῖκα αὐτοῦ παρεκτὸς λόγου πορνείας, ποιεῖ αὐτὴν μοιχᾶσθαι,
καὶ ὃς ἐὰν ἀπολελυμένην γαμήσῃ, μοιχᾶται.

33 Πάλιν ἠκούσατε ὅτι ἐρρέθη τοῖς ἀρχαίοις, οὐκ ἐπιορκήσεις, ἀποδώ-
σεις δὲ τῷ Κυρίῳ τοὺς ὅρκους σου. 34 Ἐγὼ δὲ λέγω ὑμῖν μὴ ὀμόσαι ὅ-
λως· μήτε ἐν τῷ οὐρανῷ, ὅτι θρόνος ἐστὶ τοῦ Θεοῦ· 35 μήτε ἐν τῇ γῇ,
ὅτι ὑποπόδιόν ἐστι τῶν ποδῶν αὐτοῦ· μήτε εἰς Ἱεροσόλυμα, ὅτι πόλις ἐ-
στὶ τοῦ μεγάλου βασιλέως· 36 μήτε ἐν τῇ κεφαλῇ σου ὀμόσῃς, ὅτι οὐ
δύνασαι μίαν τρίχα λευκὴν ἢ μέλαιναν ποιῆσαι. 37 ἔστω δὲ ὁ λόγος ὑ-
μῶν ναὶ ναί, οὒ οὔ· τὸ δὲ περισσὸν τούτων ἐκ τοῦ πονηροῦ ἐστιν.

38 Ἠκούσατε ὅτι ἐρρέθη, ὀφθαλμὸν ἀντὶ ὀφθαλμοῦ καὶ ὀδόντα ἀντὶ ὀ-
δόντος· 39 Ἐγὼ δὲ λέγω ὑμῖν μὴ ἀντιστῆναι τῷ πονηρῷ· ἀλλ' ὅστις σε
ραπίσει ἐπὶ τὴν δεξιὰν σιαγόνα, στρέψον αὐτῷ καὶ τὴν ἄλλην· 40 καὶ
τῷ θέλοντί σοι κριθῆναι καὶ τὸν χιτῶνά σου λαβεῖν, ἄφες αὐτῷ καὶ τὸ ἱ-
μάτιον· 41 καὶ ὅστις σε ἀγγαρεύσει μίλιον ἕν, ὕπαγε μετ' αὐτοῦ δύο· 42
τῷ αἰτοῦντί σε δίδου καὶ τὸν θέλοντα ἀπὸ σοῦ δανείσασθαι μὴ ἀποστρα-
φῇς.

43 Ἠκούσατε ὅτι ἐρρέθη, ἀγαπήσεις τὸν πλησίον σου καὶ μισήσεις τὸν
ἐχθρόν σου. 44 Ἐγὼ δὲ λέγω ὑμῖν, ἀγαπᾶτε τοὺς ἐχθροὺς ὑμῶν, εὐλο-
γεῖτε τοὺς καταρωμένους ὑμᾶς, καλῶς ποιεῖτε τοῖς μισοῦσιν ὑμᾶς καὶ
προσεύχεσθε ὑπὲρ τῶν ἐπηρεαζόντων ὑμᾶς καὶ διωκόντων ὑμᾶς. 45 ὅ-
πως γένησθε υἱοὶ τοῦ πατρὸς ὑμῶν τοῦ ἐν οὐρανοῖς, ὅτι τὸν ἥλιον αὐτοῦ
ἀνατέλλει ἐπὶ πονηροὺς καὶ ἀγαθοὺς καὶ βρέχει ἐπὶ δικαίους καὶ ἀδί-
κους. 46 ἐὰν γὰρ ἀγαπήσητε τοὺς ἀγαπῶντας ὑμᾶς, τίνα μισθὸν ἔχετε;
οὐχὶ καὶ οἱ τελῶναι τὸ αὐτὸ ποιοῦσι; 47 καὶ ἐὰν ἀσπάσησθε τοὺς φίλους
ὑμῶν μόνον, τί περισσὸν ποιεῖτε; οὐχὶ καὶ οἱ τελῶναι οὕτω ποιοῦσιν; 48
Ἔσεσθε οὖν ὑμεῖς τέλειοι, ὥσπερ ὁ πατὴρ ὑμῶν ὁ ἐν τοῖς οὐρανοῖς τέ-
λειός ἐστιν.

6

ΠΡΟΣΕΧΕΤΕ τὴν ἐλεημοσύνην ὑμῶν μὴ ποιεῖν ἔμπροσθεν τῶν ἀν-
θρώπων πρὸς τὸ θεαθῆναι αὐτοῖς· εἰ δὲ μήγε, μισθὸν οὐκ ἔχετε παρὰ
τῷ πατρὶ ὑμῶν τῷ ἐν τοῖς οὐρανοῖς. 2 Ὅταν οὖν ποιῇς ἐλεημοσύ-
νην, μὴ σαλπίσῃς ἔμπροσθέν σου, ὥσπερ οἱ ὑποκριταὶ ποιοῦσιν ἐν ταῖς
συναγωγαῖς καὶ ἐν ταῖς ρύμαις, ὅπως δοξασθῶσιν ὑπὸ τῶν ἀνθρώπων·
ἀμὴν λέγω ὑμῖν, ἀπέχουσι τὸν μισθὸν αὐτῶν. 3 σοῦ δὲ ποιοῦντος ἐλεη-

μοσύνην μὴ γνώτω ἡ ἀριστερά σου τί ποιεῖ ἡ δεξιά σου, 4 ὅπως ᾖ σου ἡ
ἐλεημοσύνη ἐν τῷ κρυπτῷ, καὶ ὁ πατήρ σου ὁ βλέπων ἐν τῷ κρυπτῷ ἀ-
ποδώσει σοι ἐν τῷ φανερῷ.

5 Καὶ ὅταν προσεύχῃ, οὐκ ἔσῃ ὥσπερ οἱ ὑποκριταί, ὅτι φιλοῦσιν ἐν ταῖς
συναγωγαῖς καὶ ἐν ταῖς γωνίαις τῶν πλατειῶν ἑστῶτες προσεύχεσθαι,
ὅπως ἂν φανῶσι τοῖς ἀνθρώποις· ἀμὴν λέγω ὑμῖν ὅτι ἀπέχουσι τὸν μι-
σθὸν αὐτῶν. 6 σὺ δὲ ὅταν προσεύχῃ, εἴσελθε εἰς τὸν ταμιεῖόν σου, καὶ
κλείσας τὴν θύραν σου πρόσευξαι τῷ πατρί σου τῷ ἐν τῷ κρυπτῷ, καὶ ὁ
πατήρ σου ὁ βλέπων ἐν τῷ κρυπτῷ ἀποδώσει σοι ἐν τῷ φανερῷ.

7 Προσευχόμενοι δὲ μὴ βαττολογήσητε ὥσπερ οἱ ἐθνικοί· δοκοῦσι γὰρ
ὅτι ἐν τῇ πολυλογίᾳ αὐτῶν εἰσακουσθήσονται. 8 μὴ οὖν ὁμοιωθῆτε αὐ-
τοῖς· οἶδε γὰρ ὁ πατὴρ ὑμῶν ὧν χρείαν ἔχετε πρὸ τοῦ ὑμᾶς αἰτῆσαι αὐ-
τόν. 9 Οὕτως οὖν προσεύχεσθε ὑμεῖς· Πάτερ ἡμῶν ὁ ἐν τοῖς οὐρανοῖς·
ἁγιασθήτω τὸ ὄνομά σου· 10 ἐλθέτω ἡ βασιλεία σου· γενηθήτω τὸ θέ-
λημά σου, ὡς ἐν οὐρανῷ, καὶ ἐπὶ τῆς γῆς· 11 τὸν ἄρτον ἡμῶν τὸν ἐπι-
ούσιον δὸς ἡμῖν σήμερον· 12 καὶ ἄφες ἡμῖν τὰ ὀφειλήματα ἡμῶν, ὡς
καὶ ἡμεῖς ἀφίεμεν τοῖς ὀφειλέταις ἡμῶν· 13 καὶ μὴ εἰσενέγκῃς ἡμᾶς εἰς
πειρασμόν, ἀλλὰ ῥῦσαι ἡμᾶς ἀπὸ τοῦ πονηροῦ. ὅτι σοῦ ἐστιν ἡ βασιλεία
καὶ ἡ δύναμις καὶ ἡ δόξα εἰς τοὺς αἰῶνας· ἀμήν. 14 Ἐὰν γὰρ ἀφῆτε
τοῖς ἀνθρώποις τὰ παραπτώματα αὐτῶν, ἀφήσει καὶ ὑμῖν ὁ πατὴρ ὑμῶν
ὁ οὐράνιος· 15 ἐὰν δὲ μὴ ἀφῆτε τοῖς ἀνθρώποις τὰ παραπτώματα αὐ-
τῶν, οὐδὲ ὁ πατὴρ ὑμῶν ἀφήσει τὰ παραπτώματα ὑμῶν.

16 Ὅταν δὲ νηστεύητε, μὴ γίνεσθε ὥσπερ οἱ ὑποκριταὶ σκυθρωποί· ἀ-
φανίζουσι γὰρ τὰ πρόσωπα αὐτῶν ὅπως φανῶσι τοῖς ἀνθρώποις νηστεύ-
οντες· ἀμὴν λέγω ὑμῖν ὅτι ἀπέχουσι τὸν μισθὸν αὐτῶν. 17 σὺ δὲ νη-
στεύων ἄλειψαί σου τὴν κεφαλὴν καὶ τὸ πρόσωπόν σου νίψαι, 18 ὅπως
μὴ φανῇς τοῖς ἀνθρώποις νηστεύων, ἀλλὰ τῷ πατρί σου τῷ ἐν τῷ κρυ-
πτῷ, καὶ ὁ πατήρ σου ὁ βλέπων ἐν τῷ κρυπτῷ ἀποδώσει σοι ἐν τῷ φανε-
ρῷ.

19 Μὴ θησαυρίζετε ὑμῖν θησαυροὺς ἐπὶ τῆς γῆς, ὅπου σὴς καὶ βρῶσις
ἀφανίζει, καὶ ὅπου κλέπται διορύσσουσι καὶ κλέπτουσι· 20 θησαυρίζετε
δὲ ὑμῖν θησαυροὺς ἐν οὐρανῷ, ὅπου οὔτε σὴς οὔτε βρῶσις ἀφανίζει, καὶ
ὅπου κλέπται οὐ διορύσσουσιν οὐδὲ κλέπτουσιν· 21 ὅπου γάρ ἐστιν ὁ θη-
σαυρὸς ὑμῶν, ἐκεῖ ἔσται καὶ ἡ καρδία ὑμῶν. 22 Ὁ λύχνος τοῦ σώματός
ἐστιν ὁ ὀφθαλμός· ἐὰν οὖν ὁ ὀφθαλμός σου ἁπλοῦς ᾖ, ὅλον τὸ σῶμά σου

φωτεινόν ἔσται· 23 ἐὰν δὲ ὁ ὀφθαλμός σου πονηρὸς ᾖ, ὅλον τὸ σῶμά σου
σκοτεινὸν ἔσται. εἰ οὖν τὸ φῶς τὸ ἐν σοὶ σκότος ἐστί, τὸ σκότος πόσον;
24 Οὐδεὶς δύναται δυσὶ κυρίοις δουλεύειν· ἢ γὰρ τὸν ἕνα μισήσει καὶ τὸν
ἕτερον ἀγαπήσει, ἢ ἑνὸς ἀνθέξεται καὶ τοῦ ἑτέρου καταφρονήσει. οὐ δύ-
νασθε Θεῷ δουλεύειν καὶ μαμωνᾷ. 25 Διὰ τοῦτο λέγω ὑμῖν, μὴ μερι-
μνᾶτε τῇ ψυχῇ ὑμῶν τί φάγητε καὶ τί πίητε, μηδὲ τῷ σώματι ὑμῶν τί
ἐνδύσησθε· οὐχὶ ἡ ψυχὴ πλεῖόν ἐστι τῆς τροφῆς καὶ τὸ σῶμα τοῦ ἐνδύ-
ματος; 26 ἐμβλέψατε εἰς τὰ πετεινὰ τοῦ οὐρανοῦ, ὅτι οὐ σπείρουσιν οὐδὲ
θερίζουσιν οὐδὲ συνάγουσιν εἰς ἀποθήκας, καὶ ὁ πατὴρ ὑμῶν ὁ οὐράνιος
τρέφει αὐτά· οὐχ ὑμεῖς μᾶλλον διαφέρετε αὐτῶν; 27 τίς δὲ ἐξ ὑμῶν με-
ριμνῶν δύναται προσθεῖναι ἐπὶ τὴν ἡλικίαν αὐτοῦ πῆχυν ἕνα; 28 καὶ
περὶ ἐνδύματος τί μεριμνᾶτε; καταμάθετε τὰ κρίνα τοῦ ἀγροῦ πῶς αὐ-
ξάνει· οὐ κοπιᾷ οὐδὲ νήθει· 29 λέγω δὲ ὑμῖν ὅτι οὐδὲ Σολομὼν ἐν πάσῃ
τῇ δόξῃ αὐτοῦ περιεβάλετο ὡς ἓν τούτων. 30 Εἰ δὲ τὸν χόρτον τοῦ ἀ-
γροῦ, σήμερον ὄντα καὶ αὔριον εἰς κλίβανον βαλλόμενον, ὁ Θεὸς οὕτως
ἀμφιέννυσιν, οὐ πολλῷ μᾶλλον ὑμᾶς, ὀλιγόπιστοι; 31 μὴ οὖν μεριμνή-
σητε λέγοντες, τί φάγωμεν ἢ τί πίωμεν ἢ τί περιβαλώμεθα; 32 πάντα
γὰρ ταῦτα τὰ ἔθνη ἐπιζητεῖ· οἶδε γὰρ ὁ πατὴρ ὑμῶν ὁ οὐράνιος ὅτι χρῄ-
ζετε τούτων ἁπάντων. 33 ζητεῖτε δὲ πρῶτον τὴν βασιλείαν τοῦ Θεοῦ
καὶ τὴν δικαιοσύνην αὐτοῦ, καὶ ταῦτα πάντα προστεθήσεται ὑμῖν. 34
Μὴ οὖν μεριμνήσητε εἰς τὴν αὔριον· ἡ γὰρ αὔριον μεριμνήσει τὰ ἑαυ-
τῆς· ἀρκετὸν τῇ ἡμέρᾳ ἡ κακία αὐτῆς.

7

ΜΗ κρίνετε, ἵνα μὴ κριθῆτε· 2 ἐν ᾧ γὰρ κρίματι κρίνετε κριθήσεσθε,
καὶ ἐν ᾧ μέτρῳ μετρεῖτε μετρηθήσεται ὑμῖν. 3 τί δὲ βλέπεις τὸ
κάρφος τὸ ἐν τῷ ὀφθαλμῷ τοῦ ἀδελφοῦ σου, τὴν δὲ ἐν τῷ σῷ ὀ-
φθαλμῷ δοκὸν οὐ κατανοεῖς; 4 ἢ πῶς ἐρεῖς τῷ ἀδελφῷ σου, ἄφες ἐκβά-
λω τὸ κάρφος ἀπὸ τοῦ ὀφθαλμοῦ σου, καὶ ἰδοὺ ἡ δοκὸς ἐν τῷ ὀφθαλμῷ
σου; 5 ὑποκριτά, ἔκβαλε πρῶτον τὴν δοκὸν ἐκ τοῦ ὀφθαλμοῦ σου, καὶ
τότε διαβλέψεις ἐκβαλεῖν τὸ κάρφος ἐκ τοῦ ὀφθαλμοῦ τοῦ ἀδελφοῦ σου.
6 Μὴ δῶτε τὸ ἅγιον τοῖς κυσὶ μηδὲ βάλητε τοὺς μαργαρίτας ὑμῶν ἔμ-
προσθεν τῶν χοίρων, μήποτε καταπατήσωσιν αὐτοὺς ἐν τοῖς ποσὶν αὐ-
τῶν καὶ στραφέντες ῥήξωσιν ὑμᾶς.

7 Αἰτεῖτε, καὶ δοθήσεται ὑμῖν, ζητεῖτε, καὶ εὑρήσετε, κρούετε, καὶ ἀνοι-
γήσεται ὑμῖν· 8 πᾶς γὰρ ὁ αἰτῶν λαμβάνει καὶ ὁ ζητῶν εὑρίσκει καὶ τῷ
κρούοντι ἀνοιγήσεται. 9 ἢ τίς ἐστιν ἐξ ὑμῶν ἄνθρωπος, ὃν ἐὰν αἰτήσῃ ὁ
υἱὸς αὐτοῦ ἄρτον, μὴ λίθον ἐπιδώσει αὐτῷ; 10 καὶ ἐὰν ἰχθὺν αἰτήσῃ, μὴ
ὄφιν ἐπιδώσει αὐτῷ; 11 εἰ οὖν ὑμεῖς, πονηροὶ ὄντες, οἴδατε δόματα ἀγα-
θὰ διδόναι τοῖς τέκνοις ὑμῶν, πόσῳ μᾶλλον ὁ πατὴρ ὑμῶν ὁ ἐν τοῖς οὐ-
ρανοῖς δώσει ἀγαθὰ τοῖς αἰτοῦσιν αὐτόν;

12 Πάντα οὖν ὅσα ἂν θέλητε ἵνα ποιῶσιν ὑμῖν οἱ ἄνθρωποι, οὕτω καὶ ὑ-
μεῖς ποιεῖτε αὐτοῖς· οὗτος γάρ ἐστιν ὁ νόμος καὶ οἱ προφῆται.

13 Εἰσέλθετε διὰ τῆς στενῆς πύλης· ὅτι πλατεῖα ἡ πύλη καὶ εὐρύχωρος
ἡ ὁδὸς ἡ ἀπάγουσα εἰς τὴν ἀπώλειαν, καὶ πολλοί εἰσιν οἱ εἰσερχόμενοι
δι' αὐτῆς. 14 τί στενὴ ἡ πύλη καὶ τεθλιμμένη ἡ ὁδὸς ἡ ἀπάγουσα εἰς
τὴν ζωήν, καὶ ὀλίγοι εἰσὶν οἱ εὑρίσκοντες αὐτήν.

15 Προσέχετε δὲ ἀπὸ τῶν ψευδοπροφητῶν, οἵτινες ἔρχονται πρὸς ὑμᾶς
ἐν ἐνδύμασι προβάτων, ἔσωθεν δέ εἰσι λύκοι ἅρπαγες. 16 ἀπὸ τῶν καρ-
πῶν αὐτῶν ἐπιγνώσεσθε αὐτούς. μήτι συλλέγουσιν ἀπὸ ἀκανθῶν στα-
φυλὴν ἢ ἀπὸ τριβόλων σῦκα; 17 οὕτω πᾶν δένδρον ἀγαθὸν καρποὺς κα-
λοὺς ποιεῖ, τὸ δὲ σαπρὸν δένδρον καρποὺς πονηροὺς ποιεῖ. 18 οὐ δύναται
δένδρον ἀγαθὸν καρποὺς πονηροὺς ποιεῖν, οὐδὲ δένδρον σαπρὸν καρποὺς
καλοὺς ποιεῖν. 19 πᾶν δένδρον μὴ ποιοῦν καρπὸν καλὸν ἐκκόπτεται καὶ
εἰς πῦρ βάλλεται. 20 ἄραγε ἀπὸ τῶν καρπῶν αὐτῶν ἐπιγνώσεσθε αὐ-
τούς.

21 Οὐ πᾶς ὁ λέγων μοι Κύριε Κύριε, εἰσελεύσεται εἰς τὴν βασιλείαν
τῶν οὐρανῶν, ἀλλ' ὁ ποιῶν τὸ θέλημα τοῦ πατρός μου τοῦ ἐν οὐρανοῖς.
22 πολλοὶ ἐροῦσί μοι ἐν ἐκείνῃ τῇ ἡμέρᾳ· Κύριε Κύριε, οὐ τῷ σῷ ὀνό-
ματι προεφητεύσαμεν, καὶ τῷ σῷ ὀνόματι δαιμόνια ἐξεβάλομεν, καὶ τῷ
σῷ ὀνόματι δυνάμεις πολλὰς ἐποιήσαμεν; 23 καὶ τότε ὁμολογήσω αὐ-
τοῖς ὅτι οὐδέποτε ἔγνων ὑμᾶς· ἀποχωρεῖτε ἀπ' ἐμοῦ οἱ ἐργαζόμενοι τὴν
ἀνομίαν.

24 Πᾶς οὖν ὅστις ἀκούει μου τοὺς λόγους τούτους καὶ ποιεῖ αὐτούς, ὁ-
μοιώσω αὐτὸν ἀνδρὶ φρονίμῳ, ὅστις ᾠκοδόμησε τὴν οἰκίαν αὐτοῦ ἐπὶ
τὴν πέτραν· 25 καὶ κατέβη ἡ βροχὴ καὶ ἦλθον οἱ ποταμοὶ καὶ ἔπνευσαν
οἱ ἄνεμοι καὶ προσέπεσον τῇ οἰκίᾳ ἐκείνῃ, καὶ οὐκ ἔπεσε· τεθεμελίωτο
γὰρ ἐπὶ τὴν πέτραν. 26 καὶ πᾶς ὁ ἀκούων μου τοὺς λόγους τούτους καὶ
μὴ ποιῶν αὐτοὺς ὁμοιωθήσεται ἀνδρὶ μωρῷ, ὅστις ᾠκοδόμησε τὴν οἰκί-

αν αὐτοῦ ἐπὶ τὴν ἄμμον· 27 καὶ κατέβη ἡ βροχὴ καὶ ἦλθον οἱ ποταμοὶ
καὶ ἔπνευσαν οἱ ἄνεμοι καὶ προσέκοψαν τῇ οἰκίᾳ ἐκείνῃ, καὶ ἔπεσε, καὶ
ἦν ἡ πτῶσις αὐτῆς μεγάλη.

28 Καὶ ἐγένετο ὅτε συνετέλεσεν ὁ Ἰησοῦς τοὺς λόγους τούτους, ἐξε-
πλήσσοντο οἱ ὄχλοι ἐπὶ τῇ διδαχῇ αὐτοῦ· 29 ἦν γὰρ διδάσκων αὐτοὺς
ὡς ἐξουσίαν ἔχων, καὶ οὐχ ὡς οἱ γραμματεῖς.

8

ΚΑΤΑΒΑΝΤΙ δὲ αὐτῷ ἀπὸ τοῦ ὄρους ἠκολούθησαν αὐτῷ ὄχλοι πολ-
λοί. 2 Καὶ ἰδοὺ λεπρὸς ἐλθὼν προσεκύνει αὐτῷ λέγων· Κύριε, ἐὰν
θέλῃς, δύνασαί με καθαρίσαι. 3 καὶ ἐκτείνας τὴν χεῖρα ἥψατο αὐτοῦ
ὁ Ἰησοῦς λέγων· θέλω, καθαρίσθητι. καὶ εὐθέως ἐκαθαρίσθη αὐτοῦ ἡ
λέπρα. 4 καὶ λέγει αὐτῷ ὁ Ἰησοῦς· ὅρα μηδενὶ εἴπῃς, ἀλλὰ ὕπαγε σεαυ-
τὸν δεῖξον τῷ ἱερεῖ καὶ προσένεγκε τὸ δῶρον ὃ προσέταξε Μωσῆς εἰς
μαρτύριον αὐτοῖς.

5 Εἰσελθόντι δὲ αὐτῷ εἰς Καπερναοὺμ προσῆλθεν αὐτῷ ἑκατόνταρχος
παρακαλῶν αὐτὸν καὶ λέγων· 6 Κύριε, ὁ παῖς μου βέβληται ἐν τῇ οἰκίᾳ
παραλυτικός, δεινῶς βασανιζόμενος. 7 καὶ λέγει αὐτῷ ὁ Ἰησοῦς· ἐγὼ
ἐλθὼν θεραπεύσω αὐτόν. 8 καὶ ἀποκριθεὶς ὁ ἑκατόνταρχος ἔφη· Κύριε,
οὐκ εἰμὶ ἱκανὸς ἵνα μου ὑπὸ τὴν στέγην εἰσέλθῃς· ἀλλὰ μόνον εἰπὲ λό-
γῳ, καὶ ἰαθήσεται ὁ παῖς μου. 9 καὶ γὰρ ἐγὼ ἄνθρωπός εἰμι ὑπὸ ἐξουσί-
αν, ἔχων ὑπ' ἐμαυτὸν στρατιώτας, καὶ λέγω τούτῳ, πορεύθητι, καὶ πο-
ρεύεται, καὶ ἄλλῳ, ἔρχου, καὶ ἔρχεται, καὶ τῷ δούλῳ μου, ποίησον τοῦ-
το, καὶ ποιεῖ. 10 ἀκούσας δὲ ὁ Ἰησοῦς ἐθαύμασε καὶ εἶπε τοῖς ἀκολου-
θοῦσιν· ἀμὴν λέγω ὑμῖν, οὐδὲ ἐν τῷ Ἰσραὴλ τοσαύτην πίστιν εὗρον. 11
λέγω δὲ ὑμῖν ὅτι πολλοὶ ἀπὸ ἀνατολῶν καὶ δυσμῶν ἥξουσι καὶ ἀνακλι-
θήσονται μετὰ Ἀβραὰμ καὶ Ἰσαὰκ καὶ Ἰακὼβ ἐν τῇ βασιλείᾳ τῶν οὐ-
ρανῶν, 12 οἱ δὲ υἱοὶ τῆς βασιλείας ἐκβληθήσονται εἰς τὸ σκότος τὸ ἐξώ-
τερον· ἐκεῖ ἔσται ὁ κλαυθμὸς καὶ ὁ βρυγμὸς τῶν ὀδόντων. 13 καὶ εἶπεν ὁ
Ἰησοῦς τῷ ἑκατοντάρχῳ· ὕπαγε, καὶ ὡς ἐπίστευσας γενηθήτω σοι. καὶ
ἰάθη ὁ παῖς αὐτοῦ ἐν τῇ ὥρᾳ ἐκείνῃ.

14 Καὶ ἐλθὼν ὁ Ἰησοῦς εἰς τὴν οἰκίαν Πέτρου εἶδε τὴν πενθερὰν αὐτοῦ
βεβλημένην καὶ πυρέσσουσαν· 15 καὶ ἥψατο τῆς χειρὸς αὐτῆς, καὶ ἀ-

φῆκεν αὐτὴν ὁ πυρετὸς καὶ ἠγέρθη καὶ διηκόνει αὐτῷ. 16 Ὀψίας δὲ γε-
νομένης προσήνεγκαν αὐτῷ δαιμονιζομένους πολλούς, καὶ ἐξέβαλε τὰ
πνεύματα λόγῳ καὶ πάντας τοὺς κακῶς ἔχοντας ἐθεράπευσεν, 17 ὅπως
πληρωθῇ τὸ ρηθὲν διὰ Ἡσαΐου τοῦ προφήτου λέγοντος· αὐτὸς τὰς ἀσθε-
νείας ἡμῶν ἔλαβε καὶ τὰς νόσους ἐβάστασεν.

18 Ἰδὼν δὲ ὁ Ἰησοῦς πολλοὺς ὄχλους περὶ αὐτὸν ἐκέλευσεν ἀπελθεῖν
εἰς τὸ πέραν. 19 Καὶ προσελθὼν εἷς γραμματεὺς εἶπεν αὐτῷ· διδάσκα-
λε, ἀκολουθήσω σοι ὅπου ἐὰν ἀπέρχῃ. 20 καὶ λέγει αὐτῷ ὁ Ἰησοῦς· αἱ
ἀλώπεκες φωλεοὺς ἔχουσι καὶ τὰ πετεινὰ τοῦ οὐρανοῦ κατασκηνώσεις,
ὁ δὲ υἱὸς τοῦ ἀνθρώπου οὐκ ἔχει ποῦ τὴν κεφαλὴν κλίνῃ. 21 Ἕτερος δὲ
τῶν μαθητῶν αὐτοῦ εἶπεν αὐτῷ· Κύριε, ἐπίτρεψόν μοι πρῶτον ἀπελθεῖν
καὶ θάψαι τὸν πατέρα μου. 22 ὁ δὲ Ἰησοῦς εἶπεν αὐτῷ· ἀκολούθει μοι,
καὶ ἄφες τοὺς νεκροὺς θάψαι τοὺς ἑαυτῶν νεκρούς.

23 Καὶ ἐμβάντι αὐτῷ εἰς τὸ πλοῖον ἠκολούθησαν αὐτῷ οἱ μαθηταὶ αὐ-
τοῦ. 24 καὶ ἰδοὺ σεισμὸς μέγας ἐγένετο ἐν τῇ θαλάσσῃ, ὥστε τὸ πλοῖον
καλύπτεσθαι ὑπὸ τῶν κυμάτων· αὐτὸς δὲ ἐκάθευδε. 25 καὶ προσελθόν-
τες οἱ μαθηταὶ αὐτοῦ ἤγειραν αὐτὸν λέγοντες· Κύριε, σῶσον ἡμᾶς, ἀ-
πολλύμεθα. 26 καὶ λέγει αὐτοῖς· τί δειλοί ἐστε, ὀλιγόπιστοι; τότε ἐγερ-
θεὶς ἐπετίμησε τοῖς ἀνέμοις καὶ τῇ θαλάσσῃ, καὶ ἐγένετο γαλήνη μεγά-
λη. 27 οἱ δὲ ἄνθρωποι ἐθαύμασαν λέγοντες· ποταπός ἐστιν οὗτος, ὅτι
καὶ οἱ ἄνεμοι καὶ ἡ θάλασσα ὑπακούουσιν αὐτῷ;

28 Καὶ ἐλθόντι αὐτῷ εἰς τὸ πέραν εἰς τὴν χώραν τῶν Γεργεσηνῶν ὑ-
πήντησαν αὐτῷ δύο δαιμονιζόμενοι ἐκ τῶν μνημείων ἐξερχόμενοι, χα-
λεποὶ λίαν, ὥστε μὴ ἰσχύειν τινὰ παρελθεῖν διὰ τῆς ὁδοῦ ἐκείνης. 29 καὶ
ἰδοὺ ἔκραξαν λέγοντες· τί ἡμῖν καὶ σοί, Ἰησοῦ υἱὲ τοῦ Θεοῦ; ἦλθες ὧδε
πρὸ καιροῦ βασανίσαι ἡμᾶς; 30 ἦν δὲ μακρὰν ἀπ' αὐτῶν ἀγέλη χοίρων
πολλῶν βοσκομένη. 31 οἱ δὲ δαίμονες παρεκάλουν αὐτὸν λέγοντες· εἰ
ἐκβάλλεις ἡμᾶς, ἐπίτρεψον ἡμῖν ἀπελθεῖν εἰς τὴν ἀγέλην τῶν χοίρων.
32 καὶ εἶπεν αὐτοῖς· ὑπάγετε. οἱ δὲ ἐξελθόντες ἀπῆλθον εἰς τὴν ἀγέλην
τῶν χοίρων· καὶ ἰδοὺ ὥρμησε πᾶσα ἡ ἀγέλη τῶν χοίρων κατὰ τοῦ κρη-
μνοῦ εἰς τὴν θάλασσαν καὶ ἀπέθανον ἐν τοῖς ὕδασιν. 33 οἱ δὲ βόσκοντες
ἔφυγον, καὶ ἀπελθόντες εἰς τὴν πόλιν ἀπήγγειλαν πάντα καὶ τὰ τῶν
δαιμονιζομένων. 34 καὶ ἰδοὺ πᾶσα ἡ πόλις ἐξῆλθεν εἰς συνάντησιν τῷ
Ἰησοῦ, καὶ ἰδόντες αὐτὸν παρεκάλεσαν ὅπως μεταβῇ ἀπὸ τῶν ὁρίων αὐ-
τῶν.

9

ΚΑΙ ἐμβὰς εἰς πλοῖον διεπέρασε καὶ ἦλθεν εἰς τὴν ἰδίαν πόλιν. 2 Καὶ
ἰδοὺ προσέφερον αὐτῷ παραλυτικὸν ἐπὶ κλίνης βεβλημένον· καὶ ἰ-
δὼν ὁ Ἰησοῦς τὴν πίστιν αὐτῶν εἶπε τῷ παραλυτικῷ· θάρσει, τέ-
κνον· ἀφέωνταί σοι αἱ ἁμαρτίαι σου. 3 καὶ ἰδού τινες τῶν γραμματέων
εἶπον ἐν ἑαυτοῖς· οὗτος βλασφημεῖ. 4 καὶ ἰδὼν ὁ Ἰησοῦς τὰς ἐνθυμήσεις
αὐτῶν εἶπεν· ἵνα τί ὑμεῖς ἐνθυμεῖσθε πονηρὰ ἐν ταῖς καρδίαις ὑμῶν; 5 τί
γάρ ἐστιν εὐκοπώτερον, εἰπεῖν, ἀφέωνταί σου αἱ ἁμαρτίαι, ἢ εἰπεῖν, ἔ-
γειρε καὶ περιπάτει; 6 ἵνα δὲ εἰδῆτε ὅτι ἐξουσίαν ἔχει ὁ υἱὸς τοῦ ἀνθρώ-
που ἐπὶ τῆς γῆς ἀφιέναι ἁμαρτίας — τότε λέγει τῷ παραλυτικῷ· ἐγερ-
θεὶς ἆρόν σου τὴν κλίνην καὶ ὕπαγε εἰς τὸν οἶκόν σου. 7 καὶ ἐγερθεὶς ἀ-
πῆλθεν εἰς τὸν οἶκον αὐτοῦ. 8 ἰδόντες δὲ οἱ ὄχλοι ἐθαύμασαν καὶ ἐδόξα-
σαν τὸν Θεὸν τὸν δόντα ἐξουσίαν τοιαύτην τοῖς ἀνθρώποις.

9 Καὶ παράγων ὁ Ἰησοῦς ἐκεῖθεν εἶδεν ἄνθρωπον καθήμενον ἐπὶ τὸ τε-
λώνιον, Ματθαῖον λεγόμενον, καὶ λέγει αὐτῷ· ἀκολούθει μοι. καὶ ἀνα-
στὰς ἠκολούθησεν αὐτῷ. 10 Καὶ ἐγένετο αὐτοῦ ἀνακειμένου ἐν τῇ οἰ-
κίᾳ, καὶ ἰδοὺ πολλοὶ τελῶναι καὶ ἁμαρτωλοὶ ἐλθόντες συνανέκειντο τῷ
Ἰησοῦ καὶ τοῖς μαθηταῖς αὐτοῦ. 11 καὶ ἰδόντες οἱ Φαρισαῖοι εἶπον τοῖς
μαθηταῖς αὐτοῦ· διατί μετὰ τῶν τελωνῶν καὶ ἁμαρτωλῶν ἐσθίει ὁ διδά-
σκαλος ὑμῶν; 12 ὁ δὲ Ἰησοῦς ἀκούσας εἶπεν αὐτοῖς· οὐ χρείαν ἔχουσιν
οἱ ἰσχύοντες ἰατροῦ, ἀλλ' οἱ κακῶς ἔχοντες. 13 πορευθέντες δὲ μάθετε
τί ἐστιν ἔλεον θέλω καὶ οὐ θυσίαν. οὐ γὰρ ἦλθον καλέσαι δικαίους, ἀλλὰ
ἁμαρτωλοὺς εἰς μετάνοιαν.

14 Τότε προσέρχονται αὐτῷ οἱ μαθηταὶ Ἰωάννου λέγοντες· διατί ἡμεῖς
καὶ οἱ Φαρισαῖοι νηστεύομεν πολλά, οἱ δὲ μαθηταί σου οὐ νηστεύουσι;
15 καὶ εἶπεν αὐτοῖς ὁ Ἰησοῦς· μὴ δύνανται οἱ υἱοὶ τοῦ νυμφῶνος πενθεῖν
ἐφ' ὅσον χρόνον μετ' αὐτῶν ἐστιν ὁ νυμφίος; ἐλεύσονται δὲ ἡμέραι ὅταν
ἀπαρθῇ ἀπ' αὐτῶν ὁ νυμφίος, καὶ τότε νηστεύσουσιν. 16 οὐδεὶς δὲ ἐπι-
βάλλει ἐπίβλημα ράκους ἀγνάφου ἐπὶ ἱματίῳ παλαιῷ· αἴρει γὰρ τὸ
πλήρωμα αὐτοῦ ἀπὸ τοῦ ἱματίου, καὶ χεῖρον σχίσμα γίνεται. 17 οὐδὲ
βάλλουσιν οἶνον νέον εἰς ἀσκοὺς παλαιούς· εἰ δὲ μήγε, ρήγνυνται οἱ ἀ-
σκοί, καὶ ὁ οἶνος ἐκχεῖται καὶ οἱ ἀσκοὶ ἀπολοῦνται· ἀλλὰ οἶνον νέον εἰς
ἀσκοὺς βάλλουσι καινούς, καὶ ἀμφότεροι συντηροῦνται.

18 Ταῦτα αὐτοῦ λαλοῦντος αὐτοῖς ἰδοὺ ἄρχων εἷς προσελθὼν προσεκύ-
νει αὐτῷ λέγων ὅτι ἡ θυγάτηρ μου ἄρτι ἐτελεύτησεν· ἀλλὰ ἐλθὼν ἐπί-
θες τὴν χεῖρά σου ἐπ' αὐτὴν καὶ ζήσεται. 19 καὶ ἐγερθεὶς ὁ Ἰησοῦς ἠκο-
λούθησεν αὐτῷ καὶ οἱ μαθηταί αὐτοῦ. 20 Καὶ ἰδοὺ γυνή, αἱμορροοῦσα
δώδεκα ἔτη, προσελθοῦσα ὄπισθεν ἥψατο τοῦ κρασπέδου τοῦ ἱματίου
αὐτοῦ. 21 ἔλεγε γὰρ ἐν ἑαυτῇ, ἐὰν μόνον ἅψωμαι τοῦ ἱματίου αὐτοῦ,
σωθήσομαι. 22 ὁ δὲ Ἰησοῦς ἐπιστραφεὶς καὶ ἰδὼν αὐτὴν εἶπε· θάρσει,
θύγατερ· ἡ πίστις σου σέσωκέ σε. καὶ ἐσώθη ἡ γυνὴ ἀπὸ τῆς ὥρας ἐκεί-
νης. 23 Καὶ ἐλθὼν ὁ Ἰησοῦς εἰς τὴν οἰκίαν τοῦ ἄρχοντος καὶ ἰδὼν τοὺς
αὐλητὰς καὶ τὸν ὄχλον θορυβούμενον, λέγει αὐτοῖς· 24 ἀναχωρεῖτε· οὐ
γὰρ ἀπέθανε τὸ κοράσιον, ἀλλὰ καθεύδει. καὶ κατεγέλων αὐτοῦ. 25 ὅτε
δὲ ἐξεβλήθη ὁ ὄχλος, εἰσελθὼν ἐκράτησε τῆς χειρὸς αὐτῆς, καὶ ἠγέρθη
τὸ κοράσιον. 26 καὶ ἐξῆλθεν ἡ φήμη αὕτη εἰς ὅλην τὴν γῆν ἐκείνην.

27 Καὶ παράγοντι ἐκεῖθεν τῷ Ἰησοῦ ἠκολούθησαν αὐτῷ δύο τυφλοὶ
κράζοντες καὶ λέγοντες· ἐλέησον ἡμᾶς, υἱὲ Δαυΐδ. 28 ἐλθόντι δὲ εἰς τὴν
οἰκίαν προσῆλθον αὐτῷ οἱ τυφλοί, καὶ λέγει αὐτοῖς ὁ Ἰησοῦς· πιστεύετε
ὅτι δύναμαι τοῦτο ποιῆσαι; λέγουσιν αὐτῷ· ναί, Κύριε. 29 τότε ἥψατο
τῶν ὀφθαλμῶν αὐτῶν λέγων· κατὰ τὴν πίστιν ὑμῶν γενηθήτω ὑμῖν. 30
καὶ ἀνεῴχθησαν αὐτῶν οἱ ὀφθαλμοί· καὶ ἐνεβριμήσατο αὐτοῖς ὁ Ἰησοῦς
λέγων· ὁρᾶτε μηδεὶς γινωσκέτω. 31 οἱ δὲ ἐξελθόντες διεφήμισαν αὐτὸν
ἐν ὅλῃ τῇ γῇ ἐκείνῃ.

32 Αὐτῶν δὲ ἐξερχομένων ἰδοὺ προσήνεγκαν αὐτῷ ἄνθρωπον κωφὸν
δαιμονιζόμενον· 33 καὶ ἐκβληθέντος τοῦ δαιμονίου ἐλάλησεν ὁ κωφός,
καὶ ἐθαύμασαν οἱ ὄχλοι λέγοντες ὅτι οὐδέποτε ἐφάνη οὕτως ἐν τῷ Ἰσρα-
ήλ. 34 οἱ δὲ Φαρισαῖοι ἔλεγον· ἐν τῷ ἄρχοντι τῶν δαιμονίων ἐκβάλλει
τὰ δαιμόνια. 35 Καὶ περιῆγεν ὁ Ἰησοῦς τὰς πόλεις πάσας καὶ τὰς κώ-
μας διδάσκων ἐν ταῖς συναγωγαῖς αὐτῶν καὶ κηρύσσων τὸ εὐαγγέλιον
τῆς βασιλείας καὶ θεραπεύων πᾶσαν νόσον καὶ πᾶσαν μαλακίαν ἐν τῷ
λαῷ. 36 Ἰδὼν δὲ τοὺς ὄχλους ἐσπλαγχνίσθη περὶ αὐτῶν, ὅτι ἦσαν ἐ-
κλελυμένοι καὶ ἐρριμμένοι ὡς πρόβατα μὴ ἔχοντα ποιμένα. 37 τότε λέ-
γει τοῖς μαθηταῖς αὐτοῦ· ὁ μὲν θερισμὸς πολύς, οἱ δὲ ἐργάται ὀλίγοι. 38
δεήθητε οὖν τοῦ κυρίου τοῦ θερισμοῦ ὅπως ἐκβάλῃ ἐργάτας εἰς τὸν θερι-
σμὸν αὐτοῦ.

ΚΑΤΑ ΜΑΤΘΑΙΟΝ

10

ΚΑΙ προσκαλεσάμενος τοὺς δώδεκα μαθητὰς αὐτοῦ ἔδωκεν αὐτοῖς ἐξουσίαν πνευμάτων ἀκαθάρτων ὥστε ἐκβάλλειν αὐτὰ καὶ θεραπεύειν πᾶσαν νόσον καὶ πᾶσαν μαλακίαν. 2 Τῶν δὲ δώδεκα ἀποστόλων τὰ ὀνόματά εἰσι ταῦτα· πρῶτος Σίμων ὁ λεγόμενος Πέτρος καὶ Ἀνδρέας ὁ ἀδελφὸς αὐτοῦ, Ἰάκωβος ὁ τοῦ Ζεβεδαίου καὶ Ἰωάννης ὁ ἀδελφὸς αὐτοῦ, 3 Φίλιππος καὶ Βαρθολομαῖος, Θωμᾶς καὶ Ματθαῖος ὁ τελώνης, Ἰάκωβος ὁ τοῦ Ἀλφαίου καὶ Λεββαῖος ὁ ἐπικληθεὶς Θαδδαῖος, 4 Σίμων ὁ Κανανίτης καὶ Ἰούδας ὁ Ἰσκαριώτης ὁ καὶ παραδοὺς αὐτόν. 5 Τούτους τοὺς δώδεκα ἀπέστειλεν ὁ Ἰησοῦς παραγγείλας αὐτοῖς λέγων· εἰς ὁδὸν ἐθνῶν μὴ ἀπέλθητε καὶ εἰς πόλιν Σαμαρειτῶν μὴ εἰσέλθητε· 6 πορεύεσθε δὲ μᾶλλον πρὸς τὰ πρόβατα τὰ ἀπολωλότα οἴκου Ἰσραήλ. 7 Πορευόμενοι δὲ κηρύσσετε λέγοντες ὅτι ἤγγικεν ἡ βασιλεία τῶν οὐρανῶν. 8 ἀσθενοῦντας θεραπεύετε, λεπροὺς καθαρίζετε, νεκροὺς ἐγείρετε, δαιμόνια ἐκβάλλετε· δωρεὰν ἐλάβετε, δωρεὰν δότε. 9 μὴ κτήσησθε χρυσὸν μηδὲ ἄργυρον μηδὲ χαλκὸν εἰς τὰς ζώνας ὑμῶν, 10 μὴ πήραν εἰς ὁδὸν μηδὲ δύο χιτῶνας μηδὲ ὑποδήματα μηδὲ ῥάβδον· ἄξιος γάρ ἐστιν ὁ ἐργάτης τῆς τροφῆς αὐτοῦ. 11 εἰς ἣν δ' ἂν πόλιν ἢ κώμην εἰσέλθητε, ἐξετάσατε τίς ἐν αὐτῇ ἄξιός ἐστι, κἀκεῖ μείνατε ἕως ἂν ἐξέλθητε. 12 εἰσερχόμενοι δὲ εἰς τὴν οἰκίαν ἀσπάσασθε αὐτὴν λέγοντες· εἰρήνη τῷ οἴκῳ τούτῳ. 13 ἐὰν μὲν ᾖ ἡ οἰκία ἀξία, ἐλθέτω ἡ εἰρήνη ὑμῶν ἐπ' αὐτήν· ἐὰν δὲ μὴ ᾖ ἀξία, ἡ εἰρήνη ὑμῶν πρὸς ὑμᾶς ἐπιστραφήτω. 14 καὶ ὃς ἐὰν μὴ δέξηται ὑμᾶς μηδὲ ἀκούσῃ τοὺς λόγους ὑμῶν, ἐξερχόμενοι ἔξω τῆς οἰκίας ἢ τῆς πόλεως ἐκείνης ἐκτινάξατε τὸν κονιορτὸν τῶν ποδῶν ὑμῶν. 15 ἀμὴν λέγω ὑμῖν, ἀνεκτότερον ἔσται γῇ Σοδόμων καὶ Γομόρρας ἐν ἡμέρᾳ κρίσεως ἢ τῇ πόλει ἐκείνῃ. 16 Ἰδοὺ ἐγὼ ἀποστέλλω ὑμᾶς ὡς πρόβατα ἐν μέσῳ λύκων· γίνεσθε οὖν φρόνιμοι ὡς οἱ ὄφεις καὶ ἀκέραιοι ὡς αἱ περιστεραί. 17 Προσέχετε δὲ ἀπὸ τῶν ἀνθρώπων· παραδώσουσι γὰρ ὑμᾶς εἰς συνέδρια καὶ ἐν ταῖς συναγωγαῖς αὐτῶν μαστιγώσουσιν ὑμᾶς· 18 καὶ ἐπὶ ἡγεμόνας δὲ καὶ βασιλεῖς ἀχθήσεσθε ἕνεκεν ἐμοῦ εἰς μαρτύριον αὐτοῖς καὶ τοῖς ἔθνεσιν. 19 ὅταν δὲ παραδώσωσιν ὑμᾶς, μὴ μεριμνήσητε πῶς ἢ τί λαλήσετε· δοθήσεται γὰρ ὑμῖν ἐν ἐκείνῃ τῇ ὥρᾳ τί λαλήσετε. 20 οὐ γὰρ ὑμεῖς ἐστε οἱ λαλοῦντες, ἀλλὰ τὸ Πνεῦμα τοῦ πατρὸς ὑμῶν τὸ λαλοῦν ἐν ὑμῖν. 21 Παραδώσει δὲ ἀδελφὸς ἀδελφὸν εἰς θάνατον καὶ πατὴρ τέκνον, καὶ ἐπαναστήσονται τέκνα ἐπὶ γονεῖς καὶ θα-

νατώσουσιν αὐτούς· 22 καὶ ἔσεσθε μισούμενοι ὑπὸ πάντων διὰ τὸ ὄνομά
μου· ὁ δὲ ὑπομείνας εἰς τέλος, οὗτος σωθήσεται. 23 ὅταν δὲ διώκωσιν ὑ-
μᾶς ἐν τῇ πόλει ταύτῃ, φεύγετε εἰς τὴν ἄλλην· ἀμὴν γὰρ λέγω ὑμῖν, οὐ
μὴ τελέσητε τὰς πόλεις τοῦ Ἰσραὴλ ἕως ἂν ἔλθῃ ὁ υἱὸς τοῦ ἀνθρώπου.
24 Οὐκ ἔστι μαθητὴς ὑπὲρ τὸν διδάσκαλον οὐδὲ δοῦλος ὑπὲρ τὸν κύριον
αὐτοῦ. 25 ἀρκετὸν τῷ μαθητῇ ἵνα γένηται ὡς ὁ διδάσκαλος αὐτοῦ, καὶ
τῷ δούλῳ ὡς ὁ κύριος αὐτοῦ. εἰ τὸν οἰκοδεσπότην Βεελζεβοὺλ ἐκάλεσαν,
πόσῳ μᾶλλον τοὺς οἰκιακοὺς αὐτοῦ; 26 Μὴ οὖν φοβηθῆτε αὐτούς· οὐδὲν
γάρ ἐστι κεκαλυμμένον ὃ οὐκ ἀποκαλυφθήσεται, καὶ κρυπτὸν ὃ οὐ γνω-
σθήσεται. 27 ὃ λέγω ὑμῖν ἐν τῇ σκοτίᾳ, εἴπατε ἐν τῷ φωτί, καὶ ὃ εἰς τὸ
οὖς ἀκούετε, κηρύξατε ἐπὶ τῶν δωμάτων. 28 καὶ μὴ φοβηθῆτε ἀπὸ τῶν
ἀποκτεννόντων τὸ σῶμα, τὴν δὲ ψυχὴν μὴ δυναμένων ἀποκτεῖναι· φο-
βήθητε δὲ μᾶλλον τὸν δυνάμενον καὶ ψυχὴν καὶ σῶμα ἀπολέσαι ἐν γε-
έννῃ. 29 οὐχὶ δύο στρουθία ἀσσαρίου πωλεῖται; καὶ ἓν ἐξ αὐτῶν οὐ πε-
σεῖται ἐπὶ τὴν γῆν ἄνευ τοῦ πατρὸς ὑμῶν. 30 ὑμῶν δὲ καὶ αἱ τρίχες τῆς
κεφαλῆς πᾶσαι ἠριθμημέναι εἰσί. 31 μὴ οὖν φοβηθῆτε· πολλῶν στρου-
θίων διαφέρετε ὑμεῖς. 32 Πᾶς οὖν ὅστις ὁμολογήσει ἐν ἐμοὶ ἔμπροσθεν
τῶν ἀνθρώπων, ὁμολογήσω κἀγὼ ἐν αὐτῷ ἔμπροσθεν τοῦ πατρός μου
τοῦ ἐν οὐρανοῖς· 33 ὅστις δ' ἂν ἀρνήσηταί με ἔμπροσθεν τῶν ἀνθρώπων,
ἀρνήσομαι αὐτὸν κἀγὼ ἔμπροσθεν τοῦ πατρός μου τοῦ ἐν οὐρανοῖς. 34
Μὴ νομίσητε ὅτι ἦλθον βαλεῖν εἰρήνην ἐπὶ τὴν γῆν· οὐκ ἦλθον βαλεῖν
εἰρήνην, ἀλλὰ μάχαιραν. 35 ἦλθον γὰρ διχάσαι ἄνθρωπον κατὰ τοῦ πα-
τρὸς αὐτοῦ καὶ θυγατέρα κατὰ τῆς μητρὸς αὐτῆς καὶ νύμφην κατὰ τῆς
πενθερᾶς αὐτῆς· 36 καὶ ἐχθροὶ τοῦ ἀνθρώπου οἱ οἰκιακοὶ αὐτοῦ. 37 Ὁ
φιλῶν πατέρα ἢ μητέρα ὑπὲρ ἐμὲ οὐκ ἔστι μου ἄξιος· καὶ ὁ φιλῶν υἱὸν ἢ
θυγατέρα ὑπὲρ ἐμὲ οὐκ ἔστι μου ἄξιος· 38 καὶ ὃς οὐ λαμβάνει τὸν σταυ-
ρὸν αὐτοῦ καὶ ἀκολουθεῖ ὀπίσω μου, οὐκ ἔστι μου ἄξιος. 39 ὁ εὑρὼν τὴν
ψυχὴν αὐτοῦ ἀπολέσει αὐτήν, καὶ ὁ ἀπολέσας τὴν ψυχὴν αὐτοῦ ἕνεκεν
ἐμοῦ εὑρήσει αὐτήν. 40 Ὁ δεχόμενος ὑμᾶς ἐμὲ δέχεται, καὶ ὁ ἐμὲ δεχό-
μενος δέχεται τὸν ἀποστείλαντά με. 41 ὁ δεχόμενος προφήτην εἰς ὄνο-
μα προφήτου μισθὸν προφήτου λήψεται, καὶ ὁ δεχόμενος δίκαιον εἰς ὄ-
νομα δικαίου μισθὸν δικαίου λήψεται. 42 καὶ ὃς ἐὰν ποτίσῃ ἕνα τῶν μι-
κρῶν τούτων ποτήριον ψυχροῦ μόνον εἰς ὄνομα μαθητοῦ, ἀμὴν λέγω ὑ-
μῖν, οὐ μὴ ἀπολέσῃ τὸν μισθὸν αὐτοῦ.

ΚΑΤΑ ΜΑΤΘΑΙΟΝ

11

ΚΑΙ ἐγένετο ὅτε ἐτέλεσεν ὁ Ἰησοῦς διατάσσων τοῖς δώδεκα μαθηταῖς
αὐτοῦ μετέβη ἐκεῖθεν τοῦ διδάσκειν καὶ κηρύσσειν ἐν ταῖς πόλεσιν
αὐτῶν. 2 Ὁ δὲ Ἰωάννης ἀκούσας ἐν τῷ δεσμωτηρίῳ τὰ ἔργα τοῦ
Χριστοῦ, πέμψας δύο τῶν μαθητῶν αὐτοῦ 3 εἶπεν αὐτῷ· σὺ εἶ ὁ ἐρχόμε-
νος ἢ ἕτερον προσδοκῶμεν; 4 καὶ ἀποκριθεὶς ὁ Ἰησοῦς εἶπεν αὐτοῖς· πο-
ρευθέντες ἀπαγγείλατε Ἰωάννῃ ἃ ἀκούετε καὶ βλέπετε· 5 τυφλοὶ ἀνα-
βλέπουσι καὶ χωλοὶ περιπατοῦσι, λεπροὶ καθαρίζονται καὶ κωφοὶ ἀκού-
ουσι, νεκροὶ ἐγείρονται καὶ πτωχοὶ εὐαγγελίζονται· 6 καὶ μακάριός ἐστιν
ὃς ἐὰν μὴ σκανδαλισθῇ ἐν ἐμοί. 7 Τούτων δὲ πορευομένων ἤρξατο ὁ Ἰ-
ησοῦς λέγειν τοῖς ὄχλοις περὶ Ἰωάννου· τί ἐξήλθετε εἰς τὴν ἔρημον θεά-
σασθαι; κάλαμον ὑπὸ ἀνέμου σαλευόμενον; 8 ἀλλὰ τί ἐξήλθετε ἰδεῖν;
ἄνθρωπον ἐν μαλακοῖς ἱματίοις ἠμφιεσμένον; ἰδοὺ οἱ τὰ μαλακὰ φο-
ροῦντες ἐν τοῖς οἴκοις τῶν βασιλέων εἰσίν. 9 ἀλλὰ τί ἐξήλθετε ἰδεῖν;
προφήτην; ναὶ λέγω ὑμῖν, καὶ περισσότερον προφήτου. 10 οὗτος γάρ ἐ-
στι περὶ οὗ γέγραπται· ἰδοὺ ἐγὼ ἀποστέλλω τὸν ἄγγελόν μου πρὸ προ-
σώπου σου, ὃς κατασκευάσει τὴν ὁδόν σου ἔμπροσθέν σου. 11 ἀμὴν λέ-
γω ὑμῖν, οὐκ ἐγήγερται ἐν γεννητοῖς γυναικῶν μείζων Ἰωάννου τοῦ βα-
πτιστοῦ· ὁ δὲ μικρότερος ἐν τῇ βασιλείᾳ τῶν οὐρανῶν μείζων αὐτοῦ ἐ-
στιν. 12 ἀπὸ δὲ τῶν ἡμερῶν Ἰωάννου τοῦ βαπτιστοῦ ἕως ἄρτι ἡ βασι-
λεία τῶν οὐρανῶν βιάζεται, καὶ βιασταὶ ἁρπάζουσιν αὐτήν. 13 πάντες
γὰρ οἱ προφῆται καὶ ὁ νόμος ἕως Ἰωάννου προεφήτευσαν. 14 καὶ εἰ θέ-
λετε δέξασθαι, αὐτός ἐστιν Ἠλίας ὁ μέλλων ἔρχεσθαι. 15 ὁ ἔχων ὦτα
ἀκούειν ἀκουέτω. 16 Τίνι δὲ ὁμοιώσω τὴν γενεὰν ταύτην; ὁμοία ἐστὶ
παιδίοις καθημένοις ἐν ἀγοραῖς, ἃ προσφωνοῦντα τοῖς ἑταίροις αὐτῶν
λέγουσιν· 17 ηὐλήσαμεν ὑμῖν, καὶ οὐκ ὠρχήσασθε, ἐθρηνήσαμεν ὑμῖν,
καὶ οὐκ ἐκόψασθε. 18 ἦλθε γὰρ Ἰωάννης μήτε ἐσθίων μήτε πίνων, καὶ
λέγουσι· δαιμόνιον ἔχει. 19 ἦλθεν ὁ υἱὸς τοῦ ἀνθρώπου ἐσθίων καὶ πί-
νων, καὶ λέγουσιν· ἰδοὺ ἄνθρωπος φάγος καὶ οἰνοπότης, τελωνῶν φίλος
καὶ ἁμαρτωλῶν. καὶ ἐδικαιώθη ἡ σοφία ἀπὸ τῶν τέκνων αὐτῆς. 20 Τό-
τε ἤρξατο ὀνειδίζειν τὰς πόλεις ἐν αἷς ἐγένοντο αἱ πλεῖσται δυνάμεις
αὐτοῦ, ὅτι οὐ μετενόησαν· 21 οὐαί σοι, Χοραζίν, οὐαί σοι, Βηθσαϊδά· ὅτι
εἰ ἐν Τύρῳ καὶ Σιδῶνι ἐγενήθησαν αἱ δυνάμεις αἱ γενόμεναι ἐν ὑμῖν,
πάλαι ἂν ἐν σάκκῳ καὶ σποδῷ καθήμεναι μετενόησαν. 22 πλὴν λέγω ὑ-
μῖν, Τύρῳ καὶ Σιδῶνι ἀνεκτότερον ἔσται ἐν ἡμέρᾳ κρίσεως ἢ ὑμῖν. 23

καὶ σὺ Καπερναούμ, ἡ ἕως τοῦ οὐρανοῦ ὑψωθεῖσα, ἕως ᾅδου καταβιβασθήσῃ· ὅτι εἰ ἐν Σοδόμοις ἐγενήθησαν αἱ δυνάμεις αἱ γενόμεναι ἐν σοί, ἔμειναν ἂν μέχρι τῆς σήμερον. 24 πλὴν λέγω ὑμῖν ὅτι γῇ Σοδόμων ἀνεκτότερον ἔσται ἐν ἡμέρᾳ κρίσεως ἢ σοί. 25 Ἐν ἐκείνῳ τῷ καιρῷ ἀποκριθεὶς ὁ Ἰησοῦς εἶπεν· ἐξομολογοῦμαί σοι, πάτερ, κύριε τοῦ οὐρανοῦ καὶ τῆς γῆς, ὅτι ἀπέκρυψας ταῦτα ἀπὸ σοφῶν καὶ συνετῶν, καὶ ἀπεκάλυψας αὐτὰ νηπίοις· 26 ναί, ὁ πατήρ, ὅτι οὕτως ἐγένετο εὐδοκία ἔμπροσθέν σου. 27 Πάντα μοι παρεδόθη ὑπὸ τοῦ πατρός μου· καὶ οὐδεὶς ἐπιγινώσκει τὸν υἱὸν εἰ μὴ ὁ πατήρ, οὐδὲ τὸν πατέρα τις ἐπιγινώσκει εἰ μὴ ὁ υἱὸς καὶ ᾧ ἐὰν βούληται ὁ υἱὸς ἀποκαλύψαι. 28 Δεῦτε πρός με πάντες οἱ κοπιῶντες καὶ πεφορτισμένοι, κἀγὼ ἀναπαύσω ὑμᾶς. 29 ἄρατε τὸν ζυγόν μου ἐφ' ὑμᾶς καὶ μάθετε ἀπ' ἐμοῦ, ὅτι πρᾷός εἰμι καὶ ταπεινὸς τῇ καρδίᾳ, καὶ εὑρήσετε ἀνάπαυσιν ταῖς ψυχαῖς ὑμῶν· 30 ὁ γὰρ ζυγός μου χρηστὸς καὶ τὸ φορτίον μου ἐλαφρόν ἐστιν.

12

ΕΝ ἐκείνῳ τῷ καιρῷ ἐπορεύθη ὁ Ἰησοῦς τοῖς σάββασι διὰ τῶν σπορίμων· οἱ δὲ μαθηταὶ αὐτοῦ ἐπείνασαν, καὶ ἤρξαντο τίλλειν στάχυας καὶ ἐσθίειν. 2 οἱ δὲ Φαρισαῖοι ἰδόντες εἶπον αὐτῷ· ἰδοὺ οἱ μαθηταί σου ποιοῦσιν ὃ οὐκ ἔξεστι ποιεῖν ἐν σαββάτῳ. 3 ὁ δὲ εἶπεν αὐτοῖς· οὐκ ἀνέγνωτε τί ἐποίησε Δαυῒδ ὅτε ἐπείνασεν αὐτὸς καὶ οἱ μετ' αὐτοῦ; 4 πῶς εἰσῆλθεν εἰς τὸν οἶκον τοῦ Θεοῦ καὶ τοὺς ἄρτους τῆς προθέσεως ἔφαγεν, οὓς οὐκ ἐξὸν ἦν αὐτῷ φαγεῖν οὐδὲ τοῖς μετ' αὐτοῦ, εἰ μὴ μόνοις τοῖς ἱερεῦσι; 5 ἢ οὐκ ἀνέγνωτε ἐν τῷ νόμῳ ὅτι τοῖς σάββασιν οἱ ἱερεῖς ἐν τῷ ἱερῷ τὸ σάββατον βεβηλοῦσι, καὶ ἀναίτιοί εἰσι; 6 λέγω δὲ ὑμῖν ὅτι τοῦ ἱεροῦ μεῖζόν ἐστιν ὧδε. 7 εἰ δὲ ἐγνώκειτε τί ἐστιν ἔλεον θέλω καὶ οὐ θυσίαν, οὐκ ἂν κατεδικάσατε τοὺς ἀναιτίους. 8 κύριος γάρ ἐστιν ὁ υἱὸς τοῦ ἀνθρώπου καὶ τοῦ σαββάτου.

9 Καὶ μεταβὰς ἐκεῖθεν ἦλθεν εἰς τὴν συναγωγὴν αὐτῶν. 10 καὶ ἰδοὺ ἄνθρωπος ἦν ἐκεῖ τὴν χεῖρα ἔχων ξηράν· καὶ ἐπηρώτησαν αὐτὸν λέγοντες· εἰ ἔξεστι τοῖς σάββασι θεραπεύειν; ἵνα κατηγορήσωσιν αὐτοῦ. 11 ὁ δὲ εἶπεν αὐτοῖς· τίς ἔσται ἐξ ὑμῶν ἄνθρωπος ὃς ἕξει πρόβατον ἕν, καὶ ἐὰν ἐμπέσῃ τοῦτο τοῖς σάββασιν εἰς βόθυνον, οὐχὶ κρατήσει αὐτὸ καὶ ἐ-

γερεῖ; 12 πόσῳ οὖν διαφέρει ἄνθρωπος προβάτου; ὥστε ἔξεστι τοῖς σάβ-
βασι καλῶς ποιεῖν. 13 τότε λέγει τῷ ἀνθρώπῳ· ἔκτεινόν σου τὴν χεῖρα·
καὶ ἐξέτεινε, καὶ ἀποκατεστάθη ὑγιὴς ὡς ἡ ἄλλη.

14 Ἐξελθόντες δὲ οἱ Φαρισαῖοι συμβούλιον ἔλαβον κατ' αὐτοῦ, ὅπως
αὐτὸν ἀπολέσωσιν. 15 Ὁ δὲ Ἰησοῦς γνοὺς ἀνεχώρησεν ἐκεῖθεν· καὶ ἠ-
κολούθησαν αὐτῷ ὄχλοι πολλοί, καὶ ἐθεράπευσεν αὐτοὺς πάντας, 16 καὶ
ἐπετίμησεν αὐτοῖς ἵνα μὴ φανερὸν ποιήσωσιν αὐτόν, 17 ὅπως πληρωθῇ
τὸ ρηθὲν διὰ Ἡσαΐου τοῦ προφήτου λέγοντος· 18 ἰδοὺ ὁ παῖς μου, ὃν ἡ-
ρέτισα, ὁ ἀγαπητός μου, εἰς ὃν εὐδόκησεν ἡ ψυχή μου· θήσω τὸ πνεῦμά
μου ἐπ' αὐτόν, καὶ κρίσιν τοῖς ἔθνεσιν ἀπαγγελεῖ· 19 οὐκ ἐρίσει οὐδὲ
κραυγάσει, οὐδὲ ἀκούσει τις ἐν ταῖς πλατείαις τὴν φωνήν αὐτοῦ. 20 κά-
λαμον συντετριμμένον οὐ κατεάξει καὶ λίνον τυφόμενον οὐ σβέσει, ἕως
ἂν ἐκβάλῃ εἰς νῖκος τὴν κρίσιν. 21 καὶ τῷ ὀνόματι αὐτοῦ ἔθνη ἐλπιοῦσι.

22 Τότε προσηνέχθη αὐτῷ δαιμονιζόμενος τυφλὸς καὶ κωφός, καὶ ἐθε-
ράπευσεν αὐτόν, ὥστε τὸν τυφλὸν καὶ κωφὸν καὶ λαλεῖν καὶ βλέπειν· 23
καὶ ἐξίσταντο πάντες οἱ ὄχλοι καὶ ἔλεγον· μήτι οὗτός ἐστιν ὁ Χριστὸς ὁ
υἱὸς Δαυΐδ; 24 οἱ δὲ Φαρισαῖοι ἀκούσαντες εἶπον· οὗτος οὐκ ἐκβάλλει τὰ
δαιμόνια εἰμὴ ἐν τῷ Βεελζεβούλ, ἄρχοντι τῶν δαιμονίων. 25 εἰδὼς δὲ ὁ
Ἰησοῦς τὰς ἐνθυμήσεις αὐτῶν εἶπεν αὐτοῖς· πᾶσα βασιλεία μερισθεῖσα
καθ' ἑαυτὴν ἐρημοῦται, καὶ πᾶσα πόλις ἢ οἰκία μερισθεῖσα καθ' ἑαυτὴν
οὐ σταθήσεται. 26 καὶ εἰ ὁ σατανᾶς τὸν σατανᾶν ἐκβάλλει, ἐφ' ἑαυτὸν ἐ-
μερίσθη· πῶς οὖν σταθήσεται ἡ βασιλεία αὐτοῦ; 27 καὶ εἰ ἐγὼ ἐν Βεελ-
ζεβοὺλ ἐκβάλλω τὰ δαιμόνια, οἱ υἱοὶ ὑμῶν ἐν τίνι ἐκβαλοῦσι; διὰ τοῦτο
αὐτοὶ κριταὶ ἔσονται ὑμῶν. 28 εἰ δὲ ἐγὼ ἐν Πνεύματι Θεοῦ ἐκβάλλω τὰ
δαιμόνια, ἄρα ἔφθασεν ἐφ' ὑμᾶς ἡ βασιλεία τοῦ Θεοῦ. 29 ἢ πῶς δύναταί
τις εἰσελθεῖν εἰς τὴν οἰκίαν τοῦ ἰσχυροῦ καὶ τὰ σκεύη αὐτοῦ ἁρπάσαι,
ἐὰν μὴ πρῶτον δήσῃ τὸν ἰσχυρόν; καὶ τότε τὴν οἰκίαν αὐτοῦ διαρπάσει.
30 ὁ μὴ ὢν μετ' ἐμοῦ κατ' ἐμοῦ ἐστι, καὶ ὁ μὴ συνάγων μετ' ἐμοῦ
σκορπίζει. 31 Διὰ τοῦτο λέγω ὑμῖν, πᾶσα ἁμαρτία καὶ βλασφημία ἀφε-
θήσεται τοῖς ἀνθρώποις, ἡ δὲ τοῦ Πνεύματος βλασφημία οὐκ ἀφεθήσε-
ται τοῖς ἀνθρώποις· 32 καὶ ὃς ἐὰν εἴπῃ λόγον κατὰ τοῦ υἱοῦ τοῦ ἀνθρώ-
που, ἀφεθήσεται αὐτῷ· ὃς δ' ἂν εἴπῃ κατὰ τοῦ Πνεύματος τοῦ Ἁγίου,
οὐκ ἀφεθήσεται αὐτῷ οὔτε ἐν τῷ νῦν αἰῶνι οὔτε ἐν τῷ μέλλοντι. 33 Ἢ
ποιήσατε τὸ δένδρον καλόν, καὶ τὸν καρπόν αὐτοῦ καλόν, ἢ ποιήσατε τὸ
δένδρον σαπρόν, καὶ τὸν καρπὸν αὐτοῦ σαπρόν· ἐκ γὰρ τοῦ καρποῦ τὸ
δένδρον γινώσκεται. 34 γεννήματα ἐχιδνῶν, πῶς δύνασθε ἀγαθὰ λαλεῖν

πονηροὶ ὄντες; ἐκ γὰρ τοῦ περισσεύματος τῆς καρδίας τὸ στόμα λαλεῖ.
35 ὁ ἀγαθὸς ἄνθρωπος ἐκ τοῦ ἀγαθοῦ θησαυροῦ ἐκβάλλει ἀγαθά, καὶ ὁ
πονηρὸς ἄνθρωπος ἐκ τοῦ πονηροῦ θησαυροῦ ἐκβάλλει πονηρά. 36 λέγω
δὲ ὑμῖν ὅτι πᾶν ῥῆμα ἀργὸν ὃ ἐὰν λαλήσωσιν οἱ ἄνθρωποι, ἀποδώσουσι
περὶ αὐτοῦ λόγον ἐν ἡμέρᾳ κρίσεως· 37 ἐκ γὰρ τῶν λόγων σου δικαιω-
θήσῃ καὶ ἐκ τῶν λόγων σου καταδικασθήσῃ.

38 Τότε ἀπεκρίθησάν τινες τῶν γραμματέων καὶ Φαρισαίων λέγοντες·
διδάσκαλε, θέλομεν ἀπὸ σοῦ σημεῖον ἰδεῖν. 39 ὁ δὲ ἀποκριθεὶς εἶπεν αὐ-
τοῖς· γενεὰ πονηρὰ καὶ μοιχαλὶς σημεῖον ἐπιζητεῖ, καὶ σημεῖον οὐ δοθή-
σεται αὐτῇ εἰμὴ τὸ σημεῖον Ἰωνᾶ τοῦ προφήτου. 40 ὥσπερ γὰρ ἐγένετο
Ἰωνᾶς ὁ προφήτης ἐν τῇ κοιλίᾳ τοῦ κήτους τρεῖς ἡμέρας καὶ τρεῖς νύ-
κτας, οὕτως ἔσται καὶ ὁ υἱὸς τοῦ ἀνθρώπου ἐν τῇ καρδίᾳ τῆς γῆς τρεῖς
ἡμέρας καὶ τρεῖς νύκτας. 41 ἄνδρες Νινευῖται ἀναστήσονται ἐν τῇ κρί-
σει μετὰ τῆς γενεᾶς ταύτης καὶ κατακρινοῦσιν αὐτήν, ὅτι μετενόησαν
εἰς τὸ κήρυγμα Ἰωνᾶ, καὶ ἰδοὺ πλεῖον Ἰωνᾶ ὧδε. 42 βασίλισσα νότου ἐ-
γερθήσεται ἐν τῇ κρίσει μετὰ τῆς γενεᾶς ταύτης καὶ κατακρινεῖ αὐτήν,
ὅτι ἦλθεν ἐκ τῶν περάτων τῆς γῆς ἀκοῦσαι τὴν σοφίαν Σολομῶνος, καὶ
ἰδοὺ πλεῖον Σολομῶνος ὧδε.

43 Ὅταν δὲ τὸ ἀκάθαρτον πνεῦμα ἐξέλθῃ ἀπὸ τοῦ ἀνθρώπου, διέρχεται
δι᾽ ἀνύδρων τόπων ζητοῦν ἀνάπαυσιν, καὶ οὐχ εὑρίσκει. 44 τότε λέγει·
εἰς τὸν οἶκόν μου ἐπιστρέψω ὅθεν ἐξῆλθον· καὶ ἐλθὸν εὑρίσκει σχολάζον-
τα καὶ σεσαρωμένον καὶ κεκοσμημένον. 45 τότε πορεύεται καὶ παρα-
λαμβάνει μεθ᾽ ἑαυτοῦ ἑπτὰ ἕτερα πνεύματα πονηρότερα ἑαυτοῦ, καὶ εἰ-
σελθόντα κατοικεῖ ἐκεῖ, καὶ γίνεται τὰ ἔσχατα τοῦ ἀνθρώπου ἐκείνου
χείρονα τῶν πρώτων. οὕτως ἔσται καὶ τῇ γενεᾷ τῇ πονηρᾷ ταύτῃ.

46 Ἔτι δὲ αὐτοῦ λαλοῦντος τοῖς ὄχλοις ἰδοὺ ἡ μήτηρ καὶ οἱ ἀδελφοὶ
αὐτοῦ εἱστήκεισαν ἔξω, ζητοῦντες λαλῆσαι αὐτῷ. 47 εἶπε δέ τις αὐτῷ·
ἰδοὺ ἡ μήτηρ σου καὶ οἱ ἀδελφοί σου ἑστήκασιν ἔξω ζητοῦντές σε ἰδεῖν.
48 ὁ δὲ ἀποκριθεὶς εἶπε τῷ λέγοντι αὐτῷ· τίς ἐστιν ἡ μήτηρ μου καὶ τί-
νες εἰσὶν οἱ ἀδελφοί μου; 49 καὶ ἐκτείνας τὴν χεῖρα αὐτοῦ ἐπὶ τοὺς μα-
θητὰς αὐτοῦ ἔφη· ἰδοὺ ἡ μήτηρ μου καὶ οἱ ἀδελφοί μου· 50 ὅστις γὰρ ἂν
ποιήσῃ τὸ θέλημα τοῦ πατρός μου τοῦ ἐν οὐρανοῖς, αὐτός μου ἀδελφὸς
καὶ ἀδελφὴ καὶ μήτηρ ἐστίν.

13

ΕΝ δὲ τῇ ἡμέρᾳ ἐκείνῃ ἐξελθὼν ὁ Ἰησοῦς τῆς οἰκίας ἐκάθητο παρὰ
τὴν θάλασσαν· 2 καὶ συνήχθησαν πρὸς αὐτὸν ὄχλοι πολλοί, ὥστε
αὐτὸν εἰς πλοῖον ἐμβάντα καθῆσθαι, καὶ πᾶς ὁ ὄχλος ἐπὶ τὸν αἰγια-
λὸν εἱστήκει. 3 καὶ ἐλάλησεν αὐτοῖς πολλὰ ἐν παραβολαῖς λέγων· 4 ἰ-
δοὺ ἐξῆλθεν ὁ σπείρων τοῦ σπεῖραι. καὶ ἐν τῷ σπείρειν αὐτὸν ἃ μὲν ἔπε-
σε παρὰ τὴν ὁδόν, καὶ ἐλθόντα τὰ πετεινὰ κατέφαγεν αὐτά· 5 ἄλλα δὲ ἔ-
πεσεν ἐπὶ τὰ πετρώδη, ὅπου οὐκ εἶχε γῆν πολλήν, καὶ εὐθέως ἐξανέτει-
λε διὰ τὸ μὴ ἔχειν βάθος γῆς, 6 ἡλίου δὲ ἀνατείλαντος ἐκαυματίσθη,
καὶ διὰ τὸ μὴ ἔχειν ῥίζαν ἐξηράνθη· 7 ἄλλα δὲ ἔπεσεν ἐπὶ τὰς ἀκάνθας,
καὶ ἀνέβησαν αἱ ἄκανθαι καὶ ἀπέπνιξαν αὐτά· 8 ἄλλα δὲ ἔπεσεν ἐπὶ τὴν
γῆν τὴν καλὴν καὶ ἐδίδου καρπὸν ὃ μὲν ἑκατόν, ὃ δὲ ἑξήκοντα, ὃ δὲ τρι-
άκοντα. 9 ὁ ἔχων ὦτα ἀκούειν ἀκουέτω.

10 Καὶ προσελθόντες οἱ μαθηταὶ εἶπον αὐτῷ· διατί ἐν παραβολαῖς λα-
λεῖς αὐτοῖς; 11 ὁ δὲ ἀποκριθεὶς εἶπεν αὐτοῖς· ὅτι ὑμῖν δέδοται γνῶναι τὰ
μυστήρια τῆς βασιλείας τῶν οὐρανῶν, ἐκείνοις δὲ οὐ δέδοται. 12 ὅστις
γὰρ ἔχει, δοθήσεται αὐτῷ καὶ περισσευθήσεται· ὅστις δὲ οὐκ ἔχει, καὶ ὃ
ἔχει ἀρθήσεται ἀπ' αὐτοῦ. 13 διὰ τοῦτο ἐν παραβολαῖς αὐτοῖς λαλῶ, ἵνα
βλέποντες μὴ βλέπωσι καὶ ἀκούοντες μὴ ἀκούωσι μηδὲ συνῶσι, 14 μή-
ποτε ἐπιστρέψωσι· καὶ τότε πληρωθήσεται αὐτοῖς ἡ προφητεία Ἡσαΐου
ἡ λέγουσα· ἀκοῇ ἀκούσετε καὶ οὐ μὴ συνῆτε, καὶ βλέποντες βλέψετε
καὶ οὐ μὴ ἴδητε· 15 ἐπαχύνθη γὰρ ἡ καρδία τοῦ λαοῦ τούτου, καὶ τοῖς
ὠσὶ βαρέως ἤκουσαν, καὶ τοὺς ὀφθαλμοὺς αὐτῶν ἐκάμμυσαν, μήποτε ἴ-
δωσι τοῖς ὀφθαλμοῖς καὶ τοῖς ὠσὶν ἀκούσωσι καὶ τῇ καρδίᾳ συνῶσι καὶ
ἐπιστρέψωσι, καὶ ἰάσομαι αὐτούς. 16 Ὑμῶν δὲ μακάριοι οἱ ὀφθαλμοί,
ὅτι βλέπουσι, καὶ τὰ ὦτα ὑμῶν, ὅτι ἀκούουσιν. 17 ἀμὴν γὰρ λέγω ὑμῖν
ὅτι πολλοὶ προφῆται καὶ δίκαιοι ἐπεθύμησαν ἰδεῖν ἃ βλέπετε, καὶ οὐκ εἶ-
δον, καὶ ἀκοῦσαι ἃ ἀκούετε, καὶ οὐκ ἤκουσαν.

18 Ὑμεῖς οὖν ἀκούσατε τὴν παραβολὴν τοῦ σπείραντος. 19 παντὸς ἀ-
κούοντος τὸν λόγον τῆς βασιλείας καὶ μὴ συνιέντος, ἔρχεται ὁ πονηρὸς
καὶ αἴρει τὸ ἐσπαρμένον ἐν τῇ καρδίᾳ αὐτοῦ· οὗτός ἐστιν ὁ παρὰ τὴν ὁ-
δὸν σπαρείς. 20 ὁ δὲ ἐπὶ τὰ πετρώδη σπαρείς, οὗτός ἐστιν ὁ τὸν λόγον ἀ-
κούων καὶ εὐθέως μετὰ χαρᾶς δεχόμενος καὶ λαμβάνων αὐτόν· 21 οὐκ
ἔχει δὲ ῥίζαν ἐν ἑαυτῷ, ἀλλὰ πρόσκαιρός ἐστι, γενομένης δὲ θλίψεως ἢ

διωγμοῦ διὰ τὸν λόγον εὐθὺς σκανδαλίζεται. 22 ὁ δὲ εἰς τὰς ἀκάνθας
σπαρείς, οὗτός ἐστιν ὁ τὸν λόγον ἀκούων καὶ ἡ μέριμνα τοῦ αἰῶνος τού-
του καὶ ἡ ἀπάτη τοῦ πλούτου συμπνίγει τὸν λόγον, καὶ ἄκαρπος γίνεται.
23 ὁ δὲ ἐπὶ τὴν γῆν τὴν καλὴν σπαρείς, οὗτός ἐστιν ὁ τὸν λόγον ἀκούων
καὶ συνιῶν· ὃς δὴ καρποφορεῖ καὶ ποιεῖ ὃ μὲν ἑκατόν, ὃ δὲ ἑξήκοντα, ὃ δὲ
τριάκοντα.

24 Ἄλλην παραβολὴν παρέθηκεν αὐτοῖς λέγων· ὡμοιώθη ἡ βασιλεία
τῶν οὐρανῶν ἀνθρώπῳ σπείραντι καλὸν σπέρμα ἐν τῷ ἀγρῷ αὐτοῦ· 25
ἐν δὲ τῷ καθεύδειν τοὺς ἀνθρώπους ἦλθεν αὐτοῦ ὁ ἐχθρὸς καὶ ἔσπειρε
ζιζάνια ἀνὰ μέσον τοῦ σίτου καὶ ἀπῆλθεν. 26 ὅτε δὲ ἐβλάστησεν ὁ χόρ-
τος καὶ καρπὸν ἐποίησε, τότε ἐφάνη καὶ τὰ ζιζάνια. 27 προσελθόντες δὲ
οἱ δοῦλοι τοῦ οἰκοδεσπότου εἶπον αὐτῷ· κύριε, οὐχὶ καλὸν σπέρμα ἔσπει-
ρας ἐν τῷ σῷ ἀγρῷ; πόθεν οὖν ἔχει ζιζάνια; 28 ὁ δὲ ἔφη αὐτοῖς· ἐχθρὸς
ἄνθρωπος τοῦτο ἐποίησεν. οἱ δὲ δοῦλοι εἶπον αὐτῷ· θέλεις οὖν ἀπελθόν-
τες συλλέξωμεν αὐτά; 29 ὁ δὲ ἔφη· οὔ, μήποτε συλλέγοντες τὰ ζιζάνια
ἐκριζώσητε ἅμα αὐτοῖς τὸν σῖτον· 30 ἄφετε συναυξάνεσθαι ἀμφότερα
μέχρι τοῦ θερισμοῦ, καὶ ἐν καιρῷ τοῦ θερισμοῦ ἐρῶ τοῖς θερισταῖς· συλ-
λέξατε πρῶτον τὰ ζιζάνια καὶ δήσατε αὐτὰ εἰς δέσμας πρὸς τὸ κατα-
καῦσαι αὐτά, τὸν δὲ σῖτον συναγάγετε εἰς τὴν ἀποθήκην μου.

31 Ἄλλην παραβολὴν παρέθηκεν αὐτοῖς λέγων· ὁμοία ἐστὶν ἡ βασιλεία
τῶν οὐρανῶν κόκκῳ σινάπεως, ὃν λαβὼν ἄνθρωπος ἔσπειρεν ἐν τῷ ἀγρῷ
αὐτοῦ· 32 ὃ μικρότερον μέν ἐστι πάντων τῶν σπερμάτων, ὅταν δὲ αὐξη-
θῇ, μεῖζον πάντων τῶν λαχάνων ἐστὶ καὶ γίνεται δένδρον, ὥστε ἐλθεῖν
τὰ πετεινὰ τοῦ οὐρανοῦ καὶ κατασκηνοῦν ἐν τοῖς κλάδοις αὐτοῦ. 33 Ἄλ-
λην παραβολὴν ἐλάλησεν αὐτοῖς· ὁμοία ἐστὶν ἡ βασιλεία τῶν οὐρανῶν
ζύμῃ, ἣν λαβοῦσα γυνὴ ἐνέκρυψεν εἰς ἀλεύρου σάτα τρία, ἕως οὗ ἐζυ-
μώθη ὅλον.

34 Ταῦτα πάντα ἐλάλησεν ὁ Ἰησοῦς ἐν παραβολαῖς τοῖς ὄχλοις, καὶ
χωρὶς παραβολῆς οὐδὲν ἐλάλει αὐτοῖς, 35 ὅπως πληρωθῇ τὸ ῥηθὲν διὰ
τοῦ προφήτου λέγοντος· ἀνοίξω ἐν παραβολαῖς τὸ στόμα μου, ἐρεύξομαι
κεκρυμμένα ἀπὸ καταβολῆς κόσμου. 36 Τότε ἀφεὶς τοὺς ὄχλους ἦλθεν
εἰς τὴν οἰκίαν αὐτοῦ. Καὶ προσῆλθον αὐτῷ οἱ μαθηταὶ αὐτοῦ λέγοντες·
φράσον ἡμῖν τὴν παραβολὴν τῶν ζιζανίων τοῦ ἀγροῦ.

37 Ὁ δὲ ἀποκριθεὶς εἶπεν αὐτοῖς· ὁ σπείρων τὸ καλὸν σπέρμα ἐστὶν ὁ
υἱὸς τοῦ ἀνθρώπου· 38 ὁ δὲ ἀγρός ἐστιν ὁ κόσμος· τὸ δὲ καλὸν σπέρμα,

οὗτοί εἰσιν οἱ υἱοὶ τῆς βασιλείας· τὰ δὲ ζιζάνιά εἰσιν οἱ υἱοὶ τοῦ πονηροῦ·
39 ὁ δὲ ἐχθρὸς ὁ σπείρας αὐτά ἐστιν ὁ διάβολος· ὁ δὲ θερισμὸς συντέλεια
τοῦ αἰῶνός ἐστιν· οἱ δὲ θερισταὶ ἄγγελοί εἰσιν. 40 ὥσπερ οὖν συλλέγεται
τὰ ζιζάνια καὶ πυρὶ καίεται, οὕτως ἔσται ἐν τῇ συντελείᾳ τοῦ αἰῶνος
τούτου. 41 ἀποστελεῖ ὁ υἱὸς τοῦ ἀνθρώπου τοὺς ἀγγέλους αὐτοῦ, καὶ
συλλέξουσιν ἐκ τῆς βασιλείας αὐτοῦ πάντα τὰ σκάνδαλα καὶ τοὺς ποι-
οῦντας τὴν ἀνομίαν, 42 καὶ βαλοῦσιν αὐτοὺς εἰς τὴν κάμινον τοῦ πυρός·
ἐκεῖ ἔσται ὁ κλαυθμὸς καὶ ὁ βρυγμὸς τῶν ὀδόντων. 43 τότε οἱ δίκαιοι ἐ-
κλάμψουσιν ὡς ὁ ἥλιος ἐν τῇ βασιλείᾳ τοῦ πατρὸς αὐτῶν. ὁ ἔχων ὦτα
ἀκούειν ἀκουέτω.

44 Πάλιν ὁμοία ἐστὶν ἡ βασιλεία τῶν οὐρανῶν θησαυρῷ κεκρυμμένῳ ἐν
τῷ ἀγρῷ, ὃν εὑρὼν ἄνθρωπος ἔκρυψε, καὶ ἀπὸ τῆς χαρᾶς αὐτοῦ ὑπάγει
καὶ πάντα ὅσα ἔχει πωλεῖ καὶ ἀγοράζει τὸν ἀγρὸν ἐκεῖνον. 45 Πάλιν ὁ-
μοία ἐστὶν ἡ βασιλεία τῶν οὐρανῶν ἀνθρώπῳ ἐμπόρῳ ζητοῦντι καλοὺς
μαργαρίτας· 46 ὃς εὑρὼν ἕνα πολύτιμον μαργαρίτην ἀπελθὼν πέπρακε
πάντα ὅσα εἶχε καὶ ἠγόρασεν αὐτόν. 47 Πάλιν ὁμοία ἐστὶν ἡ βασιλεία
τῶν οὐρανῶν σαγήνῃ βληθείσῃ εἰς τὴν θάλασσαν καὶ ἐκ παντὸς γένους
συναγαγούσῃ· 48 ἥν, ὅτε ἐπληρώθη, ἀναβιβάσαντες αὐτὴν ἐπὶ τὸν αἰγι-
αλὸν καὶ καθίσαντες συνέλεξαν τὰ καλὰ εἰς ἀγγεῖα, τὰ δὲ σαπρὰ ἔξω ἔ-
βαλον. 49 οὕτως ἔσται ἐν τῇ συντελείᾳ τοῦ αἰῶνος. ἐξελεύσονται οἱ ἄγ-
γελοι καὶ ἀφοριοῦσι τοὺς πονηροὺς ἐκ μέσου τῶν δικαίων, 50 καὶ βα-
λοῦσιν αὐτοὺς εἰς τὴν κάμινον τοῦ πυρός· ἐκεῖ ἔσται ὁ κλαυθμὸς καὶ ὁ
βρυγμὸς τῶν ὀδόντων. 51 Λέγει αὐτοῖς ὁ Ἰησοῦς· συνήκατε ταῦτα πάν-
τα; λέγουσιν αὐτῷ, ναί, Κύριε. 52 ὁ δὲ εἶπεν αὐτοῖς· διὰ τοῦτο πᾶς
γραμματεὺς μαθητευθεὶς εἰς τὴν βασιλείαν τῶν οὐρανῶν ὅμοιός ἐστιν
ἀνθρώπῳ οἰκοδεσπότῃ, ὅστις ἐκβάλλει ἐκ τοῦ θησαυροῦ αὐτοῦ καινὰ καὶ
παλαιά.

53 Καὶ ἐγένετο ὅτε ἐτέλεσεν ὁ Ἰησοῦς τὰς παραβολὰς ταύτας μετῆρεν
ἐκεῖθεν, 54 καὶ ἐλθὼν εἰς τὴν πατρίδα αὐτοῦ ἐδίδασκεν αὐτοὺς ἐν τῇ συ-
ναγωγῇ αὐτῶν, ὥστε ἐκπλήττεσθαι αὐτοὺς καὶ λέγειν· πόθεν τούτῳ ἡ
σοφία αὕτη καὶ αἱ δυνάμεις; 55 οὐχ οὗτός ἐστιν ὁ τοῦ τέκτονος υἱός; οὐ-
χὶ ἡ μήτηρ αὐτοῦ λέγεται Μαριὰμ καὶ οἱ ἀδελφοὶ αὐτοῦ Ἰάκωβος καὶ
Ἰωσῆς καὶ Σίμων καὶ Ἰούδας; 56 καὶ αἱ ἀδελφαὶ αὐτοῦ οὐχὶ πᾶσαι πρὸς
ἡμᾶς εἰσι; πόθεν οὖν τούτῳ ταῦτα πάντα; 57 καὶ ἐσκανδαλίζοντο ἐν αὐ-
τῷ. ὁ δὲ Ἰησοῦς εἶπεν αὐτοῖς· οὐκ ἔστι προφήτης ἄτιμος εἰ μὴ ἐν τῇ πα-

τρίδι αὐτοῦ καὶ ἐν τῇ οἰκίᾳ αὐτοῦ. 58 καὶ οὐκ ἐποίησεν ἐκεῖ δυνάμεις πολλὰς διὰ τὴν ἀπιστίαν αὐτῶν.

14

ΕΝ ἐκείνῳ τῷ καιρῷ ἤκουσεν Ἡρῴδης ὁ τετράρχης τὴν ἀκοὴν Ἰησοῦ. 2 καὶ εἶπε τοῖς παισὶν αὐτοῦ· οὗτός ἐστιν Ἰωάννης ὁ βαπτιστής· αὐτὸς ἠγέρθη ἀπὸ τῶν νεκρῶν, καὶ διὰ τοῦτο αἱ δυνάμεις ἐνεργοῦσιν ἐν αὐτῷ. 3 ὁ γὰρ Ἡρῴδης κρατήσας τὸν Ἰωάννην ἔδησεν αὐτὸν καὶ ἔθετο ἐν φυλακῇ διὰ Ἡρωδιάδα τὴν γυναῖκα Φιλίππου τοῦ ἀδελφοῦ αὐτοῦ. 4 ἔλεγε γὰρ αὐτῷ ὁ Ἰωάννης· οὐκ ἔξεστί σοι ἔχειν αὐτήν. 5 καὶ θέλων αὐτὸν ἀποκτεῖναι ἐφοβήθη τὸν ὄχλον, ὅτι ὡς προφήτην αὐτὸν εἶχον. 6 γενεσίων δὲ ἀγομένων τοῦ Ἡρῴδου ὠρχήσατο ἡ θυγάτηρ τῆς Ἡρωδιάδος ἐν τῷ μέσῳ καὶ ἤρεσε τῷ Ἡρῴδῃ· 7 ὅθεν μεθ' ὅρκου ὡμολόγησεν αὐτῇ δοῦναι ὃ ἐὰν αἰτήσηται. 8 ἡ δέ, προβιβασθεῖσα ὑπὸ τῆς μητρὸς αὐτῆς, δός μοι, φησίν, ὧδε ἐπὶ πίνακι τὴν κεφαλὴν Ἰωάννου τοῦ βαπτιστοῦ. 9 καὶ ἐλυπήθη ὁ βασιλεύς, διὰ δὲ τοὺς ὅρκους καὶ τοὺς συνανακειμένους ἐκέλευσε δοθῆναι, 10 καὶ πέμψας ἀπεκεφάλισε τὸν Ἰωάννην ἐν τῇ φυλακῇ. 11 καὶ ἠνέχθη ἡ κεφαλὴ αὐτοῦ ἐπὶ πίνακι καὶ ἐδόθη τῷ κορασίῳ, καὶ ἤνεγκε τῇ μητρὶ αὐτῆς. 12 καὶ προσελθόντες οἱ μαθηταὶ αὐτοῦ ἦραν τὸ σῶμα καὶ ἔθαψαν αὐτό, καὶ ἐλθόντες ἀπήγγειλαν τῷ Ἰησοῦ.

13 Ἀκούσας δὲ ὁ Ἰησοῦς ἀνεχώρησεν ἐκεῖθεν ἐν πλοίῳ εἰς ἔρημον τόπον κατ' ἰδίαν· καὶ ἀκούσαντες οἱ ὄχλοι ἠκολούθησαν αὐτῷ πεζῇ ἀπὸ τῶν πόλεων. 14 Καὶ ἐξελθὼν ὁ Ἰησοῦς εἶδε πολὺν ὄχλον, καὶ ἐσπλαγχνίσθη ἐπ' αὐτοῖς καὶ ἐθεράπευσε τοὺς ἀρρώστους αὐτῶν. 15 ὀψίας δὲ γενομένης προσῆλθον αὐτῷ οἱ μαθηταὶ αὐτοῦ λέγοντες· ἔρημός ἐστιν ὁ τόπος καὶ ἡ ὥρα ἤδη παρῆλθεν· ἀπόλυσον τοὺς ὄχλους, ἵνα ἀπελθόντες εἰς τὰς κώμας ἀγοράσωσιν ἑαυτοῖς βρώματα. 16 ὁ δὲ Ἰησοῦς εἶπεν αὐτοῖς· οὐ χρείαν ἔχουσιν ἀπελθεῖν· δότε αὐτοῖς ὑμεῖς φαγεῖν. 17 οἱ δὲ λέγουσιν αὐτῷ· οὐκ ἔχομεν ὧδε εἰ μὴ πέντε ἄρτους καὶ δύο ἰχθύας. 18 ὁ δὲ εἶπε· φέρετέ μοι αὐτοὺς ὧδε. 19 καὶ κελεύσας τοὺς ὄχλους ἀνακλιθῆναι ἐπὶ τοὺς χόρτους, λαβὼν τοὺς πέντε ἄρτους καὶ τοὺς δύο ἰχθύας, ἀναβλέψας εἰς τὸν οὐρανὸν εὐλόγησε, καὶ κλάσας ἔδωκε τοῖς μαθηταῖς τοὺς

ἄρτους, οἱ δὲ μαθηταὶ τοῖς ὄχλοις. 20 καὶ ἔφαγον πάντες καὶ ἐχορτά-
σθησαν, καὶ ἦραν τὸ περισσεῦον τῶν κλασμάτων δώδεκα κοφίνους πλή-
ρεις. 21 οἱ δὲ ἐσθίοντες ἦσαν ἄνδρες ὡσεὶ πεντακισχίλιοι χωρὶς γυναι-
κῶν καὶ παιδίων.

22 Καὶ εὐθέως ἠνάγκασεν ὁ Ἰησοῦς τοὺς μαθητὰς αὐτοῦ ἐμβῆναι εἰς τὸ
πλοῖον καὶ προάγειν αὐτὸν εἰς τὸ πέραν, ἕως οὗ ἀπολύσῃ τοὺς ὄχλους.
23 καὶ ἀπολύσας τοὺς ὄχλους ἀνέβη εἰς τὸ ὄρος κατ' ἰδίαν προσεύξα-
σθαι. ὀψίας δὲ γενομένης μόνος ἦν ἐκεῖ. 24 τὸ δὲ πλοῖον ἤδη μέσον τῆς
θαλάσσης ἦν, βασανιζόμενον ὑπὸ τῶν κυμάτων· ἦν γὰρ ἐναντίος ὁ ἄνε-
μος. 25 τετάρτῃ δὲ φυλακῇ τῆς νυκτὸς ἀπῆλθε πρὸς αὐτοὺς ὁ Ἰησοῦς
περιπατῶν ἐπὶ τῆς θαλάσσης. 26 καὶ ἰδόντες αὐτὸν οἱ μαθηταὶ ἐπὶ τὴν
θάλασσαν περιπατοῦντα ἐταράχθησαν λέγοντες ὅτι φάντασμά ἐστι, καὶ
ἀπὸ τοῦ φόβου ἔκραξαν. 27 εὐθέως δὲ ἐλάλησεν αὐτοῖς ὁ Ἰησοῦς λέγων·
θαρσεῖτε, ἐγώ εἰμι· μὴ φοβεῖσθε. 28 ἀποκριθεὶς δὲ αὐτῷ ὁ Πέτρος εἶπε·
Κύριε, εἰ σὺ εἶ, κέλευσόν με πρός σε ἐλθεῖν ἐπὶ τὰ ὕδατα. 29 ὁ δὲ εἶπεν,
ἐλθέ. καὶ καταβὰς ἀπὸ τοῦ πλοίου ὁ Πέτρος περιεπάτησεν ἐπὶ τὰ ὕδατα
ἐλθεῖν πρὸς τὸν Ἰησοῦν. 30 βλέπων δὲ τὸν ἄνεμον ἰσχυρὸν ἐφοβήθη, καὶ
ἀρξάμενος καταποντίζεσθαι ἔκραξε λέγων· Κύριε, σῶσόν με. 31 εὐθέως
δὲ ὁ Ἰησοῦς ἐκτείνας τὴν χεῖρα ἐπελάβετο αὐτοῦ καὶ λέγει αὐτῷ· ὀλιγό-
πιστε, εἰς τί ἐδίστασας; 32 καὶ ἐμβάντων αὐτῶν εἰς τὸ πλοῖον ἐκόπασεν
ὁ ἄνεμος· 33 οἱ δὲ ἐν τῷ πλοίῳ ἐλθόντες προσεκύνησαν αὐτῷ λέγοντες·
ἀληθῶς Θεοῦ υἱὸς εἶ. 34 Καὶ διαπεράσαντες ἦλθον εἰς τὴν γῆν Γεννη-
σαρέτ. 35 καὶ ἐπιγνόντες αὐτὸν οἱ ἄνδρες τοῦ τόπου ἐκείνου ἀπέστειλαν
εἰς ὅλην τὴν περίχωρον ἐκείνην, καὶ προσήνεγκαν αὐτῷ πάντας τοὺς
κακῶς ἔχοντας, 36 καὶ παρεκάλουν αὐτὸν ἵνα κἂν μόνον ἅψωνται τοῦ
κρασπέδου τοῦ ἱματίου αὐτοῦ· καὶ ὅσοι ἥψαντο διεσώθησαν.

15

ΤΟΤΕ προσέρχονται τῷ Ἰησοῦ οἱ ἀπὸ Ἱεροσολύμων γραμματεῖς καὶ
Φαρισαῖοι λέγοντες· 2 διατί οἱ μαθηταί σου παραβαίνουσι τὴν παρά-
δοσιν τῶν πρεσβυτέρων; οὐ γὰρ νίπτονται τὰς χεῖρας αὐτῶν ὅταν
ἄρτον ἐσθίωσιν. 3 ὁ δὲ ἀποκριθεὶς εἶπεν αὐτοῖς· διατί καὶ ὑμεῖς παραβαί-
νετε τὴν ἐντολὴν τοῦ Θεοῦ διὰ τὴν παράδοσιν ὑμῶν; 4 ὁ γὰρ Θεὸς ἐνε-

τείλατο λέγων· τίμα τὸν πατέρα καὶ τὴν μητέρα· καὶ ὁ κακολογῶν πα-
τέρα ἢ μητέρα θανάτῳ τελευτάτω. 5 ὑμεῖς δὲ λέγετε· ὃς ἂν εἴπῃ τῷ πα-
τρὶ ἢ τῇ μητρί, δῶρον ὃ ἐὰν ἐξ ἐμοῦ ὠφεληθῇς, καὶ οὐ μὴ τιμήσῃ τὸν
πατέρα αὐτοῦ ἢ τὴν μητέρα αὐτοῦ· 6 καὶ ἠκυρώσατε τὴν ἐντολὴν τοῦ
Θεοῦ διὰ τὴν παράδοσιν ὑμῶν. 7 ὑποκριταί, καλῶς προεφήτευσε περὶ ὑ-
μῶν Ἡσαΐας λέγων· 8 ἐγγίζει μοι ὁ λαὸς οὗτος τῷ στόματι αὐτῶν καὶ
τοῖς χείλεσί με τιμᾷ, ἡ δὲ καρδία αὐτῶν πόρρω ἀπέχει ἀπ᾿ ἐμοῦ· 9 μά-
την δὲ σέβονταί με, διδάσκοντες διδασκαλίας ἐντάλματα ἀνθρώπων. 10
Καὶ προσκαλεσάμενος τὸν ὄχλον εἶπεν αὐτοῖς· ἀκούετε καὶ συνίετε· 11
οὐ τὸ εἰσερχόμενον εἰς τὸ στόμα κοινοῖ τὸν ἄνθρωπον, ἀλλὰ τὸ ἐκπορευ-
όμενον ἐκ τοῦ στόματος τοῦτο κοινοῖ τὸν ἄνθρωπον. 12 τότε προσελθόν-
τες οἱ μαθηταὶ αὐτοῦ εἶπον αὐτῷ· οἶδας ὅτι οἱ Φαρισαῖοι ἐσκανδαλίσθη-
σαν ἀκούσαντες τὸν λόγον; 13 ὁ δὲ ἀποκριθεὶς εἶπε· πᾶσα φυτεία ἣν οὐκ
ἐφύτευσεν ὁ πατήρ μου ὁ οὐράνιος ἐκριζωθήσεται. 14 ἄφετε αὐτούς· ὁ-
δηγοί εἰσι τυφλοὶ τυφλῶν· τυφλὸς δὲ τυφλὸν ἐὰν ὁδηγῇ, ἀμφότεροι εἰς
βόθυνον πεσοῦνται. 15 ἀποκριθεὶς δὲ ὁ Πέτρος εἶπεν αὐτῷ· φράσον ἡμῖν
τὴν παραβολὴν ταύτην. 16 ὁ δὲ Ἰησοῦς εἶπεν· ἀκμὴν καὶ ὑμεῖς ἀσύνε-
τοί ἐστε; 17 οὔπω νοεῖτε ὅτι πᾶν τὸ εἰσπορευόμενον εἰς τὸ στόμα εἰς τὴν
κοιλίαν χωρεῖ καὶ εἰς ἀφεδρῶνα ἐκβάλλεται; 18 τὰ δὲ ἐκπορευόμενα ἐκ
τοῦ στόματος ἐκ τῆς καρδίας ἐξέρχεται, κἀκεῖνα κοινοῖ τὸν ἄνθρωπον.
19 ἐκ γὰρ τῆς καρδίας ἐξέρχονται διαλογισμοὶ πονηροί, φόνοι, μοιχεῖαι,
πορνεῖαι, κλοπαί, ψευδομαρτυρίαι, βασφημίαι. 20 ταῦτά ἐστι τὰ κοι-
νοῦντα τὸν ἄνθρωπον· τὸ δὲ ἀνίπτοις χερσὶ φαγεῖν οὐ κοινοῖ τὸν ἄνθρω-
πον.

21 Καὶ ἐξελθὼν ἐκεῖθεν ὁ Ἰησοῦς ἀνεχώρησεν εἰς τὰ μέρη Τύρου καὶ
Σιδῶνος. 22 καὶ ἰδοὺ γυνὴ Χαναναία ἀπὸ τῶν ὁρίων ἐκείνων ἐξελθοῦσα
ἐκραύγαζεν αὐτῷ λέγουσα· ἐλέησόν με, Κύριε, υἱὲ Δαυΐδ· ἡ θυγάτηρ
μου κακῶς δαιμονίζεται. 23 ὁ δὲ οὐκ ἀπεκρίθη αὐτῇ λόγον. καὶ προσελ-
θόντες οἱ μαθηταὶ αὐτοῦ ἠρώτων αὐτὸν λέγοντες· ἀπόλυσον αὐτήν, ὅτι
κράζει ὄπισθεν ἡμῶν. 24 ὁ δὲ ἀποκριθεὶς εἶπεν· οὐκ ἀπεστάλην εἰ μὴ εἰς
τὰ πρόβατα τὰ ἀπολωλότα οἴκου Ἰσραήλ. 25 ἡ δὲ ἐλθοῦσα προσεκύνη-
σεν αὐτῷ λέγουσα· Κύριε, βοήθει μοι. 26 ὁ δὲ ἀποκριθεὶς εἶπεν· οὐκ ἔστι
καλὸν λαβεῖν τὸν ἄρτον τῶν τέκνων καὶ βαλεῖν τοῖς κυναρίοις. 27 ἡ δὲ
εἶπε· ναί, Κύριε· καὶ γὰρ τὰ κυνάρια ἐσθίει ἀπὸ τῶν ψυχίων τῶν πιπτόν-
των ἀπὸ τῆς τραπέζης τῶν κυρίων αὐτῶν. 28 τότε ἀποκριθεὶς ὁ Ἰησοῦς

εἶπεν αὐτῇ· ὦ γύναι, μεγάλη σου ἡ πίστις· γενηθήτω σοι ὡς θέλεις. καὶ
ἰάθη ἡ θυγάτηρ αὐτῆς ἀπὸ τῆς ὥρας ἐκείνης.

29 Καὶ μεταβὰς ἐκεῖθεν ὁ Ἰησοῦς ἦλθε παρὰ τὴν θάλασσαν τῆς Γαλι-
λαίας, καὶ ἀναβὰς εἰς τὸ ὄρος ἐκάθητο ἐκεῖ. 30 καὶ προσῆλθον αὐτῷ ὄ-
χλοι πολλοὶ ἔχοντες μεθ' ἑαυτῶν χωλούς, τυφλούς, κωφούς, κυλλοὺς
καὶ ἑτέρους πολλούς, καὶ ἔρριψαν αὐτοὺς παρὰ τοὺς πόδας τοῦ Ἰησοῦ,
καὶ ἐθεράπευσεν αὐτούς, 31 ὥστε τοὺς ὄχλους θαυμάσαι βλέποντας κω-
φοὺς ἀκούοντας, ἀλάλους λαλοῦντας, κυλλοὺς ὑγιεῖς, χωλοὺς περιπα-
τοῦντας καὶ τυφλοὺς βλέποντας· καὶ ἐδόξασαν τὸν Θεὸν Ἰσραήλ. 32 Ὁ
δὲ Ἰησοῦς προσκαλεσάμενος τοὺς μαθητὰς αὐτοῦ εἶπε· σπλαγχνίζομαι
ἐπὶ τὸν ὄχλον, ὅτι ἤδη ἡμέραι τρεῖς προσμένουσί μοι καὶ οὐκ ἔχουσι τί
φάγωσι· καὶ ἀπολῦσαι αὐτοὺς νήστεις οὐ θέλω, μήποτε ἐκλυθῶσιν ἐν τῇ
ὁδῷ. 33 καὶ λέγουσιν αὐτῷ οἱ μαθηταὶ αὐτοῦ· πόθεν ἡμῖν ἐν ἐρημίᾳ ἄρ-
τοι τοσοῦτοι ὥστε χορτάσαι ὄχλον τοσοῦτον; 34 καὶ λέγει αὐτοῖς ὁ Ἰη-
σοῦς· πόσους ἄρτους ἔχετε; οἱ δὲ εἶπον· ἑπτά, καὶ ὀλίγα ἰχθύδια. 35 καὶ
ἐκέλευσε τοῖς ὄχλοις ἀναπεσεῖν ἐπὶ τὴν γῆν. 36 καὶ λαβὼν τοὺς ἑπτὰ
ἄρτους καὶ τοὺς ἰχθύας, εὐχαριστήσας ἔκλασε καὶ ἔδωκε τοῖς μαθηταῖς
αὐτοῦ, οἱ δὲ μαθηταὶ τοῖς ὄχλοις. 37 καὶ ἔφαγον πάντες καὶ ἐχορτάσθη-
σαν, καὶ ἦραν τὸ περισσεῦον τῶν κλασμάτων ἑπτὰ σπυρίδας πλήρεις·
38 οἱ δὲ ἐσθίοντες ἦσαν τετρακισχίλιοι ἄνδρες χωρὶς γυναικῶν καὶ παι-
δίων. 39 καὶ ἀπολύσας τοὺς ὄχλους ἀνέβη εἰς τὸ πλοῖον καὶ ἦλθεν εἰς
τὰ ὅρια Μαγδαλά.

16

ΚΑΙ προσελθόντες οἱ Φαρισαῖοι καὶ Σαδδουκαῖοι πειράζοντες ἐπηρώ-
τησαν αὐτὸν σημεῖον ἐκ τοῦ οὐρανοῦ ἐπιδεῖξαι αὐτοῖς. 2 ὁ δὲ ἀπο-
κριθεὶς εἶπεν αὐτοῖς· ὀψίας γενομένης λέγετε· εὐδία· πυρράζει γὰρ ὁ
οὐρανός· 3 καὶ πρωΐ· σήμερον χειμών· πυρράζει γὰρ στυγνάζων ὁ οὐρα-
νός. ὑποκριταί, τὸ μὲν πρόσωπον τοῦ οὐρανοῦ γινώσκετε διακρίνειν, τὰ
δὲ σημεῖα τῶν καιρῶν οὐ δύνασθε γνῶναι; 4 γενεὰ πονηρὰ καὶ μοιχαλὶς
σημεῖον ἐπιζητεῖ, καὶ σημεῖον οὐ δοθήσεται αὐτῇ εἰ μὴ τὸ σημεῖον Ἰωνᾶ
τοῦ προφήτου. καὶ καταλιπὼν αὐτοὺς ἀπῆλθεν.

5 Καὶ ἐλθόντες οἱ μαθηταὶ αὐτοῦ εἰς τὸ πέραν ἐπελάθοντο ἄρτους λα-
βεῖν. 6 ὁ δὲ Ἰησοῦς εἶπεν αὐτοῖς· ὁρᾶτε καὶ προσέχετε ἀπὸ τῆς ζύμης
τῶν Φαρισαίων καὶ Σαδδουκαίων. 7 οἱ δὲ διελογίζοντο ἐν ἑαυτοῖς λέγον-
τες ὅτι ἄρτους οὐκ ἐλάβομεν. 8 γνοὺς δὲ ὁ Ἰησοῦς εἶπεν αὐτοῖς· τί δια-
λογίζεσθε ἐν ἑαυτοῖς, ὀλιγόπιστοι, ὅτι ἄρτους οὐκ ἐλάβατε; 9 οὔπω νοεῖ-
τε, οὐδὲ μνημονεύετε τοὺς πέντε ἄρτους τῶν πεντακισχιλίων καὶ πόσους
κοφίνους ἐλάβετε; 10 οὐδὲ τοὺς ἑπτὰ ἄρτους τῶν τετρακισχιλίων καὶ
πόσας σπυρίδας ἐλάβετε; 11 πῶς οὐ νοεῖτε, ὅτι οὐ περὶ ἄρτου εἶπον ὑμῖν
προσέχειν ἀπὸ τῆς ζύμης τῶν Φαρισαίων καὶ Σαδδουκαίων; 12 τότε συ-
νῆκαν ὅτι οὐκ εἶπε προσέχειν ἀπὸ τῆς ζύμης τοῦ ἄρτου, ἀλλ' ἀπὸ τῆς
διδαχῆς τῶν Φαρισαίων καὶ Σαδδουκαίων.

13 Ἐλθὼν δὲ ὁ Ἰησοῦς εἰς τὰ μέρη Καισαρείας τῆς Φιλίππου ἠρώτα
τοὺς μαθητὰς αὐτοῦ λέγων· τίνα με λέγουσιν οἱ ἄνθρωποι εἶναι τὸν υἱὸν
τοῦ ἀνθρώπου; 14 οἱ δὲ εἶπον· οἱ μὲν Ἰωάννην τὸν βαπτιστήν, ἄλλοι δὲ
Ἠλίαν, ἕτεροι δὲ Ἱερεμίαν ἢ ἕνα τῶν προφητῶν. 15 λέγει αὐτοῖς· ὑμεῖς
δὲ τίνα με λέγεται εἶναι; 16 ἀποκριθεὶς δὲ Σίμων Πέτρος εἶπε· σὺ εἶ ὁ
Χριστὸς ὁ υἱὸς τοῦ Θεοῦ τοῦ ζῶντος. 17 καὶ ἀποκριθεὶς ὁ Ἰησοῦς εἶπεν
αὐτῷ· μακάριος εἶ, Σίμων Βαριωνᾶ, ὅτι σὰρξ καὶ αἷμα οὐκ ἀπεκάλυψέ
σοι, ἀλλ' ὁ πατήρ μου ὁ ἐν τοῖς οὐρανοῖς. 18 κἀγὼ δέ σοι λέγω ὅτι σὺ εἶ
Πέτρος, καὶ ἐπὶ ταύτῃ τῇ πέτρᾳ οἰκοδομήσω μου τὴν ἐκκλησίαν, καὶ
πύλαι ᾅδου οὐ κατισχύσουσιν αὐτῆς. 19 καὶ δώσω σοι τὰς κλεῖς τῆς βα-
σιλείας τῶν οὐρανῶν, καὶ ὃ ἐὰν δήσῃς ἐπὶ τῆς γῆς, ἔσται δεδεμένον ἐν
τοῖς οὐρανοῖς, καὶ ὃ ἐὰν λύσῃς ἐπὶ τῆς γῆς, ἔσται λελυμένον ἐν τοῖς οὐ-
ρανοῖς. 20 τότε διεστείλατο τοῖς μαθηταῖς αὐτοῦ ἵνα μηδενὶ εἴπωσιν ὅτι
αὐτός ἐστιν Ἰησοῦς ὁ Χριστός.

21 Ἀπὸ τότε ἤρξατο ὁ Ἰησοῦς δεικνύειν τοῖς μαθηταῖς αὐτοῦ ὅτι δεῖ αὐ-
τὸν ἀπελθεῖν εἰς Ἱεροσόλυμα καὶ πολλὰ παθεῖν ἀπὸ τῶν πρεσβυτέρων
καὶ ἀρχιερέων καὶ γραμματέων καὶ ἀποκτανθῆναι, καὶ τῇ τρίτῃ ἡμέρᾳ
ἐγερθῆναι. 22 καὶ προσλαβόμενος αὐτὸν ὁ Πέτρος ἤρξατο ἐπιτιμᾶν αὐ-
τῷ λέγων· ἵλεώς σοι, Κύριε· οὐ μὴ ἔσται σοι τοῦτο. 23 ὁ δὲ στραφεὶς εἶ-
πε τῷ Πέτρῳ· ὕπαγε ὀπίσω μου, σατανᾶ· σκάνδαλόν μου εἶ· ὅτι οὐ φρο-
νεῖς τὰ τοῦ Θεοῦ, ἀλλὰ τὰ τῶν ἀνθρώπων. 24 Τότε ὁ Ἰησοῦς εἶπε τοῖς
μαθηταῖς αὐτοῦ· εἴ τις θέλει ὀπίσω μου ἐλθεῖν, ἀπαρνησάσθω ἑαυτὸν καὶ
ἀράτω τὸν σταυρὸν αὐτοῦ καὶ ἀκολουθείτω μοι. 25 ὃς γὰρ ἂν θέλῃ τὴν
ψυχὴν αὐτοῦ σῶσαι, ἀπολέσει αὐτήν· ὃς δ' ἂν ἀπολέσῃ τὴν ψυχὴν αὐ-
τοῦ ἕνεκεν ἐμοῦ, εὑρήσει αὐτήν. 26 τί γὰρ ὠφελεῖται ἄνθρωπος ἐὰν τὸν

κόσμον ὅλον κερδήσῃ, τὴν δὲ ψυχὴν αὐτοῦ ζημιωθῇ; ἢ τί δώσει ἄνθρω-
πος ἀντάλλαγμα τῆς ψυχῆς αὐτοῦ; 27 μέλλει γὰρ ὁ υἱὸς τοῦ ἀνθρώπου
ἔρχεσθαι ἐν τῇ δόξῃ τοῦ πατρὸς αὐτοῦ μετὰ τῶν ἀγγέλων αὐτοῦ, καὶ
τότε ἀποδώσει ἑκάστῳ κατὰ τὴν πρᾶξιν αὐτοῦ. 28 ἀμὴν λέγω ὑμῖν, εἰσί
τινες τῶν ὧδε ἑστηκότων, οἵτινες οὐ μὴ γεύσωνται θανάτου ἕως ἂν ἴδω-
σι τὸν υἱὸν τοῦ ἀνθρώπου ἐρχόμενον ἐν τῇ βασιλείᾳ αὐτοῦ.

17

ΚΑΙ μεθ' ἡμέρας ἓξ παραλαμβάνει ὁ Ἰησοῦς τὸν Πέτρον καὶ Ἰάκω-
βον καὶ Ἰωάννην τὸν ἀδελφὸν αὐτοῦ καὶ ἀναφέρει αὐτοὺς εἰς ὄρος ὑ-
ψηλὸν κατ' ἰδίαν· 2 καὶ μετεμορφώθη ἔμπροσθεν αὐτῶν, καὶ ἔλαμψε
τὸ πρόσωπον αὐτοῦ ὡς ὁ ἥλιος, τὰ δὲ ἱμάτια αὐτοῦ ἐγένετο λευκὰ ὡς τὸ
φῶς. 3 καὶ ἰδοὺ ὤφθησαν αὐτοῖς Μωσῆς καὶ Ἠλίας μετ' αὐτοῦ συλλα-
λοῦντες. 4 ἀποκριθεὶς δὲ ὁ Πέτρος εἶπε τῷ Ἰησοῦ· Κύριε, καλόν ἐστιν
ἡμᾶς ὧδε εἶναι· εἰ θέλεις, ποιήσωμεν ὧδε τρεῖς σκηνάς, σοὶ μίαν καὶ
Μωσεῖ μίαν καὶ μίαν Ἠλίᾳ. 5 ἔτι αὐτοῦ λαλοῦντος ἰδοὺ νεφέλη φωτεινὴ
ἐπεσκίασεν αὐτούς, καὶ ἰδοὺ φωνὴ ἐκ τῆς νεφέλης λέγουσα· οὗτός ἐστιν
ὁ υἱός μου ὁ ἀγαπητός, ἐν ᾧ εὐδόκησα· αὐτοῦ ἀκούετε· 6 καὶ ἀκούσαντες
οἱ μαθηταὶ ἔπεσον ἐπὶ πρόσωπον αὐτῶν καὶ ἐφοβήθησαν σφόδρα. 7 καὶ
προσελθὼν ὁ Ἰησοῦς ἥψατο αὐτῶν καὶ εἶπεν· ἐγέρθητε καὶ μὴ φοβεῖσθε.
8 ἐπάραντες δὲ τοὺς ὀφθαλμοὺς αὐτῶν οὐδένα εἶδον εἰ μὴ τὸν Ἰησοῦν
μόνον. 9 καὶ καταβαινόντων αὐτῶν ἀπὸ τοῦ ὄρους ἐνετείλατο αὐτοῖς ὁ
Ἰησοῦς λέγων· μηδενὶ εἴπητε τὸ ὅραμα ἕως οὗ ὁ υἱὸς τοῦ ἀνθρώπου ἐκ
νεκρῶν ἀναστῇ. 10 Καὶ ἐπηρώτησαν αὐτὸν οἱ μαθηταὶ αὐτοῦ λέγοντες·
τί οὖν οἱ γραμματεῖς λέγουσιν ὅτι Ἠλίαν δεῖ ἐλθεῖν πρῶτον; 11 ὁ δὲ Ἰ-
ησοῦς ἀποκριθεὶς εἶπεν αὐτοῖς· Ἠλίας μὲν ἔρχεται πρῶτον καὶ ἀποκα-
ταστήσει πάντα· 12 λέγω δὲ ὑμῖν ὅτι Ἠλίας ἤδη ἦλθε, καὶ οὐκ ἐπέγνω-
σαν αὐτόν, ἀλλ' ἐποίησαν ἐν αὐτῷ ὅσα ἠθέλησαν· οὕτω καὶ ὁ υἱὸς τοῦ
ἀνθρώπου μέλλει πάσχειν ὑπ' αὐτῶν. 13 τότε συνῆκαν οἱ μαθηταὶ ὅτι
περὶ Ἰωάννου τοῦ βαπτιστοῦ εἶπεν αὐτοῖς.

14 Καὶ ἐλθόντων αὐτῶν πρὸς τὸν ὄχλον προσῆλθεν αὐτῷ ἄνθρωπος γο-
νυπετῶν αὐτὸν καὶ λέγων· 15 Κύριε, ἐλέησόν μου τὸν υἱόν, ὅτι σεληνιά-
ζεται καὶ κακῶς πάσχει· πολλάκις γὰρ πίπτει εἰς τὸ πῦρ καὶ πολλάκις

εἰς τὸ ὕδωρ. 16 καὶ προσήνεγκα αὐτὸν τοῖς μαθηταῖς σου, καὶ οὐκ ἠδυ-
νήθησαν αὐτὸν θεραπεῦσαι. 17 ἀποκριθεὶς δὲ ὁ Ἰησοῦς εἶπεν· ὦ γενεὰ
ἄπιστος καὶ διεστραμμένη, ἕως πότε ἔσομαι μεθ' ὑμῶν; ἕως πότε ἀνέξο-
μαι ὑμῶν; φέρετέ μοι αὐτὸν ὧδε. 18 καὶ ἐπετίμησεν αὐτῷ ὁ Ἰησοῦς, καὶ
ἐξῆλθεν ἀπ' αὐτοῦ τὸ δαιμόνιον καὶ ἐθεραπεύθη ὁ παῖς ἀπὸ τῆς ὥρας ἐ-
κείνης.19 Τότε προσελθόντες οἱ μαθηταὶ τῷ Ἰησοῦ κατ' ἰδίαν εἶπον· δι-
ατί ἡμεῖς οὐκ ἠδυνήθημεν ἐκβαλεῖν αὐτό; 20 ὁ δὲ Ἰησοῦς εἶπεν αὐτοῖς·
διὰ τὴν ἀπιστίαν ὑμῶν. ἀμὴν γὰρ λέγω ὑμῖν, ἐὰν ἔχητε πίστιν ὡς κόκ-
κον σινάπεως, ἐρεῖτε τῷ ὄρει τούτῳ, μετάβηθι ἐντεῦθεν ἐκεῖ, καὶ μετα-
βήσεται, καὶ οὐδὲν ἀδυνατήσει ὑμῖν. 21 τοῦτο δὲ τὸ γένος οὐκ ἐκπορεύε-
ται εἰ μὴ ἐν προσευχῇ καὶ νηστείᾳ.

22 Ἀναστρεφομένων δὲ αὐτῶν εἰς τὴν Γαλιλαίαν εἶπεν αὐτοῖς ὁ Ἰη-
σοῦς· μέλλει ὁ υἱὸς τοῦ ἀνθρώπου παραδίδοσθαι εἰς χεῖρας ἀνθρώπων 23
καὶ ἀποκτενοῦσιν αὐτόν, καὶ τῇ τρίτῃ ἡμέρᾳ ἐγερθήσεται. καὶ ἐλυπήθη-
σαν σφόδρα.

24 Ἐλθόντων δὲ αὐτῶν εἰς Καπερναοὺμ προσῆλθον οἱ τὰ δίδραχμα
λαμβάνοντες τῷ Πέτρῳ καὶ εἶπον· ὁ διδάσκαλος ὑμῶν οὐ τελεῖ τὰ δί-
δραχμα; 25 λέγει, ναί. καὶ ὅτε εἰσῆλθεν εἰς τὴν οἰκίαν, προέφθασεν αὐ-
τὸν ὁ Ἰησοῦς λέγων· τί σοι δοκεῖ, Σίμων; οἱ βασιλεῖς τῆς γῆς ἀπὸ τίνων
λαμβάνουσι τέλη ἢ κῆνσον; ἀπὸ τῶν υἱῶν αὐτῶν ἢ ἀπὸ τῶν ἀλλοτρίων;
26 λέγει αὐτῷ ὁ Πέτρος· ἀπὸ τῶν ἀλλοτρίων. ἔφη αὐτῷ ὁ Ἰησοῦς· ἄρα-
γε ἐλεύθεροί εἰσιν οἱ υἱοί. 27 ἵνα δὲ μὴ σκανδαλίσωμεν αὐτούς, πορευ-
θεὶς εἰς τὴν θάλασσαν βάλε ἄγκιστρον καὶ τὸν ἀναβάντα πρῶτον ἰχθὺν
ἆρον, καὶ ἀνοίξας τὸ στόμα αὐτοῦ εὑρήσεις στατῆρα· ἐκεῖνον λαβὼν δὸς
αὐτοῖς ἀντὶ ἐμοῦ καὶ σοῦ.

18

ἘΝ ἐκείνῃ τῇ ὥρᾳ προσῆλθον οἱ μαθηταὶ τῷ Ἰησοῦ λέγοντες· τίς ἄρα
μείζων ἐστὶν ἐν τῇ βασιλείᾳ τῶν οὐρανῶν; 2 καὶ προσκαλεσάμενος ὁ
Ἰησοῦς παιδίον ἔστησεν αὐτὸ ἐν μέσῳ αὐτῶν καὶ εἶπεν· 3 ἀμὴν λέ-
γω ὑμῖν, ἐὰν μὴ στραφῆτε καὶ γένησθε ὡς τὰ παιδία, οὐ μὴ εἰσέλθητε
εἰς τὴν βασιλείαν τῶν οὐρανῶν. 4 ὅστις οὖν ταπεινώσει ἑαυτὸν ὡς τὸ
παιδίον τοῦτο, οὗτός ἐστιν ὁ μείζων ἐν τῇ βασιλείᾳ τῶν οὐρανῶν. 5 καὶ

ὃς ἐὰν δέξηται παιδίον τοιοῦτον ἓν ἐπὶ τῷ ὀνόματί μου, ἐμὲ δέχεται· 6
ὃς δ' ἂν σκανδαλίσῃ ἕνα τῶν μικρῶν τούτων τῶν πιστευόντων εἰς ἐμέ,
συμφέρει αὐτῷ ἵνα κρεμασθῇ μύλος ὀνικὸς εἰς τὸν τράχηλον αὐτοῦ καὶ
καταποντισθῇ ἐν τῷ πελάγει τῆς θαλάσσης. 7 Οὐαὶ τῷ κόσμῳ ἀπὸ τῶν
σκανδάλων· ἀνάγκη γάρ ἐστιν ἐλθεῖν τὰ σκάνδαλα· πλὴν οὐαὶ τῷ ἀν-
θρώπῳ ἐκείνῳ δι' οὗ τὸ σκάνδαλον ἔρχεται. 8 εἰ δὲ ἡ χείρ σου ἢ ὁ πούς
σου σκανδαλίζει σε, ἔκκοψον αὐτὰ καὶ βάλε ἀπὸ σοῦ· καλόν σοί ἐστιν εἰ-
σελθεῖν εἰς τὴν ζωὴν χωλὸν ἢ κυλλόν, ἢ δύο χεῖρας ἢ δύο πόδας ἔχοντα
βληθῆναι εἰς τὸ πῦρ τὸ αἰώνιον. 9 καὶ εἰ ὁ ὀφθαλμός σου σκανδαλίζει σε,
ἔξελε αὐτὸν καὶ βάλε ἀπὸ σοῦ· καλόν σοί ἐστι μονόφθαλμον εἰς τὴν ζω-
ὴν εἰσελθεῖν, ἢ δύο ὀφθαλμοὺς ἔχοντα βληθῆναι εἰς τὴν γέενναν τοῦ πυ-
ρός. 10 ὁρᾶτε μὴ καταφρονήσητε ἑνὸς τῶν μικρῶν τούτων· λέγω γὰρ ὑ-
μῖν ὅτι οἱ ἄγγελοι αὐτῶν ἐν οὐρανοῖς διὰ παντὸς βλέπουσι τὸ πρόσωπον
τοῦ πατρός μου τοῦ ἐν οὐρανοῖς. 11 ἦλθε γὰρ ὁ υἱὸς τοῦ ἀνθρώπου σῶ-
σαι τὸ ἀπολωλός. 12 Τί ὑμῖν δοκεῖ; ἐὰν γένηταί τινι ἀνθρώπῳ ἑκατὸν
πρόβατα καὶ πλανηθῇ ἓν ἐξ αὐτῶν, οὐχὶ ἀφεὶς τὰ ἐνενήκοντα ἐννέα ἐπὶ
τὰ ὄρη, πορευθεὶς ζητεῖ τὸ πλανώμενον; 13 καὶ ἐὰν γένηται εὑρεῖν αὐτό,
ἀμὴν λέγω ὑμῖν ὅτι χαίρει ἐπ' αὐτῷ μᾶλλον ἢ ἐπὶ τοῖς ἐνενήκοντα ἐν-
νέα τοῖς μὴ πεπλανημένοις. 14 οὕτως οὐκ ἔστι θέλημα ἔμπροσθεν τοῦ
πατρὸς ὑμῶν τοῦ ἐν οὐρανοῖς ἵνα ἀπόληται εἷς τῶν μικρῶν τούτων.

15 Ἐὰν δὲ ἁμαρτήσῃ εἰς σὲ ὁ ἀδελφός σου, ὕπαγε καὶ ἔλεγξον αὐτὸν
μεταξὺ σοῦ καὶ αὐτοῦ μόνου· ἐάν σου ἀκούσῃ, ἐκέρδησας τὸν ἀδελφόν
σου· 16 ἐὰν δὲ μὴ ἀκούσῃ, παράλαβε μετὰ σοῦ ἔτι ἕνα ἢ δύο, ἵνα ἐπὶ
στόματος δύο μαρτύρων ἢ τριῶν σταθῇ πᾶν ῥῆμα. 17 ἐὰν δὲ παρακούσῃ
αὐτῶν, εἰπὲ τῇ ἐκκλησίᾳ· ἐὰν δὲ καὶ τῆς ἐκκλησίας παρακούσῃ, ἔστω
σοι ὥσπερ ὁ ἐθνικὸς καὶ ὁ τελώνης. 18 Ἀμὴν λέγω ὑμῖν, ὅσα ἐὰν δήση-
τε ἐπὶ τῆς γῆς, ἔσται δεδεμένα ἐν τῷ οὐρανῷ, καὶ ὅσα ἐὰν λύσητε ἐπὶ
τῆς γῆς, ἔσται λελυμένα ἐν τῷ οὐρανῷ.

19 Πάλιν ἀμὴν λέγω ὑμῖν ὅτι ἐὰν δύο ὑμῶν συμφωνήσωσιν ἐπὶ τῆς γῆς
περὶ παντὸς πράγματος οὗ ἐὰν αἰτήσωνται, γενήσεται αὐτοῖς παρὰ τοῦ
πατρός μου τοῦ ἐν οὐρανοῖς. 20 οὗ γάρ εἰσι δύο ἢ τρεῖς συνηγμένοι εἰς
τὸ ἐμὸν ὄνομα, ἐκεῖ εἰμι ἐν μέσῳ αὐτῶν.

21 Τότε προσελθὼν αὐτῷ ὁ Πέτρος εἶπε· Κύριε, ποσάκις ἁμαρτήσει εἰς
ἐμὲ ὁ ἀδελφός μου καὶ ἀφήσω αὐτῷ; ἕως ἑπτάκις; 22 λέγει αὐτῷ ὁ Ἰη-
σοῦς· οὐ λέγω σοι ἕως ἑπτάκις, ἀλλ' ἕως ἑβδομηκοντάκις ἑπτά. 23 Διὰ
τοῦτο ὡμοιώθη ἡ βασιλεία τῶν οὐρανῶν ἀνθρώπῳ βασιλεῖ, ὃς ἠθέλησε

συνᾶραι λόγον μετὰ τῶν δούλων αὐτοῦ. 24 ἀρξαμένου δὲ αὐτοῦ συναί-
ρειν προσηνέχθη αὐτῷ εἷς ὀφειλέτης μυρίων ταλάντων. 25 μὴ ἔχοντος
δὲ αὐτοῦ ἀποδοῦναι ἐκέλευσεν αὐτὸν ὁ κύριος αὐτοῦ πραθῆναι καὶ τὴν
γυναῖκα αὐτοῦ καὶ τὰ τέκνα καὶ πάντα ὅσα εἶχε, καὶ ἀποδοθῆναι. 26 πε-
σὼν οὖν ὁ δοῦλος προσεκύνει αὐτῷ λέγων· κύριε, μακροθύμησον ἐπ' ἐμοὶ
καὶ πάντα σοι ἀποδώσω. 27 σπλαγχνισθεὶς δὲ ὁ κύριος τοῦ δούλου ἐκεί-
νου ἀπέλυσεν αὐτὸν καὶ τὸ δάνειον ἀφῆκεν αὐτῷ. 28 ἐξελθὼν δὲ ὁ δοῦ-
λος ἐκεῖνος εὗρεν ἕνα τῶν συνδούλων αὐτοῦ, ὃς ὤφειλεν αὐτῷ ἑκατὸν
δηνάρια, καὶ κρατήσας αὐτὸν ἔπνιγε λέγων· ἀπόδος μοι εἴ τι ὀφείλεις.
29 πεσὼν οὖν ὁ σύνδουλος αὐτοῦ εἰς τοὺς πόδας αὐτοῦ παρεκάλει αὐτὸν
λέγων· μακροθύμησον ἐπ' ἐμοὶ καὶ ἀποδώσω σοι. 30 ὁ δὲ οὐκ ἤθελεν,
ἀλλὰ ἀπελθὼν ἔβαλεν αὐτὸν εἰς φυλακὴν ἕως οὗ ἀποδῷ τὸ ὀφειλόμενον.
31 ἰδόντες δὲ οἱ σύνδουλοι αὐτοῦ τὰ γενόμενα ἐλυπήθησαν σφόδρα, καὶ
ἐλθόντες διεσάφησαν τῷ κυρίῳ ἑαυτῶν πάντα τὰ γενόμενα. 32 τότε
προσκαλεσάμενος αὐτὸν ὁ κύριος αὐτοῦ λέγει αὐτῷ· δοῦλε πονηρέ, πᾶ-
σαν τὴν ὀφειλὴν ἐκείνην ἀφῆκά σοι, ἐπεὶ παρεκάλεσάς με. 33 οὐκ ἔδει
καὶ σὲ ἐλεῆσαι τὸν σύνδουλόν σου, ὡς καὶ ἐγώ σε ἠλέησα; 34 καὶ ὀργι-
σθεὶς ὁ κύριος αὐτοῦ παρέδωκεν αὐτὸν τοῖς βασανισταῖς ἕως οὗ ἀποδῷ
πᾶν τὸ ὀφειλόμενον αὐτῷ. 35 οὕτω καὶ ὁ πατήρ μου ὁ ἐπουράνιος ποιή-
σει ὑμῖν, ἐὰν μὴ ἀφῆτε ἕκαστος τῷ ἀδελφῷ αὐτοῦ ἀπὸ τῶν καρδιῶν ὑ-
μῶν τὰ παραπτώματα αὐτῶν.

19

ΚΑΙ ἐγένετο ὅτε ἐτέλεσεν ὁ Ἰησοῦς τοὺς λόγους τούτους μετῆρεν ἀπὸ
τῆς Γαλιλαίας καὶ ἦλθεν εἰς τὰ ὅρια τῆς Ἰουδαίας πέραν τοῦ Ἰορ-
δάνου. 2 καὶ ἠκολούθησαν αὐτῷ ὄχλοι πολλοί, καὶ ἐθεράπευσεν αὐ-
τοὺς ἐκεῖ. 3 Καὶ προσῆλθον αὐτῷ οἱ Φαρισαῖοι πειράζοντες αὐτὸν καὶ
λέγοντες αὐτῷ· εἰ ἔξεστιν ἀνθρώπῳ ἀπολῦσαι τὴν γυναῖκα αὐτοῦ κατὰ
πᾶσαν αἰτίαν; 4 ὁ δὲ ἀποκριθεὶς εἶπεν αὐτοῖς· οὐκ ἀνέγνωτε ὅτι ὁ ποιή-
σας ἀπ' ἀρχῆς ἄρσεν καὶ θῆλυ ἐποίησεν αὐτοὺς καὶ εἶπεν, 5 ἕνεκεν τού-
του καταλείψει ἄνθρωπος τὸν πατέρα αὐτοῦ καὶ τὴν μητέρα καὶ κολλη-
θήσεται τῇ γυναικὶ αὐτοῦ, καὶ ἔσονται οἱ δύο εἰς σάρκα μίαν; 6 ὥστε οὐ-
κέτι εἰσὶ δύο, ἀλλὰ σὰρξ μία. ὃ οὖν ὁ Θεὸς συνέζευξεν, ἄνθρωπος μὴ
χωριζέτω. 7 λέγουσιν αὐτῷ· τί οὖν Μωσῆς ἐνετείλατο δοῦναι βιβλίον ἀ-

ποστασίου καὶ ἀπολῦσαι αὐτήν; 8 λέγει αὐτοῖς· ὅτι Μωσῆς πρὸς τὴν
σκληροκαρδίαν ὑμῶν ἐπέτρεψεν ὑμῖν ἀπολῦσαι τὰς γυναῖκας ὑμῶν· ἀπ'
ἀρχῆς δὲ οὐ γέγονεν οὕτω. 9 λέγω δὲ ὑμῖν ὅτι ὃς ἂν ἀπολύσῃ τὴν γυ-
ναῖκα αὐτοῦ μὴ ἐπὶ πορνείᾳ καὶ γαμήσῃ ἄλλην, μοιχᾶται· καὶ ὁ ἀπολε-
λυμένην γαμήσας μοιχᾶται. 10 λέγουσιν αὐτῷ οἱ μαθηταὶ αὐτοῦ· εἰ οὕ-
τως ἐστὶν ἡ αἰτία τοῦ ἀνθρώπου μετὰ τῆς γυναικός, οὐ συμφέρει γαμῆ-
σαι. 11 ὁ δὲ εἶπεν αὐτοῖς· οὐ πάντες χωροῦσι τὸν λόγον τοῦτον, ἀλλ' οἷς
δέδοται· 12 εἰσὶ γὰρ εὐνοῦχοι οἵτινες ἐκ κοιλίας μητρὸς ἐγεννήθησαν
οὕτω. καὶ εἰσὶν εὐνοῦχοι οἵτινες εὐνουχίσθησαν ὑπὸ τῶν ἀνθρώπων, καὶ
εἰσὶν εὐνοῦχοι οἵτινες εὐνούχισαν ἑαυτοὺς διὰ τὴν βασιλείαν τῶν οὐρα-
νῶν. ὁ δυνάμενος χωρεῖν χωρείτω.

13 Τότε προσηνέχθη αὐτῷ παιδία, ἵνα ἐπιθῇ αὐτοῖς τὰς χεῖρας καὶ προ-
σεύξηται· οἱ δὲ μαθηταὶ ἐπετίμησαν αὐτοῖς. 14 ὁ δὲ Ἰησοῦς εἶπεν· ἄφε-
τε τὰ παιδία καὶ μὴ κωλύετε αὐτὰ ἐλθεῖν πρός με· τῶν γὰρ τοιούτων ἐ-
στὶν ἡ βασιλεία τῶν οὐρανῶν. 15 καὶ ἐπιθεὶς τὰς χεῖρας αὐτοῖς ἐπορεύ-
θη ἐκεῖθεν.

16 Καὶ ἰδοὺ εἷς προσελθὼν εἶπεν αὐτῷ· διδάσκαλε ἀγαθέ, τί ἀγαθὸν
ποιήσω ἵνα ἔχω ζωὴν αἰώνιον; 17 ὁ δὲ εἶπεν αὐτῷ· τί με λέγεις ἀγαθόν;
οὐδεὶς ἀγαθὸς εἰ μὴ εἷς ὁ Θεός. εἰ δὲ θέλεις εἰσελθεῖν εἰς τὴν ζωήν, τή-
ρησον τὰς ἐντολάς. 18 λέγει αὐτῷ· ποίας; ὁ δὲ Ἰησοῦς εἶπε· τὸ οὐ φο-
νεύσεις, οὐ μοιχεύσεις, οὐ κλέψεις, οὐ ψευδομαρτυρήσεις, 19 τίμα τὸν
πατέρα καὶ τὴν μητέρα, καὶ ἀγαπήσεις τὸν πλησίον σου ὡς σεαυτόν. 20
λέγει αὐτῷ ὁ νεανίσκος· πάντα ταῦτα ἐφυλαξάμην ἐκ νεότητός μου· τί
ἔτι ὑστερῶ; 21 ἔφη αὐτῷ ὁ Ἰησοῦς· εἰ θέλεις τέλειος εἶναι, ὕπαγε πώ-
λησόν σου τὰ ὑπάρχοντα καὶ δὸς πτωχοῖς, καὶ ἕξεις θησαυρὸν ἐν οὐρα-
νῷ, καὶ δεῦρο ἀκολούθει μοι. 22 ἀκούσας δὲ ὁ νεανίσκος τὸν λόγον ἀ-
πῆλθε λυπούμενος· ἦν γὰρ ἔχων κτήματα πολλά. 23 Ὁ δὲ Ἰησοῦς εἶπε
τοῖς μαθηταῖς αὐτοῦ· ἀμὴν λέγω ὑμῖν ὅτι δυσκόλως πλούσιος εἰσελεύ-
σεται εἰς τὴν βασιλείαν τῶν οὐρανῶν. 24 πάλιν δὲ λέγω ὑμῖν, εὐκοπώ-
τερόν ἐστι κάμηλον διὰ τρυπήματος ραφίδος διελθεῖν ἢ πλούσιον εἰς τὴν
βασιλείαν τοῦ Θεοῦ εἰσελθεῖν. 25 ἀκούσαντες δὲ οἱ μαθηταὶ αὐτοῦ ἐξε-
πλήσσοντο σφόδρα λέγοντες· τίς ἄρα δύναται σωθῆναι; 26 ἐμβλέψας δὲ
ὁ Ἰησοῦς εἶπεν αὐτοῖς· παρὰ ἀνθρώποις τοῦτο ἀδύνατόν ἐστι, παρὰ δὲ
Θεῷ πάντα δυνατά ἐστι. 27 Τότε ἀποκριθεὶς ὁ Πέτρος εἶπεν αὐτῷ· ἰδοὺ
ἡμεῖς ἀφήκαμεν πάντα καὶ ἠκολουθήσαμέν σοι· τί ἄρα ἔσται ἡμῖν; 28 ὁ
δὲ Ἰησοῦς εἶπεν αὐτοῖς· ἀμὴν λέγω ὑμῖν ὅτι ὑμεῖς οἱ ἀκολουθήσαντές

μοι, ἐν τῇ παλιγγενεσίᾳ, ὅταν καθίσῃ ὁ υἱὸς τοῦ ἀνθρώπου ἐπὶ θρόνου δόξης αὐτοῦ, καθίσεσθε καὶ ὑμεῖς ἐπὶ δώδεκα θρόνους κρίνοντες τὰς δώ-
δεκα φυλὰς τοῦ Ἰσραήλ. 29 καὶ πᾶς ὃς ἀφῆκεν οἰκίας ἢ ἀδελφοὺς ἢ ἀ-
δελφὰς ἢ πατέρα ἢ μητέρα ἢ γυναῖκα ἢ τέκνα ἢ ἀγροὺς ἕνεκεν τοῦ ὀνό-
ματός μου, ἑκατονταπλασίονα λήψεται καὶ ζωὴν αἰώνιον κληρονομήσει.
30 Πολλοὶ δὲ ἔσονται πρῶτοι ἔσχατοι καὶ ἔσχατοι πρῶτοι.

20

ὉΜΟΙΑ γάρ ἐστιν ἡ βασιλεία τῶν οὐρανῶν ἀνθρώπῳ οἰκοδεσπότῃ, ὅ-
στις ἐξῆλθεν ἅμα πρωῒ μισθώσασθαι ἐργάτας εἰς τὸν ἀμπελῶνα αὐ-
τοῦ. 2 καὶ συμφωνήσας μετὰ τῶν ἐργατῶν ἐκ δηναρίου τὴν ἡμέραν
ἀπέστειλεν αὐτοὺς εἰς τὸν ἀμπελῶνα αὐτοῦ. 3 καὶ ἐξελθὼν περὶ τρίτην
ὥραν εἶδεν ἄλλους ἑστῶτας ἐν τῇ ἀγορᾷ ἀργούς, 4 καὶ ἐκείνοις εἶπεν· ὑ-
πάγετε καὶ ὑμεῖς εἰς τὸν ἀμπελῶνα, καὶ ὃ ἐὰν ᾖ δίκαιον δώσω ὑμῖν. οἱ
δὲ ἀπῆλθον. 5 πάλιν ἐξελθὼν περὶ ἕκτην καὶ ἐνάτην ὥραν ἐποίησεν ὡ-
σαύτως. 6 περὶ δὲ τὴν ἑνδεκάτην ὥραν ἐξελθὼν εὗρεν ἄλλους ἑστῶτας
ἀργούς, καὶ λέγει αὐτοῖς· τί ὧδε ἑστήκατε ὅλην τὴν ἡμέραν ἀργοί; 7 λέ-
γουσιν αὐτῷ· ὅτι οὐδεὶς ἡμᾶς ἐμισθώσατο. λέγει αὐτοῖς· ὑπάγετε καὶ ὑ-
μεῖς εἰς τὸν ἀμπελῶνα, καὶ ὃ ἐὰν ᾖ δίκαιον λήψεσθε. 8 ὀψίας δὲ γενομέ-
νης λέγει ὁ κύριος τοῦ ἀμπελῶνος τῷ ἐπιτρόπῳ αὐτοῦ· κάλεσον τοὺς ἐρ-
γάτας καὶ ἀπόδος αὐτοῖς τὸν μισθόν, ἀρξάμενος ἀπὸ τῶν ἐσχάτων ἕως
τῶν πρώτων. 9 καὶ ἐλθόντες οἱ περὶ τὴν ἑνδεκάτην ὥραν ἔλαβον ἀνὰ
δηνάριον. 10 ἐλθόντες δὲ οἱ πρῶτοι ἐνόμισαν ὅτι πλείονα λήψονται, καὶ
ἔλαβον καὶ αὐτοὶ ἀνὰ δηνάριον. 11 λαβόντες δὲ ἐγόγγυζον κατὰ τοῦ οἰ-
κοδεσπότου 12 λέγοντες ὅτι οὗτοι οἱ ἔσχατοι μίαν ὥραν ἐποίησαν, καὶ ἴ-
σους ἡμῖν αὐτοὺς ἐποίησας τοῖς βαστάσασι τὸ βάρος τῆς ἡμέρας καὶ τὸν
καύσωνα. 13 ὁ δὲ ἀποκριθεὶς εἶπεν ἑνὶ αὐτῶν· ἑταῖρε, οὐκ ἀδικῶ σε· οὐχὶ
δηναρίου συνεφώνησάς μοι; 14 ἆρον τὸ σὸν καὶ ὕπαγε· θέλω δὲ τούτῳ
τῷ ἐσχάτῳ δοῦναι ὡς καὶ σοί· 15 ἢ οὐκ ἔξεστί μοι ποιῆσαι ὃ θέλω ἐν
τοῖς ἐμοῖς, εἰ ὁ ὀφθαλμός σου πονηρός ἐστιν ὅτι ἐγὼ ἀγαθός εἰμι; 16
Οὕτως ἔσονται οἱ ἔσχατοι πρῶτοι καὶ οἱ πρῶτοι ἔσχατοι· πολλοὶ γάρ εἰσι
κλητοί, ὀλίγοι δὲ ἐκλεκτοί.

17 Καὶ ἀναβαίνων ὁ Ἰησοῦς εἰς Ἱεροσόλυμα παρέλαβε τοὺς δώδεκα
μαθητὰς κατ' ἰδίαν ἐν τῇ ὁδῷ καὶ εἶπεν αὐτοῖς. 18 ἰδοὺ ἀναβαίνομεν εἰς
Ἱεροσόλυμα, καὶ ὁ υἱὸς τοῦ ἀνθρώπου παραδοθήσεται τοῖς ἀρχιερεῦσι
καὶ γραμματεῦσι καὶ κατακρινοῦσιν αὐτὸν θανάτῳ, 19 καὶ παραδώσου-
σιν αὐτὸν τοῖς ἔθνεσιν εἰς τὸ ἐμπαῖξαι καὶ μαστιγῶσαι καὶ σταυρῶσαι,
καὶ τῇ τρίτῃ ἡμέρᾳ ἀναστήσεται.

20 Τότε προσῆλθεν αὐτῷ ἡ μήτηρ τῶν υἱῶν Ζεβεδαίου μετὰ τῶν υἱῶν
αὐτῆς προσκυνοῦσα καὶ αἰτοῦσά τι παρ' αὐτοῦ. 21 ὁ δὲ εἶπεν αὐτῇ· τί
θέλεις; λέγει αὐτῷ· εἰπὲ ἵνα καθίσωσιν οὗτοι οἱ δύο υἱοί μου εἷς ἐκ δεξι-
ῶν σου καὶ εἷς ἐξ εὐωνύμων σου ἐν τῇ βασιλείᾳ σου. 22 ἀποκριθεὶς δὲ ὁ
Ἰησοῦς εἶπεν· οὐκ οἴδατε τί αἰτεῖσθε. δύνασθε πιεῖν τὸ ποτήριον ὃ ἐγὼ
μέλλω πίνειν, ἢ τὸ βάπτισμα ὃ ἐγὼ βαπτίζομαι βαπτισθῆναι; λέγουσιν
αὐτῷ· δυνάμεθα. 23 καὶ λέγει αὐτοῖς· τὸ μὲν ποτήριόν μου πίεσθε, καὶ
τὸ βάπτισμα ὃ ἐγὼ βαπτίζομαι βαπτισθήσεσθε· τὸ δὲ καθίσαι ἐκ δεξιῶν
μου καὶ ἐξ εὐωνύμων μου οὐκ ἔστιν ἐμὸν δοῦναι, ἀλλ' οἷς ἡτοίμασται
ὑπὸ τοῦ πατρός μου. 24 καὶ ἀκούσαντες οἱ δέκα ἠγανάκτησαν περὶ τῶν
δύο ἀδελφῶν. 25 Ὁ δὲ Ἰησοῦς προσκαλεσάμενος αὐτοὺς εἶπεν· οἴδατε
ὅτι οἱ ἄρχοντες τῶν ἐθνῶν κατακυριεύουσιν αὐτῶν καὶ οἱ μεγάλοι κατε-
ξουσιάζουσιν αὐτῶν. 26 οὐχ οὕτως ἔσται ἐν ὑμῖν, ἀλλ' ὃς ἐὰν θέλῃ ἐν ὑ-
μῖν μέγας γενέσθαι, ἔσται ὑμῶν διάκονος, 27 καὶ ὃς ἐὰν θέλῃ ἐν ὑμῖν
εἶναι πρῶτος, ἔσται ὑμῶν δοῦλος· 28 ὥσπερ ὁ υἱὸς τοῦ ἀνθρώπου οὐκ
ἦλθε διακονηθῆναι, ἀλλὰ διακονῆσαι καὶ δοῦναι τὴν ψυχὴν αὐτοῦ λύ-
τρον ἀντὶ πολλῶν.

29 Καὶ ἐκπορευομένων αὐτῶν ἀπὸ Ἱεριχὼ ἠκολούθησεν αὐτῷ ὄχλος
πολύς. 30 Καὶ ἰδοὺ δύο τυφλοὶ καθήμενοι παρὰ τὴν ὁδόν, ἀκούσαντες
ὅτι Ἰησοῦς παράγει, ἔκραξαν λέγοντες· ἐλέησον ἡμᾶς, Κύριε, υἱὸς Δαυ-
ΐδ. 31 ὁ δὲ ὄχλος ἐπετίμησεν αὐτοῖς ἵνα σιωπήσωσιν· οἱ δὲ μεῖζον ἔκρα-
ζον λέγοντες· ἐλέησον ἡμᾶς, Κύριε, υἱὸς Δαυΐδ. 32 καὶ στὰς ὁ Ἰησοῦς
ἐφώνησεν αὐτοὺς καὶ εἶπε· τί θέλετε ποιήσω ὑμῖν; 33 λέγουσιν αὐτῷ·
Κύριε, ἵνα ἀνοιχθῶσιν ἡμῶν οἱ ὀφθαλμοί. 34 σπλαγχνισθεὶς δὲ ὁ Ἰη-
σοῦς ἥψατο τῶν ὀφθαλμῶν αὐτῶν, καὶ εὐθέως ἀνέβλεψαν αὐτῶν οἱ ὀ-
φθαλμοί, καὶ ἠκολούθησαν αὐτῷ.

21

ΚΑΙ ὅτε ἤγγισαν εἰς Ἱεροσόλυμα καὶ ἦλθον εἰς Βηθσφαγῆ πρὸς τὸ ὄ-
ρος τῶν ἐλαιῶν, τότε ὁ Ἰησοῦς ἀπέστειλε δύο μαθητὰς 2 λέγων αὐ-
τοῖς· πορεύθητε εἰς τὴν κώμην τὴν ἀπέναντι ὑμῶν, καὶ εὐθέως εὑ-
ρήσετε ὄνον δεδεμένην καὶ πῶλον μετ᾽ αὐτῆς· λύσαντες ἀγάγετέ μοι. 3
καὶ ἐάν τις ὑμῖν εἴπῃ τι, ἐρεῖτε ὅτι ὁ Κύριος αὐτῶν χρείαν ἔχει· εὐθέως
δὲ ἀποστέλλει αὐτούς. 4 τοῦτο δὲ ὅλον γέγονεν ἵνα πληρωθῇ τὸ ῥηθὲν
διὰ τοῦ προφήτου λέγοντος· 5 εἴπατε τῇ θυγατρὶ Σιών, ἰδοὺ ὁ βασιλεύς
σου ἔρχεταί σοι πραῢς καὶ ἐπιβεβηκὼς ἐπὶ ὄνον καὶ πῶλον υἱὸν ὑποζυγί-
ου. 6 πορευθέντες δὲ οἱ μαθηταὶ καὶ ποιήσαντες καθὼς προσέταξεν αὐ-
τοῖς ὁ Ἰησοῦς, 7 ἤγαγον τὴν ὄνον καὶ τὸν πῶλον, καὶ ἐπέθηκαν ἐπάνω
αὐτῶν τὰ ἱμάτια αὐτῶν, καὶ ἐπεκάθισεν ἐπάνω αὐτῶν. 8 ὁ δὲ πλεῖστος
ὄχλος ἔστρωσαν ἑαυτῶν τὰ ἱμάτια ἐν τῇ ὁδῷ, ἄλλοι δὲ ἔκοπτον κλάδους
ἀπὸ τῶν δένδρων καὶ ἐστρώννυον ἐν τῇ ὁδῷ. 9 οἱ δὲ ὄχλοι οἱ προάγοντες
καὶ οἱ ἀκολουθοῦντες ἔκραζον λέγοντες· ὡσαννὰ τῷ υἱῷ Δαυΐδ· εὐλογη-
μένος ὁ ἐρχόμενος ἐν ὀνόματι Κυρίου· ὡσαννὰ ἐν τοῖς ὑψίστοις. 10 καὶ
εἰσελθόντος αὐτοῦ εἰς Ἱεροσόλυμα ἐσείσθη πᾶσα ἡ πόλις λέγουσα· τίς
ἐστιν οὗτος; 11 οἱ δὲ ὄχλοι ἔλεγον· οὗτός ἐστιν Ἰησοῦς ὁ προφήτης ὁ
ἀπὸ Ναζαρὲτ τῆς Γαλιλαίας.

12 Καὶ εἰσῆλθεν ὁ Ἰησοῦς εἰς τὸ ἱερὸν τοῦ Θεοῦ, καὶ ἐξέβαλε πάντας
τοὺς πωλοῦντας καὶ ἀγοράζοντας ἐν τῷ ἱερῷ, καὶ τὰς τραπέζας τῶν
κολλυβιστῶν κατέστρεψε καὶ τὰς καθέδρας τῶν πωλούντων τὰς περι-
στεράς, 13 καὶ λέγει αὐτοῖς· γέγραπται, ὁ οἶκός μου οἶκος προσευχῆς
κληθήσεται· ὑμεῖς δὲ αὐτὸν ἐποιήσατε σπήλαιον λῃστῶν. 14 Καὶ προ-
σῆλθον αὐτῷ χωλοὶ καὶ τυφλοὶ ἐν τῷ ἱερῷ καὶ ἐθεράπευσεν αὐτούς. 15
ἰδόντες δὲ οἱ ἀρχιερεῖς καὶ οἱ γραμματεῖς τὰ θαυμάσια ἃ ἐποίησε καὶ
τοὺς παῖδας κράζοντας ἐν τῷ ἱερῷ καὶ λέγοντας, ὡσαννὰ τῷ υἱῷ Δαυΐδ,
ἠγανάκτησαν 16 καὶ εἶπον αὐτῷ· ἀκούεις τί οὗτοι λέγουσιν; ὁ δὲ Ἰησοῦς
λέγει αὐτοῖς· ναί· οὐδέποτε ἀνέγνωτε ὅτι ἐκ στόματος νηπίων καὶ θηλα-
ζόντων κατηρτίσω αἶνον; 17 καὶ καταλιπὼν αὐτοὺς ἐξῆλθεν ἔξω τῆς
πόλεως εἰς Βηθανίαν καὶ ηὐλίσθη ἐκεῖ.

18 Πρωΐας δὲ ἐπανάγων εἰς τὴν πόλιν ἐπείνασε· 19 καὶ ἰδὼν συκῆν μί-
αν ἐπὶ τῆς ὁδοῦ ἦλθεν ἐπ᾽ αὐτήν, καὶ οὐδὲν εὗρεν ἐν αὐτῇ εἰ μὴ φύλλα
μόνον, καὶ λέγει αὐτῇ· μηκέτι ἐκ σοῦ καρπὸς γένηται εἰς τὸν αἰῶνα. καὶ

ἐξηράνθη παραχρῆμα ἡ συκῆ. 20 καὶ ἰδόντες οἱ μαθηταὶ ἐθαύμασαν λέ-
γοντες· πῶς παραχρῆμα ἐξηράνθη ἡ συκῆ; 21 ἀποκριθεὶς δὲ ὁ Ἰησοῦς
εἶπεν αὐτοῖς· ἀμὴν λέγω ὑμῖν, ἐὰν ἔχητε πίστιν καὶ μὴ διακριθῆτε, οὐ
μόνον τὸ τῆς συκῆς ποιήσετε, ἀλλὰ κἂν τῷ ὄρει τούτῳ εἴπητε, ἄρθητι
καὶ βλήθητι εἰς τὴν θάλασσαν, γενήσεται· 22 καὶ πάντα ὅσα ἐὰν αἰτή-
σητε ἐν τῇ προσευχῇ πιστεύοντες, λήψεσθε.

23 Καὶ ἐλθόντι αὐτῷ εἰς τὸ ἱερὸν προσῆλθον αὐτῷ διδάσκοντι οἱ ἀρχιε-
ρεῖς καὶ οἱ πρεσβύτεροι τοῦ λαοῦ λέγοντες· ἐν ποίᾳ ἐξουσίᾳ ταῦτα ποιεῖς,
καὶ τίς σοι ἔδωκε τὴν ἐξουσίαν ταύτην; 24 ἀποκριθεὶς δὲ ὁ Ἰησοῦς εἶπεν
αὐτοῖς· ἐρωτήσω ὑμᾶς κἀγὼ λόγον ἕνα, ὃν ἐὰν εἴπητέ μοι, κἀγὼ ὑμῖν
ἐρῶ ἐν ποίᾳ ἐξουσίᾳ ταῦτα ποιῶ. 25 τὸ βάπτισμα Ἰωάννου πόθεν ἦν, ἐξ
οὐρανοῦ ἢ ἐξ ἀνθρώπων; οἱ δὲ διελογίζοντο παρ' ἑαυτοῖς λέγοντες· ἐὰν
εἴπωμεν, ἐξ οὐρανοῦ, ἐρεῖ ἡμῖν, διατί οὖν οὐκ ἐπιστεύσατε αὐτῷ· 26 ἐὰν
δὲ εἴπωμεν, ἐξ ἀνθρώπων, φοβούμεθα τὸν ὄχλον, πάντες γὰρ ἔχουσι τὸν
Ἰωάννην ὡς προφήτην. 27 καὶ ἀποκριθέντες τῷ Ἰησοῦ εἶπον· οὐκ οἴδα-
μεν. ἔφη αὐτοῖς καὶ αὐτός· οὐδὲ ἐγὼ λέγω ὑμῖν ἐν ποίᾳ ἐξουσίᾳ ταῦτα
ποιῶ. 28 Τί δὲ ὑμῖν δοκεῖ; ἄνθρωπός τις εἶχε τέκνα δύο, καὶ προσελθὼν
τῷ πρώτῳ εἶπε· τέκνον, ὕπαγε σήμερον ἐργάζου ἐν τῷ ἀμπελῶνί μου.
29 ὁ δὲ ἀποκριθεὶς εἶπεν· οὐ θέλω· ὕστερον δὲ μεταμεληθεὶς ἀπῆλθε. 30
καὶ προσελθὼν τῷ δευτέρῳ εἶπεν ὡσαύτως. ὁ δὲ ἀποκριθεὶς εἶπεν· ἐγώ,
κύριε· καὶ οὐκ ἀπῆλθε. 31 τίς ἐκ τῶν δύο ἐποίησε τὸ θέλημα τοῦ πα-
τρός; λέγουσιν αὐτῷ· ὁ πρῶτος. λέγει αὐτοῖς ὁ Ἰησοῦς· ἀμὴν λέγω ὑμῖν
ὅτι οἱ τελῶναι καὶ αἱ πόρναι προάγουσιν ὑμᾶς εἰς τὴν βασιλείαν τοῦ Θε-
οῦ. 32 ἦλθε γὰρ πρὸς ὑμᾶς Ἰωάννης ἐν ὁδῷ δικαιοσύνης, καὶ οὐκ ἐπι-
στεύσατε αὐτῷ· οἱ δὲ τελῶναι καὶ αἱ πόρναι ἐπίστευσαν αὐτῷ· ὑμεῖς δὲ
ἰδόντες οὐ μετεμελήθητε ὕστερον τοῦ πιστεῦσαι αὐτῷ.

33 Ἄλλην παραβολὴν ἀκούσατε. ἄνθρωπός τις ἦν οἰκοδεσπότης, ὅστις
ἐφύτευσεν ἀμπελῶνα καὶ φραγμὸν αὐτῷ περιέθηκε καὶ ὤρυξεν ἐν αὐτῷ
ληνὸν καὶ ᾠκοδόμησε πύργον, καὶ ἐξέδοτο αὐτὸν γεωργοῖς καὶ ἀπεδή-
μησεν. 34 ὅτε δὲ ἤγγισεν ὁ καιρὸς τῶν καρπῶν, ἀπέστειλε τοὺς δούλους
αὐτοῦ πρὸς τοὺς γεωργοὺς λαβεῖν τοὺς καρποὺς αὐτοῦ. 35 καὶ λαβόντες
οἱ γεωργοὶ τοὺς δούλους αὐτοῦ ὃν μὲν ἔδειραν, ὃν δὲ ἀπέκτειναν, ὃν δὲ ἐ-
λιθοβόλησαν. 36 πάλιν ἀπέστειλεν ἄλλους δούλους πλείονας τῶν πρώ-
των, καὶ ἐποίησαν αὐτοῖς ὡσαύτως. 37 ὕστερον δὲ ἀπέστειλε πρὸς αὐ-
τοὺς τὸν υἱὸν αὐτοῦ λέγων· ἐντραπήσονται τὸν υἱόν μου. 38 οἱ δὲ γεωρ-
γοὶ ἰδόντες τὸν υἱὸν εἶπον ἐν ἑαυτοῖς· οὗτός ἐστιν ὁ κληρονόμος· δεῦτε ἀ-

ποκτείνωμεν αὐτὸν καὶ κατάσχωμεν τὴν κληρονομίαν αὐτοῦ. 39 καὶ
λαβόντες αὐτὸν ἐξέβαλον ἔξω τοῦ ἀμπελῶνος, καὶ ἀπέκτειναν. 40 Ὅ-
ταν οὖν ἔλθῃ ὁ κύριος τοῦ ἀμπελῶνος, τί ποιήσει τοῖς γεωργοῖς ἐκείνοις;
41 λέγουσιν αὐτῷ· κακοὺς κακῶς ἀπολέσει αὐτούς, καὶ τὸν ἀμπελῶνα
ἐκδώσεται ἄλλοις γεωργοῖς, οἵτινες ἀποδώσουσιν αὐτῷ τοὺς καρποὺς ἐν
τοῖς καιροῖς αὐτῶν. 42 λέγει αὐτοῖς ὁ Ἰησοῦς· οὐδέποτε ἀνέγνωτε ἐν
ταῖς γραφαῖς, λίθον ὃν ἀπεδοκίμασαν οἱ οἰκοδομοῦντες, οὗτος ἐγενήθη
εἰς κεφαλὴν γωνίας· παρὰ Κυρίου ἐγένετο αὕτη, καὶ ἔστι θαυμαστὴ ἐν
ὀφθαλμοῖς ἡμῶν; 43 διὰ τοῦτο λέγω ὑμῖν ὅτι ἀρθήσεται ἀφ' ὑμῶν ἡ βα-
σιλεία τοῦ Θεοῦ καὶ δοθήσεται ἔθνει ποιοῦντι τοὺς καρποὺς αὐτῆς· 44
καὶ ὁ πεσὼν ἐπὶ τὸν λίθον τοῦτον συνθλασθήσεται· ἐφ' ὃν δ' ἂν πέσῃ, λι-
κμήσει αὐτόν. 45 καὶ ἀκούσαντες οἱ ἀρχιερεῖς καὶ οἱ Φαρισαῖοι τὰς πα-
ραβολὰς αὐτοῦ ἔγνωσαν ὅτι περὶ αὐτῶν λέγει· 46 καὶ ζητοῦντες αὐτὸν
κρατῆσαι ἐφοβήθησαν τοὺς ὄχλους, ἐπειδὴ ὡς προφήτην αὐτὸν εἶχον.

22

ΚΑΙ ἀποκριθεὶς ὁ Ἰησοῦς πάλιν εἶπεν αὐτοῖς ἐν παραβολαῖς λέγων· 2
ὡμοιώθη ἡ βασιλεία τῶν οὐρανῶν ἀνθρώπῳ βασιλεῖ, ὅστις ἐποίησε
γάμους τῷ υἱῷ αὐτοῦ. 3 καὶ ἀπέστειλε τοὺς δούλους αὐτοῦ καλέσαι
τοὺς κεκλημένους εἰς τοὺς γάμους, καὶ οὐκ ἤθελον ἐλθεῖν. 4 πάλιν ἀπέ-
στειλεν ἄλλους δούλους λέγων· εἴπατε τοῖς κεκλημένοις· ἰδοὺ τὸ ἄρι-
στόν μου ἡτοίμασα, οἱ ταῦροί μου καὶ τὰ σιτιστὰ τεθυμένα, καὶ πάντα ἕ-
τοιμα· δεῦτε εἰς τοὺς γάμους. 5 οἱ δὲ ἀμελήσαντες ἀπῆλθον, ὁ μὲν εἰς
τὸν ἴδιον ἀγρόν, ὁ δὲ εἰς τὴν ἐμπορίαν αὐτοῦ· 6 οἱ δὲ λοιποὶ κρατήσαντες
τοὺς δούλους αὐτοῦ ὕβρισαν καὶ ἀπέκτειναν. 7 ἀκούσας δὲ ὁ βασιλεὺς ἐ-
κεῖνος ὠργίσθη, καὶ πέμψας τὰ στρατεύματα αὐτοῦ ἀπώλεσε τοὺς φο-
νεῖς ἐκείνους καὶ τὴν πόλιν αὐτῶν ἐνέπρησε. 8 τότε λέγει τοῖς δούλοις
αὐτοῦ· ὁ μὲν γάμος ἕτοιμός ἐστιν, οἱ δὲ κεκλημένοι οὐκ ἦσαν ἄξιοι· 9
πορεύεσθε οὖν ἐπὶ τὰς διεξόδους τῶν ὁδῶν, καὶ ὅσους ἐὰν εὕρητε καλέ-
σατε εἰς τοὺς γάμους, 10 καὶ ἐξελθόντες οἱ δοῦλοι ἐκεῖνοι εἰς τὰς ὁδοὺς
συνήγαγον πάντας ὅσους εὗρον, πονηρούς τε καὶ ἀγαθούς· καὶ ἐπλήσθη
ὁ γάμος ἀνακειμένων. 11 εἰσελθὼν δὲ ὁ βασιλεὺς θεάσασθαι τοὺς ἀνα-
κειμένους εἶδεν ἐκεῖ ἄνθρωπον οὐκ ἐνδεδυμένον ἔνδυμα γάμου, 12 καὶ
λέγει αὐτῷ· ἑταῖρε, πῶς εἰσῆλθες ὧδε μὴ ἔχων ἔνδυμα γάμου; ὁ δὲ ἐφι-

μώθη. 13 τότε εἶπεν ὁ βασιλεὺς τοῖς διακόνοις· δήσαντες αὐτοῦ πόδας
καὶ χεῖρας ἄρατε αὐτὸν καὶ ἐκβάλετε εἰς τὸ σκότος τὸ ἐξώτερον· ἐκεῖ ἔ-
σται ὁ κλαυθμὸς καὶ ὁ βρυγμὸς τῶν ὀδόντων. 14 πολλοὶ γάρ εἰσι κλη-
τοί, ὀλίγοι δὲ ἐκλεκτοί.

15 Τότε πορευθέντες οἱ Φαρισαῖοι συμβούλιον ἔλαβον ὅπως αὐτὸν πα-
γιδεύσωσιν ἐν λόγῳ. 16 καὶ ἀποστέλλουσιν αὐτῷ τοὺς μαθητὰς αὐτῶν
μετὰ τῶν Ἡρῳδιανῶν λέγοντες· διδάσκαλε, οἴδαμεν ὅτι ἀληθὴς εἶ καὶ
τὴν ὁδὸν τοῦ Θεοῦ ἐν ἀληθείᾳ διδάσκεις, καὶ οὐ μέλει σοι περὶ οὐδενός·
οὐ γὰρ βλέπεις εἰς πρόσωπον ἀνθρώπων· 17 εἰπὲ οὖν ἡμῖν, τί σοι δοκεῖ;
ἔξεστι δοῦναι κῆνσον Καίσαρι ἢ οὔ; 18 γνοὺς δὲ ὁ Ἰησοῦς τὴν πονηρίαν
αὐτῶν εἶπε· τί με πειράζετε, ὑποκριταί; 19 ἐπιδείξατέ μοι τὸ νόμισμα
τοῦ κήνσου. οἱ δὲ προσήνεγκαν αὐτῷ δηνάριον. 20 καὶ λέγει αὐτοῖς· τί-
νος ἡ εἰκὼν αὕτη καὶ ἡ ἐπιγραφή; 21 λέγουσιν αὐτῷ· Καίσαρος· τότε
λέγει αὐτοῖς· ἀπόδοτε οὖν τὰ Καίσαρος Καίσαρι καὶ τὰ τοῦ Θεοῦ τῷ
Θεῷ. 22 καὶ ἀκούσαντες ἐθαύμασαν, καὶ ἀφέντες αὐτὸν ἀπῆλθον.

23 Ἐν ἐκείνῃ τῇ ἡμέρᾳ προσῆλθον αὐτῷ Σαδδουκαῖοι, οἱ λέγοντες μὴ
εἶναι ἀνάστασιν, καὶ ἐπηρώτησαν αὐτὸν 24 λέγοντες· διδάσκαλε, Μω-
σῆς εἶπεν, ἐάν τις ἀποθάνῃ μὴ ἔχων τέκνα, ἐπιγαμβρεύσει ὁ ἀδελφὸς
αὐτοῦ τὴν γυναῖκα αὐτοῦ καὶ ἀναστήσει σπέρμα τῷ ἀδελφῷ αὐτοῦ. 25
ἦσαν δὲ παρ' ἡμῖν ἑπτὰ ἀδελφοί· καὶ ὁ πρῶτος γαμήσας ἐτελεύτησε, καὶ
μὴ ἔχων σπέρμα ἀφῆκε τὴν γυναῖκα αὐτοῦ τῷ ἀδελφῷ αὐτοῦ· 26 ὁμοί-
ως καὶ ὁ δεύτερος καὶ ὁ τρίτος, ἕως τῶν ἑπτά. 27 ὕστερον δὲ πάντων ἀ-
πέθανε καὶ ἡ γυνή. 28 ἐν τῇ οὖν ἀναστάσει τίνος τῶν ἑπτὰ ἔσται ἡ γυ-
νή; πάντες γὰρ ἔσχον αὐτήν. 29 ἀποκριθεὶς δὲ ὁ Ἰησοῦς εἶπεν αὐτοῖς·
πλανᾶσθε μὴ εἰδότες τὰς γραφὰς μηδὲ τὴν δύναμιν τοῦ Θεοῦ. 30 ἐν γὰρ
τῇ ἀναστάσει οὔτε γαμοῦσιν οὔτε ἐκγαμίζονται, ἀλλ' ὡς ἄγγελοι Θεοῦ
ἐν οὐρανῷ εἰσι. 31 περὶ δὲ τῆς ἀναστάσεως τῶν νεκρῶν οὐκ ἀνέγνωτε
τὸ ρηθὲν ὑμῖν ὑπὸ τοῦ Θεοῦ λέγοντος, 32 ἐγώ εἰμι ὁ Θεὸς Ἀβραὰμ καὶ
ὁ Θεὸς Ἰσαὰκ καὶ ὁ Θεὸς Ἰακώβ; οὐκ ἔστιν ὁ Θεὸς Θεὸς νεκρῶν, ἀλλὰ
ζώντων. 33 καὶ ἀκούσαντες οἱ ὄχλοι ἐξεπλήσσοντο ἐπὶ τῇ διδαχῇ αὐτοῦ.

34 Οἱ δὲ Φαρισαῖοι ἀκούσαντες ὅτι ἐφίμωσε τοὺς Σαδδουκαίους, συνή-
χθησαν ἐπὶ τὸ αὐτό, 35 καὶ ἐπηρώτησεν εἷς ἐξ αὐτῶν, νομικός, πειρά-
ζων αὐτὸν καὶ λέγων· 36 διδάσκαλε, ποία ἐντολὴ μεγάλη ἐν τῷ νόμῳ;
37 ὁ δὲ Ἰησοῦς ἔφη αὐτῷ· ἀγαπήσεις Κύριον τὸν Θεόν σου ἐν ὅλῃ τῇ
καρδίᾳ σου καὶ ἐν ὅλῃ τῇ ψυχῇ σου καὶ ἐν ὅλῃ τῇ διανοίᾳ σου. 38 αὕτη
ἐστὶ πρώτη καὶ μεγάλη ἐντολή. 39 δευτέρα δὲ ὁμοία αὐτῇ· ἀγαπήσεις

τὸν πλησίον σου ὡς σεαυτόν. 40 ἐν ταύταις ταῖς δυσὶν ἐντολαῖς ὅλος ὁ
νόμος καὶ οἱ προφῆται κρέμανται.

41 Συνηγμένων δὲ τῶν Φαρισαίων ἐπηρώτησεν αὐτοὺς ὁ Ἰησοῦς 42
λέγων· τί ὑμῖν δοκεῖ περὶ τοῦ Χριστοῦ; τίνος υἱός ἐστι; λέγουσιν αὐτῷ·
τοῦ Δαυΐδ. 43 λέγει αὐτοῖς· πῶς οὖν Δαυῒδ ἐν Πνεύματι Κύριον αὐτὸν
καλεῖ λέγων, 44 εἶπεν ὁ Κύριος τῷ Κυρίῳ μου, κάθου ἐκ δεξιῶν μου
ἕως ἂν θῶ τοὺς ἐχθρούς σου ὑποπόδιον τῶν ποδῶν σου; 45 εἰ οὖν Δαυῒδ
καλεῖ αὐτὸν Κύριον, πῶς υἱὸς αὐτοῦ ἐστι; 46 καὶ οὐδεὶς ἐδύνατο αὐτῷ
ἀποκριθῆναι λόγον, οὐδὲ ἐτόλμησέ τις ἀπ᾿ ἐκείνης τῆς ἡμέρας ἐπερω-
τῆσαι αὐτὸν οὐκέτι.

23

ΤΟΤΕ ὁ Ἰησοῦς ἐλάλησε τοῖς ὄχλοις καὶ τοῖς μαθηταῖς αὐτοῦ 2 λέ-
γων· ἐπὶ τῆς Μωσέως καθέδρας ἐκάθισαν οἱ γραμματεῖς καὶ οἱ Φα-
ρισαῖοι. 3 πάντα οὖν ὅσα ἐὰν εἴπωσιν ὑμῖν τηρεῖν, τηρεῖτε καὶ ποιεῖ-
τε, κατὰ δὲ τὰ ἔργα αὐτῶν μὴ ποιεῖτε· λέγουσι γάρ, καὶ οὐ ποιοῦσι. 4
δεσμεύουσι γὰρ φορτία βαρέα καὶ δυσβάστακτα καὶ ἐπιτιθέασιν ἐπὶ τοὺς
ὤμους τῶν ἀνθρώπων, τῷ δὲ δακτύλῳ αὐτῶν οὐ θέλουσι κινῆσαι αὐτά.
5 πάντα δὲ τὰ ἔργα αὐτῶν ποιοῦσι πρὸς τὸ θεαθῆναι τοῖς ἀνθρώποις.
πλατύνουσι γὰρ τὰ φυλακτήρια αὐτῶν καὶ μεγαλύνουσι τὰ κράσπεδα
τῶν ἱματίων αὐτῶν, 6 φιλοῦσι δὲ τὴν πρωτοκλισίαν ἐν τοῖς δείπνοις καὶ
τὰς πρωτοκαθεδρίας ἐν ταῖς συναγωγαῖς 7 καὶ τοὺς ἀσπασμοὺς ἐν ταῖς
ἀγοραῖς καὶ καλεῖσθαι ὑπὸ τῶν ἀνθρώπων ραββὶ ραββί. 8 ὑμεῖς δὲ μὴ
κληθῆτε ραββί· εἷς γάρ ὑμῶν ἐστιν ὁ διδάσκαλος, ὁ Χριστός· πάντες δὲ
ὑμεῖς ἀδελφοί ἐστε. 9 καὶ πατέρα μὴ καλέσητε ὑμῶν ἐπὶ τῆς γῆς· εἷς
γάρ ἐστιν ὁ πατὴρ ὑμῶν, ὁ ἐν τοῖς οὐρανοῖς. 10 μηδὲ κληθῆτε καθηγη-
ταί· εἷς γὰρ ὑμῶν ἐστιν ὁ καθηγητής, ὁ Χριστός. 11 ὁ δὲ μείζων ὑμῶν
ἔσται ὑμῶν διάκονος. 12 ὅστις δὲ ὑψώσει ἑαυτὸν ταπεινωθήσεται, καὶ
ὅστις ταπεινώσει ἑαυτὸν ὑψωθήσεται. 13 Οὐαὶ δὲ ὑμῖν, γραμματεῖς καὶ
Φαρισαῖοι ὑποκριταί, ὅτι κατεσθίετε τὰς οἰκίας τῶν χηρῶν καὶ προφάσει
μακρὰ προσευχόμενοι· διὰ τοῦτο λήψεσθε περισσότερον κρῖμα. 14 Οὐαὶ
ὑμῖν, γραμματεῖς καὶ Φαρισαῖοι ὑποκριταί, ὅτι κλείετε τὴν βασιλείαν
τῶν οὐρανῶν ἔμπροσθεν τῶν ἀνθρώπων· ὑμεῖς γὰρ οὐκ εἰσέρχεσθε, οὐδὲ

τοὺς εἰσερχομένους ἀφίετε εἰσελθεῖν. 15 Οὐαὶ ὑμῖν, γραμματεῖς καὶ
Φαρισαῖοι ὑποκριταί, ὅτι περιάγετε τὴν θάλασσαν καὶ τὴν ξηρὰν ποιῆ-
σαι ἕνα προσήλυτον, καὶ ὅταν γένηται, ποιεῖτε αὐτὸν υἱὸν γεέννης δι-
πλότερον ὑμῶν. 16 Οὐαὶ ὑμῖν, ὁδηγοὶ τυφλοί, οἱ λέγοντες ὃς ἂν ὀμόσῃ
ἐν τῷ ναῷ, οὐδέν ἐστιν, ὃς δ' ἂν ὀμόσῃ ἐν τῷ χρυσῷ τοῦ ναοῦ, ὀφείλει.
17 μωροὶ καὶ τυφλοί· τίς γὰρ μείζων ἐστίν, ὁ χρυσός ἢ ὁ ναὸς ὁ ἁγιάζων
τὸν χρυσόν; 18 καί· ὃς ἂν ὀμόσῃ ἐν τῷ θυσιαστηρίῳ, οὐδέν ἐστιν, ὃς δ'
ἂν ὀμόσῃ ἐν τῷ δώρῳ τῷ ἐπάνω αὐτοῦ, ὀφείλει. 19 μωροὶ καὶ τυφλοί· τί
γὰρ μεῖζον, τὸ δῶρον ἢ τὸ θυσιαστήριον τὸ ἁγιάζον τὸ δῶρον; 20 ὁ οὖν
ὀμόσας ἐν τῷ θυσιαστηρίῳ ὀμνύει ἐν αὐτῷ καὶ ἐν πᾶσι τοῖς ἐπάνω αὐ-
τοῦ· 21 καὶ ὁ ὀμόσας ἐν τῷ ναῷ ὀμνύει ἐν αὐτῷ καὶ ἐν τῷ κατοικήσαντι
αὐτόν· 22 καὶ ὁ ὀμόσας ἐν τῷ οὐρανῷ ὀμνύει ἐν τῷ θρόνῳ τοῦ Θεοῦ καὶ
ἐν τῷ καθημένῳ ἐπάνω αὐτοῦ. 23 Οὐαὶ ὑμῖν, γραμματεῖς καὶ Φαρισαῖοι
ὑποκριταί, ὅτι ἀποδεκατοῦτε τὸ ἡδύοσμον καὶ τὸ ἄνηθον καὶ τὸ κύμινον,
καὶ ἀφήκατε τὰ βαρύτερα τοῦ νόμου, τὴν κρίσιν καὶ τὸν ἔλεον καὶ τὴν
πίστιν· ταῦτα δὲ ἔδει ποιῆσαι κἀκεῖνα μὴ ἀφιέναι. 24 ὁδηγοὶ τυφλοί, οἱ
διυλίζοντες τὸν κώνωπα, τὴν δὲ κάμηλον καταπίνοντες. 25 Οὐαὶ ὑμῖν,
γραμματεῖς καὶ Φαρισαῖοι ὑποκριταί, ὅτι καθαρίζετε τὸ ἔξωθεν τοῦ πο-
τηρίου καὶ τῆς παροψίδος, ἔσωθεν δὲ γέμουσιν ἐξ ἁρπαγῆς καὶ ἀδικίας.
26 Φαρισαῖε τυφλέ, καθάρισον πρῶτον τὸ ἐντὸς τοῦ ποτηρίου καὶ τῆς
παροψίδος, ἵνα γένηται καὶ τὸ ἐκτὸς αὐτῶν καθαρόν. 27 Οὐαὶ ὑμῖν,
γραμματεῖς καὶ Φαρισαῖοι ὑποκριταί, ὅτι παρομοιάζετε τάφοις κεκονια-
μένοις, οἵτινες ἔξωθεν μὲν φαίνονται ὡραῖοι, ἔσωθεν δὲ γέμουσιν ὀστέων
νεκρῶν καὶ πάσης ἀκαθαρσίας. 28 οὕτω καὶ ὑμεῖς ἔξωθεν μὲν φαίνεσθε
τοῖς ἀνθρώποις δίκαιοι, ἔσωθεν δὲ μεστοί ἐστε ὑποκρίσεως καὶ ἀνομίας.
29 Οὐαὶ ὑμῖν, γραμματεῖς καὶ Φαρισαῖοι ὑποκριταί, ὅτι οἰκοδομεῖτε
τοὺς τάφους τῶν προφητῶν καὶ κοσμεῖτε τὰ μνημεῖα τῶν δικαίων, 30
καὶ λέγετε· εἰ ἦμεν ἐν ταῖς ἡμέραις τῶν πατέρων ἡμῶν, οὐκ ἂν ἦμεν
κοινωνοὶ αὐτῶν ἐν τῷ αἵματι τῶν προφητῶν. 31 ὥστε μαρτυρεῖτε ἑαυ-
τοῖς ὅτι υἱοί ἐστε τῶν φονευσάντων τοὺς προφήτας. 32 καὶ ὑμεῖς πλη-
ρώσατε τὸ μέτρον τῶν πατέρων ὑμῶν. 33 ὄφεις, γεννήματα ἐχιδνῶν·
πῶς φύγητε ἀπὸ τῆς κρίσεως τῆς γεέννης; 34 διὰ τοῦτο ἰδοὺ ἐγὼ ἀπο-
στέλλω πρὸς ὑμᾶς προφήτας καὶ σοφοὺς καὶ γραμματεῖς, καὶ ἐξ αὐτῶν
ἀποκτενεῖτε καὶ σταυρώσετε, καὶ ἐξ αὐτῶν μαστιγώσετε ἐν ταῖς συνα-
γωγαῖς ὑμῶν καὶ διώξετε ἀπὸ πόλεως εἰς πόλιν, 35 ὅπως ἔλθῃ ἐφ' ὑμᾶς
πᾶν αἷμα δίκαιον ἐκχυνόμενον ἐπὶ τῆς γῆς ἀπὸ τοῦ αἵματος Ἄβελ τοῦ
δικαίου ἕως τοῦ αἵματος Ζαχαρίου υἱοῦ Βαραχίου, ὃν ἐφονεύσατε μετα-

ξὺ τοῦ ναοῦ καὶ τοῦ θυσιαστηρίου. 36 ἀμὴν λέγω ὑμῖν ὅτι ἥξει ταῦτα
πάντα ἐπὶ τὴν γενεὰν ταύτην. 37 Ἱερουσαλὴμ Ἱερουσαλήμ, ἡ ἀπο-
κτέννουσα τοὺς προφήτας καὶ λιθοβολοῦσα τοὺς ἀπεσταλμένους πρὸς
αὐτήν· ποσάκις ἠθέλησα ἐπισυναγαγεῖν τὰ τέκνα σου ὃν τρόπον ἐπισυ-
νάγει ὄρνις τὰ νοσσία ἑαυτῆς ὑπὸ τὰς πτέρυγας, καὶ οὐκ ἠθελήσατε. 38
ἰδοὺ ἀφίεται ὑμῖν ὁ οἶκος ὑμῶν ἔρημος. 39 λέγω γὰρ ὑμῖν, οὐ μή με ἴ-
δητε ἀπ' ἄρτι ἕως ἂν εἴπητε, εὐλογημένος ὁ ἐρχόμενος ἐν ὀνόματι Κυρί-
ου.

24

ΚΑΙ ἐξελθὼν ὁ Ἰησοῦς ἐπορεύετο ἀπὸ τοῦ ἱεροῦ· καὶ προσῆλθον οἱ
μαθηταὶ αὐτοῦ ἐπιδεῖξαι αὐτῷ τὰς οἰκοδομὰς τοῦ ἱεροῦ. 2 ὁ δὲ Ἰη-
σοῦς εἶπεν αὐτοῖς· οὐ βλέπετε ταῦτα πάντα; ἀμὴν λέγω ὑμῖν, οὐ μὴ
ἀφεθῇ ὧδε λίθος ἐπὶ λίθον, ὃς οὐ καταλυθήσεται. 3 καθημένου δὲ αὐτοῦ
ἐπὶ τοῦ ὄρους τῶν ἐλαιῶν προσῆλθον αὐτῷ οἱ μαθηταὶ κατ' ἰδίαν λέγον-
τες· εἰπὲ ἡμῖν πότε ταῦτα ἔσται, καὶ τί τὸ σημεῖον τῆς σῆς παρουσίας
καὶ τῆς συντελείας τοῦ αἰῶνος; 4 καὶ ἀποκριθεὶς ὁ Ἰησοῦς εἶπεν αὐτοῖς·
βλέπετε μή τις ὑμᾶς πλανήσῃ. 5 πολλοὶ γὰρ ἐλεύσονται ἐπὶ τῷ ὀνόματί
μου λέγοντες, ἐγώ εἰμι ὁ Χριστός, καὶ πολλοὺς πλανήσουσι. 6 μελλή-
σετε δὲ ἀκούειν πολέμους καὶ ἀκοὰς πολέμων· ὁρᾶτε μὴ θροεῖσθε· δεῖ
γὰρ πάντα γενέσθαι, ἀλλ' οὔπω ἐστὶ τὸ τέλος. 7 ἐγερθήσεται γὰρ ἔθνος
ἐπὶ ἔθνος καὶ βασιλεία ἐπὶ βασιλείαν, καὶ ἔσονται λιμοὶ καὶ λοιμοὶ καὶ
σεισμοὶ κατὰ τόπους· 8 πάντα δὲ ταῦτα ἀρχὴ ὠδίνων. 9 τότε παραδώ-
σουσιν ὑμᾶς εἰς θλῖψιν καὶ ἀποκτενοῦσιν ὑμᾶς, καὶ ἔσεσθε μισούμενοι
ὑπὸ πάντων τῶν ἐθνῶν διὰ τὸ ὄνομά μου. 10 καὶ τότε σκανδαλισθήσον-
ται πολλοὶ καὶ ἀλλήλους παραδώσουσι καὶ μισήσουσιν ἀλλήλους. 11
καὶ πολλοὶ ψευδοπροφῆται ἐγερθήσονται καὶ πλανήσουσι πολλούς, 12
καὶ διὰ τὸ πληθυνθῆναι τὴν ἀνομίαν ψυγήσεται ἡ ἀγάπη τῶν πολλῶν.
13 ὁ δὲ ὑπομείνας εἰς τέλος, οὗτος σωθήσεται. 14 καὶ κηρυχθήσεται
τοῦτο τὸ εὐαγγέλιον τῆς βασιλείας ἐν ὅλῃ τῇ οἰκουμένῃ εἰς μαρτύριον
πᾶσι τοῖς ἔθνεσι, καὶ τότε ἥξει τὸ τέλος. 15 Ὅταν οὖν ἴδητε τὸ βδέλυ-
γμα τῆς ἐρημώσεως τὸ ῥηθὲν διὰ Δανιὴλ τοῦ προφήτου ἑστὼς ἐν τόπῳ
ἁγίῳ —ὁ ἀναγινώσκων νοείτω— 16 τότε οἱ ἐν τῇ Ἰουδαίᾳ φευγέτωσαν
ἐπὶ τὰ ὄρη, 17 ὁ ἐπὶ τοῦ δώματος μὴ καταβαινέτω ἆραι τὰ ἐκ τῆς οἰκίας

αὐτοῦ, 18 καὶ ὁ ἐν τῷ ἀγρῷ μὴ ἐπιστρεψάτω ὀπίσω ἆραι τὰ ἱμάτια αὐ-
τοῦ. 19 οὐαὶ δὲ ταῖς ἐν γαστρὶ ἐχούσαις καὶ ταῖς θηλαζούσαις ἐν ἐκεί-
ναις ταῖς ἡμέραις. 20 προσεύχεσθε δὲ ἵνα μὴ γένηται ἡ φυγὴ ὑμῶν χει-
μῶνος μηδὲ σαββάτῳ. 21 ἔσται γὰρ τότε θλῖψις μεγάλη, οἵα οὐ γέγονεν
ἀπ' ἀρχῆς κόσμου ἕως τοῦ νῦν οὐδ' οὐ μὴ γένηται. 22 καὶ εἰ μὴ ἐκολο-
βώθησαν αἱ ἡμέραι ἐκεῖναι, οὐκ ἂν ἐσώθη πᾶσα σάρξ· διὰ δὲ τοὺς ἐκλε-
κτοὺς κολοβωθήσονται αἱ ἡμέραι ἐκεῖναι. 23 τότε ἐάν τις ὑμῖν εἴπῃ, ἰ-
δοὺ ὧδε ὁ Χριστὸς ἢ ὧδε, μὴ πιστεύσητε· 24 ἐγερθήσονται γὰρ ψευδό-
χριστοι καὶ ψευδοπροφῆται καὶ δώσουσι σημεῖα μεγάλα καὶ τέρατα, ὥ-
στε πλανῆσαι, εἰ δυνατόν, καὶ τοὺς ἐκλεκτούς. 25 Ἰδοὺ προείρηκα ὑμῖν.
26 ἐὰν οὖν εἴπωσιν ὑμῖν, ἰδοὺ ἐν τῇ ἐρήμῳ ἐστί, μὴ ἐξέλθητε, ἰδοὺ ἐν
τοῖς ταμείοις, μὴ πιστεύσητε· 27 ὥσπερ γὰρ ἡ ἀστραπὴ ἐξέρχεται ἀπὸ
ἀνατολῶν καὶ φαίνεται ἕως δυσμῶν, οὕτως ἔσται καὶ ἡ παρουσία τοῦ υἱ-
οῦ τοῦ ἀνθρώπου· 28 ὅπου γὰρ ἐὰν ᾖ τὸ πτῶμα, ἐκεῖ συναχθήσονται οἱ
ἀετοί. 29 εὐθέως δὲ μετὰ τὴν θλῖψιν τῶν ἡμερῶν ἐκείνων ὁ ἥλιος σκο-
τισθήσεται καὶ ἡ σελήνη οὐ δώσει τὸ φέγγος αὐτῆς, καὶ οἱ ἀστέρες πε-
σοῦνται ἀπὸ τοῦ οὐρανοῦ, καὶ αἱ δυνάμεις τῶν οὐρανῶν σαλευθήσονται.
30 καὶ τότε φανήσεται τὸ σημεῖον τοῦ υἱοῦ τοῦ ἀνθρώπου ἐν τῷ οὐρανῷ,
καὶ τότε κόψονται πᾶσαι αἱ φυλαὶ τῆς γῆς καὶ ὄψονται τὸν υἱὸν τοῦ ἀν-
θρώπου ἐρχόμενον ἐπὶ τῶν νεφελῶν τοῦ οὐρανοῦ μετὰ δυνάμεως καὶ δό-
ξης πολλῆς. 31 καὶ ἀποστελεῖ τοὺς ἀγγέλους αὐτοῦ μετὰ σάλπιγγος
φωνῆς μεγάλης, καὶ ἐπισυνάξουσι τοὺς ἐκλεκτοὺς αὐτοῦ ἐκ τῶν τεσσά-
ρων ἀνέμων ἀπ' ἄκρων οὐρανῶν ἕως ἄκρων αὐτῶν.

32 Ἀπὸ δὲ τῆς συκῆς μάθετε τὴν παραβολήν. ὅταν ἤδη ὁ κλάδος αὐτῆς
γένηται ἁπαλὸς καὶ τὰ φύλλα ἐκφύῃ, γινώσκετε ὅτι ἐγγὺς τὸ θέρος· 33
οὕτω καὶ ὑμεῖς ὅταν ἴδητε ταῦτα πάντα, γινώσκετε ὅτι ἐγγύς ἐστιν ἐπὶ
θύραις. 34 ἀμὴν λέγω ὑμῖν, οὐ μὴ παρέλθῃ ἡ γενεὰ αὕτη ἕως ἂν πάντα
ταῦτα γένηται. 35 ὁ οὐρανὸς καὶ ἡ γῆ παρελεύσονται, οἱ δὲ λόγοι μου οὐ
μὴ παρέλθωσι. 36 περὶ δὲ τῆς ἡμέρας ἐκείνης καὶ ὥρας οὐδεὶς οἶδεν,
οὐδὲ οἱ ἄγγελοι τῶν οὐρανῶν, εἰ μὴ ὁ πατήρ μου μόνος. 37 ὥσπερ δὲ αἱ
ἡμέραι τοῦ Νῶε, οὕτως ἔσται καὶ ἡ παρουσία τοῦ υἱοῦ τοῦ ἀνθρώπου. 38
ὥσπερ γὰρ ἦσαν ἐν ταῖς ἡμέραις ταῖς πρὸ τοῦ κατακλυσμοῦ τρώγοντες
καὶ πίνοντες, γαμοῦντες καὶ ἐκγαμίζοντες, ἄχρι ἧς ἡμέρας εἰσῆλθε Νῶε
εἰς τὴν κιβωτόν, 39 καὶ οὐκ ἔγνωσαν ἕως ἦλθεν ὁ κατακλυσμὸς καὶ ἦ-
ρεν ἅπαντας, οὕτως ἔσται καὶ ἡ παρουσία τοῦ υἱοῦ τοῦ ἀνθρώπου. 40
τότε δύο ἔσονται ἐν τῷ ἀγρῷ, ὁ εἷς παραλαμβάνεται καὶ ὁ εἷς ἀφίεται·

41 δύο ἀλήθουσαι ἐν τῷ μυλῶνι, μία παραλαμβάνεται καὶ μία ἀφίεται.
42 γρηγορεῖτε οὖν, ὅτι οὐκ οἴδατε ποίᾳ ὥρᾳ ὁ Κύριος ὑμῶν ἔρχεται. 43
Ἐκεῖνο δὲ γινώσκετε ὅτι εἰ ᾔδει ὁ οἰκοδεσπότης ποίᾳ φυλακῇ ὁ κλέπτης
ἔρχεται, ἐγρηγόρησεν ἂν καὶ οὐκ ἂν εἴασε διορυγῆναι τὴν οἰκίαν αὐτοῦ.
44 διὰ τοῦτο καὶ ὑμεῖς γίνεσθε ἕτοιμοι, ὅτι ᾗ ὥρᾳ οὐ δοκεῖτε ὁ υἱὸς τοῦ
ἀνθρώπου ἔρχεται.

45 Τίς ἄρα ἐστὶν ὁ πιστὸς δοῦλος καὶ φρόνιμος, ὃν κατέστησεν ὁ κύριος
αὐτοῦ ἐπὶ τῆς θεραπείας αὐτοῦ τοῦ διδόναι αὐτοῖς τὴν τροφὴν ἐν καιρῷ;
46 μακάριος ὁ δοῦλος ἐκεῖνος ὃν ἐλθὼν ὁ κύριος αὐτοῦ εὑρήσει ποιοῦντα
οὕτως. 47 ἀμὴν λέγω ὑμῖν ὅτι ἐπὶ πᾶσι τοῖς ὑπάρχουσιν αὐτοῦ κατα-
στήσει αὐτόν. 48 ἐὰν δὲ εἴπῃ ὁ κακὸς δοῦλος ἐκεῖνος ἐν τῇ καρδίᾳ αὐ-
τοῦ, χρονίζει ὁ κύριός μου ἐλθεῖν, 49 καὶ ἄρξηται τύπτειν τοὺς συνδού-
λους αὐτοῦ, ἐσθίῃ δὲ καὶ πίνῃ μετὰ τῶν μεθυόντων, 50 ἥξει ὁ κύριος
τοῦ δούλου ἐκείνου ἐν ἡμέρᾳ ᾗ οὐ προσδοκᾷ καὶ ἐν ὥρᾳ ᾗ οὐ γινώσκει,
51 καὶ διχοτομήσει αὐτόν, καὶ τὸ μέρος αὐτοῦ μετὰ τῶν ὑποκριτῶν θή-
σει· ἐκεῖ ἔσται ὁ κλαυθμὸς καὶ ὁ βρυγμὸς τῶν ὀδόντων.

25

ΤΟΤΕ ὁμοιωθήσεται ἡ βασιλεία τῶν οὐρανῶν δέκα παρθένοις, αἵτι-
νες λαβοῦσαι τὰς λαμπάδας αὐτῶν ἐξῆλθον εἰς ἀπάντησιν τοῦ νυμ-
φίου. 2 πέντε δὲ ἦσαν ἐξ αὐτῶν φρόνιμοι καὶ αἱ πέντε μωραί. 3 αἵτι-
νες μωραὶ λαβοῦσαι τὰς λαμπάδας ἑαυτῶν οὐκ ἔλαβον μεθ' ἑαυτῶν ἔ-
λαιον· 4 αἱ δὲ φρόνιμοι ἔλαβον ἔλαιον ἐν τοῖς ἀγγείοις αὐτῶν μετὰ τῶν
λαμπάδων αὐτῶν. 5 χρονίζοντος δὲ τοῦ νυμφίου ἐνύσταξαν πᾶσαι καὶ ἐ-
κάθευδον. 6 μέσης δὲ νυκτὸς κραυγὴ γέγονεν· ἰδοὺ ὁ νυμφίος ἔρχεται, ἐ-
ξέρχεσθε εἰς ἀπάντησιν αὐτοῦ. 7 τότε ἠγέρθησαν πᾶσαι αἱ παρθένοι ἐ-
κεῖναι καὶ ἐκόσμησαν τὰς λαμπάδας αὐτῶν. 8 αἱ δὲ μωραὶ ταῖς φρονί-
μοις εἶπον· δότε ἡμῖν ἐκ τοῦ ἐλαίου ὑμῶν, ὅτι αἱ λαμπάδες ἡμῶν σβέν-
νυνται. 9 ἀπεκρίθησαν δὲ αἱ φρόνιμοι λέγουσαι· μήποτε οὐκ ἀρκέσει ἡ-
μῖν καὶ ὑμῖν· πορεύεσθε δὲ μᾶλλον πρὸς τοὺς πωλοῦντας καὶ ἀγοράσατε
ἑαυταῖς. 10 ἀπερχομένων δὲ αὐτῶν ἀγοράσαι ἦλθεν ὁ νυμφίος καὶ αἱ ἕ-
τοιμοι εἰσῆλθον μετ' αὐτοῦ εἰς τοὺς γάμους, καὶ ἐκλείσθη ἡ θύρα. 11 ὕ-
στερον δὲ ἔρχονται καὶ αἱ λοιπαὶ παρθένοι λέγουσαι· κύριε κύριε, ἄνοιξον

ἡμῖν. 12 ὁ δὲ ἀποκριθεὶς εἶπεν· ἀμὴν λέγω ὑμῖν, οὐκ οἶδα ὑμᾶς. 13
γρηγορεῖτε οὖν, ὅτι οὐκ οἴδατε τὴν ἡμέραν οὐδὲ τὴν ὥραν ἐν ᾗ ὁ υἱὸς τοῦ
ἀνθρώπου ἔρχεται.

14 Ὥσπερ γὰρ ἄνθρωπος ἀποδημῶν ἐκάλεσε τοὺς ἰδίους δούλους καὶ
παρέδωκεν αὐτοῖς τὰ ὑπάρχοντα αὐτοῦ, 15 καὶ ᾧ μὲν ἔδωκε πέντε τά-
λαντα, ᾧ δὲ δύο, ᾧ δὲ ἕν, ἑκάστῳ κατὰ τὴν ἰδίαν δύναμιν, καὶ ἀπεδήμη-
σεν εὐθέως. 16 πορευθεὶς δὲ ὁ τὰ πέντε τάλαντα λαβὼν εἰργάσατο ἐν
αὐτοῖς καὶ ἐποίησεν ἄλλα πέντε τάλαντα. 17 ὡσαύτως καὶ ὁ τὰ δύο ἐ-
κέρδησε καὶ αὐτὸς ἄλλα δύο. 18 ὁ δὲ τὸ ἓν λαβὼν ἀπελθὼν ὤρυξεν ἐν
τῇ γῇ καὶ ἀπέκρυψε τὸ ἀργύριον τοῦ κυρίου αὐτοῦ. 19 μετὰ δὲ χρόνον
πολὺν ἔρχεται ὁ κύριος τῶν δούλων ἐκείνων καὶ συναίρει μετ᾽ αὐτῶν λό-
γον. 20 καὶ προσελθὼν ὁ τὰ πέντε τάλαντα λαβὼν προσήνεγκεν ἄλλα
πέντε τάλαντα λέγων· κύριε, πέντε τάλαντά μοι παρέδωκας· ἴδε ἄλλα
πέντε τάλαντα ἐκέρδησα ἐπ᾽ αὐτοῖς. 21 ἔφη αὐτῷ ὁ κύριος αὐτοῦ· εὖ,
δοῦλε ἀγαθὲ καὶ πιστέ· ἐπὶ ὀλίγα ἦς πιστός, ἐπὶ πολλῶν σε καταστήσω·
εἴσελθε εἰς τὴν χαρὰν τοῦ κυρίου σου. 22 προσελθὼν δὲ καὶ ὁ τὰ δύο τά-
λαντα λαβὼν εἶπε· κύριε, δύο τάλαντά μοι παρέδωκας· ἴδε ἄλλα δύο τά-
λαντα ἐκέρδησα ἐπ᾽ αὐτοῖς. 23 ἔφη αὐτῷ ὁ κύριος αὐτοῦ· εὖ, δοῦλε ἀγα-
θὲ καὶ πιστέ· ἐπὶ ὀλίγα ἦς πιστός, ἐπὶ πολλῶν σε καταστήσω· εἴσελθε
εἰς τὴν χαρὰν τοῦ κυρίου σου. 24 προσελθὼν δὲ καὶ ὁ τὸ ἓν τάλαντον εἰ-
ληφὼς εἶπε· κύριε· ἔγνων σε ὅτι σκληρὸς εἶ ἄνθρωπος, θερίζων ὅπου οὐκ
ἔσπειρας καὶ συνάγων ὅθεν οὐ διεσκόρπισας· 25 καὶ φοβηθεὶς ἀπελθὼν
ἔκρυψα τὸ τάλαντόν σου ἐν τῇ γῇ· ἴδε ἔχεις τὸ σόν. 26 ἀποκριθεὶς δὲ ὁ
κύριος αὐτοῦ εἶπεν αὐτῷ· πονηρὲ δοῦλε καὶ ὀκνηρέ· ᾔδεις ὅτι θερίζω ὅ-
που οὐκ ἔσπειρα καὶ συνάγω ὅθεν οὐ διεσκόρπισα. 27 ἔδει οὖν σε βαλεῖν
τὸ ἀργύριόν μου τοῖς τραπεζίταις, καὶ ἐλθὼν ἐγὼ ἐκομισάμην ἂν τὸ ἐ-
μὸν σὺν τόκῳ. 28 ἄρατε οὖν ἀπ᾽ αὐτοῦ τὸ τάλαντον καὶ δότε τῷ ἔχοντι
τὰ δέκα τάλαντα. 29 τῷ γὰρ ἔχοντι παντὶ δοθήσεται καὶ περισσευθήσε-
ται, ἀπὸ δὲ τοῦ μὴ ἔχοντος καὶ ὃ ἔχει ἀρθήσεται ἀπ᾽ αὐτοῦ. 30 καὶ τὸν
ἀχρεῖον δοῦλον ἐκβάλετε εἰς τὸ σκότος τὸ ἐξώτερον· ἐκεῖ ἔσται ὁ κλαυ-
θμὸς καὶ ὁ βρυγμὸς τῶν ὀδόντων.

31 Ὅταν δὲ ἔλθῃ ὁ υἱὸς τοῦ ἀνθρώπου ἐν τῇ δόξῃ αὐτοῦ καὶ πάντες οἱ
ἅγιοι ἄγγελοι μετ᾽ αὐτοῦ, τότε καθίσει ἐπὶ θρόνου δόξης αὐτοῦ, 32 καὶ
συναχθήσεται ἔμπροσθεν αὐτοῦ πάντα τὰ ἔθνη, καὶ ἀφοριεῖ αὐτοὺς ἀπ᾽
ἀλλήλων ὥσπερ ὁ ποιμὴν ἀφορίζει τὰ πρόβατα ἀπὸ τῶν ἐρίφων, 33 καὶ
στήσει τὰ μὲν πρόβατα ἐκ δεξιῶν αὐτοῦ, τὰ δὲ ἐρίφια ἐξ εὐωνύμων. 34

τότε ἐρεῖ ὁ βασιλεὺς τοῖς ἐκ δεξιῶν αὐτοῦ· δεῦτε οἱ εὐλογημένοι τοῦ πα-
τρός μου, κληρονομήσατε τὴν ἡτοιμασμένην ὑμῖν βασιλείαν ἀπὸ κατα-
βολῆς κόσμου. 35 ἐπείνασα γάρ, καὶ ἐδώκατέ μοι φαγεῖν, ἐδίψησα, καὶ
ἐποτίσατέ με, ξένος ἤμην, καὶ συνηγάγετέ με, 36 γυμνός, καὶ περιεβά-
λετέ με, ἠσθένησα, καὶ ἐπεσκέψασθέ με, ἐν φυλακῇ ἤμην, καὶ ἤλθετε
πρός με. 37 τότε ἀποκριθήσονται αὐτῷ οἱ δίκαιοι λέγοντες· κύριε, πότε
σε εἴδομεν πεινῶντα καὶ ἐθρέψαμεν, ἢ διψῶντα καὶ ἐποτίσαμεν; 38 πότε
δέ σε εἴδομεν ξένον καὶ συνηγάγομεν, ἢ γυμνὸν καὶ περιεβάλομεν; 39
πότε δέ σε εἴδομεν ἀσθενῆ ἢ ἐν φυλακῇ, καὶ ἤλθομεν πρός σε; 40 καὶ ἀ-
ποκριθεὶς ὁ βασιλεὺς ἐρεῖ αὐτοῖς· ἀμὴν λέγω ὑμῖν, ἐφ' ὅσον ἐποιήσατε
ἑνὶ τούτων τῶν ἀδελφῶν μου τῶν ἐλαχίστων, ἐμοὶ ἐποιήσατε. 41 τότε
ἐρεῖ καὶ τοῖς ἐξ εὐωνύμων· πορεύεσθε ἀπ' ἐμοῦ οἱ κατηραμένοι εἰς τὸ
πῦρ τὸ αἰώνιον τὸ ἡτοιμασμένον τῷ διαβόλῳ καὶ τοῖς ἀγγέλοις αὐτοῦ.
42 ἐπείνασα γάρ, καὶ οὐκ ἐδώκατέ μοι φαγεῖν, ἐδίψησα, καὶ οὐκ ἐποτί-
σατέ με, 43 ξένος ἤμην, καὶ οὐ συνηγάγετέ με, γυμνός, καὶ οὐ περιεβά-
λετέ με, ἀσθενὴς καὶ ἐν φυλακῇ, καὶ οὐκ ἐπεσκέψασθέ με. 44 τότε ἀπο-
κριθήσονται αὐτῷ καὶ αὐτοὶ λέγοντες· κύριε, πότε σε εἴδομεν πεινῶντα ἢ
διψῶντα ἢ ξένον ἢ γυμνὸν ἢ ἀσθενῆ ἢ ἐν φυλακῇ, καὶ οὐ διηκονήσαμέν
σοι; 45 τότε ἀποκριθήσεται αὐτοῖς λέγων· ἀμὴν λέγω ὑμῖν, ἐφ' ὅσον οὐκ
ἐποιήσατε ἑνὶ τούτων τῶν ἐλαχίστων, οὐδὲ ἐμοὶ ἐποιήσατε. 46 καὶ ἀπε-
λεύσονται οὗτοι εἰς κόλασιν αἰώνιον, οἱ δὲ δίκαιοι εἰς ζωὴν αἰώνιον.

26

ΚΑΙ ἐγένετο ὅτε ἐτέλεσεν ὁ Ἰησοῦς πάντας τοὺς λόγους τούτους εἶπε
τοῖς μαθηταῖς αὐτοῦ· 2 οἴδατε ὅτι μετὰ δύο ἡμέρας τὸ πάσχα γίνε-
ται, καὶ ὁ υἱὸς τοῦ ἀνθρώπου παραδίδοται εἰς τὸ σταυρωθῆναι. 3 τό-
τε συνήχθησαν οἱ ἀρχιερεῖς καὶ οἱ γραμματεῖς καὶ οἱ πρεσβύτεροι τοῦ
λαοῦ, εἰς τὴν αὐλὴν τοῦ ἀρχιερέως τοῦ λεγομένου Καϊάφα, 4 καὶ συνε-
βουλεύσαντο ἵνα τὸν Ἰησοῦν δόλῳ κρατήσωσι καὶ ἀποκτείνωσιν. 5 ἔλε-
γον δέ· μὴ ἐν τῇ ἑορτῇ, ἵνα μὴ θόρυβος γένηται ἐν τῷ λαῷ.

6 Τοῦ δὲ Ἰησοῦ γενομένου ἐν Βηθανίᾳ ἐν οἰκίᾳ Σίμωνος τοῦ λεπροῦ, 7
προσῆλθεν αὐτῷ γυνὴ ἀλάβαστρον μύρου ἔχουσα βαρυτίμου, καὶ κατέ-
χεεν ἐπὶ τὴν κεφαλὴν αὐτοῦ ἀνακειμένου. 8 ἰδόντες δὲ οἱ μαθηταὶ αὐτοῦ

ἠγανάκτησαν λέγοντες· εἰς τί ἡ ἀπώλεια αὕτη; 9 ἠδύνατο γὰρ τοῦτο τὸ
μύρον πραθῆναι πολλοῦ καὶ δοθῆναι τοῖς πτωχοῖς. 10 γνοὺς δὲ ὁ Ἰησοῦς
εἶπεν αὐτοῖς· τί κόπους παρέχετε τῇ γυναικί; ἔργον γὰρ καλὸν εἰργάσα-
το εἰς ἐμέ. 11 τοὺς πτωχοὺς γὰρ πάντοτε ἔχετε μεθ' ἑαυτῶν, ἐμὲ δὲ οὐ
πάντοτε ἔχετε. 12 βαλοῦσα γὰρ αὕτη τὸ μύρον τοῦτο ἐπὶ τοῦ σώματός
μου, πρὸς τὸ ἐνταφιάσαι με ἐποίησεν. 13 ἀμὴν λέγω ὑμῖν, ὅπου ἐὰν κη-
ρυχθῇ τὸ εὐαγγέλιον τοῦτο ἐν ὅλῳ τῷ κόσμῳ, λαληθήσεται καὶ ὃ ἐποίη-
σεν αὕτη εἰς μνημόσυνον αὐτῆς.

14 Τότε πορευθεὶς εἷς τῶν δώδεκα, ὁ λεγόμενος Ἰούδας Ἰσκαριώτης,
πρὸς τοὺς ἀρχιερεῖς εἶπε· 15 τί θέλετέ μοι δοῦναι, καὶ ἐγὼ ὑμῖν παρα-
δώσω αὐτόν; οἱ δὲ ἔστησαν αὐτῷ τριάκοντα ἀργύρια. 16 καὶ ἀπὸ τότε ἐ-
ζήτει εὐκαιρίαν ἵνα αὐτὸν παραδῷ.

17 Τῇ δὲ πρώτῃ τῶν ἀζύμων προσῆλθον οἱ μαθηταὶ τῷ Ἰησοῦ λέγον-
τες αὐτῷ· ποῦ θέλεις ἑτοιμάσωμέν σοι φαγεῖν τὸ πάσχα; 18 ὁ δὲ εἶπεν·
ὑπάγετε εἰς τὴν πόλιν πρὸς τὸν δεῖνα καὶ εἴπατε αὐτῷ· ὁ διδάσκαλος λέ-
γει, ὁ καιρός μου ἐγγύς ἐστι· πρὸς σὲ ποιῶ τὸ πάσχα μετὰ τῶν μαθητῶν
μου. 19 καὶ ἐποίησαν οἱ μαθηταὶ ὡς συνέταξεν αὐτοῖς ὁ Ἰησοῦς, καὶ ἡ-
τοίμασαν τὸ πάσχα. 20 Ὀψίας δὲ γενομένης ἀνέκειτο μετὰ τῶν δώδε-
κα. 21 καὶ ἐσθιόντων αὐτῶν εἶπεν· ἀμὴν λέγω ὑμῖν ὅτι εἷς ἐξ ὑμῶν πα-
ραδώσει με. 22 καὶ λυπούμενοι σφόδρα ἤρξαντο λέγειν αὐτῷ ἕκαστος
αὐτῶν· μήτι ἐγώ εἰμι, Κύριε; 23 ὁ δὲ ἀποκριθεὶς εἶπεν· ὁ ἐμβάψας μετ'
ἐμοῦ ἐν τῷ τρυβλίῳ τὴν χεῖρα, οὗτός με παραδώσει. 24 ὁ μὲν υἱὸς τοῦ
ἀνθρώπου ὑπάγει καθὼς γέγραπται περὶ αὐτοῦ· οὐαὶ δὲ τῷ ἀνθρώπῳ ἐ-
κείνῳ δι' οὗ ὁ υἱὸς τοῦ ἀνθρώπου παραδίδοται· καλὸν ἦν αὐτῷ εἰ οὐκ ἐ-
γεννήθη ὁ ἄνθρωπος ἐκεῖνος. 25 ἀποκριθεὶς δὲ Ἰούδας ὁ παραδιδοὺς αὐ-
τὸν εἶπε· μήτι ἐγώ εἰμι, ῥαββί; λέγει αὐτῷ, σὺ εἶπας. 26 Ἐσθιόντων δὲ
αὐτῶν λαβὼν ὁ Ἰησοῦς τὸν ἄρτον καὶ εὐχαριστήσας ἔκλασε καὶ ἐδίδου
τοῖς μαθηταῖς καὶ εἶπε· λάβετε φάγετε· τοῦτό ἐστι τὸ σῶμά μου· 27 καὶ
λαβὼν τὸ ποτήριον καὶ εὐχαριστήσας ἔδωκεν αὐτοῖς λέγων· πίετε ἐξ
αὐτοῦ πάντες· 28 τοῦτο γάρ ἐστι τὸ αἷμά μου τὸ τῆς καινῆς διαθήκης τὸ
περὶ πολλῶν ἐκχυνόμενον εἰς ἄφεσιν ἁμαρτιῶν. 29 λέγω δὲ ὑμῖν ὅτι οὐ
μὴ πίω ἀπ' ἄρτι ἐκ τούτου τοῦ γενήματος τῆς ἀμπέλου ἕως τῆς ἡμέρας
ἐκείνης ὅταν αὐτὸ πίνω μεθ' ὑμῶν καινὸν ἐν τῇ βασιλείᾳ τοῦ πατρός
μου. 30 Καὶ ὑμνήσαντες ἐξῆλθον εἰς τὸ ὄρος τῶν ἐλαιῶν. Τότε λέγει
αὐτοῖς ὁ Ἰησοῦς· 31 πάντες ὑμεῖς σκανδαλισθήσεσθε ἐν ἐμοὶ ἐν τῇ νυ-
κτὶ ταύτῃ, γέγραπται γάρ, πατάξω τὸν ποιμένα, καὶ διασκορπισθήσον-

ται τὰ πρόβατα τῆς ποίμνης· 32 μετὰ δὲ τὸ ἐγερθῆναί με προάξω ὑμᾶς
εἰς τὴν Γαλιλαίαν. 33 ἀποκριθεὶς δὲ ὁ Πέτρος εἶπεν αὐτῷ· εἰ πάντες
σκανδαλισθήσονται ἐν σοί, ἐγὼ δὲ οὐδέποτε σκανδαλισθήσομαι. 34 ἔφη
αὐτῷ ὁ Ἰησοῦς· ἀμὴν λέγω σοι ὅτι ἐν ταύτῃ τῇ νυκτὶ πρὶν ἀλέκτορα
φωνῆσαι τρὶς ἀπαρνήσῃ με. 35 λέγει αὐτῷ ὁ Πέτρος· κἂν δέῃ με σὺν
σοὶ ἀποθανεῖν, οὐ μή σε ἀπαρνήσομαι. ὁμοίως δὲ καὶ πάντες οἱ μαθηταὶ
εἶπον.

36 Τότε ἔρχεται μετ' αὐτῶν ὁ Ἰησοῦς εἰς χωρίον λεγόμενον Γεθσημα-
νῆ, καὶ λέγει τοῖς μαθηταῖς· καθίσατε αὐτοῦ ἕως οὗ ἀπελθὼν προσεύξω-
μαι ἐκεῖ. 37 καὶ παραλαβὼν τὸν Πέτρον καὶ τοὺς δύο υἱοὺς Ζεβεδαίου
ἤρξατο λυπεῖσθαι καὶ ἀδημονεῖν. 38 τότε λέγει αὐτοῖς ὁ Ἰησοῦς· περί-
λυπός ἐστιν ἡ ψυχή μου ἕως θανάτου· μείνατε ὧδε καὶ γρηγορεῖτε μετ'
ἐμοῦ. 39 καὶ προελθὼν μικρὸν ἔπεσεν ἐπὶ πρόσωπον αὐτοῦ προσευχόμε-
νος καὶ λέγων· πάτερ μου, εἰ δυνατόν ἐστι, παρελθέτω ἀπ' ἐμοῦ τὸ πο-
τήριον τοῦτο· πλὴν οὐχ ὡς ἐγὼ θέλω, ἀλλ' ὡς σύ. 40 καὶ ἔρχεται πρὸς
τοὺς μαθητὰς καὶ εὑρίσκει αὐτοὺς καθεύδοντας, καὶ λέγει τῷ Πέτρῳ·
οὕτως οὐκ ἰσχύσατε μίαν ὥραν γρηγορῆσαι μετ' ἐμοῦ; 41 γρηγορεῖτε
καὶ προσεύχεσθε, ἵνα μὴ εἰσέλθητε εἰς πειρασμόν· τὸ μὲν πνεῦμα πρόθυ-
μον, ἡ δὲ σὰρξ ἀσθενής. 42 πάλιν ἐκ δευτέρου ἀπελθὼν προσηύξατο λέ-
γων· πάτερ μου, εἰ οὐ δύναται τοῦτο τὸ ποτήριον παρελθεῖν ἀπ' ἐμοῦ ἐὰν
μὴ αὐτὸ πίω, γενηθήτω τὸ θέλημά σου. 43 καὶ ἐλθὼν εὑρίσκει αὐτοὺς
πάλιν καθεύδοντας· ἦσαν γὰρ αὐτῶν οἱ ὀφθαλμοὶ βεβαρημένοι. 44 καὶ
ἀφεὶς αὐτοὺς ἀπελθὼν πάλιν προσηύξατο ἐκ τρίτου τὸν αὐτὸν λόγον εἰ-
πών· 45 τότε ἔρχεται πρὸς τοὺς μαθητὰς αὐτοῦ καὶ λέγει αὐτοῖς· κα-
θεύδετε τὸ λοιπὸν καὶ ἀναπαύεσθε· ἰδοὺ ἤγγικεν ἡ ὥρα καὶ ὁ υἱὸς τοῦ
ἀνθρώπου παραδίδοται εἰς χεῖρας ἁμαρτωλῶν. 46 ἐγείρεσθε ἄγωμεν· ἰ-
δοὺ ἤγγικεν ὁ παραδιδούς με.

47 Καὶ ἔτι αὐτοῦ λαλοῦντος ἰδοὺ Ἰούδας εἷς τῶν δώδεκα ἦλθε, καὶ μετ'
αὐτοῦ ὄχλος πολὺς μετὰ μαχαιρῶν καὶ ξύλων ἀπὸ τῶν ἀρχιερέων καὶ
πρεσβυτέρων τοῦ λαοῦ. 48 ὁ δὲ παραδιδοὺς αὐτὸν ἔδωκεν αὐτοῖς σημεῖ-
ον λέγων· ὃν ἂν φιλήσω, αὐτός ἐστι· κρατήσατε αὐτόν. 49 καὶ εὐθέως
προσελθὼν τῷ Ἰησοῦ εἶπε· χαῖρε, ῥαββί, καὶ κατεφίλησεν αὐτόν. 50 ὁ
δὲ Ἰησοῦς εἶπεν αὐτῷ· ἑταῖρε, ἐφ' ᾧ πάρει. τότε προσελθόντες ἐπέβαλον
τὰς χεῖρας ἐπὶ τὸν Ἰησοῦν καὶ ἐκράτησαν αὐτόν. 51 καὶ ἰδοὺ εἷς τῶν
μετὰ Ἰησοῦ ἐκτείνας τὴν χεῖρα ἀπέσπασε τὴν μάχαιραν αὐτοῦ, καὶ πα-
τάξας τὸν δοῦλον τοῦ ἀρχιερέως ἀφεῖλεν αὐτοῦ τὸ ὠτίον. 52 τότε λέγει

αὐτῷ ὁ Ἰησοῦς· ἀπόστρεψόν σου τὴν μάχαιραν εἰς τὸν τόπον αὐτῆς·
πάντες γὰρ οἱ λαβόντες μάχαιραν ἐν μαχαίρᾳ ἀποθανοῦνται. 53 ἢ δο-
κεῖς ὅτι οὐ δύναμαι ἄρτι παρακαλέσαι τὸν πατέρα μου, καὶ παραστήσει
μοι πλείους ἢ δώδεκα λεγεῶνας ἀγγέλων; 54 πῶς οὖν πληρωθῶσιν αἱ
γραφαὶ ὅτι οὕτω δεῖ γενέσθαι; 55 ἐν ἐκείνῃ τῇ ὥρᾳ εἶπεν ὁ Ἰησοῦς τοῖς
ὄχλοις· ὡς ἐπὶ λῃστὴν ἐξήλθετε μετὰ μαχαιρῶν καὶ ξύλων συλλαβεῖν
με· καθ' ἡμέραν πρὸς ὑμᾶς ἐκαθεζόμην διδάσκων ἐν τῷ ἱερῷ, καὶ οὐκ ἐ-
κρατήσατέ με. 56 τοῦτο δὲ ὅλον γέγονεν ἵνα πληρωθῶσιν αἱ γραφαὶ τῶν
προφητῶν. τότε οἱ μαθηταὶ πάντες ἀφέντες αὐτὸν ἔφυγον.

57 Οἱ δὲ κρατήσαντες τὸν Ἰησοῦν ἀπήγαγον πρὸς Καϊάφαν τὸν ἀρχιε-
ρέα, ὅπου οἱ γραμματεῖς καὶ οἱ πρεσβύτεροι συνήχθησαν. 58 ὁ δὲ Πέ-
τρος ἠκολούθει αὐτῷ ἀπὸ μακρόθεν ἕως τῆς αὐλῆς τοῦ ἀρχιερέως, καὶ
εἰσελθὼν ἔσω ἐκάθητο μετὰ τῶν ὑπηρετῶν ἰδεῖν τὸ τέλος. 59 οἱ δὲ ἀρ-
χιερεῖς καὶ οἱ πρεσβύτεροι καὶ τὸ συνέδριον ὅλον ἐζήτουν ψευδομαρτυρί-
αν κατὰ τοῦ Ἰησοῦ ὅπως θανατώσωσιν αὐτόν, 60 καὶ οὐχ εὗρον· καὶ
πολλῶν ψευδομαρτύρων προσελθόντων, οὐχ εὗρον. ὕστερον δὲ προσελ-
θόντες δύο ψευδομάρτυρες 61 εἶπον· οὗτος ἔφη, δύναμαι καταλῦσαι τὸν
ναὸν τοῦ Θεοῦ καὶ διὰ τριῶν ἡμερῶν οἰκοδομῆσαι αὐτόν. 62 καὶ ἀνα-
στὰς ὁ ἀρχιερεὺς εἶπεν αὐτῷ· οὐδὲν ἀποκρίνῃ; τί οὗτοί σου καταμαρτυ-
ροῦσιν; 63 ὁ δὲ Ἰησοῦς ἐσιώπα. καὶ ἀποκριθεὶς ὁ ἀρχιερεὺς εἶπεν αὐτῷ·
ἐξορκίζω σε κατὰ τοῦ Θεοῦ τοῦ ζῶντος ἵνα ἡμῖν εἴπῃς εἰ σὺ εἶ ὁ Χριστὸς
ὁ υἱὸς τοῦ Θεοῦ. 64 λέγει αὐτῷ ὁ Ἰησοῦς· σὺ εἶπας· πλὴν λέγω ὑμῖν,
ἀπ' ἄρτι ὄψεσθε τὸν υἱὸν τοῦ ἀνθρώπου καθήμενον ἐκ δεξιῶν τῆς δυνά-
μεως καὶ ἐρχόμενον ἐπὶ τῶν νεφελῶν τοῦ οὐρανοῦ. 65 τότε ὁ ἀρχιερεὺς
διέρρηξε τὰ ἱμάτια αὐτοῦ λέγων ὅτι ἐβλασφήμησε· τί ἔτι χρείαν ἔχομεν
μαρτύρων; ἴδε νῦν ἠκούσατε τὴν βλασφημίαν αὐτοῦ· 66 τί ὑμῖν δοκεῖ; οἱ
δὲ ἀποκριθέντες εἶπον· ἔνοχος θανάτου ἐστί. 67 τότε ἐνέπτυσαν εἰς τὸ
πρόσωπον αὐτοῦ καὶ ἐκολάφισαν αὐτόν, οἱ δὲ ἐρράπισαν 68 λέγοντες·
προφήτευσον ἡμῖν Χριστέ, τίς ἐστιν ὁ παίσας σε;

69 Ὁ δὲ Πέτρος ἔξω ἐκάθητο ἐν τῇ αὐλῇ· καὶ προσῆλθεν αὐτῷ μία παι-
δίσκη λέγουσα· καὶ σὺ ἦσθα μετὰ Ἰησοῦ τοῦ Γαλιλαίου. 70 ὁ δὲ ἠρνή-
σατο ἔμπροσθεν αὐτῶν πάντων λέγων· οὐκ οἶδα τί λέγεις. 71 ἐξελθόντα
δὲ αὐτὸν εἰς τὸν πυλῶνα εἶδεν αὐτὸν ἄλλη καὶ λέγει αὐτοῖς· ἐκεῖ καὶ οὗ-
τος ἦν μετὰ Ἰησοῦ τοῦ Ναζωραίου. 72 καὶ πάλιν ἠρνήσατο μεθ' ὅρκου
ὅτι οὐκ οἶδα τὸν ἄνθρωπον. 73 μετὰ μικρὸν δὲ προσελθόντες οἱ ἑστῶτες
εἶπον τῷ Πέτρῳ· ἀληθῶς καὶ σὺ ἐξ αὐτῶν εἶ· καὶ γὰρ ἡ λαλιά σου δῆλόν

σε ποιεῖ. 74 τότε ἤρξατο καταναθεματίζειν καὶ ὀμνύειν ὅτι οὐκ οἶδα τὸν
ἄνθρωπον. καὶ εὐθέως ἀλέκτωρ ἐφώνησε. 75 καὶ ἐμνήσθη ὁ Πέτρος τοῦ
ῥήματος Ἰησοῦ εἰρηκότος αὐτῷ ὅτι πρὶν ἀλέκτορα φωνῆσαι τρὶς ἀπαρ-
νήσῃ με· καὶ ἐξελθὼν ἔξω ἔκλαυσε πικρῶς.

27

ΠΡΩΪΑΣ δὲ γενομένης συμβούλιον ἔλαβον πάντες οἱ ἀρχιερεῖς καὶ οἱ
πρεσβύτεροι τοῦ λαοῦ κατὰ τοῦ Ἰησοῦ ὥστε θανατῶσαι αὐτόν· 2 καὶ
δήσαντες αὐτὸν ἀπήγαγον καὶ παρέδωκαν αὐτὸν Ποντίῳ Πιλάτῳ
τῷ ἡγεμόνι.

3 Τότε ἰδὼν Ἰούδας ὁ παραδιδοὺς αὐτὸν ὅτι κατεκρίθη, μεταμεληθεὶς
ἀπέστρεψε τὰ τριάκοντα ἀργύρια τοῖς ἀρχιερεῦσι καὶ τοῖς πρεσβυτέροις
4 λέγων· ἥμαρτον παραδοὺς αἷμα ἀθῷον. οἱ δὲ εἶπον· τί πρὸς ἡμᾶς; σὺ
ὄψει. 5 καὶ ρίψας τὰ ἀργύρια ἐν τῷ ναῷ ἀνεχώρησε, καὶ ἀπελθὼν ἀπήγ-
ξατο. 6 οἱ δὲ ἀρχιερεῖς λαβόντες τὰ ἀργύρια εἶπον· οὐκ ἔξεστι βαλεῖν
αὐτὰ εἰς τὸν κορβανᾶν, ἐπεὶ τιμὴ αἵματός ἐστι. 7 συμβούλιον δὲ λαβόν-
τες ἠγόρασαν ἐξ αὐτῶν τὸν ἀγρὸν τοῦ κεραμέως εἰς ταφὴν τοῖς ξένοις· 8
διὸ ἐκλήθη ὁ ἀγρὸς ἐκεῖνος ἀγρὸς αἵματος ἕως τῆς σήμερον. 9 τότε ἐ-
πληρώθη τὸ ρηθὲν διὰ Ἱερεμίου τοῦ προφήτου λέγοντος· καὶ ἔλαβον τὰ
τριάκοντα ἀργύρια, τὴν τιμὴν τοῦ τετιμημένου ὃν ἐτιμήσαντο ἀπὸ υἱῶν
Ἰσραήλ, 10 καὶ ἔδωκαν αὐτὰ εἰς τὸν ἀγρὸν τοῦ κεραμέως, καθὰ συνέ-
ταξέ μοι Κύριος.

11 Ὁ δὲ Ἰησοῦς ἔστη ἔμπροσθεν τοῦ ἡγεμόνος· καὶ ἐπηρώτησεν αὐτὸν
ὁ ἡγεμὼν λέγων· σὺ εἶ ὁ βασιλεὺς τῶν Ἰουδαίων; ὁ δὲ Ἰησοῦς ἔφη αὐ-
τῷ· σὺ λέγεις. 12 καὶ ἐν τῷ κατηγορεῖσθαι αὐτὸν ὑπὸ τῶν ἀρχιερέων
καὶ τῶν πρεσβυτέρων οὐδὲν ἀπεκρίνατο. 13 τότε λέγει αὐτῷ ὁ Πιλᾶτος·
οὐκ ἀκούεις πόσα σου καταμαρτυροῦσι; 14 καὶ οὐκ ἀπεκρίθη αὐτῷ πρὸς
οὐδὲ ἓν ρῆμα, ὥστε θαυμάζειν τὸν ἡγεμόνα λίαν. 15 Κατὰ δὲ ἑορτὴν εἰ-
ώθει ὁ ἡγεμὼν ἀπολύειν ἕνα τῷ ὄχλῳ δέσμιον, ὃν ἤθελον. 16 εἶχον δὲ
τότε δέσμιον ἐπίσημον λεγόμενον Βαραββᾶν. 17 συνηγμένων οὖν αὐ-
τῶν εἶπεν αὐτοῖς ὁ Πιλᾶτος· τίνα θέλετε ἀπολύσω ὑμῖν; Βαραββᾶν ἢ Ἰ-
ησοῦν τὸν λεγόμενον Χριστόν; 18 ᾔδει γὰρ ὅτι διὰ φθόνον παρέδωκαν
αὐτόν. 19 καθημένου δὲ αὐτοῦ ἐπὶ τοῦ βήματος ἀπέστειλε πρὸς αὐτὸν ἡ

γυνὴ αὐτοῦ λέγουσα· μηδὲν σοὶ καὶ τῷ δικαίῳ ἐκείνῳ· πολλὰ γὰρ ἔπα-
θον σήμερον κατ' ὄναρ δι' αὐτόν. 20 οἱ δὲ ἀρχιερεῖς καὶ οἱ πρεσβύτεροι
ἔπεισαν τοὺς ὄχλους ἵνα αἰτήσωνται τὸν Βαραββᾶν, τὸν δὲ Ἰησοῦν ἀπο-
λέσωσιν. 21 ἀποκριθεὶς δὲ ὁ ἡγεμὼν εἶπεν αὐτοῖς· τίνα θέλετε ἀπὸ τῶν
δύο ἀπολύσω ὑμῖν; οἱ δὲ εἶπον· Βαραββᾶν. 22 λέγει αὐτοῖς ὁ Πιλᾶτος· τί
οὖν ποιήσω Ἰησοῦν τὸν λεγόμενον Χριστόν; λέγουσιν αὐτῷ πάντες·
σταυρωθήτω. 23 ὁ δὲ ἡγεμὼν ἔφη· τί γὰρ κακὸν ἐποίησεν; οἱ δὲ περισ-
σῶς ἔκραζον λέγοντες· σταυρωθήτω. 24 ἰδὼν δὲ ὁ Πιλᾶτος ὅτι οὐδὲν ὠ-
φελεῖ, ἀλλὰ μᾶλλον θόρυβος γίνεται, λαβὼν ὕδωρ ἀπενίψατο τὰς χεῖρας
ἀπέναντι τοῦ ὄχλου λέγων· ἀθῷός εἰμι ἀπὸ τοῦ αἵματος τοῦ δικαίου τού-
του· ὑμεῖς ὄψεσθε. 25 καὶ ἀποκριθεὶς πᾶς ὁ λαὸς εἶπε· τὸ αἷμα αὐτοῦ ἐφ'
ἡμᾶς καὶ ἐπὶ τὰ τέκνα ἡμῶν. 26 τότε ἀπέλυσεν αὐτοῖς τὸν Βαραββᾶν,
τὸν δὲ Ἰησοῦν φραγελλώσας παρέδωκεν ἵνα σταυρωθῇ.

27 Τότε οἱ στρατιῶται τοῦ ἡγεμόνος παραλαβόντες τὸν Ἰησοῦν εἰς τὸ
πραιτώριον συνήγαγον ἐπ' αὐτὸν ὅλην τὴν σπεῖραν· 28 καὶ ἐκδύσαντες
αὐτὸν περιέθηκαν αὐτῷ χλαμύδα κοκκίνην, 29 καὶ πλέξαντες στέφανον
ἐξ ἀκανθῶν ἐπέθηκαν ἐπὶ τὴν κεφαλὴν αὐτοῦ καὶ κάλαμον ἐπὶ τὴν δεξι-
ὰν αὐτοῦ, καὶ γονυπετήσαντες ἔμπροσθεν αὐτοῦ ἐνέπαιζον αὐτῷ λέγον-
τες· χαῖρε ὁ βασιλεὺς τῶν Ἰουδαίων· 30 καὶ ἐμπτύσαντες εἰς αὐτὸν ἔ-
λαβον τὸν κάλαμον καὶ ἔτυπτον εἰς τὴν κεφαλὴν αὐτοῦ. 31 καὶ ὅτε ἐνέ-
παιξαν αὐτῷ, ἐξέδυσαν αὐτὸν τὴν χλαμύδα καὶ ἐνέδυσαν αὐτὸν τὰ ἱμά-
τια αὐτοῦ, καὶ ἀπήγαγον αὐτὸν εἰς τὸ σταυρῶσαι. 32 Ἐξερχόμενοι δὲ
εὗρον ἄνθρωπον Κυρηναῖον ὀνόματι Σίμωνα· τοῦτον ἠγγάρευσαν ἵνα
ἄρῃ τὸν σταυρὸν αὐτοῦ.

33 Καὶ ἐλθόντες εἰς τόπον λεγόμενον Γολγοθᾶ, ὅ ἐστι λεγόμενος κρανί-
ου τόπος, 34 ἔδωκαν αὐτῷ πιεῖν ὄξος μετὰ χολῆς μεμιγμένον· καὶ γευ-
σάμενος οὐκ ἤθελε πιεῖν. 35 σταυρώσαντες δὲ αὐτὸν διεμερίσαντο τὰ ἱ-
μάτια αὐτοῦ βαλόντες κλῆρον, 36 καὶ καθήμενοι ἐτήρουν αὐτὸν ἐκεῖ.
37 καὶ ἐπέθηκαν ἐπάνω τῆς κεφαλῆς αὐτοῦ τὴν αἰτίαν αὐτοῦ γεγραμ-
μένην· οὗτός ἐστιν Ἰησοῦς ὁ βασιλεὺς τῶν Ἰουδαίων. 38 τότε σταυ-
ροῦνται σὺν αὐτῷ δύο λησταί, εἷς ἐκ δεξιῶν καὶ εἷς ἐξ εὐωνύμων. 39 Οἱ
δὲ παραπορευόμενοι ἐβλασφήμουν αὐτὸν κινοῦντες τὰς κεφαλὰς αὐτῶν
40 καὶ λέγοντες· ὁ καταλύων τὸν ναὸν καὶ ἐν τρισὶν ἡμέραις οἰκοδομῶν,
σῶσον σεαυτόν· εἰ υἱὸς εἶ τοῦ Θεοῦ, κατάβηθι ἀπὸ τοῦ σταυροῦ. 41 ὁ-
μοίως δὲ καὶ οἱ ἀρχιερεῖς ἐμπαίζοντες μετὰ τῶν γραμματέων καὶ πρε-
σβυτέρων καὶ Φαρισαίων ἔλεγον· 42 ἄλλους ἔσωσεν, ἑαυτὸν οὐ δύναται

σῶσαι· εἰ βασιλεὺς Ἰσραὴλ ἐστι, καταβάτω νῦν ἀπὸ τοῦ σταυροῦ καὶ πι-
στεύσομεν ἐπ' αὐτῷ· 43 πέποιθεν ἐπὶ τὸν Θεόν, ρυσάσθω νῦν αὐτόν, εἰ
θέλει αὐτόν· εἶπε γὰρ ὅτι Θεοῦ εἰμι υἱός. 44 τὸ δ' αὐτὸ καὶ οἱ λησταὶ οἱ
συσταυρωθέντες αὐτῷ ὠνείδιζον αὐτόν.

45 Ἀπὸ δὲ ἕκτης ὥρας σκότος ἐγένετο ἐπὶ πᾶσαν τὴν γῆν ἕως ὥρας ἐ-
νάτης. 46 περὶ δὲ τὴν ἐνάτην ὥραν ἀνεβόησεν ὁ Ἰησοῦς φωνῇ μεγάλῃ
λέγων· ἠλὶ ἠλί, λιμᾶ σαβαχθανί; τοῦτ' ἔστι, Θεέ μου Θεέ μου, ἱνατί με
ἐγκατέλιπες; 47 τινὲς δὲ τῶν ἐκεῖ ἑστώτων ἀκούσαντες ἔλεγον ὅτι Ἠ-
λίαν φωνεῖ οὗτος. 48 καὶ εὐθέως δραμὼν εἷς ἐξ αὐτῶν καὶ λαβὼν σπόγ-
γον πλήσας τε ὄξους καὶ περιθεὶς καλάμῳ ἐπότιζεν αὐτόν. 49 οἱ δὲ λοι-
ποὶ ἔλεγον· ἄφες ἴδωμεν εἰ ἔρχεται Ἠλίας σώσων αὐτόν. 50 ὁ δὲ Ἰη-
σοῦς πάλιν κράξας φωνῇ μεγάλῃ ἀφῆκε τὸ πνεῦμα.

51 Καὶ ἰδοὺ τὸ καταπέτασμα τοῦ ναοῦ ἐσχίσθη εἰς δύο ἀπὸ ἄνωθεν ἕως
κάτω, καὶ ἡ γῆ ἐσείσθη καὶ αἱ πέτραι ἐσχίσθησαν, 52 καὶ τὰ μνημεῖα
ἀνεῴχθησαν καὶ πολλὰ σώματα τῶν κεκοιμημένων ἁγίων ἠγέρθη, 53
καὶ ἐξελθόντες ἐκ τῶν μνημείων, μετὰ τὴν ἔγερσιν αὐτοῦ εἰσῆλθον εἰς
τὴν ἁγίαν πόλιν καὶ ἐνεφανίσθησαν πολλοῖς. 54 ὁ δὲ ἑκατόνταρχος καὶ
οἱ μετ' αὐτοῦ τηροῦντες τὸν Ἰησοῦν, ἰδόντες τὸν σεισμὸν καὶ τὰ γενόμε-
να ἐφοβήθησαν σφόδρα λέγοντες· ἀληθῶς Θεοῦ υἱὸς ἦν οὗτος. 55 ἦσαν
δὲ ἐκεῖ καὶ γυναῖκες πολλαὶ ἀπὸ μακρόθεν θεωροῦσαι, αἵτινες ἠκολού-
θησαν τῷ Ἰησοῦ ἀπὸ τῆς Γαλιλαίας διακονοῦσαι αὐτῷ· 56 ἐν αἷς ἦν
Μαρία ἡ Μαγδαληνή, καὶ Μαρία ἡ τοῦ Ἰακώβου καὶ Ἰωσῆ μήτηρ, καὶ
ἡ μήτηρ τῶν υἱῶν Ζεβεδαίου.

57 Ὀψίας δὲ γενομένης ἦλθεν ἄνθρωπος πλούσιος ἀπὸ Ἀριμαθαίας,
τοὔνομα Ἰωσήφ, ὃς καὶ αὐτὸς ἐμαθήτευσε τῷ Ἰησοῦ· 58 οὗτος προσελ-
θὼν τῷ Πιλάτῳ ᾐτήσατο τὸ σῶμα τοῦ Ἰησοῦ. τότε ὁ Πιλᾶτος ἐκέλευσεν
ἀποδοθῆναι τὸ σῶμα. 59 καὶ λαβὼν τὸ σῶμα ὁ Ἰωσὴφ ἐνετύλιξεν αὐτὸ
σινδόνι καθαρᾷ, 60 καὶ ἔθηκεν αὐτὸ ἐν τῷ καινῷ αὐτοῦ μνημείῳ ὃ ἐλα-
τόμησεν ἐν τῇ πέτρᾳ, καὶ προσκυλίσας λίθον μέγαν τῇ θύρᾳ τοῦ μνη-
μείου ἀπῆλθεν. 61 ἦν δὲ ἐκεῖ Μαρία ἡ Μαγδαληνὴ καὶ ἡ ἄλλη Μαρία,
καθήμεναι ἀπέναντι τοῦ τάφου.

62 Τῇ δὲ ἐπαύριον, ἥτις ἐστὶ μετὰ τὴν παρασκευήν, συνήχθησαν οἱ ἀρ-
χιερεῖς καὶ οἱ Φαρισαῖοι πρὸς Πιλᾶτον 63 λέγοντες· κύριε, ἐμνήσθημεν
ὅτι ἐκεῖνος ὁ πλάνος εἶπεν ἔτι ζῶν, μετὰ τρεῖς ἡμέρας ἐγείρομαι. 64 κέ-
λευσον οὖν ἀσφαλισθῆναι τὸν τάφον ἕως τῆς τρίτης ἡμέρας, μήποτε ἐλ-

θόντες οἱ μαθηταὶ αὐτοῦ νυκτὸς κλέψωσιν αὐτὸν καὶ εἴπωσι τῷ λαῷ, ἠ-
γέρθη ἀπὸ τῶν νεκρῶν· καὶ ἔσται ἡ ἐσχάτη πλάνη χείρων τῆς πρώτης.
65 ἔφη αὐτοῖς ὁ Πιλᾶτος· ἔχετε κουστωδίαν· ὑπάγετε ἀσφαλίσασθε ὡς
οἴδατε. 66 οἱ δὲ πορευθέντες ἠσφαλίσαντο τὸν τάφον σφραγίσαντες τὸν
λίθον μετὰ τῆς κουστωδίας.

28

ὈΨΕ δὲ σαββάτων, τῇ ἐπιφωσκούσῃ εἰς μίαν σαββάτων, ἦλθε Μαρία
ἡ Μαγδαληνὴ καὶ ἡ ἄλλη Μαρία θεωρῆσαι τὸν τάφον. 2 καὶ ἰδοὺ
σεισμὸς ἐγένετο μέγας· ἄγγελος γὰρ Κυρίου καταβὰς ἐξ οὐρανοῦ
προσελθὼν ἀπεκύλισε τὸν λίθον ἀπὸ τῆς θύρας καὶ ἐκάθητο ἐπάνω αὐ-
τοῦ. 3 ἦν δὲ ἡ ἰδέα αὐτοῦ ὡς ἀστραπὴ καὶ τὸ ἔνδυμα αὐτοῦ λευκὸν ὡσεὶ
χιών. 4 ἀπὸ δὲ τοῦ φόβου αὐτοῦ ἐσείσθησαν οἱ τηροῦντες καὶ ἐγένοντο
ὡσεὶ νεκροί. 5 ἀποκριθεὶς δὲ ὁ ἄγγελος εἶπε ταῖς γυναιξί· μὴ φοβεῖσθε
ὑμεῖς· οἶδα γὰρ ὅτι Ἰησοῦν τὸν ἐσταυρωμένον ζητεῖτε· 6 οὐκ ἔστιν ὧδε·
ἠγέρθη γὰρ καθὼς εἶπε. δεῦτε ἴδετε τὸν τόπον ὅπου ἔκειτο ὁ Κύριος. 7
καὶ ταχὺ πορευθεῖσαι εἴπατε τοῖς μαθηταῖς αὐτοῦ ὅτι ἠγέρθη ἀπὸ τῶν
νεκρῶν, καὶ ἰδοὺ προάγει ὑμᾶς εἰς τὴν Γαλιλαίαν· ἐκεῖ αὐτὸν ὄψεσθε· ἰ-
δοὺ εἶπον ὑμῖν. 8 καὶ ἐξελθοῦσαι ταχὺ ἀπὸ τοῦ μνημείου μετὰ φόβου καὶ
χαρᾶς μεγάλης ἔδραμον ἀπαγγεῖλαι τοῖς μαθηταῖς αὐτοῦ. 9 ὡς δὲ ἐπο-
ρεύοντο ἀπαγγεῖλαι τοῖς μαθηταῖς αὐτοῦ, καὶ ἰδοὺ Ἰησοῦς ἀπήντησεν
αὐταῖς λέγων· χαίρετε. αἱ δὲ προσελθοῦσαι ἐκράτησαν αὐτοῦ τοὺς πόδας
καὶ προσεκύνησαν αὐτῷ. 10 τότε λέγει αὐταῖς ὁ Ἰησοῦς· μὴ φοβεῖσθε·
ὑπάγετε ἀπαγγείλατε τοῖς ἀδελφοῖς μου ἵνα ἀπέλθωσιν εἰς τὴν Γαλι-
λαίαν, κἀκεῖ με ὄψονται.

11 Πορευομένων δὲ αὐτῶν ἰδού τινες τῆς κουστωδίας ἐλθόντες εἰς τὴν
πόλιν ἀπήγγειλαν τοῖς ἀρχιερεῦσιν ἅπαντα τὰ γενόμενα. 12 καὶ συνα-
χθέντες μετὰ τῶν πρεσβυτέρων συμβούλιόν τε λαβόντες ἀργύρια ἱκανὰ
ἔδωκαν τοῖς στρατιώταις λέγοντες· 13 εἴπατε ὅτι οἱ μαθηταὶ αὐτοῦ νυ-
κτὸς ἐλθόντες ἔκλεψαν αὐτὸν ἡμῶν κοιμωμένων. 14 καὶ ἐὰν ἀκουσθῇ
τοῦτο ἐπὶ τοῦ ἡγεμόνος, ἡμεῖς πείσομεν αὐτὸν καὶ ὑμᾶς ἀμερίμνους
ποιήσομεν. 15 οἱ δὲ λαβόντες τὰ ἀργύρια ἐποίησαν ὡς ἐδιδάχθησαν. καὶ
διεφημίσθη ὁ λόγος οὗτος παρὰ Ἰουδαίοις μέχρι τῆς σήμερον.

16 Οἱ δὲ ἕνδεκα μαθηταὶ ἐπορεύθησαν εἰς τὴν Γαλιλαίαν, εἰς τὸ ὄρος οὗ
ἐτάξατο αὐτοῖς ὁ Ἰησοῦς. 17 καὶ ἰδόντες αὐτὸν προσεκύνησαν αὐτῷ, οἱ
δὲ ἐδίστασαν. 18 καὶ προσελθὼν ὁ Ἰησοῦς ἐλάλησεν αὐτοῖς λέγων· ἐδό-
θη μοι πᾶσα ἐξουσία ἐν οὐρανῷ καὶ ἐπὶ γῆς. 19 πορευθέντες μαθητεύ-
σατε πάντα τὰ ἔθνη, βαπτίζοντες αὐτοὺς εἰς τὸ ὄνομα τοῦ Πατρὸς καὶ
τοῦ Υἱοῦ καὶ τοῦ Ἁγίου Πνεύματος, 20 διδάσκοντες αὐτοὺς τηρεῖν πάν-
τα ὅσα ἐνετειλάμην ὑμῖν· καὶ ἰδοὺ ἐγὼ μεθ᾿ ὑμῶν εἰμι πάσας τὰς ἡμέ-
ρας ἕως τῆς συντελείας τοῦ αἰῶνος. Ἀμήν.

Κατὰ Μᾶρκον ἅγιον Εὐαγγέλιον

ΑΡΧΗ τοῦ εὐαγγελίου Ἰησοῦ Χριστοῦ, υἱοῦ τοῦ Θεοῦ. 2 Ὡς γέγραπται ἐν τοῖς προφήταις, ἰδοὺ ἐγὼ ἀποστέλλω τὸν ἄγγελόν μου πρὸ προσώπου σου, ὃς κατασκευάσει τὴν ὁδόν σου ἔμπροσθέν σου· 3 φωνὴ βοῶντος ἐν τῇ ἐρήμῳ, ἑτοιμάσατε τὴν ὁδὸν Κυρίου, εὐθείας ποιεῖτε τὰς τρίβους αὐτοῦ, 4 ἐγένετο Ἰωάννης βαπτίζων ἐν τῇ ἐρήμῳ καὶ κηρύσσων βάπτισμα μετανοίας εἰς ἄφεσιν ἁμαρτιῶν. 5 καὶ ἐξεπορεύετο πρὸς αὐτὸν πᾶσα ἡ Ἰουδαία χώρα καὶ οἱ Ἱεροσολυμῖται, καὶ ἐβαπτίζοντο πάντες ἐν τῷ Ἰορδάνῃ ποταμῷ ὑπ' αὐτοῦ ἐξομολογούμενοι τὰς ἁμαρτίας αὐτῶν. 6 ἦν δὲ ὁ Ἰωάννης ἐνδεδυμένος τρίχας καμήλου καὶ ζώνην δερματίνην περὶ τὴν ὀσφὺν αὐτοῦ, καὶ ἐσθίων ἀκρίδας καὶ μέλι ἄγριον. 7 καὶ ἐκήρυσσε λέγων· ἔρχεται ὁ ἰσχυρότερός μου ὀπίσω μου, οὗ οὐκ εἰμὶ ἱκανὸς κύψας λῦσαι τὸν ἱμάντα τῶν ὑποδημάτων αὐτοῦ. 8 ἐγὼ μὲν ἐβάπτισα ὑμᾶς ἐν ὕδατι, αὐτὸς δὲ βαπτίσει ὑμᾶς ἐν Πνεύματι Ἁγίῳ.

9 Καὶ ἐγένετο ἐν ἐκείναις ταῖς ἡμέραις ἦλθεν ὁ Ἰησοῦς ἀπὸ Ναζαρὲτ τῆς Γαλιλαίας καὶ ἐβαπτίσθη ὑπὸ Ἰωάννου εἰς τὸν Ἰορδάνην. 10 καὶ εὐθέως ἀναβαίνων ἀπὸ τοῦ ὕδατος εἶδε σχιζομένους τοὺς οὐρανοὺς καὶ τὸ Πνεῦμα ὡς περιστερὰν καταβαῖνον ἐπ' αὐτόν· 11 καὶ φωνὴ ἐγένετο ἐκ τῶν οὐρανῶν· σὺ εἶ ὁ υἱός μου ὁ ἀγαπητός, ἐν σοὶ ηὐδόκησα. 12 Καὶ εὐθέως τὸ Πνεῦμα αὐτὸν ἐκβάλλει εἰς τὴν ἔρημον· 13 καὶ ἦν ἐκεῖ ἐν τῇ ἐρήμῳ ἡμέρας τεσσαράκοντα πειραζόμενος ὑπὸ τοῦ σατανᾶ, καὶ ἦν μετὰ τῶν θηρίων, καὶ οἱ ἄγγελοι διηκόνουν αὐτῷ.

14 Μετὰ δὲ τὸ παραδοθῆναι Ἰωάννην ἦλθεν ὁ Ἰησοῦς εἰς τὴν Γαλιλαίαν κηρύσσων τὸ εὐαγγέλιον τῆς βασιλείας τοῦ Θεοῦ 15 καὶ λέγων ὅτι

πεπλήρωται ὁ καιρὸς καὶ ἤγγικεν ἡ βασιλεία τοῦ Θεοῦ· μετανοεῖτε καὶ
πιστεύετε ἐν τῷ εὐαγγελίῳ.

16 Περιπατῶν δὲ παρὰ τὴν θάλασσαν τῆς Γαλιλαίας εἶδε Σίμωνα καὶ
Ἀνδρέαν τὸν ἀδελφὸν αὐτοῦ τοῦ Σίμωνος, βάλλοντας ἀμφίβληστρον ἐν
τῇ θαλάσσῃ· ἦσαν γὰρ ἁλιεῖς· 17 καὶ εἶπεν αὐτοῖς ὁ Ἰησοῦς· δεῦτε ὀπί-
σω μου, καὶ ποιήσω ὑμᾶς γενέσθαι ἁλιεῖς ἀνθρώπων. 18 καὶ εὐθέως ἀ-
φέντες τὰ δίκτυα αὐτῶν ἠκολούθησαν αὐτῷ. 19 Καὶ προβὰς ἐκεῖθεν ὀ-
λίγον εἶδεν Ἰάκωβον τὸν τοῦ Ζεβεδαίου καὶ Ἰωάννην τὸν ἀδελφὸν αὐ-
τοῦ, καὶ αὐτοὺς ἐν τῷ πλοίῳ καταρτίζοντας τὰ δίκτυα, 20 καὶ εὐθέως ἐ-
κάλεσεν αὐτούς. καὶ ἀφέντες τὸν πατέρα αὐτῶν Ζεβεδαῖον ἐν τῷ πλοίῳ
μετὰ τῶν μισθωτῶν ἀπῆλθον ὀπίσω αὐτοῦ.

21 Καὶ εἰσπορεύονται εἰς Καπερναούμ· καὶ εὐθέως τοῖς σάββασιν εἰσελ-
θὼν εἰς τὴν συναγωγὴν ἐδίδασκε. 22 καὶ ἐξεπλήσσοντο ἐπὶ τῇ διδαχῇ
αὐτοῦ· ἦν γὰρ διδάσκων αὐτοὺς ὡς ἐξουσίαν ἔχων, καὶ οὐχ ὡς οἱ γραμ-
ματεῖς. 23 καὶ ἦν ἐν τῇ συναγωγῇ αὐτῶν ἄνθρωπος ἐν πνεύματι ἀκα-
θάρτῳ, καὶ ἀνέκραξε 24 λέγων· ἔα, τί ἡμῖν καὶ σοί, Ἰησοῦ Ναζαρηνέ;
ἦλθες ἀπολέσαι ἡμᾶς; οἶδά σε τίς εἶ, ὁ ἅγιος τοῦ Θεοῦ. 25 καὶ ἐπετίμη-
σεν αὐτῷ ὁ Ἰησοῦς λέγων· φιμώθητι καὶ ἔξελθε ἐξ αὐτοῦ. 26 καὶ σπα-
ράξαν αὐτὸν τὸ πνεῦμα τὸ ἀκάθαρτον καὶ κράξαν φωνῇ μεγάλῃ ἐξῆλθεν
ἐξ αὐτοῦ. 27 καὶ ἐθαμβήθησαν πάντες, ὥστε συζητεῖν πρὸς ἑαυτοὺς λέ-
γοντας· τί ἐστι τοῦτο; τίς ἡ διδαχὴ ἡ καινὴ αὕτη, ὅτι κατ' ἐξουσίαν καὶ
τοῖς πνεύμασι τοῖς ἀκαθάρτοις ἐπιτάσσει, καὶ ὑπακούουσιν αὐτῷ; 28 καὶ
ἐξῆλθεν ἡ ἀκοὴ αὐτοῦ εὐθὺς εἰς ὅλην τὴν περίχωρον τῆς Γαλιλαίας.

29 Καὶ εὐθέως ἐκ τῆς συναγωγῆς ἐξελθόντες ἦλθον εἰς τὴν οἰκίαν Σί-
μωνος καὶ Ἀνδρέου μετὰ Ἰακώβου καὶ Ἰωάννου. 30 ἡ δὲ πενθερὰ Σί-
μωνος κατέκειτο πυρέσσουσα. καὶ εὐθέως λέγουσιν αὐτῷ περὶ αὐτῆς. 31
καὶ προσελθὼν ἤγειρεν αὐτὴν κρατήσας τῆς χειρὸς αὐτῆς, καὶ ἀφῆκεν
αὐτὴν ὁ πυρετὸς εὐθέως, καὶ διηκόνει αὐτοῖς. 32 Ὀψίας δὲ γενομένης,
ὅτε ἔδυ ὁ ἥλιος, ἔφερον πρὸς αὐτὸν πάντας τοὺς κακῶς ἔχοντας καὶ τοὺς
δαιμονιζομένους. 33 καὶ ἦν ἡ πόλις ὅλη ἐπισυνηγμένη πρὸς τὴν θύραν.
34 καὶ ἐθεράπευσε πολλοὺς κακῶς ἔχοντας ποικίλαις νόσοις, καὶ δαιμό-
νια πολλὰ ἐξέβαλε, καὶ οὐκ ἤφιε λαλεῖν τὰ δαιμόνια, ὅτι ᾔδεισαν αὐτὸν
Χριστὸν εἶναι.

35 Καὶ πρωῒ ἔννυχα λίαν ἀναστὰς ἐξῆλθε καὶ ἀπῆλθεν εἰς ἔρημον τό-
πον, κἀκεῖ προσηύχετο. 36 καὶ κατεδίωξαν αὐτὸν ὁ Σίμων καὶ οἱ μετ'

αὐτοῦ, 37 καὶ εὑρόντες αὐτὸν λέγουσιν αὐτῷ ὅτι πάντες σε ζητοῦσι. 38
καὶ λέγει αὐτοῖς· ἄγωμεν εἰς τὰς ἐχομένας κωμοπόλεις, ἵνα καὶ ἐκεῖ κη-
ρύξω· εἰς τοῦτο γὰρ ἐξελήλυθα. 39 καὶ ἦν κηρύσσων ἐν ταῖς συναγω-
γαῖς αὐτῶν εἰς ὅλην τὴν Γαλιλαίαν καὶ τὰ δαιμόνια ἐκβάλλων.

40 Καὶ ἔρχεται πρὸς αὐτὸν λεπρὸς παρακαλῶν αὐτὸν καὶ γονυπετῶν
αὐτὸν καὶ λέγων αὐτῷ ὅτι ἐὰν θέλῃς, δύνασαί με καθαρίσαι. 41 ὁ δὲ Ἰ-
ησοῦς σπλαγχνισθείς, ἐκτείνας τὴν χεῖρα ἥψατο αὐτοῦ καὶ λέγει αὐτῷ·
θέλω, καθαρίσθητι. 42 καὶ εἰπόντος αὐτοῦ εὐθέως ἀπῆλθεν ἀπ' αὐτοῦ ἡ
λέπρα, καὶ ἐκαθαρίσθη. 43 καὶ ἐμβριμησάμενος αὐτῷ εὐθέως ἐξέβαλεν
αὐτὸν καὶ λέγει αὐτῷ· 44 ὅρα μηδενὶ μηδὲν εἴπῃς, ἀλλ' ὕπαγε σεαυτὸν
δεῖξον τῷ ἱερεῖ καὶ προσένεγκε περὶ τοῦ καθαρισμοῦ σου ἃ προσέταξε
Μωϋσῆς εἰς μαρτύριον αὐτοῖς. 45 ὁ δὲ ἐξελθὼν ἤρξατο κηρύσσειν πολ-
λὰ καὶ διαφημίζειν τὸν λόγον, ὥστε μηκέτι αὐτὸν δύνασθαι φανερῶς εἰς
πόλιν εἰσελθεῖν, ἀλλ' ἔξω ἐν ἐρήμοις τόποις ἦν· καὶ ἤρχοντο πρὸς αὐτὸν
πανταχόθεν.

2

ΚΑΙ εἰσῆλθε πάλιν εἰς Καπερναοὺμ δι' ἡμερῶν καὶ ἠκούσθη ὅτι εἰς
οἶκόν ἐστι. 2 καὶ εὐθέως συνήχθησαν πολλοί, ὥστε μηκέτι χωρεῖν
μηδὲ τὰ πρὸς τὴν θύραν· καὶ ἐλάλει αὐτοῖς τὸν λόγον. 3 καὶ ἔρχον-
ται πρὸς αὐτὸν παραλυτικὸν φέροντες, αἰρόμενον ὑπὸ τεσσάρων. 4 καὶ
μὴ δυνάμενοι προσεγγίσαι αὐτῷ διὰ τὸν ὄχλον, ἀπεστέγασαν τὴν στέ-
γην ὅπου ἦν, καὶ ἐξορύξαντες χαλῶσι τὸν κράβαττον, ἐφ' ᾧ ὁ παραλυτι-
κὸς κατέκειτο. 5 ἰδὼν δὲ ὁ Ἰησοῦς τὴν πίστιν αὐτῶν λέγει τῷ παραλυ-
τικῷ· τέκνον, ἀφέωνταί σοι αἱ ἁμαρτίαι σου. 6 ἦσαν δέ τινες τῶν γραμ-
ματέων ἐκεῖ καθήμενοι καὶ διαλογιζόμενοι ἐν ταῖς καρδίαις αὐτῶν· 7 τί
οὗτος οὕτω λαλεῖ βλασφημίας; τίς δύναται ἀφιέναι ἁμαρτίας εἰ μὴ εἷς ὁ
Θεός; 8 καὶ εὐθέως ἐπιγνοὺς ὁ Ἰησοῦς τῷ πνεύματι αὐτοῦ ὅτι οὕτως
αὐτοὶ διαλογίζονται ἐν ἑαυτοῖς, εἶπεν αὐτοῖς· τί ταῦτα διαλογίζεσθε ἐν
ταῖς καρδίαις ὑμῶν; 9 τί ἐστιν εὐκοπώτερον, εἰπεῖν τῷ παραλυτικῷ, ἀ-
φέωνταί σου αἱ ἁμαρτίαι, ἢ εἰπεῖν, ἔγειρε καὶ ἆρον τὸν κράβαττόν σου
καὶ περιπάτει; 10 ἵνα δὲ εἰδῆτε ὅτι ἐξουσίαν ἔχει ὁ υἱὸς τοῦ ἀνθρώπου ἀ-
φιέναι ἐπὶ τῆς γῆς ἁμαρτίας—λέγει τῷ παραλυτικῷ. 11 σοὶ λέγω, ἔ-

γειρε καὶ ἆρον τὸν κράβαττόν σου καὶ ὕπαγε εἰς τὸν οἶκόν σου. 12 καὶ ἠ-
γέρθη εὐθέως, καὶ ἄρας τὸν κράβαττον ἐξῆλθεν ἐναντίον πάντων, ὥστε
ἐξίστασθαι πάντας καὶ δοξάζειν τὸν Θεὸν λέγοντας ὅτι οὐδέποτε οὕτως
εἴδομεν.

13 Καὶ ἐξῆλθε πάλιν παρὰ τὴν θάλασσαν· καὶ πᾶς ὁ ὄχλος ἤρχετο πρὸς
αὐτόν, καὶ ἐδίδασκεν αὐτούς. 14 Καὶ παράγων εἶδε Λευΐν τὸν τοῦ Ἀλ-
φαίου, καθήμενον ἐπὶ τὸ τελώνιον, καὶ λέγει αὐτῷ· ἀκολούθει μοι. καὶ
ἀναστὰς ἠκολούθησεν αὐτῷ· 15 καὶ ἐγένετο ἐν τῷ κατακεῖσθαι αὐτὸν ἐν
τῇ οἰκίᾳ αὐτοῦ, καὶ πολλοὶ τελῶναι καὶ ἁμαρτωλοὶ συνανέκειντο τῷ Ἰ-
ησοῦ καὶ τοῖς μαθηταῖς αὐτοῦ· ἦσαν γὰρ πολλοί, καὶ ἠκολούθησαν αὐ-
τῷ. 16 καὶ οἱ γραμματεῖς καὶ οἱ Φαρισαῖοι ἰδόντες αὐτὸν ἐσθίοντα μετὰ
τῶν τελωνῶν καὶ ἁμαρτωλῶν ἔλεγον τοῖς μαθηταῖς αὐτοῦ· τί ὅτι μετὰ
τῶν τελωνῶν καὶ ἁμαρτωλῶν ἐσθίει καὶ πίνει; 17 καὶ ἀκούσας ὁ Ἰησοῦς
λέγει αὐτοῖς· οὐ χρείαν ἔχουσιν οἱ ἰσχύοντες ἰατροῦ, ἀλλ' οἱ κακῶς ἔ-
χοντες· οὐκ ἦλθον καλέσαι δικαίους, ἀλλὰ ἁμαρτωλοὺς εἰς μετάνοιαν.

18 Καὶ ἦσαν οἱ μαθηταὶ Ἰωάννου καὶ οἱ τῶν Φαρισαίων νηστεύοντες.
καὶ ἔρχονται καὶ λέγουσιν αὐτῷ· διατὶ οἱ μαθηταὶ Ἰωάννου καὶ οἱ τῶν
Φαρισαίων νηστεύουσιν, οἱ δὲ σοὶ μαθηταὶ οὐ νηστεύουσι; 19 καὶ εἶπεν
αὐτοῖς ὁ Ἰησοῦς· μὴ δύνανται οἱ υἱοὶ τοῦ νυμφῶνος, ἐν ᾧ ὁ νυμφίος μετ'
αὐτῶν ἐστι, νηστεύειν; ὅσον χρόνον μεθ' ἑαυτῶν ἔχουσι τὸν νυμφίον, οὐ
δύνανται νηστεύειν. 20 ἐλεύσονται δὲ ἡμέραι ὅταν ἀπαρθῇ ἀπ' αὐτῶν ὁ
νυμφίος, καὶ τότε νηστεύσουσιν ἐν ἐκείναις ταῖς ἡμέραις. 21 οὐδεὶς ἐπί-
βλημα ράκους ἀγνάφου ἐπιρράπτει ἐπὶ ἱματίῳ παλαιῷ· εἰ δὲ μήγε, αἴρει
τὸ πλήρωμα αὐτοῦ, τὸ καινὸν τοῦ παλαιοῦ, καὶ χεῖρον σχίσμα γίνεται.
22 καὶ οὐδεὶς βάλλει οἶνον νέον εἰς ἀσκοὺς παλαιούς· εἰ δὲ μή, ρήσσει ὁ
οἶνος ὁ νέος τοὺς ἀσκούς, καὶ ὁ οἶνος ἐκχεῖται καὶ οἱ ἀσκοὶ ἀπολοῦνται·
ἀλλὰ οἶνον νέον εἰς ἀσκοὺς καινοὺς βλητέον.

23 Καὶ ἐγένετο παραπορεύεσθαι αὐτὸν ἐν τοῖς σάββασι διὰ τῶν σπορί-
μων, καὶ ἤρξαντο οἱ μαθηταὶ αὐτοῦ ὁδὸν ποιεῖν τίλλοντες τοὺς στάχυας.
24 καὶ οἱ Φαρισαῖοι ἔλεγον αὐτῷ· ἴδε τί ποιοῦσιν ἐν τοῖς σάββασιν ὃ οὐκ
ἔξεστι. 25 καὶ αὐτὸς ἔλεγεν αὐτοῖς· οὐδέποτε ἀνέγνωτε τί ἐποίησε Δαυ-
ῒδ ὅτε χρείαν ἔσχε καὶ ἐπείνασεν αὐτὸς καὶ οἱ μετ' αὐτοῦ; 26 πῶς εἰσῆλ-
θεν εἰς τὸν οἶκον τοῦ Θεοῦ ἐπὶ Ἀβιάθαρ ἀρχιερέως καὶ τοὺς ἄρτους τῆς
προθέσεως ἔφαγεν, οὓς οὐκ ἔξεστι φαγεῖν εἰ μὴ τοῖς ἱερεῦσι, καὶ ἔδωκε
καὶ τοῖς σὺν αὐτῷ οὖσι; 27 καὶ ἔλεγεν αὐτοῖς· τὸ σάββατον διὰ τὸν ἄν-

θρωπον ἐγένετο, οὐχ ὁ ἄνθρωπος διὰ τὸ σάββατον· 28 ὥστε κύριός ἐστιν
ὁ υἱὸς τοῦ ἀνθρώπου καὶ τοῦ σαββάτου.

3

ΚΑΙ εἰσῆλθε πάλιν εἰς τὴν συναγωγήν· καὶ ἦν ἐκεῖ ἄνθρωπος ἐξη-
ραμμένην ἔχων τὴν χεῖρα. 2 καὶ παρετήρουν αὐτὸν εἰ τοῖς σάββασι
θεραπεύσει αὐτόν, ἵνα κατηγορήσωσιν αὐτοῦ. 3 καὶ λέγει τῷ ἀνθρώ-
πῳ τῷ ἐξηραμμένην ἔχοντι τὴν χεῖρα· ἔγειρε εἰς τὸ μέσον. 4 καὶ λέγει
αὐτοῖς· ἔξεστι τοῖς σάββασιν ἀγαθοποιῆσαι ἢ κακοποιῆσαι; ψυχὴν σῶ-
σαι ἢ ἀποκτεῖναι; οἱ δὲ ἐσιώπων. 5 καὶ περιβλεψάμενος αὐτοὺς μετ' ὀρ-
γῆς, συλλυπούμενος ἐπὶ τῇ πωρώσει τῆς καρδίας αὐτῶν, λέγει τῷ ἀν-
θρώπῳ· ἔκτεινον τὴν χεῖρά σου. καὶ ἐξέτεινε, καὶ ἀποκατεστάθη ἡ χεὶρ
αὐτοῦ ὑγιὴς ὡς ἡ ἄλλη. 6 καὶ ἐξελθόντες οἱ Φαρισαῖοι εὐθέως μετὰ τῶν
Ἡρῳδιανῶν συμβούλιον ἐποίουν κατ' αὐτοῦ, ὅπως αὐτὸν ἀπολέσωσι.

7 Καὶ ὁ Ἰησοῦς ἀνεχώρησε μετὰ τῶν μαθητῶν αὐτοῦ πρὸς τὴν θάλασ-
σαν· καὶ πολὺ πλῆθος ἀπὸ τῆς Γαλιλαίας ἠκολούθησαν αὐτῷ, 8 καὶ ἀπὸ
τῆς Ἰουδαίας καὶ ἀπὸ Ἱεροσολύμων καὶ ἀπὸ τῆς Ἰδουμαίας καὶ πέραν
τοῦ Ἰορδάνου καὶ οἱ περὶ Τύρον καὶ Σιδῶνα, πλῆθος πολύ, ἀκούσαντες
ὅσα ἐποίει, ἦλθον πρὸς αὐτόν. 9 καὶ εἶπε τοῖς μαθηταῖς αὐτοῦ ἵνα πλοιά-
ριον προσκαρτερῇ αὐτῷ διὰ τὸν ὄχλον, ἵνα μὴ θλίβωσιν αὐτόν· 10 πολ-
λοὺς γὰρ ἐθεράπευσεν, ὥστε ἐπιπίπτειν αὐτῷ ἵνα αὐτοῦ ἅψωνται ὅσοι
εἶχον μάστιγας· 11 καὶ τὰ πνεύματα τὰ ἀκάθαρτα, ὅταν αὐτὸν ἐθεώ-
ρουν, προσέπιπτον αὐτῷ καὶ ἔκραζον λέγοντα ὅτι σὺ εἶ ὁ υἱὸς τοῦ Θεοῦ.
12 καὶ πολλὰ ἐπετίμα αὐτοῖς ἵνα μὴ φανερὸν αὐτὸν ποιήσωσι.

13 Καὶ ἀναβαίνει εἰς τὸ ὄρος, καὶ προσκαλεῖται οὓς ἤθελεν αὐτός, καὶ
ἀπῆλθον πρὸς αὐτόν. 14 καὶ ἐποίησε δώδεκα, ἵνα ὦσι μετ' αὐτοῦ καὶ ἵνα
ἀποστέλλῃ αὐτοὺς κηρύσσειν 15 καὶ ἔχειν ἐξουσίαν θεραπεύειν τὰς νό-
σους καὶ ἐκβάλλειν τὰ δαιμόνια· 16 καὶ ἐπέθηκεν ὄνομα τῷ Σίμωνι Πέ-
τρον, 17 καὶ Ἰάκωβον τὸν τοῦ Ζεβεδαίου καὶ Ἰωάννην τὸν ἀδελφὸν τοῦ
Ἰακώβου· καὶ ἐπέθηκεν αὐτοῖς ὀνόματα Βοανεργές, ὅ ἐστιν υἱοὶ βρον-
τῆς· 18 καὶ Ἀνδρέαν καὶ Φίλιππον καὶ Βαρθολομαῖον καὶ Ματθαῖον καὶ
Θωμᾶν καὶ Ἰάκωβον τὸν τοῦ Ἀλφαίου καὶ Θαδδαῖον καὶ Σίμωνα τὸν
Κανανίτην 19 καὶ Ἰούδαν Ἰσκαριώτην, ὃς καὶ παρέδωκεν αὐτόν.

20 Καὶ ἔρχονται εἰς οἶκον· καὶ συνέρχεται πάλιν ὄχλος, ὥστε μὴ δύνα-
σθαι αὐτοὺς μηδὲ ἄρτον φαγεῖν. 21 καὶ ἀκούσαντες οἱ παρ' αὐτοῦ ἐξῆλ-
θον κρατῆσαι αὐτόν· ἔλεγον γὰρ ὅτι ἐξέστη. 22 καὶ οἱ γραμματεῖς οἱ
ἀπὸ Ἱεροσολύμων καταβάντες ἔλεγον ὅτι Βεελζεβοὺλ ἔχει, καὶ ὅτι ἐν
τῷ ἄρχοντι τῶν δαιμονίων ἐκβάλλει τὰ δαιμόνια. 23 καὶ προσκαλεσά-
μενος αὐτοὺς ἐν παραβολαῖς ἔλεγεν αὐτοῖς· πῶς δύναται σατανᾶς σατα-
νᾶν ἐκβάλλειν; 24 καὶ ἐὰν βασιλεία ἐφ' ἑαυτὴν μερισθῇ, οὐ δύναται
σταθῆναι ἡ βασιλεία ἐκείνη· 25 καὶ ἐὰν οἰκία ἐφ' ἑαυτὴν μερισθῇ, οὐ
δύναται σταθῆναι ἡ οἰκία ἐκείνη. 26 καὶ εἰ ὁ σατανᾶς ἀνέστη ἐφ' ἑαυτὸν
καὶ μεμέρισται, οὐ δύναται σταθῆναι, ἀλλὰ τέλος ἔχει. 27 οὐδεὶς δύνα-
ται τὰ σκεύη τοῦ ἰσχυροῦ εἰσελθὼν εἰς τὴν οἰκίαν αὐτοῦ διαρπάσαι, ἐὰν
μὴ πρῶτον τὸν ἰσχυρὸν δήσῃ, καὶ τότε τὴν οἰκίαν αὐτοῦ διαρπάσει. 28
Ἀμὴν λέγω ὑμῖν ὅτι πάντα ἀφεθήσεται τοῖς υἱοῖς τῶν ἀνθρώπων τὰ ἁ-
μαρτήματα καὶ αἱ βλασφημίαι ὅσας ἐὰν βλασφημήσωσιν. 29 ὃς δ' ἂν
βλασφημήσῃ εἰς τὸ Πνεῦμα τὸ Ἅγιον, οὐκ ἔχει ἄφεσιν εἰς τὸν αἰῶνα,
ἀλλ' ἔνοχός ἐστιν αἰωνίου κρίσεως· 30 ὅτι ἔλεγον, πνεῦμα ἀκάθαρτον ἔ-
χει.

31 Ἔρχονται οὖν ἡ μήτηρ αὐτοῦ καὶ οἱ ἀδελφοὶ αὐτοῦ, καὶ ἔξω ἑστῶτες
ἀπέστειλαν πρὸς αὐτὸν φωνοῦντες αὐτόν. 32 καὶ ἐκάθητο περὶ αὐτὸν ὄ-
χλος· εἶπον δὲ αὐτῷ· ἰδοὺ ἡ μήτηρ σου καὶ οἱ ἀδελφοί σου ἔξω ζητοῦσί
σε. 33 καὶ ἀπεκρίθη αὐτοῖς λέγων· τίς ἐστιν ἡ μήτηρ μου ἢ οἱ ἀδελφοί
μου; 34 καὶ περιβλεψάμενος κύκλῳ τοὺς περὶ αὐτὸν καθημένους λέγει·
ἴδε ἡ μήτηρ μου καὶ οἱ ἀδελφοί μου· 35 ὃς γὰρ ἂν ποιήσῃ τὸ θέλημα τοῦ
Θεοῦ, οὗτος ἀδελφός μου καὶ ἀδελφή μου καὶ μήτηρ ἐστί.

4

ΚΑΙ πάλιν ἤρξατο διδάσκειν παρὰ τὴν θάλασσαν· καὶ συνήχθη πρὸς
αὐτὸν ὄχλος πολύς, ὥστε αὐτὸν ἐμβάντα εἰς τὸ πλοῖον καθῆσθαι ἐν
τῇ θαλάσσῃ· καὶ πᾶς ὁ ὄχλος πρὸς τὴν θάλασσαν ἐπὶ τῆς γῆς ἦσαν.
2 καὶ ἐδίδασκεν αὐτοὺς ἐν παραβολαῖς πολλά, καὶ ἔλεγεν αὐτοῖς ἐν τῇ
διδαχῇ αὐτοῦ· 3 ἀκούετε. ἰδοὺ ἐξῆθεν ὁ σπείρων τοῦ σπεῖραι. 4 καὶ ἐγέ-
νετο ἐν τῷ σπείρειν ὃ μὲν ἔπεσεν ἐπὶ τὴν ὁδόν, καὶ ἦλθον τὰ πετεινὰ καὶ
κατέφαγεν αὐτό· 5 καὶ ἄλλο ἔπεσεν ἐπὶ τὸ πετρῶδες, ὅπου οὐκ εἶχε γῆν

πολλήν, καὶ εὐθέως ἐξανέτειλε διὰ τὸ μὴ ἔχειν βάθος γῆς, 6 ἡλίου δὲ ἀ-
νατείλαντος ἐκαυματίσθη, καὶ διὰ τὸ μὴ ἔχειν ρίζαν ἐξηράνθη· 7 καὶ
ἄλλο ἔπεσεν εἰς τὰς ἀκάνθας, καὶ ἀνέβησαν αἱ ἄκανθαι καὶ συνέπνιξαν
αὐτό, καὶ καρπὸν οὐκ ἔδωκε· 8 καὶ ἄλλο ἔπεσεν εἰς τὴν γῆν τὴν καλὴν
καὶ ἐδίδου καρπὸν ἀναβαίνοντα καὶ αὐξάνοντα, καὶ ἔφερεν ἐν τριάκοντα
καὶ ἐν ἑξήκοντα καὶ ἐν ἑκατόν. 9 καὶ ἔλεγεν αὐτοῖς· ὁ ἔχων ὦτα ἀκούειν
ἀκουέτω. 10 Ὅτε δὲ ἐγένετο κατὰ μόνας, ἠρώτησαν αὐτὸν οἱ περὶ αὐ-
τὸν σὺν τοῖς δώδεκα τὴν παραβολήν. 11 καὶ ἔλεγεν αὐτοῖς· ὑμῖν δέδοται
γνῶναι τὰ μυστήρια τῆς βασιλείας τοῦ Θεοῦ· ἐκείνοις δὲ τοῖς ἔξω ἐν
παραβολαῖς τὰ πάντα γίνεται, 12 ἵνα βλέποντες βλέπωσι καὶ μὴ ἴδωσι,
καὶ ἀκούοντες ἀκούωσι καὶ μὴ συνιῶσι, μήποτε ἐπιστρέψωσι καὶ ἀφεθῇ
αὐτοῖς τὰ ἁμαρτήματα. 13 καὶ λέγει αὐτοῖς· οὐκ οἴδατε τὴν παραβολὴν
ταύτην, καὶ πῶς πάσας τὰς παραβολὰς γνώσεσθε; 14 ὁ σπείρων τὸν λό-
γον σπείρει. 15 οὗτοι δέ εἰσιν οἱ παρὰ τὴν ὁδὸν ὅπου σπείρεται ὁ λόγος,
καὶ ὅταν ἀκούσωσιν, εὐθὺς ἔρχεται ὁ σατανᾶς καὶ αἴρει τὸν λόγον τὸν ἐ-
σπαρμένον ἐν ταῖς καρδίαις αὐτῶν. 16 καὶ οὗτοι ὁμοίως εἰσὶν οἱ ἐπὶ τὰ
πετρώδη σπειρόμενοι, οἳ ὅταν ἀκούσωσι τὸν λόγον, εὐθὺς μετὰ χαρᾶς
λαμβάνουσιν αὐτόν, 17 καὶ οὐκ ἔχουσι ρίζαν ἐν ἑαυτοῖς, ἀλλὰ πρόσκαι-
ροί εἰσιν· εἶτα γενομένης θλίψεως ἢ διωγμοῦ διὰ τὸν λόγον, εὐθὺς σκαν-
δαλίζονται. 18 καὶ οὗτοί εἰσιν οἱ εἰς τὰς ἀκάνθας σπειρόμενοι, οἱ τὸν λό-
γον ἀκούοντες, 19 καὶ αἱ μέριμναι τοῦ αἰῶνος τούτου καὶ ἡ ἀπάτη τοῦ
πλούτου καὶ αἱ περὶ τὰ λοιπὰ ἐπιθυμίαι εἰσπορευόμεναι συμπνίγουσι τὸν
λόγον, καὶ ἄκαρπος γίνεται. 20 καὶ οὗτοί εἰσιν οἱ ἐπὶ τὴν γῆν τὴν καλὴν
σπαρέντες, οἵτινες ἀκούουσι τὸν λόγον καὶ παραδέχονται, καὶ καρποφο-
ροῦσιν ἐν τριάκοντα καὶ ἐν ἑξήκοντα καὶ ἐν ἑκατόν.

21 Καὶ ἔλεγεν αὐτοῖς· μήτι ἔρχεται ὁ λύχνος ἵνα ὑπὸ τὸν μόδιον τεθῇ ἢ
ὑπὸ τὴν κλίνην; οὐχ ἵνα ἐπὶ τὴν λυχνίαν ἐπιτεθῇ; 22 οὐ γάρ ἐστι κρυ-
πτὸν ὃ ἐὰν μὴ φανερωθῇ, οὐδὲ ἐγένετο ἀπόκρυφον ἀλλ' ἵνα ἔλθῃ εἰς φα-
νερόν. 23 εἴ τις ἔχει ὦτα ἀκούειν, ἀκουέτω. 24 Καὶ ἔλεγεν αὐτοῖς· βλέ-
πετε τί ἀκούετε. ἐν ᾧ μέτρῳ μετρεῖτε, μετρηθήσεται ὑμῖν, καὶ προστε-
θήσεται ὑμῖν τοῖς ἀκούουσιν. 25 ὃς γὰρ ἂν ἔχῃ, δοθήσεται αὐτῷ· καὶ ὃς
οὐκ ἔχει, καὶ ὃ ἔχει ἀρθήσεται ἀπ' αὐτοῦ.

26 Καὶ ἔλεγεν· οὕτως ἐστὶν ἡ βασιλεία τοῦ Θεοῦ, ὡς ἂν ἄνθρωπος βάλῃ
τὸν σπόρον ἐπὶ τῆς γῆς, 27 καὶ καθεύδῃ καὶ ἐγείρηται νύκτα καὶ ἡμέ-
ραν, καὶ ὁ σπόρος βλαστάνῃ καὶ μηκύνηται ὡς οὐκ οἶδεν αὐτός. 28 αὐ-
τομάτη γὰρ ἡ γῆ καρποφορεῖ, πρῶτον χόρτον, εἶτα στάχυν, εἶτα πλήρη

σῖτον ἐν τῷ στάχυϊ. 29 ὅταν δὲ παραδῷ ὁ καρπός, εὐθέως ἀποστέλλει τὸ
δρέπανον, ὅτι παρέστηκεν ὁ θερισμός.

30 Καὶ ἔλεγε· πῶς ὁμοιώσωμεν τὴν βασιλείαν τοῦ Θεοῦ; ἢ ἐν τίνι πα-
ραβολῇ παραβάλωμεν αὐτήν; 31 ὡς κόκκον σινάπεως, ὃς ὅταν σπαρῇ
ἐπὶ τῆς γῆς, μικρότερος πάντων τῶν σπερμάτων ἐστὶ τῶν ἐπὶ τῆς γῆς·
32 καὶ ὅταν σπαρῇ, ἀναβαίνει καὶ γίνεται μείζων πάντων τῶν λαχάνων,
καὶ ποιεῖ κλάδους μεγάλους, ὥστε δύνασθαι ὑπὸ τὴν σκιὰν αὐτοῦ τὰ πε-
τεινὰ τοῦ οὐρανοῦ κατασκηνοῦν.

33 Καὶ τοιαύταις παραβολαῖς πολλαῖς ἐλάλει αὐτοῖς τὸν λόγον, καθὼς
ἠδύναντο ἀκούειν, 34 χωρὶς δὲ παραβολῆς οὐκ ἐλάλει αὐτοῖς τὸν λόγον·
κατ' ἰδίαν δὲ τοῖς μαθηταῖς αὐτοῦ ἐπέλυε πάντα.

35 Καὶ λέγει αὐτοῖς ἐν ἐκείνῃ τῇ ἡμέρᾳ ὀψίας γενομένης· διέλθωμεν
εἰς τὸ πέραν. 36 καὶ ἀφέντες τὸν ὄχλον παραλαμβάνουσιν αὐτὸν ὡς ἦν
ἐν τῷ πλοίῳ· καὶ ἄλλα δὲ πλοῖα ἦν μετ' αὐτοῦ. 37 καὶ γίνεται λαῖλαψ
ἀνέμου μεγάλη, τὰ δὲ κύματα ἐπέβαλλεν εἰς τὸ πλοῖον, ὥστε ἤδη αὐτὸ
βυθίζεσθαι. 38 καὶ ἦν αὐτὸς ἐπὶ τῇ πρύμνῃ ἐπὶ τὸ προσκεφάλαιον κα-
θεύδων· καὶ διεγείρουσιν αὐτὸν καὶ λέγουσιν αὐτῷ· διδάσκαλε, οὐ μέλει
σοι ὅτι ἀπολλύμεθα; 39 καὶ διεγερθεὶς ἐπετίμησε τῷ ἀνέμῳ καὶ εἶπε τῇ
θαλάσσῃ· σιώπα, πεφίμωσο. καὶ ἐκόπασεν ὁ ἄνεμος, καὶ ἐγένετο γαλήνη
μεγάλη. 40 καὶ εἶπεν αὐτοῖς· τί δειλοί ἐστε οὕτω; πῶς οὐκ ἔχετε πίστιν;
41 καὶ ἐφοβήθησαν φόβον μέγαν καὶ ἔλεγον πρὸς ἀλλήλους· τίς ἄρα οὗ-
τός ἐστιν, ὅτι καὶ ὁ ἄνεμος καὶ ἡ θάλασσα ὑπακούουσιν αὐτῷ;

5

ΚΑΙ ἦλθον εἰς τὸ πέραν τῆς θαλάσσης εἰς τὴν χώραν τῶν Γεργεση-
νῶν. 2 καὶ ἐξελθόντος αὐτοῦ ἐκ τοῦ πλοίου εὐθέως ἀπήντησεν αὐτῷ
ἐκ τῶν μνημείων ἄνθρωπος ἐν πνεύματι ἀκαθάρτῳ, 3 ὃς τὴν κατοί-
κησιν εἶχεν ἐν τοῖς μνήμασι, καὶ οὔτε ἁλύσεσιν οὐδεὶς ἠδύνατο αὐτὸν
δῆσαι, 4 διὰ τὸ αὐτὸν πολλάκις πέδαις καὶ ἁλύσεσι δεδέσθαι, καὶ δια-
σπάσθαι ὑπ' αὐτοῦ τὰς ἁλύσεις καὶ τὰς πέδας συντετρῖφθαι, καὶ οὐδεὶς
ἴσχυεν αὐτὸν δαμάσαι· 5 καὶ διὰ παντὸς νυκτὸς καὶ ἡμέρας ἐν τοῖς μνή-
μασι καὶ ἐν τοῖς ὄρεσιν ἦν κράζων καὶ κατακόπτων ἑαυτὸν λίθοις. 6 ἰ-
δὼν δὲ τὸν Ἰησοῦν ἀπὸ μακρόθεν ἔδραμε καὶ προσεκύνησεν αὐτόν, 7 καὶ

κράξας φωνῇ μεγάλῃ λέγει· τί ἐμοὶ καὶ σοί, Ἰησοῦ, υἱὲ τοῦ Θεοῦ τοῦ ὑ-
ψίστου; ὁρκίζω σε τὸν Θεόν, μή με βασανίσῃς. 8 ἔλεγε γὰρ αὐτῷ· ἔξελ-
θε τὸ πνεῦμα τὸ ἀκάθαρτον ἐκ τοῦ ἀνθρώπου. 9 καὶ ἐπηρώτα αὐτόν· τί
ὄνομά σοι; καὶ ἀπεκρίθη λέγων· λεγεὼν ὄνομά μοι, ὅτι πολλοί ἐσμεν. 10
καὶ παρεκάλει αὐτὸν πολλὰ ἵνα μὴ ἀποστείλῃ αὐτοὺς ἔξω τῆς χώρας.
11 ἦν δὲ ἐκεῖ ἀγέλη χοίρων μεγάλη βοσκομένη πρὸς τῷ ὄρει· 12 καὶ
παρεκάλεσαν αὐτὸν πάντες οἱ δαίμονες λέγοντες· πέμψον ἡμᾶς εἰς τοὺς
χοίρους, ἵνα εἰς αὐτοὺς εἰσέλθωμεν. 13 καὶ ἐπέτρεψεν αὐτοῖς εὐθέως ὁ
Ἰησοῦς. καὶ ἐξελθόντα τὰ πνεύματα τὰ ἀκάθαρτα εἰσῆλθον εἰς τοὺς χοί-
ρους· καὶ ὥρμησεν ἡ ἀγέλη κατὰ τοῦ κρημνοῦ εἰς τὴν θάλασσαν· ἦσαν
δὲ ὡς δισχίλιοι· καὶ ἐπνίγοντο ἐν τῇ θαλάσσῃ. 14 καὶ οἱ βόσκοντες τοὺς
χοίρους ἔφυγον καὶ ἀπήγγειλαν εἰς τὴν πόλιν καὶ εἰς τοὺς ἀγρούς· καὶ
ἐξῆλθον ἰδεῖν τί ἐστι τὸ γεγονός. 15 καὶ ἔρχονται πρὸς τὸν Ἰησοῦν, καὶ
θεωροῦσι τὸν δαιμονιζόμενον καθήμενον καὶ ἱματισμένον καὶ σωφρο-
νοῦντα, τὸν ἐσχηκότα τὸν λεγεῶνα, καὶ ἐφοβήθησαν. 16 καὶ διηγήσαντο
αὐτοῖς οἱ ἰδόντες πῶς ἐγένετο τῷ δαιμονιζομένῳ καὶ περὶ τῶν χοίρων.
17 καὶ ἤρξαντο παρακαλεῖν αὐτὸν ἀπελθεῖν ἀπὸ τῶν ὁρίων αὐτῶν. 18
καὶ ἐμβαίνοντος αὐτοῦ εἰς τὸ πλοῖον παρεκάλει αὐτὸν ὁ δαιμονισθεὶς ἵνα
μετ' αὐτοῦ ᾖ. 19 καὶ οὐκ ἀφῆκεν αὐτόν, ἀλλὰ λέγει αὐτῷ· ὕπαγε εἰς τὸν
οἶκόν σου πρὸς τοὺς σοὺς καὶ ἀνάγγειλον αὐτοῖς ὅσα σοι ὁ Κύριος πεποί-
ηκε καὶ ἠλέησέ σε. 20 καὶ ἀπῆλθε καὶ ἤρξατο κηρύσσειν ἐν τῇ Δεκαπό-
λει ὅσα ἐποίησεν αὐτῷ ὁ Ἰησοῦς, καὶ πάντες ἐθαύμαζον.

21 Καὶ διαπεράσαντος τοῦ Ἰησοῦ ἐν τῷ πλοίῳ πάλιν εἰς τὸ πέραν συνή-
χθη ὄχλος πολὺς ἐπ' αὐτόν, καὶ ἦν παρὰ τὴν θάλασσαν. 22 καὶ ἔρχεται
εἷς τῶν ἀρχισυναγώγων, ὀνόματι Ἰάειρος, καὶ ἰδὼν αὐτὸν πίπτει πρὸς
τοὺς πόδας αὐτοῦ 23 καὶ παρεκάλει αὐτὸν πολλά, λέγων ὅτι τὸ θυγά-
τριόν μου ἐσχάτως ἔχει, ἵνα ἐλθὼν ἐπιθῇς αὐτῇ τὰς χεῖρας, ὅπως σωθῇ
καὶ ζήσεται. 24 καὶ ἀπῆλθε μετ' αὐτοῦ· καὶ ἠκολούθει αὐτῷ ὄχλος πο-
λύς, καὶ συνέθλιβον αὐτόν. 25 Καὶ γυνή τις οὖσα ἐν ρύσει αἵματος ἔτη
δώδεκα, 26 καὶ πολλὰ παθοῦσα ὑπὸ πολλῶν ἰατρῶν καὶ δαπανήσασα τὰ
παρ' ἑαυτῆς πάντα, καὶ μηδὲν ὠφεληθεῖσα, ἀλλὰ μᾶλλον εἰς τὸ χεῖρον
ἐλθοῦσα, 27 ἀκούσασα περὶ τοῦ Ἰησοῦ, ἐλθοῦσα ἐν τῷ ὄχλῳ ὄπισθεν ἥ-
ψατο τοῦ ἱματίου αὐτοῦ· 28 ἔλεγε γὰρ ἐν ἑαυτῇ ὅτι ἐὰν ἅψωμαι κἂν
τῶν ἱματίων αὐτοῦ, σωθήσομαι. 29 καὶ εὐθέως ἐξηράνθη ἡ πηγὴ τοῦ
αἵματος αὐτῆς, καὶ ἔγνω τῷ σώματι ὅτι ἴαται ἀπὸ τῆς μάστιγος. 30 καὶ
εὐθέως ὁ Ἰησοῦς ἐπιγνοὺς ἐν ἑαυτῷ τὴν ἐξ αὐτοῦ δύναμιν ἐξελθοῦσαν,

ἐπιστραφεὶς ἐν τῷ ὄχλῳ ἔλεγε· τίς μου ἥψατο τῶν ἱματίων; 31 καὶ ἔλε-
γον αὐτῷ οἱ μαθηταὶ αὐτοῦ· βλέπεις τὸν ὄχλον συνθλίβοντά σε, καὶ λέ-
γεις τίς μου ἥψατο; 32 καὶ περιεβλέπετο ἰδεῖν τὴν τοῦτο ποιήσασαν. 33
ἡ δὲ γυνὴ φοβηθεῖσα καὶ τρέμουσα, εἰδυῖα ὃ γέγονεν ἐπ' αὐτῇ, ἦλθε καὶ
προσέπεσεν αὐτῷ καὶ εἶπεν αὐτῷ πᾶσαν τὴν ἀλήθειαν. 34 ὁ δὲ εἶπεν αὐ-
τῇ· θύγατερ, ἡ πίστις σου σέσωκέ σε· ὕπαγε εἰς εἰρήνην, καὶ ἴσθι ὑγιὴς
ἀπὸ τῆς μάστιγός σου. 35 Ἔτι αὐτοῦ λαλοῦντος ἔρχονται ἀπὸ τοῦ ἀρ-
χισυναγώγου λέγοντες ὅτι ἡ θυγάτηρ σου ἀπέθανε· τί ἔτι σκύλλεις τὸν
διδάσκαλον; 36 ὁ δὲ Ἰησοῦς εὐθέως ἀκούσας τὸν λόγον λαλούμενον λέ-
γει τῷ ἀρχισυναγώγῳ· μὴ φοβοῦ, μόνον πίστευε. 37 καὶ οὐκ ἀφῆκεν
αὐτῷ οὐδένα συνακολουθῆσαι εἰ μὴ Πέτρον καὶ Ἰάκωβον καὶ Ἰωάννην
τὸν ἀδελφὸν Ἰακώβου. 38 καὶ ἔρχεται εἰς τὸν οἶκον τοῦ ἀρχισυναγώγου,
καὶ θεωρεῖ θόρυβον, καὶ κλαίοντας καὶ ἀλαλάζοντας πολλά, 39 καὶ εἰ-
σελθὼν λέγει αὐτοῖς· τί θορυβεῖσθε καὶ κλαίετε; τὸ παιδίον οὐκ ἀπέθα-
νεν, ἀλλὰ καθεύδει, καὶ κατεγέλων αὐτοῦ. 40 ὁ δὲ ἐκβαλὼν πάντας πα-
ραλαμβάνει τὸν πατέρα τοῦ παιδίου καὶ τὴν μητέρα καὶ τοὺς μετ' αὐ-
τοῦ, καὶ εἰσπορεύεται ὅπου ἦν τὸ παιδίον ἀνακείμενον, 41 καὶ κρατήσας
τῆς χειρὸς τοῦ παιδίου λέγει αὐτῇ· ταλιθά, κοῦμι· ὅ ἐστι μεθερμηνευό-
μενον, τὸ κοράσιον, σοὶ λέγω, ἔγειρε. 42 καὶ εὐθέως ἀνέστη τὸ κοράσιον
καὶ περιεπάτει· ἦν γὰρ ἐτῶν δώδεκα. καὶ ἐξέστησαν ἐκστάσει μεγάλῃ.
43 καὶ διεστείλατο αὐτοῖς πολλὰ ἵνα μηδεὶς γνῷ τοῦτο· καὶ εἶπε δοθῆναι
αὐτῇ φαγεῖν.

6

ΚΑΙ ἐξῆλθεν ἐκεῖθεν καὶ ἦλθεν εἰς τὴν πατρίδα ἑαυτοῦ· καὶ ἀκολου-
θοῦσιν αὐτῷ οἱ μαθηταὶ αὐτοῦ. 2 καὶ γενομένου σαββάτου ἤρξατο ἐν
τῇ συναγωγῇ διδάσκειν· καὶ πολλοὶ ἀκούοντες ἐξεπλήσσοντο λέγον-
τες· πόθεν τούτῳ ταῦτα; καὶ τίς ἡ σοφία ἡ δοθεῖσα αὐτῷ, καὶ δυνάμεις
τοιαῦται διὰ τῶν χειρῶν αὐτοῦ γίνονται; 3 οὐχ οὗτός ἐστιν ὁ τέκτων, ὁ
υἱὸς τῆς Μαρίας, ἀδελφὸς δὲ Ἰακώβου καὶ Ἰωσῆ καὶ Ἰούδα καὶ Σίμω-
νος; καὶ οὐκ εἰσὶν αἱ ἀδελφαὶ αὐτοῦ ὧδε πρὸς ἡμᾶς; καὶ ἐσκανδαλίζοντο
ἐν αὐτῷ. 4 ἔλεγε δὲ αὐτοῖς ὁ Ἰησοῦς ὅτι οὐκ ἔστι προφήτης ἄτιμος εἰ
μὴ ἐν τῇ πατρίδι αὐτοῦ καὶ ἐν τοῖς συγγενέσι καὶ ἐν τῇ οἰκίᾳ αὐτοῦ. 5
καὶ οὐκ ἠδύνατο ἐκεῖ οὐδεμίαν δύναμιν ποιῆσαι, εἰ μὴ ὀλίγοις ἀρρώστοις

ἐπιθεὶς τὰς χεῖρας ἐθεράπευσε. 6 καὶ ἐθαύμαζε διὰ τὴν ἀπιστίαν αὐτῶν.
Καὶ περιῆγε τὰς κώμας κύκλῳ διδάσκων.

7 Καὶ προσκαλεῖται τοὺς δώδεκα, καὶ ἤρξατο αὐτοὺς ἀποστέλλειν δύο
δύο, καὶ ἐδίδου αὐτοῖς ἐξουσίαν τῶν πνευμάτων τῶν ἀκαθάρτων, 8 καὶ
παρήγγειλεν αὐτοῖς ἵνα μηδὲν αἴρωσιν εἰς ὁδὸν εἰ μὴ ῥάβδον μόνον, μὴ
πήραν, μὴ ἄρτον, μὴ εἰς τὴν ζώνην χαλκόν, 9 ἀλλ' ὑποδεδεμένους σαν-
δάλια, καὶ μὴ ἐνδεδύσθαι δύο χιτῶνας. 10 καὶ ἔλεγεν αὐτοῖς· ὅπου ἐὰν
εἰσέλθητε εἰς οἰκίαν, ἐκεῖ μένετε ἕως ἂν ἐξέλθητε ἐκεῖθεν· 11 καὶ ὅσοι
ἐὰν μὴ δέξωνται ὑμᾶς μηδὲ ἀκούσωσιν ὑμῶν, ἐκπορευόμενοι ἐκεῖθεν ἐ-
κτινάξατε τὸν χοῦν τὸν ὑποκάτω τῶν ποδῶν ὑμῶν εἰς μαρτύριον αὐτοῖς·
ἀμὴν λέγω ὑμῖν, ἀνεκτότερον ἔσται Σοδόμοις ἢ Γομόρροις ἐν ἡμέρᾳ
κρίσεως ἢ τῇ πόλει ἐκείνῃ. 12 Καὶ ἐξελθόντες ἐκήρυσσον ἵνα μετανοή-
σωσι, 13 καὶ δαιμόνια πολλὰ ἐξέβαλλον, καὶ ἤλειφον ἐλαίῳ πολλοὺς
ἀρρώστους καὶ ἐθεράπευον.

14 Καὶ ἤκουσεν ὁ βασιλεὺς Ἡρῴδης· φανερὸν γὰρ ἐγένετο τὸ ὄνομα
αὐτοῦ· καὶ ἔλεγεν ὅτι Ἰωάννης ὁ βαπτίζων ἐκ νεκρῶν ἠγέρθη, καὶ διὰ
τοῦτο ἐνεργοῦσιν αἱ δυνάμεις ἐν αὐτῷ. 15 ἄλλοι ἔλεγον ὅτι Ἠλίας ἐ-
στίν· ἄλλοι δὲ ἔλεγον ὅτι προφήτης ἐστὶν ὡς εἷς τῶν προφητῶν. 16 ἀ-
κούσας δὲ ὁ Ἡρῴδης εἶπεν ὅτι ὃν ἐγὼ ἀπεκεφάλισα Ἰωάννην, οὗτός ἐ-
στιν· αὐτὸς ἠγέρθη ἐκ νεκρῶν. 17 αὐτὸς γὰρ ὁ Ἡρῴδης ἀποστείλας ἐ-
κράτησε τὸν Ἰωάννην καὶ ἔδησεν αὐτὸν ἐν φυλακῇ διὰ Ἡρῳδιάδα τὴν
γυναῖκα Φιλίππου τοῦ ἀδελφοῦ αὐτοῦ, ὅτι αὐτὴν ἐγάμησεν. 18 ἔλεγεν
γὰρ ὁ Ἰωάννης τῷ Ἡρῴδῃ ὅτι οὐκ ἔξεστί σοι ἔχειν τὴν γυναῖκα τοῦ ἀ-
δελφοῦ σου. 19 ἡ δὲ Ἡρῳδιὰς ἐνεῖχεν αὐτῷ καὶ ἤθελεν αὐτὸν ἀποκτεῖ-
ναι, καὶ οὐκ ἠδύνατο· 20 ὁ γὰρ Ἡρῴδης ἐφοβεῖτο τὸν Ἰωάννην, εἰδὼς
αὐτὸν ἄνδρα δίκαιον καὶ ἅγιον, καὶ συνετήρει αὐτόν, καὶ ἀκούσας αὐτοῦ
πολλὰ ἐποίει καὶ ἡδέως αὐτοῦ ἤκουε. 21 καὶ γενομένης ἡμέρας εὐκαί-
ρου, ὅτε Ἡρῴδης τοῖς γενεσίοις αὐτοῦ δεῖπνον ἐποίει τοῖς μεγιστᾶσιν
αὐτοῦ καὶ τοῖς χιλιάρχοις καὶ τοῖς πρώτοις τῆς Γαλιλαίας, 22 καὶ εἰ-
σελθούσης τῆς θυγατρὸς αὐτῆς τῆς Ἡρῳδιάδος καὶ ὀρχησαμένης καὶ
ἀρεσάσης τῷ Ἡρῴδῃ καὶ τοῖς συνανακειμένοις, εἶπεν ὁ βασιλεὺς τῷ κο-
ρασίῳ· αἴτησόν με ὃ ἐὰν θέλῃς, καὶ δώσω σοι. 23 καὶ ὤμοσεν αὐτῇ ὅτι ὃ
ἐάν με αἰτήσῃς δώσω σοι, ἕως ἡμίσους τῆς βασιλείας μου. 24 ἡ δὲ ἐ-
ξελθοῦσα εἶπε τῇ μητρὶ αὐτῆς· τί αἰτήσομαι; ἡ δὲ εἶπε· τὴν κεφαλὴν Ἰ-
ωάννου τοῦ βαπτιστοῦ. 25 καὶ εἰσελθοῦσα εὐθέως μετὰ σπουδῆς πρὸς
τὸν βασιλέα ᾐτήσατο λέγουσα· θέλω ἵνα μοι δῷς ἐξαυτῆς ἐπὶ πίνακι τὴν

κεφαλὴν Ἰωάννου τοῦ βαπτιστοῦ. 26 καὶ περίλυπος γενόμενος ὁ βασι-
λεύς, διὰ τοὺς ὅρκους καὶ τοὺς συνανακειμένους οὐκ ἠθέλησεν αὐτὴν ἀ-
θετῆσαι. 27 καὶ εὐθέως ἀποστείλας ὁ βασιλεὺς σπεκουλάτωρα ἐπέταξεν
ἐνεχθῆναι τὴν κεφαλὴν αὐτοῦ. 28 ὁ δὲ ἀπελθὼν ἀπεκεφάλισεν αὐτὸν ἐν
τῇ φυλακῇ, καὶ ἤνεγκε τὴν κεφαλὴν αὐτοῦ ἐπὶ πίνακι καὶ ἔδωκεν αὐτὴν
τῷ κορασίῳ, καὶ τὸ κοράσιον ἔδωκεν αὐτὴν τῇ μητρὶ αὐτῆς. 29 καὶ ἀ-
κούσαντες οἱ μαθηταὶ αὐτοῦ ἦλθον καὶ ἦραν τὸ πτῶμα αὐτοῦ, καὶ ἔθη-
καν αὐτὸ ἐν μνημείῳ.

30 Καὶ συνάγονται οἱ ἀπόστολοι πρὸς τὸν Ἰησοῦν, καὶ ἀπήγγειλαν αὐ-
τῷ πάντα, καὶ ὅσα ἐποίησαν καὶ ὅσα ἐδίδαξαν. 31 καὶ εἶπεν αὐτοῖς· δεῦ-
τε ὑμεῖς αὐτοὶ κατ' ἰδίαν εἰς ἔρημον τόπον, καὶ ἀναπαύεσθε ὀλίγον· ἦσαν
γὰρ οἱ ἐρχόμενοι καὶ οἱ ὑπάγοντες πολλοί, καὶ οὐδὲ φαγεῖν εὐκαίρουν.
32 καὶ ἀπῆλθον εἰς ἔρημον τόπον ἐν πλοίῳ κατ' ἰδίαν. 33 καὶ εἶδον αὐ-
τοὺς ὑπάγοντας, καὶ ἐπέγνωσαν αὐτοὺς πολλοί, καὶ πεζῇ ἀπὸ πασῶν
τῶν πόλεων συνέδραμον ἐκεῖ καὶ προῆλθον αὐτοὺς καὶ συνῆλθον πρὸς
αὐτόν. 34 Καὶ ἐξελθὼν ὁ Ἰησοῦς εἶδε πολὺν ὄχλον καὶ ἐσπλαγχνίσθη
ἐπ' αὐτοῖς, ὅτι ἦσαν ὡς πρόβατα μὴ ἔχοντα ποιμένα, καὶ ἤρξατο διδά-
σκειν αὐτοὺς πολλά.

35 Καὶ ἤδη ὥρας πολλῆς γενομένης προσελθόντες αὐτῷ οἱ μαθηταὶ αὐ-
τοῦ λέγουσιν ὅτι ἔρημός ἐστιν ὁ τόπος καὶ ἤδη ὥρα πολλή· 36 ἀπόλυσον
αὐτούς, ἵνα ἀπελθόντες εἰς τοὺς κύκλῳ ἀγροὺς καὶ κώμας ἀγοράσωσιν
ἑαυτοῖς ἄρτους· τί γὰρ φάγωσιν οὐκ ἔχουσιν. 37 ὁ δὲ ἀποκριθεὶς εἶπεν
αὐτοῖς· δότε αὐτοῖς ὑμεῖς φαγεῖν. καὶ λέγουσιν αὐτῷ· ἀπελθόντες ἀγο-
ράσωμεν δηναρίων διακοσίων ἄρτους καὶ δῶμεν αὐτοῖς φαγεῖν; 38 ὁ δὲ
λέγει αὐτοῖς· πόσους ἄρτους ἔχετε; ὑπάγετε καὶ ἴδετε. καὶ γνόντες λέ-
γουσι· πέντε, καὶ δύο ἰχθύας. 39 καὶ ἐπέταξεν αὐτοῖς ἀνακλῖναι πάντας
συμπόσια συμπόσια ἐπὶ τῷ χλωρῷ χόρτῳ. 40 καὶ ἀνέπεσον πρασιαὶ
πρασιαὶ ἀνὰ ἑκατὸν καὶ ἀνὰ πεντήκοντα. 41 καὶ λαβὼν τοὺς πέντε ἄρ-
τους καὶ τοὺς δύο ἰχθύας ἀναβλέψας εἰς τὸν οὐρανὸν εὐλόγησε, καὶ κα-
τέκλασε τοὺς ἄρτους καὶ ἐδίδου τοῖς μαθηταῖς ἵνα παραθῶσιν αὐτοῖς,
καὶ τοὺς δύο ἰχθύας ἐμέρισε πᾶσι. 42 καὶ ἔφαγον πάντες καὶ ἐχορτά-
σθησαν, 43 καὶ ἦραν κλασμάτων δώδεκα κοφίνους πλήρεις, καὶ ἀπὸ
τῶν ἰχθύων. 44 καὶ ἦσαν οἱ φαγόντες τοὺς ἄρτους πεντακισχίλιοι ἄν-
δρες.

45 Καὶ εὐθέως ἠνάγκασε τοὺς μαθητὰς αὐτοῦ ἐμβῆναι εἰς τὸ πλοῖον
καὶ προάγειν εἰς τὸ πέραν πρὸς Βηθσαϊδάν, ἕως αὐτὸς ἀπολύσῃ τὸν ὄ-

χλον· 46 καὶ ἀποταξάμενος αὐτοῖς ἀπῆλθεν εἰς τὸ ὄρος προσεύξασθαι.
47 καὶ ὀψίας γενομένης ἦν τὸ πλοῖον ἐν μέσῳ τῆς θαλάσσης, καὶ αὐτὸς
μόνος ἐπὶ τῆς γῆς. 48 καὶ ἰδὼν αὐτοὺς βασανιζομένους ἐν τῷ ἐλαύνειν·
ἦν γὰρ ὁ ἄνεμος ἐναντίος αὐτοῖς· καὶ περὶ τετάρτην φυλακὴν τῆς νυκτὸς
ἔρχεται πρὸς αὐτοὺς περιπατῶν ἐπὶ τῆς θαλάσσης, καὶ ἤθελε παρελθεῖν
αὐτούς. 49 οἱ δὲ ἰδόντες αὐτὸν περιπατοῦντα ἐπὶ τῆς θαλάσσης ἔδοξαν
φάντασμα εἶναι, καὶ ἀνέκραξαν· 50 πάντες γὰρ αὐτὸν εἶδον καὶ ἐταράχθησαν.
καὶ εὐθέως ἐλάλησε μετ' αὐτῶν καὶ λέγει αὐτοῖς· θαρσεῖτε, ἐγώ
εἰμι, μὴ φοβεῖσθε. 51 καὶ ἀνέβη εἰς τὸ πλοῖον πρὸς αὐτούς, καὶ ἐκόπασεν
ὁ ἄνεμος· καὶ λίαν ἐκ περισσοῦ ἐν ἑαυτοῖς ἐξίσταντο καὶ ἐθαύμαζον.
52 οὐ γὰρ συνῆκαν ἐπὶ τοῖς ἄρτοις, ἀλλ' ἦν αὐτῶν ἡ καρδία πεπωρωμένη.

53 Καὶ διαπεράσαντες ἀπῆλθον ἐπὶ τὴν γῆν Γεννησαρὲτ καὶ προσωρμίσθησαν.
54 καὶ ἐξελθόντων αὐτῶν ἐκ τοῦ πλοίου εὐθέως ἐπιγνόντες αὐτὸν
55 περιέδραμον ὅλην τὴν περίχωρον ἐκείνην καὶ ἤρξαντο ἐπὶ τοῖς
κραβάττοις τοὺς κακῶς ἔχοντας περιφέρειν ὅπου ἤκουον ὅτι ἐκεῖ ἐστι·
56 καὶ ὅπου ἂν εἰσεπορεύετο εἰς κώμας ἢ πόλεις ἢ ἀγρούς, ἐν ταῖς ἀγοραῖς
ἐτίθεσαν τοὺς ἀσθενοῦντας καὶ παρεκάλουν αὐτὸν ἵνα κἂν τοῦ κρασπέδου
τοῦ ἱματίου αὐτοῦ ἅψωνται· καὶ ὅσοι ἂν ἥπτοντο αὐτοῦ, ἐσῴζοντο.

7

ΚΑΙ συνάγονται πρὸς αὐτὸν οἱ Φαρισαῖοι καί τινες τῶν γραμματέων
ἐλθόντες ἀπὸ Ἱεροσολύμων· 2 καὶ ἰδόντες τινὰς τῶν μαθητῶν αὐτοῦ
κοιναῖς χερσί, τοῦτ' ἔστιν ἀνίπτοις, ἐσθίοντας ἄρτους, ἐμέμψαντο· 3
οἱ γὰρ Φαρισαῖοι καὶ πάντες οἱ Ἰουδαῖοι, ἐὰν μὴ πυγμῇ νίψωνται τὰς
χεῖρας, οὐκ ἐσθίουσι, κρατοῦντες τὴν παράδοσιν τῶν πρεσβυτέρων· 4
καὶ ἀπὸ ἀγορᾶς, ἐὰν μὴ βαπτίσωνται, οὐκ ἐσθίουσι· καὶ ἄλλα πολλά ἐστιν
ἃ παρέλαβον κρατεῖν, βαπτισμοὺς ποτηρίων καὶ ξεστῶν καὶ χαλκίων
καὶ κλινῶν· 5 ἔπειτα ἐπερωτῶσιν αὐτὸν οἱ Φαρισαῖοι καὶ οἱ γραμματεῖς·
διατί οὐ περιπατοῦσιν οἱ μαθηταί σου κατὰ τὴν παράδοσιν τῶν
πρεσβυτέρων, ἀλλ' ἀνίπτοις χερσὶν ἐσθίουσι τὸν ἄρτον; 6 ὁ δὲ ἀποκριθεὶς
εἶπεν αὐτοῖς ὅτι καλῶς προεφήτευσεν Ἡσαΐας περὶ ὑμῶν τῶν ὑποκρι-

τῶν, ὡς γέγραπται· οὗτος ὁ λαὸς τοῖς χείλεσί με τιμᾷ, ἡ δὲ καρδία αὐ-
τῶν πόρρω ἀπέχει ἀπ' ἐμοῦ· 7 μάτην δὲ σέβονταί με, διδάσκοντες διδα-
σκαλίας ἐντάλματα ἀνθρώπων. 8 ἀφέντες γὰρ τὴν ἐντολὴν τοῦ Θεοῦ
κρατεῖτε τὴν παράδοσιν τῶν ἀνθρώπων, βαπτισμοὺς ξεστῶν καὶ ποτη-
ρίων, καὶ ἄλλα παρόμοια τοιαῦτα πολλὰ ποιεῖτε. 9 καὶ ἔλεγεν αὐτοῖς·
καλῶς ἀθετεῖτε τὴν ἐντολὴν τοῦ Θεοῦ ἵνα τὴν παράδοσιν ὑμῶν τηρήση-
τε. 10 Μωϋσῆς γὰρ εἶπε· τίμα τὸν πατέρα σου καὶ τὴν μητέρα σου· καί·
ὁ κακολογῶν πατέρα ἢ μητέρα θανάτῳ τελευτάτω· 11 ὑμεῖς δὲ λέγετε·
ἐὰν εἴπῃ ἄνθρωπος τῷ πατρὶ ἢ τῇ μητρί, κορβᾶν, ὅ ἐστι δῶρον, ὃ ἐὰν ἐξ
ἐμοῦ ὠφεληθῇς, 12 καὶ οὐκέτι ἀφίετε αὐτὸν οὐδὲν ποιῆσαι τῷ πατρὶ αὐ-
τοῦ ἢ τῇ μητρὶ αὐτοῦ, 13 ἀκυροῦντες τὸν λόγον τοῦ Θεοῦ τῇ παραδόσει
ὑμῶν ᾗ παρεδώκατε. καὶ παρόμοια τοιαῦτα πολλὰ ποιεῖτε. 14 καὶ προ-
σκαλεσάμενος πάντα τὸν ὄχλον ἔλεγεν αὐτοῖς· ἀκούετέ μου πάντες καὶ
συνίετε. 15 οὐδέν ἐστιν ἔξωθεν τοῦ ἀνθρώπου εἰσπορευόμενον εἰς αὐτὸν
ὃ δύναται αὐτὸν κοινῶσαι, ἀλλὰ τὰ ἐκπορευόμενά ἐστι τὰ κοινοῦντα τὸν
ἄνθρωπον. [16 εἴ τις ἔχει ὦτα ἀκούειν, ἀκουέτω.] 17 Καὶ ὅτε εἰσῆλθεν
εἰς οἶκον ἀπὸ τοῦ ὄχλου, ἐπηρώτων αὐτὸν οἱ μαθηταὶ αὐτοῦ περὶ τῆς
παραβολῆς. 18 καὶ λέγει αὐτοῖς· οὕτω καὶ ὑμεῖς ἀσύνετοί ἐστε; οὔπω
νοεῖτε ὅτι πᾶν τὸ ἔξωθεν εἰσπορευόμενον εἰς τὸν ἄνθρωπον οὐ δύναται
αὐτὸν κοινῶσαι; 19 ὅτι οὐκ εἰσπορεύεται αὐτοῦ εἰς τὴν καρδίαν, ἀλλὰ
εἰς τὴν κοιλίαν, καὶ εἰς τὸν ἀφεδρῶνα ἐκπορεύεται, καθαρίζον πάντα τὰ
βρώματα. 20 ἔλεγε δὲ ὅτι τὸ ἐκ τοῦ ἀνθρώπου ἐκπορευόμενον, ἐκεῖνο
κοινοῖ τὸν ἄνθρωπον. 21 ἔσωθεν γὰρ ἐκ τῆς καρδίας τῶν ἀνθρώπων οἱ
διαλογισμοὶ οἱ κακοὶ ἐκπορεύονται, μοιχεῖαι, πορνεῖαι, φόνοι, 22 κλοπαί,
πλεονεξίαι, πονηρίαι, δόλος, ἀσέλγεια, ὀφθαλμὸς πονηρός, βλασφημία,
ὑπερηφανία, ἀφροσύνη· 23 πάντα ταῦτα τὰ πονηρὰ ἔσωθεν ἐκπορεύεται
καὶ κοινοῖ τὸν ἄνθρωπον.

24 Καὶ ἐκεῖθεν ἀναστὰς ἀπῆλθεν εἰς τὰ μεθόρια Τύρου καὶ Σιδῶνος. καὶ
εἰσελθὼν εἰς οἰκίαν οὐδένα ἤθελε γνῶναι, καὶ οὐκ ἠδυνήθη λαθεῖν. 25
ἀκούσασα γὰρ γυνὴ περὶ αὐτοῦ, ἧς εἶχε τὸ θυγάτριον αὐτῆς πνεῦμα ἀ-
κάθαρτον, ἐλθοῦσα προσέπεσε πρὸς τοὺς πόδας αὐτοῦ· 26 ἡ δὲ γυνὴ ἦν
Ἑλληνίς, Συροφοινίκισσα τῷ γένει· καὶ ἠρώτα αὐτὸν ἵνα τὸ δαιμόνιον
ἐκβάλῃ ἐκ τῆς θυγατρὸς αὐτῆς. 27 ὁ δὲ Ἰησοῦς εἶπεν αὐτῇ· ἄφες πρῶ-
τον χορτασθῆναι τὰ τέκνα· οὐ γάρ ἐστι καλὸν λαβεῖν τὸν ἄρτον τῶν τέ-
κνων καὶ τοῖς κυναρίοις βαλεῖν. 28 ἡ δὲ ἀπεκρίθη καὶ λέγει αὐτῷ· ναί,
Κύριε· καὶ τὰ κυνάρια ὑποκάτω τῆς τραπέζης ἐσθίουσιν ἀπὸ τῶν ψιχίων

τῶν παιδίων. 29 καὶ εἶπεν αὐτῇ· διὰ τοῦτον τὸν λόγον ὕπαγε· ἐξελήλυθε
τὸ δαιμόνιον ἐκ τῆς θυγατρός σου. 30 καὶ ἀπελθοῦσα εἰς τὸν οἶκον αὐ-
τῆς εὗρε τὸ παιδίον βεβλημένον ἐπὶ τὴν κλίνην καὶ τὸ δαιμόνιον ἐξελη-
λυθός.

31 Καὶ πάλιν ἐξελθὼν ἐκ τῶν ὁρίων Τύρου καὶ Σιδῶνος ἦλθε πρὸς τὴν
θάλασσαν τῆς Γαλιλαίας ἀνὰ μέσον τῶν ὁρίων Δεκαπόλεως. 32 καὶ φέ-
ρουσιν αὐτῷ κωφὸν μογιλάλον καὶ παρακαλοῦσιν αὐτὸν ἵνα ἐπιθῇ αὐτῷ
τὴν χεῖρα. 33 καὶ ἀπολαβόμενος αὐτὸν ἀπὸ τοῦ ὄχλου κατ' ἰδίαν ἔβαλε
τοὺς δακτύλους αὐτοῦ εἰς τὰ ὦτα αὐτοῦ, καὶ πτύσας ἥψατο τῆς γλώσ-
σης αὐτοῦ, 34 καὶ ἀναβλέψας εἰς τὸν οὐρανὸν ἐστέναξε καὶ λέγει αὐτῷ·
ἐφφαθά, ὅ ἐστι διανοίχθητι. 35 καὶ εὐθέως διηνοίχθησαν αὐτοῦ αἱ ἀκοαὶ
καὶ ἐλύθη ὁ δεσμὸς τῆς γλώσσης αὐτοῦ, καὶ ἐλάλει ὀρθῶς. 36 καὶ διε-
στείλατο αὐτοῖς ἵνα μηδενὶ εἴπωσιν· ὅσον δὲ αὐτὸς αὐτοῖς διεστέλλετο,
μᾶλλον περισσότερον ἐκήρυσσον. 37 καὶ ὑπερπερισσῶς ἐξεπλήσσοντο
λέγοντες· καλῶς πάντα πεποίηκε· καὶ τοὺς κωφοὺς ποιεῖ ἀκούειν καὶ
τοὺς ἀλάλους λαλεῖν.

8

ΕΝ ἐκείναις ταῖς ἡμέραις πάλιν πολλοῦ ὄχλου ὄντος καὶ μὴ ἐχόντων
τί φάγωσι, προσκαλεσάμενος ὁ Ἰησοῦς τοὺς μαθητὰς αὐτοῦ λέγει
αὐτοῖς· 2 σπλαγχνίζομαι ἐπὶ τὸν ὄχλον, ὅτι ἤδη ἡμέραι τρεῖς προ-
σμένουσί μοι καὶ οὐκ ἔχουσι τί φάγωσι· 3 καὶ ἐὰν ἀπολύσω αὐτοὺς νή-
στεις εἰς οἶκον αὐτῶν, ἐκλυθήσονται ἐν τῇ ὁδῷ· τινὲς γὰρ αὐτῶν ἀπὸ
μακρόθεν ἥκασι. 4 καὶ ἀπεκρίθησαν αὐτῷ οἱ μαθηταὶ αὐτοῦ· πόθεν τού-
τους δυνήσεταί τις ὧδε χορτάσαι ἄρτων ἐπ' ἐρημίας; 5 καὶ ἐπηρώτα αὐ-
τούς· πόσους ἔχετε ἄρτους; οἱ δὲ εἶπον· ἑπτά. 6 καὶ παρήγγειλε τῷ ὄχλῳ
ἀναπεσεῖν ἐπὶ τῆς γῆς· καὶ λαβὼν τοὺς ἑπτὰ ἄρτους εὐχαριστήσας ἔ-
κλασε καὶ ἐδίδου τοῖς μαθηταῖς αὐτοῦ ἵνα παρατιθῶσι· καὶ παρέθηκαν
τῷ ὄχλῳ. 7 καὶ εἶχον ἰχθύδια ὀλίγα· καὶ αὐτὰ εὐλογήσας εἶπε παρατιθέ-
ναι καὶ αὐτά. 8 ἔφαγον δὲ καὶ ἐχορτάσθησαν, καὶ ἦραν περισσεύματα
κλασμάτων ἑπτὰ σπυρίδας. 9 ἦσαν δὲ ὡς τετρακισχίλιοι· καὶ ἀπέλυσεν
αὐτούς. 10 Καὶ ἐμβὰς εὐθὺς εἰς τὸ πλοῖον μετὰ τῶν μαθητῶν αὐτοῦ
ἦλθεν εἰς τὰ μέρη Δαλμανουθά.

11 Καὶ ἐξῆλθον οἱ Φαρισαῖοι καὶ ἤρξαντο συζητεῖν αὐτῷ, ζητοῦντες
παρ' αὐτοῦ σημεῖον ἀπὸ τοῦ οὐρανοῦ, πειράζοντες αὐτόν. 12 καὶ ἀνα-
στενάξας τῷ πνεύματι αὐτοῦ λέγει· τί ἡ γενεὰ αὕτη σημεῖον ἐπιζητεῖ;
ἀμὴν λέγω ὑμῖν, εἰ δοθήσεται τῇ γενεᾷ ταύτῃ σημεῖον. 13 καὶ ἀφεὶς
αὐτοὺς εἰς τὸ πλοῖον ἀπῆλθε πάλιν. 14 Καὶ ἐπελάθοντο λαβεῖν ἄρτους,
καὶ εἰ μὴ ἕνα ἄρτον οὐκ εἶχον μεθ' ἑαυτῶν ἐν τῷ πλοίῳ. 15 καὶ διεστέλ-
λετο αὐτοῖς λέγων· ὁρᾶτε, βλέπετε ἀπὸ τῆς ζύμης τῶν Φαρισαίων καὶ
τῆς ζύμης Ἡρῴδου. 16 καὶ διελογίζοντο πρὸς ἀλλήλους λέγοντες ὅτι
ἄρτους οὐκ ἔχομεν. 17 καὶ γνοὺς ὁ Ἰησοῦς λέγει αὐτοῖς· τί διαλογίζεσθε
ὅτι ἄρτους οὐκ ἔχετε; οὔπω νοεῖτε οὐδὲ συνίετε; ἔτι πεπωρωμένην ἔχετε
τὴν καρδίαν ὑμῶν; 18 ὀφθαλμοὺς ἔχοντες οὐ βλέπετε, καὶ ὦτα ἔχοντες
οὐκ ἀκούετε; καὶ οὐ μνημονεύετε; 19 ὅτε τοὺς πέντε ἄρτους ἔκλασα εἰς
τοὺς πεντακισχιλίους, καὶ πόσους κοφίνους κλασμάτων πλήρεις ἤρατε;
λέγουσιν αὐτῷ· δώδεκα. 20 ὅτε δὲ τοὺς ἑπτὰ εἰς τοὺς τετρακισχιλίους,
πόσων σπυρίδων πληρώματα κλασμάτων ἤρατε; οἱ δὲ εἶπον· ἑπτά. 21
καὶ ἔλεγεν αὐτοῖς· οὔπω συνίετε;

22 Καὶ ἔρχεται εἰς Βηθσαϊδά. καὶ φέρουσιν αὐτῷ τυφλὸν καὶ παρακα-
λοῦσιν αὐτὸν ἵνα αὐτοῦ ἅψηται. 23 καὶ ἐπιλαβόμενος τῆς χειρὸς τοῦ τυ-
φλοῦ ἐξήγαγεν αὐτὸν ἔξω τῆς κώμης, καὶ πτύσας εἰς τὰ ὄμματα αὐτοῦ,
ἐπιθεὶς τὰς χεῖρας αὐτῷ ἐπηρώτα αὐτὸν εἴ τι βλέπει. 24 καὶ ἀναβλέψας
ἔλεγε· βλέπω τοὺς ἀνθρώπους ὡς δένδρα περιπατοῦντας. 25 εἶτα πάλιν
ἐπέθηκε τὰς χεῖρας ἐπὶ τοὺς ὀφθαλμοὺς αὐτοῦ καὶ ἐποίησεν αὐτὸν ἀνα-
βλέψαι, καὶ ἀποκατεστάθη, καὶ ἐνέβλεψε τηλαυγῶς ἅπαντας. 26 καὶ ἀ-
πέστειλεν αὐτὸν εἰς τὸν οἶκον αὐτοῦ λέγων· μηδὲ εἰς τὴν κώμην εἰσέλ-
θῃς μηδὲ εἴπῃς τινὶ ἐν τῇ κώμῃ.

27 Καὶ ἐξῆλθεν ὁ Ἰησοῦς καὶ οἱ μαθηταὶ αὐτοῦ εἰς τὰς κώμας Καισα-
ρείας τῆς Φιλίππου· καὶ ἐν τῇ ὁδῷ ἐπηρώτα τοὺς μαθητὰς αὐτοῦ λέγων
αὐτοῖς· τίνα με λέγουσιν οἱ ἄνθρωποι εἶναι; 28 οἱ δὲ ἀπεκρίθησαν· Ἰω-
άννην τὸν βαπτιστήν, καὶ ἄλλοι Ἠλίαν, ἄλλοι δὲ ἕνα τῶν προφητῶν.
29 καὶ αὐτὸς λέγει αὐτοῖς· ὑμεῖς δὲ τίνα με λέγετε εἶναι; ἀποκριθεὶς δὲ ὁ
Πέτρος λέγει αὐτῷ· σὺ εἶ ὁ Χριστός. 30 Καὶ ἐπετίμησεν αὐτοῖς ἵνα μη-
δενὶ λέγωσι περὶ αὐτοῦ. 31 Καὶ ἤρξατο διδάσκειν αὐτοὺς ὅτι δεῖ τὸν υἱὸν
τοῦ ἀνθρώπου πολλὰ παθεῖν, καὶ ἀποδοκιμασθῆναι ἀπὸ τῶν πρεσβυτέ-
ρων καὶ τῶν ἀρχιερέων καὶ τῶν γραμματέων, καὶ ἀποκτανθῆναι, καὶ
μετὰ τρεῖς ἡμέρας ἀναστῆναι· 32 καὶ παρρησίᾳ τὸν λόγον ἐλάλει. καὶ
προσλαβόμενος αὐτὸν ὁ Πέτρος ἤρξατο ἐπιτιμᾶν αὐτῷ. 33 ὁ δὲ ἐπι-

στραφεὶς καὶ ἰδὼν τοὺς μαθητὰς αὐτοῦ ἐπετίμησε τῷ Πέτρῳ λέγων· ὕ-
παγε ὀπίσω μου, σατανᾶ· ὅτι οὐ φρονεῖς τὰ τοῦ Θεοῦ, ἀλλὰ τὰ τῶν ἀν-
θρώπων.

34 Καὶ προσκαλεσάμενος τὸν ὄχλον σὺν τοῖς μαθηταῖς αὐτοῦ εἶπεν αὐ-
τοῖς· ὅστις θέλει ὀπίσω μου ἀκολουθεῖν, ἀπαρνησάσθω ἑαυτὸν καὶ ἀράτω
τὸν σταυρὸν αὐτοῦ, καὶ ἀκολουθείτω μοι. 35 ὃς γὰρ ἂν θέλῃ τὴν ψυχὴν
αὐτοῦ σῶσαι, ἀπολέσει αὐτήν· ὃς δ' ἂν ἀπολέσῃ τὴν ἑαυτοῦ ψυχὴν ἕνε-
κεν ἐμοῦ καὶ τοῦ εὐαγγελίου, οὗτος σώσει αὐτήν. 36 τί γὰρ ὠφελήσει
ἄνθρωπον ἐὰν κερδήσῃ τὸν κόσμον ὅλον, καὶ ζημιωθῇ τὴν ψυχὴν αὐτοῦ;
37 ἢ τί δώσει ἄνθρωπος ἀντάλλαγμα τῆς ψυχῆς αὐτοῦ; 38 ὃς γὰρ ἐὰν
ἐπαισχυνθῇ με καὶ τοὺς ἐμοὺς λόγους ἐν τῇ γενεᾷ ταύτῃ τῇ μοιχαλίδι
καὶ ἁμαρτωλῷ, καὶ ὁ υἱὸς τοῦ ἀνθρώπου ἐπαισχυνθήσεται αὐτὸν ὅταν
ἔλθῃ ἐν τῇ δόξῃ τοῦ πατρὸς αὐτοῦ μετὰ τῶν ἀγγέλων τῶν ἁγίων.

9

ΚΑΙ ἔλεγεν αὐτοῖς· ἀμὴν λέγω ὑμῖν ὅτι εἰσί τινες τῶν ὧδε ἑστηκό-
των, οἵτινες οὐ μὴ γεύσωνται θανάτου ἕως ἂν ἴδωσι τὴν βασιλείαν
τοῦ Θεοῦ ἐληλυθυῖαν ἐν δυνάμει. 2 Καὶ μεθ' ἡμέρας ἓξ παραλαμ-
βάνει ὁ Ἰησοῦς τὸν Πέτρον καὶ τὸν Ἰάκωβον καὶ τὸν Ἰωάννην καὶ ἀνα-
φέρει αὐτοὺς εἰς ὄρος ὑψηλὸν κατ' ἰδίαν μόνους· καὶ μετεμορφώθη ἔμ-
προσθεν αὐτῶν, 3 καὶ τὰ ἱμάτια αὐτοῦ ἐγένετο στίλβοντα, λευκὰ λίαν
ὡς χιών, οἷα γναφεὺς ἐπὶ τῆς γῆς οὐ δύναται οὕτω λευκᾶναι. 4 καὶ ὤ-
φθη αὐτοῖς Ἠλίας σὺν Μωϋσεῖ, καὶ ἦσαν συλλαλοῦντες τῷ Ἰησοῦ. καὶ
ἀποκριθεὶς ὁ Πέτρος λέγει τῷ Ἰησοῦ· 5 ραββί, καλόν ἐστιν ἡμᾶς ὧδε εἶ-
ναι· καὶ ποιήσωμεν σκηνὰς τρεῖς, σοὶ μίαν καὶ Μωϋσεῖ μίαν καὶ Ἠλίᾳ
μίαν. 6 οὐ γὰρ ᾔδει τί λαλήσῃ· ἦσαν γὰρ ἔκφοβοι. 7 καὶ ἐγένετο νεφέλη
ἐπισκιάζουσα αὐτοῖς, καὶ ἦλθε φωνὴ ἐκ τῆς νεφέλης λέγουσα· οὗτός ἐ-
στιν ὁ υἱός μου ὁ ἀγαπητός· αὐτοῦ ἀκούετε. 8 καὶ ἐξάπινα περιβλεψά-
μενοι οὐκέτι οὐδένα εἶδον, ἀλλὰ τὸν Ἰησοῦν μόνον μεθ' ἑαυτῶν. 9 κατα-
βαινόντων δὲ αὐτῶν ἀπὸ τοῦ ὄρους διεστείλατο αὐτοῖς ἵνα μηδενὶ διηγή-
σωνται ἃ εἶδον, εἰ μὴ ὅταν ὁ υἱὸς τοῦ ἀνθρώπου ἐκ νεκρῶν ἀναστῇ. 10
καὶ τὸν λόγον ἐκράτησαν, πρὸς ἑαυτοὺς συζητοῦντες τί ἐστι τὸ ἐκ νε-
κρῶν ἀναστῆναι. 11 καὶ ἐπηρώτων αὐτὸν λέγοντες, ὅτι λέγουσιν οἱ

γραμματεῖς ὅτι Ἠλίαν δεῖ ἐλθεῖν πρῶτον. 12 ὁ δὲ ἀποκριθεὶς εἶπεν αὐ-
τοῖς· Ἠλίας μὲν ἐλθὼν πρῶτον ἀποκαθιστᾷ πάντα· καὶ πῶς γέγραπται
ἐπὶ τὸν υἱὸν τοῦ ἀνθρώπου ἵνα πολλὰ πάθῃ καὶ ἐξουδενωθῇ; 13 ἀλλὰ
λέγω ὑμῖν ὅτι καὶ Ἠλίας ἐλήλυθε, καὶ ἐποίησαν αὐτῷ ὅσα ἠθέλησαν,
καθὼς γέγραπται ἐπ' αὐτόν.

14 Καὶ ἐλθὼν πρὸς τοὺς μαθητὰς εἶδεν ὄχλον πολὺν περὶ αὐτούς, καὶ
γραμματεῖς συζητοῦντας αὐτοῖς. 15 καὶ εὐθέως πᾶς ὁ ὄχλος ἰδόντες αὐ-
τὸν ἐξεθαμβήθησαν, καὶ προστρέχοντες ἠσπάζοντο αὐτόν. 16 καὶ ἐπη-
ρώτησε τοὺς γραμματεῖς· τί συζητεῖτε πρὸς ἑαυτούς; 17 καὶ ἀποκριθεὶς
εἷς ἐκ τοῦ ὄχλου εἶπε· διδάσκαλε, ἤνεγκα τὸν υἱόν μου πρός σε, ἔχοντα
πνεῦμα ἄλαλον. 18 καὶ ὅπου ἂν αὐτὸν καταλάβῃ, ῥήσσει αὐτόν, καὶ ἀ-
φρίζει καὶ τρίζει τοὺς ὀδόντας αὐτοῦ, καὶ ξηραίνεται· καὶ εἶπον τοῖς μα-
θηταῖς σου ἵνα αὐτὸ ἐκβάλωσι, καὶ οὐκ ἴσχυσαν. 19 ὁ δὲ ἀποκριθεὶς αὐ-
τῷ λέγει· ὦ γενεὰ ἄπιστος, ἕως πότε πρὸς ὑμᾶς ἔσομαι; ἕως πότε ἀνέ-
ξομαι ὑμῶν; φέρετε αὐτὸν πρός με. καὶ ἤνεγκαν αὐτὸν πρὸς αὐτόν. 20
καὶ ἰδὼν αὐτὸν εὐθέως τὸ πνεῦμα ἐσπάραξεν αὐτόν, καὶ πεσὼν ἐπὶ τῆς
γῆς ἐκυλίετο ἀφρίζων. 21 καὶ ἐπηρώτησε τὸν πατέρα αὐτοῦ· πόσος χρό-
νος ἐστὶν ὡς τοῦτο γέγονεν αὐτῷ; ὁ δὲ εἶπε· παιδιόθεν. 22 καὶ πολλάκις
αὐτὸν καὶ εἰς πῦρ ἔβαλε καὶ εἰς ὕδατα, ἵνα ἀπολέσῃ αὐτόν· ἀλλ' εἴ τι δύ-
νασαι, βοήθησον ἡμῖν σπλαγχνισθεὶς ἐφ' ἡμᾶς. 23 ὁ δὲ Ἰησοῦς εἶπεν
αὐτῷ τὸ εἰ δύνασαι πιστεῦσαι, πάντα δυνατὰ τῷ πιστεύοντι. 24 καὶ εὐ-
θέως κράξας ὁ πατὴρ τοῦ παιδίου μετὰ δακρύων ἔλεγε· πιστεύω, κύριε·
βοήθει μου τῇ ἀπιστίᾳ. 25 ἰδὼν δὲ ὁ Ἰησοῦς ὅτι ἐπισυντρέχει ὄχλος, ἐ-
πετίμησε τῷ πνεύματι τῷ ἀκαθάρτῳ λέγων αὐτῷ· τὸ πνεῦμα τὸ ἄλαλον
καὶ κωφόν, ἐγώ σοι ἐπιτάσσω, ἔξελθε ἐξ αὐτοῦ καὶ μηκέτι εἰσέλθῃς εἰς
αὐτόν. 26 καὶ κράξαν καὶ πολλὰ σπαράξαν αὐτὸν ἐξῆλθε, καὶ ἐγένετο
ὡσεὶ νεκρός, ὥστε πολλοὺς λέγειν ὅτι ἀπέθανεν. 27 ὁ δὲ Ἰησοῦς κρατή-
σας αὐτὸν τῆς χειρὸς ἤγειρεν αὐτόν, καὶ ἀνέστη. 28 Καὶ εἰσελθόντα αὐ-
τὸν εἰς οἶκον οἱ μαθηταὶ αὐτοῦ ἐπηρώτων αὐτὸν κατ' ἰδίαν, ὅτι ἡμεῖς
οὐκ ἠδυνήθημεν ἐκβαλεῖν αὐτό. 29 καὶ εἶπεν αὐτοῖς· τοῦτο τὸ γένος ἐν
οὐδενὶ δύναται ἐξελθεῖν εἰ μὴ ἐν προσευχῇ καὶ νηστείᾳ.

30 Καὶ ἐκεῖθεν ἐξελθόντες παρεπορεύοντο διὰ τῆς Γαλιλαίας, καὶ οὐκ
ἤθελεν ἵνα τις γνῷ· 31 ἐδίδασκε γὰρ τοὺς μαθητὰς αὐτοῦ καὶ ἔλεγεν
αὐτοῖς ὅτι ὁ υἱὸς τοῦ ἀνθρώπου παραδίδοται εἰς χεῖρας ἀνθρώπων, καὶ ἀ-
ποκτενοῦσιν αὐτόν, καὶ ἀποκτανθεὶς τῇ τρίτῃ ἡμέρᾳ ἀναστήσεται. 32 οἱ
δὲ ἠγνόουν τὸ ῥῆμα, καὶ ἐφοβοῦντο αὐτὸν ἐπερωτῆσαι.

33 Καὶ ἦλθεν εἰς Καπερναούμ· καὶ ἐν τῇ οἰκίᾳ γενόμενος ἐπηρώτα αὐ-
τούς· τί ἐν τῇ ὁδῷ πρὸς ἑαυτοὺς διελογίζεσθε; 34 οἱ δὲ ἐσιώπων· πρὸς
ἀλλήλους γὰρ διελέχθησαν ἐν τῇ ὁδῷ τίς μείζων. 35 καὶ καθίσας ἐφώ-
νησε τοὺς δώδεκα καὶ λέγει αὐτοῖς· εἴ τις θέλει πρῶτος εἶναι, ἔσται πάν-
των ἔσχατος καὶ πάντων διάκονος. 36 καὶ λαβὼν παιδίον ἔστησεν αὐτὸ
ἐν μέσῳ αὐτῶν, καὶ ἐναγκαλισάμενος αὐτὸ εἶπεν αὐτοῖς· 37 ὃς ἐὰν ἓν
τῶν τοιούτων παιδίων δέξηται ἐπὶ τῷ ὀνόματί μου, ἐμὲ δέχεται· καὶ ὃς
ἐὰν ἐμὲ δέξηται, οὐκ ἐμὲ δέχεται, ἀλλὰ τὸν ἀποστείλαντά με.

38 Ἀπεκρίθη αὐτῷ ὁ Ἰωάννης λέγων· διδάσκαλε, εἴδομέν τινα ἐν τῷ ὀ-
νόματί σου ἐκβάλλοντα δαιμόνια, ὃς οὐκ ἀκολουθεῖ ἡμῖν, καὶ ἐκωλύσα-
μεν αὐτόν, ὅτι οὐκ ἀκολουθεῖ ἡμῖν. 39 ὁ δὲ Ἰησοῦς εἶπε· μὴ κωλύετε
αὐτόν· οὐδεὶς γάρ ἐστιν ὃς ποιήσει δύναμιν ἐπὶ τῷ ὀνόματί μου καὶ δυ-
νήσεται ταχὺ κακολογῆσαί με. 40 ὃς γὰρ οὐκ ἔστι καθ' ὑμῶν, ὑπὲρ ὑ-
μῶν ἐστιν. 41 ὃς γὰρ ἂν ποτίσῃ ὑμᾶς ποτήριον ὕδατος ἐν τῷ ὀνόματί
μου, ὅτι Χριστοῦ ἐστε, ἀμὴν λέγω ὑμῖν, οὐ μὴ ἀπολέσῃ τὸν μισθὸν αὐ-
τοῦ. 42 καὶ ὃς ἂν σκανδαλίσῃ ἕνα τῶν μικρῶν τούτων τῶν πιστευόντων
εἰς ἐμέ, καλόν ἐστιν αὐτῷ μᾶλλον εἰ περίκειται λίθος μυλικὸς περὶ τὸν
τράχηλον αὐτοῦ καὶ βέβληται εἰς τὴν θάλασσαν. 43 καὶ ἐὰν σκανδαλίζῃ
σε ἡ χείρ σου, ἀπόκοψον αὐτήν· καλὸν σοί ἐστι κυλλὸν εἰς τὴν ζωὴν εἰ-
σελθεῖν, ἢ τὰς δύο χεῖρας ἔχοντα ἀπελθεῖν εἰς τὴν γέενναν, εἰς τὸ πῦρ τὸ
ἄσβεστον, 44 ὅπου ὁ σκώληξ αὐτῶν οὐ τελευτᾷ καὶ τὸ πῦρ οὐ σβέννυ-
ται. 45 καὶ ἐὰν ὁ πούς σου σκανδαλίζῃ σε, ἀπόκοψον αὐτόν· καλὸν σοί ἐ-
στιν εἰσελθεῖν εἰς τὴν ζωὴν χωλόν, ἢ τοὺς δύο πόδας ἔχοντα βληθῆναι
εἰς τὴν γέενναν, εἰς τὸ πῦρ τὸ ἄσβεστον, 46 ὅπου ὁ σκώληξ αὐτῶν οὐ
τελευτᾷ καὶ τὸ πῦρ οὐ σβέννυται. 47 καὶ ἐὰν ὁ ὀφθαλμός σου σκανδαλί-
ζῃ σε, ἔκβαλε αὐτόν· καλὸν σοί ἐστι μονόφθαλμον εἰσελθεῖν εἰς τὴν βα-
σιλείαν τοῦ Θεοῦ, ἢ τοὺς δύο ὀφθαλμοὺς ἔχοντα ἀπελθεῖν εἰς τὴν γέεν-
ναν τοῦ πυρός, 48 ὅπου ὁ σκώληξ αὐτῶν οὐ τελευτᾷ καὶ τὸ πῦρ οὐ σβέν-
νυται. 49 πᾶς γὰρ πυρὶ ἁλισθήσεται, καὶ πᾶσα θυσία ἁλὶ ἁλισθήσεται.
50 καλὸν τὸ ἅλας· ἐὰν δὲ τὸ ἅλας ἄναλον γένηται, ἐν τίνι αὐτὸ ἀρτύσε-
τε; ἔχετε ἐν ἑαυτοῖς ἅλας καὶ εἰρηνεύετε ἐν ἀλλήλοις.

10

ΚΑΙ ἐκεῖθεν ἀναστὰς ἔρχεται εἰς τὰ ὅρια τῆς Ἰουδαίας διὰ τοῦ πέραν
τοῦ Ἰορδάνου, καὶ συμπορεύονται πάλιν ὄχλοι πρὸς αὐτόν, καὶ ὡς
εἰώθει, πάλιν ἐδίδασκεν αὐτούς. 2 καὶ προσελθόντες οἱ Φαρισαῖοι ἐ-
πηρώτων αὐτὸν εἰ ἔξεστιν ἀνδρὶ γυναῖκα ἀπολῦσαι, πειράζοντες αὐτόν.
3 ὁ δὲ ἀποκριθεὶς εἶπεν αὐτοῖς· τί ὑμῖν ἐνετείλατο Μωϋσῆς; 4 οἱ δὲ εἶ-
πον· ἐπέτρεψε Μωϋσῆς βιβλίον ἀποστασίου γράψαι καὶ ἀπολῦσαι. 5 καὶ
ἀποκριθεὶς ὁ Ἰησοῦς εἶπεν αὐτοῖς· πρὸς τὴν σκληροκαρδίαν ὑμῶν ἔγρα-
ψεν ὑμῖν τὴν ἐντολὴν ταύτην· 6 ἀπὸ δὲ ἀρχῆς κτίσεως ἄρσεν καὶ θῆλυ
ἐποίησεν αὐτοὺς ὁ Θεός· 7 ἕνεκεν τούτου καταλείψει ἄνθρωπος τὸν πα-
τέρα αὐτοῦ καὶ τὴν μητέρα, καὶ προσκολληθήσεται πρὸς τὴν γυναῖκα
αὐτοῦ, καὶ ἔσονται οἱ δύο εἰς σάρκα μίαν. 8 ὥστε οὐκέτι εἰσὶ δύο, ἀλλὰ
μία σάρξ· 9 ὃ οὖν ὁ Θεὸς συνέζευξεν, ἄνθρωπος μὴ χωριζέτω. 10 καὶ εἰς
τὴν οἰκίαν πάλιν οἱ μαθηταὶ περὶ τούτου ἐπηρώτων αὐτόν, 11 καὶ λέγει
αὐτοῖς· ὃς ἂν ἀπολύσῃ τὴν γυναῖκα αὐτοῦ καὶ γαμήσῃ ἄλλην, μοιχᾶται
ἐπ' αὐτήν· 12 καὶ ἐὰν γυνὴ ἀπολύσασα τὸν ἄνδρα γαμηθῇ ἄλλῳ, μοι-
χᾶται.

13 Καὶ προσέφερον αὐτῷ παιδία, ἵνα αὐτῶν ἅψηται· οἱ δὲ μαθηταὶ ἐπε-
τίμων τοῖς προσφέρουσιν. 14 ἰδὼν δὲ ὁ Ἰησοῦς ἠγανάκτησε καὶ εἶπεν
αὐτοῖς· ἄφετε τὰ παιδία ἔρχεσθαι πρός με, καὶ μὴ κωλύετε αὐτά· τῶν
γὰρ τοιούτων ἐστὶν ἡ βασιλεία τοῦ Θεοῦ. 15 ἀμὴν λέγω ὑμῖν, ὃς ἐὰν μὴ
δέξηται τὴν βασιλείαν τοῦ Θεοῦ ὡς παιδίον, οὐ μὴ εἰσέλθῃ εἰς αὐτήν.
16 καὶ ἐναγκαλισάμενος αὐτὰ κατηυλόγει τιθεὶς τὰς χεῖρας ἐπ' αὐτά.

17 Καὶ ἐκπορευομένου αὐτοῦ εἰς ὁδὸν προσδραμὼν εἷς καὶ γονυπετήσας
αὐτὸν ἐπηρώτα αὐτόν· διδάσκαλε ἀγαθέ, τί ποιήσω ἵνα ζωὴν αἰώνιον
κληρονομήσω; 18 ὁ δὲ Ἰησοῦς εἶπεν αὐτῷ· τί με λέγεις ἀγαθόν; οὐδεὶς
ἀγαθὸς εἰμὴ εἷς ὁ Θεός. 19 τὰς ἐντολὰς οἶδας· μὴ μοιχεύσῃς, μὴ φο-
νεύσῃς, μὴ κλέψῃς, μὴ ψευδομαρτυρήσῃς, μὴ ἀποστερήσῃς, τίμα τὸν
πατέρα σου καὶ τὴν μητέρα. 20 ὁ δὲ ἀποκριθεὶς εἶπεν αὐτῷ· διδάσκαλε,
ταῦτα πάντα ἐφυλαξάμην ἐκ νεότητός μου. 21 ὁ δὲ Ἰησοῦς ἐμβλέψας
αὐτῷ ἠγάπησεν αὐτὸν καὶ εἶπεν αὐτῷ· ἕν σε ὑστερεῖ· εἰ θέλεις τέλειος
εἶναι, ὕπαγε, ὅσα ἔχεις πώλησον καὶ δὸς πτωχοῖς, καὶ ἕξεις θησαυρὸν ἐν
οὐρανῷ, καὶ δεῦρο ἀκολούθει μοι, ἄρας τὸν σταυρόν σου. 22 ὁ δὲ στυ-
γνάσας ἐπὶ τῷ λόγῳ ἀπῆλθε λυπούμενος· ἦν γὰρ ἔχων κτήματα πολλά.

23 Καὶ περιβλεψάμενος ὁ Ἰησοῦς λέγει τοῖς μαθηταῖς αὐτοῦ· πῶς δυσκόλως οἱ τὰ χρήματα ἔχοντες εἰς τὴν βασιλείαν τοῦ Θεοῦ εἰσελεύσονται. 24 οἱ δὲ μαθηταὶ ἐθαμβοῦντο ἐπὶ τοῖς λόγοις αὐτοῦ. ὁ δὲ Ἰησοῦς πάλιν ἀποκριθεὶς λέγει αὐτοῖς· τέκνα, πῶς δύσκολόν ἐστι τοὺς πεποιθότας ἐπὶ χρήμασιν εἰς τὴν βασιλείαν τοῦ Θεοῦ εἰσελθεῖν· 25 εὐκοπώτερόν ἐστι κάμηλον διὰ τρυμαλιᾶς ραφίδος εἰσελθεῖν ἢ πλούσιον εἰς τὴν βασιλείαν τοῦ Θεοῦ εἰσελθεῖν. 26 οἱ δὲ περισσῶς ἐξεπλήσσοντο λέγοντες πρὸς ἑαυτούς· καὶ τίς δύναται σωθῆναι; 27 ἐμβλέψας αὐτοῖς ὁ Ἰησοῦς λέγει· παρὰ ἀνθρώποις ἀδύνατον, ἀλλ' οὐ παρὰ Θεῷ· πάντα γὰρ δυνατά ἐστι παρὰ τῷ Θεῷ. 28 Ἤρξατο ὁ Πέτρος λέγειν αὐτῷ· ἰδοὺ ἡμεῖς ἀφήκαμεν πάντα καὶ ἠκολουθήσαμέν σοι. 29 ἀποκριθεὶς δὲ ὁ Ἰησοῦς εἶπεν· ἀμὴν λέγω ὑμῖν, οὐδείς ἐστιν ὃς ἀφῆκεν οἰκίαν ἢ ἀδελφοὺς ἢ ἀδελφὰς ἢ πατέρα ἢ μητέρα ἢ γυναῖκα ἢ τέκνα ἢ ἀγροὺς ἕνεκεν ἐμοῦ καὶ ἕνεκεν τοῦ εὐαγγελίου, 30 ἐὰν μὴ λάβῃ ἑκατονταπλασίονα νῦν ἐν τῷ καιρῷ τούτῳ οἰκίας καὶ ἀδελφοὺς καὶ ἀδελφὰς καὶ πατέρα καὶ μητέρα καὶ τέκνα καὶ ἀγροὺς μετὰ διωγμῶν, καὶ ἐν τῷ αἰῶνι τῷ ἐρχομένῳ ζωὴν αἰώνιον. 31 πολλοὶ δὲ ἔσονται πρῶτοι ἔσχατοι καὶ ἔσχατοι πρῶτοι.

32 Ἦσαν δὲ ἐν τῇ ὁδῷ ἀναβαίνοντες εἰς Ἱεροσόλυμα· καὶ ἦν προάγων αὐτοὺς ὁ Ἰησοῦς, καὶ ἐθαμβοῦντο, καὶ ἀκολουθοῦντες ἐφοβοῦντο. καὶ παραλαβὼν πάλιν τοὺς δώδεκα ἤρξατο αὐτοῖς λέγειν τὰ μέλλοντα αὐτῷ συμβαίνειν, 33 ὅτι ἰδοὺ ἀναβαίνομεν εἰς Ἱεροσόλυμα καὶ ὁ υἱὸς τοῦ ἀνθρώπου παραδοθήσεται τοῖς ἀρχιερεῦσι καὶ γραμματεῦσι, καὶ κατακρινοῦσιν αὐτὸν θανάτῳ καὶ παραδώσουσιν αὐτὸν τοῖς ἔθνεσι, 34 καὶ ἐμπαίξουσιν αὐτῷ καὶ μαστιγώσουσιν αὐτὸν καὶ ἐμπτύσουσιν αὐτῷ καὶ ἀποκτενοῦσιν αὐτόν, καὶ τῇ τρίτῃ ἡμέρᾳ ἀναστήσεται.

35 Καὶ προσπορεύονται αὐτῷ Ἰάκωβος καὶ Ἰωάννης υἱοὶ Ζεβεδαίου λέγοντες· διδάσκαλε, θέλομεν ἵνα ὃ ἐὰν αἰτήσωμεν ποιήσῃς ἡμῖν. 36 ὁ δὲ εἶπεν αὐτοῖς· τί θέλετε ποιῆσαί με ὑμῖν; 37 οἱ δὲ εἶπον αὐτῷ· δὸς ἡμῖν ἵνα εἷς ἐκ δεξιῶν σου καὶ εἷς ἐξ εὐωνύμων σου καθίσωμεν ἐν τῇ δόξῃ σου. 38 ὁ δὲ Ἰησοῦς εἶπεν αὐτοῖς· οὐκ οἴδατε τί αἰτεῖσθε. δύνασθε πιεῖν τὸ ποτήριον ὃ ἐγὼ πίνω, καὶ τὸ βάπτισμα ὃ ἐγὼ βαπτίζομαι βαπτισθῆναι; 39 οἱ δὲ εἶπον αὐτῷ· δυνάμεθα. ὁ δὲ Ἰησοῦς εἶπεν αὐτοῖς· τὸ μὲν ποτήριον ὃ ἐγὼ πίνω πίεσθε, καὶ τὸ βάπτισμα ὃ ἐγὼ βαπτίζομαι βαπτισθήσεσθε· 40 τὸ δὲ καθίσαι ἐκ δεξιῶν μου καὶ ἐξ εὐωνύμων οὐκ ἔστιν ἐμὸν δοῦναι, ἀλλ' οἷς ἡτοίμασται. 41 Καὶ ἀκούσαντες οἱ δέκα ἤρξαντο ἀγανακτεῖν περὶ Ἰακώβου καὶ Ἰωάννου. 42 ὁ δὲ Ἰησοῦς προσκαλεσάμε-

νος αὐτοὺς λέγει αὐτοῖς· οἴδατε ὅτι οἱ δοκοῦντες ἄρχειν τῶν ἐθνῶν κα-
τακυριεύουσιν αὐτῶν καὶ οἱ μεγάλοι αὐτῶν κατεξουσιάζουσιν αὐτῶν· 43
οὐχ οὕτω δὲ ἔσται ἐν ὑμῖν, ἀλλ' ὃς ἐὰν θέλῃ γενέσθαι μέγας ἐν ὑμῖν, ἔ-
σται ὑμῶν διάκονος, 44 καὶ ὃς ἐὰν θέλῃ ὑμῶν γενέσθαι πρῶτος, ἔσται
πάντων δοῦλος· 45 καὶ γὰρ ὁ υἱὸς τοῦ ἀνθρώπου οὐκ ἦλθε διακονηθῆναι,
ἀλλὰ διακονῆσαι, καὶ δοῦναι τὴν ψυχὴν αὐτοῦ λύτρον ἀντὶ πολλῶν.

46 Καὶ ἔρχονται εἰς Ἱεριχώ. καὶ ἐκπορευομένου αὐτοῦ ἀπὸ Ἱεριχὼ καὶ
τῶν μαθητῶν αὐτοῦ καὶ ὄχλου ἱκανοῦ, ὁ υἱὸς Τιμαίου Βαρτιμαῖος τυ-
φλὸς ἐκάθητο παρὰ τὴν ὁδὸν προσαιτῶν. 47 καὶ ἀκούσας ὅτι Ἰησοῦς ὁ
Ναζωραῖός ἐστιν, ἤρξατο κράζειν καὶ λέγειν· υἱὲ Δαυῒδ Ἰησοῦ, ἐλέησόν
με. 48 καὶ ἐπετίμων αὐτῷ πολλοὶ ἵνα σιωπήσῃ· ὁ δὲ πολλῷ μᾶλλον ἔ-
κραζεν· υἱὲ Δαυΐδ, ἐλέησόν με. 49 καὶ στὰς ὁ Ἰησοῦς εἶπε· φωνήσατε
αὐτόν· καὶ φωνοῦσι τὸν τυφλὸν λέγοντες αὐτῷ· θάρσει, ἔγειρε· φωνεῖ σε.
50 ὁ δὲ ἀποβαλὼν τὸ ἱμάτιον αὐτοῦ ἀναστὰς ἦλθε πρὸς τὸν Ἰησοῦν. 51
καὶ ἀποκριθεὶς λέγει αὐτῷ ὁ Ἰησοῦς· τί σοι θέλεις ποιήσω; ὁ δὲ τυφλὸς
εἶπεν αὐτῷ· ραββουνί, ἵνα ἀναβλέψω. 52 καὶ ὁ Ἰησοῦς εἶπεν αὐτῷ· ὕ-
παγε, ἡ πίστις σου σέσωκέ σε. καὶ εὐθέως ἀνέβλεψε, καὶ ἠκολούθει τῷ
Ἰησοῦ ἐν τῇ ὁδῷ.

11

ΚΑΙ ὅτε ἐγγίζουσιν εἰς Ἱερουσαλὴμ εἰς Βηθσφαγῆ καὶ Βηθανίαν πρὸς
τὸ ὄρος τῶν ἐλαιῶν, ἀποστέλλει δύο τῶν μαθητῶν αὐτοῦ 2 καὶ λέγει
αὐτοῖς· ὑπάγετε εἰς τὴν κώμην τὴν κατέναντι ὑμῶν, καὶ εὐθέως εἰ-
σπορευόμενοι εἰς αὐτὴν εὑρήσετε πῶλον δεδεμένον, ἐφ' ὃν οὐδεὶς ἀνθρώ-
πων κεκάθικε· λύσαντες αὐτὸν ἀγάγετε. 3 καὶ ἐάν τις ὑμῖν εἴπῃ· τί ποι-
εῖτε τοῦτο; εἴπατε ὅτι ὁ Κύριος αὐτοῦ χρείαν ἔχει, καὶ εὐθέως αὐτὸν ἀ-
ποστέλλει πάλιν ὧδε. 4 ἀπῆλθον δὲ καὶ εὗρον τὸν πῶλον δεδεμένον πρὸς
τὴν θύραν ἔξω ἐπὶ τοῦ ἀμφόδου, καὶ λύουσιν αὐτόν. 5 καί τινες τῶν ἐκεῖ
ἑστηκότων ἔλεγον αὐτοῖς· τί ποιεῖτε λύοντες τὸν πῶλον; 6 οἱ δὲ εἶπον
αὐτοῖς καθὼς ἐνετείλατο ὁ Ἰησοῦς, καὶ ἀφῆκαν αὐτούς. 7 καὶ ἤγαγον
τὸν πῶλον πρὸς τὸν Ἰησοῦν καὶ ἐπέβαλον αὐτῷ τὰ ἱμάτια αὐτῶν, καὶ ἐ-
κάθισεν ἐπ' αὐτῷ. 8 πολλοὶ δὲ τὰ ἱμάτια αὐτῶν ἔστρωσαν εἰς τὴν ὁδόν,
ἄλλοι δὲ στοιβάδας ἔκοπτον ἐκ τῶν δένδρων καὶ ἐστρώννυον εἰς τὴν ὁ-

δόν. 9 καὶ οἱ προάγοντες καὶ οἱ ἀκολουθοῦντες ἔκραζον λέγοντες· ὡσαν-
νά, εὐλογημένος ὁ ἐρχόμενος ἐν ὀνόματι Κυρίου. 10 εὐλογημένη ἡ ἐρ-
χομένη βασιλεία ἐν ὀνόματι Κυρίου τοῦ πατρός ἡμῶν Δαυΐδ· ὡσαννὰ ἐν
τοῖς ὑψίστοις. 11 Καὶ εἰσῆλθεν εἰς Ἱεροσόλυμα ὁ Ἰησοῦς καὶ εἰς τὸ ἱε-
ρόν· καὶ περιβλεψάμενος πάντα, ὀψίας ἤδη οὔσης τῆς ὥρας, ἐξῆλθεν εἰς
Βηθανίαν μετὰ τῶν δώδεκα.

12 Καὶ τῇ ἐπαύριον ἐξελθόντων αὐτῶν ἀπὸ Βηθανίας ἐπείνασε· 13 καὶ
ἰδὼν συκῆν ἀπὸ μακρόθεν ἔχουσαν φύλλα, ἦλθεν εἰ ἄρα τι εὑρήσει ἐν
αὐτῇ· καὶ ἐλθὼν ἐπ᾽ αὐτὴν οὐδὲν εὗρεν εἰ μὴ φύλλα· οὐ γὰρ ἦν καιρὸς
σύκων. 14 καὶ ἀποκριθεὶς εἶπεν αὐτῇ· μηκέτι ἐκ σοῦ εἰς τὸν αἰῶνα μη-
δεὶς καρπὸν φάγοι. καὶ ἤκουον οἱ μαθηταὶ αὐτοῦ.

15 Καὶ ἔρχονται πάλιν εἰς Ἱεροσόλυμα· καὶ εἰσελθὼν ὁ Ἰησοῦς εἰς τὸ ἱ-
ερὸν ἤρξατο ἐκβάλλειν τοὺς πωλοῦντας καὶ τοὺς ἀγοράζοντας ἐν τῷ ἱε-
ρῷ, καὶ τὰς τραπέζας τῶν κολλυβιστῶν καὶ τὰς καθέδρας τῶν πωλούν-
των τὰς περιστερὰς κατέστρεψε, 16 καὶ οὐκ ἤφιεν ἵνα τις διενέγκῃ
σκεῦος διὰ τοῦ ἱεροῦ, 17 καὶ ἐδίδασκε λέγων αὐτοῖς· οὐ γέγραπται ὅτι ὁ
οἶκός μου οἶκος προσευχῆς κληθήσεται πᾶσι τοῖς ἔθνεσιν; ὑμεῖς δὲ αὐτὸν
ἐποιήσατε σπήλαιον λῃστῶν. 18 καὶ ἤκουσαν οἱ γραμματεῖς καὶ οἱ Φα-
ρισαῖοι καὶ οἱ ἀρχιερεῖς, καὶ ἐζήτουν πῶς αὐτὸν ἀπολέσωσιν· ἐφοβοῦντο
γὰρ αὐτόν, ὅτι πᾶς ὁ ὄχλος ἐξεπλήσσετο ἐπὶ τῇ διδαχῇ αὐτοῦ. 19 καὶ
ὅτε ὀψὲ ἐγένετο, ἐξεπορεύετο ἔξω τῆς πόλεως.

20 Καὶ παραπορευόμενοι πρωῒ εἶδον τὴν συκῆν ἐξηραμμένην ἐκ ῥιζῶν.
21 καὶ ἀναμνησθεὶς ὁ Πέτρος λέγει αὐτῷ· ῥαββί, ἴδε ἡ συκῆ ἣν κατη-
ράσω ἐξήρανται. 22 καὶ ἀποκριθεὶς ὁ Ἰησοῦς λέγει αὐτοῖς· ἔχετε πίστιν
Θεοῦ. 23 ἀμὴν γὰρ λέγω ὑμῖν ὅτι ὃς ἂν εἴπῃ τῷ ὄρει τούτῳ, ἄρθητι καὶ
βλήθητι εἰς τὴν θάλασσαν, καὶ μὴ διακριθῇ ἐν τῇ καρδίᾳ αὐτοῦ, ἀλλὰ
πιστεύσει ὅτι ἃ λέγει γίνεται, ἔσται αὐτῷ ὃ ἐὰν εἴπῃ. 24 διὰ τοῦτο λέγω
ὑμῖν, πάντα ὅσα ἂν προσευχόμενοι αἰτεῖσθε, πιστεύετε ὅτι λαμβάνετε,
καὶ ἔσται ὑμῖν. 25 καὶ ὅταν στήκητε προσευχόμενοι, ἀφίετε εἴ τι ἔχετε
κατά τινος, ἵνα καὶ ὁ πατὴρ ὑμῶν ὁ ἐν τοῖς οὐρανοῖς ἀφῇ ὑμῖν τὰ παρα-
πτώματα ὑμῶν. 26 εἰ δὲ ὑμεῖς οὐκ ἀφίετε, οὐδὲ ὁ πατὴρ ὑμῶν ἀφήσει
τὰ παραπτώματα ὑμῶν.

27 Καὶ ἔρχονται πάλιν εἰς Ἱεροσόλυμα· καὶ ἐν τῷ ἱερῷ περιπατοῦντος
αὐτοῦ ἔρχονται πρὸς αὐτὸν οἱ ἀρχιερεῖς καὶ οἱ γραμματεῖς καὶ οἱ πρε-
σβύτεροι 28 καὶ λέγουσιν αὐτῷ· ἐν ποίᾳ ἐξουσίᾳ ταῦτα ποιεῖς; ἢ τίς σοι

ἔδωκε τὴν ἐξουσίαν ταύτην ἵνα ταῦτα ποιῇς; 29 ὁ δὲ Ἰησοῦς ἀποκριθεὶς
εἶπεν αὐτοῖς· ἐπερωτήσω ὑμᾶς κἀγὼ ἕνα λόγον, καὶ ἀποκρίθητέ μοι, καὶ
ἐρῶ ὑμῖν ἐν ποίᾳ ἐξουσίᾳ ταῦτα ποιῶ. 30 τὸ βάπτισμα Ἰωάννου ἐξ οὐ-
ρανοῦ ἦν ἢ ἐξ ἀνθρώπων; ἀποκρίθητέ μοι. 31 καὶ ἐλογίζοντο πρὸς ἑαυ-
τοὺς λέγοντες· ἐὰν εἴπωμεν, ἐξ οὐρανοῦ, ἐρεῖ· διατί οὖν οὐκ ἐπιστεύσατε
αὐτῷ; 32 ἀλλὰ εἴπωμεν, ἐξ ἀνθρώπων; ἐφοβοῦντο τὸν λαόν· ἅπαντες
γὰρ εἶχον τὸν Ἰωάννην ὅτι προφήτης ἦν. 33 καὶ ἀποκριθέντες λέγουσι
τῷ Ἰησοῦ· οὐκ οἴδαμεν. καὶ ὁ Ἰησοῦς ἀποκριθεὶς λέγει αὐτοῖς· οὐδὲ ἐγὼ
λέγω ὑμῖν ἐν ποίᾳ ἐξουσίᾳ ταῦτα ποιῶ.

12

ΚΑΙ ἤρξατο αὐτοῖς ἐν παραβολαῖς λέγειν· ἀμπελῶνα ἐφύτευσεν ἄν-
θρωπος καὶ περιέθηκε φραγμὸν καὶ ὤρυξεν ὑπολήνιον καὶ ᾠκοδόμη-
σε πύργον, καὶ ἐξέδοτο αὐτὸν γεωργοῖς καὶ ἀπεδήμησε. 2 καὶ ἀπέ-
στειλε πρὸς τοὺς γεωργοὺς τῷ καιρῷ δοῦλον, ἵνα παρὰ τῶν γεωργῶν
λάβῃ ἀπὸ τοῦ καρποῦ τοῦ ἀμπελῶνος. 3 καὶ λαβόντες αὐτὸν ἔδειραν καὶ
ἀπέστειλαν κενόν. 4 καὶ πάλιν ἀπέστειλε πρὸς αὐτοὺς ἄλλον δοῦλον·
κἀκεῖνον λιθοβολήσαντες ἐκεφαλαίωσαν καὶ ἀπέστειλαν ἠτιμωμένον. 5
καὶ πάλιν ἄλλον ἀπέστειλε· κἀκεῖνον ἀπέκτειναν, καὶ πολλοὺς ἄλλους,
οὓς μὲν δέροντες, οὓς δὲ ἀποκτέννοντες. 6 ἔτι οὖν ἕνα υἱὸν ἔχων, ἀγα-
πητὸν αὐτοῦ, ἀπέστειλε καὶ αὐτὸν ἔσχατον πρὸς αὐτοὺς λέγων ὅτι ἐν-
τραπήσονται τὸν υἱόν μου. 7 ἐκεῖνοι δὲ οἱ γεωργοί, θεασάμενοι αὐτὸν ἐρ-
χόμενον, πρὸς ἑαυτοὺς εἶπον ὅτι οὗτός ἐστιν ὁ κληρονόμος· δεῦτε ἀπο-
κτείνωμεν αὐτόν, καὶ ἡμῶν ἔσται ἡ κληρονομία. 8 καὶ λαβόντες ἀπέ-
κτειναν αὐτὸν καὶ ἐξέβαλον αὐτὸν ἔξω τοῦ ἀμπελῶνος. 9 τί οὖν ποιήσει
ὁ κύριος τοῦ ἀμπελῶνος; ἐλεύσεται καὶ ἀπολέσει τοὺς γεωργοὺς τού-
τους, καὶ δώσει τὸν ἀμπελῶνα ἄλλοις. 10 οὐδὲ τὴν γραφὴν ταύτην ἀνέ-
γνωτε, λίθον ὃν ἀπεδοκίμασαν οἱ οἰκοδομοῦντες, οὗτος ἐγενήθη εἰς κε-
φαλὴν γωνίας· 11 παρὰ Κυρίου ἐγένετο αὕτη, καὶ ἔστι θαυμαστὴ ἐν ὀ-
φθαλμοῖς ἡμῶν; 12 Καὶ ἐζήτουν αὐτὸν κρατῆσαι, καὶ ἐφοβήθησαν τὸν
ὄχλον· ἔγνωσαν γὰρ ὅτι πρὸς αὐτοὺς τὴν παραβολὴν εἶπε. καὶ ἀφέντες
αὐτὸν ἀπῆλθον.

13 Καὶ ἀποστέλλουσι πρὸς αὐτόν τινας τῶν Φαρισαίων καὶ τῶν Ἡρῳ-
διανῶν ἵνα αὐτὸν ἀγρεύσωσι λόγῳ. 14 οἱ δὲ ἐλθόντες λέγουσιν αὐτῷ· δι-
δάσκαλε, οἴδαμεν ὅτι ἀληθὴς εἶ καὶ οὐ μέλει σοι περὶ οὐδενός· οὐ γὰρ
βλέπεις εἰς πρόσωπον ἀνθρώπων, ἀλλ' ἐπ' ἀληθείας τὴν ὁδὸν τοῦ Θεοῦ
διδάσκεις. εἶπον οὖν ἡμῖν· ἔξεστι δοῦναι κῆνσον Καίσαρι ἢ οὔ; δῶμεν ἢ
μὴ δῶμεν; 15 ὁ δὲ εἰδὼς αὐτῶν τὴν ὑπόκρισιν εἶπεν αὐτοῖς· τί με πειρά-
ζετε; φέρετέ μοι δηνάριον ἵνα ἴδω· 16 οἱ δὲ ἤνεγκαν. καὶ λέγει αὐτοῖς·
τίνος ἡ εἰκὼν αὕτη καὶ ἡ ἐπιγραφή; οἱ δὲ εἶπον· Καίσαρος. 17 καὶ ἀπο-
κριθεὶς ὁ Ἰησοῦς εἶπεν αὐτοῖς· ἀπόδοτε τὰ Καίσαρος Καίσαρι καὶ τὰ τοῦ
Θεοῦ τῷ Θεῷ· καὶ ἐθαύμασαν ἐπ' αὐτῷ.

18 Καὶ ἔρχονται Σαδδουκαῖοι πρὸς αὐτόν, οἵτινες λέγουσιν ἀνάστασιν
μὴ εἶναι, καὶ ἐπηρώτων αὐτὸν λέγοντες· 19 διδάσκαλε, Μωϋσῆς ἔγρα-
ψεν ἡμῖν ὅτι ἐάν τινος ἀδελφὸς ἀποθάνῃ καὶ καταλίπῃ γυναῖκα, καὶ τέ-
κνα μὴ ἀφῇ, ἵνα λάβῃ ὁ ἀδελφὸς αὐτοῦ τὴν γυναῖκα αὐτοῦ καὶ ἐξανα-
στήσῃ σπέρμα τῷ ἀδελφῷ αὐτοῦ. 20 ἑπτὰ οὖν ἀδελφοὶ ἦσαν. καὶ ὁ πρῶ-
τος ἔλαβε γυναῖκα, καὶ ἀποθνῄσκων οὐκ ἀφῆκε σπέρμα. 21 καὶ ὁ δεύτε-
ρος ἔλαβεν αὐτήν, καὶ ἀπέθανε, καὶ οὐδὲ αὐτὸς οὐκ ἀφῆκε σπέρμα. καὶ ὁ
τρίτος ὡσαύτως. 22 καὶ ἔλαβον αὐτὴν οἱ ἑπτά, καὶ οὐκ ἀφῆκαν σπέρμα.
ἐσχάτη πάντων ἀπέθανε καὶ ἡ γυνή. 23 ἐν τῇ οὖν ἀναστάσει, ὅταν ἀνα-
στῶσι, τίνος αὐτῶν ἔσται γυνή; οἱ γὰρ ἑπτὰ ἔσχον αὐτὴν γυναῖκα. 24
καὶ ἀποκριθεὶς ὁ Ἰησοῦς εἶπεν αὐτοῖς· οὐ διὰ τοῦτο πλανᾶσθε μὴ εἰδότες
τὰς γραφὰς μηδὲ τὴν δύναμιν τοῦ Θεοῦ; 25 ὅταν γὰρ ἐκ νεκρῶν ἀνα-
στῶσιν, οὔτε γαμοῦσιν οὔτε γαμίζονται, ἀλλ' εἰσὶν ὡς ἄγγελοι οἱ ἐν τοῖς
οὐρανοῖς. 26 περὶ δὲ τῶν νεκρῶν ὅτι ἐγείρονται, οὐκ ἀνέγνωτε ἐν τῇ βί-
βλῳ Μωϋσέως, ἐπὶ τοῦ βάτου πῶς εἶπεν αὐτῷ ὁ Θεὸς λέγων, ἐγὼ ὁ Θε-
ὸς Ἀβραὰμ καὶ ὁ Θεὸς Ἰσαὰκ καὶ ὁ Θεὸς Ἰακώβ; 27 οὐκ ἔστιν ὁ Θεὸς
νεκρῶν, ἀλλὰ ζώντων· ὑμεῖς οὖν πολὺ πλανᾶσθε.

28 Καὶ προσελθὼν εἷς τῶν γραμματέων ἀκούσας αὐτῶν συζητούντων,
ἰδὼν ὅτι καλῶς αὐτοῖς ἀπεκρίθη, ἐπηρώτησεν αὐτόν· ποία ἐστὶ πρώτη
πάντων ἐντολή; 29 ὁ δὲ Ἰησοῦς ἀπεκρίθη αὐτῷ ὅτι πρώτη πάντων ἐν-
τολή· ἄκουε, Ἰσραήλ, Κύριος ὁ Θεὸς ἡμῶν Κύριος εἷς ἐστι· 30 καὶ ἀ-
γαπήσεις Κύριον τὸν Θεόν σου ἐξ ὅλης τῆς καρδίας σου καὶ ἐξ ὅλης τῆς
ψυχῆς σου καὶ ἐξ ὅλης τῆς διανοίας σου καὶ ἐξ ὅλης τῆς ἰσχύος σου. αὕ-
τη πρώτη ἐντολή. 31 καὶ δευτέρα ὁμοία, αὕτη· ἀγαπήσεις τὸν πλησίον
σου ὡς ἑαυτόν. μείζων τούτων ἄλλη ἐντολὴ οὐκ ἔστι. 32 καὶ εἶπεν αὐτῷ
ὁ γραμματεύς· καλῶς, διδάσκαλε, ἐπ' ἀληθείας εἶπας ὅτι εἷς ἐστι καὶ

οὐκ ἔστιν ἄλλος πλὴν αὐτοῦ· 33 καὶ τὸ ἀγαπᾶν αὐτὸν ἐξ ὅλης τῆς καρ-
δίας καὶ ἐξ ὅλης τῆς συνέσεως καὶ ἐξ ὅλης τῆς ψυχῆς καὶ ἐξ ὅλης τῆς
ἰσχύος, καὶ τὸ ἀγαπᾶν τὸν πλησίον ὡς ἑαυτὸν πλεῖόν ἐστι πάντων τῶν
ὁλοκαυτωμάτων καὶ θυσιῶν. 34 καὶ ὁ Ἰησοῦς ἰδὼν ὅτι νουνεχῶς ἀπε-
κρίθη, εἶπεν αὐτῷ· οὐ μακρὰν εἶ ἀπὸ τῆς βασιλείας τοῦ Θεοῦ· καὶ οὐδεὶς
οὐκέτι ἐτόλμα αὐτὸν ἐπερωτῆσαι.

35 Καὶ ἀποκριθεὶς ὁ Ἰησοῦς ἔλεγε διδάσκων ἐν τῷ ἱερῷ· πῶς λέγουσιν
οἱ γραμματεῖς ὅτι ὁ Χριστὸς υἱὸς Δαυΐδ ἐστι; 36 αὐτὸς γὰρ Δαυΐδ εἶπεν
ἐν Πνεύματι Ἁγίῳ· λέγει ὁ Κύριος τῷ Κυρίῳ μου, κάθου ἐκ δεξιῶν μου
ἕως ἂν θῶ τοὺς ἐχθρούς σου ὑποπόδιον τῶν ποδῶν σου. 37 αὐτὸς οὖν
Δαυΐδ λέγει αὐτὸν Κύριον· καὶ πόθεν υἱὸς αὐτοῦ ἐστι; καὶ ὁ πολὺς ὄχλος
ἤκουεν αὐτοῦ ἡδέως.

38 Καὶ ἔλεγεν αὐτοῖς ἐν τῇ διδαχῇ αὐτοῦ· βλέπετε ἀπὸ τῶν γραμματέ-
ων τῶν θελόντων ἐν στολαῖς περιπατεῖν καὶ ἀσπασμοὺς ἐν ταῖς ἀγοραῖς
39 καὶ πρωτοκαθεδρίας ἐν ταῖς συναγωγαῖς καὶ πρωτοκλισίας ἐν τοῖς
δείπνοις. 40 οἱ κατεσθίοντες τὰς οἰκίας τῶν χηρῶν καὶ προφάσει μακρὰ
προσευχόμενοι, οὗτοι λήψονται περισσότερον κρῖμα.

41 Καὶ καθίσας ὁ Ἰησοῦς κατέναντι τοῦ γαζοφυλακίου ἐθεώρει πῶς ὁ ὄ-
χλος βάλλει χαλκὸν εἰς τὸ γαζοφυλάκιον. 42 καὶ πολλοὶ πλούσιοι ἔβαλ-
λον πολλά· καὶ ἐλθοῦσα μία χήρα πτωχὴ ἔβαλε λεπτὰ δύο, ὅ ἐστι κο-
δράντης. 43 καὶ προσκαλεσάμενος τοὺς μαθητὰς αὐτοῦ εἶπεν αὐτοῖς· ἀ-
μὴν λέγω ὑμῖν ὅτι ἡ χήρα ἡ πτωχὴ αὕτη πλεῖον πάντων ἔβαλε τῶν
βαλλόντων εἰς τὸ γαζοφυλάκιον· 44 πάντες γὰρ ἐκ τοῦ περισσεύοντος
αὐτοῖς ἔβαλον· αὕτη δὲ ἐκ τῆς ὑστερήσεως αὐτῆς πάντα ὅσα εἶχεν ἔβα-
λεν, ὅλον τὸν βίον αὐτῆς.

13

ΚΑΙ ἐκπορευομένου αὐτοῦ ἐκ τοῦ ἱεροῦ λέγει αὐτῷ εἷς τῶν μαθητῶν
αὐτοῦ· διδάσκαλε, ἴδε ποταποὶ λίθοι καὶ ποταπαὶ οἰκοδομαί. 2 καὶ ὁ
Ἰησοῦς ἀποκριθεὶς εἶπεν αὐτῷ· βλέπεις ταύτας τὰς μεγάλας οἰκοδο-
μάς; οὐ μὴ ἀφεθῇ ὧδε λίθος ἐπὶ λίθον ὃς οὐ μὴ καταλυθῇ. 3 Καὶ καθη-
μένου αὐτοῦ εἰς τὸ ὄρος τῶν ἐλαιῶν κατέναντι τοῦ ἱεροῦ, ἐπηρώτων αὐ-
τὸν κατ' ἰδίαν Πέτρος καὶ Ἰάκωβος καὶ Ἰωάννης καὶ Ἀνδρέας· 4 εἰπὲ

ἡμῖν πότε ταῦτα ἔσται, καὶ τί τὸ σημεῖον ὅταν μέλλῃ πάντα ταῦτα συν-
τελεῖσθαι; 5 ὁ δὲ Ἰησοῦς ἀποκριθεὶς ἤρξατο λέγειν αὐτοῖς· βλέπετε μή
τις ὑμᾶς πλανήσῃ. 6 πολλοὶ γὰρ ἐλεύσονται ἐπὶ τῷ ὀνόματί μου λέγον-
τες ὅτι ἐγώ εἰμι, καὶ πολλοὺς πλανήσουσιν. 7 ὅταν δὲ ἀκούσητε πολέ-
μους καὶ ἀκοὰς πολέμων, μὴ θροεῖσθε· δεῖ γὰρ γενέσθαι, ἀλλ' οὔπω τὸ
τέλος. 8 ἐγερθήσεται γὰρ ἔθνος ἐπὶ ἔθνος καὶ βασιλεία ἐπὶ βασιλείαν,
καὶ ἔσονται σεισμοὶ κατὰ τόπους, καὶ ἔσονται λιμοὶ καὶ ταραχαί. 9 ἀρ-
χαὶ ὠδίνων ταῦτα. Βλέπετε δὲ ὑμεῖς ἑαυτούς. παραδώσουσι γὰρ ὑμᾶς
εἰς συνέδρια καὶ ἐν ταῖς συναγωγαῖς αὐτῶν δαρήσεσθε, καὶ ἐπὶ ἡγεμό-
νων καὶ βασιλέων σταθήσεσθε ἕνεκεν ἐμοῦ εἰς μαρτύριον αὐτοῖς. 10 καὶ
εἰς πάντα τὰ ἔθνη δεῖ πρῶτον κηρυχθῆναι τὸ εὐαγγέλιον. 11 ὅταν δὲ ἀ-
γάγωσιν ὑμᾶς παραδιδόντες, μὴ προμεριμνᾶτε τί λαλήσητε, μηδὲ με-
λετᾶτε, ἀλλ' ὃ ἐὰν δοθῇ ὑμῖν ἐν ἐκείνῃ τῇ ὥρᾳ, τοῦτο λαλεῖτε· οὐ γὰρ ὑ-
μεῖς ἐστε οἱ λαλοῦντες, ἀλλὰ τὸ Πνεῦμα τὸ Ἅγιον. 12 παραδώσει δὲ ἀ-
δελφὸς ἀδελφὸν εἰς θάνατον καὶ πατὴρ τέκνον, καὶ ἐπαναστήσονται τέ-
κνα ἐπὶ γονεῖς καὶ θανατώσουσιν αὐτούς. 13 καὶ ἔσεσθε μισούμενοι ὑπὸ
πάντων διὰ τὸ ὄνομά μου· ὁ δὲ ὑπομείνας εἰς τέλος, οὗτος σωθήσεται.

14 Ὅταν δὲ ἴδητε τὸ βδέλυγμα τῆς ἐρημώσεως τὸ ρηθὲν ὑπὸ Δανιὴλ
τοῦ προφήτου ἑστὼς ὅπου οὐ δεῖ —ὁ ἀναγινώσκων νοείτω— τότε οἱ ἐν
τῇ Ἰουδαίᾳ φευγέτωσαν εἰς τὰ ὄρη, 15 ὁ δὲ ἐπὶ τοῦ δώματος μὴ κατα-
βάτω εἰς τὴν οἰκίαν μηδὲ εἰσελθέτω ἆραί τι ἐκ τῆς οἰκίας αὐτοῦ, 16 καὶ
ὁ εἰς τὸν ἀγρὸν ὢν μὴ ἐπιστρεψάτω εἰς τὰ ὀπίσω ἆραι τὸ ἱμάτιον αὐτοῦ.
17 οὐαὶ δὲ ταῖς ἐν γαστρὶ ἐχούσαις καὶ ταῖς θηλαζούσαις ἐν ἐκείναις
ταῖς ἡμέραις. 18 προσεύχεσθε δὲ ἵνα μὴ γένηται ἡ φυγὴ ὑμῶν χειμῶ-
νος. 19 ἔσονται γὰρ αἱ ἡμέραι ἐκεῖναι θλῖψις, οἵα οὐ γέγονε τοιαύτη ἀπ'
ἀρχῆς κτίσεως ἧς ἔκτισεν ὁ Θεὸς ἕως τοῦ νῦν καὶ οὐ μὴ γένηται. 20 καὶ
εἰ μὴ ἐκολόβωσε Κύριος τὰς ἡμέρας, οὐκ ἂν ἐσώθη πᾶσα σάρξ· ἀλλὰ
διὰ τοὺς ἐκλεκτοὺς οὓς ἐξελέξατο ἐκολόβωσε τὰς ἡμέρας. 21 καὶ τότε
ἐάν τις ὑμῖν εἴπῃ, ἰδοὺ ὧδε ὁ Χριστός, ἰδοὺ ἐκεῖ, μὴ πιστεύετε. 22 ἐγερ-
θήσονται γὰρ ψευδόχριστοι καὶ ψευδοπροφῆται καὶ δώσουσι σημεῖα καὶ
τέρατα πρὸς τὸ ἀποπλανᾶν, εἰ δυνατόν, καὶ τοὺς ἐκλεκτούς. 23 ὑμεῖς δὲ
βλέπετε· ἰδοὺ προείρηκα ὑμῖν ἅπαντα. 24 ἀλλ' ἐν ἐκείναις ταῖς ἡμέραις,
μετὰ τὴν θλῖψιν ἐκείνην ὁ ἥλιος σκοτισθήσεται, καὶ ἡ σελήνη οὐ δώσει
τὸ φέγγος αὐτῆς, 25 καὶ οἱ ἀστέρες ἔσονται ἐκ τοῦ οὐρανοῦ πίπτοντες,
καὶ αἱ δυνάμεις αἱ ἐν τοῖς οὐρανοῖς σαλευθήσονται. 26 καὶ τότε ὄψονται
τὸν υἱὸν τοῦ ἀνθρώπου ἐρχόμενον ἐν νεφέλαις μετὰ δυνάμεως πολλῆς

καὶ δόξης. 27 καὶ τότε ἀποστελεῖ τοὺς ἀγγέλους αὐτοῦ καὶ ἐπισυνάξει
τοὺς ἐκλεκτοὺς αὐτοῦ ἐκ τῶν τεσσάρων ἀνέμων, ἀπ' ἄκρου τῆς γῆς ἕως
ἄκρου τοῦ οὐρανοῦ. 28 Ἀπὸ δὲ τῆς συκῆς μάθετε τὴν παραβολήν. ὅταν
αὐτῆς ὁ κλάδος ἤδη γένηται ἁπαλὸς καὶ ἐκφύῃ τὰ φύλλα, γινώσκετε ὅτι
ἐγγὺς τὸ θέρος ἐστίν· 29 οὕτω καὶ ὑμεῖς, ὅταν ἴδητε ταῦτα γινόμενα, γι-
νώσκετε ὅτι ἐγγύς ἐστιν ἐπὶ θύραις. 30 ἀμὴν λέγω ὑμῖν ὅτι οὐ μὴ πα-
ρέλθῃ ἡ γενεὰ αὕτη μέχρις οὗ πάντα ταῦτα γένηται. 31 ὁ οὐρανὸς καὶ ἡ
γῆ παρελεύσονται, οἱ δὲ ἐμοὶ λόγοι οὐ μὴ παρελεύσονται. 32 Περὶ δὲ
τῆς ἡμέρας ἐκείνης ἢ τῆς ὥρας οὐδεὶς οἶδεν, οὐδὲ οἱ ἄγγελοι ἐν οὐρανῷ,
οὐδὲ ὁ υἱός, εἰ μὴ ὁ πατήρ. 33 Βλέπετε, ἀγρυπνεῖτε καὶ προσεύχεσθε·
οὐκ οἴδατε γὰρ πότε ὁ καιρός ἐστιν. 34 ὡς ἄνθρωπος ἀπόδημος, ἀφεὶς
τὴν οἰκίαν αὐτοῦ, καὶ δοὺς τοῖς δούλοις αὐτοῦ τὴν ἐξουσίαν, καὶ ἑκάστῳ
τὸ ἔργον αὐτοῦ, καὶ τῷ θυρωρῷ ἐνετείλατο ἵνα γρηγορῇ. 35 γρηγορεῖτε
οὖν· οὐκ οἴδατε γὰρ πότε ὁ κύριος τῆς οἰκίας ἔρχεται, ὀψὲ ἢ μεσονυκτίου
ἢ ἀλεκτοροφωνίας ἢ πρωΐ· 36 μὴ ἐλθὼν ἐξαίφνης εὕρῃ ὑμᾶς καθεύδον-
τας. 37 ἃ δὲ ὑμῖν λέγω, πᾶσι λέγω· γρηγορεῖτε.

14

ἮΝ δὲ τὸ πάσχα καὶ τὰ ἄζυμα μετὰ δύο ἡμέρας. καὶ ἐζήτουν οἱ ἀρχι-
ερεῖς καὶ οἱ γραμματεῖς πῶς αὐτὸν ἐν δόλῳ κρατήσαντες ἀποκτεί-
νωσιν. 2 ἔλεγον δὲ μὴ ἐν τῇ ἑορτῇ, μήποτε θόρυβος ἔσται τοῦ λαοῦ.

3 Καὶ ὄντος αὐτοῦ ἐν Βηθανίᾳ ἐν τῇ οἰκίᾳ Σίμωνος τοῦ λεπροῦ, κατα-
κειμένου αὐτοῦ ἦλθε γυνὴ ἔχουσα ἀλάβαστρον μύρου νάρδου πιστικῆς
πολυτελοῦς, καὶ συντρίψασα τὸ ἀλάβαστρον κατέχεεν αὐτοῦ κατὰ τῆς
κεφαλῆς. 4 ἦσαν δέ τινες ἀγανακτοῦντες πρὸς ἑαυτοὺς λέγοντες· εἰς τί
ἡ ἀπώλεια αὕτη τοῦ μύρου γέγονεν; 5 ἠδύνατο γὰρ τοῦτο τὸ μύρον πρα-
θῆναι ἐπάνω τριακοσίων δηναρίων καὶ δοθῆναι τοῖς πτωχοῖς· καὶ ἐνεβρι-
μῶντο αὐτῇ. 6 ὁ δὲ Ἰησοῦς εἶπεν· ἄφετε αὐτήν· τί αὐτῇ κόπους παρέχε-
τε; καλὸν ἔργον εἰργάσατο ἐν ἐμοί. 7 πάντοτε γὰρ τοὺς πτωχοὺς ἔχετε
μεθ' ἑαυτῶν, καὶ ὅταν θέλητε δύνασθε αὐτοὺς εὖ ποιῆσαι· ἐμὲ δὲ οὐ
πάντοτε ἔχετε. 8 ὃ ἔσχεν αὕτη ἐποίησε· προέλαβε μυρίσαι μου τὸ σῶμα
εἰς τὸν ἐνταφιασμόν. 9 ἀμὴν λέγω ὑμῖν, ὅπου ἐὰν κηρυχθῇ τὸ εὐαγγέ-

λιον τοῦτο εἰς ὅλον τὸν κόσμον, καὶ ὃ ἐποίησεν αὕτη λαληθήσεται εἰς
μνημόσυνον αὐτῆς.

10 Καὶ Ἰούδας ὁ Ἰσκαριώτης, εἷς τῶν δώδεκα, ἀπῆλθε πρὸς τοὺς ἀρχι-
ερεῖς ἵνα παραδῷ αὐτὸν αὐτοῖς. 11 οἱ δὲ ἀκούσαντες ἐχάρησαν, καὶ ἐ-
πηγγείλαντο αὐτῷ ἀργύρια δοῦναι· καὶ ἐζήτει πῶς εὐκαίρως αὐτὸν πα-
ραδῷ.

12 Καὶ τῇ πρώτῃ ἡμέρᾳ τῶν ἀζύμων, ὅτε τὸ πάσχα ἔθυον, λέγουσιν
αὐτῷ οἱ μαθηταὶ αὐτοῦ· ποῦ θέλεις ἀπελθόντες ἑτοιμάσωμεν ἵνα φάγῃς
τὸ πάσχα; 13 καὶ ἀποστέλλει δύο τῶν μαθητῶν αὐτοῦ καὶ λέγει αὐτοῖς·
ὑπάγετε εἰς τὴν πόλιν, καὶ ἀπαντήσει ὑμῖν ἄνθρωπος κεράμιον ὕδατος
βαστάζων· ἀκολουθήσατε αὐτῷ, 14 καὶ ὅπου ἐὰν εἰσέλθῃ, εἴπατε τῷ οἰ-
κοδεσπότῃ ὅτι ὁ διδάσκαλος λέγει· ποῦ ἐστι τὸ κατάλυμά μου ὅπου τὸ
πάσχα μετὰ τῶν μαθητῶν μου φάγω; 15 καὶ αὐτὸς ὑμῖν δείξει ἀνώγαι-
ον μέγα ἐστρωμένον ἕτοιμον· ἐκεῖ ἑτοιμάσατε ἡμῖν. 16 καὶ ἐξῆλθον οἱ
μαθηταὶ αὐτοῦ καὶ ἦλθον εἰς τὴν πόλιν, καὶ εὗρον καθὼς εἶπεν αὐτοῖς,
καὶ ἡτοίμασαν τὸ πάσχα. 17 Καὶ ὀψίας γενομένης ἔρχεται μετὰ τῶν
δώδεκα. 18 καὶ ἀνακειμένων αὐτῶν καὶ ἐσθιόντων εἶπεν ὁ Ἰησοῦς· ἀ-
μὴν λέγω ὑμῖν ὅτι εἷς ἐξ ὑμῶν παραδώσει με, ὁ ἐσθίων μετ' ἐμοῦ. 19 οἱ
δὲ ἤρξαντο λυπεῖσθαι καὶ λέγειν αὐτῷ εἷς καθ' εἷς· μήτι ἐγώ; καὶ ἄλλος·
μήτι ἐγώ; 20 ὁ δὲ ἀποκριθεὶς εἶπεν αὐτοῖς· εἷς ἐκ τῶν δώδεκα, ὁ ἐμβα-
πτόμενος μετ' ἐμοῦ εἰς τὸ τρυβλίον. 21 ὁ μὲν υἱὸς τοῦ ἀνθρώπου ὑπάγει
καθὼς γέγραπται περὶ αὐτοῦ· οὐαὶ δὲ τῷ ἀνθρώπῳ ἐκείνῳ, δι' οὗ ὁ υἱὸς
τοῦ ἀνθρώπου παραδίδοται· καλὸν ἦν αὐτῷ εἰ οὐκ ἐγεννήθη ὁ ἄνθρωπος
ἐκεῖνος. 22 Καὶ ἐσθιόντων αὐτῶν λαβὼν ὁ Ἰησοῦς ἄρτον εὐλογήσας ἔ-
κλασε καὶ ἔδωκεν αὐτοῖς καὶ εἶπε· λάβετε φάγετε· τοῦτό ἐστι τὸ σῶμά
μου. 23 καὶ λαβὼν τὸ ποτήριον εὐχαριστήσας ἔδωκεν αὐτοῖς, καὶ ἔπιον
ἐξ αὐτοῦ πάντες. 24 καὶ εἶπεν αὐτοῖς· τοῦτό ἐστι τὸ αἷμά μου τὸ τῆς
καινῆς διαθήκης τὸ περὶ πολλῶν ἐκχυνόμενον. 25 ἀμὴν λέγω ὑμῖν ὅτι
οὐκέτι οὐ μὴ πίω ἐκ τοῦ γεννήματος τῆς ἀμπέλου ἕως τῆς ἡμέρας ἐκεί-
νης ὅταν αὐτὸ πίνω καινὸν ἐν τῇ βασιλείᾳ τοῦ Θεοῦ.

26 Καὶ ὑμνήσαντες ἐξῆλθον εἰς τὸ ὄρος τῶν ἐλαιῶν. 27 καὶ λέγει αὐ-
τοῖς ὁ Ἰησοῦς ὅτι πάντες σκανδαλισθήσεσθε ἐν ἐμοὶ ἐν τῇ νυκτὶ ταύτῃ·
ὅτι γέγραπται, πατάξω τὸν ποιμένα καὶ διασκορπισθήσονται τὰ πρόβα-
τα· 28 ἀλλὰ μετὰ τὸ ἐγερθῆναί με προάξω ὑμᾶς εἰς τὴν Γαλιλαίαν. 29
ὁ δὲ Πέτρος ἔφη αὐτῷ· καὶ εἰ πάντες σκανδαλισθήσονται, ἀλλ' οὐκ ἐγώ.
30 καὶ λέγει αὐτῷ ὁ Ἰησοῦς· ἀμὴν λέγω σοι ὅτι σὺ σήμερον ἐν τῇ νυκτὶ

ταύτῃ πρὶν ἢ δὶς ἀλέκτορα φωνῆσαι τρὶς ἀπαρνήσῃ με. 31 ὁ δὲ Πέτρος
ἐκ περισσοῦ ἔλεγε μᾶλλον· ἐάν με δέῃ συναποθανεῖν σοι, οὐ μή σε ἀ-
παρνήσομαι. ὡσαύτως δὲ καὶ πάντες ἔλεγον.

32 Καὶ ἔρχονται εἰς χωρίον οὗ τὸ ὄνομα Γεθσημανῆ, καὶ λέγει τοῖς μα-
θηταῖς αὐτοῦ· καθίσατε ὧδε ἕως προσεύξωμαι. 33 καὶ παραλαμβάνει
τὸν Πέτρον καὶ Ἰάκωβον καὶ Ἰωάννην μεθ' ἑαυτοῦ, καὶ ἤρξατο ἐκθαμ-
βεῖσθαι καὶ ἀδημονεῖν 34 καὶ λέγειν αὐτοῖς· περίλυπός ἐστιν ἡ ψυχή
μου ἕως θανάτου· μείνατε ὧδε καὶ γρηγορεῖτε. 35 καὶ προελθὼν μικρὸν
ἔπεσεν ἐπὶ πρόσωπον ἐπὶ τῆς γῆς, καὶ προσηύχετο ἵνα, εἰ δυνατόν ἐστι,
παρέλθῃ ἀπ' αὐτοῦ ἡ ὥρα, 36 καὶ ἔλεγεν· ἀββᾶ ὁ πατήρ, πάντα δυνατά
σοι· παρένεγκε τὸ ποτήριον ἀπ' ἐμοῦ τοῦτο· ἀλλ' οὐ τί ἐγὼ θέλω, ἀλλ' εἴ
τι σύ.

37 καὶ ἔρχεται καὶ εὑρίσκει αὐτοὺς καθεύδοντας, καὶ λέγει τῷ Πέτρῳ·
Σίμων, καθεύδεις; οὐκ ἴσχυσατε μίαν ὥραν γρηγορῆσαι; 38 γρηγορεῖτε
καὶ προσεύχεσθε, ἵνα μὴ εἰσέλθητε εἰς πειρασμόν· τὸ μὲν πνεῦμα πρόθυ-
μον, ἡ δὲ σὰρξ ἀσθενής. 39 καὶ πάλιν ἀπελθὼν προσηύξατο τὸν αὐτὸν
λόγον εἰπών. 40 καὶ ὑποστρέψας εὗρεν αὐτοὺς πάλιν καθεύδοντας· ἦσαν
γὰρ οἱ ὀφθαλμοὶ αὐτῶν καταβαρυνόμενοι, καὶ οὐκ ᾔδεισαν τί ἀποκριθῶ-
σιν αὐτῷ. 41 καὶ ἔρχεται τὸ τρίτον καὶ λέγει αὐτοῖς· καθεύδετε λοιπὸν
καὶ ἀναπαύεσθε. ἀπέχει· ἦλθεν ἡ ὥρα· ἰδοὺ παραδίδοται ὁ υἱὸς τοῦ ἀν-
θρώπου εἰς τὰς χεῖρας τῶν ἁμαρτωλῶν· 42 ἐγείρεσθε, ἄγωμεν· ἰδοὺ ὁ
παραδιδούς με ἤγγικε.

43 Καὶ εὐθέως, ἔτι αὐτοῦ λαλοῦντος, παραγίνεται Ἰούδας ὁ Ἰσκαριώ-
της, εἷς τῶν δώδεκα, καὶ μετ' αὐτοῦ ὄχλος πολὺς μετὰ μαχαιρῶν καὶ
ξύλων, ἀπεσταλμένοι παρὰ τῶν ἀρχιερέων καὶ γραμματέων καὶ τῶν
πρεσβυτέρων. 44 δεδώκει δὲ ὁ παραδιδοὺς αὐτὸν σύσσημον αὐτοῖς λέ-
γων· ὃν ἂν φιλήσω, αὐτός ἐστι· κρατήσατε αὐτὸν καὶ ἀπαγάγετε ἀσφα-
λῶς. 45 καὶ ἐλθὼν εὐθέως προσελθὼν αὐτῷ λέγει· χαῖρε, ραββί, καὶ κα-
τεφίλησεν αὐτόν. 46 οἱ δὲ ἐπέβαλον ἐπ' αὐτὸν τὰς χεῖρας αὐτῶν καὶ ἐ-
κράτησαν αὐτόν. 47 εἷς δέ τις τῶν παρεστηκότων σπασάμενος τὴν μά-
χαιραν ἔπαισε τὸν δοῦλον τοῦ ἀρχιερέως καὶ ἀφεῖλεν αὐτοῦ τὸ ὠτίον. 48
καὶ ἀποκριθεὶς ὁ Ἰησοῦς εἶπεν αὐτοῖς· ὡς ἐπὶ λῃστὴν ἐξήλθετε μετὰ
μαχαιρῶν καὶ ξύλων συλλαβεῖν με· 49 καθ' ἡμέραν πρὸς ὑμᾶς ἤμην ἐν
τῷ ἱερῷ διδάσκων, καὶ οὐκ ἐκρατήσατέ με. ἀλλ' ἵνα πληρωθῶσιν αἱ
γραφαί. 50 καὶ ἀφέντες αὐτὸν ἔφυγον πάντες. 51 καὶ εἷς τις νεανίσκος
ἠκολούθησεν αὐτῷ, περιβεβλημένος σινδόνα ἐπὶ γυμνοῦ· καὶ κρατοῦσιν

αὐτὸν οἱ νεανίσκοι. 52 ὁ δὲ καταλιπὼν τὴν σινδόνα γυμνὸς ἔφυγεν ἀπ' αὐτῶν.

53 Καὶ ἀπήγαγον τὸν Ἰησοῦν πρὸς τὸν ἀρχιερέα καὶ συνέρχονται αὐτῷ
πάντες οἱ ἀρχιερεῖς καὶ οἱ πρεσβύτεροι καὶ οἱ γραμματεῖς. 54 καὶ ὁ Πέ-
τρος ἀπὸ μακρόθεν ἠκολούθησεν αὐτῷ ἕως ἔσω εἰς τὴν αὐλὴν τοῦ ἀρχι-
ερέως, καὶ ἦν συγκαθήμενος μετὰ τῶν ὑπηρετῶν καὶ θερμαινόμενος
πρὸς τὸ φῶς. 55 οἱ δὲ ἀρχιερεῖς καὶ ὅλον τὸ συνέδριον ἐζήτουν κατὰ τοῦ
Ἰησοῦ μαρτυρίαν εἰς τὸ θανατῶσαι αὐτόν, καὶ οὐχ εὕρισκον· 56 πολλοὶ
γὰρ ἐψευδομαρτύρουν κατ' αὐτοῦ, καὶ ἴσαι αἱ μαρτυρίαι οὐκ ἦσαν. 57
καί τινες ἀναστάντες ἐψευδομαρτύρουν κατ' αὐτοῦ λέγοντες 58 ὅτι ἡ-
μεῖς ἠκούσαμεν αὐτοῦ λέγοντος, ὅτι ἐγὼ καταλύσω τὸν ναὸν τοῦτον τὸν
χειροποίητον καὶ διὰ τριῶν ἡμερῶν ἄλλον ἀχειροποίητον οἰκοδομήσω.
59 καὶ οὐδὲ οὕτως ἴση ἦν ἡ μαρτυρία αὐτῶν. 60 καὶ ἀναστὰς ὁ ἀρχιε-
ρεὺς εἰς τὸ μέσον ἐπηρώτα τὸν Ἰησοῦν λέγων· οὐκ ἀποκρίνῃ οὐδέν; τί
οὗτοί σου καταμαρτυροῦσιν; 61 ὁ δὲ ἐσιώπα καὶ οὐδὲν ἀπεκρίνατο. πά-
λιν ὁ ἀρχιερεὺς ἐπηρώτα αὐτὸν καὶ λέγει αὐτῷ· σὺ εἶ ὁ Χριστὸς ὁ υἱὸς
τοῦ εὐλογητοῦ; 62 ὁ δὲ Ἰησοῦς εἶπεν· ἐγώ εἰμι· καὶ ὄψεσθε τὸν υἱὸν τοῦ
ἀνθρώπου ἐκ δεξιῶν καθήμενον τῆς δυνάμεως καὶ ἐρχόμενον ἐπὶ τῶν
νεφελῶν τοῦ οὐρανοῦ. 63 ὁ δὲ ἀρχιερεὺς διαρρήξας τοὺς χιτῶνας αὐτοῦ
λέγει· τί ἔτι χρείαν ἔχομεν μαρτύρων; 64 ἠκούσατε πάντως τῆς βλα-
σφημίας· τί ὑμῖν φαίνεται; οἱ δὲ πάντες κατέκριναν αὐτὸν εἶναι ἔνοχον
θανάτου. 65 καὶ ἤρξαντό τινες ἐμπτύειν αὐτῷ καὶ περικαλύπτειν τὸ
πρόσωπον αὐτοῦ καὶ κολαφίζειν αὐτὸν καὶ λέγειν αὐτῷ· προφήτευσον ἡ-
μῖν τίς ἐστιν ὁ παίσας σε. καὶ οἱ ὑπηρέται ῥαπίσμασιν αὐτὸν ἔβαλον.

66 Καὶ ὄντος τοῦ Πέτρου κάτω ἐν τῇ αὐλῇ ἔρχεται μία τῶν παιδισκῶν
τοῦ ἀρχιερέως, 67 καὶ ἰδοῦσα τὸν Πέτρον θερμαινόμενον ἐμβλέψασα
αὐτῷ λέγει· καὶ σὺ μετὰ τοῦ Ἰησοῦ τοῦ Ναζαρηνοῦ ἦσθα. 68 ὁ δὲ ἠρνή-
σατο λέγων· οὐκ οἶδα οὐδὲ ἐπίσταμαι τί σὺ λέγεις. καὶ ἐξῆλθεν ἔξω εἰς
τὸ προαύλιον, καὶ ἀλέκτωρ ἐφώνησε. 69 καὶ ἡ παιδίσκη ἰδοῦσα αὐτὸν
πάλιν ἤρξατο λέγειν τοῖς παρεστηκόσιν ὅτι οὗτος ἐξ αὐτῶν ἐστιν. 70 ὁ
δὲ πάλιν ἠρνεῖτο. καὶ μετὰ μικρὸν πάλιν οἱ παρεστῶτες ἔλεγον τῷ Πέ-
τρῳ· ἀληθῶς ἐξ αὐτῶν εἶ· καὶ γὰρ Γαλιλαῖος εἶ καὶ ἡ λαλιά σου ὁμοιά-
ζει. 71 ὁ δὲ ἤρξατο ἀναθεματίζειν καὶ ὀμνύναι ὅτι οὐκ οἶδα τὸν ἄνθρω-
πον τοῦτον ὃν λέγετε. καὶ ἐκ δευτέρου ἀλέκτωρ ἐφώνησε. 72 καὶ ἀνε-
μνήσθη ὁ Πέτρος τὸ ῥῆμα ὃ εἶπεν αὐτῷ ὁ Ἰησοῦς ὅτι πρὶν ἀλέκτορα φω-
νῆσαι δίς, ἀπαρνήσῃ με τρίς· καὶ ἐπιβαλὼν ἔκλαιε.

ΚΑΤΑ ΜΑΡΚΟΝ

15

ΚΑΙ εὐθέως ἐπὶ τὸ πρωῒ συμβούλιον ποιήσαντες οἱ ἀρχιερεῖς μετὰ
τῶν πρεσβυτέρων καὶ γραμματέων καὶ ὅλον τὸ συνέδριον, δήσαντες
τὸν Ἰησοῦν ἀπήνεγκαν καὶ παρέδωκαν τῷ Πιλάτῳ. 2 καὶ ἐπηρώτη-
σεν αὐτὸν ὁ Πιλᾶτος· σὺ εἶ ὁ βασιλεὺς τῶν Ἰουδαίων; ὁ δὲ ἀποκριθεὶς εἶ-
πεν αὐτῷ· σὺ λέγεις. 3 καὶ κατηγόρουν αὐτοῦ οἱ ἀρχιερεῖς πολλά, αὐτὸς
δὲ οὐδὲν ἀπεκρίνατο. 4 ὁ δὲ Πιλᾶτος πάλιν ἐπηρώτα αὐτὸν λέγων· οὐκ
ἀποκρίνῃ οὐδέν; ἴδε πόσα σου καταμαρτυροῦσιν. 5 ὁ δὲ Ἰησοῦς οὐκέτι
οὐδὲν ἀπεκρίθη, ὥστε θαυμάζειν τὸν Πιλᾶτον. 6 Κατὰ δὲ ἑορτὴν ἀπέλυ-
εν αὐτοῖς ἕνα δέσμιον, ὅνπερ ᾐτοῦντο. 7 ἦν δὲ ὁ λεγόμενος Βαραββᾶς
μετὰ τῶν συστασιαστῶν δεδεμένος, οἵτινες ἐν τῇ στάσει φόνον πεποιή-
κεισαν. 8 καὶ ἀναβοήσας ὁ ὄχλος ἤρξατο αἰτεῖσθαι καθὼς ἀεὶ ἐποίει αὐ-
τοῖς. 9 ὁ δὲ Πιλᾶτος ἀπεκρίθη αὐτοῖς λέγων· θέλετε ἀπολύσω ὑμῖν τὸν
βασιλέα τῶν Ἰουδαίων; 10 ἐγίνωσκε γὰρ ὅτι διὰ φθόνον παραδεδώκει-
σαν αὐτὸν οἱ ἀρχιερεῖς. 11 οἱ δὲ ἀρχιερεῖς ἀνέσεισαν τὸν ὄχλον ἵνα μᾶλ-
λον τὸν Βαραββᾶν ἀπολύσῃ αὐτοῖς. 12 ὁ δὲ Πιλᾶτος ἀποκριθεὶς πάλιν
εἶπεν αὐτοῖς· τί οὖν θέλετε ποιήσω ὃν λέγετε τὸν βασιλέα τῶν Ἰουδαί-
ων; 13 οἱ δὲ πάλιν ἔκραξαν· σταύρωσον αὐτόν. 14 ὁ δὲ Πιλᾶτος ἔλεγεν
αὐτοῖς· τί γὰρ ἐποίησε κακόν; οἱ δὲ περισσοτέρως ἔκραξαν· σταύρωσον
αὐτόν. 15 ὁ δὲ Πιλᾶτος βουλόμενος τῷ ὄχλῳ τὸ ἱκανὸν ποιῆσαι, ἀπέλυ-
σεν αὐτοῖς τὸν Βαραββᾶν, καὶ παρέδωκε τὸν Ἰησοῦν φραγελλώσας ἵνα
σταυρωθῇ.

16 Οἱ δὲ στρατιῶται ἀπήγαγον αὐτὸν ἔσω τῆς αὐλῆς, ὅ ἐστι πραιτώρι-
ον, καὶ συγκαλοῦσιν ὅλην τὴν σπεῖραν· 17 καὶ ἐνδύουσιν αὐτὸν πορφύ-
ραν καὶ περιτιθέασιν αὐτῷ πλέξαντες ἀκάνθινον στέφανον, 18 καὶ ἤρ-
ξαντο ἀσπάζεσθαι αὐτόν. χαῖρε ὁ βασιλεὺς τῶν Ἰουδαίων· 19 καὶ ἔτυ-
πτον αὐτοῦ τὴν κεφαλὴν καλάμῳ καὶ ἐνέπτυον αὐτῷ, καὶ τιθέντες τὰ
γόνατα προσεκύνουν αὐτῷ. 20 καὶ ὅτε ἐνέπαιξαν αὐτῷ, ἐξέδυσαν αὐτὸν
τὴν πορφύραν καὶ ἐνέδυσαν αὐτὸν τὰ ἱμάτια τὰ ἴδια, καὶ ἐξάγουσιν αὐ-
τὸν ἵνα σταυρώσωσιν αὐτόν.

21 Καὶ ἀγγαρεύουσι παράγοντά τινα Σίμωνα Κυρηναῖον, ἐρχόμενον ἀπ'
ἀγροῦ, τὸν πατέρα Ἀλεξάνδρου καὶ Ῥούφου, ἵνα ἄρῃ τὸν σταυρὸν αὐτοῦ.
22 καὶ φέρουσιν αὐτὸν ἐπὶ Γολγοθᾶ τόπον, ὅ ἐστι μεθερμηνευόμενον
κρανίου τόπος. 23 καὶ ἐδίδουν αὐτῷ πιεῖν ἐσμυρνισμένον οἶνον· ὁ δὲ οὐκ

ἔλαβε. 24 καὶ σταυρώσαντες αὐτὸν διαμερίζονται τὰ ἱμάτια αὐτοῦ βάλ-
λοντες κλῆρον ἐπ' αὐτὰ τίς τί ἄρῃ. 25 ἦν δὲ ὥρα τρίτη καὶ ἐσταύρωσαν
αὐτόν. 26 καὶ ἦν ἡ ἐπιγραφὴ τῆς αἰτίας αὐτοῦ ἐπιγεγραμμένη· ὁ βασι-
λεὺς τῶν Ἰουδαίων. 27 καὶ σὺν αὐτῷ σταυροῦσι δύο λῃστάς, ἕνα ἐκ δε-
ξιῶν καὶ ἕνα ἐξ εὐωνύμων αὐτοῦ. 28 καὶ ἐπληρώθη ἡ γραφὴ ἡ λέγουσα·
καὶ μετὰ ἀνόμων ἐλογίσθη.

29 Καὶ οἱ παραπορευόμενοι ἐβλασφήμουν αὐτὸν κινοῦντες τὰς κεφαλὰς
αὐτῶν καὶ λέγοντες· οὐά, ὁ καταλύων τὸν ναὸν καὶ ἐν τρισὶν ἡμέραις οἰ-
κοδομῶν, 30 σῶσον σεαυτὸν καὶ κατάβα ἀπὸ τοῦ σταυροῦ. 31 ὁμοίως δὲ
καὶ οἱ ἀρχιερεῖς ἐμπαίζοντες πρὸς ἀλλήλους μετὰ τῶν γραμματέων ἔ-
λεγον· ἄλλους ἔσωσεν, ἑαυτὸν οὐ δύναται σῶσαι. 32 ὁ Χριστὸς ὁ βασι-
λεὺς τοῦ Ἰσραὴλ καταβάτω νῦν ἀπὸ τοῦ σταυροῦ, ἵνα ἴδωμεν καὶ πι-
στεύσωμεν αὐτῷ. καὶ οἱ συνεσταυρωμένοι αὐτῷ ὠνείδιζον αὐτόν.

33 Γενομένης δὲ ὥρας ἕκτης σκότος ἐγένετο ἐφ' ὅλην τὴν γῆν ἕως ὥ-
ρας ἐνάτης· 34 καὶ τῇ ὥρᾳ τῇ ἐνάτῃ ἐβόησεν ὁ Ἰησοῦς φωνῇ μεγάλῃ
λέγων· Ἐλωῒ Ἐλωΐ, λιμᾶ σαβαχθανί; ὅ ἐστι μεθερμηνευόμενον, ὁ Θεός
μου ὁ Θεός μου, εἰς τί με ἐγκατέλιπες; 35 καί τινες τῶν παρεστηκότων
ἀκούσαντες ἔλεγον· ἴδε Ἠλίαν φωνεῖ. 36 δραμὼν δὲ εἷς καὶ γεμίσας
σπόγγον ὄξους περιθείς τε καλάμῳ ἐπότιζεν αὐτὸν λέγων· ἄφετε ἴδωμεν
εἰ ἔρχεται Ἠλίας καθελεῖν αὐτόν. 37 ὁ δὲ Ἰησοῦς ἀφεὶς φωνὴν μεγάλην
ἐξέπνευσε. 38 καὶ τὸ καταπέτασμα τοῦ ναοῦ ἐσχίσθη εἰς δύο ἀπὸ ἄνω-
θεν ἕως κάτω. 39 Ἰδὼν δὲ ὁ κεντυρίων ὁ παρεστηκὼς ἐξ ἐναντίας αὐτοῦ
ὅτι οὕτω κράξας ἐξέπνευσεν, εἶπεν· ἀληθῶς ὁ ἄνθρωπος οὗτος υἱὸς ἦν
Θεοῦ. 40 Ἦσαν δὲ καὶ γυναῖκες ἀπὸ μακρόθεν θεωροῦσαι, ἐν αἷς ἦν καὶ
Μαρία ἡ Μαγδαληνὴ καὶ Μαρία ἡ τοῦ Ἰακώβου τοῦ μικροῦ καὶ Ἰωσῆ
μήτηρ, καὶ Σαλώμη, 41 αἳ καὶ ὅτε ἦν ἐν τῇ Γαλιλαίᾳ ἠκολούθουν αὐτῷ
καὶ διηκόνουν αὐτῷ, καὶ ἄλλαι πολλαὶ αἱ συναναβᾶσαι αὐτῷ εἰς Ἱεροσό-
λυμα.

42 Καὶ ἤδη ὀψίας γενομένης, ἐπεὶ ἦν παρασκευή, ὅ ἐστι προσάββατον,
43 ἐλθὼν Ἰωσὴφ ὁ ἀπὸ Ἀριμαθαίας, εὐσχήμων βουλευτής, ὃς καὶ αὐ-
τὸς ἦν προσδεχόμενος τὴν βασιλείαν τοῦ Θεοῦ, τολμήσας εἰσῆλθε πρὸς
Πιλᾶτον καὶ ᾐτήσατο τὸ σῶμα τοῦ Ἰησοῦ. 44 ὁ δὲ Πιλᾶτος ἐθαύμασεν
εἰ ἤδη τέθνηκε, καὶ προσκαλεσάμενος τὸν κεντυρίωνα ἐπηρώτησεν αὐ-
τὸν εἰ πάλαι ἀπέθανε· 45 καὶ γνοὺς ἀπὸ τοῦ κεντυρίωνος ἐδωρήσατο τὸ
σῶμα τῷ Ἰωσήφ. 46 καὶ ἀγοράσας σινδόνα καὶ καθελὼν αὐτὸν ἐνείλησε
τῇ σινδόνι καὶ κατέθηκεν αὐτὸν ἐν μνημείῳ, ὃ ἦν λελατομημένον ἐκ πέ-

τρας, καὶ προσεκύλισε λίθον ἐπὶ τὴν θύραν τοῦ μνημείου. 47 ἡ δὲ Μαρία
ἡ Μαγδαληνὴ καὶ Μαρία Ἰωσῆ ἐθεώρουν ποῦ τίθεται.

16

ΚΑΙ διαγενομένου τοῦ σαββάτου Μαρία ἡ Μαγδαληνὴ καὶ Μαρία ἡ
τοῦ Ἰακώβου καὶ Σαλώμη ἠγόρασαν ἀρώματα ἵνα ἐλθοῦσαι ἀλεί-
ψωσιν αὐτόν. 2 καὶ λίαν πρωῒ τῆς μιᾶς σαββάτων ἔρχονται ἐπὶ τὸ
μνημεῖον, ἀνατείλαντος τοῦ ἡλίου. 3 καὶ ἔλεγον πρὸς ἑαυτάς· τίς ἀπο-
κυλίσει ἡμῖν τὸν λίθον ἐκ τῆς θύρας τοῦ μνημείου; 4 καὶ ἀναβλέψασαι
θεωροῦσιν ὅτι ἀποκεκύλισται ὁ λίθος· ἦν γὰρ μέγας σφόδρα. 5 καὶ εἰ-
σελθοῦσαι εἰς τὸ μνημεῖον εἶδον νεανίσκον καθήμενον ἐν τοῖς δεξιοῖς,
περιβεβλημένον στολὴν λευκήν, καὶ ἐξεθαμβήθησαν. 6 ὁ δὲ λέγει αὐ-
ταῖς· μὴ ἐκθαμβεῖσθε· Ἰησοῦν ζητεῖτε τὸν Ναζαρηνὸν τὸν ἐσταυρωμέ-
νον· ἠγέρθη, οὐκ ἔστιν ὧδε· ἴδε ὁ τόπος ὅπου ἔθηκαν αὐτόν. 7 ἀλλ᾽ ὑπά-
γετε εἴπατε τοῖς μαθηταῖς αὐτοῦ καὶ τῷ Πέτρῳ ὅτι προάγει ὑμᾶς εἰς
τὴν Γαλιλαίαν· ἐκεῖ αὐτὸν ὄψεσθε, καθὼς εἶπεν ὑμῖν. 8 καὶ ἐξελθοῦσαι
ἔφυγον ἀπὸ τοῦ μνημείου· εἶχε δὲ αὐτὰς τρόμος καὶ ἔκστασις, καὶ οὐδενὶ
οὐδὲν εἶπον· ἐφοβοῦντο γάρ.

9 Ἀναστὰς δὲ πρωῒ πρώτῃ σαββάτου ἐφάνη πρῶτον Μαρίᾳ τῇ Μαγδα-
ληνῇ, ἀφ᾽ ἧς ἐκβεβλήκει ἑπτὰ δαιμόνια. 10 ἐκείνη πορευθεῖσα ἀπήγ-
γειλε τοῖς μετ᾽ αὐτοῦ γενομένοις, πενθοῦσι καὶ κλαίουσι. 11 κἀκεῖνοι ἀ-
κούσαντες ὅτι ζῇ καὶ ἐθεάθη ὑπ᾽ αὐτῆς, ἠπίστησαν. 12 Μετὰ δὲ ταῦτα
δυσὶν ἐξ αὐτῶν περιπατοῦσιν ἐφανερώθη ἐν ἑτέρᾳ μορφῇ, πορευομένοις
εἰς ἀγρόν. 13 κἀκεῖνοι ἀπελθόντες ἀπήγγειλαν τοῖς λοιποῖς· οὐδὲ ἐκεί-
νοις ἐπίστευσαν. 14 Ὕστερον ἀνακειμένοις αὐτοῖς τοῖς ἕνδεκα ἐφανερώ-
θη, καὶ ὠνείδισε τὴν ἀπιστίαν αὐτῶν καὶ σκληροκαρδίαν, ὅτι τοῖς θεα-
σαμένοις αὐτὸν ἐγηγερμένον οὐκ ἐπίστευσαν. 15 καὶ εἶπεν αὐτοῖς· πο-
ρευθέντες εἰς τὸν κόσμον ἅπαντα κηρύξατε τὸ εὐαγγέλιον πάσῃ τῇ κτί-
σει. 16 ὁ πιστεύσας καὶ βαπτισθεὶς σωθήσεται, ὁ δὲ ἀπιστήσας κατακρι-
θήσεται. 17 σημεῖα δὲ τοῖς πιστεύσασι ταῦτα παρακολουθήσει· ἐν τῷ ὀ-
νόματί μου δαιμόνια ἐκβαλοῦσι· γλώσσαις λαλήσουσι καιναῖς· 18 ὄφεις
ἀροῦσι· κἂν θανάσιμόν τι πίωσιν, οὐ μὴ αὐτοὺς βλάψει· ἐπὶ ἀρρώστους
χεῖρας ἐπιθήσουσι, καὶ καλῶς ἕξουσιν. 19 Ὁ μὲν οὖν Κύριος μετὰ τὸ

λαλῆσαι αὐτοῖς ἀνελήφθη εἰς τὸν οὐρανὸν καὶ ἐκάθισεν ἐκ δεξιῶν τοῦ
Θεοῦ. 20 ἐκεῖνοι δὲ ἐξελθόντες ἐκήρυξαν πανταχοῦ, τοῦ Κυρίου συνερ-
γοῦντος καὶ τὸν λόγον βεβαιοῦντος διὰ τῶν ἐπακολουθούντων σημείων.
ἀμήν.

Κατὰ Λουκᾶν ἅγιον Εὐαγγέλιον

ΕΠΕΙΔΗΠΕΡ πολλοὶ ἐπεχείρησαν ἀνατάξασθαι διήγησιν περὶ τῶν
πεπληροφορημένων ἐν ἡμῖν πραγμάτων 2 καθὼς παρέδοσαν ἡμῖν οἱ
ἀπ᾿ ἀρχῆς αὐτόπται καὶ ὑπηρέται γενόμενοι τοῦ λόγου, 3 ἔδοξε κἀ-
μοί, παρηκολουθηκότι ἄνωθεν πᾶσιν ἀκριβῶς, καθεξῆς σοι γράψαι, κρά-
τιστε Θεόφιλε, 4 ἵνα ἐπιγνῷς περὶ ὧν κατηχήθης λόγων τὴν ἀσφάλει-
αν.

5 Ἐγένετο ἐν ταῖς ἡμέραις Ἡρῴδου τοῦ βασιλέως τῆς Ἰουδαίας ἱερεύς
τις ὀνόματι Ζαχαρίας ἐξ ἐφημερίας Ἀβιά, καὶ ἡ γυνὴ αὐτοῦ ἐκ τῶν θυ-
γατέρων Ἀαρών, καὶ τὸ ὄνομα αὐτῆς Ἐλισάβετ. 6 ἦσαν δὲ δίκαιοι ἀμ-
φότεροι ἐνώπιον τοῦ Θεοῦ, πορευόμενοι ἐν πάσαις ταῖς ἐντολαῖς καὶ δι-
καιώμασι τοῦ Κυρίου ἄμεμπτοι. 7 καὶ οὐκ ἦν αὐτοῖς τέκνον, καθότι ἡ
Ἐλισάβετ ἦν στεῖρα, καὶ ἀμφότεροι προβεβηκότες ἐν ταῖς ἡμέραις αὐ-
τῶν ἦσαν. 8 Ἐγένετο δὲ ἐν τῷ ἱερατεύειν αὐτὸν ἐν τῇ τάξει τῆς ἐφημε-
ρίας αὐτοῦ ἔναντι τοῦ Θεοῦ, 9 κατὰ τὸ ἔθος τῆς ἱερατείας ἔλαχε τοῦ θυ-
μιᾶσαι εἰσελθὼν εἰς τὸν ναὸν τοῦ Κυρίου· 10 καὶ πᾶν τὸ πλῆθος ἦν τοῦ
λαοῦ προσευχόμενον ἔξω τῇ ὥρᾳ τοῦ θυμιάματος. 11 ὤφθη δὲ αὐτῷ ἄγ-
γελος Κυρίου ἑστὼς ἐκ δεξιῶν τοῦ θυσιαστηρίου τοῦ θυμιάματος. 12
καὶ ἐταράχθη Ζαχαρίας ἰδών, καὶ φόβος ἐπέπεσεν ἐπ᾿ αὐτόν. 13 εἶπε δὲ
πρὸς αὐτὸν ὁ ἄγγελος· μὴ φοβοῦ, Ζαχαρία· διότι εἰσηκούσθη ἡ δέησίς
σου, καὶ ἡ γυνή σου Ἐλισάβετ γεννήσει υἱόν σοι, καὶ καλέσεις τὸ ὄνομα
αὐτοῦ Ἰωάννην· 14 καὶ ἔσται χαρά σοι καὶ ἀγαλλίασις, καὶ πολλοὶ ἐπὶ
τῇ γεννήσει αὐτοῦ χαρήσονται. 15 ἔσται γὰρ μέγας ἐνώπιον τοῦ Κυρί-
ου, καὶ οἶνον καὶ σίκερα οὐ μὴ πίῃ καὶ Πνεύματος Ἁγίου πλησθήσεται
ἔτι ἐκ κοιλίας μητρὸς αὐτοῦ, 16 καὶ πολλοὺς τῶν υἱῶν Ἰσραὴλ ἐπι-

στρέψει ἐπὶ Κύριον τὸν Θεὸν αὐτῶν· 17 καὶ αὐτὸς προελεύσεται ἐνώπι-
ον αὐτοῦ ἐν πνεύματι καὶ δυνάμει Ἠλιού, ἐπιστρέψαι καρδίας πατέρων
ἐπὶ τέκνα καὶ ἀπειθεῖς ἐν φρονήσει δικαίων, ἑτοιμάσαι Κυρίῳ λαὸν κα-
τεσκευασμένον. 18 καὶ εἶπε Ζαχαρίας πρὸς τὸν ἄγγελον· κατὰ τί γνώ-
σομαι τοῦτο; ἐγὼ γάρ εἰμι πρεσβύτης καὶ ἡ γυνή μου προβεβηκυῖα ἐν
ταῖς ἡμέραις αὐτῆς. 19 καὶ ἀποκριθεὶς ὁ ἄγγελος εἶπεν αὐτῷ· ἐγώ εἰμι
Γαβριὴλ ὁ παρεστηκὼς ἐνώπιον τοῦ Θεοῦ, καὶ ἀπεστάλην λαλῆσαι
πρός σε καὶ εὐαγγελίσασθαί σοι ταῦτα. 20 καὶ ἰδοὺ ἔσῃ σιωπῶν καὶ μὴ
δυνάμενος λαλῆσαι ἄχρι ἧς ἡμέρας γένηται ταῦτα, ἀνθ' ὧν οὐκ ἐπί-
στευσας τοῖς λόγοις μου, οἵτινες πληρωθήσονται εἰς τὸν καιρὸν αὐτῶν.
21 καὶ ἦν ὁ λαὸς προσδοκῶν τὸν Ζαχαρίαν, καὶ ἐθαύμαζον ἐν τῷ χρονί-
ζειν αὐτὸν ἐν τῷ ναῷ. 22 ἐξελθὼν δὲ οὐκ ἠδύνατο λαλῆσαι αὐτοῖς, καὶ
ἐπέγνωσαν ὅτι ὀπτασίαν ἑώρακεν ἐν τῷ ναῷ· καὶ αὐτὸς ἦν διανεύων αὐ-
τοῖς, καὶ διέμενε κωφός. 23 καὶ ἐγένετο ὡς ἐπλήσθησαν αἱ ἡμέραι τῆς
λειτουργίας αὐτοῦ, ἀπῆλθεν εἰς τὸν οἶκον αὐτοῦ. 24 μετὰ δὲ ταύτας τὰς
ἡμέρας συνέλαβεν Ἐλισάβετ ἡ γυνὴ αὐτοῦ, καὶ περιέκρυβεν ἑαυτὴν
μῆνας πέντε, 25 λέγουσα ὅτι οὕτω μοι πεποίηκεν ὁ Κύριος ἐν ἡμέραις
αἷς ἐπεῖδεν ἀφελεῖν τὸ ὄνειδός μου ἐν ἀνθρώποις.

26 Ἐν δὲ τῷ μηνὶ τῷ ἕκτῳ ἀπεστάλη ὁ ἄγγελος Γαβριὴλ ὑπὸ τοῦ Θεοῦ
εἰς πόλιν τῆς Γαλιλαίας, ᾗ ὄνομα Ναζαρέτ, 27 πρὸς παρθένον μεμνη-
στευμένην ἀνδρί, ᾧ ὄνομα Ἰωσήφ, ἐξ οἴκου Δαυΐδ, καὶ τὸ ὄνομα τῆς
παρθένου Μαριάμ. 28 καὶ εἰσελθὼν ὁ ἄγγελος πρὸς αὐτὴν εἶπε· χαῖρε,
κεχαριτωμένη· ὁ Κύριος μετὰ σοῦ· εὐλογημένη σὺ ἐν γυναιξίν. 29 ἡ δὲ
ἰδοῦσα διεταράχθη ἐπὶ τῷ λόγῳ αὐτοῦ, καὶ διελογίζετο ποταπὸς εἴη ὁ ἀ-
σπασμὸς οὗτος. 30 καὶ εἶπεν ὁ ἄγγελος αὐτῇ· μὴ φοβοῦ, Μαριάμ· εὗρες
γὰρ χάριν παρὰ τῷ Θεῷ. 31 καὶ ἰδοὺ συλλήψῃ ἐν γαστρὶ καὶ τέξῃ υἱόν,
καὶ καλέσεις τὸ ὄνομα αὐτοῦ Ἰησοῦν. 32 οὗτος ἔσται μέγας καὶ υἱὸς ὑ-
ψίστου κληθήσεται, καὶ δώσει αὐτῷ Κύριος ὁ Θεὸς τὸν θρόνον Δαυῒδ
τοῦ πατρὸς αὐτοῦ, 33 καὶ βασιλεύσει ἐπὶ τὸν οἶκον Ἰακὼβ εἰς τοὺς αἰῶ-
νας, καὶ τῆς βασιλείας αὐτοῦ οὐκ ἔσται τέλος. 34 εἶπε δὲ Μαριὰμ πρὸς
τὸν ἄγγελον· πῶς ἔσται μοι τοῦτο, ἐπεὶ ἄνδρα οὐ γινώσκω; 35 καὶ ἀπο-
κριθεὶς ὁ ἄγγελος εἶπεν αὐτῇ· Πνεῦμα Ἅγιον ἐπελεύσεται ἐπὶ σὲ καὶ δύ-
ναμις ὑψίστου ἐπισκιάσει σοι· διὸ καὶ τὸ γεννώμενον ἅγιον κληθήσεται
υἱὸς Θεοῦ. 36 καὶ ἰδοὺ Ἐλισάβετ ἡ συγγενής σου καὶ αὐτὴ συνειληφυῖα
υἱὸν ἐν γήρει αὐτῆς, καὶ οὗτος μὴν ἕκτος ἐστὶν αὐτῇ τῇ καλουμένῃ
στείρᾳ· 37 ὅτι οὐκ ἀδυνατήσει παρὰ τῷ Θεῷ πᾶν ῥῆμα. 38 εἶπε δὲ Μα-

ριάμ· ἰδοὺ ἡ δούλη Κυρίου· γένοιτό μοι κατὰ τὸ ῥῆμά σου. καὶ ἀπῆλθεν
ἀπ' αὐτῆς ὁ ἄγγελος.

39 Ἀναστᾶσα δὲ Μαριὰμ ἐν ταῖς ἡμέραις ταύταις ἐπορεύθη εἰς τὴν ὀ-
ρεινὴν μετὰ σπουδῆς εἰς πόλιν Ἰούδα, 40 καὶ εἰσῆλθεν εἰς τὸν οἶκον Ζα-
χαρίου καὶ ἠσπάσατο τὴν Ἐλισάβετ. 41 καὶ ἐγένετο ὡς ἤκουσεν ἡ Ἐ-
λισάβετ τὸν ἀσπασμὸν τῆς Μαρίας, ἐσκίρτησε τὸ βρέφος ἐν τῇ κοιλίᾳ
αὐτῆς· καὶ ἐπλήσθη Πνεύματος Ἁγίου ἡ Ἐλισάβετ 42 καὶ ἀνεφώνησε
φωνῇ μεγάλῃ καὶ εἶπεν· εὐλογημένη σὺ ἐν γυναιξὶ καὶ εὐλογημένος ὁ
καρπὸς τῆς κοιλίας σου. 43 καὶ πόθεν μοι τοῦτο ἵνα ἔλθῃ ἡ μήτηρ τοῦ
Κυρίου μου πρός με; 44 ἰδοὺ γὰρ ὡς ἐγένετο ἡ φωνὴ τοῦ ἀσπασμοῦ σου
εἰς τὰ ὦτά μου, ἐσκίρτησε τὸ βρέφος ἐν ἀγαλλιάσει ἐν τῇ κοιλίᾳ μου.
45 καὶ μακαρία ἡ πιστεύσασα ὅτι ἔσται τελείωσις τοῖς λελαλημένοις
αὐτῇ παρὰ Κυρίου. 46 καὶ εἶπε Μαριάμ·

Μεγαλύνει ἡ ψυχή μου τὸν Κύριον 47 καὶ ἠγαλλίασε τὸ πνεῦμά μου
ἐπὶ τῷ Θεῷ τῷ σωτῆρί μου, 48 ὅτι ἐπέβλεψεν ἐπὶ τὴν ταπείνωσιν τῆς
δούλης αὐτοῦ. ἰδοὺ γὰρ ἀπὸ τοῦ νῦν μακαριοῦσί με πᾶσαι αἱ γενεαί· 49
ὅτι ἐποίησέ μοι μεγαλεῖα ὁ δυνατὸς καὶ ἅγιον τὸ ὄνομα αὐτοῦ, 50 καὶ τὸ
ἔλεος αὐτοῦ εἰς γενεὰς γενεῶν τοῖς φοβουμένοις αὐτόν. 51 ἐποίησε κρά-
τος ἐν βραχίονι αὐτοῦ, διεσκόρπισεν ὑπερηφάνους διανοίᾳ καρδίας αὐ-
τῶν· 52 καθεῖλε δυνάστας ἀπὸ θρόνων καὶ ὕψωσε ταπεινούς, 53 πει-
νῶντας ἐνέπλησεν ἀγαθῶν καὶ πλουτοῦντας ἐξαπέστειλε κενούς. 54 ἀν-
τελάβετο Ἰσραὴλ παιδὸς αὐτοῦ μνησθῆναι ἐλέους, 55 καθὼς ἐλάλησε
πρὸς τοὺς πατέρας ἡμῶν, τῷ Ἀβραὰμ καὶ τῷ σπέρματι αὐτοῦ εἰς τὸν
αἰῶνα.

56 Ἔμεινε δὲ Μαριὰμ σὺν αὐτῇ ὡσεὶ μῆνας τρεῖς καὶ ὑπέστρεψεν εἰς
τὸν οἶκον αὐτῆς. 57 τῇ δὲ Ἐλισάβετ ἐπλήσθη ὁ χρόνος τοῦ τεκεῖν αὐ-
τήν, καὶ ἐγέννησεν υἱόν. 58 καὶ ἤκουσαν οἱ περίοικοι καὶ οἱ συγγενεῖς
αὐτῆς ὅτι ἐμεγάλυνε Κύριος τὸ ἔλεος αὐτοῦ μετ' αὐτῆς, καὶ συνέχαιρον
αὐτῇ. 59 καὶ ἐγένετο ἐν τῇ ὀγδόῃ ἡμέρᾳ ἦλθον περιτεμεῖν τὸ παιδίον,
καὶ ἐκάλουν αὐτὸ ἐπὶ τῷ ὀνόματι τοῦ πατρὸς αὐτοῦ Ζαχαρίαν. 60 καὶ
ἀποκριθεῖσα ἡ μήτηρ αὐτοῦ εἶπεν· οὐχί, ἀλλὰ κληθήσεται Ἰωάννης. 61
καὶ εἶπον πρὸς αὐτὴν ὅτι οὐδείς ἐστιν ἐν τῇ συγγενείᾳ σου ὃς καλεῖται
τῷ ὀνόματι τούτῳ· 62 ἐνένευον δὲ τῷ πατρὶ αὐτοῦ τὸ τί ἂν θέλοι καλεῖ-
σθαι αὐτόν. 63 καὶ αἰτήσας πινακίδιον ἔγραψε λέγων· Ἰωάννης ἐστὶ τὸ
ὄνομα αὐτοῦ· καὶ ἐθαύμασαν πάντες. 64 ἀνεῴχθη δὲ τὸ στόμα αὐτοῦ
παραχρῆμα καὶ ἡ γλῶσσα αὐτοῦ, καὶ ἐλάλει εὐλογῶν τὸν Θεόν. 65 καὶ

ἐγένετο ἐπὶ πάντας φόβος τοὺς περιοικοῦντας αὐτούς, καὶ ἐν ὅλῃ τῇ ὀ-
ρεινῇ τῆς Ἰουδαίας διελαλεῖτο πάντα τὰ ῥήματα ταῦτα, 66 καὶ ἔθεντο
πάντες οἱ ἀκούσαντες ἐν τῇ καρδίᾳ αὐτῶν λέγοντες· τί ἄρα τὸ παιδίον
τοῦτο ἔσται; καὶ χεὶρ Κυρίου ἦν μετ' αὐτοῦ. 67 καὶ Ζαχαρίας ὁ πατὴρ
αὐτοῦ ἐπλήσθη Πνεύματος Ἁγίου καὶ προεφήτευσε λέγων·

68 Εὐλογητὸς Κύριος, ὁ Θεὸς τοῦ Ἰσραήλ, ὅτι ἐπεσκέψατο καὶ ἐποίησε
λύτρωσιν τῷ λαῷ αὐτοῦ, 69 καὶ ἤγειρε κέρας σωτηρίας ἡμῖν ἐν τῷ οἴκῳ
Δαυῒδ τοῦ παιδὸς αὐτοῦ, 70 καθὼς ἐλάλησε διὰ στόματος τῶν ἁγίων
τῶν ἀπ' αἰῶνος προφητῶν αὐτοῦ, 71 σωτηρίαν ἐξ ἐχθρῶν ἡμῶν καὶ ἐκ
χειρὸς πάντων τῶν μισούντων ἡμᾶς, 72 ποιῆσαι ἔλεος μετὰ τῶν πατέ-
ρων ἡμῶν καὶ μνησθῆναι διαθήκης ἁγίας αὐτοῦ, 73 ὅρκον ὃν ὤμοσε
πρὸς Ἀβραὰμ τὸν πατέρα ἡμῶν, τοῦ δοῦναι ἡμῖν 74 ἀφόβως, ἐκ χειρὸς
τῶν ἐχθρῶν ἡμῶν ρυσθέντας, λατρεύειν αὐτῷ 75 ἐν ὁσιότητι καὶ δικαι-
οσύνῃ ἐνώπιον αὐτοῦ πάσας τὰς ἡμέρας τῆς ζωῆς ἡμῶν. 76 καὶ σύ,
παιδίον, προφήτης ὑψίστου κληθήσῃ· προπορεύσῃ γὰρ πρὸ προσώπου
Κυρίου ἑτοιμάσαι ὁδοὺς αὐτοῦ, 77 τοῦ δοῦναι γνῶσιν σωτηρίας τῷ λαῷ
αὐτοῦ, ἐν ἀφέσει ἁμαρτιῶν αὐτῶν 78 διὰ σπλάγχνα ἐλέους Θεοῦ ἡμῶν,
ἐν οἷς ἐπεσκέψατο ἡμᾶς ἀνατολὴ ἐξ ὕψους 79 ἐπιφᾶναι τοῖς ἐν σκότει
καὶ σκιᾷ θανάτου καθημένοις, τοῦ κατευθῦναι τοὺς πόδας ἡμῶν εἰς ὁδὸν
εἰρήνης.

80 Τὸ δὲ παιδίον ηὔξανε καὶ ἐκραταιοῦτο πνεύματι, καὶ ἦν ἐν ταῖς ἐρή-
μοις ἕως ἡμέρας ἀναδείξεως αὐτοῦ πρὸς τὸν Ἰσραήλ.

2

ΕΓΕΝΕΤΟ δὲ ἐν ταῖς ἡμέραις ἐκείναις ἐξῆλθε δόγμα παρὰ Καίσα-
ρος Αὐγούστου ἀπογράφεσθαι πᾶσαν τὴν οἰκουμένην. 2 αὕτη ἡ ἀπο-
γραφὴ πρώτη ἐγένετο ἡγεμονεύοντος τῆς Συρίας Κυρηνίου. 3 καὶ ἐ-
πορεύοντο πάντες ἀπογράφεσθαι, ἕκαστος εἰς τὴν ἰδίαν πόλιν. 4 ἀνέβη
δὲ καὶ Ἰωσὴφ ἀπὸ τῆς Γαλιλαίας ἐκ πόλεως Ναζαρὲτ εἰς τὴν Ἰουδαίαν
εἰς πόλιν Δαυΐδ, ἥτις καλεῖται Βηθλεέμ, διὰ τὸ εἶναι αὐτὸν ἐξ οἴκου καὶ
πατριᾶς Δαυΐδ, 5 ἀπογράψασθαι σὺν Μαριὰμ τῇ μεμνηστευμένῃ αὐτῷ
γυναικί, οὔσῃ ἐγκύῳ. 6 ἐγένετο δὲ ἐν τῷ εἶναι αὐτοὺς ἐκεῖ ἐπλήσθησαν
αἱ ἡμέραι τοῦ τεκεῖν αὐτήν, 7 καὶ ἔτεκε τὸν υἱὸν αὐτῆς τὸν πρωτότοκον,

καὶ ἐσπαργάνωσεν αὐτὸν καὶ ἀνέκλινεν αὐτὸν ἐν τῇ φάτνῃ, διότι οὐκ ἦν αὐτοῖς τόπος ἐν τῷ καταλύματι.

8 Καὶ ποιμένες ἦσαν ἐν τῇ χώρᾳ τῇ αὐτῇ ἀγραυλοῦντες καὶ φυλάσσον-
τες φυλακὰς τῆς νυκτὸς ἐπὶ τὴν ποίμνην αὐτῶν. 9 καὶ ἰδοὺ ἄγγελος
Κυρίου ἐπέστη αὐτοῖς καὶ δόξα Κυρίου περιέλαμψεν αὐτούς, καὶ ἐφοβή-
θησαν φόβον μέγαν. 10 καὶ εἶπεν αὐτοῖς ὁ ἄγγελος· μὴ φοβεῖσθε· ἰδοὺ
γὰρ εὐαγγελίζομαι ὑμῖν χαρὰν μεγάλην, ἥτις ἔσται παντὶ τῷ λαῷ, 11
ὅτι ἐτέχθη ὑμῖν σήμερον σωτήρ, ὅς ἐστι Χριστὸς Κύριος, ἐν πόλει Δαυ-
ΐδ. 12 καὶ τοῦτο ὑμῖν τὸ σημεῖον· εὑρήσετε βρέφος ἐσπαργανωμένον,
κείμενον ἐν φάτνῃ. 13 καὶ ἐξαίφνης ἐγένετο σὺν τῷ ἀγγέλῳ πλῆθος
στρατιᾶς οὐρανίου αἰνούντων τὸν Θεὸν καὶ λεγόντων· 14 δόξα ἐν ὑψί-
στοις Θεῷ καὶ ἐπὶ γῆς εἰρήνη, ἐν ἀνθρώποις εὐδοκία.

15 καὶ ἐγένετο ὡς ἀπῆλθον ἀπ' αὐτῶν εἰς τὸν οὐρανὸν οἱ ἄγγελοι, καὶ οἱ
ἄνθρωποι οἱ ποιμένες εἶπον πρὸς ἀλλήλους· διέλθωμεν δὴ ἕως Βηθλεὲμ
καὶ ἴδωμεν τὸ ῥῆμα τοῦτο τὸ γεγονός, ὃ ὁ Κύριος ἐγνώρισεν ἡμῖν. 16
καὶ ἦλθον σπεύσαντες, καὶ ἀνεῦρον τήν τε Μαριὰμ καὶ τὸν Ἰωσὴφ καὶ
τὸ βρέφος κείμενον ἐν τῇ φάτνῃ. 17 ἰδόντες δὲ διεγνώρισαν περὶ τοῦ ῥή-
ματος τοῦ λαληθέντος αὐτοῖς περὶ τοῦ παιδίου τούτου· 18 καὶ πάντες οἱ
ἀκούσαντες ἐθαύμασαν περὶ τῶν λαληθέντων ὑπὸ τῶν ποιμένων πρὸς
αὐτούς. 19 ἡ δὲ Μαριὰμ πάντα συνετήρει τὰ ῥήματα ταῦτα συμβάλ-
λουσα ἐν τῇ καρδίᾳ αὐτῆς. 20 καὶ ὑπέστρεψαν οἱ ποιμένες δοξάζοντες
καὶ αἰνοῦντες τὸν Θεὸν ἐπὶ πᾶσιν οἷς ἤκουσαν καὶ εἶδον καθὼς ἐλαλήθη
πρὸς αὐτούς.

21 Καὶ ὅτε ἐπλήσθησαν αἱ ἡμέραι ὀκτὼ τοῦ περιτεμεῖν τὸ παιδίον, καὶ ἐκλήθη τὸ ὄνομα αὐτοῦ Ἰησοῦς, τὸ κληθὲν ὑπὸ τοῦ ἀγγέλου πρὸ τοῦ συλληφθῆναι αὐτὸν ἐν τῇ κοιλίᾳ.

22 Καὶ ὅτε ἐπλήσθησαν αἱ ἡμέραι τοῦ καθαρισμοῦ αὐτῶν κατὰ τὸν νό-
μον Μωϋσέως, ἀνήγαγον αὐτὸν εἰς Ἱεροσόλυμα παραστῆσαι τῷ Κυρίῳ,
23 καθὼς γέγραπται ἐν νόμῳ Κυρίου ὅτι πᾶν ἄρσεν διανοῖγον μήτραν
ἅγιον τῷ Κυρίῳ κληθήσεται, 24 καὶ τοῦ δοῦναι θυσίαν κατὰ τὸ εἰρημέ-
νον ἐν νόμῳ Κυρίου, ζεῦγος τρυγόνων ἢ δύο νεοσσοὺς περιστερῶν. 25
Καὶ ἰδοὺ ἦν ἄνθρωπος ἐν Ἱεροσολύμοις ᾧ ὄνομα Συμεών, καὶ ὁ ἄνθρω-
πος οὗτος δίκαιος καὶ εὐλαβής, προσδεχόμενος παράκλησιν τοῦ Ἰσρα-
ήλ, καὶ Πνεῦμα ἦν Ἅγιον ἐπ' αὐτόν· 26 καὶ ἦν αὐτῷ κεχρηματισμένον
ὑπὸ τοῦ Πνεύματος τοῦ Ἁγίου μὴ ἰδεῖν θάνατον πρὶν ἢ ἴδῃ τὸν Χριστὸν

Κυρίου. 27 καὶ ἦλθεν ἐν τῷ Πνεύματι εἰς τὸ ἱερόν· καὶ ἐν τῷ εἰσαγαγεῖν
τοὺς γονεῖς τὸ παιδίον Ἰησοῦν τοῦ ποιῆσαι αὐτοὺς κατὰ τὸ εἰθισμένον
τοῦ νόμου περὶ αὐτοῦ, 28 καὶ αὐτὸς ἐδέξατο αὐτὸν εἰς τὰς ἀγκάλας αὐ-
τοῦ καὶ εὐλόγησε τὸν Θεὸν καὶ εἶπε·

29 νῦν ἀπολύεις τὸν δοῦλόν σου, δέσποτα, κατὰ τὸ ῥῆμά σου ἐν εἰρήνῃ,
30 ὅτι εἶδον οἱ ὀφθαλμοί μου τὸ σωτήριόν σου, 31 ὃ ἡτοίμασας κατὰ
πρόσωπον πάντων τῶν λαῶν. 32 φῶς εἰς ἀποκάλυψιν ἐθνῶν καὶ δόξαν
λαοῦ σου Ἰσραήλ.

33 Καὶ ἦν Ἰωσὴφ καὶ ἡ μήτηρ αὐτοῦ θαυμάζοντες ἐπὶ τοῖς λαλουμέ-
νοις περὶ αὐτοῦ. 34 καὶ εὐλόγησεν αὐτοὺς Συμεὼν καὶ εἶπε πρὸς Μαρι-
ὰμ τὴν μητέρα αὐτοῦ· ἰδοὺ οὗτος κεῖται εἰς πτῶσιν καὶ ἀνάστασιν πολ-
λῶν ἐν τῷ Ἰσραὴλ καὶ εἰς σημεῖον ἀντιλεγόμενον. 35 καὶ σοῦ δὲ αὐτῆς
τὴν ψυχὴν διελεύσεται ῥομφαία, ὅπως ἂν ἀποκαλυφθῶσιν ἐκ πολλῶν
καρδιῶν διαλογισμοί.

36 Καὶ ἦν Ἄννα προφῆτις, θυγάτηρ Φανουήλ, ἐκ φυλῆς Ἀσήρ· αὕτη
προβεβηκυῖα ἐν ἡμέραις πολλαῖς, ζήσασα ἔτη μετὰ ἀνδρὸς ἑπτὰ ἀπὸ
τῆς παρθενίας αὐτῆς, 37 καὶ αὐτὴ χήρα ὡς ἐτῶν ὀγδοήκοντα τεσσάρων,
ἣ οὐκ ἀφίστατο ἀπὸ τοῦ ἱεροῦ νηστείαις καὶ δεήσεσι λατρεύουσα νύκτα
καὶ ἡμέραν· 38 καὶ αὕτη αὐτῇ τῇ ὥρᾳ ἐπιστᾶσα ἀνθωμολογεῖτο τῷ Κυ-
ρίῳ καὶ ἐλάλει περὶ αὐτοῦ πᾶσι τοῖς προσδεχομένοις λύτρωσιν ἐν Ἱερου-
σαλήμ.

39 Καὶ ὡς ἐτέλεσαν ἅπαντα τὰ κατὰ τὸν νόμον Κυρίου, ὑπέστρεψαν εἰς
τὴν Γαλιλαίαν εἰς τὴν πόλιν ἑαυτῶν Ναζαρέτ. 40 Τὸ δὲ παιδίον ηὔξανε
καὶ ἐκραταιοῦτο πνεύματι πληρούμενον σοφίας, καὶ χάρις Θεοῦ ἦν ἐπ'
αὐτό. 41 Καὶ ἐπορεύοντο οἱ γονεῖς αὐτοῦ κατ' ἔτος εἰς Ἱερουσαλὴμ τῇ
ἑορτῇ τοῦ πάσχα. 42 καὶ ὅτε ἐγένετο ἐτῶν δώδεκα, ἀναβάντων αὐτῶν
εἰς Ἱεροσόλυμα κατὰ τὸ ἔθος τῆς ἑορτῆς 43 καὶ τελειωσάντων τὰς ἡ-
μέρας, ἐν τῷ ὑποστρέφειν αὐτοὺς ὑπέμεινεν Ἰησοῦς ὁ παῖς ἐν Ἱερουσα-
λήμ, καὶ οὐκ ἔγνω Ἰωσὴφ καὶ ἡ μήτηρ αὐτοῦ. 44 νομίσαντες δὲ αὐτὸν
ἐν τῇ συνοδίᾳ εἶναι ἦλθον ἡμέρας ὁδὸν καὶ ἀνεζήτουν αὐτὸν ἐν τοῖς συγ-
γενέσι καὶ ἐν τοῖς γνωστοῖς· 45 καὶ μὴ εὑρόντες αὐτὸν ὑπέστρεψαν εἰς
Ἱερουσαλὴμ ζητοῦντες αὐτόν. 46 καὶ ἐγένετο μεθ' ἡμέρας τρεῖς εὗρον
αὐτὸν ἐν τῷ ἱερῷ καθεζόμενον ἐν μέσῳ τῶν διδασκάλων καὶ ἀκούοντα
αὐτῶν καὶ ἐπερωτῶντα αὐτούς· 47 ἐξίσταντο δὲ πάντες οἱ ἀκούοντες
αὐτοῦ ἐπὶ τῇ συνέσει καὶ ταῖς ἀποκρίσεσιν αὐτοῦ. 48 καὶ ἰδόντες αὐτὸν

ἐξεπλάγησαν, καὶ πρὸς αὐτὸν ἡ μήτηρ αὐτοῦ εἶπε· τέκνον, τί ἐποίησας
ἡμῖν οὕτως; ἰδοὺ ὁ πατήρ σου κἀγὼ ὀδυνώμενοι ἐζητοῦμέν σε. 49 καὶ
εἶπε πρὸς αὐτούς· τί ὅτι ἐζητεῖτέ με; οὐκ ᾔδειτε ὅτι ἐν τοῖς τοῦ πατρός
μου δεῖ εἶναί με; 50 καὶ αὐτοὶ οὐ συνῆκαν τὸ ῥῆμα ὃ ἐλάλησεν αὐτοῖς.
51 καὶ κατέβη μετ' αὐτῶν καὶ ἦλθεν εἰς Ναζαρέτ, καὶ ἦν ὑποτασσόμε-
νος αὐτοῖς. καὶ ἡ μήτηρ αὐτοῦ διετήρει πάντα τὰ ῥήματα ταῦτα ἐν τῇ
καρδίᾳ αὐτῆς. 52 Καὶ Ἰησοῦς προέκοπτε σοφίᾳ καὶ ἡλικίᾳ καὶ χάριτι
παρὰ Θεῷ καὶ ἀνθρώποις.

3

ἘΝ ἔτει δὲ πεντεκαιδεκάτῳ τῆς ἡγεμονίας Τιβερίου Καίσαρος, ἡγε-
μονεύοντος Ποντίου Πιλάτου τῆς Ἰουδαίας, καὶ τετραρχοῦντος τῆς
Γαλιλαίας Ἡρῴδου, Φιλίππου δὲ τοῦ ἀδελφοῦ αὐτοῦ τετραρχοῦντος
τῆς Ἰτουραίας καὶ Τραχωνίτιδος χώρας, καὶ Λυσανίου τῆς Ἀβιληνῆς
τετραρχοῦντος, 2 ἐπ' ἀρχιερέως Ἄννα καὶ Καϊάφα, ἐγένετο ῥῆμα Θεοῦ
ἐπὶ Ἰωάννην τὸν Ζαχαρίου υἱὸν ἐν τῇ ἐρήμῳ, 3 καὶ ἦλθεν εἰς πᾶσαν τὴν
περίχωρον τοῦ Ἰορδάνου κηρύσσων βάπτισμα μετανοίας εἰς ἄφεσιν ἁ-
μαρτιῶν, 4 ὡς γέγραπται ἐν βίβλῳ λόγων Ἡσαΐου τοῦ προφήτου λέ-
γοντος· φωνὴ βοῶντος ἐν τῇ ἐρήμῳ, ἑτοιμάσατε τὴν ὁδὸν Κυρίου, εὐθεί-
ας ποιεῖτε τὰς τρίβους αὐτοῦ· 5 πᾶσα φάραγξ πληρωθήσεται καὶ πᾶν ὄ-
ρος καὶ βουνὸς ταπεινωθήσεται, καὶ ἔσται τὰ σκολιὰ εἰς εὐθεῖαν καὶ αἱ
τραχεῖαι εἰς ὁδοὺς λείας, 6 καὶ ὄψεται πᾶσα σὰρξ τὸ σωτήριον τοῦ Θεοῦ.

7 Ἔλεγεν οὖν τοῖς ἐκπορευομένοις ὄχλοις βαπτισθῆναι ὑπ' αὐτοῦ· γεν-
νήματα ἐχιδνῶν, τίς ὑπέδειξεν ὑμῖν φυγεῖν ἀπὸ τῆς μελλούσης ὀργῆς; 8
ποιήσατε οὖν καρποὺς ἀξίους τῆς μετανοίας, καὶ μὴ ἄρξησθε λέγειν ἐν
ἑαυτοῖς, πατέρα ἔχομεν τὸν Ἀβραάμ· λέγω γὰρ ὑμῖν ὅτι δύναται ὁ Θεὸς
ἐκ τῶν λίθων τούτων ἐγεῖραι τέκνα τῷ Ἀβραάμ. 9 ἤδη δὲ καὶ ἡ ἀξίνη
πρὸς τὴν ῥίζαν τῶν δένδρων κεῖται· πᾶν οὖν δένδρον μὴ ποιοῦν καρπὸν
καλὸν ἐκκόπτεται καὶ εἰς πῦρ βάλλεται.

10 Καὶ ἐπηρώτων αὐτὸν οἱ ὄχλοι λέγοντες· τί οὖν ποιήσομεν; 11 ἀπο-
κριθεὶς δὲ λέγει αὐτοῖς· ὁ ἔχων δύο χιτῶνας μεταδότω τῷ μὴ ἔχοντι, καὶ
ὁ ἔχων βρώματα ὁμοίως ποιείτω. 12 ἦλθον δὲ καὶ τελῶναι βαπτισθῆναι,
καὶ εἶπον πρὸς αὐτόν· διδάσκαλε, τί ποιήσομεν; 13 ὁ δὲ εἶπε πρὸς αὐ-

τούς· μηδὲν πλέον παρὰ τὸ διατεταγμένον ὑμῖν πράσσετε. 14 ἐπηρώτων
δὲ αὐτὸν καὶ στρατευόμενοι λέγοντες· καὶ ἡμεῖς τί ποιήσομεν; καὶ εἶπε
πρὸς αὐτούς· μηδένα συκοφαντήσητε μηδὲ διασείσητε, καὶ ἀρκεῖσθε τοῖς
ὀψωνίοις ὑμῶν.

15 Προσδοκῶντος δὲ τοῦ λαοῦ καὶ διαλογιζομένων πάντων ἐν ταῖς καρ-
δίαις αὐτῶν περὶ τοῦ Ἰωάννου, μήποτε αὐτὸς εἴη ὁ Χριστός, 16 ἀπεκρί-
νατο ὁ Ἰωάννης ἅπασι λέγων· ἐγὼ μὲν ὕδατι βαπτίζω ὑμᾶς· ἔρχεται δὲ
ὁ ἰσχυρότερός μου, οὗ οὐκ εἰμὶ ἱκανὸς λῦσαι τὸν ἱμάντα τῶν ὑποδημά-
των αὐτοῦ· αὐτὸς ὑμᾶς βαπτίσει ἐν Πνεύματι Ἁγίῳ καὶ πυρί. 17 οὗ τὸ
πτύον ἐν τῇ χειρὶ αὐτοῦ καὶ διακαθαριεῖ τὴν ἅλωνα αὐτοῦ, καὶ συνάξει
τὸν σῖτον εἰς τὴν ἀποθήκην αὐτοῦ, τὸ δὲ ἄχυρον κατακαύσει πυρὶ ἀσβέ-
στῳ. 18 πολλὰ μὲν οὖν καὶ ἕτερα παρακαλῶν εὐηγγελίζετο τὸν λαόν.

19 Ὁ δὲ Ἡρῴδης ὁ τετράρχης, ἐλεγχόμενος ὑπ᾽ αὐτοῦ περὶ Ἡρῳδιάδος
τῆς γυναικὸς τοῦ ἀδελφοῦ αὐτοῦ καὶ περὶ πάντων ὧν ἐποίησε πονηρῶν ὁ
Ἡρῴδης, 20 προσέθηκε καὶ τοῦτο ἐπὶ πᾶσι καὶ κατέκλεισε τὸν Ἰωάν-
νην ἐν τῇ φυλακῇ.

21 Ἐγένετο δὲ ἐν τῷ βαπτισθῆναι ἅπαντα τὸν λαὸν καὶ Ἰησοῦ βαπτι-
σθέντος καὶ προσευχομένου ἀνεῳχθῆναι τὸν οὐρανὸν 22 καὶ καταβῆναι
τὸ Πνεῦμα τὸ Ἅγιον σωματικῷ εἴδει ὡσεὶ περιστερὰν ἐπ᾽ αὐτόν, καὶ
φωνὴν ἐξ οὐρανοῦ γενέσθαι λέγουσαν· σὺ εἶ ὁ υἱός μου ὁ ἀγαπητός, ἐν
σοὶ εὐδόκησα.

23 Καὶ αὐτὸς ἦν ὁ Ἰησοῦς ὡσεὶ ἐτῶν τριάκοντα ἀρχόμενος, ὤν, ὡς ἐνο-
μίζετο, υἱὸς Ἰωσήφ, τοῦ Ἡλί, 24 τοῦ Ματθάν, τοῦ Λευΐ, τοῦ Μελχί,
τοῦ Ἰωαννᾶ, τοῦ Ἰωσήφ, 25 τοῦ Ματταθίου, τοῦ Ἀμώς, τοῦ Ναούμ,
τοῦ Ἐσλίμ, τοῦ Ναγγαί, 26 τοῦ Μαάθ, τοῦ Ματταθίου, τοῦ Σεμεΐ, τοῦ
Ἰωσήχ, τοῦ Ἰωδᾶ, 27 τοῦ Ἰωαννάν, τοῦ Ῥησᾶ, τοῦ Ζοροβάβελ, τοῦ
Σαλαθιήλ, τοῦ Νηρί, 28 τοῦ Μελχί, τοῦ Ἀδδί, τοῦ Κωσάμ, τοῦ Ἐλμω-
δάμ, τοῦ Ἤρ, 29 τοῦ Ἰωσῆ, τοῦ Ἐλιέζερ, τοῦ Ἰωρείμ, τοῦ Ματθάτ, τοῦ
Λευΐ, 30 τοῦ Συμεών, τοῦ Ἰούδα, τοῦ Ἰωσήφ, τοῦ Ἰωνᾶ, τοῦ Ἐλιακείμ,
31 τοῦ Μελεᾶ, τοῦ Μαϊνάν, τοῦ Ματταθᾶ, τοῦ Νάθαν, τοῦ Δαυΐδ, 32
τοῦ Ἰεσσαί, τοῦ Ὠβήδ, τοῦ Βοόζ, τοῦ Σαλμών, τοῦ Ναασσών, 33 τοῦ
Ἀμιναδάβ, τοῦ Ἀράμ, τοῦ Ἰωράμ, τοῦ Ἐσρώμ, τοῦ Φαρές, τοῦ Ἰούδα,
34 τοῦ Ἰακώβ, τοῦ Ἰσαάκ, τοῦ Ἀβραάμ, τοῦ Θάρα, τοῦ Ναχώρ, 35 τοῦ
Σερούχ, τοῦ Ῥαγαῦ, τοῦ Φάλεκ, τοῦ Ἔβερ, τοῦ Σαλᾶ, 36 τοῦ Καϊνάν,
τοῦ Ἀρφαξάδ, τοῦ Σήμ, τοῦ Νῶε, τοῦ Λάμεχ, 37 τοῦ Μαθουσάλα, τοῦ

Ἐνώχ, τοῦ Ἰάρεδ, τοῦ Μαλελεήλ, τοῦ Καϊνάν, 38 τοῦ Ἐνώς, τοῦ Σήθ,
τοῦ Ἀδάμ, τοῦ Θεοῦ.

4

ΙΗΣΟΥΣ δὲ πλήρης Πνεύματος Ἁγίου ὑπέστρεψεν ἀπὸ τοῦ Ἰορδά-
νου, καὶ ἤγετο ἐν τῷ Πνεύματι εἰς τὴν ἔρημον 2 ἡμέρας τεσσαρά-
κοντα πειραζόμενος ὑπὸ τοῦ διαβόλου, καὶ οὐκ ἔφαγεν οὐδὲν ἐν ταῖς
ἡμέραις ἐκείναις· καὶ συντελεσθεισῶν αὐτῶν ὕστερον ἐπείνασε. 3 καὶ εἶ-
πεν αὐτῷ ὁ διάβολος· εἰ υἱὸς εἶ τοῦ Θεοῦ, εἰπὲ τῷ λίθῳ τούτῳ ἵνα γένη-
ται ἄρτος. 4 καὶ ἀπεκρίθη ὁ Ἰησοῦς πρὸς αὐτὸν λέγων· γέγραπται ὅτι
οὐκ ἐπ' ἄρτῳ μόνῳ ζήσεται ἄνθρωπος, ἀλλ' ἐπὶ παντὶ ρήματι ἐκπορευο-
μένῳ διὰ στόματος Θεοῦ. 5 καὶ ἀναγαγὼν αὐτὸν ὁ διάβολος εἰς ὄρος ὑ-
ψηλὸν ἔδειξεν αὐτῷ πάσας τὰς βασιλείας τῆς οἰκουμένης ἐν στιγμῇ
χρόνου, 6 καὶ εἶπεν αὐτῷ ὁ διάβολος· σοὶ δώσω τὴν ἐξουσίαν ταύτην ἅ-
πασαν καὶ τὴν δόξαν αὐτῶν, ὅτι ἐμοὶ παραδέδοται, καὶ ᾧ ἐὰν θέλω δίδω-
μι αὐτήν. 7 σὺ οὖν ἐὰν προσκυνήσῃς ἐνώπιόν μου, ἔσται σου πᾶσα. 8
καὶ ἀποκριθεὶς αὐτῷ εἶπεν ὁ Ἰησοῦς· ὕπαγε ὀπίσω μου, σατανᾶ· γέγρα-
πται γάρ, Κύριον τὸν Θεόν σου προσκυνήσεις καὶ αὐτῷ μόνῳ λατρεύ-
σεις. 9 καὶ ἤγαγεν αὐτὸν εἰς Ἱεροσόλυμα, καὶ ἔστησεν αὐτὸν ἐπὶ τὸ
πτερύγιον τοῦ ἱεροῦ καὶ εἶπεν αὐτῷ· εἰ υἱὸς εἶ τοῦ Θεοῦ, βάλε σεαυτὸν
ἐντεῦθεν κάτω· 10 γέγραπται γὰρ ὅτι τοῖς ἀγγέλοις αὐτοῦ ἐντελεῖται
περὶ σοῦ τοῦ διαφυλάξαι σε, 11 καὶ ὅτι ἐπὶ χειρῶν ἀροῦσί σε, μήποτε
προσκόψῃς πρὸς λίθον τὸν πόδα σου. 12 καὶ ἀποκριθεὶς εἶπεν αὐτῷ ὁ Ἰ-
ησοῦς ὅτι εἴρηται, οὐκ ἐκπειράσεις Κύριον τὸν Θεόν σου. 13 καὶ συντε-
λέσας πάντα πειρασμὸν ὁ διάβολος ἀπέστη ἀπ' αὐτοῦ ἄχρι καιροῦ.

14 Καὶ ὑπέστρεψεν ὁ Ἰησοῦς ἐν τῇ δυνάμει τοῦ Πνεύματος εἰς τὴν Γα-
λιλαίαν· καὶ φήμη ἐξῆλθε καθ' ὅλης τῆς περιχώρου περὶ αὐτοῦ 15 καὶ
αὐτὸς ἐδίδασκεν ἐν ταῖς συναγωγαῖς αὐτῶν δοξαζόμενος ὑπὸ πάντων.
16 καὶ ἦλθεν εἰς τὴν Ναζαρέτ, οὗ ἦν τεθραμμένος, καὶ εἰσῆλθε κατὰ τὸ
εἰωθὸς αὐτῷ ἐν τῇ ἡμέρᾳ τῶν σαββάτων εἰς τὴν συναγωγήν, καὶ ἀνέ-
στη ἀναγνῶναι. 17 καὶ ἐπεδόθη αὐτῷ βιβλίον Ἡσαΐου τοῦ προφήτου,
καὶ ἀναπτύξας τὸ βιβλίον εὗρε τὸν τόπον οὗ ἦν γεγραμμένον· 18 Πνεῦ-
μα Κυρίου ἐπ' ἐμέ, οὗ εἵνεκεν ἔχρισέ με, εὐαγγελίσασθαι πτωχοῖς ἀπέ-

σταλκέ με, ἰάσασθαι τοὺς συντετριμμένους τὴν καρδίαν, 19 κηρῦξαι αἰ-
χμαλώτοις ἄφεσιν καὶ τυφλοῖς ἀνάβλεψιν, ἀποστεῖλαι τεθραυσμένους ἐν
ἀφέσει, κηρῦξαι ἐνιαυτὸν Κυρίου δεκτόν. 20 καὶ πτύξας τὸ βιβλίον ἀπο-
δοὺς τῷ ὑπηρέτῃ ἐκάθισε· καὶ πάντων ἐν τῇ συναγωγῇ οἱ ὀφθαλμοὶ ἦ-
σαν ἀτενίζοντες αὐτῷ. 21 ἤρξατο δὲ λέγειν πρὸς αὐτοὺς ὅτι σήμερον
πεπλήρωται ἡ γραφὴ αὕτη ἐν τοῖς ὠσὶν ὑμῶν. 22 καὶ πάντες ἐμαρτύ-
ρουν αὐτῷ καὶ ἐθαύμαζον ἐπὶ τοῖς λόγοις τῆς χάριτος τοῖς ἐκπορευομέ-
νοις ἐκ τοῦ στόματος αὐτοῦ καὶ ἔλεγον· οὐχ οὗτός ἐστιν ὁ υἱὸς Ἰωσήφ;
23 καὶ εἶπε πρὸς αὐτούς· πάντως ἐρεῖτέ μοι τὴν παραβολὴν ταύτην· ἰα-
τρέ, θεράπευσον σεαυτόν· ὅσα ἠκούσαμεν γενόμενα ἐν τῇ Καπερναούμ,
ποίησον καὶ ὧδε ἐν τῇ πατρίδι σου. 24 εἶπε δέ· ἀμὴν λέγω ὑμῖν ὅτι οὐ-
δεὶς προφήτης δεκτός ἐστιν ἐν τῇ πατρίδι αὐτοῦ. 25 ἐπ' ἀληθείας δὲ λέ-
γω ὑμῖν, πολλαὶ χῆραι ἦσαν ἐν ταῖς ἡμέραις Ἠλιοὺ ἐν τῷ Ἰσραήλ, ὅτε
ἐκλείσθη ὁ οὐρανὸς ἐπὶ ἔτη τρία καὶ μῆνας ἕξ, ὡς ἐγένετο λιμὸς μέγας
ἐπὶ πᾶσαν τὴν γῆν, 26 καὶ πρὸς οὐδεμίαν αὐτῶν ἐπέμφθη Ἠλίας εἰ μὴ
εἰς Σάρεπτα τῆς Σιδωνίας πρὸς γυναῖκα χήραν. 27 καὶ πολλοὶ λεπροὶ
ἦσαν ἐπὶ Ἐλισαίου τοῦ προφήτου ἐν τῷ Ἰσραήλ, καὶ οὐδεὶς αὐτῶν ἐκα-
θαρίσθη εἰ μὴ Νεεμὰν ὁ Σύρος. 28 καὶ ἐπλήσθησαν πάντες θυμοῦ ἐν τῇ
συναγωγῇ ἀκούοντες ταῦτα, 29 καὶ ἀναστάντες ἐξέβαλον αὐτὸν ἔξω
τῆς πόλεως καὶ ἤγαγον αὐτὸν ἕως ὀφρύος τοῦ ὄρους, ἐφ' οὗ ἡ πόλις αὐ-
τῶν ᾠκοδόμητο, εἰς τὸ κατακρημνίσαι αὐτόν. 30 αὐτὸς δὲ διελθὼν διὰ
μέσου αὐτῶν ἐπορεύετο.

31 Καὶ κατῆλθεν εἰς Καπερναοὺμ πόλιν τῆς Γαλιλαίας, καὶ ἦν διδά-
σκων αὐτοὺς ἐν τοῖς σάββασι· 32 καὶ ἐξεπλήσσοντο ἐπὶ τῇ διδαχῇ αὐ-
τοῦ, ὅτι ἐν ἐξουσίᾳ ἦν ὁ λόγος αὐτοῦ.

33 Καὶ ἐν τῇ συναγωγῇ ἦν ἄνθρωπος ἔχων πνεῦμα δαιμονίου ἀκαθάρ-
του, καὶ ἀνέκραξε φωνῇ μεγάλῃ 34 λέγων· ἔα, τί ἡμῖν καὶ σοί, Ἰησοῦ
Ναζαρηνέ; ἦλθες ἀπολέσαι ἡμᾶς; οἶδά σε τίς εἶ, ὁ ἅγιος τοῦ Θεοῦ. 35
καὶ ἐπετίμησεν αὐτῷ ὁ Ἰησοῦς λέγων· φιμώθητι καὶ ἔξελθε ἐξ αὐτοῦ.
καὶ ρῖψαν αὐτὸν τὸ δαιμόνιον εἰς τὸ μέσον ἐξῆλθεν ἀπ' αὐτοῦ, μηδὲν
βλάψαν αὐτόν. 36 καὶ ἐγένετο θάμβος ἐπὶ πάντας, καὶ συνελάλουν πρὸς
ἀλλήλους λέγοντες· τίς ὁ λόγος οὗτος, ὅτι ἐν ἐξουσίᾳ καὶ δυνάμει ἐπι-
τάσσει τοῖς ἀκαθάρτοις πνεύμασι, καὶ ἐξέρχονται; 37 καὶ ἐξεπορεύετο
ἦχος περὶ αὐτοῦ εἰς πάντα τόπον τῆς περιχώρου.

38 Ἀναστὰς δὲ ἐκ τῆς συναγωγῆς εἰσῆλθεν εἰς τὴν οἰκίαν Σίμωνος.
πενθερὰ δὲ τοῦ Σίμωνος ἦν συνεχομένη πυρετῷ μεγάλῳ, καὶ ἠρώτησαν

αὐτὸν περὶ αὐτῆς. 39 καὶ ἐπιστὰς ἐπάνω αὐτῆς ἐπετίμησε τῷ πυρετῷ,
καὶ ἀφῆκεν αὐτήν· παραχρῆμα δὲ ἀναστᾶσα διηκόνει αὐτοῖς. 40 Δύνον-
τος δὲ τοῦ ἡλίου πάντες ὅσοι εἶχον ἀσθενοῦντας νόσοις ποικίλαις ἤγαγον
αὐτοὺς πρὸς αὐτόν· ὁ δὲ ἑνὶ ἑκάστῳ αὐτῶν τὰς χεῖρας ἐπιτιθεὶς ἐθερά-
πευσεν αὐτούς. 41 ἐξήρχετο δὲ καὶ δαιμόνια ἀπὸ πολλῶν κραυγάζοντα
καὶ λέγοντα ὅτι σὺ εἶ ὁ Χριστὸς ὁ υἱὸς τοῦ Θεοῦ. καὶ ἐπιτιμῶν οὐκ εἴα
αὐτὰ λαλεῖν, ὅτι ᾔδεισαν τὸν Χριστὸν αὐτὸν εἶναι. 42 γενομένης δὲ ἡ-
μέρας ἐξελθὼν ἐπορεύθη εἰς ἔρημον τόπον· καὶ οἱ ὄχλοι ἐπεζήτουν αὐ-
τόν, καὶ ἦλθον ἕως αὐτοῦ καὶ κατεῖχον αὐτὸν τοῦ μὴ πορεύεσθαι ἀπ' αὐ-
τῶν. 43 ὁ δὲ εἶπε πρὸς αὐτοὺς ὅτι καὶ ταῖς ἑτέραις πόλεσιν εὐαγγελίσα-
σθαί με δεῖ τὴν βασιλείαν τοῦ Θεοῦ· ὅτι εἰς τοῦτο ἀπέσταλμαι. 44 καὶ
ἦν κηρύσσων εἰς τὰς συναγωγὰς τῆς Γαλιλαίας.

5

ἘΓΕΝΕΤΟ δὲ ἐν τῷ τὸν ὄχλον ἐπικεῖσθαι αὐτῷ τοῦ ἀκούειν τὸν λό-
γον τοῦ Θεοῦ καὶ αὐτὸς ἦν ἑστὼς παρὰ τὴν λίμνην Γεννησαρέτ, 2
καὶ εἶδε δύο πλοῖα ἑστῶτα παρὰ τὴν λίμνην· οἱ δὲ ἁλιεῖς ἀποβάντες
ἀπ' αὐτῶν ἀπέπλυναν τὰ δίκτυα. 3 ἐμβὰς δὲ εἰς ἓν τῶν πλοίων, ὃ ἦν τοῦ
Σίμωνος, ἠρώτησεν αὐτὸν ἀπὸ τῆς γῆς ἐπαναγαγεῖν ὀλίγον· καὶ καθί-
σας ἐδίδασκεν ἐκ τοῦ πλοίου τοὺς ὄχλους. 4 ὡς δὲ ἐπαύσατο λαλῶν, εἶ-
πε πρὸς τὸν Σίμωνα· ἐπανάγαγε εἰς τὸ βάθος καὶ χαλάσατε τὰ δίκτυα
ὑμῶν εἰς ἄγραν. 5 καὶ ἀποκριθεὶς ὁ Σίμων εἶπεν αὐτῷ· ἐπιστάτα, δι' ὅ-
λης τῆς νυκτὸς κοπιάσαντες οὐδὲν ἐλάβομεν· ἐπὶ δὲ τῷ ῥήματί σου χα-
λάσω τὸ δίκτυον. 6 καὶ τοῦτο ποιήσαντες συνέκλεισαν πλῆθος ἰχθύων
πολύ· διερρήγνυτο δὲ τὸ δίκτυον αὐτῶν. 7 καὶ κατένευσαν τοῖς μετόχοις
τοῖς ἐν τῷ ἑτέρῳ πλοίῳ τοῦ ἐλθόντας συλλαβέσθαι αὐτοῖς· καὶ ἦλθον
καὶ ἔπλησαν ἀμφότερα τὰ πλοῖα, ὥστε βυθίζεσθαι αὐτά. 8 ἰδὼν δὲ Σί-
μων Πέτρος προσέπεσε τοῖς γόνασιν Ἰησοῦ λέγων· ἔξελθε ἀπ' ἐμοῦ, ὅτι
ἀνὴρ ἁμαρτωλός εἰμι, Κύριε· 9 θάμβος γὰρ περιέσχεν αὐτὸν καὶ πάντας
τοὺς σὺν αὐτῷ ἐπὶ τῇ ἄγρᾳ τῶν ἰχθύων ᾗ συνέλαβον, 10 ὁμοίως δὲ καὶ
Ἰάκωβον καὶ Ἰωάννην, υἱοὺς Ζεβεδαίου, οἳ ἦσαν κοινωνοὶ τῷ Σίμωνι.
καὶ εἶπε πρὸς τὸν Σίμωνα ὁ Ἰησοῦς· μὴ φοβοῦ· ἀπὸ τοῦ νῦν ἀνθρώπους
ἔσῃ ζωγρῶν. 11 καὶ καταγαγόντες τὰ πλοῖα ἐπὶ τὴν γῆν, ἀφέντες ἅ-
παντα ἠκολούθησαν αὐτῷ.

12 Καὶ ἐγένετο ἐν τῷ εἶναι αὐτὸν ἐν μιᾷ τῶν πόλεων καὶ ἰδοὺ ἀνὴρ
πλήρης λέπρας· καὶ ἰδὼν τὸν Ἰησοῦν, πεσὼν ἐπὶ πρόσωπον ἐδεήθη αὐ-
τοῦ λέγων· Κύριε, ἐὰν θέλῃς δύνασαί με καθαρίσαι. 13 καὶ ἐκτείνας τὴν
χεῖρα ἥψατο αὐτοῦ εἰπών· θέλω, καθαρίσθητι. καὶ εὐθέως ἡ λέπρα ἀ-
πῆλθεν ἀπ' αὐτοῦ. 14 καὶ αὐτὸς παρήγγειλεν αὐτῷ μηδενὶ εἰπεῖν, ἀλλὰ
ἀπελθὼν δεῖξον σεαυτὸν τῷ ἱερεῖ καὶ προσένεγκε περὶ τοῦ καθαρισμοῦ
σου καθὼς προσέταξε Μωϋσῆς εἰς μαρτύριον αὐτοῖς. 15 διήρχετο δὲ
μᾶλλον ὁ λόγος περὶ αὐτοῦ, καὶ συνήρχοντο ὄχλοι πολλοὶ ἀκούειν καὶ
θεραπεύεσθαι ὑπ' αὐτοῦ ἀπὸ τῶν ἀσθενειῶν αὐτῶν· 16 αὐτὸς δὲ ἦν ὑπο-
χωρῶν ἐν ταῖς ἐρήμοις καὶ προσευχόμενος.

17 Καὶ ἐγένετο ἐν μιᾷ τῶν ἡμερῶν καὶ αὐτὸς ἦν διδάσκων, καὶ ἦσαν
καθήμενοι Φαρισαῖοι καὶ νομοδιδάσκαλοι, οἳ ἦσαν ἐληλυθότες ἐκ πάσης
κώμης τῆς Γαλιλαίας καὶ Ἰουδαίας καὶ Ἱερουσαλήμ· καὶ δύναμις Κυ-
ρίου ἦν εἰς τὸ ἰᾶσθαι αὐτούς. 18 καὶ ἰδοὺ ἄνδρες φέροντες ἐπὶ κλίνης ἄν-
θρωπον ὃς ἦν παραλελυμένος καὶ ἐζήτουν αὐτὸν εἰσενεγκεῖν καὶ θεῖναι
ἐνώπιον αὐτοῦ. 19 καὶ μὴ εὑρόντες ποίας εἰσενέγκωσιν αὐτὸν διὰ τὸν ὄ-
χλον, ἀναβάντες ἐπὶ τὸ δῶμα διὰ τῶν κεράμων καθῆκαν αὐτὸν σὺν τῷ
κλινιδίῳ εἰς τὸ μέσον ἔμπροσθεν τοῦ Ἰησοῦ. 20 καὶ ἰδὼν τὴν πίστιν αὐ-
τῶν εἶπεν αὐτῷ· ἄνθρωπε, ἀφέωνταί σοι αἱ ἁμαρτίαι σου. 21 καὶ ἤρξαν-
το διαλογίζεσθαι οἱ γραμματεῖς καὶ οἱ Φαρισαῖοι λέγοντες· τίς ἐστιν οὗ-
τος ὃς λαλεῖ βλασφημίας· τίς δύναται ἀφιέναι ἁμαρτίας εἰ μὴ μόνος ὁ
Θεός; 22 ἐπιγνοὺς δὲ ὁ Ἰησοῦς τοὺς διαλογισμοὺς αὐτῶν ἀποκριθεὶς εἶ-
πε πρὸς αὐτούς· τί διαλογίζεσθε ἐν ταῖς καρδίαις ὑμῶν; 23 τί ἐστιν εὐ-
κοπώτερον, εἰπεῖν, ἀφέωνταί σοι αἱ ἁμαρτίαι σου, ἢ εἰπεῖν, ἔγειρε καὶ
περιπάτει; 24 ἵνα δὲ εἰδῆτε ὅτι ἐξουσίαν ἔχει ὁ υἱὸς τοῦ ἀνθρώπου ἐπὶ
τῆς γῆς ἀφιέναι ἁμαρτίας — εἶπε τῷ παραλελυμένῳ· σοὶ λέγω, ἔγειρε
καὶ ἄρας τὸ κλινίδιόν σου πορεύου εἰς τὸν οἶκόν σου. 25 καὶ παραχρῆμα
ἀναστὰς ἐνώπιον αὐτῶν, ἄρας ἐφ' ὃ κατέκειτο ἀπῆλθεν εἰς τὸν οἶκον αὐ-
τοῦ δοξάζων τὸν Θεόν. 26 καὶ ἔκστασις ἔλαβεν ἅπαντας καὶ ἐδόξαζον
τὸν Θεόν, καὶ ἐπλήσθησαν φόβου λέγοντες ὅτι εἴδομεν παράδοξα σήμε-
ρον.

27 Καὶ μετὰ ταῦτα ἐξῆλθε καὶ ἐθεάσατο τελώνην ὀνόματι Λευΐν, καθή-
μενον ἐπὶ τὸ τελώνιον, καὶ εἶπεν αὐτῷ· ἀκολούθει μοι. 28 καὶ καταλι-
πὼν ἅπαντα ἀναστὰς ἠκολούθησεν αὐτῷ. 29 καὶ ἐποίησε δοχὴν μεγά-
λην Λευῒς αὐτῷ ἐν τῇ οἰκίᾳ αὐτοῦ, καὶ ἦν ὄχλος τελωνῶν πολὺς καὶ ἄλ-
λων οἳ ἦσαν μετ' αὐτῶν κατακείμενοι. 30 καὶ ἐγόγγυζον οἱ γραμματεῖς

αὐτῶν καὶ οἱ Φαρισαῖοι πρὸς τοὺς μαθητὰς αὐτοῦ λέγοντες· διατί μετὰ τῶν τελωνῶν καὶ ἁμαρτωλῶν ἐσθίετε καὶ πίνετε; 31 καὶ ἀποκριθεὶς ὁ Ἰησοῦς εἶπε πρὸς αὐτούς· οὐ χρείαν ἔχουσιν οἱ ὑγιαίνοντες ἰατροῦ, ἀλλ' οἱ κακῶς ἔχοντες· 32 οὐκ ἐλήλυθα καλέσαι δικαίους, ἀλλὰ ἁμαρτωλοὺς εἰς μετάνοιαν.

33 Οἱ δὲ εἶπον πρὸς αὐτόν· διατί οἱ μαθηταὶ Ἰωάννου νηστεύουσι πυκνὰ καὶ δεήσεις ποιοῦνται, ὁμοίως καὶ οἱ τῶν Φαρισαίων, οἱ δὲ σοὶ ἐσθίουσι καὶ πίνουσιν; 34 ὁ δὲ εἶπε πρὸς αὐτούς· μὴ δύνασθε τοὺς υἱοὺς τοῦ νυμφῶνος, ἐν ᾧ ὁ νυμφίος μετ' αὐτῶν ἐστι, ποιῆσαι νηστεύειν; 35 ἐλεύσονται δὲ ἡμέραι, καὶ ὅταν ἀπαρθῇ ἀπ' αὐτῶν ὁ νυμφίος, τότε νηστεύσουσιν ἐν ἐκείναις ταῖς ἡμέραις. 36 ἔλεγε δὲ καὶ παραβολὴν πρὸς αὐτοὺς ὅτι οὐδεὶς ἐπίβλημα ἱματίου καινοῦ ἐπιβάλλει ἐπὶ ἱμάτιον παλαιόν· εἰ δὲ μήγε, καὶ τὸ καινὸν σχίσει καὶ τῷ παλαιῷ οὐ συμφωνεῖ τὸ ἐπίβλημα τὸ ἀπὸ τοῦ καινοῦ. 37 καὶ οὐδεὶς βάλλει οἶνον νέον εἰς ἀσκοὺς παλαιούς· εἰ δὲ μήγε, ρήξει ὁ οἶνος ὁ νέος τοὺς ἀσκούς, καὶ αὐτὸς ἐκχυθήσεται καὶ οἱ ἀσκοὶ ἀπολοῦνται· 38 ἀλλὰ οἶνον νέον εἰς ἀσκοὺς καινοὺς βλητέον, καὶ ἀμφότεροι συντηροῦνται. 39 καὶ οὐδεὶς πιὼν παλαιὸν εὐθέως θέλει νέον· λέγει γάρ· ὁ παλαιὸς χρηστότερός ἐστιν.

6

ΕΓΕΝΕΤΟ δὲ ἐν σαββάτῳ δευτεροπρώτῳ διαπορεύεσθαι αὐτὸν διὰ τῶν σπορίμων· καὶ ἔτιλλον οἱ μαθηταὶ αὐτοῦ τοὺς στάχυας καὶ ἤσθιον ψώχοντες ταῖς χερσί. 2 τινὲς δὲ τῶν Φαρισαίων εἶπον αὐτοῖς· τί ποιεῖτε ὃ οὐκ ἔξεστι ποιεῖν ἐν τοῖς σάββασι; 3 καὶ ἀποκριθεὶς πρὸς αὐτοὺς εἶπεν ὁ Ἰησοῦς· οὐδὲ τοῦτο ἀνέγνωτε ὃ ἐποίησε Δαυῒδ ὁπότε ἐπείνασεν αὐτὸς καὶ οἱ μετ' αὐτοῦ ὄντες; 4 ὡς εἰσῆλθεν εἰς τὸν οἶκον τοῦ Θεοῦ καὶ τοὺς ἄρτους τῆς προθέσεως ἔλαβε καὶ ἔφαγε, καὶ ἔδωκε καὶ τοῖς μετ' αὐτοῦ, οὓς οὐκ ἔξεστι φαγεῖν εἰ μὴ μόνους τοὺς ἱερεῖς; 5 καὶ ἔλεγεν αὐτοῖς ὅτι κύριός ἐστιν ὁ υἱὸς τοῦ ἀνθρώπου καὶ τοῦ σαββάτου. 6 ἐγένετο δὲ καὶ ἐν ἑτέρῳ σαββάτῳ εἰσελθεῖν αὐτὸν εἰς τὴν συναγωγὴν καὶ διδάσκειν· καὶ ἦν ἐκεῖ ἄνθρωπος, καὶ ἡ χεὶρ αὐτοῦ ἡ δεξιὰ ἦν ξηρά. 7 παρετήρουν δὲ οἱ γραμματεῖς καὶ οἱ Φαρισαῖοι εἰ ἐν τῷ σαββάτῳ θεραπεύσει, ἵνα εὕρωσι κατηγορίαν αὐτοῦ. 8 αὐτὸς δὲ ᾔδει τοὺς διαλογι-

σμοὺς αὐτῶν, καὶ εἶπε τῷ ἀνθρώπῳ τῷ ξηρὰν ἔχοντι τὴν χεῖρα· ἔγειρε
καὶ στῆθι εἰς τὸ μέσον. ὁ δὲ ἀναστὰς ἔστη. 9 εἶπεν οὖν ὁ Ἰησοῦς πρὸς
αὐτούς· ἐπερωτήσω ὑμᾶς τί ἔξεστι τοῖς σάββασιν, ἀγαθοποιῆσαι ἢ κα-
κοποιῆσαι, ψυχὴν σῶσαι ἢ ἀποκτεῖναι; 10 καὶ περιβλεψάμενος πάντας
αὐτοὺς εἶπεν αὐτῷ· ἔκτεινον τὴν χεῖρά σου. ὁ δὲ ἐποίησε, καὶ ἀποκατε-
στάθη ἡ χεὶρ αὐτοῦ ὡς ἡ ἄλλη. 11 αὐτοὶ δὲ ἐπλήσθησαν ἀνοίας, καὶ δι-
ελάλουν πρὸς ἀλλήλους τί ἂν ποιήσειαν τῷ Ἰησοῦ.

12 Ἐγένετο δὲ ἐν ταῖς ἡμέραις ταύταις ἐξῆλθεν εἰς τὸ ὄρος προσεύξα-
σθαι καὶ ἦν διανυκτερεύων ἐν τῇ προσευχῇ τοῦ Θεοῦ. 13 καὶ ὅτε ἐγένε-
το ἡμέρα, προσεφώνησε τοὺς μαθητὰς αὐτοῦ, καὶ ἐκλεξάμενος ἀπ' αὐ-
τῶν δώδεκα, οὓς καὶ ἀποστόλους ὠνόμασε, 14 Σίμωνα, ὃν καὶ ὠνόμασε
Πέτρον, καὶ Ἀνδρέαν τὸν ἀδελφὸν αὐτοῦ, Ἰάκωβον καὶ Ἰωάννην, Φί-
λιππον καὶ Βαρθολομαῖον, 15 Ματθαῖον καὶ Θωμᾶν, Ἰάκωβον τὸν τοῦ
Ἀλφαίου καὶ Σίμωνα τὸν καλούμενον Ζηλωτήν, 16 Ἰούδαν Ἰακώβου
καὶ Ἰούδαν Ἰσκαριώτην, ὃς καὶ ἐγένετο προδότης, 17 καὶ καταβὰς μετ'
αὐτῶν ἔστη ἐπὶ τόπου πεδινοῦ, καὶ ὄχλος μαθητῶν αὐτοῦ, καὶ πλῆθος
πολὺ τοῦ λαοῦ ἀπὸ πάσης τῆς Ἰουδαίας καὶ Ἱερουσαλὴμ καὶ τῆς παρα-
λίου Τύρου καὶ Σιδῶνος, οἳ ἦλθον ἀκοῦσαι αὐτοῦ καὶ ἰαθῆναι ἀπὸ τῶν
νόσων αὐτῶν, 18 καὶ οἱ ὀχλούμενοι ἀπὸ πνευμάτων ἀκαθάρτων, καὶ ἐ-
θεραπεύοντο· 19 καὶ πᾶς ὁ ὄχλος ἐζήτει ἅπτεσθαι αὐτοῦ, ὅτι δύναμις
παρ' αὐτοῦ ἐξήρχετο καὶ ἰᾶτο πάντας. 20 καὶ αὐτὸς ἐπάρας τοὺς ὀφθαλ-
μοὺς αὐτοῦ εἰς τοὺς μαθητὰς αὐτοῦ ἔλεγε·

μακάριοι οἱ πτωχοί, ὅτι ὑμετέρα ἐστὶν ἡ βασιλεία τοῦ Θεοῦ. 21 μακάρι-
οι οἱ πεινῶντες νῦν, ὅτι χορτασθήσεσθε. μακάριοι οἱ κλαίοντες νῦν, ὅτι
γελάσετε. 22 μακάριοί ἐστε ὅταν μισήσωσιν ὑμᾶς οἱ ἄνθρωποι, καὶ ὅταν
ἀφορίσωσιν ὑμᾶς καὶ ὀνειδίσωσι καὶ ἐκβάλωσι τὸ ὄνομα ὑμῶν ὡς πονη-
ρὸν ἕνεκα τοῦ υἱοῦ τοῦ ἀνθρώπου. 23 χάρητε ἐν ἐκείνῃ τῇ ἡμέρᾳ καὶ
σκιρτήσατε· ἰδοὺ γὰρ ὁ μισθὸς ὑμῶν πολὺς ἐν τῷ οὐρανῷ· κατὰ τὰ αὐτὰ
γὰρ ἐποίουν τοῖς προφήταις οἱ πατέρες αὐτῶν. 24 πλὴν οὐαὶ ὑμῖν τοῖς
πλουσίοις, ὅτι ἀπέχετε τὴν παράκλησιν ὑμῶν. 25 οὐαὶ ὑμῖν οἱ ἐμπε-
πλησμένοι, ὅτι πεινάσετε. οὐαὶ ὑμῖν οἱ γελῶντες νῦν, ὅτι πενθήσετε καὶ
κλαύσετε. 26 οὐαὶ ὅταν καλῶς ὑμᾶς εἴπωσι πάντες οἱ ἄνθρωποι· κατὰ
τὰ αὐτὰ γὰρ ἐποίουν τοῖς ψευδοπροφήταις οἱ πατέρες αὐτῶν.

27 Ἀλλὰ ὑμῖν λέγω τοῖς ἀκούουσιν· ἀγαπᾶτε τοὺς ἐχθροὺς ὑμῶν, κα-
λῶς ποιεῖτε τοῖς μισοῦσιν ὑμᾶς, 28 εὐλογεῖτε τοὺς καταρωμένους ὑμῖν,
προσεύχεσθε ὑπὲρ τῶν ἐπηρεαζόντων ὑμᾶς. 29 τῷ τύπτοντί σε ἐπὶ τὴν

σιαγόνα πάρεχε καὶ τὴν ἄλλην, καὶ ἀπὸ τοῦ αἴροντός σου τὸ ἱμάτιον καὶ
τὸν χιτῶνα μὴ κωλύσῃς. 30 παντὶ δὲ τῷ αἰτοῦντί σε δίδου, καὶ ἀπὸ τοῦ
αἴροντος τὰ σὰ μὴ ἀπαίτει. 31 καὶ καθὼς θέλετε ἵνα ποιῶσιν ὑμῖν οἱ ἄν-
θρωποι, καὶ ὑμεῖς ποιεῖτε αὐτοῖς ὁμοίως. 32 καὶ εἰ ἀγαπᾶτε τοὺς ἀγα-
πῶντας ὑμᾶς, ποία ὑμῖν χάρις ἐστί; καὶ γὰρ οἱ ἁμαρτωλοὶ τοὺς ἀγα-
πῶντας αὐτοὺς ἀγαπῶσι. 33 καὶ ἐὰν ἀγαθοποιῆτε τοὺς ἀγαθοποιοῦντας
ὑμᾶς, ποία ὑμῖν χάρις ἐστί; καὶ γὰρ οἱ ἁμαρτωλοὶ τὸ αὐτὸ ποιοῦσι. 34
καὶ ἐὰν δανείζητε παρ' ὧν ἐλπίζετε ἀπολαβεῖν, ποία ὑμῖν χάρις ἐστί; καὶ
γὰρ ἁμαρτωλοὶ ἁμαρτωλοῖς δανείζουσιν ἵνα ἀπολάβωσι τὰ ἴσα. 35 πλὴν
ἀγαπᾶτε τοὺς ἐχθροὺς ὑμῶν καὶ ἀγαθοποιεῖτε καὶ δανείζετε μηδὲν ἀ-
πελπίζοντες, καὶ ἔσται ὁ μισθὸς ὑμῶν πολύς, καὶ ἔσεσθε υἱοὶ ὑψίστου,
ὅτι αὐτὸς χρηστός ἐστιν ἐπὶ τοὺς ἀχαρίστους καὶ πονηρούς. 36 Γίνεσθε
οὖν οἰκτίρμονες, καθὼς καὶ ὁ πατὴρ ὑμῶν οἰκτίρμων ἐστί.

37 Καὶ μὴ κρίνετε, καὶ οὐ μὴ κριθῆτε· μὴ καταδικάζετε, καὶ οὐ μὴ κα-
ταδικασθῆτε· ἀπολύετε, καὶ ἀπολυθήσεσθε· 38 δίδοτε, καὶ δοθήσεται ὑ-
μῖν· μέτρον καλόν, πεπιεσμένον καὶ σεσαλευμένον καὶ ὑπερεκχυνόμενον
δώσουσιν εἰς τὸν κόλπον ὑμῶν· τῷ γὰρ αὐτῷ μέτρῳ ᾧ μετρεῖτε, ἀντιμε-
τρηθήσεται ὑμῖν. 39 εἶπε δὲ παραβολὴν αὐτοῖς· μήτι δύναται τυφλὸς
τυφλὸν ὁδηγεῖν; οὐχὶ ἀμφότεροι εἰς βόθυνον πεσοῦνται; 40 οὐκ ἔστι μα-
θητὴς ὑπὲρ τὸν διδάσκαλον αὐτοῦ· κατηρτισμένος δὲ πᾶς ἔσται ὡς ὁ δι-
δάσκαλος αὐτοῦ. 41 τί δὲ βλέπεις τὸ κάρφος τὸ ἐν τῷ ὀφθαλμῷ τοῦ ἀ-
δελφοῦ σου, τὴν δὲ δοκὸν τὴν ἐν τῷ ἰδίῳ ὀφθαλμῷ οὐ κατανοεῖς; 42 ἢ
πῶς δύνασαι λέγειν τῷ ἀδελφῷ σου, ἀδελφέ, ἄφες ἐκβάλω τὸ κάρφος τὸ
ἐν τῷ ὀφθαλμῷ σου, αὐτὸς τὴν ἐν τῷ ὀφθαλμῷ σου δοκὸν οὐ βλέπων; ὑ-
ποκριτά, ἔκβαλε πρῶτον τὴν δοκὸν ἐκ τοῦ ὀφθαλμοῦ σου, καὶ τότε δια-
βλέψεις ἐκβαλεῖν τὸ κάρφος τὸ ἐν τῷ ὀφθαλμῷ τοῦ ἀδελφοῦ σου. 43 οὐ
γάρ ἐστι δένδρον καλὸν ποιοῦν καρπὸν σαπρόν, οὐδὲ δένδρον σαπρὸν ποι-
οῦν καρπὸν καλόν· 44 ἕκαστον γὰρ δένδρον ἐκ τοῦ ἰδίου καρποῦ γινώ-
σκεται. οὐ γὰρ ἐξ ἀκανθῶν συλλέγουσι σῦκα, οὐδὲ ἐκ βάτου τρυγῶσι
σταφυλήν. 45 ὁ ἀγαθὸς ἄνθρωπος ἐκ τοῦ ἀγαθοῦ θησαυροῦ τῆς καρδίας
αὐτοῦ προφέρει τὸ ἀγαθόν, καὶ ὁ πονηρὸς ἄνθρωπος ἐκ τοῦ πονηροῦ θη-
σαυροῦ τῆς καρδίας αὐτοῦ προφέρει τὸ πονηρόν· ἐκ γὰρ τοῦ περισσεύμα-
τος τῆς καρδίας λαλεῖ τὸ στόμα αὐτοῦ.

46 Τί δέ με καλεῖτε Κύριε Κύριε, καὶ οὐ ποιεῖτε ἃ λέγω; 47 πᾶς ὁ ἐρ-
χόμενος πρός με καὶ ἀκούων μου τῶν λόγων καὶ ποιῶν αὐτούς, ὑποδεί-
ξω ὑμῖν τίνι ἐστὶν ὅμοιος· 48 ὅμοιός ἐστιν ἀνθρώπῳ οἰκοδομοῦντι οἰκίαν,

ὃς καὶ ἔσκαψε καὶ ἐβάθυνε καὶ ἔθηκε θεμέλιον ἐπὶ τὴν πέτραν· πλημμύ-
ρας δὲ γενομένης προσέρρηξεν ὁ ποταμὸς τῇ οἰκίᾳ ἐκείνῃ, καὶ οὐκ ἴσχυ-
σε σαλεῦσαι αὐτήν· τεθεμελίωτο γὰρ ἐπὶ τὴν πέτραν. 49 ὁ δὲ ἀκούσας
καὶ μὴ ποιήσας ὅμοιός ἐστιν ἀνθρώπῳ οἰκοδομήσαντι οἰκίαν ἐπὶ τὴν γῆν
χωρὶς θεμελίου· ᾗ προσέρρηξεν ὁ ποταμός, καὶ εὐθὺς ἔπεσε, καὶ ἐγένετο
τὸ ῥῆγμα τῆς οἰκίας ἐκείνης μέγα.

7

ΕΠΕΙ δὲ ἐπλήρωσε πάντα τὰ ῥήματα αὐτοῦ εἰς τὰς ἀκοὰς τοῦ λαοῦ,
εἰσῆλθεν εἰς Καπερναούμ. 2 ἑκατοντάρχου δέ τινος δοῦλος κακῶς ἔ-
χων ἤμελλε τελευτᾶν, ὃς ἦν αὐτῷ ἔντιμος. 3 ἀκούσας δὲ περὶ τοῦ
Ἰησοῦ ἀπέστειλε πρὸς αὐτὸν πρεσβυτέρους τῶν Ἰουδαίων ἐρωτῶν αὐτὸν
ὅπως ἐλθὼν διασώσῃ τὸν δοῦλον αὐτοῦ. 4 οἱ δὲ παραγενόμενοι πρὸς τὸν
Ἰησοῦν παρεκάλουν αὐτὸν σπουδαίως, λέγοντες ὅτι ἄξιός ἐστιν ᾧ παρέ-
ξει τοῦτο. 5 ἀγαπᾷ γὰρ τὸ ἔθνος ἡμῶν, καὶ τὴν συναγωγὴν αὐτὸς ᾠκο-
δόμησεν ἡμῖν. 6 ὁ δὲ Ἰησοῦς ἐπορεύετο σὺν αὐτοῖς. ἤδη δὲ αὐτοῦ οὐ μα-
κρὰν ἀπέχοντος ἀπὸ τῆς οἰκίας ἔπεμψε πρὸς αὐτὸν ὁ ἑκατόνταρχος φί-
λους λέγων αὐτῷ· Κύριε, μὴ σκύλλου· οὐ γάρ εἰμι ἱκανὸς ἵνα ὑπὸ τὴν
στέγην μου εἰσέλθῃς· 7 διὸ οὐδὲ ἐμαυτὸν ἠξίωσα πρός σε ἐλθεῖν· ἀλλ'
εἰπὲ λόγῳ, καὶ ἰαθήσεται ὁ παῖς μου. 8 καὶ γὰρ ἐγὼ ἄνθρωπός εἰμι ὑπὸ
ἐξουσίαν τασσόμενος, ἔχων ὑπ' ἐμαυτὸν στρατιώτας, καὶ λέγω τούτῳ,
πορεύθητι, καὶ πορεύεται, καὶ ἄλλῳ, ἔρχου, καὶ ἔρχεται, καὶ τῷ δούλῳ
μου, ποίησον τοῦτο, καὶ ποιεῖ. 9 ἀκούσας δὲ ταῦτα ὁ Ἰησοῦς ἐθαύμασεν
αὐτόν, καὶ στραφεὶς τῷ ἀκολουθοῦντι αὐτῷ ὄχλῳ εἶπε· λέγω ὑμῖν, οὐδὲ
ἐν τῷ Ἰσραὴλ τοσαύτην πίστιν εὗρον. 10 καὶ ὑποστρέψαντες οἱ πεμ-
φθέντες εἰς τὸν οἶκον εὗρον τὸν ἀσθενοῦντα δοῦλον ὑγιαίνοντα.

11 Καὶ ἐγένετο ἐν τῷ ἑξῆς ἐπορεύετο εἰς πόλιν καλουμένην Ναΐν· καὶ
συνεπορεύοντο αὐτῷ οἱ μαθηταὶ αὐτοῦ ἱκανοὶ καὶ ὄχλος πολύς. 12 ὡς δὲ
ἤγγισε τῇ πύλῃ τῆς πόλεως, καὶ ἰδοὺ ἐξεκομίζετο τεθνηκὼς υἱὸς μονο-
γενὴς τῇ μητρὶ αὐτοῦ, καὶ αὕτη ἦν χήρα, καὶ ὄχλος τῆς πόλεως ἱκανὸς
ἦν σὺν αὐτῇ. 13 καὶ ἰδὼν αὐτὴν ὁ Κύριος ἐσπλαγχνίσθη ἐπ' αὐτῇ καὶ
εἶπεν αὐτῇ· μὴ κλαῖε· 14 καὶ προσελθὼν ἥψατο τῆς σοροῦ, οἱ δὲ βαστά-
ζοντες ἔστησαν, καὶ εἶπε· νεανίσκε, σοὶ λέγω, ἐγέρθητι. 15 καὶ ἀνεκάθι-

σεν ὁ νεκρὸς καὶ ἤρξατο λαλεῖν, καὶ ἔδωκεν αὐτὸν τῇ μητρὶ αὐτοῦ. 16
ἔλαβε δὲ φόβος πάντας καὶ ἐδόξαζον τὸν Θεόν, λέγοντες ὅτι προφήτης
μέγας ἐγήγερται ἐν ἡμῖν, καὶ ὅτι ἐπεσκέψατο ὁ Θεὸς τὸν λαὸν αὐτοῦ.
17 καὶ ἐξῆλθεν ὁ λόγος οὗτος ἐν ὅλῃ τῇ Ἰουδαίᾳ περὶ αὐτοῦ καὶ ἐν πάσῃ
τῇ περιχώρῳ.

18 Καὶ ἀπήγγειλαν Ἰωάννῃ οἱ μαθηταὶ αὐτοῦ περὶ πάντων τούτων. 19
καὶ προσκαλεσάμενος δύο τινὰς τῶν μαθητῶν αὐτοῦ ὁ Ἰωάννης ἔπεμψε
πρὸς τὸν Ἰησοῦν λέγων· σὺ εἶ ὁ ἐρχόμενος ἢ ἕτερον προσδοκῶμεν; 20
παραγενόμενοι δὲ πρὸς αὐτὸν οἱ ἄνδρες εἶπον· Ἰωάννης ὁ βαπτιστὴς ἀ-
πέσταλκεν ἡμᾶς πρός σε λέγων· σὺ εἶ ὁ ἐρχόμενος ἢ ἕτερον προσδοκῶ-
μεν; 21 ἐν αὐτῇ δὲ τῇ ὥρᾳ ἐθεράπευσε πολλοὺς ἀπὸ νόσων καὶ μαστί-
γων καὶ πνευμάτων πονηρῶν, καὶ τυφλοῖς πολλοῖς ἐχαρίσατο τὸ βλέ-
πειν. 22 καὶ ἀποκριθεὶς ὁ Ἰησοῦς εἶπεν αὐτοῖς· πορευθέντες ἀπαγγείλα-
τε Ἰωάννῃ ἃ εἴδετε καὶ ἠκούσατε· τυφλοὶ ἀναβλέπουσι καὶ χωλοὶ περι-
πατοῦσι, λεπροὶ καθαρίζονται, κωφοὶ ἀκούουσι, νεκροὶ ἐγείρονται, πτω-
χοὶ εὐαγγελίζονται· 23 καὶ μακάριός ἐστιν ὃς ἐὰν μὴ σκανδαλισθῇ ἐν ἐ-
μοί. 24 ἀπελθόντων δὲ τῶν μαθητῶν Ἰωάννου ἤρξατο λέγειν πρὸς τοὺς
ὄχλους περὶ Ἰωάννου· τί ἐξεληλύθατε εἰς τὴν ἔρημον θεάσασθαι; κάλα-
μον ὑπὸ ἀνέμου σαλευόμενον; 25 ἀλλὰ τί ἐξεληλύθατε ἰδεῖν; ἄνθρωπον
ἐν μαλακοῖς ἱματίοις ἠμφιεσμένον; ἰδοὺ οἱ ἐν ἱματισμῷ ἐνδόξῳ καὶ τρυ-
φῇ ὑπάρχοντες ἐν τοῖς βασιλείοις εἰσίν. 26 ἀλλὰ τί ἐξεληλύθατε ἰδεῖν;
προφήτην; ναὶ λέγω ὑμῖν, καὶ περισσότερον προφήτου. 27 οὗτός ἐστι
περὶ οὗ γέγραπται, ἰδοὺ ἐγὼ ἀποστέλλω τὸν ἄγγελόν μου πρὸ προσώπου
σου, ὃς κατασκευάσει τὴν ὁδόν σου ἔμπροσθέν σου· 28 λέγω γὰρ ὑμῖν,
μείζων ἐν γεννητοῖς γυναικῶν προφήτης Ἰωάννου τοῦ βαπτιστοῦ οὐδείς
ἐστιν· ὁ δὲ μικρότερος ἐν τῇ βασιλείᾳ τοῦ Θεοῦ μείζων αὐτοῦ ἐστι. 29
καὶ πᾶς ὁ λαὸς ἀκούσας καὶ οἱ τελῶναι ἐδικαίωσαν τὸν Θεόν, βαπτι-
σθέντες τὸ βάπτισμα Ἰωάννου· 30 οἱ δὲ Φαρισαῖοι καὶ οἱ νομικοὶ τὴν
βουλὴν τοῦ Θεοῦ ἠθέτησαν εἰς ἑαυτούς, μὴ βαπτισθέντες ὑπ' αὐτοῦ. 31
τίνι οὖν ὁμοιώσω τοὺς ἀνθρώπους τῆς γενεᾶς ταύτης, καὶ τίνι εἰσὶν ὅ-
μοιοι; 32 ὅμοιοί εἰσι παιδίοις τοῖς ἐν ἀγορᾷ καθημένοις καὶ προσφωνοῦ-
σιν ἀλλήλοις καὶ λέγουσιν· ηὐλήσαμεν ὑμῖν, καὶ οὐκ ὠρχήσασθε, ἐθρη-
νήσαμεν ὑμῖν, καὶ οὐκ ἐκλαύσατε. 33 ἐλήλυθε γὰρ Ἰωάννης ὁ βαπτι-
στὴς μήτε ἄρτον ἐσθίων μήτε οἶνον πίνων, καὶ λέγετε· δαιμόνιον ἔχει.
34 ἐλήλυθεν ὁ υἱὸς τοῦ ἀνθρώπου ἐσθίων καὶ πίνων, καὶ λέγετε· ἰδοὺ

ἄνθρωπος φάγος καὶ οἰνοπότης, φίλος τελωνῶν καὶ ἁμαρτωλῶν. 35 καὶ
ἐδικαιώθη ἡ σοφία ἀπὸ τῶν τέκνων αὐτῆς πάντων.

36 Ἠρώτα δέ τις αὐτὸν τῶν Φαρισαίων ἵνα φάγῃ μετ᾽ αὐτοῦ· καὶ εἰσελ-
θὼν εἰς τὴν οἰκίαν τοῦ Φαρισαίου ἀνεκλίθη. 37 καὶ ἰδοὺ γυνὴ ἐν τῇ πό-
λει ἥτις ἦν ἁμαρτωλός, καὶ ἐπιγνοῦσα ὅτι ἀνάκειται ἐν τῇ οἰκίᾳ τοῦ
Φαρισαίου, κομίσασα ἀλάβαστρον μύρου 38 καὶ στᾶσα ὀπίσω παρὰ τοὺς
πόδας αὐτοῦ κλαίουσα, ἤρξατο βρέχειν τοὺς πόδας αὐτοῦ τοῖς δάκρυσι
καὶ ταῖς θριξὶ τῆς κεφαλῆς αὐτῆς ἐξέμασσε, καὶ κατεφίλει τοὺς πόδας
αὐτοῦ καὶ ἤλειφε τῷ μύρῳ. 39 ἰδὼν δὲ ὁ Φαρισαῖος ὁ καλέσας αὐτὸν εἶ-
πεν ἐν ἑαυτῷ λέγων· οὗτος εἰ ἦν προφήτης, ἐγίνωσκεν ἂν τίς καὶ ποτα-
πὴ ἡ γυνὴ ἥτις ἅπτεται αὐτοῦ, ὅτι ἁμαρτωλός ἐστι. 40 καὶ ἀποκριθεὶς ὁ
Ἰησοῦς εἶπε πρὸς αὐτόν· Σίμων, ἔχω σοί τι εἰπεῖν. ὁ δέ φησι· διδάσκαλε,
εἰπέ. 41 δύο χρεωφειλέται ἦσαν δανειστῇ τινι· ὁ εἷς ὤφειλε δηνάρια
πεντακόσια, ὁ δὲ ἕτερος πεντήκοντα. 42 μὴ ἐχόντων δὲ αὐτῶν ἀποδοῦ-
ναι, ἀμφοτέροις ἐχαρίσατο· τίς οὖν αὐτῶν, εἰπέ, πλεῖον αὐτὸν ἀγαπήσει;
43 ἀποκριθεὶς δὲ ὁ Σίμων εἶπεν· ὑπολαμβάνω ὅτι ᾧ τὸ πλεῖον ἐχαρίσα-
το. ὁ δὲ εἶπεν αὐτῷ· ὀρθῶς ἔκρινας. 44 καὶ στραφεὶς πρὸς τὴν γυναῖκα
τῷ Σίμωνι ἔφη· βλέπεις ταύτην τὴν γυναῖκα; εἰσῆλθόν σου εἰς τὴν οἰκί-
αν, ὕδωρ ἐπὶ τοὺς πόδας μου οὐκ ἔδωκας· αὕτη δὲ τοῖς δάκρυσιν ἔβρεξέ
μου τοὺς πόδας καὶ ταῖς θριξὶ τῆς κεφαλῆς αὐτῆς ἐξέμαξε. 45 φίλημά
μοι οὐκ ἔδωκας· αὕτη δὲ ἀφ᾽ ἧς εἰσῆλθεν οὐ διέλιπε καταφιλοῦσά μου
τοὺς πόδας. 46 ἐλαίῳ τὴν κεφαλήν μου οὐκ ἤλειψας· αὕτη δὲ μύρῳ ἤ-
λειψέ μου τοὺς πόδας. 47 οὗ χάριν λέγω σοι, ἀφέωνται αἱ ἁμαρτίαι αὐ-
τῆς αἱ πολλαί, ὅτι ἠγάπησε πολύ· ᾧ δὲ ὀλίγον ἀφίεται, ὀλίγον ἀγαπᾷ.
48 εἶπε δὲ αὐτῇ· ἀφέωνταί σου αἱ ἁμαρτίαι. 49 καὶ ἤρξαντο οἱ συνανα-
κείμενοι λέγειν ἐν ἑαυτοῖς· τίς οὗτός ἐστιν ὃς καὶ ἁμαρτίας ἀφίησιν; 50
εἶπε δὲ πρὸς τὴν γυναῖκα· ἡ πίστις σου σέσωκέ σε· πορεύου εἰς εἰρήνην.

8

ΚΑΙ ἐγένετο ἐν τῷ καθεξῆς καὶ αὐτὸς διώδευε κατὰ πόλιν καὶ κώμην
κηρύσσων καὶ εὐαγγελιζόμενος τὴν βασιλείαν τοῦ Θεοῦ, καὶ οἱ δώ-
δεκα σὺν αὐτῷ, 2 καὶ γυναῖκές τινες αἳ ἦσαν τεθεραπευμέναι ἀπὸ
νόσων καὶ μαστίγων καὶ πνευμάτων πονηρῶν καὶ ἀσθενειῶν, Μαρία ἡ

καλουμένη Μαγδαληνή, ἀφ᾽ ἧς δαιμόνια ἑπτὰ ἐξεληλύθει, 3 καὶ Ἰωάν-
να γυνὴ Χουζᾶ ἐπιτρόπου Ἡρῴδου, καὶ Σουσάννα καὶ ἕτεραι πολλαί,
αἵτινες διηκόνουν αὐτῷ ἀπὸ τῶν ὑπαρχόντων αὐταῖς.

4 Συνιόντος δὲ ὄχλου πολλοῦ καὶ τῶν κατὰ πόλιν ἐπιπορευομένων πρὸς
αὐτὸν εἶπε διὰ παραβολῆς· 5 ἐξῆλθεν ὁ σπείρων τοῦ σπεῖραι τὸν σπόρον
αὐτοῦ. καὶ ἐν τῷ σπείρειν αὐτὸν ὃ μὲν ἔπεσε παρὰ τὴν ὁδόν, καὶ κατεπα-
τήθη, καὶ τὰ πετεινὰ τοῦ οὐρανοῦ κατέφαγεν αὐτό· 6 καὶ ἕτερον ἔπεσεν
ἐπὶ τὴν πέτραν, καὶ φυὲν ἐξηράνθη διὰ τὸ μὴ ἔχειν ἰκμάδα· 7 καὶ ἕτερον
ἔπεσεν ἐν μέσῳ τῶν ἀκανθῶν, καὶ συμφυεῖσαι αἱ ἄκανθαι ἀπέπνιξαν αὐ-
τό. 8 καὶ ἕτερον ἔπεσεν εἰς τὴν γῆν τὴν ἀγαθήν, καὶ φυὲν ἐποίησε καρ-
πὸν ἑκατονταπλασίονα. ταῦτα λέγων ἐφώνει· ὁ ἔχων ὦτα ἀκούειν ἀκου-
έτω. 9 ἐπηρώτων δὲ αὐτὸν οἱ μαθηταὶ αὐτοῦ λέγοντες· τίς εἴη ἡ παρα-
βολὴ αὕτη. 10 ὁ δὲ εἶπεν· ὑμῖν δέδοται γνῶναι τὰ μυστήρια τῆς βασι-
λείας τοῦ Θεοῦ, τοῖς δὲ λοιποῖς ἐν παραβολαῖς, ἵνα βλέποντες μὴ βλέ-
πωσι καὶ ἀκούοντες μὴ συνιῶσιν. 11 ἔστι δὲ αὕτη ἡ παραβολή· ὁ σπόρος
ἐστὶν ὁ λόγος τοῦ Θεοῦ· 12 οἱ δὲ παρὰ τὴν ὁδόν εἰσιν οἱ ἀκούσαντες, εἶτα
ἔρχεται ὁ διάβολος καὶ αἴρει τὸν λόγον ἀπὸ τῆς καρδίας αὐτῶν, ἵνα μὴ
πιστεύσαντες σωθῶσιν. 13 οἱ δὲ ἐπὶ τῆς πέτρας οἳ ὅταν ἀκούσωσι, μετὰ
χαρᾶς δέχονται τὸν λόγον, καὶ οὗτοι ρίζαν οὐκ ἔχουσιν, οἳ πρὸς καιρὸν
πιστεύουσι καὶ ἐν καιρῷ πειρασμοῦ ἀφίστανται. 14 τὸ δὲ εἰς τὰς ἀκάν-
θας πεσόν, οὗτοί εἰσιν οἱ ἀκούσαντες, καὶ ὑπὸ μεριμνῶν καὶ πλούτου καὶ
ἡδονῶν τοῦ βίου πορευόμενοι συμπνίγονται καὶ οὐ τελεσφοροῦσι. 15 τὸ
δὲ ἐν τῇ καλῇ γῇ, οὗτοί εἰσιν οἵτινες ἐν καρδίᾳ καλῇ καὶ ἀγαθῇ ἀκού-
σαντες τὸν λόγον κατέχουσι καὶ καρποφοροῦσιν ἐν ὑπομονῇ.

16 Οὐδεὶς δὲ λύχνον ἅψας καλύπτει αὐτὸν σκεύει ἢ ὑποκάτω κλίνης τί-
θησιν, ἀλλ᾽ ἐπὶ λυχνίας ἐπιτίθησιν, ἵνα οἱ εἰσπορευόμενοι βλέπωσι τὸ
φῶς. 17 οὐ γάρ ἐστι κρυπτὸν ὃ οὐ φανερὸν γενήσεται, οὐδὲ ἀπόκρυφον ὃ
οὐ γνωσθήσεται καὶ εἰς φανερὸν ἔλθῃ. 18 βλέπετε οὖν πῶς ἀκούετε· ὃς
γὰρ ἐὰν ἔχῃ, δοθήσεται αὐτῷ, καὶ ὃς ἐὰν μὴ ἔχῃ, καὶ ὃ δοκεῖ ἔχειν ἀρ-
θήσεται ἀπ᾽ αὐτοῦ.

19 Παρεγένοντο δὲ πρὸς αὐτὸν ἡ μήτηρ καὶ οἱ ἀδελφοὶ αὐτοῦ, καὶ οὐκ
ἠδύναντο συντυχεῖν αὐτῷ διὰ τὸν ὄχλον. 20 καὶ ἀπηγγέλη αὐτῷ λεγόν-
των· ἡ μήτηρ σου καὶ οἱ ἀδελφοί σου ἑστήκασιν ἔξω ἰδεῖν σε θέλοντες.
21 ὁ δὲ ἀποκριθεὶς εἶπε πρὸς αὐτούς· μήτηρ μου καὶ ἀδελφοί μου οὗτοί
εἰσιν οἱ τὸν λόγον τοῦ Θεοῦ ἀκούοντες καὶ ποιοῦντες αὐτόν.

22 Καὶ ἐγένετο ἐν μιᾷ τῶν ἡμερῶν καὶ αὐτὸς ἐνέβη εἰς πλοῖον καὶ οἱ
μαθηταὶ αὐτοῦ, καὶ εἶπε πρὸς αὐτούς· διέλθωμεν εἰς τὸ πέραν τῆς λί-
μνης· καὶ ἀνήχθησαν. 23 πλεόντων δὲ αὐτῶν ἀφύπνωσε. καὶ κατέβη
λαῖλαψ ἀνέμου εἰς τὴν λίμνην, καὶ συνεπληροῦντο καὶ ἐκινδύνευον. 24
προσελθόντες δὲ διήγειραν αὐτὸν λέγοντες· ἐπιστάτα ἐπιστάτα, ἀπολ-
λύμεθα. ὁ δὲ ἐγερθεὶς ἐπετίμησε τῷ ἀνέμῳ καὶ τῷ κλύδωνι τοῦ ὕδατος,
καὶ ἐπαύσαντο, καὶ ἐγένετο γαλήνη. 25 εἶπε δὲ αὐτοῖς· ποῦ ἐστιν ἡ πί-
στις ὑμῶν; φοβηθέντες δὲ ἐθαύμασαν λέγοντες πρὸς ἀλλήλους· τίς ἄρα
οὗτός ἐστιν, ὅτι καὶ τοῖς ἀνέμοις ἐπιτάσσει καὶ τῷ ὕδατι, καὶ ὑπακούου-
σιν αὐτῷ;

26 Καὶ κατέπλευσεν εἰς τὴν χώραν τῶν Γαδαρηνῶν, ἥτις ἐστὶν ἀντίπε-
ρα τῆς Γαλιλαίας. 27 ἐξελθόντι δὲ αὐτῷ ἐπὶ τὴν γῆν ὑπήντησεν αὐτῷ
ἀνήρ τις ἐκ τῆς πόλεως, ὃς εἶχε δαιμόνια ἐκ χρόνων ἱκανῶν, καὶ ἱμάτιον
οὐκ ἐνεδιδύσκετο καὶ ἐν οἰκίᾳ οὐκ ἔμενεν, ἀλλ' ἐν τοῖς μνήμασιν. 28 ἰ-
δὼν δὲ τὸν Ἰησοῦν καὶ ἀνακράξας προσέπεσεν αὐτῷ καὶ φωνῇ μεγάλῃ
εἶπε· τί ἐμοὶ καὶ σοί, Ἰησοῦ, υἱὲ τοῦ Θεοῦ τοῦ ὑψίστου; δέομαί σου, μή
με βασανίσῃς. 29 παρήγγειλε γὰρ τῷ πνεύματι τῷ ἀκαθάρτῳ ἐξελθεῖν
ἀπὸ τοῦ ἀνθρώπου. πολλοῖς γὰρ χρόνοις συνηρπάκει αὐτόν, καὶ ἐδεσμεῖ-
το ἁλύσεσι καὶ πέδαις φυλασσόμενος, καὶ διαρρήσσων τὰ δεσμὰ ἠλαύνε-
το ὑπὸ τοῦ δαίμονος εἰς τὰς ἐρήμους. 30 ἐπηρώτησε δὲ αὐτὸν ὁ Ἰησοῦς
λέγων· τί σοί ἐστιν ὄνομα; ὁ δὲ εἶπε· λεγεών· ὅτι δαιμόνια πολλὰ εἰσῆλ-
θεν εἰς αὐτόν· 31 καὶ παρεκάλει αὐτὸν ἵνα μὴ ἐπιτάξῃ αὐτοῖς εἰς τὴν ἄ-
βυσσον ἀπελθεῖν. 32 ἦν δὲ ἐκεῖ ἀγέλη χοίρων ἱκανῶν βοσκομένων ἐν τῷ
ὄρει· καὶ παρεκάλουν αὐτὸν ἵνα ἐπιτρέψῃ αὐτοῖς εἰς ἐκείνους εἰσελθεῖν·
καὶ ἐπέτρεψεν αὐτοῖς. 33 ἐξελθόντα δὲ τὰ δαιμόνια ἀπὸ τοῦ ἀνθρώπου
εἰσῆλθον εἰς τοὺς χοίρους, καὶ ὥρμησεν ἡ ἀγέλη κατὰ τοῦ κρημνοῦ εἰς
τὴν λίμνην καὶ ἀπεπνίγη. 34 ἰδόντες δὲ οἱ βόσκοντες τὸ γεγενημένον ἔ-
φυγον, καὶ ἀπήγγειλαν εἰς τὴν πόλιν καὶ εἰς τοὺς ἀγρούς. 35 ἐξῆλθον δὲ
ἰδεῖν τὸ γεγονός, καὶ ἦλθον πρὸς τὸν Ἰησοῦν καὶ εὗρον καθήμενον τὸν
ἄνθρωπον, ἀφ' οὗ τὰ δαιμόνια ἐξεληλύθει, ἱματισμένον καὶ σωφρονοῦντα
παρὰ τοὺς πόδας τοῦ Ἰησοῦ, καὶ ἐφοβήθησαν. 36 ἀπήγγειλαν δὲ αὐτοῖς
οἱ ἰδόντες πῶς ἐσώθη ὁ δαιμονισθείς. 37 καὶ ἠρώτησαν αὐτὸν ἅπαν τὸ
πλῆθος τῆς περιχώρου τῶν Γαδαρηνῶν ἀπελθεῖν ἀπ' αὐτῶν, ὅτι φόβῳ
μεγάλῳ συνείχοντο· αὐτὸς δὲ ἐμβὰς εἰς τὸ πλοῖον ὑπέστρεψεν. 38 ἐδέε-
το δὲ αὐτοῦ ὁ ἀνήρ, ἀφ' οὗ ἐξεληλύθει τὰ δαιμόνια, εἶναι σὺν αὐτῷ· ἀπέ-
λυσε δὲ αὐτὸν ὁ Ἰησοῦς λέγων· 39 ὑπόστρεφε εἰς τὸν οἶκόν σου καὶ διη-

γοῦ ὅσα ἐποίησέ σοι ὁ Θεός. καὶ ἀπῆλθε καθ' ὅλην τὴν πόλιν κηρύσσων
ὅσα ἐποίησεν αὐτῷ ὁ Ἰησοῦς.

40 Ἐγένετο δὲ ἐν τῷ ὑποστρέψαι τὸν Ἰησοῦν ἀπεδέξατο αὐτὸν ὁ ὄχλος·
ἦσαν γὰρ πάντες προσδοκῶντες αὐτόν. 41 καὶ ἰδοὺ ἦλθεν ἀνὴρ ᾧ ὄνομα
Ἰάειρος, καὶ αὐτὸς ἄρχων τῆς συναγωγῆς ὑπῆρχε· καὶ πεσὼν παρὰ τοὺς
πόδας τοῦ Ἰησοῦ παρεκάλει αὐτὸν εἰσελθεῖν εἰς τὸν οἶκον αὐτοῦ, 42 ὅτι
θυγάτηρ μονογενὴς ἦν αὐτῷ ὡς ἐτῶν δώδεκα, καὶ αὕτη ἀπέθνησκεν. ἐν
δὲ τῷ ὑπάγειν αὐτὸν οἱ ὄχλοι συνέπνιγον αὐτόν. 43 καὶ γυνὴ οὖσα ἐν
ρύσει αἵματος ἀπὸ ἐτῶν δώδεκα, ἥτις ἰατροῖς προσαναλώσασα ὅλον τὸν
βίον οὐκ ἴσχυσεν ὑπ' οὐδενὸς θεραπευθῆναι, 44 προσελθοῦσα ὄπισθεν ἥ-
ψατο τοῦ κρασπέδου τοῦ ἱματίου αὐτοῦ, καὶ παραχρῆμα ἔστη ἡ ρύσις
τοῦ αἵματος αὐτῆς. 45 καὶ εἶπεν ὁ Ἰησοῦς· τίς ὁ ἁψάμενός μου; ἀρνου-
μένων δὲ πάντων εἶπεν ὁ Πέτρος καὶ οἱ σὺν αὐτῷ· ἐπιστάτα, οἱ ὄχλοι
συνέχουσί σε καὶ ἀποθλίβουσι, καὶ λέγεις τίς ὁ ἁψάμενός μου; 46 ὁ δὲ
Ἰησοῦς εἶπεν· ἥψατό μού τις· ἐγὼ γὰρ ἔγνων δύναμιν ἐξελθοῦσαν ἀπ' ἐ-
μοῦ. 47 ἰδοῦσα δὲ ἡ γυνὴ ὅτι οὐκ ἔλαθε, τρέμουσα ἦλθε καὶ προσπεσοῦ-
σα αὐτῷ δι' ἣν αἰτίαν ἥψατο αὐτοῦ ἀπήγγειλεν αὐτῷ ἐνώπιον παντὸς
τοῦ λαοῦ, καὶ ὡς ἰάθη παραχρῆμα. 48 ὁ δὲ εἶπεν αὐτῇ· θάρσει, θύγατερ,
ἡ πίστις σου σέσωκέ σε· πορεύου εἰς εἰρήνην. 49 Ἔτι αὐτοῦ λαλοῦντος
ἔρχεταί τις παρὰ τοῦ ἀρχισυναγώγου λέγων αὐτῷ ὅτι τέθνηκεν ἡ θυγά-
τηρ σου· μὴ σκύλλε τὸν διδάσκαλον. 50 ὁ δὲ Ἰησοῦς ἀκούσας ἀπεκρίθη
αὐτῷ λέγων· μὴ φοβοῦ· μόνον πίστευε, καὶ σωθήσεται. 51 ἐλθὼν δὲ εἰς
τὴν οἰκίαν οὐκ ἀφῆκεν εἰσελθεῖν οὐδένα εἰ μὴ Πέτρον καὶ Ἰωάννην καὶ
Ἰάκωβον καὶ τὸν πατέρα τῆς παιδὸς καὶ τὴν μητέρα. 52 ἔκλαιον δὲ
πάντες καὶ ἐκόπτοντο αὐτήν. ὁ δὲ εἶπε· μὴ κλαίετε· οὐκ ἀπέθανεν, ἀλλὰ
καθεύδει. 53 καὶ κατεγέλων αὐτοῦ, εἰδότες ὅτι ἀπέθανεν. 54 αὐτὸς δὲ
ἐκβαλὼν ἔξω πάντας καὶ κρατήσας τῆς χειρὸς αὐτῆς ἐφώνησε λέγων· ἡ
παῖς, ἐγείρου. 55 καὶ ἐπέστρεψε τὸ πνεῦμα αὐτῆς, καὶ ἀνέστη παρα-
χρῆμα, καὶ διέταξεν αὐτῇ δοθῆναι φαγεῖν. 56 καὶ ἐξέστησαν οἱ γονεῖς
αὐτοῖς. ὁ δὲ παρήγγειλεν αὐτοῖς μηδενὶ εἰπεῖν τὸ γεγονός.

9

ΣΥΓΚΑΛΕΣΑΜΕΝΟΣ δὲ τοὺς δώδεκα μαθητὰς αὐτοῦ ἔδωκεν αὐ-
τοῖς δύναμιν καὶ ἐξουσίαν ἐπὶ πάντα τὰ δαιμόνια καὶ νόσους θερα-
πεύειν· 2 καὶ ἀπέστειλεν αὐτοὺς κηρύσσειν τὴν βασιλείαν τοῦ Θεοῦ
καὶ ἰᾶσθαι τοὺς ἀσθενοῦντας, 3 καὶ εἶπε πρὸς αὐτούς· μηδὲν αἴρετε εἰς
τὴν ὁδόν, μήτε ράβδους μήτε πήραν μήτε ἄρτον μήτε ἀργύριον μήτε
ἀνὰ δύο χιτῶνας ἔχειν. 4 καὶ εἰς ἣν ἂν οἰκίαν εἰσέλθητε, ἐκεῖ μένετε καὶ
ἐκεῖθεν ἐξέρχεσθε. 5 καὶ ὅσοι ἐὰν μὴ δέξωνται ὑμᾶς, ἐξερχόμενοι ἀπὸ
τῆς πόλεως ἐκείνης καὶ τὸν κονιορτὸν ἀπὸ τῶν ποδῶν ὑμῶν ἀποτινάξα-
τε εἰς μαρτύριον ἐπ' αὐτούς. 6 ἐξερχόμενοι δὲ διήρχοντο κατὰ τὰς κώ-
μας εὐαγγελιζόμενοι καὶ θεραπεύοντες πανταχοῦ.

7 Ἤκουσε δὲ Ἡρῴδης ὁ τετράρχης τὰ γινόμενα ὑπ' αὐτοῦ πάντα, καὶ
διηπόρει διὰ τὸ λέγεσθαι ὑπό τινων ὅτι Ἰωάννης ἐγήγερται ἐκ τῶν νε-
κρῶν, 8 ὑπό τινων δὲ ὅτι Ἠλίας ἐφάνη, ἄλλων δὲ ὅτι προφήτης τις τῶν
ἀρχαίων ἀνέστη. 9 καὶ εἶπεν ὁ Ἡρῴδης· Ἰωάννην ἐγὼ ἀπεκεφάλισα·
τίς δέ ἐστιν οὗτος περὶ οὗ ἐγὼ ἀκούω τοιαῦτα; καὶ ἐζήτει ἰδεῖν αὐτόν.

10 Καὶ ὑποστρέψαντες οἱ ἀπόστολοι διηγήσαντο αὐτῷ ὅσα ἐποίησαν.
καὶ παραλαβὼν αὐτοὺς ὑπεχώρησε κατ' ἰδίαν εἰς τόπον ἔρημον πόλεως
καλουμένης Βηθσαϊδά. 11 οἱ δὲ ὄχλοι γνόντες ἠκολούθησαν αὐτῷ, καὶ
δεξάμενος αὐτοὺς ἐλάλει αὐτοῖς περὶ τῆς βασιλείας τοῦ Θεοῦ, καὶ τοὺς
χρείαν ἔχοντας θεραπείας ἰάσατο. 12 ἡ δὲ ἡμέρα ἤρξατο κλίνειν· προ-
σελθόντες δὲ οἱ δώδεκα εἶπον αὐτῷ· ἀπόλυσον τὸν ὄχλον, ἵνα πορευθέν-
τες εἰς τὰς κύκλῳ κώμας καὶ τοὺς ἀγροὺς καταλύσωσι καὶ εὕρωσιν ἐπι-
σιτισμόν, ὅτι ὧδε ἐν ἐρήμῳ τόπῳ ἐσμέν. 13 εἶπε δὲ πρὸς αὐτούς· δότε
αὐτοῖς ὑμεῖς φαγεῖν. οἱ δὲ εἶπον· οὐκ εἰσὶν ἡμῖν πλεῖον ἢ πέντε ἄρτοι καὶ
ἰχθύες δύο, εἰ μήτι πορευθέντες ἡμεῖς ἀγοράσωμεν εἰς πάντα τὸν λαὸν
τοῦτον βρώματα· 14 ἦσαν γὰρ ὡσεὶ ἄνδρες πεντακισχίλιοι. εἶπε δὲ πρὸς
τοὺς μαθητὰς αὐτοῦ· κατακλίνατε αὐτοὺς κλισίας ἀνὰ πεντήκοντα. 15
καὶ ἐποίησαν οὕτω καὶ ἀνέκλιναν ἅπαντας. 16 λαβὼν δὲ τοὺς πέντε ἄρ-
τους καὶ τοὺς δύο ἰχθύας, ἀναβλέψας εἰς τὸν οὐρανὸν εὐλόγησεν αὐτοὺς
καὶ κατέκλασε, καὶ ἐδίδου τοῖς μαθηταῖς παραθεῖναι τῷ ὄχλῳ. 17 καὶ ἔ-
φαγον καὶ ἐχορτάσθησαν πάντες, καὶ ἤρθη τὸ περισσεῦσαν αὐτοῖς κλα-
σμάτων κόφινοι δώδεκα.

18 Καὶ ἐγένετο ἐν τῷ εἶναι αὐτὸν προσευχόμενον καταμόνας, συνῆσαν
αὐτῷ οἱ μαθηταί, καὶ ἐπηρώτησεν αὐτοὺς λέγων· τίνα με λέγουσιν οἱ ὄ-
χλοι εἶναι; 19 οἱ δὲ ἀποκριθέντες εἶπον· Ἰωάννην τὸν βαπτιστήν, ἄλλοι
δὲ Ἠλίαν, ἄλλοι δὲ ὅτι προφήτης τις τῶν ἀρχαίων ἀνέστη. 20 εἶπε δὲ
αὐτοῖς· ὑμεῖς δὲ τίνα μὲ λέγετε εἶναι; ἀποκριθεὶς δὲ ὁ Πέτρος εἶπε· τὸν
Χριστὸν τοῦ Θεοῦ. 21 Ὁ δὲ ἐπιτιμήσας αὐτοῖς παρήγγειλε μηδενὶ λέ-
γειν τοῦτο, 22 εἰπὼν ὅτι δεῖ τὸν υἱὸν τοῦ ἀνθρώπου πολλὰ παθεῖν καὶ ἀ-
ποδοκιμασθῆναι ἀπὸ τῶν πρεσβυτέρων καὶ ἀρχιερέων καὶ γραμματέων,
καὶ ἀποκτανθῆναι, καὶ τῇ τρίτῃ ἡμέρᾳ ἐγερθῆναι.

23 Ἔλεγε δὲ πρὸς πάντας· εἴ τις θέλει ὀπίσω μου ἔρχεσθαι, ἀπαρνησά-
σθω ἑαυτὸν καὶ ἀράτω τὸν σταυρὸν αὐτοῦ καθ' ἡμέραν καὶ ἀκολουθείτω
μοι. 24 ὃς γὰρ ἂν θέλῃ τὴν ψυχὴν αὐτοῦ σῶσαι, ἀπολέσει αὐτήν· ὃς δ'
ἂν ἀπολέσῃ τὴν ψυχὴν αὐτοῦ ἕνεκεν ἐμοῦ, οὗτος σώσει αὐτήν. 25 τί
γὰρ ὠφελεῖται ἄνθρωπος κερδήσας τὸν κόσμον ὅλον, ἑαυτὸν δὲ ἀπολέ-
σας ἢ ζημιωθείς; 26 ὃς γὰρ ἐὰν ἐπαισχυνθῇ με καὶ τοὺς ἐμοὺς λόγους,
τοῦτον ὁ υἱὸς τοῦ ἀνθρώπου ἐπαισχυνθήσεται ὅταν ἔλθῃ ἐν τῇ δόξῃ αὐ-
τοῦ καὶ τοῦ πατρὸς καὶ τῶν ἁγίων ἀγγέλων. 27 λέγω δὲ ὑμῖν ἀληθῶς,
εἰσί τινες τῶν ὧδε ἑστηκότων, οἳ οὐ μὴ γεύσωνται θανάτου ἕως ἂν ἴδωσι
τὴν βασιλείαν τοῦ Θεοῦ.

28 Ἐγένετο δὲ μετὰ τοὺς λόγους τούτους ὡσεὶ ἡμέραι ὀκτὼ καὶ παρα-
λαβὼν τὸν Πέτρον καὶ Ἰωάννην καὶ Ἰάκωβον ἀνέβη εἰς τὸ ὄρος προσεύ-
ξασθαι. 29 καὶ ἐγένετο ἐν τῷ προσεύχεσθαι αὐτὸν τὸ εἶδος τοῦ προσώ-
που αὐτοῦ ἕτερον καὶ ὁ ἱματισμὸς αὐτοῦ λευκὸς ἐξαστράπτων. 30 καὶ ἰ-
δοὺ ἄνδρες δύο συνελάλουν αὐτῷ, οἵτινες ἦσαν Μωϋσῆς καὶ Ἠλίας, 31
οἳ ὀφθέντες ἐν δόξῃ ἔλεγον τὴν ἔξοδον αὐτοῦ ἣν ἔμελλε πληροῦν ἐν Ἱε-
ρουσαλήμ. 32 ὁ δὲ Πέτρος καὶ οἱ σὺν αὐτῷ ἦσαν βεβαρημένοι ὕπνῳ· δι-
αγρηγορήσαντες δὲ εἶδον τὴν δόξαν αὐτοῦ καὶ τοὺς δύο ἄνδρας τοὺς συ-
νεστῶτας αὐτῷ. 33 καὶ ἐγένετο ἐν τῷ διαχωρίζεσθαι αὐτοὺς ἀπ' αὐτοῦ
εἶπεν ὁ Πέτρος πρὸς τὸν Ἰησοῦν· ἐπιστάτα, καλόν ἐστιν ἡμᾶς ὧδε εἶναι·
καὶ ποιήσωμεν σκηνὰς τρεῖς, μίαν σοὶ καὶ μίαν Μωϋσεῖ καὶ μίαν Ἠλίᾳ,
μὴ εἰδὼς ὃ λέγει. 34 ταῦτα δὲ αὐτοῦ λέγοντος ἐγένετο νεφέλη καὶ ἐπε-
σκίασεν αὐτούς· ἐφοβήθησαν δὲ ἐν τῷ εἰσελθεῖν ἐκείνους εἰς τὴν νεφέ-
λην· 35 καὶ φωνὴ ἐγένετο ἐκ τῆς νεφέλης λέγουσα· οὗτός ἐστιν ὁ υἱός
μου ὁ ἀγαπητός· αὐτοῦ ἀκούετε. 36 καὶ ἐν τῷ γενέσθαι τὴν φωνὴν εὑ-
ρέθη ὁ Ἰησοῦς μόνος. καὶ αὐτοὶ ἐσίγησαν καὶ οὐδενὶ ἀπήγγειλαν ἐν ἐ-
κείναις ταῖς ἡμέραις οὐδὲν ὧν ἑωράκασιν.

37 Ἐγένετο δὲ ἐν τῇ ἑξῆς ἡμέρᾳ κατελθόντων αὐτῶν ἀπὸ τοῦ ὄρους συ-
νήντησεν αὐτῷ ὄχλος πολύς. 38 καὶ ἰδοὺ ἀνὴρ ἀπὸ τοῦ ὄχλου ἀνεβόησε
λέγων· διδάσκαλε, δέομαί σου, ἐπίβλεψον ἐπὶ τὸν υἱόν μου, ὅτι μονογε-
νής μοί ἐστι· 39 καὶ ἰδοὺ πνεῦμα λαμβάνει αὐτόν, καὶ ἐξαίφνης κράζει
καὶ σπαράσσει αὐτὸν μετὰ ἀφροῦ, καὶ μόγις ἀποχωρεῖ ἀπ' αὐτοῦ συντρῖ-
βον αὐτόν· 40 καὶ ἐδεήθην τῶν μαθητῶν σου ἵνα ἐκβάλωσιν αὐτό, καὶ
οὐκ ἠδυνήθησαν. 41 ἀποκριθεὶς δὲ ὁ Ἰησοῦς εἶπεν· ὦ γενεὰ ἄπιστος καὶ
διεστραμμένη, ἕως πότε ἔσομαι πρὸς ὑμᾶς καὶ ἀνέξομαι ὑμῶν; προσά-
γαγε τὸν υἱόν σου ὧδε. 42 ἔτι δὲ προσερχομένου αὐτοῦ ἔρρηξεν αὐτὸν τὸ
δαιμόνιον καὶ συνεσπάραξεν· ἐπετίμησε δὲ ὁ Ἰησοῦς τῷ πνεύματι τῷ ἀ-
καθάρτῳ, καὶ ἰάσατο τὸν παῖδα καὶ ἀπέδωκεν αὐτὸν τῷ πατρὶ αὐτοῦ. 43
ἐξεπλήσσοντο δὲ πάντες ἐπὶ τῇ μεγαλειότητι τοῦ Θεοῦ. πάντων δὲ θαυ-
μαζόντων ἐπὶ πᾶσιν οἷς ἐποίησεν ὁ Ἰησοῦς, εἶπε πρὸς τοὺς μαθητὰς αὐ-
τοῦ· 44 θέσθε ὑμεῖς εἰς τὰ ὦτα ὑμῶν τοὺς λόγους τούτους· ὁ γὰρ υἱὸς
τοῦ ἀνθρώπου μέλλει παραδίδοσθαι εἰς χεῖρας ἀνθρώπων. 45 οἱ δὲ ἠγνό-
ουν τὸ ρῆμα τοῦτο, καὶ ἦν παρακεκαλυμμένον ἀπ' αὐτῶν ἵνα μὴ αἴ-
σθωνται αὐτό, καὶ ἐφοβοῦντο ἐρωτῆσαι αὐτὸν περὶ τοῦ ρήματος τούτου.

46 Εἰσῆλθε δὲ διαλογισμὸς ἐν αὐτοῖς, τὸ τίς ἂν εἴη μείζων αὐτῶν. 47 ὁ
δὲ Ἰησοῦς ἰδὼν τὸν διαλογισμὸν τῆς καρδίας αὐτῶν, ἐπιλαβόμενος παι-
δίου ἔστησεν αὐτὸ παρ' ἑαυτῷ 48 καὶ εἶπεν αὐτοῖς· ὃς ἐὰν δέξηται τοῦτο
τὸ παιδίον ἐπὶ τῷ ὀνόματί μου, ἐμὲ δέχεται, καὶ ὃς ἐὰν ἐμὲ δέξηται, δέ-
χεται τὸν ἀποστείλαντά με. ὁ γὰρ μικρότερος ἐν πᾶσιν ὑμῖν ὑπάρχων,
οὗτός ἐστι μέγας.

49 Ἀποκριθεὶς δὲ ὁ Ἰωάννης εἶπεν· ἐπιστάτα, εἴδομέν τινα ἐπὶ τῷ ὀνό-
ματί σου ἐκβάλλοντα δαιμόνια, καὶ ἐκωλύσαμεν αὐτόν, ὅτι οὐκ ἀκολου-
θεῖ μεθ' ἡμῶν. 50 καὶ εἶπε πρὸς αὐτὸν ὁ Ἰησοῦς· μὴ κωλύετε· οὐ γάρ ἐ-
στι καθ' ὑμῶν· ὃς γὰρ οὐκ ἔστι καθ' ὑμῶν, ὑπὲρ ὑμῶν ἐστιν.

51 Ἐγένετο δὲ ἐν τῷ συμπληροῦσθαι τὰς ἡμέρας τῆς ἀναλήψεως αὐ-
τοῦ καὶ αὐτὸς ἐστήριξε τὸ πρόσωπον αὐτοῦ τοῦ πορεύεσθαι εἰς Ἱερουσα-
λήμ, 52 καὶ ἀπέστειλεν ἀγγέλους πρὸ προσώπου αὐτοῦ. καὶ πορευθέν-
τες εἰσῆλθον εἰς κώμην Σαμαρειτῶν, ὥστε ἑτοιμάσαι αὐτῷ· 53 καὶ οὐκ
ἐδέξαντο αὐτόν, ὅτι τὸ πρόσωπον αὐτοῦ ἦν πορευόμενον εἰς Ἱερουσα-
λήμ. 54 ἰδόντες δὲ οἱ μαθηταὶ αὐτοῦ Ἰάκωβος καὶ Ἰωάννης εἶπον· Κύ-
ριε, θέλεις εἴπωμεν πῦρ καταβῆναι ἀπὸ οὐρανοῦ καὶ ἀναλῶσαι αὐτούς,
ὡς καὶ Ἠλίας ἐποίησε; 55 στραφεὶς δὲ ἐπετίμησεν αὐτοῖς καὶ εἶπεν· οὐκ
οἴδατε ποίου πνεύματός ἐστε ὑμεῖς· 56 ὁ υἱὸς τοῦ ἀνθρώπου οὐκ ἦλθε

ψυχὰς ἀνθρώπων ἀπολέσαι, ἀλλὰ σῶσαι. καὶ ἐπορεύθησαν εἰς ἑτέραν
κώμην.

57 Ἐγένετο δὲ πορευομένων αὐτῶν ἐν τῇ ὁδῷ εἶπέ τις πρὸς αὐτόν· ἀκο-
λουθήσω σοι ὅπου ἐὰν ἀπέρχῃ, Κύριε. 58 καὶ εἶπεν αὐτῷ ὁ Ἰησοῦς· αἱ
ἀλώπεκες φωλεοὺς ἔχουσι καὶ τὰ πετεινὰ τοῦ οὐρανοῦ κατασκηνώσεις,
ὁ δὲ υἱὸς τοῦ ἀνθρώπου οὐκ ἔχει ποῦ τὴν κεφαλὴν κλίνῃ. 59 εἶπε δὲ
πρὸς ἕτερον· ἀκολούθει μοι· ὁ δὲ εἶπε· Κύριε, ἐπίτρεψόν μοι ἀπελθόντι
πρῶτον θάψαι τὸν πατέρα μου. 60 εἶπε δὲ αὐτῷ ὁ Ἰησοῦς· ἄφες τοὺς νε-
κροὺς θάψαι τοὺς ἑαυτῶν νεκρούς· σὺ δὲ ἀπελθὼν διάγγελλε τὴν βασι-
λείαν τοῦ Θεοῦ. 61 Εἶπε δὲ καὶ ἕτερος· ἀκολουθήσω σοι, Κύριε· πρῶτον
δὲ ἐπίτρεψόν μοι ἀποτάξασθαι τοῖς εἰς τὸν οἶκόν μου. 62 εἶπε δὲ ὁ Ἰη-
σοῦς πρὸς αὐτόν· οὐδεὶς ἐπιβαλὼν τὴν χεῖρα αὐτοῦ ἐπ᾿ ἄροτρον καὶ βλέ-
πων εἰς τὰ ὀπίσω εὔθετός ἐστιν εἰς τὴν βασιλείαν τοῦ Θεοῦ.

10

ΜΕΤΑ δὲ ταῦτα ἀνέδειξεν ὁ Κύριος καὶ ἑτέρους ἑβδομήκοντα, καὶ ἀ-
πέστειλεν αὐτοὺς ἀνὰ δύο πρὸ προσώπου αὐτοῦ εἰς πᾶσαν πόλιν καὶ
τόπον οὗ ἤμελλεν αὐτὸς ἔρχεσθαι. 2 ἔλεγεν οὖν πρὸς αὐτούς· ὁ μὲν
θερισμὸς πολύς, οἱ δὲ ἐργάται ὀλίγοι· δεήθητε οὖν τοῦ κυρίου τοῦ θερι-
σμοῦ ὅπως ἐκβάλῃ ἐργάτας εἰς τὸν θερισμὸν αὐτοῦ. 3 ὑπάγετε· ἰδοὺ ἐγὼ
ἀποστέλλω ὑμᾶς ὡς ἄρνας ἐν μέσῳ λύκων. 4 μὴ βαστάζετε βαλάντιον,
μὴ πήραν, μηδὲ ὑποδήματα, καὶ μηδένα κατὰ τὴν ὁδὸν ἀσπάσησθε. 5
εἰς ἣν δ᾿ ἂν οἰκίαν εἰσέρχησθε, πρῶτον λέγετε· εἰρήνη τῷ οἴκῳ τούτῳ. 6
καὶ ἐὰν ᾖ ἐκεῖ υἱὸς εἰρήνης, ἐπαναπαύσεται ἐπ᾿ αὐτὸν ἡ εἰρήνη ὑμῶν· εἰ
δὲ μήγε, ἐφ᾿ ὑμᾶς ἐπανακάμψει. 7 ἐν αὐτῇ δὲ τῇ οἰκίᾳ μένετε ἐσθίοντες
καὶ πίνοντες τὰ παρ᾿ αὐτῶν· ἄξιος γὰρ ὁ ἐργάτης τοῦ μισθοῦ αὐτοῦ ἐστι·
μὴ μεταβαίνετε ἐξ οἰκίας εἰς οἰκίαν. 8 καὶ εἰς ἣν ἂν πόλιν εἰσέρχησθε
καὶ δέχωνται ὑμᾶς, ἐσθίετε τὰ παρατιθέμενα ὑμῖν, 9 καὶ θεραπεύετε
τοὺς ἐν αὐτῇ ἀσθενεῖς, καὶ λέγετε αὐτοῖς· ἤγγικεν ἐφ᾿ ὑμᾶς ἡ βασιλεία
τοῦ Θεοῦ. 10 εἰς ἣν δ᾿ ἂν πόλιν εἰσέρχησθε καὶ μὴ δέχωνται ὑμᾶς, ἐ-
ξελθόντες εἰς τὰς πλατείας αὐτῆς εἴπατε· 11 καὶ τὸν κονιορτὸν τὸν κολ-
ληθέντα ἡμῖν ἀπὸ τῆς πόλεως ὑμῶν εἰς τοὺς πόδας ἡμῶν ἀπομασσόμε-
θα ὑμῖν· πλὴν τοῦτο γινώσκετε, ὅτι ἤγγικεν ἐφ᾿ ὑμᾶς ἡ βασιλεία τοῦ

Θεοῦ. 12 λέγω δὲ ὑμῖν ὅτι Σοδόμοις ἐν τῇ ἡμέρᾳ ἐκείνῃ ἀνεκτότερον ἔ-
σται ἢ τῇ πόλει ἐκείνῃ. 13 οὐαί σοι, Χοραζίν, οὐαί σοι, Βηθσαϊδά· ὅτι εἰ
ἐν Τύρῳ καὶ Σιδῶνι ἐγένοντο αἱ δυνάμεις αἱ γενόμεναι ἐν ὑμῖν, πάλαι
ἂν ἐν σάκκῳ καὶ σποδῷ καθήμενοι μετενόησαν. 14 πλὴν Τύρῳ καὶ Σι-
δῶνι ἀνεκτότερον ἔσται ἐν τῇ κρίσει ἢ ὑμῖν. 15 καὶ σύ, Καπερναούμ, ἡ
ἕως τοῦ οὐρανοῦ ὑψωθεῖσα, ἕως ᾅδου καταβιβασθήσῃ. 16 Ὁ ἀκούων ὑ-
μῶν ἐμοῦ ἀκούει, καὶ ὁ ἀθετῶν ὑμᾶς ἐμὲ ἀθετεῖ· ὁ δὲ ἐμὲ ἀθετῶν ἀθετεῖ
τὸν ἀποστείλαντά με.

17 Ὑπέστρεψαν δὲ οἱ ἑβδομήκοντα μετὰ χαρᾶς λέγοντες· Κύριε, καὶ τὰ
δαιμόνια ὑποτάσσεται ἡμῖν ἐν τῷ ὀνόματί σου. 18 εἶπε δὲ αὐτοῖς· ἐθεώ-
ρουν τὸν σατανᾶν ὡς ἀστραπὴν ἐκ τοῦ οὐρανοῦ πεσόντα. 19 ἰδοὺ δίδωμι
ὑμῖν τὴν ἐξουσίαν τοῦ πατεῖν ἐπάνω ὄφεων καὶ σκορπίων καὶ ἐπὶ πᾶσαν
τὴν δύναμιν τοῦ ἐχθροῦ, καὶ οὐδὲν ὑμᾶς οὐ μὴ ἀδικήσῃ. 20 πλὴν ἐν
τούτῳ μὴ χαίρετε, ὅτι τὰ πνεύματα ὑμῖν ὑποτάσσεται· χαίρετε δὲ ὅτι τὰ
ὀνόματα ὑμῶν ἐγράφη ἐν τοῖς οὐρανοῖς.

21 Ἐν αὐτῇ τῇ ὥρᾳ ἠγαλλιάσατο τῷ πνεύματι ὁ Ἰησοῦς καὶ εἶπεν· ἐ-
ξομολογοῦμαί σοι, πάτερ, κύριε τοῦ οὐρανοῦ καὶ τῆς γῆς, ὅτι ἀπέκρυψας
ταῦτα ἀπὸ σοφῶν καὶ συνετῶν, καὶ ἀπεκάλυψας αὐτὰ νηπίοις· ναί, ὁ
πατήρ, ὅτι οὕτως ἐγένετο εὐδοκία ἔμπροσθέν σου. 22 καὶ στραφεὶς πρὸς
τοὺς μαθητὰς εἶπε· πάντα μοι παρεδόθη ὑπὸ τοῦ πατρός μου· καὶ οὐδεὶς
ἐπιγινώσκει τίς ἐστιν ὁ υἱός, εἰ μὴ ὁ πατήρ, καὶ τίς ἐστιν ὁ πατήρ, εἰ μὴ
ὁ υἱὸς καὶ ᾧ ἐὰν βούληται ὁ υἱὸς ἀποκαλύψαι. 23 Καὶ στραφεὶς πρὸς
τοὺς μαθητὰς κατ' ἰδίαν εἶπε· μακάριοι οἱ ὀφθαλμοὶ οἱ βλέποντες ἃ βλέ-
πετε. 24 λέγω γὰρ ὑμῖν ὅτι πολλοὶ προφῆται καὶ βασιλεῖς ἠθέλησαν ἰ-
δεῖν ἃ ὑμεῖς βλέπετε, καὶ οὐκ εἶδον, καὶ ἀκοῦσαι ἃ ἀκούετε, καὶ οὐκ ἤ-
κουσαν.

25 Καὶ ἰδοὺ νομικός τις ἀνέστη ἐκπειράζων αὐτὸν καὶ λέγων· διδάσκα-
λε, τί ποιήσας ζωὴν αἰώνιον κληρονομήσω; 26 ὁ δὲ εἶπε πρὸς αὐτόν· ἐν
τῷ νόμῳ τί γέγραπται; πῶς ἀναγινώσκεις; 27 ὁ δὲ ἀποκριθεὶς εἶπεν· ἀ-
γαπήσεις Κύριον τὸν Θεόν σου ἐξ ὅλης τῆς καρδίας σου καὶ ἐξ ὅλης τῆς
ψυχῆς σου καὶ ἐξ ὅλης τῆς ἰσχύος σου καὶ ἐξ ὅλης τῆς διανοίας σου, καὶ
τὸν πλησίον σου ὡς σεαυτόν· 28 εἶπε δὲ αὐτῷ· ὀρθῶς ἀπεκρίθης· τοῦτο
ποίει καὶ ζήσῃ. 29 ὁ δὲ θέλων δικαιοῦν ἑαυτὸν εἶπε πρὸς τὸν Ἰησοῦν·
καὶ τίς ἐστί μου πλησίον;

30 Ὑπολαβὼν δὲ ὁ Ἰησοῦς εἶπεν· ἄνθρωπός τις κατέβαινεν ἀπὸ Ἱερου-
σαλὴμ εἰς Ἱεριχώ, καὶ λησταῖς περιέπεσεν· οἳ καὶ ἐκδύσαντες αὐτὸν καὶ
πληγὰς ἐπιθέντες ἀπῆλθον ἀφέντες ἡμιθανῆ τυγχάνοντα. 31 κατὰ συγ-
κυρίαν δὲ ἱερεύς τις κατέβαινεν ἐν τῇ ὁδῷ ἐκείνῃ, καὶ ἰδὼν αὐτὸν ἀντι-
παρῆλθεν. 32 ὁμοίως δὲ καὶ Λευΐτης γενόμενος κατὰ τὸν τόπον, ἐλθὼν
καὶ ἰδὼν ἀντιπαρῆλθε. 33 Σαμαρείτης δέ τις ὁδεύων ἦλθε κατ' αὐτόν,
καὶ ἰδὼν αὐτὸν ἐσπλαγχνίσθη, 34 καὶ προσελθὼν κατέδησε τὰ τραύμα-
τα αὐτοῦ ἐπιχέων ἔλαιον καὶ οἶνον, ἐπιβιβάσας δὲ αὐτὸν ἐπὶ τὸ ἴδιον
κτῆνος ἤγαγεν αὐτὸν εἰς πανδοχεῖον καὶ ἐπεμελήθη αὐτοῦ· 35 καὶ ἐπὶ
τὴν αὔριον ἐξελθών, ἐκβαλὼν δύο δηνάρια ἔδωκε τῷ πανδοχεῖ καὶ εἶπεν
αὐτῷ· ἐπιμελήθητι αὐτοῦ, καὶ ὅτι ἂν προσδαπανήσῃς, ἐγὼ ἐν τῷ ἐπα-
νέρχεσθαί με ἀποδώσω σοι. 36 τίς οὖν τούτων τῶν τριῶν πλησίον δοκεῖ
σοι γεγονέναι τοῦ ἐμπεσόντος εἰς τοὺς λῃστάς; 37 ὁ δὲ εἶπεν· ὁ ποιήσας
τὸ ἔλεος μετ' αὐτοῦ. εἶπεν οὖν αὐτῷ ὁ Ἰησοῦς· πορεύου καὶ σὺ ποίει ὁ-
μοίως.

38 Ἐγένετο δὲ ἐν τῷ πορεύεσθαι αὐτοὺς καὶ αὐτὸς εἰσῆλθεν εἰς κώμην
τινά. γυνὴ δέ τις ὀνόματι Μάρθα ὑπεδέξατο αὐτὸν εἰς τὸν οἶκον αὐτῆς.
39 καὶ τῇδε ἦν ἀδελφὴ καλουμένη Μαρία, ἣ καὶ παρακαθίσασα παρὰ
τοὺς πόδας τοῦ Ἰησοῦ ἤκουε τὸν λόγον αὐτοῦ. 40 ἡ δὲ Μάρθα περιε-
σπᾶτο περὶ πολλὴν διακονίαν· ἐπιστᾶσα δὲ εἶπε· Κύριε, οὐ μέλει σοι ὅτι
ἡ ἀδελφή μου μόνην με κατέλιπε διακονεῖν; εἰπὲ οὖν αὐτῇ ἵνα μοι συ-
ναντιλάβηται. 41 ἀποκριθεὶς δὲ εἶπεν αὐτῇ ὁ Ἰησοῦς· Μάρθα Μάρθα,
μεριμνᾷς καὶ τυρβάζῃ περὶ πολλά· 42 ἑνὸς δέ ἐστι χρεία· Μαρία δὲ τὴν
ἀγαθὴν μερίδα ἐξελέξατο, ἥτις οὐκ ἀφαιρεθήσεται ἀπ' αὐτῆς.

11

ΚΑΙ ἐγένετο ἐν τῷ εἶναι αὐτὸν ἐν τόπῳ τινὶ προσευχόμενον, ὡς ἐπαύ-
σατο, εἶπέ τις τῶν μαθητῶν αὐτοῦ πρὸς αὐτόν· Κύριε, δίδαξον ἡμᾶς
προσεύχεσθαι, καθὼς καὶ Ἰωάννης ἐδίδαξε τοὺς μαθητὰς αὐτοῦ. 2
εἶπε δὲ αὐτοῖς· ὅταν προσεύχησθε, λέγετε·

Πάτερ ἡμῶν ὁ ἐν τοῖς οὐρανοῖς· ἁγιασθήτω τὸ ὄνομά σου· ἐλθέτω ἡ βα-
σιλεία σου· γενηθήτω τὸ θέλημά σου, ὡς ἐν οὐρανῷ, καὶ ἐπὶ τῆς γῆς· 3
τὸν ἄρτον ἡμῶν τὸν ἐπιούσιον δίδου ἡμῖν τὸ καθ' ἡμέραν· 4 καὶ ἄφες ἡ-

μῖν τὰς ἁμαρτίας ἡμῶν· καὶ γὰρ αὐτοὶ ἀφίεμεν παντὶ τῷ ὀφείλοντι ἡμῖν·
καὶ μὴ εἰσενέγκῃς ἡμᾶς εἰς πειρασμόν, ἀλλὰ ῥῦσαι ἡμᾶς ἀπὸ τοῦ πονη-
ροῦ.

5 Καὶ εἶπε πρὸς αὐτούς· τίς ἐξ ὑμῶν ἕξει φίλον, καὶ πορεύσεται πρὸς
αὐτὸν μεσονυκτίου καὶ ἐρεῖ αὐτῷ· φίλε, χρῆσόν μοι τρεῖς ἄρτους, 6 ἐπει-
δὴ φίλος μου παρεγένετο ἐξ ὁδοῦ πρός με καὶ οὐκ ἔχω ὃ παραθήσω αὐ-
τῷ· 7 κἀκεῖνος ἔσωθεν ἀποκριθεὶς εἴπῃ· μή μοι κόπους πάρεχε· ἤδη ἡ
θύρα κέκλεισται καὶ τὰ παιδία μου μετ' ἐμοῦ εἰς τὴν κοίτην εἰσίν· οὐ δύ-
ναμαι ἀναστὰς δοῦναί σοι; 8 λέγω ὑμῖν, εἰ καὶ οὐ δώσει αὐτῷ ἀναστὰς
διὰ τὸ εἶναι αὐτοῦ φίλον, διά γε τὴν ἀναίδειαν αὐτοῦ ἐγερθεὶς δώσει αὐ-
τῷ ὅσων χρῄζει.

9 κἀγὼ ὑμῖν λέγω, αἰτεῖτε, καὶ δοθήσεται ὑμῖν, ζητεῖτε, καὶ εὑρήσετε,
κρούετε, καὶ ἀνοιγήσεται ὑμῖν· 10 πᾶς γὰρ ὁ αἰτῶν λαμβάνει καὶ ὁ ζη-
τῶν εὑρίσκει καὶ τῷ κρούοντι ἀνοιχθήσεται. 11 τίνα δὲ ἐξ ὑμῶν τὸν πα-
τέρα αἰτήσει ὁ υἱὸς ἄρτον, μὴ λίθον ἐπιδώσει αὐτῷ; ἢ καὶ ἰχθύν, μὴ ἀντὶ
ἰχθύος ὄφιν ἐπιδώσει αὐτῷ; 12 ἢ καὶ ἐὰν αἰτήσῃ ᾠόν, μὴ ἐπιδώσει αὐτῷ
σκορπίον; 13 εἰ οὖν ὑμεῖς, ὑπάρχοντες πονηροί, οἴδατε δόματα ἀγαθὰ
διδόναι τοῖς τέκνοις ὑμῶν, πόσῳ μᾶλλον ὁ πατὴρ ὁ ἐξ οὐρανοῦ δώσει
πνεῦμα ἀγαθὸν τοῖς αἰτοῦσιν αὐτόν;

14 Καὶ ἦν ἐκβάλλων δαιμόνιον, καὶ αὐτὸ ἦν κωφόν· ἐγένετο δὲ τοῦ δαι-
μονίου ἐξελθόντος ἐλάλησεν ὁ κωφός, καὶ ἐθαύμαζον οἱ ὄχλοι· 15 τινὲς
δὲ ἐξ αὐτῶν εἶπον· ἐν Βεελζεβοὺλ τῷ ἄρχοντι τῶν δαιμονίων ἐκβάλλει
τὰ δαιμόνια. 16 ἕτεροι δὲ πειράζοντες σημεῖον παρ' αὐτοῦ ἐζήτουν ἐξ
οὐρανοῦ. 17 αὐτὸς δὲ εἰδὼς αὐτῶν τὰ διανοήματα εἶπεν αὐτοῖς· πᾶσα
βασιλεία ἐφ' ἑαυτὴν διαμερισθεῖσα, ἐρημοῦται, καὶ οἶκος ἐπὶ οἶκον, πί-
πτει. 18 εἰ δὲ καὶ ὁ σατανᾶς ἐφ' ἑαυτὸν διεμερίσθη, πῶς σταθήσεται ἡ
βασιλεία αὐτοῦ, ὅτι λέγετε ἐν Βεελζεβοὺλ με ἐκβάλλειν τὰ δαιμόνια; 19
εἰ δὲ ἐγὼ ἐν Βεελζεβοὺλ ἐκβάλλω τὰ δαιμόνια, οἱ υἱοὶ ὑμῶν ἐν τίνι ἐκ-
βαλοῦσι; διὰ τοῦτο αὐτοὶ κριταὶ ὑμῶν ἔσονται. 20 εἰ δὲ ἐν δακτύλῳ Θε-
οῦ ἐκβάλλω τὰ δαιμόνια, ἄρα ἔφθασεν ἐφ' ὑμᾶς ἡ βασιλεία τοῦ Θεοῦ.
21 ὅταν ὁ ἰσχυρὸς καθωπλισμένος φυλάσσῃ τὴν ἑαυτοῦ αὐλήν, ἐν εἰρή-
νῃ ἐστὶ τὰ ὑπάρχοντα αὐτοῦ· 22 ἐπὰν δὲ ὁ ἰσχυρότερος αὐτοῦ ἐπελθὼν
νικήσῃ αὐτόν, τὴν πανοπλίαν αὐτοῦ αἴρει, ἐφ' ᾗ ἐπεποίθει, καὶ τὰ σκῦλα
αὐτοῦ διαδίδωσιν. 23 ὁ μὴ ὢν μετ' ἐμοῦ κατ' ἐμοῦ ἐστι, καὶ ὁ μὴ συνά-
γων μετ' ἐμοῦ σκορπίζει. 24 ὅταν τὸ ἀκάθαρτον πνεῦμα ἐξέλθῃ ἀπὸ τοῦ
ἀνθρώπου, διέρχεται δι' ἀνύδρων τόπων ζητοῦν ἀνάπαυσιν, καὶ μὴ εὑρί-

σκον λέγει· ὑποστρέψω εἰς τὸν οἶκόν μου ὅθεν ἐξῆλθον· 25 καὶ ἐλθὸν εὑρίσκει σεσαρωμένον καὶ κεκοσμημένον. 26 τότε πορεύεται καὶ παραλαμβάνει ἑπτὰ ἕτερα πνεύματα πονηρότερα ἑαυτοῦ, καὶ εἰσελθόντα κατοικεῖ ἐκεῖ, καὶ γίνεται τὰ ἔσχατα τοῦ ἀνθρώπου ἐκείνου χείρονα τῶν πρώτων.

27 Ἐγένετο δὲ ἐν τῷ λέγειν αὐτὸν ταῦτα ἐπάρασά τις γυνὴ φωνὴν ἐκ τοῦ ὄχλου εἶπεν αὐτῷ· μακαρία ἡ κοιλία ἡ βαστάσασά σε καὶ μαστοὶ οὓς ἐθήλασας. 28 αὐτὸς δὲ εἶπε· μενοῦνγε μακάριοι οἱ ἀκούοντες τὸν λόγον τοῦ Θεοῦ καὶ φυλάσσοντες αὐτόν.

29 Τῶν δὲ ὄχλων ἐπαθροιζομένων ἤρξατο λέγειν· ἡ γενεὰ αὕτη γενεὰ πονηρά ἐστι· σημεῖον ζητεῖ, καὶ σημεῖον οὐ δοθήσεται αὐτῇ εἰ μὴ τὸ σημεῖον Ἰωνᾶ τοῦ προφήτου. 30 καθὼς γὰρ ἐγένετο Ἰωνᾶς σημεῖον τοῖς Νινευΐταις, οὕτως ἔσται καὶ ὁ υἱὸς τοῦ ἀνθρώπου τῇ γενεᾷ ταύτῃ σημεῖον. 31 βασίλισσα νότου ἐγερθήσεται ἐν τῇ κρίσει μετὰ τῶν ἀνδρῶν τῆς γενεᾶς ταύτης καὶ κατακρινεῖ αὐτούς, ὅτι ἦλθεν ἐκ τῶν περάτων τῆς γῆς ἀκοῦσαι τὴν σοφίαν Σολομῶντος, καὶ ἰδοὺ πλεῖον Σολομῶντος ὧδε. 32 ἄνδρες Νινευῒ ἀναστήσονται ἐν τῇ κρίσει μετὰ τῆς γενεᾶς ταύτης καὶ κατακρινοῦσιν αὐτήν, ὅτι μετενόησαν εἰς τὸ κήρυγμα Ἰωνᾶ, καὶ ἰδοὺ πλεῖον Ἰωνᾶ ὧδε. 33 οὐδεὶς δὲ λύχνον ἅψας εἰς κρυπτὴν τίθησιν οὐδὲ ὑπὸ τὸν μόδιον, ἀλλ᾽ ἐπὶ τὴν λυχνίαν, ἵνα οἱ εἰσπορευόμενοι τὸ φέγγος βλέπωσιν. 34 ὁ λύχνος τοῦ σώματός ἐστιν ὁ ὀφθαλμός· ὅταν οὖν ὁ ὀφθαλμός σου ἁπλοῦς ᾖ, καὶ ὅλον τὸ σῶμά σου φωτεινόν ἐστιν· ἐπὰν δὲ πονηρὸς ᾖ, καὶ τὸ σῶμά σου σκοτεινόν. 35 σκόπει οὖν μὴ τὸ φῶς τὸ ἐν σοὶ σκότος ἐστίν. 36 εἰ οὖν τὸ σῶμά σου ὅλον φωτεινόν, μὴ ἔχον τι μέρος σκοτεινόν, ἔσται φωτεινὸν ὅλον ὡς ὅταν ὁ λύχνος τῇ ἀστραπῇ φωτίζῃ σε.

37 Ἐν δὲ τῷ λαλῆσαι αὐτὸν ταῦτα ἠρώτα αὐτὸν Φαρισαῖός τις ὅπως ἀριστήσῃ παρ᾽ αὐτῷ· εἰσελθὼν δὲ ἀνέπεσεν. 38 ὁ δὲ Φαρισαῖος ἰδὼν ἐθαύμασεν ὅτι οὐ πρῶτον ἐβαπτίσθη πρὸ τοῦ ἀρίστου. 39 εἶπε δὲ ὁ Κύριος πρὸς αὐτόν· νῦν ὑμεῖς οἱ Φαρισαῖοι τὸ ἔξωθεν τοῦ ποτηρίου καὶ τοῦ πίνακος καθαρίζετε, τὸ δὲ ἔσωθεν ὑμῶν γέμει ἁρπαγῆς καὶ πονηρίας. 40 ἄφρονες, οὐχ ὁ ποιήσας τὸ ἔξωθεν καὶ τὸ ἔσωθεν ἐποίησε; 41 πλὴν τὰ ἐνόντα δότε ἐλεημοσύνην, καὶ ἰδοὺ ἅπαντα καθαρὰ ὑμῖν ἔσται. 42 ἀλλ᾽ οὐαὶ ὑμῖν τοῖς Φαρισαίοις, ὅτι ἀποδεκατοῦτε τὸ ἡδύοσμον καὶ τὸ πήγανον καὶ πᾶν λάχανον, καὶ παρέρχεσθε τὴν κρίσιν καὶ τὴν ἀγάπην τοῦ Θεοῦ· ταῦτα δὲ ἔδει ποιῆσαι, κἀκεῖνα μὴ ἀφιέναι. 43 οὐαὶ ὑμῖν τοῖς

Φαρισαίοις, ὅτι ἀγαπᾶτε τὴν πρωτοκαθεδρίαν ἐν ταῖς συναγωγαῖς καὶ
τοὺς ἀσπασμοὺς ἐν ταῖς ἀγοραῖς. 44 οὐαὶ ὑμῖν, γραμματεῖς καὶ Φαρι-
σαῖοι ὑποκριταί, ὅτι ἐστὲ ὡς τὰ μνημεῖα τὰ ἄδηλα, καὶ οἱ ἄνθρωποι πε-
ριπατοῦντες ἐπάνω οὐκ οἴδασιν.

45 Ἀποκριθεὶς δέ τις τῶν νομικῶν λέγει αὐτῷ· διδάσκαλε, ταῦτα λέγων
καὶ ἡμᾶς ὑβρίζεις. 46 ὁ δὲ εἶπε· καὶ ὑμῖν τοῖς νομικοῖς οὐαί, ὅτι φορτίζε-
τε τοὺς ἀνθρώπους φορτία δυσβάστακτα, καὶ αὐτοὶ ἑνὶ τῶν δακτύλων ὑ-
μῶν οὐ προσψαύετε τοῖς φορτίοις. 47 οὐαὶ ὑμῖν, ὅτι οἰκοδομεῖτε τὰ μνη-
μεῖα τῶν προφητῶν, οἱ δὲ πατέρες ὑμῶν ἀπέκτειναν αὐτούς. 48 ἄρα
μαρτυρεῖτε καὶ συνευδοκεῖτε τοῖς ἔργοις τῶν πατέρων ὑμῶν, ὅτι αὐτοὶ
μὲν ἀπέκτειναν αὐτούς, ὑμεῖς δὲ οἰκοδομεῖτε αὐτῶν τὰ μνημεῖα. 49 διὰ
τοῦτο καὶ ἡ σοφία τοῦ Θεοῦ εἶπεν· ἀποστελῶ εἰς αὐτοὺς προφήτας καὶ
ἀποστόλους, καὶ ἐξ αὐτῶν ἀποκτενοῦσι καὶ ἐκδιώξουσιν, 50 ἵνα ἐκζητη-
θῇ τὸ αἷμα πάντων τῶν προφητῶν τὸ ἐκχυνόμενον ἀπὸ καταβολῆς κό-
σμου ἀπὸ τῆς γενεᾶς ταύτης, 51 ἀπὸ τοῦ αἵματος Ἄβελ ἕως τοῦ αἵμα-
τος Ζαχαρίου τοῦ ἀπολομένου μεταξὺ τοῦ θυσιαστηρίου καὶ τοῦ οἴκου·
ναί, λέγω ὑμῖν, ἐκζητηθήσεται ἀπὸ τῆς γενεᾶς ταύτης. 52 οὐαὶ ὑμῖν
τοῖς νομικοῖς ὅτι ἤρατε τὴν κλεῖδα τῆς γνώσεως· αὐτοὶ οὐκ εἰσήλθετε,
καὶ τοὺς εἰσερχομένους ἐκωλύσατε.

53 Λέγοντος δὲ αὐτοῦ πρὸς αὐτοὺς ταῦτα ἤρξαντο οἱ γραμματεῖς καὶ οἱ
Φαρισαῖοι δεινῶς ἐνέχειν καὶ ἀποστοματίζειν αὐτὸν περὶ πλειόνων, 54
ἐνεδρεύοντες αὐτόν, ζητοῦντες θηρεῦσαί τι ἐκ τοῦ στόματος αὐτοῦ, ἵνα
κατηγορήσωσιν αὐτοῦ.

12

ΕΝ οἷς ἐπισυναχθεισῶν τῶν μυριάδων τοῦ ὄχλου ὥς καταπατεῖν ἀλ-
λήλους, ἤρξατο λέγειν πρὸς τοὺς μαθητὰς αὐτοῦ πρῶτον· προσέχετε
ἑαυτοῖς ἀπὸ τῆς ζύμης τῶν Φαρισαίων, ἥτις ἐστὶν ὑπόκρισις. 2 οὐ-
δὲν δὲ συγκεκαλυμμένον ἐστὶν ὃ οὐκ ἀποκαλυφθήσεται, καὶ κρυπτὸν ὃ
οὐ γνωσθήσεται· 3 ἀνθ' ὧν ὅσα ἐν τῇ σκοτίᾳ εἴπατε, ἐν τῷ φωτὶ ἀκου-
σθήσεται, καὶ ὃ πρὸς τὸ οὖς ἐλαλήσατε ἐν τοῖς ταμείοις, κηρυχθήσεται
ἐπὶ τῶν δωμάτων.

4 Λέγω δὲ ὑμῖν τοῖς φίλοις μου· μὴ φοβηθῆτε ἀπὸ τῶν ἀποκτεννόντων
τὸ σῶμα, καὶ μετὰ ταῦτα μὴ ἐχόντων περισσότερόν τι ποιῆσαι. 5 ὑπο-
δείξω δὲ ὑμῖν τίνα φοβηθῆτε· φοβήθητε τὸν μετὰ τὸ ἀποκτεῖναι ἔχοντα
ἐξουσίαν ἐμβαλεῖν εἰς τὴν γέενναν· ναί, λέγω ὑμῖν, τοῦτον φοβήθητε. 6
οὐχὶ πέντε στρουθία πωλεῖται ἀσσαρίων δύο; καὶ ἓν ἐξ αὐτῶν οὐκ ἔστιν
ἐπιλελησμένον ἐνώπιον τοῦ Θεοῦ· 7 ἀλλὰ καὶ αἱ τρίχες τῆς κεφαλῆς ὑ-
μῶν πᾶσαι ἠρίθμηνται. μὴ οὖν φοβεῖσθε· πολλῶν στρουθίων διαφέρετε.
8 λέγω δὲ ὑμῖν· πᾶς ὃς ἂν ὁμολογήσῃ ἐν ἐμοὶ ἔμπροσθεν τῶν ἀνθρώ-
πων, καὶ ὁ υἱὸς τοῦ ἀνθρώπου ὁμολογήσει ἐν αὐτῷ ἔμπροσθεν τῶν ἀγγέ-
λων τοῦ Θεοῦ· 9 ὁ δὲ ἀρνησάμενός με ἐνώπιον τῶν ἀνθρώπων ἀπαρνη-
θήσεται ἐνώπιον τῶν ἀγγέλων τοῦ Θεοῦ. 10 καὶ πᾶς ὃς ἐρεῖ λόγον εἰς
τὸν υἱὸν τοῦ ἀνθρώπου, ἀφεθήσεται αὐτῷ· τῷ δὲ εἰς τὸ Ἅγιον Πνεῦμα
βλασφημήσαντι οὐκ ἀφεθήσεται. 11 ὅταν δὲ προσφέρωσιν ὑμᾶς ἐπὶ τὰς
συναγωγὰς καὶ τὰς ἀρχὰς καὶ τὰς ἐξουσίας, μὴ μεριμνᾶτε πῶς ἢ τί ἀ-
πολογήσησθε ἢ τί εἴπητε· 12 τὸ γὰρ Ἅγιον Πνεῦμα διδάξει ὑμᾶς ἐν αὐ-
τῇ τῇ ὥρᾳ ἃ δεῖ εἰπεῖν.

13 Εἶπε δέ τις αὐτῷ ἐκ τοῦ ὄχλου· διδάσκαλε, εἰπὲ τῷ ἀδελφῷ μου με-
ρίσασθαι τὴν κληρονομίαν μετ' ἐμοῦ. 14 ὁ δὲ εἶπεν αὐτῷ· ἄνθρωπε, τίς
με κατέστησε δικαστὴν ἢ μεριστὴν ἐφ' ὑμᾶς; 15 εἶπε δὲ πρὸς αὐτούς· ὁ-
ρᾶτε καὶ φυλάσσεσθε ἀπὸ πάσης πλεονεξίας· ὅτι οὐκ ἐν τῷ περισσεύειν
τινὶ ἡ ζωὴ αὐτοῦ ἐστιν ἐκ τῶν ὑπαρχόντων αὐτοῦ. 16 εἶπε δὲ παραβο-
λὴν πρὸς αὐτοὺς λέγων· ἀνθρώπου τινὸς πλουσίου εὐφόρησεν ἡ χώρα·
17 καὶ διελογίζετο ἐν ἑαυτῷ λέγων· τί ποιήσω, ὅτι οὐκ ἔχω ποῦ συνάξω
τοὺς καρπούς μου; 18 καὶ εἶπε· τοῦτο ποιήσω· καθελῶ μου τὰς ἀποθή-
κας καὶ μείζονας οἰκοδομήσω, καὶ συνάξω ἐκεῖ πάντα τὰ γενήματά μου
καὶ τὰ ἀγαθά μου, 19 καὶ ἐρῶ τῇ ψυχῇ μου· ψυχή, ἔχεις πολλὰ ἀγαθὰ
κείμενα εἰς ἔτη πολλά· ἀναπαύου, φάγε, πίε, εὐφραίνου. 20 εἶπε δὲ αὐ-
τῷ ὁ Θεός· ἄφρον, ταύτῃ τῇ νυκτὶ τὴν ψυχήν σου ἀπαιτοῦσιν ἀπὸ σοῦ· ἃ
δὲ ἡτοίμασας τίνι ἔσται; 21 οὕτως ὁ θησαυρίζων ἑαυτῷ, καὶ μὴ εἰς Θε-
ὸν πλουτῶν. 22 εἶπε δὲ πρὸς τοὺς μαθητὰς αὐτοῦ· διὰ τοῦτο λέγω ὑμῖν,
μὴ μεριμνᾶτε τῇ ψυχῇ ὑμῶν τί φάγητε, μηδὲ τῷ σώματι ὑμῶν τί ἐνδύ-
σησθε. 23 οὐχὶ ἡ ψυχὴ πλεῖόν ἐστι τῆς τροφῆς καὶ τὸ σῶμα τοῦ ἐνδύ-
ματος; 24 κατανοήσατε τοὺς κόρακας, ὅτι οὐ σπείρουσιν οὐδὲ θερίζου-
σιν, οἷς οὐκ ἔστι ταμεῖον οὐδὲ ἀποθήκη, καὶ ὁ Θεὸς τρέφει αὐτούς· πόσῳ
μᾶλλον ὑμεῖς διαφέρετε τῶν πετεινῶν; 25 τίς δὲ ἐξ ὑμῶν μεριμνῶν δύ-
ναται προσθεῖναι ἐπὶ τὴν ἡλικίαν αὐτοῦ πῆχυν ἕνα; 26 εἰ οὖν οὔτε ἐλά-

χιστον δύνασθε, τί περὶ τῶν λοιπῶν μεριμνᾶτε; 27 κατανοήσατε τὰ κρί-
να πῶς αὐξάνει· οὐ κοπιᾷ οὐδὲ νήθει· λέγω δὲ ὑμῖν, οὐδὲ Σολομὼν ἐν
πάσῃ τῇ δόξῃ αὐτοῦ περιεβάλετο ὡς ἓν τούτων. 28 εἰ δὲ τὸν χόρτον τοῦ
ἀγροῦ, σήμερον ὄντα καὶ αὔριον εἰς κλίβανον βαλλόμενον, ὁ Θεὸς οὕτως
ἀμφιέννυσι, πόσῳ μᾶλλον ὑμᾶς, ὀλιγόπιστοι; 29 καὶ ὑμεῖς μὴ ζητεῖτε τί
φάγητε καὶ τί πίητε, καὶ μὴ μετεωρίζεσθε· 30 ταῦτα γὰρ πάντα τὰ ἔθνη
τοῦ κόσμου ἐπιζητεῖ· ὑμῶν δὲ ὁ πατὴρ οἶδεν ὅτι χρῄζετε τούτων· 31
πλὴν ζητεῖτε τὴν βασιλείαν τοῦ Θεοῦ, καὶ ταῦτα πάντα προστεθήσεται
ὑμῖν. 32 μὴ φοβοῦ τὸ μικρὸν ποίμνιον· ὅτι εὐδόκησεν ὁ πατὴρ ὑμῶν
δοῦναι ὑμῖν τὴν βασιλείαν.

33 Πωλήσατε τὰ ὑπάρχοντα ὑμῶν καὶ δότε ἐλεημοσύνην. ποιήσατε ἑ-
αυτοῖς βαλλάντια μὴ παλαιούμενα, θησαυρὸν ἀνέκλειπτον ἐν τοῖς οὐρα-
νοῖς, ὅπου κλέπτης οὐκ ἐγγίζει οὐδὲ σὴς διαφθείρει· 34 ὅπου γάρ ἐστιν ὁ
θησαυρὸς ὑμῶν, ἐκεῖ καὶ ἡ καρδία ὑμῶν ἔσται. 35 ἔστωσαν ὑμῶν αἱ ὀ-
σφύες περιεζωσμέναι καὶ οἱ λύχνοι καιόμενοι· 36 καὶ ὑμεῖς ὅμοιοι ἀν-
θρώποις προσδεχομένοις τὸν κύριον ἑαυτῶν, πότε ἀναλύσει ἐκ τῶν γά-
μων, ἵνα ἐλθόντος καὶ κρούσαντος εὐθέως ἀνοίξωσιν αὐτῷ. 37 μακάριοι
οἱ δοῦλοι ἐκεῖνοι, οὓς ἐλθὼν ὁ κύριος εὑρήσει γρηγοροῦντας. ἀμὴν λέγω
ὑμῖν ὅτι περιζώσεται καὶ ἀνακλινεῖ αὐτούς, καὶ παρελθὼν διακονήσει
αὐτοῖς. 38 καὶ ἐὰν ἔλθῃ ἐν τῇ δευτέρᾳ φυλακῇ καὶ ἐν τῇ τρίτῃ φυλακῇ
ἔλθῃ καὶ εὕρῃ οὕτω, μακάριοί εἰσιν οἱ δοῦλοι ἐκεῖνοι. 39 τοῦτο δὲ γινώ-
σκετε ὅτι εἰ ᾔδει ὁ οἰκοδεσπότης ποίᾳ ὥρᾳ ὁ κλέπτης ἔρχεται, ἐγρηγό-
ρησεν ἂν καὶ οὐκ ἂν ἀφῆκε διορυγῆναι τὸν οἶκον αὐτοῦ. 40 καὶ ὑμεῖς οὖν
γίνεσθε ἕτοιμοι· ὅτι ᾗ ὥρᾳ οὐ δοκεῖτε ὁ υἱὸς τοῦ ἀνθρώπου ἔρχεται.

41 Εἶπε δὲ αὐτῷ ὁ Πέτρος· Κύριε, πρὸς ἡμᾶς τὴν παραβολὴν ταύτην
λέγεις ἢ καὶ πρὸς πάντας; 42 εἶπε δὲ ὁ Κύριος· τίς ἄρα ἐστὶν ὁ πιστὸς
οἰκονόμος καὶ φρόνιμος, ὃν καταστήσει ὁ κύριος ἐπὶ τῆς θεραπείας αὐτοῦ
τοῦ διδόναι ἐν καιρῷ τὸ σιτομέτριον; 43 μακάριος ὁ δοῦλος ἐκεῖνος, ὃν
ἐλθὼν ὁ κύριος αὐτοῦ εὑρήσει οὕτω ποιοῦντα. 44 ἀληθῶς λέγω ὑμῖν ὅτι
ἐπὶ πᾶσι τοῖς ὑπάρχουσιν αὐτοῦ καταστήσει αὐτόν. 45 ἐὰν δὲ εἴπῃ ὁ
δοῦλος ἐκεῖνος ἐν τῇ καρδίᾳ αὐτοῦ, χρονίζει ὁ κύριός μου ἔρχεσθαι, καὶ
ἄρξηται τύπτειν τοὺς παῖδας καὶ τὰς παιδίσκας, ἐσθίειν τε καὶ πίνειν καὶ
μεθύσκεσθαι, 46 ἥξει ὁ κύριος τοῦ δούλου ἐκείνου ἐν ἡμέρᾳ ᾗ οὐ προσ-
δοκᾷ καὶ ἐν ὥρᾳ ᾗ οὐ γινώσκει, καὶ διχοτομήσει αὐτόν, καὶ τὸ μέρος αὐ-
τοῦ μετὰ τῶν ἀπίστων θήσει. 47 ἐκεῖνος δὲ ὁ δοῦλος, ὁ γνοὺς τὸ θέλημα
τοῦ κυρίου ἑαυτοῦ καὶ μὴ ἑτοιμάσας μηδὲ ποιήσας πρὸς τὸ θέλημα αὐ-

τοῦ, δαρήσεται πολλάς· 48 ὁ δὲ μὴ γνούς, ποιήσας δὲ ἄξια πληγῶν, δαρήσεται ὀλίγας. παντὶ δὲ ᾧ ἐδόθη πολύ, πολὺ ζητηθήσεται παρ᾽ αὐτοῦ, καὶ ᾧ παρέθεντο πολύ, περισσότερον αἰτήσουσιν αὐτόν.

49 Πῦρ ἦλθον βαλεῖν ἐπὶ τὴν γῆν, καὶ τί θέλω εἰ ἤδη ἀνήφθη; 50 βάπτισμα δὲ ἔχω βαπτισθῆναι, καὶ πῶς συνέχομαι ἕως οὗ τελεσθῇ. 51 δοκεῖτε ὅτι εἰρήνην παρεγενόμην δοῦναι ἐν τῇ γῇ; οὐχί, λέγω ὑμῖν, ἀλλ᾽ ἢ διαμερισμόν. 52 ἔσονται γὰρ ἀπὸ τοῦ νῦν πέντε ἐν οἴκῳ ἑνὶ διαμεμερισμένοι, τρεῖς ἐπὶ δυσὶ καὶ δύο ἐπὶ τρισί· 53 διαμερισθήσονται πατὴρ ἐπὶ υἱῷ καὶ υἱὸς ἐπὶ πατρί, μήτηρ ἐπὶ θυγατρὶ καὶ θυγάτηρ ἐπὶ μητρί, πενθερὰ ἐπὶ τὴν νύμφην αὐτῆς καὶ νύμφη ἐπὶ τὴν πενθερὰν αὐτῆς.

54 Ἔλεγε δὲ καὶ τοῖς ὄχλοις· ὅταν ἴδητε τὴν νεφέλην ἀνατέλλουσαν ἀπὸ δυσμῶν, εὐθέως λέγετε, ὄμβρος ἔρχεται, καὶ γίνεται οὕτω· 55 καὶ ὅταν νότον πνέοντα, λέγετε ὅτι καύσων ἔσται, καὶ γίνεται. 56 ὑποκριταί, τὸ πρόσωπον τοῦ οὐρανοῦ καὶ τῆς γῆς οἴδατε δοκιμάζειν, τὸν δὲ καιρὸν τοῦτον πῶς οὐ δοκιμάζετε; 57 τί δὲ καὶ ἀφ᾽ ἑαυτῶν οὐ κρίνετε τὸ δίκαιον; 58 ὡς γὰρ ὑπάγεις μετὰ τοῦ ἀντιδίκου σου ἐπ᾽ ἄρχοντα, ἐν τῇ ὁδῷ δὸς ἐργασίαν ἀπηλλάχθαι ἀπ᾽ αὐτοῦ, μήποτε κατασύρῃ σε πρὸς τὸν κριτήν, καὶ ὁ κριτής σε παραδῷ τῷ πράκτορι, καὶ ὁ πράκτωρ σε βαλεῖ εἰς φυλακήν. 59 λέγω σοι, οὐ μὴ ἐξέλθῃς ἐκεῖθεν ἕως οὗ καὶ τὸ ἔσχατον λεπτὸν ἀποδῷς.

13

ΠΑΡΗΣΑΝ δέ τινες ἐν αὐτῷ τῷ καιρῷ ἀπαγγέλλοντες αὐτῷ περὶ τῶν Γαλιλαίων, ὧν τὸ αἷμα Πιλᾶτος ἔμιξε μετὰ τῶν θυσιῶν αὐτῶν. 2 καὶ ἀποκριθεὶς ὁ Ἰησοῦς εἶπεν αὐτοῖς· δοκεῖτε ὅτι οἱ Γαλιλαῖοι οὗτοι ἁμαρτωλοὶ παρὰ πάντας τοὺς Γαλιλαίους ἐγένοντο, ὅτι τοιαῦτα πεπόνθασιν; 3 οὐχί, λέγω ὑμῖν, ἀλλ᾽ ἐὰν μὴ μετανοῆτε, πάντες ὡσαύτως ἀπολεῖσθε. 4 ἢ ἐκεῖνοι οἱ δέκα καὶ ὀκτώ, ἐφ᾽ οὓς ἔπεσεν ὁ πύργος ἐν τῷ Σιλωὰμ καὶ ἀπέκτεινεν αὐτούς, δοκεῖτε ὅτι οὗτοι ὀφειλέται ἐγένοντο παρὰ πάντας τοὺς ἀνθρώπους τοὺς κατοικοῦντας ἐν Ἱερουσαλήμ; 5 οὐχί, λέγω ὑμῖν, ἀλλ᾽ ἐὰν μὴ μετανοήσητε, πάντες ὁμοίως ἀπολεῖσθε.

6 Ἔλεγε δὲ ταύτην τὴν παραβολήν· συκῆν εἶχέ τις ἐν τῷ ἀμπελῶνι αὐτοῦ πεφυτευμένην, καὶ ἦλθε ζητῶν καρπὸν ἐν αὐτῇ, καὶ οὐχ εὗρεν. 7 εἶ-

πε δὲ πρὸς τὸν ἀμπελουργόν· ἰδοὺ τρία ἔτη ἔρχομαι ζητῶν καρπὸν ἐν τῇ
συκῇ ταύτῃ, καὶ οὐχ εὑρίσκω· ἔκκοψον αὐτήν· ἱνατί καὶ τὴν γῆν καταρ-
γεῖ; 8 ὁ δὲ ἀποκριθεὶς εἶπεν αὐτῷ· κύριε, ἄφες αὐτὴν καὶ τοῦτο τὸ ἔτος,
ἕως ὅτου σκάψω περὶ αὐτὴν καὶ βάλω κόπρια. 9 κἂν μὲν ποιήσῃ καρ-
πόν· εἰ δὲ μήγε, εἰς τὸ μέλλον ἐκκόψεις αὐτήν.

10 Ἦν δὲ διδάσκων ἐν μιᾷ τῶν συναγωγῶν ἐν τοῖς σάββασι. 11 καὶ ἰ-
δοὺ γυνὴ ἦν πνεῦμα ἔχουσα ἀσθενείας ἔτη δέκα καὶ ὀκτώ, καὶ ἦν συγ-
κύπτουσα καὶ μὴ δυναμένη ἀνακῦψαι εἰς τὸ παντελές. 12 ἰδὼν δὲ αὐτὴν
ὁ Ἰησοῦς προσεφώνησε καὶ εἶπεν αὐτῇ· γύναι, ἀπολέλυσαι τῆς ἀσθενεί-
ας σου· 13 καὶ ἐπέθηκεν αὐτῇ τὰς χεῖρας· καὶ παραχρῆμα ἀνωρθώθη
καὶ ἐδόξαζε τὸν Θεόν. 14 ἀποκριθεὶς δὲ ὁ ἀρχισυνάγωγος, ἀγανακτῶν
ὅτι τῷ σαββάτῳ ἐθεράπευσεν ὁ Ἰησοῦς, ἔλεγε τῷ ὄχλῳ· ἓξ ἡμέραι εἰσὶν
ἐν αἷς δεῖ ἐργάζεσθαι· ἐν ταύταις οὖν ἐρχόμενοι θεραπεύεσθε, καὶ μὴ τῇ
ἡμέρᾳ τοῦ σαββάτου. 15 ἀπεκρίθη οὖν αὐτῷ ὁ Κύριος καὶ εἶπεν· ὑπο-
κριτά, ἕκαστος ὑμῶν τῷ σαββάτῳ οὐ λύει τὸν βοῦν αὐτοῦ ἢ τὸν ὄνον
ἀπὸ τῆς φάτνης καὶ ἀπαγαγὼν ποτίζει; 16 ταύτην δέ, θυγατέρα Ἀβρα-
ὰμ οὖσαν, ἣν ἔδησεν ὁ σατανᾶς ἰδοὺ δέκα καὶ ὀκτὼ ἔτη, οὐκ ἔδει λυθῆ-
ναι ἀπὸ τοῦ δεσμοῦ τούτου τῇ ἡμέρᾳ τοῦ σαββάτου; 17 καὶ ταῦτα λέ-
γοντος αὐτοῦ κατῃσχύνοντο πάντες οἱ ἀντικείμενοι αὐτῷ, καὶ πᾶς ὁ ὄ-
χλος ἔχαιρεν ἐπὶ πᾶσι τοῖς ἐνδόξοις τοῖς γινομένοις ὑπ᾿ αὐτοῦ.

18 Ἔλεγε δέ· τίνι ὁμοία ἐστὶν ἡ βασιλεία τοῦ Θεοῦ, καὶ τίνι ὁμοιώσω
αὐτήν; 19 ὁμοία ἐστὶ κόκκῳ σινάπεως, ὃν λαβὼν ἄνθρωπος ἔβαλεν εἰς
κῆπον ἑαυτοῦ· καὶ ηὔξησε καὶ ἐγένετο εἰς δένδρον μέγα, καὶ τὰ πετεινὰ
τοῦ οὐρανοῦ κατεσκήνωσεν ἐν τοῖς κλάδοις αὐτοῦ. 20 Πάλιν εἶπε· τίνι
ὁμοιώσω τὴν βασιλείαν τοῦ Θεοῦ; 21 ὁμοία ἐστὶ ζύμῃ, ἣν λαβοῦσα γυ-
νὴ ἔκρυψεν εἰς ἀλεύρου σάτα τρία, ἕως οὗ ἐζυμώθη ὅλον.

22 Καὶ διεπορεύετο κατὰ πόλεις καὶ κώμας διδάσκων καὶ πορείαν ποι-
ούμενος εἰς Ἱερουσαλήμ. 23 εἶπε δέ τις αὐτῷ· Κύριε, εἰ ὀλίγοι οἱ σῳζό-
μενοι; ὁ δὲ εἶπε πρὸς αὐτούς· 24 ἀγωνίζεσθε εἰσελθεῖν διὰ τῆς στενῆς
πύλης· ὅτι πολλοί, λέγω ὑμῖν, ζητήσουσιν εἰσελθεῖν καὶ οὐκ ἰσχύσουσιν.
25 ἀφ᾿ οὗ ἂν ἐγερθῇ ὁ οἰκοδεσπότης καὶ ἀποκλείσῃ τὴν θύραν, καὶ ἄρ-
ξησθε ἔξω ἑστάναι καὶ κρούειν τὴν θύραν λέγοντες· Κύριε Κύριε, ἄνοι-
ξον ἡμῖν· καὶ ἀποκριθεὶς ἐρεῖ ὑμῖν, οὐκ οἶδα ὑμᾶς πόθεν ἐστέ. 26 τότε
ἄρξεσθε λέγειν· ἐφάγομεν ἐνώπιόν σου καὶ ἐπίομεν, καὶ ἐν ταῖς πλατεί-
αις ἡμῶν ἐδίδαξας· 27 καὶ ἐρεῖ· λέγω ὑμῖν, οὐκ οἶδα ὑμᾶς πόθεν ἐστέ·
ἀπόστητε ἀπ᾿ ἐμοῦ πάντες οἱ ἐργάται τῆς ἀδικίας. 28 ἐκεῖ ἔσται ὁ

κλαυθμὸς καὶ ὁ βρυγμὸς τῶν ὀδόντων, ὅταν ὄψησθε Ἀβραὰμ καὶ Ἰσαὰκ
καὶ Ἰακὼβ καὶ πάντας τοὺς προφήτας ἐν τῇ βασιλείᾳ τοῦ Θεοῦ, ὑμᾶς δὲ
ἐκβαλλομένους ἔξω, 29 καὶ ἥξουσιν ἀπὸ ἀνατολῶν καὶ δυσμῶν καὶ ἀπὸ
βορρᾶ καὶ νότου, καὶ ἀνακλιθήσονται ἐν τῇ βασιλείᾳ τοῦ Θεοῦ. 30 καὶ ἰ-
δοὺ εἰσὶν ἔσχατοι οἳ ἔσονται πρῶτοι, καὶ εἰσὶ πρῶτοι οἳ ἔσονται ἔσχατοι.

31 Ἐν αὐτῇ τῇ ἡμέρᾳ προσῆλθόν τινες Φαρισαῖοι λέγοντες αὐτῷ· ἔξελ-
θε καὶ πορεύου ἐντεῦθεν, ὅτι Ἡρῴδης θέλει σε ἀποκτεῖναι. 32 καὶ εἶπεν
αὐτοῖς· πορευθέντες εἴπατε τῇ ἀλώπεκι ταύτῃ· ἰδοὺ ἐκβάλλω δαιμόνια
καὶ ἰάσεις ἐπιτελῶ σήμερον καὶ αὔριον, καὶ τῇ τρίτῃ τελειοῦμαι· 33
πλὴν δεῖ με σήμερον καὶ αὔριον καὶ τῇ ἐχομένῃ πορεύεσθαι, ὅτι οὐκ ἐν-
δέχεται προφήτην ἀπολέσθαι ἔξω Ἱερουσαλήμ. 34 Ἱερουσαλὴμ Ἱερου-
σαλήμ, ἡ ἀποκτέννουσα τοὺς προφήτας καὶ λιθοβολοῦσα τοὺς ἀπεσταλ-
μένους πρὸς αὐτήν, ποσάκις ἠθέλησα ἐπισυνάξαι τὰ τέκνα σου ὃν τρό-
πον ὄρνις τὴν ἑαυτῆς νοσσιὰν ὑπὸ τὰς πτέρυγας, καὶ οὐκ ἠθελήσατε. 35
ἰδοὺ ἀφίεται ὑμῖν ὁ οἶκος ὑμῶν ἔρημος. λέγω δὲ ὑμῖν ὅτι οὐ μή με ἴδητε
ἕως ἂν ἥξῃ ὅτε εἴπητε· εὐλογημένος ὁ ἐρχόμενος ἐν ὀνόματι Κυρίου.

14

ΚΑΙ ἐγένετο ἐν τῷ ἐλθεῖν αὐτὸν εἰς οἶκόν τινος τῶν ἀρχόντων τῶν
Φαρισαίων σαββάτῳ φαγεῖν ἄρτον, καὶ αὐτοὶ ἦσαν παρατηρούμενοι
αὐτόν. 2 καὶ ἰδοὺ ἄνθρωπός τις ἦν ὑδρωπικὸς ἔμπροσθεν αὐτοῦ. 3
καὶ ἀποκριθεὶς ὁ Ἰησοῦς εἶπε πρὸς τοὺς νομικοὺς καὶ Φαρισαίους λέγων·
εἰ ἔξεστι τῷ σαββάτῳ θεραπεύειν; οἱ δὲ ἡσύχασαν. 4 καὶ ἐπιλαβόμενος
ἰάσατο αὐτὸν καὶ ἀπέλυσε. 5 καὶ ἀποκριθεὶς πρὸς αὐτοὺς εἶπε· τίνος ὑ-
μῶν υἱὸς ἢ βοῦς εἰς φρέαρ ἐμπεσεῖται, καὶ οὐκ εὐθέως ἀνασπάσει αὐτὸν
ἐν τῇ ἡμέρᾳ τοῦ σαββάτου; 6 καὶ οὐκ ἴσχυσαν ἀνταποκριθῆναι αὐτῷ
πρὸς ταῦτα.

7 Ἔλεγε δὲ πρὸς τοὺς κεκλημένους παραβολήν, ἐπέχων πῶς τὰς πρω-
τοκλισίας ἐξελέγοντο, λέγων πρὸς αὐτούς· 8 ὅταν κληθῇς ὑπό τινος εἰς
γάμους, μὴ κατακλιθῇς εἰς τὴν πρωτοκλισίαν, μήποτε ἐντιμότερός σου
ᾖ κεκλημένος ὑπ᾽ αὐτοῦ, 9 καὶ ἐλθὼν ὁ σὲ καὶ αὐτὸν καλέσας ἐρεῖ σοι·
δὸς τούτῳ τόπον· καὶ τότε ἄρξῃ μετ᾽ αἰσχύνης τὸν ἔσχατον τόπον κατέ-
χειν. 10 ἀλλ᾽ ὅταν κληθῇς, πορευθεὶς ἀνάπεσε εἰς τὸν ἔσχατον τόπον,

ἵνα ὅταν ἔλθῃ ὁ κεκληκώς σε εἴπῃ σοι· φίλε, προσανάβηθι ἀνώτερον· τό-
τε ἔσται σοι δόξα ἐνώπιον τῶν συνανακειμένων σοι. 11 ὅτι πᾶς ὁ ὑψῶν
ἑαυτὸν ταπεινωθήσεται καὶ ὁ ταπεινῶν ἑαυτὸν ὑψωθήσεται. 12 Ἔλεγε
δὲ καὶ τῷ κεκληκότι αὐτόν· ὅταν ποιῇς ἄριστον ἢ δεῖπνον, μὴ φώνει
τοὺς φίλους σου μηδὲ τοὺς ἀδελφούς σου μηδὲ τοὺς συγγενεῖς σου μηδὲ
γείτονας πλουσίους, μήποτε καὶ αὐτοί σε ἀντικαλέσωσι, καὶ γενήσεταί
σοι ἀνταπόδομα. 13 ἀλλ' ὅταν ποιῇς δοχήν, κάλει πτωχούς, ἀναπήρους,
χωλούς, τυφλούς, 14 καὶ μακάριος ἔσῃ, ὅτι οὐκ ἔχουσιν ἀνταποδοῦναί
σοι· ἀνταποδοθήσεται γάρ σοι ἐν τῇ ἀναστάσει τῶν δικαίων.

15 Ἀκούσας δέ τις τῶν συνανακειμένων ταῦτα εἶπεν αὐτῷ· μακάριος ὃς
φάγεται ἄριστον ἐν τῇ βασιλείᾳ τοῦ Θεοῦ. 16 ὁ δὲ εἶπεν αὐτῷ· ἄνθρω-
πός τις ἐποίησε δεῖπνον μέγα καὶ ἐκάλεσε πολλούς· 17 καὶ ἀπέστειλε
τὸν δοῦλον αὐτοῦ τῇ ὥρᾳ τοῦ δείπνου εἰπεῖν τοῖς κεκλημένοις· ἔρχεσθε,
ὅτι ἤδη ἕτοιμά ἐστι πάντα. 18 καὶ ἤρξαντο ἀπὸ μιᾶς παραιτεῖσθαι πάν-
τες. ὁ πρῶτος εἶπεν αὐτῷ· ἀγρὸν ἠγόρασα, καὶ ἔχω ἀνάγκην ἐξελθεῖν
καὶ ἰδεῖν αὐτόν· ἐρωτῶ σε, ἔχε με παρῃτημένον. 19 καὶ ἕτερος εἶπε·
ζεύγη βοῶν ἠγόρασα πέντε, καὶ πορεύομαι δοκιμάσαι αὐτά· ἐρωτῶ σε,
ἔχε με παρῃτημένον. 20 καὶ ἕτερος εἶπε· γυναῖκα ἔγημα, καὶ διὰ τοῦτο
οὐ δύναμαι ἐλθεῖν. 21 καὶ παραγενόμενος ὁ δοῦλος ἐκεῖνος ἀπήγγειλε
τῷ κυρίῳ αὐτοῦ ταῦτα. τότε ὀργισθεὶς ὁ οἰκοδεσπότης εἶπε τῷ δούλῳ
αὐτοῦ· ἔξελθε ταχέως εἰς τὰς πλατείας καὶ ρύμας τῆς πόλεως, καὶ τοὺς
πτωχοὺς καὶ ἀναπήρους καὶ χωλοὺς καὶ τυφλοὺς εἰσάγαγε ὧδε. 22 καὶ
εἶπεν ὁ δοῦλος· κύριε, γέγονεν ὡς ἐπέταξας, καὶ ἔτι τόπος ἐστί. 23 καὶ
εἶπεν ὁ κύριος πρὸς τὸν δοῦλον· ἔξελθε εἰς τὰς ὁδοὺς καὶ φραγμοὺς καὶ
ἀνάγκασον εἰσελθεῖν, ἵνα γεμισθῇ ὁ οἶκος μου. 24 λέγω γὰρ ὑμῖν ὅτι οὐ-
δεὶς τῶν ἀνδρῶν ἐκείνων τῶν κεκλημένων γεύσεταί μου τοῦ δείπνου.

25 Συνεπορεύοντο δὲ αὐτῷ ὄχλοι πολλοί. καὶ στραφεὶς εἶπε πρὸς αὐ-
τούς· 26 εἴ τις ἔρχεται πρός με καὶ οὐ μισεῖ τὸν πατέρα ἑαυτοῦ καὶ τὴν
μητέρα καὶ τὴν γυναῖκα καὶ τὰ τέκνα καὶ τοὺς ἀδελφοὺς καὶ τὰς ἀδελ-
φάς, ἔτι δὲ καὶ τὴν ἑαυτοῦ ψυχήν, οὐ δύναταί μου μαθητὴς εἶναι. 27 καὶ
ὅστις οὐ βαστάζει τὸν σταυρὸν ἑαυτοῦ καὶ ἔρχεται ὀπίσω μου, οὐ δύνα-
ται εἶναί μου μαθητής. 28 τίς γὰρ ἐξ ὑμῶν, θέλων πύργον οἰκοδομῆσαι,
οὐχὶ πρῶτον καθίσας ψηφίζει τὴν δαπάνην, εἰ ἔχει τὰ πρὸς ἀπαρτισμόν;
29 ἵνα μήποτε, θέντος αὐτοῦ θεμέλιον καὶ μὴ ἰσχύσαντος ἐκτελέσαι,
πάντες οἱ θεωροῦντες ἄρξωνται αὐτῷ ἐμπαίζειν, 30 λέγοντες ὅτι οὗτος ὁ
ἄνθρωπος ἤρξατο οἰκοδομεῖν καὶ οὐκ ἴσχυσεν ἐκτελέσαι; 31 ἢ τίς βασι-

λεύς, πορευόμενος συμβαλεῖν ἑτέρῳ βασιλεῖ εἰς πόλεμον, οὐχὶ πρῶτον
καθίσας βουλεύεται εἰ δυνατός ἐστιν ἐν δέκα χιλιάσιν ἀπαντῆσαι τῷ με-
τὰ εἴκοσι χιλιάδων ἐρχομένῳ ἐπ' αὐτόν; 32 εἰ δὲ μήγε, ἔτι πόρρω αὐτοῦ
ὄντος πρεσβείαν ἀποστείλας ἐρωτᾷ τὰ πρὸς εἰρήνην. 33 οὕτως οὖν πᾶς
ἐξ ὑμῶν, ὃς οὐκ ἀποτάσσεται πᾶσι τοῖς ἑαυτοῦ ὑπάρχουσιν, οὐ δύναται
εἶναί μου μαθητής. 34 καλὸν τὸ ἅλας· ἐὰν δὲ καὶ τὸ ἅλας μωρανθῇ, ἐν
τίνι ἀρτυθήσεται; 35 οὔτε εἰς γῆν οὔτε εἰς κοπρίαν εὔθετόν ἐστιν· ἔξω
βάλλουσιν αὐτό. ὁ ἔχων ὦτα ἀκούειν ἀκουέτω.

15

ΗΣΑΝ δὲ ἐγγίζοντες αὐτῷ πάντες οἱ τελῶναι καὶ οἱ ἁμαρτωλοὶ ἀκού-
ειν αὐτοῦ. 2 καὶ διεγόγγυζον οἱ Φαρισαῖοι καὶ οἱ γραμματεῖς λέγον-
τες ὅτι οὗτος ἁμαρτωλοὺς προσδέχεται καὶ συνεσθίει αὐτοῖς. 3 εἶπε
δὲ πρὸς αὐτοὺς τὴν παραβολὴν ταύτην λέγων·

4 Τίς ἄνθρωπος ἐξ ὑμῶν ἔχων ἑκατὸν πρόβατα, καὶ ἀπολέσας ἓν ἐξ αὐ-
τῶν, οὐ καταλείπει τὰ ἐνενήκοντα ἐννέα ἐν τῇ ἐρήμῳ καὶ πορεύεται ἐπὶ
τὸ ἀπολωλὸς ἕως οὗ εὕρῃ αὐτό; 5 καὶ εὑρὼν ἐπιτίθησιν ἐπὶ τοὺς ὤμους
αὐτοῦ χαίρων, 6 καὶ ἐλθὼν εἰς τὸν οἶκον συγκαλεῖ τοὺς φίλους καὶ τοὺς
γείτονας λέγων αὐτοῖς· συγχάρητέ μοι ὅτι εὗρον τὸ πρόβατόν μου τὸ ἀ-
πολωλός. 7 λέγω ὑμῖν ὅτι οὕτω χαρὰ ἔσται ἐν τῷ οὐρανῷ ἐπὶ ἑνὶ ἁμαρ-
τωλῷ μετανοοῦντι ἢ ἐπὶ ἐνενήκοντα ἐννέα δικαίοις, οἵτινες οὐ χρείαν ἔ-
χουσι μετανοίας.

8 Ἢ τίς γυνὴ δραχμὰς ἔχουσα δέκα, ἐὰν ἀπολέσῃ δραχμὴν μίαν, οὐχὶ
ἅπτει λύχνον καὶ σαροῖ τὴν οἰκίαν καὶ ζητεῖ ἐπιμελῶς ἕως ὅτου εὕρῃ; 9
καὶ εὑροῦσα συγκαλεῖ τὰς φίλας καὶ τὰς γείτονας λέγουσα· συγχάρητέ
μοι ὅτι εὗρον τὴν δραχμὴν ἣν ἀπώλεσα. 10 οὕτω, λέγω ὑμῖν, χαρὰ γί-
νεται ἐνώπιον τῶν ἀγγέλων τοῦ Θεοῦ ἐπὶ ἑνὶ ἁμαρτωλῷ μετανοοῦντι.

11 Εἶπε δέ· ἄνθρωπός τις εἶχε δύο υἱούς. 12 καὶ εἶπεν ὁ νεώτερος αὐτῶν
τῷ πατρί· πάτερ, δός μοι τὸ ἐπιβάλλον μέρος τῆς οὐσίας. καὶ διεῖλεν αὐ-
τοῖς τὸν βίον. 13 καὶ μετ' οὐ πολλὰς ἡμέρας συναγαγὼν ἅπαντα ὁ νεώ-
τερος υἱὸς ἀπεδήμησεν εἰς χώραν μακράν, καὶ ἐκεῖ διεσκόρπισε τὴν οὐ-
σίαν αὐτοῦ ζῶν ἀσώτως. 14 δαπανήσαντος δὲ αὐτοῦ πάντα ἐγένετο λι-
μὸς ἰσχυρὸς κατὰ τὴν χώραν ἐκείνην, καὶ αὐτὸς ἤρξατο ὑστερεῖσθαι. 15

καὶ πορευθεὶς ἐκολλήθη ἑνὶ τῶν πολιτῶν τῆς χώρας ἐκείνης, καὶ ἔπεμ-
ψεν αὐτὸν εἰς τοὺς ἀγροὺς αὐτοῦ βόσκειν χοίρους. 16 καὶ ἐπεθύμει γε-
μίσαι τὴν κοιλίαν αὐτοῦ ἀπὸ τῶν κερατίων ὧν ἤσθιον οἱ χοῖροι, καὶ οὐ-
δεὶς ἐδίδου αὐτῷ. 17 εἰς ἑαυτὸν δὲ ἐλθὼν εἶπε· πόσοι μίσθιοι τοῦ πατρός
μου περισσεύουσιν ἄρτων, ἐγὼ δὲ λιμῷ ἀπόλλυμαι. 18 ἀναστὰς πορεύ-
σομαι πρὸς τὸν πατέρα μου καὶ ἐρῶ αὐτῷ· πάτερ, ἥμαρτον εἰς τὸν οὐρα-
νὸν καὶ ἐνώπιόν σου. 19 οὐκέτι εἰμὶ ἄξιος κληθῆναι υἱός σου· ποίησόν με
ὡς ἕνα τῶν μισθίων σου. 20 καὶ ἀναστὰς ἦλθε πρὸς τὸν πατέρα αὐτοῦ.
ἔτι δὲ αὐτοῦ μακρὰν ἀπέχοντος εἶδεν αὐτὸν ὁ πατὴρ αὐτοῦ καὶ ἐσπλαγ-
χνίσθη, καὶ δραμὼν ἐπέπεσεν ἐπὶ τὸν τράχηλον αὐτοῦ καὶ κατεφίλησεν
αὐτόν. 21 εἶπε δὲ αὐτῷ ὁ υἱός· πάτερ, ἥμαρτον εἰς τὸν οὐρανὸν καὶ ἐνώ-
πιόν σου, καὶ οὐκέτι εἰμὶ ἄξιος κληθῆναι υἱός σου. 22 εἶπε δὲ ὁ πατὴρ
πρὸς τοὺς δούλους αὐτοῦ· ἐξενέγκατε τὴν στολὴν τὴν πρώτην καὶ ἐνδύ-
σατε αὐτόν, καὶ δότε δακτύλιον εἰς τὴν χεῖρα αὐτοῦ καὶ ὑποδήματα εἰς
τοὺς πόδας, 23 καὶ ἐνέγκαντες τὸν μόσχον τὸν σιτευτὸν θύσατε, καὶ φα-
γόντες εὐφρανθῶμεν, 24 ὅτι οὗτος ὁ υἱός μου νεκρὸς ἦν καὶ ἀνέζησε, καὶ
ἀπολωλὼς ἦν καὶ εὑρέθη. καὶ ἤρξαντο εὐφραίνεσθαι.

25 Ἦν δὲ ὁ υἱὸς αὐτοῦ ὁ πρεσβύτερος ἐν ἀγρῷ· καὶ ὡς ἐρχόμενος ἤγγι-
σε τῇ οἰκίᾳ ἤκουσε συμφωνίας καὶ χορῶν, 26 καὶ προσκαλεσάμενος ἕνα
τῶν παίδων ἐπυνθάνετο τί εἴη ταῦτα. 27 ὁ δὲ εἶπεν αὐτῷ ὅτι ὁ ἀδελφός
σου ἥκει καὶ ἔθυσεν ὁ πατήρ σου τὸν μόσχον τὸν σιτευτόν, ὅτι ὑγιαίνον-
τα αὐτὸν ἀπέλαβεν. 28 ὠργίσθη δὲ καὶ οὐκ ἤθελεν εἰσελθεῖν. ὁ οὖν πα-
τὴρ αὐτοῦ ἐξελθὼν παρεκάλει αὐτόν. 29 ὁ δὲ ἀποκριθεὶς εἶπε τῷ πατρί·
ἰδοὺ τοσαῦτα ἔτη δουλεύω σοι καὶ οὐδέποτε ἐντολήν σου παρῆλθον, καὶ
ἐμοὶ οὐδέποτε ἔδωκας ἔριφον ἵνα μετὰ τῶν φίλων μου εὐφρανθῶ· 30 ὅτε
δὲ ὁ υἱός σου οὗτος, ὁ καταφαγών σου τὸν βίον μετὰ πορνῶν, ἦλθεν, ἔθυ-
σας αὐτῷ τὸν μόσχον τὸν σιτευτόν. 31 ὁ δὲ εἶπεν αὐτῷ· τέκνον, σὺ πάν-
τοτε μετ' ἐμοῦ εἶ, καὶ πάντα τὰ ἐμὰ σά ἐστιν· 32 εὐφρανθῆναι δὲ καὶ
χαρῆναι ἔδει, ὅτι ὁ ἀδελφός σου οὗτος νεκρὸς ἦν καὶ ἀνέζησε, καὶ ἀπο-
λωλὼς ἦν καὶ εὑρέθη.

16

ΕΛΕΓΕ δὲ καὶ πρὸς τοὺς μαθητὰς αὐτοῦ· ἄνθρωπός τις ἦν πλούσιος,
ὃς εἶχεν οἰκονόμον, καὶ οὗτος διεβλήθη αὐτῷ ὡς διασκορπίζων τὰ ὑ-
πάρχοντα αὐτοῦ 2 καὶ φωνήσας αὐτὸν εἶπεν αὐτῷ· τί τοῦτο ἀκούω
περὶ σοῦ; ἀπόδος τὸν λόγον τῆς οἰκονομίας σου· οὐ γὰρ δύνῃ ἔτι οἰκονο-
μεῖν. 3 εἶπε δὲ ἐν ἑαυτῷ ὁ οἰκονόμος· τί ποιήσω, ὅτι ὁ κύριός μου ἀφαι-
ρεῖται τὴν οἰκονομίαν ἀπ᾿ ἐμοῦ; σκάπτειν οὐκ ἰσχύω, ἐπαιτεῖν αἰσχύνο-
μαι· 4 ἔγνων τί ποιήσω, ἵνα, ὅταν μετασταθῶ ἐκ τῆς οἰκονομίας, δέξων-
ταί με εἰς τοὺς οἴκους ἑαυτῶν. 5 καὶ προσκαλεσάμενος ἕνα ἕκαστον τῶν
χρεωφειλετῶν τοῦ κυρίου ἑαυτοῦ ἔλεγε τῷ πρώτῳ· πόσον ὀφείλεις τῷ
κυρίῳ μου; 6 ὁ δὲ εἶπεν· ἑκατὸν βάτους ἐλαίου. καὶ εἶπεν αὐτῷ· δέξαι
σου τὸ γράμμα καὶ καθίσας ταχέως γράψον πεντήκοντα. 7 ἔπειτα ἑτέρῳ
εἶπε· σὺ δὲ πόσον ὀφείλεις; ὁ δὲ εἶπεν· ἑκατὸν κόρους σίτου. καὶ λέγει
αὐτῷ· δέξαι σου τὸ γράμμα καὶ γράψον ὀγδοήκοντα. 8 καὶ ἐπῄνεσεν ὁ
κύριος τὸν οἰκονόμον τῆς ἀδικίας, ὅτι φρονίμως ἐποίησεν· ὅτι οἱ υἱοὶ τοῦ
αἰῶνος τούτου φρονιμώτεροι ὑπὲρ τοὺς υἱοὺς τοῦ φωτὸς εἰς τὴν γενεὰν
τὴν ἑαυτῶν εἰσι. 9 κἀγὼ ὑμῖν λέγω· ποιήσατε ἑαυτοῖς φίλους ἐκ τοῦ
μαμωνᾶ τῆς ἀδικίας, ἵνα, ὅταν ἐκλίπητε, δέξωνται ὑμᾶς εἰς τὰς αἰωνί-
ους σκηνάς. 10 ὁ πιστὸς ἐν ἐλαχίστῳ καὶ ἐν πολλῷ πιστός ἐστι, καὶ ὁ ἐν
ἐλαχίστῳ ἄδικος καὶ ἐν πολλῷ ἄδικός ἐστιν. 11 εἰ οὖν ἐν τῷ ἀδίκῳ μα-
μωνᾷ πιστοὶ οὐκ ἐγένεσθε, τὸ ἀληθινὸν τίς ὑμῖν πιστεύσει; 12 καὶ εἰ ἐν
τῷ ἀλλοτρίῳ πιστοὶ οὐκ ἐγένεσθε, τὸ ὑμέτερον τίς ὑμῖν δώσει; 13 οὐδεὶς
οἰκέτης δύναται δυσὶ κυρίοις δουλεύειν· ἢ γὰρ τὸν ἕνα μισήσει καὶ τὸν ἕ-
τερον ἀγαπήσει, ἢ ἑνὸς ἀνθέξεται καὶ τοῦ ἑτέρου καταφρονήσει. οὐ δύ-
νασθε Θεῷ δουλεύειν καὶ μαμωνᾷ.

14 Ἤκουον δὲ ταῦτα πάντα καὶ οἱ Φαρισαῖοι φιλάργυροι ὑπάρχοντες,
καὶ ἐξεμυκτήριζον αὐτόν. 15 καὶ εἶπεν αὐτοῖς· ὑμεῖς ἐστε οἱ δικαιοῦντες
ἑαυτοὺς ἐνώπιον τῶν ἀνθρώπων, ὁ δὲ Θεὸς γινώσκει τὰς καρδίας ὑμῶν·
ὅτι τὸ ἐν ἀνθρώποις ὑψηλὸν βδέλυγμα ἐνώπιον τοῦ Θεοῦ. 16 ὁ νόμος
καὶ οἱ προφῆται ἕως Ἰωάννου· ἀπὸ τότε ἡ βασιλεία τοῦ Θεοῦ εὐαγγελί-
ζεται, καὶ πᾶς εἰς αὐτὴν βιάζεται. 17 εὐκοπώτερον δέ ἐστι τὸν οὐρανὸν
καὶ τὴν γῆν παρελθεῖν ἢ τοῦ νόμου μίαν κεραίαν πεσεῖν. 18 Πᾶς ὁ ἀπο-
λύων τὴν γυναῖκα αὐτοῦ καὶ γαμῶν ἑτέραν μοιχεύει, καὶ πᾶς ὁ ἀπολε-
λυμένην ἀπὸ ἀνδρὸς γαμῶν μοιχεύει.

19 Ἄνθρωπος δέ τις ἦν πλούσιος, καὶ ἐνεδιδύσκετο πορφύραν καὶ βύσ-
σον εὐφραινόμενος καθ' ἡμέραν λαμπρῶς. 20 πτωχὸς δέ τις ἦν ὀνόματι
Λάζαρος, ὃς ἐβέβλητο πρὸς τὸν πυλῶνα αὐτοῦ ἡλκωμένος 21 καὶ ἐπι-
θυμῶν χορτασθῆναι ἀπὸ τῶν ψιχίων τῶν πιπτόντων ἀπὸ τῆς τραπέζης
τοῦ πλουσίου· ἀλλὰ καὶ οἱ κύνες ἐρχόμενοι ἀπέλειχον τὰ ἕλκη αὐτοῦ. 22
ἐγένετο δὲ ἀποθανεῖν τὸν πτωχὸν καὶ ἀπενεχθῆναι αὐτὸν ὑπὸ τῶν ἀγγέ-
λων εἰς τὸν κόλπον Ἀβραάμ· ἀπέθανε δὲ καὶ ὁ πλούσιος καὶ ἐτάφη. 23
καὶ ἐν τῷ ᾅδῃ ἐπάρας τοὺς ὀφθαλμοὺς αὐτοῦ, ὑπάρχων ἐν βασάνοις, ὁρᾷ
τὸν Ἀβραὰμ ἀπὸ μακρόθεν καὶ Λάζαρον ἐν τοῖς κόλποις αὐτοῦ. 24 καὶ
αὐτὸς φωνήσας εἶπε· πάτερ Ἀβραάμ, ἐλέησόν με καὶ πέμψον Λάζαρον
ἵνα βάψῃ τὸ ἄκρον τοῦ δακτύλου αὐτοῦ ὕδατος καὶ καταψύξῃ τὴν
γλῶσσάν μου, ὅτι ὀδυνῶμαι ἐν τῇ φλογὶ ταύτῃ. 25 εἶπε δὲ Ἀβραάμ· τέ-
κνον, μνήσθητι ὅτι ἀπέλαβες σὺ τὰ ἀγαθά σου ἐν τῇ ζωῇ σου, καὶ Λά-
ζαρος ὁμοίως τὰ κακά· νῦν δὲ ὧδε παρακαλεῖται, σὺ δὲ ὀδυνᾶσαι· 26 καὶ
ἐπὶ πᾶσι τούτοις μεταξὺ ἡμῶν καὶ ὑμῶν χάσμα μέγα ἐστήρικται, ὅπως
οἱ θέλοντες διαβῆναι ἔνθεν πρὸς ὑμᾶς μὴ δύνωνται, μηδὲ οἱ ἐκεῖθεν πρὸς
ἡμᾶς διαπερῶσιν. 27 εἶπε δέ· ἐρωτῶ οὖν σε, πάτερ, ἵνα πέμψῃς αὐτὸν
εἰς τὸν οἶκον τοῦ πατρός μου· 28 ἔχω γὰρ πέντε ἀδελφούς· ὅπως δια-
μαρτύρηται αὐτοῖς, ἵνα μὴ καὶ αὐτοὶ ἔλθωσιν εἰς τὸν τόπον τοῦτον τῆς
βασάνου. 29 λέγει αὐτῷ Ἀβραάμ· ἔχουσι Μωϋσέα καὶ τοὺς προφήτας·
ἀκουσάτωσαν αὐτῶν. 30 ὁ δὲ εἶπεν· οὐχί, πάτερ Ἀβραάμ, ἀλλ' ἐάν τις
ἀπὸ νεκρῶν πορευθῇ πρὸς αὐτούς, μετανοήσουσιν. 31 εἶπε δὲ αὐτῷ· εἰ
Μωϋσέως καὶ τῶν προφητῶν οὐκ ἀκούουσιν, οὐδὲ ἐάν τις ἐκ νεκρῶν ἀ-
ναστῇ πεισθήσονται.

17

ΕΛΕΓΕ δὲ καὶ πρὸς τοὺς μαθητὰς αὐτοῦ· ἀνένδεκτόν ἐστι τοῦ μὴ ἐλ-
θεῖν τὰ σκάνδαλα· οὐαὶ δὲ δι' οὗ ἔρχεται. 2 λυσιτελεῖ αὐτῷ εἰ λίθος
μυλικὸς περίκειται περὶ τὸν τράχηλον αὐτοῦ καὶ ἔρριπται εἰς τὴν θά-
λασσαν, ἢ ἵνα σκανδαλίσῃ ἕνα τῶν μικρῶν τούτων. 3 προσέχετε ἑαυ-
τοῖς. ἐὰν δὲ ἁμάρτῃ εἰς σὲ ὁ ἀδελφός σου, ἐπιτίμησον αὐτῷ· καὶ ἐὰν με-
τανοήσῃ, ἄφες αὐτῷ· 4 καὶ ἐὰν ἑπτάκις τῆς ἡμέρας ἁμάρτῃ εἰς σὲ καὶ
ἑπτάκις τῆς ἡμέρας ἐπιστρέψῃ πρός σε λέγων, μετανοῶ, ἀφήσεις αὐτῷ.
5 καὶ εἶπον οἱ ἀπόστολοι τῷ Κυρίῳ· πρόσθες ἡμῖν πίστιν. 6 εἶπε δὲ ὁ

Κύριος· εἰ ἔχετε πίστιν ὡς κόκκον σινάπεως, ἐλέγετε ἂν τῇ συκαμίνῳ
ταύτῃ, ἐκριζώθητι καὶ φυτεύθητι ἐν τῇ θαλάσσῃ, καὶ ὑπήκουσεν ἂν ὑ-
μῖν. 7 τίς δὲ ἐξ ὑμῶν δοῦλον ἔχων ἀροτριῶντα ἢ ποιμαίνοντα, ὃς εἰσελ-
θόντι ἐκ τοῦ ἀγροῦ ἐρεῖ, εὐθέως παρελθὼν ἀνάπεσε, 8 ἀλλ' οὐχὶ ἐρεῖ αὐ-
τῷ· ἑτοίμασον τί δειπνήσω, καὶ περιζωσάμενος διακόνει μοι ἕως φάγω
καὶ πίω, καὶ μετὰ ταῦτα φάγεσαι καὶ πίεσαι σύ; 9 μὴ χάριν ἔχει τῷ δού-
λῳ ἐκείνῳ ὅτι ἐποίησε τὰ διαταχθέντα; οὐ δοκῶ. 10 οὕτω καὶ ὑμεῖς, ὅ-
ταν ποιήσητε πάντα τὰ διαταχθέντα ὑμῖν, λέγετε ὅτι δοῦλοι ἀχρεῖοί ἐ-
σμεν, ὅτι ὃ ὠφείλομεν ποιῆσαι πεποιήκαμεν.

11 Καὶ ἐγένετο ἐν τῷ πορεύεσθαι αὐτὸν εἰς Ἱερουσαλὴμ καὶ αὐτὸς δι-
ήρχετο διὰ μέσου Σαμαρείας καὶ Γαλιλαίας. 12 καὶ εἰσερχομένου αὐτοῦ
εἴς τινα κώμην ἀπήντησαν αὐτῷ δέκα λεπροὶ ἄνδρες, οἳ ἔστησαν πόρ-
ρωθεν, 13 καὶ αὐτοὶ ἦραν φωνὴν λέγοντες· Ἰησοῦ ἐπιστάτα, ἐλέησον ἡ-
μᾶς. 14 καὶ ἰδὼν εἶπεν αὐτοῖς· πορευθέντες ἐπιδείξατε ἑαυτοὺς τοῖς ἱε-
ρεῦσι. καὶ ἐγένετο ἐν τῷ ὑπάγειν αὐτοὺς ἐκαθαρίσθησαν. 15 εἷς δὲ ἐξ
αὐτῶν, ἰδὼν ὅτι ἰάθη, ὑπέστρεψε μετὰ φωνῆς μεγάλης δοξάζων τὸν Θε-
όν, 16 καὶ ἔπεσεν ἐπὶ πρόσωπον παρὰ τοὺς πόδας αὐτοῦ εὐχαριστῶν αὐ-
τῷ· καὶ αὐτὸς ἦν Σαμαρείτης. 17 ἀποκριθεὶς δὲ ὁ Ἰησοῦς εἶπεν· οὐχὶ οἱ
δέκα ἐκαθαρίσθησαν; οἱ δὲ ἐννέα ποῦ; 18 οὐχ εὑρέθησαν ὑποστρέψαντες
δοῦναι δόξαν τῷ Θεῷ εἰ μὴ ὁ ἀλλογενὴς οὗτος; 19 καὶ εἶπεν αὐτῷ· ἀνα-
στὰς πορεύου· ἡ πίστις σου σέσωκέ σε.

20 Ἐπερωτηθεὶς δὲ ὑπὸ τῶν Φαρισαίων πότε ἔρχεται ἡ βασιλεία τοῦ
Θεοῦ, ἀπεκρίθη αὐτοῖς καὶ εἶπεν· οὐκ ἔρχεται ἡ βασιλεία τοῦ Θεοῦ μετὰ
παρατηρήσεως, 21 οὐδὲ ἐροῦσιν ἰδοὺ ὧδε ἢ ἰδοὺ ἐκεῖ· ἰδοὺ γὰρ ἡ βασι-
λεία τοῦ Θεοῦ ἐντὸς ὑμῶν ἐστιν. 22 εἶπε δὲ πρὸς τοὺς μαθητάς· ἐλεύ-
σονται ἡμέραι ὅτε ἐπιθυμήσετε μίαν τῶν ἡμερῶν τοῦ υἱοῦ τοῦ ἀνθρώπου
ἰδεῖν, καὶ οὐκ ὄψεσθε. 23 καὶ ἐροῦσιν ὑμῖν· ἰδοὺ ὧδε, ἰδοὺ ἐκεῖ· μὴ ἀπέλ-
θητε μηδὲ διώξητε. 24 ὥσπερ γὰρ ἡ ἀστραπὴ ἀστράπτουσα ἐκ τῆς ὑπ'
οὐρανὸν εἰς τὴν ὑπ' οὐρανὸν λάμπει, οὕτως ἔσται καὶ ὁ υἱὸς τοῦ ἀνθρώ-
που ἐν τῇ ἡμέρᾳ αὐτοῦ. 25 πρῶτον δὲ δεῖ αὐτὸν πολλὰ παθεῖν καὶ ἀπο-
δοκιμασθῆναι ἀπὸ τῆς γενεᾶς ταύτης. 26 καὶ καθὼς ἐγένετο ἐν ταῖς ἡ-
μέραις Νῶε οὕτως ἔσται καὶ ἐν ταῖς ἡμέραις τοῦ υἱοῦ τοῦ ἀνθρώπου· 27
ἤσθιον, ἔπινον, ἐγάμουν, ἐξεγαμίζοντο, ἄχρι ἧς ἡμέρας εἰσῆλθε ὁ Νῶε
εἰς τὴν κιβωτόν, καὶ ἦλθεν ὁ κατακλυσμὸς καὶ ἀπώλεσεν ἅπαντας. 28
ὁμοίως καὶ ὡς ἐγένετο ἐν ταῖς ἡμέραις Λώτ· ἤσθιον, ἔπινον, ἠγόραζον,
ἐπώλουν, ἐφύτευον, ᾠκοδόμουν· 29 ᾗ δὲ ἡμέρᾳ ἐξῆλθε Λὼτ ἀπὸ Σοδό-

μων, ἔβρεξε πῦρ καὶ θεῖον ἀπ' οὐρανοῦ καὶ ἀπώλεσεν ἅπαντας. 30 κατὰ
τὰ αὐτὰ ἔσται ᾗ ἡμέρᾳ ὁ υἱὸς τοῦ ἀνθρώπου ἀποκαλύπτεται. 31 ἐν ἐκεί-
νῃ τῇ ἡμέρᾳ ὃς ἔσται ἐπὶ τοῦ δώματος καὶ τὰ σκεύη αὐτοῦ ἐν τῇ οἰκίᾳ,
μὴ καταβάτω ἆραι αὐτά, καὶ ὁ ἐν τῷ ἀγρῷ ὁμοίως μὴ ἐπιστρεψάτω εἰς
τὰ ὀπίσω. 32 μνημονεύετε τῆς γυναικὸς Λώτ. 33 ὃς ἐὰν ζητήσῃ τὴν
ψυχὴν αὐτοῦ σῶσαι, ἀπολέσει αὐτήν, καὶ ὃς ἐὰν ἀπολέσῃ αὐτήν, ζωογο-
νήσει αὐτήν. 34 λέγω ὑμῖν, ταύτῃ τῇ νυκτὶ δύο ἔσονται ἐπὶ κλίνης μι-
ᾶς, εἷς παραληφθήσεται καὶ ὁ ἕτερος ἀφεθήσεται· 35 δύο ἔσονται ἀλή-
θουσαι ἐπὶ τὸ αὐτό, μία παραληφθήσεται καὶ ἡ ἑτέρα ἀφεθήσεται· 36
δύο ἐν τῷ ἀγρῷ, εἷς παραληφθήσεται καὶ ὁ ἕτερος ἀφεθήσεται. 37 καὶ
ἀποκριθέντες λέγουσιν αὐτῷ· ποῦ, Κύριε; ὁ δὲ εἶπεν αὐτοῖς· ὅπου τὸ σῶ-
μα, ἐκεῖ ἐπισυναχθήσονται καὶ οἱ ἀετοί.

18

ΕΛΕΓΕ δὲ καὶ παραβολὴν αὐτοῖς πρὸς τὸ δεῖν πάντοτε προσεύχεσθαι
αὐτοὺς καὶ μὴ ἐκκακεῖν, 2 λέγων· κριτής τις ἦν ἔν τινι πόλει τὸν
Θεὸν μὴ φοβούμενος καὶ ἄνθρωπον μὴ ἐντρεπόμενος. 3 χήρα δὲ ἦν
ἐν τῇ πόλει ἐκείνῃ, καὶ ἤρχετο πρὸς αὐτὸν λέγουσα· ἐκδίκησόν με ἀπὸ
τοῦ ἀντιδίκου μου. 4 καὶ οὐκ ἠθέλησεν ἐπὶ χρόνον· μετὰ δὲ ταῦτα εἶπεν
ἐν ἑαυτῷ· εἰ καὶ τὸν Θεὸν οὐ φοβοῦμαι καὶ ἄνθρωπον οὐκ ἐντρέπομαι, 5
διά γε τὸ παρέχειν μοι κόπον τὴν χήραν ταύτην ἐκδικήσω αὐτήν, ἵνα μὴ
εἰς τέλος ἐρχομένη ὑποπιάζῃ με. 6 εἶπε δὲ ὁ Κύριος· ἀκούσατε τί ὁ κρι-
τὴς τῆς ἀδικίας λέγει· 7 ὁ δὲ Θεὸς οὐ μὴ ποιήσῃ τὴν ἐκδίκησιν τῶν ἐ-
κλεκτῶν αὐτοῦ τῶν βοώντων πρὸς αὐτὸν ἡμέρας καὶ νυκτός, καὶ μα-
κροθυμῶν ἐπ' αὐτοῖς; 8 λέγω ὑμῖν ὅτι ποιήσει τὴν ἐκδίκησιν αὐτῶν ἐν
τάχει. πλὴν ὁ υἱὸς τοῦ ἀνθρώπου ἐλθὼν ἆρα εὑρήσει τὴν πίστιν ἐπὶ τῆς
γῆς;

9 Εἶπε δὲ καὶ πρός τινας τοὺς πεποιθότας ἐφ' ἑαυτοῖς ὅτι εἰσὶ δίκαιοι,
καὶ ἐξουθενοῦντας τοὺς λοιπούς, τὴν παραβολὴν ταύτην· 10 ἄνθρωποι
δύο ἀνέβησαν εἰς τὸ ἱερὸν προσεύξασθαι, ὁ εἷς Φαρισαῖος καὶ ὁ ἕτερος
τελώνης. 11 ὁ Φαρισαῖος σταθεὶς πρὸς ἑαυτὸν ταῦτα προσηύχετο· ὁ Θε-
ός, εὐχαριστῶ σοι ὅτι οὐκ εἰμὶ ὥσπερ οἱ λοιποὶ τῶν ἀνθρώπων, ἅρπαγες,
ἄδικοι, μοιχοί, ἢ καὶ ὡς οὗτος ὁ τελώνης· 12 νηστεύω δὶς τοῦ σαββά-

του, ἀποδεκατῶ πάντα ὅσα κτῶμαι. 13 καὶ ὁ τελώνης μακρόθεν ἑστὼς
οὐκ ἤθελεν οὐδὲ τοὺς ὀφθαλμοὺς εἰς τὸν οὐρανὸν ἐπᾶραι, ἀλλ' ἔτυπτεν
εἰς τὸ στῆθος αὐτοῦ λέγων· ὁ Θεός, ἱλάσθητί μοι τῷ ἁμαρτωλῷ. 14 λέ-
γω ὑμῖν, κατέβη οὗτος δεδικαιωμένος εἰς τὸν οἶκον αὐτοῦ ἢ γὰρ ἐκεῖνος·
ὅτι πᾶς ὁ ὑψῶν ἑαυτὸν ταπεινωθήσεται, ὁ δὲ ταπεινῶν ἑαυτὸν ὑψωθήσε-
ται.

15 Προσέφερον δὲ αὐτῷ καὶ τὰ βρέφη ἵνα αὐτῶν ἅπτηται· καὶ ἰδόντες οἱ
μαθηταὶ ἐπετίμησαν αὐτοῖς. 16 ὁ δὲ Ἰησοῦς προσκαλεσάμενος αὐτὰ εἶ-
πεν· ἄφετε τὰ παιδία ἔρχεσθαι πρός με καὶ μὴ κωλύετε αὐτά· τῶν γὰρ
τοιούτων ἐστὶν ἡ βασιλεία τοῦ Θεοῦ. 17 ἀμὴν λέγω ὑμῖν, ὃς ἐὰν μὴ δέ-
ξηται τὴν βασιλείαν τοῦ Θεοῦ ὡς παιδίον, οὐ μὴ εἰσέλθῃ εἰς αὐτήν.

18 Καὶ ἐπηρώτησέ τις αὐτὸν ἄρχων λέγων· διδάσκαλε ἀγαθέ, τί ποιή-
σας ζωὴν αἰώνιον κληρονομήσω; 19 εἶπε δὲ αὐτῷ ὁ Ἰησοῦς· τί με λέ-
γεις ἀγαθόν; οὐδεὶς ἀγαθὸς εἰ μὴ εἷς ὁ Θεός. 20 τὰς ἐντολὰς οἶδας· μὴ
μοιχεύσῃς, μὴ φονεύσῃς, μὴ κλέψῃς, μὴ ψευδομαρτυρήσῃς, τίμα τὸν
πατέρα σου καὶ τὴν μητέρα σου. 21 ὁ δὲ εἶπε· ταῦτα πάντα ἐφυλαξάμην
ἐκ νεότητός μου. 22 ἀκούσας δὲ ταῦτα ὁ Ἰησοῦς εἶπεν αὐτῷ· ἔτι ἕν σοι
λείπει· πάντα ὅσα ἔχεις πώλησον καὶ διάδος πτωχοῖς, καὶ ἕξεις θησαυ-
ρὸν ἐν οὐρανῷ, καὶ δεῦρο ἀκολούθει μοι. 23 ὁ δὲ ἀκούσας ταῦτα περίλυ-
πος ἐγένετο· ἦν γὰρ πλούσιος σφόδρα. 24 ἰδὼν δὲ αὐτὸν ὁ Ἰησοῦς περί-
λυπον γενόμενον εἶπε· πῶς δυσκόλως οἱ τὰ χρήματα ἔχοντες εἰσελεύ-
σονται εἰς τὴν βασιλείαν τοῦ Θεοῦ. 25 εὐκοπώτερον γάρ ἐστι κάμηλον
διὰ τρυμαλιᾶς ραφίδος εἰσελθεῖν ἢ πλούσιον εἰς τὴν βασιλείαν τοῦ Θεοῦ
εἰσελθεῖν. 26 εἶπον δὲ οἱ ἀκούσαντες· καὶ τίς δύναται σωθῆναι; 27 ὁ δὲ
εἶπε· τὰ ἀδύνατα παρὰ ἀνθρώποις δυνατὰ παρὰ τῷ Θεῷ ἐστιν. 28 εἶπε
δὲ ὁ Πέτρος· ἰδοὺ ἡμεῖς ἀφήκαμεν πάντα καὶ ἠκολουθήσαμέν σοι. 29 ὁ
δὲ εἶπεν αὐτοῖς· ἀμὴν λέγω ὑμῖν ὅτι οὐδείς ἐστιν ὃς ἀφῆκεν οἰκίαν ἢ γο-
νεῖς ἢ ἀδελφοὺς ἢ γυναῖκα ἢ τέκνα ἕνεκεν τῆς βασιλείας τοῦ Θεοῦ, 30
ὃς οὐ μὴ ἀπολάβῃ πολλαπλασίονα ἐν τῷ καιρῷ τούτῳ καὶ ἐν τῷ αἰῶνι
τῷ ἐρχομένῳ ζωὴν αἰώνιον.

31 Παραλαβὼν δὲ τοὺς δώδεκα εἶπε πρὸς αὐτούς· ἰδοὺ ἀναβαίνομεν εἰς
Ἱεροσόλυμα καὶ τελειωθήσεται πάντα τὰ γεγραμμένα διὰ τῶν προφη-
τῶν τῷ υἱῷ τοῦ ἀνθρώπου. 32 παραδοθήσεται γὰρ τοῖς ἔθνεσι καὶ ἐμ-
παιχθήσεται καὶ ὑβρισθήσεται καὶ ἐμπτυσθήσεται, 33 καὶ μαστιγώσαν-
τες ἀποκτενοῦσιν αὐτόν, καὶ τῇ ἡμέρᾳ τῇ τρίτῃ ἀναστήσεται. 34 καὶ

αὐτοὶ οὐδὲν τούτων συνῆκαν, καὶ ἦν τὸ ρῆμα τοῦτο κεκρυμμένον ἀπ'
αὐτῶν, καὶ οὐκ ἐγίνωσκον τὰ λεγόμενα.

35 Ἐγένετο δὲ ἐν τῷ ἐγγίζειν αὐτὸν εἰς Ἱεριχὼ τυφλός τις ἐκάθητο πα-
ρὰ τὴν ὁδὸν προσαιτῶν· 36 ἀκούσας δὲ ὄχλου διαπορευομένου ἐπυνθάνε-
το τί εἴη ταῦτα. 37 ἀπήγγειλαν δὲ αὐτῷ ὅτι Ἰησοῦς ὁ Ναζωραῖος πα-
ρέρχεται. 38 καὶ ἐβόησε λέγων· Ἰησοῦ υἱὲ Δαυΐδ, ἐλέησόν με· 39 καὶ οἱ
προάγοντες ἐπετίμων αὐτῷ ἵνα σιωπήσῃ· αὐτὸς δὲ πολλῷ μᾶλλον ἔκρα-
ζεν· υἱὲ Δαυΐδ, ἐλέησόν με. 40 σταθεὶς δὲ ὁ Ἰησοῦς ἐκέλευσεν αὐτὸν ἀ-
χθῆναι πρὸς αὐτόν. ἐγγίσαντος δὲ αὐτοῦ ἐπηρώτησεν αὐτὸν 41 λέγων·
τί σοι θέλεις ποιήσω; ὁ δὲ εἶπε· Κύριε, ἵνα ἀναβλέψω. 42 καὶ ὁ Ἰησοῦς
εἶπεν αὐτῷ· ἀνάβλεψον· ἡ πίστις σου σέσωκέ σε. 43 καὶ παραχρῆμα ἀ-
νέβλεψε, καὶ ἠκολούθει αὐτῷ δοξάζων τὸν Θεόν· καὶ πᾶς ὁ λαὸς ἰδὼν ἔ-
δωκεν αἶνον τῷ Θεῷ.

19

ΚΑΙ εἰσελθὼν διήρχετο τὴν Ἱεριχώ· 2 καὶ ἰδοὺ ἀνὴρ ὀνόματι καλού-
μενος Ζακχαῖος, καὶ αὐτὸς ἦν ἀρχιτελώνης, καὶ οὗτος ἦν πλούσιος,
3 καὶ ἐζήτει ἰδεῖν τὸν Ἰησοῦν τίς ἐστι, καὶ οὐκ ἠδύνατο ἀπὸ τοῦ ὄ-
χλου, ὅτι τῇ ἡλικίᾳ μικρὸς ἦν. 4 καὶ προδραμὼν ἔμπροσθεν ἀνέβη ἐπὶ
συκομορέαν, ἵνα ἴδῃ αὐτόν, ὅτι ἐκείνης ἤμελλε διέρχεσθαι. 5 καὶ ὡς ἦλ-
θεν ἐπὶ τὸν τόπον, ἀναβλέψας ὁ Ἰησοῦς εἶδεν αὐτὸν καὶ εἶπε πρὸς αὐτόν·
Ζακχαῖε, σπεύσας κατάβηθι· σήμερον γὰρ ἐν τῷ οἴκῳ σου δεῖ με μεῖναι.
6 καὶ σπεύσας κατέβη, καὶ ὑπεδέξατο αὐτὸν χαίρων. 7 καὶ ἰδόντες πάν-
τες διεγόγγυζον λέγοντες ὅτι παρὰ ἁμαρτωλῷ ἀνδρὶ εἰσῆλθε καταλῦσαι.
8 σταθεὶς δὲ Ζακχαῖος εἶπε πρὸς τὸν Κύριον· ἰδοὺ τὰ ἡμίση τῶν ὑπαρ-
χόντων μου, Κύριε, δίδωμι τοῖς πτωχοῖς, καὶ εἴ τινός τι ἐσυκοφάντησα,
ἀποδίδωμι τετραπλοῦν. 9 εἶπε δὲ πρὸς αὐτὸν ὁ Ἰησοῦς ὅτι σήμερον σω-
τηρία τῷ οἴκῳ τούτῳ ἐγένετο, καθότι καὶ αὐτὸς υἱὸς Ἀβραάμ ἐστιν. 10
ἦλθε γὰρ ὁ υἱὸς τοῦ ἀνθρώπου ζητῆσαι καὶ σῶσαι τὸ ἀπολωλός.

11 Ἀκουόντων δὲ αὐτῶν ταῦτα προσθεὶς εἶπε παραβολήν, διὰ τὸ ἐγγὺς
αὐτὸν εἶναι Ἱερουσαλὴμ καὶ δοκεῖν αὐτοὺς ὅτι παραχρῆμα μέλλει ἡ βα-
σιλεία τοῦ Θεοῦ ἀναφαίνεσθαι· 12 εἶπεν οὖν· ἄνθρωπός τις εὐγενὴς ἐπο-
ρεύθη εἰς χώραν μακρὰν λαβεῖν ἑαυτῷ βασιλείαν καὶ ὑποστρέψαι. 13

καλέσας δὲ δέκα δούλους ἑαυτοῦ ἔδωκεν αὐτοῖς δέκα μνᾶς καὶ εἶπε πρὸς
αὐτούς· πραγματεύσασθε ἐν ᾧ ἔρχομαι. 14 οἱ δὲ πολῖται αὐτοῦ ἐμίσουν
αὐτόν, καὶ ἀπέστειλαν πρεσβείαν ὀπίσω αὐτοῦ λέγοντες· οὐ θέλομεν
τοῦτον βασιλεῦσαι ἐφ' ἡμᾶς. 15 καὶ ἐγένετο ἐν τῷ ἐπανελθεῖν αὐτὸν
λαβόντα τὴν βασιλείαν, καὶ εἶπε φωνηθῆναι αὐτῷ τοὺς δούλους τούτους
οἷς ἔδωκε τὸ ἀργύριον, ἵνα ἐπιγνῷ τίς τί διεπραγματεύσατο. 16 παρεγέ-
νετο δὲ ὁ πρῶτος λέγων· κύριε, ἡ μνᾶ σου προσειργάσατο δέκα μνᾶς. 17
καὶ εἶπεν αὐτῷ· εὖ, ἀγαθὲ δοῦλε· ὅτι ἐν ἐλαχίστῳ πιστὸς ἐγένου, ἴσθι ἐ-
ξουσίαν ἔχων ἐπάνω δέκα πόλεων. 18 καὶ ἦλθεν ὁ δεύτερος λέγων· κύ-
ριε, ἡ μνᾶ σου ἐποίησε πέντε μνᾶς. 19 εἶπε δὲ καὶ τούτῳ· καὶ σὺ γίνου
ἐπάνω πέντε πόλεων. 20 καὶ ἕτερος ἦλθε λέγων· κύριε, ἰδοὺ ἡ μνᾶ σου,
ἣν εἶχον ἀποκειμένην ἐν σουδαρίῳ. 21 ἐφοβούμην γάρ σε, ὅτι ἄνθρωπος
αὐστηρὸς εἶ· αἴρεις ὃ οὐκ ἔθηκας, καὶ θερίζεις ὃ οὐκ ἔσπειρας, καὶ συνά-
γεις ὅθεν οὐ διεσκόρπισας. 22 λέγει αὐτῷ· ἐκ τοῦ στόματός σου κρινῶ
σε, πονηρὲ δοῦλε. ᾔδεις ὅτι ἄνθρωπος αὐστηρός εἰμι ἐγώ, αἴρων ὃ οὐκ ἔ-
θηκα, καὶ θερίζων ὃ οὐκ ἔσπειρα, καὶ συνάγων ὅθεν οὐ διεσκόρπισα· 23
καὶ διατί οὐκ ἔδωκας τὸ ἀργύριόν μου ἐπὶ τὴν τράπεζαν, καὶ ἐγὼ ἐλθὼν
σὺν τόκῳ ἂν ἔπραξα αὐτό; 24 καὶ τοῖς παρεστῶσιν εἶπεν. ἄρατε ἀπ' αὐ-
τοῦ τὴν μνᾶν καὶ δότε τῷ τὰς δέκα μνᾶς ἔχοντι. 25 καὶ εἶπον αὐτῷ· κύ-
ριε, ἔχει δέκα μνᾶς. 26 λέγω γὰρ ὑμῖν ὅτι παντὶ τῷ ἔχοντι δοθήσεται,
ἀπὸ δὲ τοῦ μὴ ἔχοντος καὶ ὃ ἔχει ἀρθήσεται ἀπ' αὐτοῦ. 27 πλὴν τοὺς ἐ-
χθρούς μου ἐκείνους, τοὺς μὴ θελήσαντάς με βασιλεῦσαι ἐπ' αὐτούς, ἀ-
γάγετε ὧδε καὶ κατασφάξατε αὐτοὺς ἔμπροσθέν μου.

28 Καὶ εἰπὼν ταῦτα ἐπορεύετο ἔμπροσθεν ἀναβαίνων εἰς Ἱεροσόλυμα.
29 καὶ ἐγένετο ὡς ἤγγισεν εἰς Βηθσφαγῆ καὶ Βηθανίαν πρὸς τὸ ὄρος τὸ
καλούμενον ἐλαιῶν, ἀπέστειλε δύο τῶν μαθητῶν αὐτοῦ 30 εἰπών· ὑπά-
γετε εἰς τὴν κατέναντι κώμην, ἐν ᾗ εἰσπορευόμενοι εὑρήσετε πῶλον δε-
δεμένον, ἐφ' ὃν οὐδεὶς πώποτε ἀνθρώπων ἐκάθισε· λύσαντες αὐτὸν ἀγά-
γετε. 31 καὶ ἐάν τις ὑμᾶς ἐρωτᾷ, διατί λύετε; οὕτως ἐρεῖτε αὐτῷ, ὅτι ὁ
Κύριος αὐτοῦ χρείαν ἔχει. 32 ἀπελθόντες δὲ οἱ ἀπεσταλμένοι εὗρον κα-
θὼς εἶπεν αὐτοῖς, ἑστῶτα τὸν πῶλον· 33 λυόντων δὲ αὐτῶν τὸν πῶλον
εἶπον οἱ κύριοι αὐτοῦ πρὸς αὐτούς· τί λύετε τὸν πῶλον; 34 οἱ δὲ εἶπον ὅτι
ὁ Κύριος αὐτοῦ χρείαν ἔχει. 35 καὶ ἤγαγον αὐτὸν πρὸς τὸν Ἰησοῦν, καὶ
ἐπιρρίψαντες ἑαυτῶν τὰ ἱμάτια ἐπὶ τὸν πῶλον ἐπεβίβασαν τὸν Ἰησοῦν.
36 πορευομένου δὲ αὐτοῦ ὑπεστρώννυον τὰ ἱμάτια αὐτῶν ἐν τῇ ὁδῷ. 37
ἐγγίζοντος δὲ αὐτοῦ ἤδη πρὸς τῇ καταβάσει τοῦ ὄρους τῶν ἐλαιῶν ἤρ-

ξατο ἅπαν τὸ πλῆθος τῶν μαθητῶν χαίροντες αἰνεῖν τὸν Θεὸν φωνῇ με-
γάλῃ περὶ πασῶν ὧν εἶδον δυνάμεων 38 λέγοντες· εὐλογημένος ὁ ἐρχό-
μενος βασιλεὺς ἐν ὀνόματι Κυρίου· εἰρήνη ἐν οὐρανῷ καὶ δόξα ἐν ὑψί-
στοις. 39 καί τινες τῶν Φαρισαίων ἀπὸ τοῦ ὄχλου εἶπον πρὸς αὐτόν· δι-
δάσκαλε, ἐπιτίμησον τοῖς μαθηταῖς σου. 40 καὶ ἀποκριθεὶς εἶπεν αὐτοῖς·
λέγω ὑμῖν ὅτι ἐὰν οὗτοι σιωπήσωσιν, οἱ λίθοι κεκράξονται.

41 Καὶ ὡς ἤγγισεν, ἰδὼν τὴν πόλιν ἔκλαυσεν ἐπ' αὐτῇ, λέγων 42 ὅτι εἰ
ἔγνως καὶ σύ, καί γε ἐν τῇ ἡμέρᾳ σου ταύτῃ, τὰ πρὸς εἰρήνην σου· νῦν
δὲ ἐκρύβη ἀπὸ ὀφθαλμῶν σου· 43 ὅτι ἥξουσιν ἡμέραι ἐπὶ σὲ καὶ περιβα-
λοῦσιν οἱ ἐχθροί σου χάρακά σοι καὶ περικυκλώσουσί σε καὶ συνέξουσί σε
πάντοθεν, 44 καὶ ἐδαφιοῦσί σε καὶ τὰ τέκνα σου ἐν σοί, καὶ οὐκ ἀφήσου-
σιν ἐν σοὶ λίθον ἐπὶ λίθῳ, ἀνθ' ὧν οὐκ ἔγνως τὸν καιρὸν τῆς ἐπισκοπῆς
σου.

45 Καὶ εἰσελθὼν εἰς τὸ ἱερὸν ἤρξατο ἐκβάλλειν τοὺς πωλοῦντας ἐν αὐ-
τῷ καὶ ἀγοράζοντας 46 λέγων αὐτοῖς· γέγραπται ὅτι ὁ οἶκός μου οἶκος
προσευχῆς ἐστιν· ὑμεῖς δὲ αὐτὸν ἐποιήσατε σπήλαιον λῃστῶν. 47 καὶ
ἦν διδάσκων τὸ καθ' ἡμέραν ἐν τῷ ἱερῷ· οἱ δὲ ἀρχιερεῖς καὶ οἱ γραμμα-
τεῖς ἐζήτουν αὐτὸν ἀπολέσαι καὶ οἱ πρῶτοι τοῦ λαοῦ, 48 καὶ οὐχ εὕρι-
σκον τὸ τί ποιήσουσιν· ὁ λαὸς γὰρ ἅπας ἐξεκρέματο αὐτοῦ ἀκούων.

20

ΚΑΙ ἐγένετο ἐν μιᾷ τῶν ἡμερῶν ἐκείνων διδάσκοντος αὐτοῦ τὸν λαὸν
ἐν τῷ ἱερῷ καὶ εὐαγγελιζομένου ἐπέστησαν οἱ ἱερεῖς καὶ οἱ γραμμα-
τεῖς σὺν τοῖς πρεσβυτέροις 2 καὶ εἶπον πρὸς αὐτὸν λέγοντες· εἰπὲ ἡ-
μῖν ἐν ποίᾳ ἐξουσίᾳ ταῦτα ποιεῖς, ἢ τίς ἐστιν ὁ δούς σοι τὴν ἐξουσίαν
ταύτην; 3 ἀποκριθεὶς δὲ εἶπε πρὸς αὐτούς· ἐρωτήσω ὑμᾶς κἀγὼ ἕνα λό-
γον καὶ εἴπατέ μοι· 4 τὸ βάπτισμα Ἰωάννου ἐξ οὐρανοῦ ἦν ἢ ἐξ ἀνθρώ-
πων; 5 οἱ δὲ συνελογίσαντο πρὸς ἑαυτοὺς λέγοντες ὅτι ἐὰν εἴπωμεν, ἐξ
οὐρανοῦ, ἐρεῖ, διατί οὖν οὐκ ἐπιστεύσατε αὐτῷ; 6 ἐὰν δὲ εἴπωμεν, ἐξ ἀν-
θρώπων, πᾶς ὁ λαὸς καταλιθάσει ἡμᾶς· πεπεισμένος γάρ ἐστιν Ἰωάννην
προφήτην εἶναι. 7 καὶ ἀπεκρίθησαν μὴ εἰδέναι πόθεν. 8 καὶ ὁ Ἰησοῦς εἶ-
πεν αὐτοῖς· οὐδὲ ἐγὼ λέγω ὑμῖν ἐν ποίᾳ ἐξουσίᾳ ταῦτα ποιῶ.

9 Ἤρξατο δὲ πρὸς τὸν λαὸν λέγειν τὴν παραβολὴν ταύτην· ἄνθρωπός
τις ἐφύτευσεν ἀμπελῶνα, καὶ ἐξέδοτο αὐτὸν γεωργοῖς καὶ ἀπεδήμησε
χρόνους ἱκανούς. 10 καὶ ἐν τῷ καιρῷ ἀπέστειλε πρὸς τοὺς γεωργοὺς
δοῦλον ἵνα ἀπὸ τοῦ καρποῦ τοῦ ἀμπελῶνος δώσωσιν αὐτῷ· οἱ δὲ γεωργοὶ
δείραντες αὐτὸν ἐξαπέστειλαν κενόν. 11 καὶ προσέθετο αὐτοῖς πέμψαι
ἕτερον δοῦλον. οἱ δὲ κἀκεῖνον δείραντες καὶ ἀτιμάσαντες ἐξαπέστειλαν
κενόν. 12 καὶ προσέθετο πέμψαι τρίτον. οἱ δὲ καὶ τοῦτον τραυματίσαν-
τες ἐξέβαλον. 13 εἶπε δὲ ὁ κύριος τοῦ ἀμπελῶνος· τί ποιήσω; πέμψω
τὸν υἱόν μου τὸν ἀγαπητόν· ἴσως τοῦτον ἰδόντες ἐντραπήσονται. 14 ἰ-
δόντες δὲ αὐτὸν οἱ γεωργοὶ διελογίζοντο πρὸς ἑαυτοὺς λέγοντες· οὗτός
ἐστιν ὁ κληρονόμος· δεῦτε ἀποκτείνωμεν αὐτόν, ἵνα ἡμῶν γένηται ἡ
κληρονομία. 15 καὶ ἐκβαλόντες αὐτὸν ἔξω τοῦ ἀμπελῶνος ἀπέκτειναν.
τί οὖν ποιήσει αὐτοῖς ὁ κύριος τοῦ ἀμπελῶνος; 16 ἐλεύσεται καὶ ἀπολέ-
σει τοὺς γεωργοὺς τούτους, καὶ δώσει τὸν ἀμπελῶνα ἄλλοις. ἀκούσαν-
τες δὲ εἶπον· μὴ γένοιτο. 17 ὁ δὲ ἐμβλέψας αὐτοῖς εἶπε· τί οὖν ἐστι τὸ
γεγραμμένον τοῦτο, λίθον ὃν ἀπεδοκίμασαν οἱ οἰκοδομοῦντες, οὗτος ἐγε-
νήθη εἰς κεφαλὴν γωνίας; 18 πᾶς ὁ πεσὼν ἐπ᾿ ἐκεῖνον τὸν λίθον συν-
θλασθήσεται· ἐφ᾿ ὃν δ᾿ ἂν πέσῃ, λικμήσει αὐτόν.

19 Καὶ ἐζήτησαν οἱ ἀρχιερεῖς καὶ οἱ γραμματεῖς ἐπιβαλεῖν ἐπ᾿ αὐτὸν
τὰς χεῖρας ἐν αὐτῇ τῇ ὥρᾳ, καὶ ἐφοβήθησαν τὸν λαόν· ἔγνωσαν γὰρ ὅτι
πρὸς αὐτοὺς τὰς παραβολὰς ἔλεγε. 20 καὶ παρατηρήσαντες ἀπέστειλαν
ἐγκαθέτους, ὑποκρινομένους ἑαυτοὺς δικαίους εἶναι, ἵνα ἐπιλάβωνται
αὐτοῦ λόγου εἰς τὸ παραδοῦναι αὐτὸν τῇ ἀρχῇ καὶ τῇ ἐξουσίᾳ τοῦ ἡγε-
μόνος. 21 καὶ ἐπηρώτησαν αὐτὸν λέγοντες· διδάσκαλε, οἴδαμεν ὅτι ὀρ-
θῶς λέγεις καὶ διδάσκεις, καὶ οὐ λαμβάνεις πρόσωπον, ἀλλ᾿ ἐπ᾿ ἀληθεί-
ας τὴν ὁδὸν τοῦ Θεοῦ διδάσκεις· 22 ἔξεστιν ἡμῖν Καίσαρι φόρον δοῦναι
ἢ οὔ; 23 κατανοήσας δὲ αὐτῶν τὴν πανουργίαν εἶπε πρὸς αὐτούς· τί με
πειράζετε; 24 δείξατέ μοι δηνάριον· τίνος ἔχει εἰκόνα καὶ ἐπιγραφήν; ἀ-
ποκριθέντες δὲ εἶπον· Καίσαρος. 25 ὁ δὲ εἶπεν αὐτοῖς· ἀπόδοτε τοίνυν τὰ
Καίσαρος Καίσαρι καὶ τὰ τοῦ Θεοῦ τῷ Θεῷ. 26 καὶ οὐκ ἴσχυσαν ἐπιλα-
βέσθαι αὐτοῦ ρήματος ἐναντίον τοῦ λαοῦ, καὶ θαυμάσαντες ἐπὶ τῇ ἀπο-
κρίσει αὐτοῦ ἐσίγησαν.

27 Προσελθόντες δέ τινες τῶν Σαδδουκαίων, οἱ λέγοντες μὴ εἶναι ἀνά-
στασιν, ἐπηρώτησαν αὐτὸν 28 λέγοντες· διδάσκαλε, Μωϋσῆς ἔγραψεν
ἡμῖν, ἐάν τινος ἀδελφὸς ἀποθάνῃ ἔχων γυναῖκα, καὶ οὗτος ἄτεκνος ἀπο-
θάνῃ, ἵνα λάβῃ ὁ ἀδελφὸς αὐτοῦ τὴν γυναῖκα καὶ ἐξαναστήσῃ σπέρμα

τῷ ἀδελφῷ αὐτοῦ. 29 ἑπτὰ οὖν ἀδελφοὶ ἦσαν· καὶ ὁ πρῶτος λαβὼν γυ-
ναῖκα ἀπέθανεν ἄτεκνος· 30 καὶ ἔλαβεν ὁ δεύτερος τὴν γυναῖκα, καὶ οὖ-
τος ἀπέθανεν ἄτεκνος· 31 καὶ ὁ τρίτος ἔλαβεν αὐτὴν ὡσαύτως· ὡσαύ-
τως δὲ καὶ οἱ ἑπτά· οὐ κατέλιπον τέκνα, καὶ ἀπέθανον· 32 ὕστερον δὲ
πάντων καὶ ἡ γυνὴ ἀπέθανεν. 33 ἐν τῇ ἀναστάσει οὖν τίνος αὐτῶν γίνε-
ται γυνή; οἱ γὰρ ἑπτὰ ἔσχον αὐτὴν γυναῖκα. 34 καὶ ἀποκριθεὶς εἶπεν αὐ-
τοῖς ὁ Ἰησοῦς· οἱ υἱοὶ τοῦ αἰῶνος τούτου γαμοῦσι καὶ ἐκγαμίζονται· 35
οἱ δὲ καταξιωθέντες τοῦ αἰῶνος ἐκείνου τυχεῖν καὶ τῆς ἀναστάσεως τῆς
ἐκ νεκρῶν οὔτε γαμοῦσιν οὔτε γαμίζονται· 36 οὔτε γὰρ ἀποθανεῖν ἔτι
δύνανται· ἰσάγγελοι γάρ εἰσι καὶ υἱοί εἰσι τοῦ Θεοῦ, τῆς ἀναστάσεως υἱ-
οὶ ὄντες. 37 ὅτι δὲ ἐγείρονται οἱ νεκροί, καὶ Μωϋσῆς ἐμήνυσεν ἐπὶ τῆς
βάτου, ὡς λέγει Κύριον τὸν Θεὸν Ἀβραὰμ καὶ τὸν Θεὸν Ἰσαὰκ καὶ τὸν
Θεὸν Ἰακώβ. 38 Θεὸς δὲ οὐκ ἔστι νεκρῶν, ἀλλὰ ζώντων· πάντες γὰρ
αὐτῷ ζῶσιν. 39 ἀποκριθέντες δέ τινες τῶν γραμματέων εἶπον· διδάσκα-
λε, καλῶς εἶπας. 40 οὐκέτι δὲ ἐτόλμων ἐπερωτᾶν αὐτὸν οὐδέν.

41 Εἶπε δὲ πρὸς αὐτούς· πῶς λέγουσι τὸν Χριστὸν υἱὸν Δαυῒδ εἶναι; 42
καὶ αὐτὸς Δαυῒδ λέγει ἐν βίβλῳ τῶν ψαλμῶν· εἶπεν ὁ Κύριος τῷ Κυρίῳ
μου, κάθου ἐκ δεξιῶν μου 43 ἕως ἂν θῶ τοὺς ἐχθρούς σου ὑποπόδιον τῶν
ποδῶν σου. 44 Δαυῒδ οὖν αὐτὸν Κύριον καλεῖ· καὶ πῶς υἱὸς αὐτοῦ ἐστιν;

45 Ἀκούοντος δὲ παντὸς τοῦ λαοῦ εἶπε τοῖς μαθηταῖς αὐτοῦ· 46 προσέ-
χετε ἀπὸ τῶν γραμματέων τῶν θελόντων περιπατεῖν ἐν στολαῖς καὶ φι-
λούντων ἀσπασμοὺς ἐν ταῖς ἀγοραῖς καὶ πρωτοκαθεδρίας ἐν ταῖς συνα-
γωγαῖς καὶ πρωτοκλισίας ἐν τοῖς δείπνοις, 47 οἳ κατεσθίουσι τὰς οἰκίας
τῶν χηρῶν καὶ προφάσει μακρὰ προσεύχονται· οὗτοι λήψονται περισσό-
τερον κρῖμα.

21

ΑΝΑΒΛΕΨΑΣ δὲ εἶδε τοὺς βάλλοντας τὰ δῶρα αὐτῶν εἰς τὸ γαζο-
φυλάκιον πλουσίους· 2 εἶδε δέ τινα χήραν πενιχρὰν βάλλουσαν ἐκεῖ
δύο λεπτά, 3 καὶ εἶπεν· ἀληθῶς λέγω ὑμῖν ὅτι ἡ χήρα ἡ πτωχὴ αὕ-
τη πλεῖον πάντων ἔβαλεν· 4 ἅπαντες γὰρ οὗτοι ἐκ τοῦ περισσεύοντος
αὐτοῖς ἔβαλον εἰς τὰ δῶρα τοῦ Θεοῦ, αὕτη δὲ ἐκ τοῦ ὑστερήματος αὐτῆς
ἅπαντα τὸν βίον ὃν εἶχεν ἔβαλε.

5 Καί τινων λεγόντων περὶ τοῦ ἱεροῦ ὅτι λίθοις καλοῖς καὶ ἀναθήμασι
κεκόσμηται, εἶπε· 6 ταῦτα ἃ θεωρεῖτε, ἐλεύσονται ἡμέραι ἐν αἷς οὐκ ἀ-
φεθήσεται λίθος ἐπὶ λίθῳ ὃς οὐ καταλυθήσεται. 7 ἐπηρώτησαν δὲ αὐτὸν
λέγοντες· διδάσκαλε, πότε οὖν ταῦτα ἔσται, καὶ τί τὸ σημεῖον ὅταν μέλ-
λῃ ταῦτα γίνεσθαι; 8 ὁ δὲ εἶπε· βλέπετε μὴ πλανηθῆτε· πολλοὶ γὰρ ἐ-
λεύσονται ἐπὶ τῷ ὀνόματί μου λέγοντες ὅτι ἐγώ εἰμι καὶ ὁ καιρὸς ἤγγι-
κε. μὴ οὖν πορευθῆτε ὀπίσω αὐτῶν. 9 ὅταν δὲ ἀκούσητε πολέμους καὶ
ἀκαταστασίας, μὴ πτοηθῆτε· δεῖ γὰρ ταῦτα γενέσθαι πρῶτον, ἀλλ' οὐκ
εὐθέως τὸ τέλος. 10 τότε ἔλεγεν αὐτοῖς· ἐγερθήσεται ἔθνος ἐπὶ ἔθνος καὶ
βασιλεία ἐπὶ βασιλείαν, 11 σεισμοί τε μεγάλοι κατὰ τόπους καὶ λιμοὶ
καὶ λοιμοὶ ἔσονται, φόβητρά τε καὶ σημεῖα ἀπ' οὐρανοῦ μεγάλα ἔσται.
12 πρὸ δὲ τούτων πάντων ἐπιβαλοῦσιν ἐφ' ὑμᾶς τὰς χεῖρας αὐτῶν καὶ
διώξουσι, παραδιδόντες εἰς συναγωγὰς καὶ φυλακάς, ἀγομένους ἐπὶ βα-
σιλεῖς καὶ ἡγεμόνας ἕνεκεν τοῦ ὀνόματός μου· 13 ἀποβήσεται δὲ ὑμῖν
εἰς μαρτύριον. 14 θέσθε οὖν εἰς τὰς καρδίας ὑμῶν μὴ προμελετᾶν ἀπο-
λογηθῆναι· 15 ἐγὼ γὰρ δώσω ὑμῖν στόμα καὶ σοφίαν, ᾗ οὐ δυνήσονται
ἀντειπεῖν οὐδὲ ἀντιστῆναι πάντες οἱ ἀντικείμενοι ὑμῖν. 16 παραδοθήσε-
σθε δὲ καὶ ὑπὸ γονέων καὶ συγγενῶν καὶ φίλων καὶ ἀδελφῶν, καὶ θανα-
τώσουσιν ἐξ ὑμῶν, 17 καὶ ἔσεσθε μισούμενοι ὑπὸ πάντων διὰ τὸ ὄνομά
μου· 18 καὶ θρὶξ ἐκ τῆς κεφαλῆς ὑμῶν οὐ μὴ ἀπόληται· 19 ἐν τῇ ὑπο-
μονῇ ὑμῶν κτήσασθε τὰς ψυχὰς ὑμῶν. 20 ὅταν δὲ ἴδητε κυκλουμένην
ὑπὸ στρατοπέδων τὴν Ἱερουσαλήμ, τότε γνῶτε ὅτι ἤγγικεν ἡ ἐρήμωσις
αὐτῆς. 21 τότε οἱ ἐν τῇ Ἰουδαίᾳ φευγέτωσαν εἰς τὰ ὄρη, καὶ οἱ ἐν μέσῳ
αὐτῆς ἐκχωρείτωσαν, καὶ οἱ ἐν ταῖς χώραις μὴ εἰσερχέσθωσαν εἰς αὐ-
τήν, 22 ὅτι ἡμέραι ἐκδικήσεως αὗταί εἰσι τοῦ πληρωθῆναι πάντα τὰ γε-
γραμμένα. 23 οὐαὶ δὲ ταῖς ἐν γαστρὶ ἐχούσαις καὶ ταῖς θηλαζούσαις ἐν
ἐκείναις ταῖς ἡμέραις· ἔσται γὰρ τότε ἀνάγκη μεγάλη ἐπὶ τῆς γῆς καὶ
ὀργὴ τῷ λαῷ τούτῳ, 24 καὶ πεσοῦνται στόματι μαχαίρας, καὶ αἰχμα-
λωτισθήσονται εἰς πάντα τὰ ἔθνη, καὶ Ἱερουσαλὴμ ἔσται πατουμένη
ὑπὸ ἐθνῶν ἄχρι πληρωθῶσι καιροὶ ἐθνῶν. 25 Καὶ ἔσται σημεῖα ἐν ἡλίῳ
καὶ σελήνῃ καὶ ἄστροις, καὶ ἐπὶ τῆς γῆς συνοχὴ ἐθνῶν ἐν ἀπορίᾳ ἠχού-
σης θαλάσσης καὶ σάλου, 26 ἀποψυχόντων ἀνθρώπων ἀπὸ φόβου καὶ
προσδοκίας τῶν ἐπερχομένων τῇ οἰκουμένῃ· αἱ γὰρ δυνάμεις τῶν οὐρα-
νῶν σαλευθήσονται. 27 καὶ τότε ὄψονται τὸν υἱὸν τοῦ ἀνθρώπου ἐρχό-
μενον ἐν νεφέλῃ μετὰ δυνάμεως καὶ δόξης πολλῆς. 28 ἀρχομένων δὲ
τούτων γίνεσθαι ἀνακύψατε καὶ ἐπάρατε τὰς κεφαλὰς ὑμῶν, διότι ἐγγί-
ζει ἡ ἀπολύτρωσις ὑμῶν. 29 καὶ εἶπε παραβολὴν αὐτοῖς· ἴδετε τὴν συ-

κῆν καὶ πάντα τὰ δένδρα. 30 ὅταν προβάλωσιν ἤδη, βλέποντες ἀφ᾽ ἑαυ-
τῶν γινώσκετε ὅτι ἤδη ἐγγὺς τὸ θέρος ἐστίν. 31 οὕτω καὶ ὑμεῖς, ὅταν ἴ-
δητε ταῦτα γινόμενα, γινώσκετε ὅτι ἐγγύς ἐστιν ἡ βασιλεία τοῦ Θεοῦ.
32 ἀμὴν λέγω ὑμῖν ὅτι οὐ μὴ παρέλθῃ ἡ γενεὰ αὕτη ἕως ἂν πάντα γέ-
νηται. 33 ὁ οὐρανὸς καὶ ἡ γῆ παρελεύσονται, οἱ δὲ λόγοι μου οὐ μὴ πα-
ρέλθωσι. 34 προσέχετε δὲ ἑαυτοῖς μήποτε βαρηθῶσιν ὑμῶν αἱ καρδίαι
ἐν κραιπάλῃ καὶ μέθῃ καὶ μερίμναις βιοτικαῖς, καὶ αἰφνίδιος ἐφ᾽ ὑμᾶς ἐ-
πιστῇ ἡ ἡμέρα ἐκείνη· 35 ὡς παγὶς γὰρ ἐπελεύσεται ἐπὶ πάντας τοὺς
καθημένους ἐπὶ πρόσωπον πάσης τῆς γῆς. 36 ἀγρυπνεῖτε οὖν ἐν παντὶ
καιρῷ δεόμενοι ἵνα καταξιωθῆτε ἐκφυγεῖν πάντα τὰ μέλλοντα γίνεσθαι
καὶ σταθῆναι ἔμπροσθεν τοῦ υἱοῦ τοῦ ἀνθρώπου.

37 Ἦν δὲ τὰς ἡμέρας ἐν τῷ ἱερῷ διδάσκων, τὰς δὲ νύκτας ἐξερχόμενος
ηὐλίζετο εἰς τὸ ὄρος τὸ καλούμενον ἐλαιῶν· 38 καὶ πᾶς ὁ λαὸς ὤρθριζε
πρὸς αὐτὸν ἐν τῷ ὄρει ἀκούειν αὐτοῦ.

22

ΗΓΓΙΖΕ δὲ ἡ ἑορτὴ τῶν ἀζύμων ἡ λεγομένη πάσχα. 2 καὶ ἐζήτουν
οἱ ἀρχιερεῖς καὶ οἱ γραμματεῖς τὸ πῶς ἀνέλωσιν αὐτόν· ἐφοβοῦντο
γὰρ τὸν λαόν. 3 εἰσῆλθε δὲ ὁ σατανᾶς εἰς Ἰούδαν τὸν ἐπικαλούμενον
Ἰσκαριώτην, ὄντα ἐκ τοῦ ἀριθμοῦ τῶν δώδεκα, 4 καὶ ἀπελθὼν συνελά-
λησε τοῖς ἀρχιερεῦσι καὶ γραμματεῦσι καὶ στρατηγοῖς τὸ πῶς αὐτὸν
παραδῷ αὐτοῖς. 5 καὶ ἐχάρησαν, καὶ συνέθεντο αὐτῷ ἀργύρια δοῦναι· 6
καὶ ἐξωμολόγησε, καὶ ἐζήτει εὐκαιρίαν τοῦ παραδοῦναι αὐτὸν αὐτοῖς ἄ-
τερ ὄχλου.

7 Ἦλθε δὲ ἡ ἡμέρα τῶν ἀζύμων, ἐν ᾗ ἔδει θύεσθαι τὸ πάσχα, 8 καὶ ἀ-
πέστειλε Πέτρον καὶ Ἰωάννην εἰπών· πορευθέντες ἑτοιμάσατε ἡμῖν τὸ
πάσχα ἵνα φάγωμεν. 9 οἱ δὲ εἶπον αὐτῷ· ποῦ θέλεις ἑτοιμάσωμεν; 10 ὁ
δὲ εἶπεν αὐτοῖς· ἰδοὺ εἰσελθόντων ὑμῶν εἰς τὴν πόλιν συναντήσει ὑμῖν
ἄνθρωπος κεράμιον ὕδατος βαστάζων· ἀκολουθήσατε αὐτῷ εἰς τὴν οἰκί-
αν οὗ εἰσπορεύεται, 11 καὶ ἐρεῖτε τῷ οἰκοδεσπότῃ τῆς οἰκίας· λέγει σοι ὁ
διδάσκαλος, ποῦ ἐστι τὸ κατάλυμα ὅπου τὸ πάσχα μετὰ τῶν μαθητῶν
μου φάγω; 12 κἀκεῖνος ὑμῖν δείξει ἀνώγαιον μέγα ἐστρωμένον· ἐκεῖ ἑ-

τοιμάσατε. 13 ἀπελθόντες δὲ εὗρον καθὼς εἴρηκεν αὐτοῖς, καὶ ἡτοίμα-
σαν τὸ πάσχα.

14 Καὶ ὅτε ἐγένετο ἡ ὥρα, ἀνέπεσε, καὶ οἱ δώδεκα ἀπόστολοι σὺν αὐτῷ.
15 καὶ εἶπε πρὸς αὐτούς· ἐπιθυμίᾳ ἐπεθύμησα τοῦτο τὸ πάσχα φαγεῖν
μεθ' ὑμῶν πρὸ τοῦ με παθεῖν· 16 λέγω γὰρ ὑμῖν ὅτι οὐκέτι οὐ μὴ φάγω
ἐξ αὐτοῦ ἕως ὅτου πληρωθῇ ἐν τῇ βασιλείᾳ τοῦ Θεοῦ. 17 καὶ δεξάμενος
τὸ ποτήριον εὐχαριστήσας εἶπε· λάβετε τοῦτο καὶ διαμερίσατε ἑαυτοῖς·
18 λέγω γὰρ ὑμῖν ὅτι οὐ μὴ πίω ἀπὸ τοῦ γενήματος τῆς ἀμπέλου ἕως
ὅτου ἡ βασιλεία τοῦ Θεοῦ ἔλθῃ. 19 καὶ λαβὼν ἄρτον εὐχαριστήσας ἔ-
κλασε καὶ ἔδωκεν αὐτοῖς λέγων· τοῦτό ἐστι τὸ σῶμά μου τὸ ὑπὲρ ὑμῶν
διδόμενον· τοῦτο ποιεῖτε εἰς τὴν ἐμὴν ἀνάμνησιν. 20 ὡσαύτως καὶ τὸ
ποτήριον μετὰ τὸ δειπνῆσαι λέγων· τοῦτο τὸ ποτήριον ἡ καινὴ διαθήκη
ἐν τῷ αἵματί μου, τὸ ὑπὲρ ὑμῶν ἐκχυνόμενον. 21 πλὴν ἰδοὺ ἡ χεὶρ τοῦ
παραδιδόντος με μετ' ἐμοῦ ἐπὶ τῆς τραπέζης. 22 καὶ ὁ μὲν υἱὸς τοῦ ἀν-
θρώπου πορεύεται κατὰ τὸ ὡρισμένον· πλὴν οὐαὶ τῷ ἀνθρώπῳ ἐκείνῳ δι'
οὗ παραδίδοται. 23 καὶ αὐτοὶ ἤρξαντο συζητεῖν πρὸς ἑαυτοὺς τὸ τίς ἄρα
εἴη ἐξ αὐτῶν ὁ τοῦτο μέλλων πράσσειν.

24 Ἐγένετο δὲ καὶ φιλονεικία ἐν αὐτοῖς, τὸ τίς αὐτῶν δοκεῖ εἶναι μεί-
ζων. 25 ὁ δὲ εἶπεν αὐτοῖς· οἱ βασιλεῖς τῶν ἐθνῶν κυριεύουσιν αὐτῶν, καὶ
οἱ ἐξουσιάζοντες αὐτῶν εὐεργέται καλοῦνται· 26 ὑμεῖς δὲ οὐχ οὕτως,
ἀλλ' ὁ μείζων ἐν ὑμῖν γινέσθω ὡς ὁ νεώτερος, καὶ ὁ ἡγούμενος ὡς ὁ δια-
κονῶν. 27 τίς γὰρ μείζων, ὁ ἀνακείμενος ἢ ὁ διακονῶν; οὐχὶ ὁ ἀνακεί-
μενος; ἐγὼ δέ εἰμι ἐν μέσῳ ὑμῶν ὡς ὁ διακονῶν. 28 ὑμεῖς δέ ἐστε οἱ δι-
αμεμενηκότες μετ' ἐμοῦ ἐν τοῖς πειρασμοῖς μου· 29 κἀγὼ διατίθεμαι ὑ-
μῖν καθὼς διέθετό μοι ὁ πατήρ μου βασιλείαν, 30 ἵνα ἐσθίητε καὶ πίνητε
ἐπὶ τῆς τραπέζης μου ἐν τῇ βασιλείᾳ μου, καὶ καθίσεσθε ἐπὶ θρόνων
κρίνοντες τὰς δώδεκα φυλὰς τοῦ Ἰσραήλ.

31 Εἶπε δὲ ὁ Κύριος· Σίμων Σίμων, ἰδοὺ ὁ σατανᾶς ἐξῃτήσατο ὑμᾶς τοῦ
σινιάσαι ὡς τὸν σῖτον· 32 ἐγὼ δὲ ἐδεήθην περὶ σοῦ ἵνα μὴ ἐκλίπῃ ἡ πί-
στις σου· καὶ σύ ποτε ἐπιστρέψας στήριξον τοὺς ἀδελφούς σου. 33 ὁ δὲ
εἶπεν αὐτῷ· Κύριε, μετὰ σοῦ ἕτοιμός εἰμι καὶ εἰς φυλακὴν καὶ εἰς θάνα-
τον πορεύεσθαι. 34 ὁ δὲ εἶπε· λέγω σοι, Πέτρε, οὐ φωνήσει σήμερον ἀ-
λέκτωρ πρὶν ἢ τρὶς ἀπαρνήσῃ μὴ εἰδέναι με.

35 Καὶ εἶπεν αὐτοῖς· ὅτε ἀπέστειλα ὑμᾶς ἄτερ βαλλαντίου καὶ πήρας
καὶ ὑποδημάτων, μή τινος ὑστερήθητε; οἱ δὲ εἶπον· οὐθενός. 36 εἶπεν

οὖν αὐτοῖς· ἀλλὰ νῦν ὁ ἔχων βαλλάντιον ἀράτω, ὁμοίως καὶ πήραν, καὶ
ὁ μὴ ἔχων πωλήσει τὸ ἱμάτιον αὐτοῦ καὶ ἀγοράσει μάχαιραν. 37 λέγω
γὰρ ὑμῖν ὅτι ἔτι τοῦτο τὸ γεγραμμένον δεῖ τελεσθῆναι ἐν ἐμοί, τὸ καὶ
μετὰ ἀνόμων ἐλογίσθη· καὶ γὰρ τὰ περὶ ἐμοῦ τέλος ἔχει. 38 οἱ δὲ εἶπον·
Κύριε, ἰδοὺ μάχαιραι ὧδε δύο. ὁ δὲ εἶπεν αὐτοῖς· ἱκανόν ἐστι.

39 Καὶ ἐξελθὼν ἐπορεύθη κατὰ τὸ ἔθος εἰς τὸ ὄρος τῶν ἐλαιῶν· ἠκολού-
θησαν δὲ αὐτῷ καὶ οἱ μαθηταὶ αὐτοῦ. 40 γενόμενος δὲ ἐπὶ τοῦ τόπου εἶ-
πεν αὐτοῖς· προσεύχεσθε μὴ εἰσελθεῖν εἰς πειρασμόν. 41 καὶ αὐτὸς ἀπε-
σπάσθη ἀπ' αὐτῶν ὡσεὶ λίθου βολήν, καὶ θεὶς τὰ γόνατα προσηύχετο 42
λέγων· πάτερ, εἰ βούλει παρενεγκεῖν τοῦτο τὸ ποτήριον ἀπ' ἐμοῦ· πλὴν
μὴ τὸ θέλημά μου, ἀλλὰ τὸ σὸν γινέσθω. 43 ὤφθη δὲ αὐτῷ ἄγγελος ἀπ'
οὐρανοῦ ἐνισχύων αὐτόν. 44 καὶ γενόμενος ἐν ἀγωνίᾳ ἐκτενέστερον
προσηύχετο. ἐγένετο δὲ ὁ ἱδρὼς αὐτοῦ ὡσεὶ θρόμβοι αἵματος καταβαί-
νοντες ἐπὶ τὴν γῆν. 45 καὶ ἀναστὰς ἀπὸ τῆς προσευχῆς, ἐλθὼν πρὸς
τοὺς μαθητὰς εὗρεν αὐτοὺς κοιμωμένους ἀπὸ τῆς λύπης, 46 καὶ εἶπεν
αὐτοῖς· τί καθεύδετε; ἀναστάντες προσεύχεσθε, ἵνα μὴ εἰσέλθητε εἰς
πειρασμόν.

47 Ἔτι δὲ αὐτοῦ λαλοῦντος ἰδοὺ ὄχλος, καὶ ὁ λεγόμενος Ἰούδας, εἷς
τῶν δώδεκα, προῆγεν αὐτούς, καὶ ἤγγισε τῷ Ἰησοῦ φιλῆσαι αὐτόν· τοῦ-
το γὰρ σημεῖον δεδώκει αὐτοῖς· ὃν ἂν φιλήσω, αὐτός ἐστιν. 48 ὁ δὲ Ἰη-
σοῦς εἶπεν αὐτῷ· Ἰούδα, φιλήματι τὸν υἱὸν τοῦ ἀνθρώπου παραδίδως;
49 ἰδόντες δὲ οἱ περὶ αὐτὸν τὸ ἐσόμενον εἶπον αὐτῷ· Κύριε, εἰ πατάξο-
μεν ἐν μαχαίρᾳ; 50 καὶ ἐπάταξεν εἷς τις ἐξ αὐτῶν τὸν δοῦλον τοῦ ἀρχιε-
ρέως καὶ ἀφεῖλεν αὐτοῦ τὸ οὖς τὸ δεξιόν. 51 ἀποκριθεὶς δὲ ὁ Ἰησοῦς εἶ-
πεν· ἐᾶτε ἕως τούτου· καὶ ἁψάμενος τοῦ ὠτίου αὐτοῦ ἰάσατο αὐτόν. 52
εἶπε δὲ ὁ Ἰησοῦς πρὸς τοὺς παραγενομένους ἐπ' αὐτὸν ἀρχιερεῖς καὶ
στρατηγοὺς τοῦ ἱεροῦ καὶ πρεσβυτέρους· ὡς ἐπὶ λῃστὴν ἐξεληλύθατε
μετὰ μαχαιρῶν καὶ ξύλων. 53 καθ' ἡμέραν ὄντος μου μεθ' ὑμῶν ἐν τῷ
ἱερῷ οὐκ ἐξετείνατε τὰς χεῖρας ἐπ' ἐμέ. ἀλλ' αὕτη ἐστὶν ὑμῶν ἡ ὥρα καὶ
ἡ ἐξουσία τοῦ σκότους.

54 Συλλαβόντες δὲ αὐτὸν ἤγαγον καὶ εἰσήγαγον αὐτὸν εἰς τὸν οἶκον τοῦ
ἀρχιερέως. ὁ δὲ Πέτρος ἠκολούθει μακρόθεν. 55 ἁψάντων δὲ πυρὰν ἐν
μέσῳ τῆς αὐλῆς καὶ συγκαθισάντων αὐτῶν ἐκάθητο ὁ Πέτρος ἐν μέσῳ
αὐτῶν. 56 ἰδοῦσα δὲ αὐτὸν παιδίσκη τις καθήμενον πρὸς τὸ φῶς καὶ ἀ-
τενίσασα αὐτῷ εἶπε· καὶ οὗτος σὺν αὐτῷ ἦν. 57 ὁ δὲ ἠρνήσατο λέγων·
γύναι, οὐκ οἶδα αὐτόν. 58 καὶ μετὰ βραχὺ ἕτερος ἰδὼν αὐτὸν ἔφη· καὶ σὺ

ἐξ αὐτῶν εἶ. ὁ δὲ Πέτρος εἶπεν· ἄνθρωπε, οὐκ εἰμί. 59 καὶ διαστάσης ὡ-
σεὶ ὥρας μιᾶς ἄλλος τις διισχυρίζετο λέγων· ἐπ' ἀληθείας καὶ οὗτος
μετ' αὐτοῦ ἦν· καὶ γὰρ Γαλιλαῖός ἐστιν. 60 εἶπε δὲ ὁ Πέτρος· ἄνθρωπε,
οὐκ οἶδα ὃ λέγεις. καὶ παραχρῆμα, ἔτι λαλοῦντος αὐτοῦ, ἐφώνησεν ἀλέ-
κτωρ. 61 καὶ στραφεὶς ὁ Κύριος ἐνέβλεψε τῷ Πέτρῳ, καὶ ὑπεμνήσθη ὁ
Πέτρος τοῦ λόγου τοῦ Κυρίου, ὡς εἶπεν αὐτῷ ὅτι πρὶν ἀλέκτορα φωνῆ-
σαι ἀπαρνήσῃ με τρίς· 62 καὶ ἐξελθὼν ἔξω ὁ Πέτρος ἔκλαυσε πικρῶς.

63 Καὶ οἱ ἄνδρες οἱ συνέχοντες τὸν Ἰησοῦν ἐνέπαιζον αὐτῷ δέροντες,
64 καὶ περικαλύψαντες αὐτὸν ἔτυπτον αὐτοῦ τὸ πρόσωπον καὶ ἐπηρώ-
των αὐτὸν λέγοντες· προφήτευσον τίς ἐστιν ὁ παίσας σε; 65 καὶ ἕτερα
πολλὰ βλασφημοῦντες ἔλεγον εἰς αὐτόν. 66 καὶ ὡς ἐγένετο ἡμέρα, συ-
νήχθη τὸ πρεσβυτέριον τοῦ λαοῦ, ἀρχιερεῖς καὶ γραμματεῖς, καὶ ἀνήγα-
γον αὐτὸν εἰς τὸ συνέδριον ἑαυτῶν λέγοντες· εἰ σὺ εἶ ὁ Χριστός, εἰπὲ ἡ-
μῖν. 67 εἶπε δὲ αὐτοῖς· ἐὰν ὑμῖν εἴπω, οὐ μὴ πιστεύσητε, 68 ἐὰν δὲ καὶ
ἐρωτήσω, οὐ μὴ ἀποκριθῆτέ μοι ἢ ἀπολύσητε· 69 ἀπὸ τοῦ νῦν ἔσται ὁ
υἱὸς τοῦ ἀνθρώπου καθήμενος ἐκ δεξιῶν τῆς δυνάμεως τοῦ Θεοῦ. 70 εἶ-
πον δὲ πάντες· σὺ οὖν εἶ ὁ υἱὸς τοῦ Θεοῦ; ὁ δὲ πρὸς αὐτοὺς ἔφη· ὑμεῖς
λέγετε ὅτι ἐγώ εἰμι. 71 οἱ δὲ εἶπον· τί ἔτι χρείαν ἔχομεν μαρτυρίας; αὐ-
τοὶ γὰρ ἠκούσαμεν ἀπὸ τοῦ στόματος αὐτοῦ.

23

ΚΑΙ ἀναστὰν ἅπαν τὸ πλῆθος αὐτῶν ἤγαγον αὐτὸν ἐπὶ τὸν Πιλᾶτον.
2 ἤρξαντο δὲ κατηγορεῖν αὐτοῦ λέγοντες· τοῦτον εὕρομεν διαστρέ-
φοντα τὸ ἔθνος καὶ κωλύοντα Καίσαρι φόρους διδόναι, λέγοντα ἑαυ-
τὸν Χριστὸν βασιλέα εἶναι. 3 ὁ δὲ Πιλᾶτος ἐπηρώτησεν αὐτὸν λέγων· σὺ
εἶ ὁ βασιλεὺς τῶν Ἰουδαίων; ὁ δὲ ἀποκριθεὶς αὐτῷ ἔφη· σὺ λέγεις. 4 ὁ δὲ
Πιλᾶτος εἶπε πρὸς τοὺς ἀρχιερεῖς καὶ τοὺς ὄχλους ὅτι οὐδὲν εὑρίσκω αἴ-
τιον ἐν τῷ ἀνθρώπῳ τούτῳ. 5 οἱ δὲ ἐπίσχυον λέγοντες ὅτι ἀνασείει τὸν
λαὸν διδάσκων καθ' ὅλης τῆς Ἰουδαίας, ἀρξάμενος ἀπὸ τῆς Γαλιλαίας
ἕως ὧδε. 6 Πιλᾶτος δὲ ἀκούσας Γαλιλαίαν ἐπηρώτησεν εἰ ὁ ἄνθρωπος
Γαλιλαῖός ἐστι, 7 καὶ ἐπιγνοὺς ὅτι ἐκ τῆς ἐξουσίας Ἡρῴδου ἐστίν, ἀνέ-
πεμψεν αὐτὸν πρὸς Ἡρῴδην, ὄντα καὶ αὐτὸν ἐν Ἱεροσολύμοις ἐν ταύ-
ταις ταῖς ἡμέραις. 8 ὁ δὲ Ἡρῴδης ἰδὼν τὸν Ἰησοῦν ἐχάρη λίαν· ἦν γὰρ

ἐξ ἱκανοῦ θέλων ἰδεῖν αὐτὸν διὰ τὸ ἀκούειν αὐτὸν πολλὰ περὶ αὐτοῦ, καὶ
ἤλπιζέ τι σημεῖον ἰδεῖν ὑπ᾽ αὐτοῦ γινόμενον. 9 ἐπηρώτα δὲ αὐτὸν ἐν λό-
γοις ἱκανοῖς· αὐτὸς δὲ οὐδὲν ἀπεκρίνατο αὐτῷ. 10 εἱστήκεισαν δὲ οἱ
γραμματεῖς καὶ οἱ ἀρχιερεῖς εὐτόνως κατηγοροῦντες αὐτοῦ. 11 ἐξουθε-
νήσας δὲ αὐτὸν ὁ Ἡρῴδης σὺν τοῖς στρατεύμασιν αὐτοῦ καὶ ἐμπαίξας,
περιβαλὼν αὐτὸν ἐσθῆτα λαμπρὰν ἀνέπεμψεν αὐτὸν τῷ Πιλάτῳ. 12 ἐ-
γένοντο δὲ φίλοι ὅ τε Ἡρῴδης καὶ ὁ Πιλᾶτος ἐν αὐτῇ τῇ ἡμέρᾳ μετ᾽ ἀλ-
λήλων· προϋπῆρχον γὰρ ἐν ἔχθρᾳ ὄντες πρὸς ἑαυτούς.

13 Πιλᾶτος δὲ συγκαλεσάμενος τοὺς ἀρχιερεῖς καὶ τοὺς ἄρχοντας καὶ
τὸν λαὸν 14 εἶπε πρὸς αὐτούς· προσηνέγκατέ μοι τὸν ἄνθρωπον τοῦτον
ὡς ἀποστρέφοντα τὸν λαόν, καὶ ἰδοὺ ἐγὼ ἐνώπιον ὑμῶν ἀνακρίνας οὐδὲν
εὗρον ἐν τῷ ἀνθρώπῳ τούτῳ αἴτιον ὧν κατηγορεῖτε κατ᾽ αὐτοῦ. 15 ἀλλ᾽
οὐδὲ Ἡρῴδης· ἀνέπεμψα γὰρ ὑμᾶς πρὸς αὐτόν· καὶ ἰδοὺ οὐδὲν ἄξιον θα-
νάτου ἐστὶ πεπραγμένον αὐτῷ. 16 παιδεύσας οὖν αὐτὸν ἀπολύσω. 17 ἀ-
νάγκην δὲ εἶχεν ἀπολύειν αὐτοῖς κατὰ ἑορτὴν ἕνα. 18 ἀνέκραξαν δὲ
παμπληθεὶ λέγοντες· αἶρε τοῦτον, ἀπόλυσον δὲ ἡμῖν Βαραββᾶν· 19 ὅ-
στις ἦν διὰ στάσιν τινὰ γενομένην ἐν τῇ πόλει καὶ φόνον βεβλημένος εἰς
τὴν φυλακήν. 20 πάλιν οὖν ὁ Πιλᾶτος προσεφώνησε, θέλων ἀπολῦσαι
τὸν Ἰησοῦν. 21 οἱ δὲ ἐπεφώνουν λέγοντες· σταύρωσον σταύρωσον αὐτόν.
22 ὁ δὲ τρίτον εἶπε πρὸς αὐτούς· τί γὰρ κακὸν ἐποίησεν οὗτος; οὐδὲν ἄ-
ξιον θανάτου εὗρον ἐν αὐτῷ· παιδεύσας οὖν αὐτὸν ἀπολύσω. 23 οἱ δὲ ἐ-
πέκειντο φωναῖς μεγάλαις αἰτούμενοι αὐτὸν σταυρωθῆναι, καὶ κατίσχυ-
ον αἱ φωναὶ αὐτῶν καὶ τῶν ἀρχιερέων. 24 ὁ δὲ Πιλᾶτος ἐπέκρινε γενέ-
σθαι τὸ αἴτημα αὐτῶν, 25 ἀπέλυσε δὲ αὐτοῖς τὸν Βαραββᾶν τὸν διὰ
στάσιν καὶ φόνον βεβλημένον εἰς τὴν φυλακήν, ὃν ᾐτοῦντο, τὸν δὲ Ἰη-
σοῦν παρέδωκε τῷ θελήματι αὐτῶν.

26 Καὶ ὡς ἀπήγαγον αὐτόν, ἐπιλαβόμενοι Σίμωνός τινος Κυρηναίου,
ἐρχομένου ἀπ᾽ ἀγροῦ, ἐπέθηκαν αὐτῷ τὸν σταυρὸν φέρειν ὀπίσω τοῦ Ἰη-
σοῦ. 27 ἠκολούθει δὲ αὐτῷ πολὺ πλῆθος τοῦ λαοῦ καὶ γυναικῶν, αἳ καὶ
ἐκόπτοντο καὶ ἐθρήνουν αὐτόν. 28 στραφεὶς δὲ πρὸς αὐτὰς ὁ Ἰησοῦς εἶ-
πε· θυγατέρες Ἱερουσαλήμ, μὴ κλαίετε ἐπ᾽ ἐμέ, πλὴν ἐφ᾽ ἑαυτὰς κλαίε-
τε καὶ ἐπὶ τὰ τέκνα ὑμῶν. 29 ὅτι ἰδοὺ ἔρχονται ἡμέραι ἐν αἷς ἐροῦσι·
μακάριαι αἱ στεῖραι καὶ κοιλίαι αἳ οὐκ ἐγέννησαν, καὶ μαστοὶ οἳ οὐκ ἐθή-
λασαν. 30 τότε ἄρξονται λέγειν τοῖς ὄρεσι, πέσετε ἐφ᾽ ἡμᾶς, καὶ τοῖς
βουνοῖς, καλύψατε ἡμᾶς· 31 ὅτι εἰ ἐν τῷ ὑγρῷ ξύλῳ ταῦτα ποιοῦσιν, ἐν
τῷ ξηρῷ τί γένηται; 32 ἤγοντο δὲ καὶ ἕτεροι δύο κακοῦργοι σὺν αὐτῷ ἀ-

ναιρεθῆναι. 33 καὶ ὅτε ἀπῆλθον ἐπὶ τὸν τόπον τὸν καλούμενον Κρανίον,
ἐκεῖ ἐσταύρωσαν αὐτὸν καὶ τοὺς κακούργους, ὃν μὲν ἐκ δεξιῶν ὃν δὲ ἐξ
ἀριστερῶν. 34 ὁ δὲ Ἰησοῦς ἔλεγε· πάτερ, ἄφες αὐτοῖς· οὐ γὰρ οἴδασι τί
ποιοῦσι. διαμεριζόμενοι δὲ τὰ ἱμάτια αὐτοῦ ἔβαλλον κλῆρον. 35 καὶ εἱ-
στήκει ὁ λαὸς θεωρῶν. ἐξεμυκτήριζον δὲ καὶ οἱ ἄρχοντες σὺν αὐτοῖς λέ-
γοντες· ἄλλους ἔσωσε, σωσάτω ἑαυτόν, εἰ οὗτός ἐστιν ὁ Χριστὸς ὁ τοῦ
Θεοῦ ἐκλεκτός. 36 ἐνέπαιζον δὲ αὐτῷ καὶ οἱ στρατιῶται προσερχόμενοι
καὶ ὄξος προσφέροντες αὐτῷ 37 καὶ λέγοντες· εἰ σὺ εἶ ὁ βασιλεὺς τῶν
Ἰουδαίων, σῶσον σεαυτόν. 38 ἦν δὲ καὶ ἐπιγραφὴ γεγραμμένη ἐπ' αὐτῷ
γράμμασιν Ἑλληνικοῖς καὶ Ρωμαϊκοῖς καὶ Ἑβραϊκοῖς· οὗτός ἐστιν ὁ
βασιλεὺς τῶν Ἰουδαίων. 39 εἷς δὲ τῶν κρεμασθέντων κακούργων ἐβλα-
σφήμει αὐτὸν λέγων· εἰ σὺ εἶ ὁ Χριστός, σῶσον σεαυτὸν καὶ ἡμᾶς. 40 ἀ-
ποκριθεὶς δὲ ὁ ἕτερος ἐπετίμα αὐτῷ λέγων· οὐδὲ φοβῇ σὺ τὸν Θεόν, ὅτι
ἐν τῷ αὐτῷ κρίματι εἶ; 41 καὶ ἡμεῖς μὲν δικαίως· ἄξια γὰρ ὧν ἐπράξα-
μεν ἀπολαμβάνομεν· οὗτος δὲ οὐδὲν ἄτοπον ἔπραξε. 42 καὶ ἔλεγε τῷ Ἰ-
ησοῦ· μνήσθητί μου, Κύριε, ὅταν ἔλθῃς ἐν τῇ βασιλείᾳ σου. 43 καὶ εἶ-
πεν αὐτῷ ὁ Ἰησοῦς· ἀμὴν λέγω σοι, σήμερον μετ' ἐμοῦ ἔσῃ ἐν τῷ παρα-
δείσῳ.

44 Ἦν δὲ ὡσεὶ ὥρα ἕκτη καὶ σκότος ἐγένετο ἐφ' ὅλην τὴν γῆν ἕως ὥ-
ρας ἐνάτης, τοῦ ἡλίου ἐκλείποντος, 45 καὶ ἐσχίσθη τὸ καταπέτασμα τοῦ
ναοῦ μέσον· 46 καὶ φωνήσας φωνῇ μεγάλῃ ὁ Ἰησοῦς εἶπε· πάτερ, εἰς
χεῖράς σου παρατίθεμαι τὸ πνεῦμά μου· καὶ ταῦτα εἰπὼν ἐξέπνευσεν. 47
ἰδὼν δὲ ὁ ἑκατόνταρχος τὸ γενόμενον ἐδόξασε τὸν Θεὸν λέγων· ὄντως ὁ
ἄνθρωπος οὗτος δίκαιος ἦν. 48 καὶ πάντες οἱ συμπαραγενόμενοι ὄχλοι
ἐπὶ τὴν θεωρίαν ταύτην, θεωροῦντες τὰ γενόμενα, τύπτοντες ἑαυτῶν τὰ
στήθη ὑπέστρεφον. 49 εἱστήκεισαν δὲ πάντες οἱ γνωστοὶ αὐτοῦ ἀπὸ μα-
κρόθεν, καὶ γυναῖκες αἱ συνακολουθήσασαι αὐτῷ ἀπὸ τῆς Γαλιλαίας, ὁ-
ρῶσαι ταῦτα.

50 Καὶ ἰδοὺ ἀνὴρ ὀνόματι Ἰωσήφ, βουλευτὴς ὑπάρχων καὶ ἀνὴρ ἀγαθὸς
καὶ δίκαιος 51 οὗτος οὐκ ἦν συγκατατεθειμένος τῇ βουλῇ καὶ τῇ πράξει
αὐτῶν ἀπὸ Ἀριμαθαίας πόλεως τῶν Ἰουδαίων, ὃς προσεδέχετο καὶ αὐ-
τὸς τὴν βασιλείαν τοῦ Θεοῦ, 52 οὗτος προσελθὼν τῷ Πιλάτῳ ᾐτήσατο
τὸ σῶμα τοῦ Ἰησοῦ, 53 καὶ καθελὼν αὐτὸ ἐνετύλιξε σινδόνι καὶ ἔθηκεν
αὐτὸ ἐν μνήματι λαξευτῷ, οὗ οὐκ ἦν οὐδεὶς οὐδέπω κείμενος· 54 καὶ ἡ-
μέρα ἦν παρασκευή, σάββατον ἐπέφωσκε. 55 κατακολουθήσασαι δὲ αἱ
γυναῖκες, αἵτινες ἦσαν συνεληλυθυῖαι αὐτῷ ἐκ τῆς Γαλιλαίας, ἐθεάσαν-

το τὸ μνημεῖον καὶ ὡς ἐτέθη τὸ σῶμα αὐτοῦ, 56 ὑποστρέψασαι δὲ ἡτοί-
μασαν ἀρώματα καὶ μύρα. καὶ τὸ μὲν σάββατον ἡσύχασαν κατὰ τὴν ἐν-
τολήν.

24

ΤΗι δὲ μιᾷ τῶν σαββάτων ὄρθρου βαθέος ἦλθον ἐπὶ τὸ μνῆμα φέρου-
σαι ἃ ἡτοίμασαν ἀρώματα, καί τινες σὺν αὐταῖς. 2 εὗρον δὲ τὸν λί-
θον ἀποκεκυλισμένον ἀπὸ τοῦ μνημείου, 3 καὶ εἰσελθοῦσαι οὐχ εὗρον
τὸ σῶμα τοῦ Κυρίου Ἰησοῦ. 4 καὶ ἐγένετο ἐν τῷ διαπορεῖσθαι αὐτὰς πε-
ρὶ τούτου καὶ ἰδοὺ ἄνδρες δύο ἐπέστησαν αὐταῖς ἐν ἐσθήσεσιν ἀστρα-
πτούσαις. 5 ἐμφόβων δὲ γενομένων αὐτῶν καὶ κλινουσῶν τὸ πρόσωπον
εἰς τὴν γῆν εἶπον πρὸς αὐτάς· τί ζητεῖτε τὸν ζῶντα μετὰ τῶν νεκρῶν; 6
οὐκ ἔστιν ὧδε, ἀλλ᾽ ἠγέρθη· μνήσθητε ὡς ἐλάλησεν ὑμῖν ἔτι ὢν ἐν τῇ
Γαλιλαίᾳ, 7 λέγων ὅτι δεῖ τὸν υἱὸν τοῦ ἀνθρώπου παραδοθῆναι εἰς χεῖ-
ρας ἀνθρώπων ἁμαρτωλῶν καὶ σταυρωθῆναι, καὶ τῇ τρίτῃ ἡμέρᾳ ἀνα-
στῆναι. 8 καὶ ἐμνήσθησαν τῶν ρημάτων αὐτοῦ, 9 καὶ ὑποστρέψασαι
ἀπὸ τοῦ μνημείου ἀπήγγειλαν ταῦτα πάντα τοῖς ἕνδεκα καὶ πᾶσι τοῖς
λοιποῖς. 10 ἦσαν δὲ ἡ Μαγδαληνὴ Μαρία καὶ Ἰωάννα καὶ Μαρία Ἰα-
κώβου καὶ οἱ λοιπαὶ σὺν αὐταῖς, αἳ ἔλεγον πρὸς τοὺς ἀποστόλους ταῦτα.
11 καὶ ἐφάνησαν ἐνώπιον αὐτῶν ὡσεὶ λῆρος τὰ ρήματα αὐτῶν, καὶ ἠπί-
στουν αὐταῖς. 12 ὁ δὲ Πέτρος ἀναστὰς ἔδραμεν ἐπὶ τὸ μνημεῖον, καὶ
παρακύψας βλέπει τὰ ὀθόνια κείμενα μόνα, καὶ ἀπῆλθε πρὸς ἑαυτὸν
θαυμάζων τὸ γεγονός.

13 Καὶ ἰδοὺ δύο ἐξ αὐτῶν ἦσαν πορευόμενοι ἐν αὐτῇ τῇ ἡμέρᾳ εἰς κώ-
μην ἀπέχουσαν σταδίους ἑξήκοντα ἀπὸ Ἱερουσαλήμ, ᾗ ὄνομα Ἐμμα-
ούς. 14 καὶ αὐτοὶ ὡμίλουν πρὸς ἀλλήλους περὶ πάντων τῶν συμβεβη-
κότων τούτων. 15 καὶ ἐγένετο ἐν τῷ ὁμιλεῖν αὐτοὺς καὶ συζητεῖν καὶ
αὐτὸς ὁ Ἰησοῦς ἐγγίσας συνεπορεύετο αὐτοῖς· 16 οἱ δὲ ὀφθαλμοὶ αὐτῶν
ἐκρατοῦντο τοῦ μὴ ἐπιγνῶναι αὐτόν. 17 εἶπε δὲ πρὸς αὐτούς· τίνες οἱ
λόγοι οὗτοι οὓς ἀντιβάλλετε πρὸς ἀλλήλους περιπατοῦντες καί ἐστε
σκυθρωποί; 18 ἀποκριθεὶς δὲ ὁ εἷς, ᾧ ὄνομα Κλεόπας, εἶπε πρὸς αὐτόν·
σὺ μόνος παροικεῖς ἐν Ἱερουσαλὴμ καὶ οὐκ ἔγνως τὰ γενόμενα ἐν αὐτῇ
ἐν ταῖς ἡμέραις ταύταις; 19 καὶ εἶπεν αὐτοῖς· ποῖα; οἱ δὲ εἶπον αὐτῷ· τὰ

περὶ Ἰησοῦ τοῦ Ναζωραίου, ὃς ἐγένετο ἀνὴρ προφήτης δυνατὸς ἐν ἔργῳ
καὶ λόγῳ ἐναντίον τοῦ Θεοῦ καὶ παντὸς τοῦ λαοῦ, 20 ὅπως τε παρέδω-
καν αὐτὸν οἱ ἀρχιερεῖς καὶ οἱ ἄρχοντες ἡμῶν εἰς κρῖμα θανάτου καὶ ἐ-
σταύρωσαν αὐτόν. 21 ἡμεῖς δὲ ἠλπίζομεν ὅτι αὐτός ἐστιν ὁ μέλλων λυ-
τροῦσθαι τὸν Ἰσραήλ· ἀλλά γε σὺν πᾶσι τούτοις τρίτην ταύτην ἡμέραν
ἄγει σήμερον ἀφ' οὗ ταῦτα ἐγένετο. 22 ἀλλὰ καὶ γυναῖκές τινες ἐξ ἡ-
μῶν ἐξέστησαν ἡμᾶς γενόμεναι ὄρθριαι ἐπὶ τὸ μνημεῖον, 23 καὶ μὴ εὑ-
ροῦσαι τὸ σῶμα αὐτοῦ ἦλθον λέγουσαι καὶ ὀπτασίαν ἀγγέλων ἑωρακέ-
ναι, οἳ λέγουσιν αὐτὸν ζῆν. 24 καὶ ἀπῆλθόν τινες τῶν σὺν ἡμῖν ἐπὶ τὸ
μνημεῖον, καὶ εὗρον οὕτω καθὼς καὶ αἱ γυναῖκες εἶπον, αὐτὸν δὲ οὐκ εἶ-
δον. 25 καὶ αὐτὸς εἶπε πρὸς αὐτούς· ὦ ἀνόητοι καὶ βραδεῖς τῇ καρδίᾳ
τοῦ πιστεύειν ἐπὶ πᾶσιν οἷς ἐλάλησαν οἱ προφῆται· 26 οὐχὶ ταῦτα ἔδει
παθεῖν τὸν Χριστὸν καὶ εἰσελθεῖν εἰς τὴν δόξαν αὐτοῦ; 27 καὶ ἀρξάμενος
ἀπὸ Μωϋσέως καὶ ἀπὸ πάντων τῶν προφητῶν διηρμήνευεν αὐτοῖς ἐν
πάσαις ταῖς γραφαῖς τὰ περὶ ἑαυτοῦ. 28 Καὶ ἤγγισαν εἰς τὴν κώμην οὗ
ἐπορεύοντο, καὶ αὐτὸς προσεποιεῖτο πορρωτέρω πορεύεσθαι· 29 καὶ πα-
ρεβιάσαντο αὐτὸν λέγοντες· μεῖνον μεθ' ἡμῶν, ὅτι πρὸς ἑσπέραν ἐστὶ
καὶ κέκλικεν ἡ ἡμέρα. καὶ εἰσῆλθε τοῦ μεῖναι σὺν αὐτοῖς. 30 καὶ ἐγένε-
το ἐν τῷ κατακλιθῆναι αὐτὸν μετ' αὐτῶν λαβὼν τὸν ἄρτον εὐλόγησε,
καὶ κλάσας ἐπεδίδου αὐτοῖς. 31 αὐτῶν δὲ διηνοίχθησαν οἱ ὀφθαλμοί, καὶ
ἐπέγνωσαν αὐτόν· καὶ αὐτὸς ἄφαντος ἐγένετο ἀπ' αὐτῶν. 32 καὶ εἶπον
πρὸς ἀλλήλους· οὐχὶ ἡ καρδία ἡμῶν καιομένη ἦν ἐν ἡμῖν, ὡς ἐλάλει ἡ-
μῖν ἐν τῇ ὁδῷ καὶ ὡς διήνοιγεν ἡμῖν τὰς γραφάς; 33 καὶ ἀναστάντες
αὐτῇ τῇ ὥρᾳ ὑπέστρεψαν εἰς Ἱερουσαλήμ, καὶ εὗρον συνηθροισμένους
τοὺς ἕνδεκα καὶ τοὺς σὺν αὐτοῖς, 34 λέγοντας ὅτι ἠγέρθη ὁ Κύριος ὄν-
τως καὶ ὤφθη Σίμωνι. 35 καὶ αὐτοὶ ἐξηγοῦντο τὰ ἐν τῇ ὁδῷ καὶ ὡς ἐ-
γνώσθη αὐτοῖς ἐν τῇ κλάσει τοῦ ἄρτου.

36 Ταῦτα δὲ αὐτῶν λαλούντων αὐτὸς ὁ Ἰησοῦς ἔστη ἐν μέσῳ αὐτῶν
καὶ λέγει αὐτοῖς· εἰρήνη ὑμῖν. 37 πτοηθέντες δὲ καὶ ἔμφοβοι γενόμενοι
ἐδόκουν πνεῦμα θεωρεῖν. 38 καὶ εἶπεν αὐτοῖς· τί τεταραγμένοι ἐστέ, καὶ
διατί διαλογισμοὶ ἀναβαίνουσιν ἐν ταῖς καρδίαις ὑμῶν; 39 ἴδετε τὰς χεῖ-
ράς μου καὶ τοὺς πόδας μου, ὅτι αὐτὸς ἐγώ εἰμι· ψηλαφήσατέ με καὶ ἴ-
δετε, ὅτι πνεῦμα σάρκα καὶ ὀστέα οὐκ ἔχει καθὼς ἐμὲ θεωρεῖτε ἔχοντα.
40 καὶ τοῦτο εἰπὼν ἐπέδειξεν αὐτοῖς τὰς χεῖρας καὶ τοὺς πόδας. 41 ἔτι
δὲ ἀπιστούντων αὐτῶν ἀπὸ τῆς χαρᾶς καὶ θαυμαζόντων εἶπεν αὐτοῖς· ἔ-
χετέ τι βρώσιμον ἐνθάδε; 42 οἱ δὲ ἐπέδωκαν αὐτῷ ἰχθύος ὀπτοῦ μέρος

καὶ ἀπὸ μελισσίου κηρίου, 43 καὶ λαβὼν ἐνώπιον αὐτῶν ἔφαγεν. 44 εἶ-
πε δὲ αὐτοῖς· οὗτοι οἱ λόγοι οὓς ἐλάλησα πρὸς ὑμᾶς ἔτι ὢν σὺν ὑμῖν, ὅτι
δεῖ πληρωθῆναι πάντα τὰ γεγραμμένα ἐν τῷ νόμῳ Μωϋσέως καὶ προ-
φήταις καὶ ψαλμοῖς περὶ ἐμοῦ. 45 τότε διήνοιξεν αὐτῶν τὸν νοῦν τοῦ
συνιέναι τὰς γραφάς, 46 καὶ εἶπεν αὐτοῖς ὅτι οὕτω γέγραπται καὶ οὕτως
ἔδει παθεῖν τὸν Χριστὸν καὶ ἀναστῆναι ἐκ νεκρῶν τῇ τρίτῃ ἡμέρᾳ, 47
καὶ κηρυχθῆναι ἐπὶ τῷ ὀνόματι αὐτοῦ μετάνοιαν καὶ ἄφεσιν ἁμαρτιῶν
εἰς πάντα τὰ ἔθνη, ἀρξάμενον ἀπὸ Ἱερουσαλήμ. 48 ὑμεῖς δέ ἐστε μάρ-
τυρες τούτων. 49 καὶ ἰδοὺ ἐγὼ ἀποστέλλω τὴν ἐπαγγελίαν τοῦ πατρός
μου ἐφ' ὑμᾶς· ὑμεῖς δὲ καθίσατε ἐν τῇ πόλει Ἱερουσαλὴμ ἕως οὗ ἐνδύ-
σησθε δύναμιν ἐξ ὕψους. 50 ἐξήγαγε δὲ αὐτοὺς ἔξω ἕως εἰς Βηθανίαν,
καὶ ἐπάρας τὰς χεῖρας αὐτοῦ εὐλόγησεν αὐτούς. 51 καὶ ἐγένετο ἐν τῷ
εὐλογεῖν αὐτὸν αὐτοὺς διέστη ἀπ' αὐτῶν καὶ ἀνεφέρετο εἰς τὸν οὐρανόν.
52 καὶ αὐτοὶ προσκυνήσαντες αὐτὸν ὑπέστρεψαν εἰς Ἱερουσαλὴμ μετὰ
χαρᾶς μεγάλης, 53 καὶ ἦσαν διὰ παντὸς ἐν τῷ ἱερῷ αἰνοῦντες καὶ εὐλο-
γοῦντες τὸν Θεόν. Ἀμήν.

Κατὰ Ἰωάννην ἅγιον Εὐαγγέλιον

ἘΝ ἀρχῇ ἦν ὁ Λόγος, καὶ ὁ Λόγος ἦν πρὸς τὸν Θεόν, καὶ Θεὸς ἦν ὁ
Λόγος. 2 Οὗτος ἦν ἐν ἀρχῇ πρὸς τὸν Θεόν. 3 πάντα δι' αὐτοῦ ἐγένε-
το, καὶ χωρὶς αὐτοῦ ἐγένετο οὐδὲ ἓν ὃ γέγονεν. 4 ἐν αὐτῷ ζωὴ ἦν,
καὶ ἡ ζωὴ ἦν τὸ φῶς τῶν ἀνθρώπων. 5 καὶ τὸ φῶς ἐν τῇ σκοτίᾳ φαίνει,
καὶ ἡ σκοτία αὐτὸ οὐ κατέλαβεν.

6 Ἐγένετο ἄνθρωπος ἀπεσταλμένος παρὰ Θεοῦ, ὄνομα αὐτῷ Ἰωάννης·
7 οὗτος ἦλθεν εἰς μαρτυρίαν, ἵνα μαρτυρήσῃ περὶ τοῦ φωτός, ἵνα πάντες
πιστεύσωσι δι' αὐτοῦ. 8 οὐκ ἦν ἐκεῖνος τὸ φῶς, ἀλλ' ἵνα μαρτυρήσῃ περὶ
τοῦ φωτός. 9 ἦν τὸ φῶς τὸ ἀληθινόν, ὃ φωτίζει πάντα ἄνθρωπον ἐρχό-
μενον εἰς τὸν κόσμον. 10 ἐν τῷ κόσμῳ ἦν, καὶ ὁ κόσμος δι' αὐτοῦ ἐγένε-
το, καὶ ὁ κόσμος αὐτὸν οὐκ ἔγνω. 11 εἰς τὰ ἴδια ἦλθε, καὶ οἱ ἴδιοι αὐτὸν
οὐ παρέλαβον. 12 ὅσοι δὲ ἔλαβον αὐτόν, ἔδωκεν αὐτοῖς ἐξουσίαν τέκνα
Θεοῦ γενέσθαι, τοῖς πιστεύουσιν εἰς τὸ ὄνομα αὐτοῦ, 13 οἳ οὐκ ἐξ αἱμά-
των, οὐδὲ ἐκ θελήματος σαρκός, οὐδὲ ἐκ θελήματος ἀνδρός, ἀλλ' ἐκ Θε-
οῦ ἐγεννήθησαν. 14 καὶ ὁ Λόγος σὰρξ ἐγένετο καὶ ἐσκήνωσεν ἐν ἡμῖν,
καὶ ἐθεασάμεθα τὴν δόξαν αὐτοῦ, δόξαν ὡς μονογενοῦς παρὰ πατρός,
πλήρης χάριτος καὶ ἀληθείας. 15 Ἰωάννης μαρτυρεῖ περὶ αὐτοῦ καὶ κέ-
κραγε λέγων· οὗτος ἦν ὃν εἶπον, ὁ ὀπίσω μου ἐρχόμενος ἔμπροσθέν μου
γέγονεν, ὅτι πρῶτός μου ἦν. 16 Καὶ ἐκ τοῦ πληρώματος αὐτοῦ ἡμεῖς
πάντες ἐλάβομεν, καὶ χάριν ἀντὶ χάριτος· 17 ὅτι ὁ νόμος διὰ Μωϋσέως
ἐδόθη, ἡ χάρις καὶ ἡ ἀλήθεια διὰ Ἰησοῦ Χριστοῦ ἐγένετο. 18 Θεὸν οὐ-
δεὶς ἑώρακε πώποτε· ὁ μονογενὴς υἱὸς ὁ ὢν εἰς τὸν κόλπον τοῦ πατρός,
ἐκεῖνος ἐξηγήσατο.

19 Καὶ αὕτη ἐστὶν ἡ μαρτυρία τοῦ Ἰωάννου, ὅτε ἀπέστειλαν οἱ Ἰουδαῖοι
ἐξ Ἱεροσολύμων ἱερεῖς καὶ Λευΐτας ἵνα ἐρωτήσωσιν αὐτόν· σὺ τίς εἶ; 20
καὶ ὡμολόγησε, καὶ οὐκ ἠρνήσατο· καὶ ὡμολόγησεν ὅτι οὐκ εἰμὶ ἐγὼ ὁ
Χριστός. 21 καὶ ἠρώτησαν αὐτόν· τί οὖν; Ἠλίας εἶ σύ; καὶ λέγει· οὐκ
εἰμί. ὁ προφήτης εἶ σύ; καὶ ἀπεκρίθη, οὔ. 22 εἶπον οὖν αὐτῷ· τίς εἶ; ἵνα
ἀπόκρισιν δῶμεν τοῖς πέμψασιν ἡμᾶς· τί λέγεις περὶ σεαυτοῦ; 23 ἔφη·
ἐγὼ φωνὴ βοῶντος ἐν τῇ ἐρήμῳ, εὐθύνατε τὴν ὁδὸν Κυρίου, καθὼς εἶ-
πεν Ἡσαΐας ὁ προφήτης. 24 καὶ οἱ ἀπεσταλμένοι ἦσαν ἐκ τῶν Φαρισαί-
ων· 25 καὶ ἠρώτησαν αὐτὸν καὶ εἶπον αὐτῷ· τί οὖν βαπτίζεις, εἰ σὺ οὐκ
εἶ ὁ Χριστὸς οὔτε Ἠλίας οὔτε ὁ προφήτης; 26 ἀπεκρίθη αὐτοῖς ὁ Ἰωάν-
νης λέγων· ἐγὼ βαπτίζω ἐν ὕδατι· μέσος δὲ ὑμῶν ἕστηκεν ὃν ὑμεῖς οὐκ
οἴδατε. 27 αὐτός ἐστιν ὁ ὀπίσω μου ἐρχόμενος, ὃς ἔμπροσθέν μου γέγο-
νεν, οὗ ἐγὼ οὐκ εἰμὶ ἄξιος ἵνα λύσω αὐτοῦ τὸν ἱμάντα τοῦ ὑποδήματος.
28 Ταῦτα ἐν Βηθανίᾳ ἐγένετο πέραν τοῦ Ἰορδάνου, ὅπου ἦν Ἰωάννης
βαπτίζων.

29 Τῇ ἐπαύριον βλέπει ὁ Ἰωάννης τὸν Ἰησοῦν ἐρχόμενον πρὸς αὐτὸν
καὶ λέγει· ἴδε ὁ ἀμνὸς τοῦ Θεοῦ ὁ αἴρων τὴν ἁμαρτίαν τοῦ κόσμου. 30
οὗτός ἐστι περὶ οὗ ἐγὼ εἶπον· ὀπίσω μου ἔρχεται ἀνὴρ ὃς ἔμπροσθέν μου
γέγονεν, ὅτι πρῶτός μου ἦν. 31 κἀγὼ οὐκ ᾔδειν αὐτόν, ἀλλ' ἵνα φανε-
ρωθῇ τῷ Ἰσραήλ, διὰ τοῦτο ἦλθον ἐγὼ ἐν τῷ ὕδατι βαπτίζων. 32 καὶ ἐ-
μαρτύρησεν Ἰωάννης λέγων ὅτι τεθέαμαι τὸ Πνεῦμα καταβαῖνον ὡς
περιστερὰν ἐξ οὐρανοῦ, καὶ ἔμεινεν ἐπ' αὐτόν. 33 κἀγὼ οὐκ ᾔδειν αὐτόν,
ἀλλ' ὁ πέμψας με βαπτίζειν ἐν ὕδατι, ἐκεῖνός μοι εἶπεν· ἐφ' ὃν ἂν ἴδῃς
τὸ Πνεῦμα καταβαῖνον καὶ μένον ἐπ' αὐτόν, οὗτός ἐστιν ὁ βαπτίζων ἐν
Πνεύματι Ἁγίῳ. 34 κἀγὼ ἑώρακα καὶ μεμαρτύρηκα ὅτι οὗτός ἐστιν ὁ
υἱὸς τοῦ Θεοῦ.

35 Τῇ ἐπαύριον πάλιν εἱστήκει ὁ Ἰωάννης καὶ ἐκ τῶν μαθητῶν αὐτοῦ
δύο, 36 καὶ ἐμβλέψας τῷ Ἰησοῦ περιπατοῦντι λέγει· ἴδε ὁ ἀμνὸς τοῦ
Θεοῦ. 37 καὶ ἤκουσαν αὐτοῦ οἱ δύο μαθηταὶ λαλοῦντος, καὶ ἠκολούθη-
σαν τῷ Ἰησοῦ. 38 στραφεὶς δὲ ὁ Ἰησοῦς καὶ θεασάμενος αὐτοὺς ἀκο-
λουθοῦντας λέγει αὐτοῖς· 39 τί ζητεῖτε; οἱ δὲ εἶπον αὐτῷ· ῥαββί· ὃ λέγε-
ται ἑρμηνευόμενον διδάσκαλε· ποῦ μένεις; 40 λέγει αὐτοῖς· ἔρχεσθε καὶ
ἴδετε. ἦλθον οὖν καὶ εἶδον ποῦ μένει, καὶ παρ' αὐτῷ ἔμειναν τὴν ἡμέραν
ἐκείνην· ὥρα ἦν ὡς δεκάτη. 41 ἦν Ἀνδρέας ὁ ἀδελφὸς Σίμωνος Πέτρου
εἷς ἐκ τῶν δύο τῶν ἀκουσάντων παρὰ Ἰωάννου καὶ ἀκολουθησάντων αὐ-
τῷ. 42 εὑρίσκει οὗτος πρῶτος τὸν ἀδελφὸν τὸν ἴδιον Σίμωνα καὶ λέγει

αὐτῷ· εὑρήκαμεν τὸν Μεσσίαν· ὅ ἐστι μεθερμηνευόμενον Χριστός· 43
καὶ ἤγαγεν αὐτὸν πρὸς τὸν Ἰησοῦν. ἐμβλέψας αὐτῷ ὁ Ἰησοῦς εἶπε· σὺ
εἶ Σίμων ὁ υἱὸς Ἰωνᾶ, σὺ κληθήσῃ Κηφᾶς, ὃ ἑρμηνεύεται Πέτρος.

44 Τῇ ἐπαύριον ἠθέλησεν ὁ Ἰησοῦς ἐξελθεῖν εἰς τὴν Γαλιλαίαν· καὶ εὑ-
ρίσκει Φίλιππον καὶ λέγει αὐτῷ· ἀκολούθει μοι. 45 ἦν δὲ ὁ Φίλιππος
ἀπὸ Βηθσαϊδά, ἐκ τῆς πόλεως Ἀνδρέου καὶ Πέτρου. 46 εὑρίσκει Φίλιπ-
πος τὸν Ναθαναὴλ καὶ λέγει αὐτῷ· ὃν ἔγραψε Μωϋσῆς ἐν τῷ νόμῳ καὶ
οἱ προφῆται, εὑρήκαμεν, Ἰησοῦν τὸν υἱὸν τοῦ Ἰωσὴφ τὸν ἀπὸ Ναζαρέτ.
47 καὶ εἶπεν αὐτῷ Ναθαναήλ· ἐκ Ναζαρὲτ δύναταί τι ἀγαθὸν εἶναι; λέ-
γει αὐτῷ Φίλιππος· ἔρχου καὶ ἴδε. 48 εἶδεν ὁ Ἰησοῦς τὸν Ναθαναὴλ ἐρ-
χόμενον πρὸς αὐτὸν καὶ λέγει περὶ αὐτοῦ· ἴδε ἀληθῶς Ἰσραηλίτης, ἐν ᾧ
δόλος οὐκ ἔστι. 49 λέγει αὐτῷ Ναθαναήλ· πόθεν με γινώσκεις; ἀπεκρί-
θη Ἰησοῦς καὶ εἶπεν αὐτῷ· πρὸ τοῦ σε Φίλιππον φωνῆσαι, ὄντα ὑπὸ τὴν
συκῆν εἶδόν σε. 50 ἀπεκρίθη Ναθαναὴλ καὶ λέγει αὐτῷ· ῥαββί, σὺ εἶ ὁ
υἱὸς τοῦ Θεοῦ, σὺ εἶ ὁ βασιλεὺς τοῦ Ἰσραήλ. 51 ἀπεκρίθη Ἰησοῦς καὶ
εἶπεν αὐτῷ· ὅτι εἶπόν σοι, εἶδόν σε ὑποκάτω τῆς συκῆς, πιστεύεις; μείζω
τούτων ὄψει. 52 καὶ λέγει αὐτῷ· ἀμὴν ἀμὴν λέγω ὑμῖν, ἀπ' ἄρτι ὄψεσθε
τὸν οὐρανὸν ἀνεῳγότα, καὶ τοὺς ἀγγέλους τοῦ Θεοῦ ἀναβαίνοντας καὶ
καταβαίνοντας ἐπὶ τὸν υἱὸν τοῦ ἀνθρώπου.

2

ΚΑΙ τῇ ἡμέρᾳ τῇ τρίτῃ γάμος ἐγένετο ἐν Κανᾷ τῆς Γαλιλαίας, καὶ
ἦν ἡ μήτηρ τοῦ Ἰησοῦ ἐκεῖ· 2 ἐκλήθη δὲ καὶ ὁ Ἰησοῦς καὶ οἱ μαθη-
ταὶ αὐτοῦ εἰς τὸν γάμον. 3 καὶ ὑστερήσαντος οἴνου λέγει ἡ μήτηρ
τοῦ Ἰησοῦ πρὸς αὐτόν· οἶνον οὐκ ἔχουσι. 4 λέγει αὐτῇ ὁ Ἰησοῦς· τί ἐμοὶ
καὶ σοί, γύναι; οὔπω ἥκει ἡ ὥρα μου. 5 λέγει ἡ μήτηρ αὐτοῦ τοῖς διακό-
νοις· ὅ,τι ἂν λέγῃ ὑμῖν, ποιήσατε. 6 ἦσαν δὲ ἐκεῖ ὑδρίαι λίθιναι ἓξ κείμε-
ναι κατὰ τὸν καθαρισμὸν τῶν Ἰουδαίων, χωροῦσαι ἀνὰ μετρητὰς δύο ἢ
τρεῖς. 7 λέγει αὐτοῖς ὁ Ἰησοῦς· γεμίσατε τὰς ὑδρίας ὕδατος. καὶ ἐγέμι-
σαν αὐτὰς ἕως ἄνω. 8 καὶ λέγει αὐτοῖς· ἀντλήσατε νῦν καὶ φέρετε τῷ
ἀρχιτρικλίνῳ. καὶ ἤνεγκαν. 9 ὡς δὲ ἐγεύσατο ὁ ἀρχιτρίκλινος τὸ ὕδωρ
οἶνον γεγενημένον—καὶ οὐκ ᾔδει πόθεν ἐστίν· οἱ δὲ διάκονοι ᾔδεισαν οἱ
ἠντληκότες τὸ ὕδωρ—φωνεῖ τὸν νυμφίον ὁ ἀρχιτρίκλινος 10 καὶ λέγει

αὐτῷ· πᾶς ἄνθρωπος πρῶτον τὸν καλὸν οἶνον τίθησι, καὶ ὅταν μεθυσθῶ-
σι, τότε τὸν ἐλάσσω· σὺ τετήρηκας τὸν καλὸν οἶνον ἕως ἄρτι.

11 Ταύτην ἐποίησε τὴν ἀρχὴν τῶν σημείων ὁ Ἰησοῦς ἐν Κανᾷ τῆς Γα-
λιλαίας καὶ ἐφανέρωσε τὴν δόξαν αὐτοῦ, καὶ ἐπίστευσαν εἰς αὐτὸν οἱ
μαθηταὶ αὐτοῦ. 12 μετὰ τοῦτο κατέβη εἰς Καπερναοὺμ αὐτὸς καὶ ἡ μή-
τηρ αὐτοῦ καὶ οἱ ἀδελφοὶ αὐτοῦ καὶ οἱ μαθηταὶ αὐτοῦ, καὶ ἐκεῖ ἔμειναν
οὐ πολλὰς ἡμέρας.

13 Καὶ ἐγγὺς ἦν τὸ πάσχα τῶν Ἰουδαίων, καὶ ἀνέβη εἰς Ἱεροσόλυμα ὁ
Ἰησοῦς. 14 καὶ εὗρεν ἐν τῷ ἱερῷ τοὺς πωλοῦντας βόας καὶ πρόβατα καὶ
περιστεράς, καὶ τοὺς κερματιστὰς καθημένους. 15 καὶ ποιήσας φραγέλ-
λιον ἐκ σχοινίων πάντας ἐξέβαλεν ἐκ τοῦ ἱεροῦ, τά τε πρόβατα καὶ τοὺς
βόας, καὶ τῶν κολλυβιστῶν ἐξέχεε τὸ κέρμα καὶ τὰς τραπέζας ἀνέστρε-
ψε, 16 καὶ τοῖς τὰς περιστερὰς πωλοῦσιν εἶπεν· ἄρατε ταῦτα ἐντεῦθεν·
μὴ ποιεῖτε τὸν οἶκον τοῦ πατρός μου οἶκον ἐμπορίου. 17 ἐμνήσθησαν δὲ
οἱ μαθηταὶ αὐτοῦ ὅτι γεγραμμένον ἐστίν, ὁ ζῆλος τοῦ οἴκου σου καταφά-
γεταί με. 18 ἀπεκρίθησαν οὖν οἱ Ἰουδαῖοι καὶ εἶπον αὐτῷ· τί σημεῖον
δεικνύεις ἡμῖν ὅτι ταῦτα ποιεῖς; 19 ἀπεκρίθη Ἰησοῦς καὶ εἶπεν αὐτοῖς·
λύσατε τὸν ναὸν τοῦτον, καὶ ἐν τρισὶν ἡμέραις ἐγερῶ αὐτόν. 20 εἶπον
οὖν οἱ Ἰουδαῖοι· τεσσαράκοντα καὶ ἓξ ἔτεσιν ᾠκοδομήθη ὁ ναὸς οὗτος,
καὶ σὺ ἐν τρισὶν ἡμέραις ἐγερεῖς αὐτόν; 21 ἐκεῖνος δὲ ἔλεγε περὶ τοῦ να-
οῦ τοῦ σώματος αὐτοῦ. 22 ὅτε οὖν ἠγέρθη ἐκ νεκρῶν, ἐμνήσθησαν οἱ
μαθηταὶ αὐτοῦ ὅτι τοῦτο ἔλεγε, καὶ ἐπίστευσαν τῇ γραφῇ καὶ τῷ λόγῳ
ᾧ εἶπεν ὁ Ἰησοῦς.

23 Ὡς δὲ ἦν ἐν τοῖς Ἱεροσολύμοις ἐν τῷ πάσχα ἐν τῇ ἑορτῇ, πολλοὶ ἐ-
πίστευσαν εἰς τὸ ὄνομα αὐτοῦ, θεωροῦντες αὐτοῦ τὰ σημεῖα ἃ ἐποίει. 24
αὐτὸς δὲ ὁ Ἰησοῦς οὐκ ἐπίστευεν ἑαυτὸν αὐτοῖς διὰ τὸ αὐτὸν γινώσκειν
πάντας, 25 καὶ ὅτι οὐ χρείαν εἶχεν ἵνα τις μαρτυρήσῃ περὶ τοῦ ἀνθρώ-
που· αὐτὸς γὰρ ἐγίνωσκε τί ἦν ἐν τῷ ἀνθρώπῳ.

3

ἮΝ δὲ ἄνθρωπος ἐκ τῶν Φαρισαίων, Νικόδημος ὄνομα αὐτῷ, ἄρχων
τῶν Ἰουδαίων. 2 οὗτος ἦλθε πρὸς αὐτὸν νυκτὸς καὶ εἶπεν αὐτῷ·
ῥαββί, οἴδαμεν ὅτι ἀπὸ Θεοῦ ἐλήλυθας διδάσκαλος· οὐδεὶς γὰρ ταῦ-

τα τὰ σημεῖα δύναται ποιεῖν ἃ σὺ ποιεῖς, ἐὰν μὴ ᾖ ὁ Θεὸς μετ' αὐτοῦ. 3
ἀπεκρίθη Ἰησοῦς καὶ εἶπεν αὐτῷ· ἀμὴν ἀμὴν λέγω σοι, ἐὰν μή τις γεν-
νηθῇ ἄνωθεν, οὐ δύναται ἰδεῖν τὴν βασιλείαν τοῦ Θεοῦ. 4 λέγει πρὸς αὐ-
τὸν ὁ Νικόδημος· πῶς δύναται ἄνθρωπος γεννηθῆναι γέρων ὤν; μὴ δύ-
ναται εἰς τὴν κοιλίαν τῆς μητρὸς αὐτοῦ δεύτερον εἰσελθεῖν καὶ γεννηθῆ-
ναι; 5 ἀπεκρίθη Ἰησοῦς· ἀμὴν ἀμὴν λέγω σοι, ἐὰν μή τις γεννηθῇ ἐξ ὕ-
δατος καὶ Πνεύματος, οὐ δύναται εἰσελθεῖν εἰς τὴν βασιλείαν τοῦ Θεοῦ.
6 τὸ γεγεννημένον ἐκ τῆς σαρκὸς σάρξ ἐστι, καὶ τὸ γεγεννημένον ἐκ τοῦ
Πνεύματος πνεῦμά ἐστι. 7 μὴ θαυμάσῃς ὅτι εἶπόν σοι, δεῖ ὑμᾶς γεννη-
θῆναι ἄνωθεν. 8 τὸ πνεῦμα ὅπου θέλει πνεῖ, καὶ τὴν φωνὴν αὐτοῦ ἀκού-
εις, ἀλλ' οὐκ οἶδας πόθεν ἔρχεται καὶ ποῦ ὑπάγει· οὕτως ἐστὶ πᾶς ὁ γε-
γεννημένος ἐκ τοῦ Πνεύματος. 9 ἀπεκρίθη Νικόδημος καὶ εἶπεν αὐτῷ·
πῶς δύναται ταῦτα γενέσθαι; 10 ἀπεκρίθη Ἰησοῦς καὶ εἶπεν αὐτῷ· σὺ εἶ
ὁ διδάσκαλος τοῦ Ἰσραὴλ καὶ ταῦτα οὐ γινώσκεις; 11 ἀμὴν ἀμὴν λέγω
σοι ὅτι ὃ οἴδαμεν λαλοῦμεν καὶ ὃ ἑωράκαμεν μαρτυροῦμεν, καὶ τὴν μαρ-
τυρίαν ἡμῶν οὐ λαμβάνετε. 12 εἰ τὰ ἐπίγεια εἶπον ὑμῖν καὶ οὐ πιστεύε-
τε, πῶς ἐὰν εἴπω ὑμῖν τὰ ἐπουράνια πιστεύσετε; 13 καὶ οὐδεὶς ἀναβέβη-
κεν εἰς τὸν οὐρανὸν εἰ μὴ ὁ ἐκ τοῦ οὐρανοῦ καταβάς, ὁ υἱὸς τοῦ ἀνθρώ-
που ὁ ὢν ἐν τῷ οὐρανῷ. 14 καὶ καθὼς Μωϋσῆς ὕψωσε τὸν ὄφιν ἐν τῇ ἐ-
ρήμῳ, οὕτως ὑψωθῆναι δεῖ τὸν υἱὸν τοῦ ἀνθρώπου, 15 ἵνα πᾶς ὁ πιστεύ-
ων εἰς αὐτὸν μὴ ἀπόληται, ἀλλ' ἔχῃ ζωὴν αἰώνιον. 16 οὕτω γὰρ ἠγά-
πησεν ὁ Θεὸς τὸν κόσμον, ὥστε τὸν υἱὸν αὐτοῦ τὸν μονογενῆ ἔδωκεν,
ἵνα πᾶς ὁ πιστεύων εἰς αὐτὸν μὴ ἀπόληται, ἀλλ' ἔχῃ ζωὴν αἰώνιον. 17
οὐ γὰρ ἀπέστειλεν ὁ Θεὸς τὸν υἱὸν αὐτοῦ εἰς τὸν κόσμον ἵνα κρίνῃ τὸν
κόσμον, ἀλλ' ἵνα σωθῇ ὁ κόσμος δι' αὐτοῦ. 18 ὁ πιστεύων εἰς αὐτὸν οὐ
κρίνεται, ὁ δὲ μὴ πιστεύων ἤδη κέκριται, ὅτι μὴ πεπίστευκεν εἰς τὸ ὄνο-
μα τοῦ μονογενοῦς υἱοῦ τοῦ Θεοῦ. 19 αὕτη δέ ἐστιν ἡ κρίσις, ὅτι τὸ φῶς
ἐλήλυθεν εἰς τὸν κόσμον, καὶ ἠγάπησαν οἱ ἄνθρωποι μᾶλλον τὸ σκότος
ἢ τὸ φῶς· ἦν γὰρ πονηρὰ αὐτῶν τὰ ἔργα. 20 πᾶς γὰρ ὁ φαῦλα πράσσων
μισεῖ τὸ φῶς καὶ οὐκ ἔρχεται πρὸς τὸ φῶς, ἵνα μὴ ἐλεγχθῇ τὰ ἔργα αὐ-
τοῦ· 21 ὁ δὲ ποιῶν τὴν ἀλήθειαν ἔρχεται πρὸς τὸ φῶς, ἵνα φανερωθῇ
αὐτοῦ τὰ ἔργα, ὅτι ἐν Θεῷ ἐστιν εἰργασμένα.

22 Μετὰ ταῦτα ἦλθεν ὁ Ἰησοῦς καὶ οἱ μαθηταὶ αὐτοῦ εἰς τὴν Ἰουδαίαν
γῆν, καὶ ἐκεῖ διέτριβε μετ' αὐτῶν καὶ ἐβάπτιζεν. 23 ἦν δὲ καὶ Ἰωάννης
βαπτίζων ἐν Αἰνὼν ἐγγὺς τοῦ Σαλείμ, ὅτι ὕδατα πολλὰ ἦν ἐκεῖ, καὶ πα-
ρεγίνοντο καὶ ἐβαπτίζοντο· 24 οὔπω γὰρ ἦν βεβλημένος εἰς τὴν φυλα-

κὴν ὁ Ἰωάννης. 25 ἐγένετο οὖν ζήτησις ἐκ τῶν μαθητῶν Ἰωάννου μετὰ
Ἰουδαίου περὶ καθαρισμοῦ. 26 καὶ ἦλθον πρὸς τὸν Ἰωάννην καὶ εἶπον
αὐτῷ· ραββί, ὃς ἦν μετὰ σοῦ πέραν τοῦ Ἰορδάνου, ᾧ σὺ μεμαρτύρηκας,
ἴδε οὗτος βαπτίζει καὶ πάντες ἔρχονται πρὸς αὐτόν. 27 ἀπεκρίθη Ἰωάν-
νης καὶ εἶπεν· οὐ δύναται ἄνθρωπος λαμβάνειν οὐδέν, ἐὰν μὴ ᾖ δεδομέ-
νον αὐτῷ ἐκ τοῦ οὐρανοῦ. 28 αὐτοὶ ὑμεῖς μοι μαρτυρεῖτε ὅτι εἶπον· οὐκ
εἰμὶ ἐγὼ ὁ Χριστός, ἀλλ' ὅτι ἀπεσταλμένος εἰμὶ ἔμπροσθεν ἐκείνου. 29
ὁ ἔχων τὴν νύμφην νυμφίος ἐστίν· ὁ δὲ φίλος τοῦ νυμφίου, ὁ ἑστηκὼς
καὶ ἀκούων αὐτοῦ, χαρᾷ χαίρει διὰ τὴν φωνὴν τοῦ νυμφίου. αὕτη οὖν ἡ
χαρὰ ἡ ἐμὴ πεπλήρωται. 30 ἐκεῖνον δεῖ αὐξάνειν, ἐμὲ δὲ ἐλαττοῦσθαι.
31 ὁ ἄνωθεν ἐρχόμενος ἐπάνω πάντων ἐστίν. ὁ ὢν ἐκ τῆς γῆς ἐκ τῆς
γῆς ἐστι καὶ ἐκ τῆς γῆς λαλεῖ· ὁ ἐκ τοῦ οὐρανοῦ ἐρχόμενος ἐπάνω πάν-
των ἐστί, 32 καὶ ὃ ἑώρακε καὶ ἤκουσε, τοῦτο μαρτυρεῖ, καὶ τὴν μαρτυ-
ρίαν αὐτοῦ οὐδεὶς λαμβάνει. 33 ὁ λαβὼν αὐτοῦ τὴν μαρτυρίαν ἐσφράγι-
σεν ὅτι ὁ Θεὸς ἀληθής ἐστιν. 34 ὃν γὰρ ἀπέστειλεν ὁ Θεός, τὰ ρήματα
τοῦ Θεοῦ λαλεῖ· οὐ γὰρ ἐκ μέτρου δίδωσιν ὁ Θεὸς τὸ Πνεῦμα. 35 ὁ πα-
τὴρ ἀγαπᾷ τὸν υἱὸν καὶ πάντα δέδωκεν ἐν τῇ χειρὶ αὐτοῦ. 36 ὁ πιστεύων
εἰς τὸν υἱὸν ἔχει ζωὴν αἰώνιον· ὁ δὲ ἀπειθῶν τῷ υἱῷ οὐκ ὄψεται ζωήν,
ἀλλ' ἡ ὀργὴ τοῦ Θεοῦ μένει ἐπ' αὐτόν.

4

ΩΣ οὖν ἔγνω ὁ Κύριος ὅτι ἤκουσαν οἱ Φαρισαῖοι ὅτι Ἰησοῦς πλείονας
μαθητὰς ποιεῖ καὶ βαπτίζει ἢ Ἰωάννης—2 καίτοιγε Ἰησοῦς αὐτὸς
οὐκ ἐβάπτιζεν, ἀλλ' οἱ μαθηταὶ αὐτοῦ—3 ἀφῆκε τὴν Ἰουδαίαν καὶ
ἀπῆλθεν εἰς τὴν Γαλιλαίαν. 4 ἔδει δὲ αὐτὸν διέρχεσθαι διὰ τῆς Σαμα-
ρείας. 5 ἔρχεται οὖν εἰς πόλιν τῆς Σαμαρείας λεγομένην Συχάρ, πλησί-
ον τοῦ χωρίου ὃ ἔδωκεν Ἰακὼβ Ἰωσὴφ τῷ υἱῷ αὐτοῦ· 6 ἦν δὲ ἐκεῖ πηγὴ
τοῦ Ἰακώβ. ὁ οὖν Ἰησοῦς κεκοπιακὼς ἐκ τῆς ὁδοιπορίας ἐκαθέζετο οὕ-
τως ἐπὶ τῇ πηγῇ· ὥρα ἦν ὡσεὶ ἕκτη. 7 ἔρχεται γυνὴ ἐκ τῆς Σαμαρείας
ἀντλῆσαι ὕδωρ. λέγει αὐτῇ ὁ Ἰησοῦς· δός μοι πιεῖν. 8 οἱ γὰρ μαθηταὶ
αὐτοῦ ἀπεληλύθεισαν εἰς τὴν πόλιν ἵνα τροφὰς ἀγοράσωσι. 9 λέγει οὖν
αὐτῷ ἡ γυνὴ ἡ Σαμαρεῖτις· πῶς σὺ Ἰουδαῖος ὢν παρ' ἐμοῦ πιεῖν αἰτεῖς,
οὔσης γυναικὸς Σαμαρείτιδος; οὐ γὰρ συγχρῶνται Ἰουδαῖοι Σαμαρεί-
ταις. 10 ἀπεκρίθη Ἰησοῦς καὶ εἶπεν αὐτῇ· εἰ ᾔδεις τὴν δωρεὰν τοῦ Θε-

οῦ, καὶ τίς ἐστιν ὁ λέγων σοι, δός μοι πιεῖν, σὺ ἂν ᾔτησας αὐτόν, καὶ ἔ-
δωκεν ἄν σοι ὕδωρ ζῶν. 11 λέγει αὐτῷ ἡ γυνή· Κύριε, οὔτε ἄντλημα ἔ-
χεις, καὶ τὸ φρέαρ ἐστὶ βαθύ· πόθεν οὖν ἔχεις τὸ ὕδωρ τὸ ζῶν; 12 μὴ σὺ
μείζων εἶ τοῦ πατρὸς ἡμῶν Ἰακώβ, ὃς ἔδωκεν ἡμῖν τὸ φρέαρ, καὶ αὐτὸς
ἐξ αὐτοῦ ἔπιε καὶ οἱ υἱοὶ αὐτοῦ καὶ τὰ θρέμματα αὐτοῦ; 13 ἀπεκρίθη Ἰ-
ησοῦς καὶ εἶπεν αὐτῇ· πᾶς ὁ πίνων ἐκ τοῦ ὕδατος τούτου διψήσει πάλιν·
14 ὃς δ' ἂν πίῃ ἐκ τοῦ ὕδατος οὗ ἐγὼ δώσω αὐτῷ, οὐ μὴ διψήσῃ εἰς τὸν
αἰῶνα, ἀλλὰ τὸ ὕδωρ ὃ δώσω αὐτῷ, γενήσεται ἐν αὐτῷ πηγὴ ὕδατος
ἁλλομένου εἰς ζωὴν αἰώνιον. 15 λέγει πρὸς αὐτὸν ἡ γυνή· Κύριε, δός
μοι τοῦτο τὸ ὕδωρ, ἵνα μὴ διψῶ μηδὲ ἔρχωμαι ἐνθάδε ἀντλεῖν. 16 λέγει
αὐτῇ ὁ Ἰησοῦς· ὕπαγε φώνησον τὸν ἄνδρα σου καὶ ἐλθὲ ἐνθάδε. 17 ἀπε-
κρίθη ἡ γυνὴ καὶ εἶπεν· οὐκ ἔχω ἄνδρα. λέγει αὐτῇ ὁ Ἰησοῦς· καλῶς εἶ-
πας ὅτι ἄνδρα οὐκ ἔχω· 18 πέντε γὰρ ἄνδρας ἔσχες, καὶ νῦν ὃν ἔχεις οὐκ
ἔστι σου ἀνήρ· τοῦτο ἀληθὲς εἴρηκας. 19 λέγει αὐτῷ ἡ γυνή· Κύριε, θε-
ωρῶ ὅτι προφήτης εἶ σύ. 20 οἱ πατέρες ἡμῶν ἐν τῷ ὄρει τούτῳ προσε-
κύνησαν· καὶ ὑμεῖς λέγετε ὅτι ἐν Ἱεροσολύμοις ἐστὶν ὁ τόπος ὅπου δεῖ
προσκυνεῖν. 21 λέγει αὐτῇ ὁ Ἰησοῦς· γύναι, πίστευσόν μοι ὅτι ἔρχεται
ὥρα ὅτε οὔτε ἐν τῷ ὄρει τούτῳ οὔτε ἐν Ἱεροσολύμοις προσκυνήσετε τῷ
πατρί. 22 ὑμεῖς προσκυνεῖτε ὃ οὐκ οἴδατε, ἡμεῖς προσκυνοῦμεν ὃ οἴδα-
μεν· ὅτι ἡ σωτηρία ἐκ τῶν Ἰουδαίων ἐστίν. 23 ἀλλ' ἔρχεται ὥρα, καὶ
νῦν ἐστιν, ὅτε οἱ ἀληθινοὶ προσκυνηταὶ προσκυνήσουσι τῷ πατρὶ ἐν
πνεύματι καὶ ἀληθείᾳ· καὶ γὰρ ὁ πατὴρ τοιούτους ζητεῖ τοὺς προσκυ-
νοῦντας αὐτόν. 24 πνεῦμα ὁ Θεός, καὶ τοὺς προσκυνοῦντας αὐτὸν ἐν
πνεύματι καὶ ἀληθείᾳ δεῖ προσκυνεῖν. 25 λέγει αὐτῷ ἡ γυνή· οἶδα ὅτι
Μεσσίας ἔρχεται ὁ λεγόμενος Χριστός· ὅταν ἔλθῃ ἐκεῖνος, ἀναγγελεῖ ἡ-
μῖν πάντα. 26 λέγει αὐτῇ ὁ Ἰησοῦς· ἐγώ εἰμι ὁ λαλῶν σοι. 27 καὶ ἐπὶ
τούτῳ ἦλθον οἱ μαθηταὶ αὐτοῦ, καὶ ἐθαύμασαν ὅτι μετὰ γυναικὸς ἐλά-
λει· οὐδεὶς μέντοι εἶπε, τί ζητεῖς ἢ τί λαλεῖς μετ' αὐτῆς; 28 ἀφῆκεν οὖν
τὴν ὑδρίαν αὐτῆς ἡ γυνὴ καὶ ἀπῆλθεν εἰς τὴν πόλιν, καὶ λέγει τοῖς ἀν-
θρώποις· 29 δεῦτε ἴδετε ἄνθρωπον ὃς εἶπέ μοι πάντα ὅσα ἐποίησα· μήτι
οὗτός ἐστιν ὁ Χριστός; 30 ἐξῆλθον οὖν ἐκ τῆς πόλεως καὶ ἤρχοντο πρὸς
αὐτόν.

31 Ἐν δὲ τῷ μεταξὺ ἠρώτων αὐτὸν οἱ μαθηταὶ λέγοντες· ραββί, φάγε.
32 ὁ δὲ εἶπεν αὐτοῖς· ἐγὼ βρῶσιν ἔχω φαγεῖν, ἣν ὑμεῖς οὐκ οἴδατε. 33
ἔλεγον οὖν οἱ μαθηταὶ πρὸς ἀλλήλους· μή τις ἤνεγκεν αὐτῷ φαγεῖν; 34
λέγει αὐτοῖς ὁ Ἰησοῦς· ἐμὸν βρῶμά ἐστιν ἵνα ποιῶ τὸ θέλημα τοῦ πέμ-

ψαντός με καὶ τελειώσω αὐτοῦ τὸ ἔργον. 35 οὐχ ὑμεῖς λέγετε ὅτι ἔτι
τετράμηνός ἐστι καὶ ὁ θερισμὸς ἔρχεται; ἰδοὺ λέγω ὑμῖν, ἐπάρατε τοὺς
ὀφθαλμοὺς ὑμῶν καὶ θεάσασθε τὰς χώρας, ὅτι λευκαί εἰσι πρὸς θερισμὸν
ἤδη. 36 καὶ ὁ θερίζων μισθὸν λαμβάνει καὶ συνάγει καρπὸν εἰς ζωὴν αἰ-
ώνιον, ἵνα καὶ ὁ σπείρων ὁμοῦ χαίρῃ καὶ ὁ θερίζων. 37 ἐν γὰρ τούτῳ ὁ
λόγος ἐστὶν ὁ ἀληθινός, ὅτι ἄλλος ἐστὶν ὁ σπείρων καὶ ἄλλος ὁ θερίζων.
38 ἐγὼ ἀπέστειλα ὑμᾶς θερίζειν ὃ οὐχ ὑμεῖς κεκοπιάκατε· ἄλλοι κεκο-
πιάκασι, καὶ ὑμεῖς εἰς τὸν κόπον αὐτῶν εἰσεληλύθατε.

39 Ἐκ δὲ τῆς πόλεως ἐκείνης πολλοὶ ἐπίστευσαν εἰς αὐτὸν τῶν Σαμα-
ρειτῶν διὰ τὸν λόγον τῆς γυναικός, μαρτυρούσης ὅτι εἶπέ μοι πάντα ὅσα
ἐποίησα. 40 ὡς οὖν ἦλθον πρὸς αὐτὸν οἱ Σαμαρεῖται, ἠρώτων αὐτὸν
μεῖναι παρ' αὐτοῖς· καὶ ἔμεινεν ἐκεῖ δύο ἡμέρας. 41 καὶ πολλῷ πλείους
ἐπίστευσαν διὰ τὸν λόγον αὐτοῦ, 42 τῇ τε γυναικὶ ἔλεγον ὅτι οὐκέτι διὰ
τὴν σὴν λαλιὰν πιστεύομεν· αὐτοὶ γὰρ ἀκηκόαμεν, καὶ οἴδαμεν ὅτι οὗτός
ἐστιν ἀληθῶς ὁ σωτὴρ τοῦ κόσμου ὁ Χριστός.

43 Μετὰ δὲ τὰς δύο ἡμέρας ἐξῆλθεν ἐκεῖθεν καὶ ἀπῆλθεν εἰς τὴν Γαλι-
λαίαν. 44 αὐτὸς γὰρ ὁ Ἰησοῦς ἐμαρτύρησεν ὅτι προφήτης ἐν τῇ ἰδίᾳ
πατρίδι τιμὴν οὐκ ἔχει. 45 ὅτε οὖν ἦλθεν εἰς τὴν Γαλιλαίαν, ἐδέξαντο
αὐτὸν οἱ Γαλιλαῖοι, πάντα ἑωρακότες ἃ ἐποίησεν ἐν Ἱεροσολύμοις ἐν τῇ
ἑορτῇ· καὶ αὐτοὶ γὰρ ἦλθον εἰς τὴν ἑορτήν.

46 Ἦλθεν οὖν πάλιν ὁ Ἰησοῦς εἰς τὴν Κανᾶ τῆς Γαλιλαίας, ὅπου ἐποί-
ησε τὸ ὕδωρ οἶνον. καὶ ἦν τις βασιλικός, οὗ ὁ υἱὸς ἠσθένει ἐν Καπερνα-
ούμ· 47 οὗτος ἀκούσας ὅτι Ἰησοῦς ἥκει ἐκ τῆς Ἰουδαίας εἰς τὴν Γαλι-
λαίαν, ἀπῆλθε πρὸς αὐτὸν καὶ ἠρώτα αὐτὸν ἵνα καταβῇ καὶ ἰάσηται αὐ-
τοῦ τὸν υἱόν· ἤμελλε γὰρ ἀποθνήσκειν. 48 εἶπεν οὖν ὁ Ἰησοῦς πρὸς αὐ-
τόν· ἐὰν μὴ σημεῖα καὶ τέρατα ἴδητε, οὐ μὴ πιστεύσητε. 49 λέγει πρὸς
αὐτὸν ὁ βασιλικός· Κύριε, κατάβηθι πρὶν ἀποθανεῖν τὸ παιδίον μου. 50
λέγει αὐτῷ ὁ Ἰησοῦς· πορεύου· ὁ υἱός σου ζῇ. καὶ ἐπίστευσεν ὁ ἄνθρω-
πος τῷ λόγῳ ᾧ εἶπεν αὐτῷ ὁ Ἰησοῦς, καὶ ἐπορεύετο. 51 ἤδη δὲ αὐτοῦ
καταβαίνοντος οἱ δοῦλοι αὐτοῦ ἀπήντησαν αὐτῷ καὶ ἀπήγγειλαν λέγον-
τες ὅτι ὁ παῖς σου ζῇ. 52 ἐπύθετο οὖν παρ' αὐτῶν τὴν ὥραν ἐν ᾗ κομψό-
τερον ἔσχε. καὶ εἶπον αὐτῷ ὅτι χθὲς ὥραν ἑβδόμην ἀφῆκεν αὐτὸν ὁ πυ-
ρετός. 53 ἔγνω οὖν ὁ πατὴρ ὅτι ἐν ἐκείνῃ τῇ ὥρᾳ ἐν ᾗ εἶπεν αὐτῷ ὁ Ἰη-
σοῦς ὅτι ὁ υἱός σου ζῇ· καὶ ἐπίστευσεν αὐτὸς καὶ ἡ οἰκία αὐτοῦ ὅλη. 54
τοῦτο πάλιν δεύτερον σημεῖον ἐποίησεν ὁ Ἰησοῦς ἐλθὼν ἐκ τῆς Ἰουδαί-
ας εἰς τὴν Γαλιλαίαν.

5

ΜΕΤΑ ταῦτα ἦν ἡ ἑορτὴ τῶν Ἰουδαίων, καὶ ἀνέβη ὁ Ἰησοῦς εἰς Ἱε-
ροσόλυμα. 2 ἔστι δὲ ἐν τοῖς Ἱεροσολύμοις ἐπὶ τῇ προβατικῇ κολυμ-
βήθρᾳ, ἡ ἐπιλεγομένη ἑβραϊστὶ Βηθεσδά, πέντε στοὰς ἔχουσα. 3 ἐν
ταύταις κατέκειτο πλῆθος πολὺ τῶν ἀσθενούντων, τυφλῶν, χωλῶν, ξη-
ρῶν, ἐκδεχομένων τὴν τοῦ ὕδατος κίνησιν. 4 ἄγγελος γὰρ κατὰ καιρὸν
κατέβαινεν ἐν τῇ κολυμβήθρᾳ, καὶ ἐταράσσετο τὸ ὕδωρ· ὁ οὖν πρῶτος
ἐμβὰς μετὰ τὴν ταραχὴν τοῦ ὕδατος ὑγιὴς ἐγίνετο ᾧ δήποτε κατείχετο
νοσήματι. 5 ἦν δέ τις ἄνθρωπος ἐκεῖ τριάκοντα καὶ ὀκτὼ ἔτη ἔχων ἐν τῇ
ἀσθενείᾳ αὐτοῦ. 6 τοῦτον ἰδὼν ὁ Ἰησοῦς κατακείμενον, καὶ γνοὺς ὅτι
πολὺν ἤδη χρόνον ἔχει, λέγει αὐτῷ· θέλεις ὑγιὴς γενέσθαι; 7 ἀπεκρίθη
αὐτῷ ὁ ἀσθενῶν· Κύριε, ἄνθρωπον οὐκ ἔχω, ἵνα ὅταν ταραχθῇ τὸ ὕδωρ,
βάλῃ με εἰς τὴν κολυμβήθραν· ἐν ᾧ δὲ ἔρχομαι ἐγώ, ἄλλος πρὸ ἐμοῦ
καταβαίνει. 8 λέγει αὐτῷ ὁ Ἰησοῦς· ἔγειρε, ἆρον τὸν κράβαττόν σου καὶ
περιπάτει. 9 καὶ εὐθέως ἐγένετο ὑγιὴς ὁ ἄνθρωπος, καὶ ἦρε τὸν κράβατ-
τον αὐτοῦ καὶ περιεπάτει. ἦν δὲ σάββατον ἐν ἐκείνῃ τῇ ἡμέρᾳ. 10 ἔλε-
γον οὖν οἱ Ἰουδαῖοι τῷ τεθεραπευμένῳ· σάββατόν ἐστιν· οὐκ ἔξεστί σοι
ἆραι τὸν κράβαττον. 11 ἀπεκρίθη αὐτοῖς· ὁ ποιήσας με ὑγιῆ, ἐκεῖνός μοι
εἶπεν· ἆρον τὸν κράβαττόν σου καὶ περιπάτει. 12 ἠρώτησαν οὖν αὐτόν·
τίς ἐστιν ὁ ἄνθρωπος ὁ εἰπών σοι, ἆρον τὸν κράβαττόν σου καὶ περιπάτει;
13 ὁ δὲ ἰαθεὶς οὐκ ᾔδει τίς ἐστιν· ὁ γὰρ Ἰησοῦς ἐξένευσεν ὄχλου ὄντος ἐν
τῷ τόπῳ. 14 μετὰ ταῦτα εὑρίσκει αὐτὸν ὁ Ἰησοῦς ἐν τῷ ἱερῷ καὶ εἶπεν
αὐτῷ· ἴδε ὑγιὴς γέγονας· μηκέτι ἁμάρτανε, ἵνα μὴ χεῖρόν σοί τι γένη-
ται. 15 ἀπῆλθεν ὁ ἄνθρωπος καὶ ἀνήγγειλε τοῖς Ἰουδαίοις ὅτι Ἰησοῦς
ἐστιν ὁ ποιήσας αὐτὸν ὑγιῆ. 16 καὶ διὰ τοῦτο ἐδίωκον τὸν Ἰησοῦν οἱ Ἰ-
ουδαῖοι καὶ ἐζήτουν αὐτὸν ἀποκτεῖναι, ὅτι ταῦτα ἐποίει ἐν σαββάτῳ. 17
ὁ δὲ Ἰησοῦς ἀπεκρίνατο αὐτοῖς· ὁ πατήρ μου ἕως ἄρτι ἐργάζεται, κἀγὼ
ἐργάζομαι. 18 διὰ τοῦτο οὖν μᾶλλον ἐζήτουν αὐτὸν οἱ Ἰουδαῖοι ἀποκτεῖ-
ναι, ὅτι οὐ μόνον ἔλυε τὸ σάββατον, ἀλλὰ καὶ πατέρα ἴδιον ἔλεγε τὸν
Θεόν, ἴσον ἑαυτὸν ποιῶν τῷ Θεῷ.

19 Ἀπεκρίνατο οὖν ὁ Ἰησοῦς καὶ εἶπεν αὐτοῖς· ἀμὴν ἀμὴν λέγω ὑμῖν,
οὐ δύναται ὁ υἱὸς ποιεῖν ἀφ' ἑαυτοῦ οὐδέν, ἐὰν μή τι βλέπῃ τὸν πατέρα
ποιοῦντα· ἃ γὰρ ἂν ἐκεῖνος ποιῇ, ταῦτα καὶ ὁ υἱὸς ὁμοίως ποιεῖ. 20 ὁ γὰρ
πατὴρ φιλεῖ τὸν υἱὸν καὶ πάντα δείκνυσιν αὐτῷ ἃ αὐτὸς ποιεῖ, καὶ μείζο-
να τούτων δείξει αὐτῷ ἔργα, ἵνα ὑμεῖς θαυμάζητε. 21 ὥσπερ γὰρ ὁ πα-

τὴρ ἐγείρει τοὺς νεκροὺς καὶ ζωοποιεῖ, οὕτω καὶ ὁ υἱὸς οὓς θέλει ζωοποι-
εῖ. 22 οὐδὲ γὰρ ὁ πατὴρ κρίνει οὐδένα, ἀλλὰ τὴν κρίσιν πᾶσαν δέδωκε
τῷ υἱῷ, 23 ἵνα πάντες τιμῶσι τὸν υἱόν, καθὼς τιμῶσι τὸν πατέρα. ὁ μὴ
τιμῶν τὸν υἱὸν οὐ τιμᾷ τὸν πατέρα τὸν πέμψαντα αὐτόν. 24 ἀμὴν ἀμὴν
λέγω ὑμῖν ὅτι ὁ τὸν λόγον μου ἀκούων καὶ πιστεύων τῷ πέμψαντί με ἔ-
χει ζωὴν αἰώνιον, καὶ εἰς κρίσιν οὐκ ἔρχεται, ἀλλὰ μεταβέβηκεν ἐκ τοῦ
θανάτου εἰς τὴν ζωήν. 25 ἀμὴν ἀμὴν λέγω ὑμῖν ὅτι ἔρχεται ὥρα, καὶ
νῦν ἐστιν, ὅτε οἱ νεκροὶ ἀκούσονται τῆς φωνῆς τοῦ υἱοῦ τοῦ Θεοῦ, καὶ οἱ
ἀκούσαντες ζήσονται· 26 ὥσπερ γὰρ ὁ πατὴρ ἔχει ζωὴν ἐν ἑαυτῷ, οὕ-
τως ἔδωκε καὶ τῷ υἱῷ ζωὴν ἔχειν ἐν ἑαυτῷ· 27 καὶ ἐξουσίαν ἔδωκεν αὐ-
τῷ καὶ κρίσιν ποιεῖν, ὅτι υἱὸς ἀνθρώπου ἐστί. 28 μὴ θαυμάζετε τοῦτο·
ὅτι ἔρχεται ὥρα ἐν ᾗ πάντες οἱ ἐν τοῖς μνημείοις ἀκούσονται τῆς φωνῆς
αὐτοῦ, 29 καὶ ἐκπορεύσονται οἱ τὰ ἀγαθὰ ποιήσαντες εἰς ἀνάστασιν ζω-
ῆς, οἱ δὲ τὰ φαῦλα πράξαντες εἰς ἀνάστασιν κρίσεως.

30 Οὐ δύναμαι ἐγὼ ποιεῖν ἀπ' ἐμαυτοῦ οὐδέν. καθὼς ἀκούω κρίνω, καὶ
ἡ κρίσις ἡ ἐμὴ δικαία ἐστίν· ὅτι οὐ ζητῶ τὸ θέλημα τὸ ἐμόν, ἀλλὰ τὸ
θέλημα τοῦ πέμψαντός με πατρός. 31 ἐὰν ἐγὼ μαρτυρῶ περὶ ἐμαυτοῦ,
ἡ μαρτυρία μου οὐκ ἔστιν ἀληθής. 32 ἄλλος ἐστὶν ὁ μαρτυρῶν περὶ ἐ-
μοῦ, καὶ οἶδα ὅτι ἀληθής ἐστιν ἡ μαρτυρία ἣν μαρτυρεῖ περὶ ἐμοῦ. 33 ὑ-
μεῖς ἀπεστάλκατε πρὸς Ἰωάννην, καὶ μεμαρτύρηκε τῇ ἀληθείᾳ· 34 ἐγὼ
δὲ οὐ παρὰ ἀνθρώπου τὴν μαρτυρίαν λαμβάνω, ἀλλὰ ταῦτα λέγω ἵνα ὑ-
μεῖς σωθῆτε. 35 ἐκεῖνος ἦν ὁ λύχνος ὁ καιόμενος καὶ φαίνων, ὑμεῖς δὲ
ἠθελήσατε ἀγαλλιαθῆναι πρὸς ὥραν ἐν τῷ φωτὶ αὐτοῦ. 36 ἐγὼ δέ ἔχω
τὴν μαρτυρίαν μείζω τοῦ Ἰωάννου· τὰ γὰρ ἔργα ἃ ἔδωκέ μοι ὁ πατὴρ
ἵνα τελειώσω αὐτά, αὐτὰ τὰ ἔργα ἃ ἐγὼ ποιῶ, μαρτυρεῖ περὶ ἐμοῦ ὅτι ὁ
πατήρ με ἀπέσταλκε. 37 καὶ ὁ πέμψας με πατήρ, αὐτὸς μεμαρτύρηκε
περὶ ἐμοῦ. οὔτε φωνὴν αὐτοῦ ἀκηκόατε πώποτε οὔτε εἶδος αὐτοῦ ἑωρά-
κατε, 38 καὶ τὸν λόγον αὐτοῦ οὐκ ἔχετε μένοντα ἐν ὑμῖν, ὅτι ὃν ἀπέ-
στειλεν ἐκεῖνος, τούτῳ ὑμεῖς οὐ πιστεύετε. 39 ἐρευνᾶτε τὰς γραφάς, ὅτι
ὑμεῖς δοκεῖτε ἐν αὐταῖς ζωὴν αἰώνιον ἔχειν· καὶ ἐκεῖναί εἰσιν αἱ μαρτυ-
ροῦσαι περὶ ἐμοῦ· 40 καὶ οὐ θέλετε ἐλθεῖν πρός με ἵνα ζωὴν ἔχητε. 41
δόξαν παρὰ ἀνθρώπων οὐ λαμβάνω· 42 ἀλλ' ἔγνωκα ὑμᾶς ὅτι τὴν ἀγά-
πην τοῦ Θεοῦ οὐκ ἔχετε ἐν ἑαυτοῖς. 43 ἐγὼ ἐλήλυθα ἐν τῷ ὀνόματι τοῦ
πατρός μου, καὶ οὐ λαμβάνετέ με· ἐὰν ἄλλος ἔλθῃ ἐν τῷ ὀνόματι τῷ ἰ-
δίῳ, ἐκεῖνον λήψεσθε. 44 πῶς δύνασθε ὑμεῖς πιστεῦσαι, δόξαν παρὰ ἀλ-
λήλων λαμβάνοντες, καὶ τὴν δόξαν τὴν παρὰ τοῦ μόνου Θεοῦ οὐ ζητεῖ-

τε; 45 μὴ δοκεῖτε ὅτι ἐγὼ κατηγορήσω ὑμῶν πρὸς τὸν πατέρα· ἔστιν ὁ
κατηγορῶν ὑμῶν Μωϋσῆς, εἰς ὃν ὑμεῖς ἠλπίκατε. 46 εἰ γὰρ ἐπιστεύετε
Μωϋσεῖ, ἐπιστεύετε ἂν ἐμοί· περὶ γὰρ ἐμοῦ ἐκεῖνος ἔγραψεν. 47 εἰ δὲ
τοῖς ἐκείνου γράμμασιν οὐ πιστεύετε, πῶς τοῖς ἐμοῖς ῥήμασι πιστεύσε-
τε;

6

ΜΕΤΑ ταῦτα ἀπῆλθεν ὁ Ἰησοῦς πέραν τῆς θαλάσσης τῆς Γαλιλαίας
τῆς Τιβεριάδος· 2 καὶ ἠκολούθει αὐτῷ ὄχλος πολύς, ὅτι ἑώρων αὐ-
τοῦ τὰ σημεῖα ἃ ἐποίει ἐπὶ τῶν ἀσθενούντων. 3 ἀνῆλθε δὲ εἰς τὸ ὄ-
ρος ὁ Ἰησοῦς καὶ ἐκεῖ ἐκάθητο μετὰ τῶν μαθητῶν αὐτοῦ. 4 ἦν δὲ ἐγγὺς
τὸ πάσχα, ἡ ἑορτὴ τῶν Ἰουδαίων. 5 ἐπάρας οὖν ὁ Ἰησοῦς τοὺς ὀφθαλ-
μοὺς καὶ θεασάμενος ὅτι πολὺς ὄχλος ἔρχεται πρὸς αὐτόν, λέγει πρὸς
τὸν Φίλιππον· πόθεν ἀγοράσωμεν ἄρτους ἵνα φάγωσιν οὗτοι; 6 τοῦτο δὲ
ἔλεγε πειράζων αὐτόν· αὐτὸς γὰρ ᾔδει τί ἔμελλε ποιεῖν. 7 ἀπεκρίθη αὐ-
τῷ Φίλιππος· διακοσίων δηναρίων ἄρτοι οὐκ ἀρκοῦσιν αὐτοῖς ἵνα ἕκα-
στος αὐτῶν βραχύ τι λάβῃ. 8 λέγει αὐτῷ εἷς ἐκ τῶν μαθητῶν αὐτοῦ,
Ἀνδρέας ὁ ἀδελφὸς Σίμωνος Πέτρου. 9 ἔστι παιδάριον ἓν ὧδε, ὃς ἔχει
πέντε ἄρτους κριθίνους καὶ δύο ὀψάρια· ἀλλὰ ταῦτα τί ἐστιν εἰς τοσού-
τους; 10 εἶπε δὲ ὁ Ἰησοῦς· ποιήσατε τοὺς ἀνθρώπους ἀναπεσεῖν· ἦν δὲ
χόρτος πολὺς ἐν τῷ τόπῳ. ἀνέπεσον οὖν οἱ ἄνδρες τὸν ἀριθμὸν ὡσεὶ πεν-
τακισχίλιοι. 11 ἔλαβε δὲ τοὺς ἄρτους ὁ Ἰησοῦς καὶ εὐχαριστήσας διέ-
δωκε τοῖς μαθηταῖς, οἱ δὲ μαθηταὶ τοῖς ἀνακειμένοις· ὁμοίως καὶ ἐκ τῶν
ὀψαρίων ὅσον ἤθελον. 12 ὡς δὲ ἐνεπλήσθησαν, λέγει τοῖς μαθηταῖς αὐ-
τοῦ· συναγάγετε τὰ περισσεύσαντα κλάσματα, ἵνα μή τι ἀπόληται. 13
συνήγαγον οὖν καὶ ἐγέμισαν δώδεκα κοφίνους κλασμάτων ἐκ τῶν πέντε
ἄρτων τῶν κριθίνων ἃ ἐπερίσσευσε τοῖς βεβρωκόσιν. 14 οἱ οὖν ἄνθρω-
ποι, ἰδόντες ὃ ἐποίησε σημεῖον ὁ Ἰησοῦς, ἔλεγον ὅτι οὗτός ἐστιν ἀληθῶς
ὁ προφήτης ὁ ἐρχόμενος εἰς τὸν κόσμον. 15 Ἰησοῦς οὖν γνοὺς ὅτι μέλ-
λουσιν ἔρχεσθαι καὶ ἁρπάζειν αὐτὸν ἵνα ποιήσωσιν αὐτὸν βασιλέα, ἀνε-
χώρησε πάλιν εἰς τὸ ὄρος αὐτὸς μόνος.

16 Ὡς δὲ ὀψία ἐγένετο, κατέβησαν οἱ μαθηταὶ αὐτοῦ ἐπὶ τὴν θάλασσαν,
17 καὶ ἐμβάντες εἰς τὸ πλοῖον ἤρχοντο πέραν τῆς θαλάσσης εἰς Καπερ-

ναούμ. καὶ σκοτία ἤδη ἐγεγόνει καὶ οὐκ ἐληλύθει πρὸς αὐτοὺς ὁ Ἰησοῦς,
18 ἥ τε θάλασσα ἀνέμου μεγάλου πνέοντος διηγείρετο. 19 ἐληλακότες
οὖν ὡς σταδίους εἴκοσι πέντε ἢ τριάκοντα θεωροῦσι τὸν Ἰησοῦν περιπα-
τοῦντα ἐπὶ τῆς θαλάσσης καὶ ἐγγὺς τοῦ πλοίου γινόμενον, καὶ ἐφοβήθη-
σαν. 20 ὁ δέ λέγει αὐτοῖς· ἐγώ εἰμι· μὴ φοβεῖσθε. 21 ἤθελον οὖν λαβεῖν
αὐτὸν εἰς τὸ πλοῖον, καὶ εὐθέως τὸ πλοῖον ἐγένετο ἐπὶ τῆς γῆς εἰς ἣν ὑ-
πῆγον.

22 Τῇ ἐπαύριον ὁ ὄχλος ὁ ἑστηκὼς πέραν τῆς θαλάσσης ἰδὼν ὅτι πλοι-
άριον ἄλλο οὐκ ἦν ἐκεῖ εἰ μὴ ἓν ἐκεῖνο εἰς ὃ ἐνέβησαν οἱ μαθηταὶ αὐτοῦ,
καὶ ὅτι οὐ συνεισῆλθε τοῖς μαθηταῖς αὐτοῦ ὁ Ἰησοῦς εἰς τὸ πλοιάριον,
ἀλλὰ μόνοι οἱ μαθηταὶ αὐτοῦ ἀπῆλθον· 23 ἄλλα δὲ ἦλθε πλοιάρια ἐκ
Τιβεριάδος ἐγγὺς τοῦ τόπου, ὅπου ἔφαγον τὸν ἄρτον εὐχαριστήσαντος
τοῦ Κυρίου· 24 ὅτε οὖν εἶδεν ὁ ὄχλος ὅτι Ἰησοῦς οὐκ ἔστιν ἐκεῖ οὐδὲ οἱ
μαθηταὶ αὐτοῦ, ἐνέβησαν αὐτοὶ εἰς τὰ πλοῖα καὶ ἦλθον εἰς Καπερναοὺμ
ζητοῦντες τὸν Ἰησοῦν. 25 καὶ εὑρόντες αὐτὸν πέραν τῆς θαλάσσης εἶ-
πον αὐτῷ· ῥαββί, πότε ὧδε γέγονας; 26 ἀπεκρίθη αὐτοῖς ὁ Ἰησοῦς καὶ
εἶπεν· ἀμὴν ἀμὴν λέγω ὑμῖν, ζητεῖτέ με, οὐχ ὅτι εἴδετε σημεῖα, ἀλλ᾿ ὅτι
ἐφάγετε ἐκ τῶν ἄρτων καὶ ἐχορτάσθητε. 27 ἐργάζεσθε μὴ τὴν βρῶσιν
τὴν ἀπολλυμένην, ἀλλὰ τὴν βρῶσιν τὴν μένουσαν εἰς ζωὴν αἰώνιον, ἣν
ὁ υἱὸς τοῦ ἀνθρώπου ὑμῖν δώσει· τοῦτον γὰρ ὁ πατὴρ ἐσφράγισεν ὁ Θεός.
28 εἶπον οὖν πρὸς αὐτόν· τί ποιῶμεν ἵνα ἐργαζώμεθα τά ἔργα τοῦ Θεοῦ;
29 ἀπεκρίθη Ἰησοῦς καὶ εἶπεν αὐτοῖς· τοῦτό ἐστι τὸ ἔργον τοῦ Θεοῦ, ἵνα
πιστεύσητε εἰς ὃν ἀπέστειλεν ἐκεῖνος. 30 εἶπον οὖν αὐτῷ· τί οὖν ποιεῖς
σὺ σημεῖον ἵνα ἴδωμεν καὶ πιστεύσωμέν σοι; τί ἐργάζῃ; 31 οἱ πατέρες
ἡμῶν τὸ μάννα ἔφαγον ἐν τῇ ἐρήμῳ, καθώς ἐστι γεγραμμένον· ἄρτον ἐκ
τοῦ οὐρανοῦ ἔδωκεν αὐτοῖς φαγεῖν. 32 εἶπεν οὖν αὐτοῖς ὁ Ἰησοῦς· ἀμὴν
ἀμὴν λέγω ὑμῖν, οὐ Μωϋσῆς δέδωκεν ὑμῖν τὸν ἄρτον ἐκ τοῦ οὐρανοῦ,
ἀλλ᾿ ὁ πατήρ μου δίδωσιν ὑμῖν τὸν ἄρτον ἐκ τοῦ οὐρανοῦ τὸν ἀληθινόν.
33 ὁ γὰρ ἄρτος τοῦ Θεοῦ ἐστιν ὁ καταβαίνων ἐκ τοῦ οὐρανοῦ καὶ ζωὴν
διδοὺς τῷ κόσμῳ. 34 εἶπον οὖν πρὸς αὐτόν· Κύριε, πάντοτε δὸς ἡμῖν τὸν
ἄρτον τοῦτον. 35 εἶπε δὲ αὐτοῖς ὁ Ἰησοῦς· ἐγώ εἰμι ὁ ἄρτος τῆς ζωῆς· ὁ
ἐρχόμενος πρός με οὐ μὴ πεινάσῃ, καὶ ὁ πιστεύων εἰς ἐμὲ οὐ μὴ διψήσῃ
πώποτε. 36 ἀλλ᾿ εἶπον ὑμῖν ὅτι καὶ ἑωράκατέ με καὶ οὐ πιστεύετε. 37
πᾶν ὃ δίδωσί μοι ὁ πατήρ, πρὸς ἐμὲ ἥξει, καὶ τὸν ἐρχόμενον πρός με οὐ
μὴ ἐκβάλω ἔξω· 38 ὅτι καταβέβηκα ἐκ τοῦ οὐρανοῦ οὐχ ἵνα ποιῶ τὸ θέ-
λημα τὸ ἐμόν, ἀλλὰ τὸ θέλημα τοῦ πέμψαντός με. 39 τοῦτο δέ ἐστι τὸ

θέλημα τοῦ πέμψαντός με πατρός, ἵνα πᾶν ὃ δέδωκέ μοι μὴ ἀπολέσω ἐξ
αὐτοῦ, ἀλλὰ ἀναστήσω αὐτὸ ἐν τῇ ἐσχάτῃ ἡμέρᾳ. 40 τοῦτο δέ ἐστι τὸ
θέλημα τοῦ πέμψαντός με, ἵνα πᾶς ὁ θεωρῶν τὸν υἱὸν καὶ πιστεύων εἰς
αὐτὸν ἔχῃ ζωὴν αἰώνιον, καὶ ἀναστήσω αὐτὸν ἐγὼ τῇ ἐσχάτῃ ἡμέρᾳ.

41 Ἐγόγγυζον οὖν οἱ Ἰουδαῖοι περὶ αὐτοῦ ὅτι εἶπεν, ἐγώ εἰμι ὁ ἄρτος ὁ
καταβὰς ἐκ τοῦ οὐρανοῦ, 42 καὶ ἔλεγον· οὐχ οὗτός ἐστιν Ἰησοῦς ὁ υἱὸς
Ἰωσήφ, οὗ ἡμεῖς οἴδαμεν τὸν πατέρα καὶ τὴν μητέρα; πῶς οὖν λέγει οὗ-
τος ὅτι ἐκ τοῦ οὐρανοῦ καταβέβηκα; 43 ἀπεκρίθη οὖν ὁ Ἰησοῦς καὶ εἶ-
πεν αὐτοῖς· μὴ γογγύζετε μετ' ἀλλήλων. 44 οὐδεὶς δύναται ἐλθεῖν πρός
με, ἐὰν μὴ ὁ πατὴρ ὁ πέμψας με ἑλκύσῃ αὐτόν, καὶ ἐγὼ ἀναστήσω αὐ-
τὸν τῇ ἐσχάτῃ ἡμέρᾳ. 45 ἔστι γεγραμμένον ἐν τοῖς προφήταις· καὶ ἔ-
σονται πάντες διδακτοὶ Θεοῦ. πᾶς ὁ ἀκούων παρὰ τοῦ πατρὸς καὶ μαθὼν
ἔρχεται πρός με· 46 οὐχ ὅτι τὸν πατέρα τις ἑώρακεν, εἰ μὴ ὁ ὢν παρὰ
τοῦ Θεοῦ, οὗτος ἑώρακε τὸν πατέρα. 47 ἀμὴν ἀμὴν λέγω ὑμῖν, ὁ πι-
στεύων εἰς ἐμὲ ἔχει ζωὴν αἰώνιον. 48 ἐγώ εἰμι ὁ ἄρτος τῆς ζωῆς. 49 οἱ
πατέρες ὑμῶν ἔφαγον τὸ μάννα ἐν τῇ ἐρήμῳ καὶ ἀπέθανον· 50 οὗτός ἐ-
στιν ὁ ἄρτος ὁ ἐκ τοῦ οὐρανοῦ καταβαίνων, ἵνα τις ἐξ αὐτοῦ φάγῃ καὶ μὴ
ἀποθάνῃ. 51 ἐγώ εἰμι ὁ ἄρτος ὁ ζῶν ὁ ἐκ τοῦ οὐρανοῦ καταβάς· ἐάν τις
φάγῃ ἐκ τούτου τοῦ ἄρτου, ζήσεται εἰς τὸν αἰῶνα. καὶ ὁ ἄρτος δὲ ὃν ἐγὼ
δώσω, ἡ σάρξ μού ἐστιν, ἣν ἐγὼ δώσω ὑπὲρ τῆς τοῦ κόσμου ζωῆς. 52
ἐμάχοντο οὖν πρὸς ἀλλήλους οἱ Ἰουδαῖοι λέγοντες· πῶς δύναται οὗτος
ἡμῖν δοῦναι τὴν σάρκα φαγεῖν; 53 εἶπεν οὖν αὐτοῖς ὁ Ἰησοῦς· ἀμὴν ἀ-
μὴν λέγω ὑμῖν, ἐὰν μὴ φάγητε τὴν σάρκα τοῦ υἱοῦ τοῦ ἀνθρώπου καὶ
πίητε αὐτοῦ τὸ αἷμα, οὐκ ἔχετε ζωὴν ἐν ἑαυτοῖς. 54 ὁ τρώγων μου τὴν
σάρκα καὶ πίνων μου τὸ αἷμα ἔχει ζωὴν αἰώνιον, καὶ ἐγὼ ἀναστήσω αὐ-
τὸν ἐν τῇ ἐσχάτῃ ἡμέρᾳ. 55 ἡ γὰρ σάρξ μου ἀληθῶς ἐστι βρῶσις, καὶ
τὸ αἷμά μου ἀληθῶς ἐστι πόσις. 56 ὁ τρώγων μου τὴν σάρκα καὶ πίνων
μου τὸ αἷμα ἐν ἐμοὶ μένει, κἀγὼ ἐν αὐτῷ. 57 καθὼς ἀπέστειλέ με ὁ ζῶν
πατὴρ κἀγὼ ζῶ διὰ τὸν πατέρα, καὶ ὁ τρώγων με κἀκεῖνος ζήσεται δι'
ἐμέ. 58 οὗτός ἐστιν ὁ ἄρτος ὁ ἐκ τοῦ οὐρανοῦ καταβάς, οὐ καθὼς ἔφαγον
οἱ πατέρες ὑμῶν τὸ μάννα καὶ ἀπέθανον· ὁ τρώγων τοῦτον τὸν ἄρτον
ζήσεται εἰς τὸν αἰῶνα. 59 Ταῦτα εἶπεν ἐν συναγωγῇ διδάσκων ἐν Κα-
περναούμ.

60 Πολλοὶ οὖν ἀκούσαντες ἐκ τῶν μαθητῶν αὐτοῦ εἶπον· σκληρός ἐστιν
οὗτος ὁ λόγος· τίς δύναται αὐτοῦ ἀκούειν; 61 εἰδὼς δὲ ὁ Ἰησοῦς ἐν ἑαυ-
τῷ ὅτι γογγύζουσι περὶ τούτου οἱ μαθηταὶ αὐτοῦ, εἶπεν αὐτοῖς· τοῦτο ὑ-

μᾶς σκανδαλίζει; 62 ἐὰν οὖν θεωρῆτε τὸν υἱὸν τοῦ ἀνθρώπου ἀναβαίνον-
τα ὅπου ἦν τὸ πρότερον; 63 τὸ πνεῦμά ἐστι τὸ ζωοποιοῦν, ἡ σὰρξ οὐκ ὠ-
φελεῖ οὐδέν· τὰ ρήματα ἃ ἐγὼ λαλῶ ὑμῖν, πνεῦμά ἐστι καὶ ζωή ἐστιν.
64 ἀλλ' εἰσὶν ἐξ ὑμῶν τινες οἳ οὐ πιστεύουσιν. ᾔδει γὰρ ἐξ ἀρχῆς ὁ Ἰη-
σοῦς τίνες εἰσὶν οἱ μὴ πιστεύοντες καὶ τίς ἐστιν ὁ παραδώσων αὐτόν. 65
καὶ ἔλεγε· διὰ τοῦτο εἴρηκα ὑμῖν ὅτι οὐδεὶς δύναται ἐλθεῖν πρός με, ἐὰν
μὴ ᾖ δεδομένον αὐτῷ ἐκ τοῦ πατρός μου.

66 Ἐκ τούτου πολλοὶ ἀπῆλθον ἐκ τῶν μαθητῶν αὐτοῦ εἰς τὰ ὀπίσω καὶ
οὐκέτι μετ' αὐτοῦ περιεπάτουν. 67 εἶπεν οὖν ὁ Ἰησοῦς τοῖς δώδεκα· μὴ
καὶ ὑμεῖς θέλετε ὑπάγειν; 68 ἀπεκρίθη οὖν αὐτῷ Σίμων Πέτρος· Κύριε,
πρὸς τίνα ἀπελευσόμεθα; ρήματα ζωῆς αἰωνίου ἔχεις· 69 καὶ ἡμεῖς πε-
πιστεύκαμεν καὶ ἐγνώκαμεν ὅτι σὺ εἶ ὁ Χριστὸς ὁ υἱὸς τοῦ Θεοῦ τοῦ
ζῶντος. 70 ἀπεκρίθη αὐτοῖς ὁ Ἰησοῦς· οὐκ ἐγὼ ὑμᾶς τοὺς δώδεκα ἐξε-
λεξάμην; καὶ ἐξ ὑμῶν εἷς διάβολός ἐστιν. 71 ἔλεγε δὲ τὸν Ἰούδαν Σί-
μωνος Ἰσκαριώτην· οὗτος γὰρ ἔμελλεν αὐτὸν παραδιδόναι, εἷς ὢν ἐκ
τῶν δώδεκα.

7

ΚΑΙ περιεπάτει ὁ Ἰησοῦς μετὰ ταῦτα ἐν τῇ Γαλιλαίᾳ· οὐ γὰρ ἤθελεν
ἐν τῇ Ἰουδαίᾳ περιπατεῖν, ὅτι ἐζήτουν αὐτὸν οἱ Ἰουδαῖοι ἀποκτεῖναι.
2 ἦν δὲ ἐγγὺς ἡ ἑορτὴ τῶν Ἰουδαίων ἡ σκηνοπηγία. 3 εἶπον οὖν
πρὸς αὐτὸν οἱ ἀδελφοὶ αὐτοῦ· μετάβηθι ἐντεῦθεν καὶ ὕπαγε εἰς τὴν Ἰου-
δαίαν, ἵνα καὶ οἱ μαθηταί σου θεωρήσωσι τὰ ἔργα σου ἃ ποιεῖς· 4 οὐδεὶς
γὰρ ἐν κρυπτῷ τι ποιεῖ καὶ ζητεῖ αὐτὸς ἐν παρρησίᾳ εἶναι. εἰ ταῦτα ποι-
εῖς, φανέρωσον σεαυτὸν τῷ κόσμῳ. 5 οὐδὲ γὰρ οἱ ἀδελφοὶ αὐτοῦ ἐπί-
στευον εἰς αὐτόν. 6 λέγει οὖν αὐτοῖς ὁ Ἰησοῦς· ὁ καιρὸς ὁ ἐμὸς οὔπω
πάρεστιν, ὁ δὲ καιρὸς ὁ ὑμέτερος πάντοτέ ἐστιν ἕτοιμος. 7 οὐ δύναται ὁ
κόσμος μισεῖν ὑμᾶς· ἐμὲ δὲ μισεῖ, ὅτι ἐγὼ μαρτυρῶ περὶ αὐτοῦ ὅτι τὰ
ἔργα αὐτοῦ πονηρά ἐστιν. 8 ὑμεῖς ἀνάβητε εἰς τὴν ἑορτὴν ταύτην· ἐγὼ
οὔπω ἀναβαίνω εἰς τὴν ἑορτὴν ταύτην, ὅτι ὁ καιρὸς ὁ ἐμὸς οὔπω πεπλή-
ρωται. 9 ταῦτα δὲ εἰπὼν αὐτοῖς ἔμεινεν ἐν τῇ Γαλιλαίᾳ. 10 Ὡς δὲ ἀνέ-
βησαν οἱ ἀδελφοὶ αὐτοῦ, τότε καὶ αὐτὸς ἀνέβη εἰς τὴν ἑορτήν, οὐ φανε-
ρῶς, ἀλλ' ὡς ἐν κρυπτῷ. 11 οἱ οὖν Ἰουδαῖοι ἐζήτουν αὐτὸν ἐν τῇ ἑορτῇ

καὶ ἔλεγον· ποῦ ἐστιν ἐκεῖνος; 12 καὶ γογγυσμὸς πολὺς περὶ αὐτοῦ ἦν ἐν
τοῖς ὄχλοις. οἱ μὲν ἔλεγον ὅτι ἀγαθός ἐστιν· ἄλλοι ἔλεγον, οὔ, ἀλλὰ
πλανᾷ τὸν ὄχλον. 13 οὐδεὶς μέντοι παρρησίᾳ ἐλάλει περὶ αὐτοῦ διὰ τὸν
φόβον τῶν Ἰουδαίων.

14 Ἤδη δὲ τῆς ἑορτῆς μεσούσης ἀνέβη ὁ Ἰησοῦς εἰς τὸ ἱερὸν καὶ ἐδίδα-
σκε. 15 καὶ ἐθαύμαζον οἱ Ἰουδαῖοι λέγοντες· πῶς οὗτος γράμματα οἶδε
μὴ μεμαθηκώς; 16 ἀπεκρίθη οὖν αὐτοῖς ὁ Ἰησοῦς καὶ εἶπεν· ἡ ἐμὴ δι-
δαχὴ οὐκ ἔστιν ἐμή, ἀλλὰ τοῦ πέμψαντός με· 17 ἐάν τις θέλῃ τὸ θέλη-
μα αὐτοῦ ποιεῖν, γνώσεται περὶ τῆς διδαχῆς, πότερον ἐκ τοῦ Θεοῦ ἐστιν
ἢ ἐγὼ ἀπ' ἐμαυτοῦ λαλῶ. 18 ὁ ἀφ' ἑαυτοῦ λαλῶν τὴν δόξαν τὴν ἰδίαν
ζητεῖ, ὁ δὲ ζητῶν τὴν δόξαν τοῦ πέμψαντος αὐτόν, οὗτος ἀληθής ἐστι,
καὶ ἀδικία ἐν αὐτῷ οὐκ ἔστιν. 19 οὐ Μωϋσῆς δέδωκεν ὑμῖν τὸν νόμον;
καὶ οὐδεὶς ἐξ ὑμῶν ποιεῖ τὸν νόμον. τί με ζητεῖτε ἀποκτεῖναι; 20 ἀπε-
κρίθη ὁ ὄχλος καὶ εἶπε· δαιμόνιον ἔχεις· τίς σε ζητεῖ ἀποκτεῖναι; 21 ἀ-
πεκρίθη Ἰησοῦς καὶ εἶπεν αὐτοῖς· ἓν ἔργον ἐποίησα, καὶ πάντες θαυμά-
ζετε διὰ τοῦτο. 22 Μωϋσῆς δέδωκεν ὑμῖν τὴν περιτομήν, οὐχ ὅτι ἐκ τοῦ
Μωϋσέως ἐστίν, ἀλλ' ἐκ τῶν πατέρων, καὶ ἐν σαββάτῳ περιτέμνετε ἄν-
θρωπον. 23 εἰ περιτομὴν λαμβάνει ἄνθρωπος ἐν σαββάτῳ ἵνα μὴ λυθῇ ὁ
νόμος Μωϋσέως, ἐμοὶ χολᾶτε ὅτι ὅλον ἄνθρωπον ὑγιῆ ἐποίησα ἐν σαβ-
βάτῳ; 24 μὴ κρίνετε κατ' ὄψιν, ἀλλὰ τὴν δικαίαν κρίσιν κρίνατε.

25 Ἔλεγον οὖν τινες ἐκ τῶν Ἱεροσολυμιτῶν· οὐχ οὗτός ἐστιν ὃν ζητοῦ-
σιν ἀποκτεῖναι; 26 καὶ ἴδε παρρησίᾳ λαλεῖ, καὶ οὐδὲν αὐτῷ λέγουσι. μή-
ποτε ἀληθῶς ἔγνωσαν οἱ ἄρχοντες ὅτι οὗτός ἐστιν ἀληθῶς ὁ Χριστός;
27 ἀλλὰ τοῦτον οἴδαμεν πόθεν ἐστίν· ὁ δὲ Χριστὸς ὅταν ἔρχηται, οὐδεὶς
γινώσκει πόθεν ἐστίν. 28 ἔκραξεν οὖν ἐν τῷ ἱερῷ διδάσκων ὁ Ἰησοῦς καὶ
λέγων· κἀμὲ οἴδατε, καὶ οἴδατε πόθεν εἰμί· καὶ ἀπ' ἐμαυτοῦ οὐκ ἐλήλυθα
ἀλλ' ἔστιν ἀληθινὸς ὁ πέμψας με, ὃν ὑμεῖς οὐκ οἴδατε· 29 ἐγὼ οἶδα αὐ-
τόν, ὅτι παρ' αὐτοῦ εἰμι κἀκεῖνός με ἀπέστειλεν.

30 Ἐζήτουν οὖν αὐτὸν πιάσαι, καὶ οὐδεὶς ἐπέβαλεν ἐπ' αὐτὸν τὴν χεῖ-
ρα, ὅτι οὔπω ἐληλύθει ἡ ὥρα αὐτοῦ. 31 πολλοὶ δὲ ἐκ τοῦ ὄχλου ἐπίστευ-
σαν εἰς αὐτὸν καὶ ἔλεγον ὅτι ὁ Χριστὸς ὅταν ἔλθῃ, μήτι πλείονα σημεῖα
τούτων ποιήσει ὧν οὗτος ἐποίησεν; 32 ἤκουσαν οἱ Φαρισαῖοι τοῦ ὄχλου
γογγύζοντος περὶ αὐτοῦ ταῦτα, καὶ ἀπέστειλαν ὑπηρέτας οἱ Φαρισαῖοι
καὶ οἱ ἀρχιερεῖς ἵνα πιάσωσιν αὐτόν. 33 εἶπεν οὖν ὁ Ἰησοῦς· ἔτι μικρὸν
χρόνον μεθ' ὑμῶν εἰμι καὶ ὑπάγω πρὸς τὸν πέμψαντά με. 34 ζητήσετέ
με καὶ οὐχ εὑρήσετε· καὶ ὅπου εἰμὶ ἐγώ, ὑμεῖς οὐ δύνασθε ἐλθεῖν. 35 εἶ-

πον οὖν οἱ Ἰουδαῖοι πρὸς ἑαυτούς· ποῦ οὗτος μέλλει πορεύεσθαι, ὅτι ἡμεῖς οὐχ εὑρήσομεν αὐτόν; μὴ εἰς τὴν διασπορὰν τῶν Ἑλλήνων μέλλει πορεύεσθαι καὶ διδάσκειν τοὺς Ἕλληνας; 36 τίς ἐστιν οὗτος ὁ λόγος ὃν εἶπε, ζητήσετέ με καὶ οὐχ εὑρήσετε, καὶ ὅπου εἰμὶ ἐγώ, ὑμεῖς οὐ δύνασθε ἐλθεῖν;

37 Ἐν δὲ τῇ ἐσχάτῃ ἡμέρᾳ τῇ μεγάλῃ τῆς ἑορτῆς εἱστήκει ὁ Ἰησοῦς καὶ ἔκραξε λέγων· ἐάν τις διψᾷ, ἐρχέσθω πρός με καὶ πινέτω. 38 ὁ πιστεύων εἰς ἐμέ, καθὼς εἶπεν ἡ γραφή, ποταμοὶ ἐκ τῆς κοιλίας αὐτοῦ ῥεύσουσιν ὕδατος ζῶντος. 39 τοῦτο δὲ εἶπε περὶ τοῦ Πνεύματος οὗ ἔμελλον λαμβάνειν οἱ πιστεύοντες εἰς αὐτόν· οὔπω γὰρ ἦν Πνεῦμα Ἅγιον, ὅτι Ἰησοῦς οὐδέπω ἐδοξάσθη. 40 πολλοὶ οὖν ἐκ τοῦ ὄχλου ἀκούσαντες τὸν λόγον ἔλεγον· οὗτός ἐστιν ἀληθῶς ὁ προφήτης· 41 ἄλλοι ἔλεγον· οὗτός ἐστιν ὁ Χριστός· ἄλλοι ἔλεγον· μὴ γὰρ ἐκ τῆς Γαλιλαίας ὁ Χριστὸς ἔρχεται; 42 οὐχὶ ἡ γραφὴ εἶπεν ὅτι ἐκ τοῦ σπέρματος Δαυῒδ καὶ ἀπὸ Βηθλεὲμ τῆς κώμης, ὅπου ἦν Δαυῒδ, ὁ Χριστὸς ἔρχεται; 43 σχίσμα οὖν ἐν τῷ ὄχλῳ ἐγένετο δι' αὐτόν. 44 τινὲς δὲ ἤθελον ἐξ αὐτῶν πιάσαι αὐτόν, ἀλλ' οὐδεὶς ἐπέβαλεν ἐπ' αὐτὸν τὰς χεῖρας.

45 Ἦλθον οὖν οἱ ὑπηρέται πρὸς τοὺς ἀρχιερεῖς καὶ Φαρισαίους, καὶ εἶπον αὐτοῖς ἐκεῖνοι· διατί οὐκ ἠγάγετε αὐτόν; 46 ἀπεκρίθησαν οἱ ὑπηρέται· οὐδέποτε οὕτως ἐλάλησεν ἄνθρωπος, ὡς οὗτος ὁ ἄνθρωπος. 47 ἀπεκρίθησαν οὖν αὐτοῖς οἱ Φαρισαῖοι· μὴ καὶ ὑμεῖς πεπλάνησθε; 48 μή τις ἐκ τῶν ἀρχόντων ἐπίστευσεν εἰς αὐτὸν ἢ ἐκ τῶν Φαρισαίων; 49 ἀλλ' ὁ ὄχλος οὗτος ὁ μὴ γινώσκων τὸν νόμον ἐπικατάρατοί εἰσι. 50 λέγει Νικόδημος πρὸς αὐτούς, ὁ ἐλθὼν νυκτὸς πρὸς αὐτόν, εἷς ὢν ἐξ αὐτῶν· 51 μὴ ὁ νόμος ἡμῶν κρίνει τὸν ἄνθρωπον, ἐὰν μὴ ἀκούσῃ παρ' αὐτοῦ πρότερον καὶ γνῷ τί ποιεῖ; 52 ἀπεκρίθησαν καὶ εἶπον αὐτῷ· μὴ καὶ σὺ ἐκ τῆς Γαλιλαίας εἶ; ἐρεύνησον καὶ ἴδε ὅτι προφήτης ἐκ τῆς Γαλιλαίας οὐκ ἐγήγερται. 53 καὶ ἀπῆλθεν ἕκαστος εἰς τὸν οἶκον αὐτοῦ.

8

ΙΗΣΟΥΣ δὲ ἐπορεύθη εἰς τὸ ὄρος τῶν ἐλαιῶν· ὄρθρου δὲ πάλιν παρεγένετο εἰς τὸ ἱερόν, 2 καὶ πᾶς ὁ λαὸς ἤρχετο πρὸς αὐτόν· καὶ καθίσας ἐδίδασκεν αὐτούς. 3 ἄγουσι δὲ οἱ γραμματεῖς καὶ οἱ Φαρισαῖοι γυ-

ναῖκα ἐπὶ μοιχείᾳ κατειλημμένην, καὶ στήσαντες αὐτὴν ἐν μέσῳ 4 λέ-
γουσιν αὐτῷ· διδάσκαλε, αὕτη ἡ γυνὴ κατείληπται ἐπ' αὐτοφώρῳ μοι-
χευομένη· 5 καὶ ἐν τῷ νόμῳ ἡμῶν Μωϋσῆς ἐνετείλατο τὰς τοιαύτας λι-
θάζειν. 6 σὺ οὖν τί λέγεις; τοῦτο δὲ εἶπον ἐκπειράζοντες αὐτόν, ἵνα σχῶ-
σι κατηγορίαν κατ' αὐτοῦ. ὁ δὲ Ἰησοῦς κάτω κύψας τῷ δακτύλῳ ἔγρα-
φεν εἰς τὴν γῆν. 7 ὡς δὲ ἐπέμενον ἐρωτῶντες αὐτόν, ἀνέκυψε καὶ εἶπεν
αὐτοῖς· ὁ ἀναμάρτητος ὑμῶν πρῶτος βαλέτω λίθον ἐπ' αὐτήν. 8 καὶ πά-
λιν κάτω κύψας ἔγραφεν εἰς τὴν γῆν. 9 οἱ δὲ ἀκούσαντες ἐξήρχοντο εἷς
καθ' εἷς, ἀρξάμενοι ἀπὸ τῶν πρεσβυτέρων, καὶ κατελείφθη ὁ Ἰησοῦς καὶ
ἡ γυνὴ ἐν μέσῳ οὖσα. 10 ἀνακύψας δὲ ὁ Ἰησοῦς εἶπεν αὐτῇ· γύναι, ποῦ
εἰσιν; οὐδείς σε κατέκρινεν; 11 ἡ δὲ εἶπεν· οὐδείς, Κύριε. εἶπε δὲ ὁ Ἰη-
σοῦς· οὐδὲ ἐγώ σε κατακρίνω· πορεύου καὶ ἀπὸ τοῦ νῦν μηκέτι ἁμάρτα-
νε.

12 Πάλιν οὖν αὐτοῖς ὁ Ἰησοῦς ἐλάλησε λέγων· ἐγώ εἰμι τὸ φῶς τοῦ κό-
σμου· ὁ ἀκολουθῶν ἐμοὶ οὐ μὴ περιπατήσῃ ἐν τῇ σκοτίᾳ, ἀλλ' ἕξει τὸ
φῶς τῆς ζωῆς. 13 εἶπον οὖν αὐτῷ οἱ Φαρισαῖοι· σὺ περὶ σεαυτοῦ μαρτυ-
ρεῖς· ἡ μαρτυρία σου οὐκ ἔστιν ἀληθής. 14 ἀπεκρίθη Ἰησοῦς καὶ εἶπεν
αὐτοῖς· κἂν ἐγὼ μαρτυρῶ περὶ ἐμαυτοῦ, ἀληθής ἐστιν ἡ μαρτυρία μου,
ὅτι οἶδα πόθεν ἦλθον καὶ ποῦ ὑπάγω· ὑμεῖς δὲ οὐκ οἴδατε πόθεν ἔρχομαι
ἢ ποῦ ὑπάγω. 15 ὑμεῖς κατὰ τὴν σάρκα κρίνετε· ἐγὼ οὐ κρίνω οὐδένα.
16 καὶ ἐὰν κρίνω δὲ ἐγώ, ἡ κρίσις ἡ ἐμὴ ἀληθής ἐστιν, ὅτι μόνος οὐκ εἰ-
μί, ἀλλ' ἐγὼ καὶ ὁ πέμψας με πατήρ. 17 καὶ ἐν τῷ νόμῳ δὲ τῷ ὑμετέρῳ
γέγραπται ὅτι δύο ἀνθρώπων ἡ μαρτυρία ἀληθής ἐστιν. 18 ἐγώ εἰμι ὁ
μαρτυρῶν περὶ ἐμαυτοῦ, καὶ μαρτυρεῖ περὶ ἐμοῦ ὁ πέμψας με πατήρ.
19 ἔλεγον οὖν αὐτῷ· ποῦ ἐστιν ὁ πατήρ σου; ἀπεκρίθη Ἰησοῦς· οὔτε ἐμὲ
οἴδατε οὔτε τὸν πατέρα μου· εἰ ἐμὲ ᾔδειτε, καὶ τὸν πατέρα μου ᾔδειτε
ἄν. 20 ταῦτα τὰ ῥήματα ἐλάλησεν ὁ Ἰησοῦς ἐν τῷ γαζοφυλακίῳ, διδά-
σκων ἐν τῷ ἱερῷ, καὶ οὐδεὶς ἐπίασεν αὐτόν, ὅτι οὔπω ἐληλύθει ἡ ὥρα
αὐτοῦ.

21 Εἶπεν οὖν πάλιν αὐτοῖς ὁ Ἰησοῦς· ἐγὼ ὑπάγω καὶ ζητήσετέ με, καὶ
ἐν τῇ ἁμαρτίᾳ ὑμῶν ἀποθανεῖσθε· ὅπου ἐγὼ ὑπάγω, ὑμεῖς οὐ δύνασθε
ἐλθεῖν. 22 ἔλεγον οὖν οἱ Ἰουδαῖοι· μήτι ἀποκτενεῖ ἑαυτόν, ὅτι λέγει, ὅ-
που ἐγὼ ὑπάγω, ὑμεῖς οὐ δύνασθε ἐλθεῖν; 23 καὶ εἶπεν αὐτοῖς· ὑμεῖς ἐκ
τῶν κάτω ἐστέ, ἐγὼ ἐκ τῶν ἄνω εἰμί· ὑμεῖς ἐκ τοῦ κόσμου τούτου ἐστέ,
ἐγὼ οὐκ εἰμὶ ἐκ τοῦ κόσμου τούτου. 24 εἶπον οὖν ὑμῖν ὅτι ἀποθανεῖσθε
ἐν ταῖς ἁμαρτίαις ὑμῶν· ἐὰν γὰρ μὴ πιστεύσητε ὅτι ἐγώ εἰμι, ἀποθανεῖ-

σθε ἐν ταῖς ἁμαρτίαις ὑμῶν. 25 ἔλεγον οὖν αὐτῷ· σὺ τίς εἶ; καὶ εἶπεν
αὐτοῖς ὁ Ἰησοῦς· τὴν ἀρχὴν ὅ τι καὶ λαλῶ ὑμῖν. 26 πολλὰ ἔχω περὶ ὑ-
μῶν λαλεῖν καὶ κρίνειν· ἀλλ' ὁ πέμψας με ἀληθής ἐστι, κἀγὼ ἃ ἤκουσα
παρ' αὐτοῦ, ταῦτα λέγω εἰς τὸν κόσμον. 27 οὐκ ἔγνωσαν ὅτι τὸν πατέρα
αὐτοῖς ἔλεγεν. 28 εἶπεν οὖν αὐτοῖς ὁ Ἰησοῦς· ὅταν ὑψώσητε τὸν υἱὸν
τοῦ ἀνθρώπου, τότε γνώσεσθε ὅτι ἐγώ εἰμι, καὶ ἀπ' ἐμαυτοῦ ποιῶ οὐδέν,
ἀλλὰ καθὼς ἐδίδαξέ με ὁ πατήρ μου, ταῦτα λαλῶ. 29 καὶ ὁ πέμψας με
μετ' ἐμοῦ ἐστιν· οὐκ ἀφῆκέ με μόνον ὁ πατήρ, ὅτι ἐγὼ τὰ ἀρεστὰ αὐτῷ
ποιῶ πάντοτε. 30 Ταῦτα αὐτοῦ λαλοῦντος πολλοὶ ἐπίστευσαν εἰς αὐτόν.

31 Ἔλεγεν οὖν ὁ Ἰησοῦς πρὸς τοὺς πεπιστευκότας αὐτῷ Ἰουδαίους·
ἐὰν ὑμεῖς μείνητε ἐν τῷ λόγῳ τῷ ἐμῷ, ἀληθῶς μαθηταί μού ἐστε, 32
καὶ γνώσεσθε τὴν ἀλήθειαν, καὶ ἡ ἀλήθεια ἐλευθερώσει ὑμᾶς. 33 ἀπε-
κρίθησαν αὐτῷ· σπέρμα Ἀβραάμ ἐσμεν καὶ οὐδενὶ δεδουλεύκαμεν πώ-
ποτε· πῶς σὺ λέγεις ὅτι ἐλεύθεροι γενήσεσθε; 34 ἀπεκρίθη αὐτοῖς ὁ Ἰη-
σοῦς· ἀμὴν ἀμὴν λέγω ὑμῖν ὅτι πᾶς ὁ ποιῶν τὴν ἁμαρτίαν δοῦλός ἐστι
τῆς ἁμαρτίας. 35 ὁ δὲ δοῦλος οὐ μένει ἐν τῇ οἰκίᾳ εἰς τὸν αἰῶνα· ὁ υἱὸς
μένει εἰς τὸν αἰῶνα. 36 ἐὰν οὖν ὁ υἱὸς ὑμᾶς ἐλευθερώσῃ, ὄντως ἐλεύθε-
ροι ἔσεσθε. 37 οἶδα ὅτι σπέρμα Ἀβραάμ ἐστε· ἀλλὰ ζητεῖτέ με ἀποκτεῖ-
ναι, ὅτι ὁ λόγος ὁ ἐμὸς οὐ χωρεῖ ἐν ὑμῖν. 38 ἐγὼ ὃ ἑώρακα παρὰ τῷ πα-
τρί μου λαλῶ· καὶ ὑμεῖς οὖν ὃ ἑωράκατε παρὰ τῷ πατρὶ ὑμῶν ποιεῖτε.
39 ἀπεκρίθησαν καὶ εἶπον αὐτῷ· ὁ πατὴρ ἡμῶν Ἀβραάμ ἐστι. λέγει αὐ-
τοῖς ὁ Ἰησοῦς· εἰ τέκνα τοῦ Ἀβραὰμ ἦτε, τὰ ἔργα τοῦ Ἀβραὰμ ἐποιεῖτε.
40 νῦν δὲ ζητεῖτέ με ἀποκτεῖναι, ἄνθρωπον ὃς τὴν ἀλήθειαν ὑμῖν λελά-
ληκα, ἣν ἤκουσα παρὰ τοῦ Θεοῦ· τοῦτο Ἀβραὰμ οὐκ ἐποίησεν. 41 ὑμεῖς
ποιεῖτε τὰ ἔργα τοῦ πατρὸς ὑμῶν. εἶπον οὖν αὐτῷ· ἡμεῖς ἐκ πορνείας οὐ
γεγεννήμεθα· ἕνα πατέρα ἔχομεν, τὸν Θεόν. 42 εἶπεν οὖν αὐτοῖς ὁ Ἰη-
σοῦς· εἰ ὁ Θεὸς πατὴρ ὑμῶν ἦν, ἠγαπᾶτε ἂν ἐμέ· ἐγὼ γὰρ ἐκ τοῦ Θεοῦ
ἐξῆλθον καὶ ἥκω· οὐδὲ γὰρ ἀπ' ἐμαυτοῦ ἐλήλυθα, ἀλλ' ἐκεῖνός με ἀπέ-
στειλε. 43 διατί τὴν λαλιὰν τὴν ἐμὴν οὐ γινώσκετε; ὅτι οὐ δύνασθε ἀ-
κούειν τὸν λόγον τὸν ἐμόν. 44 ὑμεῖς ἐκ τοῦ πατρὸς τοῦ διαβόλου ἐστέ,
καὶ τὰς ἐπιθυμίας τοῦ πατρὸς ὑμῶν θέλετε ποιεῖν. ἐκεῖνος ἀνθρωποκτό-
νος ἦν ἀπ' ἀρχῆς καὶ ἐν τῇ ἀληθείᾳ οὐχ ἕστηκεν, ὅτι οὐκ ἔστιν ἀλήθεια
ἐν αὐτῷ· ὅταν λαλῇ τὸ ψεῦδος, ἐκ τῶν ἰδίων λαλεῖ, ὅτι ψεύστης ἐστὶ καὶ
ὁ πατὴρ αὐτοῦ. 45 ἐγὼ δὲ ὅτι τὴν ἀλήθειαν λέγω, οὐ πιστεύετέ μοι. 46
τίς ἐξ ὑμῶν ἐλέγχει με περὶ ἁμαρτίας; εἰ δὲ ἀλήθειαν λέγω, διατί ὑμεῖς
οὐ πιστεύετέ μοι; 47 ὁ ὢν ἐκ τοῦ Θεοῦ τὰ ρήματα τοῦ Θεοῦ ἀκούει· διὰ

τοῦτο ὑμεῖς οὐκ ἀκούετε, ὅτι ἐκ τοῦ Θεοῦ οὐκ ἐστέ. 48 ἀπεκρίθησαν οὖν
οἱ Ἰουδαῖοι καὶ εἶπον αὐτῷ· οὐ καλῶς λέγομεν ἡμεῖς ὅτι Σαμαρείτης εἶ
σὺ καὶ δαιμόνιον ἔχεις; 49 ἀπεκρίθη Ἰησοῦς· ἐγὼ δαιμόνιον οὐκ ἔχω,
ἀλλὰ τιμῶ τὸν πατέρα μου, καὶ ὑμεῖς ἀτιμάζετέ με. 50 ἐγὼ δὲ οὐ ζητῶ
τὴν δόξαν μου· ἔστιν ὁ ζητῶν καὶ κρίνων. 51 ἀμὴν ἀμὴν λέγω ὑμῖν, ἐάν
τις τὸν λόγον τὸν ἐμὸν τηρήσῃ, θάνατον οὐ μὴ θεωρήσῃ εἰς τὸν αἰῶνα.
52 εἶπον οὖν αὐτῷ οἱ Ἰουδαῖοι· νῦν ἐγνώκαμεν ὅτι δαιμόνιον ἔχεις. Ἀ-
βραὰμ ἀπέθανε καὶ οἱ προφῆται, καὶ σὺ λέγεις, ἐάν τις τὸν λόγον μου
τηρήσῃ, οὐ μὴ γεύσηται θανάτου εἰς τὸν αἰῶνα; 53 μὴ σὺ μείζων εἶ τοῦ
πατρὸς ἡμῶν Ἀβραάμ, ὅστις ἀπέθανε; καὶ οἱ προφῆται ἀπέθανον· τίνα
σεαυτὸν σὺ ποιεῖς; 54 ἀπεκρίθη Ἰησοῦς· ἐὰν ἐγὼ δοξάζω ἐμαυτόν, ἡ δό-
ξα μου οὐδέν ἐστιν· ἔστιν ὁ πατήρ μου ὁ δοξάζων με, ὃν ὑμεῖς λέγετε ὅτι
Θεὸς ὑμῶν ἐστι, 55 καὶ οὐκ ἐγνώκατε αὐτόν· ἐγὼ δὲ οἶδα αὐτόν. καὶ ἐὰν
εἴπω ὅτι οὐκ οἶδα αὐτόν, ἔσομαι ὅμοιος ὑμῶν ψεύστης· ἀλλ' οἶδα αὐτὸν
καὶ τὸν λόγον αὐτοῦ τηρῶ. 56 Ἀβραὰμ ὁ πατὴρ ὑμῶν ἠγαλλιάσατο ἵνα
ἴδῃ τὴν ἡμέραν τὴν ἐμήν, καὶ εἶδε καὶ ἐχάρη. 57 εἶπον οὖν οἱ Ἰουδαῖοι
πρὸς αὐτόν· πεντήκοντα ἔτη οὔπω ἔχεις καὶ Ἀβραὰμ ἑώρακας; 58 εἶπεν
αὐτοῖς ὁ Ἰησοῦς· ἀμὴν ἀμὴν λέγω ὑμῖν, πρὶν Ἀβραὰμ γενέσθαι ἐγώ εἰ-
μι. 59 ἦραν οὖν λίθους ἵνα βάλωσιν ἐπ' αὐτόν. Ἰησοῦς δὲ ἐκρύβη, καὶ ἐ-
ξῆλθεν ἐκ τοῦ ἱεροῦ διελθὼν διὰ μέσου αὐτῶν, καὶ παρῆγεν οὕτως.

9

ΚΑΙ παράγων εἶδεν ἄνθρωπον τυφλὸν ἐκ γενετῆς. 2 καὶ ἠρώτησαν
αὐτὸν οἱ μαθηταὶ αὐτοῦ λέγοντες· ραββί, τίς ἥμαρτεν, οὗτος ἢ οἱ
γονεῖς αὐτοῦ, ἵνα τυφλὸς γεννηθῇ; 3 ἀπεκρίθη Ἰησοῦς· οὔτε οὗτος
ἥμαρτεν οὔτε οἱ γονεῖς αὐτοῦ, ἀλλ' ἵνα φανερωθῇ τὰ ἔργα τοῦ Θεοῦ ἐν
αὐτῷ. 4 ἐμὲ δεῖ ἐργάζεσθαι τὰ ἔργα τοῦ πέμψαντός με ἕως ἡμέρα ἐστίν·
ἔρχεται νὺξ ὅτε οὐδεὶς δύναται ἐργάζεσθαι. 5 ὅταν ἐν τῷ κόσμῳ ὦ, φῶς
εἰμι τοῦ κόσμου. 6 ταῦτα εἰπὼν ἔπτυσε χαμαὶ καὶ ἐποίησε πηλὸν ἐκ τοῦ
πτύσματος, καὶ ἐπέχρισε τὸν πηλὸν ἐπὶ τοὺς ὀφθαλμοὺς τοῦ τυφλοῦ 7
καὶ εἶπεν αὐτῷ· ὕπαγε νίψαι εἰς τὴν κολυμβήθραν τοῦ Σιλωάμ, ὃ ἑρμη-
νεύεται ἀπεσταλμένος. ἀπῆλθεν οὖν καὶ ἐνίψατο, καὶ ἦλθε βλέπων.

8 Οἱ οὖν γείτονες καὶ οἱ θεωροῦντες αὐτὸν τὸ πρότερον ὅτι τυφλὸς ἦν, ἔ-
λεγον· οὐχ οὗτός ἐστιν ὁ καθήμενος καὶ προσαιτῶν; 9 ἄλλοι ἔλεγον ὅτι
οὗτός ἐστιν· ἄλλοι δὲ ὅτι ὅμοιος αὐτῷ ἐστιν. ἐκεῖνος ἔλεγεν ὅτι ἐγώ εἰμι.
10 ἔλεγον οὖν αὐτῷ· πῶς ἀνεῴχθησάν σου οἱ ὀφθαλμοί; 11 ἀπεκρίθη ἐ-
κεῖνος καὶ εἶπεν· ἄνθρωπος λεγόμενος Ἰησοῦς πηλὸν ἐποίησε καὶ ἐπέ-
χρισέ μου τοὺς ὀφθαλμοὺς καὶ εἶπέ μοι· ὕπαγε εἰς τὴν κολυμβήθραν τοῦ
Σιλωὰμ καὶ νίψαι· ἀπελθὼν δὲ καὶ νιψάμενος ἀνέβλεψα. 12 εἶπον οὖν
αὐτῷ· ποῦ ἐστιν ἐκεῖνος; λέγει· οὐκ οἶδα.

13 Ἄγουσιν αὐτὸν πρὸς τοὺς Φαρισαίους, τόν ποτε τυφλόν. 14 ἦν δὲ
σάββατον ὅτε τὸν πηλὸν ἐποίησεν ὁ Ἰησοῦς καὶ ἀνέῳξεν αὐτοῦ τοὺς ὀ-
φθαλμούς. 15 πάλιν οὖν ἠρώτων αὐτὸν καὶ οἱ Φαρισαῖοι πῶς ἀνέβλε-
ψεν. ὁ δὲ εἶπεν αὐτοῖς· πηλὸν ἐπέθηκέ μου ἐπὶ τοὺς ὀφθαλμούς, καὶ ἐνι-
ψάμην, καὶ βλέπω. 16 ἔλεγον οὖν ἐκ τῶν Φαρισαίων τινές· οὗτος ὁ ἄν-
θρωπος οὐκ ἔστι παρὰ τοῦ Θεοῦ, ὅτι τὸ σάββατον οὐ τηρεῖ. ἄλλοι ἔλε-
γον· πῶς δύναται ἄνθρωπος ἁμαρτωλὸς τοιαῦτα σημεῖα ποιεῖν; καὶ σχί-
σμα ἦν ἐν αὐτοῖς.

17 λέγουσι τῷ τυφλῷ πάλιν· σὺ τί λέγεις περὶ αὐτοῦ, ὅτι ἤνοιξέ σου
τοὺς ὀφθαλμούς; ὁ δὲ εἶπεν ὅτι προφήτης ἐστίν. 18 οὐκ ἐπίστευσαν οὖν
οἱ Ἰουδαῖοι περὶ αὐτοῦ ὅτι τυφλὸς ἦν καὶ ἀνέβλεψεν, ἕως ὅτου ἐφώνησαν
τοὺς γονεῖς αὐτοῦ τοῦ ἀναβλέψαντος 19 καὶ ἠρώτησαν αὐτοὺς λέγον-
τες· οὗτός ἐστιν ὁ υἱὸς ὑμῶν, ὃν ὑμεῖς λέγετε ὅτι τυφλὸς ἐγεννήθη; πῶς
οὖν ἄρτι βλέπει; 20 ἀπεκρίθησαν δὲ αὐτοῖς οἱ γονεῖς αὐτοῦ καὶ εἶπον· οἴ-
δαμεν ὅτι οὗτός ἐστιν ὁ υἱὸς ἡμῶν καὶ ὅτι τυφλὸς ἐγεννήθη· 21 πῶς δὲ
νῦν βλέπει οὐκ οἴδαμεν, ἢ τίς ἤνοιξεν αὐτοῦ τοὺς ὀφθαλμοὺς ἡμεῖς οὐκ
οἴδαμεν· αὐτὸς ἡλικίαν ἔχει, αὐτὸν ἐρωτήσατε, αὐτὸς περὶ ἑαυτοῦ λαλή-
σει. 22 ταῦτα εἶπον οἱ γονεῖς αὐτοῦ, ὅτι ἐφοβοῦντο τοὺς Ἰουδαίους· ἤδη
γὰρ συνετέθειντο οἱ Ἰουδαῖοι ἵνα, ἐάν τις αὐτὸν ὁμολογήσῃ Χριστόν, ἀ-
ποσυνάγωγος γένηται. 23 διὰ τοῦτο οἱ γονεῖς αὐτοῦ εἶπον ὅτι ἡλικίαν ἔ-
χει, αὐτὸν ἐρωτήσατε. 24 ἐφώνησαν οὖν ἐκ δευτέρου τὸν ἄνθρωπον ὃς
ἦν τυφλός, καὶ εἶπον αὐτῷ· δὸς δόξαν τῷ Θεῷ· ἡμεῖς οἴδαμεν ὅτι ὁ ἄν-
θρωπος οὗτος ἁμαρτωλός ἐστιν. 25 ἀπεκρίθη οὖν ἐκεῖνος καὶ εἶπεν· εἰ
ἁμαρτωλός ἐστιν οὐκ οἶδα· ἓν οἶδα, ὅτι τυφλὸς ὢν ἄρτι βλέπω. 26 εἶπον
δὲ αὐτῷ πάλιν· τί ἐποίησέ σοι; πῶς ἤνοιξέ σου τοὺς ὀφθαλμούς; 27 ἀπε-
κρίθη αὐτοῖς· εἶπον ὑμῖν ἤδη, καὶ οὐκ ἠκούσατε· τί πάλιν θέλετε ἀκού-
ειν; μὴ καὶ ὑμεῖς θέλετε αὐτοῦ μαθηταὶ γενέσθαι; 28 ἐλοιδόρησαν αὐτὸν
καὶ εἶπον· σὺ εἶ μαθητὴς ἐκείνου· ἡμεῖς δὲ τοῦ Μωϋσέως ἐσμὲν μαθη-

ταί. 29 ἡμεῖς οἴδαμεν ὅτι Μωϋσεῖ λελάληκεν ὁ Θεός· τοῦτον δὲ οὐκ οἴ-
δαμεν πόθεν ἐστίν. 30 ἀπεκρίθη ὁ ἄνθρωπος καὶ εἶπεν αὐτοῖς· ἐν γὰρ
τούτῳ θαυμαστόν ἐστιν, ὅτι ὑμεῖς οὐκ οἴδατε πόθεν ἐστί, καὶ ἀνέῳξέ μου
τοὺς ὀφθαλμούς. 31 οἴδαμεν δὲ ὅτι ἁμαρτωλῶν ὁ Θεὸς οὐκ ἀκούει, ἀλλ'
ἐάν τις θεοσεβὴς ᾖ καὶ τὸ θέλημα αὐτοῦ ποιῇ, τούτου ἀκούει. 32 ἐκ τοῦ
αἰῶνος οὐκ ἠκούσθη ὅτι ἤνοιξέ τις ὀφθαλμοὺς τυφλοῦ γεγεννημένου. 33
εἰ μὴ ἦν οὗτος παρὰ Θεοῦ, οὐκ ἠδύνατο ποιεῖν οὐδέν. 34 ἀπεκρίθησαν
καὶ εἶπον αὐτῷ· ἐν ἁμαρτίαις σὺ ἐγεννήθης ὅλος, καὶ σὺ διδάσκεις ἡμᾶς;
καὶ ἐξέβαλον αὐτὸν ἔξω. 35 Ἤκουσεν ὁ Ἰησοῦς ὅτι ἐξέβαλον αὐτὸν
ἔξω, καὶ εὑρὼν αὐτὸν εἶπεν αὐτῷ· σὺ πιστεύεις εἰς τὸν υἱὸν τοῦ Θεοῦ;
36 ἀπεκρίθη ἐκεῖνος καὶ εἶπε· καὶ τίς ἐστι, Κύριε, ἵνα πιστεύσω εἰς αὐ-
τόν; 37 εἶπε δὲ αὐτῷ ὁ Ἰησοῦς· καὶ ἑώρακας αὐτὸν καὶ ὁ λαλῶν μετὰ
σοῦ ἐκεῖνός ἐστιν. 38 ὁ δὲ ἔφη· πιστεύω, Κύριε· καὶ προσεκύνησεν αὐτῷ.
39 καὶ εἶπεν ὁ Ἰησοῦς· εἰς κρῖμα ἐγὼ εἰς τὸν κόσμον τοῦτον ἦλθον, ἵνα
οἱ μὴ βλέποντες βλέπωσι καὶ οἱ βλέποντες τυφλοὶ γένωνται. 40 καὶ ἤ-
κουσαν ἐκ τῶν Φαρισαίων ταῦτα οἱ ὄντες μετ' αὐτοῦ, καὶ εἶπον αὐτῷ·
μὴ καὶ ἡμεῖς τυφλοί ἐσμεν; 41 εἶπεν αὐτοῖς ὁ Ἰησοῦς· εἰ τυφλοὶ ἦτε,
οὐκ ἂν εἴχετε ἁμαρτίαν· νῦν δὲ λέγετε ὅτι βλέπομεν· ἡ οὖν ἁμαρτία ὑ-
μῶν μένει.

10

ΑΜΗΝ ἀμὴν λέγω ὑμῖν, ὁ μὴ εἰσερχόμενος διὰ τῆς θύρας εἰς τὴν αὐ-
λὴν τῶν προβάτων, ἀλλὰ ἀναβαίνων ἀλλαχόθεν, ἐκεῖνος κλέπτης ἐ-
στὶ καὶ λῃστής· 2 ὁ δὲ εἰσερχόμενος διὰ τῆς θύρας ποιμήν ἐστι τῶν
προβάτων. 3 τούτῳ ὁ θυρωρὸς ἀνοίγει, καὶ τὰ πρόβατα τῆς φωνῆς αὐτοῦ
ἀκούει, καὶ τὰ ἴδια πρόβατα καλεῖ κατ' ὄνομα καὶ ἐξάγει αὐτά. 4 καὶ ὅ-
ταν τὰ ἴδια πρόβατα ἐκβάλῃ, ἔμπροσθεν αὐτῶν πορεύεται, καὶ τὰ πρό-
βατα αὐτῷ ἀκολουθεῖ, ὅτι οἴδασι τὴν φωνὴν αὐτοῦ· 5 ἀλλοτρίῳ δὲ οὐ μὴ
ἀκολουθήσωσιν, ἀλλὰ φεύξονται ἀπ' αὐτοῦ, ὅτι οὐκ οἴδασι τῶν ἀλλοτρί-
ων τὴν φωνήν.

6 Ταύτην τὴν παροιμίαν εἶπεν αὐτοῖς ὁ Ἰησοῦς· ἐκεῖνοι δὲ οὐκ ἔγνωσαν
τίνα ἦν ἃ ἐλάλει αὐτοῖς. 7 Εἶπεν οὖν πάλιν αὐτοῖς ὁ Ἰησοῦς· ἀμὴν ἀμὴν
λέγω ὑμῖν ὅτι ἐγώ εἰμι ἡ θύρα τῶν προβάτων. 8 πάντες ὅσοι ἦλθον πρὸ

ἐμοῦ, κλέπται εἰσὶ καὶ λησταί· ἀλλ' οὐκ ἤκουσαν αὐτῶν τὰ πρόβατα. 9
ἐγώ εἰμι ἡ θύρα· δι' ἐμοῦ ἐάν τις εἰσέλθῃ, σωθήσεται, καὶ εἰσελεύσεται
καὶ ἐξελεύσεται, καὶ νομὴν εὑρήσει. 10 ὁ κλέπτης οὐκ ἔρχεται εἰ μὴ ἵνα
κλέψῃ καὶ θύσῃ καὶ ἀπολέσῃ· ἐγὼ ἦλθον ἵνα ζωὴν ἔχωσι καὶ περισσὸν
ἔχωσιν. 11 ἐγώ εἰμι ὁ ποιμὴν ὁ καλός. ὁ ποιμὴν ὁ καλὸς τὴν ψυχὴν αὐ-
τοῦ τίθησιν ὑπὲρ τῶν προβάτων· 12 ὁ μισθωτὸς δὲ καὶ οὐκ ὢν ποιμήν,
οὗ οὐκ εἰσὶ τὰ πρόβατα ἴδια, θεωρεῖ τὸν λύκον ἐρχόμενον καὶ ἀφίησι τὰ
πρόβατα καὶ φεύγει· καὶ ὁ λύκος ἁρπάζει αὐτὰ καὶ σκορπίζει τὰ πρόβα-
τα. 13 ὁ δὲ μισθωτὸς φεύγει, ὅτι μισθωτός ἐστι καὶ οὐ μέλει αὐτῷ περὶ
τῶν προβάτων. 14 ἐγώ εἰμι ὁ ποιμὴν ὁ καλός, καὶ γινώσκω τὰ ἐμὰ καὶ
γινώσκομαι ὑπὸ τῶν ἐμῶν, 15 καθὼς γινώσκει με ὁ πατὴρ κἀγὼ γινώ-
σκω τὸν πατέρα, καὶ τὴν ψυχήν μου τίθημι ὑπὲρ τῶν προβάτων. 16 καὶ
ἄλλα πρόβατα ἔχω, ἃ οὐκ ἔστιν ἐκ τῆς αὐλῆς ταύτης· κἀκεῖνά με δεῖ ἀ-
γαγεῖν, καὶ τῆς φωνῆς μου ἀκούσουσι, καὶ γενήσεται μία ποίμνη, εἷς
ποιμήν. 17 διὰ τοῦτο ὁ πατήρ με ἀγαπᾷ, ὅτι ἐγὼ τίθημι τὴν ψυχήν μου,
ἵνα πάλιν λάβω αὐτήν. 18 οὐδεὶς αἴρει αὐτὴν ἀπ' ἐμοῦ, ἀλλ' ἐγὼ τίθημι
αὐτὴν ἀπ' ἐμαυτοῦ· ἐξουσίαν ἔχω θεῖναι αὐτήν, καὶ ἐξουσίαν ἔχω πάλιν
λαβεῖν αὐτήν· ταύτην τὴν ἐντολὴν ἔλαβον παρὰ τοῦ πατρός μου.

19 Σχίσμα οὖν πάλιν ἐγένετο ἐν τοῖς Ἰουδαίοις διὰ τοὺς λόγους τού-
τους. 20 ἔλεγον δὲ πολλοὶ ἐξ αὐτῶν· δαιμόνιον ἔχει καὶ μαίνεται· τί αὐ-
τοῦ ἀκούετε; 21 ἄλλοι ἔλεγον· ταῦτα τὰ ῥήματα οὐκ ἔστι δαιμονιζομέ-
νου· μὴ δαιμόνιον δύναται τυφλῶν ὀφθαλμοὺς ἀνοίγειν;

22 Ἐγένετο δὲ τὰ ἐγκαίνια ἐν τοῖς Ἱεροσολύμοις, καὶ χειμὼν ἦν· 23
καὶ περιεπάτει ὁ Ἰησοῦς ἐν τῷ ἱερῷ ἐν τῇ στοᾷ τοῦ Σολομῶντος. 24 ἐ-
κύκλωσαν οὖν αὐτὸν οἱ Ἰουδαῖοι καὶ ἔλεγον αὐτῷ· ἕως πότε τὴν ψυχὴν
ἡμῶν αἴρεις; εἰ σὺ εἶ ὁ Χριστός, εἰπὲ ἡμῖν παρρησίᾳ. 25 ἀπεκρίθη αὐ-
τοῖς ὁ Ἰησοῦς· εἶπον ὑμῖν, καὶ οὐ πιστεύετε· τὰ ἔργα ἃ ἐγὼ ποιῶ ἐν τῷ
ὀνόματι τοῦ πατρός μου, ταῦτα μαρτυρεῖ περὶ ἐμοῦ· 26 ἀλλ' ὑμεῖς οὐ
πιστεύετε· οὐ γάρ ἐστε ἐκ τῶν προβάτων τῶν ἐμῶν, καθὼς εἶπον ὑμῖν.
27 τὰ πρόβατα τὰ ἐμὰ τῆς φωνῆς μου ἀκούει, κἀγὼ γινώσκω αὐτά, καὶ
ἀκολουθοῦσί μοι, 28 κἀγὼ ζωὴν αἰώνιον δίδωμι αὐτοῖς, καὶ οὐ μὴ ἀπό-
λωνται εἰς τὸν αἰῶνα, καὶ οὐχ ἁρπάσει τις αὐτὰ ἐκ τῆς χειρός μου. 29 ὁ
πατήρ μου, ὃς δέδωκέ μοι, μείζων πάντων ἐστί, καὶ οὐδεὶς δύναται ἁρ-
πάζειν ἐκ τῆς χειρὸς τοῦ πατρός μου. 30 ἐγὼ καὶ ὁ πατὴρ ἕν ἐσμεν.

31 Ἐβάστασαν οὖν πάλιν λίθους οἱ Ἰουδαῖοι ἵνα λιθάσωσιν αὐτόν. 32
ἀπεκρίθη αὐτοῖς ὁ Ἰησοῦς· πολλὰ καλὰ ἔργα ἔδειξα ὑμῖν ἐκ τοῦ πατρός

μου· διὰ ποῖον αὐτῶν ἔργον λιθάζετέ με; 33 ἀπεκρίθησαν αὐτῷ οἱ Ἰου-
δαῖοι λέγοντες· περὶ καλοῦ ἔργου οὐ λιθάζομέν σε, ἀλλὰ περὶ βλασφημί-
ας, καὶ ὅτι σὺ ἄνθρωπος ὢν ποιεῖς σεαυτὸν Θεόν. 34 ἀπεκρίθη αὐτοῖς ὁ
Ἰησοῦς· οὐκ ἔστι γεγραμμένον ἐν τῷ νόμῳ ὑμῶν, ἐγὼ εἶπα, θεοί ἐστε;
35 εἰ ἐκείνους εἶπε θεούς, πρὸς οὓς ὁ λόγος τοῦ Θεοῦ ἐγένετο, καὶ οὐ δύ-
ναται λυθῆναι ἡ γραφή, 36 ὃν ὁ πατὴρ ἡγίασε καὶ ἀπέστειλεν εἰς τὸν
κόσμον, ὑμεῖς λέγετε ὅτι βλασφημεῖς, ὅτι εἶπον, υἱὸς τοῦ Θεοῦ εἰμι; 37
εἰ οὐ ποιῶ τὰ ἔργα τοῦ πατρός μου, μὴ πιστεύετέ μοι· 38 εἰ δὲ ποιῶ, κἂν
ἐμοὶ μὴ πιστεύητε, τοῖς ἔργοις πιστεύσατε, ἵνα γνῶτε καὶ πιστεύσητε
ὅτι ἐν ἐμοὶ ὁ πατὴρ κἀγὼ ἐν αὐτῷ.

39 Ἐζήτουν οὖν πάλιν πιάσαι αὐτόν· καὶ ἐξῆλθεν ἐκ τῆς χειρὸς αὐτῶν.
40 καὶ ἀπῆλθε πάλιν πέραν τοῦ Ἰορδάνου, εἰς τὸν τόπον ὅπου ἦν Ἰωάν-
νης τὸ πρῶτον βαπτίζων, καὶ ἔμεινεν ἐκεῖ. 41 καὶ πολλοὶ ἦλθον πρὸς
αὐτὸν καὶ ἔλεγον ὅτι Ἰωάννης μὲν σημεῖον ἐποίησεν οὐδέν, πάντα δὲ
ὅσα εἶπεν Ἰωάννης περὶ τούτου, ἀληθῆ ἦν. 42 καὶ ἐπίστευσαν πολλοὶ ἐ-
κεῖ εἰς αὐτόν.

11

ἮΝ δέ τις ἀσθενῶν Λάζαρος ἀπὸ Βηθανίας, ἐκ τῆς κώμης Μαρίας
καὶ Μάρθας τῆς ἀδελφῆς αὐτῆς. 2 ἦν δὲ Μαρία ἡ ἀλείψασα τὸν
Κύριον μύρῳ καὶ ἐκμάξασα τοὺς πόδας αὐτοῦ ταῖς θριξὶν αὐτῆς, ἧς
ὁ ἀδελφὸς Λάζαρος ἠσθένει. 3 ἀπέστειλαν οὖν αἱ ἀδελφαὶ πρὸς αὐτὸν
λέγουσαι· Κύριε, ἴδε ὃν φιλεῖς ἀσθενεῖ. 4 ἀκούσας δὲ ὁ Ἰησοῦς εἶπεν·
αὕτη ἡ ἀσθένεια οὐκ ἔστι πρὸς θάνατον, ἀλλ' ὑπὲρ τῆς δόξης τοῦ Θεοῦ,
ἵνα δοξασθῇ ὁ υἱὸς τοῦ Θεοῦ δι' αὐτῆς. 5 ἠγάπα δὲ ὁ Ἰησοῦς τὴν Μάρ-
θαν καὶ τὴν ἀδελφὴν αὐτῆς καὶ τὸν Λάζαρον. 6 ὡς οὖν ἤκουσεν ὅτι ἀ-
σθενεῖ, τότε μὲν ἔμεινεν ἐν ᾧ ἦν τόπῳ δύο ἡμέρας· 7 ἔπειτα μετὰ τοῦτο
λέγει τοῖς μαθηταῖς· ἄγωμεν εἰς τὴν Ἰουδαίαν πάλιν. 8 λέγουσιν αὐτῷ
οἱ μαθηταί· ῥαββί, νῦν ἐζήτουν σε λιθάσαι οἱ Ἰουδαῖοι, καὶ πάλιν ὑπά-
γεις ἐκεῖ; 9 ἀπεκρίθη Ἰησοῦς· οὐχὶ δώδεκά εἰσιν ὧραι τῆς ἡμέρας; ἐάν
τις περιπατῇ ἐν τῇ ἡμέρᾳ, οὐ προσκόπτει, ὅτι τὸ φῶς τοῦ κόσμου τούτου
βλέπει· 10 ἐὰν δέ τις περιπατῇ ἐν τῇ νυκτί, προσκόπτει, ὅτι τὸ φῶς οὐκ
ἔστιν ἐν αὐτῷ. 11 ταῦτα εἶπε, καὶ μετὰ τοῦτο λέγει αὐτοῖς· Λάζαρος ὁ

φίλος ἡμῶν κεκοίμηται· ἀλλὰ πορεύομαι ἵνα ἐξυπνίσω αὐτόν. 12 εἶπον
οὖν οἱ μαθηταὶ αὐτοῦ· Κύριε, εἰ κεκοίμηται, σωθήσεται. 13 εἰρήκει δὲ ὁ
Ἰησοῦς περὶ τοῦ θανάτου αὐτοῦ· ἐκεῖνοι δὲ ἔδοξαν ὅτι περὶ τῆς κοιμήσε-
ως τοῦ ὕπνου λέγει. 14 τότε οὖν εἶπεν αὐτοῖς ὁ Ἰησοῦς παρρησίᾳ· Λά-
ζαρος ἀπέθανε, 15 καὶ χαίρω δι' ὑμᾶς, ἵνα πιστεύσητε, ὅτι οὐκ ἤμην ἐ-
κεῖ· ἀλλ' ἄγωμεν πρὸς αὐτόν. 16 εἶπεν οὖν Θωμᾶς ὁ λεγόμενος Δίδυμος
τοῖς συμμαθηταῖς· ἄγωμεν καὶ ἡμεῖς ἵνα ἀποθάνωμεν μετ' αὐτοῦ.

17 Ἐλθὼν οὖν ὁ Ἰησοῦς εὗρεν αὐτὸν τέσσαρας ἡμέρας ἤδη ἔχοντα ἐν
τῷ μνημείῳ. 18 ἦν δὲ ἡ Βηθανία ἐγγὺς τῶν Ἱεροσολύμων ὡς ἀπὸ στα-
δίων δεκαπέντε, 19 καὶ πολλοὶ ἐκ τῶν Ἰουδαίων ἐληλύθεισαν πρὸς τὰς
περὶ Μάρθαν καὶ Μαρίαν ἵνα παραμυθήσωνται αὐτὰς περὶ τοῦ ἀδελφοῦ
αὐτῶν. 20 ἡ οὖν Μάρθα ὡς ἤκουσεν ὅτι ὁ Ἰησοῦς ἔρχεται, ὑπήντησεν
αὐτῷ· Μαρία δὲ ἐν τῷ οἴκῳ ἐκαθέζετο. 21 εἶπεν οὖν ἡ Μάρθα πρὸς τὸν
Ἰησοῦν· Κύριε, εἰ ἦς ὧδε, ὁ ἀδελφός μου οὐκ ἂν ἐτεθνήκει. 22 ἀλλὰ καὶ
νῦν οἶδα ὅτι ὅσα ἂν αἰτήσῃ τὸν Θεόν, δώσει σοι ὁ Θεός. 23 Λέγει αὐτῇ ὁ
Ἰησοῦς· ἀναστήσεται ὁ ἀδελφός σου. 24 λέγει αὐτῷ Μάρθα· οἶδα ὅτι ἀ-
ναστήσεται ἐν τῇ ἀναστάσει ἐν τῇ ἐσχάτῃ ἡμέρᾳ. 25 εἶπεν αὐτῇ ὁ Ἰη-
σοῦς· ἐγώ εἰμι ἡ ἀνάστασις καὶ ἡ ζωή. 26 ὁ πιστεύων εἰς ἐμέ, κἂν ἀπο-
θάνῃ, ζήσεται· καὶ πᾶς ὁ ζῶν καὶ πιστεύων εἰς ἐμὲ οὐ μὴ ἀποθάνῃ εἰς
τὸν αἰῶνα. πιστεύεις τοῦτο; 27 λέγει αὐτῷ· ναί, Κύριε, ἐγὼ πεπίστευκα
ὅτι σὺ εἶ ὁ Χριστὸς ὁ υἱὸς τοῦ Θεοῦ ὁ εἰς τὸν κόσμον ἐρχόμενος. 28 καὶ
ταῦτα εἰποῦσα ἀπῆλθε καὶ ἐφώνησε Μαρίαν τὴν ἀδελφὴν αὐτῆς λάθρᾳ
εἰποῦσα· ὁ διδάσκαλος πάρεστι καὶ φωνεῖ σε. 29 ἐκείνη ὡς ἤκουσεν, ἐ-
γείρεται ταχὺ καὶ ἔρχεται πρὸς αὐτόν. 30 οὔπω δὲ ἐληλύθει ὁ Ἰησοῦς
εἰς τὴν κώμην, ἀλλ' ἦν ἐν τῷ τόπῳ ὅπου ὑπήντησεν αὐτῷ ἡ Μάρθα. 31
οἱ οὖν Ἰουδαῖοι οἱ ὄντες μετ' αὐτῆς ἐν τῇ οἰκίᾳ καὶ παραμυθούμενοι αὐ-
τήν, ἰδόντες τὴν Μαρίαν ὅτι ταχέως ἀνέστη καὶ ἐξῆλθεν, ἠκολούθησαν
αὐτῇ, λέγοντες ὅτι ὑπάγει εἰς τὸ μνημεῖον ἵνα κλαύσῃ ἐκεῖ. 32 ἡ οὖν
Μαρία ὡς ἦλθεν ὅπου ἦν ὁ Ἰησοῦς, ἰδοῦσα αὐτὸν ἔπεσεν αὐτοῦ εἰς τοὺς
πόδας λέγουσα αὐτῷ· Κύριε, εἰ ἦς ὧδε, οὐκ ἂν ἀπέθανέ μου ὁ ἀδελφός.
33 Ἰησοῦς οὖν ὡς εἶδεν αὐτὴν κλαίουσαν καὶ τοὺς συνελθόντας αὐτῇ Ἰ-
ουδαίους κλαίοντας, ἐνεβριμήσατο τῷ πνεύματι καὶ ἐτάραξεν ἑαυτόν,
34 καὶ εἶπε· ποῦ τεθείκατε αὐτόν; 35 λέγουσιν αὐτῷ· Κύριε, ἔρχου καὶ
ἴδε. ἐδάκρυσεν ὁ Ἰησοῦς. 36 ἔλεγον οὖν οἱ Ἰουδαῖοι· ἴδε πῶς ἐφίλει αὐ-
τόν· 37 τινὲς δὲ ἐξ αὐτῶν εἶπον· οὐκ ἠδύνατο οὗτος, ὁ ἀνοίξας τοὺς ὀ-
φθαλμοὺς τοῦ τυφλοῦ, ποιῆσαι ἵνα καὶ οὗτος μὴ ἀποθάνῃ; 38 Ἰησοῦς

οὖν, πάλιν ἐμβριμώμενος ἐν ἑαυτῷ, ἔρχεται εἰς τὸ μνημεῖον· ἦν δὲ σπή-
λαιον, καὶ λίθος ἐπέκειτο ἐπ' αὐτῷ. 39 λέγει ὁ Ἰησοῦς· ἄρατε τὸν λίθον.
λέγει αὐτῷ ἡ ἀδελφὴ τοῦ τεθνηκότος Μάρθα· Κύριε, ἤδη ὄζει· τεταρ-
ταῖος γάρ ἐστι. 40 λέγει αὐτῇ ὁ Ἰησοῦς· οὐκ εἶπόν σοι ὅτι ἐὰν πιστεύ-
σῃς, ὄψει τὴν δόξαν τοῦ Θεοῦ; 41 ἦραν οὖν τὸν λίθον οὗ ἦν ὁ τεθνηκὼς
κείμενος. ὁ δὲ Ἰησοῦς ἦρε τοὺς ὀφθαλμοὺς ἄνω καὶ εἶπε· πάτερ, εὐχαρι-
στῶ σοι ὅτι ἤκουσάς μου. 42 ἐγὼ δὲ ᾔδειν ὅτι πάντοτέ μου ἀκούεις· ἀλ-
λὰ διὰ τὸν ὄχλον τὸν περιεστῶτα εἶπον, ἵνα πιστεύσωσιν ὅτι σύ με ἀπέ-
στειλας. 43 καὶ ταῦτα εἰπὼν φωνῇ μεγάλῃ ἐκραύγασε· Λάζαρε, δεῦρο
ἔξω. 44 καὶ ἐξῆλθεν ὁ τεθνηκὼς δεδεμένος τοὺς πόδας καὶ τὰς χεῖρας
κειρίαις, καὶ ἡ ὄψις αὐτοῦ σουδαρίῳ περιεδέδετο. λέγει αὐτοῖς ὁ Ἰησοῦς·
λύσατε αὐτὸν καὶ ἄφετε ὑπάγειν.

45 Πολλοὶ οὖν ἐκ τῶν Ἰουδαίων, οἱ ἐλθόντες πρὸς τὴν Μαρίαν καὶ θεα-
σάμενοι ἃ ἐποίησεν ὁ Ἰησοῦς, ἐπίστευσαν εἰς αὐτόν. 46 τινὲς δὲ ἐξ αὐ-
τῶν ἀπῆλθον πρὸς τοὺς Φαρισαίους καὶ εἶπον αὐτοῖς ἃ ἐποίησεν ὁ Ἰη-
σοῦς.

47 Συνήγαγον οὖν οἱ ἀρχιερεῖς καὶ οἱ Φαρισαῖοι συνέδριον καὶ ἔλεγον· τί
ποιοῦμεν, ὅτι οὗτος ὁ ἄνθρωπος πολλὰ σημεῖα ποιεῖ; 48 ἐὰν ἀφῶμεν αὐ-
τὸν οὕτω, πάντες πιστεύσουσιν εἰς αὐτόν, καὶ ἐλεύσονται οἱ Ρωμαῖοι καὶ
ἀροῦσιν ἡμῶν καὶ τὸν τόπον καὶ τὸ ἔθνος. 49 εἷς δέ τις ἐξ αὐτῶν Καϊά-
φας, ἀρχιερεὺς ὢν τοῦ ἐνιαυτοῦ ἐκείνου, εἶπεν αὐτοῖς· ὑμεῖς οὐκ οἴδατε
οὐδέν, 50 οὐδὲ διαλογίζεσθε ὅτι συμφέρει ἡμῖν ἵνα εἷς ἄνθρωπος ἀποθά-
νῃ ὑπὲρ τοῦ λαοῦ καὶ μὴ ὅλον τὸ ἔθνος ἀπόληται. 51 τοῦτο δὲ ἀφ' ἑαυ-
τοῦ οὐκ εἶπεν, ἀλλὰ ἀρχιερεὺς ὢν τοῦ ἐνιαυτοῦ ἐκείνου προεφήτευσεν
ὅτι ἔμελλεν ὁ Ἰησοῦς ἀποθνήσκειν ὑπὲρ τοῦ ἔθνους, 52 καὶ οὐχ ὑπὲρ
τοῦ ἔθνους μόνον, ἀλλ' ἵνα καὶ τὰ τέκνα τοῦ Θεοῦ τὰ διεσκορπισμένα
συναγάγῃ εἰς ἕν. 53 ἀπ' ἐκείνης οὖν τῆς ἡμέρας συνεβουλεύσαντο ἵνα
ἀποκτείνωσιν αὐτόν.

54 Ἰησοῦς οὖν οὐκέτι παρρησίᾳ περιεπάτει ἐν τοῖς Ἰουδαίοις, ἀλλὰ ἀ-
πῆλθεν ἐκεῖθεν εἰς τὴν χώραν ἐγγὺς τῆς ἐρήμου, εἰς Ἐφραὶμ λεγομέ-
νην πόλιν, κἀκεῖ διέτριβε μετὰ τῶν μαθητῶν αὐτοῦ. 55 ἦν δὲ ἐγγὺς τὸ
πάσχα τῶν Ἰουδαίων, καὶ ἀνέβησαν πολλοὶ εἰς Ἱεροσόλυμα ἐκ τῆς χώ-
ρας πρὸ τοῦ πάσχα ἵνα ἁγνίσωσιν ἑαυτούς. 56 ἐζήτουν οὖν τὸν Ἰησοῦν
καὶ ἔλεγον μετ' ἀλλήλων ἐν τῷ ἱερῷ ἑστηκότες· τί δοκεῖ ὑμῖν, ὅτι οὐ μὴ
ἔλθῃ εἰς τὴν ἑορτήν; 57 δεδώκεισαν δὲ καὶ οἱ ἀρχιερεῖς καὶ οἱ Φαρισαῖοι
ἐντολὴν ἵνα ἐάν τις γνῷ ποῦ ἐστι, μηνύσῃ, ὅπως πιάσωσιν αὐτόν.

12

Ὁ ΟΥΝ Ἰησοῦς πρὸ ἓξ ἡμερῶν τοῦ πάσχα ἦλθεν εἰς Βηθανίαν, ὅπου
ἦν Λάζαρος ὁ τεθνηκώς, ὃν ἤγειρεν ἐκ νεκρῶν. 2 ἐποίησαν οὖν αὐτῷ
δεῖπνον ἐκεῖ, καὶ ἡ Μάρθα διηκόνει· ὁ δὲ Λάζαρος εἷς ἦν τῶν ἀνα-
κειμένων σὺν αὐτῷ. 3 ἡ οὖν Μαρία, λαβοῦσα λίτραν μύρου νάρδου πι-
στικῆς πολυτίμου, ἤλειψε τοὺς πόδας τοῦ Ἰησοῦ καὶ ἐξέμαξε ταῖς θριξὶν
αὐτῆς τοὺς πόδας αὐτοῦ· ἡ δὲ οἰκία ἐπληρώθη ἐκ τῆς ὀσμῆς τοῦ μύρου.
4 λέγει οὖν εἷς ἐκ τῶν μαθητῶν αὐτοῦ, Ἰούδας Σίμωνος Ἰσκαριώτης, ὁ
μέλλων αὐτὸν παραδιδόναι· 5 διατί τοῦτο τὸ μύρον οὐκ ἐπράθη τριακο-
σίων δηναρίων καὶ ἐδόθη πτωχοῖς; 6 εἶπε δὲ τοῦτο οὐχ ὅτι περὶ τῶν
πτωχῶν ἔμελεν αὐτῷ, ἀλλ' ὅτι κλέπτης ἦν, καὶ τὸ γλωσσόκομον εἶχε
καὶ τὰ βαλλόμενα ἐβάσταζεν. 7 εἶπεν οὖν ὁ Ἰησοῦς· ἄφες αὐτήν, εἰς τὴν
ἡμέραν τοῦ ἐνταφιασμοῦ μου τετήρηκεν αὐτό. 8 τοὺς πτωχοὺς γὰρ
πάντοτε ἔχετε μεθ' ἑαυτῶν, ἐμὲ δὲ οὐ πάντοτε ἔχετε. 9 ἔγνω οὖν ὄχλος
πολὺς ἐκ τῶν Ἰουδαίων ὅτι ἐκεῖ ἐστι, καὶ ἦλθον οὐ διὰ τὸν Ἰησοῦν μό-
νον, ἀλλ' ἵνα καὶ τὸν Λάζαρον ἴδωσιν ὃν ἤγειρεν ἐκ νεκρῶν. 10 ἐβου-
λεύσαντο δὲ οἱ ἀρχιερεῖς ἵνα καὶ τὸν Λάζαρον ἀποκτείνωσιν, 11 ὅτι πολ-
λοὶ δι' αὐτὸν ὑπῆγον τῶν Ἰουδαίων καὶ ἐπίστευον εἰς τὸν Ἰησοῦν.

12 Τῇ ἐπαύριον ὄχλος πολὺς ὁ ἐλθὼν εἰς τὴν ἑορτήν, ἀκούσαντες ὅτι
ἔρχεται Ἰησοῦς εἰς Ἱεροσόλυμα, 13 ἔλαβον τὰ βαΐα τῶν φοινίκων καὶ
ἐξῆλθον εἰς ὑπάντησιν αὐτῷ, καὶ ἔκραζον· ὡσαννά, εὐλογημένος ὁ ἐρχό-
μενος ἐν ὀνόματι Κυρίου, ὁ βασιλεὺς τοῦ Ἰσραήλ. 14 εὑρὼν δὲ ὁ Ἰη-
σοῦς ὀνάριον ἐκάθισεν ἐπ' αὐτό, καθώς ἐστι γεγραμμένον· 15 μὴ φοβοῦ,
θύγατερ Σιών· ἰδοὺ ὁ βασιλεύς σου ἔρχεται καθήμενος ἐπὶ πῶλον ὄνου.
16 Ταῦτα δὲ οὐκ ἔγνωσαν οἱ μαθηταὶ αὐτοῦ τὸ πρῶτον, ἀλλ' ὅτε ἐδοξά-
σθη ὁ Ἰησοῦς, τότε ἐμνήσθησαν ὅτι ταῦτα ἦν ἐπ' αὐτῷ γεγραμμένα, καὶ
ταῦτα ἐποίησαν αὐτῷ. 17 Ἐμαρτύρει οὖν ὁ ὄχλος ὁ ὢν μετ' αὐτοῦ ὅτε
τὸν Λάζαρον ἐφώνησεν ἐκ τοῦ μνημείου καὶ ἤγειρεν αὐτὸν ἐκ νεκρῶν.
18 διὰ τοῦτο καὶ ὑπήντησεν αὐτῷ ὁ ὄχλος, ὅτι ἤκουσαν τοῦτο αὐτὸν πε-
ποιηκέναι τὸ σημεῖον. 19 οἱ οὖν Φαρισαῖοι εἶπον πρὸς ἑαυτούς· θεωρεῖτε
ὅτι οὐκ ὠφελεῖτε οὐδέν; ἴδε ὁ κόσμος ὀπίσω αὐτοῦ ἀπῆλθεν.

20 Ἦσαν δέ τινες Ἕλληνες ἐκ τῶν ἀναβαινόντων ἵνα προσκυνήσωσιν
ἐν τῇ ἑορτῇ. 21 οὗτοι οὖν προσῆλθον Φιλίππῳ τῷ ἀπὸ Βηθσαϊδὰ τῆς
Γαλιλαίας, καὶ ἠρώτων αὐτὸν λέγοντες· κύριε, θέλομεν τὸν Ἰησοῦν ἰ-

δεῖν. 22 ἔρχεται Φίλιππος καὶ λέγει τῷ Ἀνδρέᾳ, καὶ πάλιν Ἀνδρέας καὶ
Φίλιππος λέγουσι τῷ Ἰησοῦ· 23 ὁ δὲ Ἰησοῦς ἀπεκρίνατο αὐτοῖς λέγων·
ἐλήλυθεν ἡ ὥρα ἵνα δοξασθῇ ὁ υἱὸς τοῦ ἀνθρώπου. 24 ἀμὴν ἀμὴν λέγω
ὑμῖν, ἐὰν μὴ ὁ κόκκος τοῦ σίτου πεσὼν εἰς τὴν γῆν ἀποθάνῃ, αὐτὸς μό-
νος μένει· ἐὰν δὲ ἀποθάνῃ, πολὺν καρπὸν φέρει. 25 ὁ φιλῶν τὴν ψυχὴν
αὐτοῦ ἀπολέσει αὐτήν, καὶ ὁ μισῶν τὴν ψυχὴν αὐτοῦ ἐν τῷ κόσμῳ τού-
τῳ, εἰς ζωὴν αἰώνιον φυλάξει αὐτήν. 26 ἐὰν ἐμοὶ διακονῇ τις, ἐμοὶ ἀκο-
λουθείτω, καὶ ὅπου εἰμὶ ἐγώ, ἐκεῖ καὶ ὁ διάκονος ὁ ἐμὸς ἔσται· καὶ ἐάν
τις ἐμοὶ διακονῇ, τιμήσει αὐτὸν ὁ πατήρ. 27 νῦν ἡ ψυχή μου τετάρα-
κται, καὶ τί εἴπω; πάτερ, σῶσον με ἐκ τῆς ὥρας ταύτης. ἀλλὰ διά τοῦτο
ἦλθον εἰς τὴν ὥραν ταύτην. 28 πάτερ, δόξασόν σου τὸ ὄνομα. ἦλθεν οὖν
φωνὴ ἐκ τοῦ οὐρανοῦ· καὶ ἐδόξασα καὶ πάλιν δοξάσω. 29 ὁ οὖν ὄχλος ὁ
ἑστὼς καὶ ἀκούσας ἔλεγε βροντὴν γεγονέναι· ἄλλοι ἔλεγον· ἄγγελος αὐ-
τῷ λελάληκεν. 30 ἀπεκρίθη ὁ Ἰησοῦς καὶ εἶπεν· οὐ δι' ἐμὲ αὕτη ἡ φωνὴ
γέγονεν, ἀλλὰ δι' ὑμᾶς. 31 νῦν κρίσις ἐστὶ τοῦ κόσμου τούτου, νῦν ὁ ἄρ-
χων τοῦ κόσμου τούτου ἐκβληθήσεται ἔξω· 32 κἀγὼ ἐὰν ὑψωθῶ ἐκ τῆς
γῆς, πάντας ἑλκύσω πρὸς ἐμαυτόν. 33 τοῦτο δὲ ἔλεγε σημαίνων ποίῳ
θανάτῳ ἤμελλεν ἀποθνήσκειν. 34 ἀπεκρίθη αὐτῷ ὁ ὄχλος· ἡμεῖς ἠκού-
σαμεν ἐκ τοῦ νόμου ὅτι ὁ Χριστὸς μένει εἰς τὸν αἰῶνα, καὶ πῶς σὺ λέ-
γεις, δεῖ ὑψωθῆναι τὸν υἱὸν τοῦ ἀνθρώπου; τίς ἐστιν οὗτος ὁ υἱὸς τοῦ ἀν-
θρώπου; 35 εἶπεν οὖν αὐτοῖς ὁ Ἰησοῦς· ἔτι μικρὸν χρόνον τὸ φῶς μεθ' ὑ-
μῶν ἐστι· περιπατεῖτε ἕως τὸ φῶς ἔχετε, ἵνα μὴ σκοτία ὑμᾶς καταλάβῃ·
καὶ ὁ περιπατῶν ἐν τῇ σκοτίᾳ οὐκ οἶδε ποῦ ὑπάγει. 36 ἕως τὸ φῶς ἔχε-
τε, πιστεύετε εἰς τὸ φῶς, ἵνα υἱοὶ φωτὸς γένησθε. Ταῦτα ἐλάλησεν ὁ Ἰ-
ησοῦς, καὶ ἀπελθὼν ἐκρύβη ἀπ' αὐτῶν.

37 Τοσαῦτα δὲ αὐτοῦ σημεῖα πεποιηκότος ἔμπροσθεν αὐτῶν οὐκ ἐπί-
στευον εἰς αὐτόν, 38 ἵνα ὁ λόγος Ἡσαΐου τοῦ προφήτου πληρωθῇ ὃν εἶ-
πε· Κύριε, τίς ἐπίστευσε τῇ ἀκοῇ ἡμῶν; καὶ ὁ βραχίων Κυρίου τίνι ἀπε-
καλύφθη; 39 διὰ τοῦτο οὐκ ἠδύναντο πιστεύειν, ὅτι πάλιν εἶπεν Ἡσαΐ-
ας· 40 τετύφλωκεν αὐτῶν τοὺς ὀφθαλμοὺς καὶ πεπώρωκεν αὐτῶν τὴν
καρδίαν, ἵνα μὴ ἴδωσι τοῖς ὀφθαλμοῖς καὶ νοήσωσι τῇ καρδίᾳ καὶ ἐπι-
στραφῶσι, καὶ ἰάσομαι αὐτούς. 41 ταῦτα εἶπεν Ἡσαΐας ὅτε εἶδε τὴν δό-
ξαν αὐτοῦ καὶ ἐλάλησε περὶ αὐτοῦ. 42 ὅμως μέντοι καὶ ἐκ τῶν ἀρχόν-
των πολλοὶ ἐπίστευσαν εἰς αὐτόν, ἀλλὰ διὰ τοὺς Φαρισαίους οὐχ ὡμο-
λόγουν, ἵνα μὴ ἀποσυνάγωγοι γένωνται· 43 ἠγάπησαν γὰρ τὴν δόξαν
τῶν ἀνθρώπων μᾶλλον ἤπερ τὴν δόξαν τοῦ Θεοῦ.

44 Ἰησοῦς δὲ ἔκραξε καὶ εἶπεν· ὁ πιστεύων εἰς ἐμὲ οὐ πιστεύει εἰς ἐμέ,
ἀλλ' εἰς τὸν πέμψαντά με, 45 καὶ ὁ θεωρῶν ἐμὲ θεωρεῖ τὸν πέμψαντά
με. 46 ἐγὼ φῶς εἰς τὸν κόσμον ἐλήλυθα, ἵνα πᾶς ὁ πιστεύων εἰς ἐμὲ ἐν
τῇ σκοτίᾳ μὴ μείνῃ. 47 καὶ ἐάν τίς μου ἀκούσῃ τῶν ρημάτων καὶ μὴ
πιστεύσῃ, ἐγὼ οὐ κρίνω αὐτόν· οὐ γὰρ ἦλθον ἵνα κρίνω τὸν κόσμον, ἀλλ'
ἵνα σώσω τὸν κόσμον. 48 ὁ ἀθετῶν ἐμὲ καὶ μὴ λαμβάνων τὰ ρήματά
μου, ἔχει τὸν κρίνοντα αὐτόν· ὁ λόγος ὃν ἐλάλησα, ἐκεῖνος κρινεῖ αὐτὸν
ἐν τῇ ἐσχάτῃ ἡμέρᾳ· 49 ὅτι ἐγὼ ἐξ ἐμαυτοῦ οὐκ ἐλάλησα, ἀλλ' ὁ πέμ-
ψας με πατὴρ αὐτός μοι ἐντολὴν ἔδωκε τί εἴπω καὶ τί λαλήσω· 50 καὶ
οἶδα ὅτι ἡ ἐντολὴ αὐτοῦ ζωὴ αἰώνιός ἐστιν. ἃ οὖν λαλῶ ἐγώ, καθὼς εἴ-
ρηκέ μοι ὁ πατήρ, οὕτω λαλῶ.

13

ΠΡΟ δὲ τῆς ἑορτῆς τοῦ πάσχα εἰδὼς ὁ Ἰησοῦς ὅτι ἐλήλυθεν αὐτοῦ ἡ
ὥρα ἵνα μεταβῇ ἐκ τοῦ κόσμου τούτου πρὸς τὸν πατέρα, ἀγαπήσας
τοὺς ἰδίους τοὺς ἐν τῷ κόσμῳ, εἰς τέλος ἠγάπησεν αὐτούς. 2 καὶ
δείπνου γενομένου, τοῦ διαβόλου ἤδη βεβληκότος εἰς τὴν καρδίαν Ἰούδα
Σίμωνος Ἰσκαριώτου ἵνα αὐτὸν παραδῷ, 3 εἰδὼς ὁ Ἰησοῦς ὅτι πάντα
δέδωκεν αὐτῷ ὁ πατὴρ εἰς τὰς χεῖρας, καὶ ὅτι ἀπὸ Θεοῦ ἐξῆλθε καὶ πρὸς
τὸν Θεὸν ὑπάγει, 4 ἐγείρεται ἐκ τοῦ δείπνου καὶ τίθησι τὰ ἱμάτια, καὶ
λαβὼν λέντιον διέζωσεν ἑαυτόν. 5 εἶτα βάλλει ὕδωρ εἰς τὸν νιπτῆρα,
καὶ ἤρξατο νίπτειν τοὺς πόδας τῶν μαθητῶν καὶ ἐκμάσσειν τῷ λεντίῳ
ᾧ ἦν διεζωσμένος. 6 ἔρχεται οὖν πρὸς Σίμωνα Πέτρον, καὶ λέγει αὐτῷ
ἐκεῖνος· Κύριε, σύ μου νίπτεις τοὺς πόδας; 7 ἀπεκρίθη Ἰησοῦς καὶ εἶπεν
αὐτῷ· ὃ ἐγὼ ποιῶ, σὺ οὐκ οἶδας ἄρτι, γνώσῃ δὲ μετὰ ταῦτα. 8 λέγει αὐ-
τῷ Πέτρος· οὐ μὴ νίψῃς τοὺς πόδας μου εἰς τὸν αἰῶνα. ἀπεκρίθη αὐτῷ ὁ
Ἰησοῦς· ἐὰν μὴ νίψω σε, οὐκ ἔχεις μέρος μετ' ἐμοῦ. 9 λέγει αὐτῷ Σί-
μων Πέτρος· Κύριε, μὴ τοὺς πόδας μου μόνον, ἀλλὰ καὶ τὰς χεῖρας καὶ
τὴν κεφαλήν. 10 λέγει αὐτῷ ὁ Ἰησοῦς· ὁ λελουμένος οὐ χρείαν ἔχει ἢ
τοὺς πόδας νίψασθαι, ἀλλ' ἔστι καθαρὸς ὅλος· καὶ ὑμεῖς καθαροί ἐστε,
ἀλλ' οὐχὶ πάντες. 11 ᾔδει γὰρ τὸν παραδιδόντα αὐτόν· διὰ τοῦτο εἶπεν·
οὐχὶ πάντες καθαροί ἐστε. 12 ὅτε οὖν ἔνιψε τοὺς πόδας αὐτῶν καὶ ἔλαβε
τὰ ἱμάτια αὐτοῦ, ἀναπεσὼν πάλιν εἶπεν αὐτοῖς· γινώσκετε τί πεποίηκα
ὑμῖν; 13 ὑμεῖς φωνεῖτέ με, ὁ Διδάσκαλος καὶ ὁ Κύριος, καὶ καλῶς λέ-

γετε· εἰμὶ γάρ. 14 εἰ οὖν ἐγὼ ἔνιψα ὑμῶν τοὺς πόδας, ὁ Κύριος καὶ ὁ
Διδάσκαλος, καὶ ὑμεῖς ὀφείλετε ἀλλήλων νίπτειν τοὺς πόδας. 15 ὑπό-
δειγμα γὰρ δέδωκα ὑμῖν, ἵνα καθὼς ἐγὼ ἐποίησα ὑμῖν, καὶ ὑμεῖς ποιῆτε·
16 ἀμὴν ἀμὴν λέγω ὑμῖν, οὐκ ἔστι δοῦλος μείζων τοῦ κυρίου αὐτοῦ, οὐ-
δὲ ἀπόστολος μείζων τοῦ πέμψαντος αὐτόν. 17 εἰ ταῦτα οἴδατε, μακά-
ριοί ἐστε ἐὰν ποιῆτε αὐτά. 18 οὐ περὶ πάντων ὑμῶν λέγω· ἐγὼ οἶδα οὓς
ἐξελεξάμην· ἀλλ' ἵνα ἡ γραφὴ πληρωθῇ, ὁ τρώγων μετ' ἐμοῦ τὸν ἄρτον
ἐπῆρεν ἐπ' ἐμὲ τὴν πτέρναν αὐτοῦ. 19 ἀπ' ἄρτι λέγω ὑμῖν πρὸ τοῦ γενέ-
σθαι, ἵνα ὅταν γένηται πιστεύσητε ὅτι ἐγώ εἰμι. 20 ἀμὴν ἀμὴν λέγω ὑ-
μῖν, ὁ λαμβάνων ἐάν τινα πέμψω, ἐμὲ λαμβάνει, ὁ δὲ ἐμὲ λαμβάνων
λαμβάνει τὸν πέμψαντά με.

21 Ταῦτα εἰπὼν ὁ Ἰησοῦς ἐταράχθη τῷ πνεύματι, καὶ ἐμαρτύρησε καὶ
εἶπεν· ἀμὴν ἀμὴν λέγω ὑμῖν ὅτι εἷς ἐξ ὑμῶν παραδώσει με. 22 ἔβλεπον
οὖν εἰς ἀλλήλους οἱ μαθηταί, ἀπορούμενοι περὶ τίνος λέγει. 23 ἦν δὲ ἀ-
νακείμενος εἷς ἐκ τῶν μαθητῶν αὐτοῦ ἐν τῷ κόλπῳ τοῦ Ἰησοῦ, ὃν ἠγά-
πα ὁ Ἰησοῦς· 24 νεύει οὖν τούτῳ Σίμων Πέτρος πυθέσθαι τίς ἂν εἴη πε-
ρὶ οὗ λέγει. 25 ἐπιπεσὼν δὲ ἐκεῖνος ἐπὶ τὸ στῆθος τοῦ Ἰησοῦ λέγει αὐ-
τῷ· Κύριε, τίς ἐστιν; 26 ἀποκρίνεται ὁ Ἰησοῦς· ἐκεῖνός ἐστιν ᾧ ἐγὼ βά-
ψας τὸ ψωμίον ἐπιδώσω. καὶ ἐμβάψας τὸ ψωμίον δίδωσιν Ἰούδᾳ Σίμω-
νος Ἰσκαριώτῃ. 27 καὶ μετὰ τὸ ψωμίον τότε εἰσῆλθεν εἰς ἐκεῖνον ὁ σα-
τανᾶς. λέγει οὖν αὐτῷ ὁ Ἰησοῦς· ὃ ποιεῖς, ποίησον τάχιον. 28 τοῦτο δὲ
οὐδεὶς ἔγνω τῶν ἀνακειμένων πρὸς τί εἶπεν αὐτῷ· 29 τινὲς γὰρ ἐδόκουν,
ἐπεὶ τὸ γλωσσόκομον εἶχεν ὁ Ἰούδας, ὅτι λέγει αὐτῷ ὁ Ἰησοῦς, ἀγόρα-
σον ὧν χρείαν ἔχομεν εἰς τὴν ἑορτήν, ἢ τοῖς πτωχοῖς ἵνα τι δῷ. 30 λα-
βὼν οὖν τὸ ψωμίον ἐκεῖνος εὐθέως ἐξῆλθεν· ἦν δὲ νύξ.

31 Ὅτε οὖν ἐξῆλθε, λέγει ὁ Ἰησοῦς· νῦν ἐδοξάσθη ὁ υἱὸς τοῦ ἀνθρώπου,
καὶ ὁ Θεὸς ἐδοξάσθη ἐν αὐτῷ. 32 εἰ ὁ Θεὸς ἐδοξάσθη ἐν αὐτῷ, καὶ ὁ
Θεὸς δοξάσει αὐτὸν ἐν ἑαυτῷ, καὶ εὐθὺς δοξάσει αὐτόν. 33 τεκνία, ἔτι
μικρὸν μεθ' ὑμῶν εἰμι. ζητήσετέ με, καὶ καθὼς εἶπον τοῖς Ἰουδαίοις ὅτι
ὅπου ὑπάγω ἐγώ, ὑμεῖς οὐ δύνασθε ἐλθεῖν, καὶ ὑμῖν λέγω ἄρτι. 34 ἐντο-
λὴν καινὴν δίδωμι ὑμῖν ἵνα ἀγαπᾶτε ἀλλήλους, καθὼς ἠγάπησα ὑμᾶς
ἵνα καὶ ὑμεῖς ἀγαπᾶτε ἀλλήλους. 35 ἐν τούτῳ γνώσονται πάντες ὅτι ἐ-
μοὶ μαθηταί ἐστε, ἐὰν ἀγάπην ἔχητε ἐν ἀλλήλοις.

36 Λέγει αὐτῷ Σίμων Πέτρος· Κύριε, ποῦ ὑπάγεις; ἀπεκρίθη αὐτῷ ὁ Ἰ-
ησοῦς· ὅπου ἐγὼ ὑπάγω, οὐ δύνασαί μοι νῦν ἀκολουθῆσαι, ὕστερον δὲ ἀ-
κολουθήσεις μοι. 37 λέγει αὐτῷ ὁ Πέτρος· Κύριε, διατί οὐ δύναμαί σοι

ἀκολουθῆσαι ἄρτι; τὴν ψυχήν μου ὑπὲρ σοῦ θήσω. 38 ἀπεκρίθη αὐτῷ ὁ
Ἰησοῦς· τὴν ψυχήν σου ὑπὲρ ἐμοῦ θήσεις; ἀμὴν ἀμὴν λέγω σοι, οὐ μὴ
ἀλέκτωρ φωνήσει ἕως οὗ ἀπαρνήσῃ με τρίς.

14

ΜΗ ταρασσέσθω ὑμῶν ἡ καρδία· πιστεύετε εἰς τὸν Θεόν, καὶ εἰς ἐμὲ
πιστεύετε. 2 ἐν τῇ οἰκίᾳ τοῦ πατρός μου μοναὶ πολλαί εἰσιν· εἰ δὲ
μή, εἶπον ἂν ὑμῖν· πορεύομαι ἑτοιμάσαι τόπον ὑμῖν· 3 καὶ ἐὰν πο-
ρευθῶ καὶ ἑτοιμάσω ὑμῖν τόπον, πάλιν ἔρχομαι καὶ παραλήψομαι ὑμᾶς
πρὸς ἐμαυτόν, ἵνα ὅπου εἰμὶ ἐγώ, καὶ ὑμεῖς ἦτε. 4 καὶ ὅπου ἐγώ ὑπάγω
οἴδατε, καὶ τὴν ὁδὸν οἴδατε. 5 λέγει αὐτῷ Θωμᾶς· Κύριε, οὐκ οἴδαμεν
ποῦ ὑπάγεις· καὶ πῶς δυνάμεθα τὴν ὁδὸν εἰδέναι; 6 λέγει αὐτῷ ὁ Ἰη-
σοῦς· ἐγώ εἰμι ἡ ὁδὸς καὶ ἡ ἀλήθεια καὶ ἡ ζωή· οὐδεὶς ἔρχεται πρὸς τὸν
πατέρα εἰ μὴ δι' ἐμοῦ. 7 εἰ ἐγνώκειτέ με, καὶ τὸν πατέρα μου ἐγνώκειτε
ἄν. καὶ ἀπ' ἄρτι γινώσκετε αὐτὸν καὶ ἑωράκατε αὐτόν. 8 Λέγει αὐτῷ
Φίλιππος· Κύριε, δεῖξον ἡμῖν τὸν πατέρα καὶ ἀρκεῖ ἡμῖν. 9 λέγει αὐτῷ ὁ
Ἰησοῦς· τοσοῦτον χρόνον μεθ' ὑμῶν εἰμι, καὶ οὐκ ἔγνωκάς με, Φίλιππε;
ὁ ἑωρακὼς ἐμὲ ἑώρακε τὸν πατέρα· καὶ πῶς σὺ λέγεις, δεῖξον ἡμῖν τὸν
πατέρα; 10 οὐ πιστεύεις ὅτι ἐγὼ ἐν τῷ πατρὶ καὶ ὁ πατὴρ ἐν ἐμοί ἐστι;
τὰ ρήματα ἃ ἐγὼ λαλῶ ὑμῖν, ἀπ' ἐμαυτοῦ οὐ λαλῶ· ὁ δὲ πατὴρ ὁ ἐν ἐ-
μοὶ μένων αὐτὸς ποιεῖ τὰ ἔργα. 11 πιστεύετέ μοι ὅτι ἐγὼ ἐν τῷ πατρὶ
καὶ ὁ πατὴρ ἐν ἐμοί· εἰ δὲ μή, διὰ τὰ ἔργα αὐτὰ πιστεύετέ μοι. 12 ἀμὴν
ἀμὴν λέγω ὑμῖν, ὁ πιστεύων εἰς ἐμέ, τὰ ἔργα ἃ ἐγὼ ποιῶ κἀκεῖνος ποι-
ήσει, καὶ μείζονα τούτων ποιήσει, ὅτι ἐγὼ πρὸς τὸν πατέρα μου πορεύο-
μαι, 13 καὶ ὅ,τι ἂν αἰτήσητε ἐν τῷ ὀνόματί μου, τοῦτο ποιήσω, ἵνα δο-
ξασθῇ ὁ πατὴρ ἐν τῷ υἱῷ. 14 ἐάν τι αἰτήσητε ἐν τῷ ὀνόματί μου, ἐγὼ
ποιήσω.

15 Ἐὰν ἀγαπᾶτέ με, τὰς ἐντολὰς τὰς ἐμὰς τηρήσατε, 16 καὶ ἐγὼ ἐρω-
τήσω τὸν πατέρα καὶ ἄλλον παράκλητον δώσει ὑμῖν, ἵνα μένῃ μεθ' ὑ-
μῶν εἰς τὸν αἰῶνα, 17 τὸ Πνεῦμα τῆς ἀληθείας, ὃ ὁ κόσμος οὐ δύναται
λαβεῖν, ὅτι οὐ θεωρεῖ αὐτὸ οὐδὲ γινώσκει αὐτό· ὑμεῖς δὲ γινώσκετε αὐτό,
ὅτι παρ' ὑμῖν μένει καὶ ἐν ὑμῖν ἔσται. 18 οὐκ ἀφήσω ὑμᾶς ὀρφανούς· ἔρ-
χομαι πρὸς ὑμᾶς. 19 ἔτι μικρὸν καὶ ὁ κόσμος με οὐκέτι θεωρεῖ, ὑμεῖς δὲ

θεωρεῖτέ με, ὅτι ἐγὼ ζῶ καὶ ὑμεῖς ζήσεσθε. 20 ἐν ἐκείνῃ τῇ ἡμέρᾳ γνώ-
σεσθε ὑμεῖς ὅτι ἐγὼ ἐν τῷ πατρί μου καὶ ὑμεῖς ἐν ἐμοὶ κἀγὼ ἐν ὑμῖν. 21
ὁ ἔχων τὰς ἐντολάς μου καὶ τηρῶν αὐτάς, ἐκεῖνός ἐστιν ὁ ἀγαπῶν με· ὁ
δὲ ἀγαπῶν με ἀγαπηθήσεται ὑπὸ τοῦ πατρός μου, καὶ ἐγὼ ἀγαπήσω
αὐτὸν καὶ ἐμφανίσω αὐτῷ ἐμαυτόν. 22 Λέγει αὐτῷ Ἰούδας, οὐχ ὁ Ἰ-
σκαριώτης· Κύριε, καὶ τί γέγονεν ὅτι ἡμῖν μέλλεις ἐμφανίζειν σεαυτὸν
καὶ οὐχὶ τῷ κόσμῳ; 23 ἀπεκρίθη Ἰησοῦς καὶ εἶπεν αὐτῷ· ἐάν τις ἀγαπᾷ
με, τὸν λόγον μου τηρήσει, καὶ ὁ πατήρ μου ἀγαπήσει αὐτόν, καὶ πρὸς
αὐτὸν ἐλευσόμεθα καὶ μονὴν παρ' αὐτῷ ποιήσομεν. 24 ὁ μὴ ἀγαπῶν με
τοὺς λόγους μου οὐ τηρεῖ· καὶ ὁ λόγος ὃν ἀκούετε οὐκ ἔστιν ἐμός, ἀλλὰ
τοῦ πέμψαντός με πατρός. 25 ταῦτα λελάληκα ὑμῖν παρ' ὑμῖν μένων·
26 ὁ δὲ παράκλητος, τὸ Πνεῦμα τὸ Ἅγιον ὃ πέμψει ὁ πατὴρ ἐν τῷ ὀνό-
ματί μου, ἐκεῖνος ὑμᾶς διδάξει πάντα καὶ ὑπομνήσει ὑμᾶς πάντα ἃ εἶ-
πον ὑμῖν. 27 εἰρήνην ἀφίημι ὑμῖν, εἰρήνην τὴν ἐμὴν δίδωμι ὑμῖν· οὐ
καθὼς ὁ κόσμος δίδωσιν, ἐγὼ δίδωμι ὑμῖν. μὴ ταρασσέσθω ὑμῶν ἡ καρ-
δία μηδὲ δειλιάτω. 28 ἠκούσατε ὅτι ἐγὼ εἶπον ὑμῖν, ὑπάγω καὶ ἔρχομαι
πρὸς ὑμᾶς· εἰ ἠγαπᾶτέ με, ἐχάρητε ἂν ὅτι εἶπον, πορεύομαι πρὸς τὸν
πατέρα· ὅτι ὁ πατήρ μου μείζων μού ἐστι· 29 καὶ νῦν εἴρηκα ὑμῖν πρὶν
γενέσθαι, ἵνα ὅταν γένηται πιστεύσητε. 30 οὐκέτι πολλὰ λαλήσω μεθ'
ὑμῶν· ἔρχεται γὰρ ὁ τοῦ κόσμου ἄρχων, καὶ ἐν ἐμοὶ οὐκ ἔχει οὐδέν· 31
ἀλλ' ἵνα γνῷ ὁ κόσμος ὅτι ἀγαπῶ τὸν πατέρα, καὶ καθὼς ἐνετείλατό μοι
ὁ πατήρ, οὕτω ποιῶ. ἐγείρεσθε ἄγωμεν ἐντεῦθεν.

15

ΕΓΩ εἰμι ἡ ἄμπελος ἡ ἀληθινή, καὶ ὁ πατήρ μου ὁ γεωργός ἐστι. 2
πᾶν κλῆμα ἐν ἐμοὶ μὴ φέρον καρπόν, αἴρει αὐτό, καὶ πᾶν τὸ καρπὸν
φέρον, καθαίρει αὐτό, ἵνα πλείονα καρπὸν φέρῃ. 3 ἤδη ὑμεῖς καθαροί
ἐστε διὰ τὸν λόγον ὃν λελάληκα ὑμῖν. 4 μείνατε ἐν ἐμοί, κἀγὼ ἐν ὑμῖν.
καθὼς τὸ κλῆμα οὐ δύναται καρπὸν φέρειν ἀφ' ἑαυτοῦ, ἐὰν μὴ μείνῃ ἐν
τῇ ἀμπέλῳ, οὕτως οὐδὲ ὑμεῖς, ἐὰν μὴ ἐν ἐμοὶ μείνητε. 5 ἐγώ εἰμι ἡ ἄμ-
πελος, ὑμεῖς τὰ κλήματα. ὁ μένων ἐν ἐμοὶ κἀγὼ ἐν αὐτῷ, οὗτος φέρει
καρπὸν πολύν, ὅτι χωρὶς ἐμοῦ οὐ δύνασθε ποιεῖν οὐδέν. 6 ἐὰν μή τις
μείνῃ ἐν ἐμοί, ἐβλήθη ἔξω ὡς τὸ κλῆμα καὶ ἐξηράνθη, καὶ συνάγουσιν
αὐτὰ καὶ εἰς τὸ πῦρ βάλλουσι, καὶ καίεται. 7 ἐὰν μείνητε ἐν ἐμοὶ καὶ τὰ

ῥήματά μου ἐν ὑμῖν μείνῃ, ὃ ἐὰν θέλητε αἰτήσασθε, καὶ γενήσεται ὑμῖν.
8 ἐν τούτῳ ἐδοξάσθη ὁ πατήρ μου, ἵνα καρπὸν πολὺν φέρητε, καὶ γενή-
σεσθε ἐμοὶ μαθηταί. 9 καθὼς ἠγάπησέ με ὁ πατήρ, κἀγὼ ἠγάπησα ὑ-
μᾶς· μείνατε ἐν τῇ ἀγάπῃ τῇ ἐμῇ. 10 ἐὰν τὰς ἐντολάς μου τηρήσητε,
μενεῖτε ἐν τῇ ἀγάπῃ μου, καθὼς ἐγὼ τὰς ἐντολὰς τοῦ πατρός μου τετή-
ρηκα καὶ μένω αὐτοῦ ἐν τῇ ἀγάπῃ. 11 Ταῦτα λελάληκα ὑμῖν ἵνα ἡ χα-
ρὰ ἡ ἐμὴ ἐν ὑμῖν μείνῃ καὶ ἡ χαρὰ ὑμῶν πληρωθῇ. 12 αὕτη ἐστὶν ἡ ἐν-
τολὴ ἡ ἐμή, ἵνα ἀγαπᾶτε ἀλλήλους καθὼς ἠγάπησα ὑμᾶς. 13 μείζονα
ταύτης ἀγάπην οὐδεὶς ἔχει, ἵνα τις τὴν ψυχὴν αὐτοῦ θῇ ὑπὲρ τῶν φίλων
αὐτοῦ. 14 ὑμεῖς φίλοι μού ἐστε, ἐὰν ποιῆτε ὅσα ἐγὼ ἐντέλλομαι ὑμῖν.
15 οὐκέτι ὑμᾶς λέγω δούλους, ὅτι ὁ δοῦλος οὐκ οἶδε τί ποιεῖ αὐτοῦ ὁ κύ-
ριος· ὑμᾶς δὲ εἴρηκα φίλους, ὅτι πάντα ἃ ἤκουσα παρὰ τοῦ πατρός μου
ἐγνώρισα ὑμῖν. 16 οὐχ ὑμεῖς με ἐξελέξασθε, ἀλλ' ἐγὼ ἐξελεξάμην ὑ-
μᾶς, καὶ ἔθηκα ὑμᾶς ἵνα ὑμεῖς ὑπάγητε καὶ καρπὸν φέρητε, καὶ ὁ καρ-
πὸς ὑμῶν μένῃ, ἵνα ὅ,τι ἂν αἰτήσητε τὸν πατέρα ἐν τῷ ὀνόματί μου, δῷ
ὑμῖν. 17 Ταῦτα ἐντέλλομαι ὑμῖν, ἵνα ἀγαπᾶτε ἀλλήλους. 18 εἰ ὁ κό-
σμος ὑμᾶς μισεῖ, γινώσκετε ὅτι ἐμὲ πρῶτον ὑμῶν μεμίσηκεν. 19 εἰ ἐκ
τοῦ κόσμου ἦτε, ὁ κόσμος ἂν τὸ ἴδιον ἐφίλει· ὅτι δὲ ἐκ τοῦ κόσμου οὐκ ἐ-
στέ, ἀλλ' ἐγὼ ἐξελεξάμην ὑμᾶς ἐκ τοῦ κόσμου, διὰ τοῦτο μισεῖ ὑμᾶς ὁ
κόσμος. 20 μνημονεύετε τοῦ λόγου οὗ ἐγὼ εἶπον ὑμῖν· οὐκ ἔστι δοῦλος
μείζων τοῦ κυρίου αὐτοῦ. εἰ ἐμὲ ἐδίωξαν, καὶ ὑμᾶς διώξουσιν· εἰ τὸν λό-
γον μου ἐτήρησαν, καὶ τὸν ὑμέτερον τηρήσουσιν. 21 ἀλλὰ ταῦτα πάντα
ποιήσουσιν ὑμῖν διὰ τὸ ὄνομά μου, ὅτι οὐκ οἴδασι τὸν πέμψαντά με. 22
εἰ μὴ ἦλθον καὶ ἐλάλησα αὐτοῖς, ἁμαρτίαν οὐκ εἶχον· νῦν δὲ πρόφασιν
οὐκ ἔχουσι περὶ τῆς ἁμαρτίας αὐτῶν. 23 ὁ ἐμὲ μισῶν καὶ τὸν πατέρα
μου μισεῖ. 24 εἰ τὰ ἔργα μὴ ἐποίησα ἐν αὐτοῖς ἃ οὐδεὶς ἄλλος πεποίη-
κεν, ἁμαρτίαν οὐκ εἶχον· νῦν δὲ καὶ ἑωράκασι καὶ μεμισήκασι καὶ ἐμὲ
καὶ τὸν πατέρα μου. 25 ἀλλ' ἵνα πληρωθῇ ὁ λόγος ὁ γεγραμμένος ἐν τῷ
νόμῳ αὐτῶν, ὅτι ἐμίσησάν με δωρεάν. 26 ὅταν δὲ ἔλθῃ ὁ παράκλητος ὃν
ἐγὼ πέμψω ὑμῖν παρὰ τοῦ πατρός, τὸ Πνεῦμα τῆς ἀληθείας ὃ παρὰ τοῦ
πατρὸς ἐκπορεύεται, ἐκεῖνος μαρτυρήσει περὶ ἐμοῦ· 27 καὶ ὑμεῖς δὲ
μαρτυρεῖτε, ὅτι ἀπ' ἀρχῆς μετ' ἐμοῦ ἐστε.

16

ΤΑΥΤΑ λελάληκα ὑμῖν ἵνα μὴ σκανδαλισθῆτε. 2 ἀποσυναγώγους ποιήσουσιν ὑμᾶς· ἀλλ' ἔρχεται ὥρα ἵνα πᾶς ὁ ἀποκτείνας ὑμᾶς δόξῃ λατρείαν προσφέρειν τῷ Θεῷ. 3 καὶ ταῦτα ποιήσουσιν, ὅτι οὐκ ἔγνωσαν τὸν πατέρα οὐδὲ ἐμέ. 4 ἀλλὰ ταῦτα λελάληκα ὑμῖν ἵνα ὅταν ἔλθῃ ἡ ὥρα, μνημονεύητε αὐτῶν ὅτι ἐγὼ εἶπον ὑμῖν. ταῦτα δὲ ὑμῖν ἐξ ἀρχῆς οὐκ εἶπον, ὅτι μεθ' ὑμῶν ἤμην. 5 νῦν δὲ ὑπάγω πρὸς τὸν πέμψαντά με, καὶ οὐδεὶς ἐξ ὑμῶν ἐρωτᾷ με ποῦ ὑπάγεις; 6 ἀλλ' ὅτι ταῦτα λελάληκα ὑμῖν, ἡ λύπη πεπλήρωκεν ὑμῶν τὴν καρδίαν. 7 ἀλλ' ἐγὼ τὴν ἀλήθειαν λέγω ὑμῖν· συμφέρει ὑμῖν ἵνα ἐγὼ ἀπέλθω. ἐὰν γὰρ ἐγὼ μὴ ἀπέλθω, ὁ παράκλητος οὐκ ἐλεύσεται πρὸς ὑμᾶς· ἐὰν δὲ πορευθῶ, πέμψω αὐτὸν πρὸς ὑμᾶς· 8 καὶ ἐλθὼν ἐκεῖνος ἐλέγξει τὸν κόσμον περὶ ἁμαρτίας καὶ περὶ δικαιοσύνης καὶ περὶ κρίσεως. 9 περὶ ἁμαρτίας μέν, ὅτι οὐ πιστεύουσιν εἰς ἐμέ· 10 περὶ δικαιοσύνης δέ, ὅτι πρὸς τὸν πατέρα μου ὑπάγω καὶ οὐκέτι θεωρεῖτέ με· 11 περὶ δὲ κρίσεως, ὅτι ὁ ἄρχων τοῦ κόσμου τούτου κέκριται. 12 ἔτι πολλὰ ἔχω λέγειν ὑμῖν, ἀλλ' οὐ δύνασθε βαστάζειν ἄρτι. 13 ὅταν δὲ ἔλθῃ ἐκεῖνος, τὸ Πνεῦμα τῆς ἀληθείας, ὁδηγήσει ὑμᾶς εἰς πᾶσαν τὴν ἀλήθειαν· οὐ γὰρ λαλήσει ἀφ' ἑαυτοῦ, ἀλλ' ὅσα ἂν ἀκούσῃ λαλήσει, καὶ τὰ ἐρχόμενα ἀναγγελεῖ ὑμῖν. 14 ἐκεῖνος ἐμὲ δοξάσει, ὅτι ἐκ τοῦ ἐμοῦ λήψεται καὶ ἀναγγελεῖ ὑμῖν. 15 πάντα ὅσα ἔχει ὁ πατὴρ ἐμά ἐστι· διὰ τοῦτο εἶπον ὅτι ἐκ τοῦ ἐμοῦ λήψεται καὶ ἀναγγελεῖ ὑμῖν. 16 μικρὸν καὶ οὐ θεωρεῖτέ με, καὶ πάλιν μικρὸν καὶ ὄψεσθέ με, ὅτι ἐγὼ ὑπάγω πρὸς τὸν πατέρα.

17 Εἶπον οὖν ἐκ τῶν μαθητῶν αὐτοῦ πρὸς ἀλλήλους· τί ἐστι τοῦτο ὃ λέγει ἡμῖν, μικρὸν καὶ οὐ θεωρεῖτέ με, καὶ πάλιν μικρὸν καὶ ὄψεσθέ με, καὶ ὅτι ἐγὼ ὑπάγω πρὸς τὸν πατέρα; 18 ἔλεγον οὖν· τοῦτο τί ἐστιν ὃ λέγει τὸ μικρόν; οὐκ οἴδαμεν τί λαλεῖ. 19 ἔγνω οὖν ὁ Ἰησοῦς ὅτι ἤθελον αὐτὸν ἐρωτᾶν, καὶ εἶπεν αὐτοῖς· περὶ τούτου ζητεῖτε μετ' ἀλλήλων ὅτι εἶπον, μικρὸν καὶ οὐ θεωρεῖτέ με, καὶ πάλιν μικρὸν καὶ ὄψεσθέ με; 20 ἀμὴν ἀμὴν λέγω ὑμῖν ὅτι κλαύσετε καὶ θρηνήσετε ὑμεῖς, ὁ δὲ κόσμος χαρήσεται· ὑμεῖς δὲ λυπηθήσεσθε, ἀλλ' ἡ λύπη ὑμῶν εἰς χαρὰν γενήσεται· 21 ἡ γυνὴ ὅταν τίκτῃ, λύπην ἔχει, ὅτι ἦλθεν ἡ ὥρα αὐτῆς· ὅταν δὲ γεννήσῃ τὸ παιδίον, οὐκέτι μνημονεύει τῆς θλίψεως διὰ τὴν χαρὰν ὅτι ἐγεννήθη ἄνθρωπος εἰς τὸν κόσμον. 22 καὶ ὑμεῖς οὖν λύπην μὲν νῦν ἔχετε· πάλιν δὲ ὄψομαι ὑμᾶς καὶ χαρήσεται ὑμῶν ἡ καρδία, καὶ τὴν χα-

ρὰν ὑμῶν οὐδεὶς αἴρει ἀφ’ ὑμῶν. 23 καὶ ἐν ἐκείνῃ τῇ ἡμέρᾳ ἐμὲ οὐκ ἐ-
ρωτήσετε οὐδέν· ἀμὴν ἀμὴν λέγω ὑμῖν ὅτι ὅσα ἂν αἰτήσητε τὸν πατέρα
ἐν τῷ ὀνόματί μου, δώσει ὑμῖν. 24 ἕως ἄρτι οὐκ ᾐτήσατε οὐδὲν ἐν τῷ ὀ-
νόματί μου· αἰτεῖτε καὶ λήψεσθε, ἵνα ἡ χαρὰ ὑμῶν ᾖ πεπληρωμένη.

25 Ταῦτα ἐν παροιμίαις λελάληκα ὑμῖν· ἀλλ’ ἔρχεται ὥρα ὅτε οὐκέτι ἐν
παροιμίαις λαλήσω ὑμῖν, ἀλλὰ παρρησίᾳ περὶ τοῦ πατρὸς ἀναγγελῶ ὑ-
μῖν. 26 ἐν ἐκείνῃ τῇ ἡμέρᾳ ἐν τῷ ὀνόματί μου αἰτήσεσθε· καὶ οὐ λέγω
ὑμῖν ὅτι ἐγὼ ἐρωτήσω τὸν πατέρα περὶ ὑμῶν· 27 αὐτὸς γὰρ ὁ πατὴρ φι-
λεῖ ὑμᾶς, ὅτι ὑμεῖς ἐμὲ πεφιλήκατε, καὶ πεπιστεύκατε ὅτι ἐγὼ παρὰ τοῦ
Θεοῦ ἐξῆλθον. 28 ἐξῆλθον παρὰ τοῦ πατρὸς καὶ ἐλήλυθα εἰς τὸν κό-
σμον· πάλιν ἀφίημι τὸν κόσμον καὶ πορεύομαι πρὸς τὸν πατέρα. 29 Λέ-
γουσιν αὐτῷ οἱ μαθηταὶ αὐτοῦ· ἴδε νῦν παρρησίᾳ λαλεῖς, καὶ παροιμίαν
οὐδεμίαν λέγεις. 30 νῦν οἴδαμεν ὅτι οἶδας πάντα καὶ οὐ χρείαν ἔχεις ἵνα
τίς σε ἐρωτᾷ. ἐν τούτῳ πιστεύομεν ὅτι ἀπὸ Θεοῦ ἐξῆλθες. 31 ἀπεκρίθη
αὐτοῖς ὁ Ἰησοῦς· ἄρτι πιστεύετε· 32 ἰδοὺ ἔρχεται ὥρα, καὶ νῦν ἐλήλυ-
θεν, ἵνα σκορπισθῆτε ἕκαστος εἰς τὰ ἴδια καὶ ἐμὲ μόνον ἀφῆτε· καὶ οὐκ
εἰμὶ μόνος, ὅτι ὁ πατὴρ μετ’ ἐμοῦ ἐστι. 33 ταῦτα λελάληκα ὑμῖν ἵνα ἐν
ἐμοὶ εἰρήνην ἔχητε. ἐν τῷ κόσμῳ θλῖψιν ἕξετε· ἀλλὰ θαρσεῖτε, ἐγὼ νε-
νίκηκα τὸν κόσμον.

17

ΤΑΥΤΑ ἐλάλησεν ὁ Ἰησοῦς, καὶ ἐπῆρε τοὺς ὀφθαλμοὺς αὐτοῦ εἰς τὸν
οὐρανὸν καὶ εἶπε· πάτερ, ἐλήλυθεν ἡ ὥρα· δόξασόν σου τὸν υἱόν, ἵνα
καὶ ὁ υἱός σου δοξάσῃ σε, 2 καθὼς ἔδωκας αὐτῷ ἐξουσίαν πάσης
σαρκός, ἵνα πᾶν ὃ δέδωκας αὐτῷ δώσῃ αὐτοῖς ζωὴν αἰώνιον. 3 αὕτη δέ
ἐστιν ἡ αἰώνιος ζωή, ἵνα γινώσκωσί σε τὸν μόνον ἀληθινὸν Θεὸν καὶ ὃν
ἀπέστειλας Ἰησοῦν Χριστόν. 4 ἐγώ σε ἐδόξασα ἐπὶ τῆς γῆς, τὸ ἔργον ἐ-
τελείωσα ὃ δέδωκάς μοι ἵνα ποιήσω· 5 καὶ νῦν δόξασόν με σύ, πάτερ,
παρὰ σεαυτῷ τῇ δόξῃ ᾗ εἶχον πρὸ τοῦ τὸν κόσμον εἶναι παρὰ σοί. 6 ἐφα-
νέρωσά σου τὸ ὄνομα τοῖς ἀνθρώποις οὓς δέδωκάς μοι ἐκ τοῦ κόσμου.
σοὶ ἦσαν καὶ ἐμοὶ αὐτοὺς δέδωκας, καὶ τὸν λόγον σου τετηρήκασι. 7 νῦν
ἔγνωκαν ὅτι πάντα ὅσα δέδωκάς μοι παρὰ σοῦ ἐστιν· 8 ὅτι τὰ ῥήματα ἃ
δέδωκάς μοι δέδωκα αὐτοῖς, καὶ αὐτοὶ ἔλαβον, καὶ ἔγνωσαν ἀληθῶς ὅτι

παρὰ σοῦ ἐξῆλθον, καὶ ἐπίστευσαν ὅτι σύ με ἀπέστειλας. 9 ἐγὼ περὶ αὐ-
τῶν ἐρωτῶ· οὐ περὶ τοῦ κόσμου ἐρωτῶ, ἀλλὰ περὶ ὧν δέδωκάς μοι, ὅτι
σοί εἰσι, 10 καὶ τὰ ἐμὰ πάντα σά ἐστι καὶ τὰ σὰ ἐμά, καὶ δεδόξασμαι ἐν
αὐτοῖς. 11 καὶ οὐκέτι εἰμὶ ἐν τῷ κόσμῳ, καὶ οὗτοι ἐν τῷ κόσμῳ εἰσί, καὶ
ἐγὼ πρὸς σὲ ἔρχομαι. πάτερ ἅγιε, τήρησον αὐτοὺς ἐν τῷ ὀνόματί σου ᾧ
δέδωκάς μοι, ἵνα ὦσιν ἓν καθὼς ἡμεῖς. 12 ὅτε ἤμην μετ' αὐτῶν ἐν τῷ
κόσμῳ, ἐγὼ ἐτήρουν αὐτοὺς ἐν τῷ ὀνόματί σου· οὓς δέδωκάς μοι ἐφύλα-
ξα, καὶ οὐδεὶς ἐξ αὐτῶν ἀπώλετο εἰ μὴ ὁ υἱὸς τῆς ἀπωλείας, ἵνα ἡ γρα-
φὴ πληρωθῇ. 13 νῦν δὲ πρὸς σὲ ἔρχομαι, καὶ ταῦτα λαλῶ ἐν τῷ κόσμῳ
ἵνα ἔχωσι τὴν χαρὰν τὴν ἐμὴν πεπληρωμένην ἐν αὐτοῖς. 14 ἐγὼ δέδω-
κα αὐτοῖς τὸν λόγον σου, καὶ ὁ κόσμος ἐμίσησεν αὐτούς, ὅτι οὐκ εἰσὶν ἐκ
τοῦ κόσμου, καθὼς ἐγὼ οὐκ εἰμὶ ἐκ τοῦ κόσμου. 15 οὐκ ἐρωτῶ ἵνα ἄρῃς
αὐτοὺς ἐκ τοῦ κόσμου, ἀλλ' ἵνα τηρήσῃς αὐτοὺς ἐκ τοῦ πονηροῦ. 16 ἐκ
τοῦ κόσμου οὐκ εἰσί, καθὼς ἐγὼ ἐκ τοῦ κόσμου οὐκ εἰμί. 17 ἁγίασον αὐ-
τοὺς ἐν τῇ ἀληθείᾳ σου· ὁ λόγος ὁ σὸς ἀλήθειά ἐστι. 18 καθὼς ἐμὲ ἀπέ-
στειλας εἰς τὸν κόσμον, κἀγὼ ἀπέστειλα αὐτοὺς εἰς τὸν κόσμον. 19 καὶ
ὑπὲρ αὐτῶν ἐγὼ ἁγιάζω ἐμαυτόν, ἵνα καὶ αὐτοὶ ὦσιν ἡγιασμένοι ἐν ἀ-
ληθείᾳ. 20 Οὐ περὶ τούτων δὲ ἐρωτῶ μόνον, ἀλλὰ καὶ περὶ τῶν πιστευ-
σόντων διὰ τοῦ λόγου αὐτῶν εἰς ἐμέ, 21 ἵνα πάντες ἓν ὦσι, καθὼς σύ,
πάτερ, ἐν ἐμοὶ κἀγὼ ἐν σοί, ἵνα καὶ αὐτοὶ ἐν ἡμῖν ἓν ὦσιν, ἵνα ὁ κόσμος
πιστεύσῃ ὅτι σύ με ἀπέστειλας. 22 καὶ ἐγὼ τὴν δόξαν ἣν δέδωκάς μοι
δέδωκα αὐτοῖς, ἵνα ὦσιν ἓν καθὼς ἡμεῖς ἕν ἐσμεν, 23 ἐγὼ ἐν αὐτοῖς καὶ
σὺ ἐν ἐμοί, ἵνα ὦσι τετελειωμένοι εἰς ἕν, καὶ ἵνα γινώσκῃ ὁ κόσμος ὅτι
σύ με ἀπέστειλας καὶ ἠγάπησας αὐτοὺς καθὼς ἐμὲ ἠγάπησας. 24 πά-
τερ, οὓς δέδωκάς μοι, θέλω ἵνα ὅπου εἰμὶ ἐγὼ κἀκεῖνοι ὦσι μετ' ἐμοῦ,
ἵνα θεωρῶσι τὴν δόξαν τὴν ἐμὴν ἣν δέδωκάς μοι, ὅτι ἠγάπησάς με πρὸ
καταβολῆς κόσμου. 25 πάτερ δίκαιε, καὶ ὁ κόσμος σε οὐκ ἔγνω, ἐγὼ δέ
σε ἔγνων, καὶ οὗτοι ἔγνωσαν ὅτι σύ με ἀπέστειλας· 26 καὶ ἐγνώρισα αὐ-
τοῖς τὸ ὄνομά σου καὶ γνωρίσω, ἵνα ἡ ἀγάπη ἣν ἠγάπησάς με ἐν αὐτοῖς
ᾖ, κἀγὼ ἐν αὐτοῖς.

ΚΑΤΑ ΙΩΑΝΝΗΝ

18

ΤΑΥΤΑ εἰπὼν ὁ Ἰησοῦς ἐξῆλθε σὺν τοῖς μαθηταῖς αὐτοῦ πέραν τοῦ
χειμάρρου τῶν Κέδρων, ὅπου ἦν κῆπος, εἰς ὃν εἰσῆλθεν αὐτὸς καὶ οἱ
μαθηταὶ αὐτοῦ. 2 ᾔδει δὲ καὶ Ἰούδας ὁ παραδιδοὺς αὐτὸν τὸν τόπον,
ὅτι πολλάκις συνήχθη καὶ ὁ Ἰησοῦς ἐκεῖ μετὰ τῶν μαθητῶν αὐτοῦ. 3 ὁ
οὖν Ἰούδας λαβὼν τὴν σπεῖραν καὶ ἐκ τῶν ἀρχιερέων καὶ Φαρισαίων ὑ-
πηρέτας ἔρχεται ἐκεῖ μετὰ φανῶν καὶ λαμπάδων καὶ ὅπλων. 4 Ἰησοῦς
οὖν εἰδὼς πάντα τὰ ἐρχόμενα ἐπ' αὐτόν, ἐξελθὼν εἶπεν αὐτοῖς· τίνα ζη-
τεῖτε; 5 ἀπεκρίθησαν αὐτῷ· Ἰησοῦν τὸν Ναζωραῖον. λέγει αὐτοῖς ὁ Ἰη-
σοῦς· ἐγώ εἰμι. εἱστήκει δὲ καὶ Ἰούδας ὁ παραδιδοὺς αὐτὸν μετ' αὐτῶν.
6 ὡς οὖν εἶπεν αὐτοῖς ὅτι ἐγώ εἰμι, ἀπῆλθον εἰς τὰ ὀπίσω καὶ ἔπεσον
χαμαί. 7 πάλιν οὖν αὐτοὺς ἐπηρώτησε· τίνα ζητεῖτε; οἱ δὲ εἶπον· Ἰησοῦν
τὸν Ναζωραῖον. 8 ἀπεκρίθη Ἰησοῦς· εἶπον ὑμῖν ὅτι ἐγώ εἰμι. εἰ οὖν ἐμὲ
ζητεῖτε, ἄφετε τούτους ὑπάγειν· 9 ἵνα πληρωθῇ ὁ λόγος ὃν εἶπεν, ὅτι οὓς
δέδωκάς μοι, οὐκ ἀπώλεσα ἐξ αὐτῶν οὐδένα. 10 Σίμων οὖν Πέτρος ἔ-
χων μάχαιραν εἵλκυσεν αὐτήν, καὶ ἔπαισε τὸν τοῦ ἀρχιερέως δοῦλον καὶ
ἀπέκοψεν αὐτοῦ τὸ ὠτίον τὸ δεξιόν· ἦν δὲ ὄνομα τῷ δούλῳ Μάλχος. 11
εἶπεν οὖν ὁ Ἰησοῦς τῷ Πέτρῳ· βάλε τὴν μάχαιραν εἰς τὴν θήκην· τὸ
ποτήριον ὃ δέδωκέ μοι ὁ πατήρ, οὐ μὴ πίω αὐτό; 12 ἡ οὖν σπεῖρα καὶ ὁ
χιλίαρχος καὶ οἱ ὑπηρέται τῶν Ἰουδαίων συνέλαβον τὸν Ἰησοῦν καὶ ἔ-
δησαν αὐτόν, 13 καὶ ἀπήγαγον αὐτὸν πρὸς Ἄνναν πρῶτον· ἦν γὰρ πεν-
θερὸς τοῦ Καϊάφα, ὃς ἦν ἀρχιερεὺς τοῦ ἐνιαυτοῦ ἐκείνου. 14 ἦν δὲ Καϊ-
άφας ὁ συμβουλεύσας τοῖς Ἰουδαίοις ὅτι συμφέρει ἕνα ἄνθρωπον ἀπολέ-
σθαι ὑπὲρ τοῦ λαοῦ.

15 Ἠκολούθει δὲ τῷ Ἰησοῦ Σίμων Πέτρος καὶ ὁ ἄλλος μαθητής. ὁ δὲ
μαθητὴς ἐκεῖνος ἦν γνωστὸς τῷ ἀρχιερεῖ, καὶ συνεισῆλθε τῷ Ἰησοῦ εἰς
τὴν αὐλὴν τοῦ ἀρχιερέως· 16 ὁ δὲ Πέτρος εἱστήκει πρὸς τῇ θύρᾳ ἔξω. ἐ-
ξῆλθεν οὖν ὁ μαθητὴς ὁ ἄλλος, ὃς ἦν γνωστὸς τῷ ἀρχιερεῖ, καὶ εἶπε τῇ
θυρωρῷ, καὶ εἰσήγαγε τὸν Πέτρον. 17 λέγει οὖν ἡ παιδίσκη ἡ θυρωρὸς
τῷ Πέτρῳ· μὴ καὶ σὺ ἐκ τῶν μαθητῶν εἶ τοῦ ἀνθρώπου τούτου; λέγει ἐ-
κεῖνος· οὐκ εἰμί. 18 εἱστήκεισαν δὲ οἱ δοῦλοι καὶ οἱ ὑπηρέται ἀνθρακιὰν
πεποιηκότες, ὅτι ψῦχος ἦν, καὶ ἐθερμαίνοντο· ἦν δὲ μετ' αὐτῶν ὁ Πέ-
τρος ἑστὼς καὶ θερμαινόμενος.

19 Ὁ οὖν ἀρχιερεὺς ἠρώτησε τὸν Ἰησοῦν περὶ τῶν μαθητῶν αὐτοῦ καὶ
περὶ τῆς διδαχῆς αὐτοῦ. 20 ἀπεκρίθη αὐτῷ ὁ Ἰησοῦς· ἐγὼ παρρησίᾳ ἐ-
λάλησα τῷ κόσμῳ· ἐγὼ πάντοτε ἐδίδαξα ἐν συναγωγῇ καὶ ἐν τῷ ἱερῷ,
ὅπου πάντοτε οἱ Ἰουδαῖοι συνέρχονται, καὶ ἐν κρυπτῷ ἐλάλησα οὐδέν.
21 τί με ἐπερωτᾷς; ἐπερώτησον τοὺς ἀκηκοότας τί ἐλάλησα αὐτοῖς· ἴδε
οὗτοι οἴδασιν ἃ εἶπον ἐγώ. 22 ταῦτα δὲ αὐτοῦ εἰπόντος εἷς τῶν ὑπηρε-
τῶν παρεστηκὼς ἔδωκε ῥάπισμα τῷ Ἰησοῦ εἰπών· οὕτως ἀποκρίνῃ τῷ
ἀρχιερεῖ; 23 ἀπεκρίθη αὐτῷ ὁ Ἰησοῦς· εἰ κακῶς ἐλάλησα, μαρτύρησον
περὶ τοῦ κακοῦ· εἰ δὲ καλῶς, τί με δέρεις; 24 ἀπέστειλεν αὐτὸν ὁ Ἄννας
δεδεμένον πρὸς Καϊάφαν τὸν ἀρχιερέα.

25 Ἦν δὲ Σίμων Πέτρος ἑστὼς καὶ θερμαινόμενος. εἶπον οὖν αὐτῷ· μὴ
καὶ σὺ ἐκ τῶν μαθητῶν αὐτοῦ εἶ; 26 ἠρνήσατο οὖν ἐκεῖνος καὶ εἶπεν·
οὐκ εἰμί. λέγει εἷς ἐκ τῶν δούλων τοῦ ἀρχιερέως, συγγενὴς ὢν οὗ ἀπέ-
κοψε Πέτρος τὸ ὠτίον· οὐκ ἐγώ σε εἶδον ἐν τῷ κήπῳ μετ᾽ αὐτοῦ; 27 πά-
λιν οὖν ἠρνήσατο ὁ Πέτρος, καὶ εὐθέως ἀλέκτωρ ἐφώνησεν.

28 Ἄγουσιν οὖν τὸν Ἰησοῦν ἀπὸ τοῦ Καϊάφα εἰς τὸ πραιτώριον· ἦν δὲ
πρωΐ· καὶ αὐτοὶ οὐκ εἰσῆλθον εἰς τὸ πραιτώριον, ἵνα μὴ μιανθῶσιν, ἀλλ᾽
ἵνα φάγωσι τὸ πάσχα. 29 ἐξῆλθεν οὖν ὁ Πιλᾶτος πρὸς αὐτοὺς καὶ εἶπε·
τίνα κατηγορίαν φέρετε κατὰ τοῦ ἀνθρώπου τούτου; 30 ἀπεκρίθησαν καὶ
εἶπον αὐτῷ· εἰ μὴ ἦν οὗτος κακοποιός, οὐκ ἄν σοι παρεδώκαμεν αὐτόν.
31 εἶπεν οὖν αὐτοῖς ὁ Πιλᾶτος· λάβετε αὐτὸν ὑμεῖς καὶ κατὰ τὸν νόμον
ὑμῶν κρίνατε αὐτόν. εἶπον οὖν αὐτῷ οἱ Ἰουδαῖοι· ἡμῖν οὐκ ἔξεστιν ἀπο-
κτεῖναι οὐδένα· 32 ἵνα ὁ λόγος τοῦ Ἰησοῦ πληρωθῇ ὃν εἶπε σημαίνων
ποίῳ θανάτῳ ἤμελλεν ἀποθνήσκειν. 33 εἰσῆλθεν οὖν εἰς τὸ πραιτώριον
πάλιν ὁ Πιλᾶτος καὶ ἐφώνησε τὸν Ἰησοῦν καὶ εἶπεν αὐτῷ· σὺ εἶ ὁ βασι-
λεὺς τῶν Ἰουδαίων; 34 ἀπεκρίθη αὐτῷ ὁ Ἰησοῦς· ἀφ᾽ ἑαυτοῦ σὺ τοῦτο
λέγεις ἢ ἄλλοι σοι εἶπον περὶ ἐμοῦ; 35 ἀπεκρίθη ὁ Πιλᾶτος· μήτι ἐγὼ
Ἰουδαῖός εἰμι; τὸ ἔθνος τὸ σὸν καὶ οἱ ἀρχιερεῖς παρέδωκάν σε ἐμοί· τί ἐ-
ποίησας; 36 ἀπεκρίθη Ἰησοῦς· ἡ βασιλεία ἡ ἐμὴ οὐκ ἔστιν ἐκ τοῦ κό-
σμου τούτου· εἰ ἐκ τοῦ κόσμου τούτου ἦν ἡ βασιλεία ἡ ἐμή, οἱ ὑπηρέται
ἂν οἱ ἐμοὶ ἠγωνίζοντο, ἵνα μὴ παραδοθῶ τοῖς Ἰουδαίοις· νῦν δὲ ἡ βασι-
λεία ἡ ἐμὴ οὐκ ἔστιν ἐντεῦθεν. 37 εἶπεν οὖν αὐτῷ ὁ Πιλᾶτος· οὐκοῦν
βασιλεὺς εἶ σύ; ἀπεκρίθη Ἰησοῦς· σὺ λέγεις ὅτι βασιλεύς εἰμι ἐγώ. ἐγὼ
εἰς τοῦτο γεγέννημαι καὶ εἰς τοῦτο ἐλήλυθα εἰς τὸν κόσμον, ἵνα μαρτυ-
ρήσω τῇ ἀληθείᾳ. πᾶς ὁ ὢν ἐκ τῆς ἀληθείας ἀκούει μου τῆς φωνῆς. 38
λέγει αὐτῷ ὁ Πιλᾶτος· τί ἐστιν ἀλήθεια; καὶ τοῦτο εἰπὼν πάλιν ἐξῆλθε

πρὸς τοὺς Ἰουδαίους καὶ λέγει αὐτοῖς· ἐγὼ οὐδεμίαν αἰτίαν εὑρίσκω ἐν
αὐτῷ· 39 ἔστι δὲ συνήθεια ὑμῖν ἵνα ἕνα ὑμῖν ἀπολύσω ἐν τῷ πάσχα·
βούλεσθε οὖν ὑμῖν ἀπολύσω τὸν βασιλέα τῶν Ἰουδαίων; 40 ἐκραύγασαν
οὖν πάλιν πάντες λέγοντες· μὴ τοῦτον, ἀλλὰ τὸν Βαραββᾶν. ἦν δὲ ὁ
Βαραββᾶς λῃστής.

19

ΤΟΤΕ οὖν ἔλαβεν ὁ Πιλᾶτος τὸν Ἰησοῦν καὶ ἐμαστίγωσε. 2 καὶ οἱ
στρατιῶται πλέξαντες στέφανον ἐξ ἀκανθῶν ἐπέθηκαν αὐτοῦ τῇ κε-
φαλῇ, καὶ ἱμάτιον πορφυροῦν περιέβαλον αὐτὸν 3 καὶ ἔλεγον· χαῖρε
ὁ βασιλεὺς τῶν Ἰουδαίων· καὶ ἐδίδουν αὐτῷ ῥαπίσματα. 4 ἐξῆλθεν οὖν
πάλιν ἔξω ὁ Πιλᾶτος καὶ λέγει αὐτοῖς· ἴδε ἄγω ὑμῖν αὐτὸν ἔξω, ἵνα
γνῶτε ὅτι ἐν αὐτῷ οὐδεμίαν αἰτίαν εὑρίσκω. 5 ἐξῆλθεν οὖν ὁ Ἰησοῦς
ἔξω φορῶν τὸν ἀκάνθινον στέφανον καὶ τὸ πορφυροῦν ἱμάτιον, 6 καὶ λέ-
γει αὐτοῖς· ἴδε ὁ ἄνθρωπος. ὅτε οὖν εἶδον αὐτὸν οἱ ἀρχιερεῖς καὶ οἱ ὑπη-
ρέται, ἐκραύγασαν λέγοντες· σταύρωσον σταύρωσον αὐτόν. λέγει αὐτοῖς
ὁ Πιλᾶτος· λάβετε αὐτὸν ὑμεῖς καὶ σταυρώσατε· ἐγὼ γὰρ οὐχ εὑρίσκω
ἐν αὐτῷ αἰτίαν. 7 ἀπεκρίθησαν αὐτῷ οἱ Ἰουδαῖοι· ἡμεῖς νόμον ἔχομεν,
καὶ κατὰ τὸν νόμον ἡμῶν ὀφείλει ἀποθανεῖν, ὅτι ἑαυτὸν Θεοῦ υἱὸν ἐποί-
ησεν. 8 ὅτε οὖν ἤκουσεν ὁ Πιλᾶτος τοῦτον τὸν λόγον, μᾶλλον ἐφοβήθη,
9 καὶ εἰσῆλθεν εἰς τὸ πραιτώριον πάλιν καὶ λέγει τῷ Ἰησοῦ· πόθεν εἶ σύ;
ὁ δὲ Ἰησοῦς ἀπόκρισιν οὐκ ἔδωκεν αὐτῷ. 10 λέγει οὖν αὐτῷ ὁ Πιλᾶτος·
ἐμοὶ οὐ λαλεῖς; οὐκ οἶδας ὅτι ἐξουσίαν ἔχω σταυρῶσαί σε καὶ ἐξουσίαν
ἔχω ἀπολῦσαί σε; 11 ἀπεκρίθη Ἰησοῦς· οὐκ εἶχες ἐξουσίαν οὐδεμίαν
κατ' ἐμοῦ, εἰ μὴ ἦν σοι δεδομένον ἄνωθεν· διὰ τοῦτο ὁ παραδιδούς μέ σοι
μείζονα ἁμαρτίαν ἔχει. 12 ἐκ τούτου ἐζήτει ὁ Πιλᾶτος ἀπολῦσαι αὐτόν·
οἱ δὲ Ἰουδαῖοι ἔκραζον λέγοντες· ἐὰν τοῦτον ἀπολύσῃς, οὐκ εἶ φίλος τοῦ
Καίσαρος. πᾶς ὁ βασιλέα ἑαυτὸν ποιῶν ἀντιλέγει τῷ Καίσαρι. 13 ὁ οὖν
Πιλᾶτος ἀκούσας τοῦτον τὸν λόγον ἤγαγεν ἔξω τὸν Ἰησοῦν, καὶ ἐκάθι-
σεν ἐπὶ τοῦ βήματος εἰς τόπον λεγόμενον Λιθόστρωτον, ἑβραϊστὶ δὲ
Γαββαθᾶ· 14 ἦν δὲ παρασκευὴ τοῦ πάσχα, ὥρα δὲ ὡσεὶ ἕκτη· καὶ λέγει
τοῖς Ἰουδαίοις· ἴδε ὁ βασιλεὺς ὑμῶν. 15 οἱ δὲ ἐκραύγασαν· ἆρον ἆρον,
σταύρωσον αὐτόν. λέγει αὐτοῖς ὁ Πιλᾶτος· τὸν βασιλέα ὑμῶν σταυρώ-

σω; ἀπεκρίθησαν οἱ ἀρχιερεῖς· οὐκ ἔχομεν βασιλέα εἰ μὴ Καίσαρα. 16
τότε οὖν παρέδωκεν αὐτὸν αὐτοῖς ἵνα σταυρωθῇ.

17 Παρέλαβον δὲ τὸν Ἰησοῦν καὶ ἤγαγον· καὶ βαστάζων τὸν σταυρὸν
αὐτοῦ ἐξῆλθεν εἰς τὸν λεγόμενον κρανίου τόπον, ὃς λέγεται ἑβραϊστὶ
Γολγοθᾶ, 18 ὅπου αὐτὸν ἐσταύρωσαν, καὶ μετ' αὐτοῦ ἄλλους δύο ἐντεῦ-
θεν καὶ ἐντεῦθεν, μέσον δὲ τὸν Ἰησοῦν. 19 ἔγραψε δὲ καὶ τίτλον ὁ Πιλᾶ-
τος καὶ ἔθηκεν ἐπὶ τοῦ σταυροῦ· ἦν δὲ γεγραμμένον· Ἰησοῦς ὁ Ναζω-
ραῖος ὁ βασιλεὺς τῶν Ἰουδαίων. 20 τοῦτον οὖν τὸν τίτλον πολλοὶ ἀνέ-
γνωσαν τῶν Ἰουδαίων, ὅτι ἐγγὺς ἦν τῆς πόλεως ὁ τόπος ὅπου ἐσταυρώ-
θη ὁ Ἰησοῦς· καὶ ἦν γεγραμμένον Ἑβραϊστί, Ἑλληνιστί, Ρωμαϊστί. 21
ἔλεγον οὖν τῷ Πιλάτῳ οἱ ἀρχιερεῖς τῶν Ἰουδαίων· μὴ γράφε, ὁ βασι-
λεὺς τῶν Ἰουδαίων, ἀλλ' ὅτι ἐκεῖνος εἶπε, βασιλεύς εἰμι τῶν Ἰουδαίων.
22 ἀπεκρίθη ὁ Πιλᾶτος· ὃ γέγραφα, γέγραφα.

23 Οἱ οὖν στρατιῶται ὅτε ἐσταύρωσαν τὸν Ἰησοῦν, ἔλαβον τὰ ἱμάτια
αὐτοῦ καὶ ἐποίησαν τέσσαρα μέρη, ἑκάστῳ στρατιώτῃ μέρος, καὶ τὸν
χιτῶνα· ἦν δὲ ὁ χιτὼν ἄρραφος, ἐκ τῶν ἄνωθεν ὑφαντὸς δι' ὅλου. 24 εἶ-
πον οὖν πρὸς ἀλλήλους· μὴ σχίσωμεν αὐτόν, ἀλλὰ λάχωμεν περὶ αὐτοῦ
τίνος ἔσται· ἵνα ἡ γραφὴ πληρωθῇ ἡ λέγουσα· διεμερίσαντο τὰ ἱμάτιά
μου ἑαυτοῖς, καὶ ἐπὶ τὸν ἱματισμόν μου ἔβαλον κλῆρον.

25 Οἱ μὲν οὖν στρατιῶται ταῦτα ἐποίησαν. εἱστήκεισαν δὲ παρὰ τῷ
σταυρῷ τοῦ Ἰησοῦ ἡ μήτηρ αὐτοῦ καὶ ἡ ἀδελφὴ τῆς μητρὸς αὐτοῦ,
Μαρία ἡ τοῦ Κλωπᾶ καὶ Μαρία ἡ Μαγδαληνή. 26 Ἰησοῦς οὖν ἰδὼν
τὴν μητέρα καὶ τὸν μαθητὴν παρεστῶτα ὃν ἠγάπα, λέγει τῇ μητρὶ αὐ-
τοῦ· γύναι, ἴδε ὁ υἱός σου. 27 εἶτα λέγει τῷ μαθητῇ· ἰδοὺ ἡ μήτηρ σου.
καὶ ἀπ' ἐκείνης τῆς ὥρας ἔλαβεν ὁ μαθητὴς αὐτὴν εἰς τὰ ἴδια. 28 Μετὰ
τοῦτο εἰδὼς ὁ Ἰησοῦς ὅτι πάντα ἤδη τετέλεσται, ἵνα τελειωθῇ ἡ γραφή,
λέγει· διψῶ. 29 σκεῦος οὖν ἔκειτο ὄξους μεστόν· οἱ δὲ πλήσαντες σπόγ-
γον ὄξους καὶ ὑσσώπῳ περιθέντες προσήνεγκαν αὐτοῦ τῷ στόματι. 30
ὅτε οὖν ἔλαβε τὸ ὄξος ὁ Ἰησοῦς εἶπε, τετέλεσται, καὶ κλίνας τὴν κεφα-
λὴν παρέδωκε τὸ πνεῦμα.

31 Οἱ οὖν Ἰουδαῖοι, ἵνα μὴ μείνῃ ἐπὶ τοῦ σταυροῦ τὰ σώματα ἐν τῷ
σαββάτῳ, ἐπεὶ παρασκευὴ ἦν· ἦν γὰρ μεγάλη ἡ ἡμέρα ἐκείνη τοῦ σαβ-
βάτου· ἠρώτησαν τὸν Πιλᾶτον ἵνα κατεαγῶσιν αὐτῶν τὰ σκέλη, καὶ ἀρ-
θῶσιν. 32 ἦλθον οὖν οἱ στρατιῶται, καὶ τοῦ μὲν πρώτου κατέαξαν τὰ
σκέλη καὶ τοῦ ἄλλου τοῦ συσταυρωθέντος αὐτῷ· 33 ἐπὶ δὲ τὸν Ἰησοῦν

ἐλθόντες ὡς εἶδον αὐτὸν ἤδη τεθνηκότα, οὐ κατέαξαν αὐτοῦ τὰ σκέλη,
34 ἀλλ' εἷς τῶν στρατιωτῶν λόγχῃ αὐτοῦ τὴν πλευρὰν ἔνυξε, καὶ εὐθέ-
ως ἐξῆλθεν αἷμα καὶ ὕδωρ. 35 καὶ ὁ ἑωρακὼς μεμαρτύρηκε, καὶ ἀληθι-
νὴ αὐτοῦ ἐστιν ἡ μαρτυρία, κἀκεῖνος οἶδεν ὅτι ἀληθῆ λέγει, ἵνα καὶ ὑ-
μεῖς πιστεύσητε. 36 ἐγένετο γὰρ ταῦτα, ἵνα ἡ γραφὴ πληρωθῇ, ὀστοῦν
οὐ συντριβήσεται αὐτοῦ. 37 καὶ πάλιν ἑτέρα γραφὴ λέγει· ὄψονται εἰς
ὃν ἐξεκέντησαν.

38 Μετὰ δὲ ταῦτα ἠρώτησε τὸν Πιλᾶτον Ἰωσὴφ ὁ ἀπὸ Ἀριμαθαίας, ὢν
μαθητὴς τοῦ Ἰησοῦ, κεκρυμμένος δὲ διὰ τὸν φόβον τῶν Ἰουδαίων, ἵνα
ἄρῃ τὸ σῶμα τοῦ Ἰησοῦ· καὶ ἐπέτρεψεν ὁ Πιλᾶτος. ἦλθεν οὖν καὶ ἦρε τὸ
σῶμα τοῦ Ἰησοῦ. 39 ἦλθε δὲ καὶ Νικόδημος ὁ ἐλθὼν πρὸς τὸν Ἰησοῦν
νυκτὸς τὸ πρῶτον, φέρων μῖγμα σμύρνης καὶ ἀλόης ὡς λίτρας ἑκατόν.
40 ἔλαβον οὖν τὸ σῶμα τοῦ Ἰησοῦ καὶ ἔδησαν αὐτὸ ἐν ὀθονίοις μετὰ
τῶν ἀρωμάτων, καθὼς ἔθος ἐστὶ τοῖς Ἰουδαίοις ἐνταφιάζειν. 41 ἦν δὲ ἐν
τῷ τόπῳ ὅπου ἐσταυρώθη κῆπος, καὶ ἐν τῷ κήπῳ μνημεῖον καινόν, ἐν ᾧ
οὐδέπω οὐδεὶς ἐτέθη· 42 ἐκεῖ οὖν διὰ τὴν παρασκευὴν τῶν Ἰουδαίων,
ὅτι ἐγγὺς ἦν τὸ μνημεῖον, ἔθηκαν τὸν Ἰησοῦν.

20

ΤΗΙ δὲ μιᾷ τῶν σαββάτων Μαρία ἡ Μαγδαληνὴ ἔρχεται πρωῒ σκοτί-
ας ἔτι οὔσης εἰς τὸ μνημεῖον, καὶ βλέπει τὸν λίθον ἠρμένον ἐκ τοῦ
μνημείου. 2 τρέχει οὖν καὶ ἔρχεται πρὸς Σίμωνα Πέτρον καὶ πρὸς
τὸν ἄλλον μαθητὴν ὃν ἐφίλει ὁ Ἰησοῦς, καὶ λέγει αὐτοῖς· ἦραν τὸν Κύ-
ριον ἐκ τοῦ μνημείου, καὶ οὐκ οἴδαμεν ποῦ ἔθηκαν αὐτόν. 3 ἐξῆλθεν οὖν
ὁ Πέτρος καὶ ὁ ἄλλος μαθητὴς καὶ ἤρχοντο εἰς τὸ μνημεῖον. 4 ἔτρεχον
δὲ οἱ δύο ὁμοῦ· καὶ ὁ ἄλλος μαθητὴς προέδραμε τάχιον τοῦ Πέτρου καὶ
ἦλθε πρῶτος εἰς τὸ μνημεῖον, 5 καὶ παρακύψας βλέπει κείμενα τὰ ὀθό-
νια, οὐ μέντοι εἰσῆλθεν. 6 ἔρχεται οὖν Σίμων Πέτρος ἀκολουθῶν αὐτῷ,
καὶ εἰσῆλθεν εἰς τὸ μνημεῖον καὶ θεωρεῖ τὰ ὀθόνια κείμενα, 7 καὶ τὸ
σουδάριον, ὃ ἦν ἐπὶ τῆς κεφαλῆς αὐτοῦ, οὐ μετὰ τῶν ὀθονίων κείμενον,
ἀλλὰ χωρὶς ἐντετυλιγμένον εἰς ἕνα τόπον. 8 τότε οὖν εἰσῆλθε καὶ ὁ ἄλ-
λος μαθητὴς ὁ ἐλθὼν πρῶτος εἰς τὸ μνημεῖον, καὶ εἶδε καὶ ἐπίστευσεν·
9 οὐδέπω γὰρ ᾔδεισαν τὴν γραφὴν ὅτι δεῖ αὐτὸν ἐκ νεκρῶν ἀναστῆναι.

10 Ἀπῆλθον οὖν πάλιν πρὸς ἑαυτοὺς οἱ μαθηταί. 11 Μαρία δὲ εἱστήκει
πρὸς τῷ μνημείῳ κλαίουσα ἔξω. 12 ὡς οὖν ἔκλαιε, παρέκυψεν εἰς τὸ
μνημεῖον καὶ θεωρεῖ δύο ἀγγέλους ἐν λευκοῖς καθεζομένους, ἕνα πρὸς
τῇ κεφαλῇ καὶ ἕνα πρὸς τοῖς ποσίν, ὅπου ἔκειτο τὸ σῶμα τοῦ Ἰησοῦ. 13
καὶ λέγουσιν αὐτῇ ἐκεῖνοι· γύναι, τί κλαίεις; λέγει αὐτοῖς· ὅτι ἦραν τὸν
Κύριόν μου, καὶ οὐκ οἶδα ποῦ ἔθηκαν αὐτόν. 14 καὶ ταῦτα εἰποῦσα ἐ-
στράφη εἰς τὰ ὀπίσω, καὶ θεωρεῖ τὸν Ἰησοῦν ἑστῶτα, καὶ οὐκ ᾔδει ὅτι
Ἰησοῦς ἐστι. 15 λέγει αὐτῇ ὁ Ἰησοῦς· γύναι, τί κλαίεις; τίνα ζητεῖς; ἐ-
κείνη δοκοῦσα ὅτι ὁ κηπουρός ἐστι, λέγει αὐτῷ· κύριε, εἰ σὺ ἐβάστασας
αὐτόν, εἰπέ μοι ποῦ ἔθηκας αὐτόν, κἀγὼ αὐτὸν ἀρῶ. 16 λέγει αὐτῇ ὁ Ἰ-
ησοῦς· Μαρία. στραφεῖσα ἐκείνη λέγει αὐτῷ· ραββουνί, ὃ λέγεται, διδά-
σκαλε. 17 λέγει αὐτῇ ὁ Ἰησοῦς· μή μου ἅπτου· οὔπω γὰρ ἀναβέβηκα
πρὸς τὸν πατέρα μου· πορεύου δὲ πρὸς τοὺς ἀδελφούς μου καὶ εἰπὲ αὐ-
τοῖς· ἀναβαίνω πρὸς τὸν πατέρα μου καὶ πατέρα ὑμῶν, καὶ Θεόν μου
καὶ Θεὸν ὑμῶν. 18 ἔρχεται Μαρία ἡ Μαγδαληνὴ ἀπαγγέλλουσα τοῖς
μαθηταῖς ὅτι ἑώρακε τὸν Κύριον, καὶ ταῦτα εἶπεν αὐτῇ.

19 Οὔσης οὖν ὀψίας τῇ ἡμέρᾳ ἐκείνῃ τῇ μιᾷ τῶν σαββάτων, καὶ τῶν
θυρῶν κεκλεισμένων ὅπου ἦσαν οἱ μαθηταὶ συνηγμένοι διὰ τὸν φόβον
τῶν Ἰουδαίων, ἦλθεν ὁ Ἰησοῦς καὶ ἔστη εἰς τὸ μέσον, καὶ λέγει αὐτοῖς·
εἰρήνη ὑμῖν. 20 καὶ τοῦτο εἰπὼν ἔδειξεν αὐτοῖς τὰς χεῖρας καὶ τὴν
πλευρὰν αὐτοῦ. ἐχάρησαν οὖν οἱ μαθηταὶ ἰδόντες τὸν Κύριον. 21 εἶπεν
οὖν αὐτοῖς ὁ Ἰησοῦς πάλιν· εἰρήνη ὑμῖν. καθὼς ἀπέσταλκέ με ὁ πατήρ,
κἀγὼ πέμπω ὑμᾶς. 22 καὶ τοῦτο εἰπὼν ἐνεφύσησε καὶ λέγει αὐτοῖς· λά-
βετε Πνεῦμα Ἅγιον· 23 ἄν τινων ἀφῆτε τὰς ἁμαρτίας, ἀφίενται αὐτοῖς,
ἄν τινων κρατῆτε, κεκράτηνται.

24 Θωμᾶς δὲ εἷς ἐκ τῶν δώδεκα, ὁ λεγόμενος Δίδυμος, οὐκ ἦν μετ' αὐ-
τῶν ὅτε ἦλθεν ὁ Ἰησοῦς. 25 ἔλεγον οὖν αὐτῷ οἱ ἄλλοι μαθηταί· ἑωρά-
καμεν τὸν Κύριον. ὁ δὲ εἶπεν αὐτοῖς· ἐὰν μὴ ἴδω ἐν ταῖς χερσὶν αὐτοῦ
τὸν τύπον τῶν ἥλων, καὶ βάλω τὸν δάκτυλόν μου εἰς τὸν τύπον τῶν ἥ-
λων, καὶ βάλω τὴν χεῖρά μου εἰς τὴν πλευρὰν αὐτοῦ, οὐ μὴ πιστεύσω.
26 καὶ μεθ' ἡμέρας ὀκτὼ πάλιν ἦσαν ἔσω οἱ μαθηταὶ αὐτοῦ καὶ Θωμᾶς
μετ' αὐτῶν. ἔρχεται ὁ Ἰησοῦς τῶν θυρῶν κεκλεισμένων, καὶ ἔστη εἰς τὸ
μέσον καὶ εἶπεν· εἰρήνη ὑμῖν. 27 εἶτα λέγει τῷ Θωμᾷ· φέρε τὸν δάκτυ-
λόν σου ὧδε καὶ ἴδε τὰς χεῖράς μου, καὶ φέρε τὴν χεῖρά σου καὶ βάλε εἰς
τὴν πλευράν μου, καὶ μὴ γίνου ἄπιστος, ἀλλὰ πιστός. 28 καὶ ἀπεκρίθη
Θωμᾶς καὶ εἶπεν αὐτῷ· ὁ Κύριός μου καὶ ὁ Θεός μου. 29 λέγει αὐτῷ ὁ

Ἰησοῦς· ὅτι ἑώρακάς με, πεπίστευκας· μακάριοι οἱ μὴ ἰδόντες καὶ πι-
στεύσαντες.

30 Πολλὰ μὲν οὖν καὶ ἄλλα σημεῖα ἐποίησεν ὁ Ἰησοῦς ἐνώπιον τῶν
μαθητῶν αὐτοῦ, ἃ οὐκ ἔστι γεγραμμένα ἐν τῷ βιβλίῳ τούτῳ· 31 ταῦτα
δὲ γέγραπται ἵνα πιστεύσητε ὅτι Ἰησοῦς ἐστιν ὁ Χριστὸς ὁ υἱὸς τοῦ Θε-
οῦ, καὶ ἵνα πιστεύοντες ζωὴν ἔχητε ἐν τῷ ὀνόματι αὐτοῦ.

21

ΜΕΤΑ ταῦτα ἐφανέρωσεν ἑαυτὸν πάλιν ὁ Ἰησοῦς τοῖς μαθηταῖς ἐπὶ
τῆς θαλάσσης τῆς Τιβεριάδος· ἐφανέρωσε δὲ οὕτως. 2 ἦσαν ὁμοῦ
Σίμων Πέτρος, καὶ Θωμᾶς ὁ λεγόμενος Δίδυμος, καὶ Ναθαναὴλ ὁ
ἀπὸ Κανᾶ τῆς Γαλιλαίας, καὶ οἱ τοῦ Ζεβεδαίου, καὶ ἄλλοι ἐκ τῶν μαθη-
τῶν αὐτοῦ δύο. 3 λέγει αὐτοῖς Σίμων Πέτρος· ὑπάγω ἁλιεύειν. λέγουσιν
αὐτῷ· ἐρχόμεθα καὶ ἡμεῖς σὺν σοί. ἐξῆλθον καὶ ἐνέβησαν εἰς τὸ πλοῖον
εὐθύς, καὶ ἐν ἐκείνῃ τῇ νυκτὶ ἐπίασαν οὐδέν. 4 πρωΐας δὲ ἤδη γενομένης
ἔστη ὁ Ἰησοῦς εἰς τὸν αἰγιαλόν· οὐ μέντοι ᾔδεισαν οἱ μαθηταὶ ὅτι Ἰη-
σοῦς ἐστι. 5 λέγει οὖν αὐτοῖς ὁ Ἰησοῦς· παιδία, μή τι προσφάγιον ἔχετε;
ἀπεκρίθησαν αὐτῷ· οὔ. 6 ὁ δὲ εἶπεν αὐτοῖς· βάλετε εἰς τὰ δεξιὰ μέρη τοῦ
πλοίου τὸ δίκτυον, καὶ εὑρήσετε. ἔβαλον οὖν, καὶ οὐκέτι αὐτὸ ἑλκύσαι ἴ-
σχυσαν ἀπὸ τοῦ πλήθους τῶν ἰχθύων. 7 λέγει οὖν ὁ μαθητὴς ἐκεῖνος, ὃν
ἠγάπα ὁ Ἰησοῦς, τῷ Πέτρῳ· ὁ Κύριός ἐστι. Σίμων οὖν Πέτρος ἀκούσας
ὅτι ὁ Κύριός ἐστι, τὸν ἐπενδύτην διεζώσατο· ἦν γὰρ γυμνός· καὶ ἔβαλεν
ἑαυτὸν εἰς τὴν θάλασσαν· 8 οἱ δὲ ἄλλοι μαθηταὶ τῷ πλοιαρίῳ ἦλθον· οὐ
γὰρ ἦσαν μακρὰν ἀπὸ τῆς γῆς, ἀλλ' ὡς ἀπὸ πηχῶν διακοσίων, σύροντες
τὸ δίκτυον τῶν ἰχθύων. 9 ὡς οὖν ἀπέβησαν εἰς τὴν γῆν, βλέπουσιν ἀν-
θρακιὰν κειμένην καὶ ὀψάριον ἐπικείμενον καὶ ἄρτον. 10 λέγει αὐτοῖς ὁ
Ἰησοῦς· ἐνέγκατε ἀπὸ τῶν ὀψαρίων ὧν ἐπιάσατε νῦν. 11 ἀνέβη Σίμων
Πέτρος καὶ εἵλκυσε τὸ δίκτυον ἐπὶ τῆς γῆς, μεστὸν ἰχθύων μεγάλων ἑ-
κατὸν πεντήκοντα τριῶν· καὶ τοσούτων ὄντων οὐκ ἐσχίσθη τὸ δίκτυον.
12 λέγει αὐτοῖς ὁ Ἰησοῦς· δεῦτε ἀριστήσατε. οὐδεὶς δὲ ἐτόλμα τῶν μα-
θητῶν ἐξετάσαι αὐτὸν σὺ τίς εἶ, εἰδότες ὅτι ὁ Κύριός ἐστιν. 13 ἔρχεται
οὖν ὁ Ἰησοῦς καὶ λαμβάνει τὸν ἄρτον καὶ δίδωσιν αὐτοῖς καὶ τὸ ὀψάριον
ὁμοίως. 14 Τοῦτο ἤδη τρίτον ἐφανερώθη ὁ Ἰησοῦς τοῖς μαθηταῖς αὐτοῦ

ἐγερθεὶς ἐκ νεκρῶν.

15 Ὅτε οὖν ἠρίστησαν, λέγει τῷ Σίμωνι Πέτρῳ ὁ Ἰησοῦς· Σίμων Ἰω-
νᾶ, ἀγαπᾷς με πλεῖον τούτων; λέγει αὐτῷ· ναί, Κύριε, σὺ οἶδας ὅτι φιλῶ
σε. λέγει αὐτῷ· βόσκε τὰ ἀρνία μου. 16 λέγει αὐτῷ πάλιν δεύτερον· Σί-
μων Ἰωνᾶ, ἀγαπᾷς με; λέγει αὐτῷ· ναί, Κύριε, σὺ οἶδας ὅτι φιλῶ σε.
λέγει αὐτῷ· ποίμαινε τὰ πρόβατά μου. 17 λέγει αὐτῷ τὸ τρίτον· Σίμων
Ἰωνᾶ, φιλεῖς με; ἐλυπήθη ὁ Πέτρος ὅτι εἶπεν αὐτῷ τὸ τρίτον, φιλεῖς με,
καὶ εἶπεν αὐτῷ· Κύριε, σὺ πάντα οἶδας, σὺ γινώσκεις ὅτι φιλῶ σε. λέγει
αὐτῷ ὁ Ἰησοῦς· βόσκε τὰ πρόβατά μου. 18 ἀμὴν ἀμὴν λέγω σοι, ὅτε ἦς
νεώτερος, ἐζώννυες σεαυτὸν καὶ περιεπάτεις ὅπου ἤθελες· ὅταν δὲ γηρά-
σῃς, ἐκτενεῖς τὰς χεῖράς σου, καὶ ἄλλος σε ζώσει, καὶ οἴσει ὅπου οὐ θέ-
λεις. 19 τοῦτο δὲ εἶπε σημαίνων ποίῳ θανάτῳ δοξάσει τὸν Θεόν. καὶ
τοῦτο εἰπὼν λέγει αὐτῷ· ἀκολούθει μοι. 20 ἐπιστραφεὶς δὲ ὁ Πέτρος
βλέπει τὸν μαθητὴν ὃν ἠγάπα ὁ Ἰησοῦς ἀκολουθοῦντα, ὃς καὶ ἀνέπεσεν
ἐν τῷ δείπνῳ ἐπὶ τὸ στῆθος αὐτοῦ καὶ εἶπε· Κύριε, τίς ἐστιν ὁ παραδι-
δούς σε; 21 τοῦτον ἰδὼν ὁ Πέτρος λέγει τῷ Ἰησοῦ· Κύριε, οὗτος δὲ τί;
22 λέγει αὐτῷ ὁ Ἰησοῦς· ἐὰν αὐτὸν θέλω μένειν ἕως ἔρχομαι, τί πρὸς
σέ; σὺ ἀκολούθει μοι. 23 ἐξῆλθεν οὖν ὁ λόγος οὗτος εἰς τοὺς ἀδελφοὺς
ὅτι ὁ μαθητὴς ἐκεῖνος οὐκ ἀποθνήσκει· καὶ οὐκ εἶπεν αὐτῷ ὁ Ἰησοῦς ὅτι
οὐκ ἀποθνήσκει, ἀλλ' ἐὰν αὐτὸν θέλω μένειν ἕως ἔρχομαι, τί πρὸς σέ;

24 Οὗτός ἐστιν ὁ μαθητὴς ὁ μαρτυρῶν περὶ τούτων καὶ γράψας ταῦτα,
καὶ οἴδαμεν ὅτι ἀληθής ἐστιν ἡ μαρτυρία αὐτοῦ. 25 ἔστι δὲ καὶ ἄλλα
πολλὰ ὅσα ἐποίησεν ὁ Ἰησοῦς, ἅτινα ἐὰν γράφηται καθ' ἕν, οὐδὲ αὐτὸν
οἶμαι τὸν κόσμον χωρῆσαι τὰ γραφόμενα βιβλία. ἀμήν.

IC
XC

Πράξεις τῶν Ἀποστόλων

ΤΟΝ μὲν πρῶτον λόγον ἐποιησάμην περὶ πάντων, ὦ Θεόφιλε, ὧν ἤρ-
ξατο ὁ Ἰησοῦς ποιεῖν τε καὶ διδάσκειν 2 ἄχρι ἧς ἡμέρας ἐντειλάμε-
νος τοῖς ἀποστόλοις διὰ Πνεύματος Ἁγίου οὓς ἐξελέξατο ἀνελήφθη·
3 οἷς καὶ παρέστησεν ἑαυτὸν ζῶντα μετὰ τὸ παθεῖν αὐτὸν ἐν πολλοῖς
τεκμηρίοις, δι᾽ ἡμερῶν τεσσαράκοντα ὀπτανόμενος αὐτοῖς καὶ λέγων τὰ
περὶ τῆς βασιλείας τοῦ Θεοῦ. 4 καὶ συναλιζόμενος παρήγγειλεν αὐτοῖς
ἀπὸ Ἱεροσολύμων μὴ χωρίζεσθαι, ἀλλὰ περιμένειν τὴν ἐπαγγελίαν τοῦ
πατρὸς ἣν ἠκούσατέ μου· 5 ὅτι Ἰωάννης μὲν ἐβάπτισεν ὕδατι, ὑμεῖς δὲ
βαπτισθήσεσθε ἐν Πνεύματι Ἁγίῳ οὐ μετὰ πολλὰς ταύτας ἡμέρας.

6 Οἱ μὲν οὖν συνελθόντες ἐπηρώτων αὐτὸν λέγοντες· Κύριε, εἰ ἐν τῷ
χρόνῳ τούτῳ ἀποκαθιστάνεις τὴν βασιλείαν τῷ Ἰσραήλ; 7 εἶπε δὲ πρὸς
αὐτούς· οὐχ ὑμῶν ἐστι γνῶναι χρόνους ἢ καιροὺς οὓς ὁ πατὴρ ἔθετο ἐν
τῇ ἰδίᾳ ἐξουσίᾳ, 8 ἀλλὰ λήψεσθε δύναμιν ἐπελθόντος τοῦ Ἁγίου Πνεύ-
ματος ἐφ᾽ ὑμᾶς, καὶ ἔσεσθέ μοι μάρτυρες ἔν τε Ἱερουσαλὴμ καὶ ἐν πάσῃ
τῇ Ἰουδαίᾳ καὶ Σαμαρείᾳ καὶ ἕως ἐσχάτου τῆς γῆς. 9 καὶ ταῦτα εἰπὼν
βλεπόντων αὐτῶν ἐπήρθη, καὶ νεφέλη ὑπέλαβεν αὐτὸν ἀπὸ τῶν ὀφθαλ-
μῶν αὐτῶν. 10 καὶ ὡς ἀτενίζοντες ἦσαν εἰς τὸν οὐρανὸν πορευομένου
αὐτοῦ, καὶ ἰδοὺ ἄνδρες δύο παρειστήκεισαν αὐτοῖς ἐν ἐσθῆτι λευκῇ, 11
οἳ καὶ εἶπον· ἄνδρες Γαλιλαῖοι, τί ἑστήκατε ἐμβλέποντες εἰς τὸν οὐρα-
νόν; οὗτος ὁ Ἰησοῦς ὁ ἀναληφθεὶς ἀφ᾽ ὑμῶν εἰς τὸν οὐρανόν, οὕτως ἐ-
λεύσεται, ὃν τρόπον ἐθεάσασθε αὐτὸν πορευόμενον εἰς τὸν οὐρανόν.

12 Τότε ὑπέστρεψαν εἰς Ἱερουσαλὴμ ἀπὸ ὄρους τοῦ καλουμένου ἐλαιῶ-
νος, ὅ ἐστιν ἐγγὺς Ἱερουσαλήμ, σαββάτου ἔχον ὁδόν. 13 καὶ ὅτε εἰσῆλ-
θον, ἀνέβησαν εἰς τὸ ὑπερῷον οὗ ἦσαν καταμένοντες, ὅ τε Πέτρος καὶ

Ἰάκωβος καὶ Ἰωάννης καὶ Ἀνδρέας, Φίλιππος καὶ Θωμᾶς, Βαρθολο-
μαῖος καὶ Ματθαῖος, Ἰάκωβος Ἀλφαίου καὶ Σίμων ὁ Ζηλωτὴς καὶ Ἰού-
δας Ἰακώβου. 14 οὗτοι πάντες ἦσαν προσκαρτεροῦντες ὁμοθυμαδὸν τῇ
προσευχῇ καὶ τῇ δεήσει σὺν γυναιξὶ καὶ Μαρίᾳ τῇ μητρὶ τοῦ Ἰησοῦ καὶ
σὺν τοῖς ἀδελφοῖς αὐτοῦ.

15 Καὶ ἐν ταῖς ἡμέραις ταύταις ἀναστὰς Πέτρος ἐν μέσῳ τῶν μαθητῶν
εἶπεν· ἦν τε ὄχλος ὀνομάτων ἐπὶ τὸ αὐτὸ ὡς ἑκατὸν εἴκοσιν· 16 ἄνδρες
ἀδελφοί, ἔδει πληρωθῆναι τὴν γραφὴν ταύτην ἣν προεῖπε τὸ Πνεῦμα τὸ
Ἅγιον διὰ στόματος Δαυῒδ περὶ Ἰούδα τοῦ γενομένου ὁδηγοῦ τοῖς συλ-
λαβοῦσι τὸν Ἰησοῦν, 17 ὅτι κατηριθμημένος ἦν σὺν ἡμῖν καὶ ἔλαχε τὸν
κλῆρον τῆς διακονίας ταύτης. 18 οὗτος μὲν οὖν ἐκτήσατο χωρίον ἐκ μι-
σθοῦ τῆς ἀδικίας, καὶ πρηνὴς γενόμενος ἐλάκησε μέσος, καὶ ἐξεχύθη
πάντα τὰ σπλάγχνα αὐτοῦ· 19 καὶ γνωστὸν ἐγένετο πᾶσι τοῖς κατοικοῦ-
σιν Ἱερουσαλήμ, ὥστε κληθῆναι τὸ χωρίον ἐκεῖνο τῇ ἰδίᾳ διαλέκτῳ αὐ-
τῶν Ἀκελδαμᾶ, τουτέστι χωρίον αἵματος. 20 γέγραπται γὰρ ἐν βίβλῳ
ψαλμῶν· γενηθήτω ἡ ἔπαυλις αὐτοῦ ἔρημος καὶ μὴ ἔστω ὁ κατοικῶν ἐν
αὐτῇ· καὶ τὴν ἐπισκοπὴν αὐτοῦ λάβοι ἕτερος. 21 δεῖ οὖν τῶν συνελθόν-
των ἡμῖν ἀνδρῶν ἐν παντὶ χρόνῳ ἐν ᾧ εἰσῆλθεν καὶ ἐξῆλθεν ἐφ' ἡμᾶς ὁ
Κύριος Ἰησοῦς, 22 ἀρξάμενος ἀπὸ τοῦ βαπτίσματος Ἰωάννου ἕως τῆς
ἡμέρας ἧς ἀνελήφθη ἀφ' ἡμῶν, μάρτυρα τῆς ἀναστάσεως αὐτοῦ γενέ-
σθαι σὺν ἡμῖν ἕνα τούτων. 23 Καὶ ἔστησαν δύο, Ἰωσὴφ τὸν καλούμενον
Βαρσαββᾶν, ὃς ἐπεκλήθη Ἰοῦστος, καὶ Ματθίαν, 24 καὶ προσευξάμενοι
εἶπον· σὺ Κύριε, καρδιογνῶστα πάντων, ἀνάδειξον ὃν ἐξελέξω ἐκ τούτων
τῶν δύο ἕνα, 25 λαβεῖν τὸν κλῆρον τῆς διακονίας ταύτης καὶ ἀποστο-
λῆς, ἐξ ἧς παρέβη Ἰούδας πορευθῆναι εἰς τὸν τόπον τὸν ἴδιον. 26 καὶ ἔ-
δωκαν κλήρους αὐτῶν, καὶ ἔπεσεν ὁ κλῆρος ἐπὶ Ματθίαν, καὶ συγκατε-
ψηφίσθη μετὰ τῶν ἕνδεκα ἀποστόλων.

2

ΚΑΙ ἐν τῷ συμπληροῦσθαι τὴν ἡμέραν τῆς πεντηκοστῆς ἦσαν ἅπαν-
τες ὁμοθυμαδὸν ἐπὶ τὸ αὐτό. 2 καὶ ἐγένετο ἄφνω ἐκ τοῦ οὐρανοῦ ἦ-
χος ὥσπερ φερομένης πνοῆς βιαίας, καὶ ἐπλήρωσεν ὅλον τὸν οἶκον
οὗ ἦσαν καθήμενοι· 3 καὶ ὤφθησαν αὐτοῖς διαμεριζόμεναι γλῶσσαι ὡσεὶ

πυρός, ἐκάθισέ τε ἐφ᾽ ἕνα ἕκαστον αὐτῶν, 4 καὶ ἐπλήσθησαν ἅπαντες
Πνεύματος Ἁγίου, καὶ ἤρξαντο λαλεῖν ἑτέραις γλώσσαις καθὼς τὸ
Πνεῦμα ἐδίδου αὐτοῖς ἀποφθέγγεσθαι.

5 Ἦσαν δὲ ἐν Ἱερουσαλὴμ κατοικοῦντες Ἰουδαῖοι, ἄνδρες εὐλαβεῖς ἀπὸ
παντὸς ἔθνους τῶν ὑπὸ τὸν οὐρανόν· 6 γενομένης δὲ τῆς φωνῆς ταύτης
συνῆλθε τὸ πλῆθος καὶ συνεχύθη, ὅτι ἤκουον εἷς ἕκαστος τῇ ἰδίᾳ διαλέ-
κτῳ λαλούντων αὐτῶν. 7 ἐξίσταντο δὲ πάντες καὶ ἐθαύμαζον λέγοντες
πρὸς ἀλλήλους· οὐκ ἰδοὺ πάντες οὗτοί εἰσιν οἱ λαλοῦντες Γαλιλαῖοι; 8
καὶ πῶς ἡμεῖς ἀκούομεν ἕκαστος τῇ ἰδίᾳ διαλέκτῳ ἡμῶν ἐν ᾗ ἐγεννή-
θημεν, 9 Πάρθοι καὶ Μῆδοι καὶ Ἐλαμῖται, καὶ οἱ κατοικοῦντες τὴν Με-
σοποταμίαν, Ἰουδαίαν τε καὶ Καππαδοκίαν, Πόντον καὶ τὴν Ἀσίαν, 10
Φρυγίαν τε καὶ Παμφυλίαν, Αἴγυπτον καὶ τὰ μέρη τῆς Λιβύης τῆς κα-
τὰ Κυρήνην, καὶ οἱ ἐπιδημοῦντες Ῥωμαῖοι, Ἰουδαῖοί τε καὶ προσήλυτοι,
11 Κρῆτες καὶ Ἄραβες, ἀκούομεν λαλούντων αὐτῶν ταῖς ἡμετέραις
γλώσσαις τὰ μεγαλεῖα τοῦ Θεοῦ; 12 ἐξίσταντο δὲ πάντες καὶ διηπό-
ρουν, ἄλλος πρὸς ἄλλον λέγοντες· τί ἂν θέλοι τοῦτο εἶναι; 13 ἕτεροι δὲ
χλευάζοντες ἔλεγον ὅτι γλεύκους μεμεστωμένοι εἰσί.

14 Σταθεὶς δὲ Πέτρος σὺν τοῖς ἕνδεκα ἐπῆρε τὴν φωνὴν αὐτοῦ καὶ ἀπε-
φθέγξατο αὐτοῖς· ἄνδρες Ἰουδαῖοι καὶ οἱ κατοικοῦντες Ἱερουσαλὴμ ἅ-
παντες, τοῦτο ὑμῖν γνωστὸν ἔστω καὶ ἐνωτίσασθε τὰ ῥήματά μου. 15 οὐ
γάρ, ὡς ὑμεῖς ὑπολαμβάνετε, οὗτοι μεθύουσιν· ἔστι γὰρ ὥρα τρίτη τῆς
ἡμέρας· 16 ἀλλὰ τοῦτό ἐστι τὸ εἰρημένον διὰ τοῦ προφήτου Ἰωήλ· 17
καὶ ἔσται ἐν ταῖς ἐσχάταις ἡμέραις, λέγει ὁ Θεός, ἐκχεῶ ἀπὸ τοῦ πνεύ-
ματός μου ἐπὶ πᾶσαν σάρκα, καὶ προφητεύσουσιν οἱ υἱοὶ ὑμῶν καὶ αἱ θυ-
γατέρες ὑμῶν, καὶ οἱ νεανίσκοι ὑμῶν ὁράσεις ὄψονται καὶ οἱ πρεσβύτεροι
ὑμῶν ἐνύπνια ἐνυπνιασθήσονται· 18 καί γε ἐπὶ τοὺς δούλους μου καὶ ἐπὶ
τὰς δούλας μου ἐν ταῖς ἡμέραις ἐκείναις ἐκχεῶ ἀπὸ τοῦ πνεύματός μου,
καὶ προφητεύσουσι. 19 καὶ δώσω τέρατα ἐν τῷ οὐρανῷ ἄνω καὶ σημεῖα
ἐπὶ τῆς γῆς κάτω, αἷμα καὶ πῦρ καὶ ἀτμίδα καπνοῦ· 20 ὁ ἥλιος μετα-
στραφήσεται εἰς σκότος καὶ ἡ σελήνη εἰς αἷμα πρὶν ἢ ἐλθεῖν τὴν ἡμέραν
Κυρίου τὴν μεγάλην καὶ ἐπιφανῆ. 21 καὶ ἔσται πᾶς ὃς ἂν ἐπικαλέσηται
τὸ ὄνομα Κυρίου σωθήσεται. 22 Ἄνδρες Ἰσραηλῖται, ἀκούσατε τοὺς λό-
γους τούτους. Ἰησοῦν τὸν Ναζωραῖον, ἄνδρα ἀπὸ τοῦ Θεοῦ ἀποδεδει-
γμένον εἰς ὑμᾶς δυνάμεσι καὶ τέρασι καὶ σημείοις οἷς ἐποίησε δι᾽ αὐτοῦ
ὁ Θεὸς ἐν μέσῳ ὑμῶν, καθὼς καὶ αὐτοὶ οἴδατε, 23 τοῦτον τῇ ὡρισμένῃ
βουλῇ καὶ προγνώσει τοῦ Θεοῦ ἔκδοτον λαβόντες, διὰ χειρῶν ἀνόμων

προσπήξαντες ἀνείλετε· 24 ὃν ὁ Θεὸς ἀνέστησε λύσας τὰς ὠδῖνας τοῦ
θανάτου, καθότι οὐκ ἦν δυνατὸν κρατεῖσθαι αὐτὸν ὑπ' αὐτοῦ. 25 Δαυῒδ
γὰρ λέγει εἰς αὐτόν· προωρώμην τὸν Κύριον ἐνώπιόν μου διὰ παντός,
ὅτι ἐκ δεξιῶν μού ἐστιν ἵνα μὴ σαλευθῶ. 26 διὰ τοῦτο εὐφράνθη ἡ καρ-
δία μου καὶ ἠγαλλιάσατο ἡ γλῶσσά μου, ἔτι δὲ καὶ ἡ σάρξ μου κατα-
σκηνώσει ἐπ' ἐλπίδι, 27 ὅτι οὐκ ἐγκαταλείψεις τὴν ψυχήν μου εἰς ᾅδου
οὐδὲ δώσεις τὸν ὅσιόν σου ἰδεῖν διαφθοράν. 28 ἐγνώρισάς μοι ὁδοὺς ζω-
ῆς, πληρώσεις με εὐφροσύνης μετὰ τοῦ προσώπου σου.

29 Ἄνδρες ἀδελφοί, ἐξὸν εἰπεῖν μετὰ παρρησίας πρὸς ὑμᾶς περὶ τοῦ πα-
τριάρχου Δαυῒδ ὅτι καὶ ἐτελεύτησε καὶ ἐτάφη καὶ τὸ μνῆμα αὐτοῦ ἐστιν
ἐν ἡμῖν ἄχρι τῆς ἡμέρας ταύτης. 30 προφήτης οὖν ὑπάρχων, καὶ εἰδὼς
ὅτι ὅρκῳ ὤμοσεν αὐτῷ ὁ Θεὸς ἐκ καρποῦ τῆς ὀσφύος αὐτοῦ τὸ κατὰ
σάρκα ἀναστήσειν τὸν Χριστὸν καθίσαι ἐπὶ τοῦ θρόνου αὐτοῦ, 31 προϊ-
δὼν ἐλάλησε περὶ τῆς ἀναστάσεως τοῦ Χριστοῦ ὅτι οὐ κατελείφθη ἡ
ψυχὴ αὐτοῦ εἰς ᾅδου οὐδὲ ἡ σὰρξ αὐτοῦ εἶδε διαφθοράν. 32 τοῦτον τὸν
Ἰησοῦν ἀνέστησεν ὁ Θεός, οὗ πάντες ἡμεῖς ἐσμεν μάρτυρες. 33 τῇ δε-
ξιᾷ οὖν τοῦ Θεοῦ ὑψωθείς, τήν τε ἐπαγγελίαν τοῦ Ἁγίου Πνεύματος
λαβὼν παρὰ τοῦ πατρός, ἐξέχεε τοῦτο ὃ νῦν ὑμεῖς βλέπετε καὶ ἀκούετε.
34 οὐ γὰρ Δαυῒδ ἀνέβη εἰς τοὺς οὐρανούς, λέγει δὲ αὐτός· εἶπεν ὁ Κύρι-
ος τῷ Κυρίῳ μου, κάθου ἐκ δεξιῶν μου 35 ἕως ἂν θῶ τοὺς ἐχθρούς σου
ὑποπόδιον τῶν ποδῶν σου. 36 ἀσφαλῶς οὖν γινωσκέτω πᾶς οἶκος Ἰσρα-
ὴλ ὅτι καὶ Κύριον καὶ Χριστὸν αὐτὸν ὁ Θεὸς ἐποίησε, τοῦτον τὸν Ἰη-
σοῦν ὃν ὑμεῖς ἐσταυρώσατε.

37 Ἀκούσαντες δὲ κατενύγησαν τῇ καρδίᾳ, εἶπόν τε πρὸς τὸν Πέτρον
καὶ τοὺς λοιποὺς ἀποστόλους· τί ποιήσομεν, ἄνδρες ἀδελφοί; 38 Πέτρος
δὲ ἔφη πρὸς αὐτούς· μετανοήσατε, καὶ βαπτισθήτω ἕκαστος ὑμῶν ἐπὶ
τῷ ὀνόματι Ἰησοῦ Χριστοῦ εἰς ἄφεσιν ἁμαρτιῶν, καὶ λήψεσθε τὴν δω-
ρεὰν τοῦ Ἁγίου Πνεύματος. 39 ὑμῖν γάρ ἐστιν ἡ ἐπαγγελία καὶ τοῖς τέ-
κνοις ὑμῶν καὶ πᾶσι τοῖς εἰς μακράν, ὅσους ἂν προσκαλέσηται Κύριος ὁ
Θεὸς ἡμῶν. 40 ἑτέροις τε λόγοις πλείοσι διεμαρτύρετο καὶ παρεκάλει
λέγων· σώθητε ἀπὸ τῆς γενεᾶς τῆς σκολιᾶς ταύτης. 41 οἱ μὲν οὖν ἀ-
σμένως ἀποδεξάμενοι τὸν λόγον αὐτοῦ ἐβαπτίσθησαν, καὶ προσετέθησαν
τῇ ἡμέρᾳ ἐκείνῃ ψυχαὶ ὡσεὶ τρισχίλιαι.

42 Ἦσαν δὲ προσκαρτεροῦντες τῇ διδαχῇ τῶν ἀποστόλων καὶ τῇ κοι-
νωνίᾳ καὶ τῇ κλάσει τοῦ ἄρτου καὶ ταῖς προσευχαῖς. 43 Ἐγένετο δὲ πά-
σῃ ψυχῇ φόβος, πολλά τε τέρατα καὶ σημεῖα διὰ τῶν ἀποστόλων ἐγίνε-

το. 44 πάντες δὲ οἱ πιστεύοντες ἦσαν ἐπὶ τὸ αὐτὸ καὶ εἶχον ἅπαντα κοι-
νά, 45 καὶ τὰ κτήματα καὶ τὰς ὑπάρξεις ἐπίπρασκον καὶ διεμέριζον αὐ-
τὰ πᾶσι καθότι ἄν τις χρείαν εἶχε· 46 καθ' ἡμέραν τε προσκαρτεροῦντες
ὁμοθυμαδὸν ἐν τῷ ἱερῷ, κλῶντές τε κατ' οἶκον ἄρτον, μετελάμβανον
τροφῆς ἐν ἀγαλλιάσει καὶ ἀφελότητι καρδίας, 47 αἰνοῦντες τὸν Θεὸν
καὶ ἔχοντες χάριν πρὸς ὅλον τὸν λαόν. ὁ δὲ Κύριος προσετίθει τοὺς σῳ-
ζομένους καθ' ἡμέραν τῇ ἐκκλησίᾳ.

3

ΕΠΙ τὸ αὐτὸ δὲ Πέτρος καὶ Ἰωάννης ἀνέβαινον εἰς τὸ ἱερὸν ἐπὶ τὴν ὥ-
ραν τῆς προσευχῆς τὴν ἐνάτην. 2 καί τις ἀνὴρ χωλὸς ἐκ κοιλίας
μητρὸς αὐτοῦ ὑπάρχων ἐβαστάζετο, ὃν ἐτίθουν καθ' ἡμέραν πρὸς
τὴν θύραν τοῦ ἱεροῦ τὴν λεγομένην ὡραίαν τοῦ αἰτεῖν ἐλεημοσύνην πα-
ρὰ τῶν εἰσπορευομένων εἰς τὸ ἱερόν· 3 ὃς ἰδὼν Πέτρον καὶ Ἰωάννην
μέλλοντας εἰσιέναι εἰς τὸ ἱερὸν ἠρώτα ἐλεημοσύνην. 4 ἀτενίσας δὲ Πέ-
τρος εἰς αὐτὸν σὺν τῷ Ἰωάννῃ εἶπε· βλέψον εἰς ἡμᾶς. 5 ὁ δὲ ἐπεῖχεν αὐ-
τοῖς προσδοκῶν τι παρ' αὐτῶν λαβεῖν. 6 εἶπε δὲ Πέτρος· ἀργύριον καὶ
χρυσίον οὐχ ὑπάρχει μοι· ὃ δὲ ἔχω τοῦτό σοι δίδωμι· ἐν τῷ ὀνόματι Ἰη-
σοῦ Χριστοῦ τοῦ Ναζωραίου ἔγειρε καὶ περιπάτει. 7 καὶ πιάσας αὐτὸν
τῆς δεξιᾶς χειρὸς ἤγειρε· παραχρῆμα δὲ ἐστερεώθησαν αὐτοῦ αἱ βάσεις
καὶ τὰ σφυρά, 8 καὶ ἐξαλλόμενος ἔστη καὶ περιεπάτει, καὶ εἰσῆλθε σὺν
αὐτοῖς εἰς τὸ ἱερὸν περιπατῶν καὶ ἁλλόμενος καὶ αἰνῶν τὸν Θεόν. 9 καὶ
εἶδεν αὐτὸν πᾶς ὁ λαὸς περιπατοῦντα καὶ αἰνοῦντα τὸν Θεόν· 10 ἐπεγί-
νωσκόν τε αὐτὸν ὅτι οὗτος ἦν ὁ πρὸς τὴν ἐλεημοσύνην καθήμενος ἐπὶ τῇ
ὡραίᾳ πύλῃ τοῦ ἱεροῦ, καὶ ἐπλήσθησαν θάμβους καὶ ἐκστάσεως ἐπὶ τῷ
συμβεβηκότι αὐτῷ. 11 Κρατοῦντος δὲ τοῦ ἰαθέντος χωλοῦ τὸν Πέτρον
καὶ Ἰωάννην συνέδραμε πρὸς αὐτοὺς πᾶς ὁ λαὸς ἐπὶ τῇ στοᾷ τῇ καλου-
μένῃ Σολομῶντος ἔκθαμβοι.

12 Ἰδὼν δὲ Πέτρος ἀπεκρίνατο πρὸς τὸν λαόν· ἄνδρες Ἰσραηλῖται, τί
θαυμάζετε ἐπὶ τούτῳ, ἢ ἡμῖν τί ἀτενίζετε ὡς ἰδίᾳ δυνάμει ἢ εὐσεβείᾳ
πεποιηκόσι τοῦ περιπατεῖν αὐτόν; 13 ὁ Θεὸς Ἀβραὰμ καὶ Ἰσαὰκ καὶ Ἰ-
ακώβ, ὁ Θεὸς τῶν πατέρων ἡμῶν, ἐδόξασε τὸν παῖδα αὐτοῦ Ἰησοῦν· ὃν
ὑμεῖς μὲν παρεδώκατε καὶ ἠρνήσασθε αὐτὸν κατὰ πρόσωπον Πιλάτου,

κρίναντος ἐκείνου ἀπολύειν· 14 ὑμεῖς δὲ τὸν ἅγιον καὶ δίκαιον ἠρνήσα-
σθε, καὶ ᾐτήσασθε ἄνδρα φονέα χαρισθῆναι ὑμῖν, 15 τὸν δὲ ἀρχηγὸν τῆς
ζωῆς ἀπεκτείνατε, ὃν ὁ Θεὸς ἤγειρεν ἐκ νεκρῶν, οὗ ἡμεῖς μάρτυρές ἐ-
σμεν. 16 καὶ ἐπὶ τῇ πίστει τοῦ ὀνόματος αὐτοῦ τοῦτον, ὃν θεωρεῖτε καὶ
οἴδατε, ἐστερέωσε τὸ ὄνομα αὐτοῦ, καὶ ἡ πίστις ἡ δι' αὐτοῦ ἔδωκεν αὐτῷ
τὴν ὁλοκληρίαν ταύτην ἀπέναντι πάντων ὑμῶν. 17 καὶ νῦν, ἀδελφοί,
οἶδα ὅτι κατὰ ἄγνοιαν ἐπράξατε, ὥσπερ καὶ οἱ ἄρχοντες ὑμῶν· 18 ὁ δὲ
Θεὸς ἃ προκατήγγειλε διὰ στόματος πάντων τῶν προφητῶν αὐτοῦ πα-
θεῖν τὸν Χριστόν, ἐπλήρωσεν οὕτω. 19 μετανοήσατε οὖν καὶ ἐπιστρέψα-
τε εἰς τὸ ἐξαλειφθῆναι ὑμῶν τὰς ἁμαρτίας, 20 ὅπως ἂν ἔλθωσι καιροὶ
ἀναψύξεως ἀπὸ προσώπου τοῦ Κυρίου καὶ ἀποστείλῃ τὸν προκεχειρι-
σμένον ὑμῖν Χριστὸν Ἰησοῦν, 21 ὃν δεῖ οὐρανὸν μὲν δέξασθαι ἄχρι χρό-
νων ἀποκαταστάσεως πάντων ὧν ἐλάλησεν ὁ Θεὸς διὰ στόματος πάν-
των ἁγίων αὐτοῦ προφητῶν ἀπ' αἰῶνος. 22 Μωϋσῆς μὲν γὰρ πρὸς τοὺς
πατέρας εἶπεν ὅτι προφήτην ὑμῖν ἀναστήσει Κύριος ὁ Θεὸς ὑμῶν ἐκ
τῶν ἀδελφῶν ὑμῶν ὡς ἐμέ· αὐτοῦ ἀκούσεσθε κατὰ πάντα ὅσα ἂν λαλή-
σῃ πρὸς ὑμᾶς. 23 ἔσται δὲ πᾶσα ψυχή, ἥτις ἐὰν μὴ ἀκούσῃ τοῦ προφή-
του ἐκείνου, ἐξολοθρευθήσεται ἐκ τοῦ λαοῦ. 24 καὶ πάντες δὲ οἱ προφῆ-
ται ἀπὸ Σαμουὴλ καὶ τῶν καθεξῆς ὅσοι ἐλάλησαν, καὶ κατήγγειλαν τὰς
ἡμέρας ταύτας. 25 ὑμεῖς ἐστε υἱοὶ τῶν προφητῶν καὶ τῆς διαθήκης ἧς
διέθετο ὁ Θεὸς πρὸς τοὺς πατέρας ἡμῶν, λέγων πρὸς Ἀβραάμ· καὶ ἐν
τῷ σπέρματί σου ἐνευλογηθήσονται πᾶσαι αἱ πατριαὶ τῆς γῆς. 26 ὑμῖν
πρῶτον ὁ Θεὸς ἀναστήσας τὸν παῖδα αὐτοῦ Ἰησοῦν ἀπέστειλεν αὐτὸν
εὐλογοῦντα ὑμᾶς ἐν τῷ ἀποστρέφειν ἕκαστον ἀπὸ τῶν πονηριῶν ὑμῶν.

4

ΛΑΛΟΥΝΤΩΝ δὲ αὐτῶν πρὸς τὸν λαὸν ἐπέστησαν αὐτοῖς οἱ ἱερεῖς
καὶ ὁ στρατηγὸς τοῦ ἱεροῦ καὶ οἱ Σαδδουκαῖοι, 2 διαπονούμενοι διὰ
τὸ διδάσκειν αὐτοὺς τὸν λαὸν καὶ καταγγέλλειν ἐν τῷ Ἰησοῦ τὴν ἀ-
νάστασιν τῶν νεκρῶν· 3 καὶ ἐπέβαλον αὐτοῖς τὰς χεῖρας καὶ ἔθεντο εἰς
τήρησιν εἰς τὴν αὔριον· ἦν γὰρ ἑσπέρα ἤδη. 4 πολλοὶ δὲ τῶν ἀκουσάν-
των τὸν λόγον ἐπίστευσαν, καὶ ἐγενήθη ὁ ἀριθμὸς τῶν ἀνδρῶν ὡσεὶ χι-
λιάδες πέντε.

5 Ἐγένετο δὲ ἐπὶ τὴν αὔριον συναχθῆναι αὐτῶν τοὺς ἄρχοντας καὶ τοὺς πρεσβυτέρους καὶ γραμματεῖς εἰς Ἱερουσαλήμ, 6 καὶ Ἄνναν τὸν ἀρχιερέα καὶ Καϊάφαν καὶ Ἰωάννην καὶ Ἀλέξανδρον καὶ ὅσοι ἦσαν ἐκ γένους ἀρχιερατικοῦ, 7 καὶ στήσαντες αὐτοὺς ἐν τῷ μέσῳ ἐπυνθάνοντο· ἐν ποίᾳ δυνάμει ἢ ἐν ποίῳ ὀνόματι ἐποιήσατε τοῦτο ὑμεῖς; 8 τότε Πέτρος πλησθεὶς Πνεύματος Ἁγίου εἶπε πρὸς αὐτούς· ἄρχοντες τοῦ λαοῦ καὶ πρεσβύτεροι τοῦ Ἰσραήλ, 9 εἰ ἡμεῖς σήμερον ἀνακρινόμεθα ἐπὶ εὐεργεσίᾳ ἀνθρώπου ἀσθενοῦς, ἐν τίνι οὗτος σέσωσται, 10 γνωστὸν ἔστω πᾶσιν ὑμῖν καὶ παντὶ τῷ λαῷ Ἰσραὴλ ὅτι ἐν τῷ ὀνόματι Ἰησοῦ Χριστοῦ τοῦ Ναζωραίου, ὃν ὑμεῖς ἐσταυρώσατε, ὃν ὁ Θεὸς ἤγειρεν ἐκ νεκρῶν, ἐν τούτῳ οὗτος παρέστηκεν ἐνώπιον ὑμῶν ὑγιής. 11 οὗτός ἐστιν ὁ λίθος ὁ ἐξουθενηθεὶς ὑφ' ὑμῶν τῶν οἰκοδομούντων, ὁ γενόμενος εἰς κεφαλὴν γωνίας. 12 καὶ οὐκ ἔστιν ἐν ἄλλῳ οὐδενὶ ἡ σωτηρία· οὐδὲ γὰρ ὄνομά ἐστιν ἕτερον ὑπὸ τὸν οὐρανὸν τὸ δεδομένον ἐν ἀνθρώποις ἐν ᾧ δεῖ σωθῆναι ἡμᾶς.

13 Θεωροῦντες δὲ τὴν τοῦ Πέτρου παρρησίαν καὶ Ἰωάννου, καὶ καταλαβόμενοι ὅτι ἄνθρωποι ἀγράμματοί εἰσι καὶ ἰδιῶται, ἐθαύμαζον, ἐπεγίνωσκόν τε αὐτοὺς ὅτι σὺν τῷ Ἰησοῦ ἦσαν, 14 τὸν δὲ ἄνθρωπον βλέποντες σὺν αὐτοῖς ἑστῶτα τὸν τεθεραπευμένον, οὐδὲν εἶχον ἀντειπεῖν. 15 κελεύσαντες δὲ αὐτοὺς ἔξω τοῦ συνεδρίου ἀπελθεῖν, συνέβαλλον πρὸς ἀλλήλους 16 λέγοντες· τί ποιήσομεν τοῖς ἀνθρώποις τούτοις; ὅτι μὲν γὰρ γνωστὸν σημεῖον γέγονε δι' αὐτῶν, πᾶσι τοῖς κατοικοῦσιν Ἱερουσαλὴμ φανερὸν καὶ οὐ δυνάμεθα ἀρνήσασθαι· 17 ἀλλ' ἵνα μὴ ἐπὶ πλεῖον διανεμηθῇ εἰς τὸν λαόν, ἀπειλῇ ἀπειλησώμεθα αὐτοῖς μηκέτι λαλεῖν ἐπὶ τῷ ὀνόματι τούτῳ μηδενὶ ἀνθρώπων. 18 καὶ καλέσαντες αὐτοὺς παρήγγειλαν αὐτοῖς τὸ καθόλου μὴ φθέγγεσθαι μηδὲ διδάσκειν ἐπὶ τῷ ὀνόματι τοῦ Ἰησοῦ. 19 ὁ δὲ Πέτρος καὶ Ἰωάννης ἀποκριθέντες πρὸς αὐτοὺς εἶπον· εἰ δίκαιόν ἐστιν ἐνώπιον τοῦ Θεοῦ ὑμῶν ἀκούειν μᾶλλον ἢ τοῦ Θεοῦ κρίνατε. 20 οὐ δυνάμεθα γὰρ ἡμεῖς ἃ εἴδομεν καὶ ἠκούσαμεν μὴ λαλεῖν. 21 οἱ δὲ προσαπειλησάμενοι ἀπέλυσαν αὐτούς, μηδὲν εὑρίσκοντες τὸ πῶς κολάσονται αὐτούς, διὰ τὸν λαόν, ὅτι πάντες ἐδόξαζον τὸν Θεὸν ἐπὶ τῷ γεγονότι· 22 ἐτῶν γὰρ ἦν πλειόνων τεσσαράκοντα ὁ ἄνθρωπος ἐφ' ὃν ἐγεγόνει τὸ σημεῖον τοῦτο τῆς ἰάσεως.

23 Ἀπολυθέντες δὲ ἦλθον πρὸς τοὺς ἰδίους καὶ ἀπήγγειλαν ὅσα πρὸς αὐτοὺς οἱ ἀρχιερεῖς καὶ οἱ πρεσβύτεροι εἶπον. 24 οἱ δὲ ἀκούσαντες ὁμοθυμαδὸν ἦραν φωνὴν πρὸς τὸν Θεὸν καὶ εἶπον· Δέσποτα, σὺ ὁ ποιήσας

τὸν οὐρανὸν καὶ τὴν γῆν καὶ τὴν θάλασσαν καὶ πάντα τὰ ἐν αὐτοῖς, 25 ὁ
διὰ στόματος Δαυῒδ παιδός σου εἰπών· ἵνα τί ἐφρύαξαν ἔθνη καὶ λαοὶ ἐ-
μελέτησαν κενά; 26 παρέστησαν οἱ βασιλεῖς τῆς γῆς καὶ οἱ ἄρχοντες
συνήχθησαν ἐπὶ τὸ αὐτὸ κατὰ τοῦ Κυρίου καὶ κατὰ τοῦ Χριστοῦ αὐτοῦ.
27 συνήχθησαν γὰρ ἐπ' ἀληθείας ἐπὶ τὸν ἅγιον παῖδά σου Ἰησοῦν, ὃν ἔ-
χρισας, Ἡρῴδης τε καὶ Πόντιος Πιλᾶτος σὺν ἔθνεσι καὶ λαοῖς Ἰσραήλ,
28 ποιῆσαι ὅσα ἡ χείρ σου καὶ ἡ βουλή σου προώρισε γενέσθαι. 29 καὶ
τὰ νῦν, Κύριε, ἔπιδε ἐπὶ τὰς ἀπειλὰς αὐτῶν, καὶ δὸς τοῖς δούλοις σου
μετὰ παρρησίας πάσης λαλεῖν τὸν λόγον σου 30 ἐν τῷ τὴν χεῖρά σου ἐ-
κτείνειν σε εἰς ἴασιν καὶ σημεῖα καὶ τέρατα γίνεσθαι διὰ τοῦ ὀνόματος
τοῦ ἁγίου παιδός σου Ἰησοῦ. 31 καὶ δεηθέντων αὐτῶν ἐσαλεύθη ὁ τόπος
ἐν ᾧ ἦσαν συνηγμένοι, καὶ ἐπλήσθησαν ἅπαντες Πνεύματος Ἁγίου, καὶ
ἐλάλουν τὸν λόγον τοῦ Θεοῦ μετὰ παρρησίας.

32 Τοῦ δὲ πλήθους τῶν πιστευσάντων ἦν ἡ καρδία καὶ ἡ ψυχὴ μία, καὶ
οὐδὲ εἷς τι τῶν ὑπαρχόντων αὐτῷ ἔλεγεν ἴδιον εἶναι, ἀλλ' ἦν αὐτοῖς ἅ-
παντα κοινά. 33 καὶ μεγάλῃ δυνάμει ἀπεδίδουν τὸ μαρτύριον οἱ ἀπόστο-
λοι τῆς ἀναστάσεως τοῦ Κυρίου Ἰησοῦ, χάρις τε μεγάλη ἦν ἐπὶ πάντας
αὐτούς. 34 οὐδὲ γὰρ ἐνδεής τις ὑπῆρχεν ἐν αὐτοῖς· ὅσοι γὰρ κτήτορες
χωρίων ἢ οἰκιῶν ὑπῆρχον, πωλοῦντες ἔφερον τὰς τιμὰς τῶν πιπρασκο-
μένων καὶ ἐτίθουν παρὰ τοὺς πόδας τῶν ἀποστόλων· 35 διεδίδετο δὲ ἑ-
κάστῳ καθότι ἄν τις χρείαν εἶχεν. 36 Ἰωσῆς δὲ ὁ ἐπικληθεὶς Βαρνάβας
ὑπὸ τῶν ἀποστόλων, ὅ ἐστι μεθερμηνευόμενον υἱὸς παρακλήσεως, Λευΐ-
της, Κύπριος τῷ γένει, 37 ὑπάρχοντος αὐτῷ ἀγροῦ, πωλήσας ἤνεγκε τὸ
χρῆμα καὶ ἔθηκε παρὰ τοὺς πόδας τῶν ἀποστόλων.

5

ΑΝΗΡ δέ τις Ἀνανίας ὀνόματι σὺν Σαπφείρῃ τῇ γυναικὶ αὐτοῦ ἐπώ-
λησε κτῆμα 2 καὶ ἐνοσφίσατο ἀπὸ τῆς τιμῆς, συνειδυίας καὶ τῆς
γυναικὸς αὐτοῦ, καὶ ἐνέγκας μέρος τι παρὰ τοὺς πόδας τῶν ἀποστό-
λων ἔθηκεν. 3 εἶπε δὲ Πέτρος· Ἀνανία, διατί ἐπλήρωσεν ὁ σατανᾶς τὴν
καρδίαν σου, ψεύσασθαί σε τὸ Πνεῦμα τὸ Ἅγιον καὶ νοσφίσασθαι ἀπὸ
τῆς τιμῆς τοῦ χωρίου; 4 οὐχὶ μένον σοι ἔμενε καὶ πραθὲν ἐν τῇ σῇ ἐξου-
σίᾳ ὑπῆρχε; τί ὅτι ἔθου ἐν τῇ καρδίᾳ σου τὸ πρᾶγμα τοῦτο; οὐκ ἐψεύσω

ἀνθρώποις, ἀλλὰ τῷ Θεῷ. 5 ἀκούων δὲ ὁ Ἀνανίας τοὺς λόγους τούτους
πεσὼν ἐξέψυξε, καὶ ἐγένετο φόβος μέγας ἐπὶ πάντας τοὺς ἀκούοντας
ταῦτα. 6 ἀναστάντες δὲ οἱ νεώτεροι συνέστειλαν αὐτὸν καὶ ἐξενέγκαντες
ἔθαψαν. 7 Ἐγένετο δὲ ὡς ὡρῶν τριῶν διάστημα καὶ ἡ γυνὴ αὐτοῦ, μὴ
εἰδυῖα τὸ γεγονός, εἰσῆλθεν. 8 ἀπεκρίθη δὲ αὐτῇ ὁ Πέτρος· εἰπέ μοι, εἰ
τοσούτου τὸ χωρίον ἀπέδοσθε; ἡ δὲ εἶπε· ναί, τοσούτου. 9 ὁ δὲ Πέτρος εἶ-
πε πρὸς αὐτήν· τί ὅτι συνεφωνήθη ὑμῖν πειράσαι τὸ Πνεῦμα Κυρίου; ἰ-
δοὺ οἱ πόδες τῶν θαψάντων τὸν ἄνδρα σου ἐπὶ τῇ θύρᾳ καὶ ἐξοίσουσί σε.
10 ἔπεσε δὲ παραχρῆμα παρὰ τοὺς πόδας αὐτοῦ καὶ ἐξέψυξεν· εἰσελθόν-
τες δὲ οἱ νεανίσκοι εὗρον αὐτὴν νεκράν, καὶ ἐξενέγκαντες ἔθαψαν πρὸς
τὸν ἄνδρα αὐτῆς. 11 καὶ ἐγένετο φόβος μέγας ἐφ᾽ ὅλην τὴν ἐκκλησίαν
καὶ ἐπὶ πάντας τοὺς ἀκούοντας ταῦτα.

12 Διὰ δὲ τῶν χειρῶν τῶν ἀποστόλων ἐγίνετο σημεῖα καὶ τέρατα ἐν τῷ
λαῷ πολλά· καὶ ἦσαν ὁμοθυμαδὸν ἅπαντες ἐν τῇ στοᾷ Σολομῶντος· 13
τῶν δὲ λοιπῶν οὐδεὶς ἐτόλμα κολλᾶσθαι αὐτοῖς, ἀλλ᾽ ἐμεγάλυνεν αὐ-
τοὺς ὁ λαός· 14 μᾶλλον δὲ προσετίθεντο πιστεύοντες τῷ Κυρίῳ πλήθη
ἀνδρῶν τε καὶ γυναικῶν, 15 ὥστε κατὰ τὰς πλατείας ἐκφέρειν τοὺς ἀ-
σθενεῖς καὶ τιθέναι ἐπὶ κλινῶν καὶ κραβάττων, ἵνα ἐρχομένου Πέτρου
κἂν ἡ σκιὰ ἐπισκιάσῃ τινὶ αὐτῶν. 16 συνήρχετο δὲ καὶ τὸ πλῆθος τῶν
πέριξ πόλεων εἰς Ἱερουσαλὴμ φέροντες ἀσθενεῖς καὶ ὀχλουμένους ὑπὸ
πνευμάτων ἀκαθάρτων, οἵτινες ἐθεραπεύοντο ἅπαντες.

17 Ἀναστὰς δὲ ὁ ἀρχιερεὺς καὶ πάντες οἱ σὺν αὐτῷ, ἡ οὖσα αἵρεσις τῶν
Σαδδουκαίων, ἐπλήσθησαν ζήλου 18 καὶ ἐπέβαλον τὰς χεῖρας αὐτῶν
ἐπὶ τοὺς ἀποστόλους, καὶ ἔθεντο αὐτοὺς ἐν τηρήσει δημοσίᾳ. 19 ἄγγε-
λος δὲ Κυρίου διὰ τῆς νυκτὸς ἤνοιξε τὰς θύρας τῆς φυλακῆς, ἐξαγαγών
τε αὐτοὺς εἶπε· 20 πορεύεσθε, καὶ σταθέντες λαλεῖτε ἐν τῷ ἱερῷ τῷ λαῷ
πάντα τὰ ῥήματα τῆς ζωῆς ταύτης. 21 ἀκούσαντες δὲ εἰσῆλθον ὑπὸ τὸν
ὄρθρον εἰς τὸ ἱερὸν καὶ ἐδίδασκον. παραγενόμενος δὲ ὁ ἀρχιερεὺς καὶ οἱ
σὺν αὐτῷ συνεκάλεσαν τὸ συνέδριον καὶ πᾶσαν τὴν γερουσίαν τῶν υἱῶν
Ἰσραήλ. καὶ ἀπέστειλαν εἰς τὸ δεσμωτήριον ἀχθῆναι αὐτούς. 22 οἱ δὲ
ὑπηρέται παραγενόμενοι οὐχ εὗρον αὐτοὺς ἐν τῇ φυλακῇ, ἀναστρέψαν-
τες δὲ ἀπήγγειλαν 23 λέγοντες ὅτι τὸ μὲν δεσμωτήριον εὕρομεν κεκλει-
σμένον ἐν πάσῃ ἀσφαλείᾳ καὶ τοὺς φύλακας ἑστῶτας πρὸ τῶν θυρῶν, ἀ-
νοίξαντες δὲ ἔσω οὐδένα εὕρομεν. 24 ὡς δὲ ἤκουσαν τοὺς λόγους τού-
τους ὅ τε ἱερεὺς καὶ ὁ στρατηγὸς τοῦ ἱεροῦ καὶ οἱ ἀρχιερεῖς, διηπόρουν
περὶ αὐτῶν τί ἂν γένοιτο τοῦτο. 25 παραγενόμενος δέ τις ἀπήγγειλεν

αὐτοῖς ὅτι ἰδοὺ οἱ ἄνδρες, οὓς ἔθεσθε ἐν τῇ φυλακῇ, εἰσὶν ἐν τῷ ἱερῷ ἑ-
στῶτες καὶ διδάσκοντες τὸν λαόν. 26 τότε ἀπελθὼν ὁ στρατηγὸς σὺν
τοῖς ὑπηρέταις ἤγαγεν αὐτοὺς οὐ μετὰ βίας· ἐφοβοῦντο γὰρ τὸν λαόν,
ἵνα μὴ λιθασθῶσιν· 27 ἀγαγόντες δὲ αὐτοὺς ἔστησαν ἐν τῷ συνεδρίῳ.
καὶ ἐπηρώτησεν αὐτοὺς ὁ ἀρχιερεὺς 28 λέγων· οὐ παραγγελίᾳ παρηγ-
γείλαμεν ὑμῖν μὴ διδάσκειν ἐπὶ τῷ ὀνόματι τούτῳ; καὶ ἰδοὺ πεπληρώ-
κατε τὴν Ἱερουσαλὴμ τῆς διδαχῆς ὑμῶν, καὶ βούλεσθε ἐπαγαγεῖν ἐφ᾿
ἡμᾶς τὸ αἷμα τοῦ ἀνθρώπου τούτου. 29 ἀποκριθεὶς δὲ Πέτρος καὶ οἱ ἀ-
πόστολοι εἶπον· πειθαρχεῖν δεῖ Θεῷ μᾶλλον ἢ ἀνθρώποις. 30 ὁ Θεὸς
τῶν πατέρων ἡμῶν ἤγειρεν Ἰησοῦν, ὃν ὑμεῖς διεχειρίσασθε κρεμάσαν-
τες ἐπὶ ξύλου· 31 τοῦτον ὁ Θεὸς ἀρχηγὸν καὶ σωτῆρα ὕψωσε τῇ δεξιᾷ
αὐτοῦ δοῦναι μετάνοιαν τῷ Ἰσραὴλ καὶ ἄφεσιν ἁμαρτιῶν. 32 καὶ ἡμεῖς
ἐσμεν αὐτοῦ μάρτυρες τῶν ρημάτων τούτων, καὶ τὸ Πνεῦμα δὲ τὸ Ἅγι-
ον ὃ ἔδωκεν ὁ Θεὸς τοῖς πειθαρχοῦσιν αὐτῷ. 33 οἱ δὲ ἀκούσαντες διεπρί-
οντο καὶ ἐβουλεύοντο ἀνελεῖν αὐτούς. 34 Ἀναστὰς δέ τις ἐν τῷ συνε-
δρίῳ Φαρισαῖος ὀνόματι Γαμαλιήλ, νομοδιδάσκαλος τίμιος παντὶ τῷ
λαῷ, ἐκέλευσεν ἔξω βραχύ τι τοὺς ἀποστόλους ποιῆσαι, 35 εἶπέ τε πρὸς
αὐτούς· ἄνδρες Ἰσραηλῖται, προσέχετε ἑαυτοῖς ἐπὶ τοῖς ἀνθρώποις τού-
τοις τί μέλλετε πράσσειν. 36 πρὸ γὰρ τούτων τῶν ἡμερῶν ἀνέστη Θευ-
δᾶς, λέγων εἶναί τινα ἑαυτόν, ᾧ προσεκλίθη ἀριθμὸς ἀνδρῶν ὡσεὶ τε-
τρακοσίων· ὃς ἀνῃρέθη, καὶ πάντες ὅσοι ἐπείθοντο αὐτῷ διελύθησαν καὶ
ἐγένοντο εἰς οὐδέν. 37 μετὰ τοῦτον ἀνέστη Ἰούδας ὁ Γαλιλαῖος ἐν ταῖς
ἡμέραις τῆς ἀπογραφῆς καὶ ἀπέστησε λαὸν ἱκανὸν ὀπίσω αὐτοῦ· κἀκεῖ-
νος ἀπώλετο, καὶ πάντες ὅσοι ἐπείθοντο αὐτῷ διεσκορπίσθησαν. 38 καὶ
τὰ νῦν λέγω ὑμῖν, ἀπόστητε ἀπὸ τῶν ἀνθρώπων τούτων καὶ ἐάσατε αὐ-
τούς· ὅτι ἐὰν ᾖ ἐξ ἀνθρώπων ἡ βουλὴ αὕτη ἢ τὸ ἔργον τοῦτο, καταλυθή-
σεται· 39 εἰ δὲ ἐκ Θεοῦ ἐστιν, οὐ δύνασθε καταλῦσαι αὐτό, μή ποτε καὶ
θεομάχοι εὑρεθῆτε. 40 ἐπείσθησαν δὲ αὐτῷ, καὶ προσκαλεσάμενοι τοὺς
ἀποστόλους δείραντες παρήγγειλαν μὴ λαλεῖν ἐπὶ τῷ ὀνόματι τοῦ Ἰη-
σοῦ, καὶ ἀπέλυσαν αὐτούς. 41 οἱ μὲν οὖν ἐπορεύοντο χαίροντες ἀπὸ προ-
σώπου τοῦ συνεδρίου, ὅτι ὑπὲρ τοῦ ὀνόματος αὐτοῦ κατηξιώθησαν ἀτι-
μασθῆναι· 42 πᾶσαν τε ἡμέραν ἐν τῷ ἱερῷ καὶ κατ᾿ οἶκον οὐκ ἐπαύοντο
διδάσκοντες καὶ εὐαγγελιζόμενοι Ἰησοῦν τὸν Χριστόν.

ΠΡΑΞΕΙΣ

6

ἘΝ δὲ ταῖς ἡμέραις ταύταις πληθυνόντων τῶν μαθητῶν ἐγένετο γογ-
γυσμὸς τῶν Ἑλληνιστῶν πρὸς τοὺς Ἑβραίους, ὅτι παρεθεωροῦντο
ἐν τῇ διακονίᾳ τῇ καθημερινῇ αἱ χῆραι αὐτῶν. 2 προσκαλεσάμενοι
δὲ οἱ δώδεκα τὸ πλῆθος τῶν μαθητῶν εἶπον· οὐκ ἀρεστόν ἐστιν ἡμᾶς
καταλείψαντας τὸν λόγον τοῦ Θεοῦ διακονεῖν τραπέζαις. 3 ἐπισκέψασθε
οὖν, ἀδελφοί, ἄνδρας ἐξ ὑμῶν μαρτυρουμένους ἑπτά, πλήρεις Πνεύμα-
τος Ἁγίου καὶ σοφίας, οὓς καταστήσομεν ἐπὶ τῆς χρείας ταύτης· 4 ἡ-
μεῖς δὲ τῇ προσευχῇ καὶ τῇ διακονίᾳ τοῦ λόγου προσκαρτερήσομεν. 5
καὶ ἤρεσεν ὁ λόγος ἐνώπιον παντὸς τοῦ πλήθους· καὶ ἐξελέξαντο Στέ-
φανον, ἄνδρα πλήρη πίστεως καὶ Πνεύματος Ἁγίου, καὶ Φίλιππον καὶ
Πρόχορον καὶ Νικάνορα καὶ Τίμωνα καὶ Παρμενᾶν καὶ Νικόλαον προ-
σήλυτον Ἀντιοχέα, 6 οὓς ἔστησαν ἐνώπιον τῶν ἀποστόλων, καὶ προσευ-
ξάμενοι ἐπέθηκαν αὐτοῖς τὰς χεῖρας. 7 καὶ ὁ λόγος τοῦ Θεοῦ ηὔξανε,
καὶ ἐπληθύνετο ὁ ἀριθμὸς τῶν μαθητῶν ἐν Ἱερουσαλὴμ σφόδρα, πολύς
τε ὄχλος τῶν Ἰουδαίων ὑπήκουον τῇ πίστει.

8 Στέφανος δὲ πλήρης πίστεως καὶ δυνάμεως ἐποίει τέρατα καὶ σημεῖα
μεγάλα ἐν τῷ λαῷ. 9 ἀνέστησαν δέ τινες τῶν ἐκ τῆς συναγωγῆς τῆς
λεγομένης Λιβερτίνων καὶ Κυρηναίων καὶ Ἀλεξανδρέων καὶ τῶν ἀπὸ
Κιλικίας καὶ Ἀσίας συζητοῦντες τῷ Στεφάνῳ, 10 καὶ οὐκ ἴσχυον ἀντι-
στῆναι τῇ σοφίᾳ καὶ τῷ πνεύματι ᾧ ἐλάλει. 11 τότε ὑπέβαλον ἄνδρας
λέγοντας ὅτι ἀκηκόαμεν αὐτοῦ λαλοῦντος ρήματα βλάσφημα εἰς Μωϋ-
σῆν καὶ τὸν Θεόν· 12 συνεκίνησάν τε τὸν λαὸν καὶ τοὺς πρεσβυτέρους
καὶ τοὺς γραμματεῖς, καὶ ἐπιστάντες συνήρπασαν αὐτὸν καὶ ἤγαγον εἰς
τὸ συνέδριον, 13 ἔστησάν τε μάρτυρας ψευδεῖς λέγοντας· ὁ ἄνθρωπος
οὗτος οὐ παύεται ρήματα βλάσφημα λαλῶν κατὰ τοῦ τόπου τοῦ ἁγίου
καὶ τοῦ νόμου· 14 ἀκηκόαμεν γὰρ αὐτοῦ λέγοντος ὅτι Ἰησοῦς ὁ Ναζω-
ραῖος οὗτος καταλύσει τὸν τόπον τοῦτον καὶ ἀλλάξει τὰ ἔθη ἃ παρέδω-
κεν ἡμῖν Μωϋσῆς. 15 καὶ ἀτενίσαντες εἰς αὐτὸν ἅπαντες οἱ καθεζόμενοι
ἐν τῷ συνεδρίῳ εἶδον τὸ πρόσωπον αὐτοῦ ὡσεὶ πρόσωπον ἀγγέλου.

7

ΕΙΠΕ δὲ ὁ ἀρχιερεύς· εἰ ἄρα ταῦτα οὕτως ἔχει; 2 ὁ δὲ ἔφη· ἄνδρες ἀδελφοὶ καὶ πατέρες, ἀκούσατε. ὁ Θεὸς τῆς δόξης ὤφθη τῷ πατρὶ ἡμῶν Ἀβραὰμ ὄντι ἐν τῇ Μεσοποταμίᾳ, πρὶν ἢ κατοικῆσαι αὐτὸν ἐν Χαρράν, 3 καὶ εἶπε πρὸς αὐτόν· ἔξελθε ἐκ τῆς γῆς σου καὶ ἐκ τῆς συγγενείας σου, καὶ δεῦρο εἰς γῆν ἣν ἄν σοι δείξω. 4 τότε ἐξελθὼν ἐκ γῆς Χαλδαίων κατῴκησεν ἐν Χαρράν. κἀκεῖθεν μετὰ τὸ ἀποθανεῖν τὸν πατέρα αὐτοῦ μετῴκησεν αὐτὸν εἰς τὴν γῆν ταύτην εἰς ἣν ὑμεῖς νῦν κατοικεῖτε· 5 καὶ οὐκ ἔδωκεν αὐτῷ κληρονομίαν ἐν αὐτῇ οὐδὲ βῆμα ποδός, καὶ ἐπηγγείλατο δοῦναι αὐτῷ εἰς κατάσχεσιν αὐτὴν καὶ τῷ σπέρματι αὐτοῦ μετ' αὐτόν, οὐκ ὄντος αὐτῷ τέκνου. 6 ἐλάλησε δὲ οὕτως ὁ Θεός, ὅτι ἔσται τὸ σπέρμα αὐτοῦ πάροικον ἐν γῇ ἀλλοτρίᾳ, καὶ δουλώσουσιν αὐτὸ καὶ κακώσουσιν ἔτη τετρακόσια· 7 καὶ τὸ ἔθνος ᾧ ἐὰν δουλεύσωσι κρινῶ ἐγώ, εἶπεν ὁ Θεός· καὶ μετὰ ταῦτα ἐξελεύσονται καὶ λατρεύσουσί μοι ἐν τῷ τόπῳ τούτῳ. 8 καὶ ἔδωκεν αὐτῷ διαθήκην περιτομῆς· καὶ οὕτως ἐγέννησε τὸν Ἰσαὰκ καὶ περιέτεμεν αὐτὸν τῇ ἡμέρᾳ τῇ ὀγδόῃ, καὶ ὁ Ἰσαὰκ τὸν Ἰακώβ, καὶ ὁ Ἰακὼβ τοὺς δώδεκα πατριάρχας. 9 καὶ οἱ πατριάρχαι ζηλώσαντες τὸν Ἰωσὴφ ἀπέδοντο εἰς Αἴγυπτον. 10 καὶ ἦν ὁ Θεὸς μετ' αὐτοῦ, καὶ ἐξείλετο αὐτὸν ἐκ πασῶν τῶν θλίψεων αὐτοῦ, καὶ ἔδωκεν αὐτῷ χάριν καὶ σοφίαν ἐναντίον Φαραὼ βασιλέως Αἰγύπτου, καὶ κατέστησεν αὐτὸν ἡγούμενον ἐπ' Αἴγυπτον καὶ ὅλον τὸν οἶκον αὐτοῦ.

11 Ἦλθε δὲ λιμὸς ἐφ' ὅλην τὴν γῆν Αἰγύπτου καὶ Χαναὰν καὶ θλῖψις μεγάλη, καὶ οὐχ εὕρισκον χορτάσματα οἱ πατέρες ἡμῶν. 12 ἀκούσας δὲ Ἰακὼβ ὄντα σῖτα ἐν Αἰγύπτῳ ἐξαπέστειλε τοὺς πατέρας ἡμῶν πρῶτον· 13 καὶ ἐν τῷ δευτέρῳ ἀνεγνωρίσθη Ἰωσὴφ τοῖς ἀδελφοῖς αὐτοῦ, καὶ φανερὸν ἐγένετο τῷ Φαραὼ τὸ γένος τοῦ Ἰωσήφ. 14 ἀποστείλας δὲ Ἰωσὴφ μετεκαλέσατο τὸν πατέρα αὐτοῦ Ἰακὼβ καὶ πᾶσαν τὴν συγγένειαν αὐτοῦ ἐν ψυχαῖς ἑβδομήκοντα πέντε. 15 κατέβη δὲ Ἰακὼβ εἰς Αἴγυπτον καὶ ἐτελεύτησεν αὐτὸς καὶ οἱ πατέρες ἡμῶν, 16 καὶ μετετέθησαν εἰς Συχὲμ καὶ ἐτέθησαν ἐν τῷ μνήματι ᾧ ὠνήσατο Ἀβραὰμ τιμῆς ἀργυρίου παρὰ τῶν υἱῶν Ἐμμὸρ τοῦ Συχέμ.

17 Καθὼς δὲ ἤγγιζεν ὁ χρόνος τῆς ἐπαγγελίας ἣν ὤμοσεν ὁ Θεὸς τῷ Ἀβραάμ, ηὔξησεν ὁ λαὸς καὶ ἐπληθύνθη ἐν Αἰγύπτῳ, 18 ἄχρις οὗ ἀνέστη βασιλεὺς ἕτερος, ὃς οὐκ ᾔδει τὸν Ἰωσήφ. 19 οὗτος κατασοφισάμε-

νος τὸ γένος ἡμῶν ἐκάκωσε τοὺς πατέρας ἡμῶν τοῦ ποιεῖν ἔκθετα τὰ
βρέφη αὐτῶν, εἰς τὸ μὴ ζωογονεῖσθαι· 20 ἐν ᾧ καιρῷ ἐγεννήθη Μωϋ-
σῆς, καὶ ἦν ἀστεῖος τῷ Θεῷ· ὃς ἀνετράφη μῆνας τρεῖς ἐν τῷ οἴκῳ τοῦ
πατρὸς αὐτοῦ. 21 ἐκτεθέντα δὲ αὐτὸν ἀνείλετο αὐτὸν ἡ θυγάτηρ Φαραὼ
καὶ ἀνεθρέψατο αὐτὸν ἑαυτῇ εἰς υἱόν. 22 καὶ ἐπαιδεύθη Μωϋσῆς πάσῃ
σοφίᾳ Αἰγυπτίων, ἦν δὲ δυνατὸς ἐν λόγοις καὶ ἐν ἔργοις.

23 Ὡς δὲ ἐπληροῦτο αὐτῷ τεσσαρακονταετὴς χρόνος, ἀνέβη εἰς τὴν
καρδίαν αὐτοῦ ἐπισκέψασθαι τοὺς ἀδελφοὺς αὐτοῦ τοὺς υἱοὺς Ἰσραήλ.
24 καὶ ἰδών τινα ἀδικούμενον ἠμύνατο, καὶ ἐποιήσατο ἐκδίκησιν τῷ κα-
ταπονουμένῳ πατάξας τὸν Αἰγύπτιον. 25 ἐνόμιζε δὲ συνιέναι τοὺς ἀ-
δελφοὺς αὐτοῦ ὅτι ὁ Θεὸς διὰ χειρὸς αὐτοῦ δίδωσιν αὐτοῖς σωτηρίαν· οἱ
δὲ οὐ συνῆκαν. 26 τῇ τε ἐπιούσῃ ἡμέρᾳ ὤφθη αὐτοῖς μαχομένοις, καὶ
συνήλασεν αὐτοὺς εἰς εἰρήνην εἰπών· ἄνδρες, ἀδελφοί ἐστε ὑμεῖς· ἵνα τί
ἀδικεῖτε ἀλλήλους; 27 ὁ δὲ ἀδικῶν τὸν πλησίον ἀπώσατο αὐτὸν εἰπών·
τίς σε κατέστησεν ἄρχοντα καὶ δικαστὴν ἐφ' ἡμῶν; 28 μὴ ἀνελεῖν με
σὺ θέλεις ὃν τρόπον ἀνεῖλες χθὲς τὸν Αἰγύπτιον;

29 Ἔφυγε δὲ Μωϋσῆς ἐν τῷ λόγῳ τούτῳ καὶ ἐγένετο πάροικος ἐν γῇ
Μαδιάμ, οὗ ἐγέννησεν υἱοὺς δύο. 30 Καὶ πληρωθέντων ἐτῶν τεσσαρά-
κοντα ὤφθη αὐτῷ ἐν τῇ ἐρήμῳ τοῦ ὄρους Σινᾶ ἄγγελος Κυρίου ἐν φλογὶ
πυρὸς βάτου. 31 ὁ δὲ Μωϋσῆς ἰδὼν ἐθαύμαζε τὸ ὅραμα· προσερχομένου
δὲ αὐτοῦ κατανοῆσαι ἐγένετο φωνὴ Κυρίου πρὸς αὐτόν·

32 Ἐγὼ ὁ Θεὸς τῶν πατέρων σου, ὁ Θεὸς Ἀβραὰμ καὶ ὁ Θεὸς Ἰσαὰκ
καὶ ὁ Θεὸς Ἰακώβ. ἔντρομος δὲ γενόμενος Μωϋσῆς οὐκ ἐτόλμα κατα-
νοῆσαι. 33 εἶπε δὲ αὐτῷ ὁ Κύριος· λῦσον τὸ ὑπόδημα τῶν ποδῶν σου. ὁ
γὰρ τόπος ἐν ᾧ ἕστηκας γῆ ἁγία ἐστίν. 34 ἰδὼν εἶδον τὴν κάκωσιν τοῦ
λαοῦ μου τοῦ ἐν Αἰγύπτῳ καὶ τοῦ στεναγμοῦ αὐτῶν ἤκουσα, καὶ κατέ-
βην ἐξελέσθαι αὐτούς· καὶ νῦν δεῦρο ἀποστελῶ σε εἰς Αἴγυπτον.

35 Τοῦτον τὸν Μωϋσῆν ὃν ἠρνήσαντο εἰπόντες· τίς σε κατέστησεν ἄρ-
χοντα καὶ δικαστήν; τοῦτον ὁ Θεὸς ἄρχοντα καὶ λυτρωτὴν ἀπέστειλεν
ἐν χειρὶ ἀγγέλου τοῦ ὀφθέντος αὐτῷ ἐν τῇ βάτῳ. 36 οὗτος ἐξήγαγεν αὐ-
τοὺς ποιήσας τέρατα καὶ σημεῖα ἐν γῇ Αἰγύπτῳ καὶ ἐν Ἐρυθρᾷ θαλάσ-
σῃ καὶ ἐν τῇ ἐρήμῳ ἔτη τεσσαράκοντα. 37 οὗτός ἐστιν ὁ Μωϋσῆς ὁ εἰ-
πὼν τοῖς υἱοῖς Ἰσραήλ· προφήτην ὑμῖν ἀναστήσει Κύριος ὁ Θεὸς ὑμῶν
ἐκ τῶν ἀδελφῶν ὑμῶν ὡς ἐμέ· αὐτοῦ ἀκούσεσθε. 38 οὗτός ἐστιν ὁ γενό-
μενος ἐν τῇ ἐκκλησίᾳ ἐν τῇ ἐρήμῳ μετὰ τοῦ ἀγγέλου τοῦ λαλοῦντος

αὐτῷ ἐν τῷ ὄρει Σινᾶ καὶ τῶν πατέρων ἡμῶν, ὃς ἐδέξατο λόγια ζῶντα
δοῦναι ἡμῖν. 39 ᾧ οὐκ ἠθέλησαν ὑπήκοοι γενέσθαι οἱ πατέρες ἡμῶν,
ἀλλ' ἀπώσαντο καὶ ἐστράφησαν τῇ καρδίᾳ αὐτῶν εἰς Αἴγυπτον 40 εἰ-
πόντες τῷ Ἀαρών· ποίησον ἡμῖν θεοὺς οἳ προπορεύσονται ἡμῶν· ὁ γὰρ
Μωϋσῆς οὗτος ὃς ἐξήγαγεν ἡμᾶς ἐκ γῆς Αἰγύπτου, οὐκ οἴδαμεν τί γέ-
γονεν αὐτῷ. 41 καὶ ἐμοσχοποίησαν ἐν ταῖς ἡμέραις ἐκείναις καὶ ἀνήγα-
γον θυσίαν τῷ εἰδώλῳ, καὶ εὐφραίνοντο ἐν τοῖς ἔργοις τῶν χειρῶν αὐ-
τῶν. 42 ἔστρεψε δὲ ὁ Θεὸς καὶ παρέδωκεν αὐτοὺς λατρεύειν τῇ στρατιᾷ
τοῦ οὐρανοῦ, καθὼς γέγραπται ἐν βίβλῳ τῶν προφητῶν· μὴ σφάγια καὶ
θυσίας προσηνέγκατέ μοι ἔτη τεσσαράκοντα ἐν τῇ ἐρήμῳ, οἶκος Ἰσρα-
ήλ; 43 καὶ ἀνελάβετε τὴν σκηνὴν τοῦ Μολὸχ καὶ τὸ ἄστρον τοῦ θεοῦ ὑ-
μῶν Ρεμφάν, τοὺς τύπους οὓς ἐποιήσατε προσκυνεῖν αὐτοῖς· καὶ μετοι-
κιῶ ὑμᾶς ἐπέκεινα Βαβυλῶνος.

44 Ἡ σκηνὴ τοῦ μαρτυρίου ἦν τοῖς πατράσιν ἡμῶν ἐν τῇ ἐρήμῳ, καθὼς
διετάξατο ὁ λαλῶν τῷ Μωϋσῇ ποιῆσαι αὐτὴν κατὰ τὸν τύπον ὃν ἑωρά-
κει· 45 ἣν καὶ εἰσήγαγον διαδεξάμενοι οἱ πατέρες ἡμῶν μετὰ Ἰησοῦ ἐν
τῇ κατασχέσει τῶν ἐθνῶν ὧν ἔξωσεν ὁ Θεὸς ἀπὸ προσώπου τῶν πατέ-
ρων ἡμῶν, ἕως τῶν ἡμερῶν Δαυΐδ· 46 ὃς εὗρε χάριν ἐνώπιον τοῦ Θεοῦ
καὶ ᾐτήσατο εὑρεῖν σκήνωμα τῷ Θεῷ Ἰακώβ. 47 Σολομὼν δὲ ᾠκοδό-
μησεν αὐτῷ οἶκον. 48 ἀλλ' οὐχ ὁ ὕψιστος ἐν χειροποιήτοις ναοῖς κατοι-
κεῖ, καθὼς ὁ προφήτης λέγει· 49 ὁ οὐρανός μοι θρόνος, ἡ δὲ γῆ ὑποπόδι-
ον τῶν ποδῶν μου· ποῖον οἶκον οἰκοδομήσετέ μοι, λέγει Κύριος, ἢ τίς
τόπος τῆς καταπαύσεώς μου; 50 οὐχὶ ἡ χείρ μου ἐποίησε ταῦτα πάντα;
51 σκληροτράχηλοι καὶ ἀπερίτμητοι τῇ καρδίᾳ καὶ τοῖς ὠσίν, ὑμεῖς ἀεὶ
τῷ Πνεύματι τῷ Ἁγίῳ ἀντιπίπτετε, ὡς οἱ πατέρες ὑμῶν καὶ ὑμεῖς. 52
τίνα τῶν προφητῶν οὐκ ἐδίωξαν οἱ πατέρες ὑμῶν; καὶ ἀπέκτειναν τοὺς
προκαταγγείλαντας περὶ τῆς ἐλεύσεως τοῦ δικαίου, οὗ νῦν ὑμεῖς προδό-
ται καὶ φονεῖς γεγένησθε· 53 οἵτινες ἐλάβετε τὸν νόμον εἰς διαταγὰς
ἀγγέλων, καὶ οὐκ ἐφυλάξατε.

54 Ἀκούοντες δὲ ταῦτα διεπρίοντο ταῖς καρδίαις αὐτῶν καὶ ἔβρυχον
τοὺς ὀδόντας ἐπ' αὐτόν. 55 ὑπάρχων δὲ πλήρης Πνεύματος Ἁγίου, ἀτε-
νίσας εἰς τὸν οὐρανὸν εἶδε δόξαν Θεοῦ καὶ Ἰησοῦν ἑστῶτα ἐκ δεξιῶν τοῦ
Θεοῦ, 56 καὶ εἶπεν· ἰδοὺ θεωρῶ τοὺς οὐρανοὺς ἀνεῳγμένους καὶ τὸν υἱὸν
τοῦ ἀνθρώπου ἐκ δεξιῶν τοῦ Θεοῦ ἑστῶτα. 57 κράξαντες δὲ φωνῇ με-
γάλῃ συνέσχον τὰ ὦτα αὐτῶν καὶ ὥρμησαν ὁμοθυμαδὸν ἐπ' αὐτόν, 58
καὶ ἐκβαλόντες ἔξω τῆς πόλεως ἐλιθοβόλουν. καὶ οἱ μάρτυρες ἀπέθεντο

τὰ ἱμάτια αὐτῶν παρὰ τοὺς πόδας νεανίου καλουμένου Σαύλου, 59 καὶ
ἐλιθοβόλουν τὸν Στέφανον, ἐπικαλούμενον καὶ λέγοντα· Κύριε Ἰησοῦ,
δέξαι τὸ πνεῦμά μου. 60 θεὶς δὲ τὰ γόνατα ἔκραξε φωνῇ μεγάλῃ· Κύριε,
μὴ στήσῃς αὐτοῖς τὴν ἁμαρτίαν ταύτην. καὶ τοῦτο εἰπὼν ἐκοιμήθη.
Σαῦλος δὲ ἦν συνευδοκῶν τῇ ἀναιρέσει αὐτοῦ.

8

ΕΓΕΝΕΤΟ δὲ ἐν ἐκείνῃ τῇ ἡμέρᾳ διωγμὸς μέγας ἐπὶ τὴν ἐκκλησίαν
τὴν ἐν Ἱεροσολύμοις· πάντες δὲ διεσπάρησαν κατὰ τὰς χώρας τῆς
Ἰουδαίας καὶ Σαμαρείας, πλὴν τῶν ἀποστόλων. 2 συνεκόμισαν δὲ
τὸν Στέφανον ἄνδρες εὐλαβεῖς καὶ ἐποίησαν κοπετὸν μέγαν ἐπ' αὐτῷ. 3
Σαῦλος δὲ ἐλυμαίνετο τὴν ἐκκλησίαν κατὰ τοὺς οἴκους εἰσπορευόμενος,
σύρων τε ἄνδρας καὶ γυναῖκας παρεδίδου εἰς φυλακήν.

4 Οἱ μὲν οὖν διασπαρέντες διῆλθον εὐαγγελιζόμενοι τὸν λόγον. 5 Φί-
λιππος δὲ κατελθὼν εἰς πόλιν τῆς Σαμαρείας ἐκήρυσσεν αὐτοῖς τὸν
Χριστόν. 6 προσεῖχον δὲ οἱ ὄχλοι τοῖς λεγομένοις ὑπὸ τοῦ Φιλίππου ὁ-
μοθυμαδὸν ἐν τῷ ἀκούειν αὐτοὺς καὶ βλέπειν τὰ σημεῖα ἃ ἐποίει. 7 πολ-
λῶν γὰρ τῶν ἐχόντων πνεύματα ἀκάθαρτα βοῶντα φωνῇ μεγάλῃ ἐξήρ-
χετο, πολλοὶ δὲ παραλελυμένοι καὶ χωλοὶ ἐθεραπεύθησαν, 8 καὶ ἐγένετο
χαρὰ μεγάλη ἐν τῇ πόλει ἐκείνῃ.

9 Ἀνὴρ δέ τις ὀνόματι Σίμων προϋπῆρχεν ἐν τῇ πόλει μαγεύων καὶ ἐξι-
στῶν τὸ ἔθνος τῆς Σαμαρείας, λέγων εἶναί τινα ἑαυτὸν μέγαν· 10 ᾧ
προσεῖχον πάντες ἀπὸ μικροῦ ἕως μεγάλου λέγοντες· οὗτός ἐστιν ἡ δύ-
ναμις τοῦ Θεοῦ ἡ μεγάλη. 11 προσεῖχον δὲ αὐτῷ διὰ τὸ ἱκανῷ χρόνῳ
ταῖς μαγείαις ἐξεστακέναι αὐτούς. 12 ὅτε δὲ ἐπίστευσαν τῷ Φιλίππῳ
εὐαγγελιζομένῳ τὰ περὶ τῆς βασιλείας τοῦ Θεοῦ καὶ τοῦ ὀνόματος Ἰη-
σοῦ Χριστοῦ, ἐβαπτίζοντο ἄνδρες τε καὶ γυναῖκες. 13 ὁ δὲ Σίμων καὶ
αὐτὸς ἐπίστευσε, καὶ βαπτισθεὶς ἦν προσκαρτερῶν τῷ Φιλίππῳ, θεωρῶν
τε δυνάμεις καὶ σημεῖα γινόμενα ἐξίστατο.

14 Ἀκούσαντες δὲ οἱ ἐν Ἱεροσολύμοις ἀπόστολοι ὅτι δέδεκται ἡ Σαμά-
ρεια τὸν λόγον τοῦ Θεοῦ, ἀπέστειλαν πρὸς αὐτοὺς τὸν Πέτρον καὶ Ἰω-
άννην· 15 οἵτινες καταβάντες προσηύξαντο περὶ αὐτῶν ὅπως λάβωσι
Πνεῦμα Ἅγιον· 16 οὔπω γὰρ ἦν ἐπ' οὐδενὶ αὐτῶν ἐπιπεπτωκός, μόνον

δὲ βεβαπτισμένοι ὑπῆρχον εἰς τὸ ὄνομα τοῦ Κυρίου Ἰησοῦ. 17 τότε ἐ-
πετίθουν τὰς χεῖρας ἐπ' αὐτούς, καὶ ἐλάμβανον Πνεῦμα Ἅγιον. 18 ἰδὼν
δὲ ὁ Σίμων ὅτι διὰ τῆς ἐπιθέσεως τῶν χειρῶν τῶν ἀποστόλων δίδοται τὸ
Πνεῦμα τὸ Ἅγιον, προσήνεγκεν αὐτοῖς χρήματα 19 λέγων· δότε κἀμοὶ
τὴν ἐξουσίαν ταύτην, ἵνα ᾧ ἐὰν ἐπιθῶ τὰς χεῖρας λαμβάνῃ Πνεῦμα Ἅ-
γιον. 20 Πέτρος δὲ εἶπε πρὸς αὐτόν· τὸ ἀργύριόν σου σὺν σοὶ εἴη εἰς ἀ-
πώλειαν, ὅτι τὴν δωρεὰν τοῦ Θεοῦ ἐνόμισας διὰ χρημάτων κτᾶσθαι. 21
οὐκ ἔστι σοι μερὶς οὐδὲ κλῆρος ἐν τῷ λόγῳ τούτῳ· ἡ γὰρ καρδία σου οὐκ
ἔστιν εὐθεῖα ἐνώπιον τοῦ Θεοῦ. 22 μετανόησον οὖν ἀπὸ τῆς κακίας σου
ταύτης, καὶ δεήθητι τοῦ Θεοῦ εἰ ἄρα ἀφεθήσεταί σοι ἡ ἐπίνοια τῆς καρ-
δίας σου· 23 εἰς γὰρ χολὴν πικρίας καὶ σύνδεσμον ἀδικίας ὁρῶ σε ὄντα.
24 ἀποκριθεὶς δὲ ὁ Σίμων εἶπε· δεήθητε ὑμεῖς ὑπὲρ ἐμοῦ πρὸς τὸν Θεὸν
ὅπως μηδὲν ἐπέλθῃ ἐπ' ἐμὲ ὧν εἰρήκατε. 25 οἱ μὲν οὖν διαμαρτυράμε-
νοι καὶ λαλήσαντες τὸν λόγον τοῦ Κυρίου ὑπέστρεψαν εἰς Ἱερουσαλήμ,
πολλάς τε κώμας τῶν Σαμαρειτῶν εὐηγγελίσαντο.

26 Ἄγγελος δὲ Κυρίου ἐλάλησε πρὸς Φίλιππον λέγων· ἀνάστηθι καὶ
πορεύου κατὰ μεσημβρίαν ἐπὶ τὴν ὁδὸν τὴν καταβαίνουσαν ἀπὸ Ἱερου-
σαλὴμ εἰς Γάζαν· αὕτη ἐστὶν ἔρημος. 27 καὶ ἀναστὰς ἐπορεύθη. καὶ ἰ-
δοὺ ἀνὴρ Αἰθίοψ εὐνοῦχος δυνάστης Κανδάκης τῆς βασιλίσσης Αἰθιό-
πων, ὃς ἦν ἐπὶ πάσης τῆς γάζης αὐτῆς, ὃς ἐληλύθει προσκυνήσων εἰς
Ἱερουσαλήμ, 28 ἦν τε ὑποστρέφων καὶ καθήμενος ἐπὶ τοῦ ἅρματος αὐ-
τοῦ, καὶ ἀνεγίνωσκε τὸν προφήτην Ἡσαΐαν. 29 εἶπε δὲ τὸ Πνεῦμα τῷ
Φιλίππῳ· πρόσελθε καὶ κολλήθητι τῷ ἅρματι τούτῳ. 30 προσδραμὼν δὲ
ὁ Φίλιππος ἤκουσεν αὐτοῦ ἀναγινώσκοντος τὸν προφήτην Ἡσαΐαν, καὶ
εἶπεν· ἆρά γε γινώσκεις ἃ ἀναγινώσκεις; 31 ὁ δὲ εἶπε· πῶς γὰρ ἂν δυ-
ναίμην, ἐὰν μή τις ὁδηγήσῃ με; παρεκάλεσέ τε τὸν Φίλιππον ἀναβάντα
καθίσαι σὺν αὐτῷ.

32 Ἡ δὲ περιοχὴ τῆς γραφῆς ἣν ἀνεγίνωσκεν ἦν αὕτη· ὡς πρόβατον
ἐπὶ σφαγὴν ἤχθη· καὶ ὡς ἀμνὸς ἐναντίον τοῦ κείροντος αὐτὸν ἄφωνος,
οὕτως οὐκ ἀνοίγει τὸ στόμα αὐτοῦ. 33 ἐν τῇ ταπεινώσει αὐτοῦ ἡ κρίσις
αὐτοῦ ἤρθη· τὴν δὲ γενεὰν αὐτοῦ τίς διηγήσεται; ὅτι αἴρεται ἀπὸ τῆς
γῆς ἡ ζωὴ αὐτοῦ.

34 Ἀποκριθεὶς δὲ ὁ εὐνοῦχος τῷ Φιλίππῳ εἶπε· δέομαί σου, περὶ τίνος ὁ
προφήτης λέγει τοῦτο; περὶ ἑαυτοῦ ἢ περὶ ἑτέρου τινός; 35 ἀνοίξας δὲ ὁ
Φίλιππος τὸ στόμα αὐτοῦ καὶ ἀρξάμενος ἀπὸ τῆς γραφῆς ταύτης εὐηγ-
γελίσατο αὐτῷ τὸν Ἰησοῦν. 36 ὡς δὲ ἐπορεύοντο κατὰ τὴν ὁδόν, ἦλθον

ἐπί τι ὕδωρ, καί φησιν ὁ εὐνοῦχος· ἰδοὺ ὕδωρ· τί κωλύει με βαπτισθῆναι;
37 εἶπε δὲ ὁ Φίλιππος· εἰ πιστεύεις ἐξ ὅλης τῆς καρδίας, ἔξεστιν. ἀπο-
κριθεὶς δὲ εἶπε· πιστεύω τὸν υἱὸν τοῦ Θεοῦ εἶναι τὸν Ἰησοῦν Χριστόν.
38 καὶ ἐκέλευσε στῆναι τὸ ἅρμα, καὶ κατέβησαν ἀμφότεροι εἰς τὸ ὕδωρ,
ὅ τε Φίλιππος καὶ ὁ εὐνοῦχος, καὶ ἐβάπτισεν αὐτόν. 39 ὅτε δὲ ἀνέβησαν
ἐκ τοῦ ὕδατος, Πνεῦμα Κυρίου ἥρπασε τὸν Φίλιππον, καὶ οὐκ εἶδεν αὐ-
τὸν οὐκέτι ὁ εὐνοῦχος· ἐπορεύετο γὰρ τὴν ὁδὸν αὐτοῦ χαίρων. 40 Φίλιπ-
πος δὲ εὑρέθη εἰς Ἄζωτον, καὶ διερχόμενος εὐηγγελίζετο τὰς πόλεις
πάσας ἕως τοῦ ἐλθεῖν αὐτὸν εἰς Καισάρειαν.

9

Ὁ ΔΕ Σαῦλος ἔτι ἐμπνέων ἀπειλῆς καὶ φόνου εἰς τοὺς μαθητὰς τοῦ
Κυρίου, προσελθὼν τῷ ἀρχιερεῖ 2 ᾐτήσατο παρ' αὐτοῦ ἐπιστολὰς εἰς
Δαμασκὸν πρὸς τὰς συναγωγάς, ὅπως ἐάν τινας εὕρῃ τῆς ὁδοῦ ὄν-
τας, ἄνδρας τε καὶ γυναῖκας, δεδεμένους ἀγάγῃ εἰς Ἱερουσαλήμ. 3 ἐν δὲ
τῷ πορεύεσθαι ἐγένετο αὐτὸν ἐγγίζειν τῇ Δαμασκῷ, καὶ ἐξαίφνης περι-
ήστραψεν αὐτὸν φῶς ἀπὸ τοῦ οὐρανοῦ, 4 καὶ πεσὼν ἐπὶ τὴν γῆν ἤκουσε
φωνὴν λέγουσαν αὐτῷ· Σαοὺλ Σαούλ, τί με διώκεις; 5 εἶπε δέ· τίς εἶ,
κύριε; ὁ δὲ Κύριος εἶπεν· ἐγώ εἰμι Ἰησοῦς ὃν σὺ διώκεις· 6 ἀλλὰ ἀνά-
στηθι καὶ εἴσελθε εἰς τὴν πόλιν, καὶ λαληθήσεταί σοι τί σε δεῖ ποιεῖν. 7
οἱ δὲ ἄνδρες οἱ συνοδεύοντες αὐτῷ εἱστήκεισαν ἐνεοί, ἀκούοντες μὲν τῆς
φωνῆς, μηδένα δὲ θεωροῦντες. 8 ἠγέρθη δὲ ὁ Σαῦλος ἀπὸ τῆς γῆς, ἀνε-
ῳγμένων τε τῶν ὀφθαλμῶν αὐτοῦ οὐδένα ἔβλεπε· χειραγωγοῦντες δὲ
αὐτὸν εἰσήγαγον εἰς Δαμασκόν. 9 καὶ ἦν ἡμέρας τρεῖς μὴ βλέπων, καὶ
οὐκ ἔφαγεν οὐδὲ ἔπιεν.

10 Ἦν δέ τις μαθητὴς ἐν Δαμασκῷ ὀνόματι Ἀνανίας, καὶ εἶπε πρὸς
αὐτὸν ὁ Κύριος ἐν ὁράματι· Ἀνανία. ὁ δὲ εἶπεν· ἰδοὺ ἐγώ, Κύριε· 11 ὁ δὲ
Κύριος πρὸς αὐτόν· ἀναστὰς πορεύθητι ἐπὶ τὴν ρύμην τὴν καλουμένην
εὐθεῖαν καὶ ζήτησον ἐν οἰκίᾳ Ἰούδα Σαῦλον ὀνόματι Ταρσέα· ἰδοὺ γὰρ
προσεύχεται, 12 καὶ εἶδεν ἐν ὁράματι ἄνδρα ὀνόματι Ἀνανίαν εἰσελθόν-
τα καὶ ἐπιθέντα αὐτῷ χεῖρα, ὅπως ἀναβλέψῃ. 13 ἀπεκρίθη δὲ Ἀνανίας·
Κύριε, ἀκήκοα ἀπὸ πολλῶν περὶ τοῦ ἀνδρὸς τούτου, ὅσα κακὰ ἐποίησε
τοῖς ἁγίοις σου ἐν Ἱερουσαλήμ· 14 καὶ ὧδε ἔχει ἐξουσίαν παρὰ τῶν ἀρ-

χιερέων δῆσαι πάντας τοὺς ἐπικαλουμένους τὸ ὄνομά σου. 15 εἶπε δὲ
πρὸς αὐτὸν ὁ Κύριος· πορεύου, ὅτι σκεῦος ἐκλογῆς μοί ἐστιν οὗτος τοῦ
βαστάσαι τὸ ὄνομά μου ἐνώπιον ἐθνῶν καὶ βασιλέων υἱῶν τε Ἰσραήλ·
16 ἐγὼ γὰρ ὑποδείξω αὐτῷ ὅσα δεῖ αὐτὸν ὑπὲρ τοῦ ὀνόματός μου πα-
θεῖν.

17 Ἀπῆλθε δὲ Ἀνανίας καὶ εἰσῆλθεν εἰς τὴν οἰκίαν, καὶ ἐπιθεὶς ἐπ' αὐ-
τὸν τὰς χεῖρας εἶπε· Σαοὺλ ἀδελφέ, ὁ Κύριος ἀπέσταλκέ με, Ἰησοῦς ὁ
ὀφθείς σοι ἐν τῇ ὁδῷ ᾗ ἤρχου, ὅπως ἀναβλέψῃς καὶ πλησθῇς Πνεύματος
Ἁγίου. 18 καὶ εὐθέως ἀπέπεσον ἀπὸ τῶν ὀφθαλμῶν αὐτοῦ ὡσεὶ λεπίδες,
ἀνέβλεψέ τε, καὶ ἀναστὰς ἐβαπτίσθη, καὶ λαβὼν τροφὴν ἐνίσχυσεν. 19
Ἐγένετο δὲ ὁ Σαῦλος μετὰ τῶν ὄντων ἐν Δαμασκῷ μαθητῶν ἡμέρας
τινάς, 20 καὶ εὐθέως ἐν ταῖς συναγωγαῖς ἐκήρυσσε τὸν Ἰησοῦν ὅτι οὗ-
τός ἐστιν ὁ υἱὸς τοῦ Θεοῦ. 21 ἐξίσταντο δὲ πάντες οἱ ἀκούοντες καὶ ἔλε-
γον· οὐχ οὗτός ἐστιν ὁ πορθήσας ἐν Ἱερουσαλὴμ τοὺς ἐπικαλουμένους
τὸ ὄνομα τοῦτο, καὶ ὧδε εἰς τοῦτο ἐλήλυθεν, ἵνα δεδεμένους αὐτοὺς ἀ-
γάγῃ ἐπὶ τοὺς ἀρχιερεῖς; 22 Σαῦλος δὲ μᾶλλον ἐνεδυναμοῦτο καὶ συνέ-
χυνε τοὺς Ἰουδαίους τοὺς κατοικοῦντας ἐν Δαμασκῷ, συμβιβάζων ὅτι
οὗτός ἐστιν ὁ Χριστός. 23 ὡς δὲ ἐπληροῦντο ἡμέραι ἱκαναί, συνεβου-
λεύσαντο οἱ Ἰουδαῖοι ἀνελεῖν αὐτόν· 24 ἐγνώσθη δὲ τῷ Σαύλῳ ἡ ἐπι-
βουλὴ αὐτῶν. παρετήρουν τε τὰς πύλας ἡμέρας τε καὶ νυκτὸς ὅπως αὐ-
τὸν ἀνέλωσι· 25 λαβόντες δὲ αὐτὸν οἱ μαθηταὶ νυκτὸς καθῆκαν διὰ τοῦ
τείχους χαλάσαντες ἐν σπυρίδι.

26 Παραγενόμενος δὲ ὁ Σαῦλος εἰς Ἱερουσαλὴμ ἐπειρᾶτο κολλᾶσθαι
τοῖς μαθηταῖς· καὶ πάντες ἐφοβοῦντο αὐτόν, μὴ πιστεύοντες ὅτι ἐστὶ
μαθητής. 27 Βαρνάβας δὲ ἐπιλαβόμενος αὐτὸν ἤγαγε πρὸς τοὺς ἀπο-
στόλους, καὶ διηγήσατο αὐτοῖς πῶς ἐν τῇ ὁδῷ εἶδε τὸν Κύριον καὶ ὅτι ἐ-
λάλησεν αὐτῷ, καὶ πῶς ἐν Δαμασκῷ ἐπαρρησιάσατο ἐν τῷ ὀνόματι τοῦ
Ἰησοῦ. 28 καὶ ἦν μετ' αὐτῶν εἰσπορευόμενος καὶ ἐκπορευόμενος ἐν Ἱε-
ρουσαλὴμ καὶ παρρησιαζόμενος ἐν τῷ ὀνόματι τοῦ Κυρίου Ἰησοῦ, 29 ἐ-
λάλει τε καὶ συνεζήτει πρὸς τοὺς Ἑλληνιστάς· οἱ δὲ ἐπεχείρουν αὐτὸν
ἀνελεῖν. 30 ἐπιγνόντες δὲ οἱ ἀδελφοὶ κατήγαγον αὐτὸν εἰς Καισάρειαν
καὶ ἐξαπέστειλαν αὐτὸν εἰς Ταρσόν.

31 Αἱ μὲν οὖν ἐκκλησίαι καθ' ὅλης τῆς Ἰουδαίας καὶ Γαλιλαίας καὶ
Σαμαρείας εἶχον εἰρήνην οἰκοδομούμεναι καὶ πορευόμεναι τῷ φόβῳ τοῦ
Κυρίου, καὶ τῇ παρακλήσει τοῦ Ἁγίου Πνεύματος ἐπληθύνοντο.

32 Ἐγένετο δὲ Πέτρον διερχόμενον διὰ πάντων κατελθεῖν καὶ πρὸς τοὺς
ἁγίους τοὺς κατοικοῦντας Λύδδαν. 33 εὗρε δὲ ἐκεῖ ἄνθρωπόν τινα Αἰνέ-
αν ὀνόματι, ἐξ ἐτῶν ὀκτὼ κατακείμενον ἐπὶ κραβάττῳ, ὃς ἦν παραλελυ-
μένος. 34 καὶ εἶπεν αὐτῷ ὁ Πέτρος· Αἰνέα, ἰᾶταί σε Ἰησοῦς ὁ Χριστός·
ἀνάστηθι καὶ στρῶσον σεαυτῷ. καὶ εὐθέως ἀνέστη. 35 καὶ εἶδον αὐτὸν
πάντες οἱ κατοικοῦντες Λύδδαν καὶ τὸν Σάρωνα, οἵτινες ἐπέστρεψαν ἐπὶ
τὸν Κύριον.

36 Ἐν Ἰόππῃ δέ τις ἦν μαθήτρια ὀνόματι Ταβιθά, ἣ διερμηνευομένη
λέγεται Δορκάς· αὕτη ἦν πλήρης ἀγαθῶν ἔργων καὶ ἐλεημοσυνῶν ὧν
ἐποίει. 37 ἐγένετο δὲ ἐν ταῖς ἡμέραις ἐκείναις ἀσθενήσασαν αὐτὴν ἀπο-
θανεῖν· λούσαντες δὲ αὐτὴν ἔθηκαν ἐν ὑπερῴῳ. 38 ἐγγὺς δὲ οὔσης Λύδ-
δης τῇ Ἰόππῃ οἱ μαθηταὶ ἀκούσαντες ὅτι Πέτρος ἐστὶν ἐν αὐτῇ, ἀπέ-
στειλαν δύο ἄνδρας πρὸς αὐτὸν παρακαλοῦντες μὴ ὀκνῆσαι διελθεῖν ἕως
αὐτῶν. 39 ἀναστὰς δὲ Πέτρος συνῆλθεν αὐτοῖς· ὃν παραγενόμενον ἀνή-
γαγον εἰς τὸ ὑπερῷον, καὶ παρέστησαν αὐτῷ πᾶσαι αἱ χῆραι κλαίουσαι
καὶ ἐπιδεικνύμεναι χιτῶνας καὶ ἱμάτια ὅσα ἐποίει μετ' αὐτῶν οὖσα ἡ
Δορκάς. 40 ἐκβαλὼν δὲ ἔξω πάντας ὁ Πέτρος θεὶς τὰ γόνατα προσηύ-
ξατο, καὶ ἐπιστρέψας πρὸς τὸ σῶμα εἶπε· Ταβιθά, ἀνάστηθι. ἡ δὲ ἤνοιξε
τοὺς ὀφθαλμοὺς αὐτῆς, καὶ ἰδοῦσα τὸν Πέτρον ἀνεκάθισε. 41 δοὺς δὲ
αὐτῇ χεῖρα ἀνέστησεν αὐτήν, φωνήσας δὲ τοὺς ἁγίους καὶ τὰς χήρας
παρέστησεν αὐτὴν ζῶσαν. 42 γνωστὸν δὲ ἐγένετο καθ' ὅλης τῆς Ἰόπ-
πης, καὶ πολλοὶ ἐπίστευσαν ἐπὶ τὸν Κύριον. 43 Ἐγένετο δὲ ἡμέρας ἱκα-
νὰς μεῖναι αὐτὸν ἐν Ἰόππῃ παρά τινι Σίμωνι βυρσεῖ.

10

ΑΝΗΡ δέ τις ἐν Καισαρείᾳ ὀνόματι Κορνήλιος, ἑκατοντάρχης ἐκ
σπείρης τῆς καλουμένης Ἰταλικῆς, 2 εὐσεβὴς καὶ φοβούμενος τὸν
Θεὸν σὺν παντὶ τῷ οἴκῳ αὐτοῦ, ποιῶν τε ἐλεημοσύνας πολλὰς τῷ
λαῷ καὶ δεόμενος τοῦ Θεοῦ διὰ παντός, 3 εἶδεν ἐν ὁράματι φανερῶς ὡ-
σεὶ ὥραν ἐνάτην τῆς ἡμέρας ἄγγελον τοῦ Θεοῦ εἰσελθόντα πρὸς αὐτὸν
καὶ εἰπόντα αὐτῷ· Κορνήλιε. 4 ὁ δὲ ἀτενίσας αὐτῷ καὶ ἔμφοβος γενόμε-
νος εἶπε· τί ἐστι, κύριε; εἶπε δὲ αὐτῷ· αἱ προσευχαί σου καὶ αἱ ἐλεημοσύ-
ναι σου ἀνέβησαν εἰς μνημόσυνον ἐνώπιον τοῦ Θεοῦ. 5 καὶ νῦν πέμψον

εἰς Ἰόππην ἄνδρας καὶ μετάπεμψαι Σίμωνα τὸν ἐπικαλούμενον Πέτρον·
6 οὗτος ξενίζεται παρά τινι Σίμωνι βυρσεῖ, ᾧ ἐστιν οἰκία παρὰ θάλασ-
σαν. 7 ὡς δὲ ἀπῆλθεν ὁ ἄγγελος ὁ λαλῶν τῷ Κορνηλίῳ, φωνήσας δύο
τῶν οἰκετῶν αὐτοῦ καὶ στρατιώτην εὐσεβῆ τῶν προσκαρτερούντων αὐ-
τῷ, 8 καὶ ἐξηγησάμενος αὐτοῖς ἅπαντα, ἀπέστειλεν αὐτοὺς εἰς τὴν Ἰ-
όππην.

9 Τῇ δὲ ἐπαύριον ὁδοιπορούντων ἐκείνων καὶ τῇ πόλει ἐγγιζόντων ἀνέ-
βη Πέτρος ἐπὶ τὸ δῶμα προσεύξασθαι περὶ ὥραν ἕκτην. 10 ἐγένετο δὲ
πρόσπεινος καὶ ἤθελε γεύσασθαι· παρασκευαζόντων δὲ ἐκείνων ἐπέπεσεν
ἐπ' αὐτὸν ἔκστασις, 11 καὶ θεωρεῖ τὸν οὐρανὸν ἀνεῳγμένον καὶ κατα-
βαῖνον ἐπ' αὐτὸν σκεῦός τι ὡς ὀθόνην μεγάλην, τέσσαρσιν ἀρχαῖς δεδε-
μένον καὶ καθιέμενον ἐπὶ τῆς γῆς, 12 ἐν ᾧ ὑπῆρχε πάντα τὰ τετράποδα
τῆς γῆς καὶ τὰ θηρία καὶ τὰ ἑρπετὰ καὶ τὰ πετεινὰ τοῦ οὐρανοῦ. 13 καὶ
ἐγένετο φωνὴ πρὸς αὐτόν· ἀναστάς, Πέτρε, θῦσον καὶ φάγε. 14 ὁ δὲ Πέ-
τρος εἶπε· μηδαμῶς, Κύριε· ὅτι οὐδέποτε ἔφαγον πᾶν κοινὸν ἢ ἀκάθαρ-
τον. 15 καὶ φωνὴ πάλιν ἐκ δευτέρου πρὸς αὐτόν· ἃ ὁ Θεὸς ἐκαθάρισε σὺ
μὴ κοίνου. 16 τοῦτο δὲ ἐγένετο ἐπὶ τρίς, καὶ πάλιν ἀνελήφθη τὸ σκεῦος
εἰς τὸν οὐρανόν.

17 Ὡς δὲ ἐν ἑαυτῷ διηπόρει ὁ Πέτρος τί ἂν εἴη τὸ ὅραμα ὃ εἶδε, καὶ ἰδοὺ
οἱ ἄνδρες οἱ ἀπεσταλμένοι ἀπὸ τοῦ Κορνηλίου διερωτήσαντες τὴν οἰκίαν
Σίμωνος ἐπέστησαν ἐπὶ τὸν πυλῶνα, 18 καὶ φωνήσαντες ἐπυνθάνοντο εἰ
Σίμων ὁ ἐπικαλούμενος Πέτρος ἐνθάδε ξενίζεται. 19 τοῦ δὲ Πέτρου δι-
ενθυμουμένου περὶ τοῦ ὁράματος εἶπεν αὐτῷ τὸ Πνεῦμα· ἰδοὺ ἄνδρες
τρεῖς ζητοῦσί σε· 20 ἀλλὰ ἀναστὰς κατάβηθι καὶ πορεύου σὺν αὐτοῖς
μηδὲν διακρινόμενος, διότι ἐγὼ ἀπέσταλκα αὐτούς. 21 καταβὰς δὲ Πέ-
τρος πρὸς τοὺς ἄνδρας εἶπεν· ἰδοὺ ἐγώ εἰμι ὃν ζητεῖτε· τίς ἡ αἰτία δι' ἣν
πάρεστε; 22 οἱ δὲ εἶπον· Κορνήλιος ἑκατοντάρχης, ἀνὴρ δίκαιος καὶ φο-
βούμενος τὸν Θεόν, μαρτυρούμενός τε ὑπὸ ὅλου τοῦ ἔθνους τῶν Ἰουδαί-
ων, ἐχρηματίσθη ὑπὸ ἀγγέλου ἁγίου μεταπέμψασθαί σε εἰς τὸν οἶκον
αὐτοῦ καὶ ἀκοῦσαι ῥήματα παρὰ σοῦ. 23 εἰσκαλεσάμενος οὖν αὐτοὺς ἐ-
ξένισε. τῇ δὲ ἐπαύριον ἀναστὰς ἐξῆλθε σὺν αὐτοῖς, καί τινες τῶν ἀδελ-
φῶν τῶν ἀπὸ τῆς Ἰόππης συνῆλθον αὐτῷ, 24 καὶ τῇ ἐπαύριον εἰσῆλθον
εἰς τὴν Καισάρειαν. ὁ δὲ Κορνήλιος ἦν προσδοκῶν αὐτοὺς συγκαλεσά-
μενος τοὺς συγγενεῖς αὐτοῦ καὶ τοὺς ἀναγκαίους φίλους. 25 ὡς δὲ ἐγέ-
νετο τοῦ εἰσελθεῖν τὸν Πέτρον, συναντήσας αὐτῷ ὁ Κορνήλιος πεσὼν
ἐπὶ τοὺς πόδας προσεκύνησεν. 26 ὁ δὲ Πέτρος αὐτὸν ἤγειρε λέγων· ἀνά-

στηθι· κἀγὼ αὐτὸς ἄνθρωπός εἰμι. 27 καὶ συνομιλῶν αὐτῷ εἰσῆλθε, καὶ
εὑρίσκει συνεληλυθότας πολλούς, 28 ἔφη τε πρὸς αὐτούς· ὑμεῖς ἐπίστα-
σθε ὡς ἀθέμιτόν ἐστιν ἀνδρὶ Ἰουδαίῳ κολλᾶσθαι ἢ προσέρχεσθαι ἀλλο-
φύλῳ· καὶ ἐμοὶ ὁ Θεὸς ἔδειξε μηδένα κοινὸν ἢ ἀκάθαρτον λέγειν ἄνθρω-
πον· 29 διὸ καὶ ἀναντιρρήτως ἦλθον μεταπεμφθείς. πυνθάνομαι οὖν τίνι
λόγῳ μετεπέμψασθέ με; 30 καὶ ὁ Κορνήλιος ἔφη· ἀπὸ τετάρτης ἡμέρας
μέχρι ταύτης τῆς ὥρας ἤμην νηστεύων, καὶ τὴν ἐνάτην ὥραν προσευ-
χόμενος ἐν τῷ οἴκῳ μου· καὶ ἰδοὺ ἀνὴρ ἔστη ἐνώπιόν μου ἐν ἐσθῆτι
λαμπρᾷ, 31 καί φησι· Κορνήλιε, εἰσηκούσθη σου ἡ προσευχὴ καὶ αἱ ἐ-
λεημοσύναι σου ἐμνήσθησαν ἐνώπιον τοῦ Θεοῦ. 32 πέμψον οὖν εἰς Ἰ-
όππην καὶ μετακάλεσαι Σίμωνα ὃς ἐπικαλεῖται Πέτρος· οὗτος ξενίζεται
ἐν οἰκίᾳ Σίμωνος βυρσέως παρὰ θάλασσαν· ὃς παραγενόμενος λαλήσει
σοι. 33 ἐξαυτῆς οὖν ἔπεμψα πρός σε, σύ τε καλῶς ἐποίησας παραγενό-
μενος. νῦν οὖν πάντες ἡμεῖς ἐνώπιον τοῦ Θεοῦ πάρεσμεν ἀκοῦσαι πάντα
τὰ προστεταγμένα σοι ὑπὸ τοῦ Θεοῦ.

34 Ἀνοίξας δὲ Πέτρος τὸ στόμα αὐτοῦ εἶπεν· ἐπ᾽ ἀληθείας καταλαμβά-
νομαι ὅτι οὐκ ἔστι προσωπολήπτης ὁ Θεός, 35 ἀλλ᾽ ἐν παντὶ ἔθνει ὁ φο-
βούμενος αὐτὸν καὶ ἐργαζόμενος δικαιοσύνην δεκτὸς αὐτῷ ἐστι. 36 τὸν
λόγον ὃν ἀπέστειλε τοῖς υἱοῖς Ἰσραὴλ εὐαγγελιζόμενος εἰρήνην διὰ Ἰη-
σοῦ Χριστοῦ· οὗτός ἐστι πάντων Κύριος· 37 ὑμεῖς οἴδατε τὸ γενόμενον
ῥῆμα καθ᾽ ὅλης τῆς Ἰουδαίας, ἀρξάμενον ἀπὸ τῆς Γαλιλαίας μετὰ τὸ
βάπτισμα ὃ ἐκήρυξεν Ἰωάννης, 38 Ἰησοῦν τὸν ἀπὸ Ναζαρέτ, ὡς ἔχρι-
σεν αὐτὸν ὁ Θεὸς Πνεύματι Ἁγίῳ καὶ δυνάμει, ὃς διῆλθεν εὐεργετῶν
καὶ ἰώμενος πάντας τοὺς καταδυναστευομένους ὑπὸ τοῦ διαβόλου, ὅτι ὁ
Θεὸς ἦν μετ᾽ αὐτοῦ· 39 καὶ ἡμεῖς ἐσμεν μάρτυρες πάντων ὧν ἐποίησεν
ἔν τε τῇ χώρᾳ τῶν Ἰουδαίων καὶ ἐν Ἱερουσαλήμ· ὃν καὶ ἀνεῖλον κρεμά-
σαντες ἐπὶ ξύλου. 40 τοῦτον ὁ Θεὸς ἤγειρε τῇ τρίτῃ ἡμέρᾳ καὶ ἔδωκεν
αὐτὸν ἐμφανῆ γενέσθαι, 41 οὐ παντὶ τῷ λαῷ, ἀλλὰ μάρτυσι τοῖς προκε-
χειροτονημένοις ὑπὸ τοῦ Θεοῦ, ἡμῖν, οἵτινες συνεφάγομεν καὶ συνεπίο-
μεν αὐτῷ μετὰ τὸ ἀναστῆναι αὐτὸν ἐκ νεκρῶν· 42 καὶ παρήγγειλεν ἡ-
μῖν κηρῦξαι τῷ λαῷ καὶ διαμαρτύρασθαι ὅτι αὐτός ἐστιν ὁ ὡρισμένος
ὑπὸ τοῦ Θεοῦ κριτὴς ζώντων καὶ νεκρῶν. 43 τούτῳ πάντες οἱ προφῆται
μαρτυροῦσιν, ἄφεσιν ἁμαρτιῶν λαβεῖν διὰ τοῦ ὀνόματος αὐτοῦ πάντα
τὸν πιστεύοντα εἰς αὐτόν.

44 Ἔτι λαλοῦντος τοῦ Πέτρου τὰ ῥήματα ταῦτα ἐπέπεσε τὸ Πνεῦμα τὸ
Ἅγιον ἐπὶ πάντας τοὺς ἀκούοντας τὸν λόγον. 45 καὶ ἐξέστησαν οἱ ἐκ

περιτομῆς πιστοὶ ὅσοι συνῆλθον τῷ Πέτρῳ, ὅτι καὶ ἐπὶ τὰ ἔθνη ἡ δωρεὰ
τοῦ Ἁγίου Πνεύματος ἐκκέχυται· 46 ἤκουον γὰρ αὐτῶν λαλούντων
γλώσσαις καὶ μεγαλυνόντων τὸν Θεόν. 47 τότε ἀπεκρίθη ὁ Πέτρος· μή-
τι τὸ ὕδωρ κωλῦσαι δύναταί τις τοῦ μὴ βαπτισθῆναι τούτους, οἵτινες τὸ
Πνεῦμα τὸ Ἅγιον ἔλαβον καθὼς καὶ ἡμεῖς; 48 προσέταξέ τε αὐτοὺς βα-
πτισθῆναι ἐν τῷ ὀνόματι τοῦ Κυρίου. τότε ἠρώτησαν αὐτὸν ἐπιμεῖναι ἡ-
μέρας τινάς.

11

ἬΚΟΥΣΑΝ δὲ οἱ ἀπόστολοι καὶ οἱ ἀδελφοὶ οἱ ὄντες κατὰ τὴν Ἰουδαί-
αν ὅτι καὶ τὰ ἔθνη ἐδέξαντο τὸν λόγον τοῦ Θεοῦ. 2 καὶ ὅτε ἀνέβη
Πέτρος εἰς Ἱεροσόλυμα, διεκρίνοντο πρὸς αὐτὸν οἱ ἐκ περιτομῆς 3
λέγοντες ὅτι πρὸς ἄνδρας ἀκροβυστίαν ἔχοντας εἰσῆλθες καὶ συνέφαγες
αὐτοῖς. 4 ἀρξάμενος δὲ ὁ Πέτρος ἐξετίθετο αὐτοῖς καθεξῆς λέγων· 5
ἐγὼ ἤμην ἐν πόλει Ἰόππῃ προσευχόμενος, καὶ εἶδον ἐν ἐκστάσει ὅραμα,
καταβαῖνον σκεῦός τι ὡς ὀθόνην μεγάλην τέσσαρσιν ἀρχαῖς καθιεμένην
ἐκ τοῦ οὐρανοῦ, καὶ ἦλθεν ἄχρις ἐμοῦ· 6 εἰς ἣν ἀτενίσας κατενόουν, καὶ
εἶδον τὰ τετράποδα τῆς γῆς καὶ τὰ θηρία καὶ τὰ ἑρπετὰ καὶ τὰ πετεινὰ
τοῦ οὐρανοῦ. 7 ἤκουσα δὲ φωνῆς λεγούσης μοι· ἀναστάς, Πέτρε, θῦσον
καὶ φάγε. 8 εἶπον δέ, μηδαμῶς, Κύριε· ὅτι πᾶν κοινὸν ἢ ἀκάθαρτον οὐ-
δέποτε εἰσῆλθεν εἰς τὸ στόμα μου. 9 ἀπεκρίθη δέ μοι φωνὴ ἐκ δευτέρου
ἐκ τοῦ οὐρανοῦ· ἃ ὁ Θεὸς ἐκαθάρισε σὺ μὴ κοίνου. 10 τοῦτο δὲ ἐγένετο
ἐπὶ τρίς, καὶ πάλιν ἀνεσπάσθη ἅπαντα εἰς τὸν οὐρανόν. 11 καὶ ἰδοὺ ἐ-
ξαυτῆς τρεῖς ἄνδρες ἐπέστησαν ἐπὶ τὴν οἰκίαν ἐν ᾗ ἤμην, ἀπεσταλμένοι
ἀπὸ Καισαρείας πρός με. 12 εἶπε δέ μοι τὸ Πνεῦμα συνελθεῖν αὐτοῖς
μηδὲν διακρινόμενον. ἦλθον δὲ σὺν ἐμοὶ καὶ οἱ ἓξ ἀδελφοὶ οὗτοι, καὶ εἰ-
σήλθομεν εἰς τὸν οἶκον τοῦ ἀνδρός. 13 ἀπήγγειλέ τε ἡμῖν πῶς εἶδε τὸν
ἄγγελον ἐν τῷ οἴκῳ αὐτοῦ σταθέντα καὶ εἰπόντα αὐτῷ· ἀπόστειλον εἰς
Ἰόππην ἄνδρας καὶ μετάπεμψαι Σίμωνα τὸν ἐπικαλούμενον Πέτρον, 14
ὃς λαλήσει ρήματα πρός σε, ἐν οἷς σωθήσῃ σὺ καὶ πᾶς ὁ οἶκός σου. 15
ἐν δὲ τῷ ἄρξασθαί με λαλεῖν ἐπέπεσε τὸ Πνεῦμα τὸ Ἅγιον ἐπ᾿ αὐτοὺς
ὥσπερ καὶ ἐφ᾿ ἡμᾶς ἐν ἀρχῇ. 16 ἐμνήσθην δὲ τοῦ ρήματος Κυρίου ὡς
ἔλεγεν· Ἰωάννης μὲν ἐβάπτισεν ὕδατι, ὑμεῖς δὲ βαπτισθήσεσθε ἐν
Πνεύματι Ἁγίῳ. 17 εἰ οὖν τὴν ἴσην δωρεὰν ἔδωκεν αὐτοῖς ὁ Θεὸς ὡς

καὶ ἡμῖν, πιστεύσασιν ἐπὶ τὸν Κύριον Ἰησοῦν Χριστόν, ἐγὼ δὲ τίς ἤμην
δυνατὸς κωλῦσαι τὸν Θεόν; 18 ἀκούσαντες δὲ ταῦτα ἡσύχασαν καὶ ἐδό-
ξαζον τὸν Θεὸν λέγοντες· ἄρα γε καὶ τοῖς ἔθνεσιν ὁ Θεὸς τὴν μετάνοιαν
ἔδωκεν εἰς ζωήν.

19 Οἱ μὲν οὖν διασπαρέντες ἀπὸ τῆς θλίψεως τῆς γενομένης ἐπὶ Στε-
φάνῳ διῆλθον ἕως Φοινίκης καὶ Κύπρου καὶ Ἀντιοχείας, μηδενὶ λα-
λοῦντες τὸν λόγον εἰ μὴ μόνον Ἰουδαίοις. 20 ἦσαν δέ τινες ἐξ αὐτῶν
ἄνδρες Κύπριοι καὶ Κυρηναῖοι, οἵτινες εἰσελθόντες εἰς Ἀντιόχειαν ἐλά-
λουν πρὸς τοὺς Ἑλληνιστάς, εὐαγγελιζόμενοι τὸν Κύριον Ἰησοῦν. 21
καὶ ἦν χεὶρ Κυρίου μετ᾽ αὐτῶν, πολύς τε ἀριθμὸς πιστεύσας ἐπέστρεψεν
ἐπὶ τὸν Κύριον.

22 Ἠκούσθη δὲ ὁ λόγος εἰς τὰ ὦτα τῆς ἐκκλησίας τῆς ἐν Ἱεροσολύμοις
περὶ αὐτῶν, καὶ ἐξαπέστειλαν Βαρνάβαν διελθεῖν ἕως Ἀντιοχείας· 23 ὃς
παραγενόμενος καὶ ἰδὼν τὴν χάριν τοῦ Θεοῦ ἐχάρη, καὶ παρεκάλει πάν-
τας τῇ προθέσει τῆς καρδίας προσμένειν τῷ Κυρίῳ, 24 ὅτι ἦν ἀνὴρ ἀ-
γαθὸς καὶ πλήρης Πνεύματος Ἁγίου καὶ πίστεως καὶ προσετέθη ὄχλος
ἱκανὸς τῷ Κυρίῳ. 25 ἐξῆλθε δὲ εἰς Ταρσὸν ὁ Βαρνάβας ἀναζητῆσαι
Σαῦλον, καὶ εὑρὼν αὐτὸν ἤγαγεν αὐτὸν εἰς Ἀντιόχειαν. 26 ἐγένετο δὲ
αὐτοὺς ἐνιαυτὸν ὅλον συναχθῆναι ἐν τῇ ἐκκλησίᾳ καὶ διδάξαι ὄχλον ἱκα-
νόν, χρηματίσαι τε πρῶτον ἐν Ἀντιοχείᾳ τοὺς μαθητὰς Χριστιανούς.

27 Ἐν ταύταις δὲ ταῖς ἡμέραις κατῆλθον ἀπὸ Ἱεροσολύμων προφῆται
εἰς Ἀντιόχειαν· 28 ἀναστὰς δὲ εἷς ἐξ αὐτῶν ὀνόματι Ἄγαβος ἐσήμανε
διὰ τοῦ Πνεύματος λιμὸν μέγαν μέλλειν ἔσεσθαι ἐφ᾽ ὅλην τὴν οἰκουμέ-
νην· ὅστις καὶ ἐγένετο ἐπὶ Κλαυδίου Καίσαρος. 29 τῶν δὲ μαθητῶν κα-
θὼς ηὐπορεῖτό τις, ὥρισαν ἕκαστος αὐτῶν εἰς διακονίαν πέμψαι τοῖς κα-
τοικοῦσιν ἐν τῇ Ἰουδαίᾳ ἀδελφοῖς· 30 ὃ καὶ ἐποίησαν ἀποστείλαντες
πρὸς τοὺς πρεσβυτέρους διὰ χειρὸς Βαρνάβα καὶ Σαύλου.

12

ΚΑΤ᾽ ἐκεῖνον δὲ τὸν καιρὸν ἐπέβαλεν Ἡρῴδης ὁ βασιλεὺς τὰς χεῖρας
κακῶσαί τινας τῶν ἀπὸ τῆς ἐκκλησίας. 2 ἀνεῖλε δὲ Ἰάκωβον τὸν ἀ-
δελφὸν Ἰωάννου μαχαίρᾳ. 3 καὶ ἰδὼν ὅτι ἀρεστόν ἐστι τοῖς Ἰουδαί-
οις, προσέθετο συλλαβεῖν καὶ Πέτρον· ἦσαν δὲ αἱ ἡμέραι τῶν ἀζύμων· 4

ὃν καὶ πιάσας ἔθετο εἰς φυλακήν, παραδοὺς τέσσαρσι τετραδίοις στρατι-
ωτῶν φυλάσσειν αὐτόν, βουλόμενος μετὰ τὸ πάσχα ἀναγαγεῖν αὐτὸν τῷ
λαῷ. 5 ὁ μὲν οὖν Πέτρος ἐτηρεῖτο ἐν τῇ φυλακῇ· προσευχὴ δὲ ἦν ἐκτε-
νὴς γινομένη ὑπὸ τῆς ἐκκλησίας πρὸς τὸν Θεὸν ὑπὲρ αὐτοῦ.

6 Ὅτε δὲ ἔμελλεν αὐτὸν προάγειν ὁ Ἡρῴδης, τῇ νυκτὶ ἐκείνῃ ἦν ὁ Πέ-
τρος κοιμώμενος μεταξὺ δύο στρατιωτῶν δεδεμένος ἁλύσεσι δυσί, φύ-
λακές τε πρὸ τῆς θύρας ἐτήρουν τὴν φυλακήν. 7 καὶ ἰδοὺ ἄγγελος Κυ-
ρίου ἐπέστη καὶ φῶς ἔλαμψεν ἐν τῷ οἰκήματι· πατάξας δὲ τὴν πλευρὰν
τοῦ Πέτρου ἤγειρεν αὐτὸν λέγων. ἀνάστα ἐν τάχει· καὶ ἐξέπεσον αὐτοῦ
αἱ ἁλύσεις ἐκ τῶν χειρῶν. 8 εἶπέ τε ὁ ἄγγελος πρὸς αὐτόν· περίζωσαι
καὶ ὑπόδησαι τὰ σανδάλιά σου. ἐποίησε δὲ οὕτω. καὶ λέγει αὐτῷ· περι-
βαλοῦ τὸ ἱμάτιόν σου καὶ ἀκολούθει μοι. 9 καὶ ἐξελθὼν ἠκολούθει αὐτῷ,
καὶ οὐκ ᾔδει ὅτι ἀληθές ἐστι τὸ γινόμενον διὰ τοῦ ἀγγέλου, ἐδόκει δὲ ὅ-
ραμα βλέπειν.

10 Διελθόντες δὲ πρώτην φυλακὴν καὶ δευτέραν ἦλθον ἐπὶ τὴν πύλην
τὴν σιδηρᾶν τὴν φέρουσαν εἰς τὴν πόλιν, ἥτις αὐτομάτη ἠνοίχθη αὐτοῖς,
καὶ ἐξελθόντες προῆλθον ρύμην μίαν, καὶ εὐθέως ἀπέστη ὁ ἄγγελος ἀπ᾽
αὐτοῦ. 11 καὶ ὁ Πέτρος γενόμενος ἐν ἑαυτῷ εἶπε· νῦν οἶδα ἀληθῶς ὅτι
ἐξαπέστειλε Κύριος τὸν ἄγγελον αὐτοῦ καὶ ἐξείλετό με ἐκ χειρὸς Ἡρῴ-
δου καὶ πάσης τῆς προσδοκίας τοῦ λαοῦ τῶν Ἰουδαίων. 12 συνιδών τε
ἦλθεν ἐπὶ τὴν οἰκίαν Μαρίας τῆς μητρὸς Ἰωάννου τοῦ ἐπικαλουμένου
Μάρκου, οὗ ἦσαν ἱκανοὶ συνηθροισμένοι καὶ προσευχόμενοι. 13 κρού-
σαντος δὲ αὐτοῦ τὴν θύραν τοῦ πυλῶνος προσῆλθε παιδίσκη ὑπακοῦσαι
ὀνόματι Ρόδη, 14 καὶ ἐπιγνοῦσα τὴν φωνὴν τοῦ Πέτρου, ἀπὸ τῆς χαρᾶς
οὐκ ἤνοιξε τὸν πυλῶνα, εἰσδραμοῦσα δὲ ἀπήγγειλεν ἑστάναι τὸν Πέτρον
πρὸ τοῦ πυλῶνος. 15 οἱ δὲ πρὸς αὐτὴν εἶπον· μαίνῃ. ἡ δὲ διισχυρίζετο
οὕτως ἔχειν. οἱ δὲ ἔλεγον· ὁ ἄγγελος αὐτοῦ ἐστιν. 16 ὁ δὲ Πέτρος ἐπέ-
μενε κρούων. ἀνοίξαντες δὲ εἶδον αὐτὸν καὶ ἐξέστησαν. 17 κατασείσας
δὲ αὐτοῖς τῇ χειρὶ σιγᾶν διηγήσατο αὐτοῖς πῶς ὁ Κύριος ἐξήγαγεν αὐ-
τὸν ἐκ τῆς φυλακῆς, εἶπε δέ· ἀπαγγείλατε Ἰακώβῳ καὶ τοῖς ἀδελφοῖς
ταῦτα. καὶ ἐξελθὼν ἐπορεύθη εἰς ἕτερον τόπον. 18 γενομένης δὲ ἡμέρας
ἦν τάραχος οὐκ ὀλίγος ἐν τοῖς στρατιώταις, τί ἄρα ὁ Πέτρος ἐγένετο. 19
Ἡρῴδης δὲ ἐπιζητήσας αὐτὸν καὶ μὴ εὑρών, ἀνακρίνας τοὺς φύλακας
ἐκέλευσεν ἀπαχθῆναι, καὶ κατελθὼν ἀπὸ τῆς Ἰουδαίας εἰς τὴν Καισά-
ρειαν διέτριβεν.

20 Ἦν δὲ Ἡρῴδης θυμομαχῶν Τυρίοις καὶ Σιδωνίοις· ὁμοθυμαδόν τε
παρῆσαν πρὸς αὐτόν, καὶ πείσαντες Βλάστον τὸν ἐπὶ τοῦ κοιτῶνος τοῦ
βασιλέως ᾐτοῦντο εἰρήνην, διὰ τὸ τρέφεσθαι αὐτῶν τὴν χώραν ἀπὸ τῆς
βασιλικῆς. 21 τακτῇ δὲ ἡμέρᾳ ὁ Ἡρῴδης ἐνδυσάμενος ἐσθῆτα βασιλι-
κὴν καὶ καθίσας ἐπὶ τοῦ βήματος ἐδημηγόρει πρὸς αὐτούς. 22 ὁ δὲ δῆ-
μος ἐπεφώνει· Θεοῦ φωνὴ καὶ οὐκ ἀνθρώπου. 23 παραχρῆμα δὲ ἐπάτα-
ξεν αὐτὸν ἄγγελος Κυρίου ἀνθ' ὧν οὐκ ἔδωκε τὴν δόξαν τῷ Θεῷ, καὶ
γενόμενος σκωληκόβρωτος ἐξέψυξεν.

24 Ὁ δὲ λόγος τοῦ Θεοῦ ηὔξανε καὶ ἐπληθύνετο. 25 Βαρνάβας δὲ καὶ
Σαῦλος ὑπέστρεψαν ἐξ Ἱερουσαλὴμ πληρώσαντες τὴν διακονίαν, συμ-
παραλαβόντες καὶ Ἰωάννην τὸν ἐπικληθέντα Μᾶρκον.

13

ΗΣΑΝ δέ τινες ἐν Ἀντιοχείᾳ κατὰ τὴν οὖσαν ἐκκλησίαν προφῆται
καὶ διδάσκαλοι, ὅ τε Βαρνάβας καὶ Συμεὼν ὁ ἐπικαλούμενος Νίγερ,
καὶ Λούκιος ὁ Κυρηναῖος, Μαναήν τε Ἡρῴδου τοῦ τετράρχου σύν-
τροφος καὶ Σαῦλος. 2 λειτουργούντων δὲ αὐτῶν τῷ Κυρίῳ καὶ νηστευ-
όντων εἶπε τὸ Πνεῦμα τὸ Ἅγιον· ἀφορίσατε δή μοι τὸν Βαρνάβαν καὶ
τὸν Σαῦλον εἰς τὸ ἔργον ὃ προσκέκλημαι αὐτούς. 3 τότε νηστεύσαντες
καὶ προσευξάμενοι καὶ ἐπιθέντες αὐτοῖς τὰς χεῖρας ἀπέλυσαν.

4 Οὗτοι μὲν οὖν ἐκπεμφθέντες ὑπὸ τοῦ Πνεύματος τοῦ Ἁγίου κατῆλθον
εἰς τὴν Σελεύκειαν, ἐκεῖθεν τε ἀπέπλευσαν εἰς τὴν Κύπρον, 5 καὶ γενό-
μενοι ἐν Σαλαμῖνι κατήγγελλον τὸν λόγον τοῦ Θεοῦ ἐν ταῖς συναγω-
γαῖς τῶν Ἰουδαίων· εἶχον δὲ καὶ Ἰωάννην ὑπηρέτην. 6 Διελθόντες δὲ
τὴν νῆσον ἄχρι Πάφου εὗρόν τινα μάγον ψευδοπροφήτην Ἰουδαῖον ᾧ ὄ-
νομα Βαριησοῦς, 7 ὃς ἦν σὺν τῷ ἀνθυπάτῳ Σεργίῳ Παύλῳ, ἀνδρὶ συνε-
τῷ. οὗτος προσκαλεσάμενος Βαρνάβαν καὶ Σαῦλον ἐπεζήτησεν ἀκοῦσαι
τὸν λόγον τοῦ Θεοῦ· 8 ἀνθίστατο δὲ αὐτοῖς Ἐλύμας ὁ μάγος—οὕτω γὰρ
μεθερμηνεύεται τὸ ὄνομα αὐτοῦ—ζητῶν διαστρέψαι τὸν ἀνθύπατον ἀπὸ
τῆς πίστεως. 9 Σαῦλος δέ, ὁ καὶ Παῦλος, πλησθεὶς Πνεύματος ἁγίου
καὶ ἀτενίσας πρὸς αὐτὸν 10 εἶπεν· ὦ πλήρης παντὸς δόλου καὶ πάσης
ραδιουργίας, υἱὲ διαβόλου, ἐχθρὲ πάσης δικαιοσύνης, οὐ παύσῃ διαστρέ-
φων τὰς ὁδοὺς Κυρίου τὰς εὐθείας; 11 καὶ νῦν ἰδοὺ χεὶρ Κυρίου ἐπὶ σέ,

καὶ ἔσῃ τυφλὸς μὴ βλέπων τὸν ἥλιον ἄχρι καιροῦ. παραχρῆμα δὲ ἔπε-
σεν ἐπ' αὐτὸν ἀχλὺς καὶ σκότος, καὶ περιάγων ἐζήτει χειραγωγούς. 12
τότε ἰδὼν ὁ ἀνθύπατος τὸ γεγονὸς ἐπίστευσεν, ἐκπλησσόμενος ἐπὶ τῇ
διδαχῇ τοῦ Κυρίου.

13 Ἀναχθέντες δὲ ἀπὸ τῆς Πάφου οἱ περὶ τὸν Παῦλον ἦλθον εἰς Πέργην
τῆς Παμφυλίας· Ἰωάννης δὲ ἀποχωρήσας ἀπ' αὐτῶν ὑπέστρεψεν εἰς Ἱ-
εροσόλυμα. 14 Αὐτοὶ δὲ διελθόντες ἀπὸ τῆς Πέργης παρεγένοντο εἰς
Ἀντιόχειαν τῆς Πισιδίας, καὶ εἰσελθόντες εἰς τὴν συναγωγὴν τῇ ἡμέρᾳ
τῶν σαββάτων ἐκάθισαν. 15 μετὰ δὲ τὴν ἀνάγνωσιν τοῦ νόμου καὶ τῶν
προφητῶν ἀπέστειλαν οἱ ἀρχισυνάγωγοι πρὸς αὐτοὺς λέγοντες· ἄνδρες
ἀδελφοί, εἰ ἔστι λόγος ἐν ὑμῖν παρακλήσεως πρὸς τὸν λαόν, λέγετε. 16
ἀναστὰς δὲ Παῦλος καὶ κατασείσας τῇ χειρὶ εἶπεν· ἄνδρες Ἰσραηλῖται
καὶ οἱ φοβούμενοι τὸν Θεόν, ἀκούσατε. 17 ὁ Θεὸς τοῦ λαοῦ τούτου Ἰσ-
ραὴλ ἐξελέξατο τοὺς πατέρας ἡμῶν, καὶ τὸν λαὸν ὕψωσεν ἐν τῇ παροι-
κίᾳ ἐν γῇ Αἰγύπτῳ, καὶ μετὰ βραχίονος ὑψηλοῦ ἐξήγαγεν αὐτοὺς ἐξ
αὐτῆς, 18 καὶ ὡς τεσσαρακονταετῆ χρόνον ἐτροποφόρησεν αὐτοὺς ἐν τῇ
ἐρήμῳ, 19 καὶ καθελὼν ἔθνη ἑπτὰ ἐν γῇ Χαναὰν κατεκληρονόμησεν
αὐτοῖς τὴν γῆν αὐτῶν. 20 καὶ μετὰ ταῦτα ὡς ἔτεσι τετρακοσίοις καὶ
πεντήκοντα ἔδωκε κριτὰς ἕως Σαμουὴλ τοῦ προφήτου. 21 κἀκεῖθεν ᾐ-
τήσαντο βασιλέα, καὶ ἔδωκεν αὐτοῖς ὁ Θεὸς τὸν Σαοὺλ υἱὸν Κίς, ἄνδρα
ἐκ φυλῆς Βενιαμίν, ἔτη τεσσαράκοντα· 22 καὶ μεταστήσας αὐτὸν ἤγει-
ρεν αὐτοῖς τὸν Δαυῒδ εἰς βασιλέα, ᾧ καὶ εἶπε μαρτυρήσας· εὗρον Δαυῒδ
τὸν τοῦ Ἰεσσαί, ἄνδρα κατὰ τὴν καρδίαν μου, ὃς ποιήσει πάντα τὰ θε-
λήματά μου. 23 τούτου ὁ Θεὸς ἀπὸ τοῦ σπέρματος κατ' ἐπαγγελίαν ἤ-
γαγε τῷ Ἰσραὴλ σωτηρίαν, 24 προκηρύξαντος Ἰωάννου πρὸ προσώπου
τῆς εἰσόδου αὐτοῦ βάπτισμα μετανοίας παντὶ τῷ λαῷ Ἰσραήλ. 25 ὡς δὲ
ἐπλήρου ὁ Ἰωάννης τὸν δρόμον, ἔλεγε· τίνα με ὑπονοεῖτε εἶναι; οὐκ εἰμὶ
ἐγώ, ἀλλ' ἰδοὺ ἔρχεται μετ' ἐμὲ οὗ οὐκ εἰμὶ ἄξιος τὸ ὑπόδημα τῶν πο-
δῶν λῦσαι. 26 Ἄνδρες ἀδελφοί, υἱοὶ γένους Ἀβραὰμ καὶ οἱ ἐν ὑμῖν φο-
βούμενοι τὸν Θεόν, ὑμῖν ὁ λόγος τῆς σωτηρίας ταύτης ἀπεστάλη. 27 οἱ
γὰρ κατοικοῦντες ἐν Ἱερουσαλὴμ καὶ οἱ ἄρχοντες αὐτῶν τοῦτον ἀγνοή-
σαντες, καὶ τὰς φωνὰς τῶν προφητῶν τὰς κατὰ πᾶν σάββατον ἀναγινω-
σκομένας κρίναντες ἐπλήρωσαν, 28 καὶ μηδεμίαν αἰτίαν θανάτου εὑ-
ρόντες ᾐτήσαντο Πιλᾶτον ἀναιρεθῆναι αὐτόν.

29 ὡς δὲ ἐτέλεσαν πάντα τὰ περὶ αὐτοῦ γεγραμμένα, καθελόντες ἀπὸ
τοῦ ξύλου ἔθηκαν εἰς μνημεῖον. 30 ὁ δὲ Θεὸς ἤγειρεν αὐτὸν ἐκ νεκρῶν·

31 ὃς ὤφθη ἐπὶ ἡμέρας πλείους τοῖς συναναβᾶσιν αὐτῷ ἀπὸ τῆς Γαλι-
λαίας εἰς Ἱερουσαλήμ, οἵτινές εἰσι μάρτυρες αὐτοῦ πρὸς τὸν λαόν. 32
καὶ ἡμεῖς ὑμᾶς εὐαγγελιζόμεθα τὴν πρὸς τοὺς πατέρας ἐπαγγελίαν γε-
νομένην, ὅτι ταύτην ὁ Θεὸς ἐκπεπλήρωκε τοῖς τέκνοις αὐτῶν, ἡμῖν, ἀ-
ναστήσας Ἰησοῦν, 33 ὡς καὶ ἐν τῷ ψαλμῷ τῷ δευτέρῳ γέγραπται· υἱός
μου εἶ σύ, ἐγὼ σήμερον γεγέννηκά σε. 34 ὅτι δὲ ἀνέστησεν αὐτὸν ἐκ νε-
κρῶν μηκέτι μέλλοντα ὑποστρέφειν εἰς διαφθοράν, οὕτως εἴρηκεν, ὅτι
δώσω ὑμῖν τὰ ὅσια Δαυῒδ τὰ πιστά. 35 διὸ καὶ ἐν ἑτέρῳ λέγει· οὐ δώσεις
τὸν ὅσιόν σου ἰδεῖν διαφθοράν. 36 Δαυῒδ μὲν γὰρ ἰδίᾳ γενεᾷ ὑπηρετήσας
τῇ τοῦ Θεοῦ βουλῇ ἐκοιμήθη καὶ προσετέθη πρὸς τοὺς πατέρας αὐτοῦ
καὶ εἶδε διαφθοράν· 37 ὃν δὲ ὁ Θεὸς ἤγειρεν, οὐκ εἶδε διαφθοράν. 38
γνωστὸν οὖν ἔστω ὑμῖν, ἄνδρες ἀδελφοί, ὅτι διὰ τούτου ὑμῖν ἄφεσις ἁ-
μαρτιῶν καταγγέλλεται, 39 καὶ ἀπὸ πάντων ὧν οὐκ ἠδυνήθητε ἐν τῷ
νόμῳ Μωϋσέως δικαιωθῆναι, ἐν τούτῳ πᾶς ὁ πιστεύων δικαιοῦται. 40
βλέπετε οὖν μὴ ἐπέλθῃ ἐφ' ὑμᾶς τὸ εἰρημένον ἐν τοῖς προφήταις· 41 ἴ-
δετε, οἱ καταφρονηταί, καὶ θαυμάσατε καὶ ἀφανίσθητε, ὅτι ἔργον ἐγὼ
ἐργάζομαι ἐν ταῖς ἡμέραις ὑμῶν, ἔργον ᾧ οὐ μὴ πιστεύσητε ἐάν τις ἐκ-
διηγῆται ὑμῖν. 42 ἐξιόντων δὲ αὐτῶν ἐκ τῆς συναγωγῆς τῶν Ἰουδαίων
παρεκάλουν τὰ ἔθνη εἰς τὸ μεταξὺ σάββατον λαληθῆναι αὐτοῖς τὰ ρή-
ματα ταῦτα. 43 λυθείσης δὲ τῆς συναγωγῆς ἠκολούθησαν πολλοὶ τῶν
Ἰουδαίων καὶ τῶν σεβομένων προσηλύτων τῷ Παύλῳ καὶ τῷ Βαρνάβᾳ,
οἵτινες προσλαλοῦντες αὐτοῖς ἔπειθον αὐτοὺς προσμένειν τῇ χάριτι τοῦ
Θεοῦ.

44 Τῷ τε ἐρχομένῳ σαββάτῳ σχεδὸν πᾶσα ἡ πόλις συνήχθη ἀκοῦσαι
τὸν λόγον τοῦ Θεοῦ. 45 ἰδόντες δὲ οἱ Ἰουδαῖοι τοὺς ὄχλους ἐπλήσθησαν
ζήλου καὶ ἀντέλεγον τοῖς ὑπὸ τοῦ Παύλου λεγομένοις ἀντιλέγοντες καὶ
βλασφημοῦντες. 46 παρρησιασάμενοι δὲ ὁ Παῦλος καὶ ὁ Βαρνάβας εἶ-
πον· ὑμῖν ἦν ἀναγκαῖον πρῶτον λαληθῆναι τὸν λόγον τοῦ Θεοῦ· ἐπειδὴ
δὲ ἀπωθεῖσθε αὐτὸν καὶ οὐκ ἀξίους κρίνετε ἑαυτοὺς τῆς αἰωνίου ζωῆς, ἰ-
δοὺ στρεφόμεθα εἰς τὰ ἔθνη.

47 οὕτω γὰρ ἐντέταλται ἡμῖν ὁ Κύριος· τέθεικά σε εἰς φῶς ἐθνῶν τοῦ
εἶναί σε εἰς σωτηρίαν ἕως ἐσχάτου τῆς γῆς. 48 ἀκούοντα δὲ τὰ ἔθνη ἔ-
χαιρον καὶ ἐδέξαντο τὸν λόγον τοῦ Κυρίου, καὶ ἐπίστευσαν ὅσοι ἦσαν τε-
ταγμένοι εἰς ζωὴν αἰώνιον· 49 διεφέρετο δὲ ὁ λόγος τοῦ Κυρίου δι' ὅλης
τῆς χώρας.

50 Οἱ δὲ Ἰουδαῖοι παρώτρυναν τὰς σεβομένας γυναῖκας καὶ τὰς εὐσχή-
μονας καὶ τοὺς πρώτους τῆς πόλεως καὶ ἐπήγειραν διωγμὸν ἐπὶ τὸν
Παῦλον καὶ τὸν Βαρνάβαν, καὶ ἐξέβαλον αὐτοὺς ἀπὸ τῶν ὁρίων αὐτῶν.
51 οἱ δὲ ἐκτιναξάμενοι τὸν κονιορτὸν τῶν ποδῶν αὐτῶν ἐπ᾽ αὐτοὺς ἦλ-
θον εἰς Ἰκόνιον. 52 οἱ δὲ μαθηταὶ ἐπληροῦντο χαρᾶς καὶ Πνεύματος Ἁ-
γίου.

14

ΕΓΕΝΕΤΟ δὲ ἐν Ἰκονίῳ κατὰ τὸ αὐτὸ εἰσελθεῖν αὐτοὺς εἰς τὴν συ-
ναγωγὴν τῶν Ἰουδαίων καὶ λαλῆσαι οὕτως ὥστε πιστεῦσαι Ἰουδαί-
ων τε καὶ Ἑλλήνων πολὺ πλῆθος. 2 οἱ δὲ ἀπειθοῦντες Ἰουδαῖοι ἐπή-
γειραν καὶ ἐκάκωσαν τὰς ψυχὰς τῶν ἐθνῶν κατὰ τῶν ἀδελφῶν. 3 ἱκα-
νὸν μὲν οὖν χρόνον διέτριψαν παρρησιαζόμενοι ἐπὶ τῷ Κυρίῳ μαρτυ-
ροῦντι τῷ λόγῳ τῆς χάριτος αὐτοῦ, διδόντι σημεῖα καὶ τέρατα γίνεσθαι
διὰ τῶν χειρῶν αὐτῶν. 4 ἐσχίσθη δὲ τὸ πλῆθος τῆς πόλεως, καὶ οἱ μὲν
ἦσαν σὺν τοῖς Ἰουδαίοις, οἱ δὲ σὺν τοῖς ἀποστόλοις. 5 ὡς δὲ ἐγένετο ὁρ-
μὴ τῶν ἐθνῶν τε καὶ Ἰουδαίων σὺν τοῖς ἄρχουσιν αὐτῶν ὑβρίσαι καὶ λι-
θοβολῆσαι αὐτούς, 6 συνιδόντες κατέφυγον εἰς τὰς πόλεις τῆς Λυκαονί-
ας Λύστραν καὶ Δέρβην καὶ τὴν περίχωρον, 7 κἀκεῖ ἦσαν εὐαγγελιζό-
μενοι.

8 Καί τις ἀνὴρ ἐν Λύστροις ἀδύνατος τοῖς ποσὶν ἐκάθητο, χωλὸς ἐκ κοι-
λίας μητρὸς αὐτοῦ ὑπάρχων, ὃς οὐδέποτε περιπεπατήκει. 9 οὗτος ἤκου-
σε τοῦ Παύλου λαλοῦντος· ὃς ἀτενίσας αὐτῷ καὶ ἰδὼν ὅτι πίστιν ἔχει
τοῦ σωθῆναι, 10 εἶπε μεγάλῃ τῇ φωνῇ· ἀνάστηθι ἐπὶ τοὺς πόδας σου
ὀρθός. καὶ ἥλατο καὶ περιεπάτει. 11 οἱ δὲ ὄχλοι ἰδόντες ὃ ἐποίησεν ὁ
Παῦλος ἐπῆραν τὴν φωνὴν αὐτῶν Λυκαονιστὶ λέγοντες· οἱ θεοὶ ὁμοιω-
θέντες ἀνθρώποις κατέβησαν πρὸς ἡμᾶς· 12 ἐκάλουν τε τὸν μὲν Βαρνά-
βαν Δία, τὸν δὲ Παῦλον Ἑρμῆν, ἐπειδὴ αὐτὸς ἦν ὁ ἡγούμενος τοῦ λό-
γου. 13 ὁ δὲ ἱερεὺς τοῦ Διὸς τοῦ ὄντος πρὸ τῆς πόλεως αὐτῶν, ταύρους
καὶ στέμματα ἐπὶ τοὺς πυλῶνας ἐνέγκας, σὺν τοῖς ὄχλοις ἤθελε θύειν.
14 ἀκούσαντες δὲ οἱ ἀπόστολοι Βαρνάβας καὶ Παῦλος, διαρρήξαντες τὰ
ἱμάτια αὐτῶν εἰσεπήδησαν εἰς τὸν ὄχλον κράζοντες 15 καὶ λέγοντες·
ἄνδρες, τί ταῦτα ποιεῖτε; καὶ ἡμεῖς ὁμοιοπαθεῖς ἐσμεν ὑμῖν ἄνθρωποι,

εὐαγγελιζόμενοι ὑμᾶς ἀπὸ τούτων τῶν ματαίων ἐπιστρέφειν ἐπὶ τὸν
Θεὸν τὸν ζῶντα, ὃς ἐποίησε τὸν οὐρανὸν καὶ τὴν γῆν καὶ τὴν θάλασσαν
καὶ πάντα τὰ ἐν αὐτοῖς· 16 ὃς ἐν ταῖς παρῳχημέναις γενεαῖς εἴασε πάν-
τα τὰ ἔθνη πορεύεσθαι ταῖς ὁδοῖς αὐτῶν 17 καίτοι γε οὐκ ἀμάρτυρον ἑ-
αυτὸν ἀφῆκεν ἀγαθοποιῶν, οὐρανόθεν ὑμῖν ὑετοὺς διδοὺς καὶ καιροὺς
καρποφόρους, ἐμπιπλῶν τροφῆς καὶ εὐφροσύνης τὰς καρδίας ὑμῶν. 18
καὶ ταῦτα λέγοντες μόλις κατέπαυσαν τοὺς ὄχλους τοῦ μὴ θύειν αὐτοῖς.
19 ἐπῆλθον δὲ ἀπὸ Ἀντιοχείας καὶ Ἰκονίου Ἰουδαῖοι καὶ πείσαντες τοὺς
ὄχλους καὶ λιθάσαντες τὸν Παῦλον ἔσυραν ἔξω τῆς πόλεως, νομίσαντες
αὐτὸν τεθνάναι. 20 κυκλωσάντων δὲ αὐτὸν τῶν μαθητῶν ἀναστὰς εἰ-
σῆλθεν εἰς τὴν πόλιν, καὶ τῇ ἐπαύριον ἐξῆλθε σὺν τῷ Βαρνάβᾳ εἰς Δέρ-
βην.

21 Εὐαγγελισάμενοί τε τὴν πόλιν ἐκείνην καὶ μαθητεύσαντες ἱκανοὺς
ὑπέστρεψαν εἰς τὴν Λύστραν καὶ Ἰκόνιον καὶ Ἀντιόχειαν, 22 ἐπιστηρί-
ζοντες τὰς ψυχὰς τῶν μαθητῶν, παρακαλοῦντες ἐμμένειν τῇ πίστει,
καὶ ὅτι διὰ πολλῶν θλίψεων δεῖ ἡμᾶς εἰσελθεῖν εἰς τὴν βασιλείαν τοῦ
Θεοῦ. 23 χειροτονήσαντες δὲ αὐτοῖς πρεσβυτέρους κατ' ἐκκλησίαν καὶ
προσευξάμενοι μετὰ νηστειῶν παρέθεντο αὐτοὺς τῷ Κυρίῳ, εἰς ὃν πεπι-
στεύκασι. 24 καὶ διελθόντες τὴν Πισιδίαν ἦλθον εἰς Παμφυλίαν, 25 καὶ
λαλήσαντες ἐν Πέργῃ τὸν λόγον κατέβησαν εἰς Ἀττάλειαν, 26 κἀκεῖθεν
ἀπέπλευσαν εἰς Ἀντιόχειαν, ὅθεν ἦσαν παραδεδομένοι τῇ χάριτι τοῦ
Θεοῦ εἰς τὸ ἔργον ὃ ἐπλήρωσαν. 27 Παραγενόμενοι δὲ καὶ συναγαγόν-
τες τὴν ἐκκλησίαν ἀνήγγειλαν ὅσα ἐποίησεν ὁ Θεὸς μετ' αὐτῶν, καὶ ὅτι
ἤνοιξε τοῖς ἔθνεσι θύραν πίστεως. 28 διέτριβον δὲ ἐκεῖ χρόνον οὐκ ὀλί-
γον σὺν τοῖς μαθηταῖς.

15

ΚΑΙ τινες κατελθόντες ἀπὸ τῆς Ἰουδαίας ἐδίδασκον τοὺς ἀδελφοὺς
ὅτι ἐὰν μὴ περιτέμνησθε τῷ ἔθει Μωϋσέως, οὐ δύνασθε σωθῆναι. 2
γενομένης οὖν στάσεως καὶ ζητήσεως οὐκ ὀλίγης τῷ Παύλῳ καὶ τῷ
Βαρνάβᾳ πρὸς αὐτούς, ἔταξαν ἀναβαίνειν Παῦλον καὶ Βαρνάβαν καί τι-
νας ἄλλους ἐξ αὐτῶν πρὸς τοὺς ἀποστόλους καὶ πρεσβυτέρους εἰς Ἱε-
ρουσαλὴμ περὶ τοῦ ζητήματος τούτου.

3 Οἱ μὲν οὖν προπεμφθέντες ὑπὸ τῆς ἐκκλησίας διήρχοντο τὴν Φοινί-
κην καὶ Σαμάρειαν ἐκδιηγούμενοι τὴν ἐπιστροφὴν τῶν ἐθνῶν, καὶ ἐποί-
ουν χαρὰν μεγάλην πᾶσι τοῖς ἀδελφοῖς. 4 παραγενόμενοι δὲ εἰς Ἱερου-
σαλὴμ ἀπεδέχθησαν ὑπὸ τῆς ἐκκλησίας καὶ τῶν ἀποστόλων καὶ τῶν
πρεσβυτέρων, ἀνήγγειλάν τε ὅσα ὁ Θεὸς ἐποίησε μετ' αὐτῶν, καὶ ὅτι ἤ-
νοιξε τοῖς ἔθνεσι θύραν πίστεως. 5 ἐξανέστησαν δέ τινες τῶν ἀπὸ τῆς
αἱρέσεως τῶν Φαρισαίων πεπιστευκότες, λέγοντες ὅτι δεῖ περιτέμνειν
αὐτοὺς παραγγέλλειν τε τηρεῖν τὸν νόμον Μωϋσέως.

6 Συνήχθησαν δὲ οἱ ἀπόστολοι καὶ οἱ πρεσβύτεροι ἰδεῖν περὶ τοῦ λόγου
τούτου. 7 πολλῆς δὲ συζητήσεως γενομένης ἀναστὰς Πέτρος εἶπε πρὸς
αὐτούς· ἄνδρες ἀδελφοί, ὑμεῖς ἐπίστασθε ὅτι ἀφ' ἡμερῶν ἀρχαίων ὁ Θε-
ὸς ἐν ἡμῖν ἐξελέξατο διὰ τοῦ στόματός μου ἀκοῦσαι τὰ ἔθνη τὸν λόγον
τοῦ εὐαγγελίου καὶ πιστεῦσαι. 8 καὶ ὁ καρδιογνώστης Θεὸς ἐμαρτύρη-
σεν αὐτοῖς δοὺς αὐτοῖς τὸ Πνεῦμα τὸ Ἅγιον καθὼς καὶ ἡμῖν, 9 καὶ οὐδὲν
διέκρινε μεταξὺ ἡμῶν τε καὶ αὐτῶν τῇ πίστει καθαρίσας τὰς καρδίας
αὐτῶν. 10 νῦν οὖν τί πειράζετε τὸν Θεόν, ἐπιθεῖναι ζυγὸν ἐπὶ τὸν τρά-
χηλον τῶν μαθητῶν, ὃν οὔτε οἱ πατέρες ἡμῶν οὔτε ἡμεῖς ἰσχύσαμεν
βαστάσαι; 11 ἀλλὰ διὰ τῆς χάριτος τοῦ Κυρίου Ἰησοῦ πιστεύομεν σω-
θῆναι καθ' ὃν τρόπον κἀκεῖνοι.

12 Ἐσίγησε δὲ πᾶν τὸ πλῆθος καὶ ἤκουον Βαρνάβα καὶ Παύλου ἐξη-
γουμένων ὅσα ἐποίησεν ὁ Θεὸς σημεῖα καὶ τέρατα ἐν τοῖς ἔθνεσι δι' αὐ-
τῶν. 13 μετὰ δὲ τὸ σιγῆσαι αὐτοὺς ἀπεκρίθη Ἰάκωβος λέγων· ἄνδρες
ἀδελφοί, ἀκούσατέ μου. 14 Συμεὼν ἐξηγήσατο καθὼς πρῶτον ὁ Θεὸς ἐ-
πεσκέψατο λαβεῖν ἐξ ἐθνῶν λαὸν ἐπὶ τῷ ὀνόματι αὐτοῦ. 15 καὶ τούτῳ
συμφωνοῦσιν οἱ λόγοι τῶν προφητῶν, καθὼς γέγραπται· 16 μετὰ ταῦτα
ἀναστρέψω καὶ ἀνοικοδομήσω τὴν σκηνὴν Δαυῒδ τὴν πεπτωκυῖαν, καὶ
τὰ κατεσκαμμένα αὐτῆς ἀνοικοδομήσω καὶ ἀνορθώσω αὐτήν, 17 ὅπως
ἂν ἐκζητήσωσιν οἱ κατάλοιποι τῶν ἀνθρώπων τὸν Κύριον, καὶ πάντα τὰ
ἔθνη ἐφ' οὓς ἐπικέκληται τὸ ὄνομά μου ἐπ' αὐτούς, λέγει Κύριος ὁ ποι-
ῶν ταῦτα πάντα. 18 γνωστὰ ἀπ' αἰῶνός ἐστι τῷ Θεῷ πάντα τὰ ἔργα
αὐτοῦ. 19 διὸ ἐγὼ κρίνω μὴ παρενοχλεῖν τοῖς ἀπὸ τῶν ἐθνῶν ἐπιστρέ-
φουσιν ἐπὶ τὸν Θεόν, 20 ἀλλὰ ἐπιστεῖλαι αὐτοῖς τοῦ ἀπέχεσθαι ἀπὸ τῶν
ἀλισγημάτων τῶν εἰδώλων καὶ τῆς πορνείας καὶ τοῦ πνικτοῦ καὶ τοῦ
αἵματος. 21 Μωϋσῆς γὰρ ἐκ γενεῶν ἀρχαίων κατὰ πόλιν τοὺς κηρύσ-
σοντας αὐτὸν ἔχει ἐν ταῖς συναγωγαῖς κατὰ πᾶν σάββατον ἀναγινωσκό-
μενος.

22 Τότε ἔδοξε τοῖς ἀποστόλοις καὶ τοῖς πρεσβυτέροις σὺν ὅλῃ τῇ ἐκ-
κλησίᾳ ἐκλεξαμένους ἄνδρας ἐξ αὐτῶν πέμψαι εἰς Ἀντιόχειαν σὺν τῷ
Παύλῳ καὶ Βαρνάβᾳ, Ἰούδαν τὸν ἐπικαλούμενον Βαρσαββᾶν καὶ Σίλαν,
ἄνδρας ἡγουμένους ἐν τοῖς ἀδελφοῖς, 23 γράψαντες διὰ χειρὸς αὐτῶν
τάδε· Οἱ ἀπόστολοι καὶ οἱ πρεσβύτεροι καὶ οἱ ἀδελφοὶ τοῖς κατὰ τὴν Ἀν-
τιόχειαν καὶ Συρίαν καὶ Κιλικίαν ἀδελφοῖς τοῖς ἐξ ἐθνῶν χαίρειν. 24
Ἐπειδὴ ἠκούσαμεν ὅτι τινὲς ἐξ ἡμῶν ἐξελθόντες ἐτάραξαν ὑμᾶς λόγοις
ἀνασκευάζοντες τὰς ψυχὰς ὑμῶν, λέγοντες περιτέμνεσθαι καὶ τηρεῖν
τὸν νόμον, οἷς οὐ διεστειλάμεθα, 25 ἔδοξεν ἡμῖν γενομένοις ὁμοθυμα-
δόν, ἐκλεξαμένους ἄνδρας πέμψαι πρὸς ὑμᾶς σὺν τοῖς ἀγαπητοῖς ἡμῶν
Βαρνάβᾳ καὶ Παύλῳ, 26 ἀνθρώποις παραδεδωκόσι τὰς ψυχὰς αὐτῶν ὑ-
πὲρ τοῦ ὀνόματος τοῦ Κυρίου ἡμῶν Ἰησοῦ Χριστοῦ· 27 ἀπεστάλκαμεν
οὖν Ἰούδαν καὶ Σίλαν καὶ αὐτοὺς διὰ λόγου ἀπαγγέλλοντας τὰ αὐτά. 28
ἔδοξε γὰρ τῷ Ἁγίῳ Πνεύματι καὶ ἡμῖν μηδὲν πλέον ἐπιτίθεσθαι ὑμῖν
βάρος πλὴν τῶν ἐπάναγκες τούτων, 29 ἀπέχεσθαι εἰδωλοθύτων καὶ αἵ-
ματος καὶ πνικτοῦ καὶ πορνείας· ἐξ ὧν διατηροῦντες ἑαυτοὺς εὖ πράξε-
τε. ἔρρωσθε.

30 Οἱ μὲν οὖν ἀπολυθέντες ἦλθον εἰς Ἀντιόχειαν, καὶ συναγαγόντες τὸ
πλῆθος ἐπέδωκαν τὴν ἐπιστολήν. 31 ἀναγνόντες δὲ ἐχάρησαν ἐπὶ τῇ
παρακλήσει. 32 Ἰούδας τε καὶ Σίλας, καὶ αὐτοὶ προφῆται ὄντες, διὰ λό-
γου πολλοῦ παρεκάλεσαν τοὺς ἀδελφοὺς καὶ ἐπεστήριξαν. 33 ποιήσαν-
τες δὲ χρόνον ἀπελύθησαν μετ᾽ εἰρήνης ἀπὸ τῶν ἀδελφῶν πρὸς τοὺς ἀ-
ποστόλους. 34 ἔδοξε δὲ τῷ Σίλᾳ ἐπιμεῖναι αὐτοῦ.

35 Παῦλος δὲ καὶ Βαρνάβας διέτριβον ἐν Ἀντιοχείᾳ διδάσκοντες καὶ εὐ-
αγγελιζόμενοι μετὰ καὶ ἑτέρων πολλῶν τὸν λόγον τοῦ Κυρίου. 36 μετὰ
δέ τινας ἡμέρας εἶπε Παῦλος πρὸς Βαρνάβαν· ἐπιστρέψαντες δὴ ἐπι-
σκεψώμεθα τοὺς ἀδελφοὺς ἡμῶν κατὰ πᾶσαν πόλιν ἐν αἷς κατηγγείλα-
μεν τὸν λόγον τοῦ Κυρίου, πῶς ἔχουσι. 37 Βαρνάβας δὲ ἐβουλεύσατο
συμπαραλαβεῖν τὸν Ἰωάννην τὸν ἐπικαλούμενον Μᾶρκον· 38 Παῦλος
δὲ ἠξίου, τὸν ἀποστάντα ἀπ᾽ αὐτῶν ἀπὸ Παμφυλίας καὶ μὴ συνελθόντα
αὐτοῖς εἰς τὸ ἔργον, μὴ συμπαραλαβεῖν τοῦτον. 39 ἐγένετο οὖν παροξυ-
σμός, ὥστε ἀποχωρισθῆναι αὐτοὺς ἀπ᾽ ἀλλήλων, τόν τε Βαρνάβαν πα-
ραλαβόντα τὸν Μᾶρκον ἐκπλεῦσαι εἰς Κύπρον. 40 Παῦλος δὲ ἐπιλεξά-
μενος Σίλαν ἐξῆλθε, παραδοθεὶς τῇ χάριτι τοῦ Θεοῦ ὑπὸ τῶν ἀδελφῶν,
41 διήρχετο δὲ τὴν Συρίαν καὶ Κιλικίαν ἐπιστηρίζων τὰς ἐκκλησίας.

16

ΚΑΤΗΝΤΗΣΕ δὲ εἰς Δέρβην καὶ Λύστραν. καὶ ἰδοὺ μαθητής τις ἦν
ἐκεῖ ὀνόματι Τιμόθεος, υἱὸς γυναικός τινος Ἰουδαίας πιστῆς, πατρὸς
δὲ Ἕλληνος, 2 ὃς ἐμαρτυρεῖτο ὑπὸ τῶν ἐν Λύστροις καὶ Ἰκονίῳ ἀ-
δελφῶν. 3 τοῦτον ἠθέλησεν ὁ Παῦλος σὺν αὐτῷ ἐξελθεῖν, καὶ λαβὼν
περιέτεμεν αὐτὸν διὰ τοὺς Ἰουδαίους τοὺς ὄντας ἐν τοῖς τόποις ἐκείνοις·
ᾔδεισαν γὰρ ἅπαντες τὸν πατέρα αὐτοῦ ὅτι Ἕλλην ὑπῆρχεν. 4 ὡς δὲ δι-
επορεύοντο τὰς πόλεις, παρεδίδουν αὐτοῖς φυλάσσειν τὰ δόγματα τὰ κε-
κριμένα ὑπὸ τῶν ἀποστόλων καὶ τῶν πρεσβυτέρων τῶν ἐν Ἱερουσαλήμ.
5 αἱ μὲν οὖν ἐκκλησίαι ἐστερεοῦντο τῇ πίστει καὶ ἐπερίσσευον τῷ ἀρι-
θμῷ καθ' ἡμέραν.

6 Διελθόντες δὲ τὴν Φρυγίαν καὶ τὴν Γαλατικὴν χώραν, κωλυθέντες
ὑπὸ τοῦ Ἁγίου Πνεύματος λαλῆσαι τὸν λόγον ἐν τῇ Ἀσίᾳ, 7 ἐλθόντες
κατὰ τὴν Μυσίαν ἐπείραζον κατὰ τὴν Βιθυνίαν πορεύεσθαι· καὶ οὐκ εἴα-
σεν αὐτοὺς τὸ Πνεῦμα. 8 παρελθόντες δὲ τὴν Μυσίαν κατέβησαν εἰς
Τρῳάδα. 9 καὶ ὅραμα διὰ τῆς νυκτὸς ὤφθη τῷ Παύλῳ· ἀνήρ τις ἦν
Μακεδὼν ἑστώς, παρακαλῶν αὐτὸν καὶ λέγων· διαβὰς εἰς Μακεδονίαν
βοήθησον ἡμῖν. 10 ὡς δὲ τὸ ὅραμα εἶδεν, εὐθέως ἐζητήσαμεν ἐξελθεῖν
εἰς τὴν Μακεδονίαν, συμβιβάζοντες ὅτι προσκέκληται ἡμᾶς ὁ Κύριος
εὐαγγελίσασθαι αὐτούς.

11 Ἀναχθέντες οὖν ἀπὸ τῆς Τρῳάδος εὐθυδρομήσαμεν εἰς Σαμοθρᾴ-
κην, τῇ δὲ ἐπιούσῃ εἰς Νεάπολιν, 12 ἐκεῖθέν τε εἰς Φιλίππους, ἥτις ἐστὶ
πρώτη τῆς μερίδος τῆς Μακεδονίας πόλις κολωνία. Ἦμεν δὲ ἐν αὐτῇ
τῇ πόλει διατρίβοντες ἡμέρας τινάς, 13 τῇ τε ἡμέρᾳ τῶν σαββάτων ἐ-
ξήλθομεν ἔξω τῆς πόλεως παρὰ ποταμὸν οὗ ἐνομίζετο προσευχὴ εἶναι,
καὶ καθίσαντες ἐλαλοῦμεν ταῖς συνελθούσαις γυναιξί. 14 καί τις γυνὴ
ὀνόματι Λυδία, πορφυρόπωλις πόλεως Θυατείρων, σεβομένη τὸν Θεόν,
ἤκουεν, ἧς ὁ Κύριος διήνοιξε τὴν καρδίαν προσέχειν τοῖς λαλουμένοις
ὑπὸ τοῦ Παύλου. 15 ὡς δὲ ἐβαπτίσθη καὶ ὁ οἶκος αὐτῆς, παρεκάλεσε
λέγουσα· εἰ κεκρίκατέ με πιστὴν τῷ Κυρίῳ εἶναι, εἰσελθόντες εἰς τὸν οἶ-
κόν μου μείνατε· καὶ παρεβιάσατο ἡμᾶς. 16 Ἐγένετο δὲ πορευομένων
ἡμῶν εἰς προσευχὴν παιδίσκην τινὰ ἔχουσαν πνεῦμα πύθωνος ἀπαντῆ-
σαι ἡμῖν, ἥτις ἐργασίαν πολλὴν παρεῖχε τοῖς κυρίοις αὐτῆς μαντευομέ-
νη. 17 αὕτη κατακολουθήσασα τῷ Παύλῳ καὶ τῷ Σίλᾳ ἔκραζε λέγουσα·

οὗτοι οἱ ἄνθρωποι δοῦλοι τοῦ Θεοῦ τοῦ ὑψίστου εἰσίν, οἵτινες καταγγέλ-
λουσιν ἡμῖν ὁδὸν σωτηρίας. 18 τοῦτο δὲ ἐποίει ἐπὶ πολλὰς ἡμέρας. δια-
πονηθεὶς δὲ ὁ Παῦλος καὶ ἐπιστρέψας τῷ πνεύματι εἶπε· παραγγέλλω
σοι ἐν τῷ ὀνόματι Ἰησοῦ Χριστοῦ ἐξελθεῖν ἀπ' αὐτῆς. καὶ ἐξῆλθεν αὐτῇ
τῇ ὥρᾳ.

19 Ἰδόντες δὲ οἱ κύριοι αὐτῆς ὅτι ἐξῆλθεν ἡ ἐλπὶς τῆς ἐργασίας αὐτῶν,
ἐπιλαβόμενοι τὸν Παῦλον καὶ τὸν Σίλαν εἵλκυσαν εἰς τὴν ἀγορὰν ἐπὶ
τοὺς ἄρχοντας, 20 καὶ προσαγαγόντες αὐτοὺς τοῖς στρατηγοῖς εἶπον·
οὗτοι οἱ ἄνθρωποι ἐκταράσσουσιν ἡμῶν τὴν πόλιν Ἰουδαῖοι ὑπάρχοντες.
21 καὶ καταγγέλλουσιν ἔθη ἃ οὐκ ἔξεστιν ἡμῖν παραδέχεσθαι οὐδὲ ποι-
εῖν Ρωμαίοις οὖσι. 22 καὶ συνεπέστη ὁ ὄχλος κατ' αὐτῶν. καὶ οἱ στρα-
τηγοὶ περιρρήξαντες αὐτῶν τὰ ἱμάτια ἐκέλευον ραβδίζειν, 23 πολλάς τε
ἐπιθέντες αὐτοῖς πληγὰς ἔβαλον εἰς φυλακήν, παραγγείλαντες τῷ δε-
σμοφύλακι ἀσφαλῶς τηρεῖν αὐτούς· 24 ὃς παραγγελίαν τοιαύτην εἰλη-
φὼς ἔβαλεν αὐτοὺς εἰς τὴν ἐσωτέραν φυλακὴν καὶ τοὺς πόδας αὐτῶν ἠ-
σφαλίσατο εἰς τὸ ξύλον. 25 Κατὰ δὲ τὸ μεσονύκτιον Παῦλος καὶ Σίλας
προσευχόμενοι ὕμνουν τὸν Θεόν· ἐπηκροῶντο δὲ αὐτῶν οἱ δέσμιοι. 26
ἄφνω δὲ σεισμὸς ἐγένετο μέγας, ὥστε σαλευθῆναι τὰ θεμέλια τοῦ δε-
σμωτηρίου, ἀνεῴχθησάν τε παραχρῆμα αἱ θύραι πᾶσαι καὶ πάντων τὰ
δεσμὰ ἀνέθη. 27 ἔξυπνος δὲ γενόμενος ὁ δεσμοφύλαξ καὶ ἰδὼν ἀνεῳ-
γμένας τὰς θύρας τῆς φυλακῆς, σπασάμενος μάχαιραν ἔμελλεν ἑαυτὸν
ἀναιρεῖν, νομίζων ἐκπεφευγέναι τοὺς δεσμίους. 28 ἐφώνησε δὲ φωνῇ
μεγάλῃ ὁ Παῦλος λέγων· μηδὲν πράξῃς σεαυτῷ κακόν· ἅπαντες γάρ ἐ-
σμεν ἐνθάδε. 29 αἰτήσας δὲ φῶτα εἰσεπήδησε, καὶ ἔντρομος γενόμενος
προσέπεσε τῷ Παύλῳ καὶ τῷ Σίλᾳ, 30 καὶ προαγαγὼν αὐτοὺς ἔξω ἔφη·
κύριοι, τί με δεῖ ποιεῖν ἵνα σωθῶ; 31 οἱ δὲ εἶπον· πίστευσον ἐπὶ τὸν Κύ-
ριον Ἰησοῦν Χριστόν, καὶ σωθήσῃ σὺ καὶ ὁ οἶκός σου. 32 καὶ ἐλάλησαν
αὐτῷ τὸν λόγον τοῦ Κυρίου καὶ πᾶσι τοῖς ἐν τῇ οἰκίᾳ αὐτοῦ. 33 καὶ πα-
ραλαβὼν αὐτοὺς ἐν ἐκείνῃ τῇ ὥρᾳ τῆς νυκτὸς ἔλουσεν ἀπὸ τῶν πλη-
γῶν, καὶ ἐβαπτίσθη αὐτὸς καὶ οἱ αὐτοῦ πάντες παραχρῆμα, 34 ἀναγα-
γών τε αὐτοὺς εἰς τὸν οἶκον αὐτοῦ παρέθηκε τράπεζαν, καὶ ἠγαλλιάσατο
πανοικὶ πεπιστευκὼς τῷ Θεῷ.

35 Ἡμέρας δὲ γενομένης ἀπέστειλαν οἱ στρατηγοὶ τοὺς ραβδούχους
λέγοντες· ἀπόλυσον τοὺς ἀνθρώπους ἐκείνους. 36 ἀπήγγειλε δὲ ὁ δε-
σμοφύλαξ τοὺς λόγους τούτους πρὸς τὸν Παῦλον, ὅτι ἀπεστάλκασιν οἱ
στρατηγοὶ ἵνα ἀπολυθῆτε. νῦν οὖν ἐξελθόντες πορεύεσθε ἐν εἰρήνῃ. 37 ὁ

δὲ Παῦλος ἔφη πρὸς αὐτούς· δείραντες ἡμᾶς δημοσίᾳ ἀκατακρίτους, ἀν-
θρώπους Ρωμαίους ὑπάρχοντας, ἔβαλον εἰς φυλακήν· καὶ νῦν λάθρᾳ ἡ-
μᾶς ἐκβάλλουσιν; οὐ γάρ, ἀλλὰ ἐλθόντες αὐτοὶ ἡμᾶς ἐξαγαγέτωσαν.

38 Ἀνήγγειλαν δὲ τοῖς στρατηγοῖς οἱ ραβδοῦχοι τὰ ρήματα ταῦτα· καὶ
ἐφοβήθησαν ἀκούσαντες ὅτι Ρωμαῖοί εἰσι, 39 καὶ ἐλθόντες παρεκάλεσαν
αὐτούς, καὶ ἐξαγαγόντες ἠρώτων ἐξελθεῖν τῆς πόλεως. 40 ἐξελθόντες
δὲ ἐκ τῆς φυλακῆς εἰσῆλθον πρὸς τὴν Λυδίαν, καὶ ἰδόντες τοὺς ἀδελ-
φοὺς παρεκάλεσαν αὐτοὺς καὶ ἐξῆλθον.

17

ΔΙΟΔΕΥΣΑΝΤΕΣ δὲ τὴν Ἀμφίπολιν καὶ Ἀπολλωνίαν ἦλθον εἰς
Θεσσαλονίκην, ὅπου ἦν ἡ συναγωγὴ τῶν Ἰουδαίων. 2 κατὰ δὲ τὸ εἰ-
ωθὸς τῷ Παύλῳ εἰσῆλθε πρὸς αὐτούς, καὶ ἐπὶ σάββατα τρία διελέγε-
το αὐτοῖς ἀπὸ τῶν γραφῶν, 3 διανοίγων καὶ παρατιθέμενος ὅτι τὸν Χρι-
στὸν ἔδει παθεῖν καὶ ἀναστῆναι ἐκ νεκρῶν, καὶ ὅτι οὗτός ἐστιν ὁ Χρι-
στός, Ἰησοῦς ὃν ἐγὼ καταγγέλλω ὑμῖν. 4 καί τινες ἐξ αὐτῶν ἐπείσθη-
σαν καὶ προσεκληρώθησαν τῷ Παύλῳ καὶ τῷ Σίλᾳ, τῶν τε σεβομένων
Ἑλλήνων πολὺ πλῆθος γυναικῶν τε τῶν πρώτων οὐκ ὀλίγαι. 5 Προσ-
λαβόμενοι δὲ οἱ ἀπειθοῦντες Ἰουδαῖοι τῶν ἀγοραίων τινὰς ἄνδρας πονη-
ροὺς καὶ ὀχλοποιήσαντες ἐθορύβουν τὴν πόλιν, ἐπιστάντες τε τῇ οἰκίᾳ
Ἰάσονος ἐζήτουν αὐτοὺς ἀγαγεῖν εἰς τὸν δῆμον· 6 μὴ εὑρόντες δὲ αὐ-
τοὺς ἔσυρον τὸν Ἰάσονα καί τινας ἀδελφοὺς ἐπὶ τοὺς πολιτάρχας, βοῶν-
τες ὅτι οἱ τὴν οἰκουμένην ἀναστατώσαντες οὗτοι καὶ ἐνθάδε πάρεισιν, 7
οὓς ὑποδέδεκται Ἰάσων· καὶ οὗτοι πάντες ἀπέναντι τῶν δογμάτων Καί-
σαρος πράσσουσι, βασιλέα ἕτερον λέγοντες εἶναι, Ἰησοῦν. 8 ἐτάραξαν δὲ
τὸν ὄχλον καὶ τοὺς πολιτάρχας ἀκούοντας ταῦτα, 9 καὶ λαβόντες τὸ ἱ-
κανὸν παρὰ τοῦ Ἰάσονος καὶ τῶν λοιπῶν ἀπέλυσαν αὐτούς.

10 Οἱ δὲ ἀδελφοὶ εὐθέως διὰ τῆς νυκτὸς ἐξέπεμψαν τόν τε Παῦλον καὶ
τὸν Σίλαν εἰς Βέροιαν, οἵτινες παραγενόμενοι εἰς τὴν συναγωγὴν ἀπῄε-
σαν τῶν Ἰουδαίων. 11 οὗτοι δὲ ἦσαν εὐγενέστεροι τῶν ἐν Θεσσαλονίκῃ,
οἵτινες ἐδέξαντο τὸν λόγον μετὰ πάσης προθυμίας, τὸ καθ᾿ ἡμέραν ἀνα-
κρίνοντες τὰς γραφὰς εἰ ἔχοι ταῦτα οὕτως. 12 πολλοὶ μὲν οὖν ἐξ αὐτῶν

ἐπίστευσαν, καὶ τῶν Ἑλληνίδων γυναικῶν τῶν εὐσχημόνων καὶ ἀνδρῶν
οὐκ ὀλίγοι.

13 Ὡς δὲ ἔγνωσαν οἱ ἀπὸ τῆς Θεσσαλονίκης Ἰουδαῖοι ὅτι καὶ ἐν τῇ Βε-
ροίᾳ κατηγγέλη ὑπὸ τοῦ Παύλου ὁ λόγος τοῦ Θεοῦ, ἦλθον κἀκεῖ σαλεύ-
οντες τοὺς ὄχλους. 14 εὐθέως δὲ τότε τὸν Παῦλον ἐξαπέστειλαν οἱ ἀ-
δελφοὶ πορεύεσθαι ὡς ἐπὶ τὴν θάλασσαν· ὑπέμενον δὲ ὅ τε Σίλας καὶ ὁ
Τιμόθεος ἐκεῖ. 15 οἱ δὲ καθιστῶντες τὸν Παῦλον ἤγαγον αὐτὸν ἕως Ἀ-
θηνῶν, καὶ λαβόντες ἐντολὴν πρὸς τὸν Σίλαν καὶ Τιμόθεον ἵνα ὡς τάχι-
στα ἔλθωσι πρὸς αὐτόν, ἐξῄεσαν.

16 Ἐν δὲ ταῖς Ἀθήναις ἐκδεχομένου αὐτοὺς τοῦ Παύλου, παρωξύνετο
τὸ πνεῦμα αὐτοῦ ἐν αὐτῷ θεωροῦντι κατείδωλον οὖσαν τὴν πόλιν. 17
διελέγετο μὲν οὖν ἐν τῇ συναγωγῇ τοῖς Ἰουδαίοις καὶ τοῖς σεβομένοις
καὶ ἐν τῇ ἀγορᾷ κατὰ πᾶσαν ἡμέραν πρὸς τοὺς παρατυγχάνοντας. 18
τινὲς δὲ τῶν Ἐπικουρείων καὶ τῶν Στοϊκῶν φιλοσόφων συνέβαλλον αὐ-
τῷ, καί τινες ἔλεγον· τί ἂν θέλοι ὁ σπερμολόγος οὗτος λέγειν; οἱ δέ· ξέ-
νων δαιμονίων δοκεῖ καταγγελεὺς εἶναι· ὅτι τὸν Ἰησοῦν καὶ τὴν ἀνά-
στασιν εὐηγγελίζετο αὐτοῖς. 19 ἐπιλαβόμενοί τε αὐτοῦ ἐπὶ τὸν Ἄρειον
πάγον ἤγαγον λέγοντες· δυνάμεθα γνῶναι τίς ἡ καινὴ αὕτη ἡ ὑπὸ σοῦ
λαλουμένη διδαχή; 20 ξενίζοντα γάρ τινα εἰσφέρεις εἰς τὰς ἀκοὰς ἡ-
μῶν· βουλόμεθα οὖν γνῶναι τί ἂν θέλοι ταῦτα εἶναι. 21 Ἀθηναῖοι δὲ
πάντες καὶ οἱ ἐπιδημοῦντες ξένοι εἰς οὐδὲν ἕτερον εὐκαίρουν ἢ λέγειν τι
καὶ ἀκούειν καινότερον.

22 Σταθεὶς δὲ ὁ Παῦλος ἐν μέσῳ τοῦ Ἀρείου πάγου ἔφη· ἄνδρες Ἀθη-
ναῖοι, κατὰ πάντα ὡς δεισιδαιμονεστέρους ὑμᾶς θεωρῶ. 23 διερχόμενος
γὰρ καὶ ἀναθεωρῶν τὰ σεβάσματα ὑμῶν εὗρον καὶ βωμὸν ἐν ᾧ ἐπεγέ-
γραπτο, ἀγνώστῳ Θεῷ. ὃν οὖν ἀγνοοῦντες εὐσεβεῖτε, τοῦτον ἐγὼ κα-
ταγγέλλω ὑμῖν. 24 ὁ Θεὸς ὁ ποιήσας τὸν κόσμον καὶ πάντα τὰ ἐν αὐτῷ,
οὗτος οὐρανοῦ καὶ γῆς Κύριος ὑπάρχων οὐκ ἐν χειροποιήτοις ναοῖς κα-
τοικεῖ, 25 οὐδὲ ὑπὸ χειρῶν ἀνθρώπων θεραπεύεται προσδεόμενός τινος,
αὐτὸς διδοὺς πᾶσι ζωὴν καὶ πνοὴν κατὰ πάντα· 26 ἐποίησέ τε ἐξ ἑνὸς
αἵματος πᾶν ἔθνος ἀνθρώπων κατοικεῖν ἐπὶ πᾶν τὸ πρόσωπον τῆς γῆς,
ὁρίσας προστεταγμένους καιροὺς καὶ τὰς ὁροθεσίας τῆς κατοικίας αὐ-
τῶν, 27 ζητεῖν τὸν Κύριον, εἰ ἄρα γε ψηλαφήσειαν αὐτὸν καὶ εὕροιεν,
καί γε οὐ μακρὰν ἀπὸ ἑνὸς ἑκάστου ἡμῶν ὑπάρχοντα. 28 ἐν αὐτῷ γὰρ
ζῶμεν καὶ κινούμεθα καὶ ἐσμέν, ὡς καί τινες τῶν καθ' ὑμᾶς ποιητῶν εἰ-
ρήκασι· τοῦ γὰρ καὶ γένος ἐσμέν. 29 γένος οὖν ὑπάρχοντες τοῦ Θεοῦ

οὐκ ὀφείλομεν νομίζειν χρυσῷ ἢ ἀργύρῳ ἢ λίθῳ, χαράγματι τέχνης καὶ
ἐνθυμήσεως ἀνθρώπου, τὸ θεῖον εἶναι ὅμοιον. 30 τοὺς μὲν οὖν χρόνους
τῆς ἀγνοίας ὑπεριδὼν ὁ Θεὸς τανῦν παραγγέλλει τοῖς ἀνθρώποις πᾶσι
πανταχοῦ μετανοεῖν, 31 διότι ἔστησεν ἡμέραν ἐν ᾗ μέλλει κρίνειν τὴν
οἰκουμένην ἐν δικαιοσύνῃ, ἐν ἀνδρὶ ᾧ ὥρισε, πίστιν παρασχὼν πᾶσιν ἀ-
ναστήσας αὐτὸν ἐκ νεκρῶν. 32 ἀκούσαντες δὲ ἀνάστασιν νεκρῶν οἱ μὲν
ἐχλεύαζον, οἱ δὲ εἶπον· ἀκουσόμεθά σου πάλιν περὶ τούτου. 33 καὶ οὕ-
τως ὁ Παῦλος ἐξῆλθεν ἐκ μέσου αὐτῶν. 34 τινὲς δὲ ἄνδρες κολληθέντες
αὐτῷ ἐπίστευσαν, ἐν οἷς καὶ Διονύσιος ὁ Ἀρεοπαγίτης καὶ γυνὴ ὀνόματι
Δάμαρις καὶ ἕτεροι σὺν αὐτοῖς.

18

ΜΕΤΑ δὲ ταῦτα χωρισθεὶς ὁ Παῦλος ἐκ τῶν Ἀθηνῶν ἦλθεν εἰς Κό-
ρινθον· 2 καὶ εὑρών τινα Ἰουδαῖον ὀνόματι Ἀκύλαν, Ποντικὸν τῷ
γένει, προσφάτως ἐληλυθότα ἀπὸ τῆς Ἰταλίας, καὶ Πρίσκιλλαν γυ-
ναῖκα αὐτοῦ, διὰ τὸ διατεταχέναι Κλαύδιον χωρίζεσθαι πάντας τοὺς Ἰ-
ουδαίους ἀπὸ τῆς Ρώμης, προσῆλθεν αὐτοῖς, 3 καὶ διὰ τὸ ὁμότεχνον εἶ-
ναι ἔμεινε παρ' αὐτοῖς καὶ εἰργάζετο· ἦσαν γὰρ σκηνοποιοὶ τῇ τέχνῃ. 4
διελέγετο δὲ ἐν τῇ συναγωγῇ κατὰ πᾶν σάββατον, ἔπειθέ τε Ἰουδαίους
καὶ Ἕλληνας.

5 Ὡς δὲ κατῆλθον ἀπὸ τῆς Μακεδονίας ὅ τε Σίλας καὶ ὁ Τιμόθεος, συ-
νείχετο τῷ πνεύματι ὁ Παῦλος διαμαρτυρόμενος τοῖς Ἰουδαίοις τὸν
Χριστὸν Ἰησοῦν. 6 ἀντιτασσομένων δὲ αὐτῶν καὶ βλασφημούντων ἐ-
κτιναξάμενος τὰ ἱμάτια εἶπε πρὸς αὐτούς· τὸ αἷμα ὑμῶν ἐπὶ τὴν κεφα-
λὴν ὑμῶν· καθαρὸς ἐγώ· ἀπὸ τοῦ νῦν εἰς τὰ ἔθνη πορεύσομαι. 7 καὶ με-
ταβὰς ἐκεῖθεν ἦλθεν εἰς οἰκίαν τινὸς ὀνόματι Ἰούστου, σεβομένου τὸν
Θεόν, οὗ ἡ οἰκία ἦν συνομοροῦσα τῇ συναγωγῇ.

8 Κρίσπος δὲ ὁ ἀρχισυνάγωγος ἐπίστευσε τῷ Κυρίῳ σὺν ὅλῳ τῷ οἴκῳ
αὐτοῦ, καὶ πολλοὶ τῶν Κορινθίων ἀκούοντες ἐπίστευον καὶ ἐβαπτίζοντο.
9 εἶπε δὲ ὁ Κύριος δι' ὁράματος ἐν νυκτὶ τῷ Παύλῳ· μὴ φοβοῦ, ἀλλὰ
λάλει καὶ μὴ σιωπήσῃς, 10 διότι ἐγώ εἰμι μετὰ σοῦ, καὶ οὐδεὶς ἐπιθήσε-
ταί σοι τοῦ κακῶσαί σε, διότι λαός ἐστί μοι πολὺς ἐν τῇ πόλει ταύτῃ. 11

ἐκάθισέ τε ἐνιαυτὸν καὶ μῆνας ἓξ διδάσκων ἐν αὐτοῖς τὸν λόγον τοῦ Θε-
οῦ.

12 Γαλλίωνος δὲ ἀνθυπατεύοντος τῆς Ἀχαΐας κατεπέστησαν ὁμοθυμα-
δὸν οἱ Ἰουδαῖοι τῷ Παύλῳ καὶ ἤγαγον αὐτὸν ἐπὶ τὸ βῆμα, 13 λέγοντες
ὅτι παρὰ τὸν νόμον οὗτος ἀναπείθει τοὺς ἀνθρώπους σέβεσθαι τὸν Θεόν.
14 μέλλοντος δὲ τοῦ Παύλου ἀνοίγειν τὸ στόμα εἶπεν ὁ Γαλλίων πρὸς
τοὺς Ἰουδαίους· εἰ μὲν οὖν ἦν ἀδίκημά τι ἢ ῥᾳδιούργημα πονηρόν, ὦ Ἰ-
ουδαῖοι, κατὰ λόγον ἂν ἠνεσχόμην ὑμῶν· 15 εἰ δὲ ζήτημά ἐστι περὶ λό-
γου καὶ ὀνομάτων καὶ νόμου τοῦ καθ᾽ ὑμᾶς, ὄψεσθε αὐτοί· κριτὴς γὰρ
ἐγὼ τούτων οὐ βούλομαι εἶναι. 16 καὶ ἀπήλασεν αὐτοὺς ἀπὸ τοῦ βήμα-
τος. 17 ἐπιλαβόμενοι δὲ πάντες οἱ Ἕλληνες Σωσθένην τὸν ἀρχισυνά-
γωγον ἔτυπτον ἔμπροσθεν τοῦ βήματος· καὶ οὐδὲν τούτων τῷ Γαλλίωνι
ἔμελεν.

18 Ὁ δὲ Παῦλος ἔτι προσμείνας ἡμέρας ἱκανάς, τοῖς ἀδελφοῖς ἀποτα-
ξάμενος ἐξέπλει εἰς τὴν Συρίαν, καὶ σὺν αὐτῷ Πρίσκιλλα καὶ Ἀκύλας,
κειράμενος τὴν κεφαλὴν ἐν Κεγχρεαῖς· εἶχε γὰρ εὐχήν. 19 κατήντησε
δὲ εἰς Ἔφεσον, κἀκείνους κατέλιπεν αὐτοῦ, αὐτὸς δὲ εἰσελθὼν εἰς τὴν
συναγωγὴν διελέχθη τοῖς Ἰουδαίοις. 20 ἐρωτώντων δὲ αὐτῶν ἐπὶ πλεί-
ονα χρόνον μεῖναι παρ᾽ αὐτοῖς οὐκ ἐπένευσεν, 21 ἀλλ᾽ ἀπετάξατο αὐτοῖς
εἰπών· δεῖ με πάντως τὴν ἑορτὴν τὴν ἐρχομένην ποιῆσαι εἰς Ἱεροσόλυ-
μα, πάλιν δὲ ἀνακάμψω πρὸς ὑμᾶς τοῦ Θεοῦ θέλοντος. καὶ ἀνήχθη ἀπὸ
τῆς Ἐφέσου, 22 καὶ κατελθὼν εἰς Καισάρειαν, ἀναβὰς καὶ ἀσπασάμε-
νος τὴν ἐκκλησίαν κατέβη εἰς Ἀντιόχειαν, 23 καὶ ποιήσας χρόνον τινὰ
ἐξῆλθε διερχόμενος καθεξῆς τὴν Γαλατικὴν χώραν καὶ Φρυγίαν, ἐπι-
στηρίζων πάντας τοὺς μαθητάς.

24 Ἰουδαῖος δέ τις Ἀπολλὼς ὀνόματι, Ἀλεξανδρεὺς τῷ γένει, ἀνὴρ λό-
γιος, κατήντησεν εἰς Ἔφεσον, δυνατὸς ὢν ἐν ταῖς γραφαῖς. 25 οὗτος ἦν
κατηχημένος τὴν ὁδὸν τοῦ Κυρίου, καὶ ζέων τῷ πνεύματι ἐλάλει καὶ ἐ-
δίδασκεν ἀκριβῶς τὰ περὶ τοῦ Κυρίου, ἐπιστάμενος μόνον τὸ βάπτισμα
Ἰωάννου· 26 οὗτός τε ἤρξατο παρρησιάζεσθαι ἐν τῇ συναγωγῇ. ἀκού-
σαντες δὲ αὐτοῦ Ἀκύλας καὶ Πρίσκιλλα προσελάβοντο αὐτὸν καὶ ἀκρι-
βέστερον αὐτῷ ἐξέθεντο τὴν ὁδὸν τοῦ Θεοῦ. 27 βουλομένου δὲ αὐτοῦ δι-
ελθεῖν εἰς τὴν Ἀχαΐαν προτρεψάμενοι οἱ ἀδελφοὶ ἔγραψαν τοῖς μαθηταῖς
ἀποδέξασθαι αὐτόν· ὃς παραγενόμενος συνεβάλετο πολὺ τοῖς πεπιστευ-
κόσι διὰ τῆς χάριτος. 28 εὐτόνως γὰρ τοῖς Ἰουδαίοις διακατηλέγχετο
δημοσίᾳ ἐπιδεικνὺς διὰ τῶν γραφῶν εἶναι τὸν Χριστὸν Ἰησοῦν.

19

ἘΓΕΝΕΤΟ δὲ ἐν τῷ τὸν Ἀπολλὼ εἶναι ἐν Κορίνθῳ Παῦλον διελθόν-
τα τὰ ἀνωτερικὰ μέρη ἐλθεῖν εἰς Ἔφεσον· καὶ εὑρὼν μαθητάς τινας
2 εἶπε πρὸς αὐτούς· εἰ Πνεῦμα Ἅγιον ἐλάβετε πιστεύσαντες; οἱ δὲ
εἶπον πρὸς αὐτόν· ἀλλ᾿ οὐδὲ εἰ Πνεῦμα Ἅγιόν ἐστιν ἠκούσαμεν. 3 εἶπέ
τε πρὸς αὐτούς· εἰς τί οὖν ἐβαπτίσθητε; οἱ δὲ εἶπον· εἰς τὸ Ἰωάννου βά-
πτισμα. 4 εἶπε δὲ Παῦλος· Ἰωάννης μὲν ἐβάπτισε βάπτισμα μετανοίας,
τῷ λαῷ λέγων εἰς τὸν ἐρχόμενον μετ᾿ αὐτὸν ἵνα πιστεύσωσι, τοῦτ᾿ ἔστιν
εἰς τὸν Ἰησοῦν Χριστόν. 5 ἀκούσαντες δὲ ἐβαπτίσθησαν εἰς τὸ ὄνομα
τοῦ Κυρίου Ἰησοῦ. 6 καὶ ἐπιθέντος αὐτοῖς τοῦ Παύλου τὰς χεῖρας ἦλθε
τὸ Πνεῦμα τὸ Ἅγιον ἐπ᾿ αὐτούς, ἐλάλουν τε γλώσσαις καὶ προεφήτευον.
7 ἦσαν δὲ οἱ πάντες ἄνδρες ὡσεὶ δεκαδύο.

8 Εἰσελθὼν δὲ εἰς τὴν συναγωγὴν ἐπαρρησιάζετο ἐπὶ μῆνας τρεῖς δια-
λεγόμενος καὶ πείθων τὰ περὶ τῆς βασιλείας τοῦ Θεοῦ. 9 ὡς δέ τινες ἐ-
σκληρύνοντο καὶ ἠπείθουν κακολογοῦντες τὴν ὁδὸν ἐνώπιον τοῦ πλή-
θους, ἀποστὰς ἀπ᾿ αὐτῶν ἀφώρισε τοὺς μαθητάς, καθ᾿ ἡμέραν διαλεγό-
μενος ἐν τῇ σχολῇ Τυράννου τινός. 10 τοῦτο δὲ ἐγένετο ἐπὶ ἔτη δύο, ὥ-
στε πάντας τοὺς κατοικοῦντας τὴν Ἀσίαν ἀκοῦσαι τὸν λόγον τοῦ Κυρίου
Ἰησοῦ, Ἰουδαίους τε καὶ Ἕλληνας.

11 Δυνάμεις τε οὐ τὰς τυχούσας ἐποίει ὁ Θεὸς διὰ τῶν χειρῶν Παύλου,
12 ὥστε καὶ ἐπὶ τοὺς ἀσθενοῦντας ἐπιφέρεσθαι ἀπὸ τοῦ χρωτὸς αὐτοῦ
σουδάρια ἢ σιμικίνθια καὶ ἀπαλλάσσεσθαι ἀπ᾿ αὐτῶν τὰς νόσους, τά τε
πνεύματα τὰ πονηρὰ ἐξέρχεσθαι ἀπ᾿ αὐτῶν. 13 ἐπεχείρησαν δέ τινες
ἀπὸ τῶν περιερχομένων Ἰουδαίων ἐξορκιστῶν ὀνομάζειν ἐπὶ τοὺς ἔχον-
τας τὰ πνεύματα τὰ πονηρὰ τὸ ὄνομα τοῦ Κυρίου Ἰησοῦ λέγοντες· ὁρκί-
ζομεν ὑμᾶς τὸν Ἰησοῦν ὃν ὁ Παῦλος κηρύσσει. 14 ἦσαν δέ τινες υἱοὶ
Σκευᾶ Ἰουδαίου ἀρχιερέως ἑπτὰ οἱ τοῦτο ποιοῦντες. 15 ἀποκριθὲν δὲ τὸ
πνεῦμα τὸ πονηρὸν εἶπε· τὸν Ἰησοῦν γινώσκω καὶ τὸν Παῦλον ἐπίστα-
μαι· ὑμεῖς δὲ τίνες ἐστέ; 16 καὶ ἐφαλλόμενος ἐπ᾿ αὐτοὺς ὁ ἄνθρωπος, ἐν
ᾧ ἦν τὸ πνεῦμα τὸ πονηρόν, καὶ κατακυριεύσας αὐτῶν ἴσχυσε κατ᾿ αὐ-
τῶν, ὥστε γυμνοὺς καὶ τετραυματισμένους ἐκφυγεῖν ἐκ τοῦ οἴκου ἐκεί-
νου. 17 τοῦτο δὲ ἐγένετο γνωστὸν πᾶσιν Ἰουδαίοις τε καὶ Ἕλλησι τοῖς
κατοικοῦσι τὴν Ἔφεσον, καὶ ἐπέπεσε φόβος ἐπὶ πάντας αὐτούς, καὶ ἐ-
μεγαλύνετο τὸ ὄνομα τοῦ Κυρίου Ἰησοῦ· 18 πολλοί τε τῶν πεπιστευκό-

των ἤρχοντο ἐξομολογούμενοι καὶ ἀναγγέλλοντες τὰς πράξεις αὐτῶν.
19 ἱκανοὶ δὲ τῶν τὰ περίεργα πραξάντων συνενέγκαντες τὰς βίβλους
κατέκαιον ἐνώπιον πάντων· καὶ συνεψήφισαν τὰς τιμὰς αὐτῶν καὶ εὗρον
ἀργυρίου μυριάδας πέντε. 20 οὕτω κατὰ κράτος ὁ λόγος τοῦ Κυρίου ηὔ-
ξανε καὶ ἴσχυεν.

21 Ὡς δὲ ἐπληρώθη ταῦτα, ἔθετο ὁ Παῦλος ἐν τῷ πνεύματι διελθὼν
τὴν Μακεδονίαν καὶ Ἀχαΐαν πορεύεσθαι εἰς Ἱερουσαλήμ, εἰπὼν ὅτι με-
τὰ τὸ γενέσθαι με ἐκεῖ δεῖ με καὶ Ῥώμην ἰδεῖν. 22 ἀποστείλας δὲ εἰς τὴν
Μακεδονίαν δύο τῶν διακονούντων αὐτῷ, Τιμόθεον καὶ Ἔραστον, αὐτὸς
ἐπέσχε χρόνον εἰς τὴν Ἀσίαν.

23 Ἐγένετο δὲ κατὰ τὸν καιρὸν ἐκεῖνον τάραχος οὐκ ὀλίγος περὶ τῆς ὁ-
δοῦ. 24 Δημήτριος γάρ τις ὀνόματι, ἀργυροκόπος, ποιῶν ναοὺς ἀργυ-
ροῦς Ἀρτέμιδος παρείχετο τοῖς τεχνίταις ἐργασίαν οὐκ ὀλίγην· 25 οὓς
συναθροίσας καὶ τοὺς περὶ τὰ τοιαῦτα ἐργάτας εἶπεν· ἄνδρες, ἐπίστασθε
ὅτι ἐκ ταύτης τῆς ἐργασίας ἡ εὐπορία ἡμῶν ἐστι, 26 καὶ θεωρεῖτε καὶ
ἀκούετε ὅτι οὐ μόνον Ἐφέσου, ἀλλὰ σχεδὸν πάσης τῆς Ἀσίας ὁ Παῦλος
οὗτος πείσας μετέστησεν ἱκανὸν ὄχλον, λέγων ὅτι οὐκ εἰσὶ θεοὶ οἱ διὰ
χειρῶν γινόμενοι. 27 οὐ μόνον δὲ τοῦτο κινδυνεύει ἡμῖν τὸ μέρος εἰς ἀ-
πελεγμὸν ἐλθεῖν, ἀλλὰ καὶ τὸ τῆς μεγάλης θεᾶς Ἀρτέμιδος ἱερὸν εἰς οὐ-
θὲν λογισθῆναι, μέλλειν τε καὶ καθαιρεῖσθαι τὴν μεγαλειότητα αὐτῆς,
ἣν ὅλη ἡ Ἀσία καὶ ἡ οἰκουμένη σέβεται. 28 ἀκούσαντες δὲ καὶ γενόμε-
νοι πλήρεις θυμοῦ ἔκραζον λέγοντες· μεγάλη ἡ Ἄρτεμις Ἐφεσίων. 29
καὶ ἐπλήσθη ἡ πόλις τῆς συγχύσεως, ὥρμησάν τε ὁμοθυμαδὸν εἰς τὸ
θέατρον συναρπάσαντες Γάϊον καὶ Ἀρίσταρχον Μακεδόνας, συνεκδή-
μους Παύλου.

30 Τοῦ δὲ Παύλου βουλομένου εἰσελθεῖν εἰς τὸν δῆμον οὐκ εἴων αὐτὸν
οἱ μαθηταί. 31 τινὲς δὲ καὶ τῶν Ἀσιαρχῶν, ὄντες αὐτῷ φίλοι, πέμψαν-
τες πρὸς αὐτὸν παρεκάλουν μὴ δοῦναι ἑαυτὸν εἰς τὸ θέατρον. 32 ἄλλοι
μὲν οὖν ἄλλο τι ἔκραζον· ἦν γὰρ ἡ ἐκκλησία συγκεχυμένη, καὶ οἱ πλεί-
ους οὐκ ᾔδεισαν τίνος ἕνεκεν συνεληλύθεισαν. 33 ἐκ δὲ τοῦ ὄχλου προε-
βίβασαν Ἀλέξανδρον, προβαλλόντων αὐτὸν τῶν Ἰουδαίων· ὁ δὲ Ἀλέ-
ξανδρος κατασείσας τὴν χεῖρα ἤθελεν ἀπολογεῖσθαι τῷ δήμῳ. 34 ἐπι-
γνόντες δὲ ὅτι Ἰουδαῖός ἐστι, φωνὴ ἐγένετο μία ἐκ πάντων, ὡς ἐπὶ ὥρας
δύο κραζόντων· μεγάλη ἡ Ἄρτεμις Ἐφεσίων.

35 Καταστείλας δὲ ὁ γραμματεὺς τὸν ὄχλον φησίν· ἄνδρες Ἐφέσιοι, τίς
γάρ ἐστιν ἄνθρωπος ὃς οὐ γινώσκει τὴν Ἐφεσίων πόλιν νεωκόρον οὖσαν
τῆς μεγάλης θεᾶς Ἀρτέμιδος καὶ τοῦ Διοπετοῦς; 36 ἀναντιρρήτων οὖν
ὄντων τούτων δέον ἐστὶν ὑμᾶς κατεσταλμένους ὑπάρχειν καὶ μηδὲν
προπετὲς πράσσειν. 37 ἠγάγετε γὰρ τοὺς ἄνδρας τούτους οὔτε ἱεροσύ-
λους οὔτε βλασφημοῦντας τὴν θεὰν ὑμῶν. 38 εἰ μὲν οὖν Δημήτριος καὶ
οἱ σὺν αὐτῷ τεχνῖται ἔχουσι πρός τινα λόγον, ἀγοραῖοι ἄγονται καὶ ἀν-
θύπατοί εἰσιν, ἐγκαλείτωσαν ἀλλήλοις. 39 εἰ δέ τι περὶ ἑτέρων ἐπιζη-
τεῖτε, ἐν τῇ ἐννόμῳ ἐκκλησίᾳ ἐπιλυθήσεται. 40 καὶ γὰρ κινδυνεύομεν
ἐγκαλεῖσθαι στάσεως περὶ τῆς σήμερον, μηδενὸς αἰτίου ὑπάρχοντος πε-
ρὶ οὗ δυνησόμεθα ἀποδοῦναι λόγον τῆς συστροφῆς ταύτης. 41 καὶ ταῦτα
εἰπὼν ἀπέλυσε τὴν ἐκκλησίαν.

20

ΜΕΤΑ δὲ τὸ παύσασθαι τὸν θόρυβον προσκαλεσάμενος ὁ Παῦλος
τοὺς μαθητὰς καὶ ἀσπασάμενος ἐξῆλθε πορευθῆναι εἰς Μακεδονίαν.
2 διελθὼν δὲ τὰ μέρη ἐκεῖνα καὶ παρακαλέσας αὐτοὺς λόγῳ πολλῷ
ἦλθεν εἰς τὴν Ἑλλάδα· 3 ποιήσας τε μῆνας τρεῖς, γενομένης αὐτῷ ἐπι-
βουλῆς ὑπὸ τῶν Ἰουδαίων μέλλοντι ἀνάγεσθαι εἰς τὴν Συρίαν, ἐγένετο
γνώμη τοῦ ὑποστρέφειν διὰ Μακεδονίας. 4 συνείπετο δὲ αὐτῷ ἄχρι τῆς
Ἀσίας Σώπατρος Βεροιαῖος, Θεσσαλονικέων δὲ Ἀρίσταρχος καὶ Σε-
κοῦνδος, καὶ Γάϊος Δερβαῖος καὶ Τιμόθεος, Ἀσιανοὶ δὲ Τυχικὸς καὶ
Τρόφιμος. 5 οὗτοι προελθόντες ἔμενον ἡμᾶς ἐν Τρῳάδι· 6 ἡμεῖς δὲ ἐξε-
πλεύσαμεν μετὰ τὰς ἡμέρας τῶν ἀζύμων ἀπὸ Φιλίππων καὶ ἤλθομεν
πρὸς αὐτοὺς εἰς τὴν Τρῳάδα ἄχρις ἡμερῶν πέντε, οὗ διετρίψαμεν ἡμέ-
ρας ἑπτά.

7 Ἐν δὲ τῇ μιᾷ τῶν σαββάτων συνηγμένων τῶν μαθητῶν κλάσαι ἄρ-
τον, ὁ Παῦλος διελέγετο αὐτοῖς, μέλλων ἐξιέναι τῇ ἐπαύριον, παρέτεινέ
τε τὸν λόγον μέχρι μεσονυκτίου. 8 ἦσαν δὲ λαμπάδες ἱκαναὶ ἐν τῷ ὑπε-
ρῴῳ οὗ ἦμεν συνηγμένοι. 9 καθήμενος δέ τις νεανίας ὀνόματι Εὔτυχος
ἐπὶ τῆς θυρίδος, καταφερόμενος ὕπνῳ βαθεῖ διαλεγομένου τοῦ Παύλου
ἐπὶ πλεῖον, κατενεχθεὶς ἀπὸ τοῦ ὕπνου ἔπεσεν ἀπὸ τοῦ τριστέγου κάτω
καὶ ἤρθη νεκρός. 10 καταβὰς δὲ ὁ Παῦλος ἐπέπεσεν αὐτῷ καὶ συμπερι-

λαβὼν εἶπε· μὴ θορυβεῖσθε· ἡ γὰρ ψυχὴ αὐτοῦ ἐν αὐτῷ ἐστιν. 11 ἀνα-
βὰς δὲ καὶ κλάσας ἄρτον καὶ γευσάμενος, ἐφ' ἱκανόν τε ὁμιλήσας ἄχρις
αὐγῆς, οὕτως ἐξῆλθεν. 12 ἤγαγον δὲ τὸν παῖδα ζῶντα, καὶ παρεκλήθη-
σαν οὐ μετρίως.

13 Ἡμεῖς δὲ προελθόντες ἐπὶ τὸ πλοῖον ἀνήχθημεν εἰς τὴν Ἄσσον, ἐ-
κεῖθεν μέλλοντες ἀναλαμβάνειν τὸν Παῦλον· οὕτω γὰρ ἦν διατεταγμέ-
νος, μέλλων αὐτὸς πεζεύειν. 14 ὡς δὲ συνέβαλεν ἡμῖν εἰς τὴν Ἄσσον,
ἀναλαβόντες αὐτὸν ἤλθομεν εἰς Μυτιλήνην· 15 κἀκεῖθεν ἀποπλεύσαν-
τες τῇ ἐπιούσῃ κατηντήσαμεν ἀντικρὺ Χίου, τῇ δὲ ἑτέρᾳ παρεβάλομεν
εἰς Σάμον, καὶ μείναντες ἐν Τρωγυλίῳ τῇ ἐχομένῃ ἤλθομεν εἰς Μίλη-
τον. 16 ἔκρινε γὰρ ὁ Παῦλος παραπλεῦσαι τὴν Ἔφεσον, ὅπως μὴ γένη-
ται αὐτῷ χρονοτριβῆσαι ἐν τῇ Ἀσίᾳ· ἔσπευδε γάρ, εἰ δυνατὸν ἦν αὐτῷ,
τὴν ἡμέραν τῆς πεντηκοστῆς γενέσθαι εἰς Ἱεροσόλυμα.

17 Ἀπὸ δὲ τῆς Μιλήτου πέμψας εἰς Ἔφεσον μετεκαλέσατο τοὺς πρε-
σβυτέρους τῆς ἐκκλησίας. 18 ὡς δὲ παρεγένοντο πρὸς αὐτόν, εἶπεν αὐ-
τοῖς· ὑμεῖς ἐπίστασθε, ἀπὸ πρώτης ἡμέρας ἀφ' ἧς ἐπέβην εἰς τὴν Ἀσί-
αν, πῶς μεθ' ὑμῶν τὸν πάντα χρόνον ἐγενόμην, 19 δουλεύων τῷ Κυρίῳ
μετὰ πάσης ταπεινοφροσύνης καὶ πολλῶν δακρύων καὶ πειρασμῶν τῶν
συμβάντων μοι ἐν ταῖς ἐπιβουλαῖς τῶν Ἰουδαίων, 20 ὡς οὐδὲν ὑπεστει-
λάμην τῶν συμφερόντων τοῦ μὴ ἀναγγεῖλαι ὑμῖν καὶ διδάξαι ὑμᾶς δη-
μοσίᾳ καὶ κατ' οἴκους, 21 διαμαρτυρόμενος Ἰουδαίοις τε καὶ Ἕλλησι
τὴν εἰς τὸν Θεὸν μετάνοιαν καὶ πίστιν τὴν εἰς τὸν Κύριον ἡμῶν Ἰησοῦν
Χριστόν. 22 καὶ νῦν ἰδοὺ ἐγὼ δεδεμένος τῷ πνεύματι πορεύομαι εἰς Ἱε-
ρουσαλήμ, τὰ ἐν αὐτῇ συναντήσοντά μοι μὴ εἰδώς, 23 πλὴν ὅτι τὸ
Πνεῦμα τὸ Ἅγιον κατὰ πόλιν διαμαρτύρεται λέγον ὅτι δεσμά με καὶ
θλίψεις μένουσιν. 24 ἀλλ' οὐδενὸς λόγον ποιοῦμαι οὐδὲ ἔχω τὴν ψυχήν
μου τιμίαν ἐμαυτῷ, ὡς τελειῶσαι τὸν δρόμον μου μετὰ χαρᾶς καὶ τὴν
διακονίαν ἣν ἔλαβον παρὰ τοῦ Κυρίου Ἰησοῦ, διαμαρτύρασθαι τὸ εὐαγ-
γέλιον τῆς χάριτος τοῦ Θεοῦ. 25 καὶ νῦν ἰδοὺ ἐγὼ οἶδα ὅτι οὐκέτι ὄψε-
σθε τὸ πρόσωπόν μου ὑμεῖς πάντες, ἐν οἷς διῆλθον κηρύσσων τὴν βασι-
λείαν τοῦ Θεοῦ. 26 διὸ μαρτύρομαι ὑμῖν ἐν τῇ σήμερον ἡμέρᾳ ὅτι καθα-
ρὸς ἐγὼ ἀπὸ τοῦ αἵματος πάντων· 27 οὐ γὰρ ὑπεστειλάμην τοῦ μὴ ἀ-
ναγγεῖλαι ὑμῖν πᾶσαν τὴν βουλὴν τοῦ Θεοῦ. 28 προσέχετε οὖν ἑαυτοῖς
καὶ παντὶ τῷ ποιμνίῳ ἐν ᾧ ὑμᾶς τὸ Πνεῦμα τὸ Ἅγιον ἔθετο ἐπισκόπους,
ποιμαίνειν τὴν ἐκκλησίαν τοῦ Κυρίου καὶ Θεοῦ, ἣν περιεποιήσατο διὰ
τοῦ ἰδίου αἵματος. 29 ἐγὼ γὰρ οἶδα τοῦτο, ὅτι εἰσελεύσονται μετὰ τὴν

ἄφιξίν μου λύκοι βαρεῖς εἰς ὑμᾶς μὴ φειδόμενοι τοῦ ποιμνίου· 30 καὶ ἐξ
ὑμῶν αὐτῶν ἀναστήσονται ἄνδρες λαλοῦντες διεστραμμένα τοῦ ἀπο-
σπᾶν τοὺς μαθητὰς ὀπίσω αὐτῶν. 31 διὸ γρηγορεῖτε, μνημονεύοντες ὅτι
τριετίαν νύκτα καὶ ἡμέραν οὐκ ἐπαυσάμην μετὰ δακρύων νουθετῶν ἕνα
ἕκαστον. 32 καὶ τὰ νῦν παρατίθεμαι ὑμᾶς, ἀδελφοί, τῷ Θεῷ καὶ τῷ λό-
γῳ τῆς χάριτος αὐτοῦ τῷ δυναμένῳ ἐποικοδομῆσαι καὶ δοῦναι ὑμῖν
κληρονομίαν ἐν τοῖς ἡγιασμένοις πᾶσιν. 33 ἀργυρίου ἢ χρυσίου ἢ ἱματι-
σμοῦ οὐδενὸς ἐπεθύμησα· 34 αὐτοὶ γινώσκετε ὅτι ταῖς χρείαις μου καὶ
τοῖς οὖσι μετ' ἐμοῦ ὑπηρέτησαν αἱ χεῖρες αὗται. 35 πάντα ὑπέδειξα ὑ-
μῖν ὅτι οὕτω κοπιῶντας δεῖ ἀντιλαμβάνεσθαι τῶν ἀσθενούντων, μνημο-
νεύειν τε τῶν λόγων τοῦ Κυρίου Ἰησοῦ, ὅτι αὐτὸς εἶπε· μακάριόν ἐστι
μᾶλλον διδόναι ἢ λαμβάνειν. 36 καὶ ταῦτα εἰπών, θεὶς τὰ γόνατα αὐτοῦ
σὺν πᾶσιν αὐτοῖς προσηύξατο. 37 ἱκανὸς δὲ ἐγένετο κλαυθμὸς πάντων,
καὶ ἐπιπεσόντες ἐπὶ τὸν τράχηλον τοῦ Παύλου κατεφίλουν αὐτόν, 38 ὀ-
δυνώμενοι μάλιστα ἐπὶ τῷ λόγῳ ᾧ εἰρήκει, ὅτι οὐκέτι μέλλουσι τὸ πρό-
σωπον αὐτοῦ θεωρεῖν. προέπεμπον δὲ αὐτὸν εἰς τὸ πλοῖον.

21

ὩΣ δὲ ἐγένετο ἀναχθῆναι ἡμᾶς ἀποσπασθέντας ἀπ' αὐτῶν, εὐθυδρο-
μήσαντες ἤλθομεν εἰς τὴν Κῶ, τῇ δὲ ἑξῆς εἰς τὴν Ρόδον, κἀκεῖθεν
εἰς Πάταρα. 2 καὶ εὑρόντες πλοῖον διαπερῶν εἰς Φοινίκην ἐπιβάντες
ἀνήχθημεν. 3 ἀναφανέντες δὲ τὴν Κύπρον καὶ καταλιπόντες αὐτὴν εὐ-
ώνυμον ἐπλέομεν εἰς Συρίαν, καὶ κατήχθημεν εἰς Τύρον· ἐκεῖσε γὰρ ἦν
τὸ πλοῖον ἀποφορτιζόμενον τὸν γόμον. 4 καὶ ἀνευρόντες τοὺς μαθητὰς
ἐπεμείναμεν αὐτοῦ ἡμέρας ἑπτά· οἵτινες τῷ Παύλῳ ἔλεγον διὰ τοῦ
Πνεύματος μὴ ἀναβαίνειν εἰς Ἱεροσόλυμα. 5 ὅτε δὲ ἐγένετο ἡμᾶς ἐξαρ-
τίσαι τὰς ἡμέρας, ἐξελθόντες ἐπορευόμεθα προπεμπόντων ἡμᾶς πάντων
σὺν γυναιξὶ καὶ τέκνοις ἕως ἔξω τῆς πόλεως, καὶ θέντες τὰ γόνατα ἐπὶ
τὸν αἰγιαλὸν προσηυξάμεθα, 6 καὶ ἀσπασάμενοι ἀλλήλους ἐπέβημεν εἰς
τὸ πλοῖον, ἐκεῖνοι δὲ ὑπέστρεψαν εἰς τὰ ἴδια.

7 Ἡμεῖς δὲ τὸν πλοῦν διανύσαντες ἀπὸ Τύρου κατηντήσαμεν εἰς Πτο-
λεμαΐδα, καὶ ἀσπασάμενοι τοὺς ἀδελφοὺς ἐμείναμεν ἡμέραν μίαν παρ'
αὐτοῖς. 8 τῇ δὲ ἐπαύριον ἐξελθόντες ἤλθομεν εἰς Καισάρειαν, καὶ εἰσελ-

θόντες εἰς τὸν οἶκον Φιλίππου τοῦ εὐαγγελιστοῦ, ὄντος ἐκ τῶν ἑπτά, ἐ-
μείναμεν παρ' αὐτῷ. 9 τούτῳ δὲ ἦσαν θυγατέρες παρθένοι τέσσαρες
προφητεύουσαι. 10 ἐπιμενόντων δὲ ἡμῶν ἡμέρας πλείους κατῆλθέ τις
ἀπὸ τῆς Ἰουδαίας προφήτης ὀνόματι Ἄγαβος, 11 καὶ ἐλθὼν πρὸς ἡμᾶς
καὶ ἄρας τὴν ζώνην τοῦ Παύλου, δήσας τε αὐτοῦ τοὺς πόδας καὶ τὰς
χεῖρας εἶπε· τάδε λέγει τὸ Πνεῦμα τὸ Ἅγιον· τὸν ἄνδρα οὗ ἐστιν ἡ ζώνη
αὕτη, οὕτω δήσουσιν εἰς Ἱερουσαλὴμ οἱ Ἰουδαῖοι καὶ παραδώσουσιν εἰς
χεῖρας ἐθνῶν. 12 ὡς δὲ ἠκούσαμεν ταῦτα, παρεκαλοῦμεν ἡμεῖς τε καὶ οἱ
ἐντόπιοι τοῦ μὴ ἀναβαίνειν αὐτὸν εἰς Ἱερουσαλήμ. 13 ἀπεκρίθη τε ὁ
Παῦλος· τί ποιεῖτε κλαίοντες καὶ συνθρύπτοντές μου τὴν καρδίαν; ἐγὼ
γὰρ οὐ μόνον δεθῆναι, ἀλλὰ καὶ ἀποθανεῖν εἰς Ἱερουσαλὴμ ἑτοίμως ἔχω
ὑπὲρ τοῦ ὀνόματος τοῦ Κυρίου Ἰησοῦ. 14 μὴ πειθομένου δὲ αὐτοῦ ἡσυ-
χάσαμεν εἰπόντες· τὸ θέλημα τοῦ Κυρίου γινέσθω.

15 Μετὰ δὲ τὰς ἡμέρας ταύτας ἐπισκευασάμενοι ἀνεβαίνομεν εἰς Ἱε-
ρουσαλήμ· 16 συνῆλθον δὲ καὶ τῶν μαθητῶν ἀπὸ Καισαρείας σὺν ἡμῖν,
ἄγοντες παρ' ᾧ ξενισθῶμεν Μνάσωνί τινι Κυπρίῳ, ἀρχαίῳ μαθητῇ. 17
Γενομένων δὲ ἡμῶν εἰς Ἱεροσόλυμα ἀσμένως ἐδέξαντο ἡμᾶς οἱ ἀδελφοί.

18 Τῇ δὲ ἐπιούσῃ εἰσῄει ὁ Παῦλος σὺν ἡμῖν πρὸς Ἰάκωβον, πάντες τε
παρεγένοντο οἱ πρεσβύτεροι. 19 καὶ ἀσπασάμενος αὐτοὺς ἐξηγεῖτο καθ'
ἓν ἕκαστον ὧν ἐποίησεν ὁ Θεὸς ἐν τοῖς ἔθνεσι διὰ τῆς διακονίας αὐτοῦ.
20 οἱ δὲ ἀκούσαντες ἐδόξαζον τὸν Κύριον, εἶπόν τε αὐτῷ· θεωρεῖς, ἀδελ-
φέ, πόσαι μυριάδες εἰσὶν Ἰουδαίων τῶν πεπιστευκότων, καὶ πάντες ζη-
λωταὶ τοῦ νόμου ὑπάρχουσι. 21 κατηχήθησαν δὲ περὶ σοῦ ὅτι ἀποστασί-
αν διδάσκεις ἀπὸ Μωϋσέως τοὺς κατὰ τὰ ἔθνη πάντας Ἰουδαίους, λέ-
γων μὴ περιτέμνειν αὐτοὺς τὰ τέκνα μηδὲ τοῖς ἔθεσι περιπατεῖν. 22 τί
οὖν ἐστι; πάντως δεῖ πλῆθος συνελθεῖν· ἀκούσονται γὰρ ὅτι ἐλήλυθας.
23 τοῦτο οὖν ποίησον ὅ σοι λέγομεν· εἰσὶν ἡμῖν ἄνδρες τέσσαρες εὐχὴν
ἔχοντες ἐφ' ἑαυτῶν· 24 τούτους παραλαβὼν ἁγνίσθητι σὺν αὐτοῖς καὶ
δαπάνησον ἐπ' αὐτοῖς ἵνα ξυρήσωνται τὴν κεφαλήν, καὶ γνῶσι πάντες
ὅτι ὧν κατήχηνται περὶ σοῦ οὐδέν ἐστιν, ἀλλὰ στοιχεῖς καὶ αὐτὸς τὸν
νόμον φυλάσσων. 25 περὶ δὲ τῶν πεπιστευκότων ἐθνῶν ἡμεῖς ἐπεστεί-
λαμεν κρίναντες μηδὲν τοιοῦτον τηρεῖν αὐτούς, εἰ μὴ φυλάσσεσθαι αὐ-
τοὺς τό τε εἰδωλόθυτον καὶ τὸ αἷμα καὶ πνικτὸν καὶ πορνείαν. 26 τότε ὁ
Παῦλος παραλαβὼν τοὺς ἄνδρας τῇ ἐχομένῃ ἡμέρᾳ σὺν αὐτοῖς ἁγνι-
σθεὶς εἰσῄει εἰς τὸ ἱερόν, διαγγέλλων τὴν ἐκπλήρωσιν τῶν ἡμερῶν τοῦ
ἁγνισμοῦ, ἕως οὗ προσηνέχθη ὑπὲρ ἑνὸς ἑκάστου αὐτῶν ἡ προσφορά.

27 Ὡς δὲ ἔμελλον αἱ ἑπτὰ ἡμέραι συντελεῖσθαι, οἱ ἀπὸ τῆς Ἀσίας Ἰου-
δαῖοι θεασάμενοι αὐτὸν ἐν τῷ ἱερῷ συνέχεον πάντα τὸν ὄχλον, καὶ ἐπέ-
βαλον τὰς χεῖρας ἐπ' αὐτὸν 28 κράζοντες· ἄνδρες Ἰσραηλῖται, βοηθεῖτε·
οὗτός ἐστιν ὁ ἄνθρωπος ὁ κατὰ τοῦ λαοῦ καὶ τοῦ νόμου καὶ τοῦ τόπου
τούτου πάντας πανταχοῦ διδάσκων· ἔτι τε καὶ Ἕλληνας εἰσήγαγεν εἰς
τὸ ἱερὸν καὶ κεκοίνωκε τὸν ἅγιον τόπον τοῦτον· 29 ἦσαν γὰρ ἑωρακότες
Τρόφιμον τὸν Ἐφέσιον ἐν τῇ πόλει σὺν αὐτῷ, ὃν ἐνόμιζον ὅτι εἰς τὸ ἱε-
ρὸν εἰσήγαγεν ὁ Παῦλος. 30 ἐκινήθη τε ἡ πόλις ὅλη καὶ ἐγένετο συν-
δρομὴ τοῦ λαοῦ, καὶ ἐπιλαβόμενοι τοῦ Παύλου εἷλκον αὐτὸν ἔξω τοῦ ἱε-
ροῦ, καὶ εὐθέως ἐκλείσθησαν αἱ θύραι. 31 ζητούντων δὲ αὐτὸν ἀποκτεῖ-
ναι ἀνέβη φάσις τῷ χιλιάρχῳ τῆς σπείρης ὅτι ὅλη συγκέχυται Ἱερου-
σαλήμ· 32 ὃς ἐξαυτῆς παραλαβὼν στρατιώτας καὶ ἑκατοντάρχους κα-
τέδραμεν ἐπ' αὐτούς. οἱ δὲ ἰδόντες τὸν χιλίαρχον καὶ τοὺς στρατιώτας ἐ-
παύσαντο τύπτοντες τὸν Παῦλον. 33 ἐγγίσας δὲ ὁ χιλίαρχος ἐπελάβετο
αὐτοῦ καὶ ἐκέλευσε δεθῆναι ἁλύσεσι δυσί, καὶ ἐπυνθάνετο τίς ἂν εἴη καὶ
τί ἐστι πεποιηκώς. 34 ἄλλοι δὲ ἄλλο τι ἐβόων ἐν τῷ ὄχλῳ· μὴ δυνάμε-
νος δὲ γνῶναι τὸ ἀσφαλὲς διὰ τὸν θόρυβον, ἐκέλευσεν ἄγεσθαι αὐτὸν εἰς
τὴν παρεμβολήν. 35 ὅτε δὲ ἐγένετο ἐπὶ τοὺς ἀναβαθμούς, συνέβη βα-
στάζεσθαι αὐτὸν ὑπὸ τῶν στρατιωτῶν διὰ τὴν βίαν τοῦ ὄχλου· 36 ἠκο-
λούθει γὰρ τὸ πλῆθος τοῦ λαοῦ κράζον· αἶρε αὐτόν. 37 Μέλλων τε εἰσά-
γεσθαι εἰς τὴν παρεμβολὴν ὁ Παῦλος λέγει τῷ χιλιάρχῳ· εἰ ἔξεστί μοι
εἰπεῖν τι πρός σε; ὁ δὲ ἔφη· Ἑλληνιστὶ γινώσκεις; 38 οὐκ ἄρα σὺ εἶ ὁ
Αἰγύπτιος ὁ πρὸ τούτων τῶν ἡμερῶν ἀναστατώσας καὶ ἐξαγαγὼν εἰς
τὴν ἔρημον τοὺς τετρακισχιλίους ἄνδρας τῶν σικαρίων; 39 εἶπε δὲ ὁ
Παῦλος· ἐγὼ ἄνθρωπος μέν εἰμι Ἰουδαῖος Ταρσεύς, τῆς Κιλικίας οὐκ
ἀσήμου πόλεως πολίτης· δέομαι δέ σου, ἐπίτρεψόν μοι λαλῆσαι πρὸς
τὸν λαόν. 40 ἐπιτρέψαντος δὲ αὐτοῦ ὁ Παῦλος ἑστὼς ἐπὶ τῶν ἀναβα-
θμῶν κατέσεισε τῇ χειρὶ τῷ λαῷ· πολλῆς δὲ σιγῆς γενομένης προσεφώ-
νησε τῇ Ἑβραΐδι διαλέκτῳ λέγων·

22

ΑΝΔΡΕΣ ἀδελφοὶ καὶ πατέρες, ἀκούσατέ μου τῆς πρὸς ὑμᾶς νυνὶ ἀ-
πολογίας. 2 ἀκούσαντες δὲ ὅτι τῇ Ἑβραΐδι διαλέκτῳ προσεφώνει
αὐτοῖς, μᾶλλον παρέσχον ἡσυχίαν. 3 καί φησιν· ἐγὼ μέν εἰμι ἀνὴρ

Ἰουδαῖος, γεγεννημένος ἐν Ταρσῷ τῆς Κιλικίας, ἀνατεθραμμένος δὲ ἐν
τῇ πόλει ταύτῃ παρὰ τοὺς πόδας Γαμαλιήλ, πεπαιδευμένος κατὰ ἀκρί-
βειαν τοῦ πατρῴου νόμου, ζηλωτὴς ὑπάρχων τοῦ Θεοῦ καθὼς πάντες
ὑμεῖς ἐστε σήμερον. 4 ὃς ταύτην τὴν ὁδὸν ἐδίωξα ἄχρι θανάτου, δε-
σμεύων καὶ παραδιδοὺς εἰς φυλακὰς ἄνδρας τε καὶ γυναῖκας, 5 ὡς καὶ ὁ
ἀρχιερεὺς μαρτυρεῖ μοι καὶ πᾶν τὸ πρεσβυτέριον· παρ' ὧν καὶ ἐπιστολὰς
δεξάμενος πρὸς τοὺς ἀδελφοὺς εἰς Δαμασκὸν ἐπορευόμην ἄξων καὶ τοὺς
ἐκεῖσε ὄντας δεδεμένους εἰς Ἱερουσαλὴμ ἵνα τιμωρηθῶσιν.

6 Ἐγένετο δέ μοι πορευομένῳ καὶ ἐγγίζοντι τῇ Δαμασκῷ περὶ μεσημ-
βρίαν ἐξαίφνης ἐκ τοῦ οὐρανοῦ περιαστράψαι φῶς ἱκανὸν περὶ ἐμέ, 7 ἔ-
πεσόν τε εἰς τὸ ἔδαφος καὶ ἤκουσα φωνῆς λεγούσης μοι· Σαοὺλ Σαούλ,
τί με διώκεις; 8 ἐγὼ δὲ ἀπεκρίθην· τίς εἶ, Κύριε; εἶπέ τε πρός με· ἐγώ
εἰμι Ἰησοῦς ὁ Ναζωραῖος ὃν σὺ διώκεις. 9 οἱ δὲ σὺν ἐμοὶ ὄντες τὸ μὲν
φῶς ἐθεάσαντο καὶ ἔμφοβοι ἐγένοντο, τὴν δὲ φωνὴν οὐκ ἤκουσαν τοῦ
λαλοῦντός μοι. 10 εἶπον δέ· τί ποιήσω, Κύριε; ὁ δὲ Κύριος εἶπε πρός με·
ἀναστὰς πορεύου εἰς Δαμασκόν, κἀκεῖ σοι λαληθήσεται περὶ πάντων ὧν
τέτακταί σοι ποιῆσαι. 11 ὡς δὲ οὐκ ἐνέβλεπον ἀπὸ τῆς δόξης τοῦ φωτὸς
ἐκείνου, χειραγωγούμενος ὑπὸ τῶν συνόντων μοι ἦλθον εἰς Δαμασκόν.
12 Ἀνανίας δέ τις, ἀνὴρ εὐσεβὴς κατὰ τὸν νόμον, μαρτυρούμενος ὑπὸ
πάντων τῶν κατοικούντων ἐν Δαμασκῷ Ἰουδαίων, 13 ἐλθὼν πρός με
καὶ ἐπιστὰς εἶπέ μοι· Σαοὺλ ἀδελφέ, ἀνάβλεψον. κἀγὼ αὐτῇ τῇ ὥρᾳ ἀ-
νέβλεψα εἰς αὐτόν. 14 ὁ δὲ εἶπεν· ὁ Θεὸς τῶν πατέρων ἡμῶν προεχειρί-
σατό σε γνῶναι τὸ θέλημα αὐτοῦ καὶ ἰδεῖν τὸν δίκαιον καὶ ἀκοῦσαι φω-
νὴν ἐκ τοῦ στόματος αὐτοῦ, 15 ὅτι ἔσῃ μάρτυς αὐτῷ πρὸς πάντας ἀν-
θρώπους ὧν ἑώρακας καὶ ἤκουσας. 16 καὶ νῦν τί μέλλεις; ἀναστὰς βά-
πτισαι καὶ ἀπόλουσαι τὰς ἁμαρτίας σου, ἐπικαλεσάμενος τὸ ὄνομα τοῦ
Κυρίου.

17 Ἐγένετο δέ μοι ὑποστρέψαντι εἰς Ἱερουσαλὴμ καὶ προσευχομένου
μου ἐν τῷ ἱερῷ γενέσθαι με ἐν ἐκστάσει καὶ ἰδεῖν αὐτὸν λέγοντά μοι· 18
σπεῦσον καὶ ἔξελθε ἐν τάχει ἐξ Ἱερουσαλήμ, διότι οὐ παραδέξονταί σου
τὴν μαρτυρίαν περὶ ἐμοῦ. 19 κἀγὼ εἶπον· Κύριε, αὐτοὶ ἐπίστανται ὅτι
ἐγὼ ἤμην φυλακίζων καὶ δέρων κατὰ τὰς συναγωγὰς τοὺς πιστεύοντας
ἐπὶ σέ· 20 καὶ ὅτε ἐξεχεῖτο τὸ αἷμα Στεφάνου τοῦ μάρτυρός σου, καὶ αὐ-
τὸς ἤμην ἐφεστὼς καὶ συνευδοκῶν τῇ ἀναιρέσει αὐτοῦ καὶ φυλάσσων τὰ
ἱμάτια τῶν ἀναιρούντων αὐτόν. 21 καὶ εἶπε πρός με· πορεύου, ὅτι ἐγὼ
εἰς ἔθνη μακρὰν ἐξαποστελῶ σε.

22 Ἤκουον δὲ αὐτοῦ ἄχρι τούτου τοῦ λόγου, καὶ ἐπῆραν τὴν φωνὴν αὐ-
τῶν λέγοντες· αἶρε ἀπὸ τῆς γῆς τὸν τοιοῦτον· οὐ γὰρ καθῆκεν αὐτὸν
ζῆν. 23 κραυγαζόντων δὲ αὐτῶν καὶ ριπτόντων τὰ ἱμάτια καὶ κονιορτὸν
βαλλόντων εἰς τὸν ἀέρα, 24 ἐκέλευσεν αὐτὸν ὁ χιλίαρχος ἄγεσθαι εἰς
τὴν παρεμβολήν, εἰπὼν μάστιξιν ἀνετάζεσθαι αὐτόν, ἵνα ἐπιγνῷ δι' ἣν
αἰτίαν οὕτως ἐπεφώνουν αὐτῷ. 25 ὡς δὲ προέτειναν αὐτὸν τοῖς ἱμᾶσιν,
εἶπε πρὸς τὸν ἑστῶτα ἑκατόνταρχον ὁ Παῦλος· εἰ ἄνθρωπον Ρωμαῖον
καὶ ἀκατάκριτον ἔξεστιν ὑμῖν μαστίζειν; 26 ἀκούσας δὲ ὁ ἑκατόνταρχος,
προσελθὼν ἀπήγγειλε τῷ χιλιάρχῳ λέγων· ὅρα τί μέλλεις ποιεῖν· ὁ γὰρ
ἄνθρωπος οὗτος Ρωμαῖός ἐστι. 27 προσελθὼν δὲ ὁ χιλίαρχος εἶπεν αὐ-
τῷ· λέγε μοι εἰ σὺ Ρωμαῖος εἶ. ὁ δὲ ἔφη· ναί. 28 ἀπεκρίθη τε ὁ χιλίαρ-
χος· ἐγὼ πολλοῦ κεφαλαίου τὴν πολιτείαν ταύτην ἐκτησάμην. ὁ δὲ
Παῦλος ἔφη· ἐγὼ δὲ καὶ γεγέννημαι. 29 εὐθέως οὖν ἀπέστησαν ἀπ' αὐ-
τοῦ οἱ μέλλοντες αὐτὸν ἀνετάζειν· καὶ ὁ χιλίαρχος δὲ ἐφοβήθη ἐπιγνοὺς
ὅτι Ρωμαῖός ἐστι, καὶ ὅτι ἦν αὐτὸν δεδεκώς.

30 Τῇ δὲ ἐπαύριον βουλόμενος γνῶναι τὸ ἀσφαλές, τὸ τί κατηγορεῖται
παρὰ τῶν Ἰουδαίων, ἔλυσεν αὐτὸν ἀπὸ τῶν δεσμῶν καὶ ἐκέλευσεν ἐλ-
θεῖν τοὺς ἀρχιερεῖς καὶ ὅλον τὸ συνέδριον αὐτῶν, καὶ καταγαγὼν τὸν
Παῦλον ἔστησεν εἰς αὐτούς.

23

ΑΤΕΝΙΣΑΣ δὲ ὁ Παῦλος τῷ συνεδρίῳ εἶπεν· ἄνδρες ἀδελφοί, ἐγὼ
πάσῃ συνειδήσει ἀγαθῇ πεπολίτευμαι τῷ Θεῷ ἄχρι ταύτης τῆς ἡ-
μέρας. 2 ὁ δὲ ἀρχιερεὺς Ἀνανίας ἐπέταξε τοῖς παρεστῶσιν αὐτῷ τύ-
πτειν αὐτοῦ τὸ στόμα. 3 τότε ὁ Παῦλος πρὸς αὐτὸν εἶπε· τύπτειν σε
μέλλει ὁ Θεός, τοῖχε κεκονιαμένε· καὶ σὺ κάθῃ κρίνων με κατὰ τὸν νό-
μον, καὶ παρανομῶν κελεύεις με τύπτεσθαι; 4 οἱ δὲ παρεστῶτες εἶπον·
τὸν ἀρχιερέα τοῦ Θεοῦ λοιδορεῖς; 5 ἔφη τε ὁ Παῦλος· οὐκ ᾔδειν, ἀδελ-
φοί, ὅτι ἐστὶν ἀρχιερεύς· γέγραπται γάρ· ἄρχοντα τοῦ λαοῦ σου οὐκ ἐρεῖς
κακῶς. 6 γνοὺς δὲ ὁ Παῦλος ὅτι τὸ ἓν μέρος ἐστὶ Σαδδουκαίων, τὸ δὲ ἕ-
τερον Φαρισαίων, ἔκραξεν ἐν τῷ συνεδρίῳ· ἄνδρες ἀδελφοί, ἐγὼ Φαρι-
σαῖός εἰμι, υἱὸς Φαρισαίου· περὶ ἐλπίδος καὶ ἀναστάσεως νεκρῶν ἐγὼ
κρίνομαι. 7 τοῦτο δὲ αὐτοῦ λαλήσαντος ἐγένετο στάσις τῶν Φαρισαίων

καὶ τῶν Σαδδουκαίων, καὶ ἐσχίσθη τὸ πλῆθος. 8 Σαδδουκαῖοι μὲν γὰρ
λέγουσι μὴ εἶναι ἀνάστασιν μήτε ἄγγελον μήτε πνεῦμα, Φαρισαῖοι δὲ
ὁμολογοῦσι τὰ ἀμφότερα. 9 ἐγένετο δὲ κραυγὴ μεγάλη, καὶ ἀναστάντες
οἱ γραμματεῖς τοῦ μέρους τῶν Φαρισαίων διεμάχοντο λέγοντες· οὐδὲν
κακὸν εὑρίσκομεν ἐν τῷ ἀνθρώπῳ τούτῳ· εἰ δὲ πνεῦμα ἐλάλησεν αὐτῷ ἢ
ἄγγελος, μὴ θεομαχῶμεν. 10 πολλῆς δὲ γενομένης στάσεως εὐλαβη-
θεὶς ὁ χιλίαρχος μὴ διασπασθῇ ὁ Παῦλος ὑπ' αὐτῶν, ἐκέλευσε τὸ στρά-
τευμα καταβῆναι καὶ ἁρπάσαι αὐτὸν ἐκ μέσου αὐτῶν ἄγειν τε εἰς τὴν
παρεμβολήν. 11 τῇ δὲ ἐπιούσῃ νυκτὶ ἐπιστὰς αὐτῷ ὁ Κύριος εἶπε· θάρ-
σει, Παῦλε· ὡς γὰρ διεμαρτύρω τὰ περὶ ἐμοῦ εἰς Ἱερουσαλήμ, οὕτω σὲ
δεῖ καὶ εἰς Ρώμην μαρτυρῆσαι.

12 Γενομένης δὲ ἡμέρας ποιήσαντές τινες τῶν Ἰουδαίων συστροφὴν ἀ-
νεθεμάτισαν ἑαυτούς, λέγοντες μήτε φαγεῖν μήτε πιεῖν ἕως οὗ ἀποκτεί-
νωσι τὸν Παῦλον. 13 ἦσαν δὲ πλείους τεσσαράκοντα οἱ ταύτην τὴν συ-
νωμοσίαν πεποιηκότες· 14 οἵτινες προσελθόντες τοῖς ἀρχιερεῦσι καὶ τοῖς
πρεσβυτέροις εἶπον· ἀναθέματι ἀνεθεματίσαμεν ἑαυτοὺς μηδενὸς γεύ-
σασθαι ἕως οὗ ἀποκτείνωμεν τὸν Παῦλον. 15 νῦν οὖν ὑμεῖς ἐμφανίσατε
τῷ χιλιάρχῳ σὺν τῷ συνεδρίῳ, ὅπως αὔριον αὐτὸν καταγάγῃ πρὸς ὑμᾶς,
ὡς μέλλοντας διαγινώσκειν ἀκριβέστερον τὰ περὶ αὐτοῦ· ἡμεῖς δὲ πρὸ
τοῦ ἐγγίσαι αὐτὸν ἕτοιμοί ἐσμεν τοῦ ἀνελεῖν αὐτόν. 16 ἀκούσας δὲ ὁ υἱ-
ὸς τῆς ἀδελφῆς Παύλου τὸ ἔνεδρον, παραγενόμενος καὶ εἰσελθὼν εἰς τὴν
παρεμβολὴν ἀπήγγειλε τῷ Παύλῳ. 17 προσκαλεσάμενος δὲ ὁ Παῦλος
ἕνα τῶν ἑκατοντάρχων ἔφη· τὸν νεανίαν τοῦτον ἀπάγαγε πρὸς τὸν χιλί-
αρχον· ἔχει γάρ τι ἀπαγγεῖλαι αὐτῷ. 18 ὁ μὲν οὖν παραλαβὼν αὐτὸν ἤ-
γαγε πρὸς τὸν χιλίαρχον καί φησιν· ὁ δέσμιος Παῦλος προσκαλεσάμενός
με ἠρώτησε τοῦτον τὸν νεανίαν ἀγαγεῖν πρός σε, ἔχοντά τι λαλῆσαί σοι.
19 ἐπιλαβόμενος δὲ τῆς χειρὸς αὐτοῦ ὁ χιλίαρχος καὶ ἀναχωρήσας κατ'
ἰδίαν ἐπυνθάνετο, τί ἐστιν ὃ ἔχεις ἀπαγγεῖλαί μοι; 20 εἶπε δὲ ὅτι οἱ Ἰου-
δαῖοι συνέθεντο τοῦ ἐρωτῆσαί σε ὅπως αὔριον εἰς τὸ συνέδριον καταγά-
γῃς τὸν Παῦλον, ὡς μελλόντων τι ἀκριβέστερον πυνθάνεσθαι περὶ αὐ-
τοῦ. 21 σὺ οὖν μὴ πεισθῇς αὐτοῖς· ἐνεδρεύουσι γὰρ αὐτὸν ἐξ αὐτῶν ἄν-
δρες πλείους τεσσαράκοντα, οἵτινες ἀνεθεμάτισαν ἑαυτοὺς μήτε φαγεῖν
μήτε πιεῖν ἕως οὗ ἀνέλωσιν αὐτόν, καὶ νῦν ἕτοιμοί εἰσι προσδεχόμενοι
τὴν ἀπὸ σοῦ ἐπαγγελίαν. 22 ὁ μὲν οὖν χιλίαρχος ἀπέλυσε τὸν νεανίαν,
παραγγείλας μηδενὶ ἐκλαλῆσαι ὅτι ταῦτα ἐνεφάνισας πρός με.

23 Καὶ προσκαλεσάμενος δύο τινὰς τῶν ἑκατοντάρχων εἶπεν· ἑτοιμά-
σατε στρατιώτας διακοσίους ὅπως πορευθῶσιν ἕως Καισαρείας, καὶ ἱπ-
πεῖς ἑβδομήκοντα καὶ δεξιολάβους διακοσίους, ἀπὸ τρίτης ὥρας τῆς νυ-
κτός, 24 κτήνη τε παραστῆσαι, ἵνα ἐπιβιβάσαντες τὸν Παῦλον διασώ-
σωσι πρὸς Φήλικα τὸν ἡγεμόνα, 25 γράψας ἐπιστολὴν περιέχουσαν τὸν
τύπον τοῦτον· 26 Κλαύδιος Λυσίας τῷ κρατίστῳ ἡγεμόνι Φήλικι χαί-
ρειν. 27 τὸν ἄνδρα τοῦτον συλληφθέντα ὑπὸ τῶν Ἰουδαίων καὶ μέλλον-
τα ἀναιρεῖσθαι ὑπ᾽ αὐτῶν ἐπιστὰς σὺν τῷ στρατεύματι ἐξειλόμην αὐτόν,
μαθὼν ὅτι Ῥωμαῖός ἐστι. 28 βουλόμενος δὲ γνῶναι τὴν αἰτίαν δι᾽ ἣν ἐ-
νεκάλουν αὐτῷ, κατήγαγον αὐτὸν εἰς τὸ συνέδριον αὐτῶν· 29 ὃν εὗρον
ἐγκαλούμενον περὶ ζητημάτων τοῦ νόμου αὐτῶν, μηδὲν δὲ ἄξιον θανά-
του ἢ δεσμῶν ἔγκλημα ἔχοντα. 30 μηνυθείσης δέ μοι ἐπιβουλῆς εἰς τὸν
ἄνδρα μέλλειν ἔσεσθαι ὑπὸ τῶν Ἰουδαίων, ἐξαυτῆς ἔπεμψα πρός σε,
παραγγείλας καὶ τοῖς κατηγόροις λέγειν τὰ πρὸς αὐτὸν ἐπὶ σοῦ. ἔρρωσο.
31 οἱ μὲν οὖν στρατιῶται κατὰ τὸ διατεταγμένον αὐτοῖς ἀναλαβόντες
τὸν Παῦλον ἤγαγον διὰ τῆς νυκτὸς εἰς τὴν Ἀντιπατρίδα, 32 τῇ δὲ ἐ-
παύριον ἐάσαντες τοὺς ἱππεῖς πορεύεσθαι σὺν αὐτῷ, ὑπέστρεψαν εἰς τὴν
παρεμβολήν· 33 οἵτινες εἰσελθόντες εἰς τὴν Καισάρειαν καὶ ἀναδόντες
τὴν ἐπιστολὴν τῷ ἡγεμόνι παρέστησαν καὶ τὸν Παῦλον αὐτῷ. 34 ἀνα-
γνοὺς δὲ ὁ ἡγεμὼν καὶ ἐπερωτήσας ἐκ ποίας ἐπαρχίας ἐστί, καὶ πυθόμε-
νος ὅτι ἀπὸ Κιλικίας, 35 διακούσομαί σου, ἔφη, ὅταν καὶ οἱ κατήγοροί
σου παραγένωνται· ἐκέλευσέ τε αὐτὸν ἐν τῷ πραιτωρίῳ τοῦ Ἡρῴδου
φυλάσσεσθαι.

24

ΜΕΤΑ δὲ πέντε ἡμέρας κατέβη ὁ ἀρχιερεὺς Ἀνανίας μετὰ τῶν πρε-
σβυτέρων καὶ ῥήτορος Τερτύλλου τινός, οἵτινες ἐνεφάνισαν τῷ ἡγε-
μόνι κατὰ τοῦ Παύλου. 2 κληθέντος δὲ αὐτοῦ ἤρξατο κατηγορεῖν ὁ
Τέρτυλλος λέγων·

3 πολλῆς εἰρήνης τυγχάνοντες διὰ σοῦ καὶ κατορθωμάτων γινομένων
τῷ ἔθνει τούτῳ διὰ τῆς σῆς προνοίας, πάντῃ τε καὶ πανταχοῦ ἀποδεχό-
μεθα, κράτιστε Φῆλιξ, μετὰ πάσης εὐχαριστίας. 4 ἵνα δὲ μὴ ἐπὶ πλεῖόν
σε ἐγκόπτω, παρακαλῶ ἀκοῦσαί σε ἡμῶν συντόμως τῇ σῇ ἐπιεικείᾳ. 5

εὑρόντες γὰρ τὸν ἄνδρα τοῦτον λοιμὸν καὶ κινοῦντα στάσιν πᾶσι τοῖς Ἰ-
ουδαίοις τοῖς κατὰ τὴν οἰκουμένην, πρωτοστάτην τε τῆς τῶν Ναζωραί-
ων αἱρέσεως, 6 ὃς καὶ τὸ ἱερὸν ἐπείρασε βεβηλῶσαι, ὃν καὶ ἐκρατήσαμεν
καὶ κατὰ τὸν ἡμέτερον νόμον ἠθελήσαμεν κρίνειν· 7 παρελθὼν δὲ Λυσί-
ας ὁ χιλίαρχος μετὰ πολλῆς βίας ἐκ τῶν χειρῶν ἡμῶν ἀπήγαγε, 8 κε-
λεύσας τοὺς κατηγόρους αὐτοῦ ἔρχεσθαι ἐπὶ σέ· παρ' οὗ δυνήσῃ αὐτὸς
ἀνακρίνας περὶ πάντων τούτων ἐπιγνῶναι ὧν ἡμεῖς κατηγοροῦμεν αὐ-
τοῦ. 9 συνεπέθεντο δὲ καὶ οἱ Ἰουδαῖοι φάσκοντες ταῦτα οὕτως ἔχειν.

10 Ἀπεκρίθη δὲ ὁ Παῦλος, νεύσαντος αὐτῷ τοῦ ἡγεμόνος λέγειν· ἐκ
πολλῶν ἐτῶν ὄντα σε κριτὴν τῷ ἔθνει τούτῳ ἐπιστάμενος εὐθυμότερον
τὰ περὶ ἐμαυτοῦ ἀπολογοῦμαι, 11 δυναμένου σου γνῶναι ὅτι οὐ πλείους
εἰσί μοι ἡμέραι δεκαδύο ἀφ' ἧς ἀνέβην προσκυνήσων εἰς Ἱερουσαλήμ·
12 καὶ οὔτε ἐν τῷ ἱερῷ εὗρόν με πρός τινα διαλεγόμενον ἢ ἐπισύστασιν
ποιοῦντα ὄχλου, οὔτε ἐν ταῖς συναγωγαῖς οὔτε κατὰ τὴν πόλιν· 13 οὔτε
παραστῆσαι δύνανται περὶ ὧν νῦν κατηγοροῦσί μου. 14 ὁμολογῶ δὲ
τοῦτό σοι, ὅτι κατὰ τὴν ὁδὸν ἣν λέγουσιν αἵρεσιν οὕτω λατρεύω τῷ πα-
τρῴῳ Θεῷ, πιστεύων πᾶσι τοῖς κατὰ τὸν νόμον καὶ τοῖς ἐν τοῖς προφή-
ταις γεγραμμένοις, 15 ἐλπίδα ἔχων εἰς τὸν Θεὸν ἣν καὶ αὐτοὶ οὗτοι
προσδέχονται, ἀνάστασιν μέλλειν ἔσεσθαι νεκρῶν, δικαίων τε καὶ ἀδί-
κων·

16 ἐν τούτῳ δὲ καὶ αὐτὸς ἀσκῶ ἀπρόσκοπτον συνείδησιν ἔχειν πρὸς τὸν
Θεὸν καὶ τοὺς ἀνθρώπους διὰ παντός. 17 δι' ἐτῶν δὲ πλειόνων παρεγε-
νόμην ἐλεημοσύνας ποιήσων εἰς τὸ ἔθνος μου καὶ προσφοράς· 18 ἐν οἷς
εὗρόν με ἡγνισμένον ἐν τῷ ἱερῷ, οὐ μετὰ ὄχλου οὐδὲ μετὰ θορύβου, τι-
νὲς ἀπὸ τῆς Ἀσίας Ἰουδαῖοι, 19 οὓς ἔδει ἐπὶ σοῦ παρεῖναι καὶ κατηγο-
ρεῖν εἴ τι ἔχοιεν πρός με. 20 ἢ αὐτοὶ οὗτοι εἰπάτωσαν τί εὗρον ἐν ἐμοὶ ἀ-
δίκημα στάντος μου ἐπὶ τοῦ συνεδρίου, 21 ἢ περὶ μιᾶς ταύτης φωνῆς ἧς
ἔκραξα ἑστὼς ἐν αὐτοῖς, ὅτι περὶ ἀναστάσεως νεκρῶν ἐγὼ κρίνομαι σή-
μερον ὑφ' ὑμῶν.

22 Ἀκούσας δὲ ταῦτα ὁ Φῆλιξ ἀνεβάλετο αὐτούς, ἀκριβέστερον εἰδὼς
τὰ περὶ τῆς ὁδοῦ, εἰπών· ὅταν Λυσίας ὁ χιλίαρχος καταβῇ, διαγνώσομαι
τὰ καθ' ὑμᾶς, 23 διαταξάμενός τε τῷ ἑκατοντάρχῃ τηρεῖσθαι τὸν Παῦ-
λον ἔχειν τε ἄνεσιν καὶ μηδένα κωλύειν τῶν ἰδίων αὐτοῦ ὑπηρετεῖν ἢ
προσέρχεσθαι αὐτῷ.

24 Μετὰ δὲ ἡμέρας τινὰς παραγενόμενος ὁ Φῆλιξ σὺν Δρουσίλλῃ τῇ
γυναικὶ αὐτοῦ, οὔσῃ Ἰουδαίᾳ, μετεπέμψατο τὸν Παῦλον καὶ ἤκουσεν
αὐτοῦ περὶ τῆς εἰς Χριστὸν πίστεως. 25 διαλεγομένου δὲ αὐτοῦ περὶ δι-
καιοσύνης καὶ ἐγκρατείας καὶ τοῦ κρίματος τοῦ μέλλοντος ἔσεσθαι, ἔμ-
φοβος γενόμενος ὁ Φῆλιξ ἀπεκρίθη· τὸ νῦν ἔχον πορεύου, καιρὸν δὲ με-
ταλαβὼν μετακαλέσομαί σε, 26 ἅμα δὲ καὶ ἐλπίζων ὅτι χρήματα δοθή-
σεται αὐτῷ ὑπὸ τοῦ Παύλου ὅπως λύσῃ αὐτόν· διὸ καὶ πυκνότερον αὐτὸν
μεταπεμπόμενος ὡμίλει αὐτῷ. 27 Διετίας δὲ πληρωθείσης ἔλαβε διά-
δοχον ὁ Φῆλιξ Πόρκιον Φῆστον· θέλων δὲ χάριν καταθέσθαι τοῖς Ἰου-
δαίοις ὁ Φῆλιξ κατέλιπε τὸν Παῦλον δεδεμένον.

25

ΦΗΣΤΟΣ οὖν ἐπιβὰς τῇ ἐπαρχίᾳ μετὰ τρεῖς ἡμέρας ἀνέβη εἰς Ἱερο-
σόλυμα ἀπὸ Καισαρείας· 2 ἐνεφάνισαν δὲ αὐτῷ ὁ ἀρχιερεὺς καὶ οἱ
πρῶτοι τῶν Ἰουδαίων κατὰ τοῦ Παύλου, καὶ παρεκάλουν αὐτόν, 3
αἰτούμενοι χάριν κατ᾽ αὐτοῦ, ὅπως μεταπέμψηται αὐτὸν εἰς Ἱερουσα-
λήμ, ἐνέδραν ποιοῦντες ἀνελεῖν αὐτὸν κατὰ τὴν ὁδόν. 4 ὁ μὲν οὖν Φῆ-
στος ἀπεκρίθη τηρεῖσθαι τὸν Παῦλον ἐν Καισαρείᾳ, ἑαυτὸν δὲ μέλλειν
ἐν τάχει ἐκπορεύεσθαι· 5 οἱ οὖν δυνατοὶ ἐν ὑμῖν, φησί, συγκαταβάντες,
εἴ τί ἐστιν ἐν τῷ ἀνδρὶ τούτῳ, κατηγορείτωσαν αὐτοῦ. 6 Διατρίψας δὲ ἐν
αὐτοῖς ἡμέρας πλείους ἢ δέκα, καταβὰς εἰς Καισάρειαν, τῇ ἐπαύριον
καθίσας ἐπὶ τοῦ βήματος ἐκέλευσε τὸν Παῦλον ἀχθῆναι.

7 παραγενομένου δὲ αὐτοῦ περιέστησαν οἱ ἀπὸ Ἱεροσολύμων καταβε-
βηκότες Ἰουδαῖοι, πολλὰ καὶ βαρέα αἰτιώματα φέροντες κατὰ τοῦ Παύ-
λου, ἃ οὐκ ἴσχυον ἀποδεῖξαι, 8 ἀπολογουμένου αὐτοῦ ὅτι οὔτε εἰς τὸν
νόμον τῶν Ἰουδαίων οὔτε εἰς τὸ ἱερὸν οὔτε εἰς Καίσαρά τι ἥμαρτον. 9 ὁ
Φῆστος δὲ θέλων τοῖς Ἰουδαίοις χάριν καταθέσθαι, ἀποκριθεὶς τῷ Παύ-
λῳ εἶπε· θέλεις εἰς Ἱερουσαλὴμ ἀναβὰς ἐκεῖ περὶ τούτων κρίνεσθαι ἐπ᾽
ἐμοῦ; 10 εἶπε δὲ ὁ Παῦλος· ἐπὶ τοῦ βήματος Καίσαρος ἑστώς εἰμι, οὗ με
δεῖ κρίνεσθαι. Ἰουδαίους οὐδὲν ἠδίκησα, ὡς καὶ σὺ κάλλιον ἐπιγινώ-
σκεις· 11 εἰ μὲν γὰρ ἀδικῶ καὶ ἄξιον θανάτου πέπραχά τι, οὐ παραιτοῦ-
μαι τὸ ἀποθανεῖν· εἰ δὲ οὐδέν ἐστιν ὧν οὗτοι κατηγοροῦσί μου, οὐδείς με
δύναται αὐτοῖς χαρίσασθαι· Καίσαρα ἐπικαλοῦμαι. 12 τότε ὁ Φῆστος

συλλαλήσας μετὰ τοῦ συμβουλίου ἀπεκρίθη· Καίσαρα ἐπικέκλησαι, ἐπὶ
Καίσαρα πορεύσῃ.

13 Ἡμερῶν δὲ διαγενομένων τινῶν Ἀγρίππας ὁ βασιλεὺς καὶ Βερνίκη
κατήντησαν εἰς Καισάρειαν ἀσπασόμενοι τὸν Φῆστον. 14 ὡς δὲ πλείους
ἡμέρας διέτριβον ἐκεῖ, ὁ Φῆστος τῷ βασιλεῖ ἀνέθετο τὰ κατὰ τὸν Παῦ-
λον λέγων· ἀνήρ τίς ἐστι καταλελειμμένος ὑπὸ Φήλικος δέσμιος, 15
περὶ οὗ γενομένου μου εἰς Ἱεροσόλυμα ἐνεφάνισαν οἱ ἀρχιερεῖς καὶ οἱ
πρεσβύτεροι τῶν Ἰουδαίων αἰτούμενοι κατ᾿ αὐτοῦ δίκην· 16 πρὸς οὓς ἀ-
πεκρίθην ὅτι οὐκ ἔστιν ἔθος Ῥωμαίοις χαρίζεσθαί τινα ἄνθρωπον εἰς ἀ-
πώλειαν πρὶν ἢ ὁ κατηγορούμενος κατὰ πρόσωπον ἔχοι τοὺς κατηγό-
ρους τόπον τε ἀπολογίας λάβοι περὶ τοῦ ἐγκλήματος. 17 συνελθόντων
οὖν αὐτῶν ἐνθάδε ἀναβολὴν μηδεμίαν ποιησάμενος τῇ ἑξῆς καθίσας ἐπὶ
τοῦ βήματος ἐκέλευσα ἀχθῆναι τὸν ἄνδρα· 18 περὶ οὗ σταθέντες οἱ κα-
τήγοροι οὐδεμίαν αἰτίαν ἐπέφερον ὧν ὑπενόουν ἐγώ, 19 ζητήματα δέ τι-
να περὶ τῆς ἰδίας δεισιδαιμονίας εἶχον πρὸς αὐτὸν καὶ περί τινος Ἰησοῦ
τεθνηκότος, ὃν ἔφασκεν ὁ Παῦλος ζῆν. 20 ἀπορούμενος δὲ ἐγὼ τὴν περὶ
τούτου ζήτησιν ἔλεγον εἰ βούλοιτο πορεύεσθαι εἰς Ἱεροσόλυμα κἀκεῖ
κρίνεσθαι περὶ τούτων. 21 τοῦ δὲ Παύλου ἐπικαλεσαμένου τηρηθῆναι
αὐτὸν εἰς τὴν τοῦ Σεβαστοῦ διάγνωσιν, ἐκέλευσα τηρεῖσθαι αὐτὸν ἕως
οὗ πέμψω αὐτὸν πρὸς Καίσαρα. 22 Ἀγρίππας δὲ πρὸς τὸν Φῆστον ἔφη·
ἐβουλόμην καὶ αὐτὸς τοῦ ἀνθρώπου ἀκοῦσαι. ὁ δέ, αὔριον, φησίν, ἀκού-
σῃ αὐτοῦ.

23 Τῇ οὖν ἐπαύριον ἐλθόντος τοῦ Ἀγρίππα καὶ τῆς Βερνίκης μετὰ πολ-
λῆς φαντασίας καὶ εἰσελθόντων εἰς τὸ ἀκροατήριον σύν τε τοῖς χιλιάρ-
χοις καὶ ἀνδράσι τοῖς κατ᾿ ἐξοχὴν οὖσι τῆς πόλεως, καὶ κελεύσαντος τοῦ
Φήστου ἤχθη ὁ Παῦλος. 24 καί φησιν ὁ Φῆστος· Ἀγρίππα βασιλεῦ καὶ
πάντες οἱ συμπαρόντες ἡμῖν ἄνδρες, θεωρεῖτε τοῦτον περὶ οὗ πᾶν τὸ
πλῆθος τῶν Ἰουδαίων ἐνέτυχόν μοι ἔν τε Ἱεροσολύμοις καὶ ἐνθάδε, ἐπι-
βοῶντες μὴ δεῖν ζῆν αὐτὸν μηκέτι. 25 ἐγὼ δὲ καταλαβόμενος μηδὲν ἄ-
ξιον θανάτου αὐτὸν πεπραχέναι, καὶ αὐτοῦ δὲ τούτου ἐπικαλεσαμένου
τὸν Σεβαστόν, ἔκρινα πέμπειν αὐτόν. 26 περὶ οὗ ἀσφαλές τι γράψαι τῷ
κυρίῳ οὐκ ἔχω· διὸ προήγαγον αὐτὸν ἐφ᾿ ὑμῶν καὶ μάλιστα ἐπὶ σοῦ, βα-
σιλεῦ Ἀγρίππα, ὅπως τῆς ἀνακρίσεως γενομένης σχῶ τι γράψαι. 27 ἄ-
λογον γάρ μοι δοκεῖ πέμποντα δέσμιον μὴ καὶ τὰς κατ᾿ αὐτοῦ αἰτίας
σημᾶναι.

26

ἈΓΡΙΠΠΑΣ δὲ πρὸς τὸν Παῦλον ἔφη· ἐπιτρέπεταί σοι ὑπὲρ σεαυτοῦ
λέγειν. τότε ὁ Παῦλος ἐκτείνας τὴν χεῖρα ἀπελογεῖτο· 2 περὶ πάν-
των ὧν ἐγκαλοῦμαι ὑπὸ Ἰουδαίων, βασιλεῦ Ἀγρίππα, ἥγημαι ἐ-
μαυτὸν μακάριον ἐπὶ σοῦ μέλλων ἀπολογεῖσθαι σήμερον, 3 μάλιστα
γνώστην ὄντα σε πάντων τῶν κατὰ Ἰουδαίους ἐθῶν τε καὶ ζητημάτων·
διὸ δέομαί σου μακροθύμως ἀκοῦσαί μου.

4 Τὴν μὲν οὖν βίωσίν μου τὴν ἐκ νεότητος τὴν ἀπ' ἀρχῆς γενομένην ἐν
τῷ ἔθνει μου ἐν Ἱεροσολύμοις ἴσασι πάντες οἱ Ἰουδαῖοι, 5 προγινώσκον-
τές με ἄνωθεν, ἐὰν θέλωσι μαρτυρεῖν, ὅτι κατὰ τὴν ἀκριβεστάτην αἵρε-
σιν τῆς ἡμετέρας θρησκείας ἔζησα Φαρισαῖος. 6 καὶ νῦν ἐπ' ἐλπίδι τῆς
πρὸς τοὺς πατέρας ἐπαγγελίας γενομένης ὑπὸ τοῦ Θεοῦ ἕστηκα κρινό-
μενος, 7 εἰς ἣν τὸ δωδεκάφυλον ἡμῶν ἐν ἐκτενείᾳ νύκτα καὶ ἡμέραν
λατρεῦον ἐλπίζει καταντῆσαι· περὶ ἧς ἐλπίδος ἐγκαλοῦμαι, βασιλεῦ Ἀ-
γρίππα, ὑπὸ τῶν Ἰουδαίων. 8 τί ἄπιστον κρίνεται παρ' ὑμῖν εἰ ὁ Θεὸς
νεκροὺς ἐγείρει; 9 ἐγὼ μὲν οὖν ἔδοξα ἐμαυτῷ πρὸς τὸ ὄνομα Ἰησοῦ τοῦ
Ναζωραίου δεῖν πολλὰ ἐναντία πρᾶξαι· 10 ὃ καὶ ἐποίησα ἐν Ἱεροσολύ-
μοις, καὶ πολλοὺς τῶν ἁγίων ἐγὼ ἐν φυλακαῖς κατέκλεισα τὴν παρὰ
τῶν ἀρχιερέων ἐξουσίαν λαβών, ἀναιρουμένων τε αὐτῶν κατήνεγκα
ψῆφον, 11 καὶ κατὰ πάσας τὰς συναγωγὰς πολλάκις τιμωρῶν αὐτοὺς
ἠνάγκαζον βλασφημεῖν, περισσῶς τε ἐμμαινόμενος αὐτοῖς ἐδίωκον ἕως
καὶ εἰς τὰς ἔξω πόλεις.

12 Ἐν οἷς καὶ πορευόμενος εἰς τὴν Δαμασκὸν μετ' ἐξουσίας καὶ ἐπιτρο-
πῆς τῆς παρὰ τῶν ἀρχιερέων, 13 ἡμέρας μέσης κατὰ τὴν ὁδὸν εἶδον,
βασιλεῦ, οὐρανόθεν ὑπὲρ τὴν λαμπρότητα τοῦ ἡλίου περιλάμψαν με
φῶς καὶ τοὺς σὺν ἐμοὶ πορευομένους· 14 πάντων δὲ καταπεσόντων ἡ-
μῶν εἰς τὴν γῆν ἤκουσα φωνὴν λαλοῦσαν πρός με καὶ λέγουσαν τῇ Ἑ-
βραΐδι διαλέκτῳ· Σαοὺλ Σαούλ, τί με διώκεις; σκληρόν σοι πρὸς κέντρα
λακτίζειν. 15 ἐγὼ δὲ εἶπον· τίς εἶ, Κύριε; ὁ δὲ εἶπεν· ἐγώ εἰμι Ἰησοῦς ὃν
σὺ διώκεις. 16 ἀλλὰ ἀνάστηθι καὶ στῆθι ἐπὶ τοὺς πόδας σου· εἰς τοῦτο
γὰρ ὤφθην σοι, προχειρίσασθαί σε ὑπηρέτην καὶ μάρτυρα ὧν τε εἶδες ὧν
τε ὀφθήσομαί σοι, 17 ἐξαιρούμενός σε ἐκ τοῦ λαοῦ καὶ τῶν ἐθνῶν, εἰς
οὓς ἐγώ σε ἀποστέλλω 18 ἀνοῖξαι ὀφθαλμοὺς αὐτῶν, τοῦ ἐπιστρέψαι
ἀπὸ σκότους εἰς φῶς καὶ τῆς ἐξουσίας τοῦ σατανᾶ ἐπὶ τὸν Θεόν, τοῦ λα-

βεῖν αὐτοὺς ἄφεσιν ἁμαρτιῶν καὶ κλῆρον ἐν τοῖς ἡγιασμένοις πίστει τῇ εἰς ἐμέ.

19 Ὅθεν, βασιλεῦ Ἀγρίππα, οὐκ ἐγενόμην ἀπειθὴς τῇ οὐρανίῳ ὀπτασίᾳ, 20 ἀλλὰ τοῖς ἐν Δαμασκῷ πρῶτον καὶ Ἱεροσολύμοις, εἰς πᾶσάν τε τὴν χώραν τῆς Ἰουδαίας καὶ τοῖς ἔθνεσιν ἀπαγγέλλω μετανοεῖν καὶ ἐπιστρέφειν ἐπὶ τὸν Θεόν, ἄξια τῆς μετανοίας ἔργα πράσσοντας. 21 ἕνεκα τούτων με οἱ Ἰουδαῖοι συλλαβόμενοι ἐν τῷ ἱερῷ ἐπειρῶντο διαχειρίσασθαι. 22 ἐπικουρίας οὖν τυχὼν τῆς παρὰ τοῦ Θεοῦ ἄχρι τῆς ἡμέρας ταύτης ἕστηκα μαρτυρόμενος μικρῷ τε καὶ μεγάλῳ, οὐδὲν ἐκτὸς λέγων ὧν τε οἱ προφῆται ἐλάλησαν μελλόντων γενέσθαι καὶ Μωϋσῆς, 23 εἰ παθητὸς ὁ Χριστός, εἰ πρῶτος ἐξ ἀναστάσεως νεκρῶν φῶς μέλλει καταγγέλλειν τῷ λαῷ καὶ τοῖς ἔθνεσι.

24 Ταῦτα δὲ αὐτοῦ ἀπολογουμένου ὁ Φῆστος μεγάλῃ τῇ φωνῇ ἔφη· μαίνῃ, Παῦλε· τὰ πολλά σε γράμματα εἰς μανίαν περιτρέπει. 25 ὁ δέ, οὐ μαίνομαι, φησί, κράτιστε Φῆστε, ἀλλὰ ἀληθείας καὶ σωφροσύνης ῥήματα ἀποφθέγγομαι. 26 ἐπίσταται γὰρ περὶ τούτων ὁ βασιλεύς, πρὸς ὃν καὶ παρρησιαζόμενος λαλῶ· λανθάνειν γὰρ αὐτόν τι τούτων οὐ πείθομαι οὐδέν· οὐ γάρ ἐστιν ἐν γωνίᾳ πεπραγμένον τοῦτο. 27 πιστεύεις, βασιλεῦ Ἀγρίππα, τοῖς προφήταις; οἶδα ὅτι πιστεύεις. 28 ὁ δὲ Ἀγρίππας πρὸς τὸν Παῦλον ἔφη· ἐν ὀλίγῳ με πείθεις Χριστιανὸν γενέσθαι. 29 ὁ δὲ Παῦλος εἶπεν· εὐξαίμην ἂν τῷ Θεῷ καὶ ἐν ὀλίγῳ καὶ ἐν πολλῷ οὐ μόνον σέ, ἀλλὰ καὶ πάντας τοὺς ἀκούοντάς μου σήμερον γενέσθαι τοιούτους ὁποῖος κἀγώ εἰμι, παρεκτὸς τῶν δεσμῶν τούτων. 30 Καὶ ταῦτα εἰπόντος αὐτοῦ ἀνέστη ὁ βασιλεὺς καὶ ὁ ἡγεμὼν ἥ τε Βερνίκη καὶ οἱ συγκαθήμενοι αὐτοῖς, 31 καὶ ἀναχωρήσαντες ἐλάλουν πρὸς ἀλλήλους λέγοντες ὅτι οὐδὲν θανάτου ἄξιον ἢ δεσμῶν πράσσει ὁ ἄνθρωπος οὗτος. 32 Ἀγρίππας δὲ τῷ Φήστῳ ἔφη· ἀπολελύσθαι ἐδύνατο ὁ ἄνθρωπος οὗτος, εἰ μὴ ἐπεκέκλητο Καίσαρα.

27

Σ δὲ ἐκρίθη τοῦ ἀποπλεῖν ἡμᾶς εἰς τὴν Ἰταλίαν, παρεδίδουν τόν τε Παῦλον καί τινας ἑτέρους δεσμώτας ἑκατοντάρχῃ ὀνόματι Ἰουλίῳ σπείρης Σεβαστῆς. 2 ἐπιβάντες δὲ πλοίῳ Ἀδραμυττηνῷ μέλλοντες

πλεῖν τοὺς κατὰ τὴν Ἀσίαν τόπους ἀνήχθημεν, ὄντος σὺν ἡμῖν Ἀρι-
στάρχου Μακεδόνος Θεσσαλονικέως, 3 τῇ τε ἑτέρᾳ κατήχθημεν εἰς Σι-
δῶνα· φιλανθρώπως τε ὁ Ἰούλιος τῷ Παύλῳ χρησάμενος ἐπέτρεψε πρὸς
τοὺς φίλους πορευθέντα ἐπιμελείας τυχεῖν. 4 κἀκεῖθεν ἀναχθέντες ὑπε-
πλεύσαμεν τὴν Κύπρον διὰ τὸ τοὺς ἀνέμους εἶναι ἐναντίους, 5 τό τε πέ-
λαγος τὸ κατὰ τὴν Κιλικίαν καὶ Παμφυλίαν διαπλεύσαντες κατήλθομεν
εἰς Μύρα τῆς Λυκίας. 6 κἀκεῖ εὑρὼν ὁ ἑκατοντάρχης πλοῖον Ἀλεξαν-
δρῖνον πλέον εἰς τὴν Ἰταλίαν ἐνεβίβασεν ἡμᾶς εἰς αὐτό. 7 ἐν ἱκαναῖς δὲ
ἡμέραις βραδυπλοοῦντες καὶ μόλις γενόμενοι κατὰ τὴν Κνίδον, μὴ προ-
σεῶντος ἡμᾶς τοῦ ἀνέμου, ὑπεπλεύσαμεν τὴν Κρήτην κατὰ Σαλμώνην,
8 μόλις τε παραλεγόμενοι αὐτὴν ἤλθομεν εἰς τόπον τινὰ καλούμενον
Καλοὺς λιμένας, ᾧ ἐγγὺς ἦν πόλις Λασαία.

9 Ἱκανοῦ δὲ χρόνου διαγενομένου καὶ ὄντος ἤδη ἐπισφαλοῦς τοῦ πλοὸς
διὰ τὸ καὶ τὴν νηστείαν ἤδη παρεληλυθέναι, παρῄνει ὁ Παῦλος 10 λέ-
γων αὐτοῖς· ἄνδρες, θεωρῶ ὅτι μετὰ ὕβρεως καὶ πολλῆς ζημίας οὐ μό-
νον τοῦ φόρτου καὶ τοῦ πλοίου, ἀλλὰ καὶ τῶν ψυχῶν ἡμῶν μέλλειν ἔσε-
σθαι τὸν πλοῦν. 11 ὁ δὲ ἑκατοντάρχης τῷ κυβερνήτῃ καὶ τῷ ναυκλήρῳ
ἐπείθετο μᾶλλον ἢ τοῖς ὑπὸ τοῦ Παύλου λεγομένοις. 12 ἀνευθέτου δὲ
τοῦ λιμένος ὑπάρχοντος πρὸς παραχειμασίαν οἱ πλείους ἔθεντο βουλὴν
ἀναχθῆναι κἀκεῖθεν, εἴ πως δύναιντο καταντήσαντες εἰς Φοίνικα παρα-
χειμάσαι, λιμένα τῆς Κρήτης βλέποντα κατὰ λίβα καὶ κατὰ χῶρον.

13 Ὑποπνεύσαντος δὲ νότου δόξαντες τῆς προθέσεως κεκρατηκέναι, ἄ-
ραντες ἆσσον παρελέγοντο τὴν Κρήτην. 14 μετ' οὐ πολὺ δὲ ἔβαλε κατ'
αὐτῆς ἄνεμος τυφωνικὸς ὁ καλούμενος Εὐροκλύδων. 15 συναρπασθέν-
τος δὲ τοῦ πλοίου καὶ μὴ δυναμένου ἀντοφθαλμεῖν τῷ ἀνέμῳ ἐπιδόντες
ἐφερόμεθα. 16 νησίον δέ τι ὑποδραμόντες καλούμενον Κλαύδην μόλις ἰ-
σχύσαμεν περικρατεῖς γενέσθαι τῆς σκάφης, 17 ἣν ἄραντες βοηθείαις ἐ-
χρῶντο ὑποζωννύντες τὸ πλοῖον· φοβούμενοί τε μὴ εἰς τὴν Σύρτιν ἐκπέ-
σωσι, χαλάσαντες τὸ σκεῦος οὕτως ἐφέροντο. 18 σφοδρῶς δὲ χειμαζο-
μένων ἡμῶν τῇ ἑξῆς ἐκβολὴν ἐποιοῦντο, 19 καὶ τῇ τρίτῃ αὐτόχειρες
τὴν σκευὴν τοῦ πλοίου ἐρρίψαμεν. 20 μήτε δὲ ἡλίου μήτε ἄστρων ἐπι-
φαινόντων ἐπὶ πλείονας ἡμέρας, χειμῶνός τε οὐκ ὀλίγου ἐπικειμένου,
λοιπὸν περιῃρεῖτο πᾶσα ἐλπὶς τοῦ σῴζεσθαι ἡμᾶς.

21 Πολλῆς δὲ ἀσιτίας ὑπαρχούσης τότε σταθεὶς ὁ Παῦλος ἐν μέσῳ αὐ-
τῶν εἶπεν· ἔδει μέν, ὦ ἄνδρες, πειθαρχήσαντάς μοι μὴ ἀνάγεσθαι ἀπὸ
τῆς Κρήτης κερδῆσαί τε τὴν ὕβριν ταύτην καὶ τὴν ζημίαν. 22 καὶ τὰ

νῦν παραινῶ ὑμᾶς εὐθυμεῖν· ἀποβολὴ γὰρ ψυχῆς οὐδεμία ἔσται ἐξ ὑμῶν
πλὴν τοῦ πλοίου. 23 παρέστη γάρ μοι τῇ νυκτὶ ταύτῃ ἄγγελος τοῦ Θε-
οῦ οὗ εἰμι, ᾧ καὶ λατρεύω, 24 λέγων· μὴ φοβοῦ, Παῦλε· Καίσαρί σε δεῖ
παραστῆναι· καὶ ἰδοὺ κεχάρισταί σοι ὁ Θεὸς πάντας τοὺς πλέοντας μετὰ
σοῦ. 25 διὸ εὐθυμεῖτε, ἄνδρες· πιστεύω γὰρ τῷ Θεῷ ὅτι οὕτως ἔσται
καθ' ὃν τρόπον λελάληταί μοι. 26 εἰς νῆσον δέ τινα δεῖ ἡμᾶς ἐκπεσεῖν.

27 Ὡς δὲ τεσσαρεσκαιδεκάτη νὺξ ἐγένετο διαφερομένων ἡμῶν ἐν τῷ
Ἀδρίᾳ, κατὰ μέσον τῆς νυκτὸς ὑπενόουν οἱ ναῦται προσάγειν τινὰ αὐτοῖς
χώραν. 28 καὶ βολίσαντες εὗρον ὀργυιὰς εἴκοσι, βραχὺ δὲ διαστήσαντες
καὶ πάλιν βολίσαντες εὗρον ὀργυιὰς δεκαπέντε· 29 φοβούμενοί τε μή-
πως εἰς τραχεῖς τόπους ἐκπέσωμεν, ἐκ πρύμνης ῥίψαντες ἀγκύρας τέσ-
σαρας ηὔχοντο ἡμέραν γενέσθαι.

30 Τῶν δὲ ναυτῶν ζητούντων φυγεῖν ἐκ τοῦ πλοίου καὶ χαλασάντων
τὴν σκάφην εἰς τὴν θάλασσαν, προφάσει ὡς ἐκ πρῴρας μελλόντων ἀγ-
κύρας ἐκτείνειν, 31 εἶπεν ὁ Παῦλος τῷ ἑκατοντάρχῃ καὶ τοῖς στρατιώ-
ταις· ἐὰν μὴ οὗτοι μείνωσιν ἐν τῷ πλοίῳ, ὑμεῖς σωθῆναι οὐ δύνασθε. 32
τότε οἱ στρατιῶται ἀπέκοψαν τὰ σχοινία τῆς σκάφης καὶ εἴασαν αὐτὴν
ἐκπεσεῖν.

33 Ἄχρι δὲ οὗ ἔμελλεν ἡμέρα γίνεσθαι, παρεκάλει ὁ Παῦλος ἅπαντας
μεταλαβεῖν τροφῆς λέγων· τεσσαρεσκαιδεκάτην σήμερον ἡμέραν προσ-
δοκῶντες ἄσιτοι διατελεῖτε, μηδὲν προσλαβόμενοι. 34 διὸ παρακαλῶ ὑ-
μᾶς μεταλαβεῖν τροφῆς· τοῦτο γὰρ πρὸς τῆς ὑμετέρας σωτηρίας ὑπάρ-
χει· οὐδενὸς γὰρ ὑμῶν θρὶξ ἐκ τῆς κεφαλῆς πεσεῖται. 35 εἰπὼν δὲ ταῦτα
καὶ λαβὼν ἄρτον εὐχαρίστησε τῷ Θεῷ ἐνώπιον πάντων, καὶ κλάσας ἤρ-
ξατο ἐσθίειν. 36 εὔθυμοι δὲ γενόμενοι πάντες καὶ αὐτοὶ προσελάβοντο
τροφῆς· 37 ἦμεν δὲ ἐν τῷ πλοίῳ αἱ πᾶσαι ψυχαὶ διακόσιαι ἑβδομήκοντα
ἕξ. 38 κορεσθέντες δὲ τροφῆς ἐκούφιζον τὸ πλοῖον ἐκβαλλόμενοι τὸν σῖ-
τον εἰς τὴν θάλασσαν.

39 Ὅτε δὲ ἡμέρα ἐγένετο, τὴν γῆν οὐκ ἐπεγίνωσκον, κόλπον δέ τινα
κατενόουν ἔχοντα αἰγιαλόν, εἰς ὃν ἐβουλεύσαντο, εἰ δύναιντο, ἐξῶσαι τὸ
πλοῖον. 40 καὶ τὰς ἀγκύρας περιελόντες εἴων εἰς τὴν θάλασσαν ἅμα ἀ-
νέντες τὰς ζευκτηρίας τῶν πηδαλίων, καὶ ἐπάραντες τὸν ἀρτέμωνα τῇ
πνεούσῃ κατεῖχον εἰς τὸν αἰγιαλόν. 41 περιπεσόντες δὲ εἰς τόπον διθά-
λασσον ἐπώκειλαν τὴν ναῦν, καὶ ἡ μὲν πρῷρα ἐρείσασα ἔμεινεν ἀσάλευ-
τος, ἡ δὲ πρύμνα ἐλύετο ὑπὸ τῆς βίας τῶν κυμάτων. 42 τῶν δὲ στρατι-

ωτῶν βουλὴ ἐγένετο ἵνα τοὺς δεσμώτας ἀποκτείνωσι, μή τις ἐκκολυμ-
βήσας διαφύγοι. 43 ὁ δὲ ἑκατοντάρχης βουλόμενος διασῶσαι τὸν Παῦ-
λον ἐκώλυσεν αὐτοὺς τοῦ βουλήματος, ἐκέλευσέ τε τοὺς δυναμένους κο-
λυμβᾶν ἀπορρίψαντας πρώτους ἐπὶ τὴν γῆν ἐξιέναι, 44 καὶ τοὺς λοι-
ποὺς οὓς μὲν ἐπὶ σανίσιν, οὓς δὲ ἐπί τινων τῶν ἀπὸ τοῦ πλοίου. καὶ οὕ-
τως ἐγένετο πάντας διασωθῆναι ἐπὶ τὴν γῆν.

28

ΚΑΙ Διασωθέντες τότε ἐπέγνωσαν ὅτι Μελίτη ἡ νῆσος καλεῖται. 2 οἵ
δὲ βάρβαροι παρεῖχον οὐ τὴν τυχοῦσαν φιλανθρωπίαν ἡμῖν· ἀνάψαν-
τες γὰρ πυρὰν προσελάβοντο πάντας ἡμᾶς διὰ τὸν ὑετὸν τὸν ἐφε-
στῶτα καὶ διὰ τὸ ψῦχος. 3 συστρέψαντος δὲ τοῦ Παύλου φρυγάνων
πλῆθος καὶ ἐπιθέντος ἐπὶ τὴν πυράν, ἔχιδνα ἀπὸ τῆς θέρμης διεξελθοῦ-
σα καθῆψε τῆς χειρὸς αὐτοῦ. 4 ὡς δὲ εἶδον οἱ βάρβαροι κρεμάμενον τὸ
θηρίον ἐκ τῆς χειρὸς αὐτοῦ, ἔλεγον πρὸς ἀλλήλους· πάντως φονεύς ἐ-
στιν ὁ ἄνθρωπος οὗτος, ὃν διασωθέντα ἐκ τῆς θαλάσσης ἡ Δίκη ζῆν οὐκ
εἴασεν. 5 ὁ μὲν οὖν ἀποτινάξας τὸ θηρίον εἰς τὸ πῦρ ἔπαθεν οὐδὲν κακόν·
6 οἱ δὲ προσεδόκων αὐτὸν μέλλειν πίμπρασθαι ἢ καταπίπτειν ἄφνω νε-
κρόν. ἐπὶ πολὺ δὲ αὐτῶν προσδοκώντων καὶ θεωρούντων μηδὲν ἄτοπον
εἰς αὐτὸν γινόμενον, μεταβαλλόμενοι ἔλεγον θεὸν αὐτὸν εἶναι.

7 Ἐν δὲ τοῖς περὶ τὸν τόπον ἐκεῖνον ὑπῆρχε χωρία τῷ πρώτῳ τῆς νήσου
ὀνόματι Ποπλίῳ, ὃς ἀναδεξάμενος ἡμᾶς τρεῖς ἡμέρας φιλοφρόνως ἐξέ-
νισεν. 8 ἐγένετο δὲ τὸν πατέρα τοῦ Ποπλίου πυρετοῖς καὶ δυσεντερίῳ
συνεχόμενον κατακεῖσθαι· πρὸς ὃν ὁ Παῦλος εἰσελθὼν καὶ προσευξάμε-
νος καὶ ἐπιθεὶς τὰς χεῖρας αὐτῷ ἰάσατο αὐτόν. 9 τούτου οὖν γενομένου
καὶ οἱ λοιποὶ οἱ ἔχοντες ἀσθενείας ἐν τῇ νήσῳ προσήρχοντο καὶ ἐθερα-
πεύοντο· 10 οἳ καὶ πολλαῖς τιμαῖς ἐτίμησαν ἡμᾶς καὶ ἀναγομένοις ἐπέ-
θεντο τὰ πρὸς τὴν χρείαν.

11 Μετὰ δὲ τρεῖς μῆνας ἀνήχθημεν ἐν πλοίῳ παρακεχειμακότι ἐν τῇ
νήσῳ, Ἀλεξανδρίνῳ, παρασήμῳ Διοσκούροις, 12 καὶ καταχθέντες εἰς
Συρακούσας ἐπεμείναμεν ἡμέρας τρεῖς· 13 ὅθεν περιελθόντες κατηντή-
σαμεν εἰς Ῥήγιον, καὶ μετὰ μίαν ἡμέραν ἐπιγενομένου νότου δευτεραῖοι
ἤλθομεν εἰς Ποτιόλους· 14 οὗ εὑρόντες ἀδελφοὺς παρεκλήθημεν ἐπ' αὐ-

τοῖς ἐπιμεῖναι ἡμέρας ἑπτά, καὶ οὕτως εἰς τὴν Ρώμην ἤλθομεν. 15 κἀ-
κεῖθεν οἱ ἀδελφοὶ ἀκούσαντες τὰ περὶ ἡμῶν ἐξῆλθον εἰς ἀπάντησιν ἡμῖν
ἄχρις Ἀππίου φόρου καὶ Τριῶν Ταβερνῶν, οὓς ἰδὼν ὁ Παῦλος εὐχαρι-
στήσας τῷ Θεῷ ἔλαβε θάρσος. 16 ὅτε δὲ ἤλθομεν εἰς Ρώμην, ὁ ἑκατον-
τάρχης παρέδωκε τοὺς δεσμίους τῷ στρατοπεδάρχῃ· τῷ δὲ Παύλῳ ἐπε-
τράπη μένειν καθ' ἑαυτὸν σὺν τῷ φυλάσσοντι αὐτὸν στρατιώτῃ.

17 Ἐγένετο δὲ μετὰ ἡμέρας τρεῖς συγκαλέσασθαι τὸν Παῦλον τοὺς ὄν-
τας τῶν Ἰουδαίων πρώτους· συνελθόντων δὲ αὐτῶν ἔλεγε πρὸς αὐτούς·
ἄνδρες ἀδελφοί, ἐγὼ οὐδὲν ἐναντίον ποιήσας τῷ λαῷ ἢ τοῖς ἔθεσι τοῖς
πατρῴοις δέσμιος ἐξ Ἱεροσολύμων παρεδόθην εἰς τὰς χεῖρας τῶν Ρω-
μαίων· 18 οἵτινες ἀνακρίναντές με ἐβούλοντο ἀπολῦσαι διὰ τὸ μηδεμίαν
αἰτίαν θανάτου ὑπάρχειν ἐν ἐμοί. 19 ἀντιλεγόντων δὲ τῶν Ἰουδαίων ἠ-
ναγκάσθην ἐπικαλέσασθαι Καίσαρα, οὐχ ὡς τοῦ ἔθνους μου ἔχων τι κα-
τηγορῆσαι. 20 διὰ ταύτην οὖν τὴν αἰτίαν παρεκάλεσα ὑμᾶς ἰδεῖν καὶ
προσλαλῆσαι· ἕνεκεν γὰρ τῆς ἐλπίδος τοῦ Ἰσραὴλ τὴν ἅλυσιν ταύτην
περίκειμαι.

21 Οἱ δὲ πρὸς αὐτὸν εἶπον· ἡμεῖς οὔτε γράμματα περὶ σοῦ ἐδεξάμεθα
ἀπὸ τῆς Ἰουδαίας, οὔτε παραγενόμενός τις τῶν ἀδελφῶν ἀπήγγειλεν ἢ
ἐλάλησέ τι περὶ σοῦ πονηρόν. 22 ἀξιοῦμεν δὲ παρὰ σοῦ ἀκοῦσαι ἃ φρο-
νεῖς· περὶ μὲν γὰρ τῆς αἱρέσεως ταύτης γνωστόν ἐστιν ἡμῖν ὅτι πανταχοῦ
χοῦ ἀντιλέγεται. 23 ταξάμενοι δὲ αὐτῷ ἡμέραν ἧκον πρὸς αὐτὸν εἰς τὴν
ξενίαν πλείονες, οἷς ἐξετίθετο διαμαρτυρόμενος τὴν βασιλείαν τοῦ Θεοῦ
πείθων τε αὐτοὺς τὰ περὶ τοῦ Ἰησοῦ ἀπό τε τοῦ νόμου Μωϋσέως καὶ
τῶν προφητῶν ἀπὸ πρωῒ ἕως ἑσπέρας. 24 καὶ οἱ μὲν ἐπείθοντο τοῖς λε-
γομένοις, οἱ δὲ ἠπίστουν. 25 ἀσύμφωνοι δὲ ὄντες πρὸς ἀλλήλους ἀπελύ-
οντο, εἰπόντος τοῦ Παύλου ρῆμα ἕν, ὅτι καλῶς τὸ Πνεῦμα τὸ Ἅγιον ἐ-
λάλησε διὰ Ἡσαΐου τοῦ προφήτου πρὸς τοὺς πατέρας ἡμῶν λέγον· 26
πορεύθητι πρὸς τὸν λαὸν τοῦτον καὶ εἶπον· ἀκοῇ ἀκούσετε καὶ οὐ μὴ συ-
νῆτε, καὶ βλέποντες βλέψετε καὶ οὐ μὴ ἴδητε· 27 ἐπαχύνθη γὰρ ἡ καρ-
δία τοῦ λαοῦ τούτου, καὶ τοῖς ὠσὶ βαρέως ἤκουσαν, καὶ τοὺς ὀφθαλμοὺς
αὐτῶν ἐκάμμυσαν, μήποτε ἴδωσι τοῖς ὀφθαλμοῖς καὶ τοῖς ὠσὶν ἀκούσω-
σι καὶ τῇ καρδίᾳ συνῶσι καὶ ἐπιστρέψωσι, καὶ ἰάσομαι αὐτούς. 28 γνω-
στὸν οὖν ἔστω ὑμῖν ὅτι τοῖς ἔθνεσιν ἀπεστάλη τοῦτο τὸ σωτήριον τοῦ
Θεοῦ, αὐτοὶ καὶ ἀκούσονται. 29 καὶ ταῦτα αὐτοῦ εἰπόντος ἀπῆλθον οἱ
Ἰουδαῖοι πολλὴν ἔχοντες ἐν ἑαυτοῖς συζήτησιν.

30 Ἔμεινε δὲ ὁ Παῦλος διετίαν ὅλην ἐν ἰδίῳ μισθώματι καὶ ἀπεδέχετο
πάντας τοὺς εἰσπορευομένους πρὸς αὐτόν, 31 κηρύσσων τὴν βασιλείαν
τοῦ Θεοῦ καὶ διδάσκων τὰ περὶ τοῦ Κυρίου Ἰησοῦ Χριστοῦ μετὰ πάσης
παρρησίας ἀκωλύτως.

Πρὸς Ρωμαίους

ΠΑΥΛΟΣ, δοῦλος Ἰησοῦ Χριστοῦ, κλητὸς ἀπόστολος, ἀφωρισμένος
εἰς εὐαγγέλιον Θεοῦ 2 ὃ προεπηγγείλατο διὰ τῶν προφητῶν αὐτοῦ
ἐν γραφαῖς ἁγίαις 3 περὶ τοῦ υἱοῦ αὐτοῦ, τοῦ γενομένου ἐκ σπέρ-
ματος Δαυῒδ κατὰ σάρκα, 4 τοῦ ὁρισθέντος υἱοῦ Θεοῦ ἐν δυνάμει κατὰ
πνεῦμα ἁγιωσύνης ἐξ ἀναστάσεως νεκρῶν, Ἰησοῦ Χριστοῦ τοῦ Κυρίου
ἡμῶν, 5 δι᾽ οὗ ἐλάβομεν χάριν καὶ ἀποστολὴν εἰς ὑπακοὴν πίστεως ἐν
πᾶσι τοῖς ἔθνεσιν ὑπὲρ τοῦ ὀνόματος αὐτοῦ, 6 ἐν οἷς ἐστε καὶ ὑμεῖς κλη-
τοὶ Ἰησοῦ Χριστοῦ, 7 πᾶσι τοῖς οὖσιν ἐν Ρώμῃ ἀγαπητοῖς Θεοῦ, κλη-
τοῖς ἁγίοις· χάρις ὑμῖν καὶ εἰρήνη ἀπὸ Θεοῦ πατρὸς ἡμῶν καὶ Κυρίου
Ἰησοῦ Χριστοῦ.

8 Πρῶτον μὲν εὐχαριστῶ τῷ Θεῷ μου διὰ Ἰησοῦ Χριστοῦ ὑπὲρ πάντων
ὑμῶν, ὅτι ἡ πίστις ὑμῶν καταγγέλλεται ἐν ὅλῳ τῷ κόσμῳ. 9 μάρτυς
γάρ μού ἐστιν ὁ Θεός, ᾧ λατρεύω ἐν τῷ πνεύματί μου ἐν τῷ εὐαγγελίῳ
τοῦ υἱοῦ αὐτοῦ, ὡς ἀδιαλείπτως μνείαν ὑμῶν ποιοῦμαι, 10 πάντοτε ἐπὶ
τῶν προσευχῶν μου δεόμενος εἴ πως ἤδη ποτὲ εὐοδωθήσομαι ἐν τῷ θε-
λήματι τοῦ Θεοῦ ἐλθεῖν πρὸς ὑμᾶς. 11 ἐπιποθῶ γὰρ ἰδεῖν ὑμᾶς, ἵνα τι
μεταδῶ χάρισμα ὑμῖν πνευματικὸν εἰς τὸ στηριχθῆναι ὑμᾶς, 12 τοῦτο
δέ ἐστι συμπαρακληθῆναι ἐν ὑμῖν διὰ τῆς ἐν ἀλλήλοις πίστεως ὑμῶν τε
καὶ ἐμοῦ. 13 οὐ θέλω δὲ ὑμᾶς ἀγνοεῖν, ἀδελφοί, ὅτι πολλάκις προεθέμην
ἐλθεῖν πρὸς ὑμᾶς, καὶ ἐκωλύθην ἄχρι τοῦ δεῦρο, ἵνα τινὰ καρπὸν σχῶ
καὶ ἐν ὑμῖν καθὼς καὶ ἐν τοῖς λοιποῖς ἔθνεσιν. 14 Ἕλλησί τε καὶ βαρ-
βάροις, σοφοῖς τε καὶ ἀνοήτοις ὀφειλέτης εἰμί· 15 οὕτω τὸ κατ᾽ ἐμὲ πρό-
θυμον καὶ ὑμῖν τοῖς ἐν Ρώμῃ εὐαγγελίσασθαι.

16 Οὐ γὰρ ἐπαισχύνομαι τὸ εὐαγγέλιον τοῦ Χριστοῦ· δύναμις γὰρ Θεοῦ
ἐστιν εἰς σωτηρίαν παντὶ τῷ πιστεύοντι, Ἰουδαίῳ τε πρῶτον καὶ Ἕλλη-
νι. 17 δικαιοσύνη γὰρ Θεοῦ ἐν αὐτῷ ἀποκαλύπτεται ἐκ πίστεως εἰς πί-
στιν, καθὼς γέγραπται· ὁ δὲ δίκαιος ἐκ πίστεως ζήσεται.

18 Ἀποκαλύπτεται γὰρ ὀργὴ Θεοῦ ἀπ᾽ οὐρανοῦ ἐπὶ πᾶσαν ἀσέβειαν καὶ
ἀδικίαν ἀνθρώπων τῶν τὴν ἀλήθειαν ἐν ἀδικίᾳ κατεχόντων, 19 διότι τὸ
γνωστὸν τοῦ Θεοῦ φανερόν ἐστιν ἐν αὐτοῖς· ὁ γὰρ Θεὸς αὐτοῖς ἐφανέρω-
σε. 20 τὰ γὰρ ἀόρατα αὐτοῦ ἀπὸ κτίσεως κόσμου τοῖς ποιήμασι νοούμε-
να καθορᾶται, ἥ τε ἀΐδιος αὐτοῦ δύναμις καὶ θειότης, εἰς τὸ εἶναι αὐτοὺς
ἀναπολογήτους, 21 διότι γνόντες τὸν Θεὸν οὐχ ὡς Θεὸν ἐδόξασαν ἢ εὐ-
χαρίστησαν, ἀλλ᾽ ἐματαιώθησαν ἐν τοῖς διαλογισμοῖς αὐτῶν, καὶ ἐσκο-
τίσθη ἡ ἀσύνετος αὐτῶν καρδία· 22 φάσκοντες εἶναι σοφοὶ ἐμωράνθη-
σαν, 23 καὶ ἤλλαξαν τὴν δόξαν τοῦ ἀφθάρτου Θεοῦ ἐν ὁμοιώματι εἰκό-
νος φθαρτοῦ ἀνθρώπου καὶ πετεινῶν καὶ τετραπόδων καὶ ἑρπετῶν. 24
διὸ καὶ παρέδωκεν αὐτοὺς ὁ Θεὸς ἐν ταῖς ἐπιθυμίαις τῶν καρδιῶν αὐτῶν
εἰς ἀκαθαρσίαν τοῦ ἀτιμάζεσθαι τὰ σώματα αὐτῶν ἐν αὐτοῖς, 25 οἵτινες
μετήλλαξαν τὴν ἀλήθειαν τοῦ Θεοῦ ἐν τῷ ψεύδει, καὶ ἐσεβάσθησαν καὶ
ἐλάτρευσαν τῇ κτίσει παρὰ τὸν κτίσαντα, ὅς ἐστιν εὐλογητὸς εἰς τοὺς
αἰῶνας· ἀμήν. 26 διὰ τοῦτο παρέδωκεν αὐτοὺς ὁ Θεὸς εἰς πάθη ἀτιμίας.
αἵ τε γὰρ θήλειαι αὐτῶν μετήλλαξαν τὴν φυσικὴν χρῆσιν εἰς τὴν παρὰ
φύσιν, 27 ὁμοίως δὲ καὶ οἱ ἄρσενες ἀφέντες τὴν φυσικὴν χρῆσιν τῆς θη-
λείας ἐξεκαύθησαν ἐν τῇ ὀρέξει αὐτῶν εἰς ἀλλήλους, ἄρσενες ἐν ἄρσεσι
τὴν ἀσχημοσύνην κατεργαζόμενοι καὶ τὴν ἀντιμισθίαν ἣν ἔδει τῆς πλά-
νης αὐτῶν ἐν ἑαυτοῖς ἀπολαμβάνοντες.

28 Καὶ καθὼς οὐκ ἐδοκίμασαν τὸν Θεὸν ἔχειν ἐν ἐπιγνώσει, παρέδωκεν
αὐτοὺς ὁ Θεὸς εἰς ἀδόκιμον νοῦν, ποιεῖν τὰ μὴ καθήκοντα, 29 πεπλη-
ρωμένους πάσῃ ἀδικίᾳ, πορνείᾳ πονηρίᾳ πλεονεξίᾳ κακίᾳ, μεστοὺς φθό-
νου φόνου ἔριδος δόλου κακοηθείας, 30 ψιθυριστάς, καταλάλους, θεο-
στυγεῖς, ὑβριστάς, ὑπερηφάνους, ἀλαζόνας, ἐφευρέτας κακῶν, γονεῦσιν
ἀπειθεῖς, 31 ἀσυνέτους, ἀσυνθέτους, ἀστόργους, ἀσπόνδους, ἀνελεήμο-
νας· 32 οἵτινες τὸ δικαίωμα τοῦ Θεοῦ ἐπιγνόντες, ὅτι οἱ τὰ τοιαῦτα
πράσσοντες ἄξιοι θανάτου εἰσίν, οὐ μόνον αὐτὰ ποιοῦσιν, ἀλλὰ καὶ συ-
νευδοκοῦσι τοῖς πράσσουσι.

2

ΔΙΟ ἀναπολόγητος εἶ, ὦ ἄνθρωπε, πᾶς ὁ κρίνων· ἐν ᾧ γὰρ κρίνεις τὸν
ἕτερον, σεαυτὸν κατακρίνεις· τὰ γὰρ αὐτὰ πράσσεις ὁ κρίνων. 2 οἴδα-
μεν δὲ ὅτι τὸ κρῖμα τοῦ Θεοῦ ἐστι κατὰ ἀλήθειαν ἐπὶ τοὺς τὰ τοιαῦτα
πράσσοντας. 3 λογίζῃ δὲ τοῦτο, ὦ ἄνθρωπε ὁ κρίνων τοὺς τὰ τοιαῦτα
πράσσοντας καὶ ποιῶν αὐτά, ὅτι σὺ ἐκφεύξῃ τὸ κρῖμα τοῦ Θεοῦ; 4 ἢ τοῦ
πλούτου τῆς χρηστότητος αὐτοῦ καὶ τῆς ἀνοχῆς καὶ τῆς μακροθυμίας
καταφρονεῖς, ἀγνοῶν ὅτι τὸ χρηστὸν τοῦ Θεοῦ εἰς μετάνοιάν σε ἄγει; 5
κατὰ δὲ τὴν σκληρότητά σου καὶ ἀμετανόητον καρδίαν θησαυρίζεις σε-
αυτῷ ὀργὴν ἐν ἡμέρᾳ ὀργῆς καὶ ἀποκαλύψεως καὶ δικαιοκρισίας τοῦ
Θεοῦ, 6 ὃς ἀποδώσει ἑκάστῳ κατὰ ἔργα αὐτοῦ, 7 τοῖς μὲν καθ' ὑπομο-
νὴν ἔργου ἀγαθοῦ δόξαν καὶ τιμὴν καὶ ἀφθαρσίαν ζητοῦσι ζωὴν αἰώνιον,
8 τοῖς δὲ ἐξ ἐριθείας, καὶ ἀπειθοῦσι μὲν τῇ ἀληθείᾳ, πειθομένοις δὲ τῇ
ἀδικίᾳ, θυμὸς καὶ ὀργή· 9 θλῖψις καὶ στενοχωρία ἐπὶ πᾶσαν ψυχὴν ἀν-
θρώπου τοῦ κατεργαζομένου τὸ κακόν, Ἰουδαίου τε πρῶτον καὶ Ἕλλη-
νος· 10 δόξα δὲ καὶ τιμὴ καὶ εἰρήνη παντὶ τῷ ἐργαζομένῳ τὸ ἀγαθόν,
Ἰουδαίῳ τε πρῶτον καὶ Ἕλληνι· 11 οὐ γάρ ἐστι προσωποληψία παρὰ
τῷ Θεῷ. 12 ὅσοι γὰρ ἀνόμως ἥμαρτον, ἀνόμως καὶ ἀπολοῦνται· καὶ ὅ-
σοι ἐν νόμῳ ἥμαρτον, διὰ νόμου κριθήσονται. 13 οὐ γὰρ οἱ ἀκροαταὶ τοῦ
νόμου δίκαιοι παρὰ τῷ Θεῷ, ἀλλ' οἱ ποιηταὶ τοῦ νόμου δικαιωθήσονται.
14 ὅταν γὰρ ἔθνη τὰ μὴ νόμον ἔχοντα φύσει τὰ τοῦ νόμου ποιῇ, οὗτοι
νόμον μὴ ἔχοντες ἑαυτοῖς εἰσι νόμος, 15 οἵτινες ἐνδείκνυνται τὸ ἔργον
τοῦ νόμου γραπτὸν ἐν ταῖς καρδίαις αὐτῶν, συμμαρτυρούσης αὐτῶν τῆς
συνειδήσεως καὶ μεταξὺ ἀλλήλων τῶν λογισμῶν κατηγορούντων ἢ καὶ
ἀπολογουμένων 16 ἐν ἡμέρᾳ ὅτε κρινεῖ ὁ Θεὸς τὰ κρυπτὰ τῶν ἀνθρώ-
πων κατὰ τὸ εὐαγγέλιόν μου διὰ Ἰησοῦ Χριστοῦ.

17 Ἴδε σὺ Ἰουδαῖος ἐπονομάζῃ, καὶ ἐπαναπαύῃ τῷ νόμῳ, καὶ καυχᾶσαι
ἐν Θεῷ, 18 καὶ γινώσκεις τὸ θέλημα, καὶ δοκιμάζεις τὰ διαφέροντα,
κατηχούμενος ἐκ τοῦ νόμου, 19 πέποιθάς τε σεαυτὸν ὁδηγὸν εἶναι τυ-
φλῶν, φῶς τῶν ἐν σκότει, 20 παιδευτὴν ἀφρόνων, διδάσκαλον νηπίων,
ἔχοντα τὴν μόρφωσιν τῆς γνώσεως καὶ τῆς ἀληθείας ἐν τῷ νόμῳ. 21 ὁ
οὖν διδάσκων ἕτερον σεαυτὸν οὐ διδάσκεις; ὁ κηρύσσων μὴ κλέπτειν
κλέπτεις; 22 ὁ λέγων μὴ μοιχεύειν μοιχεύεις; ὁ βδελυσσόμενος τὰ εἴ-
δωλα ἱεροσυλεῖς; 23 ὃς ἐν νόμῳ καυχᾶσαι, διὰ τῆς παραβάσεως τοῦ νό-
μου τὸν Θεὸν ἀτιμάζεις; 24 τὸ γὰρ ὄνομα τοῦ Θεοῦ δι' ὑμᾶς βλασφη-

μεῖται ἐν τοῖς ἔθνεσι, καθὼς γέγραπται. 25 περιτομὴ μὲν γὰρ ὠφελεῖ,
ἐὰν νόμον πράσσῃς· ἐὰν δὲ παραβάτης νόμου ᾖς, ἡ περιτομή σου ἀκρο-
βυστία γέγονεν. 26 ἐὰν οὖν ἡ ἀκροβυστία τὰ δικαιώματα τοῦ νόμου φυ-
λάσσῃ, οὐχὶ ἡ ἀκροβυστία αὐτοῦ εἰς περιτομὴν λογισθήσεται; 27 καὶ
κρινεῖ ἡ ἐκ φύσεως ἀκροβυστία, τὸν νόμον τελοῦσα, σὲ τὸν διὰ γράμμα-
τος καὶ περιτομῆς παραβάτην νόμου. 28 οὐ γὰρ ὁ ἐν τῷ φανερῷ Ἰουδαῖ-
ός ἐστιν, οὐδὲ ἡ ἐν τῷ φανερῷ ἐν σαρκὶ περιτομή, 29 ἀλλ' ὁ ἐν τῷ κρυ-
πτῷ Ἰουδαῖος, καὶ περιτομὴ καρδίας ἐν πνεύματι, οὐ γράμματι, οὗ ὁ ἔ-
παινος οὐκ ἐξ ἀνθρώπων, ἀλλ' ἐκ τοῦ Θεοῦ.

3

ΤΙ οὖν τὸ περισσὸν τοῦ Ἰουδαίου, ἢ τίς ἡ ὠφέλεια τῆς περιτομῆς; 2
πολὺ κατὰ πάντα τρόπον. πρῶτον μὲν γὰρ ὅτι ἐπιστεύθησαν τὰ λό-
για τοῦ Θεοῦ. 3 τί γὰρ εἰ ἠπίστησάν τινες; μὴ ἡ ἀπιστία αὐτῶν τὴν
πίστιν τοῦ Θεοῦ καταργήσει; 4 μὴ γένοιτο· γινέσθω δὲ ὁ Θεὸς ἀληθής,
πᾶς δὲ ἄνθρωπος ψεύστης, καθὼς γέγραπται· ὅπως ἂν δικαιωθῇς ἐν τοῖς
λόγοις σου καὶ νικήσῃς ἐν τῷ κρίνεσθαί σε. 5 εἰ δὲ ἡ ἀδικία ἡμῶν Θεοῦ
δικαιοσύνην συνίστησι, τί ἐροῦμεν; μὴ ἄδικος ὁ Θεὸς ὁ ἐπιφέρων τὴν
ὀργήν; κατὰ ἄνθρωπον λέγω. 6 μὴ γένοιτο· ἐπεὶ πῶς κρινεῖ ὁ Θεὸς τὸν
κόσμον; 7 εἰ γὰρ ἡ ἀλήθεια τοῦ Θεοῦ ἐν τῷ ἐμῷ ψεύσματι ἐπερίσσευσεν
εἰς τὴν δόξαν αὐτοῦ, τί ἔτι κἀγὼ ὡς ἁμαρτωλὸς κρίνομαι, 8 καὶ μὴ κα-
θὼς βλασφημούμεθα καὶ καθώς φασί τινες ἡμᾶς λέγειν ὅτι ποιήσωμεν
τὰ κακὰ ἵνα ἔλθῃ τὰ ἀγαθά; ὧν τὸ κρῖμα ἔνδικόν ἐστι.

9 Τί οὖν; προεχόμεθα; οὐ πάντως· προῃτιασάμεθα γὰρ Ἰουδαίους τε καὶ
Ἕλληνας πάντας ὑφ' ἁμαρτίαν εἶναι, 10 καθὼς γέγραπται ὅτι οὐκ ἔστι
δίκαιος οὐδὲ εἷς, 11 οὐκ ἔστιν ὁ συνιῶν, οὐκ ἔστιν ὁ ἐκζητῶν τὸν Θεόν·
12 πάντες ἐξέκλιναν, ἅμα ἠχρειώθησαν· οὐκ ἔστι ποιῶν χρηστότητα,
οὐκ ἔστιν ἕως ἑνός. 13 τάφος ἀνεῳγμένος ὁ λάρυγξ αὐτῶν, ταῖς γλώσ-
σαις αὐτῶν ἐδολιοῦσαν, ἰὸς ἀσπίδων ὑπὸ τὰ χείλη αὐτῶν· 14 ὧν τὸ στό-
μα ἀρᾶς καὶ πικρίας γέμει· 15 ὀξεῖς οἱ πόδες αὐτῶν ἐκχέαι αἷμα, 16
σύντριμμα καὶ ταλαιπωρία ἐν ταῖς ὁδοῖς αὐτῶν, 17 καὶ ὁδὸν εἰρήνης οὐκ
ἔγνωσαν. 18 οὐκ ἔστι φόβος Θεοῦ ἀπέναντι τῶν ὀφθαλμῶν αὐτῶν. 19
Οἴδαμεν δὲ ὅτι ὅσα ὁ νόμος λέγει τοῖς ἐν τῷ νόμῳ λαλεῖ, ἵνα πᾶν στόμα

φραγῇ καὶ ὑπόδικος γένηται πᾶς ὁ κόσμος τῷ Θεῷ, 20 διότι ἐξ ἔργων
νόμου οὐ δικαιωθήσεται πᾶσα σὰρξ ἐνώπιον αὐτοῦ· διὰ γὰρ νόμου ἐπί-
γνωσις ἁμαρτίας.

21 Νυνὶ δὲ χωρὶς νόμου δικαιοσύνη Θεοῦ πεφανέρωται, μαρτυρουμένη
ὑπὸ τοῦ νόμου καὶ τῶν προφητῶν, 22 δικαιοσύνη δὲ Θεοῦ διὰ πίστεως
Ἰησοῦ Χριστοῦ εἰς πάντας καὶ ἐπὶ πάντας τοὺς πιστεύοντας· οὐ γάρ ἐ-
στι διαστολή· 23 πάντες γὰρ ἥμαρτον καὶ ὑστεροῦνται τῆς δόξης τοῦ
Θεοῦ, 24 δικαιούμενοι δωρεὰν τῇ αὐτοῦ χάριτι διὰ τῆς ἀπολυτρώσεως
τῆς ἐν Χριστῷ Ἰησοῦ, 25 ὃν προέθετο ὁ Θεὸς ἱλαστήριον διὰ τῆς πίστε-
ως ἐν τῷ αὐτοῦ αἵματι, εἰς ἔνδειξιν τῆς δικαιοσύνης αὐτοῦ διὰ τὴν πά-
ρεσιν τῶν προγεγονότων ἁμαρτημάτων 26 ἐν τῇ ἀνοχῇ τοῦ Θεοῦ, πρὸς
ἔνδειξιν τῆς δικαιοσύνης αὐτοῦ ἐν τῷ νῦν καιρῷ, εἰς τὸ εἶναι αὐτὸν δί-
καιον καὶ δικαιοῦντα τὸν ἐκ πίστεως Ἰησοῦ.

27 Ποῦ οὖν ἡ καύχησις; ἐξεκλείσθη. διὰ ποίου νόμου; τῶν ἔργων; οὐχί,
ἀλλὰ διὰ νόμου πίστεως. 28 λογιζόμεθα οὖν πίστει δικαιοῦσθαι ἄνθρω-
πον χωρὶς ἔργων νόμου. 29 ἢ Ἰουδαίων ὁ Θεὸς μόνον; οὐχὶ δὲ καὶ ἐ-
θνῶν; ναὶ καὶ ἐθνῶν, 30 ἐπείπερ εἷς ὁ Θεὸς ὃς δικαιώσει περιτομὴν ἐκ
πίστεως καὶ ἀκροβυστίαν διὰ τῆς πίστεως. 31 νόμον οὖν καταργοῦμεν
διὰ τῆς πίστεως; μὴ γένοιτο, ἀλλὰ νόμον ἱστῶμεν.

4

ΤΙ οὖν ἐροῦμεν Ἀβραὰμ τὸν πατέρα ἡμῶν εὑρηκέναι κατὰ σάρκα; 2 εἰ
γὰρ Ἀβραὰμ ἐξ ἔργων ἐδικαιώθη, ἔχει καύχημα, ἀλλ' οὐ πρὸς τὸν
Θεόν. 3 τί γὰρ ἡ γραφὴ λέγει; ἐπίστευσε δὲ Ἀβραὰμ τῷ Θεῷ καὶ ἐ-
λογίσθη αὐτῷ εἰς δικαιοσύνην. 4 τῷ δὲ ἐργαζομένῳ ὁ μισθὸς οὐ λογίζε-
ται κατὰ χάριν, ἀλλὰ κατὰ ὀφείλημα· 5 τῷ δὲ μὴ ἐργαζομένῳ, πιστεύ-
οντι δὲ ἐπὶ τὸν δικαιοῦντα τὸν ἀσεβῆ λογίζεται ἡ πίστις αὐτοῦ εἰς δικαι-
οσύνην, 6 καθάπερ καὶ Δαυῒδ λέγει τὸν μακαρισμὸν τοῦ ἀνθρώπου ᾧ ὁ
Θεὸς λογίζεται δικαιοσύνην χωρὶς ἔργων· 7 μακάριοι ὧν ἀφέθησαν αἱ
ἀνομίαι καὶ ὧν ἐπεκαλύφθησαν αἱ ἁμαρτίαι· 8 μακάριος ἀνὴρ ᾧ οὐ μὴ
λογίσηται Κύριος ἁμαρτίαν. 9 ὁ μακαρισμὸς οὖν οὗτος ἐπὶ τὴν περιτο-
μὴν ἢ καὶ ἐπὶ τὴν ἀκροβυστίαν; λέγομεν γὰρ ὅτι ἐλογίσθη τῷ Ἀβραὰμ
ἡ πίστις εἰς δικαιοσύνην. 10 πῶς οὖν ἐλογίσθη; ἐν περιτομῇ ὄντι ἢ ἐν ἀ-

κροβυστίᾳ; οὐκ ἐν περιτομῇ, ἀλλ' ἐν ἀκροβυστίᾳ· 11 καὶ σημεῖον ἔλαβε
περιτομῆς, σφραγῖδα τῆς δικαιοσύνης τῆς πίστεως τῆς ἐν τῇ ἀκροβυ-
στίᾳ, εἰς τὸ εἶναι αὐτὸν πατέρα πάντων τῶν πιστευόντων δι' ἀκροβυστί-
ας, εἰς τὸ λογισθῆναι καὶ αὐτοῖς τὴν δικαιοσύνην, 12 καὶ πατέρα περι-
τομῆς τοῖς οὐκ ἐκ περιτομῆς μόνον, ἀλλὰ καὶ τοῖς στοιχοῦσι τοῖς ἴχνεσι
τῆς ἐν τῇ ἀκροβυστίᾳ πίστεως τοῦ πατρὸς ἡμῶν Ἀβραάμ. 13 οὐ γὰρ
διὰ νόμου ἡ ἐπαγγελία τῷ Ἀβραὰμ ἢ τῷ σπέρματι αὐτοῦ, τὸ κληρονό-
μον αὐτὸν εἶναι τοῦ κόσμου, ἀλλὰ διὰ δικαιοσύνης πίστεως. 14 εἰ γὰρ οἱ
ἐκ νόμου κληρονόμοι, κεκένωται ἡ πίστις καὶ κατήργηται ἡ ἐπαγγελία·
15 ὁ γὰρ νόμος ὀργὴν κατεργάζεται· οὗ γὰρ οὐκ ἔστι νόμος, οὐδὲ παρά-
βασις.

16 Διὰ τοῦτο ἐκ πίστεως, ἵνα κατὰ χάριν, εἰς τὸ εἶναι βεβαίαν τὴν ἐ-
παγγελίαν παντὶ τῷ σπέρματι, οὐ τῷ ἐκ τοῦ νόμου μόνον, ἀλλὰ καὶ τῷ
ἐκ πίστεως Ἀβραάμ, ὅς ἐστι πατὴρ πάντων ἡμῶν, 17 καθὼς γέγραπται
ὅτι πατέρα πολλῶν ἐθνῶν τέθεικά σε, κατέναντι οὗ ἐπίστευσε Θεοῦ τοῦ
ζωοποιοῦντος τοὺς νεκροὺς καὶ καλοῦντος τὰ μὴ ὄντα ὡς ὄντα· 18 ὃς
παρ' ἐλπίδα ἐπ' ἐλπίδι ἐπίστευσεν, εἰς τὸ γενέσθαι αὐτὸν πατέρα πολ-
λῶν ἐθνῶν κατὰ τὸ εἰρημένον· οὕτως ἔσται τὸ σπέρμα σου· 19 καὶ μὴ
ἀσθενήσας τῇ πίστει οὐ κατενόησε τὸ ἑαυτοῦ σῶμα ἤδη νενεκρωμένον,
ἑκατονταέτης που ὑπάρχων, καὶ τὴν νέκρωσιν τῆς μήτρας Σάρρας· 20
εἰς δὲ τὴν ἐπαγγελίαν τοῦ Θεοῦ οὐ διεκρίθη τῇ ἀπιστίᾳ, ἀλλ' ἐνεδυνα-
μώθη τῇ πίστει, δοὺς δόξαν τῷ Θεῷ 21 καὶ πληροφορηθεὶς ὅτι ὃ ἐπήγ-
γελται δυνατός ἐστι καὶ ποιῆσαι. 22 διὸ καὶ ἐλογίσθη αὐτῷ εἰς δικαιο-
σύνην. 23 οὐκ ἐγράφη δὲ δι' αὐτὸν μόνον ὅτι ἐλογίσθη αὐτῷ, 24 ἀλλὰ
καὶ δι' ἡμᾶς οἷς μέλλει λογίζεσθαι, τοῖς πιστεύουσιν ἐπὶ τὸν ἐγείραντα
Ἰησοῦν τὸν Κύριον ἡμῶν ἐκ νεκρῶν, 25 ὃς παρεδόθη διὰ τὰ παραπτώ-
ματα ἡμῶν καὶ ἠγέρθη διὰ τὴν δικαίωσιν ἡμῶν.

5

ΔΙΚΑΙΩΘΕΝΤΕΣ οὖν ἐκ πίστεως εἰρήνην ἔχομεν πρὸς τὸν Θεὸν διὰ
τοῦ Κυρίου ἡμῶν Ἰησοῦ Χριστοῦ, 2 δι' οὗ καὶ τὴν προσαγωγὴν ἐ-
σχήκαμεν τῇ πίστει εἰς τὴν χάριν ταύτην ἐν ᾗ ἑστήκαμεν, καὶ καυ-
χώμεθα ἐπ' ἐλπίδι τῆς δόξης τοῦ Θεοῦ. 3 οὐ μόνον δέ, ἀλλὰ καὶ καυχώ-

μεθα ἐν ταῖς θλίψεσιν, εἰδότες ὅτι ἡ θλῖψις ὑπομονὴν κατεργάζεται, 4 ἡ
δὲ ὑπομονὴ δοκιμήν, ἡ δὲ δοκιμὴ ἐλπίδα, 5 ἡ δὲ ἐλπὶς οὐ καταισχύνει,
ὅτι ἡ ἀγάπη τοῦ Θεοῦ ἐκκέχυται ἐν ταῖς καρδίαις ἡμῶν διὰ Πνεύματος
Ἁγίου τοῦ δοθέντος ἡμῖν.

6 Ἔτι γὰρ Χριστὸς ὄντων ἡμῶν ἀσθενῶν κατὰ καιρὸν ὑπὲρ ἀσεβῶν ἀ-
πέθανε. 7 μόλις γὰρ ὑπὲρ δικαίου τις ἀποθανεῖται· ὑπὲρ γὰρ τοῦ ἀγαθοῦ
τάχα τις καὶ τολμᾷ ἀποθανεῖν. 8 συνίστησι δὲ τὴν ἑαυτοῦ ἀγάπην εἰς ἡ-
μᾶς ὁ Θεός, ὅτι ἔτι ἁμαρτωλῶν ὄντων ἡμῶν Χριστὸς ὑπὲρ ἡμῶν ἀπέ-
θανε. 9 πολλῷ οὖν μᾶλλον δικαιωθέντες νῦν ἐν τῷ αἵματι αὐτοῦ σωθη-
σόμεθα δι' αὐτοῦ ἀπὸ τῆς ὀργῆς. 10 εἰ γὰρ ἐχθροὶ ὄντες κατηλλάγημεν
τῷ Θεῷ διὰ τοῦ θανάτου τοῦ υἱοῦ αὐτοῦ, πολλῷ μᾶλλον καταλλαγέντες
σωθησόμεθα ἐν τῇ ζωῇ αὐτοῦ· 11 οὐ μόνον δέ, ἀλλὰ καὶ καυχώμενοι ἐν
τῷ Θεῷ διὰ τοῦ Κυρίου ἡμῶν Ἰησοῦ Χριστοῦ, δι' οὗ νῦν τὴν καταλλα-
γὴν ἐλάβομεν.

12 Διὰ τοῦτο ὥσπερ δι' ἑνὸς ἀνθρώπου ἡ ἁμαρτία εἰς τὸν κόσμον εἰσῆλ-
θε καὶ διὰ τῆς ἁμαρτίας ὁ θάνατος, καὶ οὕτως εἰς πάντας ἀνθρώπους ὁ
θάνατος διῆλθεν, ἐφ' ᾧ πάντες ἥμαρτον·—13 ἄχρι γὰρ νόμου ἁμαρτία
ἦν ἐν κόσμῳ, ἁμαρτία δὲ οὐκ ἐλλογεῖται μὴ ὄντος νόμου· 14 ἀλλ' ἐβα-
σίλευσεν ὁ θάνατος ἀπὸ Ἀδὰμ μέχρι Μωϋσέως καὶ ἐπὶ τοὺς μὴ ἁμαρτή-
σαντας ἐπὶ τῷ ὁμοιώματι τῆς παραβάσεως Ἀδάμ, ὅς ἐστι τύπος τοῦ
μέλλοντος.

15 Ἀλλ' οὐχ ὡς τὸ παράπτωμα, οὕτω καὶ τὸ χάρισμα. εἰ γὰρ τῷ τοῦ ἑ-
νὸς παραπτώματι οἱ πολλοὶ ἀπέθανον, πολλῷ μᾶλλον ἡ χάρις τοῦ Θεοῦ
καὶ ἡ δωρεὰ ἐν χάριτι τῇ τοῦ ἑνὸς ἀνθρώπου Ἰησοῦ Χριστοῦ εἰς τοὺς
πολλοὺς ἐπερίσσευσε. 16 καὶ οὐχ ὡς δι' ἑνὸς ἁμαρτήσαντος τὸ δώρημα·
τὸ μὲν γὰρ κρῖμα ἐξ ἑνὸς εἰς κατάκριμα, τὸ δὲ χάρισμα ἐκ πολλῶν πα-
ραπτωμάτων εἰς δικαίωμα. 17 εἰ γὰρ τῷ τοῦ ἑνὸς παραπτώματι ὁ θάνα-
τος ἐβασίλευσε διὰ τοῦ ἑνός, πολλῷ μᾶλλον οἱ τὴν περισσείαν τῆς χάρι-
τος καὶ τῆς δωρεᾶς τῆς δικαιοσύνης λαμβάνοντες ἐν ζωῇ βασιλεύσουσι
διὰ τοῦ ἑνὸς Ἰησοῦ Χριστοῦ.

18 Ἄρα οὖν ὡς δι' ἑνὸς παραπτώματος εἰς πάντας ἀνθρώπους εἰς κατά-
κριμα, οὕτω καὶ δι' ἑνὸς δικαιώματος εἰς πάντας ἀνθρώπους εἰς δικαίω-
σιν ζωῆς. 19 ὥσπερ γὰρ διὰ τῆς παρακοῆς τοῦ ἑνὸς ἀνθρώπου ἁμαρτω-
λοὶ κατεστάθησαν οἱ πολλοί, οὕτω καὶ διὰ τῆς ὑπακοῆς τοῦ ἑνὸς δίκαιοι
κατασταθήσονται οἱ πολλοί. 20 νόμος δὲ παρεισῆλθεν ἵνα πλεονάσῃ τὸ

παράπτωμα. οὗ δὲ ἐπλεόνασεν ἡ ἁμαρτία, ὑπερεπερίσσευσεν ἡ χάρις,
21 ἵνα ὥσπερ ἐβασίλευσεν ἡ ἁμαρτία ἐν τῷ θανάτῳ, οὕτω καὶ ἡ χάρις
βασιλεύσῃ διὰ δικαιοσύνης εἰς ζωὴν αἰώνιον διὰ Ἰησοῦ Χριστοῦ τοῦ
Κυρίου ἡμῶν.

6

ΤΙ οὖν ἐροῦμεν; ἐπιμενοῦμεν τῇ ἁμαρτίᾳ ἵνα ἡ χάρις πλεονάσῃ; 2 μὴ
γένοιτο. οἵτινες ἀπεθάνομεν τῇ ἁμαρτίᾳ, πῶς ἔτι ζήσομεν ἐν αὐτῇ; 3
ἢ ἀγνοεῖτε ὅτι ὅσοι ἐβαπτίσθημεν εἰς Χριστὸν Ἰησοῦν, εἰς τὸν θάνα-
τον αὐτοῦ ἐβαπτίσθημεν; 4 συνετάφημεν οὖν αὐτῷ διὰ τοῦ βαπτίσματος
εἰς τὸν θάνατον, ἵνα ὥσπερ ἠγέρθη Χριστὸς ἐκ νεκρῶν διὰ τῆς δόξης τοῦ
πατρός, οὕτω καὶ ἡμεῖς ἐν καινότητι ζωῆς περιπατήσωμεν. 5 εἰ γὰρ
σύμφυτοι γεγόναμεν τῷ ὁμοιώματι τοῦ θανάτου αὐτοῦ, ἀλλὰ καὶ τῆς ἀ-
ναστάσεως ἐσόμεθα, 6 τοῦτο γινώσκοντες, ὅτι ὁ παλαιὸς ἡμῶν ἄνθρω-
πος συνεσταυρώθη ἵνα καταργηθῇ τὸ σῶμα τῆς ἁμαρτίας, τοῦ μηκέτι
δουλεύειν ἡμᾶς τῇ ἁμαρτίᾳ· 7 ὁ γὰρ ἀποθανὼν δεδικαίωται ἀπὸ τῆς ἁ-
μαρτίας. 8 εἰ δὲ ἀπεθάνομεν σὺν Χριστῷ, πιστεύομεν ὅτι καὶ συζήσομεν
αὐτῷ, 9 εἰδότες ὅτι Χριστὸς ἐγερθεὶς ἐκ νεκρῶν οὐκέτι ἀποθνήσκει, θά-
νατος αὐτοῦ οὐκέτι κυριεύει. 10 ὃ γὰρ ἀπέθανε, τῇ ἁμαρτίᾳ ἀπέθανεν ἐ-
φάπαξ, ὃ δὲ ζῇ, ζῇ τῷ Θεῷ. 11 οὕτω καὶ ὑμεῖς λογίζεσθε ἑαυτοὺς νε-
κροὺς μὲν εἶναι τῇ ἁμαρτίᾳ, ζῶντας δὲ τῷ Θεῷ ἐν Χριστῷ Ἰησοῦ τῷ
Κυρίῳ ἡμῶν. 12 Μὴ οὖν βασιλευέτω ἡ ἁμαρτία ἐν τῷ θνητῷ ὑμῶν σώ-
ματι εἰς τὸ ὑπακούειν αὐτῇ ἐν ταῖς ἐπιθυμίαις αὐτοῦ, 13 μηδὲ παριστά-
νετε τὰ μέλη ὑμῶν ὅπλα ἀδικίας τῇ ἁμαρτίᾳ, ἀλλὰ παραστήσατε ἑαυ-
τοὺς τῷ Θεῷ ὡς ἐκ νεκρῶν ζῶντας καὶ τὰ μέλη ὑμῶν ὅπλα δικαιοσύνης
τῷ Θεῷ. 14 ἁμαρτία γὰρ ὑμῶν οὐ κυριεύσει· οὐ γάρ ἐστε ὑπὸ νόμον,
ἀλλ' ὑπὸ χάριν.

15 Τί οὖν; ἁμαρτήσομεν ὅτι οὐκ ἐσμὲν ὑπὸ νόμον, ἀλλ' ὑπὸ χάριν; μὴ
γένοιτο. 16 οὐκ οἴδατε ὅτι ᾧ παριστάνετε ἑαυτοὺς δούλους εἰς ὑπακοήν,
δοῦλοί ἐστε ᾧ ὑπακούετε, ἤτοι ἁμαρτίας εἰς θάνατον ἢ ὑπακοῆς εἰς δι-
καιοσύνην; 17 χάρις δὲ τῷ Θεῷ ὅτι ἦτε δοῦλοι τῆς ἁμαρτίας, ὑπηκού-
σατε δὲ ἐκ καρδίας εἰς ὃν παρεδόθητε τύπον διδαχῆς, 18 ἐλευθερωθέν-
τες δὲ ἀπὸ τῆς ἁμαρτίας ἐδουλώθητε τῇ δικαιοσύνῃ. 19 ἀνθρώπινον λέ-

γω διὰ τὴν ἀσθένειαν τῆς σαρκὸς ὑμῶν. ὥσπερ γὰρ παρεστήσατε τὰ μέ-
λη ὑμῶν δοῦλα τῇ ἀκαθαρσίᾳ καὶ τῇ ἀνομίᾳ εἰς τὴν ἀνομίαν, οὕτω νῦν
παραστήσατε τὰ μέλη ὑμῶν δοῦλα τῇ δικαιοσύνῃ εἰς ἁγιασμόν. 20 ὅτε
γὰρ δοῦλοι ἦτε τῆς ἁμαρτίας, ἐλεύθεροι ἦτε τῇ δικαιοσύνῃ. 21 τίνα οὖν
καρπὸν εἴχετε τότε ἐφ' οἷς νῦν ἐπαισχύνεσθε; τὸ γὰρ τέλος ἐκείνων θά-
νατος. 22 νυνὶ δὲ ἐλευθερωθέντες ἀπὸ τῆς ἁμαρτίας δουλωθέντες δὲ τῷ
Θεῷ ἔχετε τὸν καρπὸν ὑμῶν εἰς ἁγιασμόν, τὸ δὲ τέλος ζωὴν αἰώνιον.
23 τὰ γὰρ ὀψώνια τῆς ἁμαρτίας θάνατος, τὸ δὲ χάρισμα τοῦ Θεοῦ ζωὴ
αἰώνιος ἐν Χριστῷ Ἰησοῦ τῷ Κυρίῳ ἡμῶν.

7

Ἢ ΑΓΝΟΕΙΤΕ, ἀδελφοί· γινώσκουσι γὰρ νόμον λαλῶ· ὅτι ὁ νόμος
κυριεύει τοῦ ἀνθρώπου ἐφ' ὅσον χρόνον ζῇ; 2 ἡ γὰρ ὕπανδρος γυνὴ
τῷ ζῶντι ἀνδρὶ δέδεται νόμῳ· ἐὰν δὲ ἀποθάνῃ ὁ ἀνήρ, κατήργηται
ἀπὸ τοῦ νόμου τοῦ ἀνδρός. 3 ἄρα οὖν ζῶντος τοῦ ἀνδρὸς μοιχαλὶς χρη-
ματίσει ἐὰν γένηται ἀνδρὶ ἑτέρῳ· ἐὰν δὲ ἀποθάνῃ ὁ ἀνήρ, ἐλευθέρα ἐστὶν
ἀπὸ τοῦ νόμου, τοῦ μὴ εἶναι αὐτὴν μοιχαλίδα γενομένην ἀνδρὶ ἑτέρῳ. 4
ὥστε, ἀδελφοί μου, καὶ ὑμεῖς ἐθανατώθητε τῷ νόμῳ διὰ τοῦ σώματος
τοῦ Χριστοῦ εἰς τὸ γενέσθαι ὑμᾶς ἑτέρῳ, τῷ ἐκ νεκρῶν ἐγερθέντι, ἵνα
καρποφορήσωμεν τῷ Θεῷ. 5 ὅτε γὰρ ἦμεν ἐν τῇ σαρκί, τὰ παθήματα
τῶν ἁμαρτιῶν τὰ διὰ τοῦ νόμου ἐνηργεῖτο ἐν τοῖς μέλεσιν ἡμῶν εἰς τὸ
καρποφορῆσαι τῷ θανάτῳ· 6 νυνὶ δὲ κατηργήθημεν ἀπὸ τοῦ νόμου, ἀπο-
θανόντες ἐν ᾧ κατειχόμεθα, ὥστε δουλεύειν ἡμᾶς ἐν καινότητι πνεύμα-
τος καὶ οὐ παλαιότητι γράμματος.

7 Τί οὖν ἐροῦμεν; ὁ νόμος ἁμαρτία; μὴ γένοιτο· ἀλλὰ τὴν ἁμαρτίαν οὐκ
ἔγνων εἰ μὴ διὰ νόμου· τήν τε γὰρ ἐπιθυμίαν οὐκ ᾔδειν εἰ μὴ ὁ νόμος ἔ-
λεγεν, οὐκ ἐπιθυμήσεις· 8 ἀφορμὴν δὲ λαβοῦσα ἡ ἁμαρτία διὰ τῆς ἐντο-
λῆς κατειργάσατο ἐν ἐμοὶ πᾶσαν ἐπιθυμίαν· χωρὶς γὰρ νόμου ἁμαρτία
νεκρά. 9 ἐγὼ δὲ ἔζων χωρὶς νόμου ποτέ· ἐλθούσης δὲ τῆς ἐντολῆς ἡ ἁ-
μαρτία ἀνέζησεν, 10 ἐγὼ δὲ ἀπέθανον, καὶ εὑρέθη μοι ἡ ἐντολὴ ἡ εἰς
ζωήν, αὕτη εἰς θάνατον· 11 ἡ γὰρ ἁμαρτία ἀφορμὴν λαβοῦσα διὰ τῆς
ἐντολῆς ἐξηπάτησέ με καὶ δι' αὐτῆς ἀπέκτεινεν. 12 ὥστε ὁ μὲν νόμος
ἅγιος, καὶ ἡ ἐντολὴ ἁγία καὶ δικαία καὶ ἀγαθή. 13 τὸ οὖν ἀγαθὸν ἐμοὶ

γέγονε θάνατος; μὴ γένοιτο· ἀλλὰ ἡ ἁμαρτία, ἵνα φανῇ ἁμαρτία, διὰ τοῦ
ἀγαθοῦ μοι κατεργαζομένη θάνατον, ἵνα γένηται καθ' ὑπερβολὴν ἁμαρ-
τωλὸς ἡ ἁμαρτία διὰ τῆς ἐντολῆς.

14 Οἴδαμεν γὰρ ὅτι ὁ νόμος πνευματικός ἐστιν· ἐγὼ δὲ σαρκικός εἰμι,
πεπραμένος ὑπὸ τὴν ἁμαρτίαν. 15 ὃ γὰρ κατεργάζομαι οὐ γινώσκω· οὐ
γὰρ ὃ θέλω τοῦτο πράσσω, ἀλλ' ὃ μισῶ τοῦτο ποιῶ. 16 εἰ δὲ ὃ οὐ θέλω
τοῦτο ποιῶ, σύμφημι τῷ νόμῳ ὅτι καλός. 17 νυνὶ δὲ οὐκέτι ἐγὼ κατερ-
γάζομαι αὐτό, ἀλλ' ἡ οἰκοῦσα ἐν ἐμοὶ ἁμαρτία. 18 οἶδα γὰρ ὅτι οὐκ οἰκεῖ
ἐν ἐμοί, τοῦτ' ἔστιν ἐν τῇ σαρκί μου, ἀγαθόν· τὸ γὰρ θέλειν παράκειταί
μοι, τὸ δὲ κατεργάζεσθαι τὸ καλὸν οὐχ εὑρίσκω· 19 οὐ γὰρ ὃ θέλω ποιῶ
ἀγαθόν, ἀλλ' ὃ οὐ θέλω κακὸν τοῦτο πράσσω. 20 εἰ δὲ ὃ οὐ θέλω ἐγὼ
τοῦτο ποιῶ, οὐκέτι ἐγὼ κατεργάζομαι αὐτό, ἀλλ' ἡ οἰκοῦσα ἐν ἐμοὶ ἁ-
μαρτία. 21 εὑρίσκω ἄρα τὸν νόμον τῷ θέλοντι ἐμοὶ ποιεῖν τὸ καλόν, ὅτι
ἐμοὶ τὸ κακὸν παράκειται· 22 συνήδομαι γὰρ τῷ νόμῳ τοῦ Θεοῦ κατὰ
τὸν ἔσω ἄνθρωπον, 23 βλέπω δὲ ἕτερον νόμον ἐν τοῖς μέλεσί μου ἀντι-
στρατευόμενον τῷ νόμῳ τοῦ νοός μου καὶ αἰχμαλωτίζοντά με ἐν τῷ νό-
μῳ τῆς ἁμαρτίας τῷ ὄντι ἐν τοῖς μέλεσί μου. 24 ταλαίπωρος ἐγὼ ἄν-
θρωπος· τίς με ρύσεται ἐκ τοῦ σώματος τοῦ θανάτου τούτου; 25 εὐχαρι-
στῷ τῷ Θεῷ διὰ Ἰησοῦ Χριστοῦ τοῦ Κυρίου ἡμῶν. ἄρα οὖν αὐτὸς ἐγὼ
τῷ μὲν νοῒ δουλεύω νόμῳ Θεοῦ, τῇ δὲ σαρκὶ νόμῳ ἁμαρτίας.

8

ΟΥΔΕΝ ἄρα νῦν κατάκριμα τοῖς ἐν Χριστῷ Ἰησοῦ μὴ κατὰ σάρκα
περιπατοῦσιν, ἀλλὰ κατὰ πνεῦμα. 2 ὁ γὰρ νόμος τοῦ πνεύματος τῆς
ζωῆς ἐν Χριστῷ Ἰησοῦ ἠλευθέρωσέ με ἀπὸ τοῦ νόμου τῆς ἁμαρτίας
καὶ τοῦ θανάτου. 3 τὸ γὰρ ἀδύνατον τοῦ νόμου, ἐν ᾧ ἠσθένει διὰ τῆς
σαρκός, ὁ Θεὸς τὸν ἑαυτοῦ υἱὸν πέμψας ἐν ὁμοιώματι σαρκὸς ἁμαρτίας
καὶ περὶ ἁμαρτίας, κατέκρινε τὴν ἁμαρτίαν ἐν τῇ σαρκί, 4 ἵνα τὸ δικαί-
ωμα τοῦ νόμου πληρωθῇ ἐν ἡμῖν τοῖς μὴ κατὰ σάρκα περιπατοῦσιν, ἀλ-
λὰ κατὰ πνεῦμα· 5 οἱ γὰρ κατὰ σάρκα ὄντες τὰ τῆς σαρκὸς φρονοῦσιν,
οἱ δὲ κατὰ πνεῦμα τὰ τοῦ πνεύματος. 6 τὸ γὰρ φρόνημα τῆς σαρκὸς θά-
νατος, τὸ δὲ φρόνημα τοῦ πνεύματος ζωὴ καὶ εἰρήνη· διότι τὸ φρόνημα
τῆς σαρκὸς ἔχθρα εἰς Θεόν· 7 τῷ γὰρ νόμῳ τοῦ Θεοῦ οὐχ ὑποτάσσεται·

οὐδὲ γὰρ δύναται· 8 οἱ δὲ ἐν σαρκὶ ὄντες Θεῷ ἀρέσαι οὐ δύνανται. 9 ὑ-
μεῖς δὲ οὐκ ἐστὲ ἐν σαρκί, ἀλλ' ἐν πνεύματι, εἴπερ Πνεῦμα Θεοῦ οἰκεῖ ἐν
ὑμῖν. εἰ δέ τις Πνεῦμα Χριστοῦ οὐκ ἔχει, οὗτος οὐκ ἔστιν αὐτοῦ. 10 εἰ δὲ
Χριστὸς ἐν ὑμῖν, τὸ μὲν σῶμα νεκρὸν δι' ἁμαρτίαν, τὸ δὲ πνεῦμα ζωὴ
διὰ δικαιοσύνην. 11 εἰ δὲ τὸ Πνεῦμα τοῦ ἐγείραντος Ἰησοῦν ἐκ νεκρῶν
οἰκεῖ ἐν ὑμῖν, ὁ ἐγείρας τὸν Χριστὸν ἐκ νεκρῶν ζωοποιήσει καὶ τὰ θνητὰ
σώματα ὑμῶν διὰ τὸ ἐνοικοῦν αὐτοῦ Πνεῦμα ἐν ὑμῖν. 12 ἄρα οὖν, ἀδελ-
φοί, ὀφειλέται ἐσμὲν οὐ τῇ σαρκὶ τοῦ κατὰ σάρκα ζῆν· 13 εἰ γὰρ κατὰ
σάρκα ζῆτε, μέλλετε ἀποθνήσκειν· εἰ δὲ Πνεύματι τὰς πράξεις τοῦ σώ-
ματος θανατοῦτε, ζήσεσθε.

14 Ὅσοι γὰρ Πνεύματι Θεοῦ ἄγονται, οὗτοί εἰσιν υἱοὶ Θεοῦ. 15 οὐ γὰρ
ἐλάβετε Πνεῦμα δουλείας πάλιν εἰς φόβον, ἀλλ' ἐλάβετε Πνεῦμα υἱοθε-
σίας, ἐν ᾧ κράζομεν· ἀββᾶ ὁ πατήρ. 16 αὐτὸ τὸ Πνεῦμα συμμαρτυρεῖ
τῷ πνεύματι ἡμῶν ὅτι ἐσμὲν τέκνα Θεοῦ. 17 εἰ δὲ τέκνα, καὶ κληρονό-
μοι, κληρονόμοι μὲν Θεοῦ, συγκληρονόμοι δὲ Χριστοῦ, εἴπερ συμπά-
σχομεν ἵνα καὶ συνδοξασθῶμεν.

18 Λογίζομαι γὰρ ὅτι οὐκ ἄξια τὰ παθήματα τοῦ νῦν καιροῦ πρὸς τὴν
μέλλουσαν δόξαν ἀποκαλυφθῆναι εἰς ἡμᾶς. 19 ἡ γὰρ ἀποκαραδοκία τῆς
κτίσεως τὴν ἀποκάλυψιν τῶν υἱῶν τοῦ Θεοῦ ἀπεκδέχεται. 20 τῇ γὰρ
ματαιότητι ἡ κτίσις ὑπετάγη, οὐχ ἑκοῦσα, ἀλλὰ διὰ τὸν ὑποτάξαντα,
ἐπ' ἐλπίδι 21 ὅτι καὶ αὐτὴ ἡ κτίσις ἐλευθερωθήσεται ἀπὸ τῆς δουλείας
τῆς φθορᾶς εἰς τὴν ἐλευθερίαν τῆς δόξης τῶν τέκνων τοῦ Θεοῦ. 22 οἴ-
δαμεν γὰρ ὅτι πᾶσα ἡ κτίσις συστενάζει καὶ συνωδίνει ἄχρι τοῦ νῦν· 23
οὐ μόνον δέ, ἀλλὰ καὶ αὐτοὶ τὴν ἀπαρχὴν τοῦ Πνεύματος ἔχοντες καὶ
ἡμεῖς αὐτοὶ ἐν ἑαυτοῖς στενάζομεν υἱοθεσίαν ἀπεκδεχόμενοι, τὴν ἀπολύ-
τρωσιν τοῦ σώματος ἡμῶν. 24 τῇ γὰρ ἐλπίδι ἐσώθημεν· ἐλπὶς δὲ βλε-
πομένη οὐκ ἔστιν ἐλπίς· ὃ γὰρ βλέπει τις, τί καὶ ἐλπίζει; 25 εἰ δὲ ὃ οὐ
βλέπομεν ἐλπίζομεν, δι' ὑπομονῆς ἀπεκδεχόμεθα.

26 Ὡσαύτως δὲ καὶ τὸ Πνεῦμα συναντιλαμβάνεται ταῖς ἀσθενείαις ἡ-
μῶν· τὸ γὰρ τί προσευξόμεθα καθὸ δεῖ οὐκ οἴδαμεν, ἀλλ' αὐτὸ τὸ Πνεῦ-
μα ὑπερεντυγχάνει ὑπὲρ ἡμῶν στεναγμοῖς ἀλαλήτοις· 27 ὁ δὲ ἐρευνῶν
τὰς καρδίας οἶδε τί τὸ φρόνημα τοῦ Πνεύματος, ὅτι κατὰ Θεὸν ἐντυγ-
χάνει ὑπὲρ ἁγίων. 28 οἴδαμεν δὲ ὅτι τοῖς ἀγαπῶσι τὸν Θεὸν πάντα συ-
νεργεῖ εἰς ἀγαθόν, τοῖς κατὰ πρόθεσιν κλητοῖς οὖσιν· 29 ὅτι οὓς προέ-
γνω, καὶ προώρισε συμμόρφους τῆς εἰκόνος τοῦ υἱοῦ αὐτοῦ, εἰς τὸ εἶναι
αὐτὸν πρωτότοκον ἐν πολλοῖς ἀδελφοῖς· 30 οὓς δὲ προώρισε, τούτους

καὶ ἐκάλεσε, καὶ οὓς ἐκάλεσε, τούτους καὶ ἐδικαίωσεν, οὓς δὲ ἐδικαίωσε,
τούτους καὶ ἐδόξασε.

31 Τί οὖν ἐροῦμεν πρὸς ταῦτα; εἰ ὁ Θεὸς ὑπὲρ ἡμῶν, τίς καθ' ἡμῶν; 32
ὅς γε τοῦ ἰδίου υἱοῦ οὐκ ἐφείσατο, ἀλλ' ὑπὲρ ἡμῶν πάντων παρέδωκεν
αὐτόν, πῶς οὐχὶ καὶ σὺν αὐτῷ τὰ πάντα ἡμῖν χαρίσεται; 33 τίς ἐγκαλέ-
σει κατὰ ἐκλεκτῶν Θεοῦ; Θεὸς ὁ δικαιῶν· 34 τίς ὁ κατακρίνων; Χριστὸς
ὁ ἀποθανών, μᾶλλον δὲ καὶ ἐγερθείς, ὃς καί ἐστιν ἐν δεξιᾷ τοῦ Θεοῦ, ὃς
καὶ ἐντυγχάνει ὑπὲρ ἡμῶν. 35 τίς ἡμᾶς χωρίσει ἀπὸ τῆς ἀγάπης τοῦ
Χριστοῦ; θλῖψις ἢ στενοχωρία ἢ διωγμὸς ἢ λιμὸς ἢ γυμνότης ἢ κίνδυ-
νος ἢ μάχαιρα; 36 καθὼς γέγραπται ὅτι ἕνεκά σου θανατούμεθα ὅλην
τὴν ἡμέραν· ἐλογίσθημεν ὡς πρόβατα σφαγῆς. 37 ἀλλ' ἐν τούτοις πᾶ-
σιν ὑπερνικῶμεν διὰ τοῦ ἀγαπήσαντος ἡμᾶς. 38 πέπεισμαι γὰρ ὅτι οὔτε
θάνατος οὔτε ζωὴ οὔτε ἄγγελοι οὔτε ἀρχαὶ οὔτε δυνάμεις οὔτε ἐνεστῶτα
οὔτε μέλλοντα 39 οὔτε ὕψωμα οὔτε βάθος οὔτε τις κτίσις ἑτέρα δυνήσε-
ται ἡμᾶς χωρίσαι ἀπὸ τῆς ἀγάπης τοῦ Θεοῦ τῆς ἐν Χριστῷ Ἰησοῦ τῷ
Κυρίῳ ἡμῶν.

9

ΑΛΗΘΕΙΑΝ λέγω ἐν Χριστῷ, οὐ ψεύδομαι, συμμαρτυρούσης μοι
τῆς συνειδήσεώς μου ἐν Πνεύματι Ἁγίῳ, 2 ὅτι λύπη μοί ἐστι μεγά-
λη καὶ ἀδιάλειπτος ὀδύνη τῇ καρδίᾳ μου. 3 ηὐχόμην γὰρ αὐτὸς ἐγὼ
ἀνάθεμα εἶναι ἀπὸ τοῦ Χριστοῦ ὑπὲρ τῶν ἀδελφῶν μου, τῶν συγγενῶν
μου κατὰ σάρκα, 4 οἵτινές εἰσιν Ἰσραηλῖται, ὧν ἡ υἱοθεσία καὶ ἡ δόξα
καὶ αἱ διαθῆκαι καὶ ἡ νομοθεσία καὶ ἡ λατρεία καὶ αἱ ἐπαγγελίαι, 5 ὧν
οἱ πατέρες, καὶ ἐξ ὧν ὁ Χριστὸς τὸ κατὰ σάρκα, ὁ ὢν ἐπὶ πάντων Θεὸς
εὐλογητὸς εἰς τοὺς αἰῶνας· ἀμήν.

6 Οὐχ οἷον δὲ ὅτι ἐκπέπτωκεν ὁ λόγος τοῦ Θεοῦ. οὐ γὰρ πάντες οἱ ἐξ
Ἰσραήλ, οὗτοι Ἰσραήλ, 7 οὐδ' ὅτι εἰσὶ σπέρμα Ἀβραάμ, πάντες τέκνα,
ἀλλ' ἐν Ἰσαὰκ κληθήσεταί σοι σπέρμα· 8 τοῦτ' ἔστιν οὐ τὰ τέκνα τῆς
σαρκὸς ταῦτα τέκνα τοῦ Θεοῦ, ἀλλὰ τὰ τέκνα τῆς ἐπαγγελίας λογίζεται
εἰς σπέρμα. 9 ἐπαγγελίας γὰρ ὁ λόγος οὗτος· κατὰ τὸν καιρὸν τοῦτον ἐ-
λεύσομαι καὶ ἔσται τῇ Σάρρᾳ υἱός. 10 οὐ μόνον δέ, ἀλλὰ καὶ Ῥεβέκκα
ἐξ ἑνὸς κοίτην ἔχουσα, Ἰσαὰκ τοῦ πατρὸς ἡμῶν· 11 μήπω γὰρ γεννη-

θέντων μηδὲ πραξάντων τι ἀγαθὸν ἢ κακόν, ἵνα ἡ κατ᾽ ἐκλογὴν τοῦ Θε-
οῦ πρόθεσις μένῃ, οὐκ ἐξ ἔργων, ἀλλ᾽ ἐκ τοῦ καλοῦντος, 12 ἐρρέθη αὐτῇ
ὅτι ὁ μείζων δουλεύσει τῷ ἐλάσσονι, 13 καθὼς γέγραπται· τὸν Ἰακὼβ
ἠγάπησα, τὸν δὲ Ἠσαῦ ἐμίσησα.

14 Τί οὖν ἐροῦμεν; μὴ ἀδικία παρὰ τῷ Θεῷ; μὴ γένοιτο. 15 τῷ γὰρ
Μωϋσῇ λέγει· ἐλεήσω ὃν ἂν ἐλεῶ, καὶ οἰκτειρήσω ὃν ἂν οἰκτείρω. 16
ἄρα οὖν οὐ τοῦ θέλοντος οὐδὲ τοῦ τρέχοντος, ἀλλὰ τοῦ ἐλεοῦντος Θεοῦ.
17 λέγει γὰρ ἡ γραφὴ τῷ Φαραὼ ὅτι εἰς αὐτὸ τοῦτο ἐξήγειρά σε, ὅπως
ἐνδείξωμαι ἐν σοὶ τὴν δυναμίν μου, καὶ ὅπως διαγγελῇ τὸ ὄνομά μου ἐν
πάσῃ τῇ γῇ. 18 ἄρα οὖν ὃν θέλει ἐλεεῖ, ὃν δὲ θέλει σκληρύνει.

19 Ἐρεῖς οὖν μοι· τί ἔτι μέμφεται; τῷ γὰρ βουλήματι αὐτοῦ τίς ἀνθέ-
στηκε; 20 μενοῦνγε, ὦ ἄνθρωπε, σὺ τίς εἶ ὁ ἀνταποκρινόμενος τῷ Θεῷ;
μὴ ἐρεῖ τὸ πλάσμα τῷ πλάσαντι, τί με ἐποίησας οὕτως; 21 ἢ οὐκ ἔχει
ἐξουσίαν ὁ κεραμεὺς τοῦ πηλοῦ, ἐκ τοῦ αὐτοῦ φυράματος ποιῆσαι ὃ μὲν
εἰς τιμὴν σκεῦος, ὃ δὲ εἰς ἀτιμίαν; 22 εἰ δὲ θέλων ὁ Θεὸς ἐνδείξασθαι
τὴν ὀργὴν καὶ γνωρίσαι τὸ δυνατὸν αὐτοῦ ἤνεγκεν ἐν πολλῇ μακροθυ-
μίᾳ σκεύη ὀργῆς κατηρτισμένα εἰς ἀπώλειαν; 23 καὶ ἵνα γνωρίσῃ τὸν
πλοῦτον τῆς δόξης αὐτοῦ ἐπὶ σκεύη ἐλέους, ἃ προητοίμασεν εἰς δόξαν;
24 οὓς καὶ ἐκάλεσεν ἡμᾶς οὐ μόνον ἐξ Ἰουδαίων, ἀλλὰ καὶ ἐξ ἐθνῶν, 25
ὡς καὶ ἐν τῷ Ὠσηὲ λέγει· καλέσω τὸν οὐ λαόν μου λαόν μου, καὶ τὴν
οὐκ ἠγαπημένην ἠγαπημένην· 26 καὶ ἔσται ἐν τῷ τόπῳ οὗ ἐρρέθη αὐ-
τοῖς, οὐ λαός μου ὑμεῖς, ἐκεῖ κληθήσονται υἱοὶ Θεοῦ ζῶντος. 27 Ἡσαΐ-
ας δὲ κράζει ὑπὲρ τοῦ Ἰσραήλ· ἐὰν ᾖ ὁ ἀριθμὸς τῶν υἱῶν Ἰσραὴλ ὡς ἡ
ἄμμος τῆς θαλάσσης, τὸ κατάλειμμα σωθήσεται· 28 λόγον γὰρ συντε-
λῶν καὶ συντέμνων ἐν δικαιοσύνῃ, ὅτι λόγον συντετμημένον ποιήσει
Κύριος ἐπὶ τῆς γῆς. 29 καὶ καθὼς προείρηκεν Ἡσαΐας, εἰ μὴ Κύριος
Σαβαὼθ ἐγκατέλιπεν ἡμῖν σπέρμα, ὡς Σόδομα ἂν ἐγενήθημεν καὶ ὡς
Γόμορρα ἂν ὡμοιώθημεν.

30 Τί οὖν ἐροῦμεν; ὅτι ἔθνη τὰ μὴ διώκοντα δικαιοσύνην κατέλαβε δι-
καιοσύνην, δικαιοσύνην δὲ τὴν ἐκ πίστεως, 31 Ἰσραὴλ δὲ διώκων νόμον
δικαιοσύνης εἰς νόμον δικαιοσύνης οὐκ ἔφθασε. 32 διατί; ὅτι οὐκ ἐκ πί-
στεως, ἀλλ᾽ ὡς ἐξ ἔργων νόμου· προσέκοψαν γὰρ τῷ λίθῳ τοῦ προσκόμ-
ματος, 33 καθὼς γέγραπται· ἰδοὺ τίθημι ἐν Σιὼν λίθον προσκόμματος
καὶ πέτραν σκανδάλου, καὶ πᾶς ὁ πιστεύων ἐπ᾽ αὐτῷ οὐ καταισχυνθήσε-
ται.

ΠΡΟΣ ΡΩΜΑΙΟΥΣ

10

ἈΔΕΛΦΟΙ, ἡ μὲν εὐδοκία τῆς ἐμῆς καρδίας καὶ ἡ δέησις ἡ πρὸς τὸν Θεὸν ὑπὲρ τοῦ Ἰσραήλ ἐστιν εἰς σωτηρίαν· 2 μαρτυρῶ γὰρ αὐτοῖς ὅτι ζῆλον Θεοῦ ἔχουσιν, ἀλλ᾿ οὐ κατ᾿ ἐπίγνωσιν. 3 ἀγνοοῦντες γὰρ τὴν τοῦ Θεοῦ δικαιοσύνην, καὶ τὴν ἰδίαν δικαιοσύνην ζητοῦντες στῆσαι, τῇ δικαιοσύνῃ τοῦ Θεοῦ οὐχ ὑπετάγησαν. 4 τέλος γὰρ νόμου Χριστὸς εἰς δικαιοσύνην παντὶ τῷ πιστεύοντι.

5 Μωϋσῆς γὰρ γράφει τὴν δικαιοσύνην τὴν ἐκ τοῦ νόμου, ὅτι ὁ ποιήσας αὐτὰ ἄνθρωπος ζήσεται ἐν αὐτοῖς· 6 ἡ δὲ ἐκ πίστεως δικαιοσύνη οὕτω λέγει· μὴ εἴπῃς ἐν τῇ καρδίᾳ σου, τίς ἀναβήσεται εἰς τὸν οὐρανόν; τοῦτ᾿ ἔστι Χριστὸν καταγαγεῖν· 7 ἤ τίς καταβήσεται εἰς τὴν ἄβυσσον; τοῦτ᾿ ἔστι Χριστὸν ἐκ νεκρῶν ἀναγαγεῖν. 8 ἀλλὰ τί λέγει; ἐγγύς σου τὸ ῥῆμά ἐστιν, ἐν τῷ στόματί σου καὶ ἐν τῇ καρδίᾳ σου· τοῦτ᾿ ἔστι τὸ ῥῆμα τῆς πίστεως ὃ κηρύσσομεν. 9 ὅτι ἐὰν ὁμολογήσῃς ἐν τῷ στόματί σου Κύριον Ἰησοῦν, καὶ πιστεύσῃς ἐν τῇ καρδίᾳ σου ὅτι ὁ Θεὸς αὐτὸν ἤγειρεν ἐκ νεκρῶν, σωθήσῃ· 10 καρδίᾳ γὰρ πιστεύεται εἰς δικαιοσύνην, στόματι δὲ ὁμολογεῖται εἰς σωτηρίαν. 11 λέγει γὰρ ἡ γραφή· πᾶς ὁ πιστεύων ἐπ᾿ αὐτῷ οὐ καταισχυνθήσεται. 12 οὐ γάρ ἐστι διαστολὴ Ἰουδαίου τε καὶ Ἕλληνος· ὁ γὰρ αὐτὸς Κύριος πάντων, πλουτῶν εἰς πάντας τοὺς ἐπικαλουμένους αὐτόν· 13 πᾶς γὰρ ὃς ἂν ἐπικαλέσηται τὸ ὄνομα Κυρίου σωθήσεται. 14 πῶς οὖν ἐπικαλέσονται εἰς ὃν οὐκ ἐπίστευσαν; πῶς δὲ πιστεύσουσιν οὗ οὐκ ἤκουσαν; πῶς δὲ ἀκούσουσι χωρὶς κηρύσσοντος; 15 πῶς δὲ κηρύξουσιν ἐὰν μὴ ἀποσταλῶσι; καθὼς γέγραπται· ὡς ὡραῖοι οἱ πόδες τῶν εὐαγγελιζομένων εἰρήνην, τῶν εὐαγγελιζομένων τὰ ἀγαθά.

16 Ἀλλ᾿ οὐ πάντες ὑπήκουσαν τῷ εὐαγγελίῳ· Ἡσαΐας γὰρ λέγει· Κύριε, τίς ἐπίστευσε τῇ ἀκοῇ ἡμῶν; 17 ἄρα ἡ πίστις ἐξ ἀκοῆς, ἡ δὲ ἀκοὴ διὰ ῥήματος Θεοῦ. 18 ἀλλὰ λέγω, μὴ οὐκ ἤκουσαν; μενοῦνγε εἰς πᾶσαν τὴν γῆν ἐξῆλθεν ὁ φθόγγος αὐτῶν, καὶ εἰς τὰ πέρατα τῆς οἰκουμένης τὰ ῥήματα αὐτῶν. 19 ἀλλὰ λέγω, μὴ οὐκ ἔγνω Ἰσραήλ; πρῶτος Μωϋσῆς λέγει· ἐγὼ παραζηλώσω ὑμᾶς ἐπ᾿ οὐκ ἔθνει, ἐπὶ ἔθνει ἀσυνέτῳ παροργιῶ ὑμᾶς. 20 Ἡσαΐας δὲ ἀποτολμᾷ καὶ λέγει· εὑρέθην τοῖς ἐμὲ μὴ ζητοῦσιν, ἐμφανὴς ἐγενόμην τοῖς ἐμὲ μὴ ἐπερωτῶσι. 21 πρὸς δὲ τὸν Ἰσραὴλ λέγει· ὅλην τὴν ἡμέραν ἐξεπέτασα τὰς χεῖράς μου πρὸς λαὸν ἀπειθοῦντα καὶ ἀντιλέγοντα.

11

ΛΕΓΩ οὖν, μὴ ἀπώσατο ὁ Θεὸς τὸν λαὸν αὐτοῦ; μὴ γένοιτο· καὶ γὰρ
ἐγὼ Ἰσραηλίτης εἰμί, ἐκ σπέρματος Ἀβραάμ, φυλῆς Βενιαμίν. 2
οὐκ ἀπώσατο ὁ Θεὸς τὸν λαὸν αὐτοῦ ὃν προέγνω. ἢ οὐκ οἴδατε ἐν
Ἠλίᾳ τί λέγει ἡ γραφή, ὡς ἐντυγχάνει τῷ Θεῷ κατὰ τοῦ Ἰσραὴλ λέ-
γων; 3 Κύριε, τοὺς προφήτας σου ἀπέκτειναν καὶ τὰ θυσιαστήριά σου
κατέσκαψαν, κἀγὼ ὑπελείφθην μόνος, καὶ ζητοῦσι τὴν ψυχήν μου. 4
ἀλλὰ τί λέγει αὐτῷ ὁ χρηματισμός; κατέλιπον ἐμαυτῷ ἑπτακισχιλίους
ἄνδρας, οἵτινες οὐκ ἔκαμψαν γόνυ τῷ Βάαλ. 5 οὕτως οὖν καὶ ἐν τῷ νῦν
καιρῷ λεῖμμα κατ' ἐκλογὴν χάριτος γέγονεν. 6 εἰ δὲ χάριτι, οὐκέτι ἐξ
ἔργων· ἐπεὶ ἡ χάρις οὐκέτι γίνεται χάρις. εἰ δὲ ἐξ ἔργων, οὐκέτι ἐστὶ χά-
ρις· ἐπεὶ τὸ ἔργον οὐκέτι ἐστὶν ἔργον.

7 Τί οὖν; ὃ ἐπιζητεῖ Ἰσραήλ, τοῦτο οὐκ ἐπέτυχεν, ἡ δὲ ἐκλογὴ ἐπέτυ-
χεν· οἱ δὲ λοιποὶ ἐπωρώθησαν, 8 καθὼς γέγραπται· ἔδωκεν αὐτοῖς ὁ Θε-
ὸς πνεῦμα κατανύξεως, ὀφθαλμοὺς τοῦ μὴ βλέπειν καὶ ὦτα τοῦ μὴ ἀ-
κούειν, ἕως τῆς σήμερον ἡμέρας. 9 καὶ Δαυῒδ λέγει· γενηθήτω ἡ τράπε-
ζα αὐτῶν εἰς παγίδα καὶ εἰς θήραν καὶ εἰς σκάνδαλον καὶ εἰς ἀνταπόδο-
μα αὐτοῖς· 10 σκοτισθήτωσαν οἱ ὀφθαλμοὶ αὐτῶν τοῦ μὴ βλέπειν, καὶ
τὸν νῶτον αὐτῶν διὰ παντὸς σύγκαμψον.

11 Λέγω οὖν, μὴ ἔπταισαν ἵνα πέσωσι; μὴ γένοιτο· ἀλλὰ τῷ αὐτῶν πα-
ραπτώματι ἡ σωτηρία τοῖς ἔθνεσιν, εἰς τὸ παραζηλῶσαι αὐτούς. 12 εἰ
δὲ τὸ παράπτωμα αὐτῶν πλοῦτος κόσμου καὶ τὸ ἥττημα αὐτῶν πλοῦτος
ἐθνῶν, πόσῳ μᾶλλον τὸ πλήρωμα αὐτῶν;

13 Ὑμῖν γὰρ λέγω τοῖς ἔθνεσιν. ἐφ' ὅσον μέν εἰμι ἐγὼ ἐθνῶν ἀπόστο-
λος, τὴν διακονίαν μου δοξάζω, 14 εἴ πως παραζηλώσω μου τὴν σάρκα
καὶ σώσω τινὰς ἐξ αὐτῶν. 15 εἰ γὰρ ἡ ἀποβολὴ αὐτῶν καταλλαγὴ κό-
σμου, τίς ἡ πρόσληψις εἰ μὴ ζωὴ ἐκ νεκρῶν; 16 εἰ δὲ ἡ ἀπαρχὴ ἁγία,
καὶ τὸ φύραμα· καὶ εἰ ἡ ῥίζα ἁγία, καὶ οἱ κλάδοι. 17 εἰ δέ τινες τῶν κλά-
δων ἐξεκλάσθησαν, σὺ δὲ ἀγριέλαιος ὢν ἐνεκεντρίσθης ἐν αὐτοῖς καὶ
συγκοινωνὸς τῆς ῥίζης καὶ τῆς πιότητος τῆς ἐλαίας ἐγένου, 18 μὴ κα-
τακαυχῶ τῶν κλάδων· εἰ δὲ κατακαυχᾶσαι, οὐ σὺ τὴν ῥίζαν βαστάζεις,
ἀλλ' ἡ ῥίζα σέ. 19 ἐρεῖς οὖν· ἐξεκλάσθησαν οἱ κλάδοι, ἵνα ἐγὼ ἐγκεντρι-
σθῶ. 20 καλῶς· τῇ ἀπιστίᾳ ἐξεκλάσθησαν, σὺ δὲ τῇ πίστει ἕστηκας. μὴ
ὑψηλοφρόνει, ἀλλὰ φοβοῦ· 21 εἰ γὰρ ὁ Θεὸς τῶν κατὰ φύσιν κλάδων

οὐκ ἐφείσατο, μή πως οὐδὲ σοῦ φείσεται. 22 ἴδε οὖν χρηστότητα καὶ ἀ-
ποτομίαν Θεοῦ, ἐπὶ μὲν τοὺς πεσόντας ἀποτομίαν, ἐπὶ δὲ σὲ χρηστότη-
τα, ἐὰν ἐπιμείνῃς τῇ χρηστότητι· ἐπεὶ καὶ σὺ ἐκκοπήσῃ. 23 καὶ ἐκεῖνοι
δέ, ἐὰν μὴ ἐπιμείνωσι τῇ ἀπιστίᾳ, ἐγκεντρισθήσονται· δυνατὸς γάρ ὁ
Θεός ἐστι πάλιν ἐγκεντρίσαι αὐτούς, 24 εἰ γὰρ σὺ ἐκ τῆς κατὰ φύσιν ἐ-
ξεκόπης ἀγριελαίου καὶ παρὰ φύσιν ἐνεκεντρίσθης εἰς καλλιέλαιον, πό-
σῳ μᾶλλον οὗτοι οἱ κατὰ φύσιν ἐγκεντρισθήσονται τῇ ἰδίᾳ ἐλαίᾳ;

25 Οὐ γὰρ θέλω ὑμᾶς ἀγνοεῖν, ἀδελφοί, τὸ μυστήριον τοῦτο, ἵνα μὴ ἦτε
παρ' ἑαυτοῖς φρόνιμοι, ὅτι πώρωσις ἀπὸ μέρους τῷ Ἰσραὴλ γέγονεν ἄ-
χρις οὗ τὸ πλήρωμα τῶν ἐθνῶν εἰσέλθῃ, 26 καὶ οὕτω πᾶς Ἰσραὴλ σω-
θήσεται, καθὼς γέγραπται· ἥξει ἐκ Σιὼν ὁ ρυόμενος καὶ ἀποστρέψει ἀ-
σεβείας ἀπὸ Ἰακώβ· 27 καὶ αὕτη αὐτοῖς ἡ παρ' ἐμοῦ διαθήκη, ὅταν ἀ-
φέλωμαι τὰς ἁμαρτίας αὐτῶν. 28 κατὰ μὲν τὸ εὐαγγέλιον ἐχθροὶ δι' ὑ-
μᾶς, κατὰ δὲ τὴν ἐκλογὴν ἀγαπητοὶ διὰ τοὺς πατέρας· 29 ἀμεταμέλη-
τα γὰρ τὰ χαρίσματα καὶ ἡ κλῆσις τοῦ Θεοῦ. 30 ὥσπερ γὰρ καὶ ὑμεῖς
ποτε ἠπειθήσατε τῷ Θεῷ, νῦν δὲ ἠλεήθητε τῇ τούτων ἀπειθείᾳ, 31 οὕ-
τω καὶ οὗτοι νῦν ἠπείθησαν, τῷ ὑμετέρῳ ἐλέει ἵνα καὶ αὐτοὶ ἐλεηθῶσι·
32 συνέκλεισε γὰρ ὁ Θεὸς τοὺς πάντας εἰς ἀπείθειαν, ἵνα τοὺς πάντας
ἐλεήσῃ.

33 Ὦ βάθος πλούτου καὶ σοφίας καὶ γνώσεως Θεοῦ. ὡς ἀνεξερεύνητα
τὰ κρίματα αὐτοῦ καὶ ἀνεξιχνίαστοι αἱ ὁδοὶ αὐτοῦ. 34 τίς γὰρ ἔγνω νοῦν
Κυρίου; ἢ τίς σύμβουλος αὐτοῦ ἐγένετο; 35 ἢ τίς προέδωκεν αὐτῷ, καὶ
ἀνταποδοθήσεται αὐτῷ; 36 ὅτι ἐξ αὐτοῦ καὶ δι' αὐτοῦ καὶ εἰς αὐτὸν τὰ
πάντα. αὐτῷ ἡ δόξα εἰς τοὺς αἰῶνας· ἀμήν.

12

ΠΑΡΑΚΑΛΩ οὖν ὑμᾶς, ἀδελφοί, διὰ τῶν οἰκτιρμῶν τοῦ Θεοῦ, πα-
ραστῆσαι τὰ σώματα ὑμῶν θυσίαν ζῶσαν, ἁγίαν, εὐάρεστον τῷ
Θεῷ, τὴν λογικὴν λατρείαν ὑμῶν, 2 καὶ μὴ συσχηματίζεσθαι τῷ
αἰῶνι τούτῳ, ἀλλὰ μεταμορφοῦσθαι τῇ ἀνακαινώσει τοῦ νοὸς ὑμῶν, εἰς
τὸ δοκιμάζειν ὑμᾶς τί τὸ θέλημα τοῦ Θεοῦ, τὸ ἀγαθὸν καὶ εὐάρεστον καὶ
τέλειον.

3 Λέγω γὰρ διὰ τῆς χάριτος τῆς δοθείσης μοι παντὶ τῷ ὄντι ἐν ὑμῖν, μὴ
ὑπερφρονεῖν παρ' ὃ δεῖ φρονεῖν, ἀλλὰ φρονεῖν εἰς τὸ σωφρονεῖν, ἑκάστῳ
ὡς ὁ Θεὸς ἐμέρισε μέτρον πίστεως. 4 καθάπερ γὰρ ἐν ἑνὶ σώματι μέλη
πολλὰ ἔχομεν, τὰ δὲ μέλη πάντα οὐ τὴν αὐτὴν ἔχει πρᾶξιν, 5 οὕτως οἱ
πολλοὶ ἓν σῶμά ἐσμεν ἐν Χριστῷ, ὁ δὲ καθ' εἷς ἀλλήλων μέλη. 6 ἔχον-
τες δὲ χαρίσματα κατὰ τὴν χάριν τὴν δοθεῖσαν ἡμῖν διάφορα, εἴτε προ-
φητείαν, κατὰ τὴν ἀναλογίαν τῆς πίστεως, 7 εἴτε διακονίαν, ἐν τῇ δια-
κονίᾳ, εἴτε ὁ διδάσκων, ἐν τῇ διδασκαλίᾳ, 8 εἴτε ὁ παρακαλῶν, ἐν τῇ
παρακλήσει, ὁ μεταδιδούς, ἐν ἁπλότητι, ὁ προϊστάμενος, ἐν σπουδῇ, ὁ ἐ-
λεῶν, ἐν ἱλαρότητι.

9 Ἡ ἀγάπη ἀνυπόκριτος. ἀποστυγοῦντες τὸ πονηρόν, κολλώμενοι τῷ ἀ-
γαθῷ, 10 τῇ φιλαδελφίᾳ εἰς ἀλλήλους φιλόστοργοι, τῇ τιμῇ ἀλλήλους
προηγούμενοι, 11 τῇ σπουδῇ μὴ ὀκνηροί, τῷ πνεύματι ζέοντες, τῷ Κυ-
ρίῳ δουλεύοντες, 12 τῇ ἐλπίδι χαίροντες, τῇ θλίψει ὑπομένοντες, τῇ
προσευχῇ προσκαρτεροῦντες, 13 ταῖς χρείαις τῶν ἁγίων κοινωνοῦντες,
τὴν φιλοξενίαν διώκοντες. 14 εὐλογεῖτε τοὺς διώκοντας ὑμᾶς, εὐλογεῖτε
καὶ μὴ καταρᾶσθε. 15 χαίρειν μετὰ χαιρόντων καὶ κλαίειν μετὰ κλαιόν-
των. 16 τὸ αὐτὸ εἰς ἀλλήλους φρονοῦντες. μὴ τὰ ὑψηλὰ φρονοῦντες,
ἀλλὰ τοῖς ταπεινοῖς συναπαγόμενοι. μὴ γίνεσθε φρόνιμοι παρ' ἑαυτοῖς.
17 μηδενὶ κακὸν ἀντὶ κακοῦ ἀποδιδόντες. προνοούμενοι καλὰ ἐνώπιον
πάντων ἀνθρώπων· 18 εἰ δυνατόν, τὸ ἐξ ὑμῶν μετὰ πάντων ἀνθρώπων
εἰρηνεύοντες. 19 μὴ ἑαυτοὺς ἐκδικοῦντες, ἀγαπητοί, ἀλλὰ δότε τόπον
τῇ ὀργῇ· γέγραπται γάρ· ἐμοὶ ἐκδίκησις, ἐγὼ ἀνταποδώσω, λέγει Κύρι-
ος. 20 ἐὰν οὖν πεινᾷ ὁ ἐχθρός σου, ψώμιζε αὐτόν, ἐὰν διψᾷ, πότιζε αὐ-
τόν· τοῦτο γὰρ ποιῶν ἄνθρακας πυρὸς σωρεύσεις ἐπὶ τὴν κεφαλὴν αὐ-
τοῦ. 21 μὴ νικῶ ὑπὸ τοῦ κακοῦ, ἀλλὰ νίκα ἐν τῷ ἀγαθῷ τὸ κακόν.

13

ΠΑΣΑ ψυχὴ ἐξουσίαις ὑπερεχούσαις ὑποτασσέσθω. οὐ γάρ ἐστιν ἐ-
ξουσία εἰ μὴ ὑπὸ Θεοῦ· αἱ δὲ οὖσαι ἐξουσίαι ὑπὸ τοῦ Θεοῦ τεταγμέ-
ναι εἰσίν. 2 ὥστε ὁ ἀντιτασσόμενος τῇ ἐξουσίᾳ τῇ τοῦ Θεοῦ διαταγῇ
ἀνθέστηκεν· οἱ δὲ ἀνθεστηκότες ἑαυτοῖς κρῖμα λήψονται. 3 οἱ γὰρ ἄρ-
χοντες οὐκ εἰσὶ φόβος τῶν ἀγαθῶν ἔργων, ἀλλὰ τῶν κακῶν. θέλεις δὲ

μὴ φοβεῖσθαι τὴν ἐξουσίαν; τὸ ἀγαθὸν ποίει, καὶ ἕξεις ἔπαινον ἐξ αὐτῆς·
4 Θεοῦ γὰρ διάκονός ἐστί σοι εἰς τὸ ἀγαθόν. ἐὰν δὲ τὸ κακὸν ποιῇς, φο-
βοῦ· οὐ γὰρ εἰκῇ τὴν μάχαιραν φορεῖ· Θεοῦ γὰρ διάκονός ἐστιν εἰς ὀρ-
γήν, ἔκδικος τῷ τὸ κακὸν πράσσοντι. 5 διὸ ἀνάγκη ὑποτάσσεσθαι οὐ μό-
νον διὰ τὴν ὀργήν, ἀλλὰ καὶ διὰ τὴν συνείδησιν. 6 διὰ τοῦτο γὰρ καὶ φό-
ρους τελεῖτε· λειτουργοὶ γὰρ Θεοῦ εἰσιν εἰς αὐτὸ τοῦτο προσκαρτεροῦν-
τες. 7 ἀπόδοτε οὖν πᾶσι τὰς ὀφειλάς, τῷ τὸν φόρον τὸν φόρον, τῷ τὸ τέ-
λος τὸ τέλος, τῷ τὸν φόβον τὸν φόβον, τῷ τὴν τιμὴν τὴν τιμήν.

8 Μηδενὶ μηδὲν ὀφείλετε εἰ μὴ τὸ ἀγαπᾶν ἀλλήλους. ὁ γὰρ ἀγαπῶν τὸν
ἕτερον νόμον πεπλήρωκε· 9 τὸ γὰρ οὐ μοιχεύσεις, οὐ φονεύσεις, οὐ κλέ-
ψεις, οὐκ ἐπιθυμήσεις, καὶ εἴ τις ἑτέρα ἐντολή, ἐν τούτῳ τῷ λόγῳ ἀνα-
κεφαλαιοῦται, ἐν τῷ, ἀγαπήσεις τὸν πλησίον σου ὡς σεαυτόν. 10 ἡ ἀ-
γάπη τῷ πλησίον κακὸν οὐκ ἐργάζεται· πλήρωμα οὖν νόμου ἡ ἀγάπη.

11 Καὶ τοῦτο, εἰδότες τὸν καιρόν, ὅτι ὥρα ἡμᾶς ἤδη ἐξ ὕπνου ἐγερθῆ-
ναι· νῦν γὰρ ἐγγύτερον ἡμῶν ἡ σωτηρία ἢ ὅτε ἐπιστεύσαμεν. 12 ἡ νὺξ
προέκοψεν, ἡ δὲ ἡμέρα ἤγγικεν. ἀποθώμεθα οὖν τὰ ἔργα τοῦ σκότους
καὶ ἐνδυσώμεθα τὰ ὅπλα τοῦ φωτός. 13 ὡς ἐν ἡμέρᾳ εὐσχημόνως περι-
πατήσωμεν, μὴ κώμοις καὶ μέθαις, μὴ κοίταις καὶ ἀσελγείαις, μὴ ἔριδι
καὶ ζήλῳ, 14 ἀλλ᾿ ἐνδύσασθε τὸν Κύριον Ἰησοῦν Χριστόν, καὶ τῆς σαρ-
κὸς πρόνοιαν μὴ ποιεῖσθε εἰς ἐπιθυμίας.

14

ΤΟΝ δὲ ἀσθενοῦντα τῇ πίστει προσλαμβάνεσθε, μὴ εἰς διακρίσεις δι-
αλογισμῶν. 2 ὃς μὲν πιστεύει φαγεῖν πάντα, ὁ δὲ ἀσθενῶν λάχανα
ἐσθίει. 3 ὁ ἐσθίων τὸν μὴ ἐσθίοντα μὴ ἐξουθενείτω, καὶ ὁ μὴ ἐσθίων
τὸν ἐσθίοντα μὴ κρινέτω· ὁ Θεὸς γὰρ αὐτὸν προσελάβετο. 4 σὺ τίς εἶ ὁ
κρίνων ἀλλότριον οἰκέτην; τῷ ἰδίῳ Κυρίῳ στήκει ἢ πίπτει· σταθήσεται
δέ· δυνατὸς γάρ ἐστιν ὁ Θεὸς στῆσαι αὐτόν. 5 ὃς μὲν κρίνει ἡμέραν παρ᾿
ἡμέραν, ὃς δὲ κρίνει πᾶσαν ἡμέραν. ἕκαστος ἐν τῷ ἰδίῳ νοῒ πληροφορεί-
σθω. 6 ὁ φρονῶν τὴν ἡμέραν Κυρίῳ φρονεῖ, καὶ ὁ μὴ φρονῶν τὴν ἡμέ-
ραν Κυρίῳ οὐ φρονεῖ. καὶ ὁ ἐσθίων Κυρίῳ ἐσθίει· εὐχαριστεῖ γὰρ τῷ
Θεῷ· καὶ ὁ μὴ ἐσθίων Κυρίῳ οὐκ ἐσθίει, καὶ εὐχαριστεῖ τῷ Θεῷ. 7 οὐ-
δεὶς γὰρ ἡμῶν ἑαυτῷ ζῇ καὶ οὐδεὶς ἑαυτῷ ἀποθνήσκει· 8 ἐάν τε γὰρ ζῶ-

μεν, τῷ Κυρίῳ ζῶμεν, ἐάν τε ἀποθνήσκωμεν, τῷ Κυρίῳ ἀποθνήσκομεν.
ἐάν τε οὖν ζῶμεν ἐάν τε ἀποθνήσκωμεν, τοῦ Κυρίου ἐσμέν. 9 εἰς τοῦτο
γὰρ Χριστὸς καὶ ἀπέθανε καὶ ἀνέστη καὶ ἔζησεν, ἵνα καὶ νεκρῶν καὶ
ζώντων κυριεύσῃ. 10 σὺ δὲ τί κρίνεις τὸν ἀδελφόν σου; ἢ καὶ σὺ τί ἐξου-
θενεῖς τὸν ἀδελφόν σου; πάντες γὰρ παραστησόμεθα τῷ βήματι τοῦ
Χριστοῦ. 11 γέγραπται γάρ· ζῶ ἐγώ, λέγει Κύριος, ὅτι ἐμοὶ κάμψει πᾶν
γόνυ, καὶ πᾶσα γλῶσσα ἐξομολογήσεται τῷ Θεῷ. 12 ἄρα οὖν ἕκαστος
ἡμῶν περὶ ἑαυτοῦ λόγον δώσει τῷ Θεῷ.

13 Μηκέτι οὖν ἀλλήλους κρίνωμεν, ἀλλὰ τοῦτο κρίνατε μᾶλλον, τὸ μὴ
τιθέναι πρόσκομμα τῷ ἀδελφῷ ἢ σκάνδαλον. 14 οἶδα καὶ πέπεισμαι ἐν
Κυρίῳ Ἰησοῦ ὅτι οὐδὲν κοινὸν δι' αὐτοῦ· εἰ μὴ τῷ λογιζομένῳ τι κοινὸν
εἶναι, ἐκείνῳ κοινόν. 15 εἰ δὲ διὰ βρῶμα ὁ ἀδελφός σου λυπεῖται, οὐκέτι
κατὰ ἀγάπην περιπατεῖς. μὴ τῷ βρώματί σου ἐκεῖνον ἀπόλλυε, ὑπὲρ οὗ
Χριστὸς ἀπέθανε. 16 μὴ βλασφημείσθω οὖν ὑμῶν τὸ ἀγαθόν. 17 οὐ γάρ
ἐστιν ἡ βασιλεία τοῦ Θεοῦ βρῶσις καὶ πόσις, ἀλλὰ δικαιοσύνη καὶ εἰρή-
νη καὶ χαρὰ ἐν Πνεύματι Ἁγίῳ· 18 ὁ γὰρ ἐν τούτοις δουλεύων τῷ Χρι-
στῷ εὐάρεστος τῷ Θεῷ καὶ δόκιμος τοῖς ἀνθρώποις. 19 ἄρα οὖν τὰ τῆς
εἰρήνης διώκωμεν καὶ τὰ τῆς οἰκοδομῆς τῆς εἰς ἀλλήλους. 20 μὴ ἕνε-
κεν βρώματος κατάλυε τὸ ἔργον τοῦ Θεοῦ. πάντα μὲν καθαρά, ἀλλὰ κα-
κὸν τῷ ἀνθρώπῳ τῷ διὰ προσκόμματος ἐσθίοντι. 21 καλὸν τὸ μὴ φαγεῖν
κρέα μηδὲ πιεῖν οἶνον μηδὲ ἐν ᾧ ὁ ἀδελφός σου προσκόπτει ἢ σκανδαλί-
ζεται ἢ ἀσθενεῖ. 22 σὺ πίστιν ἔχεις; κατὰ σεαυτὸν ἔχε ἐνώπιον τοῦ Θε-
οῦ. μακάριος ὁ μὴ κρίνων ἑαυτὸν ἐν ᾧ δοκιμάζει. 23 ὁ δὲ διακρινόμενος
ἐὰν φάγῃ, κατακέκριται, ὅτι οὐκ ἐκ πίστεως· πᾶν δὲ ὃ οὐκ ἐκ πίστεως,
ἁμαρτία ἐστίν.

24 Τῷ δὲ δυναμένῳ ὑμᾶς στηρίξαι κατὰ τὸ εὐαγγέλιόν μου καὶ τὸ κή-
ρυγμα Ἰησοῦ Χριστοῦ, κατὰ ἀποκάλυψιν μυστηρίου χρόνοις αἰωνίοις
σεσιγημένου, 25 φανερωθέντος δὲ νῦν, διά τε γραφῶν προφητικῶν κατ'
ἐπιταγὴν τοῦ αἰωνίου Θεοῦ εἰς ὑπακοὴν πίστεως εἰς πάντα τὰ ἔθνη
γνωρισθέντος, 26 μόνῳ σοφῷ Θεῷ διὰ Ἰησοῦ Χριστοῦ, ᾧ ἡ δόξα εἰς
τοὺς αἰῶνας· ἀμήν.

15

ΟΦΕΙΛΟΜΕΝ δὲ ἡμεῖς οἱ δυνατοὶ τὰ ἀσθενήματα τῶν ἀδυνάτων
βαστάζειν, καὶ μὴ ἑαυτοῖς ἀρέσκειν. 2 ἕκαστος ἡμῶν τῷ πλησίον ἀ-
ρεσκέτω εἰς τὸ ἀγαθὸν πρὸς οἰκοδομήν· 3 καὶ γὰρ ὁ Χριστὸς οὐχ ἑ-
αυτῷ ἤρεσεν, ἀλλὰ καθὼς γέγραπται, οἱ ὀνειδισμοὶ τῶν ὀνειδιζόντων σε
ἐπέπεσον ἐπ' ἐμέ. 4 ὅσα γὰρ προεγράφη, εἰς τὴν ἡμετέραν διδασκαλίαν
προεγράφη, ἵνα διὰ τῆς ὑπομονῆς καὶ τῆς παρακλήσεως τῶν γραφῶν
τὴν ἐλπίδα ἔχωμεν. 5 ὁ δὲ Θεὸς τῆς ὑπομονῆς καὶ τῆς παρακλήσεως
δῴη ὑμῖν τὸ αὐτὸ φρονεῖν ἐν ἀλλήλοις κατὰ Χριστὸν Ἰησοῦν, 6 ἵνα ὁμο-
θυμαδὸν ἐν ἑνὶ στόματι δοξάζητε τὸν Θεὸν καὶ πατέρα τοῦ Κυρίου ἡμῶν
Ἰησοῦ Χριστοῦ. 7 διὸ προσλαμβάνεσθε ἀλλήλους, καθὼς καὶ ὁ Χριστὸς
προσελάβετο ὑμᾶς εἰς δόξαν Θεοῦ. 8 Λέγω δὲ Χριστὸν Ἰησοῦν διάκονον
γεγενῆσθαι περιτομῆς ὑπὲρ ἀληθείας Θεοῦ, εἰς τὸ βεβαιῶσαι τὰς ἐπαγ-
γελίας τῶν πατέρων, 9 τὰ δὲ ἔθνη ὑπὲρ ἐλέους δοξάσαι τὸν Θεόν, καθὼς
γέγραπται· διὰ τοῦτο ἐξομολογήσομαί σοι ἐν ἔθνεσι, Κύριε, καὶ τῷ ὀνό-
ματί σου ψαλῶ. 10 καὶ πάλιν λέγει· εὐφράνθητε ἔθνη μετὰ τοῦ λαοῦ
αὐτοῦ. 11 καὶ πάλιν αἰνεῖτε τὸν Κύριον πάντα τὰ ἔθνη, καὶ ἐπαινέσατε
αὐτὸν πάντες οἱ λαοί. 12 καὶ πάλιν Ἠσαΐας λέγει· ἔσται ἡ ρίζα τοῦ Ἰ-
εσσαί, καὶ ὁ ἀνιστάμενος ἄρχειν ἐθνῶν· ἐπ' αὐτῷ ἔθνη ἐλπιοῦσιν. 13 ὁ
δὲ Θεὸς τῆς ἐλπίδος πληρώσαι ὑμᾶς πάσης χαρᾶς καὶ εἰρήνης ἐν τῷ
πιστεύειν, εἰς τὸ περισσεύειν ὑμᾶς ἐν τῇ ἐλπίδι ἐν δυνάμει Πνεύματος
Ἁγίου.

14 Πέπεισμαι δέ, ἀδελφοί μου, καὶ αὐτὸς ἐγὼ περὶ ὑμῶν, ὅτι καὶ αὐτοὶ
μεστοί ἐστε ἀγαθωσύνης, πεπληρωμένοι πάσης γνώσεως, δυνάμενοι καὶ
ἀλλήλους νουθετεῖν. 15 τολμηρότερον δὲ ἔγραψα ὑμῖν, ἀδελφοί, ἀπὸ
μέρους, ὡς ἐπαναμιμνήσκων ὑμᾶς, διὰ τὴν χάριν τὴν δοθεῖσάν μοι ὑπὸ
τοῦ Θεοῦ 16 εἰς τὸ εἶναί με λειτουργὸν Ἰησοῦ Χριστοῦ εἰς τὰ ἔθνη, ἱε-
ρουργοῦντα τὸ εὐαγγέλιον τοῦ Θεοῦ, ἵνα γένηται ἡ προσφορὰ τῶν ἐθνῶν
εὐπρόσδεκτος, ἡγιασμένη ἐν Πνεύματι Ἁγίῳ. 17 ἔχω οὖν καύχησιν ἐν
Χριστῷ Ἰησοῦ τὰ πρὸς τὸν Θεόν· 18 οὐ γὰρ τολμήσω λαλεῖν τι ὧν οὐ
κατειργάσατο Χριστὸς δι' ἐμοῦ εἰς ὑπακοὴν ἐθνῶν λόγῳ καὶ ἔργῳ, 19
ἐν δυνάμει σημείων καὶ τεράτων, ἐν δυνάμει Πνεύματος Θεοῦ, ὥστε με
ἀπὸ Ἱερουσαλὴμ καὶ κύκλῳ μέχρι τοῦ Ἰλλυρικοῦ πεπληρωκέναι τὸ εὐ-
αγγέλιον τοῦ Χριστοῦ, 20 οὕτω δὲ φιλοτιμούμενον εὐαγγελίζεσθαι οὐχ
ὅπου ὠνομάσθη Χριστός, ἵνα μὴ ἐπ' ἀλλότριον θεμέλιον οἰκοδομῶ, 21

ἀλλὰ καθὼς γέγραπται, οἷς οὐκ ἀνηγγέλη περὶ αὐτοῦ ὄψονται, καὶ οἳ
οὐκ ἀκηκόασι συνήσουσι.

22 Διὸ καὶ ἐνεκοπτόμην τὰ πολλὰ τοῦ ἐλθεῖν πρὸς ὑμᾶς· 23 νυνὶ δὲ μη-
κέτι τόπον ἔχων ἐν τοῖς κλίμασι τούτοις, ἐπιποθίαν δὲ ἔχων τοῦ ἐλθεῖν
πρὸς ὑμᾶς ἀπὸ πολλῶν ἐτῶν, 24 ὡς ἐὰν πορεύωμαι εἰς τὴν Σπανίαν, ἐ-
λεύσομαι πρὸς ὑμᾶς· ἐλπίζω γὰρ διαπορευόμενος θεάσασθαι ὑμᾶς καὶ
ὑφ' ὑμῶν προπεμφθῆναι ἐκεῖ, ἐὰν ὑμῶν πρῶτον ἀπὸ μέρους ἐμπλησθῶ.
25 νυνὶ δὲ πορεύομαι εἰς Ἱερουσαλὴμ διακονῶν τοῖς ἁγίοις. 26 εὐδόκη-
σαν γὰρ Μακεδονία καὶ Ἀχαΐα κοινωνίαν τινὰ ποιήσασθαι εἰς τοὺς πτω-
χοὺς τῶν ἁγίων τῶν ἐν Ἱερουσαλήμ. 27 εὐδόκησαν γὰρ καὶ ὀφειλέται
αὐτῶν εἰσιν· εἰ γὰρ τοῖς πνευματικοῖς αὐτῶν ἐκοινώνησαν τὰ ἔθνη, ὀ-
φείλουσι καὶ ἐν τοῖς σαρκικοῖς λειτουργῆσαι αὐτοῖς. 28 τοῦτο οὖν ἐπιτε-
λέσας, καὶ σφραγισάμενος αὐτοῖς τὸν καρπόν τοῦτον, ἀπελεύσομαι δι' ὑ-
μῶν εἰς τὴν Σπανίαν. 29 οἶδα δὲ ὅτι ἐρχόμενος πρὸς ὑμᾶς ἐν πληρώμα-
τι εὐλογίας τοῦ εὐαγγελίου τοῦ Χριστοῦ ἐλεύσομαι. 30 Παρακαλῶ δὲ ὑ-
μᾶς, ἀδελφοί, διὰ τοῦ Κυρίου ἡμῶν Ἰησοῦ Χριστοῦ καὶ διὰ τῆς ἀγάπης
τοῦ Πνεύματος, συναγωνίσασθαί μοι ἐν ταῖς προσευχαῖς ὑπὲρ ἐμοῦ πρὸς
τὸν Θεόν, 31 ἵνα ρυσθῶ ἀπὸ τῶν ἀπειθούντων ἐν τῇ Ἰουδαίᾳ καὶ ἵνα ἡ
διακονία μου ἡ εἰς Ἱερουσαλὴμ εὐπρόσδεκτος γένηται τοῖς ἁγίοις, 32
ἵνα ἐν χαρᾷ ἔλθω πρὸς ὑμᾶς διὰ θελήματος Θεοῦ καὶ συναναπαύσωμαι
ὑμῖν. 33 ὁ δὲ Θεὸς τῆς εἰρήνης μετὰ πάντων ὑμῶν· ἀμήν.

16

ΣΥΝΙΣΤΗΜΙ δὲ ὑμῖν Φοίβην τὴν ἀδελφὴν ἡμῶν, οὖσαν διάκονον
τῆς ἐκκλησίας τῆς ἐν Κεγχρεαῖς, 2 ἵνα αὐτὴν προσδέξησθε ἐν Κυ-
ρίῳ ἀξίως τῶν ἁγίων καὶ παραστῆτε αὐτῇ ἐν ᾧ ἂν ὑμῶν χρήζῃ
πράγματι· καὶ γὰρ αὕτη προστάτις πολλῶν ἐγενήθη καὶ αὐτοῦ ἐμοῦ. 3
ἀσπάσασθε Πρίσκιλλαν καὶ Ἀκύλαν τοὺς συνεργούς μου ἐν Χριστῷ Ἰη-
σοῦ, 4 οἵτινες ὑπὲρ τῆς ψυχῆς μου τὸν ἑαυτῶν τράχηλον ὑπέθηκαν, οἷς
οὐκ ἐγὼ μόνος εὐχαριστῶ, ἀλλὰ καὶ πᾶσαι αἱ ἐκκλησίαι τῶν ἐθνῶν, καὶ
τὴν κατ' οἶκον αὐτῶν ἐκκλησίαν. 5 ἀσπάσασθε Ἐπαίνετον τὸν ἀγαπη-
τόν μου, ὅς ἐστιν ἀπαρχὴ τῆς Ἀχαΐας εἰς Χριστόν. 6 ἀσπάσασθε Μαρι-
άμ, ἥτις πολλὰ ἐκοπίασεν εἰς ἡμᾶς. 7 ἀσπάσασθε Ἀνδρόνικον καὶ Ἰου-

νίαν τοὺς συγγενεῖς μου καὶ συναιχμαλώτους μου, οἵτινές εἰσιν ἐπίση-
μοι ἐν τοῖς ἀποστόλοις, οἳ καὶ πρὸ ἐμοῦ γεγόνασιν ἐν Χριστῷ, 8 ἀσπά-
σασθε Ἀμπλίαν τὸν ἀγαπητόν μου ἐν Κυρίῳ. 9 ἀσπάσασθε Οὐρβανὸν
τὸν συνεργὸν ἡμῶν ἐν Χριστῷ καὶ Στάχυν τὸν ἀγαπητόν μου. 10 ἀσπά-
σασθε Ἀπελλῆν τὸν δόκιμον ἐν Χριστῷ. ἀσπάσασθε τοὺς ἐκ τῶν Ἀρι-
στοβούλου. 11 ἀσπάσασθε Ἡρῳδίωνα τὸν συγγενῆ μου. ἀσπάσασθε
τοὺς ἐκ τῶν Ναρκίσσου τοὺς ὄντας ἐν Κυρίῳ. 12 ἀσπάσασθε Τρύφαιναν
καὶ Τρυφῶσαν τὰς κοπιώσας ἐν Κυρίῳ. ἀσπάσασθε Περσίδα τὴν ἀγα-
πητήν, ἥτις πολλὰ ἐκοπίασεν ἐν Κυρίῳ. 13 ἀσπάσασθε Ροῦφον τὸν ἐ-
κλεκτὸν ἐν Κυρίῳ καὶ τὴν μητέρα αὐτοῦ καὶ ἐμοῦ. 14 ἀσπάσασθε Ἀ-
σύγκριτον, Φλέγοντα, Ἑρμᾶν, Πατρόβαν, Ἑρμῆν καὶ τοὺς σὺν αὐτοῖς
ἀδελφούς. 15 ἀσπάσασθε Φιλόλογον καὶ Ἰουλίαν, Νηρέα καὶ τὴν ἀδελ-
φὴν αὐτοῦ, καὶ Ὀλυμπᾶν καὶ τοὺς σὺν αὐτοῖς πάντας ἁγίους. 16 ἀσπά-
σασθε ἀλλήλους ἐν φιλήματι ἁγίῳ. ἀσπάζονται ὑμᾶς αἱ ἐκκλησίαι τοῦ
Χριστοῦ.

17 Παρακαλῶ δὲ ὑμᾶς, ἀδελφοί, σκοπεῖν τοὺς τὰς διχοστασίας καὶ τὰ
σκάνδαλα παρὰ τὴν διδαχὴν ἣν ὑμεῖς ἐμάθετε ποιοῦντας, καὶ ἐκκλίνατε
ἀπ' αὐτῶν· 18 οἱ γὰρ τοιοῦτοι τῷ Κυρίῳ ἡμῶν Ἰησοῦ Χριστῷ οὐ δου-
λεύουσιν, ἀλλὰ τῇ ἑαυτῶν κοιλίᾳ, καὶ διὰ τῆς χρηστολογίας καὶ εὐλογί-
ας ἐξαπατῶσι τὰς καρδίας τῶν ἀκάκων· 19 ἡ γὰρ ὑμῶν ὑπακοὴ εἰς
πάντας ἀφίκετο. χαίρω οὖν τὸ ἐφ' ὑμῖν· θέλω δὲ ὑμᾶς σοφοὺς μὲν εἶναι
εἰς τὸ ἀγαθόν, ἀκεραίους δὲ εἰς τὸ κακόν. 20 ὁ δὲ Θεὸς τῆς εἰρήνης συν-
τρίψει τὸν σατανᾶν ὑπὸ τοὺς πόδας ὑμῶν ἐν τάχει. Ἡ χάρις τοῦ Κυρίου
ἡμῶν Ἰησοῦ Χριστοῦ μεθ' ὑμῶν.

21 Ἀσπάζονται ὑμᾶς Τιμόθεος ὁ συνεργός μου, καὶ Λούκιος καὶ Ἰάσων
καὶ Σωσίπατρος οἱ συγγενεῖς μου. 22 ἀσπάζομαι ὑμᾶς ἐγὼ Τέρτιος ὁ
γράψας τὴν ἐπιστολὴν ἐν Κυρίῳ. 23 ἀσπάζεται ὑμᾶς Γάϊος ὁ ξένος μου
καὶ τῆς ἐκκλησίας ὅλης. ἀσπάζεται ὑμᾶς Ἔραστος ὁ οἰκονόμος τῆς πό-
λεως καὶ Κούαρτος ὁ ἀδελφός.

24 Ἡ χάρις τοῦ Κυρίου ἡμῶν Ἰησοῦ Χριστοῦ μετὰ πάντων ὑμῶν· ἀ-
μήν.

Α΄ Πρὸς Κορινθίους

ΠΑΥΛΟΣ, κλητὸς ἀπόστολος Ἰησοῦ Χριστοῦ διὰ θελήματος Θεοῦ,
καὶ Σωσθένης ὁ ἀδελφός, 2 τῇ ἐκκλησίᾳ τοῦ Θεοῦ τῇ οὔσῃ ἐν Κο-
ρίνθῳ, ἡγιασμένοις ἐν Χριστῷ Ἰησοῦ, κλητοῖς ἁγίοις, σὺν πᾶσι
τοῖς ἐπικαλουμένοις τὸ ὄνομα τοῦ Κυρίου ἡμῶν Ἰησοῦ Χριστοῦ ἐν παν-
τὶ τόπῳ αὐτῶν τε καὶ ἡμῶν· 3 χάρις ὑμῖν καὶ εἰρήνη ἀπὸ Θεοῦ πατρὸς
ἡμῶν καὶ Κυρίου Ἰησοῦ Χριστοῦ.

4 Εὐχαριστῶ τῷ Θεῷ μου πάντοτε περὶ ὑμῶν ἐπὶ τῇ χάριτι τοῦ Θεοῦ
τῇ δοθείσῃ ὑμῖν ἐν Χριστῷ Ἰησοῦ, 5 ὅτι ἐν παντὶ ἐπλουτίσθητε ἐν αὐ-
τῷ, ἐν παντὶ λόγῳ καὶ πάσῃ γνώσει, 6 καθὼς τὸ μαρτύριον τοῦ Χριστοῦ
ἐβεβαιώθη ἐν ὑμῖν, 7 ὥστε ὑμᾶς μὴ ὑστερεῖσθαι ἐν μηδενὶ χαρίσματι,
ἀπεκδεχομένους τὴν ἀποκάλυψιν τοῦ Κυρίου ἡμῶν Ἰησοῦ Χριστοῦ· 8
ὃς καὶ βεβαιώσει ὑμᾶς ἕως τέλους ἀνεγκλήτους ἐν τῇ ἡμέρᾳ τοῦ Κυρίου
ἡμῶν Ἰησοῦ Χριστοῦ. 9 πιστὸς ὁ Θεὸς δι᾽ οὗ ἐκλήθητε εἰς κοινωνίαν
τοῦ υἱοῦ αὐτοῦ Ἰησοῦ Χριστοῦ τοῦ Κυρίου ἡμῶν.

10 Παρακαλῶ δὲ ὑμᾶς, ἀδελφοί, διὰ τοῦ ὀνόματος τοῦ Κυρίου ἡμῶν Ἰ-
ησοῦ Χριστοῦ, ἵνα τὸ αὐτὸ λέγητε πάντες, καὶ μὴ ᾖ ἐν ὑμῖν σχίσματα,
ἦτε δὲ κατηρτισμένοι ἐν τῷ αὐτῷ νοῒ καὶ ἐν τῇ αὐτῇ γνώμῃ. 11 ἐδηλώ-
θη γάρ μοι περὶ ὑμῶν, ἀδελφοί μου, ὑπὸ τῶν Χλόης ὅτι ἔριδες ἐν ὑμῖν
εἰσι. 12 λέγω δὲ τοῦτο, ὅτι ἕκαστος ὑμῶν λέγει· ἐγὼ μέν εἰμι Παύλου,
ἐγὼ δὲ Ἀπολλώ, ἐγὼ δὲ Κηφᾶ, ἐγὼ δὲ Χριστοῦ. 13 μεμέρισται ὁ Χρι-
στός; μὴ Παῦλος ἐσταυρώθη ὑπὲρ ὑμῶν; ἢ εἰς τὸ ὄνομα Παύλου ἐβα-
πτίσθητε; 14 εὐχαριστῶ τῷ Θεῷ ὅτι οὐδένα ὑμῶν ἐβάπτισα εἰ μὴ Κρί-
σπον καὶ Γάϊον, 15 ἵνα μή τις εἴπῃ ὅτι εἰς τὸ ἐμὸν ὄνομα ἐβάπτισα. 16
ἐβάπτισα δὲ καὶ τὸν Στεφανᾶ οἶκον· λοιπὸν οὐκ οἶδα εἴ τινα ἄλλον ἐβά-

πτισα. 17 οὐ γὰρ ἀπέστειλέ με Χριστὸς βαπτίζειν, ἀλλ᾽ εὐαγγελίζεσθαι,
οὐκ ἐν σοφίᾳ λόγου, ἵνα μὴ κενωθῇ ὁ σταυρὸς τοῦ Χριστοῦ.

18 Ὁ λόγος γὰρ ὁ τοῦ σταυροῦ τοῖς μὲν ἀπολλυμένοις μωρία ἐστί, τοῖς
δὲ σῳζομένοις ἡμῖν δύναμις Θεοῦ ἐστι. 19 γέγραπται γάρ· ἀπολῶ τὴν
σοφίαν τῶν σοφῶν, καὶ τὴν σύνεσιν τῶν συνετῶν ἀθετήσω. 20 ποῦ σο-
φός; ποῦ γραμματεύς; ποῦ συζητητὴς τοῦ αἰῶνος τούτου; οὐχὶ ἐμώρα-
νεν ὁ Θεὸς τὴν σοφίαν τοῦ κόσμου τούτου; 21 ἐπειδὴ γὰρ ἐν τῇ σοφίᾳ
τοῦ Θεοῦ οὐκ ἔγνω ὁ κόσμος διὰ τῆς σοφίας τὸν Θεόν, εὐδόκησεν ὁ Θεὸς
διὰ τῆς μωρίας τοῦ κηρύγματος σῶσαι τοὺς πιστεύοντας. 22 ἐπειδὴ καὶ
Ἰουδαῖοι σημεῖον αἰτοῦσι καὶ Ἕλληνες σοφίαν ζητοῦσιν, 23 ἡμεῖς δὲ
κηρύσσομεν Χριστὸν ἐσταυρωμένον, Ἰουδαίοις μὲν σκάνδαλον, Ἕλλησι
δὲ μωρίαν, 24 αὐτοῖς δὲ τοῖς κλητοῖς, Ἰουδαίοις τε καὶ Ἕλλησι, Χρι-
στὸν Θεοῦ δύναμιν καὶ Θεοῦ σοφίαν· 25 ὅτι τὸ μωρὸν τοῦ Θεοῦ σοφώτε-
ρον τῶν ἀνθρώπων ἐστί, καὶ τὸ ἀσθενὲς τοῦ Θεοῦ ἰσχυρότερον τῶν ἀν-
θρώπων ἐστί.

26 Βλέπετε γὰρ τὴν κλῆσιν ὑμῶν, ἀδελφοί, ὅτι οὐ πολλοὶ σοφοὶ κατὰ
σάρκα, οὐ πολλοὶ δυνατοί, οὐ πολλοὶ εὐγενεῖς, 27 ἀλλὰ τὰ μωρὰ τοῦ κό-
σμου ἐξελέξατο ὁ Θεὸς ἵνα τοὺς σοφοὺς καταισχύνῃ, καὶ τὰ ἀσθενῆ τοῦ
κόσμου ἐξελέξατο ὁ Θεὸς ἵνα καταισχύνῃ τὰ ἰσχυρά, 28 καὶ τὰ ἀγενῆ
τοῦ κόσμου καὶ τὰ ἐξουθενημένα ἐξελέξατο ὁ Θεός, καὶ τὰ μὴ ὄντα, ἵνα
τὰ ὄντα καταργήσῃ, 29 ὅπως μὴ καυχήσηται πᾶσα σὰρξ ἐνώπιον τοῦ
Θεοῦ. 30 ἐξ αὐτοῦ δὲ ὑμεῖς ἐστε ἐν Χριστῷ Ἰησοῦ, ὃς ἐγενήθη ἡμῖν σο-
φία ἀπὸ Θεοῦ, δικαιοσύνη τε καὶ ἁγιασμὸς καὶ ἀπολύτρωσις, 31 ἵνα,
καθὼς γέγραπται, ὁ καυχώμενος ἐν Κυρίῳ καυχάσθω.

2

ΚΑΓΩ ἐλθὼν πρὸς ὑμᾶς, ἀδελφοί, ἦλθον οὐ καθ᾽ ὑπεροχὴν λόγου ἢ
σοφίας καταγγέλλων ὑμῖν τὸ μαρτύριον τοῦ Θεοῦ. 2 οὐ γὰρ ἔκρινα
τοῦ εἰδέναι τι ἐν ὑμῖν εἰ μὴ Ἰησοῦν Χριστόν, καὶ τοῦτον ἐσταυρωμέ-
νον. 3 καὶ ἐγὼ ἐν ἀσθενείᾳ καὶ ἐν φόβῳ καὶ ἐν τρόμῳ πολλῷ ἐγενόμην
πρὸς ὑμᾶς, 4 καὶ ὁ λόγος μου καὶ τὸ κήρυγμά μου οὐκ ἐν πειθοῖς ἀνθρω-
πίνης σοφίας λόγοις, ἀλλ᾽ ἐν ἀποδείξει Πνεύματος καὶ δυνάμεως, 5 ἵνα
ἡ πίστις ὑμῶν μὴ ᾖ ἐν σοφίᾳ ἀνθρώπων, ἀλλ᾽ ἐν δυνάμει Θεοῦ.

6 Σοφίαν δὲ λαλοῦμεν ἐν τοῖς τελείοις, σοφίαν δὲ οὐ τοῦ αἰῶνος τούτου,
οὐδὲ τῶν ἀρχόντων τοῦ αἰῶνος τούτου τῶν καταργουμένων· 7 ἀλλὰ λα-
λοῦμεν σοφίαν Θεοῦ ἐν μυστηρίῳ, τὴν ἀποκεκρυμμένην, ἣν προώρισεν ὁ
Θεὸς πρὸ τῶν αἰώνων εἰς δόξαν ἡμῶν, 8 ἣν οὐδεὶς τῶν ἀρχόντων τοῦ
αἰῶνος τούτου ἔγνωκεν· εἰ γὰρ ἔγνωσαν, οὐκ ἂν τὸν Κύριον τῆς δόξης ἐ-
σταύρωσαν· 9 ἀλλὰ καθὼς γέγραπται, ἃ ὀφθαλμὸς οὐκ εἶδε καὶ οὖς οὐκ
ἤκουσε καὶ ἐπὶ καρδίαν ἀνθρώπου οὐκ ἀνέβη, ἃ ἡτοίμασεν ὁ Θεὸς τοῖς
ἀγαπῶσιν αὐτόν. 10 ἡμῖν δὲ ὁ Θεὸς ἀπεκάλυψε διὰ τοῦ Πνεύματος αὐ-
τοῦ· τὸ γὰρ Πνεῦμα πάντα ἐρευνᾷ, καὶ τὰ βάθη τοῦ Θεοῦ. 11 τίς γὰρ
οἶδεν ἀνθρώπων τὰ τοῦ ἀνθρώπου εἰ μὴ τὸ πνεῦμα τοῦ ἀνθρώπου τὸ ἐν
αὐτῷ; οὕτω καὶ τὰ τοῦ Θεοῦ οὐδεὶς οἶδεν εἰ μὴ τὸ Πνεῦμα τοῦ Θεοῦ. 12
ἡμεῖς δὲ οὐ τὸ πνεῦμα τοῦ κόσμου ἐλάβομεν, ἀλλὰ τὸ Πνεῦμα τὸ ἐκ τοῦ
Θεοῦ, ἵνα εἰδῶμεν τὰ ὑπὸ τοῦ Θεοῦ χαρισθέντα ἡμῖν. 13 ἃ καὶ λαλοῦ-
μεν οὐκ ἐν διδακτοῖς ἀνθρωπίνης σοφίας λόγοις, ἀλλ᾽ ἐν διδακτοῖς
Πνεύματος Ἁγίου, πνευματικοῖς πνευματικὰ συγκρίνοντες. 14 ψυχικὸς
δὲ ἄνθρωπος οὐ δέχεται τὰ τοῦ Πνεύματος τοῦ Θεοῦ· μωρία γὰρ αὐτῷ
ἐστι, καὶ οὐ δύναται γνῶναι, ὅτι πνευματικῶς ἀνακρίνεται. 15 ὁ δὲ
πνευματικὸς ἀνακρίνει μὲν πάντα, αὐτὸς δὲ ὑπ᾽ οὐδενὸς ἀνακρίνεται. 16
τίς γὰρ ἔγνω νοῦν Κυρίου, ὃς συμβιβάσει αὐτόν; ἡμεῖς δὲ νοῦν Χριστοῦ
ἔχομεν.

3

ΚΑΙ ἐγώ, ἀδελφοί, οὐκ ἠδυνήθην ὑμῖν λαλῆσαι ὡς πνευματικοῖς,
ἀλλ᾽ ὡς σαρκικοῖς, ὡς νηπίοις ἐν Χριστῷ. 2 γάλα ὑμᾶς ἐπότισα καὶ
οὐ βρῶμα. οὔπω γὰρ ἠδύνασθε. ἀλλ᾽ οὔτε ἔτι νῦν δύνασθε· ἔτι γὰρ
σαρκικοί ἐστε. 3 ὅπου γὰρ ἐν ὑμῖν ζῆλος καὶ ἔρις καὶ διχοστασίαι, οὐχὶ
σαρκικοί ἐστε καὶ κατὰ ἄνθρωπον περιπατεῖτε; 4 ὅταν γὰρ λέγῃ τις,
ἐγὼ μέν εἰμι Παύλου, ἕτερος δὲ ἐγὼ Ἀπολλώ, οὐχὶ σαρκικοί ἐστε;

5 Τίς οὖν ἐστι Παῦλος, τίς δὲ Ἀπολλὼς ἀλλ᾽ ἢ διάκονοι δι᾽ ὧν ἐπιστεύ-
σατε, καὶ ἑκάστῳ ὡς ὁ Κύριος ἔδωκεν; 6 ἐγὼ ἐφύτευσα, Ἀπολλὼς ἐπό-
τισεν, ἀλλ᾽ ὁ Θεὸς ηὔξανεν· 7 ὥστε οὔτε ὁ φυτεύων ἐστί τι οὔτε ὁ ποτί-
ζων, ἀλλ᾽ ὁ αὐξάνων Θεός. 8 ὁ φυτεύων δὲ καὶ ὁ ποτίζων ἕν εἰσιν· ἕκα-

στος δὲ τὸν ἴδιον μισθὸν λήψεται κατὰ τὸν ἴδιον κόπον. 9 Θεοῦ γάρ ἐ-
σμεν συνεργοί· Θεοῦ γεώργιον, Θεοῦ οἰκοδομή ἐστε.

10 Κατὰ τὴν χάριν τοῦ Θεοῦ τὴν δοθεῖσάν μοι ὡς σοφὸς ἀρχιτέκτων
θεμέλιον τέθεικα, ἄλλος δὲ ἐποικοδομεῖ· ἕκαστος δὲ βλεπέτω πῶς ἐποι-
κοδομεῖ· 11 θεμέλιον γὰρ ἄλλον οὐδεὶς δύναται θεῖναι παρὰ τὸν κείμε-
νον, ὅς ἐστιν Ἰησοῦς Χριστός. 12 εἰ δέ τις ἐποικοδομεῖ ἐπὶ τὸν θεμέλιον
τοῦτον χρυσόν, ἄργυρον, λίθους τιμίους, ξύλα, χόρτον, καλάμην, 13 ἑ-
κάστου τὸ ἔργον φανερὸν γενήσεται· ἡ γὰρ ἡμέρα δηλώσει· ὅτι ἐν πυρὶ
ἀποκαλύπτεται· καὶ ἑκάστου τὸ ἔργον ὁποῖόν ἐστι τὸ πῦρ δοκιμάσει. 14
εἴ τινος τὸ ἔργον μενεῖ ὃ ἐπῳκοδόμησε, μισθὸν λήψεται· 15 εἴ τινος τὸ
ἔργον κατακαήσεται, ζημιωθήσεται, αὐτὸς δὲ σωθήσεται, οὕτως δὲ ὡς
διὰ πυρός.

16 Οὐκ οἴδατε ὅτι ναὸς Θεοῦ ἐστε καὶ τὸ Πνεῦμα τοῦ Θεοῦ οἰκεῖ ἐν ὑ-
μῖν; 17 εἴ τις τὸν ναὸν τοῦ Θεοῦ φθείρει, φθερεῖ τοῦτον ὁ Θεός· ὁ γὰρ
ναὸς τοῦ Θεοῦ ἅγιός ἐστιν, οἵτινές ἐστε ὑμεῖς.

18 Μηδεὶς ἑαυτὸν ἐξαπατάτω· εἴ τις δοκεῖ σοφὸς εἶναι ἐν ὑμῖν ἐν τῷ αἰ-
ῶνι τούτῳ, μωρὸς γενέσθω, ἵνα γένηται σοφός. 19 ἡ γὰρ σοφία τοῦ κό-
σμου τούτου μωρία παρὰ τῷ Θεῷ ἐστι. γέγραπται γάρ· ὁ δρασσόμενος
τοὺς σοφοὺς ἐν τῇ πανουργίᾳ αὐτῶν. 20 καὶ πάλιν· Κύριος γινώσκει
τοὺς διαλογισμοὺς τῶν σοφῶν, ὅτι εἰσὶ μάταιοι. 21 ὥστε μηδεὶς καυχά-
σθω ἐν ἀνθρώποις· πάντα γὰρ ὑμῶν ἐστιν, 22 εἴτε Παῦλος εἴτε Ἀπολ-
λὼς εἴτε Κηφᾶς εἴτε κόσμος εἴτε ζωὴ εἴτε θάνατος εἴτε ἐνεστῶτα εἴτε
μέλλοντα, πάντα ὑμῶν ἐστιν, 23 ὑμεῖς δὲ Χριστοῦ, Χριστὸς δὲ Θεοῦ.

4

ΟΥΤΩΣ ἡμᾶς λογιζέσθω ἄνθρωπος, ὡς ὑπηρέτας Χριστοῦ καὶ οἰκο-
νόμους μυστηρίων Θεοῦ. 2 ὃ δὲ λοιπὸν ζητεῖται ἐν τοῖς οἰκονόμοις,
ἵνα πιστός τις εὑρεθῇ. 3 ἐμοὶ δὲ εἰς ἐλάχιστόν ἐστιν ἵνα ὑφ᾽ ὑμῶν ἀ-
νακριθῶ ἢ ὑπὸ ἀνθρωπίνης ἡμέρας· ἀλλ᾽ οὐδὲ ἐμαυτὸν ἀνακρίνω· 4 οὐ-
δὲν γὰρ ἐμαυτῷ σύνοιδα· ἀλλ᾽ οὐκ ἐν τούτῳ δεδικαίωμαι· ὁ δὲ ἀνακρί-
νων με Κύριός ἐστιν. 5 ὥστε μὴ πρὸ καιροῦ τι κρίνετε, ἕως ἂν ἔλθῃ ὁ
Κύριος, ὃς καὶ φωτίσει τὰ κρυπτὰ τοῦ σκότους καὶ φανερώσει τὰς βου-
λὰς τῶν καρδιῶν, καὶ τότε ὁ ἔπαινος γενήσεται ἑκάστῳ ἀπὸ τοῦ Θεοῦ.

6 Ταῦτα δέ, ἀδελφοί, μετεσχημάτισα εἰς ἐμαυτὸν καὶ Ἀπολλὼ δι᾽ ὑμᾶς,
ἵνα ἐν ἡμῖν μάθητε τὸ μὴ ὑπὲρ ὃ γέγραπται φρονεῖν, ἵνα μὴ εἷς ὑπὲρ τοῦ
ἑνὸς φυσιοῦσθε κατὰ τοῦ ἑτέρου. 7 τίς γάρ σε διακρίνει; τί δὲ ἔχεις ὃ οὐκ
ἔλαβες; εἰ δὲ καὶ ἔλαβες, τί καυχᾶσαι ὡς μὴ λαβών; 8 ἤδη κεκορεσμέ-
νοι ἐστέ, ἤδη ἐπλουτήσατε, χωρὶς ἡμῶν ἐβασιλεύσατε· καὶ ὄφελόν γε ἐ-
βασιλεύσατε, ἵνα καὶ ἡμεῖς ὑμῖν συμβασιλεύσωμεν. 9 δοκῶ γὰρ ὅτι ὁ
Θεὸς ἡμᾶς τοὺς ἀποστόλους ἐσχάτους ἀπέδειξεν, ὡς ἐπιθανατίους, ὅτι
θέατρον ἐγενήθημεν τῷ κόσμῳ, καὶ ἀγγέλοις καὶ ἀνθρώποις. 10 ἡμεῖς
μωροὶ διὰ Χριστόν, ὑμεῖς δὲ φρόνιμοι ἐν Χριστῷ· ἡμεῖς ἀσθενεῖς, ὑμεῖς
δὲ ἰσχυροί· ὑμεῖς ἔνδοξοι, ἡμεῖς δὲ ἄτιμοι. 11 ἄχρι τῆς ἄρτι ὥρας καὶ
πεινῶμεν καὶ διψῶμεν καὶ γυμνητεύομεν καὶ κολαφιζόμεθα καὶ ἀστα-
τοῦμεν 12 καὶ κοπιῶμεν ἐργαζόμενοι ταῖς ἰδίαις χερσί· λοιδορούμενοι
εὐλογοῦμεν, διωκόμενοι ἀνεχόμεθα, 13 βλασφημούμενοι παρακαλοῦ-
μεν· ὡς περικαθάρματα τοῦ κόσμου ἐγενήθημεν, πάντων περίψημα ἕως
ἄρτι.

14 Οὐκ ἐντρέπων ὑμᾶς γράφω ταῦτα, ἀλλ᾽ ὡς τέκνα μου ἀγαπητὰ νου-
θετῶ. 15 ἐὰν γὰρ μυρίους παιδαγωγοὺς ἔχητε ἐν Χριστῷ, ἀλλ᾽ οὐ πολ-
λοὺς πατέρας· ἐν γὰρ Χριστῷ Ἰησοῦ διὰ τοῦ εὐαγγελίου ἐγὼ ὑμᾶς ἐ-
γέννησα. 16 παρακαλῶ οὖν ὑμᾶς, μιμηταί μου γίνεσθε. 17 διὰ τοῦτο ἔ-
πεμψα ὑμῖν Τιμόθεον, ὅς ἐστι τέκνον μου ἀγαπητὸν καὶ πιστὸν ἐν Κυ-
ρίῳ, ὃς ὑμᾶς ἀναμνήσει τὰς ὁδούς μου τὰς ἐν Χριστῷ, καθὼς πανταχοῦ
ἐν πάσῃ ἐκκλησίᾳ διδάσκω. 18 ὡς μὴ ἐρχομένου δέ μου πρὸς ὑμᾶς ἐφυ-
σιώθησάν τινες· 19 ἐλεύσομαι δὲ ταχέως πρὸς ὑμᾶς, ἐὰν ὁ Κύριος θε-
λήσῃ, καὶ γνώσομαι οὐ τὸν λόγον τῶν πεφυσιωμένων, ἀλλὰ τὴν δύνα-
μιν· 20 οὐ γὰρ ἐν λόγῳ ἡ βασιλεία τοῦ Θεοῦ, ἀλλ᾽ ἐν δυνάμει. 21 τί θέ-
λετε; ἐν ῥάβδῳ ἔλθω πρὸς ὑμᾶς, ἢ ἐν ἀγάπῃ πνεύματί τε πρᾳότητος;

5

ὍΛΩΣ ἀκούεται ἐν ὑμῖν πορνεία, καὶ τοιαύτη πορνεία, ἥτις οὐδὲ ἐν
τοῖς ἔθνεσιν ὀνομάζεται, ὥστε γυναῖκά τινα τοῦ πατρὸς ἔχειν. 2 καὶ
ὑμεῖς πεφυσιωμένοι ἐστέ, καὶ οὐχὶ μᾶλλον ἐπενθήσατε, ἵνα ἐξαρθῇ
ἐκ μέσου ὑμῶν ὁ τὸ ἔργον τοῦτο ποιήσας. 3 ἐγὼ μὲν γὰρ ὡς ἀπὼν τῷ
σώματι, παρὼν δὲ τῷ πνεύματι, ἤδη κέκρικα ὡς παρὼν τὸν οὕτω τοῦτο

κατεργασάμενον, 4 ἐν τῷ ὀνόματι τοῦ Κυρίου ἡμῶν Ἰησοῦ Χριστοῦ συναχθέντων ὑμῶν καὶ τοῦ ἐμοῦ πνεύματος σὺν τῇ δυνάμει τοῦ Κυρίου ἡμῶν Ἰησοῦ Χριστοῦ 5 παραδοῦναι τὸν τοιοῦτον τῷ σατανᾷ εἰς ὄλεθρον τῆς σαρκός, ἵνα τὸ πνεῦμα σωθῇ ἐν τῇ ἡμέρᾳ τοῦ Κυρίου Ἰησοῦ.

6 Οὐ καλὸν τὸ καύχημα ὑμῶν. οὐκ οἴδατε ὅτι μικρὰ ζύμη ὅλον τὸ φύραμα ζυμοῖ; 7 ἐκκαθάρατε οὖν τὴν παλαιὰν ζύμην, ἵνα ἦτε νέον φύραμα, καθώς ἐστε ἄζυμοι. καὶ γὰρ τὸ πάσχα ἡμῶν ὑπὲρ ἡμῶν ἐτύθη Χριστός· 8 ὥστε ἑορτάζωμεν μὴ ἐν ζύμῃ παλαιᾷ, μηδὲ ἐν ζύμῃ κακίας καὶ πονηρίας, ἀλλ᾽ ἐν ἀζύμοις εἰλικρινείας καὶ ἀληθείας.

9 Ἔγραψα ὑμῖν ἐν τῇ ἐπιστολῇ μὴ συναναμίγνυσθαι πόρνοις, 10 καὶ οὐ πάντως τοῖς πόρνοις τοῦ κόσμου τούτου ἢ τοῖς πλεονέκταις ἢ ἅρπαξιν ἢ εἰδωλολάτραις· ἐπεὶ ὀφείλετε ἄρα ἐκ τοῦ κόσμου ἐξελθεῖν· 11 νῦν δὲ ἔγραψα ὑμῖν μὴ συναμίγνυσθαι ἐάν τις ἀδελφὸς ὀνομαζόμενος ᾖ πόρνος ἢ πλεονέκτης ἢ εἰδωλολάτρης ἢ λοίδορος ἢ μέθυσος ἢ ἅρπαξ, τῷ τοιούτῳ μηδὲ συνεσθίειν. 12 τί γάρ μοι καὶ τοὺς ἔξω κρίνειν; οὐχὶ τοὺς ἔσω ὑμεῖς κρίνετε; 13 τοὺς δὲ ἔξω ὁ Θεὸς κρίνει. καὶ ἐξαρεῖτε τὸν πονηρὸν ἐξ ὑμῶν αὐτῶν.

6

ΤΟΛΜΑ τις ὑμῶν, πρᾶγμα ἔχων πρὸς τὸν ἕτερον, κρίνεσθαι ἐπὶ τῶν ἀδίκων καὶ οὐχὶ ἐπὶ τῶν ἁγίων; 2 οὐκ οἴδατε ὅτι οἱ ἅγιοι τὸν κόσμον κρινοῦσι; καὶ εἰ ἐν ὑμῖν κρίνεται ὁ κόσμος, ἀνάξιοί ἐστε κριτηρίων ἐλαχίστων; 3 οὐκ οἴδατε ὅτι ἀγγέλους κρινοῦμεν; μήτι γε βιωτικά; 4 βιωτικὰ μὲν οὖν κριτήρια ἐὰν ἔχητε, τοὺς ἐξουθενημένους ἐν τῇ ἐκκλησίᾳ τούτους καθίζετε. 5 πρὸς ἐντροπὴν ὑμῖν λέγω. οὕτως οὐκ ἔνι ἐν ὑμῖν σοφὸς οὐδὲ εἷς ὃς δυνήσεται διακρῖναι ἀνὰ μέσον τοῦ ἀδελφοῦ αὐτοῦ, 6 ἀλλὰ ἀδελφὸς μετὰ ἀδελφοῦ κρίνεται, καὶ τοῦτο ἐπὶ ἀπίστων; 7 ἤδη μὲν οὖν ὅλως ἥττημα ὑμῖν ἐστιν ὅτι κρίματα ἔχετε μεθ᾽ ἑαυτῶν. διατί οὐχὶ μᾶλλον ἀδικεῖσθε; διατί οὐχὶ μᾶλλον ἀποστερεῖσθε; 8 ἀλλὰ ὑμεῖς ἀδικεῖτε καὶ ἀποστερεῖτε, καὶ ταῦτα ἀδελφούς; 9 ἢ οὐκ οἴδατε ὅτι ἄδικοι βασιλείαν Θεοῦ οὐ κληρονομήσουσι; μὴ πλανᾶσθε· οὔτε πόρνοι οὔτε εἰδωλολάτραι οὔτε μοιχοὶ οὔτε μαλακοὶ οὔτε ἀρσενοκοῖται 10 οὔτε πλεονέκται οὔτε κλέπται οὔτε μέθυσοι, οὐ λοίδοροι, οὐχ ἅρπαγες βασιλείαν

Θεοῦ οὐ κληρονομήσουσι. 11 καὶ ταῦτά τινες ἦτε· ἀλλὰ ἀπελούσασθε,
ἀλλὰ ἡγιάσθητε, ἀλλὰ ἐδικαιώθητε ἐν τῷ ὀνόματι τοῦ Κυρίου Ἰησοῦ
καὶ ἐν τῷ Πνεύματι τοῦ Θεοῦ ἡμῶν.

12 Πάντα μοι ἔξεστιν, ἀλλ᾽ οὐ πάντα συμφέρει· πάντα μοι ἔξεστιν, ἀλλ᾽
οὐκ ἐγὼ ἐξουσιασθήσομαι ὑπό τινος. 13 τὰ βρώματα τῇ κοιλίᾳ καὶ ἡ
κοιλία τοῖς βρώμασιν· ὁ δὲ Θεὸς καὶ ταύτην καὶ ταῦτα καταργήσει. τὸ
δὲ σῶμα οὐ τῇ πορνείᾳ, ἀλλὰ τῷ Κυρίῳ, καὶ ὁ Κύριος τῷ σώματι· 14 ὁ
δὲ Θεὸς καὶ τὸν Κύριον ἤγειρε καὶ ἡμᾶς ἐξεγερεῖ διὰ τῆς δυνάμεως αὐ-
τοῦ. 15 οὐκ οἴδατε ὅτι τὰ σώματα ὑμῶν μέλη Χριστοῦ ἐστιν; ἄρας οὖν
τὰ μέλη τοῦ Χριστοῦ ποιήσω πόρνης μέλη; μὴ γένοιτο. 16 ἢ οὐκ οἴδατε
ὅτι ὁ κολλώμενος τῇ πόρνῃ ἓν σῶμά ἐστιν; ἔσονται γάρ, φησίν, οἱ δύο
εἰς σάρκα μίαν· 17 ὁ δὲ κολλώμενος τῷ Κυρίῳ ἓν πνεῦμά ἐστι. 18 φεύ-
γετε τὴν πορνείαν. πᾶν ἁμάρτημα ὃ ἐὰν ποιήσῃ ἄνθρωπος ἐκτὸς τοῦ
σώματός ἐστιν, ὁ δὲ πορνεύων εἰς τὸ ἴδιον σῶμα ἁμαρτάνει. 19 ἢ οὐκ οἴ-
δατε ὅτι τὸ σῶμα ὑμῶν ναὸς τοῦ ἐν ὑμῖν Ἁγίου Πνεύματός ἐστιν, οὗ ἔ-
χετε ἀπὸ Θεοῦ, καὶ οὐκ ἐστὲ ἑαυτῶν; 20 ἠγοράσθητε γὰρ τιμῆς· δοξά-
σατε δὴ τὸν Θεὸν ἐν τῷ σώματι ὑμῶν καὶ ἐν τῷ πνεύματι ὑμῶν, ἅτινά
ἐστι τοῦ Θεοῦ.

7

ΠΕΡΙ δὲ ὧν ἐγράψατέ μοι, καλὸν ἀνθρώπῳ γυναικὸς μὴ ἅπτεσθαι· 2
διὰ δὲ τὰς πορνείας ἕκαστος τὴν ἑαυτοῦ γυναῖκα ἐχέτω, καὶ ἑκάστη
τὸν ἴδιον ἄνδρα ἐχέτω. 3 τῇ γυναικὶ ὁ ἀνὴρ τὴν ὀφειλομένην εὔνοιαν
ἀποδιδότω, ὁμοίως δὲ καὶ ἡ γυνὴ τῷ ἀνδρί. 4 ἡ γυνὴ τοῦ ἰδίου σώματος
οὐκ ἐξουσιάζει, ἀλλ᾽ ὁ ἀνήρ· ὁμοίως δὲ καὶ ὁ ἀνὴρ τοῦ ἰδίου σώματος οὐκ
ἐξουσιάζει, ἀλλ᾽ ἡ γυνή. 5 μὴ ἀποστερεῖτε ἀλλήλους, εἰ μή τι ἂν ἐκ
συμφώνου πρὸς καιρόν, ἵνα σχολάζητε τῇ νηστείᾳ καὶ τῇ προσευχῇ καὶ
πάλιν ἐπὶ τὸ αὐτὸ συνέρχησθε, ἵνα μὴ πειράζῃ ὑμᾶς ὁ σατανᾶς διὰ τὴν
ἀκρασίαν ὑμῶν. 6 τοῦτο δὲ λέγω κατὰ συγγνώμην, οὐ κατ᾽ ἐπιταγήν. 7
θέλω γὰρ πάντας ἀνθρώπους εἶναι ὡς καὶ ἐμαυτόν· ἀλλ᾽ ἕκαστος ἴδιον
χάρισμα ἔχει ἐκ Θεοῦ, ὃς μὲν οὕτως, ὃς δὲ οὕτως.

8 Λέγω δὲ τοῖς ἀγάμοις καὶ ταῖς χήραις, καλὸν αὐτοῖς ἐστιν ἐὰν μείνω-
σιν ὡς κἀγώ. 9 εἰ δὲ οὐκ ἐγκρατεύονται, γαμησάτωσαν· κρεῖσσον γάρ ἐ-

στι γαμῆσαι ἢ πυροῦσθαι. 10 τοῖς δὲ γεγαμηκόσι παραγγέλλω, οὐκ
ἐγώ, ἀλλ᾽ ὁ Κύριος, γυναῖκα ἀπὸ ἀνδρὸς μὴ χωρισθῆναι· 11 ἐὰν δὲ καὶ
χωρισθῇ, μενέτω ἄγαμος ἢ τῷ ἀνδρὶ καταλλαγήτω· καὶ ἄνδρα γυναῖκα
μὴ ἀφιέναι. 12 τοῖς δὲ λοιποῖς ἐγὼ λέγω, οὐχ ὁ Κύριος· εἴ τις ἀδελφὸς
γυναῖκα ἔχει ἄπιστον, καὶ αὐτὴ συνευδοκεῖ οἰκεῖν μετ᾽ αὐτοῦ, μὴ ἀφιέτω
αὐτήν· 13 καὶ γυνὴ εἴ τις ἔχει ἄνδρα ἄπιστον, καὶ αὐτὸς συνευδοκεῖ οἰ-
κεῖν μετ᾽ αὐτῆς, μὴ ἀφιέτω αὐτόν. 14 ἡγίασται γὰρ ὁ ἀνὴρ ὁ ἄπιστος ἐν
τῇ γυναικί, καὶ ἡγίασται ἡ γυνὴ ἡ ἄπιστος ἐν τῷ ἀνδρί· ἐπεὶ ἄρα τὰ τέ-
κνα ὑμῶν ἀκάθαρτά ἐστι, νῦν δὲ ἅγιά ἐστιν. 15 εἰ δὲ ὁ ἄπιστος χωρίζε-
ται, χωριζέσθω. οὐ δεδούλωται ὁ ἀδελφὸς ἢ ἡ ἀδελφὴ ἐν τοῖς τοιούτοις.
ἐν δὲ εἰρήνῃ κέκληκεν ἡμᾶς ὁ Θεός. 16 τί γὰρ οἶδας, γύναι, εἰ τὸν ἄνδρα
σώσεις; ἢ τί οἶδας, ἄνερ, εἰ τὴν γυναῖκα σώσεις; 17 εἰ μὴ ἑκάστῳ ὡς ἐ-
μέρισεν ὁ Θεός, ἕκαστον ὡς κέκληκεν ὁ Κύριος, οὕτω περιπατείτω. καὶ
οὕτως ἐν ταῖς ἐκκλησίαις πάσαις διατάσσομαι. 18 περιτετμημένος τις
ἐκλήθη; μὴ ἐπισπάσθω. ἐν ἀκροβυστίᾳ τις ἐκλήθη; μὴ περιτεμνέσθω.
19 ἡ περιτομὴ οὐδέν ἐστι, καὶ ἡ ἀκροβυστία οὐδέν ἐστιν, ἀλλὰ τήρησις
ἐντολῶν Θεοῦ. 20 ἕκαστος ἐν τῇ κλήσει ᾗ ἐκλήθη, ἐν ταύτῃ μενέτω.
21 δοῦλος ἐκλήθης; μή σοι μελέτω· ἀλλ᾽ εἰ καὶ δύνασαι ἐλεύθερος γενέ-
σθαι, μᾶλλον χρῆσαι. 22 ὁ γὰρ ἐν Κυρίῳ κληθεὶς δοῦλος ἀπελεύθερος
Κυρίου ἐστίν· ὁμοίως καὶ ὁ ἐλεύθερος κληθεὶς δοῦλός ἐστι Χριστοῦ. 23
τιμῆς ἠγοράσθητε· μὴ γίνεσθε δοῦλοι ἀνθρώπων. 24 ἕκαστος ἐν ᾧ ἐ-
κλήθη, ἀδελφοί, ἐν τούτῳ μενέτω παρὰ τῷ Θεῷ.

25 Περὶ δὲ τῶν παρθένων ἐπιταγὴν Κυρίου οὐκ ἔχω, γνώμην δὲ δίδωμι
ὡς ἠλεημένος ὑπὸ Κυρίου πιστὸς εἶναι. 26 νομίζω οὖν τοῦτο καλὸν ὑ-
πάρχειν διὰ τὴν ἐνεστῶσαν ἀνάγκην, ὅτι καλὸν ἀνθρώπῳ τὸ οὕτως εἶ-
ναι. 27 δέδεσαι γυναικί; μὴ ζήτει λύσιν· λέλυσαι ἀπὸ γυναικός; μὴ ζή-
τει γυναῖκα· 28 ἐὰν δὲ καὶ γήμῃς, οὐχ ἥμαρτες· καὶ ἐὰν γήμῃ ἡ παρθέ-
νος, οὐχ ἥμαρτε· θλῖψιν δὲ τῇ σαρκὶ ἕξουσιν οἱ τοιοῦτοι· ἐγὼ δὲ ὑμῶν
φείδομαι. 29 τοῦτο δέ φημι, ἀδελφοί, ὁ καιρὸς συνεσταλμένος τὸ λοιπόν
ἐστιν, ἵνα καὶ οἱ ἔχοντες γυναῖκας ὡς μὴ ἔχοντες ὦσι, 30 καὶ οἱ κλαίον-
τες ὡς μὴ κλαίοντες, καὶ οἱ χαίροντες ὡς μὴ χαίροντες, καὶ οἱ ἀγορά-
ζοντες ὡς μὴ κατέχοντες, 31 καὶ οἱ χρώμενοι τῷ κόσμῳ τούτῳ ὡς μὴ
καταχρώμενοι· παράγει γὰρ τὸ σχῆμα τοῦ κόσμου τούτου. 32 θέλω δὲ
ὑμᾶς ἀμερίμνους εἶναι. ὁ ἄγαμος μεριμνᾷ τὰ τοῦ Κυρίου, πῶς ἀρέσει τῷ
Κυρίῳ· 33 ὁ δὲ γαμήσας μεριμνᾷ τὰ τοῦ κόσμου, πῶς ἀρέσει τῇ γυναι-
κί. 34 μεμέρισται καὶ ἡ γυνὴ καὶ ἡ παρθένος. ἡ ἄγαμος μεριμνᾷ τὰ τοῦ

Κυρίου, ἵνα ᾖ ἁγία καὶ σώματι καὶ πνεύματι· ἡ δὲ γαμήσασα μεριμνᾷ
τὰ τοῦ κόσμου, πῶς ἀρέσει τῷ ἀνδρί. 35 τοῦτο δὲ πρὸς τὸ ὑμῶν αὐτῶν
συμφέρον λέγω, οὐχ ἵνα βρόχον ὑμῖν ἐπιβάλω, ἀλλὰ πρὸς τὸ εὔσχημον
καὶ εὐπάρεδρον τῷ Κυρίῳ ἀπερισπάστως.

36 Εἰ δέ τις ἀσχημονεῖν ἐπὶ τὴν παρθένον αὐτοῦ νομίζει, ἐὰν ᾖ ὑπέρα-
κμος, καὶ οὕτως ὀφείλει γίνεσθαι ὃ θέλει ποιείτω· οὐχ ἁμαρτάνει· γαμεί-
τωσαν. 37 ὃς δὲ ἕστηκεν ἑδραῖος ἐν τῇ καρδίᾳ, μὴ ἔχων ἀνάγκην, ἐξου-
σίαν δὲ ἔχει περὶ τοῦ ἰδίου θελήματος, καὶ τοῦτο κέκρικεν ἐν τῇ καρδίᾳ
αὐτοῦ, τοῦ τηρεῖν τὴν ἑαυτοῦ παρθένον, καλῶς ποιεῖ. 38 ὥστε καὶ ὁ ἐκ-
γαμίζων καλῶς ποιεῖ, ὁ δὲ μὴ ἐκγαμίζων κρεῖσσον ποιεῖ.

39 Γυνὴ δέδεται νόμῳ ἐφ᾽ ὅσον χρόνον ζῇ ὁ ἀνὴρ αὐτῆς· ἐὰν δὲ κοιμηθῇ
ὁ ἀνὴρ αὐτῆς, ἐλευθέρα ἐστὶν ᾧ θέλει γαμηθῆναι, μόνον ἐν Κυρίῳ. 40
μακαριωτέρα δέ ἐστιν ἐὰν οὕτω μείνῃ, κατὰ τὴν ἐμὴν γνώμην· δοκῶ δὲ
κἀγὼ Πνεῦμα Θεοῦ ἔχειν.

8

ΠΕΡΙ δὲ τῶν εἰδωλοθύτων, οἴδαμεν ὅτι πάντες γνῶσιν ἔχομεν. 2 ἡ
γνῶσις φυσιοῖ, ἡ δὲ ἀγάπη οἰκοδομεῖ. εἰ δέ τις δοκεῖ εἰδέναι τι, οὐδέ-
πω οὐδὲν ἔγνωκε καθὼς δεῖ γνῶναι· 3 εἰ δέ τις ἀγαπᾷ τὸν Θεόν, οὗ-
τος ἔγνωσται ὑπ᾽ αὐτοῦ. 4 περὶ τῆς βρώσεως οὖν τῶν εἰδωλοθύτων οἴ-
δαμεν ὅτι οὐδὲν εἴδωλον ἐν κόσμῳ, καὶ ὅτι οὐδεὶς Θεὸς ἕτερος εἰ μὴ εἷς.
5 καὶ γὰρ εἴπερ εἰσὶ λεγόμενοι θεοὶ εἴτε ἐν οὐρανῷ εἴτε ἐπὶ τῆς γῆς, ὥ-
σπερ εἰσὶ θεοὶ πολλοὶ καὶ κύριοι πολλοί, 6 ἀλλ᾽ ἡμῖν εἷς Θεὸς ὁ πατήρ,
ἐξ οὗ τὰ πάντα καὶ ἡμεῖς εἰς αὐτόν, καὶ εἷς Κύριος Ἰησοῦς Χριστός, δι᾽
οὗ τὰ πάντα καὶ ἡμεῖς δι᾽ αὐτοῦ.

7 Ἀλλ᾽ οὐκ ἐν πᾶσιν ἡ γνῶσις· τινὲς δὲ τῇ συνειδήσει τοῦ εἰδώλου ἕως
ἄρτι ὡς εἰδωλόθυτον ἐσθίουσι, καὶ ἡ συνείδησις αὐτῶν ἀσθενὴς οὖσα μο-
λύνεται. 8 βρῶμα δὲ ἡμᾶς οὐ παρίστησι τῷ Θεῷ· οὔτε γὰρ ἐὰν φάγω-
μεν περισσεύωμεν, οὔτε ἐὰν μὴ φάγωμεν ὑστερούμεθα. 9 βλέπετε δὲ
μήπως ἡ ἐξουσία ὑμῶν αὕτη πρόσκομμα γένηται τοῖς ἀσθενοῦσιν. 10
ἐὰν γάρ τις ἴδῃ σε, τὸν ἔχοντα γνῶσιν, ἐν εἰδωλείῳ κατακείμενον, οὐχὶ
ἡ συνείδησις αὐτοῦ ἀσθενοῦς ὄντος οἰκοδομηθήσεται εἰς τὸ τὰ εἰδωλόθυ-
τα ἐσθίειν; 11 καὶ ἀπολεῖται ὁ ἀσθενῶν ἀδελφὸς ἐπὶ τῇ σῇ γνώσει, δι᾽ ὃν

Χριστὸς ἀπέθανεν. 12 οὕτω δὲ ἁμαρτάνοντες εἰς τοὺς ἀδελφοὺς καὶ τύ-
πτοντες αὐτῶν τὴν συνείδησιν ἀσθενοῦσαν εἰς Χριστὸν ἁμαρτάνετε. 13
διόπερ εἰ βρῶμα σκανδαλίζει τὸν ἀδελφόν μου, οὐ μὴ φάγω κρέα εἰς τὸν
αἰῶνα, ἵνα μὴ τὸν ἀδελφόν μου σκανδαλίσω.

9

ΟΥΚ εἰμὶ ἀπόστολος; οὐκ εἰμὶ ἐλεύθερος; οὐχὶ Ἰησοῦν Χριστὸν τὸν
Κύριον ἡμῶν ἑώρακα; οὐ τὸ ἔργον μου ὑμεῖς ἐστε ἐν Κυρίῳ; 2 εἰ
ἄλλοις οὐκ εἰμὶ ἀπόστολος, ἀλλά γε ὑμῖν εἰμι· ἡ γὰρ σφραγὶς τῆς ἐ-
μῆς ἀποστολῆς ὑμεῖς ἐστε ἐν Κυρίῳ. 3 ἡ ἐμὴ ἀπολογία τοῖς ἐμὲ ἀνα-
κρίνουσιν αὕτη ἐστί. 4 μὴ οὐκ ἔχομεν ἐξουσίαν φαγεῖν καὶ πιεῖν; 5 μὴ
οὐκ ἔχομεν ἐξουσίαν ἀδελφὴν γυναῖκα περιάγειν, ὡς καὶ οἱ λοιποὶ ἀπό-
στολοι καὶ οἱ ἀδελφοὶ τοῦ Κυρίου καὶ Κηφᾶς; 6 ἢ μόνος ἐγὼ καὶ Βαρνά-
βας οὐκ ἔχομεν ἐξουσίαν τοῦ μὴ ἐργάζεσθαι; 7 τίς στρατεύεται ἰδίοις ὀ-
ψωνίοις ποτέ; τίς φυτεύει ἀμπελῶνα καὶ ἐκ τοῦ καρποῦ αὐτοῦ οὐκ ἐσθί-
ει; ἢ τίς ποιμαίνει ποίμνην καὶ ἐκ τοῦ γάλακτος τῆς ποίμνης οὐκ ἐσθίει;

8 Μὴ κατὰ ἄνθρωπον ταῦτα λαλῶ; ἢ οὐχὶ καὶ ὁ νόμος ταῦτα λέγει; 9 ἐν
γὰρ τῷ Μωϋσέως νόμῳ γέγραπται· οὐ φιμώσεις βοῦν ἀλοῶντα. μὴ τῶν
βοῶν μέλει τῷ Θεῷ; 10 ἢ δι' ἡμᾶς πάντως λέγει; δι' ἡμᾶς γὰρ ἐγράφη,
ὅτι ἐπ' ἐλπίδι ὀφείλει ὁ ἀροτριῶν ἀροτριᾶν, καὶ ὁ ἀλοῶν τῆς ἐλπίδος αὐ-
τοῦ μετέχειν ἐπ' ἐλπίδι. 11 εἰ ἡμεῖς ὑμῖν τὰ πνευματικὰ ἐσπείραμεν,
μέγα εἰ ἡμεῖς ὑμῶν τὰ σαρκικὰ θερίσομεν; 12 εἰ ἄλλοι τῆς ἐξουσίας ὑ-
μῶν μετέχουσιν, οὐ μᾶλλον ἡμεῖς; ἀλλ' οὐκ ἐχρησάμεθα τῇ ἐξουσίᾳ
ταύτῃ, ἀλλὰ πάντα στέγομεν, ἵνα μὴ ἐγκοπήν τινα δῶμεν τῷ εὐαγγε-
λίῳ τοῦ Χριστοῦ. 13 οὐκ οἴδατε ὅτι οἱ τὰ ἱερὰ ἐργαζόμενοι ἐκ τοῦ ἱεροῦ
ἐσθίουσιν, οἱ τῷ θυσιαστηρίῳ προσεδρεύοντες τῷ θυσιαστηρίῳ συμμερί-
ζονται; 14 οὕτω καὶ ὁ Κύριος διέταξε τοῖς τὸ εὐαγγέλιον καταγγέλλου-
σιν ἐκ τοῦ εὐαγγελίου ζῆν. 15 ἐγὼ δὲ οὐδενὶ ἐχρησάμην τούτων. οὐκ ἔ-
γραψα δὲ ταῦτα ἵνα οὕτω γένηται ἐν ἐμοί· καλὸν γάρ μοι μᾶλλον ἀπο-
θανεῖν ἢ τὸ καύχημά μου ἵνα τις κενώσῃ. 16 ἐὰν γὰρ εὐαγγελίζωμαι,
οὐκ ἔστι μοι καύχημα· ἀνάγκη γάρ μοι ἐπίκειται· οὐαὶ δὲ μοί ἐστιν ἐὰν
μὴ εὐαγγελίζωμαι· 17 εἰ γὰρ ἑκὼν τοῦτο πράσσω, μισθὸν ἔχω· εἰ δὲ ἄ-
κων, οἰκονομίαν πεπίστευμαι. 18 τίς οὖν μοί ἐστιν ὁ μισθός; ἵνα εὐαγγε-

λιζόμενος ἀδάπανον θήσω τὸ εὐαγγέλιον τοῦ Χριστοῦ, εἰς τὸ μὴ κατα-
χρήσασθαι τῇ ἐξουσίᾳ μου ἐν τῷ εὐαγγελίῳ.

19 Ἐλεύθερος γὰρ ὢν ἐκ πάντων πᾶσιν ἐμαυτὸν ἐδούλωσα, ἵνα τοὺς
πλείονας κερδήσω· 20 καὶ ἐγενόμην τοῖς Ἰουδαίοις ὡς Ἰουδαῖος, ἵνα Ἰ-
ουδαίους κερδήσω· τοῖς ὑπὸ νόμον ὡς ὑπὸ νόμον, ἵνα τοὺς ὑπὸ νόμον
κερδήσω· 21 τοῖς ἀνόμοις ὡς ἄνομος, μὴ ὢν ἄνομος Θεῷ, ἀλλ' ἔννομος
Χριστῷ, ἵνα κερδήσω ἀνόμους· 22 ἐγενόμην τοῖς ἀσθενέσιν ὡς ἀσθενής,
ἵνα τοὺς ἀσθενεῖς κερδήσω· τοῖς πᾶσι γέγονα τὰ πάντα, ἵνα πάντως τι-
νὰς σώσω. 23 Τοῦτο δὲ ποιῶ διὰ τὸ εὐαγγέλιον, ἵνα συγκοινωνὸς αὐτοῦ
γένωμαι.

24 Οὐκ οἴδατε ὅτι οἱ ἐν σταδίῳ τρέχοντες πάντες μὲν τρέχουσιν, εἷς δὲ
λαμβάνει τὸ βραβεῖον; οὕτω τρέχετε, ἵνα καταλάβητε. 25 πᾶς δὲ ὁ ἀ-
γωνιζόμενος πάντα ἐγκρατεύεται, ἐκεῖνοι μὲν οὖν ἵνα φθαρτὸν στέφανον
λάβωσιν, ἡμεῖς δὲ ἄφθαρτον. 26 ἐγὼ τοίνυν οὕτω τρέχω, ὡς οὐκ ἀδή-
λως, οὕτω πυκτεύω, ὡς οὐκ ἀέρα δέρων, 27 ἀλλ' ὑποπιάζω μου τὸ σῶ-
μα καὶ δουλαγωγῶ, μήπως ἄλλοις κηρύξας αὐτὸς ἀδόκιμος γένωμαι.

10

ΟΥ θέλω δὲ ὑμᾶς ἀγνοεῖν, ἀδελφοί, ὅτι οἱ πατέρες ἡμῶν πάντες ὑπὸ
τὴν νεφέλην ἦσαν, καὶ πάντες διὰ τῆς θαλάσσης διῆλθον, 2 καὶ
πάντες εἰς τὸν Μωϋσῆν ἐβαπτίσαντο ἐν τῇ νεφέλῃ καὶ ἐν τῇ θαλάσ-
σῃ, 3 καὶ πάντες τὸ αὐτὸ βρῶμα πνευματικὸν ἔφαγον, 4 καὶ πάντες τὸ
αὐτὸ πόμα πνευματικὸν ἔπιον· ἔπινον γὰρ ἐκ πνευματικῆς ἀκολουθού-
σης πέτρας, ἡ δὲ πέτρα ἦν ὁ Χριστός. 5 ἀλλ' οὐκ ἐν τοῖς πλείοσιν αὐτῶν
εὐδόκησεν ὁ Θεός· κατεστρώθησαν γὰρ ἐν τῇ ἐρήμῳ. 6 ταῦτα δὲ τύποι
ἡμῶν ἐγενήθησαν, εἰς τὸ μὴ εἶναι ἡμᾶς ἐπιθυμητὰς κακῶν, καθὼς κἀ-
κεῖνοι ἐπεθύμησαν. 7 μηδὲ εἰδωλολάτραι γίνεσθε, καθώς τινες αὐτῶν,
ὡς γέγραπται· ἐκάθισεν ὁ λαὸς φαγεῖν καὶ πιεῖν, καὶ ἀνέστησαν παίζειν.
8 μηδὲ πορνεύωμεν, καθώς τινες αὐτῶν ἐπόρνευσαν καὶ ἔπεσον ἐν μιᾷ
ἡμέρᾳ εἰκοσιτρεῖς χιλιάδες. 9 μηδὲ ἐκπειράζωμεν τὸν Χριστόν, καθὼς
καί τινες αὐτῶν ἐπείρασαν καὶ ὑπὸ τῶν ὄφεων ἀπώλοντο. 10 μηδὲ γογ-
γύζετε, καθὼς καί τινες αὐτῶν ἐγόγγυσαν καὶ ἀπώλοντο ὑπὸ τοῦ ὀλο-
θρευτοῦ. 11 ταῦτα δὲ πάντα τύποι συνέβαινον ἐκείνοις, ἐγράφη δὲ πρὸς

νουθεσίαν ἡμῶν, εἰς οὓς τὰ τέλη τῶν αἰώνων κατήντησεν. 12 ὥστε ὁ δοκῶν ἑστάναι βλεπέτω μὴ πέσῃ. 13 πειρασμὸς ὑμᾶς οὐκ εἴληφεν εἰ μὴ ἀνθρώπινος· πιστὸς δὲ ὁ Θεός, ὃς οὐκ ἐάσει ὑμᾶς πειρασθῆναι ὑπὲρ ὃ δύνασθε, ἀλλὰ ποιήσει σὺν τῷ πειρασμῷ καὶ τὴν ἔκβασιν τοῦ δύνασθαι ὑμᾶς ὑπενεγκεῖν.

14 Διόπερ, ἀγαπητοί μου, φεύγετε ἀπὸ τῆς εἰδωλολατρείας. 15 ὡς φρονίμοις λέγω· κρίνατε ὑμεῖς ὅ φημι. 16 τὸ ποτήριον τῆς εὐλογίας ὃ εὐλογοῦμεν, οὐχὶ κοινωνία τοῦ αἵματος τοῦ Χριστοῦ ἐστι; τὸν ἄρτον ὃν κλῶμεν, οὐχὶ κοινωνία τοῦ σώματος τοῦ Χριστοῦ ἐστιν; 17 ὅτι εἷς ἄρτος, ἓν σῶμα οἱ πολλοί ἐσμεν· οἱ γὰρ πάντες ἐκ τοῦ ἑνὸς ἄρτου μετέχομεν. 18 βλέπετε τὸν Ἰσραὴλ κατὰ σάρκα· οὐχὶ οἱ ἐσθίοντες τὰς θυσίας κοινωνοὶ τοῦ θυσιαστηρίου εἰσί; 19 τί οὖν φημί; ὅτι εἴδωλόν τί ἐστιν; ἢ ὅτι εἰδωλόθυτόν τί ἐστιν; 20 ἀλλ᾽ ὅτι ἃ θύει τὰ ἔθνη, δαιμονίοις θύει καὶ οὐ Θεῷ· οὐ θέλω δὲ ὑμᾶς κοινωνοὺς τῶν δαιμονίων γίνεσθαι. 21 οὐ δύνασθε ποτήριον Κυρίου πίνειν καὶ ποτήριον δαιμονίων· οὐ δύνασθε τραπέζης Κυρίου μετέχειν καὶ τραπέζης δαιμονίων. 22 ἢ παραζηλοῦμεν τὸν Κύριον; μὴ ἰσχυρότεροι αὐτοῦ ἐσμεν;

23 Πάντα μοι ἔξεστιν, ἀλλ᾽ οὐ πάντα συμφέρει· πάντα μοι ἔξεστιν, ἀλλ᾽ οὐ πάντα οἰκοδομεῖ. 24 μηδεὶς τὸ ἑαυτοῦ ζητείτω, ἀλλὰ τὸ τοῦ ἑτέρου ἕκαστος.

25 Πᾶν τὸ ἐν μακέλλῳ πωλούμενον ἐσθίετε μηδὲν ἀνακρίνοντες διὰ τὴν συνείδησιν· 26 τοῦ γὰρ Κυρίου ἡ γῆ καὶ τὸ πλήρωμα αὐτῆς. 27 εἰ δέ τις καλεῖ ὑμᾶς τῶν ἀπίστων καὶ θέλετε πορεύεσθαι, πᾶν τὸ παρατιθέμενον ὑμῖν ἐσθίετε μηδὲν ἀνακρίνοντες διὰ τὴν συνείδησιν. 28 ἐὰν δέ τις ὑμῖν εἴπῃ, τοῦτο εἰδωλόθυτόν ἐστι, μὴ ἐσθίετε δι᾽ ἐκεῖνον τὸν μηνύσαντα καὶ τὴν συνείδησιν· τοῦ γὰρ Κυρίου ἡ γῆ καὶ τὸ πλήρωμα αὐτῆς. 29 συνείδησιν δὲ λέγω οὐχὶ τὴν ἑαυτοῦ, ἀλλὰ τὴν τοῦ ἑτέρου. ἱνατί γὰρ ἡ ἐλευθερία μου κρίνεται ὑπὸ ἄλλης συνειδήσεως; 30 εἰ ἐγὼ χάριτι μετέχω, τί βλασφημοῦμαι ὑπὲρ οὗ ἐγὼ εὐχαριστῶ;

31 Εἴτε οὖν ἐσθίετε εἴτε πίνετε εἴτε τι ποιεῖτε, πάντα εἰς δόξαν Θεοῦ ποιεῖτε. 32 ἀπρόσκοπτοι γίνεσθε καὶ Ἰουδαίοις καὶ Ἕλλησι καὶ τῇ ἐκκλησίᾳ τοῦ Θεοῦ, 33 καθὼς κἀγὼ πάντα πᾶσιν ἀρέσκω, μὴ ζητῶν τὸ ἐμαυτοῦ συμφέρον, ἀλλὰ τὸ τῶν πολλῶν, ἵνα σωθῶσι.

ΠΡΟΣ ΚΟΡΙΝΘΙΟΥΣ Α΄

11

ΜΙΜΗΤΑΙ μου γίνεσθε, καθὼς κἀγὼ Χριστοῦ. 2 ἐπαινῶ δὲ ὑμᾶς, ἀδελφοί, ὅτι πάντα μου μέμνησθε καὶ καθὼς παρέδωκα ὑμῖν τὰς παραδόσεις κατέχετε. 3 θέλω δὲ ὑμᾶς εἰδέναι ὅτι παντὸς ἀνδρὸς ἡ κεφαλὴ ὁ Χριστός ἐστι, κεφαλὴ δὲ γυναικὸς ὁ ἀνήρ, κεφαλὴ δὲ Χριστοῦ ὁ Θεός. 4 πᾶς ἀνὴρ προσευχόμενος ἢ προφητεύων κατὰ κεφαλῆς ἔχων καταισχύνει τὴν κεφαλὴν αὐτοῦ. 5 πᾶσα δὲ γυνὴ προσευχομένη ἢ προφητεύουσα ἀκατακαλύπτῳ τῇ κεφαλῇ καταισχύνει τὴν κεφαλὴν ἑαυτῆς· ἓν γάρ ἐστι καὶ τὸ αὐτὸ τῇ ἐξυρημένῃ. 6 εἰ γὰρ οὐ κατακαλύπτεται γυνή, καὶ κειράσθω· εἰ δὲ αἰσχρὸν γυναικὶ τὸ κείρασθαι ἢ ξυρᾶσθαι κατακαλυπτέσθω. 7 ἀνὴρ μὲν γὰρ οὐκ ὀφείλει κατακαλύπτεσθαι τὴν κεφαλήν, εἰκὼν καὶ δόξα Θεοῦ ὑπάρχων· γυνὴ δὲ δόξα ἀνδρός ἐστιν. 8 οὐ γάρ ἐστιν ἀνὴρ ἐκ γυναικός, ἀλλὰ γυνὴ ἐξ ἀνδρός· 9 καὶ γὰρ οὐκ ἐκτίσθη ἀνὴρ διὰ τὴν γυναῖκα, ἀλλὰ γυνὴ διὰ τὸν ἄνδρα. 10 διὰ τοῦτο ὀφείλει ἡ γυνὴ ἐξουσίαν ἔχειν ἐπὶ τῆς κεφαλῆς διὰ τοὺς ἀγγέλους. 11 πλὴν οὔτε ἀνὴρ χωρὶς γυναικὸς οὔτε γυνὴ χωρὶς ἀνδρὸς ἐν Κυρίῳ· 12 ὥσπερ γὰρ ἡ γυνὴ ἐκ τοῦ ἀνδρός, οὕτω καὶ ὁ ἀνὴρ διὰ τῆς γυναικός, τὰ δὲ πάντα ἐκ τοῦ Θεοῦ. 13 ἐν ὑμῖν αὐτοῖς κρίνατε· πρέπον ἐστὶ γυναῖκα ἀκατακάλυπτον τῷ Θεῷ προσεύχεσθαι; 14 ἢ οὐδὲ αὐτὴ ἡ φύσις διδάσκει ὑμᾶς ὅτι ἀνὴρ μὲν ἐὰν κομᾷ, ἀτιμία αὐτῷ ἐστι, 15 γυνὴ δὲ ἐὰν κομᾷ, δόξα αὐτῇ ἐστιν; ὅτι ἡ κόμη ἀντὶ περιβολαίου δέδοται αὐτῇ. 16 εἰ δέ τις δοκεῖ φιλόνεικος εἶναι, ἡμεῖς τοιαύτην συνήθειαν οὐκ ἔχομεν, οὐδὲ αἱ ἐκκλησίαι τοῦ Θεοῦ.

17 Τοῦτο δὲ παραγγέλλων οὐκ ἐπαινῶ ὅτι οὐκ εἰς τὸ κρεῖττον, ἀλλ’ εἰς τὸ ἧττον συνέρχεσθε. 18 πρῶτον μὲν γὰρ συνερχομένων ὑμῶν ἐν ἐκκλησίᾳ ἀκούω σχίσματα ἐν ὑμῖν ὑπάρχειν, καὶ μέρος τι πιστεύω· 19 δεῖ γὰρ καὶ αἱρέσεις ἐν ὑμῖν εἶναι, ἵνα οἱ δόκιμοι φανεροὶ γένωνται ἐν ὑμῖν. 20 συνερχομένων οὖν ὑμῶν ἐπὶ τὸ αὐτὸ οὐκ ἔστι κυριακὸν δεῖπνον φαγεῖν· 21 ἕκαστος γὰρ τὸ ἴδιον δεῖπνον προλαμβάνει ἐν τῷ φαγεῖν, καὶ ὃς μὲν πεινᾷ, ὃς δὲ μεθύει. 22 μὴ γὰρ οἰκίας οὐκ ἔχετε εἰς τὸ ἐσθίειν καὶ πίνειν; ἢ τῆς ἐκκλησίας τοῦ Θεοῦ καταφρονεῖτε καὶ καταισχύνετε τοὺς μὴ ἔχοντας; τί ὑμῖν εἴπω; ἐπαινέσω ὑμᾶς ἐν τούτῳ; οὐκ ἐπαινῶ. 23 ἐγὼ γὰρ παρέλαβον ἀπὸ τοῦ Κυρίου ὃ καὶ παρέδωκα ὑμῖν, ὅτι ὁ Κύριος Ἰησοῦς ἐν τῇ νυκτὶ ᾗ παρεδίδοτο ἔλαβεν ἄρτον καὶ εὐχαριστήσας ἔκλασε καὶ εἶπε· 24 λάβετε φάγετε· τοῦτό μού ἐστι τὸ σῶμα τὸ ὑπὲρ ὑμῶν

κλώμενον· τοῦτο ποιεῖτε εἰς τὴν ἐμὴν ἀνάμνησιν. 25 ὡσαύτως καὶ τὸ
ποτήριον μετὰ τὸ δειπνῆσαι λέγων· τοῦτο τὸ ποτήριον ἡ καινὴ διαθήκη
ἐστὶν ἐν τῷ ἐμῷ αἵματι· τοῦτο ποιεῖτε, ὁσάκις ἂν πίνητε, εἰς τὴν ἐμὴν
ἀνάμνησιν. 26 ὁσάκις γὰρ ἂν ἐσθίητε τὸν ἄρτον τοῦτον καὶ τὸ ποτήριον
τοῦτο πίνητε, τὸν θάνατον τοῦ Κυρίου καταγγέλλετε, ἄχρις οὗ ἂν ἔλθῃ.
27 ὥστε ὃς ἂν ἐσθίῃ τὸν ἄρτον τοῦτον ἢ πίνῃ τὸ ποτήριον τοῦ Κυρίου ἀ-
ναξίως, ἔνοχος ἔσται τοῦ σώματος καὶ αἵματος τοῦ Κυρίου. 28 δοκιμα-
ζέτω δὲ ἄνθρωπος ἑαυτόν, καὶ οὕτως ἐκ τοῦ ἄρτου ἐσθιέτω καὶ ἐκ τοῦ
ποτηρίου πινέτω· 29 ὁ γὰρ ἐσθίων καὶ πίνων ἀναξίως κρῖμα ἑαυτῷ ἐσθί-
ει καὶ πίνει, μὴ διακρίνων τὸ σῶμα τοῦ Κυρίου. 30 διὰ τοῦτο ἐν ὑμῖν
πολλοὶ ἀσθενεῖς καὶ ἄρρωστοι καὶ κοιμῶνται ἱκανοί. 31 εἰ γὰρ ἑαυτοὺς
διεκρίνομεν, οὐκ ἂν ἐκρινόμεθα· 32 κρινόμενοι δὲ ὑπὸ τοῦ Κυρίου παι-
δευόμεθα, ἵνα μὴ σὺν τῷ κόσμῳ κατακριθῶμεν. 33 ὥστε, ἀδελφοί μου,
συνερχόμενοι εἰς τὸ φαγεῖν ἀλλήλους ἐκδέχεσθε· 34 εἰ δέ τις πεινᾷ, ἐν
οἴκῳ ἐσθιέτω, ἵνα μὴ εἰς κρῖμα συνέρχησθε. τὰ δὲ λοιπὰ ὡς ἂν ἔλθω δι-
ατάξομαι.

12

ΠΕΡΙ δὲ τῶν πνευματικῶν, ἀδελφοί, οὐ θέλω ὑμᾶς ἀγνοεῖν. 2 οἴδατε
ὅτι, ὅτε ἔθνη ἦτε, πρὸς τὰ εἴδωλα τὰ ἄφωνα ὡς ἂν ἤγεσθε ἀπαγόμε-
νοι. 3 διὸ γνωρίζω ὑμῖν ὅτι οὐδεὶς ἐν Πνεύματι Θεοῦ λαλῶν λέγει ἀ-
νάθεμα Ἰησοῦν, καὶ οὐδεὶς δύναται εἰπεῖν Κύριον Ἰησοῦν εἰ μὴ ἐν
Πνεύματι Ἁγίῳ. 4 διαιρέσεις δὲ χαρισμάτων εἰσί, τὸ δὲ αὐτὸ Πνεῦμα· 5
καὶ διαιρέσεις διακονιῶν εἰσι, καὶ ὁ αὐτὸς Κύριος· 6 καὶ διαιρέσεις ἐνερ-
γημάτων εἰσίν, ὁ δὲ αὐτός ἐστι Θεός, ὁ ἐνεργῶν τὰ πάντα ἐν πᾶσιν. 7 ἑ-
κάστῳ δὲ δίδοται ἡ φανέρωσις τοῦ Πνεύματος πρὸς τὸ συμφέρον. 8 ᾧ
μὲν γὰρ διὰ τοῦ Πνεύματος δίδοται λόγος σοφίας, ἄλλῳ δὲ λόγος γνώ-
σεως κατὰ τὸ αὐτὸ Πνεῦμα, 9 ἑτέρῳ δὲ πίστις ἐν τῷ αὐτῷ Πνεύματι,
ἄλλῳ δὲ χαρίσματα ἰαμάτων ἐν τῷ αὐτῷ Πνεύματι, 10 ἄλλῳ δὲ ἐνερ-
γήματα δυνάμεων, ἄλλῳ δὲ προφητεία, ἄλλῳ δὲ διακρίσεις πνευμάτων,
ἑτέρῳ δὲ γένη γλωσσῶν, ἄλλῳ δὲ ἑρμηνεία γλωσσῶν· 11 πάντα δὲ
ταῦτα ἐνεργεῖ τὸ ἓν καὶ τὸ αὐτὸ Πνεῦμα, διαιροῦν ἰδίᾳ ἑκάστῳ καθὼς
βούλεται.

12 Καθάπερ γὰρ τὸ σῶμα ἕν ἐστι καὶ μέλη ἔχει πολλά, πάντα δὲ τὰ μέ-
λη τοῦ σώματος τοῦ ἑνός, πολλὰ ὄντα, ἕν ἐστι σῶμα, οὕτω καὶ ὁ Χρι-
στός· 13 καὶ γὰρ ἐν ἑνὶ Πνεύματι ἡμεῖς πάντες εἰς ἓν σῶμα ἐβαπτίσθη-
μεν, εἴτε Ἰουδαῖοι εἴτε Ἕλληνες, εἴτε δοῦλοι εἴτε ἐλεύθεροι, καὶ πάντες
εἰς ἓν Πνεῦμα ἐποτίσθημεν. 14 καὶ γὰρ τὸ σῶμα οὐκ ἔστιν ἓν μέλος,
ἀλλὰ πολλά. 15 ἐὰν εἴπῃ ὁ πούς, ὅτι οὐκ εἰμὶ χείρ, οὐκ εἰμὶ ἐκ τοῦ σώ-
ματος, οὐ παρὰ τοῦτο οὐκ ἔστιν ἐκ τοῦ σώματος; 16 καὶ ἐὰν εἴπῃ τὸ οὖς,
ὅτι οὐκ εἰμὶ ὀφθαλμός, οὐκ εἰμὶ ἐκ τοῦ σώματος, οὐ παρὰ τοῦτο οὐκ ἔ-
στιν ἐκ τοῦ σώματος; 17 εἰ ὅλον τὸ σῶμα ὀφθαλμός, ποῦ ἡ ἀκοή; εἰ ὅλον
ἀκοή, ποῦ ἡ ὄσφρησις; 18 νυνὶ δὲ ὁ Θεὸς ἔθετο τὰ μέλη ἓν ἕκαστον αὐ-
τῶν ἐν τῷ σώματι καθὼς ἠθέλησεν. 19 εἰ δὲ ἦν τὰ πάντα ἓν μέλος, ποῦ
τὸ σῶμα; 20 νῦν δὲ πολλὰ μὲν μέλη, ἓν δὲ σῶμα. 21 οὐ δύναται δὲ ὀ-
φθαλμὸς εἰπεῖν τῇ χειρί· χρείαν σου οὐκ ἔχω· ἢ πάλιν ἡ κεφαλὴ τοῖς πο-
σί· χρείαν ὑμῶν οὐκ ἔχω· 22 ἀλλὰ πολλῷ μᾶλλον τὰ δοκοῦντα μέλη
τοῦ σώματος ἀσθενέστερα ὑπάρχειν ἀναγκαῖά ἐστι, 23 καὶ ἃ δοκοῦμεν
ἀτιμότερα εἶναι τοῦ σώματος, τούτοις τιμὴν περισσοτέραν περιτίθεμεν,
καὶ τὰ ἀσχήμονα ἡμῶν εὐσχημοσύνην περισσοτέραν ἔχει. 24 τὰ δὲ εὐ-
σχήμονα ἡμῶν οὐ χρείαν ἔχει. ἀλλ' ὁ Θεὸς συνεκέρασε τὸ σῶμα, τῷ ὑ-
στεροῦντι περισσοτέραν δοὺς τιμήν, 25 ἵνα μὴ ᾖ σχίσμα ἐν τῷ σώματι,
ἀλλὰ τὸ αὐτὸ ὑπὲρ ἀλλήλων μεριμνῶσι τὰ μέλη· 26 καὶ εἴτε πάσχει ἓν
μέλος, συμπάσχει πάντα τὰ μέλη, εἴτε δοξάζεται ἓν μέλος, συγχαίρει
πάντα τὰ μέλη. 27 ὑμεῖς δέ ἐστε σῶμα Χριστοῦ καὶ μέλη ἐκ μέρους.

28 Καὶ οὓς μὲν ἔθετο ὁ Θεὸς ἐν τῇ ἐκκλησίᾳ πρῶτον ἀποστόλους, δεύ-
τερον προφήτας, τρίτον διδασκάλους, ἔπειτα δυνάμεις, εἶτα χαρίσματα
ἰαμάτων, ἀντιλήψεις, κυβερνήσεις, γένη γλωσσῶν. 29 μὴ πάντες ἀπό-
στολοι; μὴ πάντες προφῆται; μὴ πάντες διδάσκαλοι; μὴ πάντες δυνά-
μεις; 30 μὴ πάντες χαρίσματα ἔχουσιν ἰαμάτων; μὴ πάντες γλώσσαις
λαλοῦσι; μὴ πάντες διερμηνεύουσι; 31 ζηλοῦτε δὲ τὰ χαρίσματα τὰ
κρείττονα. καὶ ἔτι καθ' ὑπερβολὴν ὁδὸν ὑμῖν δείκνυμι.

13

ἘΑΝ ταῖς γλώσσαις τῶν ἀνθρώπων λαλῶ καὶ τῶν ἀγγέλων, ἀγάπην δὲ μὴ ἔχω, γέγονα χαλκὸς ἠχῶν ἢ κύμβαλον ἀλαλάζον. 2 καὶ ἐὰν ἔχω προφητείαν καὶ εἰδῶ τὰ μυστήρια πάντα καὶ πᾶσαν τὴν γνῶσιν, καὶ ἐὰν ἔχω πᾶσαν τὴν πίστιν, ὥστε ὄρη μεθιστάνειν, ἀγάπην δὲ μὴ ἔχω, οὐδέν εἰμι. 3 καὶ ἐὰν ψωμίσω πάντα τὰ ὑπάρχοντά μου, καὶ ἐὰν παραδῶ τὸ σῶμά μου ἵνα καυθήσωμαι, ἀγάπην δὲ μὴ ἔχω, οὐδὲν ὠφελοῦμαι.

4 Ἡ ἀγάπη μακροθυμεῖ, χρηστεύεται, ἡ ἀγάπη οὐ ζηλοῖ, ἡ ἀγάπη οὐ περπερεύεται, οὐ φυσιοῦται, 5 οὐκ ἀσχημονεῖ, οὐ ζητεῖ τὰ ἑαυτῆς, οὐ παροξύνεται, οὐ λογίζεται τὸ κακόν, 6 οὐ χαίρει ἐπὶ τῇ ἀδικίᾳ, συγχαίρει δὲ τῇ ἀληθείᾳ· 7 πάντα στέγει, πάντα πιστεύει, πάντα ἐλπίζει, πάντα ὑπομένει. 8 ἡ ἀγάπη οὐδέποτε ἐκπίπτει. εἴτε δὲ προφητεῖαι, καταργηθήσονται· εἴτε γλῶσσαι, παύσονται· εἴτε γνῶσις, καταργηθήσεται. 9 ἐκ μέρους δὲ γινώσκομεν καὶ ἐκ μέρους προφητεύομεν· 10 ὅταν δὲ ἔλθῃ τὸ τέλειον, τότε τὸ ἐκ μέρους καταργηθήσεται. 11 ὅτε ἤμην νήπιος, ὡς νήπιος ἐλάλουν, ὡς νήπιος ἐφρόνουν, ὡς νήπιος ἐλογιζόμην· ὅτε δὲ γέγονα ἀνήρ, κατήργηκα τὰ τοῦ νηπίου. 12 βλέπομεν γὰρ ἄρτι δι' ἐσόπτρου ἐν αἰνίγματι, τότε δὲ πρόσωπον πρὸς πρόσωπον· ἄρτι γινώσκω ἐκ μέρους, τότε δὲ ἐπιγνώσομαι καθὼς καὶ ἐπεγνώσθην. 13 νυνὶ δὲ μένει πίστις, ἐλπίς, ἀγάπη, τὰ τρία ταῦτα· μείζων δὲ τούτων ἡ ἀγάπη.

14

ΔΙΩΚΕΤΕ τὴν ἀγάπην· ζηλοῦτε δὲ τὰ πνευματικά, μᾶλλον δὲ ἵνα προφητεύητε. 2 ὁ γὰρ λαλῶν γλώσσῃ οὐκ ἀνθρώποις λαλεῖ, ἀλλὰ τῷ Θεῷ· οὐδεὶς γὰρ ἀκούει, πνεύματι δὲ λαλεῖ μυστήρια· 3 ὁ δὲ προφητεύων ἀνθρώποις λαλεῖ οἰκοδομὴν καὶ παράκλησιν καὶ παραμυθίαν. 4 ὁ λαλῶν γλώσσῃ ἑαυτὸν οἰκοδομεῖ, ὁ δὲ προφητεύων ἐκκλησίαν οἰκοδομεῖ. 5 θέλω δὲ πάντας ὑμᾶς λαλεῖν γλώσσαις, μᾶλλον δὲ ἵνα προφητεύητε· μείζων γὰρ ὁ προφητεύων ἢ ὁ λαλῶν γλώσσαις, ἐκτὸς εἰ μὴ διερμηνεύῃ, ἵνα ἡ ἐκκλησία οἰκοδομὴν λάβῃ. 6 νυνὶ δέ, ἀδελφοί, ἐὰν ἔλθω

πρὸς ὑμᾶς γλώσσαις λαλῶν, τί ὑμᾶς ὠφελήσω, ἐὰν μὴ ὑμῖν λαλήσω ἢ
ἐν ἀποκαλύψει ἢ ἐν γνώσει ἢ ἐν προφητείᾳ ἢ ἐν διδαχῇ; 7 ὅμως τὰ ἄ-
ψυχα φωνὴν διδόντα, εἴτε αὐλὸς εἴτε κιθάρα, ἐὰν διαστολὴν τοῖς φθόγ-
γοις μὴ διδῷ, πῶς γνωσθήσεται τὸ αὐλούμενον ἢ τὸ κιθαριζόμενον; 8
καὶ γὰρ ἐὰν ἄδηλον φωνὴν σάλπιγξ δῷ, τίς παρασκευάσεται εἰς πόλε-
μον; 9 οὕτω καὶ ὑμεῖς διὰ τῆς γλώσσης ἐὰν μὴ εὔσημον λόγον δῶτε,
πῶς γνωσθήσεται τὸ λαλούμενον; ἔσεσθε γὰρ εἰς ἀέρα λαλοῦντες. 10
τοσαῦτα εἰ τύχοι γένη φωνῶν ἐστιν ἐν κόσμῳ, καὶ οὐδὲν αὐτῶν ἄφωνον·
11 ἐὰν οὖν μὴ εἰδῶ τὴν δύναμιν τῆς φωνῆς, ἔσομαι τῷ λαλοῦντι βάρ-
βαρος καὶ ὁ λαλῶν ἐν ἐμοὶ βάρβαρος. 12 οὕτω καὶ ὑμεῖς ἐπεὶ ζηλωταί
ἐστε πνευμάτων, πρὸς τὴν οἰκοδομὴν τῆς ἐκκλησίας ζητεῖτε ἵνα περισ-
σεύητε.

13 Διόπερ ὁ λαλῶν γλώσσῃ προσευχέσθω ἵνα διερμηνεύῃ. 14 ἐὰν γὰρ
προσεύχωμαι γλώσσῃ, τὸ πνεῦμά μου προσεύχεται, ὁ δὲ νοῦς μου ἄκαρ-
πός ἐστι. 15 τί οὖν ἐστι; προσεύξομαι τῷ πνεύματι, προσεύξομαι δὲ καὶ
τῷ νοΐ· ψαλῶ τῷ πνεύματι, ψαλῶ δὲ καὶ τῷ νοΐ. 16 ἐπεὶ ἐὰν εὐλογήσῃς
τῷ πνεύματι, ὁ ἀναπληρῶν τὸν τόπον τοῦ ἰδιώτου πῶς ἐρεῖ τὸ ἀμὴν ἐπὶ
τῇ σῇ εὐχαριστίᾳ; ἐπειδὴ τί λέγεις οὐκ οἶδε; 17 σὺ μὲν γὰρ καλῶς εὐ-
χαριστεῖς, ἀλλ᾿ ὁ ἕτερος οὐκ οἰκοδομεῖται. 18 εὐχαριστῶ τῷ Θεῷ μου
πάντων ὑμῶν μᾶλλον γλώσσαις λαλῶν· 19 ἀλλ᾿ ἐν ἐκκλησίᾳ θέλω πέν-
τε λόγους διὰ τοῦ νοός μου λαλῆσαι, ἵνα καὶ ἄλλους κατηχήσω, ἢ μυρί-
ους λόγους ἐν γλώσσῃ. 20 ἀδελφοί, μὴ παιδία γίνεσθε ταῖς φρεσίν, ἀλλὰ
τῇ κακίᾳ νηπιάζετε, ταῖς δὲ φρεσὶ τέλειοι γίνεσθε. 21 ἐν τῷ νόμῳ γέ-
γραπται ὅτι ἐν ἑτερογλώσσοις καὶ ἐν χείλεσιν ἑτέροις λαλήσω τῷ λαῷ
τούτῳ, καὶ οὐδ᾿ οὕτως εἰσακούσονταί μου, λέγει Κύριος.

22 ὥστε αἱ γλῶσσαι εἰς σημεῖόν εἰσιν οὐ τοῖς πιστεύουσιν, ἀλλὰ τοῖς ἀ-
πίστοις, ἡ δὲ προφητεία οὐ τοῖς ἀπίστοις, ἀλλὰ τοῖς πιστεύουσιν. 23 ἐὰν
οὖν συνέλθῃ ἡ ἐκκλησία ὅλη ἐπὶ τὸ αὐτὸ καὶ πάντες γλώσσαις λαλῶσιν,
εἰσέλθωσι δὲ ἰδιῶται ἢ ἄπιστοι, οὐκ ἐροῦσιν ὅτι μαίνεσθε; 24 ἐὰν δὲ
πάντες προφητεύωσιν, εἰσέλθῃ δέ τις ἄπιστος ἢ ἰδιώτης, ἐλέγχεται ὑπὸ
πάντων, ἀνακρίνεται ὑπὸ πάντων, 25 καὶ οὕτω τὰ κρυπτὰ τῆς καρδίας
αὐτοῦ φανερὰ γίνεται· καὶ οὕτω πεσὼν ἐπὶ πρόσωπον προσκυνήσει τῷ
Θεῷ, ἀπαγγέλλων ὅτι ὁ Θεὸς ὄντως ἐν ὑμῖν ἐστι.

26 Τί οὖν ἐστιν, ἀδελφοί; ὅταν συνέρχησθε, ἕκαστος ὑμῶν ψαλμὸν ἔχει,
διδαχὴν ἔχει, γλῶσσαν ἔχει, ἀποκάλυψιν ἔχει, ἑρμηνείαν ἔχει· πάντα
πρὸς οἰκοδομὴν γινέσθω. 27 εἴτε γλώσσῃ τις λαλεῖ, κατὰ δύο ἢ τὸ πλεῖ-

στον τρεῖς, καὶ ἀνὰ μέρος, καὶ εἷς διερμηνευέτω· 28 ἐὰν δὲ μὴ ᾖ διερ-
μηνευτής, σιγάτω ἐν ἐκκλησίᾳ, ἑαυτῷ δὲ λαλείτω καὶ τῷ Θεῷ. 29 προ-
φῆται δὲ δύο ἢ τρεῖς λαλείτωσαν, καὶ οἱ ἄλλοι διακρινέτωσαν· 30 ἐὰν δὲ
ἄλλῳ ἀποκαλυφθῇ καθημένῳ, ὁ πρῶτος σιγάτω. 31 δύνασθε γὰρ καθ'
ἕνα πάντες προφητεύειν, ἵνα πάντες μανθάνωσι καὶ πάντες παρακαλῶν-
ται· 32 καὶ πνεύματα προφητῶν προφήταις ὑποτάσσεται· 33 οὐ γάρ ἐ-
στιν ἀκαταστασίας ὁ Θεός, ἀλλὰ εἰρήνης.

34 Ὡς ἐν πάσαις ταῖς ἐκκλησίαις τῶν ἁγίων, αἱ γυναῖκες ὑμῶν ἐν ταῖς
ἐκκλησίαις σιγάτωσαν· οὐ γὰρ ἐπιτέτραπται αὐταῖς λαλεῖν. ἀλλ' ὑπο-
τάσσεσθαι, καθὼς καὶ ὁ νόμος λέγει. 35 εἰ δέ τι μαθεῖν θέλουσιν, ἐν οἴ-
κῳ τοὺς ἰδίους ἄνδρας ἐπερωτάτωσαν· αἰσχρὸν γάρ ἐστι γυναιξὶν ἐν ἐκ-
κλησίᾳ λαλεῖν. 36 ἢ ἀφ' ὑμῶν ὁ λόγος τοῦ Θεοῦ ἐξῆλθεν, ἢ εἰς ὑμᾶς
μόνους κατήντησεν;

37 Εἴ τις δοκεῖ προφήτης εἶναι ἢ πνευματικός, ἐπιγινωσκέτω ἃ γράφω
ὑμῖν, ὅτι τοῦ Κυρίου εἰσὶν ἐντολαί· 38 εἰ δέ τις ἀγνοεῖ, ἀγνοείτω. 39 Ὥ-
στε, ἀδελφοί, ζηλοῦτε τὸ προφητεύειν, καὶ τὸ λαλεῖν γλώσσαις μὴ κω-
λύετε· 40 πάντα εὐσχημόνως καὶ κατὰ τάξιν γινέσθω.

15

ΓΝΩΡΙΖΩ δὲ ὑμῖν, ἀδελφοί, τὸ εὐαγγέλιον ὃ εὐηγγελισάμην ὑμῖν, ὃ
καὶ παρελάβετε, ἐν ᾧ καὶ ἑστήκατε, 2 δι' οὗ καὶ σῴζεσθε, τίνι λόγῳ
εὐηγγελισάμην ὑμῖν εἰ κατέχετε, ἐκτὸς εἰ μὴ εἰκῇ ἐπιστεύσατε. 3
παρέδωκα γὰρ ὑμῖν ἐν πρώτοις ὃ καὶ παρέλαβον, ὅτι Χριστὸς ἀπέθανεν
ὑπὲρ τῶν ἁμαρτιῶν ἡμῶν κατὰ τὰς γραφάς, 4 καὶ ὅτι ἐτάφη, καὶ ὅτι ἐ-
γήγερται τῇ τρίτῃ ἡμέρᾳ κατὰ τὰς γραφάς, 5 καὶ ὅτι ὤφθη Κηφᾷ, εἶτα
τοῖς δώδεκα· 6 ἔπειτα ὤφθη ἐπάνω πεντακοσίοις ἀδελφοῖς ἐφάπαξ, ἐξ
ὧν οἱ πλείους μένουσιν ἕως ἄρτι, τινὲς δὲ καὶ ἐκοιμήθησαν· 7 ἔπειτα ὤ-
φθη Ἰακώβῳ, εἶτα τοῖς ἀποστόλοις πᾶσιν· 8 ἔσχατον δὲ πάντων ὡσπε-
ρεὶ τῷ ἐκτρώματι ὤφθη κἀμοί. 9 ἐγὼ γάρ εἰμι ὁ ἐλάχιστος τῶν ἀποστό-
λων, ὃς οὐκ εἰμὶ ἱκανὸς καλεῖσθαι ἀπόστολος, διότι ἐδίωξα τὴν ἐκκλησί-
αν τοῦ Θεοῦ· 10 χάριτι δὲ Θεοῦ εἰμι ὅ εἰμι· καὶ ἡ χάρις αὐτοῦ ἡ εἰς ἐμὲ
οὐ κενὴ ἐγενήθη, ἀλλὰ περισσότερον αὐτῶν πάντων ἐκοπίασα, οὐκ ἐγὼ

δέ, ἀλλ' ἡ χάρις τοῦ Θεοῦ ἡ σὺν ἐμοί. 11 εἴτε οὖν ἐγὼ εἴτε ἐκεῖνοι, οὕτω
κηρύσσομεν καὶ οὕτως ἐπιστεύσατε.

12 Εἰ δὲ Χριστὸς κηρύσσεται ὅτι ἐκ νεκρῶν ἐγήγερται, πῶς λέγουσί τι-
νες ἐν ὑμῖν ὅτι ἀνάστασις νεκρῶν οὐκ ἔστιν; 13 εἰ δὲ ἀνάστασις νεκρῶν
οὐκ ἔστιν, οὐδὲ Χριστὸς ἐγήγερται· 14 εἰ δὲ Χριστὸς οὐκ ἐγήγερται, κε-
νὸν ἄρα τὸ κήρυγμα ἡμῶν, κενὴ δὲ καὶ ἡ πίστις ὑμῶν. 15 εὑρισκόμεθα
δὲ καὶ ψευδομάρτυρες τοῦ Θεοῦ, ὅτι ἐμαρτυρήσαμεν κατὰ τοῦ Θεοῦ ὅτι
ἤγειρε τὸν Χριστόν, ὃν οὐκ ἤγειρεν, εἴπερ ἄρα νεκροὶ οὐκ ἐγείρονται· 16
εἰ γὰρ νεκροὶ οὐκ ἐγείρονται, οὐδὲ Χριστὸς ἐγήγερται. 17 εἰ δὲ Χριστὸς
οὐκ ἐγήγερται, ματαία ἡ πίστις ὑμῶν· ἔτι ἐστὲ ἐν ταῖς ἁμαρτίαις ὑμῶν.
18 ἄρα καὶ οἱ κοιμηθέντες ἐν Χριστῷ ἀπώλοντο. 19 εἰ ἐν τῇ ζωῇ ταύτῃ
ἠλπικότες ἐσμὲν ἐν Χριστῷ μόνον, ἐλεεινότεροι πάντων ἀνθρώπων ἐ-
σμέν.

20 Νυνὶ δὲ Χριστὸς ἐγήγερται ἐκ νεκρῶν, ἀπαρχὴ τῶν κεκοιμημένων
ἐγένετο. 21 ἐπειδὴ γὰρ δι' ἀνθρώπου ὁ θάνατος, καὶ δι' ἀνθρώπου ἀνά-
στασις νεκρῶν. 22 ὥσπερ γὰρ ἐν τῷ Ἀδὰμ πάντες ἀποθνήσκουσιν, οὕτω
καὶ ἐν τῷ Χριστῷ πάντες ζωοποιηθήσονται. 23 ἕκαστος δὲ ἐν τῷ ἰδίῳ
τάγματι· ἀπαρχὴ Χριστός, ἔπειτα οἱ Χριστοῦ ἐν τῇ παρουσίᾳ αὐτοῦ· 24
εἶτα τὸ τέλος, ὅταν παραδῷ τὴν βασιλείαν τῷ Θεῷ καὶ πατρί, ὅταν κα-
ταργήσῃ πᾶσαν ἀρχὴν καὶ πᾶσαν ἐξουσίαν καὶ δύναμιν. 25 δεῖ γὰρ αὐ-
τὸν βασιλεύειν ἄχρις οὗ ἂν θῇ πάντας τοὺς ἐχθροὺς ὑπὸ τοὺς πόδας αὐ-
τοῦ. 26 ἔσχατος ἐχθρὸς καταργεῖται ὁ θάνατος· 27 πάντα γὰρ ὑπέταξεν
ὑπὸ τοὺς πόδας αὐτοῦ. ὅταν δὲ εἴπῃ ὅτι πάντα ὑποτέτακται, δῆλον ὅτι ἐ-
κτὸς τοῦ ὑποτάξαντος αὐτῷ τὰ πάντα. 28 ὅταν δὲ ὑποταγῇ αὐτῷ τὰ
πάντα, τότε καὶ αὐτὸς ὁ υἱὸς ὑποταγήσεται τῷ ὑποτάξαντι αὐτῷ τὰ
πάντα, ἵνα ᾖ ὁ Θεὸς τὰ πάντα ἐν πᾶσιν. 29 ἐπεὶ τί ποιήσουσιν οἱ βαπτι-
ζόμενοι ὑπὲρ τῶν νεκρῶν, εἰ ὅλως νεκροὶ οὐκ ἐγείρονται; τί καὶ βαπτί-
ζονται ὑπὲρ τῶν νεκρῶν; 30 τί καὶ ἡμεῖς κινδυνεύομεν πᾶσαν ὥραν; 31
καθ' ἡμέραν ἀποθνήσκω, νὴ τὴν ὑμετέραν καύχησιν ἣν ἔχω ἐν Χριστῷ
Ἰησοῦ τῷ Κυρίῳ ἡμῶν. 32 εἰ κατὰ ἄνθρωπον ἐθηριομάχησα ἐν Ἐφέσῳ,
τί μοι τὸ ὄφελος; εἰ νεκροὶ οὐκ ἐγείρονται, φάγωμεν καὶ πίωμεν, αὔριον
γὰρ ἀποθνήσκομεν. 33 μὴ πλανᾶσθε· φθείρουσιν ἤθη χρηστὰ ὁμιλίαι
κακαί. 34 ἐκνήψατε δικαίως καὶ μὴ ἁμαρτάνετε· ἀγνωσίαν γὰρ Θεοῦ
τινες ἔχουσι· πρὸς ἐντροπὴν ὑμῖν λέγω.

35 Ἀλλ' ἐρεῖ τις· πῶς ἐγείρονται οἱ νεκροί; ποίῳ δὲ σώματι ἔρχονται;
36 ἄφρον, σὺ ὃ σπείρεις, οὐ ζωοποιεῖται ἐὰν μὴ ἀποθάνῃ· 37 καὶ ὃ σπεί-

ρεις, οὐ τὸ σῶμα τὸ γενησόμενον σπείρεις, ἀλλὰ γυμνὸν κόκκον, εἰ τύχοι
σίτου ἤ τινος τῶν λοιπῶν· 38 ὁ δὲ Θεὸς αὐτῷ δίδωσι σῶμα καθὼς ἠθέ-
λησε, καὶ ἑκάστῳ τῶν σπερμάτων τὸ ἴδιον σῶμα. 39 οὐ πᾶσα σὰρξ ἡ
αὐτὴ σάρξ, ἀλλὰ ἄλλη μὲν ἀνθρώπων, ἄλλη δὲ σὰρξ κτηνῶν, ἄλλη δὲ
ἰχθύων, ἄλλη δὲ πετεινῶν. 40 καὶ σώματα ἐπουράνια, καὶ σώματα ἐπί-
γεια· ἀλλ᾽ ἑτέρα μὲν ἡ τῶν ἐπουρανίων δόξα, ἑτέρα δὲ ἡ τῶν ἐπιγείων.
41 ἄλλη δόξα ἡλίου, καὶ ἄλλη δόξα σελήνης, καὶ ἄλλη δόξα ἀστέρων·
ἀστὴρ γὰρ ἀστέρος διαφέρει ἐν δόξῃ. 42 οὕτω καὶ ἡ ἀνάστασις τῶν νε-
κρῶν. σπείρεται ἐν φθορᾷ, ἐγείρεται ἐν ἀφθαρσίᾳ· 43 σπείρεται ἐν ἀτι-
μίᾳ, ἐγείρεται ἐν δόξῃ· σπείρεται ἐν ἀσθενείᾳ, ἐγείρεται ἐν δυνάμει· 44
σπείρεται σῶμα ψυχικόν, ἐγείρεται σῶμα πνευματικόν. ἔστι σῶμα ψυ-
χικόν, καὶ ἔστι σῶμα πνευματικόν. 45 οὕτω καὶ γέγραπται· ἐγένετο ὁ
πρῶτος ἄνθρωπος Ἀδὰμ εἰς ψυχὴν ζῶσαν· ὁ ἔσχατος Ἀδὰμ εἰς πνεῦμα
ζωοποιοῦν· 46 ἀλλ᾽ οὐ πρῶτον τὸ πνευματικόν, ἀλλὰ τὸ ψυχικόν, ἔπειτα
τὸ πνευματικόν. 47 ὁ πρῶτος ἄνθρωπος ἐκ γῆς χοϊκός, ὁ δεύτερος ἄν-
θρωπος ὁ Κύριος ἐξ οὐρανοῦ. 48 οἷος ὁ χοϊκός, τοιοῦτοι καὶ οἱ χοϊκοί, καὶ
οἷος ὁ ἐπουράνιος, τοιοῦτοι καὶ οἱ ἐπουράνιοι. 49 καὶ καθὼς ἐφορέσαμεν
τὴν εἰκόνα τοῦ χοϊκοῦ, φορέσομεν καὶ τὴν εἰκόνα τοῦ ἐπουρανίου. 50
Τοῦτο δέ φημι, ἀδελφοί, ὅτι σὰρξ καὶ αἷμα βασιλείαν Θεοῦ κληρονομῆ-
σαι οὐ δύνανται, οὐδὲ ἡ φθορὰ τὴν ἀφθαρσίαν κληρονομεῖ. 51 ἰδοὺ μυ-
στήριον ὑμῖν λέγω· πάντες μὲν οὐ κοιμηθησόμεθα, πάντες δὲ ἀλλαγη-
σόμεθα, 52 ἐν ἀτόμῳ, ἐν ριπῇ ὀφθαλμοῦ, ἐν τῇ ἐσχάτῃ σάλπιγγι· σαλ-
πίσει γάρ, καὶ οἱ νεκροὶ ἐγερθήσονται ἄφθαρτοι, καὶ ἡμεῖς ἀλλαγησόμε-
θα. 53 δεῖ γὰρ τὸ φθαρτὸν τοῦτο ἐνδύσασθαι ἀφθαρσίαν καὶ τὸ θνητὸν
τοῦτο ἐνδύσασθαι ἀθανασίαν. 54 ὅταν δὲ τὸ φθαρτὸν τοῦτο ἐνδύσηται ἀ-
φθαρσίαν καὶ τὸ θνητὸν τοῦτο ἐνδύσηται ἀθανασίαν, τότε γενήσεται ὁ
λόγος ὁ γεγραμμένος· κατεπόθη ὁ θάνατος εἰς νῖκος. 55 ποῦ σου, θάνα-
τε, τὸ κέντρον; ποῦ σου, ᾅδη, τὸ νῖκος; 56 τὸ δὲ κέντρον τοῦ θανάτου ἡ
ἁμαρτία, ἡ δὲ δύναμις τῆς ἁμαρτίας ὁ νόμος. 57 τῷ δὲ Θεῷ χάρις τῷ
διδόντι ἡμῖν τὸ νῖκος διὰ τοῦ Κυρίου ἡμῶν Ἰησοῦ Χριστοῦ. 58 Ὥστε,
ἀδελφοί μου ἀγαπητοί, ἑδραῖοι γίνεσθε, ἀμετακίνητοι, περισσεύοντες ἐν
τῷ ἔργῳ τοῦ Κυρίου πάντοτε, εἰδότες ὅτι ὁ κόπος ὑμῶν οὐκ ἔστι κενὸς
ἐν Κυρίῳ.

ΠΡΟΣ ΚΟΡΙΝΘΙΟΥΣ Α΄

16

ΠΕΡΙ δὲ τῆς λογίας τῆς εἰς τοὺς ἁγίους, ὥσπερ διέταξα ταῖς ἐκκλη-
σίαις τῆς Γαλατίας οὕτω καὶ ὑμεῖς ποιήσατε. 2 κατὰ μίαν σαββά-
των ἕκαστος ὑμῶν παρ᾽ ἑαυτῷ τιθέτω θησαυρίζων ὅ τι ἂν εὐοδῶται,
ἵνα μὴ ὅταν ἔλθω τότε λογίαι γίνωνται. 3 ὅταν δὲ παραγένωμαι, οὓς ἐὰν
δοκιμάσητε, δι᾽ ἐπιστολῶν τούτους πέμψω ἀπενεγκεῖν τὴν χάριν ὑμῶν
εἰς Ἱερουσαλήμ· 4 ἐὰν δὲ ᾖ ἄξιον τοῦ κἀμὲ πορεύεσθαι, σὺν ἐμοὶ πορεύ-
σονται.

5 Ἐλεύσομαι δὲ πρὸς ὑμᾶς ὅταν Μακεδονίαν διέλθω· Μακεδονίαν γὰρ
διέρχομαι· 6 πρὸς ὑμᾶς δὲ τυχὸν παραμενῶ ἢ καὶ παραχειμάσω, ἵνα ὑ-
μεῖς με προπέμψητε οὗ ἐὰν πορεύωμαι. 7 οὐ θέλω γὰρ ὑμᾶς ἄρτι ἐν πα-
ρόδῳ ἰδεῖν, ἐλπίζω δὲ χρόνον τινὰ ἐπιμεῖναι πρὸς ὑμᾶς, ἐὰν ὁ Κύριος ἐ-
πιτρέπῃ. 8 ἐπιμενῶ δὲ ἐν Ἐφέσῳ ἕως τῆς πεντηκοστῆς· 9 θύρα γάρ μοι
ἀνέῳγε μεγάλη καὶ ἐνεργής, καὶ ἀντικείμενοι πολλοί.

10 Ἐὰν δὲ ἔλθῃ Τιμόθεος, βλέπετε ἵνα ἀφόβως γένηται πρὸς ὑμᾶς· τὸ
γὰρ ἔργον Κυρίου ἐργάζεται ὡς κἀγώ· μή τις οὖν αὐτὸν ἐξουθενήσῃ. 11
προπέμψατε δὲ αὐτὸν ἐν εἰρήνῃ ἵνα ἔλθῃ πρός με· ἐκδέχομαι γὰρ αὐτὸν
μετὰ τῶν ἀδελφῶν.

12 Περὶ δὲ Ἀπολλὼ τοῦ ἀδελφοῦ, πολλὰ παρεκάλεσα αὐτὸν ἵνα ἔλθῃ
πρὸς ὑμᾶς μετὰ τῶν ἀδελφῶν· καὶ πάντως οὐκ ἦν θέλημα ἵνα νῦν ἔλθῃ,
ἐλεύσεται δὲ ὅταν εὐκαιρήσῃ.

13 Γρηγορεῖτε, στήκετε ἐν τῇ πίστει, ἀνδρίζεσθε, κραταιοῦσθε. 14 πάν-
τα ὑμῶν ἐν ἀγάπῃ γινέσθω.

15 Παρακαλῶ δὲ ὑμᾶς, ἀδελφοί· οἴδατε τὴν οἰκίαν Στεφανᾶ, ὅτι ἐστὶν
ἀπαρχὴ τῆς Ἀχαΐας καὶ εἰς διακονίαν τοῖς ἁγίοις ἔταξαν ἑαυτούς· 16
ἵνα καὶ ὑμεῖς ὑποτάσσησθε τοῖς τοιούτοις καὶ παντὶ τῷ συνεργοῦντι καὶ
κοπιῶντι. 17 χαίρω δὲ ἐπὶ τῇ παρουσίᾳ Στεφανᾶ καὶ Φουρτουνάτου καὶ
Ἀχαϊκοῦ, ὅτι τὸ ὑμῶν ὑστέρημα οὗτοι ἀνεπλήρωσαν· 18 ἀνέπαυσαν γὰρ
τὸ ἐμὸν πνεῦμα καὶ τὸ ὑμῶν. Ἐπιγινώσκετε οὖν τοὺς τοιούτους.
19 Ἀσπάζονται ὑμᾶς αἱ ἐκκλησίαι τῆς Ἀσίας. ἀσπάζονται ὑμᾶς ἐν Κυ-
ρίῳ πολλὰ Ἀκύλας καὶ Πρίσκιλλα σὺν τῇ κατ᾽ οἶκον αὐτῶν ἐκκλησίᾳ.
20 ἀσπάζονται ὑμᾶς οἱ ἀδελφοὶ πάντες. ἀσπάσασθε ἀλλήλους ἐν φιλή-
ματι ἁγίῳ. 21 ὁ ἀσπασμὸς τῇ ἐμῇ χειρὶ Παύλου. 22 εἴ τις οὐ φιλεῖ τὸν

Κύριον Ἰησοῦν Χριστόν, ἤτω ἀνάθεμα. μαρὰν ἀθᾶ. 23 ἡ χάρις τοῦ Κυρίου Ἰησοῦ Χριστοῦ μεθ᾽ ὑμῶν. 24 ἡ ἀγάπη μου μετὰ πάντων ὑμῶν ἐν Χριστῷ Ἰησοῦ· ἀμήν.

Β′ Πρὸς Κορινθίους

ΠΑΥΛΟΣ, ἀπόστολος Ἰησοῦ Χριστοῦ διὰ θελήματος Θεοῦ, καὶ Τι-
μόθεος ὁ ἀδελφός, τῇ ἐκκλησίᾳ τοῦ Θεοῦ τῇ οὔσῃ ἐν Κορίνθῳ σὺν
τοῖς ἁγίοις πᾶσι τοῖς οὖσιν ἐν ὅλῃ τῇ Ἀχαΐᾳ· 2 χάρις ὑμῖν καὶ εἰρή-
νη ἀπὸ Θεοῦ πατρὸς ἡμῶν καὶ Κυρίου Ἰησοῦ Χριστοῦ. 3 εὐλογητὸς ὁ
Θεὸς καὶ πατὴρ τοῦ Κυρίου ἡμῶν Ἰησοῦ Χριστοῦ, ὁ πατὴρ τῶν οἰκτιρ-
μῶν καὶ Θεὸς πάσης παρακλήσεως, 4 ὁ παρακαλῶν ἡμᾶς ἐν πάσῃ τῇ
θλίψει ἡμῶν, εἰς τὸ δύνασθαι ἡμᾶς παρακαλεῖν τοὺς ἐν πάσῃ θλίψει διὰ
τῆς παρακλήσεως ἧς παρακαλούμεθα αὐτοὶ ὑπὸ τοῦ Θεοῦ· 5 ὅτι καθὼς
περισσσεύει τὰ παθήματα τοῦ Χριστοῦ εἰς ἡμᾶς, οὕτω διὰ Χριστοῦ πε-
ρισσεύει καὶ ἡ παράκλησις ἡμῶν. 6 εἴτε δὲ θλιβόμεθα, ὑπὲρ τῆς ὑμῶν
παρακλήσεως καὶ σωτηρίας τῆς ἐνεργουμένης ἐν ὑπομονῇ τῶν αὐτῶν
παθημάτων ὧν καὶ ἡμεῖς πάσχομεν, καὶ ἡ ἐλπὶς ἡμῶν βεβαία ὑπὲρ ὑ-
μῶν· εἴτε παρακαλούμεθα, ὑπὲρ τῆς ὑμῶν παρακλήσεως καὶ σωτηρίας,
7 εἰδότες ὅτι ὥσπερ κοινωνοί ἐστε τῶν παθημάτων, οὕτω καὶ τῆς παρα-
κλήσεως. 8 οὐ γὰρ θέλομεν ὑμᾶς ἀγνοεῖν, ἀδελφοί, ὑπὲρ τῆς θλίψεως
ἡμῶν τῆς γενομένης ἡμῖν ἐν τῇ Ἀσίᾳ, ὅτι καθ' ὑπερβολὴν ἐβαρήθημεν
ὑπὲρ δύναμιν, ὥστε ἐξαπορηθῆναι ἡμᾶς καὶ τοῦ ζῆν· 9 ἀλλὰ αὐτοὶ ἐν ἑ-
αυτοῖς τὸ ἀπόκριμα τοῦ θανάτου ἐσχήκαμεν, ἵνα μὴ πεποιθότες ὦμεν
ἐφ' ἑαυτοῖς, ἀλλ' ἐπὶ τῷ Θεῷ τῷ ἐγείροντι τοὺς νεκρούς· 10 ὃς ἐκ τηλι-
κούτου θανάτου ἐρρύσατο ἡμᾶς καὶ ῥύεται, εἰς ὃν ἠλπίκαμεν ὅτι καὶ ἔτι
ῥύσεται, 11 συνυπουργούντων καὶ ὑμῶν ὑπὲρ ἡμῶν τῇ δεήσει, ἵνα ἐκ
πολλῶν προσώπων τὸ εἰς ἡμᾶς χάρισμα διὰ πολλῶν εὐχαριστηθῇ ὑπὲρ
ἡμῶν.

12 Ἡ γὰρ καύχησις ἡμῶν αὕτη ἐστί, τὸ μαρτύριον τῆς συνειδήσεως ἡ-
μῶν, ὅτι ἐν ἁπλότητι καὶ εἰλικρινείᾳ Θεοῦ, οὐκ ἐν σοφίᾳ σαρκικῇ, ἀλλ᾽
ἐν χάριτι Θεοῦ ἀνεστράφημεν ἐν τῷ κόσμῳ, περισσοτέρως δὲ πρὸς ὑ-
μᾶς. 13 οὐ γὰρ ἄλλα γράφομεν ὑμῖν, ἀλλ᾽ ἢ ἃ ἀναγινώσκετε ἢ καὶ ἐπι-
γινώσκετε, ἐλπίζω δὲ ὅτι καὶ ἕως τέλους ἐπιγνώσεσθε, 14 καθὼς καὶ ἐ-
πέγνωτε ἡμᾶς ἀπὸ μέρους, ὅτι καύχημα ὑμῶν ἐσμεν, καθάπερ καὶ ὑ-
μεῖς ἡμῶν, ἐν τῇ ἡμέρᾳ τοῦ Κυρίου Ἰησοῦ.

15 Καὶ ταύτῃ τῇ πεποιθήσει ἐβουλόμην πρὸς ὑμᾶς ἐλθεῖν πρότερον, ἵνα
δευτέραν χάριν ἔχητε, 16 καὶ δι᾽ ὑμῶν διελθεῖν εἰς Μακεδονίαν, καὶ πά-
λιν ἀπὸ Μακεδονίας ἐλθεῖν πρὸς ὑμᾶς καὶ ὑφ᾽ ὑμῶν προπεμφθῆναι εἰς
τὴν Ἰουδαίαν. 17 τοῦτο οὖν βουλόμενος μήτι ἄρα τῇ ἐλαφρίᾳ ἐχρησά-
μην; ἢ ἃ βουλεύομαι, κατὰ σάρκα βουλεύομαι, ἵνα ᾖ παρ᾽ ἐμοὶ τὸ ναὶ ναὶ
καὶ τὸ οὒ οὔ; 18 πιστὸς δὲ ὁ Θεὸς ὅτι ὁ λόγος ἡμῶν ὁ πρὸς ὑμᾶς οὐκ ἐ-
γένετο ναὶ καὶ οὔ. 19 ὁ γὰρ τοῦ Θεοῦ υἱὸς Ἰησοῦς Χριστὸς ὁ ἐν ὑμῖν δι᾽
ἡμῶν κηρυχθείς, δι᾽ ἐμοῦ καὶ Σιλουανοῦ καὶ Τιμοθέου, οὐκ ἐγένετο ναί
καὶ οὔ, ἀλλὰ ναὶ ἐν αὐτῷ γέγονεν· 20 ὅσαι γὰρ ἐπαγγελίαι Θεοῦ, ἐν αὐ-
τῷ τὸ ναὶ καὶ ἐν αὐτῷ τὸ ἀμήν, τῷ Θεῷ πρὸς δόξαν δι᾽ ἡμῶν. 21 ὁ δὲ
βεβαιῶν ἡμᾶς σὺν ὑμῖν εἰς Χριστὸν καὶ χρίσας ἡμᾶς Θεός, 22 ὁ καὶ
σφραγισάμενος ἡμᾶς καὶ δοὺς τὸν ἀρραβῶνα τοῦ Πνεύματος ἐν ταῖς
καρδίαις ἡμῶν. 23 ἐγὼ δὲ μάρτυρα τὸν Θεὸν ἐπικαλοῦμαι ἐπὶ τὴν ἐμὴν
ψυχήν, ὅτι φειδόμενος ὑμῶν οὐκέτι ἦλθον εἰς Κόρινθον. 24 οὐχ ὅτι κυ-
ριεύομεν ὑμῶν τῆς πίστεως, ἀλλὰ συνεργοί ἐσμεν τῆς χαρᾶς ὑμῶν· τῇ
γὰρ πίστει ἑστήκατε.

2

ΕΚΡΙΝΑ δὲ ἐμαυτῷ τοῦτο, τὸ μὴ πάλιν ἐν λύπῃ ἐλθεῖν πρὸς ὑμᾶς. 2
εἰ γὰρ ἐγὼ λυπῶ ὑμᾶς, καὶ τίς ἐστιν ὁ εὐφραίνων με εἰ μὴ ὁ λυπού-
μενος ἐξ ἐμοῦ; 3 καὶ ἔγραψα ὑμῖν τοῦτο αὐτό, ἵνα μὴ ἐλθὼν λύπην
ἔχω ἀφ᾽ ὧν ἔδει με χαίρειν, πεποιθὼς ἐπὶ πάντας ὑμᾶς ὅτι ἡ ἐμὴ χαρὰ
πάντων ὑμῶν ἐστιν. 4 ἐκ γὰρ πολλῆς θλίψεως καὶ συνοχῆς καρδίας ἔ-
γραψα ὑμῖν διὰ πολλῶν δακρύων, οὐχ ἵνα λυπηθῆτε, ἀλλὰ τὴν ἀγάπην
ἵνα γνῶτε ἣν ἔχω περισσοτέρως εἰς ὑμᾶς.

5 Εἰ δέ τις λελύπηκεν, οὐκ ἐμὲ λελύπηκεν, ἀλλά, ἀπὸ μέρους ἵνα μὴ ἐ-
πιβαρῶ, πάντας ὑμᾶς. 6 ἱκανὸν τῷ τοιούτῳ ἡ ἐπιτιμία αὕτη ἡ ὑπὸ τῶν
πλειόνων· 7 ὥστε τοὐναντίον μᾶλλον ὑμᾶς χαρίσασθαι καὶ παρακαλέ-
σαι, μήπως τῇ περισσοτέρᾳ λύπῃ καταποθῇ ὁ τοιοῦτος. 8 διὸ παρακαλῶ
ὑμᾶς κυρῶσαι εἰς αὐτὸν ἀγάπην. 9 εἰς τοῦτο γὰρ καὶ ἔγραψα, ἵνα γνῶ
τὴν δοκιμὴν ὑμῶν, εἰ εἰς πάντα ὑπήκοοί ἐστε. 10 ᾧ δέ τι χαρίζεσθε, καὶ
ἐγώ· καὶ γὰρ ἐγὼ εἴ τι κεχάρισμαι ᾧ κεχάρισμαι, δι᾽ ὑμᾶς ἐν προσώπῳ
Χριστοῦ, 11 ἵνα μὴ πλεονεκτηθῶμεν ὑπὸ τοῦ σατανᾶ· οὐ γὰρ αὐτοῦ τὰ
νοήματα ἀγνοοῦμεν.

12 Ἐλθὼν δὲ εἰς τὴν Τρῳάδα εἰς τὸ εὐαγγέλιον τοῦ Χριστοῦ, καὶ θύρας
μοι ἀνεῳγμένης ἐν Κυρίῳ, 13 οὐκ ἔσχηκα ἄνεσιν τῷ πνεύματί μου τῷ
μὴ εὑρεῖν με Τίτον τὸν ἀδελφόν μου, ἀλλὰ ἀποταξάμενος αὐτοῖς ἐξῆλ-
θον εἰς Μακεδονίαν.

14 Τῷ δὲ Θεῷ χάρις τῷ πάντοτε θριαμβεύοντι ἡμᾶς ἐν τῷ Χριστῷ καὶ
τὴν ὀσμὴν τῆς γνώσεως αὐτοῦ φανεροῦντι δι᾽ ἡμῶν ἐν παντὶ τόπῳ· 15
ὅτι Χριστοῦ εὐωδία ἐσμὲν τῷ Θεῷ ἐν τοῖς σῳζομένοις καὶ ἐν τοῖς ἀπολ-
λυμένοις, 16 οἷς μὲν ὀσμὴ θανάτου εἰς θάνατον, οἷς δὲ ὀσμὴ ζωῆς εἰς
ζωήν. καὶ πρὸς ταῦτα τίς ἱκανός; 17 οὐ γάρ ἐσμεν ὡς οἱ λοιποὶ καπη-
λεύοντες τὸν λόγον τοῦ Θεοῦ, ἀλλ᾽ ὡς ἐξ εἰλικρινείας, ἀλλ᾽ ὡς ἐκ Θεοῦ
κατενώπιον τοῦ Θεοῦ ἐν Χριστῷ λαλοῦμεν.

3

ΑΡΧΟΜΕΘΑ πάλιν ἑαυτοὺς συνιστάνειν; εἰ μὴ χρῄζομεν ὥς τινες
συστατικῶν ἐπιστολῶν πρὸς ὑμᾶς ἢ ἐξ ὑμῶν συστατικῶν; 2 ἡ ἐπι-
στολὴ ἡμῶν ὑμεῖς ἐστε, ἐγγεγραμμένη ἐν ταῖς καρδίαις ἡμῶν, γι-
νωσκομένη καὶ ἀναγινωσκομένη ὑπὸ πάντων ἀνθρώπων, 3 φανερούμε-
νοι ὅτι ἐστὲ ἐπιστολὴ Χριστοῦ διακονηθεῖσα ὑφ᾽ ἡμῶν, ἐγγεγραμμένη
οὐ μέλανι, ἀλλὰ Πνεύματι Θεοῦ ζῶντος, οὐκ ἐν πλαξὶ λιθίναις, ἀλλὰ ἐν
πλαξὶ καρδίαις σαρκίναις.

4 Πεποίθησιν δὲ τοιαύτην ἔχομεν διὰ τοῦ Χριστοῦ πρὸς τὸν Θεόν. 5 οὐχ
ὅτι ἱκανοί ἐσμεν ἀφ᾽ ἑαυτῶν λογίσασθαί τι ὡς ἐξ ἑαυτῶν, ἀλλ᾽ ἡ ἱκανό-
της ἡμῶν ἐκ τοῦ Θεοῦ, 6 ὃς καὶ ἱκάνωσεν ἡμᾶς διακόνους καινῆς δια-
θήκης, οὐ γράμματος, ἀλλὰ πνεύματος· τὸ γὰρ γράμμα ἀποκτέννει, τὸ

δὲ πνεῦμα ζωοποιεῖ. 7 εἰ δὲ ἡ διακονία τοῦ θανάτου ἐν γράμμασιν ἐντε-
τυπωμένη ἐν λίθοις ἐγενήθη ἐν δόξῃ, ὥστε μὴ δύνασθαι ἀτενίσαι τοὺς
υἱοὺς Ἰσραὴλ εἰς τὸ πρόσωπον Μωϋσέως διὰ τὴν δόξαν τοῦ προσώπου
αὐτοῦ τὴν καταργουμένην, 8 πῶς οὐχὶ μᾶλλον ἡ διακονία τοῦ πνεύμα-
τος ἔσται ἐν δόξῃ; 9 εἰ γὰρ ἡ διακονία τῆς κατακρίσεως δόξα, πολλῷ
μᾶλλον περισσεύει ἡ διακονία τῆς δικαιοσύνης ἐν δόξῃ. 10 καὶ γὰρ οὐδὲ
δεδόξασται τὸ δεδοξασμένον ἐν τούτῳ τῷ μέρει ἕνεκεν τῆς ὑπερβαλλού-
σης δόξης. 11 εἰ γὰρ τὸ καταργούμενον διὰ δόξης, πολλῷ μᾶλλον τὸ
μένον ἐν δόξῃ.

12 Ἔχοντες οὖν τοιαύτην ἐλπίδα πολλῇ παρρησίᾳ χρώμεθα, 13 καὶ οὐ
καθάπερ Μωϋσῆς ἐτίθει κάλυμμα ἐπὶ τὸ πρόσωπον ἑαυτοῦ πρὸς τὸ μὴ
ἀτενίσαι τοὺς υἱοὺς Ἰσραὴλ εἰς τὸ τέλος τοῦ καταργουμένου. 14 ἀλλ᾽ ἐ-
πωρώθη τὰ νοήματα αὐτῶν. ἄχρι γὰρ τῆς σήμερον τὸ αὐτὸ κάλυμμα
ἐπὶ τῇ ἀναγνώσει τῆς παλαιᾶς διαθήκης μένει, μὴ ἀνακαλυπτόμενον
ὅτι ἐν Χριστῷ καταργεῖται, 15 ἀλλ᾽ ἕως σήμερον, ἡνίκα ἀναγινώσκεται
Μωϋσῆς, κάλυμμα ἐπὶ τὴν καρδίαν αὐτῶν κεῖται· 16 ἡνίκα δ᾽ ἂν ἐπι-
στρέψῃ πρὸς Κύριον, περιαιρεῖται τὸ κάλυμμα. 17 ὁ δὲ Κύριος τὸ Πνεῦ-
μά ἐστιν· οὗ δὲ τὸ Πνεῦμα Κυρίου, ἐκεῖ ἐλευθερία. 18 ἡμεῖς δὲ πάντες
ἀνακεκαλυμμένῳ προσώπῳ τὴν δόξαν Κυρίου κατοπτριζόμενοι τὴν αὐ-
τὴν εἰκόνα μεταμορφούμεθα ἀπὸ δόξης εἰς δόξαν, καθάπερ ἀπὸ Κυρίου
Πνεύματος.

4

ΔΙΑ τοῦτο, ἔχοντες τὴν διακονίαν ταύτην καθὼς ἠλεήθημεν, οὐκ ἐκ-
κακοῦμεν, 2 ἀλλ᾽ ἀπειπάμεθα τὰ κρυπτὰ τῆς αἰσχύνης, μὴ περιπα-
τοῦντες ἐν πανουργίᾳ μηδὲ δολοῦντες τὸν λόγον τοῦ Θεοῦ, ἀλλὰ τῇ
φανερώσει τῆς ἀληθείας συνιστῶντες ἑαυτοὺς πρὸς πᾶσαν συνείδησιν
ἀνθρώπων ἐνώπιον τοῦ Θεοῦ. 3 εἰ δὲ καὶ ἔστι κεκαλυμμένον τὸ εὐαγγέ-
λιον ἡμῶν, ἐν τοῖς ἀπολλυμένοις ἐστὶ κεκαλυμμένον, 4 ἐν οἷς ὁ θεὸς τοῦ
αἰῶνος τούτου ἐτύφλωσε τὰ νοήματα τῶν ἀπίστων εἰς τὸ μὴ αὐγάσαι
αὐτοῖς τὸν φωτισμὸν τοῦ εὐαγγελίου τῆς δόξης τοῦ Χριστοῦ, ὅς ἐστιν
εἰκὼν τοῦ Θεοῦ. 5 οὐ γὰρ ἑαυτοὺς κηρύσσομεν, ἀλλὰ Χριστὸν Ἰησοῦν
Κύριον, ἑαυτοὺς δὲ δούλους ὑμῶν διὰ Ἰησοῦν. 6 ὅτι ὁ Θεὸς ὁ εἰπὼν ἐκ

σκότους φῶς λάμψαι, ὃς ἔλαμψεν ἐν ταῖς καρδίαις ἡμῶν πρὸς φωτισμὸν
τῆς γνώσεως τῆς δόξης τοῦ Θεοῦ ἐν προσώπῳ Ἰησοῦ Χριστοῦ.

7 Ἔχομεν δὲ τὸν θησαυρὸν τοῦτον ἐν ὀστρακίνοις σκεύεσιν, ἵνα ἡ ὑπερ-
βολὴ τῆς δυνάμεως ᾖ τοῦ Θεοῦ καὶ μὴ ἐξ ἡμῶν, 8 ἐν παντὶ θλιβόμενοι
ἀλλ' οὐ στενοχωρούμενοι, ἀπορούμενοι ἀλλ' οὐκ ἐξαπορούμενοι, 9 διω-
κόμενοι ἀλλ' οὐκ ἐγκαταλειπόμενοι, καταβαλλόμενοι ἀλλ' οὐκ ἀπολλύ-
μενοι, 10 πάντοτε τὴν νέκρωσιν τοῦ Κυρίου Ἰησοῦ ἐν τῷ σώματι περι-
φέροντες, ἵνα καὶ ἡ ζωὴ τοῦ Ἰησοῦ ἐν τῷ σώματι ἡμῶν φανερωθῇ. 11
ἀεὶ γὰρ ἡμεῖς οἱ ζῶντες εἰς θάνατον παραδιδόμεθα διὰ Ἰησοῦν, ἵνα καὶ ἡ
ζωὴ τοῦ Ἰησοῦ φανερωθῇ ἐν τῇ θνητῇ σαρκὶ ἡμῶν. 12 ὥστε ὁ μὲν θά-
νατος ἐν ἡμῖν ἐνεργεῖται, ἡ δὲ ζωὴ ἐν ὑμῖν. 13 ἔχοντες δὲ τὸ αὐτὸ πνεῦ-
μα τῆς πίστεως κατὰ τὸ γεγραμμένον, ἐπίστευσα, διὸ ἐλάλησα, καὶ ἡ-
μεῖς πιστεύομεν, διὸ καὶ λαλοῦμεν, 14 εἰδότες ὅτι ὁ ἐγείρας τὸν Κύριον
Ἰησοῦν καὶ ἡμᾶς διὰ Ἰησοῦ ἐγερεῖ καὶ παραστήσει σὺν ὑμῖν. 15 τὰ γὰρ
πάντα δι' ὑμᾶς, ἵνα ἡ χάρις πλεονάσασα διὰ τῶν πλειόνων τὴν εὐχαρι-
στίαν περισσεύσῃ εἰς τὴν δόξαν τοῦ Θεοῦ.

16 Διὸ οὐκ ἐκκακοῦμεν, ἀλλ' εἰ καὶ ὁ ἔξω ἡμῶν ἄνθρωπος διαφθείρεται,
ἀλλ' ὁ ἔσωθεν ἀνακαινοῦται ἡμέρᾳ καὶ ἡμέρᾳ. 17 τὸ γὰρ παραυτίκα ἐ-
λαφρὸν τῆς θλίψεως ἡμῶν καθ' ὑπερβολὴν εἰς ὑπερβολὴν αἰώνιον βάρος
δόξης κατεργάζεται ἡμῖν, 18 μὴ σκοπούντων ἡμῶν τὰ βλεπόμενα, ἀλ-
λὰ τὰ μὴ βλεπόμενα. τὰ γὰρ βλεπόμενα πρόσκαιρα, τὰ δὲ μὴ βλεπόμε-
να αἰώνια.

5

ΟΙΔΑΜΕΝ γὰρ ὅτι ἐὰν ἡ ἐπίγειος ἡμῶν οἰκία τοῦ σκήνους καταλυ-
θῇ, οἰκοδομὴν ἐκ Θεοῦ ἔχομεν, οἰκίαν ἀχειροποίητον αἰώνιον ἐν τοῖς
οὐρανοῖς. 2 καὶ γὰρ ἐν τούτῳ στενάζομεν, τὸ οἰκητήριον ἡμῶν τὸ ἐξ
οὐρανοῦ ἐπενδύσασθαι ἐπιποθοῦντες, 3 εἴ γε καὶ ἐνδυσάμενοι οὐ γυμνοὶ
εὑρεθησόμεθα. 4 καὶ γὰρ οἱ ὄντες ἐν τῷ σκήνει στενάζομεν, βαρούμενοι
ἐφ' ᾧ οὐ θέλομεν ἐκδύσασθαι, ἀλλ' ἐπενδύσασθαι, ἵνα καταποθῇ τὸ θνη-
τὸν ὑπὸ τῆς ζωῆς. 5 ὁ δὲ κατεργασάμενος ἡμᾶς εἰς αὐτὸ τοῦτο Θεός, ὁ
καὶ δοὺς ἡμῖν τὸν ἀρραβῶνα τοῦ Πνεύματος. 6 Θαρροῦντες οὖν πάντοτε
καὶ εἰδότες ὅτι ἐνδημοῦντες ἐν τῷ σώματι ἐκδημοῦμεν ἀπὸ τοῦ Κυρίου·

7 διὰ πίστεως γὰρ περιπατοῦμεν, οὐ διὰ εἴδους· 8 θαρροῦμεν δὲ καὶ εὐ-
δοκοῦμεν μᾶλλον ἐκδημῆσαι ἐκ τοῦ σώματος καὶ ἐνδημῆσαι πρὸς τὸν
Κύριον. 9 διὸ καὶ φιλοτιμούμεθα, εἴτε ἐνδημοῦντες εἴτε ἐκδημοῦντες,
εὐάρεστοι αὐτῷ εἶναι. 10 τοὺς γὰρ πάντας ἡμᾶς φανερωθῆναι δεῖ ἔμ-
προσθεν τοῦ βήματος τοῦ Χριστοῦ, ἵνα κομίσηται ἕκαστος τὰ διὰ τοῦ
σώματος πρὸς ἃ ἔπραξεν, εἴτε ἀγαθὸν εἴτε κακόν.

11 Εἰδότες οὖν τὸν φόβον τοῦ Κυρίου ἀνθρώπους πείθομεν, Θεῷ δὲ πε-
φανερώμεθα, ἐλπίζω δὲ καὶ ἐν ταῖς συνειδήσεσιν ὑμῶν πεφανερῶσθαι.
12 οὐ γὰρ πάλιν ἑαυτοὺς συνιστάνομεν ὑμῖν, ἀλλὰ ἀφορμὴν διδόντες ὑ-
μῖν καυχήματος ὑπὲρ ἡμῶν, ἵνα ἔχητε πρὸς τοὺς ἐν προσώπῳ καυχω-
μένους καὶ οὐ καρδίᾳ. 13 εἴτε γὰρ ἐξέστημεν, Θεῷ, εἴτε σωφρονοῦμεν,
ὑμῖν. 14 ἡ γὰρ ἀγάπη τοῦ Χριστοῦ συνέχει ἡμᾶς, 15 κρίναντας τοῦτο,
ὅτι εἰ εἷς ὑπὲρ πάντων ἀπέθανεν, ἄρα οἱ πάντες ἀπέθανον· καὶ ὑπὲρ πάν-
των ἀπέθανεν, ἵνα οἱ ζῶντες μηκέτι ἑαυτοῖς ζῶσιν, ἀλλὰ τῷ ὑπὲρ αὐτῶν
ἀποθανόντι καὶ ἐγερθέντι.

16 Ὥστε ἡμεῖς ἀπὸ τοῦ νῦν οὐδένα οἴδαμεν κατὰ σάρκα· εἰ δὲ καὶ ἐγνώ-
καμεν κατὰ σάρκα Χριστόν, ἀλλὰ νῦν οὐκέτι γινώσκομεν. 17 ὥστε εἴ
τις ἐν Χριστῷ καινὴ κτίσις· τὰ ἀρχαῖα παρῆλθεν, ἰδοὺ γέγονε καινὰ τὰ
πάντα. 18 τὰ δὲ πάντα ἐκ τοῦ Θεοῦ τοῦ καταλλάξαντος ἡμᾶς ἑαυτῷ διὰ
Ἰησοῦ Χριστοῦ καὶ δόντος ἡμῖν τὴν διακονίαν τῆς καταλλαγῆς, 19 ὡς
ὅτι Θεὸς ἦν ἐν Χριστῷ κόσμον καταλλάσσων ἑαυτῷ, μὴ λογιζόμενος
αὐτοῖς τὰ παραπτώματα αὐτῶν, καὶ θέμενος ἐν ἡμῖν τὸν λόγον τῆς κα-
ταλλαγῆς. 20 Ὑπὲρ Χριστοῦ οὖν πρεσβεύομεν ὡς τοῦ Θεοῦ παρακα-
λοῦντος δι᾿ ἡμῶν· δεόμεθα ὑπὲρ Χριστοῦ, καταλλάγητε τῷ Θεῷ· 21 τὸν
γὰρ μὴ γνόντα ἁμαρτίαν ὑπὲρ ἡμῶν ἁμαρτίαν ἐποίησεν, ἵνα ἡμεῖς γε-
νώμεθα δικαιοσύνη Θεοῦ ἐν αὐτῷ.

6

ΣΥΝΕΡΓΟΥΝΤΕΣ δὲ καὶ παρακαλοῦμεν μὴ εἰς κενὸν τὴν χάριν
τοῦ Θεοῦ δέξασθαι ὑμᾶς 2 λέγει γάρ· καιρῷ δεκτῷ ἐπήκουσά σου
καὶ ἐν ἡμέρᾳ σωτηρίας ἐβοήθησά σοι· ἰδοὺ νῦν καιρὸς εὐπρόσδεκτος,
ἰδοὺ νῦν ἡμέρα σωτηρίας 3 μηδεμίαν ἐν μηδενὶ διδόντες προσκοπήν,
ἵνα μὴ μωμηθῇ ἡ διακονία, 4 ἀλλ᾿ ἐν παντὶ συνιστῶντες ἑαυτοὺς ὡς

Θεοῦ διάκονοι, ἐν ὑπομονῇ πολλῇ, ἐν θλίψεσιν, ἐν ἀνάγκαις, ἐν στενο-
χωρίαις, 5 ἐν πληγαῖς, ἐν φυλακαῖς, ἐν ἀκαταστασίαις, ἐν κόποις, ἐν ἀ-
γρυπνίαις, ἐν νηστείαις, 6 ἐν ἁγνότητι, ἐν γνώσει, ἐν μακροθυμίᾳ, ἐν
χρηστότητι, ἐν Πνεύματι Ἁγίῳ, ἐν ἀγάπῃ ἀνυποκρίτῳ, 7 ἐν λόγῳ ἀλη-
θείας, ἐν δυνάμει Θεοῦ, διὰ τῶν ὅπλων τῆς δικαιοσύνης τῶν δεξιῶν καὶ
ἀριστερῶν, 8 διὰ δόξης καὶ ἀτιμίας, διὰ δυσφημίας καὶ εὐφημίας, ὡς
πλάνοι καὶ ἀληθεῖς, 9 ὡς ἀγνοούμενοι καὶ ἐπιγινωσκόμενοι, ὡς ἀποθνή-
σκοντες καὶ ἰδοὺ ζῶμεν, ὡς παιδευόμενοι καὶ μὴ θανατούμενοι, 10 ὡς
λυπούμενοι ἀεὶ δὲ χαίροντες, ὡς πτωχοὶ πολλοὺς δὲ πλουτίζοντες, ὡς
μηδὲν ἔχοντες καὶ πάντα κατέχοντες.

11 Τὸ στόμα ἡμῶν ἀνέῳγε πρὸς ὑμᾶς, Κορίνθιοι, ἡ καρδία ἡμῶν πε-
πλάτυνται· 12 οὐ στενοχωρεῖσθε ἐν ἡμῖν, στενοχωρεῖσθε δὲ ἐν τοῖς
σπλάγχνοις ὑμῶν· 13 τὴν δὲ αὐτὴν ἀντιμισθίαν, ὡς τέκνοις λέγω, πλα-
τύνθητε καὶ ὑμεῖς.

14 Μὴ γίνεσθε ἑτεροζυγοῦντες ἀπίστοις· τίς γὰρ μετοχὴ δικαιοσύνῃ καὶ
ἀνομίᾳ; τίς δὲ κοινωνία φωτὶ πρὸς σκότος; 15 τίς δὲ συμφώνησις Χρι-
στῷ πρὸς Βελίαλ; ἢ τίς μερὶς πιστῷ μετὰ ἀπίστου; 16 τίς δὲ συγκατά-
θεσις ναῷ Θεοῦ μετὰ εἰδώλων; ὑμεῖς γὰρ ναὸς Θεοῦ ἐστε ζῶντος, κα-
θὼς εἶπεν ὁ Θεὸς ὅτι ἐνοικήσω ἐν αὐτοῖς καὶ ἐμπεριπατήσω, καὶ ἔσομαι
αὐτῶν Θεός, καὶ αὐτοὶ ἔσονταί μοι λαός. 17 διὸ ἐξέλθατε ἐκ μέσου αὐ-
τῶν καὶ ἀφορίσθητε, λέγει Κύριος, καὶ ἀκαθάρτου μὴ ἅπτεσθε, κἀγὼ
εἰσδέξομαι ὑμᾶς, 18 καὶ ἔσομαι ὑμῖν εἰς πατέρα, καὶ ὑμεῖς ἔσεσθέ μοι
εἰς υἱοὺς καὶ θυγατέρας, λέγει Κύριος παντοκράτωρ.

7

ΤΑΥΤΑΣ οὖν ἔχοντες τὰς ἐπαγγελίας, ἀγαπητοί, καθαρίσωμεν ἑαυ-
τοὺς ἀπὸ παντὸς μολυσμοῦ σαρκὸς καὶ πνεύματος, ἐπιτελοῦντες ἁ-
γιωσύνην ἐν φόβῳ Θεοῦ.

2 Χωρήσατε ἡμᾶς· οὐδένα ἠδικήσαμεν, οὐδένα ἐφθείραμεν, οὐδένα ἐ-
πλεονεκτήσαμεν. 3 οὐ πρὸς κατάκρισιν λέγω· προείρηκα γὰρ ὅτι ἐν ταῖς
καρδίαις ἡμῶν ἐστε εἰς τὸ συναποθανεῖν καὶ συζῆν. 4 πολλή μοι παρρη-
σία πρὸς ὑμᾶς, πολλή μοι καύχησις ὑπὲρ ὑμῶν· πεπλήρωμαι τῇ παρα-
κλήσει, ὑπερπερισσεύομαι τῇ χαρᾷ ἐπὶ πάσῃ τῇ θλίψει ἡμῶν.

5 Καὶ γὰρ ἐλθόντων ἡμῶν εἰς Μακεδονίαν οὐδεμίαν ἔσχηκεν ἄνεσιν ἡ
σὰρξ ἡμῶν, ἀλλ᾽ ἐν παντὶ θλιβόμενοι· ἔξωθεν μάχαι, ἔσωθεν φόβοι. 6
ἀλλ᾽ ὁ παρακαλῶν τοὺς ταπεινοὺς παρεκάλεσεν ἡμᾶς ὁ Θεὸς ἐν τῇ πα-
ρουσίᾳ Τίτου· 7 οὐ μόνον δὲ ἐν τῇ παρουσίᾳ αὐτοῦ, ἀλλὰ καὶ ἐν τῇ πα-
ρακλήσει ᾗ παρεκλήθη ἐφ᾽ ὑμῖν, ἀναγγέλλων ἡμῖν τὴν ὑμῶν ἐπιπόθη-
σιν, τὸν ὑμῶν ὀδυρμόν, τὸν ὑμῶν ζῆλον ὑπὲρ ἐμοῦ, ὥστε με μᾶλλον χα-
ρῆναι, 8 ὅτι εἰ καὶ ἐλύπησα ὑμᾶς ἐν τῇ ἐπιστολῇ, οὐ μεταμέλομαι, εἰ
καὶ μετεμελόμην· βλέπω γὰρ ὅτι ἡ ἐπιστολὴ ἐκείνη, εἰ καὶ πρὸς ὥραν,
ἐλύπησεν ὑμᾶς. 9 νῦν χαίρω, οὐχ ὅτι ἐλυπήθητε, ἀλλ᾽ ὅτι ἐλυπήθητε
εἰς μετάνοιαν· ἐλυπήθητε γὰρ κατὰ Θεόν, ἵνα ἐν μηδενὶ ζημιωθῆτε ἐξ
ἡμῶν. 10 ἡ γὰρ κατὰ Θεὸν λύπη μετάνοιαν εἰς σωτηρίαν ἀμεταμέλη-
τον κατεργάζεται· ἡ δὲ τοῦ κόσμου λύπη θάνατον κατεργάζεται. 11 ἰδοὺ
γὰρ αὐτὸ τοῦτο, τὸ κατὰ Θεὸν λυπηθῆναι ὑμᾶς, πόσην κατειργάσατο ὑ-
μῖν σπουδήν, ἀλλὰ ἀπολογίαν, ἀλλὰ ἀγανάκτησιν, ἀλλὰ φόβον, ἀλλὰ ἐ-
πιπόθησιν, ἀλλὰ ζῆλον, ἀλλὰ ἐκδίκησιν. ἐν παντὶ συνεστήσατε ἑαυτοὺς
ἁγνοὺς εἶναι ἐν τῷ πράγματι.

12 Ἄρα εἰ καὶ ἔγραψα ὑμῖν, οὐχ εἵνεκεν τοῦ ἀδικήσαντος, οὐδὲ εἵνεκεν
τοῦ ἀδικηθέντος, ἀλλ᾽ εἵνεκεν τοῦ φανερωθῆναι τὴν σπουδὴν ὑμῶν τὴν
ὑπὲρ ἡμῶν πρὸς ὑμᾶς ἐνώπιον τοῦ Θεοῦ. 13 διὰ τοῦτο παρακεκλήμεθα.
ἐπὶ δὲ τῇ παρακλήσει ὑμῶν περισσοτέρως μᾶλλον ἐχάρημεν ἐπὶ τῇ χα-
ρᾷ Τίτου, ὅτι ἀναπέπαυται τὸ πνεῦμα αὐτοῦ ἀπὸ πάντων ὑμῶν· 14 ὅτι
εἴ τι αὐτῷ ὑπὲρ ὑμῶν κεκαύχημαι, οὐ κατησχύνθην, ἀλλ᾽ ὡς πάντα ἐν
ἀληθείᾳ ἐλαλήσαμεν ὑμῖν, οὕτω καὶ ἡ καύχησις ἡμῶν ἡ ἐπὶ Τίτου ἀ-
λήθεια ἐγενήθη. 15 καὶ τὰ σπλάγχνα αὐτοῦ περισσοτέρως εἰς ὑμᾶς ἐ-
στιν ἀναμιμνησκομένου τὴν πάντων ὑμῶν ὑπακοήν, ὡς μετὰ φόβου καὶ
τρόμου ἐδέξασθε αὐτόν. 16 χαίρω ὅτι ἐν παντὶ θαρρῶ ἐν ὑμῖν.

8

ΓΝΩΡΙΖΩ δὲ ὑμῖν, ἀδελφοί, τὴν χάριν τοῦ Θεοῦ τὴν δεδομένην ἐν
ταῖς ἐκκλησίαις τῆς Μακεδονίας, 2 ὅτι ἐν πολλῇ δοκιμῇ θλίψεως ἡ
περισσεία τῆς χαρᾶς αὐτῶν καὶ ἡ κατὰ βάθος πτωχεία αὐτῶν ἐπε-
ρίσσευσεν εἰς τὸν πλοῦτον τῆς ἁπλότητος αὐτῶν· 3 ὅτι κατὰ δύναμιν,
μαρτυρῶ, καὶ ὑπὲρ δύναμιν, αὐθαίρετοι, 4 μετὰ πολλῆς παρακλήσεως

δεόμενοι ἡμῶν τὴν χάριν καὶ τὴν κοινωνίαν τῆς διακονίας τῆς εἰς τοὺς
ἁγίους, 5 καὶ οὐ καθὼς ἠλπίσαμεν, ἀλλ᾽ ἑαυτοὺς ἔδωκαν πρῶτον τῷ
Κυρίῳ καὶ ἡμῖν διὰ θελήματος Θεοῦ, 6 εἰς τὸ παρακαλέσαι ἡμᾶς Τίτον,
ἵνα καθὼς προενήρξατο οὕτω καὶ ἐπιτελέσῃ εἰς ὑμᾶς καὶ τὴν χάριν ταύ-
την. 7 ἀλλ᾽ ὥσπερ ἐν παντὶ περισσεύετε, πίστει καὶ λόγῳ καὶ γνώσει
καὶ πάσῃ σπουδῇ καὶ τῇ ἐξ ὑμῶν ἐν ἡμῖν ἀγάπῃ, ἵνα καὶ ἐν ταύτῃ τῇ
χάριτι περισσεύητε.

8 Οὐ κατ᾽ ἐπιταγὴν λέγω, ἀλλὰ διὰ τῆς ἑτέρων σπουδῆς καὶ τὸ τῆς ὑ-
μετέρας ἀγάπης γνήσιον δοκιμάζων· 9 γινώσκετε γὰρ τὴν χάριν τοῦ
Κυρίου ἡμῶν Ἰησοῦ Χριστοῦ, ὅτι δι᾽ ὑμᾶς ἐπτώχευσε πλούσιος ὤν, ἵνα
ὑμεῖς τῇ ἐκείνου πτωχείᾳ πλουτήσητε. 10 καὶ γνώμην ἐν τούτῳ δίδωμι·
τοῦτο γὰρ ὑμῖν συμφέρει, οἵτινες οὐ μόνον τὸ ποιῆσαι, ἀλλὰ καὶ τὸ θέ-
λειν προενήρξασθε ἀπὸ πέρυσι· 11 νυνὶ δὲ καὶ τὸ ποιῆσαι ἐπιτελέσατε,
ὅπως καθάπερ ἡ προθυμία τοῦ θέλειν, οὕτω καὶ τὸ ἐπιτελέσαι ἐκ τοῦ ἔ-
χειν. 12 εἰ γὰρ ἡ προθυμία πρόκειται, καθὸ ἐὰν ἔχῃ τις εὐπρόσδεκτος,
οὐ καθὸ οὐκ ἔχει. 13 οὐ γὰρ ἵνα ἄλλοις ἄνεσις, ὑμῖν δὲ θλῖψις, ἀλλ᾽ ἐξ ἰ-
σότητος ἐν τῷ νῦν καιρῷ τὸ ὑμῶν περίσσευμα εἰς τὸ ἐκείνων ὑστέρημα,
14 ἵνα καὶ τὸ ἐκείνων περίσσευμα γένηται εἰς τὸ ὑμῶν ὑστέρημα, ὅπως
γένηται ἰσότης, 15 καθὼς γέγραπται· ὁ τὸ πολὺ οὐκ ἐπλεόνασε, καὶ ὁ τὸ
ὀλίγον οὐκ ἠλαττόνησε.

16 Χάρις δὲ τῷ Θεῷ τῷ διδόντι τὴν αὐτὴν σπουδὴν ὑπὲρ ὑμῶν ἐν τῇ
καρδίᾳ Τίτου, 17 ὅτι τὴν μὲν παράκλησιν ἐδέξατο, σπουδαιότερος δὲ ὑ-
πάρχων αὐθαίρετος ἐξῆλθε πρὸς ὑμᾶς. 18 συνεπέμψαμεν δὲ μετ᾽ αὐτοῦ
τὸν ἀδελφὸν οὗ ὁ ἔπαινος ἐν τῷ εὐαγγελίῳ διὰ πασῶν τῶν ἐκκλησιῶν·
19 οὐ μόνον δέ, ἀλλὰ καὶ χειροτονηθεὶς ὑπὸ τῶν ἐκκλησιῶν συνέκδημος
ἡμῶν σὺν τῇ χάριτι ταύτῃ τῇ διακονουμένῃ ὑφ᾽ ἡμῶν πρὸς τὴν αὐτοῦ
τοῦ Κυρίου δόξαν καὶ προθυμίαν ἡμῶν· 20 στελλόμενοι τοῦτο, μή τις
ἡμᾶς μωμήσηται ἐν τῇ ἁδρότητι ταύτῃ τῇ διακονουμένῃ ὑφ᾽ ἡμῶν, 21
προνοούμενοι καλὰ οὐ μόνον ἐνώπιον Κυρίου, ἀλλὰ καὶ ἐνώπιον ἀνθρώ-
πων. 22 συνεπέμψαμεν δὲ αὐτοῖς τὸν ἀδελφὸν ἡμῶν, ὃν ἐδοκιμάσαμεν
ἐν πολλοῖς πολλάκις σπουδαῖον ὄντα, νυνὶ δὲ πολὺ σπουδαιότερον πεποι-
θήσει πολλῇ τῇ εἰς ὑμᾶς. 23 εἴτε ὑπὲρ Τίτου, κοινωνὸς ἐμὸς καὶ εἰς ὑ-
μᾶς συνεργός· εἴτε ἀδελφοὶ ἡμῶν, ἀπόστολοι ἐκκλησιῶν, δόξα Χριστοῦ.
24 Τὴν οὖν ἔνδειξιν τῆς ἀγάπης ὑμῶν καὶ ἡμῶν καυχήσεως ὑπὲρ ὑμῶν
εἰς αὐτοὺς ἐνδείξασθε εἰς πρόσωπον τῶν ἐκκλησιῶν.

ΠΡΟΣ ΚΟΡΙΝΘΙΟΥΣ Β΄

9

ΠΕΡΙ μὲν γὰρ τῆς διακονίας τῆς εἰς τοὺς ἁγίους περισσόν μοί ἐστι τὸ
γράφειν ὑμῖν· 2 οἶδα γὰρ τὴν προθυμίαν ὑμῶν ἣν ὑπὲρ ἡμῶν καυ-
χῶμαι Μακεδόσιν, ὅτι Ἀχαΐα παρεσκεύασται ἀπὸ πέρυσι· καὶ ὁ ἐξ
ὑμῶν ζῆλος ἠρέθισε τοὺς πλείονας. 3 ἔπεμψα δὲ τοὺς ἀδελφούς, ἵνα μὴ
τὸ καύχημα ἡμῶν τὸ ὑπὲρ ὑμῶν κενωθῇ ἐν τῷ μέρει τούτῳ, ἵνα, καθὼς
ἔλεγον, παρεσκευασμένοι ἦτε, 4 μήπως ἐὰν ἔλθωσι σὺν ἐμοὶ Μακεδόνες
καὶ εὕρωσιν ὑμᾶς ἀπαρασκευάστους, καταισχυνθῶμεν ἡμεῖς, ἵνα μὴ λέ-
γωμεν ὑμεῖς, ἐν τῇ ὑποστάσει ταύτῃ τῆς καυχήσεως. 5 ἀναγκαῖον οὖν
ἡγησάμην παρακαλέσαι τοὺς ἀδελφοὺς ἵνα προέλθωσιν εἰς ὑμᾶς καὶ
προκαταρτίσωσι τὴν προκατηγγελμένην εὐλογίαν ὑμῶν, ταύτην ἑτοί-
μην εἶναι, οὕτως ὡς εὐλογίαν καὶ μὴ ὡς πλεονεξίαν.

6 Τοῦτο δέ, ὁ σπείρων φειδομένως φειδομένως καὶ θερίσει, καὶ ὁ σπεί-
ρων ἐπ᾽ εὐλογίαις ἐπ᾽ εὐλογίαις καὶ θερίσει. 7 ἕκαστος καθὼς προαιρεῖ-
ται τῇ καρδίᾳ, μὴ ἐκ λύπης ἢ ἐξ ἀνάγκης· ἱλαρὸν γὰρ δότην ἀγαπᾷ ὁ
Θεός. 8 δυνατὸς δὲ ὁ Θεὸς πᾶσαν χάριν περισσεῦσαι εἰς ὑμᾶς, ἵνα ἐν
παντὶ πάντοτε πᾶσαν αὐτάρκειαν ἔχοντες περισσεύητε εἰς πᾶν ἔργον ἀ-
γαθόν, 9 καθὼς γέγραπται· ἐσκόρπισεν, ἔδωκε τοῖς πένησιν· ἡ δικαιοσύ-
νη αὐτοῦ μένει εἰς τὸν αἰῶνα. 10 ὁ δὲ ἐπιχορηγῶν σπέρμα τῷ σπείροντι
καὶ ἄρτον εἰς βρῶσιν χορηγήσαι καὶ πληθύναι τὸν σπόρον ὑμῶν καὶ αὐ-
ξήσαι τὰ γενήματα τῆς δικαιοσύνης ὑμῶν· 11 ἐν παντὶ πλουτιζόμενοι
εἰς πᾶσαν ἁπλότητα, ἥτις κατεργάζεται δι᾽ ἡμῶν εὐχαριστίαν τῷ Θεῷ·
12 ὅτι ἡ διακονία τῆς λειτουργίας ταύτης οὐ μόνον ἐστὶ προσαναπλη-
ροῦσα τὰ ὑστερήματα τῶν ἁγίων, ἀλλὰ καὶ περισσεύουσα διὰ πολλῶν
εὐχαριστιῶν τῷ Θεῷ· 13 διὰ τῆς δοκιμῆς τῆς διακονίας ταύτης δοξά-
ζοντες τὸν Θεὸν ἐπὶ τῇ ὑποταγῇ τῆς ὁμολογίας ὑμῶν εἰς τὸ εὐαγγέλιον
τοῦ Χριστοῦ καὶ ἁπλότητι τῆς κοινωνίας εἰς αὐτοὺς καὶ εἰς πάντας, 14
καὶ αὐτῶν δεήσει ὑπὲρ ὑμῶν, ἐπιποθούντων ὑμᾶς διὰ τὴν ὑπερβάλλου-
σαν χάριν τοῦ Θεοῦ ἐφ᾽ ὑμῖν. 15 χάρις δὲ τῷ Θεῷ ἐπὶ τῇ ἀνεκδιηγήτῳ
αὐτοῦ δωρεᾷ.

ΠΡΟΣ ΚΟΡΙΝΘΙΟΥΣ Β΄

10

ΑΥΤΟΣ δὲ ἐγὼ Παῦλος παρακαλῶ ὑμᾶς διὰ τῆς πρᾳότητος καὶ ἐπι-
εικείας τοῦ Χριστοῦ, ὃς κατὰ πρόσωπον μὲν ταπεινὸς ἐν ὑμῖν, ἀπὼν
δὲ θαρρῶ εἰς ὑμᾶς· 2 δέομαι δὲ τὸ μὴ παρὼν θαρρῆσαι τῇ πεποιθή-
σει ᾗ λογίζομαι τολμῆσαι ἐπί τινας τοὺς λογιζομένους ἡμᾶς ὡς κατὰ
σάρκα περιπατοῦντας.

3 Ἐν σαρκὶ γὰρ περιπατοῦντες οὐ κατὰ σάρκα στρατευόμεθα· 4 τὰ γὰρ
ὅπλα τῆς στρατείας ἡμῶν οὐ σαρκικά, ἀλλὰ δυνατὰ τῷ Θεῷ πρὸς κα-
θαίρεσιν ὀχυρωμάτων· 5 λογισμοὺς καθαιροῦντες καὶ πᾶν ὕψωμα ἐπαι-
ρόμενον κατὰ τῆς γνώσεως τοῦ Θεοῦ, καὶ αἰχμαλωτίζοντες πᾶν νόημα
εἰς τὴν ὑπακοὴν τοῦ Χριστοῦ, 6 καὶ ἐν ἑτοίμῳ ἔχοντες ἐκδικῆσαι πᾶσαν
παρακοήν, ὅταν πληρωθῇ ὑμῶν ἡ ὑπακοή.

7 Τὰ κατὰ πρόσωπον βλέπετε. εἴ τις πέποιθεν ἑαυτῷ Χριστοῦ εἶναι,
τοῦτο λογιζέσθω πάλιν ἀφ᾽ ἑαυτοῦ, ὅτι καθὼς αὐτὸς Χριστοῦ, οὕτω καὶ
ἡμεῖς Χριστοῦ. 8 ἐάν τε γὰρ καὶ περισσότερόν τι καυχήσωμαι περὶ τῆς
ἐξουσίας ἡμῶν, ἧς ἔδωκεν ὁ Κύριος ἡμῖν εἰς οἰκοδομὴν καὶ οὐκ εἰς κα-
θαίρεσιν ὑμῶν, οὐκ αἰσχυνθήσομαι, 9 ἵνα μὴ δόξω ὡς ἂν ἐκφοβεῖν ὑμᾶς
διὰ τῶν ἐπιστολῶν. 10 ὅτι αἱ μὲν ἐπιστολαί, φησί, βαρεῖαι καὶ ἰσχυραί,
ἡ δὲ παρουσία τοῦ σώματος ἀσθενὴς καὶ ὁ λόγος ἐξουθενημένος. 11
τοῦτο λογιζέσθω ὁ τοιοῦτος, ὅτι οἷοί ἐσμεν τῷ λόγῳ δι᾽ ἐπιστολῶν ἀπόν-
τες, τοιοῦτοι καὶ παρόντες τῷ ἔργῳ.

12 Οὐ γὰρ τολμῶμεν ἐγκρῖναι ἢ συγκρῖναι ἑαυτούς τισι τῶν ἑαυτοὺς
συνιστανόντων· ἀλλὰ αὐτοὶ ἐν ἑαυτοῖς ἑαυτοὺς μετροῦντες καὶ συγκρί-
νοντες ἑαυτοὺς ἑαυτοῖς οὐ συνιοῦσιν. 13 ἡμεῖς δὲ οὐχὶ εἰς τὰ ἄμετρα
καυχησόμεθα, ἀλλὰ κατὰ τὸ μέτρον τοῦ κανόνος οὗ ἐμέρισεν ἡμῖν ὁ Θε-
ὸς μέτρου, ἐφικέσθαι ἄχρι καὶ ὑμῶν. 14 οὐ γὰρ ὡς μὴ ἐφικνούμενοι εἰς
ὑμᾶς ὑπερεκτείνομεν ἑαυτούς· ἄχρι γὰρ καὶ ὑμῶν ἐφθάσαμεν ἐν τῷ εὐ-
αγγελίῳ τοῦ Χριστοῦ, 15 οὐκ εἰς τὰ ἄμετρα καυχώμενοι ἐν ἀλλοτρίοις
κόποις, ἐλπίδα δὲ ἔχοντες, αὐξανομένης τῆς πίστεως ὑμῶν, ἐν ὑμῖν με-
γαλυνθῆναι κατὰ τὸν κανόνα ἡμῶν εἰς περισσείαν, 16 εἰς τὰ ὑπερέκεινα
ὑμῶν εὐαγγελίσασθαι, οὐκ ἐν ἀλλοτρίῳ κανόνι εἰς τὰ ἕτοιμα καυχήσα-
σθαι. 17 Ὁ δὲ καυχώμενος ἐν Κυρίῳ καυχάσθω· 18 οὐ γὰρ ὁ ἑαυτὸν
συνιστῶν, ἐκεῖνός ἐστι δόκιμος, ἀλλ᾽ ὃν ὁ Κύριος συνίστησιν.

11

ὌΦΕΛΟΝ ἀνείχεσθέ μου μικρὸν τῇ ἀφροσύνῃ· ἀλλὰ καὶ ἀνέχεσθέ
μου· 2 ζηλῶ γὰρ ὑμᾶς Θεοῦ ζήλῳ· ἡρμοσάμην γὰρ ὑμᾶς ἑνὶ ἀνδρί,
παρθένον ἁγνὴν παραστῆσαι τῷ Χριστῷ· 3 φοβοῦμαι δὲ μήπως, ὡς
ὁ ὄφις Εὔαν ἐξηπάτησεν ἐν τῇ πανουργίᾳ αὐτοῦ, οὕτω φθαρῇ τὰ νοήμα-
τα ὑμῶν ἀπὸ τῆς ἁπλότητος τῆς εἰς τὸν Χριστόν. 4 εἰ μὲν γὰρ ὁ ἐρχό-
μενος ἄλλον Ἰησοῦν κηρύσσει ὃν οὐκ ἐκηρύξαμεν, ἢ πνεῦμα ἕτερον
λαμβάνετε ὃ οὐκ ἐλάβετε, ἢ εὐαγγέλιον ἕτερον ὃ οὐκ ἐδέξασθε, καλῶς
ἀνείχεσθε. 5 λογίζομαι γὰρ μηδὲν ὑστερηκέναι τῶν ὑπερλίαν ἀποστό-
λων. 6 εἰ δὲ καὶ ἰδιώτης τῷ λόγῳ, ἀλλ᾿ οὐ τῇ γνώσει, ἀλλ᾿ ἐν παντὶ φα-
νερωθέντες ἐν πᾶσιν εἰς ὑμᾶς.

7 Ἢ ἁμαρτίαν ἐποίησα ἐμαυτὸν ταπεινῶν ἵνα ὑμεῖς ὑψωθῆτε, ὅτι δωρε-
ὰν τὸ τοῦ Θεοῦ εὐαγγέλιον εὐηγγελισάμην ὑμῖν; 8 ἄλλας ἐκκλησίας ἐ-
σύλησα λαβὼν ὀψώνιον πρὸς τὴν ὑμῶν διακονίαν, καὶ παρὼν πρὸς ὑμᾶς
καὶ ὑστερηθεὶς οὐ κατενάρκησα οὐδενός· 9 τὸ γὰρ ὑστέρημά μου προσα-
νεπλήρωσαν οἱ ἀδελφοὶ ἐλθόντες ἀπὸ Μακεδονίας· καὶ ἐν παντὶ ἀβαρῆ
ὑμῖν ἐμαυτὸν ἐτήρησα καὶ τηρήσω. 10 ἔστιν ἀλήθεια Χριστοῦ ἐν ἐμοὶ
ὅτι ἡ καύχησις αὕτη οὐ φραγήσεται εἰς ἐμὲ ἐν τοῖς κλίμασι τῆς Ἀχαΐας.
11 διατί; ὅτι οὐκ ἀγαπῶ ὑμᾶς; ὁ Θεὸς οἶδεν· 12 ὃ δὲ ποιῶ, καὶ ποιήσω,
ἵνα ἐκκόψω τὴν ἀφορμὴν τῶν θελόντων ἀφορμήν, ἵνα ἐν ᾧ καυχῶνται
εὑρεθῶσι καθὼς καὶ ἡμεῖς. 13 οἱ γὰρ τοιοῦτοι ψευδαπόστολοι, ἐργάται
δόλιοι, μετασχηματιζόμενοι εἰς ἀποστόλους Χριστοῦ. 14 καὶ οὐ θαυμα-
στόν· αὐτὸς γὰρ ὁ σατανᾶς μετασχηματίζεται εἰς ἄγγελον φωτός. 15 οὐ
μέγα οὖν εἰ καὶ οἱ διάκονοι αὐτοῦ μετασχηματίζονται ὡς διάκονοι δικαι-
οσύνης, ὧν τὸ τέλος ἔσται κατὰ τὰ ἔργα αὐτῶν.

16 Πάλιν λέγω, μή τίς με δόξῃ ἄφρονα εἶναι· εἰ δὲ μή γε, κἂν ὡς ἄφρο-
να δέξασθέ με, ἵνα κἀγὼ μικρόν τι καυχήσωμαι. 17 ὃ λαλῶ οὐ λαλῶ
κατὰ Κύριον, ἀλλ᾿ ὡς ἐν ἀφροσύνῃ, ἐν ταύτῃ τῇ ὑποστάσει τῆς καυχή-
σεως. 18 ἐπεὶ πολλοὶ καυχῶνται κατὰ τὴν σάρκα, κἀγὼ καυχήσομαι.
19 ἡδέως γὰρ ἀνέχεσθε τῶν ἀφρόνων φρόνιμοι ὄντες· 20 ἀνέχεσθε γὰρ
εἴ τις ὑμᾶς καταδουλοῖ, εἴ τις κατεσθίει, εἴ τις λαμβάνει, εἴ τις ἐπαίρε-
ται, εἴ τις ὑμᾶς εἰς πρόσωπον δέρει.

21 Κατὰ ἀτιμίαν λέγω, ὡς ὅτι ἡμεῖς ἠσθενήσαμεν. ἐν ᾧ δ᾿ ἄν τις τολ-
μᾷ, ἐν ἀφροσύνῃ λέγω, τολμῶ κἀγώ. 22 Ἑβραῖοί εἰσι; κἀγώ· Ἰσραηλῖ-

ταί εἰσι; κἀγώ· σπέρμα Ἀβραάμ εἰσι; κἀγώ· 23 διάκονοι Χριστοῦ εἰσι;
παραφρονῶν λαλῶ, ὑπὲρ ἐγώ· ἐν κόποις περισσοτέρως, ἐν πληγαῖς ὑ-
περβαλλόντως, ἐν φυλακαῖς περισσοτέρως, ἐν θανάτοις πολλάκις· 24
ὑπὸ Ἰουδαίων πεντάκις τεσσαράκοντα παρὰ μίαν ἔλαβον, 25 τρὶς ἐρρα-
βδίσθην, ἅπαξ ἐλιθάσθην, τρὶς ἐναυάγησα, νυχθημερὸν ἐν τῷ βυθῷ πε-
ποίηκα· 26 ὁδοιπορίαις πολλάκις, κινδύνοις ποταμῶν, κινδύνοις λῃ-
στῶν, κινδύνοις ἐκ γένους, κινδύνοις ἐξ ἐθνῶν, κινδύνοις ἐν πόλει, κινδύ-
νοις ἐν ἐρημίᾳ, κινδύνοις ἐν θαλάσσῃ, κινδύνοις ἐν ψευδαδέλφοις· 27 ἐν
κόπῳ καὶ μόχθῳ, ἐν ἀγρυπνίαις πολλάκις, ἐν λιμῷ καὶ δίψει, ἐν νηστεί-
αις πολλάκις, ἐν ψύχει καὶ γυμνότητι· 28 χωρὶς τῶν παρεκτὸς ἡ ἐπισύ-
στασίς μου ἡ καθ' ἡμέραν, ἡ μέριμνα πασῶν τῶν ἐκκλησιῶν. 29 τίς ἀ-
σθενεῖ, καὶ οὐκ ἀσθενῶ; τίς σκανδαλίζεται, καὶ οὐκ ἐγὼ πυροῦμαι; 30 εἰ
καυχᾶσθαι δεῖ, τὰ τῆς ἀσθενείας μου καυχήσομαι. 31 ὁ Θεὸς καὶ πατὴρ
τοῦ Κυρίου ἡμῶν Ἰησοῦ Χριστοῦ οἶδεν, ὁ ὢν εὐλογητὸς εἰς τοὺς αἰῶνας,
ὅτι οὐ ψεύδομαι. 32 ἐν Δαμασκῷ ὁ ἐθνάρχης Ἀρέτα τοῦ βασιλέως ἐ-
φρούρει τὴν Δαμασκηνῶν πόλιν πιάσαι με θέλων, 33 καὶ διὰ θυρίδος ἐν
σαργάνῃ ἐχαλάσθην διὰ τοῦ τείχους καὶ ἐξέφυγον τὰς χεῖρας αὐτοῦ.

12

ΚΑΥΧΑΣΘΑΙ δὴ οὐ συμφέρει μοι· ἐλεύσομαι γὰρ εἰς ὀπτασίας καὶ
ἀποκαλύψεις Κυρίου. 2 οἶδα ἄνθρωπον ἐν Χριστῷ πρὸ ἐτῶν δεκα-
τεσσάρων· εἴτε ἐν σώματι οὐκ οἶδα, εἴτε ἐκτὸς τοῦ σώματος οὐκ οἶ-
δα, ὁ Θεὸς οἶδεν· ἁρπαγέντα τὸν τοιοῦτον ἕως τρίτου οὐρανοῦ. 3 καὶ οἶδα
τὸν τοιοῦτον ἄνθρωπον· εἴτε ἐν σώματι εἴτε ἐκτὸς τοῦ σώματος οὐκ οἶδα,
ὁ Θεὸς οἶδεν· 4 ὅτι ἡρπάγη εἰς τὸν παράδεισον καὶ ἤκουσεν ἄρρητα ῥή-
ματα, ἃ οὐκ ἐξὸν ἀνθρώπῳ λαλῆσαι. 5 ὑπὲρ τοῦ τοιούτου καυχήσομαι,
ὑπὲρ δὲ ἐμαυτοῦ οὐ καυχήσομαι εἰ μὴ ἐν ταῖς ἀσθενείαις μου. 6 ἐὰν γὰρ
θελήσω καυχήσασθαι, οὐκ ἔσομαι ἄφρων· ἀλήθειαν γὰρ ἐρῶ· φείδομαι
δὲ μή τις εἰς ἐμὲ λογίσηται ὑπὲρ ὃ βλέπει με ἢ ἀκούει τι ἐξ ἐμοῦ.

7 Καὶ τῇ ὑπερβολῇ τῶν ἀποκαλύψεων ἵνα μὴ ὑπεραίρωμαι, ἐδόθη μοι
σκόλοψ τῇ σαρκί, ἄγγελος σατᾶν, ἵνα με κολαφίζῃ ἵνα μὴ ὑπεραίρωμαι.
8 ὑπὲρ τούτου τρὶς τὸν Κύριον παρεκάλεσα ἵνα ἀποστῇ ἀπ' ἐμοῦ· 9 καὶ
εἴρηκέ μοι· ἀρκεῖ σοι ἡ χάρις μου· ἡ γὰρ δύναμίς μου ἐν ἀσθενείᾳ τελει-

οὗται. ἥδιστα οὖν μᾶλλον καυχήσομαι ἐν ταῖς ἀσθενείαις μου, ἵνα ἐπι-
σκηνώσῃ ἐπ᾽ ἐμὲ ἡ δύναμις τοῦ Χριστοῦ. 10 διὸ εὐδοκῶ ἐν ἀσθενείαις,
ἐν ὕβρεσιν, ἐν ἀνάγκαις, ἐν διωγμοῖς, ἐν στενοχωρίαις, ὑπὲρ Χριστοῦ· ὅ-
ταν γὰρ ἀσθενῶ, τότε δυνατός εἰμι.

11 Γέγονα ἄφρων καυχώμενος· ὑμεῖς με ἠναγκάσατε. ἐγὼ γὰρ ὤφειλον
ὑφ᾽ ὑμῶν συνίστασθαι· οὐδὲν γὰρ ὑστέρησα τῶν ὑπερλίαν ἀποστόλων, εἰ
καὶ οὐδέν εἰμι. 12 τὰ μὲν σημεῖα τοῦ ἀποστόλου κατειργάσθη ἐν ὑμῖν ἐν
πάσῃ ὑπομονῇ, ἐν σημείοις καὶ τέρασι καὶ δυνάμεσι. 13 τί γάρ ἐστιν ὃ
ἡττήθητε ὑπὲρ τὰς λοιπὰς ἐκκλησίας, εἰ μὴ ὅτι αὐτὸς ἐγὼ οὐ κατενάρ-
κησα ὑμῶν; χαρίσασθέ μοι τὴν ἀδικίαν ταύτην.

14 Ἰδοὺ τρίτον ἑτοίμως ἔχω ἐλθεῖν πρὸς ὑμᾶς, καὶ οὐ καταναρκήσω ὑ-
μῶν· οὐ γὰρ ζητῶ τὰ ὑμῶν, ἀλλὰ ὑμᾶς. οὐ γὰρ ὀφείλει τὰ τέκνα τοῖς
γονεῦσι θησαυρίζειν, ἀλλ᾽ οἱ γονεῖς τοῖς τέκνοις. 15 ἐγὼ δὲ ἥδιστα δα-
πανήσω καὶ ἐκδαπανηθήσομαι ὑπὲρ τῶν ψυχῶν ὑμῶν, εἰ καὶ περισσοτέ-
ρως ὑμᾶς ἀγαπῶν ἧττον ἀγαπῶμαι. 16 ἔστω δέ, ἐγὼ οὐ κατεβάρησα ὑ-
μᾶς, ἀλλ᾽ ὑπάρχων πανοῦργος δόλῳ ὑμᾶς ἔλαβον. 17 μή τινα ὧν ἀπέ-
σταλκα πρὸς ὑμᾶς, δι᾽ αὐτοῦ ἐπλεονέκτησα ὑμᾶς; 18 παρεκάλεσα Τίτον
καὶ συναπέστειλα τὸν ἀδελφόν· μήτι ἐπλεονέκτησεν ὑμᾶς Τίτος; οὐ τῷ
αὐτῷ πνεύματι περιεπατήσαμεν; οὐ τοῖς αὐτοῖς ἴχνεσι;

19 Πάλιν δοκεῖτε ὅτι ὑμῖν ἀπολογούμεθα; κατενώπιον τοῦ Θεοῦ ἐν Χρι-
στῷ λαλοῦμεν· τὰ δὲ πάντα, ἀγαπητοί, ὑπὲρ τῆς ὑμῶν οἰκοδομῆς. 20
φοβοῦμαι γὰρ μήπως ἐλθὼν οὐχ οἵους θέλω εὕρω ὑμᾶς, κἀγὼ εὑρεθῶ ὑ-
μῖν οἷον οὐ θέλετε, μήπως ἔρεις, ζῆλοι, θυμοί, ἐριθεῖαι, καταλαλιαί, ψι-
θυρισμοί, φυσιώσεις, ἀκαταστασίαι, 21 μὴ πάλιν ἐλθόντα με ταπεινώσῃ
ὁ Θεός μου πρὸς ὑμᾶς καὶ πενθήσω πολλοὺς τῶν προημαρτηκότων καὶ
μὴ μετανοησάντων ἐπὶ τῇ ἀκαθαρσίᾳ καὶ πορνείᾳ καὶ ἀσελγείᾳ ᾗ ἔπρα-
ξαν.

13

ΤΡΙΤΟΝ τοῦτο ἔρχομαι πρὸς ὑμᾶς· ἐπὶ στόματος δύο μαρτύρων καὶ
τριῶν σταθήσεται πᾶν ῥῆμα· 2 προείρηκα καὶ προλέγω, ὡς παρὼν
τὸ δεύτερον, καὶ ἀπὼν νῦν γράφω τοῖς προημαρτηκόσι καὶ τοῖς λοι-
ποῖς πᾶσιν, ὅτι ἐὰν ἔλθω εἰς τὸ πάλιν οὐ φείσομαι, 3 ἐπεὶ δοκιμὴν ζητεῖ-

τε τοῦ ἐν ἐμοὶ λαλοῦντος Χριστοῦ, ὃς εἰς ὑμᾶς οὐκ ἀσθενεῖ, ἀλλὰ δυνα-
τεῖ ἐν ὑμῖν. 4 καὶ γὰρ εἰ ἐσταυρώθη ἐξ ἀσθενείας, ἀλλὰ ζῇ ἐκ δυνάμεως
Θεοῦ· καὶ γὰρ ἡμεῖς ἀσθενοῦμεν ἐν αὐτῷ, ἀλλὰ ζησόμεθα σὺν αὐτῷ ἐκ
δυνάμεως Θεοῦ εἰς ὑμᾶς.

5 Ἑαυτοὺς πειράζετε εἰ ἐστὲ ἐν τῇ πίστει, ἑαυτοὺς δοκιμάζετε. ἢ οὐκ ἐ-
πιγινώσκετε ἑαυτοὺς ὅτι Ἰησοῦς Χριστὸς ἐν ὑμῖν ἐστιν; εἰ μή τι ἀδόκι-
μοί ἐστε. 6 ἐλπίζω δὲ ὅτι γνώσεσθε ὅτι ἡμεῖς οὐκ ἐσμὲν ἀδόκιμοι. 7 εὔ-
χομαι δὲ πρὸς τὸν Θεὸν μὴ ποιῆσαι ὑμᾶς κακὸν μηδέν, οὐχ ἵνα ἡμεῖς
δόκιμοι φανῶμεν, ἀλλ᾽ ἵνα ὑμεῖς τὸ καλὸν ποιῆτε, ἡμεῖς δὲ ὡς ἀδόκιμοι
ὦμεν. 8 οὐ γὰρ δυνάμεθά τι κατὰ τῆς ἀληθείας, ἀλλ᾽ ὑπὲρ τῆς ἀληθεί-
ας. 9 χαίρομεν γὰρ ὅταν ἡμεῖς ἀσθενῶμεν, ὑμεῖς δὲ δυνατοὶ ἦτε· τοῦτο
δὲ καὶ εὐχόμεθα, τὴν ὑμῶν κατάρτισιν. 10 Διὰ τοῦτο ταῦτα ἀπὼν γρά-
φω, ἵνα παρὼν μὴ ἀποτόμως χρήσωμαι κατὰ τὴν ἐξουσίαν ἣν ἔδωκέ μοι
ὁ Κύριος εἰς οἰκοδομὴν καὶ οὐκ εἰς καθαίρεσιν.

11 Λοιπόν, ἀδελφοί, χαίρετε, καταρτίζεσθε, παρακαλεῖσθε, τὸ αὐτὸ φρο-
νεῖτε, εἰρηνεύετε, καὶ ὁ Θεὸς τῆς ἀγάπης καὶ εἰρήνης ἔσται μεθ᾽ ὑμῶν.
12 Ἀσπάσασθε ἀλλήλους ἐν ἁγίῳ φιλήματι. ἀσπάζονται ὑμᾶς οἱ ἅγιοι
πάντες. 13 Ἡ χάρις τοῦ Κυρίου Ἰησοῦ Χριστοῦ καὶ ἡ ἀγάπη τοῦ Θεοῦ
καὶ ἡ κοινωνία τοῦ Ἁγίου Πνεύματος μετὰ πάντων ὑμῶν· ἀμήν.

Πρὸς Γαλάτας

ΠΑΥΛΟΣ, ἀπόστολος οὐκ ἀπ᾽ ἀνθρώπων, οὐδὲ δι᾽ ἀνθρώπου, ἀλλὰ
διὰ Ἰησοῦ Χριστοῦ καὶ Θεοῦ πατρὸς τοῦ ἐγείραντος αὐτὸν ἐκ νε-
κρῶν, 2 καὶ οἱ σὺν ἐμοὶ πάντες ἀδελφοί, ταῖς ἐκκλησίαις τῆς Γαλα-
τίας· 3 χάρις ὑμῖν καὶ εἰρήνη ἀπὸ Θεοῦ πατρὸς καὶ Κυρίου ἡμῶν Ἰησοῦ
Χριστοῦ, 4 τοῦ δόντος ἑαυτὸν ὑπὲρ τῶν ἁμαρτιῶν ἡμῶν, ὅπως ἐξέληται
ἡμᾶς ἐκ τοῦ ἐνεστῶτος αἰῶνος πονηροῦ κατὰ τὸ θέλημα τοῦ Θεοῦ καὶ
πατρὸς ἡμῶν, 5 ᾧ ἡ δόξα εἰς τοὺς αἰῶνας τῶν αἰώνων· ἀμήν.

6 Θαυμάζω ὅτι οὕτω ταχέως μετατίθεσθε ἀπὸ τοῦ καλέσαντος ὑμᾶς ἐν
χάριτι Χριστοῦ εἰς ἕτερον εὐαγγέλιον, 7 ὃ οὐκ ἔστιν ἄλλο, εἰ μή τινές
εἰσιν οἱ ταράσσοντες ὑμᾶς καὶ θέλοντες μεταστρέψαι τὸ εὐαγγέλιον τοῦ
Χριστοῦ. 8 ἀλλὰ καὶ ἐὰν ἡμεῖς ἢ ἄγγελος ἐξ οὐρανοῦ εὐαγγελίζηται ὑ-
μῖν παρ᾽ ὃ εὐηγγελισάμεθα ὑμῖν, ἀνάθεμα ἔστω. 9 ὡς προειρήκαμεν,
καὶ ἄρτι πάλιν λέγω· εἴ τις ὑμᾶς εὐαγγελίζεται παρ᾽ ὃ παρελάβετε, ἀ-
νάθεμα ἔστω. 10 ἄρτι γὰρ ἀνθρώπους πείθω ἢ τὸν Θεόν; ἢ ζητῶ ἀνθρώ-
ποις ἀρέσκειν; εἰ γὰρ ἔτι ἀνθρώποις ἤρεσκον, Χριστοῦ δοῦλος οὐκ ἂν ἤ-
μην.

11 Γνωρίζω δὲ ὑμῖν, ἀδελφοί, τὸ εὐαγγέλιον τὸ εὐαγγελισθὲν ὑπ᾽ ἐμοῦ
ὅτι οὐκ ἔστι κατὰ ἄνθρωπον· 12 οὐδὲ γὰρ ἐγὼ παρὰ ἀνθρώπου παρέλα-
βον αὐτὸ οὔτε ἐδιδάχθην, ἀλλὰ δι᾽ ἀποκαλύψεως Ἰησοῦ Χριστοῦ. 13
Ἠκούσατε γὰρ τὴν ἐμὴν ἀναστροφήν ποτε ἐν τῷ Ἰουδαϊσμῷ, ὅτι καθ᾽
ὑπερβολὴν ἐδίωκον τὴν ἐκκλησίαν τοῦ Θεοῦ καὶ ἐπόρθουν αὐτήν, 14
καὶ προέκοπτον ἐν τῷ Ἰουδαϊσμῷ ὑπὲρ πολλοὺς συνηλικιώτας ἐν τῷ
γένει μου, περισσοτέρως ζηλωτὴς ὑπάρχων τῶν πατρικῶν μου παραδό-
σεων. 15 Ὅτε δὲ εὐδόκησεν ὁ Θεὸς ὁ ἀφορίσας με ἐκ κοιλίας μητρός

μου καὶ καλέσας διὰ τῆς χάριτος αὐτοῦ 16 ἀποκαλύψαι τὸν υἱὸν αὐτοῦ
ἐν ἐμοί, ἵνα εὐαγγελίζωμαι αὐτὸν ἐν τοῖς ἔθνεσιν, εὐθέως οὐ προσανεθέ-
μην σαρκὶ καὶ αἵματι, 17 οὐδὲ ἀνῆλθον εἰς Ἱεροσόλυμα πρὸς τοὺς πρὸ
ἐμοῦ ἀποστόλους, ἀλλὰ ἀπῆλθον εἰς Ἀραβίαν, καὶ πάλιν ὑπέστρεψα εἰς
Δαμασκόν. 18 Ἔπειτα μετὰ ἔτη τρία ἀνῆλθον εἰς Ἱεροσόλυμα ἱστορῆ-
σαι Πέτρον, καὶ ἐπέμεινα πρὸς αὐτὸν ἡμέρας δεκαπέντε· 19 ἕτερον δὲ
τῶν ἀποστόλων οὐκ εἶδον εἰ μὴ Ἰάκωβον τὸν ἀδελφὸν τοῦ Κυρίου. 20 ἃ
δὲ γράφω ὑμῖν, ἰδοὺ ἐνώπιον τοῦ Θεοῦ ὅτι οὐ ψεύδομαι. 21 ἔπειτα ἦλθον
εἰς τὰ κλίματα τῆς Συρίας καὶ τῆς Κιλικίας. 22 ἤμην δὲ ἀγνοούμενος
τῷ προσώπῳ ταῖς ἐκκλησίαις τῆς Ἰουδαίας ταῖς ἐν Χριστῷ· 23 μόνον
δὲ ἀκούοντες ἦσαν ὅτι ὁ διώκων ἡμᾶς ποτε νῦν εὐαγγελίζεται τὴν πί-
στιν ἥν ποτε ἐπόρθει, 24 καὶ ἐδόξαζον ἐν ἐμοὶ τὸ Θεόν.

2

ΕΠΕΙΤΑ διὰ δεκατεσσάρων ἐτῶν πάλιν ἀνέβην εἰς Ἱεροσόλυμα μετὰ
Βαρνάβα, συμπαραλαβὼν καὶ Τίτον· 2 ἀνέβην δὲ κατὰ ἀποκάλυψιν·
καὶ ἀνεθέμην αὐτοῖς τὸ εὐαγγέλιον ὃ κηρύσσω ἐν τοῖς ἔθνεσι, κατ᾿ ἰ-
δίαν δὲ τοῖς δοκοῦσι, μήπως εἰς κενὸν τρέχω ἢ ἔδραμον. 3 ἀλλ᾿ οὐδὲ Τί-
τος ὁ σὺν ἐμοί, Ἕλλην ὤν, ἠναγκάσθη περιτμηθῆναι, 4 διὰ δὲ τοὺς πα-
ρεισάκτους ψευδαδέλφους, οἵτινες παρεισῆλθον κατασκοπῆσαι τὴν ἐ-
λευθερίαν ἡμῶν ἣν ἔχομεν ἐν Χριστῷ Ἰησοῦ, ἵνα ἡμᾶς καταδουλώσων-
ται· 5 οἷς οὐδὲ πρὸς ὥραν εἴξαμεν τῇ ὑποταγῇ, ἵνα ἡ ἀλήθεια τοῦ εὐαγ-
γελίου διαμείνῃ πρὸς ὑμᾶς. 6 ἀπὸ δὲ τῶν δοκούντων εἶναί τι, ὁποῖοί πο-
τε ἦσαν οὐδέν μοι διαφέρει· πρόσωπον Θεὸς ἀνθρώπου οὐ λαμβάνει· ἐμοὶ
γὰρ οἱ δοκοῦντες οὐδὲν προσανέθεντο, 7 ἀλλὰ τοὐναντίον ἰδόντες ὅτι πε-
πίστευμαι τὸ εὐαγγέλιον τῆς ἀκροβυστίας καθὼς Πέτρος τῆς περιτο-
μῆς· 8 ὁ γὰρ ἐνεργήσας Πέτρῳ εἰς ἀποστολὴν τῆς περιτομῆς ἐνήργησε
καὶ ἐμοὶ εἰς τὰ ἔθνη· 9 καὶ γνόντες τὴν χάριν τὴν δοθεῖσάν μοι, Ἰάκω-
βος καὶ Κηφᾶς καὶ Ἰωάννης, οἱ δοκοῦντες στῦλοι εἶναι, δεξιὰς ἔδωκαν
ἐμοὶ καὶ Βαρνάβᾳ κοινωνίας, ἵνα ἡμεῖς εἰς τὰ ἔθνη, αὐτοὶ δὲ εἰς τὴν πε-
ριτομήν· 10 μόνον τῶν πτωχῶν ἵνα μνημονεύωμεν, ὃ καὶ ἐσπούδασα
αὐτὸ τοῦτο ποιῆσαι.

11 Ὅτε δὲ ἦλθε Πέτρος εἰς Ἀντιόχειαν, κατὰ πρόσωπον αὐτῷ ἀντέ-
στην, ὅτι κατεγνωσμένος ἦν. 12 πρὸ τοῦ γὰρ ἐλθεῖν τινας ἀπὸ Ἰακώβου
μετὰ τῶν ἐθνῶν συνήσθιεν· ὅτε δὲ ἦλθον, ὑπέστελλε καὶ ἀφώριζεν ἑαυ-
τόν, φοβούμενος τοὺς ἐκ περιτομῆς. 13 καὶ συνυπεκρίθησαν αὐτῷ καὶ οἱ
λοιποὶ Ἰουδαῖοι, ὥστε καὶ Βαρνάβας συναπήχθη αὐτῶν τῇ ὑποκρίσει.
14 ἀλλ' ὅτε εἶδον ὅτι οὐκ ὀρθοποδοῦσι πρὸς τὴν ἀλήθειαν τοῦ εὐαγγελί-
ου, εἶπον τῷ Πέτρῳ ἔμπροσθεν πάντων· εἰ σὺ Ἰουδαῖος ὑπάρχων ἐθνι-
κῶς ζῇς καὶ οὐκ ἰουδαϊκῶς, τί τὰ ἔθνη ἀναγκάζεις ἰουδαΐζειν;

15 Ἡμεῖς φύσει Ἰουδαῖοι καὶ οὐκ ἐξ ἐθνῶν ἁμαρτωλοί, 16 εἰδότες δὲ
ὅτι οὐ δικαιοῦται ἄνθρωπος ἐξ ἔργων νόμου ἐὰν μὴ διὰ πίστεως Ἰησοῦ
Χριστοῦ, καὶ ἡμεῖς εἰς Χριστὸν Ἰησοῦν ἐπιστεύσαμεν, ἵνα δικαιωθῶμεν
ἐκ πίστεως Χριστοῦ καὶ οὐκ ἐξ ἔργων νόμου, διότι οὐ δικαιωθήσεται ἐξ
ἔργων νόμου πᾶσα σάρξ. 17 εἰ δὲ ζητοῦντες δικαιωθῆναι ἐν Χριστῷ εὑ-
ρέθημεν καὶ αὐτοὶ ἁμαρτωλοί, ἄρα Χριστὸς ἁμαρτίας διάκονος; μὴ γέ-
νοιτο. 18 εἰ γὰρ ἃ κατέλυσα ταῦτα πάλιν οἰκοδομῶ, παραβάτην ἐμαυτὸν
συνίστημι. 19 ἐγὼ γὰρ διὰ νόμου νόμῳ ἀπέθανον, ἵνα Θεῷ ζήσω. 20
Χριστῷ συνεσταύρωμαι· ζῶ δὲ οὐκέτι ἐγώ, ζῇ δὲ ἐν ἐμοὶ Χριστός· ὃ δὲ
νῦν ζῶ ἐν σαρκί, ἐν πίστει ζῶ τῇ τοῦ υἱοῦ τοῦ Θεοῦ τοῦ ἀγαπήσαντός με
καὶ παραδόντος ἑαυτὸν ὑπὲρ ἐμοῦ. 21 Οὐκ ἀθετῶ τὴν χάριν τοῦ Θεοῦ·
εἰ γὰρ διὰ νόμου δικαιοσύνη, ἄρα Χριστὸς δωρεὰν ἀπέθανεν.

3

Ὦ ΑΝΟΗΤΟΙ Γαλάται, τίς ὑμᾶς ἐβάσκανε τῇ ἀληθείᾳ μὴ πείθε-
σθαι, οἷς κατ' ὀφθαλμοὺς Ἰησοῦς Χριστὸς προεγράφη ἐν ὑμῖν ἐ-
σταυρωμένος; 2 τοῦτο μόνον θέλω μαθεῖν ἀφ' ὑμῶν· ἐξ ἔργων νόμου
τὸ Πνεῦμα ἐλάβετε ἢ ἐξ ἀκοῆς πίστεως; 3 οὕτως ἀνόητοί ἐστε; ἐναρξά-
μενοι πνεύματι νῦν σαρκὶ ἐπιτελεῖσθε; 4 τοσαῦτα ἐπάθετε εἰκῇ; εἴ γε καὶ
εἰκῇ. 5 ὁ οὖν ἐπιχορηγῶν ὑμῖν τὸ Πνεῦμα καὶ ἐνεργῶν δυνάμεις ἐν ὑμῖν,
ἐξ ἔργων νόμου ἢ ἐξ ἀκοῆς πίστεως; 6 καθὼς Ἀβραὰμ ἐπίστευσε τῷ
Θεῷ, καὶ ἐλογίσθη αὐτῷ εἰς δικαιοσύνην.

7 Γινώσκετε ἄρα ὅτι οἱ ἐκ πίστεως, οὗτοί εἰσιν υἱοὶ Ἀβραάμ. 8 προϊδοῦ-
σα δὲ ἡ γραφὴ ὅτι ἐκ πίστεως δικαιοῖ τὰ ἔθνη ὁ Θεός, προευηγγελίσατο
τῷ Ἀβραὰμ ὅτι ἐνευλογηθήσονται ἐν σοὶ πάντα τὰ ἔθνη. 9 ὥστε οἱ ἐκ

πίστεως εὐλογοῦνται σὺν τῷ πιστῷ Ἀβραάμ. 10 Ὅσοι γὰρ ἐξ ἔργων
νόμου εἰσίν, ὑπὸ κατάραν εἰσί· γέγραπται γάρ· ἐπικατάρατος πᾶς ὃς οὐκ
ἐμμένει ἐν πᾶσι τοῖς γεγραμμένοις ἐν τῷ βιβλίῳ τοῦ νόμου τοῦ ποιῆσαι
αὐτά· 11 ὅτι δὲ ἐν νόμῳ οὐδεὶς δικαιοῦται παρὰ τῷ Θεῷ, δῆλον· ὅτι ὁ
δίκαιος ἐκ πίστεως ζήσεται. 12 ὁ δὲ νόμος οὐκ ἔστιν ἐκ πίστεως, ἀλλ' ὁ
ποιήσας αὐτὰ ἄνθρωπος ζήσεται ἐν αὐτοῖς. 13 Χριστὸς ἡμᾶς ἐξηγόρα-
σεν ἐκ τῆς κατάρας τοῦ νόμου γενόμενος ὑπὲρ ἡμῶν κατάρα· γέγραπται
γάρ· ἐπικατάρατος πᾶς ὁ κρεμάμενος ἐπὶ ξύλου· 14 ἵνα εἰς τὰ ἔθνη ἡ
εὐλογία τοῦ Ἀβραὰμ γένηται ἐν Χριστῷ Ἰησοῦ, ἵνα τὴν ἐπαγγελίαν τοῦ
Πνεύματος λάβωμεν διὰ τῆς πίστεως.

15 Ἀδελφοί, κατὰ ἄνθρωπον λέγω· ὅμως ἀνθρώπου κεκυρωμένην δια-
θήκην οὐδεὶς ἀθετεῖ ἢ ἐπιδιατάσσεται. 16 τῷ δὲ Ἀβραὰμ ἐρρέθησαν αἱ
ἐπαγγελίαι καὶ τῷ σπέρματι αὐτοῦ· οὐ λέγει, καὶ τοῖς σπέρμασιν, ὡς ἐπὶ
πολλῶν, ἀλλ' ὡς ἐφ' ἑνός, καὶ τῷ σπέρματί σου, ὅς ἐστι Χριστός. 17
τοῦτο δὲ λέγω· διαθήκην προκεκυρωμένην ὑπὸ τοῦ Θεοῦ εἰς Χριστὸν ὁ
μετὰ ἔτη τετρακόσια καὶ τριάκοντα γεγονὼς νόμος οὐκ ἀκυροῖ, εἰς τὸ
καταργῆσαι τὴν ἐπαγγελίαν. 18 εἰ γὰρ ἐκ νόμου ἡ κληρονομία, οὐκέτι
ἐξ ἐπαγγελίας· τῷ δὲ Ἀβραὰμ δι' ἐπαγγελίας κεχάρισται ὁ Θεός.

19 Τί οὖν ὁ νόμος; τῶν παραβάσεων χάριν προσετέθη, ἄχρις οὗ ἔλθῃ τὸ
σπέρμα ᾧ ἐπήγγελται, διαταγεὶς δι' ἀγγέλων ἐν χειρὶ μεσίτου. 20 ὁ δὲ
μεσίτης ἑνὸς οὐκ ἔστιν, ὁ δὲ Θεὸς εἷς ἐστιν. 21 ὁ οὖν νόμος κατὰ τῶν ἐ-
παγγελιῶν τοῦ Θεοῦ; μὴ γένοιτο. εἰ γὰρ ἐδόθη νόμος ὁ δυνάμενος ζωο-
ποιῆσαι, ὄντως ἂν ἐκ νόμου ἦν ἡ δικαιοσύνη· 22 ἀλλὰ συνέκλεισεν ἡ
γραφὴ τὰ πάντα ὑπὸ ἁμαρτίαν, ἵνα ἡ ἐπαγγελία ἐκ πίστεως Ἰησοῦ Χρι-
στοῦ δοθῇ τοῖς πιστεύουσι.

23 Πρὸ δὲ τοῦ ἐλθεῖν τὴν πίστιν ὑπὸ νόμον ἐφρουρούμεθα συγκεκλει-
σμένοι εἰς τὴν μέλλουσαν πίστιν ἀποκαλυφθῆναι. 24 ὥστε ὁ νόμος παι-
δαγωγὸς ἡμῶν γέγονεν εἰς Χριστόν, ἵνα ἐκ πίστεως δικαιωθῶμεν· 25
ἐλθούσης δὲ τῆς πίστεως οὐκέτι ὑπὸ παιδαγωγόν ἐσμεν. 26 πάντες γὰρ
υἱοὶ Θεοῦ ἐστε διὰ τῆς πίστεως ἐν Χριστῷ Ἰησοῦ· 27 ὅσοι γὰρ εἰς Χρι-
στὸν ἐβαπτίσθητε, Χριστὸν ἐνεδύσασθε. 28 οὐκ ἔνι Ἰουδαῖος οὐδὲ Ἕλ-
λην, οὐκ ἔνι δοῦλος οὐδὲ ἐλεύθερος, οὐκ ἔνι ἄρσεν καὶ θῆλυ· πάντες γὰρ
ὑμεῖς εἷς ἐστε ἐν Χριστῷ Ἰησοῦ. 29 εἰ δὲ ὑμεῖς Χριστοῦ, ἄρα τοῦ Ἀ-
βραὰμ σπέρμα ἐστὲ καὶ κατ' ἐπαγγελίαν κληρονόμοι.

4

ΛΕΓΩ δέ, ἐφ' ὅσον χρόνον ὁ κληρονόμος νήπιός ἐστιν, οὐδὲν διαφέρει
δούλου, κύριος πάντων ὤν, 2 ἀλλὰ ὑπὸ ἐπιτρόπους ἐστὶ καὶ οἰκονό-
μους ἄχρι τῆς προθεσμίας τοῦ πατρός. 3 οὕτω καὶ ἡμεῖς, ὅτε ἦμεν
νήπιοι, ὑπὸ τὰ στοιχεῖα τοῦ κόσμου ἦμεν δεδουλωμένοι· 4 ὅτε δὲ ἦλθε
τὸ πλήρωμα τοῦ χρόνου, ἐξαπέστειλεν ὁ Θεὸς τὸν υἱὸν αὐτοῦ, γενόμενον
ἐκ γυναικός, γενόμενον ὑπὸ νόμον, 5 ἵνα τοὺς ὑπὸ νόμον ἐξαγοράσῃ, ἵνα
τὴν υἱοθεσίαν ἀπολάβωμεν. 6 ὅτι δέ ἐστε υἱοί, ἐξαπέστειλεν ὁ Θεὸς τὸ
Πνεῦμα τοῦ υἱοῦ αὐτοῦ εἰς τὰς καρδίας ὑμῶν, κρᾶζον· ἀββᾶ ὁ πατήρ. 7
ὥστε οὐκέτι εἶ δοῦλος, ἀλλ' υἱός· εἰ δὲ υἱός, καὶ κληρονόμος Θεοῦ διὰ
Χριστοῦ.

8 Ἀλλὰ τότε μὲν οὐκ εἰδότες Θεὸν ἐδουλεύσατε τοῖς μὴ φύσει οὖσι θε-
οῖς· 9 νῦν δὲ γνόντες Θεόν, μᾶλλον δὲ γνωσθέντες ὑπὸ Θεοῦ, πῶς ἐπι-
στρέφετε πάλιν ἐπὶ τὰ ἀσθενῆ καὶ πτωχὰ στοιχεῖα, οἷς πάλιν ἄνωθεν
δουλεύειν θέλετε; 10 ἡμέρας παρατηρεῖσθε καὶ μῆνας καὶ καιροὺς καὶ
ἐνιαυτούς. 11 φοβοῦμαι ὑμᾶς μήπως εἰκῆ κεκοπίακα εἰς ὑμᾶς.

12 Γίνεσθε ὡς ἐγώ, ὅτι κἀγὼ ὡς ὑμεῖς, ἀδελφοί, δέομαι ὑμῶν. οὐδέν με
ἠδικήσατε. 13 οἴδατε δὲ ὅτι δι' ἀσθένειαν τῆς σαρκὸς εὐηγγελισάμην ὑ-
μῖν τὸ πρότερον, 14 καὶ τὸν πειρασμόν μου τὸν ἐν τῇ σαρκί μου οὐκ ἐ-
ξουθενήσατε οὐδὲ ἐξεπτύσατε, ἀλλ' ὡς ἄγγελον Θεοῦ ἐδέξασθέ με, ὡς
Χριστὸν Ἰησοῦν. 15 τίς οὖν ἦν ὁ μακαρισμὸς ὑμῶν; μαρτυρῶ γὰρ ὑμῖν
ὅτι εἰ δυνατὸν τοὺς ὀφθαλμοὺς ὑμῶν ἐξορύξαντες ἂν ἐδώκατέ μοι. 16
ὥστε ἐχθρὸς ὑμῶν γέγονα ἀληθεύων ὑμῖν; 17 ζηλοῦσιν ὑμᾶς οὐ καλῶς,
ἀλλὰ ἐκκλεῖσαι ὑμᾶς θέλουσιν, ἵνα αὐτοὺς ζηλοῦτε. 18 καλὸν δὲ τὸ ζη-
λοῦσθαι ἐν καλῷ πάντοτε καὶ μὴ μόνον ἐν τῷ παρεῖναί με πρὸς ὑμᾶς.
19 τεκνία μου, οὓς πάλιν ὠδίνω, ἄχρις οὗ μορφωθῇ Χριστὸς ἐν ὑμῖν· 20
ἤθελον δὲ παρεῖναι πρὸς ὑμᾶς ἄρτι καὶ ἀλλάξαι τὴν φωνήν μου, ὅτι ἀ-
ποροῦμαι ἐν ὑμῖν.

21 Λέγετέ μοι οἱ ὑπὸ νόμον θέλοντες εἶναι· τὸν νόμον οὐκ ἀκούετε; 22
γέγραπται γὰρ ὅτι Ἀβραὰμ δύο υἱοὺς ἔσχεν, ἕνα ἐκ τῆς παιδίσκης καὶ
ἕνα ἐκ τῆς ἐλευθέρας. 23 ἀλλ' ὁ μὲν ἐκ τῆς παιδίσκης κατὰ σάρκα γε-
γέννηται, ὁ δὲ ἐκ τῆς ἐλευθέρας διὰ τῆς ἐπαγγελίας. 24 ἅτινά ἐστιν ἀλ-
ληγορούμενα. αὗται γάρ εἰσι δύο διαθῆκαι, μία μὲν ἀπὸ ὄρους Σινᾶ, εἰς
δουλείαν γεννῶσα, ἥτις ἐστὶν Ἄγαρ· 25 τὸ γὰρ Ἄγαρ Σινᾶ ὄρος ἐστὶν ἐν

τῇ Ἀραβίᾳ, συστοιχεῖ δὲ τῇ νῦν Ἱερουσαλήμ, δουλεύει δὲ μετὰ τῶν τέ-
κνων αὐτῆς· 26 ἡ δὲ ἄνω Ἱερουσαλὴμ ἐλευθέρα ἐστίν, ἥτις ἐστὶ μήτηρ
πάντων ἡμῶν. 27 γέγραπται γάρ· εὐφράνθητι στεῖρα ἡ οὐ τίκτουσα, ρῆ-
ξον καὶ βόησον ἡ οὐκ ὠδίνουσα· ὅτι πολλὰ τὰ τέκνα τῆς ἐρήμου μᾶλλον
ἢ τῆς ἐχούσης τὸν ἄνδρα. 28 ἡμεῖς δέ, ἀδελφοί, κατὰ Ἰσαὰκ ἐπαγγελί-
ας τέκνα ἐσμέν. 29 ἀλλ' ὥσπερ τότε ὁ κατὰ σάρκα γεννηθεὶς ἐδίωκε τὸν
κατὰ πνεῦμα, οὕτω καὶ νῦν. 30 ἀλλὰ τί λέγει ἡ γραφή; ἔκβαλε τὴν παι-
δίσκην καὶ τὸν υἱὸν αὐτῆς· οὐ μὴ γὰρ κληρονομήσει ὁ υἱὸς τῆς παιδί-
σκης μετὰ τοῦ υἱοῦ τῆς ἐλευθέρας. 31 Ἄρα, ἀδελφοί, οὐκ ἐσμὲν παιδί-
σκης τέκνα, ἀλλὰ τῆς ἐλευθέρας.

5

ΤΗι ἐλευθερίᾳ οὖν, ᾗ Χριστὸς ἡμᾶς ἠλευθέρωσε, στήκετε, καὶ μὴ
πάλιν ζυγῷ δουλείας ἐνέχεσθε.

2 Ἴδε ἐγὼ Παῦλος λέγω ὑμῖν ὅτι ἐὰν περιτέμνησθε, Χριστὸς ὑμᾶς
οὐδὲν ὠφελήσει. 3 μαρτύρομαι δὲ πάλιν παντὶ ἀνθρώπῳ περιτεμνομένῳ
ὅτι ὀφειλέτης ἐστὶν ὅλον τὸν νόμον ποιῆσαι. 4 κατηργήθητε ἀπὸ τοῦ
Χριστοῦ οἵτινες ἐν νόμῳ δικαιοῦσθε, τῆς χάριτος ἐξεπέσατε· 5 ἡμεῖς
γὰρ Πνεύματι ἐκ πίστεως ἐλπίδα δικαιοσύνης ἀπεκδεχόμεθα. 6 ἐν γὰρ
Χριστῷ Ἰησοῦ οὔτε περιτομή τι ἰσχύει οὔτε ἀκροβυστία, ἀλλὰ πίστις δι'
ἀγάπης ἐνεργουμένη.

7 Ἐτρέχετε καλῶς· τίς ὑμᾶς ἐνέκοψε τῇ ἀληθείᾳ μὴ πείθεσθαι; 8 ἡ
πεισμονὴ οὐκ ἐκ τοῦ καλοῦντος ὑμᾶς. 9 μικρὰ ζύμη ὅλον τὸ φύραμα ζυ-
μοῖ. 10 ἐγὼ πέποιθα εἰς ὑμᾶς ἐν Κυρίῳ ὅτι οὐδὲν ἄλλο φρονήσετε· ὁ δὲ
ταράσσων ὑμᾶς βαστάσει τὸ κρῖμα, ὅστις ἂν ᾖ. 11 ἐγὼ δέ, ἀδελφοί, εἰ
περιτομὴν ἔτι κηρύσσω, τί ἔτι διώκομαι; ἄρα κατήργηται τὸ σκάνδαλον
τοῦ σταυροῦ. 12 ὄφελον καὶ ἀποκόψονται οἱ ἀναστατοῦντες ὑμᾶς.

13 Ὑμεῖς γὰρ ἐπ' ἐλευθερίᾳ ἐκλήθητε, ἀδελφοί· μόνον μὴ τὴν ἐλευθερί-
αν εἰς ἀφορμὴν τῇ σαρκί, ἀλλὰ διὰ τῆς ἀγάπης δουλεύετε ἀλλήλοις. 14
ὁ γὰρ πᾶς νόμος ἐν ἑνὶ λόγῳ πληροῦται, ἐν τῷ, ἀγαπήσεις τὸν πλησίον
σου ὡς σεαυτόν. 15 εἰ δὲ ἀλλήλους δάκνετε καὶ κατεσθίετε, βλέπετε μὴ
ὑπ' ἀλλήλων ἀναλωθῆτε.

16 Λέγω δέ, πνεύματι περιπατεῖτε καὶ ἐπιθυμίαν σαρκὸς οὐ μὴ τελέση-
τε. 17 ἡ γὰρ σὰρξ ἐπιθυμεῖ κατὰ τοῦ πνεύματος, τὸ δὲ πνεῦμα κατὰ τῆς
σαρκός· ταῦτα δὲ ἀντίκειται ἀλλήλοις, ἵνα μὴ ἃ ἂν θέλητε ταῦτα ποιῆ-
τε. 18 εἰ δὲ Πνεύματι ἄγεσθε, οὐκ ἐστὲ ὑπὸ νόμον. 19 φανερὰ δέ ἐστι τὰ
ἔργα τῆς σαρκός, ἅτινά ἐστι μοιχεία, πορνεία, ἀκαθαρσία, ἀσέλγεια, 20
εἰδωλολατρία, φαρμακεία, ἔχθραι, ἔρεις, ζῆλοι, θυμοί, ἐριθεῖαι, διχοστα-
σίαι, αἱρέσεις, 21 φθόνοι, φόνοι, μέθαι, κῶμοι καὶ τὰ ὅμοια τούτοις, ἃ
προλέγω ὑμῖν καθὼς καὶ προεῖπον, ὅτι οἱ τὰ τοιαῦτα πράσσοντες βασι-
λείαν Θεοῦ οὐ κληρονομήσουσιν. 22 ὁ δὲ καρπὸς τοῦ Πνεύματός ἐστιν
ἀγάπη, χαρά, εἰρήνη, μακροθυμία, χρηστότης, ἀγαθωσύνη, πίστις, 23
πρᾳότης, ἐγκράτεια· κατὰ τῶν τοιούτων οὐκ ἔστι νόμος. 24 οἱ δὲ τοῦ
Χριστοῦ τὴν σάρκα ἐσταύρωσαν σὺν τοῖς παθήμασι καὶ ταῖς ἐπιθυμίαις.

25 Εἰ ζῶμεν Πνεύματι, πνεύματι καὶ στοιχῶμεν. 26 μὴ γινώμεθα κε-
νόδοξοι, ἀλλήλους προκαλούμενοι, ἀλλήλοις φθονοῦντες.

6

ΑΔΕΛΦΟΙ, ἐὰν καὶ προληφθῇ ἄνθρωπος ἔν τινι παραπτώματι, ὑμεῖς
οἱ πνευματικοὶ καταρτίζετε τὸν τοιοῦτον ἐν πνεύματι πρᾳότητος,
σκοπῶν σεαυτόν, μὴ καὶ σὺ πειρασθῇς. 2 ἀλλήλων τὰ βάρη βαστά-
ζετε, καὶ οὕτως ἀναπληρώσατε τὸν νόμον τοῦ Χριστοῦ. 3 εἰ γὰρ δοκεῖ
τις εἶναί τι μηδὲν ὤν, ἑαυτὸν φρεναπατᾷ. 4 τὸ δὲ ἔργον ἑαυτοῦ δοκιμα-
ζέτω ἕκαστος, καὶ τότε εἰς ἑαυτὸν μόνον τὸ καύχημα ἕξει καὶ οὐκ εἰς
τὸν ἕτερον· 5 ἕκαστος γὰρ τὸ ἴδιον φορτίον βαστάσει. 6 Κοινωνείτω δὲ ὁ
κατηχούμενος τὸν λόγον τῷ κατηχοῦντι ἐν πᾶσιν ἀγαθοῖς.

7 Μὴ πλανᾶσθε, Θεὸς οὐ μυκτηρίζεται· ὃ γὰρ ἐὰν σπείρῃ ἄνθρωπος,
τοῦτο καὶ θερίσει· 8 ὅτι ὁ σπείρων εἰς τὴν σάρκα ἑαυτοῦ ἐκ τῆς σαρκὸς
θερίσει φθοράν, ὁ δὲ σπείρων εἰς τὸ πνεῦμα ἐκ τοῦ πνεύματος θερίσει
ζωὴν αἰώνιον. 9 τὸ δὲ καλὸν ποιοῦντες μὴ ἐκκακῶμεν· καιρῷ γὰρ ἰδίῳ
θερίσομεν μὴ ἐκλυόμενοι. 10 ἄρα οὖν ὡς καιρὸν ἔχομεν, ἐργαζώμεθα τὸ
ἀγαθὸν πρὸς πάντας, μάλιστα δὲ πρὸς τοὺς οἰκείους τῆς πίστεως.

11 Ἴδετε πηλίκοις ὑμῖν γράμμασιν ἔγραψα τῇ ἐμῇ χειρί. 12 ὅσοι θέ-
λουσιν εὐπροσωπῆσαι ἐν σαρκί, οὗτοι ἀναγκάζουσιν ὑμᾶς περιτέμνε-

σθαι, μόνον ἵνα μὴ τῷ σταυρῷ τοῦ Χριστοῦ διώκωνται. 13 οὐδὲ γὰρ οἱ
περιτετμημένοι αὐτοὶ νόμον φυλάσσουσιν, ἀλλὰ θέλουσιν ὑμᾶς περιτέ-
μνεσθαι, ἵνα ἐν τῇ ὑμετέρᾳ σαρκὶ καυχήσωνται. 14 ἐμοὶ δὲ μὴ γένοιτο
καυχᾶσθαι εἰ μὴ ἐν τῷ σταυρῷ τοῦ Κυρίου ἡμῶν Ἰησοῦ Χριστοῦ, δι' οὗ
ἐμοὶ κόσμος ἐσταύρωται κἀγὼ τῷ κόσμῳ. 15 ἐν γὰρ Χριστῷ Ἰησοῦ οὔ-
τε περιτομή τι ἰσχύει οὔτε ἀκροβυστία, ἀλλὰ καινὴ κτίσις. 16 καὶ ὅσοι
τῷ κανόνι τούτῳ στοιχήσουσιν, εἰρήνη ἐπ' αὐτοὺς καὶ ἔλεος, καὶ ἐπὶ τὸν
Ἰσραὴλ τοῦ Θεοῦ. 17 τοῦ λοιποῦ κόπους μοι μηδεὶς παρεχέτω· ἐγὼ γὰρ
τὰ στίγματα τοῦ Κυρίου Ἰησοῦ ἐν τῷ σώματί μου βαστάζω.

18 Ἡ χάρις τοῦ Κυρίου ἡμῶν Ἰησοῦ Χριστοῦ μετὰ τοῦ πνεύματος ὑ-
μῶν, ἀδελφοί· ἀμήν.

Πρὸς Ἐφεσίους

ΠΑΥΛΟΣ, ἀπόστολος Ἰησοῦ Χριστοῦ διὰ θελήματος Θεοῦ, τοῖς ἁ-
γίοις τοῖς οὖσιν ἐν Ἐφέσῳ καὶ πιστοῖς ἐν Χριστῷ Ἰησοῦ· 2 χάρις
ὑμῖν καὶ εἰρήνη ἀπὸ Θεοῦ πατρὸς ἡμῶν καὶ Κυρίου Ἰησοῦ Χρι-
στοῦ. 3 εὐλογητὸς ὁ Θεὸς καὶ πατὴρ τοῦ Κυρίου ἡμῶν Ἰησοῦ Χριστοῦ,
ὁ εὐλογήσας ἡμᾶς ἐν πάσῃ εὐλογίᾳ πνευματικῇ ἐν τοῖς ἐπουρανίοις ἐν
Χριστῷ, 4 καθὼς καὶ ἐξελέξατο ἡμᾶς ἐν αὐτῷ πρὸ καταβολῆς κόσμου
εἶναι ἡμᾶς ἁγίους καὶ ἀμώμους κατενώπιον αὐτοῦ, ἐν ἀγάπῃ 5 προορί-
σας ἡμᾶς εἰς υἱοθεσίαν διὰ Ἰησοῦ Χριστοῦ εἰς αὐτόν, κατὰ τὴν εὐδοκίαν
τοῦ θελήματος αὐτοῦ, 6 εἰς ἔπαινον δόξης τῆς χάριτος αὐτοῦ, ἐν ᾗ ἐχα-
ρίτωσεν ἡμᾶς ἐν τῷ ἠγαπημένῳ, 7 ἐν ᾧ ἔχομεν τὴν ἀπολύτρωσιν διὰ
τοῦ αἵματος αὐτοῦ, τὴν ἄφεσιν τῶν παραπτωμάτων, κατὰ τὸν πλοῦτον
τῆς χάριτος αὐτοῦ, 8 ἧς ἐπερίσσευσεν εἰς ἡμᾶς ἐν πάσῃ σοφίᾳ καὶ φρο-
νήσει, 9 γνωρίσας ἡμῖν τὸ μυστήριον τοῦ θελήματος αὐτοῦ κατὰ τὴν
εὐδοκίαν αὐτοῦ, ἣν προέθετο ἐν αὐτῷ 10 εἰς οἰκονομίαν τοῦ πληρώμα-
τος τῶν καιρῶν, ἀνακεφαλαιώσασθαι τὰ πάντα ἐν τῷ Χριστῷ, τὰ ἐπὶ
τοῖς οὐρανοῖς καὶ τὰ ἐπὶ τῆς γῆς, ἐν αὐτῷ, 11 ἐν ᾧ καὶ ἐκληρώθημεν
προορισθέντες κατὰ πρόθεσιν τοῦ τὰ πάντα ἐνεργοῦντος κατὰ τὴν βου-
λὴν τοῦ θελήματος αὐτοῦ, 12 εἰς τὸ εἶναι ἡμᾶς εἰς ἔπαινον δόξης αὐτοῦ,
τοὺς προηλπικότας ἐν τῷ Χριστῷ· 13 ἐν ᾧ καὶ ὑμεῖς ἀκούσαντες τὸν
λόγον τῆς ἀληθείας, τὸ εὐαγγέλιον τῆς σωτηρίας ὑμῶν, ἐν ᾧ καὶ πι-
στεύσαντες ἐσφραγίσθητε τῷ Πνεύματι τῆς ἐπαγγελίας τῷ Ἁγίῳ, 14
ὅς ἐστιν ἀρραβὼν τῆς κληρονομίας ἡμῶν, εἰς ἀπολύτρωσιν τῆς περιποι-
ήσεως, εἰς ἔπαινον τῆς δόξης αὐτοῦ.

15 Διὰ τοῦτο κἀγώ, ἀκούσας τὴν καθ' ὑμᾶς πίστιν ἐν τῷ Κυρίῳ Ἰησοῦ
καὶ τὴν ἀγάπην τὴν εἰς πάντας τοὺς ἁγίους, 16 οὐ παύομαι εὐχαριστῶν
ὑπὲρ ὑμῶν μνείαν ὑμῶν ποιούμενος ἐπὶ τῶν προσευχῶν μου, 17 ἵνα ὁ
Θεὸς τοῦ Κυρίου ἡμῶν Ἰησοῦ Χριστοῦ, ὁ πατὴρ τῆς δόξης, δῴη ὑμῖν
πνεῦμα σοφίας καὶ ἀποκαλύψεως ἐν ἐπιγνώσει αὐτοῦ, 18 πεφωτισμέ-
νους τοὺς ὀφθαλμοὺς τῆς καρδίας ὑμῶν, εἰς τὸ εἰδέναι ὑμᾶς τίς ἐστιν ἡ
ἐλπὶς τῆς κλήσεως αὐτοῦ, καὶ τίς ὁ πλοῦτος τῆς δόξης τῆς κληρονομίας
αὐτοῦ ἐν τοῖς ἁγίοις, 19 καὶ τί τὸ ὑπερβάλλον μέγεθος τῆς δυνάμεως
αὐτοῦ εἰς ἡμᾶς τοὺς πιστεύοντας κατὰ τὴν ἐνέργειαν τοῦ κράτους τῆς ἰ-
σχύος αὐτοῦ, 20 ἣν ἐνήργησεν ἐν τῷ Χριστῷ ἐγείρας αὐτὸν ἐκ νεκρῶν,
καὶ ἐκάθισεν ἐν δεξιᾷ αὐτοῦ ἐν τοῖς ἐπουρανίοις 21 ὑπεράνω πάσης ἀρ-
χῆς καὶ ἐξουσίας καὶ δυνάμεως καὶ κυριότητος καὶ παντὸς ὀνόματος ὀ-
νομαζομένου οὐ μόνον ἐν τῷ αἰῶνι τούτῳ, ἀλλὰ καὶ ἐν τῷ μέλλοντι· 22
καὶ πάντα ὑπέταξεν ὑπὸ τοὺς πόδας αὐτοῦ, καὶ αὐτὸν ἔδωκε κεφαλὴν ὑ-
πὲρ πάντα τῇ ἐκκλησίᾳ, 23 ἥτις ἐστὶ τὸ σῶμα αὐτοῦ, τὸ πλήρωμα τοῦ
τὰ πάντα ἐν πᾶσι πληρουμένου.

2

ΚΑΙ ὑμᾶς ὄντας νεκροὺς τοῖς παραπτώμασι καὶ ταῖς ἁμαρτίαις, 2 ἐν
αἷς ποτε περιεπατήσατε κατὰ τὸν αἰῶνα τοῦ κόσμου τούτου, κατὰ
τὸν ἄρχοντα τῆς ἐξουσίας τοῦ ἀέρος, τοῦ πνεύματος τοῦ νῦν ἐνερ-
γοῦντος ἐν τοῖς υἱοῖς τῆς ἀπειθείας· 3 ἐν οἷς καὶ ἡμεῖς πάντες ἀνεστρά-
φημέν ποτε ἐν ταῖς ἐπιθυμίαις τῆς σαρκὸς ἡμῶν, ποιοῦντες τὰ θελήμα-
τα τῆς σαρκὸς καὶ τῶν διανοιῶν, καὶ ἦμεν τέκνα φύσει ὀργῆς, ὡς καὶ οἱ
λοιποί· 4 ὁ δὲ Θεὸς πλούσιος ὢν ἐν ἐλέει, διὰ τὴν πολλὴν ἀγάπην αὐτοῦ
ἣν ἠγάπησεν ἡμᾶς, 5 καὶ ὄντας ἡμᾶς νεκροὺς τοῖς παραπτώμασι συνε-
ζωοποίησε τῷ Χριστῷ· χάριτί ἐστε σεσωσμένοι· 6 καὶ συνήγειρε καὶ συ-
νεκάθισεν ἐν τοῖς ἐπουρανίοις ἐν Χριστῷ Ἰησοῦ, 7 ἵνα ἐνδείξηται ἐν τοῖς
αἰῶσι τοῖς ἐπερχομένοις τὸν ὑπερβάλλοντα πλοῦτον τῆς χάριτος αὐτοῦ
ἐν χρηστότητι ἐφ' ἡμᾶς ἐν Χριστῷ Ἰησοῦ.

8 Τῇ γὰρ χάριτί ἐστε σεσωσμένοι διὰ τῆς πίστεως· καὶ τοῦτο οὐκ ἐξ ὑ-
μῶν, Θεοῦ τὸ δῶρον, 9 οὐκ ἐξ ἔργων, ἵνα μή τις καυχήσηται. 10 αὐτοῦ

γάρ ἐσμεν ποίημα, κτισθέντες ἐν Χριστῷ Ἰησοῦ ἐπὶ ἔργοις ἀγαθοῖς, οἷς
προητοίμασεν ὁ Θεὸς ἵνα ἐν αὐτοῖς περιπατήσωμεν.

11 Διὸ μνημονεύετε ὅτι ὑμεῖς ποτε τὰ ἔθνη ἐν σαρκί, οἱ λεγόμενοι ἀ-
κροβυστία ὑπὸ τῆς λεγομένης περιτομῆς ἐν σαρκὶ χειροποιήτου, 12 ὅτι
ἦτε ἐν τῷ καιρῷ ἐκείνῳ χωρὶς Χριστοῦ, ἀπηλλοτριωμένοι τῆς πολιτείας
τοῦ Ἰσραὴλ καὶ ξένοι τῶν διαθηκῶν τῆς ἐπαγγελίας, ἐλπίδα μὴ ἔχοντες
καὶ ἄθεοι ἐν τῷ κόσμῳ. 13 νυνὶ δὲ ἐν Χριστῷ Ἰησοῦ ὑμεῖς οἱ ποτὲ ὄντες
μακρὰν ἐγγὺς ἐγενήθητε ἐν τῷ αἵματι τοῦ Χριστοῦ. 14 αὐτὸς γάρ ἐστιν
ἡ εἰρήνη ἡμῶν, ὁ ποιήσας τὰ ἀμφότερα ἓν καὶ τὸ μεσότοιχον τοῦ φρα-
γμοῦ λύσας, 15 τὴν ἔχθραν, ἐν τῇ σαρκὶ αὐτοῦ τὸν νόμον τῶν ἐντολῶν
ἐν δόγμασι καταργήσας, ἵνα τοὺς δύο κτίσῃ ἐν ἑαυτῷ εἰς ἕνα καινὸν ἄν-
θρωπον ποιῶν εἰρήνην, 16 καὶ ἀποκαταλλάξῃ τοὺς ἀμφοτέρους ἐν ἑνὶ
σώματι τῷ Θεῷ διὰ τοῦ σταυροῦ, ἀποκτείνας τὴν ἔχθραν ἐν αὐτῷ· 17
καὶ ἐλθὼν εὐηγγελίσατο εἰρήνην ὑμῖν τοῖς μακρὰν καὶ τοῖς ἐγγύς, 18
ὅτι δι' αὐτοῦ ἔχομεν τὴν προσαγωγὴν οἱ ἀμφότεροι ἐν ἑνὶ πνεύματι πρὸς
τὸν πατέρα. 19 ἄρα οὖν οὐκέτι ἐστὲ ξένοι καὶ πάροικοι, ἀλλὰ συμπολῖ-
ται τῶν ἁγίων καὶ οἰκεῖοι τοῦ Θεοῦ, 20 ἐποικοδομηθέντες ἐπὶ τῷ θεμε-
λίῳ τῶν ἀποστόλων καὶ προφητῶν, ὄντος ἀκρογωνιαίου αὐτοῦ Ἰησοῦ
Χριστοῦ, 21 ἐν ᾧ πᾶσα ἡ οἰκοδομὴ συναρμολογουμένη αὔξει εἰς ναὸν ἅ-
γιον ἐν Κυρίῳ· 22 ἐν ᾧ καὶ ὑμεῖς συνοικοδομεῖσθε εἰς κατοικητήριον τοῦ
Θεοῦ ἐν Πνεύματι.

3

ΤΟΥΤΟΥ χάριν ἐγὼ Παῦλος ὁ δέσμιος τοῦ Χριστοῦ Ἰησοῦ ὑπὲρ ὑ-
μῶν τῶν ἐθνῶν, 2 εἴγε ἠκούσατε τὴν οἰκονομίαν τῆς χάριτος τοῦ
Θεοῦ τῆς δοθείσης μοι εἰς ὑμᾶς, 3 ὅτι κατὰ ἀποκάλυψιν ἐγνώρισέ
μοι τὸ μυστήριον, καθὼς προέγραψα ἐν ὀλίγῳ, 4 πρὸς ὃ δύνασθε ἀναγι-
νώσκοντες νοῆσαι τὴν σύνεσίν μου ἐν τῷ μυστηρίῳ τοῦ Χριστοῦ, 5 ὃ ἑ-
τέραις γενεαῖς οὐκ ἐγνωρίσθη τοῖς υἱοῖς τῶν ἀνθρώπων ὡς νῦν ἀπεκα-
λύφθη τοῖς ἁγίοις ἀποστόλοις αὐτοῦ καὶ προφήταις ἐν Πνεύματι, 6 εἶναι
τὰ ἔθνη συγκληρονόμα καὶ σύσσωμα καὶ συμμέτοχα τῆς ἐπαγγελίας
αὐτοῦ ἐν τῷ Χριστῷ διὰ τοῦ εὐαγγελίου, 7 οὗ ἐγενόμην διάκονος κατὰ
τὴν δωρεὰν τῆς χάριτος τοῦ Θεοῦ τὴν δοθεῖσάν μοι κατὰ τὴν ἐνέργειαν

τῆς δυνάμεως αὐτοῦ. 8 ἐμοὶ τῷ ἐλαχιστοτέρῳ πάντων τῶν ἁγίων ἐδόθη
ἡ χάρις αὕτη, ἐν τοῖς ἔθνεσιν εὐαγγελίσασθαι τὸν ἀνεξιχνίαστον πλοῦ-
τον τοῦ Χριστοῦ 9 καὶ φωτίσαι πάντας τίς ἡ οἰκονομία τοῦ μυστηρίου
τοῦ ἀποκεκρυμμένου ἀπὸ τῶν αἰώνων ἐν τῷ Θεῷ, τῷ τὰ πάντα κτίσαντι
διὰ Ἰησοῦ Χριστοῦ, 10 ἵνα γνωρισθῇ νῦν ταῖς ἀρχαῖς καὶ ταῖς ἐξουσίαις
ἐν τοῖς ἐπουρανίοις διὰ τῆς ἐκκλησίας ἡ πολυποίκιλος σοφία τοῦ Θεοῦ,
11 κατὰ πρόθεσιν τῶν αἰώνων ἣν ἐποίησεν ἐν Χριστῷ Ἰησοῦ τῷ Κυρίῳ
ἡμῶν, 12 ἐν ᾧ ἔχομεν τὴν παρρησίαν καὶ τὴν προσαγωγὴν ἐν πεποιθή-
σει διὰ πίστεως αὐτοῦ. 13 διὸ αἰτοῦμαι μὴ ἐκκακεῖν ἐν ταῖς θλίψεσί μου
ὑπὲρ ὑμῶν, ἥτις ἐστὶ δόξα ὑμῶν.

14 Τούτου χάριν κάμπτω τὰ γόνατά μου πρὸς τὸν πατέρα τοῦ Κυρίου
ἡμῶν Ἰησοῦ Χριστοῦ, 15 ἐξ οὗ πᾶσα πατριὰ ἐν οὐρανοῖς καὶ ἐπὶ γῆς ὀ-
νομάζεται, 16 ἵνα δῴη ὑμῖν κατὰ τὸν πλοῦτον τῆς δόξης αὐτοῦ δυνάμει
κραταιωθῆναι διὰ τοῦ Πνεύματος αὐτοῦ εἰς τὸν ἔσω ἄνθρωπον, 17 κα-
τοικῆσαι τὸν Χριστὸν διὰ τῆς πίστεως ἐν ταῖς καρδίαις ὑμῶν, 18 ἐν ἀ-
γάπῃ ἐρριζωμένοι καὶ τεθεμελιωμένοι ἵνα ἐξισχύσητε καταλαβέσθαι
σὺν πᾶσι τοῖς ἁγίοις τί τὸ πλάτος καὶ μῆκος καὶ βάθος καὶ ὕψος, 19
γνῶναί τε τὴν ὑπερβάλλουσαν τῆς γνώσεως ἀγάπην τοῦ Χριστοῦ, ἵνα
πληρωθῆτε εἰς πᾶν τὸ πλήρωμα τοῦ Θεοῦ.

20 Τῷ δὲ δυναμένῳ ὑπὲρ πάντα ποιῆσαι ὑπερεκπερισσοῦ ὧν αἰτούμεθα
ἢ νοοῦμεν, κατὰ τὴν δύναμιν τὴν ἐνεργουμένην ἐν ἡμῖν, 21 αὐτῷ ἡ δό-
ξα ἐν τῇ ἐκκλησίᾳ ἐν Χριστῷ Ἰησοῦ εἰς πάσας τὰς γενεὰς τοῦ αἰῶνος
τῶν αἰώνων· ἀμήν.

4

ΠΑΡΑΚΑΛΩ οὖν ὑμᾶς ἐγὼ ὁ δέσμιος ἐν Κυρίῳ ἀξίως περιπατῆσαι
τῆς κλήσεως ἧς ἐκλήθητε, 2 μετὰ πάσης ταπεινοφροσύνης καὶ
πρᾳότητος, μετὰ μακροθυμίας, ἀνεχόμενοι ἀλλήλων ἐν ἀγάπῃ, 3
σπουδάζοντες τηρεῖν τὴν ἑνότητα τοῦ Πνεύματος ἐν τῷ συνδέσμῳ τῆς
εἰρήνης. 4 ἓν σῶμα καὶ ἓν Πνεῦμα, καθὼς καὶ ἐκλήθητε ἐν μιᾷ ἐλπίδι
τῆς κλήσεως ὑμῶν· 5 εἷς Κύριος, μία πίστις, ἓν βάπτισμα· 6 εἷς Θεὸς
καὶ πατὴρ πάντων, ὁ ἐπὶ πάντων, καὶ διὰ πάντων, καὶ ἐν πᾶσιν ἡμῖν.

7 Ἑνὶ δὲ ἑκάστῳ ἡμῶν ἐδόθη ἡ χάρις κατὰ τὸ μέτρον τῆς δωρεᾶς τοῦ
Χριστοῦ. 8 διὸ λέγει· ἀναβὰς εἰς ὕψος ᾐχμαλώτευσεν αἰχμαλωσίαν καὶ
ἔδωκε δόματα τοῖς ἀνθρώποις. 9 τὸ δὲ ἀνέβη τί ἐστιν εἰ μὴ ὅτι καὶ κα-
τέβη πρῶτον εἰς τὰ κατώτερα μέρη τῆς γῆς; 10 ὁ καταβὰς αὐτός ἐστι
καὶ ὁ ἀναβὰς ὑπεράνω πάντων τῶν οὐρανῶν, ἵνα πληρώσῃ τὰ πάντα. 11
καὶ αὐτὸς ἔδωκε τοὺς μὲν ἀποστόλους, τοὺς δὲ προφήτας, τοὺς δὲ εὐαγ-
γελιστάς, τοὺς δὲ ποιμένας καὶ διδασκάλους, 12 πρὸς τὸν καταρτισμὸν
τῶν ἁγίων εἰς ἔργον διακονίας, εἰς οἰκοδομὴν τοῦ σώματος τοῦ Χριστοῦ,
13 μέχρι καταντήσωμεν οἱ πάντες εἰς τὴν ἑνότητα τῆς πίστεως καὶ τῆς
ἐπιγνώσεως τοῦ υἱοῦ τοῦ Θεοῦ, εἰς ἄνδρα τέλειον, εἰς μέτρον ἡλικίας
τοῦ πληρώματος τοῦ Χριστοῦ, 14 ἵνα μηκέτι ὦμεν νήπιοι, κλυδωνιζό-
μενοι καὶ περιφερόμενοι παντὶ ἀνέμῳ τῆς διδασκαλίας, ἐν τῇ κυβείᾳ
τῶν ἀνθρώπων, ἐν πανουργίᾳ πρὸς τὴν μεθοδείαν τῆς πλάνης, 15 ἀλη-
θεύοντες δὲ ἐν ἀγάπῃ αὐξήσωμεν εἰς αὐτὸν τὰ πάντα, ὅς ἐστιν ἡ κεφα-
λή, ὁ Χριστός, 16 ἐξ οὗ πᾶν τὸ σῶμα συναρμολογούμενον καὶ συμβιβα-
ζόμενον διὰ πάσης ἁφῆς τῆς ἐπιχορηγίας κατ' ἐνέργειαν ἐν μέτρῳ ἑνὸς
ἑκάστου μέρους τὴν αὔξησιν τοῦ σώματος ποιεῖται εἰς οἰκοδομὴν ἑαυτοῦ
ἐν ἀγάπῃ.

17 Τοῦτο οὖν λέγω καὶ μαρτύρομαι ἐν Κυρίῳ, μηκέτι ὑμᾶς περιπατεῖν
καθὼς καὶ τὰ λοιπὰ ἔθνη περιπατεῖ ἐν ματαιότητι τοῦ νοὸς αὐτῶν, 18
ἐσκοτισμένοι τῇ διανοίᾳ, ὄντες ἀπηλλοτριωμένοι τῆς ζωῆς τοῦ Θεοῦ διὰ
τὴν ἄγνοιαν τὴν οὖσαν ἐν αὐτοῖς διὰ τὴν πώρωσιν τῆς καρδίας αὐτῶν,
19 οἵτινες, ἀπηλγηκότες, ἑαυτοὺς παρέδωκαν τῇ ἀσελγείᾳ εἰς ἐργασίαν
ἀκαθαρσίας πάσης ἐν πλεονεξίᾳ. 20 ὑμεῖς δὲ οὐχ οὕτως ἐμάθετε τὸν
Χριστόν, 21 εἴγε αὐτὸν ἠκούσατε καὶ ἐν αὐτῷ ἐδιδάχθητε, καθώς ἐστιν
ἀλήθεια ἐν τῷ Ἰησοῦ, 22 ἀποθέσθαι ὑμᾶς κατὰ τὴν προτέραν ἀναστρο-
φὴν τὸν παλαιὸν ἄνθρωπον τὸν φθειρόμενον κατὰ τὰς ἐπιθυμίας τῆς ἀ-
πάτης, 23 ἀνανεοῦσθαι δὲ τῷ πνεύματι τοῦ νοὸς ὑμῶν 24 καὶ ἐνδύσα-
σθαι τὸν καινὸν ἄνθρωπον τὸν κατὰ Θεὸν κτισθέντα ἐν δικαιοσύνῃ καὶ ὁ-
σιότητι τῆς ἀληθείας.

25 Διὸ ἀποθέμενοι τὸ ψεῦδος λαλεῖτε ἀλήθειαν ἕκαστος μετὰ τοῦ πλη-
σίον αὐτοῦ· ὅτι ἐσμὲν ἀλλήλων μέλη. 26 ὀργίζεσθε, καὶ μὴ ἁμαρτάνετε·
ὁ ἥλιος μὴ ἐπιδυέτω ἐπὶ τῷ παροργισμῷ ὑμῶν, 27 μηδὲ δίδοτε τόπον
τῷ διαβόλῳ. 28 ὁ κλέπτων μηκέτι κλεπτέτω, μᾶλλον δὲ κοπιάτω ἐργα-
ζόμενος τὸ ἀγαθὸν ταῖς χερσίν, ἵνα ἔχῃ μεταδιδόναι τῷ χρείαν ἔχοντι.
29 πᾶς λόγος σαπρὸς ἐκ τοῦ στόματος ὑμῶν μὴ ἐκπορευέσθω, ἀλλ' εἴ

τις ἀγαθὸς πρὸς οἰκοδομὴν τῆς χρείας, ἵνα δῷ χάριν τοῖς ἀκούουσι. 30
καὶ μὴ λυπεῖτε τὸ Πνεῦμα τὸ Ἅγιον τοῦ Θεοῦ, ἐν ᾧ ἐσφραγίσθητε εἰς
ἡμέραν ἀπολυτρώσεως. 31 πᾶσα πικρία καὶ θυμὸς καὶ ὀργὴ καὶ κραυγὴ
καὶ βλασφημία ἀρθήτω ἀφ' ὑμῶν σὺν πάσῃ κακίᾳ. 32 γίνεσθε δὲ εἰς
ἀλλήλους χρηστοί, εὔσπλαγχνοι, χαριζόμενοι ἑαυτοῖς καθὼς καὶ ὁ Θεὸς
ἐν Χριστῷ ἐχαρίσατο ἡμῖν.

5

ΓΙΝΕΣΘΕ οὖν μιμηταὶ τοῦ Θεοῦ ὡς τέκνα ἀγαπητά, 2 καὶ περιπα-
τεῖτε ἐν ἀγάπῃ, καθὼς καὶ ὁ Χριστὸς ἠγάπησεν ἡμᾶς καὶ παρέδωκεν
ἑαυτὸν ὑπὲρ ἡμῶν προσφορὰν καὶ θυσίαν τῷ Θεῷ εἰς ὀσμὴν εὐωδίας.
3 πορνεία δὲ καὶ πᾶσα ἀκαθαρσία ἢ πλεονεξία μηδὲ ὀνομαζέσθω ἐν ὑ-
μῖν, καθὼς πρέπει ἁγίοις, 4 καὶ αἰσχρότης καὶ μωρολογία ἢ εὐτραπελία,
τὰ οὐκ ἀνήκοντα, ἀλλὰ μᾶλλον εὐχαριστία. 5 τοῦτο γάρ ἐστε γινώσκον-
τες, ὅτι πᾶς πόρνος ἢ ἀκάθαρτος ἢ πλεονέκτης, ὅς ἐστιν εἰδωλολάτρης,
οὐκ ἔχει κληρονομίαν ἐν τῇ βασιλείᾳ τοῦ Χριστοῦ καὶ Θεοῦ. 6 μηδεὶς ὑ-
μᾶς ἀπατάτω κενοῖς λόγοις· διὰ ταῦτα γὰρ ἔρχεται ἡ ὀργὴ τοῦ Θεοῦ ἐπὶ
τοὺς υἱοὺς τῆς ἀπειθείας. 7 μὴ οὖν γίνεσθε συμμέτοχοι αὐτῶν.

8 Ἦτε γάρ ποτε σκότος, νῦν δὲ φῶς ἐν Κυρίῳ· ὡς τέκνα φωτὸς περιπα-
τεῖτε· 9 ὁ γὰρ καρπὸς τοῦ Πνεύματος ἐν πάσῃ ἀγαθωσύνῃ καὶ δικαιο-
σύνῃ καὶ ἀληθείᾳ· 10 δοκιμάζοντες τί ἐστιν εὐάρεστον τῷ Κυρίῳ. 11
καὶ μὴ συγκοινωνεῖτε τοῖς ἔργοις τοῖς ἀκάρποις τοῦ σκότους, μᾶλλον δὲ
καὶ ἐλέγχετε· 12 τὰ γὰρ κρυφῇ γινόμενα ὑπ' αὐτῶν αἰσχρόν ἐστι καὶ
λέγειν· 13 τὰ δὲ πάντα ἐλεγχόμενα ὑπὸ τοῦ φωτὸς φανεροῦται· πᾶν γὰρ
τὸ φανερούμενον φῶς ἐστι. 14 διὸ λέγει· ἔγειρε ὁ καθεύδων καὶ ἀνάστα
ἐκ τῶν νεκρῶν, καὶ ἐπιφαύσει σοι ὁ Χριστός.

15 Βλέπετε οὖν πῶς ἀκριβῶς περιπατεῖτε, μὴ ὡς ἄσοφοι, ἀλλ' ὡς σο-
φοί, 16 ἐξαγοραζόμενοι τὸν καιρόν, ὅτι αἱ ἡμέραι πονηραί εἰσι. 17 διὰ
τοῦτο μὴ γίνεσθε ἄφρονες, ἀλλὰ συνιέντες τί τὸ θέλημα τοῦ Κυρίου. 18
καὶ μὴ μεθύσκεσθε οἴνῳ, ἐν ᾧ ἐστιν ἀσωτία, ἀλλὰ πληροῦσθε ἐν Πνεύ-
ματι, 19 λαλοῦντες ἑαυτοῖς ψαλμοῖς καὶ ὕμνοις καὶ ᾠδαῖς πνευματι-
καῖς, ᾄδοντες καὶ ψάλλοντες ἐν τῇ καρδίᾳ ὑμῶν τῷ Κυρίῳ, 20 εὐχαρι-
στοῦντες πάντοτε ὑπὲρ πάντων ἐν ὀνόματι τοῦ Κυρίου ἡμῶν Ἰησοῦ

Χριστοῦ τῷ Θεῷ καὶ πατρί, 21 ὑποτασσόμενοι ἀλλήλοις ἐν φόβῳ Χρι-
στοῦ.

22 Αἱ γυναῖκες τοῖς ἰδίοις ἀνδράσιν ὑποτάσσεσθε ὡς τῷ Κυρίῳ, 23 ὅτι ὁ
ἀνήρ ἐστι κεφαλὴ τῆς γυναικός, ὡς καὶ ὁ Χριστὸς κεφαλὴ τῆς ἐκκλησί-
ας, καὶ αὐτός ἐστι σωτὴρ τοῦ σώματος. 24 ἀλλ' ὥσπερ ἡ ἐκκλησία ὑπο-
τάσσεται τῷ Χριστῷ, οὕτω καὶ αἱ γυναῖκες τοῖς ἰδίοις ἀνδράσιν ἐν παν-
τί. 25 οἱ ἄνδρες ἀγαπᾶτε τὰς γυναῖκας ἑαυτῶν, καθὼς καὶ ὁ Χριστὸς ἠ-
γάπησε τὴν ἐκκλησίαν καὶ ἑαυτὸν παρέδωκεν ὑπὲρ αὐτῆς, 26 ἵνα αὐτὴν
ἁγιάσῃ καθαρίσας τῷ λουτρῷ τοῦ ὕδατος ἐν ρήματι, 27 ἵνα παραστήσῃ
αὐτὴν ἑαυτῷ ἔνδοξον τὴν ἐκκλησίαν, μὴ ἔχουσαν σπίλον ἢ ρυτίδα ἤ τι
τῶν τοιούτων, ἀλλ' ἵνα ᾖ ἁγία καὶ ἄμωμος. 28 οὕτως ὀφείλουσιν οἱ ἄν-
δρες ἀγαπᾶν τὰς ἑαυτῶν γυναῖκας ὡς τὰ ἑαυτῶν σώματα. ὁ ἀγαπῶν
τὴν ἑαυτοῦ γυναῖκα ἑαυτὸν ἀγαπᾷ· 29 οὐδεὶς γάρ ποτε τὴν ἑαυτοῦ σάρ-
κα ἐμίσησεν, ἀλλ' ἐκτρέφει καὶ θάλπει αὐτήν, καθὼς καὶ ὁ Κύριος τὴν
ἐκκλησίαν· 30 ὅτι μέλη ἐσμὲν τοῦ σώματος αὐτοῦ, ἐκ τῆς σαρκὸς αὐτοῦ
καὶ ἐκ τῶν ὀστέων αὐτοῦ· 31 ἀντὶ τούτου καταλείψει ἄνθρωπος τὸν πα-
τέρα αὐτοῦ καὶ τὴν μητέρα καὶ προσκολληθήσεται πρὸς τὴν γυναῖκα
αὐτοῦ, καὶ ἔσονται οἱ δύο εἰς σάρκα μίαν. 32 τὸ μυστήριον τοῦτο μέγα
ἐστίν, ἐγὼ δὲ λέγω εἰς Χριστὸν καὶ εἰς τὴν ἐκκλησίαν. 33 πλὴν καὶ ὑ-
μεῖς οἱ καθ' ἕνα ἕκαστος τὴν ἑαυτοῦ γυναῖκα οὕτως ἀγαπάτω ὡς ἑαυ-
τόν, ἡ δὲ γυνὴ ἵνα φοβῆται τὸν ἄνδρα.

6

ΤΑ ΤΕΚΝΑ ὑπακούετε τοῖς γονεῦσιν ὑμῶν ἐν Κυρίῳ· τοῦτο γάρ ἐστι
δίκαιον. 2 τίμα τὸν πατέρα σου καὶ τὴν μητέρα, ἥτις ἐστὶν ἐντολὴ
πρώτη ἐν ἐπαγγελίᾳ, 3 ἵνα εὖ σοι γένηται καὶ ἔσῃ μακροχρόνιος ἐπὶ
τῆς γῆς. 4 καὶ οἱ πατέρες μὴ παροργίζετε τὰ τέκνα ὑμῶν, ἀλλ' ἐκτρέ-
φετε αὐτὰ ἐν παιδείᾳ καὶ νουθεσίᾳ Κυρίου. 5 Οἱ δοῦλοι ὑπακούετε τοῖς
κυρίοις κατὰ σάρκα μετὰ φόβου καὶ τρόμου ἐν ἁπλότητι τῆς καρδίας ὑ-
μῶν ὡς τῷ Χριστῷ, 6 μὴ κατ' ὀφθαλμοδουλίαν ὡς ἀνθρωπάρεσκοι,
ἀλλ' ὡς δοῦλοι τοῦ Χριστοῦ, ποιοῦντες τὸ θέλημα τοῦ Θεοῦ ἐκ ψυχῆς, 7
μετ' εὐνοίας δουλεύοντες ὡς τῷ Κυρίῳ καὶ οὐκ ἀνθρώποις, 8 εἰδότες ὅτι
ὃ ἐάν τι ἕκαστος ποιήσῃ ἀγαθόν, τοῦτο κομιεῖται παρὰ τοῦ Κυρίου, εἴτε

δοῦλος εἴτε ἐλεύθερος. 9 καὶ οἱ κύριοι τὰ αὐτὰ ποιεῖτε πρὸς αὐτούς, ἀνι-
έντες τὴν ἀπειλήν, εἰδότες ὅτι καὶ ὑμῶν αὐτῶν ὁ Κύριός ἐστιν ἐν οὐρα-
νοῖς, καὶ προσωποληψία οὐκ ἔστι παρ᾽ αὐτῷ.

10 Τὸ λοιπόν, ἀδελφοί μου, ἐνδυναμοῦσθε ἐν Κυρίῳ καὶ ἐν τῷ κράτει
τῆς ἰσχύος αὐτοῦ. 11 ἐνδύσασθε τὴν πανοπλίαν τοῦ Θεοῦ πρὸς τὸ δύνα-
σθαι ὑμᾶς στῆναι πρὸς τὰς μεθοδείας τοῦ διαβόλου· 12 ὅτι οὐκ ἔστιν ἡ-
μῖν ἡ πάλη πρὸς αἷμα καὶ σάρκα, ἀλλὰ πρὸς τὰς ἀρχάς, πρὸς τὰς ἐξου-
σίας, πρὸς τοὺς κοσμοκράτορας τοῦ σκότους τοῦ αἰῶνος τούτου, πρὸς τὰ
πνευματικὰ τῆς πονηρίας ἐν τοῖς ἐπουρανίοις. 13 διὰ τοῦτο ἀναλάβετε
τὴν πανοπλίαν τοῦ Θεοῦ, ἵνα δυνηθῆτε ἀντιστῆναι ἐν τῇ ἡμέρᾳ τῇ πο-
νηρᾷ καὶ ἅπαντα κατεργασάμενοι στῆναι. 14 στῆτε οὖν περιζωσάμενοι
τὴν ὀσφὺν ὑμῶν ἐν ἀληθείᾳ, καὶ ἐνδυσάμενοι τὸν θώρακα τῆς δικαιοσύ-
νης, 15 καὶ ὑποδησάμενοι τοὺς πόδας ἐν ἑτοιμασίᾳ τοῦ εὐαγγελίου τῆς
εἰρήνης, 16 ἐπὶ πᾶσιν ἀναλαβόντες τὸν θυρεὸν τῆς πίστεως, ἐν ᾧ δυνή-
σεσθε πάντα τὰ βέλη τοῦ πονηροῦ τὰ πεπυρωμένα σβέσαι· 17 καὶ τὴν
περικεφαλαίαν τοῦ σωτηρίου δέξασθε, καὶ τὴν μάχαιραν τοῦ Πνεύμα-
τος, ὅ ἐστι ῥῆμα Θεοῦ, 18 διὰ πάσης προσευχῆς καὶ δεήσεως, προσευ-
χόμενοι ἐν παντὶ καιρῷ ἐν Πνεύματι, καὶ εἰς αὐτὸ τοῦτο ἀγρυπνοῦντες
ἐν πάσῃ προσκαρτερήσει καὶ δεήσει περὶ πάντων τῶν ἁγίων, 19 καὶ ὑ-
πὲρ ἐμοῦ, ἵνα μοι δοθῇ λόγος ἐν ἀνοίξει τοῦ στόματός μου, ἐν παρρησίᾳ
γνωρίσαι τὸ μυστήριον τοῦ εὐαγγελίου, 20 ὑπὲρ οὗ πρεσβεύω ἐν ἁλύσει,
ἵνα ἐν αὐτῷ παρρησιάσωμαι ὡς δεῖ με λαλῆσαι.

21 Ἵνα δὲ εἰδῆτε καὶ ὑμεῖς τὰ κατ᾽ ἐμέ, τί πράσσω, πάντα ὑμῖν γνωρί-
σει Τυχικὸς ὁ ἀγαπητὸς ἀδελφὸς καὶ πιστὸς διάκονος ἐν Κυρίῳ, 22 ὃν
ἔπεμψα πρὸς ὑμᾶς εἰς αὐτὸ τοῦτο, ἵνα γνῶτε τὰ περὶ ἡμῶν καὶ παρακα-
λέσῃ τὰς καρδίας ὑμῶν.

23 Εἰρήνη τοῖς ἀδελφοῖς καὶ ἀγάπη μετὰ πίστεως ἀπὸ Θεοῦ πατρὸς καὶ
Κυρίου Ἰησοῦ Χριστοῦ. 24 ἡ χάρις μετὰ πάντων τῶν ἀγαπώντων τὸν
Κύριον ἡμῶν Ἰησοῦν Χριστὸν ἐν ἀφθαρσίᾳ· ἀμήν.

Πρὸς Φιλιππησίους

ΠΑΥΛΟΣ καὶ Τιμόθεος, δοῦλοι Ἰησοῦ Χριστοῦ, πᾶσι τοῖς ἁγίοις ἐν Χριστῷ Ἰησοῦ τοῖς οὖσιν ἐν Φιλίπποις σὺν ἐπισκόποις καὶ διακόνοις· 2 χάρις ὑμῖν καὶ εἰρήνη ἀπὸ Θεοῦ πατρὸς ἡμῶν καὶ Κυρίου Ἰησοῦ Χριστοῦ.

3 Εὐχαριστῶ τῷ Θεῷ μου ἐπὶ πάσῃ τῇ μνείᾳ ὑμῶν, 4 πάντοτε ἐν πάσῃ δεήσει μου ὑπὲρ πάντων ὑμῶν μετὰ χαρᾶς τὴν δέησιν ποιούμενος 5 ἐπὶ τῇ κοινωνίᾳ ὑμῶν εἰς τὸ εὐαγγέλιον ἀπὸ πρώτης ἡμέρας ἄχρι τοῦ νῦν, 6 πεποιθὼς αὐτὸ τοῦτο, ὅτι ὁ ἐναρξάμενος ἐν ὑμῖν ἔργον ἀγαθὸν ἐπιτελέσει ἄχρις ἡμέρας Ἰησοῦ Χριστοῦ, 7 καθώς ἐστι δίκαιον ἐμοὶ τοῦτο φρονεῖν ὑπὲρ πάντων ὑμῶν διὰ τὸ ἔχειν με ἐν τῇ καρδίᾳ ὑμᾶς, ἔν τε τοῖς δεσμοῖς μου καὶ ἐν τῇ ἀπολογίᾳ καὶ βεβαιώσει τοῦ εὐαγγελίου συγκοινωνούς μου τῆς χάριτος πάντας ὑμᾶς ὄντας. 8 μάρτυς γάρ μού ἐστιν ὁ Θεός, ὡς ἐπιποθῶ πάντας ὑμᾶς ἐν σπλάγχνοις Ἰησοῦ Χριστοῦ.

9 Καὶ τοῦτο προσεύχομαι, ἵνα ἡ ἀγάπη ὑμῶν ἔτι μᾶλλον καὶ μᾶλλον περισσεύῃ ἐν ἐπιγνώσει καὶ πάσῃ αἰσθήσει, 10 εἰς τὸ δοκιμάζειν ὑμᾶς τὰ διαφέροντα, ἵνα ἦτε εἰλικρινεῖς καὶ ἀπρόσκοποι εἰς ἡμέραν Χριστοῦ, 11 πεπληρωμένοι καρπῶν δικαιοσύνης τῶν διὰ Ἰησοῦ Χριστοῦ εἰς δόξαν καὶ ἔπαινον Θεοῦ.

12 Γινώσκειν δὲ ὑμᾶς βούλομαι, ἀδελφοί, ὅτι τὰ κατ᾿ ἐμὲ μᾶλλον εἰς προκοπὴν τοῦ εὐαγγελίου ἐλήλυθεν, 13 ὥστε τοὺς δεσμούς μου φανεροὺς ἐν Χριστῷ γενέσθαι ἐν ὅλῳ τῷ πραιτωρίῳ καὶ τοῖς λοιποῖς πᾶσι, 14 καὶ τοὺς πλείονας τῶν ἀδελφῶν ἐν Κυρίῳ πεποιθότας τοῖς δεσμοῖς μου περισσοτέρως τολμᾶν ἀφόβως τὸν λόγον λαλεῖν. 15 τινὲς μὲν καὶ

διὰ φθόνον καὶ ἔριν, τινὲς δὲ καὶ δι' εὐδοκίαν τὸν Χριστὸν κηρύσσουσιν·
16 οἱ μὲν ἐξ ἐριθείας τὸν Χριστὸν καταγγέλλουσιν, οὐχ ἁγνῶς, οἰόμενοι
θλῖψιν ἐπιφέρειν τοῖς δεσμοῖς μου· 17 οἱ δὲ ἐξ ἀγάπης, εἰδότες ὅτι εἰς ἀ-
πολογίαν τοῦ εὐαγγελίου κεῖμαι.

18 Τί γάρ; πλὴν παντὶ τρόπῳ, εἴτε προφάσει εἴτε ἀληθείᾳ, Χριστὸς κα-
ταγγέλλεται. καὶ ἐν τούτῳ χαίρω, ἀλλὰ καὶ χαρήσομαι· 19 οἶδα γὰρ ὅτι
τοῦτό μοι ἀποβήσεται εἰς σωτηρίαν διὰ τῆς ὑμῶν δεήσεως καὶ ἐπιχορη-
γίας τοῦ Πνεύματος Ἰησοῦ Χριστοῦ, 20 κατὰ τὴν ἀποκαραδοκίαν καὶ
ἐλπίδα μου ὅτι ἐν οὐδενὶ αἰσχυνθήσομαι, ἀλλ' ἐν πάσῃ παρρησίᾳ, ὡς
πάντοτε, καὶ νῦν μεγαλυνθήσεται Χριστὸς ἐν τῷ σώματί μου εἴτε διὰ
ζωῆς εἴτε διὰ θανάτου.

21 Ἐμοὶ γὰρ τὸ ζῆν Χριστὸς καὶ τὸ ἀποθανεῖν κέρδος. 22 εἰ δὲ τὸ ζῆν
ἐν σαρκί, τοῦτό μοι καρπὸς ἔργου, καὶ τί αἱρήσομαι οὐ γνωρίζω. 23 συ-
νέχομαι δὲ ἐκ τῶν δύο, τὴν ἐπιθυμίαν ἔχων εἰς τὸ ἀναλῦσαι καὶ σὺν
Χριστῷ εἶναι· πολλῷ γὰρ μᾶλλον κρεῖσσον· 24 τὸ δὲ ἐπιμένειν ἐν τῇ
σαρκὶ ἀναγκαιότερον δι' ὑμᾶς. 25 καὶ τοῦτο πεποιθὼς οἶδα ὅτι μενῶ καὶ
συμπαραμενῶ πᾶσιν ὑμῖν εἰς τὴν ὑμῶν προκοπὴν καὶ χαρὰν τῆς πίστε-
ως, 26 ἵνα τὸ καύχημα ὑμῶν περισσεύῃ ἐν Χριστῷ Ἰησοῦ ἐν ἐμοὶ διὰ
τῆς ἐμῆς παρουσίας πάλιν πρὸς ὑμᾶς.

27 Μόνον ἀξίως τοῦ εὐαγγελίου τοῦ Χριστοῦ πολιτεύεσθε, ἵνα εἴτε ἐλ-
θὼν καὶ ἰδὼν ὑμᾶς εἴτε ἀπὼν ἀκούσω τὰ περὶ ὑμῶν, ὅτι στήκετε ἐν ἑνὶ
πνεύματι, μιᾷ ψυχῇ συναθλοῦντες τῇ πίστει τοῦ εὐαγγελίου, 28 καὶ μὴ
πτυρόμενοι ἐν μηδενὶ ὑπὸ τῶν ἀντικειμένων, ἥτις αὐτοῖς μέν ἐστιν ἔν-
δειξις ἀπωλείας, ὑμῖν δὲ σωτηρίας, καὶ τοῦτο ἀπὸ Θεοῦ· 29 ὅτι ὑμῖν ἐ-
χαρίσθη τὸ ὑπὲρ Χριστοῦ, οὐ μόνον τὸ εἰς αὐτὸν πιστεύειν, ἀλλὰ καὶ τὸ
ὑπὲρ αὐτοῦ πάσχειν, 30 τὸν αὐτὸν ἀγῶνα ἔχοντες, οἷον εἴδετε ἐν ἐμοὶ
καὶ νῦν ἀκούετε ἐν ἐμοί.

2

ΕΙ τις οὖν παράκλησις ἐν Χριστῷ, εἴ τι παραμύθιον ἀγάπης, εἴ τις
κοινωνία Πνεύματος, εἴ τις σπλάγχνα καὶ οἰκτιρμοί, 2 πληρώσατέ
μου τὴν χαράν, ἵνα τὸ αὐτὸ φρονῆτε, τὴν αὐτὴν ἀγάπην ἔχοντες,
σύμψυχοι, τὸ ἓν φρονοῦντες, 3 μηδὲν κατὰ ἐριθείαν ἢ κενοδοξίαν, ἀλλὰ

τῇ ταπεινοφροσύνῃ ἀλλήλους ἡγούμενοι ὑπερέχοντας ἑαυτῶν. 4 μὴ τὰ
ἑαυτῶν ἕκαστος σκοπεῖτε, ἀλλὰ καὶ τὰ ἑτέρων ἕκαστος.

5 Τοῦτο γὰρ φρονείσθω ἐν ὑμῖν ὃ καὶ ἐν Χριστῷ Ἰησοῦ, 6 ὃς ἐν μορφῇ
Θεοῦ ὑπάρχων οὐχ ἁρπαγμὸν ἡγήσατο τὸ εἶναι ἴσα Θεῷ, 7 ἀλλ' ἑαυτὸν
ἐκένωσε μορφὴν δούλου λαβών, ἐν ὁμοιώματι ἀνθρώπων γενόμενος, 8
καὶ σχήματι εὑρεθεὶς ὡς ἄνθρωπος ἐταπείνωσεν ἑαυτὸν γενόμενος ὑπή-
κοος μέχρι θανάτου, θανάτου δὲ σταυροῦ. 9 διὸ καὶ ὁ Θεὸς αὐτὸν ὑπερύ-
ψωσε καὶ ἐχαρίσατο αὐτῷ ὄνομα τὸ ὑπὲρ πᾶν ὄνομα, 10 ἵνα ἐν τῷ ὀνό-
ματι Ἰησοῦ πᾶν γόνυ κάμψῃ ἐπουρανίων καὶ ἐπιγείων καὶ καταχθονίων,
11 καὶ πᾶσα γλῶσσα ἐξομολογήσηται ὅτι Κύριος Ἰησοῦς Χριστὸς εἰς
δόξαν Θεοῦ πατρός.

12 Ὥστε, ἀγαπητοί μου, καθὼς πάντοτε ὑπηκούσατε, μὴ ὡς ἐν τῇ πα-
ρουσίᾳ μου μόνον, ἀλλὰ νῦν πολλῷ μᾶλλον ἐν τῇ ἀπουσίᾳ μου, μετὰ
φόβου καὶ τρόμου τὴν ἑαυτῶν σωτηρίαν κατεργάζεσθε· 13 ὁ Θεὸς γάρ
ἐστιν ὁ ἐνεργῶν ἐν ὑμῖν καὶ τὸ θέλειν καὶ τὸ ἐνεργεῖν ὑπὲρ τῆς εὐδοκίας.

14 Πάντα ποιεῖτε χωρὶς γογγυσμῶν καὶ διαλογισμῶν, 15 ἵνα γένησθε
ἄμεμπτοι καὶ ἀκέραιοι, τέκνα Θεοῦ ἀμώμητα ἐν μέσῳ γενεᾶς σκολιᾶς
καὶ διεστραμμένης, ἐν οἷς φαίνεσθε ὡς φωστῆρες ἐν κόσμῳ, 16 λόγον
ζωῆς ἐπέχοντες, εἰς καύχημα ἐμοὶ εἰς ἡμέραν Χριστοῦ, ὅτι οὐκ εἰς κε-
νὸν ἔδραμον οὐδὲ εἰς κενὸν ἐκοπίασα. 17 ἀλλ' εἰ καὶ σπένδομαι ἐπὶ τῇ
θυσίᾳ καὶ λειτουργίᾳ τῆς πίστεως ὑμῶν, χαίρω καὶ συγχαίρω πᾶσιν ὑ-
μῖν· 18 τὸ δ' αὐτὸ καὶ ὑμεῖς χαίρετε καὶ συγχαίρετέ μοι.

19 Ἐλπίζω δὲ ἐν Κυρίῳ Ἰησοῦ Τιμόθεον ταχέως πέμψαι ὑμῖν, ἵνα κἀ-
γὼ εὐψυχῶ γνοὺς τὰ περὶ ὑμῶν· 20 οὐδένα γὰρ ἔχω ἰσόψυχον, ὅστις
γνησίως τὰ περὶ ὑμῶν μεριμνήσει· 21 οἱ πάντες γὰρ τὰ ἑαυτῶν ζητοῦ-
σιν, οὐ τὰ τοῦ Χριστοῦ Ἰησοῦ. 22 τὴν δὲ δοκιμὴν αὐτοῦ γινώσκετε, ὅτι
ὡς πατρὶ τέκνον σὺν ἐμοὶ ἐδούλευσεν εἰς τὸ εὐαγγέλιον. 23 τοῦτον μὲν
οὖν ἐλπίζω πέμψαι ὡς ἂν ἀπίδω τὰ περὶ ἐμὲ ἐξαυτῆς· 24 πέποιθα δὲ ἐν
Κυρίῳ ὅτι καὶ αὐτὸς ταχέως ἐλεύσομαι.

25 Ἀναγκαῖον δὲ ἡγησάμην Ἐπαφρόδιτον τὸν ἀδελφὸν καὶ συνεργὸν
καὶ συστρατιώτην μου, ὑμῶν δὲ ἀπόστολον καὶ λειτουργὸν τῆς χρείας
μου, πέμψαι πρὸς ὑμᾶς, 26 ἐπειδὴ ἐπιποθῶν ἦν πάντας ὑμᾶς, καὶ ἀδη-
μονῶν διότι ἠκούσατε ὅτι ἠσθένησε. 27 καὶ γὰρ ἠσθένησε παραπλήσιον
θανάτου· ἀλλ' ὁ Θεὸς αὐτὸν ἠλέησεν, οὐκ αὐτὸν δὲ μόνον, ἀλλὰ καὶ ἐμέ,
ἵνα μὴ λύπην ἐπὶ λύπην σχῶ. 28 σπουδαιοτέρως οὖν ἔπεμψα αὐτόν, ἵνα

ἰδόντες αὐτὸν πάλιν χαρῆτε, κἀγὼ ἀλυπότερος ὦ. 29 προσδέχεσθε οὖν
αὐτὸν ἐν Κυρίῳ μετὰ πάσης χαρᾶς, καὶ τοὺς τοιούτους ἐντίμους ἔχετε,
30 ὅτι διὰ τὸ ἔργον τοῦ Χριστοῦ μέχρι θανάτου ἤγγισε, παραβουλευσά-
μενος τῇ ψυχῇ ἵνα ἀναπληρώσῃ τὸ ὑμῶν ὑστέρημα τῆς πρός με λει-
τουργίας.

3

ΤΟ λοιπόν, ἀδελφοί μου, χαίρετε ἐν Κυρίῳ. τὰ αὐτὰ γράφειν ὑμῖν ἐ-
μοὶ μὲν οὐκ ὀκνηρόν, ὑμῖν δὲ ἀσφαλές.

2 Βλέπετε τοὺς κύνας, βλέπετε τοὺς κακοὺς ἐργάτας, βλέπετε τὴν
κατατομήν· 3 ἡμεῖς γάρ ἐσμεν ἡ περιτομή, οἱ Πνεύματι Θεοῦ λατρεύ-
οντες καὶ καυχώμενοι ἐν Χριστῷ Ἰησοῦ καὶ οὐκ ἐν σαρκὶ πεποιθότες, 4
καίπερ ἐγὼ ἔχων πεποίθησιν καὶ ἐν σαρκί. εἴ τις δοκεῖ ἄλλος πεποιθέναι
ἐν σαρκί, ἐγὼ μᾶλλον· 5 περιτομῇ ὀκταήμερος, ἐκ γένους Ἰσραήλ, φυ-
λῆς Βενιαμίν, Ἑβραῖος ἐξ Ἑβραίων, κατὰ νόμον Φαρισαῖος, 6 κατὰ
ζῆλον διώκων τὴν ἐκκλησίαν, κατὰ δικαιοσύνην τὴν ἐν νόμῳ γενόμενος
ἄμεμπτος.

7 Ἀλλ' ἅτινα ἦν μοι κέρδη, ταῦτα ἥγημαι διὰ τὸν Χριστὸν ζημίαν. 8
ἀλλὰ μενοῦνγε καὶ ἡγοῦμαι πάντα ζημίαν εἶναι διὰ τὸ ὑπερέχον τῆς
γνώσεως Χριστοῦ Ἰησοῦ τοῦ Κυρίου μου, δι' ὃν τὰ πάντα ἐζημιώθην,
καὶ ἡγοῦμαι σκύβαλα εἶναι ἵνα Χριστὸν κερδήσω 9 καὶ εὑρεθῶ ἐν αὐτῷ
μὴ ἔχων ἐμὴν δικαιοσύνην τὴν ἐκ νόμου, ἀλλὰ τὴν διὰ πίστεως Χρι-
στοῦ, τὴν ἐκ Θεοῦ δικαιοσύνην ἐπὶ τῇ πίστει, 10 τοῦ γνῶναι αὐτὸν καὶ
τὴν δύναμιν τῆς ἀναστάσεως αὐτοῦ καὶ τὴν κοινωνίαν τῶν παθημάτων
αὐτοῦ, συμμορφούμενος τῷ θανάτῳ αὐτοῦ, 11 εἴ πως καταντήσω εἰς
τὴν ἐξανάστασιν τῶν νεκρῶν. 12 οὐχ ὅτι ἤδη ἔλαβον ἢ ἤδη τετελείω-
μαι, διώκω δὲ εἰ καὶ καταλάβω, ἐφ' ᾧ καὶ κατελήφθην ὑπὸ τοῦ Χριστοῦ
Ἰησοῦ. 13 ἀδελφοί, ἐγὼ ἐμαυτὸν οὔπω λογίζομαι κατειληφέναι· 14 ἓν
δέ, τὰ μὲν ὀπίσω ἐπιλανθανόμενος τοῖς δὲ ἔμπροσθεν ἐπεκτεινόμενος
κατὰ σκοπὸν διώκω ἐπὶ τὸ βραβεῖον τῆς ἄνω κλήσεως τοῦ Θεοῦ ἐν Χρι-
στῷ Ἰησοῦ. 15 ὅσοι οὖν τέλειοι, τοῦτο φρονῶμεν· καὶ εἴ τι ἑτέρως φρο-
νεῖτε, καὶ τοῦτο ὁ Θεὸς ὑμῖν ἀποκαλύψει. 16 πλὴν εἰς ὃ ἐφθάσαμεν, τῷ
αὐτῷ στοιχεῖν κανόνι, τὸ αὐτὸ φρονεῖν.

17 Συμμιμηταί μου γίνεσθε, ἀδελφοί, καὶ σκοπεῖτε τοὺς οὕτω περιπα-
τοῦντας, καθὼς ἔχετε τύπον ἡμᾶς. 18 πολλοὶ γὰρ περιπατοῦσιν, οὓς
πολλάκις ἔλεγον ὑμῖν, νῦν δὲ καὶ κλαίων λέγω, τοὺς ἐχθροὺς τοῦ σταυ-
ροῦ τοῦ Χριστοῦ, 19 ὧν τὸ τέλος ἀπώλεια, ὧν ὁ Θεὸς ἡ κοιλία καὶ ἡ δό-
ξα ἐν τῇ αἰσχύνῃ αὐτῶν, οἱ τὰ ἐπίγεια φρονοῦντες. 20 ἡμῶν γὰρ τὸ πο-
λίτευμα ἐν οὐρανοῖς ὑπάρχει, ἐξ οὗ καὶ σωτῆρα ἀπεκδεχόμεθα Κύριον
Ἰησοῦν Χριστόν, 21 ὃς μετασχηματίσει τὸ σῶμα τῆς ταπεινώσεως ἡ-
μῶν εἰς τὸ γενέσθαι αὐτὸ σύμμορφον τῷ σώματι τῆς δόξης αὐτοῦ κατὰ
τὴν ἐνέργειαν τοῦ δύνασθαι αὐτὸν καὶ ὑποτάξαι αὐτῷ τὰ πάντα.

4

ὩΣΤΕ, ἀδελφοί μου ἀγαπητοὶ καὶ ἐπιπόθητοι, χαρὰ καὶ στέφανός
μου, οὕτω στήκετε ἐν Κυρίῳ, ἀγαπητοί. 2 Εὐοδίαν παρακαλῶ καὶ
Συντύχην παρακαλῶ τὸ αὐτὸ φρονεῖν ἐν Κυρίῳ· 3 ναὶ ἐρωτῶ καὶ σέ,
Σύζυγε γνήσιε, συλλαμβάνου αὐταῖς, αἵτινες ἐν τῷ εὐαγγελίῳ συνή-
θλησάν μοι μετὰ καὶ Κλήμεντος καὶ τῶν λοιπῶν συνεργῶν μου, ὧν τὰ
ὀνόματα ἐν βίβλῳ ζωῆς.

4 Χαίρετε ἐν Κυρίῳ πάντοτε· πάλιν ἐρῶ, χαίρετε. 5 τὸ ἐπιεικὲς ὑμῶν
γνωσθήτω πᾶσιν ἀνθρώποις. ὁ Κύριος ἐγγύς.

6 Μηδὲν μεριμνᾶτε, ἀλλ᾽ ἐν παντὶ τῇ προσευχῇ καὶ τῇ δεήσει μετὰ εὐ-
χαριστίας τὰ αἰτήματα ὑμῶν γνωριζέσθω πρὸς τὸν Θεόν. 7 καὶ ἡ εἰρή-
νη τοῦ Θεοῦ ἡ ὑπερέχουσα πάντα νοῦν φρουρήσει τὰς καρδίας ὑμῶν καὶ
τὰ νοήματα ὑμῶν ἐν Χριστῷ Ἰησοῦ.

8 Τὸ λοιπόν, ἀδελφοί, ὅσα ἐστὶν ἀληθῆ, ὅσα σεμνά, ὅσα δίκαια, ὅσα ἁ-
γνά, ὅσα προσφιλῆ, ὅσα εὔφημα, εἴ τις ἀρετὴ καὶ εἴ τις ἔπαινος, ταῦτα
λογίζεσθε· 9 ἃ καὶ ἐμάθετε καὶ παρελάβετε καὶ ἠκούσατε καὶ εἴδετε ἐν
ἐμοί, ταῦτα πράσσετε· καὶ ὁ Θεὸς τῆς εἰρήνης ἔσται μεθ᾽ ὑμῶν.

10 Ἐχάρην δὲ ἐν Κυρίῳ μεγάλως ὅτι ἤδη ποτὲ ἀνεθάλετε τὸ ὑπὲρ ἐμοῦ
φρονεῖν· ἐφ᾽ ᾧ καὶ ἐφρονεῖτε, ἠκαιρεῖσθε δέ. 11 οὐχ ὅτι καθ᾽ ὑστέρησιν
λέγω· ἐγὼ γὰρ ἔμαθον ἐν οἷς εἰμι αὐτάρκης εἶναι. 12 οἶδα καὶ ταπεινοῦ-
σθαι, οἶδα καὶ περισσεύειν· ἐν παντὶ καὶ ἐν πᾶσι μεμύημαι καὶ χορτάζε-
σθαι καὶ πεινᾶν, καὶ περισσεύειν καὶ ὑστερεῖσθαι· 13 πάντα ἰσχύω ἐν τῷ

ἐνδυναμοῦντί με Χριστῷ. 14 πλὴν καλῶς ἐποιήσατε συγκοινωνήσαντές μου τῇ θλίψει. 15 οἴδατε δὲ καὶ ὑμεῖς, Φιλιππήσιοι, ὅτι ἐν ἀρχῇ τοῦ εὐαγγελίου, ὅτε ἐξῆλθον ἀπὸ Μακεδονίας, οὐδεμία μοι ἐκκλησία ἐκοινώνησεν εἰς λόγον δόσεως καὶ λήψεως εἰ μὴ ὑμεῖς μόνοι, 16 ὅτι καὶ ἐν Θεσσαλονίκῃ καὶ ἅπαξ καὶ δὶς εἰς τὴν χρείαν μοι ἐπέμψατε. 17 οὐχ ὅτι ἐπιζητῶ τὸ δόμα, ἀλλ' ἐπιζητῶ τὸν καρπὸν τὸν πλεονάζοντα εἰς λόγον ὑμῶν. 18 ἀπέχω δὲ πάντα καὶ περισσεύω· πεπλήρωμαι δεξάμενος παρὰ Ἐπαφροδίτου τὰ παρ' ὑμῶν, ὀσμὴν εὐωδίας, θυσίαν δεκτήν, εὐάρεστον τῷ Θεῷ. 19 ὁ δὲ Θεός μου πληρώσει πᾶσαν χρείαν ὑμῶν κατὰ τὸν πλοῦτον αὐτοῦ ἐν δόξῃ ἐν Χριστῷ Ἰησοῦ. 20 Τῷ δὲ Θεῷ καὶ πατρὶ ἡμῶν ἡ δόξα εἰς τοὺς αἰῶνας τῶν αἰώνων· ἀμήν.

21 Ἀσπάσασθε πάντα ἅγιον ἐν Χριστῷ Ἰησοῦ. ἀσπάζονται ὑμᾶς οἱ σὺν ἐμοὶ ἀδελφοί. 22 ἀσπάζονται ὑμᾶς οἱ ἅγιοι, μάλιστα δὲ οἱ ἐκ τῆς Καίσαρος οἰκίας. Ἡ χάρις τοῦ Κυρίου Ἰησοῦ Χριστοῦ μετὰ πάντων ὑμῶν· ἀμήν.

Πρὸς Κολοσσαεῖς

ΠΑΥΛΟΣ, ἀπόστολος Ἰησοῦ Χριστοῦ διὰ θελήματος Θεοῦ, καὶ Τι-
μόθεος ὁ ἀδελφός, 2 τοῖς ἐν Κολοσσαῖς ἁγίοις καὶ πιστοῖς ἀδελφοῖς
ἐν Χριστῷ· χάρις ὑμῖν καὶ εἰρήνη ἀπὸ Θεοῦ πατρὸς ἡμῶν καὶ Κυρί-
ου Ἰησοῦ Χριστοῦ.

3 Εὐχαριστοῦμεν τῷ Θεῷ καὶ πατρὶ τοῦ Κυρίου ἡμῶν Ἰησοῦ Χριστοῦ
πάντοτε περὶ ὑμῶν προσευχόμενοι, 4 ἀκούσαντες τὴν πίστιν ὑμῶν ἐν
Χριστῷ Ἰησοῦ καὶ τὴν ἀγάπην τὴν εἰς πάντας τοὺς ἁγίους, 5 διὰ τὴν
ἐλπίδα τὴν ἀποκειμένην ὑμῖν ἐν τοῖς οὐρανοῖς, ἣν προηκούσατε ἐν τῷ
λόγῳ τῆς ἀληθείας τοῦ εὐαγγελίου 6 τοῦ παρόντος εἰς ὑμᾶς, καθὼς καὶ
ἐν παντὶ τῷ κόσμῳ, καὶ ἔστι καρποφορούμενον καὶ αὐξανόμενον καθὼς
καὶ ἐν ὑμῖν, ἀφ' ἧς ἡμέρας ἠκούσατε καὶ ἐπέγνωτε τὴν χάριν τοῦ Θεοῦ
ἐν ἀληθείᾳ, 7 καθὼς καὶ ἐμάθετε ἀπὸ Ἐπαφρᾶ τοῦ ἀγαπητοῦ συνδούλου
ἡμῶν, ὅς ἐστι πιστὸς ὑπὲρ ὑμῶν διάκονος τοῦ Χριστοῦ, 8 ὁ καὶ δηλώσας
ἡμῖν τὴν ὑμῶν ἀγάπην ἐν Πνεύματι.

9 Διὰ τοῦτο καὶ ἡμεῖς, ἀφ' ἧς ἡμέρας ἠκούσαμεν, οὐ παυόμεθα ὑπὲρ ὑ-
μῶν προσευχόμενοι καὶ αἰτούμενοι ἵνα πληρωθῆτε τὴν ἐπίγνωσιν τοῦ
θελήματος αὐτοῦ ἐν πάσῃ σοφίᾳ καὶ συνέσει πνευματικῇ, 10 περιπατῆ-
σαι ὑμᾶς ἀξίως τοῦ Κυρίου εἰς πᾶσαν ἀρέσκειαν, ἐν παντὶ ἔργῳ ἀγαθῷ
καρποφοροῦντες καὶ αὐξανόμενοι εἰς τὴν ἐπίγνωσιν τοῦ Θεοῦ, 11 ἐν πά-
σῃ δυνάμει δυναμούμενοι κατὰ τὸ κράτος τῆς δόξης αὐτοῦ εἰς πᾶσαν ὑ-
πομονὴν καὶ μακροθυμίαν, μετὰ χαρᾶς 12 εὐχαριστοῦντες τῷ Θεῷ καὶ
πατρὶ τῷ ἱκανώσαντι ἡμᾶς εἰς τὴν μερίδα τοῦ κλήρου τῶν ἁγίων ἐν τῷ
φωτί, 13 ὃς ἐρρύσατο ἡμᾶς ἐκ τῆς ἐξουσίας τοῦ σκότους καὶ μετέστη-
σεν εἰς τὴν βασιλείαν τοῦ υἱοῦ τῆς ἀγάπης αὐτοῦ, 14 ἐν ᾧ ἔχομεν τὴν

ἀπολύτρωσιν, τὴν ἄφεσιν τῶν ἁμαρτιῶν· 15 ὅς ἐστιν εἰκὼν τοῦ Θεοῦ
τοῦ ἀοράτου, πρωτότοκος πάσης κτίσεως, 16 ὅτι ἐν αὐτῷ ἐκτίσθη τὰ
πάντα, τὰ ἐν τοῖς οὐρανοῖς καὶ τὰ ἐπὶ τῆς γῆς, τὰ ὁρατὰ καὶ τὰ ἀόρατα,
εἴτε θρόνοι εἴτε κυριότητες εἴτε ἀρχαὶ εἴτε ἐξουσίαι· τὰ πάντα δι' αὐτοῦ
καὶ εἰς αὐτὸν ἔκτισται· 17 καὶ αὐτός ἐστι πρὸ πάντων, καὶ τὰ πάντα ἐν
αὐτῷ συνέστηκε, 18 καὶ αὐτός ἐστιν ἡ κεφαλὴ τοῦ σώματος, τῆς ἐκ-
κλησίας· ὅς ἐστιν ἀρχή, πρωτότοκος ἐκ τῶν νεκρῶν, ἵνα γένηται ἐν πᾶ-
σιν αὐτὸς πρωτεύων, 19 ὅτι ἐν αὐτῷ εὐδόκησε πᾶν τὸ πλήρωμα κατοι-
κῆσαι 20 καὶ δι' αὐτοῦ ἀποκαταλλάξαι τὰ πάντα εἰς αὐτόν, εἰρηνοποιή-
σας διὰ τοῦ αἵματος τοῦ σταυροῦ αὐτοῦ, δι' αὐτοῦ εἴτε τὰ ἐπὶ τῆς γῆς
εἴτε τὰ ἐν τοῖς οὐρανοῖς. 21 καὶ ὑμᾶς ποτε ὄντας ἀπηλλοτριωμένους καὶ
ἐχθροὺς τῇ διανοίᾳ ἐν τοῖς ἔργοις τοῖς πονηροῖς, νυνὶ δὲ ἀποκατήλλαξεν
22 ἐν τῷ σώματι τῆς σαρκὸς αὐτοῦ διὰ τοῦ θανάτου, παραστῆσαι ὑμᾶς
ἁγίους καὶ ἀμώμους καὶ ἀνεγκλήτους κατενώπιον αὐτοῦ, 23 εἴ γε ἐπι-
μένετε τῇ πίστει τεθεμελιωμένοι καὶ ἑδραῖοι καὶ μὴ μετακινούμενοι ἀπὸ
τῆς ἐλπίδος τοῦ εὐαγγελίου οὗ ἠκούσατε, τοῦ κηρυχθέντος ἐν πάσῃ τῇ
κτίσει τῇ ὑπὸ τὸν οὐρανόν, οὗ ἐγενόμην ἐγὼ Παῦλος διάκονος.

24 Νῦν χαίρω ἐν τοῖς παθήμασί μου ὑπὲρ ὑμῶν καὶ ἀνταναπληρῶ τὰ ὑ-
στερήματα τῶν θλίψεων τοῦ Χριστοῦ ἐν τῇ σαρκί μου ὑπὲρ τοῦ σώμα-
τος αὐτοῦ, ὅ ἐστιν ἡ ἐκκλησία, 25 ἧς ἐγενόμην ἐγὼ διάκονος κατὰ τὴν
οἰκονομίαν τοῦ Θεοῦ τὴν δοθεῖσάν μοι εἰς ὑμᾶς, πληρῶσαι τὸν λόγον τοῦ
Θεοῦ, 26 τὸ μυστήριον τὸ ἀποκεκρυμμένον ἀπὸ τῶν αἰώνων καὶ ἀπὸ
τῶν γενεῶν, νυνὶ δὲ ἐφανερώθη τοῖς ἁγίοις αὐτοῦ, 27 οἷς ἠθέλησεν ὁ
Θεὸς γνωρίσαι τίς ὁ πλοῦτος τῆς δόξης τοῦ μυστηρίου τούτου ἐν τοῖς ἔ-
θνεσιν, ὅς ἐστι Χριστὸς ἐν ὑμῖν, ἡ ἐλπὶς τῆς δόξης· 28 ὃν ἡμεῖς καταγ-
γέλλομεν νουθετοῦντες πάντα ἄνθρωπον καὶ διδάσκοντες πάντα ἄνθρω-
πον ἐν πάσῃ σοφίᾳ, ἵνα παραστήσωμεν πάντα ἄνθρωπον τέλειον ἐν Χρι-
στῷ Ἰησοῦ· 29 εἰς ὃ καὶ κοπιῶ ἀγωνιζόμενος κατὰ τὴν ἐνέργειαν αὐτοῦ
τὴν ἐνεργουμένην ἐν ἐμοὶ ἐν δυνάμει.

ΠΡΟΣ ΚΟΛΟΣΣΑΕΙΣ

2

ΘΕΛΩ γὰρ ὑμᾶς εἰδέναι ἡλίκον ἀγῶνα ἔχω περὶ ὑμῶν καὶ τῶν ἐν
Λαοδικείᾳ καὶ ὅσοι οὐχ ἑωράκασι τὸ πρόσωπόν μου ἐν σαρκί, 2 ἵνα
παρακληθῶσιν αἱ καρδίαι αὐτῶν, συμβιβασθέντων ἐν ἀγάπῃ καὶ εἰς
πάντα πλοῦτον τῆς πληροφορίας τῆς συνέσεως, εἰς ἐπίγνωσιν τοῦ μυ-
στηρίου τοῦ Θεοῦ καὶ πατρὸς καὶ τοῦ Χριστοῦ, 3 ἐν ᾧ εἰσι πάντες οἱ θη-
σαυροὶ τῆς σοφίας καὶ τῆς γνώσεως ἀπόκρυφοι.

4 Τοῦτο δὲ λέγω ἵνα μή τις ὑμᾶς παραλογίζηται ἐν πιθανολογίᾳ· 5 εἰ
γὰρ καὶ τῇ σαρκὶ ἄπειμι, ἀλλὰ τῷ πνεύματι σὺν ὑμῖν εἰμι, χαίρων καὶ
βλέπων ὑμῶν τὴν τάξιν καὶ τὸ στερέωμα τῆς εἰς Χριστὸν πίστεως ὑ-
μῶν. 6 ὡς οὖν παρελάβετε τὸν Χριστὸν Ἰησοῦν τὸν Κύριον, ἐν αὐτῷ
περιπατεῖτε, 7 ἐρριζωμένοι καὶ ἐποικοδομούμενοι ἐν αὐτῷ καὶ βεβαιού-
μενοι ἐν τῇ πίστει καθὼς ἐδιδάχθητε, περισσεύοντες ἐν αὐτῇ ἐν εὐχαρι-
στίᾳ.

8 Βλέπετε μή τις ὑμᾶς ἔσται ὁ συλαγωγῶν διὰ τῆς φιλοσοφίας καὶ κε-
νῆς ἀπάτης, κατὰ τὴν παράδοσιν τῶν ἀνθρώπων, κατὰ τὰ στοιχεῖα τοῦ
κόσμου καὶ οὐ κατὰ Χριστόν· 9 ὅτι ἐν αὐτῷ κατοικεῖ πᾶν τὸ πλήρωμα
τῆς θεότητος σωματικῶς, 10 καὶ ἐστὲ ἐν αὐτῷ πεπληρωμένοι, ὅς ἐστιν
ἡ κεφαλὴ πάσης ἀρχῆς καὶ ἐξουσίας, 11 ἐν ᾧ καὶ περιετμήθητε περιτο-
μῇ ἀχειροποιήτῳ ἐν τῇ ἀπεκδύσει τοῦ σώματος τῶν ἁμαρτιῶν τῆς σαρ-
κός, ἐν τῇ περιτομῇ τοῦ Χριστοῦ, 12 συνταφέντες αὐτῷ ἐν τῷ βαπτί-
σματι, ἐν ᾧ καὶ συνηγέρθητε διὰ τῆς πίστεως τῆς ἐνεργείας τοῦ Θεοῦ
τοῦ ἐγείραντος αὐτὸν ἐκ τῶν νεκρῶν. 13 καὶ ὑμᾶς, νεκροὺς ὄντας ἐν
τοῖς παραπτώμασι καὶ τῇ ἀκροβυστίᾳ τῆς σαρκὸς ὑμῶν, συνεζωοποίη-
σεν ὑμᾶς σὺν αὐτῷ, χαρισάμενος ἡμῖν πάντα τὰ παραπτώματα, 14 ἐ-
ξαλείψας τὸ καθ' ἡμῶν χειρόγραφον τοῖς δόγμασιν ὃ ἦν ὑπεναντίον ἡ-
μῖν, καὶ αὐτὸ ἦρεν ἐκ τοῦ μέσου προσηλώσας αὐτὸ τῷ σταυρῷ· 15 ἀ-
πεκδυσάμενος τὰς ἀρχὰς καὶ τὰς ἐξουσίας ἐδειγμάτισεν ἐν παρρησίᾳ,
θριαμβεύσας αὐτοὺς ἐν αὐτῷ.

16 Μὴ οὖν τις ὑμᾶς κρινέτω ἐν βρώσει ἢ ἐν πόσει ἢ ἐν μέρει ἑορτῆς ἢ
νουμηνίας ἢ σαββάτων, 17 ἅ ἐστι σκιὰ τῶν μελλόντων, τὸ δὲ σῶμα
Χριστοῦ. 18 μηδεὶς ὑμᾶς καταβραβευέτω θέλων ἐν ταπεινοφροσύνῃ καὶ
θρησκείᾳ τῶν ἀγγέλων, ἃ μὴ ἑώρακεν ἐμβατεύων, εἰκῆ φυσιούμενος
ὑπὸ τοῦ νοὸς τῆς σαρκὸς αὐτοῦ, 19 καὶ οὐ κρατῶν τὴν κεφαλήν, ἐξ οὗ

πᾶν τὸ σῶμα διὰ τῶν ἁφῶν καὶ συνδέσμων ἐπιχορηγούμενον καὶ συμβι-
βαζόμενον αὔξει τὴν αὔξησιν τοῦ Θεοῦ.

20 Εἰ οὖν ἀπεθάνετε σὺν τῷ Χριστῷ ἀπὸ τῶν στοιχείων τοῦ κόσμου, τί
ὡς ζῶντες ἐν κόσμῳ δογματίζεσθε, 21 μὴ ἅψῃ μηδὲ γεύσῃ μηδὲ θίγῃς,
22 ἅ ἐστι πάντα εἰς φθορὰν τῇ ἀποχρήσει, κατὰ τὰ ἐντάλματα καὶ διδα-
σκαλίας τῶν ἀνθρώπων; 23 ἅτινά ἐστι λόγον μὲν ἔχοντα σοφίας ἐν ἐθε-
λοθρησκείᾳ καὶ ταπεινοφροσύνῃ καὶ ἀφειδίᾳ σώματος, οὐκ ἐν τιμῇ τινι
πρὸς πλησμονὴν τῆς σαρκός.

3

ΕΙ οὖν συνηγέρθητε τῷ Χριστῷ, τὰ ἄνω ζητεῖτε, οὗ ὁ Χριστός ἐστιν
ἐν δεξιᾷ τοῦ Θεοῦ καθήμενος, 2 τὰ ἄνω φρονεῖτε, μὴ τὰ ἐπὶ τῆς γῆς.
3 ἀπεθάνετε γάρ, καὶ ἡ ζωὴ ὑμῶν κέκρυπται σὺν τῷ Χριστῷ ἐν τῷ
Θεῷ· 4 ὅταν ὁ Χριστὸς φανερωθῇ, ἡ ζωὴ ἡμῶν, τότε καὶ ὑμεῖς σὺν αὐ-
τῷ φανερωθήσεσθε ἐν δόξῃ.

5 Νεκρώσατε οὖν τὰ μέλη ὑμῶν τὰ ἐπὶ τῆς γῆς, πορνείαν, ἀκαθαρσίαν,
πάθος, ἐπιθυμίαν κακήν, καὶ τὴν πλεονεξίαν, ἥτις ἐστὶν εἰδωλολατρία,
6 δι᾿ ἃ ἔρχεται ἡ ὀργὴ τοῦ Θεοῦ ἐπὶ τοὺς υἱοὺς τῆς ἀπειθείας, 7 ἐν οἷς
καὶ ὑμεῖς περιεπατήσατέ ποτε, ὅτε ἐζῆτε ἐν αὐτοῖς· 8 νυνὶ δὲ ἀπόθεσθε
καὶ ὑμεῖς τὰ πάντα, ὀργήν, θυμόν, κακίαν, βλασφημίαν, αἰσχρολογίαν
ἐκ τοῦ στόματος ὑμῶν· 9 μὴ ψεύδεσθε εἰς ἀλλήλους, ἀπεκδυσάμενοι
τὸν παλαιὸν ἄνθρωπον σὺν ταῖς πράξεσιν αὐτοῦ 10 καὶ ἐνδυσάμενοι τὸν
νέον τὸν ἀνακαινούμενον εἰς ἐπίγνωσιν κατ᾿ εἰκόνα τοῦ κτίσαντος αὐτόν,
11 ὅπου οὐκ ἔνι Ἕλλην καὶ Ἰουδαῖος, περιτομὴ καὶ ἀκροβυστία, βάρ-
βαρος, Σκύθης, δοῦλος, ἐλεύθερος, ἀλλὰ τὰ πάντα καὶ ἐν πᾶσι Χριστός.
12 Ἐνδύσασθε οὖν, ὡς ἐκλεκτοὶ τοῦ Θεοῦ ἅγιοι καὶ ἠγαπημένοι,
σπλάγχνα οἰκτιρμοῦ, χρηστότητα, ταπεινοφροσύνην, πρᾳότητα, μακρο-
θυμίαν, 13 ἀνεχόμενοι ἀλλήλων καὶ χαριζόμενοι ἑαυτοῖς ἐάν τις πρός
τινα ἔχῃ μομφήν· καθὼς καὶ ὁ Χριστὸς ἐχαρίσατο ὑμῖν, οὕτω καὶ ὑμεῖς·
14 ἐπὶ πᾶσι δὲ τούτοις τὴν ἀγάπην, ἥτις ἐστὶ σύνδεσμος τῆς τελειότη-
τος. 15 καὶ ἡ εἰρήνη τοῦ Θεοῦ βραβευέτω ἐν ταῖς καρδίαις ὑμῶν, εἰς ἣν
καὶ ἐκλήθητε ἐν ἑνὶ σώματι· καὶ εὐχάριστοι γίνεσθε· 16 ὁ λόγος τοῦ
Χριστοῦ ἐνοικείτω ἐν ὑμῖν πλουσίως, ἐν πάσῃ σοφίᾳ διδάσκοντες καὶ

νουθετοῦντες ἑαυτοὺς ψαλμοῖς καὶ ὕμνοις καὶ ᾠδαῖς πνευματικαῖς, ἐν
χάριτι ᾄδοντες ἐν τῇ καρδίᾳ ὑμῶν τῷ Κυρίῳ. 17 καὶ πᾶν ὅ,τι ἂν ποιῆτε
ἐν λόγῳ ἢ ἐν ἔργῳ, πάντα ἐν ὀνόματι Κυρίου Ἰησοῦ, εὐχαριστοῦντες τῷ
Θεῷ καὶ πατρὶ δι' αὐτοῦ.

18 Αἱ γυναῖκες ὑποτάσσεσθε τοῖς ἀνδράσιν, ὡς ἀνῆκεν ἐν Κυρίῳ. 19 οἱ
ἄνδρες ἀγαπᾶτε τὰς γυναῖκας καὶ μὴ πικραίνεσθε πρὸς αὐτάς. 20 τὰ
τέκνα ὑπακούετε τοῖς γονεῦσι κατὰ πάντα· τοῦτο γάρ ἐστιν εὐάρεστον
τῷ Κυρίῳ. 21 οἱ πατέρες μὴ ἐρεθίζετε τὰ τέκνα ὑμῶν, ἵνα μὴ ἀθυμῶ-
σιν. 22 οἱ δοῦλοι ὑπακούετε κατὰ πάντα τοῖς κατὰ σάρκα κυρίοις, μὴ ἐν
ὀφθαλμοδουλίαις, ὡς ἀνθρωπάρεσκοι, ἀλλ' ἐν ἁπλότητι καρδίας, φοβού-
μενοι τὸν Θεόν. 23 καὶ πᾶν ὅ,τι ἐὰν ποιῆτε, ἐκ ψυχῆς ἐργάζεσθε, ὡς τῷ
Κυρίῳ καὶ οὐκ ἀνθρώποις, 24 εἰδότες ὅτι ἀπὸ Κυρίου ἀπολήψεσθε τὴν
ἀνταπόδοσιν τῆς κληρονομίας· τῷ γὰρ Κυρίῳ Χριστῷ δουλεύετε· 25 ὁ
δὲ ἀδικῶν κομιεῖται ὃ ἠδίκησε, καὶ οὐκ ἔστι προσωποληψία.

4

ΟΙ κύριοι τὸ δίκαιον καὶ τὴν ἰσότητα τοῖς δούλοις παρέχεσθε, εἰδότες
ὅτι καὶ ὑμεῖς ἔχετε Κύριον ἐν οὐρανοῖς.

2 Τῇ προσευχῇ προσκαρτερεῖτε, γρηγοροῦντες ἐν αὐτῇ ἐν εὐχαρι-
στίᾳ, 3 προσευχόμενοι ἅμα καὶ περὶ ἡμῶν, ἵνα ὁ Θεὸς ἀνοίξῃ ἡμῖν θύ-
ραν τοῦ λόγου, λαλῆσαι τὸ μυστήριον τοῦ Χριστοῦ, δι' ὃ καὶ δέδεμαι, 4
ἵνα φανερώσω αὐτὸ ὡς δεῖ με λαλῆσαι. 5 ἐν σοφίᾳ περιπατεῖτε πρὸς
τοὺς ἔξω, τὸν καιρὸν ἐξαγοραζόμενοι. 6 ὁ λόγος ὑμῶν πάντοτε ἐν χάρι-
τι, ἅλατι ἠρτυμένος, εἰδέναι πῶς δεῖ ὑμᾶς ἑνὶ ἑκάστῳ ἀποκρίνεσθαι.

7 Τὰ κατ' ἐμὲ πάντα γνωρίσει ὑμῖν Τυχικὸς ὁ ἀγαπητὸς ἀδελφὸς καὶ
πιστὸς διάκονος καὶ σύνδουλος ἐν Κυρίῳ, 8 ὃν ἔπεμψα πρὸς ὑμᾶς εἰς
αὐτὸ τοῦτο, ἵνα γνῷ τὰ περὶ ὑμῶν καὶ παρακαλέσῃ τὰς καρδίας ὑμῶν, 9
σὺν Ὀνησίμῳ τῷ πιστῷ καὶ ἀγαπητῷ ἀδελφῷ, ὅς ἐστιν ἐξ ὑμῶν· πάντα
ὑμῖν γνωριοῦσι τὰ ὧδε.

10 Ἀσπάζεται ὑμᾶς Ἀρίσταρχος ὁ συναιχμάλωτός μου, καὶ Μᾶρκος ὁ
ἀνεψιὸς Βαρνάβα, περὶ οὗ ἐλάβετε ἐντολάς· ἐὰν ἔλθῃ πρὸς ὑμᾶς, δέξα-
σθε αὐτόν, 11 καὶ Ἰησοῦς ὁ λεγόμενος Ἰοῦστος, οἱ ὄντες ἐκ περιτομῆς,

οὗτοι μόνοι συνεργοὶ εἰς τὴν βασιλείαν τοῦ Θεοῦ, οἵτινες ἐγενήθησάν
μοι παρηγορία. 12 ἀσπάζεται ὑμᾶς Ἐπαφρᾶς ὁ ἐξ ὑμῶν, δοῦλος Χρι-
στοῦ, πάντοτε ἀγωνιζόμενος ὑπὲρ ὑμῶν ἐν ταῖς προσευχαῖς, ἵνα στῆτε
τέλειοι καὶ πεπληρωμένοι ἐν παντὶ θελήματι τοῦ Θεοῦ· 13 μαρτυρῶ
γὰρ αὐτῷ ὅτι ἔχει ζῆλον πολὺν ὑπὲρ ὑμῶν καὶ τῶν ἐν Λαοδικείᾳ καὶ
τῶν ἐν Ἱεραπόλει. 14 ἀσπάζεται ὑμᾶς Λουκᾶς ὁ ἰατρὸς ὁ ἀγαπητὸς καὶ
Δημᾶς. 15 ἀσπάσασθε τοὺς ἐν Λαοδικείᾳ ἀδελφοὺς καὶ Νυμφᾶν καὶ τὴν
κατ᾽ οἶκον αὐτοῦ ἐκκλησίαν· 16 καὶ ὅταν ἀναγνωσθῇ παρ᾽ ὑμῖν ἡ ἐπι-
στολή, ποιήσατε ἵνα καὶ ἐν τῇ Λαοδικέων ἐκκλησίᾳ ἀναγνωσθῇ, καὶ τὴν
ἐκ Λαοδικείας ἵνα καὶ ὑμεῖς ἀναγνῶτε. 17 καὶ εἴπατε Ἀρχίππῳ· βλέπε
τὴν διακονίαν ἣν παρέλαβες ἐν Κυρίῳ, ἵνα αὐτὴν πληροῖς. 18 Ὁ ἀσπα-
σμὸς τῇ ἐμῇ χειρὶ Παύλου. μνημονεύετέ μου τῶν δεσμῶν. Ἡ χάρις
μεθ᾽ ὑμῶν· ἀμήν.

Α΄ Πρὸς Θεσσαλονικεῖς

ΠΑΥΛΟΣ καὶ Σιλουανὸς καὶ Τιμόθεος τῇ ἐκκλησίᾳ Θεσσαλονικέων
ἐν Θεῷ πατρὶ καὶ Κυρίῳ Ἰησοῦ Χριστῷ· χάρις ὑμῖν καὶ εἰρήνη ἀπὸ
Θεοῦ πατρὸς ἡμῶν καὶ Κυρίου Ἰησοῦ Χριστοῦ.

2 Εὐχαριστοῦμεν τῷ Θεῷ πάντοτε περὶ πάντων ὑμῶν μνείαν ὑμῶν ποι-
ούμενοι ἐπὶ τῶν προσευχῶν ἡμῶν, 3 ἀδιαλείπτως μνημονεύοντες ὑμῶν
τοῦ ἔργου τῆς πίστεως καὶ τοῦ κόπου τῆς ἀγάπης καὶ τῆς ὑπομονῆς τῆς
ἐλπίδος τοῦ Κυρίου ἡμῶν Ἰησοῦ Χριστοῦ ἔμπροσθεν τοῦ Θεοῦ καὶ πα-
τρὸς ἡμῶν, 4 εἰδότες, ἀδελφοὶ ἠγαπημένοι ὑπὸ Θεοῦ, τὴν ἐκλογὴν ὑ-
μῶν, 5 ὅτι τὸ εὐαγγέλιον ἡμῶν οὐκ ἐγενήθη εἰς ὑμᾶς ἐν λόγῳ μόνον,
ἀλλὰ καὶ ἐν δυνάμει καὶ ἐν Πνεύματι Ἁγίῳ καὶ ἐν πληροφορίᾳ πολλῇ,
καθὼς οἴδατε οἷοι ἐγενήθημεν ἐν ὑμῖν δι' ὑμᾶς· 6 καὶ ὑμεῖς μιμηταὶ ἡ-
μῶν ἐγενήθητε καὶ τοῦ Κυρίου δεξάμενοι τὸν λόγον ἐν θλίψει πολλῇ
μετὰ χαρᾶς Πνεύματος Ἁγίου, 7 ὥστε γενέσθαι ὑμᾶς τύπους πᾶσι τοῖς
πιστεύουσιν ἐν τῇ Μακεδονίᾳ καὶ ἐν τῇ Ἀχαΐᾳ. 8 ἀφ' ὑμῶν γὰρ ἐξήχη-
ται ὁ λόγος τοῦ Κυρίου· οὐ μόνον ἐν τῇ Μακεδονίᾳ καὶ ἐν τῇ Ἀχαΐᾳ, ἀλ-
λὰ καὶ ἐν παντὶ τόπῳ ἡ πίστις ὑμῶν ἡ πρὸς τὸν Θεὸν ἐξελήλυθεν, ὥστε
μὴ χρείαν ἡμᾶς ἔχειν λαλεῖν τι· 9 αὐτοὶ γὰρ περὶ ἡμῶν ἀπαγγέλλουσιν
ὁποίαν εἴσοδον ἔσχομεν πρὸς ὑμᾶς, καὶ πῶς ἐπεστρέψατε πρὸς τὸν Θεὸν
ἀπὸ τῶν εἰδώλων δουλεύειν Θεῷ ζῶντι καὶ ἀληθινῷ, 10 καὶ ἀναμένειν
τὸν υἱὸν αὐτοῦ ἐκ τῶν οὐρανῶν, ὃν ἤγειρεν ἐκ τῶν νεκρῶν, Ἰησοῦν τὸν
ῥυόμενον ἡμᾶς ἀπὸ τῆς ὀργῆς τῆς ἐρχομένης.

2

ΑΥΤΟΙ γὰρ οἴδατε, ἀδελφοί, τὴν εἴσοδον ἡμῶν τὴν πρὸς ὑμᾶς ὅτι οὐ
κενὴ γέγονεν, 2 ἀλλὰ προπαθόντες καὶ ὑβρισθέντες, καθὼς οἴδατε,
ἐν Φιλίπποις, ἐπαρρησιασάμεθα ἐν τῷ Θεῷ ἡμῶν λαλῆσαι πρὸς ὑ-
μᾶς τὸ εὐαγγέλιον τοῦ Θεοῦ ἐν πολλῷ ἀγῶνι. 3 ἡ γὰρ παράκλησις ἡ-
μῶν οὐκ ἐκ πλάνης οὐδὲ ἐξ ἀκαθαρσίας, οὔτε ἐν δόλῳ, 4 ἀλλὰ καθὼς
δεδοκιμάσμεθα ὑπὸ τοῦ Θεοῦ πιστευθῆναι τὸ εὐαγγέλιον, οὕτω λαλοῦ-
μεν, οὐχ ὡς ἀνθρώποις ἀρέσκοντες, ἀλλὰ τῷ Θεῷ τῷ δοκιμάζοντι τὰς
καρδίας ἡμῶν. 5 οὔτε γάρ ποτε ἐν λόγῳ κολακείας ἐγενήθημεν, καθὼς
οἴδατε, οὔτε ἐν προφάσει πλεονεξίας, Θεὸς μάρτυς, 6 οὔτε ζητοῦντες ἐξ
ἀνθρώπων δόξαν, οὔτε ἀφ᾿ ὑμῶν οὔτε ἀπὸ ἄλλων, δυνάμενοι ἐν βάρει εἶ-
ναι ὡς Χριστοῦ ἀπόστολοι, 7 ἀλλ᾿ ἐγενήθημεν ἤπιοι ἐν μέσῳ ὑμῶν, ὡς
ἂν τροφὸς θάλπῃ τὰ ἑαυτῆς τέκνα·

8 οὕτως ὁμειρόμενοι ὑμῶν εὐδοκοῦμεν μεταδοῦναι ὑμῖν οὐ μόνον τὸ εὐ-
αγγέλιον τοῦ Θεοῦ, ἀλλὰ καὶ τὰς ἑαυτῶν ψυχάς, διότι ἀγαπητοὶ ἡμῖν
γεγένησθε. 9 μνημονεύετε γάρ, ἀδελφοί, τὸν κόπον ἡμῶν καὶ τὸν μό-
χθον· νυκτὸς γὰρ καὶ ἡμέρας ἐργαζόμενοι πρὸς τὸ μὴ ἐπιβαρῆσαί τινα
ὑμῶν ἐκηρύξαμεν εἰς ὑμᾶς τὸ εὐαγγέλιον τοῦ Θεοῦ. 10 ὑμεῖς μάρτυρες
καὶ ὁ Θεὸς ὡς ὁσίως καὶ δικαίως καὶ ἀμέμπτως ὑμῖν τοῖς πιστεύουσιν ἐ-
γενήθημεν, 11 καθάπερ οἴδατε ὡς ἕνα ἕκαστον ὑμῶν ὡς πατὴρ τέκνα ἑ-
αυτοῦ παρακαλοῦντες ὑμᾶς καὶ παραμυθούμενοι 12 καὶ μαρτυρόμενοι
εἰς τὸ περιπατῆσαι ὑμᾶς ἀξίως τοῦ Θεοῦ τοῦ καλοῦντος ὑμᾶς εἰς τὴν ἑ-
αυτοῦ βασιλείαν καὶ δόξαν.

13 Διὰ τοῦτο καὶ ἡμεῖς εὐχαριστοῦμεν τῷ Θεῷ ἀδιαλείπτως, ὅτι παρα-
λαβόντες λόγον ἀκοῆς παρ᾿ ἡμῶν τοῦ Θεοῦ ἐδέξασθε οὐ λόγον ἀνθρώ-
πων, ἀλλὰ καθώς ἐστιν ἀληθῶς, λόγον Θεοῦ, ὃς καὶ ἐνεργεῖται ἐν ὑμῖν
τοῖς πιστεύουσιν. 14 ὑμεῖς γὰρ μιμηταὶ ἐγενήθητε, ἀδελφοί, τῶν ἐκ-
κλησιῶν τοῦ Θεοῦ τῶν οὐσῶν ἐν τῇ Ἰουδαίᾳ ἐν Χριστῷ Ἰησοῦ, ὅτι τὰ
αὐτὰ ἐπάθετε καὶ ὑμεῖς ὑπὸ τῶν ἰδίων συμφυλετῶν καθὼς καὶ αὐτοὶ ὑπὸ
τῶν Ἰουδαίων, 15 τῶν καὶ τὸν Κύριον ἀποκτεινάντων Ἰησοῦν καὶ τοὺς
ἰδίους προφήτας, καὶ ἡμᾶς ἐκδιωξάντων, καὶ Θεῷ μὴ ἀρεσκόντων, καὶ
πᾶσιν ἀνθρώποις ἐναντίων, 16 κωλυόντων ἡμᾶς τοῖς ἔθνεσι λαλῆσαι ἵνα
σωθῶσιν, εἰς τὸ ἀναπληρῶσαι αὐτῶν τὰς ἁμαρτίας πάντοτε. ἔφθασε δὲ
ἐπ᾿ αὐτοὺς ἡ ὀργὴ εἰς τέλος.

17 Ἡμεῖς δέ, ἀδελφοί, ἀπορφανισθέντες ἀφ᾽ ὑμῶν πρὸς καιρὸν ὥρας,
προσώπῳ οὐ καρδίᾳ, περισσοτέρως ἐσπουδάσαμεν τὸ πρόσωπον ὑμῶν ἰ-
δεῖν ἐν πολλῇ ἐπιθυμίᾳ. 18 διὸ ἠθελήσαμεν ἐλθεῖν πρὸς ὑμᾶς, ἐγὼ μὲν
Παῦλος καὶ ἅπαξ καὶ δίς, καὶ ἐνέκοψεν ἡμᾶς ὁ σατανᾶς. 19 τίς γὰρ ἡ-
μῶν ἐλπὶς ἢ χαρὰ ἢ στέφανος καυχήσεως ἢ οὐχὶ καὶ ὑμεῖς ἔμπροσθεν
τοῦ Κυρίου ἡμῶν Ἰησοῦ Χριστοῦ ἐν τῇ αὐτοῦ παρουσίᾳ; 20 ὑμεῖς γάρ
ἐστε ἡ δόξα ἡμῶν καὶ ἡ χαρά.

3

ΔΙΟ μηκέτι στέγοντες εὐδοκήσαμεν καταλειφθῆναι ἐν Ἀθήναις μόνοι,
2 καὶ ἐπέμψαμεν Τιμόθεον, τὸν ἀδελφὸν ἡμῶν καὶ διάκονον τοῦ Θε-
οῦ καὶ συνεργὸν ἡμῶν ἐν τῷ εὐαγγελίῳ τοῦ Χριστοῦ, εἰς τὸ στηρίξαι
ὑμᾶς καὶ παρακαλέσαι ὑμᾶς περὶ τῆς πίστεως ὑμῶν, 3 τὸ μηδένα σαί-
νεσθαι ἐν ταῖς θλίψεσι ταύταις. αὐτοὶ γὰρ οἴδατε ὅτι εἰς τοῦτο κείμεθα· 4
καὶ γὰρ ὅτε πρὸς ὑμᾶς ἦμεν, προελέγομεν ὑμῖν ὅτι μέλλομεν θλίβεσθαι,
καθὼς καὶ ἐγένετο καὶ οἴδατε. 5 διὰ τοῦτο κἀγὼ μηκέτι στέγων ἔπεμψα
εἰς τὸ γνῶναι τὴν πίστιν ὑμῶν, μή πως ἐπείρασεν ὑμᾶς ὁ πειράζων καὶ
εἰς κενὸν γένηται ὁ κόπος ἡμῶν. 6 Ἄρτι δὲ ἐλθόντος Τιμοθέου πρὸς ἡ-
μᾶς ἀφ᾽ ὑμῶν καὶ εὐαγγελισαμένου ἡμῖν τὴν πίστιν καὶ τὴν ἀγάπην ὑ-
μῶν, καὶ ὅτι ἔχετε μνείαν ἡμῶν ἀγαθήν, πάντοτε ἐπιποθοῦντες ἡμᾶς ἰ-
δεῖν καθάπερ καὶ ἡμεῖς ὑμᾶς, 7 διὰ τοῦτο παρεκλήθημεν, ἀδελφοί, ἐφ᾽
ὑμῖν ἐπὶ πάσῃ τῇ θλίψει καὶ ἀνάγκῃ ἡμῶν διὰ τῆς ὑμῶν πίστεως· 8 ὅτι
νῦν ζῶμεν, ἐὰν ὑμεῖς στήκητε ἐν Κυρίῳ. 9 τίνα γὰρ εὐχαριστίαν δυνά-
μεθα τῷ Θεῷ ἀνταποδοῦναι περὶ ὑμῶν ἐπὶ πάσῃ τῇ χαρᾷ ᾗ χαίρομεν δι᾽
ὑμᾶς ἔμπροσθεν τοῦ Θεοῦ ἡμῶν, 10 νυκτὸς καὶ ἡμέρας ὑπερεκπερισσοῦ
δεόμενοι εἰς τὸ ἰδεῖν ὑμῶν τὸ πρόσωπον καὶ καταρτίσαι τὰ ὑστερήματα
τῆς πίστεως ὑμῶν;

11 Αὐτὸς δὲ ὁ Θεὸς καὶ πατὴρ ἡμῶν καὶ ὁ Κύριος ἡμῶν Ἰησοῦς Χρι-
στὸς κατευθύναι τὴν ὁδὸν ἡμῶν πρὸς ὑμᾶς· 12 ὑμᾶς δὲ ὁ Κύριος πλεο-
νάσαι καὶ περισσεύσαι τῇ ἀγάπῃ εἰς ἀλλήλους καὶ εἰς πάντας, καθάπερ
καὶ ἡμεῖς εἰς ὑμᾶς, 13 εἰς τὸ στηρίξαι ὑμῶν τὰς καρδίας ἀμέμπτους ἐν
ἁγιωσύνῃ ἔμπροσθεν τοῦ Θεοῦ καὶ πατρὸς ἡμῶν ἐν τῇ παρουσίᾳ τοῦ
Κυρίου ἡμῶν Ἰησοῦ Χριστοῦ μετὰ πάντων τῶν ἁγίων αὐτοῦ.

4

ΤΟ λοιπὸν οὖν, ἀδελφοί, ἐρωτῶμεν ὑμᾶς καὶ παρακαλοῦμεν ἐν Κυρίῳ
Ἰησοῦ, καθὼς παρελάβετε παρ' ἡμῶν τὸ πῶς δεῖ ὑμᾶς περιπατεῖν
καὶ ἀρέσκειν Θεῷ, ἵνα περισσεύητε μᾶλλον· 2 οἴδατε γὰρ τίνας πα-
ραγγελίας ἐδώκαμεν ὑμῖν διὰ τοῦ Κυρίου Ἰησοῦ. 3 Τοῦτο γάρ ἐστι θέ-
λημα τοῦ Θεοῦ, ὁ ἁγιασμὸς ὑμῶν, ἀπέχεσθαι ὑμᾶς ἀπὸ τῆς πορνείας, 4
εἰδέναι ἕκαστον ὑμῶν τὸ ἑαυτοῦ σκεῦος κτᾶσθαι ἐν ἁγιασμῷ καὶ τιμῇ, 5
μὴ ἐν πάθει ἐπιθυμίας καθάπερ καὶ τὰ ἔθνη τὰ μὴ εἰδότα τὸν Θεόν, 6 τὸ
μὴ ὑπερβαίνειν καὶ πλεονεκτεῖν ἐν τῷ πράγματι τὸν ἀδελφὸν αὐτοῦ, δι-
ότι ἔκδικος ὁ Κύριος περὶ πάντων τούτων, καθὼς καὶ προείπομεν ὑμῖν
καὶ διεμαρτυράμεθα. 7 οὐ γὰρ ἐκάλεσεν ἡμᾶς ὁ Θεὸς ἐπὶ ἀκαθαρσίᾳ,
ἀλλ' ἐν ἁγιασμῷ. 8 τοιγαροῦν ὁ ἀθετῶν οὐκ ἄνθρωπον ἀθετεῖ, ἀλλὰ τὸν
Θεὸν τὸν καὶ δόντα τὸ Πνεῦμα αὐτοῦ τὸ Ἅγιον εἰς ὑμᾶς.

9 Περὶ δὲ τῆς φιλαδελφίας οὐ χρείαν ἔχετε γράφειν ὑμῖν· αὐτοὶ γὰρ ὑ-
μεῖς θεοδίδακτοί ἐστε εἰς τὸ ἀγαπᾶν ἀλλήλους· 10 καὶ γὰρ ποιεῖτε αὐτὸ
εἰς πάντας τοὺς ἀδελφοὺς τοὺς ἐν ὅλῃ τῇ Μακεδονίᾳ. παρακαλοῦμεν δὲ
ὑμᾶς, ἀδελφοί, περισσεύειν μᾶλλον 11 καὶ φιλοτιμεῖσθαι ἡσυχάζειν καὶ
πράσσειν τὰ ἴδια καὶ ἐργάζεσθαι ταῖς ἰδίαις χερσὶν ὑμῶν, καθὼς ὑμῖν
παρηγγείλαμεν, 12 ἵνα περιπατῆτε εὐσχημόνως πρὸς τοὺς ἔξω καὶ μη-
δενὸς χρείαν ἔχητε.

13 Οὐ θέλομεν δὲ ὑμᾶς ἀγνοεῖν, ἀδελφοί, περὶ τῶν κεκοιμημένων, ἵνα
μὴ λυπῆσθε καθὼς καὶ οἱ λοιποὶ οἱ μὴ ἔχοντες ἐλπίδα. 14 εἰ γὰρ πι-
στεύομεν ὅτι Ἰησοῦς ἀπέθανε καὶ ἀνέστη, οὕτω καὶ ὁ Θεὸς τοὺς κοιμη-
θέντας διὰ τοῦ Ἰησοῦ ἄξει σὺν αὐτῷ. 15 τοῦτο γὰρ ὑμῖν λέγομεν ἐν λό-
γῳ Κυρίου, ὅτι ἡμεῖς οἱ ζῶντες οἱ περιλειπόμενοι εἰς τὴν παρουσίαν τοῦ
Κυρίου οὐ μὴ φθάσωμεν τοὺς κοιμηθέντας· 16 ὅτι αὐτὸς ὁ Κύριος ἐν
κελεύσματι, ἐν φωνῇ ἀρχαγγέλου καὶ ἐν σάλπιγγι Θεοῦ καταβήσεται
ἀπ' οὐρανοῦ, καὶ οἱ νεκροὶ ἐν Χριστῷ ἀναστήσονται πρῶτον, 17 ἔπειτα
ἡμεῖς οἱ ζῶντες οἱ περιλειπόμενοι ἅμα σὺν αὐτοῖς ἁρπαγησόμεθα ἐν νε-
φέλαις εἰς ἀπάντησιν τοῦ Κυρίου εἰς ἀέρα, καὶ οὕτω πάντοτε σὺν Κυρίῳ
ἐσόμεθα. 18 Ὥστε παρακαλεῖτε ἀλλήλους ἐν τοῖς λόγοις τούτοις.

ΠΡΟΣ ΘΕΣΣΑΛΟΝΙΚΕΙΣ Α΄

5

ΠΕΡΙ δὲ τῶν χρόνων καὶ τῶν καιρῶν, ἀδελφοί, οὐ χρείαν ἔχετε ὑμῖν
γράφεσθαι· 2 αὐτοὶ γὰρ ἀκριβῶς οἴδατε ὅτι ἡ ἡμέρα Κυρίου ὡς κλέ-
πτης ἐν νυκτὶ οὕτως ἔρχεται. 3 ὅταν γὰρ λέγωσιν, εἰρήνη καὶ ἀσφά-
λεια, τότε αἰφνίδιος αὐτοῖς ἐφίσταται ὄλεθρος, ὥσπερ ἡ ὠδὶν τῇ ἐν γα-
στρὶ ἐχούσῃ, καὶ οὐ μὴ ἐκφύγωσιν. 4 ὑμεῖς δέ, ἀδελφοί, οὐκ ἐστὲ ἐν
σκότει, ἵνα ἡ ἡμέρα ὑμᾶς ὡς κλέπτης καταλάβῃ· 5 πάντες ὑμεῖς υἱοὶ
φωτός ἐστε καὶ υἱοὶ ἡμέρας. οὐκ ἐσμὲν νυκτὸς οὐδὲ σκότους. 6 Ἄρα οὖν
μὴ καθεύδωμεν ὡς καὶ οἱ λοιποί, ἀλλὰ γρηγορῶμεν καὶ νήφωμεν. 7 οἱ
γὰρ καθεύδοντες νυκτὸς καθεύδουσι, καὶ οἱ μεθυσκόμενοι νυκτὸς μεθύ-
ουσιν· 8 ὑμεῖς δὲ ἡμέρας ὄντες νήφωμεν, ἐνδυσάμενοι θώρακα πίστεως
καὶ ἀγάπης καὶ περικεφαλαίαν ἐλπίδα σωτηρίας· 9 ὅτι οὐκ ἔθετο ἡμᾶς ὁ
Θεὸς εἰς ὀργήν, ἀλλ᾿ εἰς περιποίησιν σωτηρίας διὰ τοῦ Κυρίου ἡμῶν Ἰ-
ησοῦ Χριστοῦ, 10 τοῦ ἀποθανόντος ὑπὲρ ἡμῶν, ἵνα εἴτε γρηγορῶμεν εἴ-
τε καθεύδωμεν ἅμα σὺν αὐτῷ ζήσωμεν. 11 διὸ παρακαλεῖτε ἀλλήλους
καὶ οἰκοδομεῖτε εἷς τὸν ἕνα, καθὼς καὶ ποιεῖτε.

12 Ἐρωτῶμεν δὲ ὑμᾶς, ἀδελφοί, εἰδέναι τοὺς κοπιῶντας ἐν ὑμῖν καὶ
προϊσταμένους ὑμῶν ἐν Κυρίῳ καὶ νουθετοῦντας ὑμᾶς, 13 καὶ ἡγεῖσθαι
αὐτοὺς ὑπερεκπερισσοῦ ἐν ἀγάπῃ διὰ τὸ ἔργον αὐτῶν. εἰρηνεύετε ἐν ἑ-
αυτοῖς. 14 Παρακαλοῦμεν δὲ ὑμᾶς, ἀδελφοί, νουθετεῖτε τοὺς ἀτάκτους,
παραμυθεῖσθε τοὺς ὀλιγοψύχους, ἀντέχεσθε τῶν ἀσθενῶν, μακροθυμεῖτε
πρὸς πάντας. 15 ὁρᾶτε μή τις κακὸν ἀντὶ κακοῦ τινι ἀποδῷ, ἀλλὰ πάν-
τοτε τὸ ἀγαθὸν διώκετε καὶ εἰς ἀλλήλους καὶ εἰς πάντας.

16 Πάντοτε χαίρετε, 17 ἀδιαλείπτως προσεύχεσθε, 18 ἐν παντὶ εὐχαρι-
στεῖτε· τοῦτο γὰρ θέλημα Θεοῦ ἐν Χριστῷ Ἰησοῦ εἰς ὑμᾶς. 19 τὸ
Πνεῦμα μὴ σβέννυτε, 20 προφητείας μὴ ἐξουθενεῖτε. 21 πάντα δὲ δοκι-
μάζετε, τὸ καλὸν κατέχετε· 22 ἀπὸ παντὸς εἴδους πονηροῦ ἀπέχεσθε.

23 Αὐτὸς δὲ ὁ Θεὸς τῆς εἰρήνης ἁγιάσαι ὑμᾶς ὁλοτελεῖς, καὶ ὁλόκληρον
ὑμῶν τὸ πνεῦμα καὶ ἡ ψυχὴ καὶ τὸ σῶμα ἀμέμπτως ἐν τῇ παρουσίᾳ τοῦ
Κυρίου ἡμῶν Ἰησοῦ Χριστοῦ τηρηθείη. 24 πιστὸς ὁ καλῶν ὑμᾶς, ὃς καὶ
ποιήσει.

25 Ἀδελφοί, προσεύχεσθε περὶ ἡμῶν. 26 ἀσπάσασθε τοὺς ἀδελφοὺς
πάντας ἐν φιλήματι ἁγίῳ. 27 ὁρκίζω ὑμᾶς τὸν Κύριον ἀναγνωσθῆναι

τὴν ἐπιστολὴν πᾶσι τοῖς ἁγίοις ἀδελφοῖς. 28 ἡ χάρις τοῦ Κυρίου ἡμῶν
Ἰησοῦ Χριστοῦ μεθ᾽ ὑμῶν· ἀμήν.

Β′ Πρὸς Θεσσαλονικεῖς

ΠΑΥΛΟΣ καὶ Σιλουανὸς καὶ Τιμόθεος τῇ ἐκκλησίᾳ Θεσσαλονικέων
ἐν Θεῷ πατρὶ ἡμῶν καὶ Κυρίῳ Ἰησοῦ Χριστῷ· 2 χάρις ὑμῖν καὶ εἰ-
ρήνη ἀπὸ Θεοῦ πατρὸς ἡμῶν καὶ Κυρίου Ἰησοῦ Χριστοῦ.

3 Εὐχαριστεῖν ὀφείλομεν τῷ Θεῷ πάντοτε περὶ ὑμῶν, ἀδελφοί, καθὼς
ἄξιόν ἐστιν, ὅτι ὑπεραυξάνει ἡ πίστις ὑμῶν καὶ πλεονάζει ἡ ἀγάπη ἑνὸς
ἑκάστου πάντων ὑμῶν εἰς ἀλλήλους, 4 ὥστε ἡμᾶς αὐτοὺς ἐν ὑμῖν καυ-
χᾶσθαι ἐν ταῖς ἐκκλησίαις τοῦ Θεοῦ ὑπὲρ τῆς ὑπομονῆς ὑμῶν καὶ πί-
στεως ἐν πᾶσι τοῖς διωγμοῖς ὑμῶν καὶ ταῖς θλίψεσιν αἷς ἀνέχεσθε, 5 ἔν-
δειγμα τῆς δικαίας κρίσεως τοῦ Θεοῦ, εἰς τὸ καταξιωθῆναι ὑμᾶς τῆς
βασιλείας τοῦ Θεοῦ, ὑπὲρ ἧς καὶ πάσχετε, 6 εἴπερ δίκαιον παρὰ Θεῷ
ἀνταποδοῦναι τοῖς θλίβουσιν ὑμᾶς θλῖψιν 7 καὶ ὑμῖν τοῖς θλιβομένοις ἄ-
νεσιν μεθ' ἡμῶν ἐν τῇ ἀποκαλύψει τοῦ Κυρίου Ἰησοῦ ἀπ' οὐρανοῦ μετ'
ἀγγέλων δυνάμεως αὐτοῦ 8 ἐν πυρὶ φλογός, διδόντος ἐκδίκησιν τοῖς μὴ
εἰδόσι Θεὸν καὶ τοῖς μὴ ὑπακούουσι τῷ εὐαγγελίῳ τοῦ Κυρίου ἡμῶν Ἰ-
ησοῦ Χριστοῦ, 9 οἵτινες δίκην τίσουσιν ὄλεθρον αἰώνιον ἀπὸ προσώπου
τοῦ Κυρίου καὶ ἀπὸ τῆς δόξης τῆς ἰσχύος αὐτοῦ, 10 ὅταν ἔλθῃ ἐνδοξα-
σθῆναι ἐν τοῖς ἁγίοις αὐτοῦ καὶ θαυμασθῆναι ἐν πᾶσι τοῖς πιστεύσασιν,
ὅτι ἐπιστεύθη τὸ μαρτύριον ἡμῶν ἐφ' ὑμᾶς, ἐν τῇ ἡμέρᾳ ἐκείνῃ. 11 εἰς ὃ
καὶ προσευχόμεθα πάντοτε περὶ ὑμῶν, ἵνα ὑμᾶς ἀξιώσῃ τῆς κλήσεως ὁ
Θεὸς ἡμῶν καὶ πληρώσῃ πᾶσαν εὐδοκίαν ἀγαθωσύνης καὶ ἔργον πίστε-
ως ἐν δυνάμει, 12 ὅπως ἐνδοξασθῇ τὸ ὄνομα τοῦ Κυρίου ἡμῶν Ἰησοῦ
Χριστοῦ ἐν ὑμῖν, καὶ ὑμεῖς ἐν αὐτῷ, κατὰ τὴν χάριν τοῦ Θεοῦ ἡμῶν καὶ
Κυρίου Ἰησοῦ Χριστοῦ.

2

ΕΡΩΤΩΜΕΝ δὲ ὑμᾶς, ἀδελφοί, ὑπὲρ τῆς παρουσίας τοῦ Κυρίου ἡ-
μῶν Ἰησοῦ Χριστοῦ καὶ ἡμῶν ἐπισυναγωγῆς ἐπ' αὐτόν, 2 εἰς τὸ μὴ
ταχέως σαλευθῆναι ὑμᾶς ἀπὸ τοῦ νοὸς μήτε θροεῖσθαι μήτε διὰ
πνεύματος μήτε διὰ λόγου μήτε δι' ἐπιστολῆς ὡς δι' ἡμῶν, ὡς ὅτι ἐνέ-
στηκεν ἡ ἡμέρα τοῦ Χριστοῦ. 3 μή τις ὑμᾶς ἐξαπατήσῃ κατὰ μηδένα
τρόπον· ὅτι ἐὰν μὴ ἔλθῃ ἡ ἀποστασία πρῶτον καὶ ἀποκαλυφθῇ ὁ ἄνθρω-
πος τῆς ἁμαρτίας, ὁ υἱὸς τῆς ἀπωλείας, 4 ὁ ἀντικείμενος καὶ ὑπεραιρό-
μενος ἐπὶ πάντα λεγόμενον Θεὸν ἢ σέβασμα, ὥστε αὐτὸν εἰς τὸν ναὸν
τοῦ Θεοῦ ὡς Θεὸν καθίσαι, ἀποδεικνύντα ἑαυτὸν ὅτι ἐστὶ Θεός.

5 Οὐ μνημονεύετε ὅτι ἔτι ὢν πρὸς ὑμᾶς ταῦτα ἔλεγον ὑμῖν; 6 καὶ νῦν
τὸ κατέχον οἴδατε, εἰς τὸ ἀποκαλυφθῆναι αὐτὸν ἐν τῷ ἑαυτοῦ καιρῷ· 7
τὸ γὰρ μυστήριον ἤδη ἐνεργεῖται τῆς ἀνομίας, μόνον ὁ κατέχων ἄρτι
ἕως ἐκ μέσου γένηται· 8 καὶ τότε ἀποκαλυφθήσεται ὁ ἄνομος, ὃν ὁ Κύ-
ριος ἀναλώσει τῷ πνεύματι τοῦ στόματος αὐτοῦ καὶ καταργήσει τῇ ἐπι-
φανείᾳ τῆς παρουσίας αὐτοῦ· 9 οὗ ἐστιν ἡ παρουσία κατ' ἐνέργειαν τοῦ
σατανᾶ ἐν πάσῃ δυνάμει καὶ σημείοις καὶ τέρασι ψεύδους 10 καὶ ἐν πά-
σῃ ἀπάτῃ τῆς ἀδικίας ἐν τοῖς ἀπολλυμένοις, ἀνθ' ὧν τὴν ἀγάπην τῆς ἀ-
ληθείας οὐκ ἐδέξαντο εἰς τὸ σωθῆναι αὐτούς· 11 καὶ διὰ τοῦτο πέμψει
αὐτοῖς ὁ Θεὸς ἐνέργειαν πλάνης εἰς τὸ πιστεῦσαι αὐτοὺς τῷ ψεύδει, 12
ἵνα κριθῶσι πάντες οἱ μὴ πιστεύσαντες τῇ ἀληθείᾳ, ἀλλ' εὐδοκήσαντες
ἐν τῇ ἀδικίᾳ.

13 Ἡμεῖς δὲ ὀφείλομεν εὐχαριστεῖν τῷ Θεῷ πάντοτε περὶ ὑμῶν, ἀδελ-
φοὶ ἠγαπημένοι ὑπὸ Κυρίου, ὅτι εἵλετο ὑμᾶς ὁ Θεὸς ἀπ' ἀρχῆς εἰς σω-
τηρίαν ἐν ἁγιασμῷ Πνεύματος καὶ πίστει ἀληθείας, 14 εἰς ὃ ἐκάλεσεν
ὑμᾶς διὰ τοῦ εὐαγγελίου ἡμῶν εἰς περιποίησιν δόξης τοῦ Κυρίου ἡμῶν
Ἰησοῦ Χριστοῦ. 15 Ἄρα οὖν, ἀδελφοί, στήκετε, καὶ κρατεῖτε τὰς παρα-
δόσεις ἃς ἐδιδάχθητε εἴτε διὰ λόγου εἴτε δι' ἐπιστολῆς ἡμῶν.

16 Αὐτὸς δὲ ὁ Κύριος ἡμῶν Ἰησοῦς Χριστὸς καὶ ὁ Θεὸς καὶ πατὴρ ἡ-
μῶν, ὁ ἀγαπήσας ἡμᾶς καὶ δοὺς παράκλησιν αἰωνίαν καὶ ἐλπίδα ἀγα-
θὴν ἐν χάριτι, 17 παρακαλέσαι ὑμῶν τὰς καρδίας καὶ στηρίξαι ὑμᾶς ἐν
παντὶ λόγῳ καὶ ἔργῳ ἀγαθῷ.

ΠΡΟΣ ΘΕΣΣΑΛΟΝΙΚΕΙΣ Β΄

3

ΤΟ λοιπόν, προσεύχεσθε, ἀδελφοί, περὶ ἡμῶν, ἵνα ὁ λόγος τοῦ Κυρίου
τρέχῃ καὶ δοξάζηται, καθὼς καὶ πρὸς ὑμᾶς, 2 καὶ ἵνα ῥυσθῶμεν ἀπὸ
τῶν ἀτόπων καὶ πονηρῶν ἀνθρώπων· οὐ γὰρ πάντων ἡ πίστις. 3 πι-
στὸς δέ ἐστιν ὁ Κύριος, ὃς στηρίξει ὑμᾶς καὶ φυλάξει ἀπὸ τοῦ πονηροῦ.

4 Πεποίθαμεν δὲ ἐν Κυρίῳ ἐφ' ὑμᾶς ὅτι ἃ παραγγέλλομεν ὑμῖν καὶ ποι-
εῖτε καὶ ποιήσετε. 5 Ὁ δὲ Κύριος κατευθύναι ὑμῶν τὰς καρδίας εἰς τὴν
ἀγάπην τοῦ Θεοῦ καὶ εἰς τὴν ὑπομονὴν τοῦ Χριστοῦ.

6 Παραγγέλλομεν δὲ ὑμῖν, ἀδελφοί, ἐν ὀνόματι τοῦ Κυρίου ἡμῶν Ἰησοῦ
Χριστοῦ, στέλλεσθαι ὑμᾶς ἀπὸ παντὸς ἀδελφοῦ ἀτάκτως περιπατοῦντος
καὶ μὴ κατὰ τὴν παράδοσιν ἣν παρέλαβον παρ' ἡμῶν. 7 αὐτοὶ γὰρ οἴδα-
τε πῶς δεῖ μιμεῖσθαι ἡμᾶς, ὅτι οὐκ ἠτακτήσαμεν ἐν ὑμῖν, 8 οὐδὲ δωρεὰν
ἄρτον ἐφάγομεν παρά τινος, ἀλλ' ἐν κόπῳ καὶ μόχθῳ, νύκτα καὶ ἡμέραν
ἐργαζόμενοι, πρὸς τὸ μὴ ἐπιβαρῆσαί τινα ὑμῶν· 9 οὐχ ὅτι οὐκ ἔχομεν ἐ-
ξουσίαν, ἀλλ' ἵνα ἑαυτοὺς τύπον δῶμεν ὑμῖν εἰς τὸ μιμεῖσθαι ἡμᾶς. 10
καὶ γὰρ ὅτε ἦμεν πρὸς ὑμᾶς, τοῦτο παρηγγέλλομεν ὑμῖν, ὅτι εἴ τις οὐ
θέλει ἐργάζεσθαι, μηδὲ ἐσθιέτω. 11 ἀκούομεν γάρ τινας περιπατοῦντας
ἐν ὑμῖν ἀτάκτως, μηδὲν ἐργαζομένους, ἀλλὰ περιεργαζομένους· 12 τοῖς
δὲ τοιούτοις παραγγέλλομεν καὶ παρακαλοῦμεν διὰ τοῦ Κυρίου ἡμῶν
Ἰησοῦ Χριστοῦ, ἵνα μετὰ ἡσυχίας ἐργαζόμενοι τὸν ἑαυτῶν ἄρτον ἐσθίω-
σιν.

13 Ὑμεῖς δέ, ἀδελφοί, μὴ ἐκκακήσητε καλοποιοῦντες. 14 εἰ δέ τις οὐχ
ὑπακούει τῷ λόγῳ ἡμῶν διὰ τῆς ἐπιστολῆς, τοῦτον σημειοῦσθε, καὶ μὴ
συναναμίγνυσθε αὐτῷ, ἵνα ἐντραπῇ· 15 καὶ μὴ ὡς ἐχθρὸν ἡγεῖσθε, ἀλλὰ
νουθετεῖτε ὡς ἀδελφόν. 16 αὐτὸς δὲ ὁ Κύριος τῆς εἰρήνης δῴη ὑμῖν τὴν
εἰρήνην διὰ παντὸς ἐν παντὶ τρόπῳ. Ὁ Κύριος μετὰ πάντων ὑμῶν.

17 Ὁ ἀσπασμός τῇ ἐμῇ χειρὶ Παύλου, ὅ ἐστι σημεῖον ἐν πάσῃ ἐπιστο-
λῇ· οὕτω γράφω. 18 ἡ χάρις τοῦ Κυρίου ἡμῶν Ἰησοῦ Χριστοῦ μετὰ
πάντων ὑμῶν· ἀμήν.

Α΄ Πρὸς Τιμόθεον

ΠΑΥΛΟΣ, ἀπόστολος Ἰησοῦ Χριστοῦ κατ᾽ ἐπιταγὴν Θεοῦ σωτῆρος
ἡμῶν καὶ Κυρίου Ἰησοῦ Χριστοῦ τῆς ἐλπίδος ἡμῶν, 2 Τιμοθέῳ
γνησίῳ τέκνῳ ἐν πίστει· χάρις, ἔλεος, εἰρήνη ἀπὸ Θεοῦ πατρός ἡ-
μῶν καὶ Χριστοῦ Ἰησοῦ τοῦ Κυρίου ἡμῶν.

3 Καθὼς παρεκάλεσά σε προσμεῖναι ἐν Ἐφέσῳ, πορευόμενος εἰς Μακε-
δονίαν, ἵνα παραγγείλῃς τισὶ μὴ ἑτεροδιδασκαλεῖν 4 μηδὲ προσέχειν
μύθοις καὶ γενεαλογίαις ἀπεράντοις, αἵτινες ζητήσεις παρέχουσι μᾶλ-
λον ἢ οἰκονομίαν Θεοῦ τὴν ἐν πίστει· 5 τὸ δὲ τέλος τῆς παραγγελίας ἐ-
στὶν ἀγάπη ἐκ καθαρᾶς καρδίας καὶ συνειδήσεως ἀγαθῆς καὶ πίστεως
ἀνυποκρίτου, 6 ὧν τινες ἀστοχήσαντες ἐξετράπησαν εἰς ματαιολογίαν,
7 θέλοντες εἶναι νομοδιδάσκαλοι, μὴ νοοῦντες μήτε ἃ λέγουσι μήτε περὶ
τίνων διαβεβαιοῦνται.

8 Οἴδαμεν δὲ ὅτι καλὸς ὁ νόμος, ἐάν τις αὐτῷ νομίμως χρῆται, 9 εἰδὼς
τοῦτο, ὅτι δικαίῳ νόμος οὐ κεῖται, ἀνόμοις δὲ καὶ ἀνυποτάκτοις, ἀσεβέσι
καὶ ἁμαρτωλοῖς, ἀνοσίοις καὶ βεβήλοις, πατρολῴαις καὶ μητρολῴαις,
ἀνδροφόνοις, 10 πόρνοις, ἀρσενοκοίταις, ἀνδραποδισταῖς, ψεύσταις, ἐπι-
όρκοις, καὶ εἴ τι ἕτερον τῇ ὑγιαινούσῃ διδασκαλίᾳ ἀντίκειται, 11 κατὰ
τὸ εὐαγγέλιον τῆς δόξης τοῦ μακαρίου Θεοῦ, ὃ ἐπιστεύθην ἐγώ.

12 Καὶ χάριν ἔχω τῷ ἐνδυναμώσαντί με Χριστῷ Ἰησοῦ τῷ Κυρίῳ ἡ-
μῶν, ὅτι πιστόν με ἡγήσατο, θέμενος εἰς διακονίαν 13 τὸν πρότερον ὄν-
τα βλάσφημον καὶ διώκτην καί ὑβριστήν· ἀλλ᾽ ἠλεήθην, ὅτι ἀγνοῶν ἐ-
ποίησα ἐν ἀπιστίᾳ, 14 ὑπερεπλεόνασε δὲ ἡ χάρις τοῦ Κυρίου ἡμῶν μετὰ
πίστεως καὶ ἀγάπης τῆς ἐν Χριστῷ Ἰησοῦ.

15 Πιστὸς ὁ λόγος καὶ πάσης ἀποδοχῆς ἄξιος, ὅτι Χριστὸς Ἰησοῦς ἦλ-
θεν εἰς τὸν κόσμον ἁμαρτωλοὺς σῶσαι, ὧν πρῶτός εἰμι ἐγώ· 16 ἀλλὰ
διὰ τοῦτο ἠλεήθην, ἵνα ἐν ἐμοὶ πρώτῳ ἐνδείξηται Ἰησοῦς Χριστὸς τὴν
πᾶσαν μακροθυμίαν, πρὸς ὑποτύπωσιν τῶν μελλόντων πιστεύειν ἐπ'
αὐτῷ εἰς ζωὴν αἰώνιον. 17 τῷ δὲ βασιλεῖ τῶν αἰώνων, ἀφθάρτῳ, ἀορά-
τῳ, μόνῳ σοφῷ Θεῷ, τιμὴ καὶ δόξα εἰς τοὺς αἰῶνας τῶν αἰώνων· ἀμήν.

18 Ταύτην τὴν παραγγελίαν παρατίθεμαί σοι, τέκνον Τιμόθεε, κατὰ
τὰς προαγούσας ἐπὶ σὲ προφητείας, ἵνα στρατεύῃ ἐν αὐταῖς τὴν καλὴν
στρατείαν, 19 ἔχων πίστιν καὶ ἀγαθὴν συνείδησιν, ἥν τινες ἀπωσάμενοι
περὶ τὴν πίστιν ἐναυάγησαν· 20 ὧν ἐστιν Ὑμέναιος καὶ Ἀλέξανδρος,
οὓς παρέδωκα τῷ σατανᾷ, ἵνα παιδευθῶσι μὴ βλασφημεῖν.

2

ΠΑΡΑΚΑΛΩ οὖν πρῶτον πάντων ποιεῖσθαι δεήσεις, προσευχάς, ἐν-
τεύξεις, εὐχαριστίας, ὑπὲρ πάντων ἀνθρώπων, 2 ὑπὲρ βασιλέων καὶ
πάντων τῶν ἐν ὑπεροχῇ ὄντων, ἵνα ἤρεμον καὶ ἡσύχιον βίον διάγω-
μεν ἐν πάσῃ εὐσεβείᾳ καὶ σεμνότητι. 3 τοῦτο γὰρ καλὸν καὶ ἀπόδεκτον
ἐνώπιον τοῦ σωτῆρος ἡμῶν Θεοῦ, 4 ὃς πάντας ἀνθρώπους θέλει σωθῆ-
ναι καὶ εἰς ἐπίγνωσιν ἀληθείας ἐλθεῖν. 5 εἷς γὰρ Θεός, εἷς καὶ μεσίτης
Θεοῦ καὶ ἀνθρώπων, ἄνθρωπος Χριστὸς Ἰησοῦς, 6 ὁ δοὺς ἑαυτὸν ἀντί-
λυτρον ὑπὲρ πάντων, τὸ μαρτύριον καιροῖς ἰδίοις, 7 εἰς ὃ ἐτέθην ἐγὼ κή-
ρυξ καὶ ἀπόστολος, ἀλήθειαν λέγω ἐν Χριστῷ, οὐ ψεύδομαι, διδάσκαλος
ἐθνῶν ἐν πίστει καὶ ἀληθείᾳ.

8 Βούλομαι οὖν προσεύχεσθαι τοὺς ἄνδρας ἐν παντὶ τόπῳ, ἐπαίροντας
ὁσίους χεῖρας χωρὶς ὀργῆς καὶ διαλογισμοῦ. 9 ὡσαύτως καὶ τὰς γυναῖ-
κας ἐν καταστολῇ κοσμίῳ, μετὰ αἰδοῦς καὶ σωφροσύνης κοσμεῖν ἑαυ-
τάς, μὴ ἐν πλέγμασιν ἢ χρυσῷ ἢ μαργαρίταις ἢ ἱματισμῷ πολυτελεῖ,
10 ἀλλ' ὃ πρέπει γυναιξὶν ἐπαγγελλομέναις θεοσέβειαν, δι' ἔργων ἀγα-
θῶν.

11 Γυνὴ ἐν ἡσυχίᾳ μανθανέτω ἐν πάσῃ ὑποταγῇ· 12 γυναικὶ δὲ διδά-
σκειν οὐκ ἐπιτρέπω, οὐδὲ αὐθεντεῖν ἀνδρός, ἀλλ' εἶναι ἐν ἡσυχίᾳ. 13 Ἀ-
δὰμ γὰρ πρῶτος ἐπλάσθη, εἶτα Εὔα· 14 καὶ Ἀδὰμ οὐκ ἠπατήθη, ἡ δὲ
γυνὴ ἀπατηθεῖσα ἐν παραβάσει γέγονε· 15 σωθήσεται δὲ διὰ τῆς τεκνο-

γονίας, ἐὰν μείνωσιν ἐν πίστει καὶ ἀγάπῃ καὶ ἁγιασμῷ μετὰ σωφροσύ-
νης.

3

ΠΙΣΤΟΣ ὁ λόγος· εἴ τις ἐπισκοπῆς ὀρέγεται, καλοῦ ἔργου ἐπιθυμεῖ.
2 δεῖ οὖν τὸν ἐπίσκοπον ἀνεπίληπτον εἶναι, μιᾶς γυναικὸς ἄνδρα,
νηφάλιον, σώφρονα, κόσμιον, φιλόξενον, διδακτικόν, 3 μὴ πάροινον,
μὴ πλήκτην, μὴ αἰσχροκερδῆ, ἀλλ' ἐπιεικῆ, ἄμαχον, ἀφιλάργυρον, 4
τοῦ ἰδίου οἴκου καλῶς προϊστάμενον, τέκνα ἔχοντα ἐν ὑποταγῇ μετὰ
πάσης σεμνότητος· 5 εἰ δέ τις τοῦ ἰδίου οἴκου προστῆναι οὐκ οἶδε, πῶς
ἐκκλησίας Θεοῦ ἐπιμελήσεται; 6 μὴ νεόφυτον, ἵνα μὴ τυφωθεὶς εἰς κρῖ-
μα ἐμπέσῃ τοῦ διαβόλου. 7 δεῖ δὲ αὐτόν καὶ μαρτυρίαν καλὴν ἔχειν ἀπὸ
τῶν ἔξωθεν, ἵνα μὴ εἰς ὀνειδισμὸν ἐμπέσῃ καὶ παγίδα τοῦ διαβόλου.

8 Διακόνους ὡσαύτως σεμνούς, μὴ διλόγους, μὴ οἴνῳ πολλῷ προσέχον-
τας, μὴ αἰσχροκερδεῖς, 9 ἔχοντας τὸ μυστήριον τῆς πίστεως ἐν καθαρᾷ
συνειδήσει. 10 καὶ οὗτοι δὲ δοκιμαζέσθωσαν πρῶτον, εἶτα διακονείτω-
σαν ἀνέγκλητοι ὄντες. 11 γυναῖκας ὡσαύτως σεμνάς, μὴ διαβόλους,
νηφαλίους, πιστὰς ἐν πᾶσι. 12 διάκονοι ἔστωσαν μιᾶς γυναικὸς ἄνδρες,
τέκνων καλῶς προϊστάμενοι καὶ τῶν ἰδίων οἴκων. 13 οἱ γὰρ καλῶς δια-
κονήσαντες βαθμὸν ἑαυτοῖς καλὸν περιποιοῦνται καὶ πολλὴν παρρησίαν
ἐν πίστει τῇ ἐν Χριστῷ Ἰησοῦ.

14 Ταῦτά σοι γράφω ἐλπίζων ἐλθεῖν πρός σε τάχιον· 15 ἐὰν δὲ βραδύ-
νω, ἵνα εἰδῇς πῶς δεῖ ἐν οἴκῳ Θεοῦ ἀναστρέφεσθαι, ἥτις ἐστὶν ἐκκλησία
Θεοῦ ζῶντος, στῦλος καὶ ἑδραίωμα τῆς ἀληθείας. 16 καὶ ὁμολογουμέ-
νως μέγα ἐστὶ τὸ τῆς εὐσεβείας μυστήριον· Θεὸς ἐφανερώθη ἐν σαρκί,
ἐδικαιώθη ἐν Πνεύματι, ὤφθη ἀγγέλοις, ἐκηρύχθη ἐν ἔθνεσιν, ἐπιστεύ-
θη ἐν κόσμῳ, ἀνελήφθη ἐν δόξῃ.

4

ΤΟ δὲ Πνεῦμα ῥητῶς λέγει ὅτι ἐν ὑστέροις καιροῖς ἀποστήσονταί τι-
νες τῆς πίστεως, προσέχοντες πνεύμασι πλάνοις καὶ διδασκαλίαις
δαιμονίων, 2 ἐν ὑποκρίσει ψευδολόγων, κεκαυστηριασμένων τὴν ἰδί-
αν συνείδησιν, 3 κωλυόντων γαμεῖν, ἀπέχεσθαι βρωμάτων, ἃ ὁ Θεὸς ἔ-
κτισεν εἰς μετάληψιν μετὰ εὐχαριστίας τοῖς πιστοῖς καὶ ἐπεγνωκόσι τὴν
ἀλήθειαν. 4 ὅτι πᾶν κτίσμα Θεοῦ καλόν, καὶ οὐδὲν ἀπόβλητον μετὰ εὐ-
χαριστίας λαμβανόμενον· 5 ἁγιάζεται γὰρ διὰ λόγου Θεοῦ καὶ ἐντεύξε-
ως.

6 Ταῦτα ὑποτιθέμενος τοῖς ἀδελφοῖς καλὸς ἔσῃ διάκονος Ἰησοῦ Χρι-
στοῦ, ἐντρεφόμενος τοῖς λόγοις τῆς πίστεως καὶ τῆς καλῆς διδασκαλίας
ᾗ παρηκολούθηκας. 7 τοὺς δὲ βεβήλους καὶ γραώδεις μύθους παραιτοῦ,
γύμναζε δὲ σεαυτὸν πρὸς εὐσέβειαν· 8 ἡ γὰρ σωματικὴ γυμνασία πρὸς
ὀλίγον ἐστὶν ὠφέλιμος, ἡ δὲ εὐσέβεια πρὸς πάντα ὠφέλιμός ἐστιν, ἐ-
παγγελίας ἔχουσα ζωῆς τῆς νῦν καὶ τῆς μελλούσης. 9 πιστὸς ὁ λόγος
καὶ πάσης ἀποδοχῆς ἄξιος· 10 εἰς τοῦτο γὰρ καὶ κοπιῶμεν καὶ ὀνειδιζό-
μεθα, ὅτι ἠλπίκαμεν ἐπὶ Θεῷ ζῶντι, ὅς ἐστι σωτὴρ πάντων ἀνθρώπων,
μάλιστα πιστῶν.

11 Παράγγελλε ταῦτα καὶ δίδασκε. 12 μηδείς σου τῆς νεότητος κατα-
φρονείτω, ἀλλὰ τύπος γίνου τῶν πιστῶν ἐν λόγῳ, ἐν ἀναστροφῇ, ἐν ἀ-
γάπῃ, ἐν πνεύματι, ἐν πίστει, ἐν ἁγνείᾳ. 13 ἕως ἔρχομαι πρόσεχε τῇ ἀ-
ναγνώσει, τῇ παρακλήσει, τῇ διδασκαλίᾳ. 14 μὴ ἀμέλει τοῦ ἐν σοὶ χα-
ρίσματος, ὃ ἐδόθη σοι διὰ προφητείας μετὰ ἐπιθέσεως τῶν χειρῶν τοῦ
πρεσβυτερίου. 15 ταῦτα μελέτα, ἐν τούτοις ἴσθι, ἵνα σου ἡ προκοπὴ φα-
νερὰ ᾖ ἐν πᾶσιν. 16 ἔπεχε σεαυτῷ καὶ τῇ διδασκαλίᾳ, ἐπίμενε αὐτοῖς·
τοῦτο γὰρ ποιῶν καὶ σεαυτὸν σώσεις καὶ τοὺς ἀκούοντάς σου.

5

ΠΡΕΣΒΥΤΕΡΩι μὴ ἐπιπλήξῃς, ἀλλὰ παρακάλει ὡς πατέρα, νεω-
τέρους ὡς ἀδελφούς, 2 πρεσβυτέρας ὡς μητέρας, νεωτέρας ὡς ἀ-
δελφὰς ἐν πάσῃ ἁγνείᾳ.

3 Χήρας τίμα τὰς ὄντως χήρας. 4 εἰ δέ τις χήρα τέκνα ἢ ἔκγονα ἔχει,
μανθανέτωσαν πρῶτον τὸν ἴδιον οἶκον εὐσεβεῖν καὶ ἀμοιβὰς ἀποδιδόναι
τοῖς προγόνοις· τοῦτο γάρ ἐστι καλὸν καὶ ἀπόδεκτον ἐνώπιον τοῦ Θεοῦ.
5 ἡ δὲ ὄντως χήρα καὶ μεμονωμένη ἤλπικεν ἐπὶ τὸν Θεὸν καὶ προσμένει
ταῖς δεήσεσι καὶ ταῖς προσευχαῖς νυκτὸς καὶ ἡμέρας· 6 ἡ δὲ σπαταλῶσα
ζῶσα τέθνηκε. 7 καὶ ταῦτα παράγγελλε, ἵνα ἀνεπίληπτοι ὦσιν. 8 εἰ δέ
τις τῶν ἰδίων καὶ μάλιστα τῶν οἰκείων οὐ προνοεῖ, τὴν πίστιν ἤρνηται
καὶ ἔστιν ἀπίστου χείρων.

9 Χήρα καταλεγέσθω μὴ ἔλαττον ἐτῶν ἑξήκοντα γεγονυῖα, ἑνὸς ἀνδρὸς
γυνή, 10 ἐν ἔργοις καλοῖς μαρτυρουμένη, εἰ ἐτεκνοτρόφησεν, εἰ ἐξενο-
δόχησεν, εἰ ἁγίων πόδας ἔνιψεν, εἰ θλιβομένοις ἐπήρκεσεν, εἰ παντὶ ἔρ-
γῳ ἀγαθῷ ἐπηκολούθησε. 11 νεωτέρας δὲ χήρας παραιτοῦ· ὅταν γὰρ
καταστρηνιάσωσι τοῦ Χριστοῦ, γαμεῖν θέλουσιν, 12 ἔχουσαι κρῖμα, ὅτι
τὴν πρώτην πίστιν ἠθέτησαν· 13 ἅμα δὲ καὶ ἀργαὶ μανθάνουσι περιερ-
χόμεναι τὰς οἰκίας, οὐ μόνον δὲ ἀργαί, ἀλλὰ καὶ φλύαροι καὶ περίεργοι,
λαλοῦσαι τὰ μὴ δέοντα. 14 βούλομαι οὖν νεωτέρας γαμεῖν, τεκνογονεῖν,
οἰκοδεσποτεῖν, μηδεμίαν ἀφορμὴν διδόναι τῷ ἀντικειμένῳ λοιδορίας χά-
ριν. 15 ἤδη γάρ τινες ἐξετράπησαν ὀπίσω τοῦ σατανᾶ. 16 εἴ τις πιστὸς
ἢ πιστὴ ἔχει χήρας, ἐπαρκείτω αὐταῖς, καὶ μὴ βαρείσθω ἡ ἐκκλησία,
ἵνα ταῖς ὄντως χήραις ἐπαρκέσῃ.

17 Οἱ καλῶς προεστῶτες πρεσβύτεροι διπλῆς τιμῆς ἀξιούσθωσαν, μά-
λιστα οἱ κοπιῶντες ἐν λόγῳ καὶ διδασκαλίᾳ· 18 λέγει γὰρ ἡ γραφή·
βοῦν ἀλοῶντα οὐ φιμώσεις· καί· ἄξιος ὁ ἐργάτης τοῦ μισθοῦ αὐτοῦ. 19
κατὰ πρεσβυτέρου κατηγορίαν μὴ παραδέχου, ἐκτὸς εἰ μὴ ἐπὶ δύο ἢ τρι-
ῶν μαρτύρων. 20 τοὺς ἁμαρτάνοντας ἐνώπιον πάντων ἔλεγχε, ἵνα καὶ
οἱ λοιποὶ φόβον ἔχωσι. 21 διαμαρτύρομαι ἐνώπιον τοῦ Θεοῦ καὶ Κυρίου
Ἰησοῦ Χριστοῦ καὶ τῶν ἐκλεκτῶν ἀγγέλων, ἵνα ταῦτα φυλάξῃς, χωρὶς
προκρίματος μηδὲν ποιῶν κατὰ πρόσκλισιν. 22 χεῖρας ταχέως μηδενὶ
ἐπιτίθει, μηδὲ κοινώνει ἁμαρτίαις ἀλλοτρίαις· σεαυτὸν ἁγνὸν τήρει. 23
μηκέτι ὑδροπότει, ἀλλ' οἴνῳ ὀλίγῳ χρῶ διὰ τὸν στόμαχόν σου καὶ τὰς
πυκνάς σου ἀσθενείας. 24 τινῶν ἀνθρώπων αἱ ἁμαρτίαι πρόδηλοί εἰσι,
προάγουσαι εἰς κρίσιν, τισὶ δὲ καὶ ἐπακολουθοῦσιν· 25 ὡσαύτως καὶ τὰ
καλὰ ἔργα πρόδηλά ἐστι, καὶ τὰ ἄλλως ἔχοντα κρυβῆναι οὐ δύνανται.

6

ὍΣΟΙ εἰσὶν ὑπὸ ζυγὸν δοῦλοι, τοὺς ἰδίους δεσπότας πάσης τιμῆς ἀξί-
ους ἡγείσθωσαν, ἵνα μὴ τὸ ὄνομα τοῦ Θεοῦ καὶ ἡ διδασκαλία βλα-
σφημῆται. 2 οἱ δὲ πιστοὺς ἔχοντες δεσπότας μὴ καταφρονείτωσαν,
ὅτι ἀδελφοί εἰσιν, ἀλλὰ μᾶλλον δουλευέτωσαν, ὅτι πιστοί εἰσι καὶ ἀγα-
πητοὶ οἱ τῆς εὐεργεσίας ἀντιλαμβανόμενοι.

3 Ταῦτα δίδασκε καὶ παρακάλει. εἴ τις ἑτεροδιδασκαλεῖ καὶ μὴ προσέρ-
χεται ὑγιαίνουσι λόγοις τοῖς τοῦ Κυρίου ἡμῶν Ἰησοῦ Χριστοῦ καὶ τῇ
κατ' εὐσέβειαν διδασκαλίᾳ, 4 τετύφωται, μηδὲν ἐπιστάμενος, ἀλλὰ νο-
σῶν περὶ ζητήσεις καὶ λογομαχίας, ἐξ ὧν γίνεται φθόνος, ἔρις, βλασφη-
μίαι, ὑπόνοιαι πονηραί, 5 παραδιατριβαὶ διεφθαρμένων ἀνθρώπων τὸν
νοῦν καὶ ἀπεστερημένων τῆς ἀληθείας, νομιζόντων πορισμὸν εἶναι τὴν
εὐσέβειαν. ἀφίστασο ἀπὸ τῶν τοιούτων.

6 Ἔστι δὲ πορισμὸς μέγας ἡ εὐσέβεια μετὰ αὐταρκείας. 7 οὐδὲν γὰρ εἰ-
σηνέγκαμεν εἰς τὸν κόσμον, δῆλον ὅτι οὐδὲ ἐξενεγκεῖν τι δυνάμεθα· 8 ἔ-
χοντες δὲ διατροφὰς καὶ σκεπάσματα, τούτοις ἀρκεσθησόμεθα. 9 οἱ δὲ
βουλόμενοι πλουτεῖν ἐμπίπτουσιν εἰς πειρασμὸν καὶ παγίδα καὶ ἐπιθυ-
μίας πολλὰς ἀνοήτους καὶ βλαβεράς, αἵτινες βυθίζουσι τοὺς ἀνθρώπους
εἰς ὄλεθρον καὶ ἀπώλειαν. 10 ρίζα γὰρ πάντων τῶν κακῶν ἐστιν ἡ φι-
λαργυρία, ἧς τινες ὀρεγόμενοι ἀπεπλανήθησαν ἀπὸ τῆς πίστεως καὶ ἑ-
αυτοὺς περιέπειραν ὀδύναις πολλαῖς.

11 Σὺ δέ, ὦ ἄνθρωπε τοῦ Θεοῦ, ταῦτα φεῦγε· δίωκε δὲ δικαιοσύνην, εὐ-
σέβειαν, πίστιν, ἀγάπην, ὑπομονήν, πρᾳότητα. 12 ἀγωνίζου τὸν καλὸν
ἀγῶνα τῆς πίστεως· ἐπιλαβοῦ τῆς αἰωνίου ζωῆς, εἰς ἣν καὶ ἐκλήθης καὶ
ὡμολόγησας τὴν καλὴν ὁμολογίαν ἐνώπιον πολλῶν μαρτύρων.

13 παραγγέλλω σοι ἐνώπιον τοῦ Θεοῦ τοῦ ζωοποιοῦντος τὰ πάντα καὶ
Χριστοῦ Ἰησοῦ τοῦ μαρτυρήσαντος ἐπὶ Ποντίου Πιλάτου τὴν καλὴν ὁ-
μολογίαν, 14 τηρῆσαί σε τὴν ἐντολὴν ἄσπιλον, ἀνεπίληπτον μέχρι τῆς
ἐπιφανείας τοῦ Κυρίου ἡμῶν Ἰησοῦ Χριστοῦ, 15 ἣν καιροῖς ἰδίοις δείξει
ὁ μακάριος καὶ μόνος δυνάστης, ὁ βασιλεὺς τῶν βασιλευόντων καὶ κύρι-
ος τῶν κυριευόντων, 16 ὁ μόνος ἔχων ἀθανασίαν, φῶς οἰκῶν ἀπρόσιτον,
ὃν εἶδεν οὐδεὶς ἀνθρώπων οὐδὲ ἰδεῖν δύναται· ᾧ τιμὴ καὶ κράτος αἰώνιον·
ἀμήν.

17 Τοῖς πλουσίοις ἐν τῷ νῦν αἰῶνι παράγγελλε μὴ ὑψηλοφρονεῖν, μηδὲ
ἠλπικέναι ἐπὶ πλούτου ἀδηλότητι, ἀλλ᾿ ἐν τῷ Θεῷ τῷ ζῶντι, τῷ παρέ-
χοντι ἡμῖν πάντα πλουσίως εἰς ἀπόλαυσιν, 18 ἀγαθοεργεῖν, πλουτεῖν ἐν
ἔργοις καλοῖς, εὐμεταδότους εἶναι, κοινωνικούς, 19 ἀποθησαυρίζοντας
ἑαυτοῖς θεμέλιον καλὸν εἰς τὸ μέλλον, ἵνα ἐπιλάβωνται τῆς αἰωνίου ζω-
ῆς.

20 Ὦ Τιμόθεε, τὴν παρακαταθήκην φύλαξον, ἐκτρεπόμενος τὰς βεβή-
λους κενοφωνίας καὶ ἀντιθέσεις τῆς ψευδωνύμου γνώσεως, 21 ἥν τινες
ἐπαγγελλόμενοι περὶ τὴν πίστιν ἠστόχησαν. ἡ χάρις μετὰ σοῦ· ἀμήν.

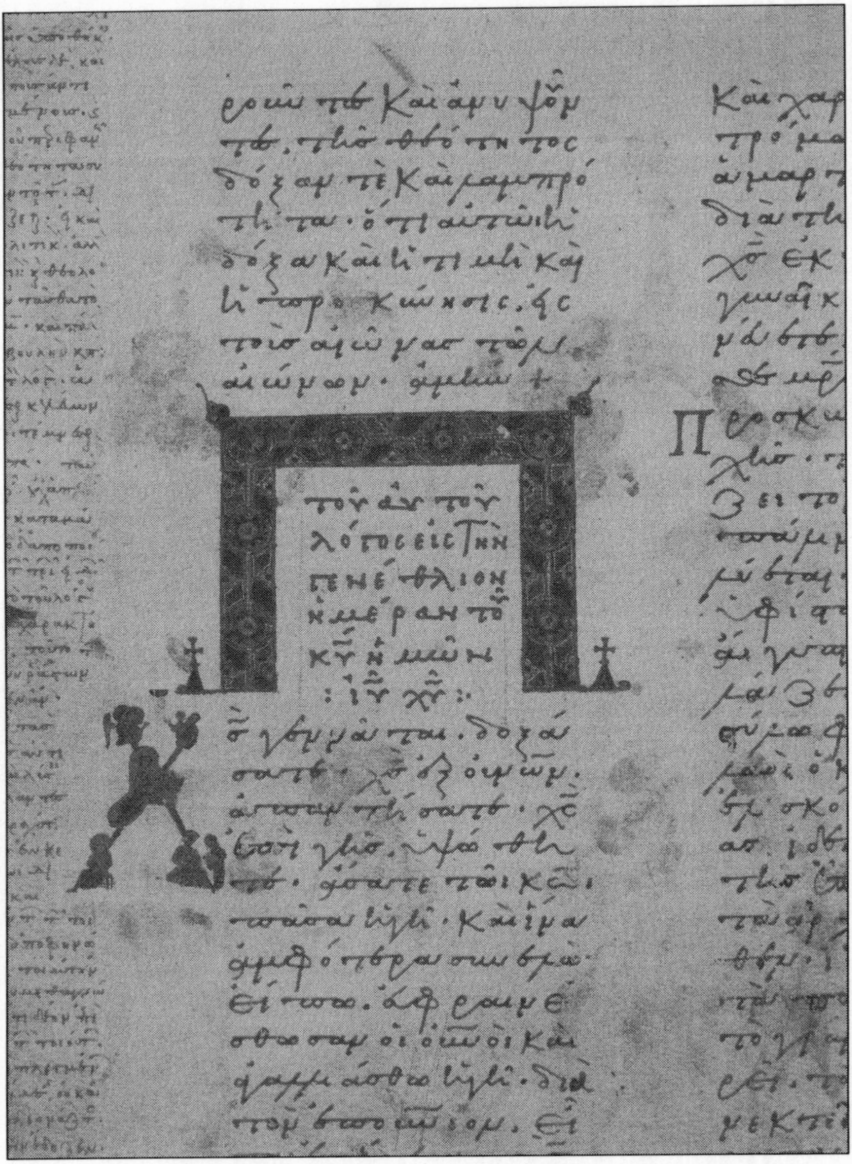

ρουμένου καὶ ἀνυμνουμένου, τὴν θεοπρεπῆ δόξαν τε καὶ λαμπρότητα· ὅτι αὐτῷ ἡ δόξα καὶ ἡ τιμὴ καὶ ἡ προσκύνησις, εἰς τοὺς αἰῶνας τῶν αἰώνων· ἀμήν +

Τοῦ αὐτοῦ λόγος εἰς τὴν γενέθλιον ἡμέραν τοῦ κυρίου ἡμῶν Ἰησοῦ Χριστοῦ :

Χριστὸς γεννᾶται· δοξάσατε. Χριστὸς ἐξ οὐρανῶν· ἀπαντήσατε. Χριστὸς ἐπὶ γῆς· ὑψώθητε. ᾌσατε τῷ κυρίῳ πᾶσα ἡ γῆ· καὶ ἵνα ἀμφότερα συνελὼν εἴπω· εὐφραινέσθωσαν οἱ οὐρανοὶ καὶ ἀγαλλιάσθω ἡ γῆ· διὰ τὸν ἐπουράνιον, εἶτ

Β΄ Πρὸς Τιμόθεον

ΠΑΥΛΟΣ, ἀπόστολος Χριστοῦ Ἰησοῦ διὰ θελήματος Θεοῦ κατ᾽ ἐ-
παγγελίαν ζωῆς τῆς ἐν Χριστῷ Ἰησοῦ, 2 Τιμοθέῳ ἀγαπητῷ τέ-
κνῳ· χάρις, ἔλεος, εἰρήνη ἀπὸ Θεοῦ πατρὸς καὶ Χριστοῦ Ἰησοῦ τοῦ
Κυρίου ἡμῶν.

3 Χάριν ἔχω τῷ Θεῷ, ᾧ λατρεύω ἀπὸ προγόνων ἐν καθαρᾷ συνειδήσει,
ὡς ἀδιάλειπτον ἔχω τὴν περὶ σοῦ μνείαν ἐν ταῖς δεήσεσί μου νυκτὸς καὶ
ἡμέρας, 4 ἐπιποθῶν σε ἰδεῖν, μεμνημένος σου τῶν δακρύων, ἵνα χαρᾶς
πληρωθῶ, 5 ὑπόμνησιν λαμβάνων τῆς ἐν σοὶ ἀνυποκρίτου πίστεως, ἥ-
τις ἐνῴκησε πρῶτον ἐν τῇ μάμμῃ σου Λωΐδι καὶ τῇ μητρί σου Εὐνίκῃ,
πέπεισμαι δὲ ὅτι καὶ ἐν σοί.

6 Δι᾽ ἣν αἰτίαν ἀναμιμνήσκω σε ἀναζωπυρεῖν τὸ χάρισμα τοῦ Θεοῦ, ὅ
ἐστιν ἐν σοὶ διὰ τῆς ἐπιθέσεως τῶν χειρῶν μου· 7 οὐ γὰρ ἔδωκεν ἡμῖν ὁ
Θεὸς Πνεῦμα δειλίας, ἀλλὰ δυνάμεως καὶ ἀγάπης καὶ σωφρονισμοῦ. 8
μὴ οὖν ἐπαισχυνθῇς τὸ μαρτύριον τοῦ Κυρίου ἡμῶν μηδὲ ἐμὲ τὸν δέ-
σμιον αὐτοῦ, ἀλλὰ συγκακοπάθησον τῷ εὐαγγελίῳ κατὰ δύναμιν Θεοῦ,
9 τοῦ σώσαντος ἡμᾶς καὶ καλέσαντος κλήσει ἁγίᾳ, οὐ κατὰ τὰ ἔργα ἡ-
μῶν, ἀλλὰ κατ᾽ ἰδίαν πρόθεσιν καὶ χάριν, τὴν δοθεῖσαν ἡμῖν ἐν Χριστῷ
Ἰησοῦ πρὸ χρόνων αἰωνίων, 10 φανερωθεῖσαν δὲ νῦν διὰ τῆς ἐπιφανείας
τοῦ σωτῆρος ἡμῶν Ἰησοῦ Χριστοῦ, καταργήσαντος μὲν τὸν θάνατον,
φωτίσαντος δὲ ζωὴν καὶ ἀφθαρσίαν διὰ τοῦ εὐαγγελίου, 11 εἰς ὃ ἐτέθην
ἐγὼ κήρυξ καὶ ἀπόστολος καὶ διδάσκαλος ἐθνῶν. 12 δι᾽ ἣν αἰτίαν καὶ
ταῦτα πάσχω, ἀλλ᾽ οὐκ ἐπαισχύνομαι· οἶδα γὰρ ᾧ πεπίστευκα, καὶ πέ-
πεισμαι ὅτι δυνατός ἐστι τὴν παραθήκην μου φυλάξαι εἰς ἐκείνην τὴν
ἡμέραν. 13 ὑποτύπωσιν ἔχε ὑγιαινόντων λόγων ὧν παρ᾽ ἐμοῦ ἤκουσας,

ἐν πίστει καὶ ἀγάπῃ τῇ ἐν Χριστῷ Ἰησοῦ· 14 τὴν καλὴν παραθήκην
φύλαξον διὰ Πνεύματος Ἁγίου τοῦ ἐνοικοῦντος ἐν ἡμῖν.

15 Οἶδας τοῦτο, ὅτι ἀπεστράφησάν με πάντες οἱ ἐν τῇ Ἀσίᾳ, ὧν ἐστι
Φύγελλος καὶ Ἑρμογένης. 16 δῴη ἔλεος ὁ Κύριος τῷ Ὀνησιφόρου οἴ-
κῳ, ὅτι πολλάκις με ἀνέψυξε καὶ τὴν ἅλυσίν μου οὐκ ἐπαισχύνθη, 17
ἀλλὰ γενόμενος ἐν Ρώμῃ σπουδαιότερον ἐζήτησέ με καὶ εὗρε· 18 δῴη
αὐτῷ ὁ Κύριος εὑρεῖν ἔλεος παρὰ Κυρίου ἐν ἐκείνῃ τῇ ἡμέρᾳ· καὶ ὅσα ἐν
Ἐφέσῳ διηκόνησε, βέλτιον σὺ γινώσκεις.

2

ΣΥ οὖν, τέκνον μου, ἐνδυναμοῦ ἐν τῇ χάριτι τῇ ἐν Χριστῷ Ἰησοῦ, 2
καὶ ἃ ἤκουσας παρ' ἐμοῦ διὰ πολλῶν μαρτύρων, ταῦτα παράθου πι-
στοῖς ἀνθρώποις, οἵτινες ἱκανοὶ ἔσονται καὶ ἑτέρους διδάξαι. 3 σὺ
οὖν κακοπάθησον ὡς καλὸς στρατιώτης Ἰησοῦ Χριστοῦ. 4 οὐδεὶς στρα-
τευόμενος ἐμπλέκεται ταῖς τοῦ βίου πραγματείαις, ἵνα τῷ στρατολογή-
σαντι ἀρέσῃ. 5 ἐὰν δὲ καὶ ἀθλῇ τις, οὐ στεφανοῦται, ἐὰν μὴ νομίμως ἀ-
θλήσῃ. 6 τὸν κοπιῶντα γεωργὸν δεῖ πρῶτον τῶν καρπῶν μεταλαμβά-
νειν. 7 νόει ἃ λέγω· δῴη γάρ σοι ὁ Κύριος σύνεσιν ἐν πᾶσι.

8 Μνημόνευε Ἰησοῦν Χριστὸν ἐγηγερμένον ἐκ νεκρῶν, ἐκ σπέρματος
Δαυΐδ, κατὰ τὸ εὐαγγέλιόν μου, 9 ἐν ᾧ κακοπαθῶ μέχρι δεσμῶν ὡς κα-
κοῦργος· ἀλλ' ὁ λόγος τοῦ Θεοῦ οὐ δέδεται. 10 διὰ τοῦτο πάντα ὑπομέ-
νω διὰ τοὺς ἐκλεκτούς, ἵνα καὶ αὐτοὶ σωτηρίας τύχωσι τῆς ἐν Χριστῷ
Ἰησοῦ μετὰ δόξης αἰωνίου.

11 Πιστὸς ὁ λόγος· εἰ γὰρ συναπεθάνομεν, καὶ συζήσομεν· 12 εἰ ὑπομέ-
νομεν, καὶ συμβασιλεύσομεν· εἰ ἀρνούμεθα, κἀκεῖνος ἀρνήσεται ἡμᾶς·
13 εἰ ἀπιστοῦμεν, ἐκεῖνος πιστὸς μένει· ἀρνήσασθαι ἑαυτὸν οὐ δύναται.

14 Ταῦτα ὑπομίμνησκε, διαμαρτυρόμενος ἐνώπιον τοῦ Κυρίου μὴ λο-
γομαχεῖν εἰς οὐδὲν χρήσιμον, ἐπὶ καταστροφῇ τῶν ἀκουόντων. 15
σπούδασον σεαυτὸν δόκιμον παραστῆσαι τῷ Θεῷ, ἐργάτην ἀνεπαίσχυν-
τον, ὀρθοτομοῦντα τὸν λόγον τῆς ἀληθείας. 16 τὰς δὲ βεβήλους κενο-
φωνίας περιΐστασο· ἐπὶ πλεῖον γὰρ προκόψουσιν ἀσεβείας, 17 καὶ ὁ λό-
γος αὐτῶν ὡς γάγγραινα νομὴν ἕξει· ὧν ἐστιν Ὑμέναιος καὶ Φιλητός,

18 οἵτινες περὶ τὴν ἀλήθειαν ἠστόχησαν, λέγοντες τὴν ἀνάστασιν ἤδη
γεγονέναι, καὶ ἀνατρέπουσι τήν τινων πίστιν. 19 ὁ μέντοι στερεὸς θεμέ-
λιος τοῦ Θεοῦ ἕστηκεν, ἔχων τὴν σφραγῖδα ταύτην· ἔγνω Κύριος τοὺς
ὄντας αὐτοῦ· καὶ ἀποστήτω ἀπὸ ἀδικίας πᾶς ὁ ὀνομάζων τὸ ὄνομα Κυρί-
ου.

20 Ἐν μεγάλῃ δὲ οἰκίᾳ οὐκ ἔστι μόνον σκεύη χρυσᾶ καὶ ἀργυρᾶ, ἀλλὰ
καὶ ξύλινα καὶ ὀστράκινα, καὶ ἃ μὲν εἰς τιμήν, ἃ δὲ εἰς ἀτιμίαν. 21 ἐὰν
οὖν τις ἐκκαθάρῃ ἑαυτὸν ἀπὸ τούτων, ἔσται σκεῦος εἰς τιμήν, ἡγιασμέ-
νον καὶ εὔχρηστον τῷ δεσπότῃ, εἰς πᾶν ἔργον ἀγαθὸν ἡτοιμασμένον. 22
τὰς δὲ νεωτερικὰς ἐπιθυμίας φεῦγε, δίωκε δὲ δικαιοσύνην, πίστιν, ἀγά-
πην, εἰρήνην μετὰ τῶν ἐπικαλουμένων τὸν Κύριον ἐκ καθαρᾶς καρδίας.
23 τὰς δὲ μωρὰς καὶ ἀπαιδεύτους ζητήσεις παραιτοῦ, εἰδὼς ὅτι γεννῶσι
μάχας· 24 δοῦλον δὲ Κυρίου οὐ δεῖ μάχεσθαι, ἀλλ᾽ ἤπιον εἶναι πρὸς
πάντας, διδακτικόν, ἀνεξίκακον, 25 ἐν πρᾳότητι παιδεύοντα τοὺς ἀντι-
διατιθεμένους, μήποτε δῷ αὐτοῖς ὁ Θεὸς μετάνοιαν εἰς ἐπίγνωσιν ἀλη-
θείας, 26 καὶ ἀνανήψωσιν ἐκ τῆς τοῦ διαβόλου παγίδος, ἐζωγρημένοι
ὑπ᾽ αὐτοῦ εἰς τὸ ἐκείνου θέλημα.

3

ΤΟΥΤΟ δὲ γίνωσκε, ὅτι ἐν ἐσχάταις ἡμέραις ἐνστήσονται καιροὶ χα-
λεποί· 2 ἔσονται γὰρ οἱ ἄνθρωποι φίλαυτοι, φιλάργυροι, ἀλαζόνες, ὑ-
περήφανοι, βλάσφημοι, γονεῦσιν ἀπειθεῖς, ἀχάριστοι, ἀνόσιοι, 3 ἄ-
στοργοι, ἄσπονδοι, διάβολοι, ἀκρατεῖς, ἀνήμεροι, ἀφιλάγαθοι, 4 προδό-
ται, προπετεῖς, τετυφωμένοι, φιλήδονοι μᾶλλον ἢ φιλόθεοι, 5 ἔχοντες
μόρφωσιν εὐσεβείας, τὴν δὲ δύναμιν αὐτῆς ἠρνημένοι. καὶ τούτους ἀπο-
τρέπου. 6 ἐκ τούτων γάρ εἰσιν οἱ ἐνδύνοντες εἰς τὰς οἰκίας καὶ αἰχμα-
λωτίζοντες γυναικάρια σεσωρευμένα ἁμαρτίαις, ἀγόμενα ἐπιθυμίαις
ποικίλαις, 7 πάντοτε μανθάνοντα καὶ μηδέποτε εἰς ἐπίγνωσιν ἀληθείας
ἐλθεῖν δυνάμενα. 8 ὃν τρόπον δὲ Ἰαννῆς καὶ Ἰαμβρῆς ἀντέστησαν Μω-
ϋσεῖ, οὕτω καὶ οὗτοι ἀνθίστανται τῇ ἀληθείᾳ, ἄνθρωποι κατεφθαρμένοι
τὸν νοῦν, ἀδόκιμοι περὶ τὴν πίστιν. 9 ἀλλ᾽ οὐ προκόψουσιν ἐπὶ πλεῖον· ἡ
γὰρ ἄνοια αὐτῶν ἔκδηλος ἔσται πᾶσιν, ὡς καὶ ἡ ἐκείνων ἐγένετο.

10 Σὺ δὲ παρηκολούθηκάς μου τῇ διδασκαλίᾳ, τῇ ἀγωγῇ, τῇ προθέσει,
τῇ πίστει, τῇ μακροθυμίᾳ, τῇ ἀγάπῃ, τῇ ὑπομονῇ, 11 τοῖς διωγμοῖς,
τοῖς παθήμασιν, οἷά μοι ἐγένοντο ἐν Ἀντιοχείᾳ, ἐν Ἰκονίῳ, ἐν Λύστροις,
οἵους διωγμοὺς ὑπήνεγκα, καὶ ἐκ πάντων με ἐρρύσατο ὁ Κύριος. 12 καὶ
πάντες δὲ οἱ θέλοντες εὐσεβῶς ζῆν ἐν Χριστῷ Ἰησοῦ διωχθήσονται· 13
πονηροὶ δέ ἄνθρωποι καὶ γόητες προκόψουσιν ἐπὶ τὸ χεῖρον, πλανῶντες
καὶ πλανώμενοι. 14 σὺ δὲ μένε ἐν οἷς ἔμαθες καὶ ἐπιστώθης, εἰδὼς παρὰ
τίνος ἔμαθες, 15 καὶ ὅτι ἀπὸ βρέφους τὰ ἱερὰ γράμματα οἶδας, τὰ δυνά-
μενά σε σοφίσαι εἰς σωτηρίαν διὰ πίστεως τῆς ἐν Χριστῷ Ἰησοῦ. 16
πᾶσα γραφὴ θεόπνευστος καὶ ὠφέλιμος πρὸς διδασκαλίαν, πρὸς ἔλεγ-
χον, πρὸς ἐπανόρθωσιν, πρὸς παιδείαν τὴν ἐν δικαιοσύνῃ, 17 ἵνα ἄρτιος
ᾖ ὁ τοῦ Θεοῦ ἄνθρωπος, πρὸς πᾶν ἔργον ἀγαθὸν ἐξηρτισμένος.

4

ΔΙΑΜΑΡΤΥΡΟΜΑΙ οὖν ἐγὼ ἐνώπιον τοῦ Θεοῦ καὶ τοῦ Κυρίου Ἰη-
σοῦ Χριστοῦ, τοῦ μέλλοντος κρίνειν ζῶντας καὶ νεκροὺς κατὰ τὴν ἐ-
πιφάνειαν αὐτοῦ καὶ τὴν βασιλείαν αὐτοῦ, 2 κήρυξον τὸν λόγον, ἐπί-
στηθι εὐκαίρως ἀκαίρως, ἔλεγξον, ἐπιτίμησον, παρακάλεσον, ἐν πάσῃ
μακροθυμίᾳ καὶ διδαχῇ. 3 ἔσται γὰρ καιρὸς ὅτε τῆς ὑγιαινούσης διδα-
σκαλίας οὐκ ἀνέξονται, ἀλλὰ κατὰ τὰς ἐπιθυμίας τὰς ἰδίας ἑαυτοῖς ἐπι-
σωρεύσουσι διδασκάλους κνηθόμενοι τὴν ἀκοήν, 4 καὶ ἀπὸ μὲν τῆς ἀ-
ληθείας τὴν ἀκοὴν ἀποστρέψουσιν, ἐπὶ δὲ τοὺς μύθους ἐκτραπήσονται.
5 σὺ δὲ νῆφε ἐν πᾶσι, κακοπάθησον, ἔργον ποίησον εὐαγγελιστοῦ, τὴν
διακονίαν σου πληροφόρησον. 6 ἐγὼ γὰρ ἤδη σπένδομαι, καὶ ὁ καιρὸς
τῆς ἐμῆς ἀναλύσεως ἐφέστηκε. 7 τὸν ἀγῶνα τὸν καλὸν ἠγώνισμαι, τὸν
δρόμον τετέλεκα, τὴν πίστιν τετήρηκα· 8 λοιπὸν ἀπόκειταί μοι ὁ τῆς δι-
καιοσύνης στέφανος, ὃν ἀποδώσει μοι ὁ Κύριος ἐν ἐκείνῃ τῇ ἡμέρᾳ, ὁ δί-
καιος κριτής, οὐ μόνον δὲ ἐμοί, ἀλλὰ καὶ πᾶσι τοῖς ἠγαπηκόσι τὴν ἐπι-
φάνειαν αὐτοῦ.

9 Σπούδασον ἐλθεῖν πρός με ταχέως· 10 Δημᾶς γάρ με ἐγκατέλιπεν ἀ-
γαπήσας τὸν νῦν αἰῶνα, καὶ ἐπορεύθη εἰς Θεσσαλονίκην, Κρήσκης εἰς
Γαλατίαν, Τίτος εἰς Δαλματίαν· 11 Λουκᾶς ἐστι μόνος μετ' ἐμοῦ.
Μᾶρκον ἀναλαβὼν ἄγε μετὰ σεαυτοῦ· ἔστι γάρ μοι εὔχρηστος εἰς δια-

κονίαν.

12 Τυχικὸν δὲ ἀπέστειλα εἰς Ἔφεσον. 13 τὸν φαιλόνην, ὃν ἀπέλιπον ἐν
Τρῳάδι παρὰ Κάρπῳ, ἐρχόμενος φέρε, καὶ τὰ βιβλία, μάλιστα τὰς
μεμβράνας. 14 Ἀλέξανδρος ὁ χαλκεὺς πολλά μοι κακὰ ἐνεδείξατο· ἀ-
ποδῴη αὐτῷ ὁ Κύριος κατὰ τὰ ἔργα αὐτοῦ· 15 ὃν καὶ σὺ φυλάσσου· λίαν
γὰρ ἀνθέστηκε τοῖς ἡμετέροις λόγοις. 16 Ἐν τῇ πρώτῃ μου ἀπολογίᾳ
οὐδείς μοι συμπαρεγένετο, ἀλλὰ πάντες με ἐγκατέλιπον· μὴ αὐτοῖς λο-
γισθείη· 17 ὁ δὲ Κύριός μοι παρέστη καὶ ἐνεδυνάμωσέ με, ἵνα δι᾿ ἐμοῦ
τὸ κήρυγμα πληροφορηθῇ καὶ ἀκούσῃ πάντα τὰ ἔθνη· καὶ ἐρρύσθην ἐκ
στόματος λέοντος. 18 καὶ ῥύσεταί με ὁ Κύριος ἀπὸ παντὸς ἔργου πονη-
ροῦ καὶ σώσει εἰς τὴν βασιλείαν αὐτοῦ τὴν ἐπουράνιον· ᾧ ἡ δόξα εἰς
τοὺς αἰῶνας τῶν αἰώνων· ἀμήν.

19 Ἄσπασαι Πρίσκαν καὶ Ἀκύλαν καὶ τὸν Ὀνησιφόρου οἶκον. 20 Ἔρα-
στος ἔμεινεν ἐν Κορίνθῳ, Τρόφιμον δὲ ἀπέλιπον ἐν Μιλήτῳ ἀσθενοῦν-
τα. 21 σπούδασον πρὸ χειμῶνος ἐλθεῖν. ἀσπάζεταί σε Εὔβουλος καὶ
Πούδης καὶ Λίνος καὶ Κλαυδία καὶ οἱ ἀδελφοὶ πάντες. 22 Ὁ Κύριος Ἰ-
ησοῦς Χριστὸς μετὰ τοῦ πνεύματός σου. Ἡ χάρις μεθ᾿ ὑμῶν· ἀμήν.

Πρὸς Τίτον

ΠΑΥΛΟΣ, δοῦλος Θεοῦ, ἀπόστολος δὲ Ἰησοῦ Χριστοῦ κατὰ πίστιν
ἐκλεκτῶν Θεοῦ καὶ ἐπίγνωσιν ἀληθείας τῆς κατ' εὐσέβειαν 2 ἐπ'
ἐλπίδι ζωῆς αἰωνίου, ἣν ἐπηγγείλατο ὁ ἀψευδὴς Θεὸς πρὸ χρόνων
αἰωνίων, 3 ἐφανέρωσε δὲ καιροῖς ἰδίοις τὸν λόγον αὐτοῦ ἐν κηρύγματι ὃ
ἐπιστεύθην ἐγὼ κατ' ἐπιταγὴν τοῦ σωτῆρος ἡμῶν Θεοῦ, 4 Τίτῳ γνη-
σίῳ τέκνῳ κατὰ κοινὴν πίστιν· χάρις, ἔλεος, εἰρήνη ἀπὸ Θεοῦ πατρὸς
καὶ Κυρίου Ἰησοῦ Χριστοῦ τοῦ σωτῆρος ἡμῶν.

5 Τούτου χάριν κατέλιπόν σε ἐν Κρήτῃ, ἵνα τὰ λείποντα ἐπιδιορθώσῃ,
καὶ καταστήσῃς κατὰ πόλιν πρεσβυτέρους, ὡς ἐγώ σοι διεταξάμην, 6 εἴ
τίς ἐστιν ἀνέγκλητος, μιᾶς γυναικὸς ἀνήρ, τέκνα ἔχων πιστά, μὴ ἐν κα-
τηγορίᾳ ἀσωτίας ἢ ἀνυπότακτα. 7 δεῖ γὰρ τὸν ἐπίσκοπον ἀνέγκλητον
εἶναι ὡς Θεοῦ οἰκονόμον, μὴ αὐθάδη, μὴ ὀργίλον, μὴ πάροινον, μὴ πλή-
κτην, μὴ αἰσχροκερδῆ, 8 ἀλλὰ φιλόξενον, φιλάγαθον, σώφρονα, δίκαιον,
ὅσιον, ἐγκρατῆ, 9 ἀντεχόμενον τοῦ κατὰ τὴν διδαχὴν πιστοῦ λόγου, ἵνα
δυνατὸς ᾖ καὶ παρακαλεῖν ἐν τῇ διδασκαλίᾳ τῇ ὑγιαινούσῃ καὶ τοὺς ἀν-
τιλέγοντας ἐλέγχειν.

10 Εἰσὶ γὰρ πολλοὶ καὶ ἀνυπότακτοι, ματαιολόγοι καὶ φρεναπάται, μά-
λιστα οἱ ἐκ περιτομῆς, 11 οὓς δεῖ ἐπιστομίζειν, οἵτινες ὅλους οἴκους ἀ-
νατρέπουσι διδάσκοντες ἃ μὴ δεῖ αἰσχροῦ κέρδους χάριν. 12 εἶπέ τις ἐξ
αὐτῶν ἴδιος αὐτῶν προφήτης· Κρῆτες ἀεὶ ψεῦσται, κακὰ θηρία, γαστέ-
ρες ἀργαί. 13 ἡ μαρτυρία αὕτη ἐστὶν ἀληθής. δι' ἣν αἰτίαν ἔλεγχε αὐ-
τοὺς ἀποτόμως, ἵνα ὑγιαίνωσιν ἐν τῇ πίστει, 14 μὴ προσέχοντες Ἰουδα-
ϊκοῖς μύθοις καὶ ἐντολαῖς ἀνθρώπων ἀποστρεφομένων τὴν ἀλήθειαν. 15
πάντα μὲν καθαρὰ τοῖς καθαροῖς· τοῖς δὲ μεμιαμμένοις καὶ ἀπίστοις οὐ-

δὲν καθαρόν, ἀλλὰ μεμίανται αὐτῶν καὶ ὁ νοῦς καὶ ἡ συνείδησις. 16
Θεὸν ὁμολογοῦσιν εἰδέναι, τοῖς δὲ ἔργοις ἀρνοῦνται, βδελυκτοὶ ὄντες καὶ
ἀπειθεῖς καὶ πρὸς πᾶν ἔργον ἀγαθὸν ἀδόκιμοι.

2

ΣΥ δὲ λάλει ἃ πρέπει τῇ ὑγιαινούσῃ διδασκαλίᾳ. 2 πρεσβύτας νηφα-
λίους εἶναι, σεμνούς, σώφρονας, ὑγιαίνοντας τῇ πίστει, τῇ ἀγάπῃ,
τῇ ὑπομονῇ. 3 πρεσβύτιδας ὡσαύτως ἐν καταστήματι ἱεροπρεπεῖς,
μὴ διαβόλους, μὴ οἴνῳ πολλῷ δεδουλωμένας, καλοδιδασκάλους, 4 ἵνα
σωφρονίζωσι τὰς νέας φιλάνδρους εἶναι, φιλοτέκνους, 5 σώφρονας, ἁ-
γνάς, οἰκουρούς, ἀγαθάς, ὑποτασσομένας τοῖς ἰδίοις ἀνδράσιν, ἵνα μὴ ὁ
λόγος τοῦ Θεοῦ βλασφημῆται. 6 τοὺς νεωτέρους ὡσαύτως παρακάλει
σωφρονεῖν, 7 περὶ πάντα σεαυτὸν παρεχόμενος τύπον καλῶν ἔργων, ἐν
τῇ διδασκαλίᾳ ἀδιαφθορίαν, σεμνότητα, ἀφθαρσίαν, 8 λόγον ὑγιῆ, ἀκα-
τάγνωστον, ἵνα ὁ ἐξ ἐναντίας ἐντραπῇ μηδὲν ἔχων περὶ ἡμῶν λέγειν
φαῦλον. 9 δούλους ἰδίοις δεσπόταις ὑποτάσσεσθαι, ἐν πᾶσιν εὐαρέστους
εἶναι, μὴ ἀντιλέγοντας, 10 μὴ νοσφιζομένους, ἀλλὰ πίστιν πᾶσαν ἐνδει-
κνυμένους ἀγαθήν, ἵνα τὴν διδασκαλίαν τοῦ σωτῆρος ἡμῶν Θεοῦ κο-
σμῶσιν ἐν πᾶσιν.

11 Ἐπεφάνη γὰρ ἡ χάρις τοῦ Θεοῦ ἡ σωτήριος πᾶσιν ἀνθρώποις, 12
παιδεύουσα ἡμᾶς ἵνα ἀρνησάμενοι τὴν ἀσέβειαν καὶ τὰς κοσμικὰς ἐπι-
θυμίας σωφρόνως καὶ δικαίως καὶ εὐσεβῶς ζήσωμεν ἐν τῷ νῦν αἰῶνι,
13 προσδεχόμενοι τὴν μακαρίαν ἐλπίδα καὶ ἐπιφάνειαν τῆς δόξης τοῦ
μεγάλου Θεοῦ καὶ σωτῆρος ἡμῶν Ἰησοῦ Χριστοῦ, 14 ὃς ἔδωκεν ἑαυτὸν
ὑπὲρ ἡμῶν, ἵνα λυτρώσηται ἡμᾶς ἀπὸ πάσης ἀνομίας καὶ καθαρίσῃ ἑ-
αυτῷ λαὸν περιούσιον, ζηλωτὴν καλῶν ἔργων. 15 ταῦτα λάλει καὶ πα-
ρακάλει καὶ ἔλεγχε μετὰ πάσης ἐπιταγῆς· μηδείς σου περιφρονείτω.

3

ΥΠΟΜΙΜΝΗΣΚΕ αὐτοὺς ἀρχαῖς καὶ ἐξουσίαις ὑποτάσσεσθαι, πει-
θαρχεῖν, πρὸς πᾶν ἔργον ἀγαθὸν ἑτοίμους εἶναι, 2 μηδένα βλασφη-
μεῖν, ἀμάχους εἶναι, ἐπιεικεῖς, πᾶσαν ἐνδεικνυμένους πρᾳότητα
πρὸς πάντας ἀνθρώπους.

3 Ἦμεν γάρ ποτε καὶ ἡμεῖς ἀνόητοι, ἀπειθεῖς, πλανώμενοι, δουλεύοντες
ἐπιθυμίαις καὶ ἡδοναῖς ποικίλαις, ἐν κακίᾳ καὶ φθόνῳ διάγοντες, στυγη-
τοί, μισοῦντες ἀλλήλους· 4 ὅτε δὲ ἡ χρηστότης καὶ ἡ φιλανθρωπία ἐπε-
φάνη τοῦ σωτῆρος ἡμῶν Θεοῦ, 5 οὐκ ἐξ ἔργων τῶν ἐν δικαιοσύνῃ ὧν ἐ-
ποιήσαμεν ἡμεῖς, ἀλλὰ κατὰ τὸν αὐτοῦ ἔλεον ἔσωσεν ἡμᾶς διὰ λουτροῦ
παλιγγενεσίας καὶ ἀνακαινώσεως Πνεύματος Ἁγίου, 6 οὗ ἐξέχεεν ἐφ'
ἡμᾶς πλουσίως διὰ Ἰησοῦ Χριστοῦ τοῦ σωτῆρος ἡμῶν, 7 ἵνα δικαιω-
θέντες τῇ ἐκείνου χάριτι κληρονόμοι γενώμεθα κατ' ἐλπίδα ζωῆς αἰωνί-
ου. 8 Πιστὸς ὁ λόγος· καὶ περὶ τούτων βούλομαί σε διαβεβαιοῦσθαι, ἵνα
φροντίζωσι καλῶν ἔργων προΐστασθαι οἱ πεπιστευκότες τῷ Θεῷ. ταῦτά
ἐστι τὰ καλὰ καὶ ὠφέλιμα τοῖς ἀνθρώποις· 9 μωρὰς δὲ ζητήσεις καὶ γε-
νεαλογίας καὶ ἔρεις καὶ μάχας νομικὰς περιΐστασο· εἰσὶ γὰρ ἀνωφελεῖς
καὶ μάταιοι. 10 αἱρετικὸν ἄνθρωπον μετὰ μίαν καὶ δευτέραν νουθεσίαν
παραιτοῦ, 11 εἰδὼς ὅτι ἐξέστραπται ὁ τοιοῦτος καὶ ἁμαρτάνει ὢν αὐτο-
κατάκριτος.

12 Ὅταν πέμψω Ἀρτεμᾶν πρός σε ἢ Τυχικόν, σπούδασον ἐλθεῖν πρός
με εἰς Νικόπολιν· ἐκεῖ γὰρ κέκρικα παραχειμάσαι. 13 Ζηνᾶν τὸν νομι-
κὸν καὶ Ἀπολλῶ σπουδαίως πρόπεμψον, ἵνα μηδὲν αὐτοῖς λείπῃ. 14
μανθανέτωσαν δὲ καὶ οἱ ἡμέτεροι καλῶν ἔργων προΐστασθαι εἰς τὰς ἀ-
ναγκαίας χρείας, ἵνα μὴ ὦσιν ἄκαρποι.

15 Ἀσπάζονταί σε οἱ μετ' ἐμοῦ πάντες. ἄσπασαι τοὺς φιλοῦντας ἡμᾶς
ἐν πίστει. Ἡ χάρις μετὰ πάντων ὑμῶν· ἀμήν.

Πρὸς Φιλήμονα

ΠΑΥΛΟΣ, δέσμιος Χριστοῦ Ἰησοῦ, καὶ Τιμόθεος ὁ ἀδελφός, Φιλή-
μονι τῷ ἀγαπητῷ καὶ συνεργῷ ἡμῶν 2 καὶ Ἀπφίᾳ τῇ ἀγαπητῇ καὶ
Ἀρχίππῳ τῷ συστρατιώτῃ ἡμῶν καὶ τῇ κατ' οἶκόν σου ἐκκλησίᾳ· 3
χάρις ὑμῖν καὶ εἰρήνη ἀπὸ Θεοῦ πατρὸς ἡμῶν καὶ Κυρίου Ἰησοῦ Χρι-
στοῦ.

4 Εὐχαριστῶ τῷ Θεῷ μου πάντοτε μνείαν σου ποιούμενος ἐπὶ τῶν προ-
σευχῶν μου, 5 ἀκούων σου τὴν ἀγάπην καὶ τὴν πίστιν ἣν ἔχεις πρὸς τὸν
Κύριον Ἰησοῦν καὶ εἰς πάντας τοὺς ἁγίους, 6 ὅπως ἡ κοινωνία τῆς πί-
στεώς σου ἐνεργὴς γένηται ἐν ἐπιγνώσει παντὸς ἀγαθοῦ τοῦ ἐν ἡμῖν εἰς
Χριστὸν Ἰησοῦν. 7 χάριν γὰρ ἔχομεν πολλὴν καὶ παράκλησιν ἐπὶ τῇ ἀ-
γάπῃ σου, ὅτι τὰ σπλάγχνα τῶν ἁγίων ἀναπέπαυται διὰ σοῦ, ἀδελφέ. 8
Διό, πολλὴν ἐν Χριστῷ παρρησίαν ἔχων ἐπιτάσσειν σοι τὸ ἀνῆκον, 9 διὰ
τὴν ἀγάπην μᾶλλον παρακαλῶ· τοιοῦτος ὤν, ὡς Παῦλος πρεσβύτης,
νυνὶ δὲ καὶ δέσμιος Ἰησοῦ Χριστοῦ, 10 παρακαλῶ σε περὶ τοῦ ἐμοῦ τέ-
κνου, ὃν ἐγέννησα ἐν τοῖς δεσμοῖς μου, Ὀνήσιμον, 11 τὸν ποτέ σοι ἄ-
χρηστον, νυνὶ δὲ σοὶ καὶ ἐμοὶ εὔχρηστον, ὃν ἀνέπεμψα· 12 σὺ δὲ αὐτόν,
τοῦτ' ἔστι τὰ ἐμὰ σπλάγχνα, προσλαβοῦ· 13 ὃν ἐγὼ ἐβουλόμην πρὸς ἐ-
μαυτὸν κατέχειν, ἵνα ὑπὲρ σοῦ διακονῇ μοι ἐν τοῖς δεσμοῖς τοῦ εὐαγγε-
λίου· 14 χωρὶς δὲ τῆς σῆς γνώμης οὐδὲν ἠθέλησα ποιῆσαι, ἵνα μὴ ὡς
κατὰ ἀνάγκην τὸ ἀγαθόν σου ᾖ, ἀλλὰ κατὰ ἑκούσιον.

15 τάχα γὰρ διὰ τοῦτο ἐχωρίσθη πρὸς ὥραν, ἵνα αἰώνιον αὐτὸν ἀπέχῃς,
16 οὐκέτι ὡς δοῦλον, ἀλλ' ὑπὲρ δοῦλον, ἀδελφὸν ἀγαπητόν, μάλιστα ἐ-
μοί, πόσῳ δὲ μᾶλλον σοὶ καὶ ἐν σαρκὶ καὶ ἐν Κυρίῳ. 17 εἰ οὖν με ἔχεις
κοινωνόν, προσλαβοῦ αὐτὸν ὡς ἐμέ. 18 εἰ δέ τι ἠδίκησέ σε ἢ ὀφείλει,

τοῦτο ἐμοὶ ἐλλόγει· 19 ἐγὼ Παῦλος ἔγραψα τῇ ἐμῇ χειρί, ἐγὼ ἀποτίσω·
ἵνα μὴ λέγω σοι ὅτι καὶ σεαυτόν μοι προσοφείλεις. 20 ναί, ἀδελφέ, ἐγώ
σου ὀναίμην ἐν Κυρίῳ· ἀνάπαυσόν μου τὰ σπλάγχνα ἐν Κυρίῳ. 21 πε-
ποιθὼς τῇ ὑπακοῇ σου ἔγραψά σοι, εἰδὼς ὅτι καὶ ὑπὲρ ὃ λέγω ποιήσεις.
22 ἅμα δὲ καὶ ἑτοίμαζέ μοι ξενίαν· ἐλπίζω γὰρ ὅτι διὰ τῶν προσευχῶν
ὑμῶν χαρισθήσομαι ὑμῖν.

23 Ἀσπάζεταί σε Ἐπαφρᾶς ὁ συναιχμάλωτός μου ἐν Χριστῷ Ἰησοῦ,
24 Μᾶρκος, Ἀρίσταρχος, Δημᾶς, Λουκᾶς, οἱ συνεργοί μου. 25 Ἡ χάρις
τοῦ Κυρίου ἡμῶν Ἰησοῦ Χριστοῦ μετὰ τοῦ πνεύματος ὑμῶν· ἀμήν.

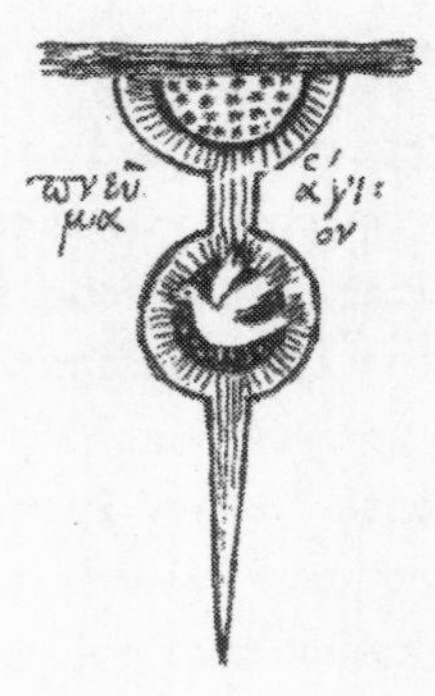

Πρὸς Ἑβραίους

ΠΟΛΥΜΕΡΩΣ καὶ πολυτρόπως πάλαι ὁ Θεὸς λαλήσας τοῖς πατράσιν ἐν τοῖς προφήταις, ἐπ᾿ ἐσχάτου τῶν ἡμερῶν τούτων ἐλάλησεν ἡμῖν ἐν υἱῷ, 2 ὃν ἔθηκε κληρονόμον πάντων, δι᾿ οὗ καὶ τοὺς αἰῶνας ἐποίησεν· 3 ὃς ὢν ἀπαύγασμα τῆς δόξης καὶ χαρακτὴρ τῆς ὑποστάσεως αὐτοῦ, φέρων τε τὰ πάντα τῷ ῥήματι τῆς δυνάμεως αὐτοῦ, δι᾿ ἑαυτοῦ καθαρισμὸν ποιησάμενος τῶν ἁμαρτιῶν ἡμῶν ἐκάθισεν ἐν δεξιᾷ τῆς μεγαλωσύνης ἐν ὑψηλοῖς, 4 τοσούτῳ κρείττων γενόμενος τῶν ἀγγέλων, ὅσῳ διαφορώτερον παρ᾿ αὐτοὺς κεκληρονόμηκεν ὄνομα.

5 Τίνι γὰρ εἶπέ ποτε τῶν ἀγγέλων· υἱός μου εἶ σύ, ἐγὼ σήμερον γεγέννηκά σε; καὶ πάλιν· ἐγὼ ἔσομαι αὐτῷ εἰς πατέρα, καὶ αὐτὸς ἔσται μοι εἰς υἱόν; 6 ὅταν δὲ πάλιν εἰσαγάγῃ τὸν πρωτότοκον εἰς τὴν οἰκουμένην, λέγει· καὶ προσκυνησάτωσαν αὐτῷ πάντες ἄγγελοι Θεοῦ. 7 καὶ πρὸς μὲν τοὺς ἀγγέλους λέγει· ὁ ποιῶν τοὺς ἀγγέλους αὐτοῦ πνεύματα, καὶ τοὺς λειτουργοὺς αὐτοῦ πυρὸς φλόγα· 8 πρὸς δὲ τὸν υἱόν· ὁ θρόνος σου, ὁ Θεός, εἰς τὸν αἰῶνα τοῦ αἰῶνος· ῥάβδος εὐθύτητος ἡ ῥάβδος τῆς βασιλείας σου. 9 ἠγάπησας δικαιοσύνην καὶ ἐμίμησας ἀνομίαν· διὰ τοῦτο ἔχρισέ σε, ὁ Θεός, ὁ Θεός σου ἔλαιον ἀγαλλιάσεως παρὰ τοὺς μετόχους σου· 10 καί· σὺ κατ᾿ ἀρχάς, Κύριε, τὴν γῆν ἐθεμελίωσας, καὶ ἔργα τῶν χειρῶν σού εἰσιν οἱ οὐρανοί· 11 αὐτοὶ ἀπολοῦνται, σὺ δὲ διαμένεις· καὶ πάντες ὡς ἱμάτιον παλαιωθήσονται, 12 καὶ ὡσεὶ περιβόλαιον ἑλίξεις αὐτούς, καὶ ἀλλαγήσονται· σὺ δὲ ὁ αὐτὸς εἶ, καὶ τὰ ἔτη σου οὐκ ἐκλείψουσι. 13 πρὸς τίνα δὲ τῶν ἀγγέλων εἴρηκέ ποτε· κάθου ἐκ δεξιῶν μου ἕως ἂν θῶ τοὺς ἐχθρούς σου ὑποπόδιον τῶν ποδῶν σου; 14 οὐχὶ πάντες

εἰσὶ λειτουργικὰ πνεύματα εἰς διακονίαν ἀποστελλόμενα διὰ τοὺς μέλ-
λοντας κληρονομεῖν σωτηρίαν;

2

ΔΙΑ τοῦτο δεῖ περισσοτέρως ἡμᾶς προσέχειν τοῖς ἀκουσθεῖσι, μή ποτε
παραρρυῶμεν. 2 εἰ γὰρ ὁ δι' ἀγγέλων λαληθεὶς λόγος ἐγένετο βέβαι-
ος, καὶ πᾶσα παράβασις καὶ παρακοὴ ἔλαβεν ἔνδικον μισθαποδοσίαν,
3 πῶς ἡμεῖς ἐκφευξόμεθα τηλικαύτης ἀμελήσαντες σωτηρίας; ἥτις ἀρ-
χὴν λαβοῦσα λαλεῖσθαι διὰ τοῦ Κυρίου, ὑπὸ τῶν ἀκουσάντων εἰς ἡμᾶς
ἐβεβαιώθη, 4 συνεπιμαρτυροῦντος τοῦ Θεοῦ σημείοις τε καὶ τέρασι καὶ
ποικίλαις δυνάμεσι καὶ Πνεύματος Ἁγίου μερισμοῖς κατὰ τὴν αὐτοῦ θέ-
λησιν.

5 Οὐ γὰρ ἀγγέλοις ὑπέταξε τὴν οἰκουμένην τὴν μέλλουσαν, περὶ ἧς
λαλοῦμεν, 6 διεμαρτύρατο δέ πού τις λέγων· τί ἐστιν ἄνθρωπος ὅτι μι-
μνήσκῃ αὐτοῦ, ἢ υἱὸς ἀνθρώπου ὅτι ἐπισκέπτῃ αὐτόν; 7 ἠλάττωσας αὐ-
τὸν βραχύ τι παρ' ἀγγέλους, δόξῃ καὶ τιμῇ ἐστεφάνωσας αὐτόν, 8 πάν-
τα ὑπέταξας ὑποκάτω τῶν ποδῶν αὐτοῦ· ἐν γὰρ τῷ ὑποτάξαι αὐτῷ τὰ
πάντα οὐδὲν ἀφῆκεν αὐτῷ ἀνυπότακτον. νῦν δὲ οὔπω ὁρῶμεν αὐτῷ τὰ
πάντα ὑποτεταγμένα· 9 τὸν δὲ βραχύ τι παρ' ἀγγέλους ἠλαττωμένον
βλέπομεν Ἰησοῦν διὰ τὸ πάθημα τοῦ θανάτου δόξῃ καὶ τιμῇ ἐστεφανω-
μένον, ὅπως χάριτι Θεοῦ ὑπὲρ παντὸς γεύσηται θανάτου. 10 ἔπρεπε γὰρ
αὐτῷ, δι' ὃν τὰ πάντα καὶ δι' οὗ τὰ πάντα, πολλοὺς υἱοὺς εἰς δόξαν ἀγα-
γόντα, τὸν ἀρχηγὸν τῆς σωτηρίας αὐτῶν διὰ παθημάτων τελειῶσαι.

11 Ὅ τε γὰρ ἁγιάζων καὶ οἱ ἁγιαζόμενοι ἐξ ἑνὸς πάντες· δι' ἣν αἰτίαν
οὐκ ἐπαισχύνεται ἀδελφοὺς αὐτοὺς καλεῖν, 12 λέγων· ἀπαγγελῶ τὸ ὄ-
νομά σου τοῖς ἀδελφοῖς μου, ἐν μέσῳ ἐκκλησίας ὑμνήσω σε· 13 καὶ πά-
λιν· ἐγὼ ἔσομαι πεποιθὼς ἐπ' αὐτῷ· καὶ πάλιν· ἰδοὺ ἐγὼ καὶ τὰ παιδία ἅ
μοι ἔδωκεν ὁ Θεός. 14 ἐπεὶ οὖν τὰ παιδία κεκοινώνηκε σαρκὸς καὶ αἵ-
ματος, καὶ αὐτὸς παραπλησίως μετέσχε τῶν αὐτῶν, ἵνα διὰ τοῦ θανάτου
καταργήσῃ τὸν τὸ κράτος ἔχοντα τοῦ θανάτου, τοῦτ' ἔστι τὸν διάβολον,
15 καὶ ἀπαλλάξῃ τούτους, ὅσοι φόβῳ θανάτου διὰ παντὸς τοῦ ζῆν ἔνο-
χοι ἦσαν δουλείας. 16 οὐ γὰρ δήπου ἀγγέλων ἐπιλαμβάνεται, ἀλλὰ
σπέρματος Ἀβραὰμ ἐπιλαμβάνεται. 17 ὅθεν ὤφειλε κατὰ πάντα τοῖς ἀ-

δελφοῖς ὁμοιωθῆναι, ἵνα ἐλεήμων γένηται καὶ πιστὸς ἀρχιερεὺς τὰ πρὸς
τὸν Θεόν, εἰς τὸ ἱλάσκεσθαι τὰς ἁμαρτίας τοῦ λαοῦ. 18 ἐν ᾧ γὰρ πέπον-
θεν αὐτὸς πειρασθείς, δύναται τοῖς πειραζομένοις βοηθῆσαι.

3

ΟΘΕΝ, ἀδελφοὶ ἅγιοι, κλήσεως ἐπουρανίου μέτοχοι, κατανοήσατε
τὸν ἀπόστολον καὶ ἀρχιερέα τῆς ὁμολογίας ἡμῶν Ἰησοῦν Χριστόν,
2 πιστὸν ὄντα τῷ ποιήσαντι αὐτόν, ὡς καὶ Μωϋσῆς ἐν ὅλῳ τῷ οἴκῳ
αὐτοῦ. 3 πλείονος γὰρ δόξης οὗτος παρὰ Μωϋσῆν ἠξίωται, καθ' ὅσον
πλείονα τιμὴν ἔχει τοῦ οἴκου ὁ κατασκευάσας αὐτόν. 4 πᾶς γὰρ οἶκος
κατασκευάζεται ὑπό τινος, ὁ δὲ τὰ πάντα κατασκευάσας Θεός. 5 καὶ
Μωϋσῆς μὲν πιστὸς ἐν ὅλῳ τῷ οἴκῳ αὐτοῦ ὡς θεράπων, εἰς μαρτύριον
τῶν λαληθησομένων, 6 Χριστὸς δὲ ὡς υἱὸς ἐπὶ τὸν οἶκον αὐτοῦ, οὗ οἶκός
ἐσμεν ἡμεῖς, ἐάνπερ τὴν παρρησίαν καὶ τὸ καύχημα τῆς ἐλπίδος μέχρι
τέλους βεβαίαν κατάσχωμεν. 7 διό, καθὼς λέγει τὸ Πνεῦμα τὸ Ἅγιον·
σήμερον ἐὰν τῆς φωνῆς αὐτοῦ ἀκούσητε, 8 μὴ σκληρύνητε τὰς καρδίας
ὑμῶν ὡς ἐν τῷ παραπικρασμῷ, κατὰ τὴν ἡμέραν τοῦ πειρασμοῦ ἐν τῇ
ἐρήμῳ, 9 οὗ ἐπείρασάν με οἱ πατέρες ὑμῶν, ἐδοκίμασάν με, καὶ εἶδον τὰ
ἔργα μου τεσσαράκοντα ἔτη· 10 διὸ προσώχθισα τῇ γενεᾷ ἐκείνῃ καὶ εἶ-
πον· ἀεὶ πλανῶνται τῇ καρδίᾳ, αὐτοὶ δὲ οὐκ ἔγνωσαν τὰς ὁδούς μου· 11
ὡς ὤμοσα ἐν τῇ ὀργῇ μου, εἰ εἰσελεύσονται εἰς τὴν κατάπαυσίν μου· 12
βλέπετε, ἀδελφοί, μή ποτε ἔσται ἔν τινι ὑμῶν καρδία πονηρὰ ἀπιστίας
ἐν τῷ ἀποστῆναι ἀπὸ Θεοῦ ζῶντος.

13 Ἀλλὰ παρακαλεῖτε ἑαυτοὺς καθ' ἑκάστην ἡμέραν ἄχρις οὗ τὸ σήμε-
ρον καλεῖται, ἵνα μὴ σκληρυνθῇ ἐξ ὑμῶν τις ἀπάτῃ τῆς ἁμαρτίας· 14
μέτοχοι γὰρ γεγόναμεν τοῦ Χριστοῦ, ἐάνπερ τὴν ἀρχὴν τῆς ὑποστάσε-
ως μέχρι τέλους βεβαίαν κατάσχωμεν, 15 ἐν τῷ λέγεσθαι· σήμερον ἐὰν
τῆς φωνῆς αὐτοῦ ἀκούσητε, μὴ σκληρύνητε τὰς καρδίας ὑμῶν ὡς ἐν τῷ
παραπικρασμῷ. 16 τίνες γὰρ ἀκούσαντες παρεπίκραναν; ἀλλ' οὐ πάντες
οἱ ἐξελθόντες ἐξ Αἰγύπτου διὰ Μωϋσέως; 17 τίσι δὲ προσώχθισε τεσσα-
ράκοντα ἔτη; οὐχὶ τοῖς ἁμαρτήσασιν, ὧν τὰ κῶλα ἔπεσεν ἐν τῇ ἐρήμῳ;
18 τίσι δὲ ὤμοσε μὴ εἰσελεύσεσθαι εἰς τὴν κατάπαυσιν αὐτοῦ εἰ μὴ τοῖς

ἀπειθήσασι; 19 καὶ βλέπομεν ὅτι οὐκ ἠδυνήθησαν εἰσελθεῖν δι' ἀπιστί-
αν.

4

ΦΟΒΗΘΩΜΕΝ οὖν μή ποτε, καταλειπομένης ἐπαγγελίας εἰσελθεῖν
εἰς τὴν κατάπαυσιν αὐτοῦ, δοκῇ τις ἐξ ὑμῶν ὑστερηκέναι. 2 καὶ γάρ
ἐσμεν εὐηγγελισμένοι, καθάπερ κἀκεῖνοι· ἀλλ' οὐκ ὠφέλησεν ὁ λό-
γος τῆς ἀκοῆς ἐκείνους μὴ συγκεκραμένους τῇ πίστει τοῖς ἀκούσασιν. 3
εἰσερχόμεθα γὰρ εἰς τὴν κατάπαυσιν οἱ πιστεύσαντες, καθὼς εἴρηκεν·
ὡς ὤμοσα ἐν τῇ ὀργῇ μου, εἰ εἰσελεύσονται εἰς τὴν κατάπαυσίν μου·
καίτοι τῶν ἔργων ἀπὸ καταβολῆς κόσμου γενηθέντων. 4 εἴρηκε γάρ που
περὶ τῆς ἑβδόμης οὕτω· καὶ κατέπαυσεν ὁ Θεὸς ἐν τῇ ἡμέρᾳ τῇ ἑβδόμῃ
ἀπὸ πάντων τῶν ἔργων αὐτοῦ· 5 καὶ ἐν τούτῳ πάλιν· εἰ εἰσελεύσονται
εἰς τὴν κατάπαυσίν μου. 6 ἐπεὶ οὖν ἀπολείπεταί τινας εἰσελθεῖν εἰς αὐ-
τήν, καὶ οἱ πρότερον εὐαγγελισθέντες οὐκ εἰσῆλθον δι' ἀπείθειαν, 7 πά-
λιν τινὰ ὁρίζει ἡμέραν, σήμερον, ἐν Δαυῒδ λέγων, μετὰ τοσοῦτον χρόνον,
καθὼς εἴρηται· σήμερον ἐὰν τῆς φωνῆς αὐτοῦ ἀκούσητε, μὴ σκληρύνη-
τε τὰς καρδίας ὑμῶν. 8 εἰ γὰρ αὐτοὺς Ἰησοῦς κατέπαυσεν, οὐκ ἂν περὶ
ἄλλης ἐλάλει μετὰ ταῦτα ἡμέρας· 9 ἄρα ἀπολείπεται σαββατισμὸς τῷ
λαῷ τοῦ Θεοῦ. 10 ὁ γὰρ εἰσελθὼν εἰς τὴν κατάπαυσιν αὐτοῦ καὶ αὐτὸς
κατέπαυσεν ἀπὸ τῶν ἔργων αὐτοῦ, ὥσπερ ἀπὸ τῶν ἰδίων ὁ Θεός.

11 Σπουδάσωμεν οὖν εἰσελθεῖν εἰς ἐκείνην τὴν κατάπαυσιν, ἵνα μὴ ἐν
τῷ αὐτῷ τις ὑποδείγματι πέσῃ τῆς ἀπειθείας. 12 ζῶν γὰρ ὁ λόγος τοῦ
Θεοῦ καὶ ἐνεργὴς καὶ τομώτερος ὑπὲρ πᾶσαν μάχαιραν δίστομον καὶ δι-
ϊκνούμενος ἄχρι μερισμοῦ ψυχῆς τε καὶ πνεύματος, ἁρμῶν τε καὶ μυε-
λῶν, καὶ κριτικὸς ἐνθυμήσεων καὶ ἐννοιῶν καρδίας, 13 καὶ οὐκ ἔστι κτί-
σις ἀφανὴς ἐνώπιον αὐτοῦ, πάντα δὲ γυμνὰ καὶ τετραχηλισμένα τοῖς ὀ-
φθαλμοῖς αὐτοῦ, πρὸς ὃν ἡμῖν ὁ λόγος.

14 Ἔχοντες οὖν ἀρχιερέα μέγαν διεληλυθότα τοὺς οὐρανούς, Ἰησοῦν
τὸν υἱὸν τοῦ Θεοῦ, κρατῶμεν τῆς ὁμολογίας. 15 οὐ γὰρ ἔχομεν ἀρχιε-
ρέα μὴ δυνάμενον συμπαθῆσαι ταῖς ἀσθενείαις ἡμῶν, πεπειραμένον δὲ
κατὰ πάντα καθ' ὁμοιότητα χωρὶς ἁμαρτίας. 16 προσερχώμεθα οὖν με-

τὰ παρρησίας τῷ θρόνῳ τῆς χάριτος, ἵνα λάβωμεν ἔλεον καὶ χάριν εὕ-
ρωμεν εἰς εὔκαιρον βοήθειαν.

5

ΠΑΣ γὰρ ἀρχιερεὺς ἐξ ἀνθρώπων λαμβανόμενος ὑπὲρ ἀνθρώπων κα-
θίσταται τὰ πρὸς τὸν Θεόν, ἵνα προσφέρῃ δῶρά τε καὶ θυσίας ὑπὲρ
ἁμαρτιῶν, 2 μετριοπαθεῖν δυνάμενος τοῖς ἀγνοοῦσι καὶ πλανωμέ-
νοις, ἐπεὶ καὶ αὐτὸς περίκειται ἀσθένειαν· 3 καὶ διὰ ταύτην ὀφείλει, κα-
θὼς περὶ τοῦ λαοῦ, οὕτω καὶ περὶ ἑαυτοῦ προσφέρειν ὑπὲρ ἁμαρτιῶν. 4
καὶ οὐχ ἑαυτῷ τις λαμβάνει τὴν τιμήν, ἀλλὰ καλούμενος ὑπὸ τοῦ Θεοῦ,
καθάπερ καὶ Ἀαρών. 5 οὕτω καὶ ὁ Χριστὸς οὐχ ἑαυτὸν ἐδόξασε γενηθῆ-
ναι ἀρχιερέα, ἀλλ' ὁ λαλήσας πρὸς αὐτόν· υἱός μου εἶ σύ, ἐγὼ σήμερον
γεγέννηκά σε· 6 καθὼς καὶ ἐν ἑτέρῳ λέγει· σὺ ἱερεὺς εἰς τὸν αἰῶνα κατὰ
τὴν τάξιν Μελχισεδέκ. 7 ὃς ἐν ταῖς ἡμέραις τῆς σαρκὸς αὐτοῦ δεήσεις
τε καὶ ἱκετηρίας πρὸς τὸν δυνάμενον σῴζειν αὐτὸν ἐκ θανάτου μετὰ
κραυγῆς ἰσχυρᾶς καὶ δακρύων προσενέγκας, καὶ εἰσακουσθεὶς ἀπὸ τῆς
εὐλαβείας, 8 καίπερ ὢν υἱός, ἔμαθεν ἀφ' ὧν ἔπαθε τὴν ὑπακοήν, 9 καὶ
τελειωθεὶς ἐγένετο τοῖς ὑπακούουσιν αὐτῷ πᾶσιν αἴτιος σωτηρίας αἰωνί-
ου, 10 προσαγορευθεὶς ὑπὸ τοῦ Θεοῦ ἀρχιερεὺς κατὰ τὴν τάξιν Μελχι-
σεδέκ.

11 Περὶ οὗ πολὺς ἡμῖν ὁ λόγος καὶ δυσερμήνευτος λέγειν, ἐπεὶ νωθροὶ
γεγόνατε ταῖς ἀκοαῖς. 12 καὶ γὰρ ὀφείλοντες εἶναι διδάσκαλοι διὰ τὸν
χρόνον, πάλιν χρείαν ἔχετε τοῦ διδάσκειν ὑμᾶς τινα τὰ στοιχεῖα τῆς ἀρ-
χῆς τῶν λογίων τοῦ Θεοῦ, καὶ γεγόνατε χρείαν ἔχοντες γάλακτος καὶ
οὐ στερεᾶς τροφῆς. 13 πᾶς γὰρ ὁ μετέχων γάλακτος ἄπειρος λόγου δι-
καιοσύνης· νήπιος γάρ ἐστι· 14 τελείων δέ ἐστιν ἡ στερεὰ τροφή, τῶν
διὰ τὴν ἕξιν τὰ αἰσθητήρια γεγυμνασμένα ἐχόντων πρὸς διάκρισιν κα-
λοῦ τε καὶ κακοῦ.

6

ΔΙΟ ἀφέντες τὸν τῆς ἀρχῆς τοῦ Χριστοῦ λόγον ἐπὶ τὴν τελειότητα
φερώμεθα, μὴ πάλιν θεμέλιον καταβαλλόμενοι μετανοίας ἀπὸ νε-
κρῶν ἔργων, καὶ πίστεως ἐπὶ Θεόν, 2 βαπτισμῶν διδαχῆς, ἐπιθέσε-
ώς τε χειρῶν, ἀναστάσεώς τε νεκρῶν καὶ κρίματος αἰωνίου. 3 καὶ τοῦτο
ποιήσομεν, ἐάνπερ ἐπιτρέπῃ ὁ Θεός. 4 ἀδύνατον γὰρ τοὺς ἅπαξ φωτι-
σθέντας γευσαμένους τε τῆς δωρεᾶς τῆς ἐπουρανίου καὶ μετόχους γενη-
θέντας Πνεύματος Ἁγίου 5 καὶ καλὸν γευσαμένους Θεοῦ ῥῆμα δυνά-
μεις τε μέλλοντος αἰῶνος, 6 καὶ παραπεσόντας, πάλιν ἀνακαινίζειν εἰς
μετάνοιαν, ἀνασταυροῦντας ἑαυτοῖς τὸν υἱὸν τοῦ Θεοῦ καὶ παραδειγμα-
τίζοντας. 7 γῆ γὰρ ἡ πιοῦσα τὸν ἐπ᾽ αὐτῆς πολλάκις ἐρχόμενον ὑετὸν
καὶ τίκτουσα βοτάνην εὔθετον ἐκείνοις δι᾽ οὓς καὶ γεωργεῖται, μεταλαμ-
βάνει εὐλογίας ἀπὸ τοῦ Θεοῦ· 8 ἐκφέρουσα δὲ ἀκάνθας καὶ τριβόλους,
ἀδόκιμος καὶ κατάρας ἐγγύς, ἧς τὸ τέλος εἰς καῦσιν.

9 Πεπείσμεθα δὲ περὶ ὑμῶν, ἀγαπητοί, τὰ κρείττονα καὶ ἐχόμενα σω-
τηρίας, εἰ καὶ οὕτω λαλοῦμεν. 10 οὐ γὰρ ἄδικος ὁ Θεὸς ἐπιλαθέσθαι τοῦ
ἔργου ὑμῶν καὶ τοῦ κόπου τῆς ἀγάπης ἧς ἐνεδείξασθε εἰς τὸ ὄνομα αὐ-
τοῦ, διακονήσαντες τοῖς ἁγίοις καὶ διακονοῦντες. 11 ἐπιθυμοῦμεν δὲ ἕ-
καστον ὑμῶν τὴν αὐτὴν ἐνδείκνυσθαι σπουδὴν πρὸς τὴν πληροφορίαν
τῆς ἐλπίδος ἄχρι τέλους, 12 ἵνα μὴ νωθροὶ γένησθε, μιμηταὶ δὲ τῶν διὰ
πίστεως καὶ μακροθυμίας κληρονομούντων τὰς ἐπαγγελίας.

13 Τῷ γὰρ Ἀβραὰμ ἐπαγγειλάμενος ὁ Θεός, ἐπεὶ κατ᾽ οὐδενὸς εἶχε
μείζονος ὀμόσαι, ὤμοσε καθ᾽ ἑαυτοῦ, 14 λέγων· ἦ μὴν εὐλογῶν εὐλο-
γήσω σε καὶ πληθύνων πληθυνῶ σε· 15 καὶ οὕτω μακροθυμήσας ἐπέτυ-
χε τῆς ἐπαγγελίας. 16 ἄνθρωποι μὲν γὰρ κατὰ τοῦ μείζονος ὀμνύουσι,
καὶ πάσης αὐτοῖς ἀντιλογίας πέρας εἰς βεβαίωσιν ὁ ὅρκος· 17 ἐν ᾧ πε-
ρισσότερον βουλόμενος ὁ Θεὸς ἐπιδεῖξαι τοῖς κληρονόμοις τῆς ἐπαγγε-
λίας τὸ ἀμετάθετον τῆς βουλῆς αὐτοῦ, ἐμεσίτευσεν ὅρκῳ, 18 ἵνα διὰ δύο
πραγμάτων ἀμεταθέτων, ἐν οἷς ἀδύνατον ψεύσασθαι Θεόν, ἰσχυρὰν πα-
ράκλησιν ἔχωμεν οἱ καταφυγόντες κρατῆσαι τῆς προκειμένης ἐλπίδος·
19 ἣν ὡς ἄγκυραν ἔχομεν τῆς ψυχῆς ἀσφαλῆ τε καὶ βεβαίαν καὶ εἰσερ-
χομένην εἰς τὸ ἐσώτερον τοῦ καταπετάσματος, 20 ὅπου πρόδρομος ὑπὲρ
ἡμῶν εἰσῆλθεν Ἰησοῦς, κατὰ τὴν τάξιν Μελχισεδὲκ ἀρχιερεὺς γενόμε-
νος εἰς τὸν αἰῶνα.

7

ΟΥΤΟΣ γὰρ ὁ Μελχισεδέκ, βασιλεὺς Σαλήμ, ἱερεὺς τοῦ Θεοῦ τοῦ ὑ-
ψίστου, ὁ συναντήσας Ἀβραὰμ ὑποστρέφοντι ἀπὸ τῆς κοπῆς τῶν
βασιλέων καὶ εὐλογήσας αὐτόν, 2 ᾧ καὶ δεκάτην ἀπὸ πάντων ἐμέ-
ρισεν Ἀβραάμ, πρῶτον μὲν ἑρμηνευόμενος βασιλεὺς δικαιοσύνης, ἔπει-
τα δὲ καὶ βασιλεὺς Σαλήμ, ὅ ἐστι βασιλεὺς εἰρήνης, 3 ἀπάτωρ, ἀμή-
τωρ, ἀγενεαλόγητος, μήτε ἀρχὴν ἡμερῶν μήτε ζωῆς τέλος ἔχων, ἀφω-
μοιωμένος δὲ τῷ υἱῷ τοῦ Θεοῦ, μένει ἱερεὺς εἰς τὸ διηνεκές.

4 Θεωρεῖτε δὲ πηλίκος οὗτος, ᾧ καὶ δεκάτην Ἀβραὰμ ἔδωκεν ἐκ τῶν ἀ-
κροθινίων ὁ πατριάρχης. 5 καὶ οἱ μὲν ἐκ τῶν υἱῶν Λευῒ τὴν ἱερατείαν
λαμβάνοντες ἐντολὴν ἔχουσιν ἀποδεκατοῦν τὸν λαὸν κατὰ τὸν νόμον,
τοῦτ᾽ ἔστι τοὺς ἀδελφοὺς αὐτῶν, καίπερ ἐξεληλυθότας ἐκ τῆς ὀσφύος
Ἀβραάμ· 6 ὁ δὲ μὴ γενεαλογούμενος ἐξ αὐτῶν δεδεκάτωκε τὸν Ἀβρα-
άμ, καὶ τὸν ἔχοντα τὰς ἐπαγγελίας εὐλόγηκε. 7 χωρὶς δὲ πάσης ἀντιλο-
γίας τὸ ἔλαττον ὑπὸ τοῦ κρείττονος εὐλογεῖται. 8 καὶ ὧδε μὲν δεκάτας
ἀποθνήσκοντες ἄνθρωποι λαμβάνουσιν, ἐκεῖ δὲ μαρτυρούμενος ὅτι ζῇ. 9
καὶ ὡς ἔπος εἰπεῖν, διὰ Ἀβραὰμ καὶ Λευῒ ὁ δεκάτας λαμβάνων δεδεκά-
τωται· 10 ἔτι γὰρ ἐν τῇ ὀσφύϊ τοῦ πατρὸς ἦν ὅτε συνήντησεν αὐτῷ ὁ
Μελχισεδέκ.

11 Εἰ μὲν οὖν τελείωσις διὰ τῆς Λευϊτικῆς ἱερωσύνης ἦν· ὁ λαὸς γὰρ
ἐπ᾽ αὐτῇ νενομοθέτητο· τίς ἔτι χρεία κατὰ τὴν τάξιν Μελχισεδὲκ ἕτερον
ἀνίστασθαι ἱερέα καὶ οὐ κατὰ τὴν τάξιν Ἀαρὼν λέγεσθαι; 12 μετατιθε-
μένης γὰρ τῆς ἱερωσύνης ἐξ ἀνάγκης καὶ νόμου μετάθεσις γίνεται. 13
ἐφ᾽ ὃν γὰρ λέγεται ταῦτα, φυλῆς ἑτέρας μετέσχηκεν, ἀφ᾽ ἧς οὐδεὶς προ-
σέσχηκε τῷ θυσιαστηρίῳ. 14 πρόδηλον γὰρ ὅτι ἐξ Ἰούδα ἀνατέταλκεν ὁ
Κύριος ἡμῶν, εἰς ἣν φυλὴν οὐδὲν περὶ ἱερωσύνης Μωϋσῆς ἐλάλησε. 15
καὶ περισσότερον ἔτι κατάδηλόν ἐστιν, εἰ κατὰ τὴν ὁμοιότητα Μελχισε-
δὲκ ἀνίσταται ἱερεὺς ἕτερος, 16 ὃς οὐ κατὰ νόμον ἐντολῆς σαρκικῆς γέ-
γονεν, ἀλλὰ κατὰ δύναμιν ζωῆς ἀκαταλύτου· 17 μαρτυρεῖ γὰρ ὅτι σὺ ἱ-
ερεὺς εἰς τὸν αἰῶνα κατὰ τὴν τάξιν Μελχισεδέκ.

18 Ἀθέτησις μὲν γὰρ γίνεται προαγούσης ἐντολῆς διὰ τὸ αὐτῆς ἀσθενὲς
καὶ ἀνωφελές· 19 οὐδὲν γὰρ ἐτελείωσεν ὁ νόμος, ἐπεισαγωγὴ δὲ κρείτ-
τονος ἐλπίδος, δι᾽ ἧς ἐγγίζομεν τῷ Θεῷ. 20 καὶ καθ᾽ ὅσον οὐ χωρὶς ὁρ-
κωμοσίας· οἱ μὲν γὰρ χωρὶς ὁρκωμοσίας εἰσὶν ἱερεῖς γεγονότες, 21 ὁ δὲ

μετὰ ὁρκωμοσίας διὰ τοῦ λέγοντος πρὸς αὐτόν· ὤμοσε Κύριος, καὶ οὐ
μεταμεληθήσεται· σὺ ἱερεὺς εἰς τὸν αἰῶνα κατὰ τὴν τάξιν Μελχισεδέκ·
22 κατὰ τοσοῦτον κρείττονος διαθήκης γέγονεν ἔγγυος Ἰησοῦς. 23 καὶ
οἱ μὲν πλείονές εἰσι γεγονότες ἱερεῖς διὰ τὸ θανάτῳ κωλύεσθαι παραμέ-
νειν· 24 ὁ δὲ διὰ τὸ μένειν αὐτὸν εἰς τὸν αἰῶνα ἀπαράβατον ἔχει τὴν ἱε-
ρωσύνην· 25 ὅθεν καὶ σῴζειν εἰς τὸ παντελὲς δύναται τοὺς προσερχομέ-
νους δι' αὐτοῦ τῷ Θεῷ, πάντοτε ζῶν εἰς τὸ ἐντυγχάνειν ὑπὲρ αὐτῶν.

26 Τοιοῦτος γὰρ ἡμῖν ἔπρεπεν ἀρχιερεύς, ὅσιος, ἄκακος, ἀμίαντος, κε-
χωρισμένος ἀπὸ τῶν ἁμαρτωλῶν καὶ ὑψηλότερος τῶν οὐρανῶν γενόμε-
νος, 27 ὃς οὐκ ἔχει καθ' ἡμέραν ἀνάγκην, ὥσπερ οἱ ἀρχιερεῖς, πρότερον
ὑπὲρ τῶν ἰδίων ἁμαρτιῶν θυσίας ἀναφέρειν, ἔπειτα τῶν τοῦ λαοῦ· τοῦτο
γὰρ ἐποίησεν ἐφάπαξ ἑαυτὸν ἀνενέγκας. 28 ὁ νόμος γὰρ ἀνθρώπους κα-
θίστησιν ἀρχιερεῖς ἔχοντας ἀσθένειαν, ὁ λόγος δὲ τῆς ὁρκωμοσίας τῆς
μετὰ τὸν νόμον υἱὸν εἰς τὸν αἰῶνα τετελειωμένον.

8

ΚΕΦΑΛΑΙΟΝ δὲ ἐπὶ τοῖς λεγομένοις, τοιοῦτον ἔχομεν ἀρχιερέα, ὃς
ἐκάθισεν ἐν δεξιᾷ τοῦ θρόνου τῆς μεγαλωσύνης ἐν τοῖς οὐρανοῖς, 2
τῶν Ἁγίων λειτουργὸς καὶ τῆς σκηνῆς τῆς ἀληθινῆς, ἣν ἔπηξεν ὁ
Κύριος, καὶ οὐκ ἄνθρωπος. 3 πᾶς γὰρ ἀρχιερεὺς εἰς τὸ προσφέρειν δῶρά
τε καὶ θυσίας καθίσταται· ὅθεν ἀναγκαῖον ἔχειν τι καὶ τοῦτον ὃ προσε-
νέγκῃ. 4 εἰ μὲν γὰρ ἦν ἐπὶ γῆς, οὐδ' ἂν ἦν ἱερεύς, ὄντων τῶν ἱερέων τῶν
προσφερόντων κατὰ τὸν νόμον τὰ δῶρα, 5 οἵτινες ὑποδείγματι καὶ σκιᾷ
λατρεύουσι τῶν ἐπουρανίων, καθὼς κεχρημάτισται Μωϋσῆς μέλλων ἐ-
πιτελεῖν τὴν σκηνήν· ὅρα γάρ φησι, ποιήσεις πάντα κατὰ τὸν τύπον τὸν
δειχθέντα σοι ἐν τῷ ὄρει· 6 νυνὶ δὲ διαφορωτέρας τέτευχε λειτουργίας,
ὅσῳ καὶ κρείττονός ἐστι διαθήκης μεσίτης, ἥτις ἐπὶ κρείττοσιν ἐπαγγε-
λίαις νενομοθέτηται. 7 εἰ γὰρ ἡ πρώτη ἐκείνη ἦν ἄμεμπτος, οὐκ ἂν δευ-
τέρας ἐζητεῖτο τόπος. 8 μεμφόμενος γὰρ αὐτοῖς λέγει· ἰδοὺ ἡμέραι ἔρ-
χονται, λέγει Κύριος, καὶ συντελέσω ἐπὶ τὸν οἶκον Ἰσραὴλ καὶ ἐπὶ τὸν
οἶκον Ἰούδα διαθήκην καινήν, 9 οὐ κατὰ τὴν διαθήκην ἣν ἐποίησα τοῖς
πατράσιν αὐτῶν ἐν ἡμέρᾳ ἐπιλαβομένου μου τῆς χειρὸς αὐτῶν ἐξαγα-
γεῖν αὐτοὺς ἐκ γῆς Αἰγύπτου· ὅτι αὐτοὶ οὐκ ἐνέμειναν ἐν τῇ διαθήκῃ

μου, κἀγὼ ἠμέλησα αὐτῶν, λέγει Κύριος· 10 ὅτι αὕτη ἡ διαθήκη ἣν δι-
αθήσομαι τῷ οἴκῳ Ἰσραὴλ μετὰ τὰς ἡμέρας ἐκείνας, λέγει Κύριος· δι-
δοὺς νόμους μου εἰς τὴν διάνοιαν αὐτῶν, καὶ ἐπὶ καρδίας αὐτῶν ἐπιγρά-
ψω αὐτούς, καὶ ἔσομαι αὐτοῖς εἰς Θεόν, καὶ αὐτοὶ ἔσονταί μοι εἰς λαόν.
11 καὶ οὐ μὴ διδάξουσιν ἕκαστος τὸν πολίτην αὐτοῦ καὶ ἕκαστος τὸν ἀ-
δελφὸν αὐτοῦ, λέγων· γνῶθι τὸν Κύριον· ὅτι πάντες εἰδήσουσί με ἀπὸ
μικροῦ αὐτῶν ἕως μεγάλου αὐτῶν· 12 ὅτι ἵλεως ἔσομαι ταῖς ἀδικίαις
αὐτῶν, καὶ τῶν ἁμαρτιῶν αὐτῶν καὶ τῶν ἀνομιῶν αὐτῶν οὐ μὴ μνησθῶ
ἔτι. 13 ἐν τῷ λέγειν καινὴν πεπαλαίωκε τὴν πρώτην· τὸ δὲ παλαιούμε-
νον καὶ γηράσκον ἐγγὺς ἀφανισμοῦ.

9

ΕΙΧΕ μὲν οὖν καὶ ἡ πρώτη σκηνὴ δικαιώματα λατρείας τό τε Ἅγιον
κοσμικόν· 2 σκηνὴ γὰρ κατεσκευάσθη ἡ πρώτη, ἐν ᾗ ἥ τε λυχνία
καὶ ἡ τράπεζα καὶ ἡ πρόθεσις τῶν ἄρτων, ἥτις λέγεται Ἅγια. 3 με-
τὰ δὲ τὸ δεύτερον καταπέτασμα σκηνὴ ἡ λεγομένη Ἅγια Ἁγίων, 4
χρυσοῦν ἔχουσα θυμιατήριον καὶ τὴν κιβωτὸν τῆς διαθήκης περικεκα-
λυμμένην πάντοθεν χρυσίῳ, ἐν ᾗ στάμνος χρυσῆ ἔχουσα τὸ μάννα καὶ ἡ
ράβδος Ἀαρὼν ἡ βλαστήσασα καὶ αἱ πλάκες τῆς διαθήκης, 5 ὑπεράνω
δὲ αὐτῆς Χερουβὶμ δόξης κατασκιάζοντα τὸ ἱλαστήριον· περὶ ὧν οὐκ ἔ-
στι νῦν λέγειν κατὰ μέρος. 6 Τούτων δὲ οὕτω κατεσκευασμένων εἰς μὲν
τὴν πρώτην σκηνὴν διὰ παντὸς εἰσίασιν οἱ ἱερεῖς τὰς λατρείας ἐπιτε-
λοῦντες, 7 εἰς δὲ τὴν δευτέραν ἅπαξ τοῦ ἐνιαυτοῦ μόνος ὁ ἀρχιερεύς, οὐ
χωρὶς αἵματος, ὃ προσφέρει ὑπὲρ ἑαυτοῦ καὶ τῶν τοῦ λαοῦ ἀγνοημάτων,
8 τοῦτο δηλοῦντος τοῦ Πνεύματος τοῦ Ἁγίου, μήπω πεφανερῶσθαι τὴν
τῶν Ἁγίων ὁδόν, ἔτι τῆς πρώτης σκηνῆς ἐχούσης στάσιν· 9 ἥτις παρα-
βολὴ εἰς τὸν καιρὸν τὸν ἐνεστηκότα, καθ' ὃν δῶρά τε καὶ θυσίαι προσφέ-
ρονται μὴ δυνάμεναι κατὰ συνείδησιν τελειῶσαι τὸν λατρεύοντα, 10
μόνον ἐπὶ βρώμασι καὶ πόμασι καὶ διαφόροις βαπτισμοῖς καὶ δικαιώμασι
σαρκός, μέχρι καιροῦ διορθώσεως ἐπικείμενα.

11 Χριστὸς δὲ παραγενόμενος ἀρχιερεὺς τῶν μελλόντων ἀγαθῶν διὰ
τῆς μείζονος καὶ τελειοτέρας σκηνῆς, οὐ χειροποιήτου, τοῦτ' ἔστιν οὐ
ταύτης τῆς κτίσεως, 12 οὐδὲ δι' αἵματος τράγων καὶ μόσχων, διὰ δὲ τοῦ

ἰδίου αἵματος εἰσῆλθεν ἐφάπαξ εἰς τὰ Ἅγια, αἰωνίαν λύτρωσιν εὑράμε-
νος. 13 εἰ γὰρ τὸ αἷμα ταύρων καὶ τράγων καὶ σποδὸς δαμάλεως ραντί-
ζουσα τοὺς κεκοινωμένους ἁγιάζει πρὸς τὴν τῆς σαρκὸς καθαρότητα, 14
πόσῳ μᾶλλον τὸ αἷμα τοῦ Χριστοῦ, ὃς διὰ Πνεύματος αἰωνίου ἑαυτὸν
προσήνεγκεν ἄμωμον τῷ Θεῷ, καθαριεῖ τὴν συνείδησιν ὑμῶν ἀπὸ νε-
κρῶν ἔργων εἰς τὸ λατρεύειν Θεῷ ζῶντι; 15 καὶ διὰ τοῦτο διαθήκης
καινῆς μεσίτης ἐστίν, ὅπως, θανάτου γενομένου εἰς ἀπολύτρωσιν τῶν
ἐπὶ τῇ πρώτῃ διαθήκῃ παραβάσεων, τὴν ἐπαγγελίαν λάβωσιν οἱ κεκλη-
μένοι τῆς αἰωνίου κληρονομίας.

16 Ὅπου γὰρ διαθήκη, θάνατον ἀνάγκη φέρεσθαι τοῦ διαθεμένου· 17
διαθήκη γὰρ ἐπὶ νεκροῖς βεβαία, ἐπεὶ μήποτε ἰσχύει ὅτε ζῇ ὁ διαθέμε-
νος. 18 ὅθεν οὐδ᾿ ἡ πρώτη χωρὶς αἵματος ἐγκεκαίνισται· 19 λαληθείσης
γὰρ πάσης ἐντολῆς κατὰ τὸν νόμον ὑπὸ Μωϋσέως παντὶ τῷ λαῷ, λα-
βὼν τὸ αἷμα τῶν μόσχων καὶ τράγων μετὰ ὕδατος καὶ ἐρίου κοκκίνου
καὶ ὑσσώπου, αὐτό τε τὸ βιβλίον καὶ πάντα τὸν λαὸν ἐρράντισε 20 λέ-
γων· τοῦτο τὸ αἷμα τῆς διαθήκης ἧς ἐνετείλατο πρὸς ὑμᾶς ὁ Θεός. 21
καὶ τὴν σκηνὴν δὲ καὶ πάντα τὰ σκεύη τῆς λειτουργίας τῷ αἵματι ὁμοί-
ως ἐρράντισε. 22 καὶ σχεδὸν ἐν αἵματι πάντα καθαρίζεται κατὰ τὸν νό-
μον, καὶ χωρὶς αἱματεκχυσίας οὐ γίνεται ἄφεσις.

23 Ἀνάγκη οὖν τὰ μὲν ὑποδείγματα τῶν ἐν τοῖς οὐρανοῖς τούτοις καθα-
ρίζεσθαι, αὐτὰ δὲ τὰ ἐπουράνια κρείττοσι θυσίαις παρὰ ταύτας. 24 οὐ
γὰρ εἰς χειροποίητα Ἅγια εἰσῆλθεν ὁ Χριστός, ἀντίτυπα τῶν ἀληθινῶν,
ἀλλ᾿ εἰς αὐτὸν τὸν οὐρανόν, νῦν ἐμφανισθῆναι τῷ προσώπῳ τοῦ Θεοῦ ὑ-
πὲρ ἡμῶν· 25 οὐδ᾿ ἵνα πολλάκις προσφέρῃ ἑαυτόν, ὥσπερ ὁ ἀρχιερεὺς
εἰσέρχεται εἰς τὰ Ἅγια κατ᾿ ἐνιαυτὸν ἐν αἵματι ἀλλοτρίῳ· 26 ἐπεὶ ἔδει
αὐτὸν πολλάκις παθεῖν ἀπὸ καταβολῆς κόσμου· νῦν δὲ ἅπαξ ἐπὶ συντε-
λείᾳ τῶν αἰώνων εἰς ἀθέτησιν ἁμαρτίας διὰ τῆς θυσίας αὐτοῦ πεφανέ-
ρωται. 27 καὶ καθ᾿ ὅσον ἀπόκειται τοῖς ἀνθρώποις ἅπαξ ἀποθανεῖν, μετὰ
δὲ τοῦτο κρίσις, 28 οὕτω καὶ ὁ Χριστός, ἅπαξ προσενεχθεὶς εἰς τὸ πολ-
λῶν ἀνενεγκεῖν ἁμαρτίας, ἐκ δευτέρου χωρὶς ἁμαρτίας ὀφθήσεται τοῖς
αὐτὸν ἀπεκδεχομένοις εἰς σωτηρίαν.

ΠΡΟΣ ΕΒΡΑΙΟΥΣ

10

ΣΚΙΑΝ γὰρ ἔχων ὁ νόμος τῶν μελλόντων ἀγαθῶν, οὐκ αὐτὴν τὴν
εἰκόνα τῶν πραγμάτων, κατ' ἐνιαυτὸν ταῖς αὐταῖς θυσίαις ἃς προ-
σφέρουσιν εἰς τὸ διηνεκές, οὐδέποτε δύναται τοὺς προσερχομένους
τελειῶσαι· 2 ἐπεὶ οὐκ ἂν ἐπαύσαντο προσφερόμεναι, διὰ τὸ μηδεμίαν ἔ-
χειν ἔτι συνείδησιν ἁμαρτιῶν τοὺς λατρεύοντας, ἅπαξ κεκαθαρμένους; 3
ἀλλ' ἐν αὐταῖς ἀνάμνησις ἁμαρτιῶν κατ' ἐνιαυτόν· 4 ἀδύνατον γὰρ αἷμα
ταύρων καὶ τράγων ἀφαιρεῖν ἁμαρτίας. 5 διὸ εἰσερχόμενος εἰς τὸν κό-
σμον λέγει· θυσίαν καὶ προσφορὰν οὐκ ἠθέλησας, σῶμα δὲ κατηρτίσω
μοι· 6 ὁλοκαυτώματα καὶ περὶ ἁμαρτίας οὐκ εὐδόκησας· 7 τότε εἶπον· ἰ-
δοὺ ἥκω, ἐν κεφαλίδι βιβλίου γέγραπται περὶ ἐμοῦ, τοῦ ποιῆσαι, ὁ Θεός,
τὸ θέλημά σου. 8 ἀνώτερον λέγων ὅτι θυσίαν καὶ προσφορὰν καὶ ὁλο-
καυτώματα καὶ περὶ ἁμαρτίας οὐκ ἠθέλησας οὐδὲ εὐδόκησας, αἵτινες
κατὰ τὸν νόμον προσφέρονται, 9 τότε εἴρηκεν· ἰδοὺ ἥκω τοῦ ποιῆσαι, ὁ
Θεός, τὸ θέλημά σου. ἀναιρεῖ τὸ πρῶτον ἵνα τὸ δεύτερον στήσῃ. 10 ἐν ᾧ
θελήματι ἡγιασμένοι ἐσμὲν διὰ τῆς προσφορᾶς τοῦ σώματος τοῦ Ἰησοῦ
Χριστοῦ ἐφάπαξ. 11 καὶ πᾶς μὲν ἱερεὺς ἕστηκε καθ' ἡμέραν λειτουργῶν
καὶ τὰς αὐτὰς πολλάκις προσφέρων θυσίας, αἵτινες οὐδέποτε δύνανται
περιελεῖν ἁμαρτίας· 12 αὐτὸς δὲ μίαν ὑπὲρ ἁμαρτιῶν προσενέγκας θυ-
σίαν εἰς τὸ διηνεκὲς ἐκάθισεν ἐν δεξιᾷ τοῦ Θεοῦ, 13 τὸ λοιπὸν ἐκδεχό-
μενος ἕως τεθῶσιν οἱ ἐχθροὶ αὐτοῦ ὑποπόδιον τῶν ποδῶν αὐτοῦ. 14 μιᾷ
γὰρ προσφορᾷ τετελείωκεν εἰς τὸ διηνεκὲς τοὺς ἁγιαζομένους.

15 Μαρτυρεῖ δὲ ἡμῖν καὶ τὸ Πνεῦμα τὸ Ἅγιον· μετὰ γὰρ τὸ προειρηκέ-
ναι, 16 αὕτη ἡ διαθήκη ἣν διαθήσομαι πρὸς αὐτοὺς μετὰ τὰς ἡμέρας ἐ-
κείνας, λέγει Κύριος· διδοὺς νόμους μου ἐπὶ καρδίας αὐτῶν, καὶ ἐπὶ τῶν
διανοιῶν αὐτῶν ἐπιγράψω αὐτούς, 17 καὶ τῶν ἁμαρτιῶν αὐτῶν καὶ τῶν
ἀνομιῶν αὐτῶν οὐ μὴ μνησθῶ ἔτι. 18 ὅπου δὲ ἄφεσις τούτων, οὐκέτι
προσφορὰ περὶ ἁμαρτίας.

19 Ἔχοντες οὖν, ἀδελφοί, παρρησίαν εἰς τὴν εἴσοδον τῶν Ἁγίων ἐν τῷ
αἵματι τοῦ Ἰησοῦ, 20 ἣν ἐνεκαίνισεν ἡμῖν ὁδὸν πρόσφατον καὶ ζῶσαν
διὰ τοῦ καταπετάσματος, τοῦτ' ἔστι τῆς σαρκὸς αὐτοῦ, 21 καὶ ἱερέα μέ-
γαν ἐπὶ τὸν οἶκον τοῦ Θεοῦ, 22 προσερχώμεθα μετὰ ἀληθινῆς καρδίας
ἐν πληροφορίᾳ πίστεως ἐρραντισμένοι τὰς καρδίας ἀπὸ συνειδήσεως πο-
νηρᾶς, 23 καὶ λελουμένοι τὸ σῶμα ὕδατι καθαρῷ κατέχωμεν τὴν ὁμο-

λογίαν τῆς ἐλπίδος ἀκλινῆ· πιστὸς γὰρ ὁ ἐπαγγειλάμενος· 24 καὶ κατα-
νοῶμεν ἀλλήλους εἰς παροξυσμὸν ἀγάπης καὶ καλῶν ἔργων, 25 μὴ ἐγ-
καταλείποντες τὴν ἐπισυναγωγὴν ἑαυτῶν, καθὼς ἔθος τισίν, ἀλλὰ πα-
ρακαλοῦντες, καὶ τοσούτῳ μᾶλλον, ὅσῳ βλέπετε ἐγγίζουσαν τὴν ἡμέ-
ραν. 26 Ἑκουσίως γὰρ ἁμαρτανόντων ἡμῶν μετὰ τὸ λαβεῖν τὴν ἐπί-
γνωσιν τῆς ἀληθείας, οὐκέτι περὶ ἁμαρτιῶν ἀπολείπεται θυσία, 27 φο-
βερὰ δέ τις ἐκδοχὴ κρίσεως καὶ πυρὸς ζῆλος ἐσθίειν μέλλοντος τοὺς ὑ-
πεναντίους. 28 ἀθετήσας τις νόμον Μωϋσέως χωρὶς οἰκτιρμῶν ἐπὶ δυ-
σὶν ἢ τρισὶ μάρτυσιν ἀποθνήσκει· 29 πόσῳ δοκεῖτε χείρονος ἀξιωθήσε-
ται τιμωρίας ὁ τὸν υἱὸν τοῦ Θεοῦ καταπατήσας καὶ τὸ αἷμα τῆς διαθή-
κης κοινὸν ἡγησάμενος, ἐν ᾧ ἡγιάσθη, καὶ τὸ Πνεῦμα τῆς χάριτος ἐνυ-
βρίσας; 30 οἴδαμεν γὰρ τὸν εἰπόντα· ἐμοὶ ἐκδίκησις, ἐγὼ ἀνταποδώσω,
λέγει Κύριος· καὶ πάλιν· Κύριος κρινεῖ τὸν λαὸν αὐτοῦ. 31 φοβερὸν τὸ
ἐμπεσεῖν εἰς χεῖρας Θεοῦ ζῶντος.

32 Ἀναμιμνήσκεσθε δὲ τὰς πρότερον ἡμέρας, ἐν αἷς φωτισθέντες πολ-
λὴν ἄθλησιν ὑπεμείνατε παθημάτων, 33 τοῦτο μὲν ὀνειδισμοῖς τε καὶ
θλίψεσι θεατριζόμενοι, τοῦτο δὲ κοινωνοὶ τῶν οὕτως ἀναστρεφομένων
γενηθέντες. 34 καὶ γὰρ τοῖς δεσμοῖς μου συνεπαθήσατε καὶ τὴν ἁρπα-
γὴν τῶν ὑπαρχόντων ὑμῶν μετὰ χαρᾶς προσεδέξασθε, γινώσκοντες ἔ-
χειν ἐν ἑαυτοῖς κρείττονα ὕπαρξιν ἐν οὐρανοῖς καὶ μένουσαν. 35 Μὴ ἀ-
ποβάλητε οὖν τὴν παρρησίαν ὑμῶν, ἥτις ἔχει μισθαποδοσίαν μεγάλην.
36 ὑπομονῆς γὰρ ἔχετε χρείαν, ἵνα τὸ θέλημα τοῦ Θεοῦ ποιήσαντες κο-
μίσησθε τὴν ἐπαγγελίαν. 37 ἔτι γὰρ μικρὸν ὅσον ὅσον, ὁ ἐρχόμενος ἥξει
καὶ οὐ χρονιεῖ. 38 ὁ δὲ δίκαιος ἐκ πίστεως ζήσεται· καὶ ἐὰν ὑποστείλη-
ται, οὐκ εὐδοκεῖ ἡ ψυχή μου ἐν αὐτῷ. 39 ἡμεῖς δὲ οὐκ ἐσμὲν ὑποστολῆς
εἰς ἀπώλειαν, ἀλλὰ πίστεως εἰς περιποίησιν ψυχῆς.

11

ΕΣΤΙ δὲ πίστις ἐλπιζομένων ὑπόστασις, πραγμάτων ἔλεγχος οὐ βλε-
πομένων. 2 ἐν ταύτῃ γὰρ ἐμαρτυρήθησαν οἱ πρεσβύτεροι. 3 πίστει
νοοῦμεν κατηρτίσθαι τοὺς αἰῶνας ῥήματι Θεοῦ, εἰς τὸ μὴ ἐκ φαινο-
μένων τὰ βλεπόμενα γεγονέναι. 4 πίστει πλείονα θυσίαν Ἄβελ παρὰ
Κάϊν προσήνεγκε τῷ Θεῷ, δι᾿ ἧς ἐμαρτυρήθη εἶναι δίκαιος, μαρτυροῦν-

τος ἐπὶ τοῖς δώροις αὐτοῦ τοῦ Θεοῦ, καὶ δι᾽ αὐτῆς ἀποθανὼν ἔτι λαλεῖ-
ται. 5 πίστει Ἐνὼχ μετετέθη τοῦ μὴ ἰδεῖν θάνατον, καὶ οὐχ εὑρίσκετο,
διότι μετέθηκεν αὐτὸν ὁ Θεός· πρὸ γὰρ τῆς μεταθέσεως αὐτοῦ μεμαρτύ-
ρηται εὐηρεστηκέναι τῷ Θεῷ· 6 χωρὶς δὲ πίστεως ἀδύνατον εὐαρεστῆ-
σαι· πιστεῦσαι γὰρ δεῖ τὸν προσερχόμενον τῷ Θεῷ ὅτι ἔστι καὶ τοῖς ἐκ-
ζητοῦσιν αὐτὸν μισθαποδότης γίνεται. 7 πίστει χρηματισθεὶς Νῶε περὶ
τῶν μηδέπω βλεπομένων, εὐλαβηθεὶς κατεσκεύασε κιβωτὸν εἰς σωτη-
ρίαν τοῦ οἴκου αὐτοῦ, δι᾽ ἧς κατέκρινε τὸν κόσμον, καὶ τῆς κατά πίστιν
δικαιοσύνης ἐγένετο κληρονόμος. 8 πίστει καλούμενος Ἀβραὰμ ὑπή-
κουσεν ἐξελθεῖν εἰς τὸν τόπον ὃν ἔμελλε λαμβάνειν εἰς κληρονομίαν, καὶ
ἐξῆλθε μὴ ἐπιστάμενος ποῦ ἔρχεται. 9 πίστει παρῴκησεν εἰς τὴν γῆν
τῆς ἐπαγγελίας ὡς ἀλλοτρίαν, ἐν σκηναῖς κατοικήσας μετὰ Ἰσαὰκ καὶ
Ἰακὼβ τῶν συγκληρονόμων τῆς ἐπαγγελίας τῆς αὐτῆς· 10 ἐξεδέχετο
γὰρ τὴν τοὺς θεμελίους ἔχουσαν πόλιν, ἧς τεχνίτης καὶ δημιουργὸς ὁ
Θεός. 11 πίστει καὶ αὐτὴ Σάρρα δύναμιν εἰς καταβολὴν σπέρματος ἔ-
λαβε καὶ παρὰ καιρὸν ἡλικίας ἔτεκεν, ἐπεὶ πιστὸν ἡγήσατο τὸν ἐπαγ-
γειλάμενον. 12 διὸ καὶ ἀφ᾽ ἑνὸς ἐγεννήθησαν, καὶ ταῦτα νενεκρωμένου,
καθὼς τὰ ἄστρα τοῦ οὐρανοῦ τῷ πλήθει καὶ ὡς ἡ ἄμμος ἡ παρὰ τὸ χεῖ-
λος τῆς θαλάσσης ἡ ἀναρίθμητος.

13 Κατὰ πίστιν ἀπέθανον οὗτοι πάντες, μὴ λαβόντες τὰς ἐπαγγελίας,
ἀλλὰ πόρρωθεν αὐτὰς ἰδόντες καὶ ἀσπασάμενοι, καὶ ὁμολογήσαντες ὅτι
ξένοι καὶ παρεπίδημοί εἰσιν ἐπὶ τῆς γῆς. 14 οἱ γὰρ τοιαῦτα λέγοντες
ἐμφανίζουσιν ὅτι πατρίδα ἐπιζητοῦσι. 15 καὶ εἰ μὲν ἐκείνης ἐμνημόνευ-
ον, ἀφ᾽ ἧς ἐξῆλθον, εἶχον ἂν καιρὸν ἀνακάμψαι· 16 νῦν δὲ κρείττονος ὀ-
ρέγονται, τοῦτ᾽ ἔστιν ἐπουρανίου. διὸ οὐκ ἐπαισχύνεται αὐτοὺς ὁ Θεὸς
Θεὸς ἐπικαλεῖσθαι αὐτῶν· ἡτοίμασε γὰρ αὐτοῖς πόλιν.

17 Πίστει προσενήνοχεν Ἀβραὰμ τὸν Ἰσαὰκ πειραζόμενος, καὶ τὸν μο-
νογενῆ προσέφερεν ὁ τὰς ἐπαγγελίας ἀναδεξάμενος, 18 πρὸς ὃν ἐλαλή-
θη ὅτι ἐν Ἰσαὰκ κληθήσεταί σοι σπέρμα, 19 λογισάμενος ὅτι καὶ ἐκ νε-
κρῶν ἐγείρειν δυνατὸς ὁ Θεός· ὅθεν αὐτὸν καὶ ἐν παραβολῇ ἐκομίσατο.
20 πίστει περὶ μελλόντων εὐλόγησεν Ἰσαὰκ τὸν Ἰακὼβ καὶ τὸν Ἠσαῦ.
21 πίστει Ἰακὼβ ἀποθνήσκων ἕκαστον τῶν υἱῶν Ἰωσὴφ εὐλόγησε, καὶ
προσεκύνησεν ἐπὶ τὸ ἄκρον τῆς ῥάβδου αὐτοῦ. 22 πίστει Ἰωσὴφ τελευ-
τῶν περὶ τῆς ἐξόδου τῶν υἱῶν Ἰσραὴλ ἐμνημόνευσε καὶ περὶ τῶν ὀστέ-
ων αὐτοῦ ἐνετείλατο. 23 πίστει Μωϋσῆς γεννηθεὶς ἐκρύβη τρίμηνον
ὑπὸ τῶν πατέρων αὐτοῦ, διότι εἶδον ἀστεῖον τὸ παιδίον, καὶ οὐκ ἐφοβή-

θησαν τὸ διάταγμα τοῦ βασιλέως. 24 πίστει Μωϋσῆς μέγας γενόμενος
ἠρνήσατο λέγεσθαι υἱὸς θυγατρὸς Φαραώ, 25 μᾶλλον ἑλόμενος συγκα-
κουχεῖσθαι τῷ λαῷ τοῦ Θεοῦ ἢ πρόσκαιρον ἔχειν ἁμαρτίας ἀπόλαυσιν,
26 μείζονα πλοῦτον ἡγησάμενος τῶν Αἰγύπτου θησαυρῶν τὸν ὀνειδι-
σμὸν τοῦ Χριστοῦ· ἀπέβλεπε γὰρ εἰς τὴν μισθαποδοσίαν. 27 πίστει κα-
τέλιπεν Αἴγυπτον μὴ φοβηθεὶς τὸν θυμὸν τοῦ βασιλέως· τὸν γὰρ ἀόρα-
τον ὡς ὁρῶν ἐκαρτέρησε. 28 πίστει πεποίηκε τὸ πάσχα καὶ τὴν πρόσχυ-
σιν τοῦ αἵματος, ἵνα μὴ ὁ ὀλοθρεύων τὰ πρωτότοκα θίγῃ αὐτῶν. 29 πί-
στει διέβησαν τὴν Ἐρυθρὰν θάλασσαν ὡς διὰ ξηρᾶς, ἧς πεῖραν λαβόν-
τες οἱ Αἰγύπτιοι κατεπόθησαν. 30 πίστει τὰ τείχη Ἱεριχὼ ἔπεσε κυ-
κλωθέντα ἐπὶ ἑπτὰ ἡμέρας. 31 πίστει Ραὰβ ἡ πόρνη οὐ συναπώλετο
τοῖς ἀπειθήσασι, δεξαμένη τοὺς κατασκόπους μετ' εἰρήνης.

32 Καὶ τί ἔτι λέγω; ἐπιλείψει γάρ με διηγούμενον ὁ χρόνος περὶ Γεδε-
ών, Βαράκ τε καὶ Σαμψὼν καὶ Ἰεφθάε, Δαυΐδ τε καὶ Σαμουὴλ καὶ τῶν
προφητῶν, 33 οἳ διὰ πίστεως κατηγωνίσαντο βασιλείας, εἰργάσαντο δι-
καιοσύνην, ἐπέτυχον ἐπαγγελιῶν, ἔφραξαν στόματα λεόντων, 34 ἔσβε-
σαν δύναμιν πυρός, ἔφυγον στόματα μαχαίρας, ἐνεδυναμώθησαν ἀπὸ ἀ-
σθενείας, ἐγενήθησαν ἰσχυροὶ ἐν πολέμῳ, παρεμβολὰς ἔκλιναν ἀλλοτρί-
ων· 35 ἔλαβον γυναῖκες ἐξ ἀναστάσεως τούς νεκροὺς αὐτῶν· ἄλλοι δὲ ἐ-
τυμπανίσθησαν, οὐ προσδεξάμενοι τὴν ἀπολύτρωσιν, ἵνα κρείττονος ἀ-
ναστάσεως τύχωσιν· 36 ἕτεροι δὲ ἐμπαιγμῶν καὶ μαστίγων πεῖραν ἔλα-
βον, ἔτι δὲ δεσμῶν καὶ φυλακῆς· 37 ἐλιθάσθησαν, ἐπρίσθησαν, ἐπειρά-
σθησαν, ἐν φόνῳ μαχαίρας ἀπέθανον, περιῆλθον ἐν μηλωταῖς, ἐν αἰγεί-
οις δέρμασιν, ὑστερούμενοι, θλιβόμενοι, κακουχούμενοι, 38 ὧν οὐκ ἦν
ἄξιος ὁ κόσμος, ἐν ἐρημίαις πλανώμενοι καὶ ὄρεσι καὶ σπηλαίοις καὶ
ταῖς ὀπαῖς τῆς γῆς.

39 Καὶ οὗτοι πάντες μαρτυρηθέντες διὰ τῆς πίστεως οὐκ ἐκομίσαντο
τὴν ἐπαγγελίαν, 40 τοῦ Θεοῦ περὶ ἡμῶν κρεῖττόν τι προβλεψαμένου,
ἵνα μὴ χωρὶς ἡμῶν τελειωθῶσι.

12

ΤΟΙΓΑΡΟΥΝ καὶ ἡμεῖς, τοσοῦτον ἔχοντες περικείμενον ἡμῖν νέφος
μαρτύρων, ὄγκον ἀποθέμενοι πάντα καὶ τὴν εὐπερίστατον ἁμαρτίαν,
δι᾿ ὑπομονῆς τρέχωμεν τὸν προκείμενον ἡμῖν ἀγῶνα, 2 ἀφορῶντες
εἰς τὸν τῆς πίστεως ἀρχηγὸν καὶ τελειωτὴν Ἰησοῦν, ὃς ἀντὶ τῆς προ-
κειμένης αὐτῷ χαρᾶς ὑπέμεινε σταυρόν, αἰσχύνης καταφρονήσας, ἐν
δεξιᾷ τε τοῦ θρόνου τοῦ Θεοῦ κεκάθικεν. 3 ἀναλογίσασθε γὰρ τὸν τοιαύ-
την ὑπομεμενηκότα ὑπὸ τῶν ἁμαρτωλῶν εἰς αὐτὸν ἀντιλογίαν, ἵνα μὴ
κάμητε ταῖς ψυχαῖς ὑμῶν ἐκλυόμενοι.

4 Οὔπω μέχρις αἵματος ἀντικατέστητε πρὸς τὴν ἁμαρτίαν ἀνταγωνι-
ζόμενοι, 5 καὶ ἐκλέλησθε τῆς παρακλήσεως, ἥτις ὑμῖν ὡς υἱοῖς διαλέ-
γεται· υἱέ μου, μὴ ὀλιγώρει παιδείας Κυρίου, μηδὲ ἐκλύου ὑπ᾿ αὐτοῦ ἐ-
λεγχόμενος. 6 ὃν γὰρ ἀγαπᾷ Κύριος παιδεύει, μαστιγοῖ δὲ πάντα υἱὸν ὃν
παραδέχεται. 7 εἰ παιδείαν ὑπομένετε, ὡς υἱοῖς ὑμῖν προσφέρεται ὁ Θε-
ός· τίς γάρ ἐστιν υἱὸς ὃν οὐ παιδεύει πατήρ; 8 εἰ δὲ χωρίς ἐστε παιδείας,
ἧς μέτοχοι γεγόνασι πάντες, ἄρα νόθοι ἐστὲ καὶ οὐχ υἱοί. 9 εἶτα τοὺς
μὲν τῆς σαρκὸς ἡμῶν πατέρας εἴχομεν παιδευτὰς καὶ ἐνετρεπόμεθα· οὐ
πολλῷ μᾶλλον ὑποταγησόμεθα τῷ πατρὶ τῶν πνευμάτων καὶ ζήσομεν;
10 οἱ μὲν γὰρ πρὸς ὀλίγας ἡμέρας κατὰ τὸ δοκοῦν αὐτοῖς ἐπαίδευον, ὁ
δὲ ἐπὶ τὸ συμφέρον, εἰς τὸ μεταλαβεῖν τῆς ἁγιότητος αὐτοῦ. 11 πᾶσα δὲ
παιδεία πρὸς μὲν τὸ παρὸν οὐ δοκεῖ χαρᾶς εἶναι, ἀλλὰ λύπης, ὕστερον δὲ
καρπὸν εἰρηνικὸν τοῖς δι᾿ αὐτῆς γεγυμνασμένοις ἀποδίδωσι δικαιοσύνης.
12 Διὸ τὰς παρειμένας χεῖρας καὶ τὰ παραλελυμένα γόνατα ἀνορθώσα-
τε, 13 καὶ τροχιὰς ὀρθὰς ποιήσατε τοῖς ποσὶν ὑμῶν, ἵνα μὴ τὸ χωλὸν ἐ-
κτραπῇ, ἰαθῇ δὲ μᾶλλον.

14 Εἰρήνην διώκετε μετὰ πάντων, καὶ τὸν ἁγιασμόν, οὗ χωρὶς οὐδεὶς ὄ-
ψεται τὸν Κύριον, 15 ἐπισκοποῦντες μή τις ὑστερῶν ἀπὸ τῆς χάριτος
τοῦ Θεοῦ, μή τις ῥίζα πικρίας ἄνω φύουσα ἐνοχλῇ καὶ διὰ ταύτης μιαν-
θῶσι πολλοί, 16 μή τις πόρνος ἢ βέβηλος ὡς Ἠσαῦ, ὃς ἀντὶ βρώσεως
μιᾶς ἀπέδοτο τὰ πρωτοτόκια αὐτοῦ. 17 ἴστε γὰρ ὅτι καὶ μετέπειτα, θέ-
λων κληρονομῆσαι τὴν εὐλογίαν, ἀπεδοκιμάσθη· μετανοίας γὰρ τόπον
οὐχ εὗρε, καίπερ μετὰ δακρύων ἐκζητήσας αὐτήν.

18 Οὐ γὰρ προσεληλύθατε ψηλαφωμένῳ ὄρει καὶ κεκαυμένῳ πυρὶ καὶ
γνόφῳ καὶ σκότῳ καὶ θυέλλῃ 19 καὶ σάλπιγγος ἤχῳ καὶ φωνῇ ῥημά-

των, ἧς οἱ ἀκούσαντες παρῃτήσαντο μὴ προστεθῆναι αὐτοῖς λόγον· 20
οὐκ ἔφερον γὰρ τὸ διαστελλόμενον· κἂν θηρίον θίγῃ τοῦ ὄρους, λιθοβο-
ληθήσεται· 21 καί· οὕτω φοβερὸν ἦν τὸ φανταζόμενον, Μωϋσῆς εἶπεν·
ἔκφοβός εἰμι καὶ ἔντρομος· 22 ἀλλὰ προσεληλύθατε Σιὼν ὄρει καὶ πόλει
Θεοῦ ζῶντος, Ἱερουσαλὴμ ἐπουρανίῳ, καὶ μυριάσιν ἀγγέλων, 23 πανη-
γύρει καὶ ἐκκλησίᾳ πρωτοτόκων ἐν οὐρανοῖς ἀπογεγραμμένων, καὶ κρι-
τῇ Θεῷ πάντων, καὶ πνεύμασι δικαίων τετελειωμένων, 24 καὶ διαθή-
κης νέας μεσίτῃ Ἰησοῦ, καὶ αἵματι ραντισμοῦ κρεῖττον λαλοῦντι παρὰ
τὸν Ἄβελ. 25 Βλέπετε μὴ παραιτήσησθε τὸν λαλοῦντα. εἰ γὰρ ἐκεῖνοι
οὐκ ἔφυγον τὸν ἐπὶ τῆς γῆς παραιτησάμενοι χρηματίζοντα, πολλῷ
μᾶλλον ἡμεῖς οἱ τὸν ἀπ' οὐρανῶν ἀποστρεφόμενοι· 26 οὗ ἡ φωνὴ τὴν
γῆν ἐσάλευσε τότε, νῦν δὲ ἐπήγγελται λέγων· ἔτι ἅπαξ ἐγὼ σείω οὐ μό-
νον τὴν γῆν, ἀλλὰ καὶ τὸν οὐρανόν. 27 τὸ δὲ ἔτι ἅπαξ δηλοῖ τῶν σαλευ-
ομένων τὴν μετάθεσιν ὡς πεποιημένων, ἵνα μείνῃ τὰ μὴ σαλευόμενα.
28 Διὸ βασιλείαν ἀσάλευτον παραλαμβάνοντες ἔχωμεν χάριν, δι' ἧς
λατρεύωμεν εὐαρέστως τῷ Θεῷ μετὰ αἰδοῦς καὶ εὐλαβείας· 29 καὶ γὰρ
ὁ Θεὸς ἡμῶν πῦρ καταναλίσκον.

13

Η ΦΙΛΑΔΕΛΦΙΑ μενέτω, τῆς φιλοξενίας μὴ ἐπιλανθάνεσθε· 2 διά
ταύτης γὰρ ἔλαθόν τινες ξενίσαντες ἀγγέλους. 3 μιμνήσκεσθε τῶν
δεσμίων ὡς συνδεδεμένοι, τῶν κακουχουμένων ὡς καὶ αὐτοὶ ὄντες
ἐν σώματι. 4 τίμιος ὁ γάμος ἐν πᾶσι καὶ ἡ κοίτη ἀμίαντος· πόρνους δὲ
καὶ μοιχοὺς κρινεῖ ὁ Θεός. 5 ἀφιλάργυρος ὁ τρόπος, ἀρκούμενοι τοῖς πα-
ροῦσιν· αὐτὸς γὰρ εἴρηκεν· οὐ μή σε ἀνῶ οὐδ' οὐ μή σε ἐγκαταλίπω· 6
ὥστε θαρροῦντας ἡμᾶς λέγειν· Κύριος ἐμοὶ βοηθός, καὶ οὐ φοβηθήσο-
μαι· τί ποιήσει μοι ἄνθρωπος;

7 Μνημονεύετε τῶν ἡγουμένων ὑμῶν, οἵτινες ἐλάλησαν ὑμῖν τὸν λόγον
τοῦ Θεοῦ, ὧν ἀναθεωροῦντες τὴν ἔκβασιν τῆς ἀναστροφῆς μιμεῖσθε τὴν
πίστιν. 8 Ἰησοῦς Χριστὸς χθὲς καὶ σήμερον ὁ αὐτὸς καὶ εἰς τοὺς αἰῶ-
νας. 9 διδαχαῖς ποικίλαις καὶ ξέναις μὴ παραφέρεσθε· καλὸν γὰρ χάριτι
βεβαιοῦσθαι τὴν καρδίαν, οὐ βρώμασιν, ἐν οἷς οὐκ ὠφελήθησαν οἱ περι-
πατήσαντες. 10 ἔχομεν θυσιαστήριον ἐξ οὗ φαγεῖν οὐκ ἔχουσιν ἐξουσίαν

οἱ τῇ σκηνῇ λατρεύοντες· 11 ὧν γὰρ εἰσφέρεται ζῴων τὸ αἷμα περὶ ἁ-
μαρτίας εἰς τὰ Ἅγια διὰ τοῦ ἀρχιερέως, τούτων τὰ σώματα κατακαίεται
ἔξω τῆς παρεμβολῆς· 12 διὸ καὶ Ἰησοῦς, ἵνα ἁγιάσῃ διὰ τοῦ ἰδίου αἵμα-
τος τὸν λαόν, ἔξω τῆς πύλης ἔπαθε. 13 τοίνυν ἐξερχώμεθα πρὸς αὐτὸν
ἔξω τῆς παρεμβολῆς τὸν ὀνειδισμὸν αὐτοῦ φέροντες· 14 οὐ γὰρ ἔχομεν
ὧδε μένουσαν πόλιν, ἀλλὰ τὴν μέλλουσαν ἐπιζητοῦμεν. 15 δι' αὐτοῦ
οὖν ἀναφέρωμεν θυσίαν αἰνέσεως διὰ παντὸς τῷ Θεῷ, τοῦτ' ἔστι καρπὸν
χειλέων ὁμολογούντων τῷ ὀνόματι αὐτοῦ. 16 τῆς δὲ εὐποιΐας καὶ κοι-
νωνίας μὴ ἐπιλανθάνεσθε· τοιαύταις γὰρ θυσίαις εὐαρεστεῖται ὁ Θεός.

17 Πείθεσθε τοῖς ἡγουμένοις ὑμῶν καὶ ὑπείκετε· αὐτοὶ γὰρ ἀγρυπνοῦσιν
ὑπὲρ τῶν ψυχῶν ὑμῶν ὡς λόγον ἀποδώσοντες· ἵνα μετὰ χαρᾶς τοῦτο
ποιῶσι καὶ μὴ στενάζοντες· ἀλυσιτελὲς γὰρ ὑμῖν τοῦτο.

18 Προσεύχεσθε περὶ ἡμῶν· πεποίθαμεν γὰρ ὅτι καλὴν συνείδησιν ἔχο-
μεν, ἐν πᾶσι καλῶς θέλοντες ἀναστρέφεσθαι. 19 περισσοτέρως δὲ παρα-
καλῶ τοῦτο ποιῆσαι, ἵνα τάχιον ἀποκατασταθῶ ὑμῖν.

20 Ὁ δὲ Θεὸς τῆς εἰρήνης, ὁ ἀναγαγὼν ἐκ νεκρῶν τὸν ποιμένα τῶν
προβάτων τὸν μέγαν ἐν αἵματι διαθήκης αἰωνίου, τὸν Κύριον ἡμῶν Ἰη-
σοῦν, 21 καταρτίσαι ὑμᾶς ἐν παντὶ ἔργῳ ἀγαθῷ εἰς τὸ ποιῆσαι τὸ θέλη-
μα αὐτοῦ, ποιῶν ἐν ὑμῖν τὸ εὐάρεστον ἐνώπιον αὐτοῦ διὰ Ἰησοῦ Χρι-
στοῦ, ᾧ ἡ δόξα εἰς τοὺς αἰῶνας τῶν αἰώνων· ἀμήν.

22 Παρακαλῶ δὲ ὑμᾶς, ἀδελφοί, ἀνέχεσθε τοῦ λόγου τῆς παρακλήσεως·
καὶ γὰρ διὰ βραχέων ἐπέστειλα ὑμῖν. 23 γινώσκετε τὸν ἀδελφὸν Τιμό-
θεον ἀπολελυμένον, μεθ' οὗ, ἐὰν τάχιον ἔρχηται, ὄψομαι ὑμᾶς. 24 ἀ-
σπάσασθε πάντας τοὺς ἡγουμένους ὑμῶν καὶ πάντας τοὺς ἁγίους. ἀ-
σπάζονται ὑμᾶς οἱ ἀπὸ τῆς Ἰταλίας. 25 ἡ χάρις μετὰ πάντων ὑμῶν· ἀ-
μήν.

Ἐπιστολὴ Ἰακώβου

ΙΑΚΩΒΟΣ, Θεοῦ καὶ Κυρίου Ἰησοῦ Χριστοῦ δοῦλος, ταῖς δώδεκα
φυλαῖς ταῖς ἐν τῇ διασπορᾷ χαίρειν· 2 πᾶσαν χαρὰν ἡγήσασθε, ἀ-
δελφοί μου, ὅταν πειρασμοῖς περιπέσητε ποικίλοις, 3 γινώσκοντες
ὅτι τὸ δοκίμιον ὑμῶν τῆς πίστεως κατεργάζεται ὑπομονήν· 4 ἡ δὲ ὑπο-
μονὴ ἔργον τέλειον ἐχέτω, ἵνα ἦτε τέλειοι καὶ ὁλόκληροι, ἐν μηδενὶ λει-
πόμενοι. 5 εἰ δέ τις ὑμῶν λείπεται σοφίας, αἰτήτω παρὰ τοῦ διδόντος
Θεοῦ πᾶσιν ἁπλῶς καὶ οὐκ ὀνειδίζοντος, καὶ δοθήσεται αὐτῷ· 6 αἰτείτω
δὲ ἐν πίστει, μηδὲν διακρινόμενος· ὁ γὰρ διακρινόμενος ἔοικε κλύδωνι
θαλάσσης ἀνεμιζομένῳ καὶ ῥιπιζομένῳ. 7 μὴ γὰρ οἰέσθω ὁ ἄνθρωπος ἐ-
κεῖνος ὅτι λήψεταί τι παρὰ τοῦ Κυρίου. 8 ἀνὴρ δίψυχος ἀκατάστατος ἐν
πάσαις ταῖς ὁδοῖς αὐτοῦ. 9 καυχάσθω δὲ ὁ ἀδελφὸς ὁ ταπεινὸς ἐν τῷ ὕ-
ψει αὐτοῦ, 10 ὁ δὲ πλούσιος ἐν τῇ ταπεινώσει αὐτοῦ, ὅτι ὡς ἄνθος χόρ-
του παρελεύσεται. 11 ἀνέτειλε γὰρ ὁ ἥλιος σὺν τῷ καύσωνι καὶ ἐξήρανε
τὸν χόρτον, καὶ τὸ ἄνθος αὐτοῦ ἐξέπεσε, καὶ ἡ εὐπρέπεια τοῦ προσώπου
αὐτοῦ ἀπώλετο. οὕτω καὶ ὁ πλούσιος ἐν ταῖς πορείαις αὐτοῦ μαρανθήσε-
ται.

12 Μακάριος ἀνὴρ ὃς ὑπομένει πειρασμόν· ὅτι δόκιμος γενόμενος λήψε-
ται τὸν στέφανον τῆς ζωῆς, ὃν ἐπηγγείλατο ὁ Κύριος τοῖς ἀγαπῶσιν
αὐτόν. 13 μηδεὶς πειραζόμενος λεγέτω ὅτι ἀπὸ Θεοῦ πειράζομαι· ὁ γὰρ
Θεὸς ἀπείραστός ἐστι κακῶν, πειράζει δὲ αὐτὸς οὐδένα. 14 ἕκαστος δὲ
πειράζεται ὑπὸ τῆς ἰδίας ἐπιθυμίας ἐξελκόμενος καὶ δελεαζόμενος· 15
εἶτα ἡ ἐπιθυμία συλλαβοῦσα τίκτει ἁμαρτίαν, ἡ δὲ ἁμαρτία ἀποτελε-
σθεῖσα ἀποκύει θάνατον. 16 μὴ πλανᾶσθε, ἀδελφοί μου ἀγαπητοί· 17
πᾶσα δόσις ἀγαθὴ καὶ πᾶν δώρημα τέλειον ἄνωθέν ἐστι καταβαῖνον ἀπὸ

τοῦ πατρὸς τῶν φώτων, παρ' ᾧ οὐκ ἔνι παραλλαγὴ ἢ τροπῆς ἀποσκία-
σμα. 18 βουληθεὶς ἀπεκύησεν ἡμᾶς λόγῳ ἀληθείας εἰς τὸ εἶναι ἡμᾶς ἀ-
παρχήν τινα τῶν αὐτοῦ κτισμάτων.

19 Ὥστε, ἀδελφοί μου ἀγαπητοί, ἔστω πᾶς ἄνθρωπος ταχὺς εἰς τὸ ἀ-
κοῦσαι, βραδὺς εἰς τὸ λαλῆσαι, βραδὺς εἰς ὀργήν· 20 ὀργὴ γὰρ ἀνδρὸς
δικαιοσύνην Θεοῦ οὐ κατεργάζεται. 21 διὸ ἀποθέμενοι πᾶσαν ρυπαρίαν
καὶ περισσείαν κακίας ἐν πραΰτητι δέξασθε τὸν ἔμφυτον λόγον τὸν δυ-
νάμενον σῶσαι τὰς ψυχὰς ὑμῶν.

22 Γίνεσθε δὲ ποιηταὶ λόγου καὶ μὴ μόνον ἀκροαταί, παραλογιζόμενοι
ἑαυτούς. 23 ὅτι εἴ τις ἀκροατὴς λόγου ἐστὶ καὶ οὐ ποιητής, οὗτος ἔοικεν
ἀνδρὶ κατανοοῦντι τὸ πρόσωπον τῆς γενέσεως αὐτοῦ ἐν ἐσόπτρῳ· 24
κατενόησε γὰρ ἑαυτὸν καὶ ἀπελήλυθε, καὶ εὐθέως ἐπελάθετο ὁποῖος ἦν.
25 ὁ δὲ παρακύψας εἰς νόμον τέλειον τὸν τῆς ἐλευθερίας καὶ παραμεί-
νας, οὗτος οὐκ ἀκροατὴς ἐπιλησμονῆς γενόμενος, ἀλλὰ ποιητὴς ἔργου,
οὗτος μακάριος ἐν τῇ ποιήσει αὐτοῦ ἔσται.

26 Εἴ τις δοκεῖ θρῆσκος εἶναι ἐν ὑμῖν μὴ χαλιναγωγῶν γλῶσσαν αὐτοῦ,
ἀλλ' ἀπατῶν καρδίαν αὐτοῦ, τούτου μάταιος ἡ θρησκεία. 27 θρησκεία
καθαρὰ καὶ ἀμίαντος παρὰ τῷ Θεῷ καὶ πατρὶ αὕτη ἐστίν, ἐπισκέπτε-
σθαι ὀρφανοὺς καὶ χήρας ἐν τῇ θλίψει αὐτῶν, ἄσπιλον ἑαυτὸν τηρεῖν
ἀπὸ τοῦ κόσμου.

2

ΑΔΕΛΦΟΙ μου, μὴ ἐν προσωποληψίαις ἔχετε τὴν πίστιν τοῦ Κυρίου
ἡμῶν Ἰησοῦ Χριστοῦ τῆς δόξης. 2 ἐὰν γὰρ εἰσέλθῃ εἰς τὴν συνα-
γωγὴν ὑμῶν ἀνὴρ χρυσοδακτύλιος ἐν ἐσθῆτι λαμπρᾷ, εἰσέλθῃ δὲ
καὶ πτωχὸς ἐν ρυπαρᾷ ἐσθῆτι, 3 καὶ ἐπιβλέψητε ἐπὶ τὸν φοροῦντα τὴν
ἐσθῆτα τὴν λαμπρὰν καὶ εἴπητε αὐτῷ, σὺ κάθου ὧδε καλῶς, καὶ τῷ
πτωχῷ εἴπητε, σὺ στῆθι ἐκεῖ ἢ κάθου ὧδε ὑπὸ τὸ ὑποπόδιόν μου, 4 καὶ
οὐ διεκρίθητε ἐν ἑαυτοῖς καὶ ἐγένεσθε κριταὶ διαλογισμῶν πονηρῶν;

5 Ἀκούσατε, ἀδελφοί μου ἀγαπητοί. οὐχ ὁ Θεὸς ἐξελέξατο τοὺς πτω-
χοὺς τοῦ κόσμου πλουσίους ἐν πίστει καὶ κληρονόμους τῆς βασιλείας ἧς
ἐπηγγείλατο τοῖς ἀγαπῶσιν αὐτόν; 6 ὑμεῖς δὲ ἠτιμάσατε τὸν πτωχόν.

οὐχ οἱ πλούσιοι καταδυναστεύουσιν ὑμῶν, καὶ αὐτοὶ ἕλκουσιν ὑμᾶς εἰς
κριτήρια; 7 οὐκ αὐτοὶ βλασφημοῦσι τὸ καλὸν ὄνομα τὸ ἐπικληθὲν ἐφ' ὑ-
μᾶς; 8 εἰ μέντοι νόμον τελεῖτε βασιλικὸν κατὰ τὴν γραφήν, ἀγαπήσεις
τὸν πλησίον σου ὡς σεαυτόν, καλῶς ποιεῖτε· 9 εἰ δὲ προσωποληπτεῖτε,
ἁμαρτίαν ἐργάζεσθε, ἐλεγχόμενοι ὑπὸ τοῦ νόμου ὡς παραβάται. 10 ὅ-
στις γὰρ ὅλον τὸν νόμον τηρήσῃ, πταίσῃ δὲ ἐν ἑνί, γέγονε πάντων ἔνο-
χος. 11 ὁ γὰρ εἰπὼν μὴ μοιχεύσης, εἶπε καὶ μὴ φονεύσης· εἰ δὲ οὐ μοι-
χεύσεις, φονεύσεις δέ, γέγονας παραβάτης νόμου. 12 οὕτω λαλεῖτε καὶ
οὕτω ποιεῖτε, ὡς διὰ νόμου ἐλευθερίας μέλλοντες κρίνεσθαι· 13 ἡ γὰρ
κρίσις ἀνέλεος τῷ μὴ ποιήσαντι ἔλεος· κατακαυχᾶται ἔλεος κρίσεως.

14 Τί τὸ ὄφελος, ἀδελφοί μου, ἐὰν πίστιν λέγῃ τις ἔχειν, ἔργα δὲ μὴ
ἔχῃ; μὴ δύναται ἡ πίστις σῶσαι αὐτόν; 15 ἐὰν δὲ ἀδελφὸς ἢ ἀδελφὴ γυ-
μνοὶ ὑπάρχωσι καὶ λειπόμενοι ὦσι τῆς ἐφημέρου τροφῆς, 16 εἴπῃ δέ τις
αὐτοῖς ἐξ ὑμῶν, ὑπάγετε ἐν εἰρήνῃ, θερμαίνεσθε καὶ χορτάζεσθε, μὴ
δῶτε δὲ αὐτοῖς τὰ ἐπιτήδεια τοῦ σώματος, τί τὸ ὄφελος; 17 οὕτω καὶ ἡ
πίστις, ἐὰν μὴ ἔργα ἔχῃ, νεκρά ἐστι καθ' ἑαυτήν. 18 ἀλλ' ἐρεῖ τις· σὺ
πίστιν ἔχεις, κἀγὼ ἔργα ἔχω· δεῖξόν μοι τὴν πίστιν σου ἐκ τῶν ἔργων
σου, κἀγὼ δείξω σοι ἐκ τῶν ἔργων μου τὴν πίστιν μου. 19 σὺ πιστεύεις
ὅτι ὁ Θεὸς εἷς ἐστι· καλῶς ποιεῖς· καὶ τὰ δαιμόνια πιστεύουσι καὶ φρίσ-
σουσι.

20 θέλεις δὲ γνῶναι, ὦ ἄνθρωπε κενέ, ὅτι ἡ πίστις χωρὶς τῶν ἔργων νε-
κρά ἐστιν; 21 Ἀβραὰμ ὁ πατὴρ ἡμῶν οὐκ ἐξ ἔργων ἐδικαιώθη, ἀνενέγ-
κας Ἰσαὰκ τὸν υἱὸν αὐτοῦ ἐπὶ τὸ θυσιαστήριον; 22 βλέπεις ὅτι ἡ πίστις
συνήργει τοῖς ἔργοις αὐτοῦ, καὶ ἐκ τῶν ἔργων ἡ πίστις ἐτελειώθη, 23
καὶ ἐπληρώθη ἡ γραφὴ ἡ λέγουσα· ἐπίστευσε δὲ Ἀβραὰμ τῷ Θεῷ, καὶ
ἐλογίσθη αὐτῷ εἰς δικαιοσύνην, καὶ φίλος Θεοῦ ἐκλήθη. 24 ὁρᾶτε τοί-
νυν ὅτι ἐξ ἔργων δικαιοῦται ἄνθρωπος καὶ οὐκ ἐκ πίστεως μόνον. 25 ὁ-
μοίως δὲ καὶ Ραὰβ ἡ πόρνη οὐκ ἐξ ἔργων ἐδικαιώθη, ὑποδεξαμένη τοὺς
ἀγγέλους καὶ ἑτέρᾳ ὁδῷ ἐκβαλοῦσα; 26 ὥσπερ γὰρ τὸ σῶμα χωρὶς
πνεύματος νεκρόν ἐστιν, οὕτω καὶ ἡ πίστις χωρὶς τῶν ἔργων νεκρά ἐστι.

3

ΜΗ πολλοὶ διδάσκαλοι γίνεσθε, ἀδελφοί μου, εἰδότες ὅτι μεῖζον κρῖμα
λημψόμεθα· 2 πολλὰ γὰρ πταίομεν ἅπαντες. εἴ τις ἐν λόγῳ οὐ πταί-
ει, οὗτος τέλειος ἀνήρ, δυνατὸς χαλιναγωγῆσαι καὶ ὅλον τὸ σῶμα.
3 ἴδε τῶν ἵππων τοὺς χαλινοὺς εἰς τὰ στόματα βάλλομεν πρὸς τὸ πείθε-
σθαι αὐτοὺς ἡμῖν, καὶ ὅλον τὸ σῶμα αὐτῶν μετάγομεν. 4 ἰδοὺ καὶ τὰ
πλοῖα, τηλικαῦτα ὄντα καὶ ὑπὸ σκληρῶν ἀνέμων ἐλαυνόμενα, μετάγε-
ται ὑπὸ ἐλαχίστου πηδαλίου ὅπου ἂν ἡ ὁρμὴ τοῦ εὐθύνοντος βούληται. 5
οὕτω καὶ ἡ γλῶσσα μικρὸν μέλος ἐστὶ καὶ μεγαλαυχεῖ. ἰδοὺ ὀλίγον πῦρ
ἡλίκην ὕλην ἀνάπτει· 6 καὶ ἡ γλῶσσα πῦρ, ὁ κόσμος τῆς ἀδικίας. οὕτως
ἡ γλῶσσα καθίσταται ἐν τοῖς μέλεσιν ἡμῶν ἡ σπιλοῦσα ὅλον τὸ σῶμα
καὶ φλογίζουσα τὸν τροχὸν τῆς γενέσεως καὶ φλογιζομένη ὑπὸ τῆς γε-
έννης. 7 πᾶσα γὰρ φύσις θηρίων τε καὶ πετεινῶν ἑρπετῶν τε καὶ ἐναλί-
ων δαμάζεται καὶ δεδάμασται τῇ φύσει τῇ ἀνθρωπίνῃ, 8 τὴν δὲ γλῶσ-
σαν οὐδεὶς δύναται ἀνθρώπων δαμάσαι· ἀκατάσχετον κακόν, μεστὴ ἰοῦ
θανατηφόρου. 9 ἐν αὐτῇ εὐλογοῦμεν τὸν Θεὸν καὶ πατέρα, καὶ ἐν αὐτῇ
καταρώμεθα τοὺς ἀνθρώπους τοὺς καθ' ὁμοίωσιν Θεοῦ γεγονότας· 10
ἐκ τοῦ αὐτοῦ στόματος ἐξέρχεται εὐλογία καὶ κατάρα. οὐ χρή, ἀδελφοί
μου, ταῦτα οὕτω γίνεσθαι. 11 μήτι ἡ πηγὴ ἐκ τῆς αὐτῆς ὀπῆς βρύει τὸ
γλυκὺ καὶ τὸ πικρόν; 12 μὴ δύναται, ἀδελφοί μου, συκῆ ἐλαίας ποιῆσαι
ἢ ἄμπελος σῦκα; οὕτως οὐδεμία πηγὴ ἁλυκὸν καὶ γλυκὺ ποιῆσαι ὕδωρ.

13 Τίς σοφὸς καὶ ἐπιστήμων ἐν ὑμῖν; δειξάτω ἐκ τῆς καλῆς ἀναστρο-
φῆς τὰ ἔργα αὐτοῦ ἐν πραΰτητι σοφίας. 14 εἰ δὲ ζῆλον πικρὸν ἔχετε καὶ
ἐριθείαν ἐν τῇ καρδίᾳ ὑμῶν, μὴ κατακαυχᾶσθε καὶ ψεύδεσθε κατὰ τῆς
ἀληθείας. 15 οὐκ ἔστιν αὕτη ἡ σοφία ἄνωθεν κατερχομένη, ἀλλ' ἐπίγει-
ος, ψυχική, δαιμονιώδης. 16 ὅπου γὰρ ζῆλος καὶ ἐριθεία, ἐκεῖ ἀκατα-
στασία καὶ πᾶν φαῦλον πρᾶγμα. 17 ἡ δὲ ἄνωθεν σοφία πρῶτον μὲν ἁ-
γνή ἐστιν, ἔπειτα εἰρηνική, ἐπιεικής, εὐπειθής, μεστὴ ἐλέους καὶ καρ-
πῶν ἀγαθῶν, ἀδιάκριτος καὶ ἀνυπόκριτος. 18 καρπὸς δὲ τῆς δικαιοσύ-
νης ἐν εἰρήνῃ σπείρεται τοῖς ποιοῦσιν εἰρήνην.

4

ΠΟΘΕΝ πόλεμοι καὶ μάχαι ἐν ὑμῖν; οὐκ ἐντεῦθεν ἐκ τῶν ἡδονῶν ὑ-
μῶν τῶν στρατευομένων ἐν τοῖς μέλεσιν ὑμῶν; 2 ἐπιθυμεῖτε, καὶ
οὐκ ἔχετε· φονεύετε καὶ ζηλοῦτε, καὶ οὐ δύνασθε ἐπιτυχεῖν· μάχεσθε
καὶ πολεμεῖτε, καὶ οὐκ ἔχετε, διὰ τὸ μὴ αἰτεῖσθαι ὑμᾶς· 3 αἰτεῖτε καὶ οὐ
λαμβάνετε, διότι κακῶς αἰτεῖσθε, ἵνα ἐν ταῖς ἡδοναῖς ὑμῶν δαπανήσητε.
4 μοιχοὶ καὶ μοιχαλίδες, οὐκ οἴδατε ὅτι ἡ φιλία τοῦ κόσμου ἔχθρα τοῦ
Θεοῦ ἐστιν; ὃς ἂν οὖν βουληθῇ φίλος εἶναι τοῦ κόσμου, ἐχθρὸς τοῦ Θεοῦ
καθίσταται. 5 ἢ δοκεῖτε ὅτι κενῶς ἡ γραφὴ λέγει, πρὸς φθόνον ἐπιποθεῖ
τὸ πνεῦμα ὃ κατῴκησεν ἐν ἡμῖν; 6 μείζονα δὲ δίδωσι χάριν· διὸ λέγει· ὁ
Θεὸς ὑπερηφάνοις ἀντιτάσσεται, ταπεινοῖς δὲ δίδωσι χάριν.

7 Ὑποτάγητε οὖν τῷ Θεῷ. ἀντίστητε τῷ διαβόλῳ, καὶ φεύξεται ἀφ' ὑ-
μῶν· 8 ἐγγίσατε τῷ Θεῷ, καὶ ἐγγιεῖ ὑμῖν. καθαρίσατε χεῖρας ἁμαρτω-
λοὶ καὶ ἁγνίσατε καρδίας δίψυχοι. 9 ταλαιπωρήσατε καὶ πενθήσατε καὶ
κλαύσατε· ὁ γέλως ὑμῶν εἰς πένθος μεταστραφήτω καὶ ἡ χαρὰ εἰς κα-
τήφειαν. 10 ταπεινώθητε ἐνώπιον τοῦ Κυρίου, καὶ ὑψώσει ὑμᾶς.

11 Μὴ καταλαλεῖτε ἀλλήλων, ἀδελφοί. ὁ καταλαλῶν ἀδελφοῦ καὶ κρί-
νων τὸν ἀδελφὸν αὐτοῦ καταλαλεῖ νόμου καὶ κρίνει νόμον· εἰ δὲ νόμον
κρίνεις, οὐκ εἶ ποιητὴς νόμου, ἀλλὰ κριτής. 12 εἷς ἐστιν ὁ νομοθέτης
καὶ κριτής, ὁ δυνάμενος σῶσαι καὶ ἀπολέσαι· σὺ δὲ τίς εἶ ὃς κρίνεις τὸν
ἕτερον;

13 Ἄγε νῦν οἱ λέγοντες· σήμερον καὶ αὔριον πορευσόμεθα εἰς τήνδε τὴν
πόλιν καὶ ποιήσομεν ἐκεῖ ἐνιαυτὸν ἕνα καὶ ἐμπορευσόμεθα καὶ κερδήσο-
μεν· 14 οἵτινες οὐκ ἐπίστασθε τὸ τῆς αὔριον· ποία γὰρ ἡ ζωὴ ὑμῶν; ἀ-
τμὶς γὰρ ἔσται ἡ πρὸς ὀλίγον φαινομένη, ἔπειτα δὲ καὶ ἀφανιζομένη· 15
ἀντὶ τοῦ λέγειν ὑμᾶς, ἐὰν ὁ Κύριος θελήσῃ, καὶ ζήσομεν καὶ ποιήσομεν
τοῦτο ἢ ἐκεῖνο. 16 νῦν δὲ καυχᾶσθε ἐν ταῖς ἀλαζονείαις ὑμῶν· πᾶσα
καύχησις τοιαύτη πονηρά ἐστιν. 17 εἰδότι οὖν καλὸν ποιεῖν καὶ μὴ ποι-
οῦντι, ἁμαρτία αὐτῷ ἐστιν.

5

ΑΓΕ νῦν οἱ πλούσιοι, κλαύσατε ὀλολύζοντες ἐπὶ ταῖς ταλαιπωρίαις ὑ-
μῶν ταῖς ἐπερχομέναις· 2 ὁ πλοῦτος ὑμῶν σέσηπε καὶ τὰ ἱμάτια ὑ-
μῶν σητόβρωτα γέγονεν, 3 ὁ χρυσὸς ὑμῶν καὶ ὁ ἄργυρος κατίωται,
καὶ ὁ ἰὸς αὐτῶν εἰς μαρτύριον ὑμῖν ἔσται καὶ φάγεται τὰς σάρκας ὑμῶν.
ὡς πῦρ ἐθησαυρίσατε ἐν ἐσχάταις ἡμέραις. 4 ἰδοὺ ὁ μισθὸς τῶν ἐργατῶν
τῶν ἀμησάντων τὰς χώρας ὑμῶν ὁ ἀπεστερημένος ἀφ᾿ ὑμῶν κράζει,
καὶ αἱ βοαὶ τῶν θερισάντων εἰς τὰ ὦτα Κυρίου Σαβαὼθ εἰσεληλύθασιν.
5 ἐτρυφήσατε ἐπὶ τῆς γῆς καὶ ἐσπαταλήσατε, ἐθρέψατε τὰς καρδίας ὑ-
μῶν ὡς ἐν ἡμέρᾳ σφαγῆς. 6 κατεδικάσατε, ἐφονεύσατε τὸν δίκαιον· οὐκ
ἀντιτάσσεται ὑμῖν.

7 Μακροθυμήσατε οὖν, ἀδελφοί, ἕως τῆς παρουσίας τοῦ Κυρίου. ἰδοὺ ὁ
γεωργὸς ἐκδέχεται τὸν τίμιον καρπὸν τῆς γῆς, μακροθυμῶν ἐπ᾿ αὐτῷ
ἕως λάβῃ ὑετὸν πρώϊμον καὶ ὄψιμον. 8 μακροθυμήσατε καὶ ὑμεῖς, στη-
ρίξατε τὰς καρδίας ὑμῶν, ὅτι ἡ παρουσία τοῦ Κυρίου ἤγγικε. 9 μὴ στε-
νάζετε κατ᾿ ἀλλήλων, ἀδελφοί, ἵνα μὴ κριθῆτε· ἰδοὺ ὁ κριτὴς πρὸ τῶν
θυρῶν ἕστηκεν. 10 ὑπόδειγμα λάβετε, ἀδελφοί μου, τῆς κακοπαθείας
καὶ τῆς μακροθυμίας τοὺς προφήτας, οἳ ἐλάλησαν τῷ ὀνόματι Κυρίου.
11 ἰδοὺ μακαρίζομεν τοὺς ὑπομένοντας· τὴν ὑπομονὴν Ἰὼβ ἠκούσατε,
καὶ τὸ τέλος Κυρίου εἴδετε, ὅτι πολύσπλαγχνός ἐστιν ὁ Κύριος καὶ οἰ-
κτίρμων.

12 Πρὸ πάντων δέ, ἀδελφοί μου, μὴ ὀμνύετε μήτε τὸν οὐρανὸν μήτε
τὴν γῆν μήτε ἄλλον τινὰ ὅρκον· ἤτω δὲ ὑμῶν τὸ ναὶ ναί, καὶ τὸ οὒ οὔ,
ἵνα μὴ εἰς ὑπόκρισιν πέσητε.

13 Κακοπαθεῖ τις ἐν ὑμῖν; προσευχέσθω· εὐθυμεῖ τις; ψαλλέτω. 14 ἀ-
σθενεῖ τις ἐν ὑμῖν; προσκαλεσάσθω τοὺς πρεσβυτέρους τῆς ἐκκλησίας,
καὶ προσευξάσθωσαν ἐπ᾿ αὐτὸν ἀλείψαντες αὐτὸν ἐλαίῳ ἐν τῷ ὀνόματι
τοῦ Κυρίου· 15 καὶ ἡ εὐχὴ τῆς πίστεως σώσει τὸν κάμνοντα, καὶ ἐγερεῖ
αὐτὸν ὁ Κύριος· κἂν ἁμαρτίας ᾖ πεποιηκώς, ἀφεθήσεται αὐτῷ.

16 Ἐξομολογεῖσθε ἀλλήλοις τὰ παραπτώματα, καὶ εὔχεσθε ὑπὲρ ἀλ-
λήλων, ὅπως ἰαθῆτε· πολὺ ἰσχύει δέησις δικαίου ἐνεργουμένη. 17 Ἠλί-
ας ἄνθρωπος ἦν ὁμοιοπαθὴς ἡμῖν, καὶ προσευχῇ προσηύξατο τοῦ μὴ

βρέξαι, καὶ οὐκ ἔβρεξεν ἐπὶ τῆς γῆς ἐνιαυτοὺς τρεῖς καὶ μῆνας ἕξ· 18
καὶ πάλιν προσηύξατο, καὶ ὁ οὐρανὸς ὑετὸν ἔδωκε καὶ ἡ γῆ ἐβλάστησε
τὸν καρπὸν αὐτῆς.

19 Ἀδελφοί, ἐάν τις ἐν ὑμῖν πλανηθῇ ἀπὸ τῆς ἀληθείας, καὶ ἐπιστρέψῃ
τις αὐτόν, 20 γινωσκέτω ὅτι ὁ ἐπιστρέψας ἁμαρτωλὸν ἐκ πλάνης ὁδοῦ
αὐτοῦ σώσει ψυχὴν ἐκ θανάτου καὶ καλύψει πλῆθος ἁμαρτιῶν.

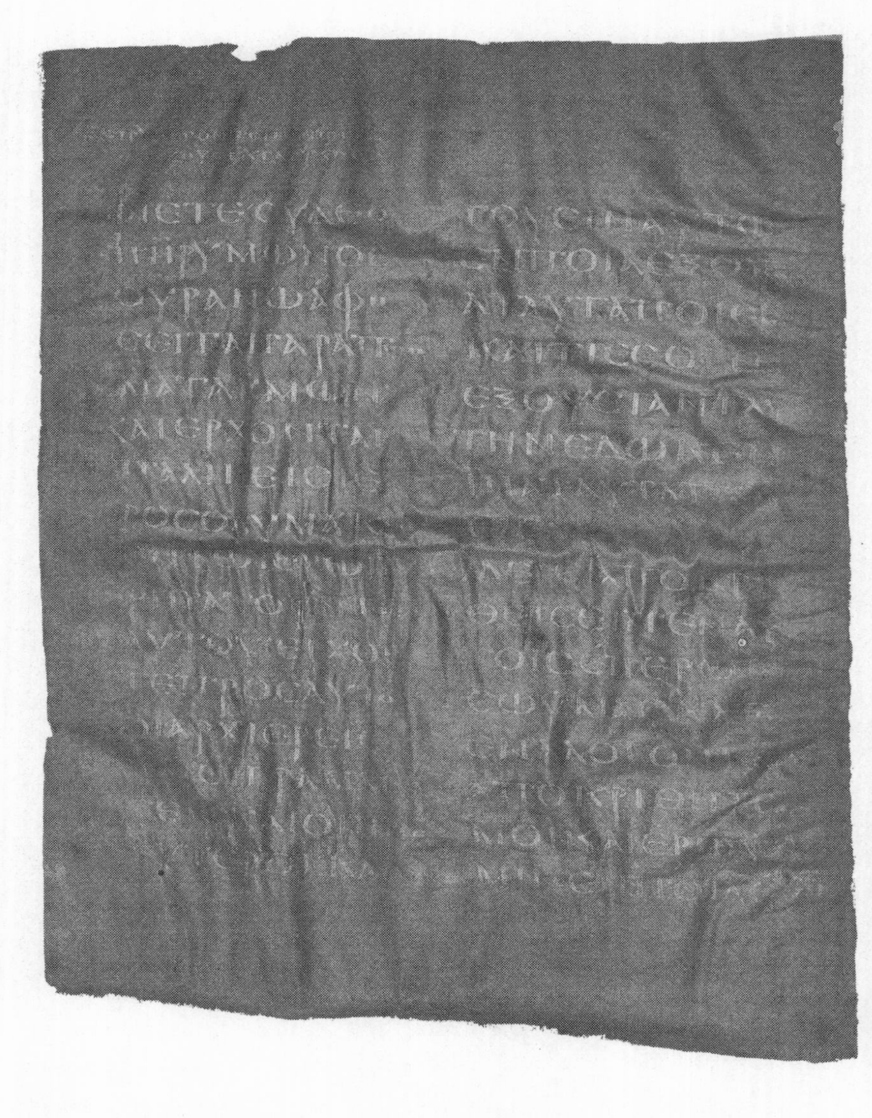

Α΄ Πέτρου

ΠΕΤΡΟΣ, ἀπόστολος Ἰησοῦ Χριστοῦ, ἐκλεκτοῖς παρεπιδήμοις δια-
σπορᾶς Πόντου, Γαλατίας, Καππαδοκίας, Ἀσίας καὶ Βιθυνίας, 2
κατὰ πρόγνωσιν Θεοῦ πατρός, ἐν ἁγιασμῷ Πνεύματος, εἰς ὑπακοὴν
καὶ ῥαντισμὸν αἵματος Ἰησοῦ Χριστοῦ· χάρις ὑμῖν καὶ εἰρήνη πληθυν-
θείη.

3 Εὐλογητὸς ὁ Θεὸς καὶ πατὴρ τοῦ Κυρίου ἡμῶν Ἰησοῦ Χριστοῦ, ὁ κα-
τὰ τὸ πολὺ αὐτοῦ ἔλεος ἀναγεννήσας ἡμᾶς εἰς ἐλπίδα ζῶσαν δι᾽ ἀνα-
στάσεως Ἰησοῦ Χριστοῦ ἐκ νεκρῶν, 4 εἰς κληρονομίαν ἄφθαρτον καὶ ἀ-
μίαντον καὶ ἀμάραντον, τετηρημένην ἐν οὐρανοῖς εἰς ὑμᾶς 5 τοὺς ἐν δυ-
νάμει Θεοῦ φρουρουμένους διὰ πίστεως εἰς σωτηρίαν ἑτοίμην ἀποκαλυ-
φθῆναι ἐν καιρῷ ἐσχάτῳ· 6 ἐν ᾧ ἀγαλλιᾶσθε, ὀλίγον ἄρτι, εἰ δέον ἐστί,
λυπηθέντες ἐν ποικίλοις πειρασμοῖς, 7 ἵνα τὸ δοκίμιον ὑμῶν τῆς πίστε-
ως πολυτιμότερον χρυσίου τοῦ ἀπολλυμένου διὰ πυρὸς δὲ δοκιμαζομέ-
νου εὑρεθῇ εἰς ἔπαινον καὶ τιμὴν καὶ δόξαν ἐν ἀποκαλύψει Ἰησοῦ Χρι-
στοῦ, 8 ὃν οὐκ εἰδότες ἀγαπᾶτε, εἰς ὃν ἄρτι μὴ ὁρῶντες, πιστεύοντες δὲ
ἀγαλλιᾶσθε χαρᾷ ἀνεκλαλήτῳ καὶ δεδοξασμένῃ, 9 κομιζόμενοι τὸ τέλος
τῆς πίστεως ὑμῶν, σωτηρίαν ψυχῶν. 10 περὶ ἧς σωτηρίας ἐξεζήτησαν
καὶ ἐξηρεύνησαν προφῆται οἱ περὶ τῆς εἰς ὑμᾶς χάριτος προφητεύσαν-
τες, 11 ἐρευνῶντες εἰς τίνα ἢ ποῖον καιρὸν ἐδήλου τὸ ἐν αὐτοῖς Πνεῦμα
Χριστοῦ προμαρτυρόμενον τὰ εἰς Χριστὸν παθήματα καὶ τὰς μετὰ ταῦ-
τα δόξας· 12 οἷς ἀπεκαλύφθη ὅτι οὐχ ἑαυτοῖς, ὑμῖν δὲ διηκόνουν αὐτά, ἃ
νῦν ἀνηγγέλη ὑμῖν διὰ τῶν εὐαγγελισαμένων ὑμᾶς ἐν Πνεύματι Ἁγίῳ
ἀποσταλέντι ἀπ᾽ οὐρανοῦ, εἰς ἃ ἐπιθυμοῦσιν ἄγγελοι παρακύψαι.

13 Διὸ ἀναζωσάμενοι τὰς ὀσφύας τῆς διανοίας ὑμῶν, νήφοντες, τελείως
ἐλπίσατε ἐπὶ τὴν φερομένην ὑμῖν χάριν ἐν ἀποκαλύψει Ἰησοῦ Χριστοῦ,
14 ὡς τέκνα ὑπακοῆς μὴ συσχηματιζόμενοι ταῖς πρότερον ἐν τῇ ἀγνοίᾳ
ὑμῶν ἐπιθυμίαις, 15 ἀλλὰ κατὰ τὸν καλέσαντα ὑμᾶς ἅγιον καὶ αὐτοὶ ἅ-
γιοι ἐν πάσῃ ἀναστροφῇ γενήθητε, 16 διότι γέγραπται· ἅγιοι γίνεσθε,
ὅτι ἐγὼ ἅγιός εἰμι. 17 καὶ εἰ πατέρα ἐπικαλεῖσθε τὸν ἀπροσωπολήπτως
κρίνοντα κατὰ τὸ ἑκάστου ἔργον, ἐν φόβῳ τὸν τῆς παροικίας ὑμῶν χρό-
νον ἀναστράφητε, 18 εἰδότες ὅτι οὐ φθαρτοῖς, ἀργυρίῳ ἢ χρυσίῳ, ἐλυ-
τρώθητε ἐκ τῆς ματαίας ὑμῶν ἀναστροφῆς πατροπαραδότου, 19 ἀλλὰ
τιμίῳ αἵματι ὡς ἀμνοῦ ἀμώμου καὶ ἀσπίλου Χριστοῦ, 20 προεγνωσμέ-
νου μὲν πρὸ καταβολῆς κόσμου, φανερωθέντος δὲ ἐπ᾿ ἐσχάτων τῶν χρό-
νων δι᾿ ὑμᾶς 21 τοὺς δι᾿ αὐτοῦ πιστεύοντας εἰς Θεὸν τὸν ἐγείραντα αὐ-
τὸν ἐκ νεκρῶν καὶ δόξαν αὐτῷ δόντα, ὥστε τὴν πίστιν ὑμῶν καὶ ἐλπίδα
εἶναι εἰς Θεόν.

22 Τὰς ψυχὰς ὑμῶν ἡγνικότες ἐν τῇ ὑπακοῇ τῆς ἀληθείας διὰ Πνεύ-
ματος εἰς φιλαδελφίαν ἀνυπόκριτον, ἐκ καθαρᾶς καρδίας ἀλλήλους ἀγα-
πήσατε ἐκτενῶς, 23 ἀναγεγεννημένοι οὐκ ἐκ σπορᾶς φθαρτῆς, ἀλλὰ ἀ-
φθάρτου, διὰ λόγου ζῶντος Θεοῦ καὶ μένοντος εἰς τὸν αἰῶνα· 24 διότι
πᾶσα σὰρξ ὡς χόρτος, καὶ πᾶσα δόξα ἀνθρώπου ὡς ἄνθος χόρτου· ἐξη-
ράνθη ὁ χόρτος, καὶ τὸ ἄνθος αὐτοῦ ἐξέπεσε· 25 τὸ δὲ ρῆμα Κυρίου μέ-
νει εἰς τὸν αἰῶνα. τοῦτο δέ ἐστι τὸ ρῆμα τὸ εὐαγγελισθὲν εἰς ὑμᾶς.

2

ΑΠΟΘΕΜΕΝΟΙ οὖν πᾶσαν κακίαν καὶ πάντα δόλον καὶ ὑποκρίσεις
καὶ φθόνους καὶ πάσας καταλαλιάς, 2 ὡς ἀρτιγέννητα βρέφη τὸ λο-
γικὸν ἄδολον γάλα ἐπιποθήσατε, ἵνα ἐν αὐτῷ αὐξηθῆτε εἰς σωτηρί-
αν, 3 εἴπερ ἐγεύσασθε ὅτι χρηστὸς ὁ Κύριος. 4 πρὸς ὃν προσερχόμενοι,
λίθον ζῶντα, ὑπὸ ἀνθρώπων μὲν ἀποδεδοκιμασμένον, παρὰ δὲ Θεῷ ἐ-
κλεκτόν, ἔντιμον, 5 καὶ αὐτοὶ ὡς λίθοι ζῶντες οἰκοδομεῖσθε οἶκος πνευ-
ματικός, ἱεράτευμα ἅγιον, ἀνενέγκαι πνευματικὰς θυσίας εὐπροσδέ-
κτους τῷ Θεῷ διὰ Ἰησοῦ Χριστοῦ· 6 διότι περιέχει ἐν τῇ γραφῇ· ἰδοὺ
τίθημι ἐν Σιὼν λίθον ἀκρογωνιαῖον, ἐκλεκτόν, ἔντιμον, καὶ ὁ πιστεύων
ἐπ᾿ αὐτῷ οὐ μὴ καταισχυνθῇ. 7 ὑμῖν οὖν ἡ τιμὴ τοῖς πιστεύουσιν, ἀπει-

θοῦσι δὲ λίθον ὃν ἀπεδοκίμασαν οἱ οἰκοδομοῦντες, οὗτος ἐγενήθη εἰς κε-
φαλὴν γωνίας καὶ λίθος προσκόμματος καὶ πέτρα σκανδάλου. 8 οἳ προ-
σκόπτουσι τῷ λόγῳ ἀπειθοῦντες, εἰς ὃ καὶ ἐτέθησαν. 9 ὑμεῖς δὲ γένος ἐ-
κλεκτόν, βασίλειον ἱεράτευμα, ἔθνος ἅγιον, λαὸς εἰς περιποίησιν, ὅπως
τὰς ἀρετὰς ἐξαγγείλητε τοῦ ἐκ σκότους ὑμᾶς καλέσαντος εἰς τὸ θαυμα-
στὸν αὐτοῦ φῶς· 10 οἵ ποτε οὐ λαός, νῦν δὲ λαὸς Θεοῦ, οἱ οὐκ ἠλεημέ-
νοι, νῦν δὲ ἐλεηθέντες.

11 Ἀγαπητοί, παρακαλῶ ὡς παροίκους καὶ παρεπιδήμους, ἀπέχεσθε
τῶν σαρκικῶν ἐπιθυμιῶν, αἵτινες στρατεύονται κατὰ τῆς ψυχῆς, 12 τὴν
ἀναστροφὴν ὑμῶν ἔχοντες καλὴν ἐν τοῖς ἔθνεσιν, ἵνα ἐν ᾧ καταλαλοῦσιν
ὑμῶν ὡς κακοποιῶν, ἐκ τῶν καλῶν ἔργων ἐποπτεύσαντες δοξάσωσι τὸν
Θεὸν ἐν ἡμέρᾳ ἐπισκοπῆς.

13 Ὑποτάγητε οὖν πάσῃ ἀνθρωπίνῃ κτίσει διὰ τὸν Κύριον, εἴτε βασιλεῖ,
ὡς ὑπερέχοντι, 14 εἴτε ἡγεμόσιν, ὡς δι᾽ αὐτοῦ πεμπομένοις εἰς ἐκδίκη-
σιν μὲν κακοποιῶν, ἔπαινον δὲ ἀγαθοποιῶν· 15 ὅτι οὕτως ἐστὶ τὸ θέλη-
μα τοῦ Θεοῦ, ἀγαθοποιοῦντας φιμοῦν τὴν τῶν ἀφρόνων ἀνθρώπων ἀ-
γνωσίαν· 16 ὡς ἐλεύθεροι, καὶ μὴ ὡς ἐπικάλυμμα ἔχοντες τῆς κακίας
τὴν ἐλευθερίαν, ἀλλ᾽ ὡς δοῦλοι Θεοῦ. 17 πάντας τιμήσατε, τὴν ἀδελ-
φότητα ἀγαπᾶτε, τὸν Θεὸν φοβεῖσθε, τὸν βασιλέα τιμᾶτε.

18 Οἱ οἰκέται ὑποτασσόμενοι ἐν παντὶ φόβῳ τοῖς δεσπόταις, οὐ μόνον
τοῖς ἀγαθοῖς καὶ ἐπιεικέσιν, ἀλλὰ καὶ τοῖς σκολιοῖς. 19 τοῦτο γὰρ χάρις,
εἰ διὰ συνείδησιν Θεοῦ ὑποφέρει τις λύπας, πάσχων ἀδίκως. 20 ποῖον
γὰρ κλέος, εἰ ἁμαρτάνοντες καὶ κολαφιζόμενοι ὑπομενεῖτε; ἀλλ᾽ εἰ ἀγα-
θοποιοῦντες καὶ πάσχοντες ὑπομενεῖτε, τοῦτο χάρις παρὰ Θεῷ. 21 εἰς
τοῦτο γὰρ ἐκλήθητε, ὅτι καὶ Χριστὸς ἔπαθεν ὑπὲρ ὑμῶν, ὑμῖν ὑπολιμ-
πάνων ὑπογραμμὸν ἵνα ἐπακολουθήσητε τοῖς ἴχνεσιν αὐτοῦ· 22 ὃς ἁ-
μαρτίαν οὐκ ἐποίησεν, οὐδὲ εὑρέθη δόλος ἐν τῷ στόματι αὐτοῦ· 23 ὃς
λοιδορούμενος οὐκ ἀντελοιδόρει, πάσχων οὐκ ἠπείλει, παρεδίδου δὲ τῷ
κρίνοντι δικαίως· 24 ὃς τὰς ἁμαρτίας ἡμῶν αὐτὸς ἀνήνεγκεν ἐν τῷ σώ-
ματι αὐτοῦ ἐπὶ τὸ ξύλον, ἵνα ταῖς ἁμαρτίαις ἀπογενόμενοι τῇ δικαιοσύ-
νῃ ζήσωμεν· οὗ τῷ μώλωπι αὐτοῦ ἰάθητε. 25 ἦτε γὰρ ὡς πρόβατα πλα-
νώμενα, ἀλλ᾽ ἐπεστράφητε νῦν ἐπὶ τὸν ποιμένα καὶ ἐπίσκοπον τῶν ψυ-
χῶν ὑμῶν.

3

ὉΜΟΙΩΣ αἱ γυναῖκες ὑποτασσόμεναι τοῖς ἰδίοις ἀνδράσιν, ἵνα καὶ εἴ
τινες ἀπειθοῦσι τῷ λόγῳ, διὰ τῆς τῶν γυναικῶν ἀναστροφῆς ἄνευ
λόγου κερδηθήσονται, 2 ἐποπτεύσαντες τὴν ἐν φόβῳ ἁγνὴν ἀνα-
στροφὴν ὑμῶν. 3 ὧν ἔστω οὐχ ὁ ἔξωθεν ἐμπλοκῆς τριχῶν καὶ περιθέσε-
ως χρυσίων ἢ ἐνδύσεως ἱματίων κόσμος, 4 ἀλλ' ὁ κρυπτὸς τῆς καρδίας
ἄνθρωπος ἐν τῷ ἀφθάρτῳ τοῦ πραέος καὶ ἡσυχίου πνεύματος, ὅ ἐστιν ἐ-
νώπιον τοῦ Θεοῦ πολυτελές.

5 Οὕτω γάρ ποτε καὶ αἱ ἅγιαι γυναῖκες αἱ ἐλπίζουσαι ἐπὶ τὸν Θεὸν ἐκό-
σμουν ἑαυτάς, ὑποτασσόμεναι τοῖς ἰδίοις ἀνδράσιν, 6 ὡς Σάρρα ὑπήκου-
σε τῷ Ἀβραάμ, κύριον αὐτὸν καλοῦσα· ἧς ἐγενήθητε τέκνα· ἀγαθοποι-
οῦσαι καὶ μὴ φοβούμεναι μηδεμίαν πτόησιν. 7 Οἱ ἄνδρες ὁμοίως συνοι-
κοῦντες κατὰ γνῶσιν, ὡς ἀσθενεστέρῳ σκεύει τῷ γυναικείῳ ἀπονέμον-
τες τιμήν, ὡς καὶ συγκληρονόμοι χάριτος ζωῆς, εἰς τὸ μὴ ἐγκόπτεσθαι
τὰς προσευχὰς ὑμῶν.

8 Τὸ δὲ τέλος πάντες ὁμόφρονες, συμπαθεῖς, φιλάδελφοι, εὔσπλαγχνοι,
φιλόφρονες, 9 μὴ ἀποδιδόντες κακὸν ἀντὶ κακοῦ ἢ λοιδορίαν ἀντὶ λοιδο-
ρίας, τοὐναντίον δὲ εὐλογοῦντες, εἰδότες ὅτι εἰς τοῦτο ἐκλήθητε, ἵνα εὐ-
λογίαν κληρονομήσητε. 10 ὁ γὰρ θέλων ζωὴν ἀγαπᾶν καὶ ἰδεῖν ἡμέρας
ἀγαθὰς παυσάτω τὴν γλῶσσαν αὐτοῦ ἀπὸ κακοῦ καὶ χείλη αὐτοῦ τοῦ
μὴ λαλῆσαι δόλον, 11 ἐκκλινάτω ἀπὸ κακοῦ καὶ ποιησάτω ἀγαθόν, ζη-
τησάτω εἰρήνην καὶ διωξάτω αὐτήν. 12 ὅτι ὀφθαλμοὶ Κυρίου ἐπὶ δικαί-
ους καὶ ὦτα αὐτοῦ εἰς δέησιν αὐτῶν, πρόσωπον δὲ Κυρίου ἐπὶ ποιοῦντας
κακά.

13 Καὶ τίς ὁ κακώσων ὑμᾶς, ἐὰν τοῦ ἀγαθοῦ μιμηταὶ γένησθε; 14 ἀλλ'
εἰ καὶ πάσχοιτε διὰ δικαιοσύνην, μακάριοι. τὸν δὲ φόβον αὐτῶν μὴ φο-
βηθῆτε μηδὲ ταραχθῆτε, 15 Κύριον δὲ τὸν Θεὸν ἁγιάσατε ἐν ταῖς καρ-
δίαις ὑμῶν, ἕτοιμοι δὲ ἀεὶ πρὸς ἀπολογίαν παντὶ τῷ αἰτοῦντι ὑμᾶς λόγον
περὶ τῆς ἐν ὑμῖν ἐλπίδος μετὰ πραΰτητος καὶ φόβου, 16 συνείδησιν ἔ-
χοντες ἀγαθήν, ἵνα ἐν ᾧ καταλαλοῦσιν ὑμῶν ὡς κακοποιῶν, καταισχυν-
θῶσιν οἱ ἐπηρεάζοντες ὑμῶν τὴν ἀγαθὴν ἐν Χριστῷ ἀναστροφήν. 17
κρεῖττον γὰρ ἀγαθοποιοῦντας, εἰ θέλοι τὸ θέλημα τοῦ Θεοῦ, πάσχειν ἢ
κακοποιοῦντας. 18 ὅτι καὶ Χριστὸς ἅπαξ περὶ ἁμαρτιῶν ἔπαθε, δίκαιος
ὑπὲρ ἀδίκων, ἵνα ἡμᾶς προσαγάγῃ τῷ Θεῷ, θανατωθεὶς μὲν σαρκί, ζω-

οποιηθεὶς δὲ πνεύματι· 19 ἐν ᾧ καὶ τοῖς ἐν φυλακῇ πνεύμασι πορευθεὶς
ἐκήρυξεν, 20 ἀπειθήσασί ποτε, ὅτε ἀπεξεδέχετο ἡ τοῦ Θεοῦ μακροθυμία
ἐν ἡμέραις Νῶε κατασκευαζομένης κιβωτοῦ, εἰς ἣν ὀλίγαι, τοῦτ᾿ ἔστιν
ὀκτὼ ψυχαί, διεσώθησαν δι᾿ ὕδατος. 21 ὃ ἀντίτυπον νῦν καὶ ἡμᾶς σῴζει
βάπτισμα, οὐ σαρκὸς ἀπόθεσις ρύπου, ἀλλὰ συνειδήσεως ἀγαθῆς ἐπε-
ρώτημα εἰς Θεόν, δι᾿ ἀναστάσεως Ἰησοῦ Χριστοῦ, 22 ὅς ἐστιν ἐν δεξιᾷ
τοῦ Θεοῦ πορευθεὶς εἰς οὐρανόν, ὑποταγέντων αὐτῷ ἀγγέλων καὶ ἐξου-
σιῶν καὶ δυνάμεων.

4

ΧΡΙΣΤΟΥ οὖν παθόντος ὑπὲρ ἡμῶν σαρκὶ καὶ ὑμεῖς τὴν αὐτὴν ἔννοι-
αν ὁπλίσασθε, ὅτι ὁ παθὼν ἐν σαρκὶ πέπαυται ἁμαρτίας, 2 εἰς τὸ μη-
κέτι ἀνθρώπων ἐπιθυμίαις, ἀλλὰ θελήματι Θεοῦ τὸν ἐπίλοιπον ἐν
σαρκὶ βιῶσαι χρόνον. 3 ἀρκετὸς γὰρ ὑμῖν ὁ παρεληλυθὼς χρόνος τοῦ βί-
ου τὸ θέλημα τῶν ἐθνῶν κατεργάσασθαι, πεπορευμένους ἐν ἀσελγείαις,
ἐπιθυμίαις, οἰνοφλυγίαις, κώμοις, πότοις καὶ ἀθεμίτοις εἰδωλολατρίαις.
4 ἐν ᾧ ξενίζονται μὴ συντρεχόντων ὑμῶν εἰς τὴν αὐτὴν τῆς ἀσωτίας ἀ-
νάχυσιν, βλασφημοῦντες· 5 οἳ ἀποδώσουσι λόγον τῷ ἑτοίμως ἔχοντι
κρῖναι ζῶντας καὶ νεκρούς. 6 εἰς τοῦτο γὰρ καὶ νεκροῖς εὐηγγελίσθη, ἵνα
κριθῶσι μὲν κατὰ ἀνθρώπους σαρκί, ζῶσι δὲ κατὰ Θεὸν πνεύματι.

7 Πάντων δὲ τὸ τέλος ἤγγικε. σωφρονήσατε οὖν καὶ νήψατε εἰς τὰς
προσευχάς· 8 πρὸ πάντων δὲ τὴν εἰς ἑαυτοὺς ἀγάπην ἐκτενῆ ἔχοντες,
ὅτι ἡ ἀγάπη καλύψει πλῆθος ἁμαρτιῶν· 9 φιλόξενοι εἰς ἀλλήλους ἄνευ
γογγυσμῶν· 10 ἕκαστος καθὼς ἔλαβε χάρισμα, εἰς ἑαυτοὺς αὐτὸ διακο-
νοῦντες ὡς καλοὶ οἰκονόμοι ποικίλης χάριτος Θεοῦ· 11 εἴ τις λαλεῖ, ὡς
λόγια Θεοῦ· εἴ τις διακονεῖ, ὡς ἐξ ἰσχύος, ἧς χορηγεῖ ὁ Θεός· ἵνα ἐν πᾶ-
σι δοξάζηται ὁ Θεὸς διὰ Ἰησοῦ Χριστοῦ, ᾧ ἐστιν ἡ δόξα καὶ τὸ κράτος
εἰς τοὺς αἰῶνας τῶν αἰώνων, ἀμήν.

12 Ἀγαπητοί, μὴ ξενίζεσθε τῇ ἐν ὑμῖν πυρώσει πρὸς πειρασμὸν ὑμῖν
γινομένῃ, ὡς ξένου ὑμῖν συμβαίνοντος, 13 ἀλλὰ καθὸ κοινωνεῖτε τοῖς
τοῦ Χριστοῦ παθήμασι, χαίρετε, ἵνα καὶ ἐν τῇ ἀποκαλύψει τῆς δόξης
αὐτοῦ χαρῆτε ἀγαλλιώμενοι. 14 εἰ ὀνειδίζεσθε ἐν ὀνόματι Χριστοῦ, μα-
κάριοι, ὅτι τὸ τῆς δόξης καὶ δυνάμεως καὶ τὸ τοῦ Θεοῦ Πνεῦμα ἐφ᾿ ὑμᾶς

ἀναπαύεται· κατὰ μὲν αὐτοὺς βλασφημεῖται, κατὰ δὲ ὑμᾶς δοξάζεται. 15 μὴ γάρ τις ὑμῶν πασχέτω ὡς φονεὺς ἢ κλέπτης ἢ κακοποιὸς ἢ ὡς ἀλλοτριοεπίσκοπος· 16 εἰ δὲ ὡς Χριστιανός, μὴ αἰσχυνέσθω, δοξαζέτω δὲ τὸν Θεὸν ἐν τῷ μέρει τούτῳ. 17 ὅτι ὁ καιρὸς τοῦ ἄρξασθαι τὸ κρῖμα ἀπὸ τοῦ οἴκου τοῦ Θεοῦ· εἰ δὲ πρῶτον ἀφ' ἡμῶν, τί τὸ τέλος τῶν ἀπειθούντων τῷ τοῦ Θεοῦ εὐαγγελίῳ; 18 καὶ εἰ ὁ δίκαιος μόλις σῴζεται ὁ ἀσεβὴς καὶ ἁμαρτωλὸς ποῦ φανεῖται; 19 ὥστε καὶ οἱ πάσχοντες κατὰ τὸ θέλημα τοῦ Θεοῦ, ὡς πιστῷ κτίστῃ παρατιθέσθωσαν τὰς ψυχὰς αὐτῶν ἐν ἀγαθοποιΐᾳ.

5

ΠΡΕΣΒΥΤΕΡΟΥΣ τοὺς ἐν ὑμῖν παρακαλῶ ὁ συμπρεσβύτερος καὶ μάρτυς τῶν τοῦ Χριστοῦ παθημάτων, ὁ καὶ τῆς μελλούσης ἀποκαλύπτεσθαι δόξης κοινωνός, 2 ποιμάνατε τὸ ἐν ὑμῖν ποίμνιον τοῦ Θεοῦ, ἐπισκοποῦντες μὴ ἀναγκαστῶς, ἀλλ' ἑκουσίως, μηδὲ αἰσχροκερδῶς, ἀλλὰ προθύμως, 3 μηδ' ὡς κατακυριεύοντες τῶν κλήρων, ἀλλὰ τύποι γινόμενοι τοῦ ποιμνίου· 4 καὶ φανερωθέντος τοῦ ἀρχιποίμενος κομιεῖσθε τὸν ἀμαράντινον τῆς δόξης στέφανον.

5 Ὁμοίως νεώτεροι ὑποτάγητε πρεσβυτέροις, πάντες δὲ ἀλλήλοις ὑποτασσόμενοι τὴν ταπεινοφροσύνην ἐγκομβώσασθε· ὅτι ὁ Θεὸς ὑπερηφάνοις ἀντιτάσσεται, ταπεινοῖς δὲ δίδωσι χάριν. 6 ταπεινώθητε οὖν ὑπὸ τὴν κραταιὰν χεῖρα τοῦ Θεοῦ, ἵνα ὑμᾶς ὑψώσῃ ἐν καιρῷ. 7 πᾶσαν τὴν μέριμναν ὑμῶν ἐπιρρίψαντες ἐπ' αὐτόν, ὅτι αὐτῷ μέλει περὶ ὑμῶν, 8 νήψατε, γρηγορήσατε· ὁ ἀντίδικος ὑμῶν διάβολος ὡς λέων ὠρυόμενος περιπατεῖ ζητῶν τίνα καταπίῃ. 9 ᾧ ἀντίστητε στερεοὶ τῇ πίστει, εἰδότες τὰ αὐτὰ τῶν παθημάτων τῇ ἐν κόσμῳ ὑμῶν ἀδελφότητι ἐπιτελεῖσθαι.

10 Ὁ δὲ Θεὸς πάσης χάριτος, ὁ καλέσας ὑμᾶς εἰς τὴν αἰώνιον αὐτοῦ δόξαν ἐν Χριστῷ Ἰησοῦ ὀλίγον παθόντας, αὐτὸς καταρτίσει ὑμᾶς, στηρίξει, σθενώσει, θεμελιώσει· 11 αὐτῷ ἡ δόξα καὶ τὸ κράτος εἰς τοὺς αἰῶνας τῶν αἰώνων· ἀμήν.

12 Διὰ Σιλουανοῦ ὑμῖν τοῦ πιστοῦ ἀδελφοῦ, ὡς λογίζομαι, δι' ὀλίγων ἔ-

γραψα, παρακαλῶν καὶ ἐπιμαρτυρῶν ταύτην εἶναι ἀληθῆ χάριν τοῦ Θε-
οῦ, εἰς ἣν ἑστήκατε. 13 Ἀσπάζεται ὑμᾶς ἡ ἐν Βαβυλῶνι συνεκλεκτὴ
καὶ Μᾶρκος ὁ υἱός μου. 14 ἀσπάσασθε ἀλλήλους ἐν φιλήματι ἀγάπης.
Εἰρήνη ὑμῖν πᾶσι τοῖς ἐν Χριστῷ Ἰησοῦ· ἀμήν.

Β΄ Πέτρου

ΣΥΜΕΩΝ Πέτρος, δοῦλος καὶ ἀπόστολος Ἰησοῦ Χριστοῦ, τοῖς ἰσότι-
μον ἡμῖν λαχοῦσι πίστιν ἐν δικαιοσύνῃ τοῦ Θεοῦ ἡμῶν καὶ σωτῆρος
Ἰησοῦ Χριστοῦ· 2 χάρις ὑμῖν καὶ εἰρήνη πληθυνθείη ἐν ἐπιγνώσει
τοῦ Θεοῦ καὶ Ἰησοῦ τοῦ Κυρίου ἡμῶν. 3 ὡς πάντα ἡμῖν τῆς θείας δυ-
νάμεως αὐτοῦ τὰ πρὸς ζωὴν καὶ εὐσέβειαν δεδωρημένης διὰ τῆς ἐπι-
γνώσεως τοῦ καλέσαντος ἡμᾶς διὰ δόξης καὶ ἀρετῆς, 4 δι᾽ ὧν τὰ τίμια
ἡμῖν καὶ μέγιστα ἐπαγγέλματα δεδώρηται, ἵνα διὰ τούτων γένησθε θεί-
ας κοινωνοὶ φύσεως ἀποφυγόντες τῆς ἐν κόσμῳ ἐν ἐπιθυμίᾳ φθορᾶς. 5
καὶ αὐτὸ τοῦτο δὲ σπουδὴν πᾶσαν παρεισενέγκαντες ἐπιχορηγήσατε ἐν
τῇ πίστει ὑμῶν τὴν ἀρετήν, ἐν δὲ τῇ ἀρετῇ τὴν γνῶσιν, 6 ἐν δὲ τῇ γνώ-
σει τὴν ἐγκράτειαν, ἐν δὲ τῇ ἐγκρατείᾳ τὴν ὑπομονήν, ἐν δὲ τῇ ὑπομονῇ
τὴν εὐσέβειαν, 7 ἐν δὲ τῇ εὐσεβείᾳ τὴν φιλαδελφίαν, ἐν δὲ τῇ φιλαδελ-
φίᾳ τὴν ἀγάπην. 8 ταῦτα γὰρ ὑμῖν ὑπάρχοντα καὶ πλεονάζοντα οὐκ ἀρ-
γοὺς οὐδὲ ἀκάρπους καθίστησιν εἰς τὴν τοῦ Κυρίου ἡμῶν Ἰησοῦ Χρι-
στοῦ ἐπίγνωσιν· 9 ᾧ γὰρ μὴ πάρεστι ταῦτα, τυφλός ἐστι, μυωπάζων,
λήθην λαβὼν τοῦ καθαρισμοῦ τῶν πάλαι αὐτοῦ ἁμαρτιῶν. 10 διὸ μᾶλ-
λον, ἀδελφοί, σπουδάσατε βεβαίαν ὑμῶν τὴν κλῆσιν καὶ ἐκλογὴν ποιεῖ-
σθαι· ταῦτα γὰρ ποιοῦντες οὐ μὴ πταίσητέ ποτε. 11 οὕτω γὰρ πλουσίως
ἐπιχορηγηθήσεται ὑμῖν ἡ εἴσοδος εἰς τὴν αἰώνιον βασιλείαν τοῦ Κυρίου
ἡμῶν καὶ σωτῆρος Ἰησοῦ Χριστοῦ.

12 Διὸ οὐκ ἀμελήσω ἀεὶ ὑμᾶς ὑπομιμνήσκειν περὶ τούτων, καίπερ εἰδό-
τας καὶ ἐστηριγμένους ἐν τῇ παρούσῃ ἀληθείᾳ. 13 δίκαιον δὲ ἡγοῦμαι,
ἐφ᾽ ὅσον εἰμὶ ἐν τούτῳ τῷ σκηνώματι, διεγείρειν ὑμᾶς ἐν ὑπομνήσει, 14
εἰδὼς ὅτι ταχινή ἐστιν ἡ ἀπόθεσις τοῦ σκηνώματός μου, καθὼς καὶ ὁ

Κύριος ἡμῶν Ἰησοῦς Χριστὸς ἐδήλωσέ μοι. 15 σπουδάσω δὲ καὶ ἑκά-
στοτε ἔχειν ὑμᾶς μετὰ τὴν ἐμὴν ἔξοδον τὴν τούτων μνήμην ποιεῖσθαι.

16 Οὐ γὰρ σεσοφισμένοις μύθοις ἐξακολουθήσαντες ἐγνωρίσαμεν ὑμῖν
τὴν τοῦ Κυρίου ἡμῶν Ἰησοῦ Χριστοῦ δύναμιν καὶ παρουσίαν, ἀλλ' ἐπό-
πται γενηθέντες τῆς ἐκείνου μεγαλειότητος. 17 λαβὼν γὰρ παρὰ Θεοῦ
πατρὸς τιμὴν καὶ δόξαν φωνῆς ἐνεχθείσης αὐτῷ τοιᾶσδε ὑπὸ τῆς μεγα-
λοπρεποῦς δόξης, οὗτός ἐστιν ὁ υἱός μου ὁ ἀγαπητός, εἰς ὃν ἐγὼ εὐδόκη-
σα, 18 καὶ ταύτην τὴν φωνὴν ἡμεῖς ἠκούσαμεν ἐξ οὐρανοῦ ἐνεχθεῖσαν,
σὺν αὐτῷ ὄντες ἐν τῷ ὄρει τῷ ἁγίῳ. 19 καὶ ἔχομεν βεβαιότερον τὸν προ-
φητικὸν λόγον, ᾧ καλῶς ποιεῖτε προσέχοντες ὡς λύχνῳ φαίνοντι ἐν αὐ-
χμηρῷ τόπῳ, ἕως οὗ ἡμέρα διαυγάσῃ καὶ φωσφόρος ἀνατείλῃ ἐν ταῖς
καρδίαις ὑμῶν, 20 τοῦτο πρῶτον γινώσκοντες, ὅτι πᾶσα προφητεία
γραφῆς ἰδίας ἐπιλύσεως οὐ γίνεται. 21 οὐ γὰρ θελήματι ἀνθρώπου ἠνέ-
χθη ποτὲ προφητεία, ἀλλ' ὑπὸ Πνεύματος Ἁγίου φερόμενοι ἐλάλησαν
ἅγιοι Θεοῦ ἄνθρωποι.

2

ΕΓΕΝΟΝΤΟ δὲ καὶ ψευδοπροφῆται ἐν τῷ λαῷ, ὡς καὶ ἐν ὑμῖν ἔσον-
ται ψευδοδιδάσκαλοι, οἵτινες παρεισάξουσιν αἱρέσεις ἀπωλείας, καὶ
τὸν ἀγοράσαντα αὐτοὺς δεσπότην ἀρνούμενοι ἐπάγοντες ἑαυτοῖς τα-
χινὴν ἀπώλειαν· 2 καὶ πολλοὶ ἐξακολουθήσουσιν αὐτῶν ταῖς ἀσελγεί-
αις, δι' οὓς ἡ ὁδὸς τῆς ἀληθείας βλασφημηθήσεται· 3 καὶ ἐν πλεονεξίᾳ
πλαστοῖς λόγοις ὑμᾶς ἐμπορεύσονται, οἷς τὸ κρῖμα ἔκπαλαι οὐκ ἀργεῖ,
καὶ ἡ ἀπώλεια αὐτῶν οὐ νυστάξει. 4 εἰ γὰρ ὁ Θεὸς ἀγγέλων ἁμαρτη-
σάντων οὐκ ἐφείσατο, ἀλλὰ σειραῖς ζόφου ταρταρώσας παρέδωκεν εἰς
κρίσιν τηρουμένους, 5 καὶ ἀρχαίου κόσμου οὐκ ἐφείσατο, ἀλλὰ ὄγδοον
Νῶε δικαιοσύνης κήρυκα ἐφύλαξε, κατακλυσμὸν κόσμῳ ἀσεβῶν ἐπά-
ξας, 6 καὶ πόλεις Σοδόμων καὶ Γομόρρας τεφρώσας καταστροφῇ κατέ-
κρινεν, ὑπόδειγμα μελλόντων ἀσεβεῖν τεθεικώς, 7 καὶ δίκαιον Λὼτ κα-
ταπονούμενον ὑπὸ τῆς τῶν ἀθέσμων ἐν ἀσελγείᾳ ἀναστροφῆς ἐρρύσατο·
8 βλέμματι γὰρ καὶ ἀκοῇ ὁ δίκαιος, ἐγκατοικῶν ἐν αὐτοῖς, ἡμέραν ἐξ ἡ-
μέρας ψυχὴν δικαίαν ἀνόμοις ἔργοις ἐβασάνιζεν· 9 οἶδε Κύριος εὐσεβεῖς
ἐκ πειρασμοῦ ρύεσθαι, ἀδίκους δὲ εἰς ἡμέραν κρίσεως κολαζομένους τη-

ρεῖν, 10 μάλιστα δὲ τοὺς ὀπίσω σαρκὸς ἐν ἐπιθυμίᾳ μιασμοῦ πορευομέ-
νους καὶ κυριότητος καταφρονοῦντας. τολμηταί, αὐθάδεις, δόξας οὐ τρέ-
μουσι βλασφημοῦντες, 11 ὅπου ἄγγελοι, ἰσχύϊ καὶ δυνάμει μείζονες ὄν-
τες, οὐ φέρουσι κατ᾽ αὐτῶν παρὰ Κυρίῳ βλάσφημον κρίσιν. 12 οὗτοι δέ,
ὡς ἄλογα ζῷα φυσικὰ γεγενημένα εἰς ἅλωσιν καὶ φθοράν, ἐν οἷς ἀγνο-
οῦσι βλασφημοῦντες, ἐν τῇ φθορᾷ αὐτῶν καταφθαρήσονται, 13 κομιού-
μενοι μισθὸν ἀδικίας, ἡδονὴν ἡγούμενοι τὴν ἐν ἡμέρᾳ τρυφήν, σπίλοι
καὶ μῶμοι, ἐντρυφῶντες ἐν ταῖς ἀπάταις αὐτῶν, συνευωχούμενοι ὑμῖν,
14 ὀφθαλμοὺς ἔχοντες μεστοὺς μοιχαλίδος καὶ ἀκαταπαύστους ἁμαρτί-
ας, δελεάζοντες ψυχὰς ἀστηρίκτους, καρδίαν γεγυμνασμένην πλεονεξί-
ας ἔχοντες, κατάρας τέκνα· 15 καταλιπόντες εὐθεῖαν ὁδὸν ἐπλανήθη-
σαν, ἐξακολουθήσαντες τῇ ὁδῷ τοῦ Βαλαὰμ τοῦ Βοσόρ, ὃς μισθὸν ἀδικί-
ας ἠγάπησεν, 16 ἔλεγξιν δὲ ἔσχεν ἰδίας παρανομίας· ὑποζύγιον ἄφωνον
ἐν ἀνθρώπου φωνῇ φθεγξάμενον ἐκώλυσε τὴν τοῦ προφήτου παραφρονί-
αν. 17 οὗτοί εἰσι πηγαὶ ἄνυδροι, νεφέλαι ὑπὸ λαίλαπος ἐλαυνόμεναι, οἷς
ὁ ζόφος τοῦ σκότους εἰς αἰῶνα τετήρηται. 18 ὑπέρογκα γὰρ ματαιότη-
τος φθεγγόμενοι δελεάζουσιν ἐν ἐπιθυμίαις σαρκὸς ἀσελγείαις τοὺς ὄν-
τως ἀποφυγόντας τοὺς ἐν πλάνῃ ἀναστρεφομένους, 19 ἐλευθερίαν αὐ-
τοῖς ἐπαγγελλόμενοι, αὐτοὶ δοῦλοι ὑπάρχοντες τῆς φθορᾶς· ᾧ γάρ τις
ἥττηται, τούτῳ καὶ δεδούλωται. 20 εἰ γὰρ ἀποφυγόντες τὰ μιάσματα
τοῦ κόσμου ἐν ἐπιγνώσει τοῦ Κυρίου καὶ σωτῆρος Ἰησοῦ Χριστοῦ, τού-
τοις δὲ πάλιν ἐμπλακέντες ἡττῶνται, γέγονεν αὐτοῖς τὰ ἔσχατα χείρονα
τῶν πρώτων. 21 κρεῖττον γὰρ ἦν αὐτοῖς μὴ ἐπεγνωκέναι τὴν ὁδὸν τῆς
δικαιοσύνης ἢ ἐπιγνοῦσιν ἐπιστρέψαι ἐκ τῆς παραδοθείσης αὐτοῖς ἁγίας
ἐντολῆς. 22 συμβέβηκε δὲ αὐτοῖς τὸ τῆς ἀληθοῦς παροιμίας, κύων ἐπι-
στρέψας ἐπὶ τὸ ἴδιον ἐξέραμα, καί, ὗς λουσαμένη εἰς κύλισμα βορβόρου.

3

ΤΑΥΤΗΝ ἤδη, ἀγαπητοί, δευτέραν ὑμῖν γράφω ἐπιστολήν, ἐν αἷς δι-
εγείρω ὑμῶν ἐν ὑπομνήσει τὴν εἰλικρινῆ διάνοιαν, 2 μνησθῆναι τῶν
προειρημένων ῥημάτων ὑπὸ τῶν ἁγίων προφητῶν καὶ τῆς τῶν ἀπο-
στόλων ὑμῶν ἐντολῆς τοῦ Κυρίου καὶ σωτῆρος, 3 τοῦτο πρῶτον γινώ-
σκοντες, ὅτι ἐλεύσονται ἐπ᾽ ἐσχάτων τῶν ἡμερῶν ἐμπαῖκται, κατὰ τὰς
ἰδίας ἐπιθυμίας αὐτῶν πορευόμενοι 4 καὶ λέγοντες· ποῦ ἐστιν ἡ ἐπαγγε-

λία τῆς παρουσίας αὐτοῦ; ἀφ᾽ ἧς γὰρ οἱ πατέρες ἐκοιμήθησαν, πάντα
οὕτω διαμένει ἀπ᾽ ἀρχῆς κτίσεως. 5 λανθάνει γὰρ αὐτοὺς τοῦτο θέλον-
τας ὅτι οὐρανοὶ ἦσαν ἔκπαλαι καὶ γῆ ἐξ ὕδατος καὶ δι᾽ ὕδατος συνεστῶ-
σα τῷ τοῦ Θεοῦ λόγῳ, 6 δι᾽ ὧν ὁ τότε κόσμος ὕδατι κατακλυσθεὶς ἀπώ-
λετο· 7 οἱ δὲ νῦν οὐρανοὶ καὶ ἡ γῆ τῷ αὐτοῦ λόγῳ τεθησαυρισμένοι εἰσὶ
πυρὶ τηρούμενοι εἰς ἡμέραν κρίσεως καὶ ἀπωλείας τῶν ἀσεβῶν ἀνθρώ-
πων.

8 Ἓν δὲ τοῦτο μὴ λανθανέτω ὑμᾶς, ἀγαπητοί, ὅτι μία ἡμέρα παρὰ Κυ-
ρίῳ ὡς χίλια ἔτη, καὶ χίλια ἔτη ὡς ἡμέρα μία. 9 οὐ βραδύνει ὁ Κύριος
τῆς ἐπαγγελίας, ὥς τινες βραδυτῆτα ἡγοῦνται, ἀλλὰ μακροθυμεῖ εἰς ἡ-
μᾶς, μὴ βουλόμενός τινας ἀπολέσθαι, ἀλλὰ πάντας εἰς μετάνοιαν χω-
ρῆσαι. 10 ἥξει δὲ ἡ ἡμέρα Κυρίου ὡς κλέπτης ἐν νυκτί, ἐν ᾗ οὐρανοὶ
ροιζηδὸν παρελεύσονται, στοιχεῖα δὲ καυσούμενα λυθήσονται, καὶ γῆ
καὶ τὰ ἐν αὐτῇ ἔργα κατακαήσεται.

11 Τούτων οὖν πάντων λυομένων ποταποὺς δεῖ ὑπάρχειν ὑμᾶς ἐν ἁγί-
αις ἀναστροφαῖς καὶ εὐσεβείαις, 12 προσδοκῶντας καὶ σπεύδοντας τὴν
παρουσίαν τῆς τοῦ Θεοῦ ἡμέρας, δι᾽ ἣν οὐρανοὶ πυρούμενοι λυθήσονται
καὶ στοιχεῖα καυσούμενα τήκεται; 13 καινοὺς δὲ οὐρανοὺς καὶ γῆν και-
νὴν κατὰ τὸ ἐπάγγελμα αὐτοῦ προσδοκῶμεν, ἐν οἷς δικαιοσύνη κατοι-
κεῖ.

14 Διό, ἀγαπητοί, ταῦτα προσδοκῶντες σπουδάσατε ἄσπιλοι καὶ ἀμώ-
μητοι αὐτῷ εὑρεθῆναι ἐν εἰρήνῃ, 15 καὶ τὴν τοῦ Κυρίου ἡμῶν μακροθυ-
μίαν σωτηρίαν ἡγεῖσθε, καθὼς καὶ ὁ ἀγαπητὸς ἡμῶν ἀδελφὸς Παῦλος
κατὰ τὴν αὐτῷ δοθεῖσαν σοφίαν ἔγραψεν ὑμῖν, 16 ὡς καὶ ἐν πάσαις ταῖς
ἐπιστολαῖς λαλῶν ἐν αὐταῖς περὶ τούτων, ἐν οἷς ἐστι δυσνόητά τινα, ἃ οἱ
ἀμαθεῖς καὶ ἀστήρικτοι στρεβλοῦσιν ὡς καὶ τὰς λοιπὰς γραφὰς πρὸς
τὴν ἰδίαν αὐτῶν ἀπώλειαν.

17 Ὑμεῖς οὖν, ἀγαπητοί, προγινώσκοντες φυλάσσεσθε, ἵνα μὴ τῇ τῶν
ἀθέσμων πλάνῃ συναπαχθέντες ἐκπέσητε τοῦ ἰδίου στηριγμοῦ, 18 αὐ-
ξάνετε δὲ ἐν χάριτι καὶ γνώσει τοῦ Κυρίου ἡμῶν καὶ σωτῆρος Ἰησοῦ
Χριστοῦ. αὐτῷ ἡ δόξα καὶ νῦν καὶ εἰς ἡμέραν αἰῶνος· ἀμήν.

Α′ Ἰωάννου

ὋΗΝ ἀπ’ ἀρχῆς, ὃ ἀκηκόαμεν, ὃ ἑωράκαμεν τοῖς ὀφθαλμοῖς ἡμῶν, ὃ
ἐθεασάμεθα καὶ αἱ χεῖρες ἡμῶν ἐψηλάφησαν, περὶ τοῦ λόγου τῆς
ζωῆς· 2 καὶ ἡ ζωὴ ἐφανερώθη, καὶ ἑωράκαμεν καὶ μαρτυροῦμεν καὶ
ἀπαγγέλλομεν ὑμῖν τὴν ζωὴν τὴν αἰώνιον, ἥτις ἦν πρὸς τὸν πατέρα καὶ
ἐφανερώθη ἡμῖν· 3 ὃ ἑωράκαμεν καὶ ἀκηκόαμεν, ἀπαγγέλλομεν ὑμῖν,
ἵνα καὶ ὑμεῖς κοινωνίαν ἔχητε μεθ’ ἡμῶν· καὶ ἡ κοινωνία δὲ ἡ ἡμετέρα
μετὰ τοῦ πατρὸς καὶ μετὰ τοῦ υἱοῦ αὐτοῦ Ἰησοῦ Χριστοῦ. 4 καὶ ταῦτα
γράφομεν ὑμῖν, ἵνα ἡ χαρὰ ἡμῶν ᾖ πεπληρωμένη.

5 Καὶ αὕτη ἐστὶν ἡ ἐπαγγελία ἣν ἀκηκόαμεν ἀπ’ αὐτοῦ καὶ ἀναγγέλλο-
μεν ὑμῖν, ὅτι ὁ Θεὸς φῶς ἐστι καὶ σκοτία ἐν αὐτῷ οὐκ ἔστιν οὐδεμία. 6
ἐὰν εἴπωμεν ὅτι κοινωνίαν ἔχομεν μετ’ αὐτοῦ καὶ ἐν τῷ σκότει περιπα-
τῶμεν, ψευδόμεθα καὶ οὐ ποιοῦμεν τὴν ἀλήθειαν· 7 ἐὰν δὲ ἐν τῷ φωτὶ
περιπατῶμεν, ὡς αὐτός ἐστιν ἐν τῷ φωτί, κοινωνίαν ἔχομεν μετ’ ἀλλή-
λων, καὶ τὸ αἷμα Ἰησοῦ Χριστοῦ τοῦ υἱοῦ αὐτοῦ καθαρίζει ἡμᾶς ἀπὸ
πάσης ἁμαρτίας. 8 ἐὰν εἴπωμεν ὅτι ἁμαρτίαν οὐκ ἔχομεν, ἑαυτοὺς πλα-
νῶμεν καὶ ἡ ἀλήθεια οὐκ ἔστιν ἐν ἡμῖν. 9 ἐὰν ὁμολογῶμεν τὰς ἁμαρτί-
ας ἡμῶν, πιστός ἐστι καὶ δίκαιος, ἵνα ἀφῇ ἡμῖν τὰς ἁμαρτίας καὶ καθα-
ρίσῃ ἡμᾶς ἀπὸ πάσης ἀδικίας. 10 ἐὰν εἴπωμεν ὅτι οὐχ ἡμαρτήκαμεν,
ψεύστην ποιοῦμεν αὐτόν, καὶ ὁ λόγος αὐτοῦ οὐκ ἔστιν ἐν ἡμῖν.

2

ΤΕΚΝΙΑ μου, ταῦτα γράφω ὑμῖν ἵνα μὴ ἁμάρτητε· καὶ ἐάν τις ἁ-
μάρτῃ, παράκλητον ἔχομεν πρὸς τὸν πατέρα, Ἰησοῦν Χριστὸν δί-
καιον· 2 καὶ αὐτὸς ἱλασμός ἐστι περὶ τῶν ἁμαρτιῶν ἡμῶν, οὐ περὶ
τῶν ἡμετέρων δὲ μόνον, ἀλλὰ καὶ περὶ ὅλου τοῦ κόσμου.

3 Καὶ ἐν τούτῳ γινώσκομεν ὅτι ἐγνώκαμεν αὐτόν, ἐὰν τὰς ἐντολὰς αὐ-
τοῦ τηρῶμεν. 4 ὁ λέγων, ἔγνωκα αὐτόν, καὶ τὰς ἐντολὰς αὐτοῦ μὴ τη-
ρῶν, ψεύστης ἐστί, καὶ ἐν τούτῳ ἡ ἀλήθεια οὐκ ἔστιν· 5 ὃς δ᾽ ἂν τηρῇ
αὐτοῦ τὸν λόγον, ἀληθῶς ἐν τούτῳ ἡ ἀγάπη τοῦ Θεοῦ τετελείωται. ἐν
τούτῳ γινώσκομεν ὅτι ἐν αὐτῷ ἐσμεν. 6 ὁ λέγων ἐν αὐτῷ μένειν ὀφεί-
λει, καθὼς ἐκεῖνος περιεπάτησε, καὶ αὐτὸς οὕτω περιπατεῖν.

7 Ἀδελφοί, οὐκ ἐντολὴν καινὴν γράφω ὑμῖν, ἀλλ᾽ ἐντολὴν παλαιάν, ἣν
εἴχετε ἀπ᾽ ἀρχῆς· ἡ ἐντολὴ ἡ παλαιά ἐστιν ὁ λόγος ὃν ἠκούσατε ἀπ᾽ ἀρ-
χῆς. 8 πάλιν ἐντολὴν καινὴν γράφω ὑμῖν, ὅ ἐστιν ἀληθὲς ἐν αὐτῷ καὶ ἐν
ὑμῖν, ὅτι ἡ σκοτία παράγεται καὶ τὸ φῶς τὸ ἀληθινὸν ἤδη φαίνει. 9 ὁ
λέγων ἐν τῷ φωτὶ εἶναι, καὶ τὸν ἀδελφὸν αὐτοῦ μισῶν, ἐν τῇ σκοτίᾳ ἐ-
στὶν ἕως ἄρτι. 10 ὁ ἀγαπῶν τὸν ἀδελφὸν αὐτοῦ ἐν τῷ φωτὶ μένει, καὶ
σκάνδαλον ἐν αὐτῷ οὐκ ἔστιν· 11 ὁ δὲ μισῶν τὸν ἀδελφὸν αὐτοῦ ἐν τῇ
σκοτίᾳ ἐστὶ καὶ ἐν τῇ σκοτίᾳ περιπατεῖ, καὶ οὐκ οἶδε ποῦ ὑπάγει, ὅτι ἡ
σκοτία ἐτύφλωσε τοὺς ὀφθαλμοὺς αὐτοῦ.

12 Γράφω ὑμῖν, τεκνία, ὅτι ἀφέωνται ὑμῖν αἱ ἁμαρτίαι διὰ τὸ ὄνομα αὐ-
τοῦ. 13 γράφω ὑμῖν, πατέρες, ὅτι ἐγνώκατε τὸν ἀπ᾽ ἀρχῆς. γράφω ὑμῖν,
νεανίσκοι, ὅτι νενικήκατε τὸν πονηρόν. ἔγραψα ὑμῖν, παιδία, ὅτι ἐγνώ-
κατε τὸν πατέρα. 14 ἔγραψα ὑμῖν, πατέρες, ὅτι ἐγνώκατε τὸν ἀπ᾽ ἀρ-
χῆς. ἔγραψα ὑμῖν, νεανίσκοι, ὅτι ἰσχυροί ἐστε καὶ ὁ λόγος τοῦ Θεοῦ ἐν
ὑμῖν μένει καὶ νενικήκατε τὸν πονηρόν. 15 μὴ ἀγαπᾶτε τὸν κόσμον μη-
δὲ τὰ ἐν τῷ κόσμῳ. ἐάν τις ἀγαπᾷ τὸν κόσμον, οὐκ ἔστιν ἡ ἀγάπη τοῦ
πατρὸς ἐν αὐτῷ· 16 ὅτι πᾶν τὸ ἐν τῷ κόσμῳ, ἡ ἐπιθυμία τῆς σαρκὸς καὶ
ἡ ἐπιθυμία τῶν ὀφθαλμῶν καὶ ἡ ἀλαζονεία τοῦ βίου, οὐκ ἔστιν ἐκ τοῦ
πατρός, ἀλλ᾽ ἐκ τοῦ κόσμου ἐστί. 17 καὶ ὁ κόσμος παράγεται καὶ ἡ ἐπι-
θυμία αὐτοῦ· ὁ δὲ ποιῶν τὸ θέλημα τοῦ Θεοῦ μένει εἰς τὸν αἰῶνα.

18 Παιδία, ἐσχάτη ὥρα ἐστί, καὶ καθὼς ἠκούσατε ὅτι ὁ ἀντίχριστος ἔρ-
χεται, καὶ νῦν ἀντίχριστοι πολλοὶ γεγόνασιν· ὅθεν γινώσκομεν ὅτι ἐσχά-

τη ὥρα ἐστὶν 19 ἐξ ἡμῶν ἐξῆλθον, ἀλλ' οὐκ ἦσαν ἐξ ἡμῶν· εἰ γὰρ ἦσαν
ἐξ ἡμῶν, μεμενήκεισαν ἂν μεθ' ἡμῶν· ἀλλ' ἵνα φανερωθῶσιν ὅτι οὐκ εἰ-
σὶ πάντες ἐξ ἡμῶν. 20 καὶ ὑμεῖς χρῖσμα ἔχετε ἀπὸ τοῦ ἁγίου, καὶ οἴδατε
πάντα. 21 οὐκ ἔγραψα ὑμῖν ὅτι οὐκ οἴδατε τὴν ἀλήθειαν, ἀλλ' ὅτι οἴδατε
αὐτήν, καὶ ὅτι πᾶν ψεῦδος ἐκ τῆς ἀληθείας οὐκ ἔστι. 22 τίς ἐστιν ὁ ψεύ-
στης εἰ μὴ ὁ ἀρνούμενος ὅτι Ἰησοῦς οὐκ ἔστιν ὁ Χριστός; οὗτός ἐστιν ὁ
ἀντίχριστος, ὁ ἀρνούμενος τὸν πατέρα καὶ τὸν υἱόν. 23 πᾶς ὁ ἀρνούμε-
νος τὸν υἱὸν οὐδὲ τὸν πατέρα ἔχει.

24 Ὑμεῖς οὖν ὃ ἠκούσατε ἀπ' ἀρχῆς, ἐν ὑμῖν μενέτω. ἐὰν ἐν ὑμῖν μείνῃ
ὃ ἀπ' ἀρχῆς ἠκούσατε, καὶ ὑμεῖς ἐν τῷ υἱῷ καὶ ἐν τῷ πατρὶ μενεῖτε. 25
καὶ αὕτη ἐστὶν ἡ ἐπαγγελία ἣν αὐτὸς ἐπηγγείλατο ἡμῖν, τὴν ζωὴν τὴν
αἰώνιον. 26 ταῦτα ἔγραψα ὑμῖν περὶ τῶν πλανώντων ὑμᾶς. 27 καὶ ὑ-
μεῖς, τὸ χρῖσμα ὃ ἐλάβατε ἀπ' αὐτοῦ, ἐν ὑμῖν μένει, καὶ οὐ χρείαν ἔχετε
ἵνα τις διδάσκῃ ὑμᾶς, ἀλλ' ὡς τὸ αὐτὸ χρῖσμα διδάσκει ὑμᾶς περὶ πάν-
των, καὶ ἀληθές ἐστι καὶ οὐκ ἔστι ψεῦδος, καὶ καθὼς ἐδίδαξεν ὑμᾶς με-
νεῖτε ἐν αὐτῷ. 28 καὶ νῦν, τεκνία, μένετε ἐν αὐτῷ, ἵνα ὅταν φανερωθῇ
ἔχωμεν παρρησίαν καὶ μὴ αἰσχυνθῶμεν ἀπ' αὐτοῦ ἐν τῇ παρουσίᾳ αὐ-
τοῦ. 29 ἐὰν εἰδῆτε ὅτι δίκαιός ἐστι, γινώσκετε ὅτι πᾶς ὁ ποιῶν τὴν δι-
καιοσύνην ἐξ αὐτοῦ γεγέννηται.

3

ΙΔΕΤΕ ποταπὴν ἀγάπην δέδωκεν ἡμῖν ὁ πατὴρ ἵνα τέκνα Θεοῦ
κληθῶμεν. διὰ τοῦτο ὁ κόσμος οὐ γινώσκει ἡμᾶς, ὅτι οὐκ ἔγνω αὐ-
τόν. 2 ἀγαπητοί, νῦν τέκνα Θεοῦ ἐσμεν, καὶ οὔπω ἐφανερώθη τί ἐ-
σόμεθα· οἴδαμεν δὲ ὅτι ἐάν φανερωθῇ, ὅμοιοι αὐτῷ ἐσόμεθα, ὅτι ὀψόμεθα
αὐτὸν καθώς ἐστι. 3 καὶ πᾶς ὁ ἔχων τὴν ἐλπίδα ταύτην ἐπ' αὐτῷ ἁγνί-
ζει ἑαυτόν, καθὼς ἐκεῖνος ἁγνός ἐστι.

4 Πᾶς ὁ ποιῶν τὴν ἁμαρτίαν καὶ τὴν ἀνομίαν ποιεῖ, καὶ ἡ ἁμαρτία ἐστὶν
ἡ ἀνομία. 5 καὶ οἴδατε ὅτι ἐκεῖνος ἐφανερώθη ἵνα τὰς ἁμαρτίας ἡμῶν
ἄρῃ, καὶ ἁμαρτία ἐν αὐτῷ οὐκ ἔστι. 6 πᾶς ὁ ἐν αὐτῷ μένων οὐχ ἁμαρ-
τάνει· πᾶς ὁ ἁμαρτάνων οὐχ ἑώρακεν αὐτὸν οὐδὲ ἔγνωκεν αὐτόν. 7 Τε-
κνία, μηδεὶς πλανάτω ὑμᾶς· ὁ ποιῶν τὴν δικαιοσύνην δίκαιός ἐστι, κα-
θὼς ἐκεῖνος δίκαιός ἐστιν· 8 ὁ ποιῶν τὴν ἁμαρτίαν ἐκ τοῦ διαβόλου ἐ-

στίν, ὅτι ἀπ᾿ ἀρχῆς ὁ διάβολος ἁμαρτάνει. εἰς τοῦτο ἐφανερώθη ὁ υἱὸς τοῦ Θεοῦ, ἵνα λύσῃ τὰ ἔργα τοῦ διαβόλου.

9 Πᾶς ὁ γεγεννημένος ἐκ τοῦ Θεοῦ ἁμαρτίαν οὐ ποιεῖ, ὅτι σπέρμα αὐτοῦ
ἐν αὐτῷ μένει· καὶ οὐ δύναται ἁμαρτάνειν, ὅτι ἐκ τοῦ Θεοῦ γεγέννηται.
10 ἐν τούτῳ φανερά ἐστι τὰ τέκνα τοῦ Θεοῦ καὶ τὰ τέκνα τοῦ διαβόλου.
πᾶς ὁ μὴ ποιῶν δικαιοσύνην οὐκ ἔστιν ἐκ τοῦ Θεοῦ, καὶ ὁ μὴ ἀγαπῶν
τὸν ἀδελφόν αὐτοῦ. 11 ὅτι αὕτη ἐστὶν ἡ ἀγγελία ἣν ἠκούσατε ἀπ᾿ ἀρ-
χῆς, ἵνα ἀγαπῶμεν ἀλλήλους, 12 οὐ καθὼς Κάϊν ἐκ τοῦ πονηροῦ ἦν καὶ
ἔσφαξε τὸν ἀδελφὸν αὐτοῦ· καὶ χάριν τίνος ἔσφαξεν αὐτόν; ὅτι τὰ ἔργα
αὐτοῦ πονηρὰ ἦν, τὰ δὲ τοῦ ἀδελφοῦ αὐτοῦ δίκαια.

13 Μὴ θαυμάζετε, ἀδελφοί μου, εἰ μισεῖ ὑμᾶς ὁ κόσμος. 14 ἡμεῖς οἴδα-
μεν ὅτι μεταβεβήκαμεν ἐκ τοῦ θανάτου εἰς τὴν ζωήν, ὅτι ἀγαπῶμεν
τοὺς ἀδελφούς· ὁ μὴ ἀγαπῶν τὸν ἀδελφὸν μένει ἐν τῷ θανάτῳ. 15 πᾶς ὁ
μισῶν τὸν ἀδελφὸν αὐτοῦ ἀνθρωποκτόνος ἐστί, καὶ οἴδατε ὅτι πᾶς ἀν-
θρωποκτόνος οὐκ ἔχει ζωὴν αἰώνιον ἐν ἑαυτῷ μένουσαν. 16 ἐν τούτῳ ἐ-
γνώκαμεν τὴν ἀγάπην ὅτι ἐκεῖνος ὑπὲρ ἡμῶν τὴν ψυχὴν αὐτοῦ ἔθηκε·
καὶ ἡμεῖς ὀφείλομεν ὑπὲρ τῶν ἀδελφῶν τὰς ψυχὰς τιθέναι. 17 ὃς δ᾿ ἂν
ἔχῃ τὸν βίον τοῦ κόσμου καὶ θεωρῇ τὸν ἀδελφὸν αὐτοῦ χρείαν ἔχοντα καὶ κλείσῃ τὰ σπλάγχνα αὐτοῦ ἀπ᾿ αὐτοῦ, πῶς ἡ ἀγάπη τοῦ Θεοῦ μένει ἐν αὐτῷ;

18 Τεκνία μου, μὴ ἀγαπῶμεν λόγῳ μηδὲ τῇ γλώσσῃ, ἀλλ᾿ ἐν ἔργῳ καὶ
ἀληθείᾳ. 19 καὶ ἐν τούτῳ γινώσκομεν ὅτι ἐκ τῆς ἀληθείας ἐσμέν, καὶ
ἔμπροσθεν αὐτοῦ πείσομεν τὰς καρδίας ἡμῶν, 20 ὅτι ἐὰν καταγινώσκῃ
ἡμῶν ἡ καρδία, ὅτι μείζων ἐστὶν ὁ Θεὸς τῆς καρδίας ἡμῶν καὶ γινώσκει
πάντα. 21 ἀγαπητοί, ἐὰν ἡ καρδία ἡμῶν μὴ καταγινώσκῃ ἡμῶν παρ-
ρησίαν ἔχομεν πρὸς τὸν Θεόν, 22 καὶ ὃ ἐὰν αἰτῶμεν λαμβάνομεν παρ᾿
αὐτοῦ ὅτι τὰς ἐντολὰς αὐτοῦ τηροῦμεν καὶ τὰ ἀρεστὰ ἐνώπιον αὐτοῦ
ποιοῦμεν. 23 καὶ αὕτη ἐστὶν ἡ ἐντολὴ αὐτοῦ, ἵνα πιστεύσωμεν τῷ ὀνό-
ματι τοῦ υἱοῦ αὐτοῦ Ἰησοῦ Χριστοῦ καὶ ἀγαπῶμεν ἀλλήλους καθὼς ἔ-
δωκεν ἐντολήν. 24 καὶ ὁ τηρῶν τὰς ἐντολὰς αὐτοῦ ἐν αὐτῷ μένει καὶ
αὐτὸς ἐν αὐτῷ. καὶ ἐν τούτῳ γινώσκομεν ὅτι μένει ἐν ἡμῖν, ἐκ τοῦ Πνεύματος οὗ ἡμῖν ἔδωκεν.

ΙΩΑΝΝΟΥ Α΄

4

ΑΓΑΠΗΤΟΙ, μὴ παντὶ πνεύματι πιστεύετε, ἀλλὰ δοκιμάζετε τὰ
πνεύματα εἰ ἐκ τοῦ Θεοῦ ἐστιν, ὅτι πολλοὶ ψευδοπροφῆται ἐξεληλύ-
θασιν εἰς τὸν κόσμον. 2 ἐν τούτῳ γινώσκετε τὸ πνεῦμα τοῦ Θεοῦ·
πᾶν πνεῦμα ὃ ὁμολογεῖ Ἰησοῦν Χριστὸν ἐν σαρκὶ ἐληλυθότα, ἐκ τοῦ
Θεοῦ ἔστι· 3 καὶ πᾶν πνεῦμα ὃ μὴ ὁμολογεῖ τὸν Ἰησοῦν Χριστὸν ἐν
σαρκὶ ἐληλυθότα, ἐκ τοῦ Θεοῦ οὐκ ἔστι· καὶ τοῦτό ἐστι τὸ τοῦ ἀντιχρί-
στου ὃ ἀκηκόατε ὅτι ἔρχεται, καὶ νῦν ἐν τῷ κόσμῳ ἐστὶν ἤδη.

4 Ὑμεῖς ἐκ τοῦ Θεοῦ ἐστε, τεκνία, καὶ νενικήκατε αὐτούς, ὅτι μείζων ἐ-
στὶν ὁ ἐν ὑμῖν ἢ ὁ ἐν τῷ κόσμῳ. 5 αὐτοὶ ἐκ τοῦ κόσμου εἰσί· διὰ τοῦτο ἐκ
τοῦ κόσμου λαλοῦσι καὶ ὁ κόσμος αὐτῶν ἀκούει. 6 ἡμεῖς ἐκ τοῦ Θεοῦ ἐ-
σμεν· ὁ γινώσκων τὸν Θεὸν ἀκούει ἡμῶν. ὃς οὐκ ἔστιν ἐκ τοῦ Θεοῦ οὐκ
ἀκούει ἡμῶν. ἐκ τούτου γινώσκομεν τὸ πνεῦμα τῆς ἀληθείας καὶ τὸ
πνεῦμα τῆς πλάνης.

7 Ἀγαπητοί, ἀγαπῶμεν ἀλλήλους, ὅτι ἡ ἀγάπη ἐκ τοῦ Θεοῦ ἐστι, καὶ
πᾶς ὁ ἀγαπῶν ἐκ τοῦ Θεοῦ γεγέννηται καὶ γινώσκει τὸν Θεόν. 8 ὁ μὴ
ἀγαπῶν οὐκ ἔγνω τὸν Θεόν, ὅτι ὁ Θεὸς ἀγάπη ἐστίν. 9 ἐν τούτῳ ἐφανε-
ρώθη ἡ ἀγάπη τοῦ Θεοῦ ἐν ἡμῖν, ὅτι τὸν υἱὸν αὐτοῦ τὸν μονογενῆ ἀπέ-
σταλκεν ὁ Θεὸς εἰς τὸν κόσμον ἵνα ζήσωμεν δι' αὐτοῦ. 10 ἐν τούτῳ ἐ-
στὶν ἡ ἀγάπη, οὐχ ὅτι ἡμεῖς ἠγαπήσαμεν τὸν Θεόν, ἀλλ' ὅτι αὐτὸς ἠ-
γάπησεν ἡμᾶς καὶ ἀπέστειλε τὸν υἱὸν αὐτοῦ ἱλασμὸν περὶ τῶν ἁμαρτιῶν
ἡμῶν.

11 Ἀγαπητοί, εἰ οὕτως ὁ Θεὸς ἠγάπησεν ἡμᾶς, καὶ ἡμεῖς ὀφείλομεν
ἀλλήλους ἀγαπᾶν. 12 Θεὸν οὐδεὶς πώποτε τεθέαται· ἐὰν ἀγαπῶμεν ἀλ-
λήλους, ὁ Θεὸς ἐν ἡμῖν μένει καὶ ἡ ἀγάπη αὐτοῦ τετελειωμένη ἐστὶν ἐν
ἡμῖν. 13 ἐν τούτῳ γινώσκομεν ὅτι ἐν αὐτῷ μένομεν καὶ αὐτὸς ἐν ἡμῖν,
ὅτι ἐκ τοῦ Πνεύματος αὐτοῦ δέδωκεν ἡμῖν.

14 Καὶ ἡμεῖς τεθεάμεθα καὶ μαρτυροῦμεν ὅτι ὁ πατὴρ ἀπέσταλκε τὸν
υἱὸν σωτῆρα τοῦ κόσμου. 15 ὃς ἂν ὁμολογήσῃ ὅτι Ἰησοῦς ἐστιν ὁ υἱὸς
τοῦ Θεοῦ, ὁ Θεὸς ἐν αὐτῷ μένει καὶ αὐτὸς ἐν τῷ Θεῷ. 16 καὶ ἡμεῖς ἐ-
γνώκαμεν καὶ πεπιστεύκαμεν τὴν ἀγάπην ἣν ἔχει ὁ Θεὸς ἐν ἡμῖν. ὁ
Θεὸς ἀγάπη ἐστί, καὶ ὁ μένων ἐν τῇ ἀγάπῃ ἐν τῷ Θεῷ μένει καὶ ὁ Θεὸς
ἐν αὐτῷ.

17 Ἐν τούτῳ τετελείωται ἡ ἀγάπη μεθ᾿ ἡμῶν, ἵνα παρρησίαν ἔχωμεν
ἐν τῇ ἡμέρᾳ τῆς κρίσεως, ὅτι καθὼς ἐκεῖνός ἐστι, καὶ ἡμεῖς ἐσμεν ἐν τῷ
κόσμῳ τούτῳ. 18 φόβος οὐκ ἔστιν ἐν τῇ ἀγάπῃ, ἀλλ᾿ ἡ τελεία ἀγάπη
ἔξω βάλλει τὸν φόβον, ὅτι ὁ φόβος κόλασιν ἔχει, ὁ δὲ φοβούμενος οὐ τε-
τελείωται ἐν τῇ ἀγάπῃ.

19 Ἡμεῖς ἀγαπῶμεν αὐτόν, ὅτι αὐτὸς πρῶτος ἠγάπησεν ἡμᾶς. 20 ἐάν
τις εἴπῃ ὅτι ἀγαπῶ τὸν Θεόν, καὶ τὸν ἀδελφὸν αὐτοῦ μισῇ, ψεύστης ἐ-
στίν· ὁ γὰρ μὴ ἀγαπῶν τὸν ἀδελφὸν ὃν ἑώρακε, τὸν Θεὸν ὃν οὐχ ἑώρακε
πῶς δύναται ἀγαπᾶν; 21 καὶ ταύτην τὴν ἐντολὴν ἔχομεν ἀπ᾿ αὐτοῦ, ἵνα
ὁ ἀγαπῶν τὸν Θεὸν ἀγαπᾷ καὶ τὸν ἀδελφὸν αὐτοῦ.

5

ΠΑΣ ὁ πιστεύων ὅτι Ἰησοῦς ἐστιν ὁ Χριστός, ἐκ τοῦ Θεοῦ γεγέννη-
ται, καὶ πᾶς ὁ ἀγαπῶν τὸν γεννήσαντα ἀγαπᾷ καὶ τὸν γεγεννημένον
ἐξ αὐτοῦ. 2 ἐν τούτῳ γινώσκομεν ὅτι ἀγαπῶμεν τὰ τέκνα τοῦ Θεοῦ,
ὅταν τὸν Θεὸν ἀγαπῶμεν καὶ τὰς ἐντολὰς αὐτοῦ τηρῶμεν. 3 αὕτη γάρ
ἐστιν ἡ ἀγάπη τοῦ Θεοῦ, ἵνα τὰς ἐντολὰς αὐτοῦ τηρῶμεν· καὶ αἱ ἐντο-
λαὶ αὐτοῦ βαρεῖαι οὐκ εἰσίν, 4 ὅτι πᾶν τὸ γεγεννημένον ἐκ τοῦ Θεοῦ νι-
κᾷ τὸν κόσμον· καὶ αὕτη ἐστὶν ἡ νίκη ἡ νικήσασα τὸν κόσμον, ἡ πίστις
ἡμῶν. 5 τίς ἐστιν ὁ νικῶν τὸν κόσμον εἰ μὴ ὁ πιστεύων ὅτι Ἰησοῦς ἐστιν
ὁ υἱὸς τοῦ Θεοῦ;

6 Οὗτός ἐστιν ὁ ἐλθὼν δι᾿ ὕδατος καὶ αἵματος, Ἰησοῦς Χριστός· οὐκ ἐν
τῷ ὕδατι μόνον, ἀλλ᾿ ἐν τῷ ὕδατι καὶ τῷ αἵματι· καὶ τὸ Πνεῦμά ἐστι τὸ
μαρτυροῦν, ὅτι τὸ Πνεῦμά ἐστιν ἡ ἀλήθεια. 7 ὅτι τρεῖς εἰσιν οἱ μαρτυ-
ροῦντες ἐν τῷ οὐρανῷ, ὁ Πατήρ, ὁ Λόγος καὶ τὸ Ἅγιον Πνεῦμα, καὶ οὗ-
τοι οἱ τρεῖς ἕν εἰσι· καὶ τρεῖς εἰσιν οἱ μαρτυροῦντες ἐν τῇ γῇ, 8 τὸ Πνεῦ-
μα καὶ τὸ ὕδωρ καὶ τὸ αἷμα, καὶ οἱ τρεῖς εἰς τὸ ἕν εἰσιν.

9 Εἰ τὴν μαρτυρίαν τῶν ἀνθρώπων λαμβάνομεν, ἡ μαρτυρία τοῦ Θεοῦ
μείζων ἐστίν· ὅτι αὕτη ἐστὶν ἡ μαρτυρία τοῦ Θεοῦ ἣν μεμαρτύρηκε περὶ
τοῦ υἱοῦ αὐτοῦ. 10 ὁ πιστεύων εἰς τὸν υἱὸν τοῦ Θεοῦ ἔχει τὴν μαρτυρίαν
ἐν αὐτῷ· ὁ μὴ πιστεύων τῷ Θεῷ ψεύστην πεποίηκεν αὐτόν, ὅτι οὐ πεπί-
στευκεν εἰς τὴν μαρτυρίαν ἣν μεμαρτύρηκεν ὁ Θεὸς περὶ τοῦ υἱοῦ αὐ-
τοῦ. 11 καὶ αὕτη ἐστὶν ἡ μαρτυρία, ὅτι ζωὴν αἰώνιον ἔδωκεν ἡμῖν ὁ Θε-

ός, καὶ αὕτη ἡ ζωὴ ἐν τῷ υἱῷ αὐτοῦ ἐστιν. 12 ὁ ἔχων τὸν υἱὸν ἔχει τὴν
ζωήν· ὁ μὴ ἔχων τὸν υἱὸν τοῦ Θεοῦ τὴν ζωὴν οὐκ ἔχει.

13 Ταῦτα ἔγραψα ὑμῖν τοῖς πιστεύουσιν εἰς τὸ ὄνομα τοῦ υἱοῦ τοῦ Θε-
οῦ, ἵνα εἰδῆτε ὅτι ζωὴν αἰώνιον ἔχετε, καὶ ἵνα πιστεύητε εἰς τὸ ὄνομα
τοῦ υἱοῦ τοῦ Θεοῦ. 14 καὶ αὕτη ἐστὶν ἡ παρρησία ἣν ἔχομεν πρὸς αὐτόν,
ὅτι ἐάν τι αἰτώμεθα κατὰ τὸ θέλημα αὐτοῦ, ἀκούει ἡμῶν. 15 καὶ ἐὰν οἴ-
δαμεν ὅτι ἀκούει ἡμῶν ὃ ἂν αἰτώμεθα, οἴδαμεν ὅτι ἔχομεν τὰ αἰτήματα
ἃ ᾐτήκαμεν παρ᾽ αὐτοῦ. 16 Ἐάν τις ἴδῃ τὸν ἀδελφὸν αὐτοῦ ἁμαρτάνον-
τα ἁμαρτίαν μὴ πρὸς θάνατον, αἰτήσει, καὶ δώσει αὐτῷ ζωήν, τοῖς ἁ-
μαρτάνουσι μὴ πρὸς θάνατον. ἔστιν ἁμαρτία πρὸς θάνατον· οὐ περὶ ἐκεί-
νης λέγω ἵνα ἐρωτήσῃ. 17 πᾶσα ἀδικία ἁμαρτία ἐστίν· καὶ ἔστιν ἁμαρ-
τία οὐ πρὸς θάνατον.

18 Οἴδαμεν ὅτι πᾶς ὁ γεγεννημένος ἐκ τοῦ Θεοῦ οὐχ ἁμαρτάνει, ἀλλ᾽ ὁ
γεννηθεὶς ἐκ τοῦ Θεοῦ τηρεῖ ἑαυτόν, καὶ ὁ πονηρὸς οὐχ ἅπτεται αὐτοῦ.
19 οἴδαμεν ὅτι ἐκ τοῦ Θεοῦ ἐσμεν, καὶ ὁ κόσμος ὅλος ἐν τῷ πονηρῷ κεῖ-
ται. 20 οἴδαμεν δὲ ὅτι ὁ υἱὸς τοῦ Θεοῦ ἥκει καὶ δέδωκεν ἡμῖν διάνοιαν
ἵνα γινώσκωμεν τὸν ἀληθινόν· καί ἐσμεν ἐν τῷ ἀληθινῷ, ἐν τῷ υἱῷ αὐ-
τοῦ Ἰησοῦ Χριστῷ. οὗτός ἐστιν ὁ ἀληθινὸς Θεὸς καὶ ζωὴ αἰώνιος.

21 Τεκνία, φυλάξατε ἑαυτοὺς ἀπὸ τῶν εἰδώλων· ἀμήν.

Β′ Ἰωάννου

Ὁ ΠΡΕΣΒΥΤΕΡΟΣ ἐκλεκτῇ κυρίᾳ καὶ τοῖς τέκνοις αὐτῆς, οὓς ἐγὼ
ἀγαπῶ ἐν ἀληθείᾳ, καὶ οὐκ ἐγὼ μόνος, ἀλλὰ καὶ πάντες οἱ ἐγνωκό-
τες τὴν ἀλήθειαν, 2 διὰ τὴν ἀλήθειαν τὴν μένουσαν ἐν ἡμῖν, καὶ
μεθ' ἡμῶν ἔσται εἰς τὸν αἰῶνα· 3 ἔσται μεθ' ὑμῶν χάρις, ἔλεος, εἰρήνη
παρὰ Θεοῦ πατρὸς καὶ παρὰ Κυρίου Ἰησοῦ Χριστοῦ τοῦ υἱοῦ τοῦ πα-
τρός, ἐν ἀληθείᾳ καὶ ἀγάπῃ.

4 Ἐχάρην λίαν ὅτι εὕρηκα ἐκ τῶν τέκνων σου περιπατοῦντας ἐν ἀλη-
θείᾳ, καθὼς ἐντολὴν ἐλάβομεν παρὰ τοῦ πατρός. 5 καὶ νῦν ἐρωτῶ σε,
κυρία, οὐχ ὡς ἐντολὴν γράφων σοι καινήν, ἀλλὰ ἣν εἴχομεν ἀπ' ἀρχῆς,
ἵνα ἀγαπῶμεν ἀλλήλους. 6 καὶ αὕτη ἐστὶν ἡ ἀγάπη, ἵνα περιπατῶμεν
κατὰ τὰς ἐντολὰς αὐτοῦ. αὕτη ἐστὶν ἡ ἐντολή, καθὼς ἠκούσατε ἀπ' ἀρ-
χῆς, ἵνα ἐν αὐτῇ περιπατῆτε. 7 ὅτι πολλοὶ πλάνοι εἰσῆλθον εἰς τὸν κό-
σμον, οἱ μὴ ὁμολογοῦντες Ἰησοῦν Χριστὸν ἐρχόμενον ἐν σαρκί· οὗτός ἐ-
στιν ὁ πλάνος καὶ ὁ ἀντίχριστος. 8 βλέπετε ἑαυτούς, ἵνα μὴ ἀπολέσω-
μεν ἃ εἰργασάμεθα, ἀλλὰ μισθὸν πλήρη ἀπολάβωμεν. 9 πᾶς ὁ παραβαί-
νων καὶ μὴ μένων ἐν τῇ διδαχῇ τοῦ Χριστοῦ Θεὸν οὐκ ἔχει· ὁ μένων ἐν
τῇ διδαχῇ τοῦ Χριστοῦ, οὗτος καὶ τὸν πατέρα καὶ τὸν υἱὸν ἔχει. 10 εἴ τις
ἔρχεται πρὸς ὑμᾶς καὶ ταύτην τὴν διδαχὴν οὐ φέρει, μὴ λαμβάνετε αὐ-
τὸν εἰς οἰκίαν, καὶ χαίρειν αὐτῷ μὴ λέγετε· 11 ὁ γὰρ λέγων αὐτῷ χαί-
ρειν κοινωνεῖ τοῖς ἔργοις αὐτοῦ τοῖς πονηροῖς.

12 Πολλὰ ἔχων ὑμῖν γράφειν, οὐκ ἠβουλήθην διὰ χάρτου καὶ μέλανος,
ἀλλὰ ἐλπίζω ἐλθεῖν πρὸς ὑμᾶς καὶ στόμα πρὸς στόμα λαλῆσαι, ἵνα ἡ
χαρὰ ἡμῶν ᾖ πεπληρωμένη. 13 ἀσπάζεταί σε τὰ τέκνα τῆς ἀδελφῆς
σου τῆς ἐκλεκτῆς· ἀμήν.

Γ΄ Ἰωάννου

Ὁ ΠΡΕΣΒΥΤΕΡΟΣ Γαΐῳ τῷ ἀγαπητῷ, ὃν ἐγὼ ἀγαπῶ ἐν ἀληθείᾳ.
2 Ἀγαπητέ, περὶ πάντων εὔχομαί σε εὐοδοῦσθαι καὶ ὑγιαίνειν, κα-
θὼς εὐοδοῦταί σου ἡ ψυχή. 3 ἐχάρην γὰρ λίαν ἐρχομένων ἀδελφῶν
καὶ μαρτυρούντων σου τῇ ἀληθείᾳ, καθὼς σὺ ἐν ἀληθείᾳ περιπατεῖς. 4
μειζοτέραν τούτων οὐκ ἔχω χαράν, ἵνα ἀκούω τὰ ἐμὰ τέκνα ἐν ἀληθείᾳ
περιπατοῦντα. 5 Ἀγαπητέ, πιστὸν ποιεῖς ὃ ἐὰν ἐργάσῃ εἰς τοὺς ἀδελ-
φοὺς καὶ εἰς τοὺς ξένους, 6 οἳ ἐμαρτύρησάν σου τῇ ἀγάπῃ ἐνώπιον ἐκ-
κλησίας, οὓς καλῶς ποιήσεις προπέμψας ἀξίως τοῦ Θεοῦ. 7 ὑπὲρ γὰρ
τοῦ ὀνόματος ἐξῆλθον, μηδὲν λαμβάνοντες ἀπὸ τῶν ἐθνικῶν. 8 ἡμεῖς
οὖν ὀφείλομεν ἀπολαμβάνειν τοὺς τοιούτους, ἵνα συνεργοὶ γινώμεθα τῇ
ἀληθείᾳ.

9 Ἔγραψα τῇ ἐκκλησίᾳ· ἀλλ᾽ ὁ φιλοπρωτεύων αὐτῶν Διοτρεφὴς οὐκ ἐ-
πιδέχεται ἡμᾶς. 10 διὰ τοῦτο, ἐὰν ἔλθω, ὑπομνήσω αὐτοῦ τὰ ἔργα ἃ
ποιεῖ, λόγοις πονηροῖς φλυαρῶν ἡμᾶς· καὶ μὴ ἀρκούμενος ἐπὶ τούτοις
οὔτε αὐτὸς ἐπιδέχεται τοὺς ἀδελφοὺς καὶ τοὺς βουλομένους κωλύει καὶ
ἐκ τῆς ἐκκλησίας ἐκβάλλει. 11 Ἀγαπητέ, μὴ μιμοῦ τὸ κακόν, ἀλλὰ τὸ
ἀγαθόν. ὁ ἀγαθοποιῶν ἐκ τοῦ Θεοῦ ἐστιν· ὁ κακοποιῶν οὐχ ἑώρακε τὸν
Θεόν. 12 Δημητρίῳ μεμαρτύρηται ὑπὸ πάντων καὶ ὑπ᾽ αὐτῆς τῆς ἀλη-
θείας· καὶ ἡμεῖς δὲ μαρτυροῦμεν, καὶ οἴδατε ὅτι ἡ μαρτυρία ἡμῶν ἀλη-
θής ἐστι.

13 Πολλὰ εἶχον γράφειν, ἀλλ᾽ οὐ θέλω διὰ μέλανος καὶ καλάμου σοι
γράψαι· 14 ἐλπίζω δὲ εὐθέως ἰδεῖν σε, καὶ στόμα πρὸς στόμα λαλήσο-
μεν. 15 εἰρήνη σοι. ἀσπάζονταί σε οἱ φίλοι. ἀσπάζου τοὺς φίλους κατ᾽ ὄ-
νομα.

Ἐπιστολὴ Ἰούδα

ΙΟΥΔΑΣ, Ἰησοῦ Χριστοῦ δοῦλος, ἀδελφὸς δὲ Ἰακώβου, τοῖς ἐν Θεῷ
πατρὶ ἡγιασμένοις καὶ Ἰησοῦ Χριστῷ τετηρημένοις κλητοῖς· 2 ἔλε-
ος ὑμῖν καὶ εἰρήνη καὶ ἀγάπη πληθυνθείη.

3 Ἀγαπητοί, πᾶσαν σπουδὴν ποιούμενος γράφειν ὑμῖν περὶ τῆς κοινῆς
σωτηρίας, ἀνάγκην ἔσχον γράψαι ὑμῖν παρακαλῶν ἐπαγωνίζεσθαι τῇ
ἅπαξ παραδοθείσῃ τοῖς ἁγίοις πίστει. 4 παρεισέδυσαν γάρ τινες ἄνθρω-
ποι, οἱ πάλαι προγεγραμμένοι εἰς τοῦτο τὸ κρῖμα, ἀσεβεῖς, τὴν τοῦ Θεοῦ
ἡμῶν χάριν μετατιθέντες εἰς ἀσέλγειαν καὶ τὸν μόνον δεσπότην καὶ
Κύριον ἡμῶν Ἰησοῦν Χριστὸν ἀρνούμενοι.

5 Ὑπομνῆσαι δὲ ὑμᾶς βούλομαι, εἰδότας ὑμᾶς ἅπαξ τοῦτο ὅτι ὁ Κύριος
λαὸν ἐκ τῆς Αἰγύπτου σώσας, τὸ δεύτερον τοὺς μὴ πιστεύσαντας ἀπώ-
λεσεν, 6 ἀγγέλους τε τοὺς μὴ τηρήσαντας τὴν ἑαυτῶν ἀρχήν, ἀλλὰ ἀ-
πολιπόντας τὸ ἴδιον οἰκητήριον εἰς κρίσιν μεγάλης ἡμέρας δεσμοῖς ἀϊδί-
οις ὑπὸ ζόφον τετήρηκεν· 7 ὡς Σόδομα καὶ Γόμορρα καὶ αἱ περὶ αὐτὰς
πόλεις τὸν ὅμοιον τούτοις τρόπον ἐκπορνεύσασαι καὶ ἀπελθοῦσαι ὀπίσω
σαρκὸς ἑτέρας πρόκεινται δεῖγμα, πυρὸς αἰωνίου δίκην ὑπέχουσαι. 8 ὁ-
μοίως μέντοι καὶ οὗτοι ἐνυπνιαζόμενοι σάρκα μὲν μιαίνουσι, κυριότητα
δὲ ἀθετοῦσι, δόξας δὲ βλασφημοῦσιν. 9 ὁ δὲ Μιχαὴλ ὁ ἀρχάγγελος, ὅτε
τῷ διαβόλῳ διακρινόμενος διελέγετο περὶ τοῦ Μωσέως σώματος, οὐκ ἐ-
τόλμησε κρίσιν ἐπενεγκεῖν βλασφημίας, ἀλλ᾿ εἶπεν· ἐπιτιμήσαι σοι Κύ-
ριος. 10 οὗτοι δὲ ὅσα μὲν οὐκ οἴδασι βλασφημοῦσιν, ὅσα δὲ φυσικῶς ὡς
τὰ ἄλογα ζῷα ἐπίστανται, ἐν τούτοις φθείρονται. 11 οὐαὶ αὐτοῖς, ὅτι τῇ
ὁδῷ τοῦ Κάϊν ἐπορεύθησαν, καὶ τῇ πλάνῃ τοῦ Βαλαὰμ μισθοῦ ἐξεχύθη-
σαν, καὶ τῇ ἀντιλογίᾳ τοῦ Κορὲ ἀπώλοντο.

12 Οὗτοί εἰσιν ἐν ταῖς ἀγάπαις ὑμῶν σπιλάδες, συνευωχούμενοι ἀφό-
βως, ἑαυτοὺς ποιμαίνοντες, νεφέλαι ἄνυδροι ὑπὸ ἀνέμων παραφερόμε-
ναι, δένδρα φθινοπωρινά, ἄκαρπα, δίς ἀποθανόντα, ἐκριζωθέντα, 13 κύ-
ματα ἄγρια θαλάσσης ἐπαφρίζοντα τὰς ἑαυτῶν αἰσχύνας, ἀστέρες πλα-
νῆται, οἷς ὁ ζόφος τοῦ σκότους εἰς τὸν αἰῶνα τετήρηται. 14 προεφήτευ-
σε δὲ καὶ τούτοις ἕβδομος ἀπὸ Ἀδὰμ Ἐνὼχ λέγων· ἰδοὺ ἦλθε Κύριος ἐν
ἁγίαις μυριάσιν αὐτοῦ, 15 ποιῆσαι κρίσιν κατὰ πάντων καὶ ἐλέγξαι
πάντας τοὺς ἀσεβεῖς αὐτῶν περὶ πάντων τῶν ἔργων ἀσεβείας αὐτῶν ὧν
ἠσέβησαν καὶ περὶ πάντων τῶν σκληρῶν ὧν ἐλάλησαν κατ' αὐτοῦ ἁ-
μαρτωλοὶ ἀσεβεῖς. 16 Οὗτοί εἰσι γογγυσταί, μεμψίμοιροι, κατὰ τὰς ἐ-
πιθυμίας αὐτῶν πορευόμενοι, καὶ τὸ στόμα αὐτῶν λαλεῖ ὑπέρογκα, θαυ-
μάζοντες πρόσωπα ὠφελείας χάριν.

17 Ὑμεῖς δέ, ἀγαπητοί, μνήσθητε τῶν ρημάτων τῶν προειρημένων ὑπὸ
τῶν ἀποστόλων τοῦ Κυρίου ἡμῶν Ἰησοῦ Χριστοῦ, 18 ὅτι ἔλεγον ὑμῖν
ὅτι ἐν ἐσχάτῳ χρόνῳ ἔσονται ἐμπαῖκται κατὰ τὰς ἑαυτῶν ἐπιθυμίας πο-
ρευόμενοι τῶν ἀσεβιῶν. 19 οὗτοί εἰσιν οἱ ἀποδιορίζοντες, ψυχικοί,
Πνεῦμα μὴ ἔχοντες. 20 ὑμεῖς δέ, ἀγαπητοί, τῇ ἁγιωτάτῃ ὑμῶν πίστει
ἐποικοδομοῦντες ἑαυτούς, ἐν Πνεύματι Ἁγίῳ προσευχόμενοι, 21 ἑαυ-
τοὺς ἐν ἀγάπῃ Θεοῦ τηρήσατε, προσδεχόμενοι τὸ ἔλεος τοῦ Κυρίου ἡ-
μῶν Ἰησοῦ Χριστοῦ, εἰς ζωὴν αἰώνιον. 22 καὶ οὓς μὲν ἐλεεῖτε διακρινό-
μενοι, 23 οὓς δὲ ἐν φόβῳ σῴζετε, ἐκ τοῦ πυρὸς ἁρπάζοντες, μισοῦντες
καὶ τὸν ἀπὸ τῆς σαρκὸς ἐσπιλωμένον χιτῶνα.

24 Τῷ δὲ δυναμένῳ φυλάξαι αὐτοὺς ἀπταίστους καὶ στῆσαι κατενώπιον
τῆς δόξης αὐτοῦ ἀμώμους ἐν ἀγαλλιάσει, 25 μόνῳ σοφῷ Θεῷ σωτῆρι
ἡμῶν, δόξα καὶ μεγαλωσύνη, κράτος καὶ ἐξουσία καὶ νῦν καὶ εἰς πάντας
τοὺς αἰῶνας· ἀμήν.

Ἀποκάλυψις Ἰωάννου

ΑΠΟΚΑΛΥΨΙΣ Ἰησοῦ Χριστοῦ, ἣν ἔδωκεν αὐτῷ ὁ Θεός, δεῖξαι
τοῖς δούλοις αὐτοῦ ἃ δεῖ γενέσθαι ἐν τάχει, καὶ ἐσήμανεν ἀποστεί-
λας διὰ τοῦ ἀγγέλου αὐτοῦ τῷ δούλῳ αὐτοῦ Ἰωάννῃ, 2 ὃς ἐμαρτύ-
ρησε τὸν λόγον τοῦ Θεοῦ καὶ τὴν μαρτυρίαν Ἰησοῦ Χριστοῦ, ὅσα εἶδε. 3
μακάριος ὁ ἀναγινώσκων καὶ οἱ ἀκούοντες τοὺς λόγους τῆς προφητείας
καὶ τηροῦντες τὰ ἐν αὐτῇ γεγραμμένα· ὁ γὰρ καιρὸς ἐγγύς.

4 Ἰωάννης ταῖς ἑπτὰ ἐκκλησίαις ταῖς ἐν τῇ Ἀσίᾳ· χάρις ὑμῖν καὶ εἰρή-
νη ἀπὸ Θεοῦ, ὁ ὢν καὶ ὁ ἦν καὶ ὁ ἐρχόμενος, καὶ ἀπὸ τῶν ἑπτὰ πνευμά-
των, ἃ ἐνώπιον τοῦ θρόνου αὐτοῦ, 5 καὶ ἀπὸ Ἰησοῦ Χριστοῦ, ὁ μάρτυς ὁ
πιστός, ὁ πρωτότοκος τῶν νεκρῶν καὶ ὁ ἄρχων τῶν βασιλέων τῆς γῆς.
τῷ ἀγαπῶντι ἡμᾶς καὶ λούσαντι ἡμᾶς ἀπὸ τῶν ἁμαρτιῶν ἡμῶν ἐν τῷ
αἵματι αὐτοῦ, 6 καὶ ἐποίησεν ἡμᾶς βασιλείαν, ἱερεῖς τῷ Θεῷ καὶ πατρὶ
αὐτοῦ, αὐτῷ ἡ δόξα καὶ τὸ κράτος εἰς τοὺς αἰῶνας τῶν αἰώνων· ἀμήν.

7 Ἰδοὺ ἔρχεται μετὰ τῶν νεφελῶν, καὶ ὄψεται αὐτὸν πᾶς ὀφθαλμὸς καὶ
οἵτινες αὐτὸν ἐξεκέντησαν, καὶ κόψονται ἐπ᾿ αὐτὸν πᾶσαι αἱ φυλαὶ τῆς
γῆς. ναί, ἀμήν.

8 Ἐγώ εἰμι τὸ Α καὶ τὸ Ω, λέγει Κύριος ὁ Θεός, ὁ ὢν καὶ ὁ ἦν καὶ ὁ ἐρ-
χόμενος, ὁ παντοκράτωρ.

9 Ἐγὼ Ἰωάννης, ὁ ἀδελφὸς ὑμῶν καὶ συγκοινωνὸς ἐν τῇ θλίψει καὶ
βασιλείᾳ καὶ ὑπομονῇ ἐν Ἰησοῦ Χριστῷ, ἐγενόμην ἐν τῇ νήσῳ τῇ κα-
λουμένῃ Πάτμῳ διὰ τὸν λόγον τοῦ Θεοῦ καὶ διὰ τὴν μαρτυρίαν Ἰησοῦ
Χριστοῦ. 10 ἐγενόμην ἐν πνεύματι ἐν τῇ κυριακῇ ἡμέρᾳ, καὶ ἤκουσα
φωνὴν ὀπίσω μου μεγάλην ὡς σάλπιγγος 11 λεγούσης· ὃ βλέπεις γρά-

ψον εἰς βιβλίον καὶ πέμψον ταῖς ἑπτὰ ἐκκλησίαις, εἰς Ἔφεσον καὶ εἰς
Σμύρναν καὶ εἰς Πέργαμον καὶ εἰς Θυάτειρα καὶ εἰς Σάρδεις καὶ εἰς Φι-
λαδέλφειαν καὶ εἰς Λαοδίκειαν. 12 Καὶ ἐκεῖ ἐπέστρεψα βλέπειν τὴν
φωνὴν ἥτις ἐλάλει μετ᾽ ἐμοῦ· καὶ ἐπιστρέψας εἶδον ἑπτὰ λυχνίας χρυ-
σᾶς, 13 καὶ ἐν μέσῳ τῶν ἑπτὰ λυχνιῶν ὅμοιον υἱῷ ἀνθρώπου, ἐνδεδυμέ-
νον ποδήρη καὶ περιεζωσμένον πρὸς τοῖς μαστοῖς ζώνην χρυσῆν· 14 ἡ
δὲ κεφαλὴ αὐτοῦ καὶ αἱ τρίχες λευκαὶ ὡς ἔριον λευκόν, ὡς χιών, καὶ οἱ
ὀφθαλμοὶ αὐτοῦ ὡς φλὸξ πυρός, 15 καὶ οἱ πόδες αὐτοῦ ὅμοιοι χαλκολι-
βάνῳ, ὡς ἐν καμίνῳ πεπυρωμένοι, καὶ ἡ φωνὴ αὐτοῦ ὡς φωνὴ ὑδάτων
πολλῶν, 16 καὶ ἔχων ἐν τῇ δεξιᾷ χειρὶ αὐτοῦ ἀστέρας ἑπτά, καὶ ἐκ τοῦ
στόματος αὐτοῦ ῥομφαία δίστομος ὀξεῖα ἐκπορευομένη, καὶ ἡ ὄψις αὐ-
τοῦ ὡς ὁ ἥλιος φαίνει ἐν τῇ δυνάμει αὐτοῦ.

17 Καὶ ὅτε εἶδον αὐτόν, ἔπεσα πρὸς τοὺς πόδας αὐτοῦ ὡς νεκρός, καὶ ἔ-
θηκε τὴν δεξιὰν αὐτοῦ χεῖρα ἐπ᾽ ἐμὲ λέγων· μὴ φοβοῦ· ἐγώ εἰμι ὁ πρῶ-
τος καὶ ὁ ἔσχατος 18 καὶ ὁ ζῶν, καὶ ἐγενόμην νεκρός, καὶ ἰδοὺ ζῶν εἰμι
εἰς τοὺς αἰῶνας τῶν αἰώνων, καὶ ἔχω τὰς κλεῖς τοῦ θανάτου καὶ τοῦ ᾅ-
δου. 19 γράψον οὖν ἃ εἶδες, καὶ ἅ εἰσι καὶ ἃ μέλλει γίνεσθαι μετὰ ταῦ-
τα· 20 τὸ μυστήριον τῶν ἑπτὰ ἀστέρων ὧν εἶδες ἐπὶ τῆς δεξιᾶς μου, καὶ
τὰς ἑπτὰ λυχνίας τὰς χρυσᾶς. οἱ ἑπτὰ ἀστέρες ἄγγελοι τῶν ἑπτὰ ἐκ-
κλησιῶν εἰσι, καὶ αἱ λυχνίαι αἱ ἑπτὰ ἑπτὰ ἐκκλησίαι εἰσίν.

2

ΤΩι ἀγγέλῳ τῆς ἐν Ἐφέσῳ ἐκκλησίας γράψον· τάδε λέγει ὁ κρατῶν
τοὺς ἑπτὰ ἀστέρας ἐν τῇ δεξιᾷ αὐτοῦ, ὁ περιπατῶν ἐν μέσῳ τῶν ἑ-
πτὰ λυχνιῶν τῶν χρυσῶν· 2 οἶδα τὰ ἔργα σου καὶ τὸν κόπον σου καὶ
τὴν ὑπομονήν σου, καὶ ὅτι οὐ δύνῃ βαστάσαι κακούς, καὶ ἐπείρασας τοὺς
λέγοντας ἑαυτοὺς ἀποστόλους εἶναι, καὶ οὐκ εἰσί, καὶ εὗρες αὐτοὺς ψευ-
δεῖς· 3 καὶ ὑπομονὴν ἔχεις, καὶ ἐβάστασας διὰ τὸ ὄνομά μου, καὶ οὐ κε-
κοπίακας. 4 ἀλλὰ ἔχω κατὰ σοῦ, ὅτι τὴν ἀγάπην σου τὴν πρώτην ἀφῆ-
κας. 5 μνημόνευε οὖν πόθεν πέπτωκας, καὶ μετανόησον καὶ τὰ πρῶτα
ἔργα ποίησον· εἰ δὲ μή, ἔρχομαί σοι ταχὺ καὶ κινήσω τὴν λυχνίαν σου
ἐκ τοῦ τόπου αὐτῆς, ἐὰν μὴ μετανοήσῃς. 6 ἀλλὰ τοῦτο ἔχεις, ὅτι μισεῖς
τὰ ἔργα τῶν Νικολαϊτῶν, ἃ κἀγὼ μισῶ.

7 Ὁ ἔχων οὖς ἀκουσάτω τί τὸ Πνεῦμα λέγει ταῖς ἐκκλησίαις. Τῷ νι-
κῶντι δώσω αὐτῷ φαγεῖν ἐκ τοῦ ξύλου τῆς ζωῆς, ὅ ἐστιν ἐν τῷ παρα-
δείσῳ τοῦ Θεοῦ μου.

8 Καὶ τῷ ἀγγέλῳ τῆς ἐν Σμύρνῃ ἐκκλησίας γράψον· τάδε λέγει ὁ πρῶ-
τος καὶ ὁ ἔσχατος, ὃς ἐγένετο νεκρὸς καὶ ἔζησεν· 9 οἶδά σου τὰ ἔργα καὶ
τὴν θλῖψιν καὶ τὴν πτωχείαν· ἀλλὰ πλούσιος εἶ καὶ τὴν βλασφημίαν ἐκ
τῶν λεγόντων Ἰουδαίους εἶναι ἑαυτούς, καὶ οὐκ εἰσίν, ἀλλὰ συναγωγὴ
τοῦ σατανᾶ. 10 μηδὲν φοβοῦ ἃ μέλλεις παθεῖν. ἰδοὺ δὴ μέλλει βαλεῖν ὁ
διάβολος ἐξ ὑμῶν εἰς φυλακὴν ἵνα πειρασθῆτε, καὶ ἕξετε θλῖψιν ἡμέρας
δέκα. γίνου πιστὸς ἄχρι θανάτου, καὶ δώσω σοι τὸν στέφανον τῆς ζωῆς.

11 Ὁ ἔχων οὖς ἀκουσάτω τί τὸ Πνεῦμα λέγει ταῖς ἐκκλησίαις. Ὁ νι-
κῶν οὐ μὴ ἀδικηθῇ ἐκ τοῦ θανάτου τοῦ δευτέρου.

12 Καὶ τῷ ἀγγέλῳ τῆς ἐν Περγάμῳ ἐκκλησίας γράψον· τάδε λέγει ὁ ἔ-
χων τὴν ῥομφαίαν τὴν δίστομον τὴν ὀξεῖαν· 13 οἶδα τὰ ἔργα σου καὶ
ποῦ κατοικεῖς· ὅπου ὁ θρόνος τοῦ σατανᾶ· καὶ κρατεῖς τὸ ὄνομά μου, καὶ
οὐκ ἠρνήσω τὴν πίστιν μου καὶ ἐν ταῖς ἡμέραις αἷς Ἀντίπας ὁ μάρτυς
μου ὁ πιστός, ὃς ἀπεκτάνθη παρ᾿ ὑμῖν, ὅπου ὁ σατανᾶς κατοικεῖ. 14 ἀλ-
λὰ ἔχω κατὰ σοῦ ὀλίγα, ὅτι ἔχεις ἐκεῖ κρατοῦντας τὴν διδαχὴν Βαλαάμ,
ὃς ἐδίδαξε τὸν Βαλὰκ βαλεῖν σκάνδαλον ἐνώπιον τῶν υἱῶν Ἰσραὴλ καὶ
φαγεῖν εἰδωλόθυτα καὶ πορνεῦσαι. 15 οὕτως ἔχεις καὶ σὺ κρατοῦντας
τὴν διδαχὴν τῶν Νικολαϊτῶν ὁμοίως. 16 μετανόησον οὖν· εἰ δὲ μή, ἔρ-
χομαί σοι ταχὺ καὶ πολεμήσω μετ᾿ αὐτῶν ἐν τῇ ῥομφαίᾳ τοῦ στόματός
μου.

17 Ὁ ἔχων οὖς ἀκουσάτω τί τὸ Πνεῦμα λέγει ταῖς ἐκκλησίαις. τῷ νι-
κῶντι δώσω αὐτῷ τοῦ μάννα τοῦ κεκρυμμένου, καὶ δώσω αὐτῷ ψῆφον
λευκήν, καὶ ἐπὶ τὴν ψῆφον ὄνομα καινὸν γεγραμμένον, ὃ οὐδεὶς οἶδεν εἰ
μὴ ὁ λαμβάνων.

18 Καὶ τῷ ἀγγέλῳ τῆς ἐν Θυατείροις ἐκκλησίας γράψον· τάδε λέγει ὁ
υἱὸς τοῦ Θεοῦ, ὁ ἔχων τοὺς ὀφθαλμοὺς αὐτοῦ ὡς φλόγα πυρός, καὶ οἱ
πόδες αὐτοῦ ὅμοιοι χαλκολιβάνῳ· 19 οἶδά σου τὰ ἔργα καὶ τὴν ἀγάπην
καὶ τὴν πίστιν καὶ τὴν διακονίαν καὶ τὴν ὑπομονήν σου, καὶ τὰ ἔργα σου
τὰ ἔσχατα πλείονα τῶν πρώτων. 20 ἀλλὰ ἔχω κατὰ σοῦ ὀλίγα, ὅτι ἀ-
φεῖς τὴν γυναῖκά σου Ἰεζάβελ, ἣ λέγει ἑαυτὴν προφῆτιν, καὶ διδάσκει
καὶ πλανᾷ τοὺς ἐμοὺς δούλους πορνεῦσαι καὶ φαγεῖν εἰδωλόθυτα. 21 καὶ
ἔδωκα αὐτῇ χρόνον ἵνα μετανοήσῃ, καὶ οὐ θέλει μετανοῆσαι ἐκ τῆς πορ-

νείας αὐτῆς. 22 ἰδοὺ βάλλω αὐτὴν εἰς κλίνην καὶ τοὺς μοιχεύοντας μετ᾽
αὐτῆς εἰς θλῖψιν μεγάλην, ἐὰν μὴ μετανοήσωσιν ἐκ τῶν ἔργων αὐτῆς,
23 καὶ τὰ τέκνα αὐτῆς ἀποκτενῶ ἐν θανάτῳ, καὶ γνώσονται πᾶσαι αἱ
ἐκκλησίαι ὅτι ἐγώ εἰμι ὁ ἐρευνῶν νεφροὺς καὶ καρδίας, καὶ δώσω ὑμῖν ἑ-
κάστῳ κατὰ τὰ ἔργα ὑμῶν. 24 ὑμῖν δὲ λέγω τοῖς λοιποῖς τοῖς ἐν Θυα-
τείροις, ὅσοι οὐκ ἔχουσι τὴν διδαχὴν ταύτην, οἵτινες οὐκ ἔγνωσαν τὰ
βαθέα τοῦ σατανᾶ, ὡς λέγουσιν· οὐ βάλλω ἐφ᾽ ὑμᾶς ἄλλο βάρος· 25
πλὴν ὃ ἔχετε κρατήσατε ἄχρις οὗ ἂν ἥξω. 26 καὶ ὁ νικῶν καὶ ὁ τηρῶν
ἄχρι τέλους τὰ ἔργα μου, δώσω αὐτῷ ἐξουσίαν ἐπὶ τῶν ἐθνῶν, 27 καὶ
ποιμανεῖ αὐτοὺς ἐν ῥάβδῳ σιδηρᾷ, ὡς τὰ σκεύη τὰ κεραμικὰ συντριβή-
σεται, ὡς κἀγὼ εἴληφα παρὰ τοῦ πατρός μου, 28 καὶ δώσω αὐτῷ τὸν ἀ-
στέρα τὸν πρωϊνόν.

29 Ὁ ἔχων οὖς ἀκουσάτω τί τὸ Πνεῦμα λέγει ταῖς ἐκκλησίαις.

3

ΚΑΙ τῷ ἀγγέλῳ τῆς ἐν Σάρδεσιν ἐκκλησίας γράψον· τάδε λέγει ὁ ἔ-
χων τὰ ἑπτὰ πνεύματα τοῦ Θεοῦ καὶ τοὺς ἑπτὰ ἀστέρας· οἶδά σου
τὰ ἔργα, ὅτι ὄνομα ἔχεις ὅτι ζῇς, καὶ νεκρὸς εἶ. 2 γίνου γρηγορῶν,
καὶ στήρισον τὰ λοιπὰ ἃ ἔμελλον ἀποθνήσκειν· οὐ γὰρ εὕρηκά σου τὰ
ἔργα πεπληρωμένα ἐνώπιον τοῦ Θεοῦ μου. 3 μνημόνευε οὖν πῶς εἴλη-
φας καὶ ἤκουσας, καὶ τήρει καὶ μετανόησον. ἐὰν οὖν μὴ γρηγορήσῃς,
ἥξω ἐπὶ σὲ ὡς κλέπτης, καὶ οὐ μὴ γνώσῃ ποίαν ὥραν ἥξω ἐπὶ σέ. 4 ἀλ-
λὰ ἔχεις ὀλίγα ὀνόματα ἐν Σάρδεσιν, ἃ οὐκ ἐμόλυναν τὰ ἱμάτια αὐτῶν,
καὶ περιπατήσουσι μετ᾽ ἐμοῦ ἐν λευκοῖς, ὅτι ἄξιοί εἰσιν. 5 ὁ νικῶν οὕτως
περιβαλεῖται ἐν ἱματίοις λευκοῖς, καὶ οὐ μὴ ἐξαλείψω τὸ ὄνομα αὐτοῦ ἐκ
τῆς βίβλου τῆς ζωῆς, καὶ ὁμολογήσω τὸ ὄνομα αὐτοῦ ἐνώπιον τοῦ πα-
τρός μου καὶ ἐνώπιον τῶν ἀγγέλων αὐτοῦ.

6 Ὁ ἔχων οὖς ἀκουσάτω τί τὸ Πνεῦμα λέγει ταῖς ἐκκλησίαις.

7 Καὶ τῷ ἀγγέλῳ τῆς ἐν Φιλαδελφείᾳ ἐκκλησίας γράψον· τάδε λέγει ὁ
ἅγιος, ὁ ἀληθινός, ὁ ἔχων τὴν κλεῖν τοῦ Δαυΐδ, ὁ ἀνοίγων καὶ οὐδεὶς
κλείσει, καὶ κλείων καὶ οὐδεὶς ἀνοίξει· 8 οἶδά σου τὰ ἔργα· ἰδοὺ δέδωκα
ἐνώπιόν σου θύραν ἀνεῳγμένην, ἣν οὐδεὶς δύναται κλεῖσαι αὐτήν· ὅτι
μικρὰν ἔχεις δύναμιν, καὶ ἐτήρησάς μου τὸν λόγον καὶ οὐκ ἠρνήσω τὸ

ὄνομά μου. 9 ἰδοὺ δίδωμι ἐκ τῆς συναγωγῆς τοῦ σατανᾶ τῶν λεγόντων
ἑαυτοὺς Ἰουδαίους εἶναι, καὶ οὐκ εἰσίν, ἀλλὰ ψεύδονται· ἰδοὺ ποιήσω
αὐτοὺς ἵνα ἥξουσι καὶ προσκυνήσουσιν ἐνώπιον τῶν ποδῶν σου, καὶ
γνῶσιν ὅτι ἐγὼ ἠγάπησά σε. 10 ὅτι ἐτήρησας τὸν λόγον τῆς ὑπομονῆς
μου, κἀγώ σε τηρήσω ἐκ τῆς ὥρας τοῦ πειρασμοῦ τῆς μελλούσης ἔρχε-
σθαι ἐπὶ τῆς οἰκουμένης ὅλης, πειράσαι τοὺς κατοικοῦντας ἐπὶ τῆς γῆς.
11 ἔρχομαι ταχύ· κράτει ὃ ἔχεις, ἵνα μηδεὶς λάβῃ τὸν στέφανόν σου.

12 Ὁ νικῶν, ποιήσω αὐτὸν στῦλον ἐν τῷ ναῷ τοῦ Θεοῦ μου, καὶ ἔξω οὐ μὴ ἐξέλθῃ ἔτι, καὶ γράψω ἐπ' αὐτὸν τὸ ὄνομα τοῦ Θεοῦ μου καὶ τὸ ὄνομα τῆς πόλεως τοῦ Θεοῦ μου, τῆς καινῆς Ἱερουσαλήμ, ἣ καταβαίνει ἐκ τοῦ οὐρανοῦ ἀπὸ τοῦ Θεοῦ μου, καὶ τὸ ὄνομά μου τὸ καινόν.

13 Ὁ ἔχων οὖς ἀκουσάτω τί τὸ Πνεῦμα λέγει ταῖς ἐκκλησίαις.

14 Καὶ τῷ ἀγγέλῳ τῆς ἐν Λαοδικείᾳ ἐκκλησίας γράψον· τάδε λέγει ὁ
ἀμήν, ὁ μάρτυς ὁ πιστὸς καὶ ἀληθινός, ἡ ἀρχὴ τῆς κτίσεως τοῦ Θεοῦ·
15 οἶδά σου τὰ ἔργα, ὅτι οὔτε ψυχρὸς εἶ οὔτε ζεστός· ὄφελον ψυχρὸς ἦς
ἢ ζεστός. 16 οὕτως ὅτι χλιαρὸς εἶ, καὶ οὔτε ζεστὸς οὔτε ψυχρός, μέλλω
σε ἐμέσαι ἐκ τοῦ στόματός μου. 17 ὅτι λέγεις ὅτι πλούσιός εἰμι καὶ πε-
πλούτηκα καὶ οὐδενὸς χρείαν ἔχω, καὶ οὐκ οἶδας ὅτι σὺ εἶ ὁ ταλαίπωρος
καὶ ὁ ἐλεεινὸς καὶ πτωχὸς καὶ τυφλὸς καὶ γυμνός, 18 συμβουλεύω σοι
ἀγοράσαι παρ' ἐμοῦ χρυσίον πεπυρωμένον ἐκ πυρὸς ἵνα πλουτήσῃς, καὶ
ἱμάτια λευκὰ ἵνα περιβάλῃ καὶ μὴ φανερωθῇ ἡ αἰσχύνη τῆς γυμνότητός
σου, καὶ κολλύριον ἵνα ἐγχρίσῃ τοὺς ὀφθαλμούς σου ἵνα βλέπῃς. 19 ἐγὼ
ὅσους ἐὰν φιλῶ, ἐλέγχω καὶ παιδεύω· ζήλευε οὖν καὶ μετανόησον. 20 ἰ-
δοὺ ἕστηκα ἐπὶ τὴν θύραν καὶ κρούω· ἐάν τις ἀκούσῃ τῆς φωνῆς μου καὶ
ἀνοίξῃ τὴν θύραν, καὶ εἰσελεύσομαι πρὸς αὐτὸν καὶ δειπνήσω μετ' αὐτοῦ
καὶ αὐτὸς μετ' ἐμοῦ.

21 Ὁ νικῶν, δώσω αὐτῷ καθίσαι μετ' ἐμοῦ ἐν τῷ θρόνῳ μου, ὡς κἀγὼ ἐνίκησα καὶ ἐκάθισα μετὰ τοῦ πατρός μου ἐν τῷ θρόνῳ αὐτοῦ.

22 Ὁ ἔχων οὖς ἀκουσάτω τί τὸ Πνεῦμα λέγει ταῖς ἐκκλησίαις.

4

ΜΕΤΑ ταῦτα εἶδον, καὶ ἰδοὺ θύρα ἀνεῳγμένη ἐν τῷ οὐρανῷ, καὶ ἡ
φωνὴ ἡ πρώτη ἣν ἤκουσα ὡς σάλπιγγος λαλούσης μετ' ἐμοῦ, λέ-
γων· ἀνάβα ὧδε καὶ δείξω σοι ἃ δεῖ γενέσθαι μετὰ ταῦτα. 2 καὶ εὐ-
θέως ἐγενόμην ἐν πνεύματι· καὶ ἰδοὺ θρόνος ἔκειτο ἐν τῷ οὐρανῷ, καὶ
ἐπὶ τὸν θρόνον καθήμενος, 3 ὅμοιος ὁράσει λίθῳ ἰάσπιδι καὶ σαρδίῳ· καὶ
ἶρις κυκλόθεν τοῦ θρόνου, ὁμοίως ὅρασις σμαραγδίνων.

4 Καὶ κυκλόθεν τοῦ θρόνου θρόνοι εἴκοσι τέσσαρες, καὶ ἐπὶ τοὺς θρόνους
τοὺς εἴκοσι τέσσαρας πρεσβυτέρους καθημένους, περιβεβλημένους ἐν ἱ-
ματίοις λευκοῖς, καὶ ἐπὶ τὰς κεφαλὰς αὐτῶν στεφάνους χρυσοῦς. 5 καὶ
ἐκ τοῦ θρόνου ἐκπορεύονται ἀστραπαὶ καὶ φωναὶ καὶ βρονταί· καὶ ἑπτὰ
λαμπάδες πυρὸς καιόμεναι ἐνώπιον τοῦ θρόνου, αἵ εἰσι τὰ ἑπτὰ πνεύμα-
τα τοῦ Θεοῦ· 6 καὶ ἐνώπιον τοῦ θρόνου ὡς θάλασσα ὑαλίνη, ὁμοία κρυ-
στάλλῳ· καὶ ἐν μέσῳ τοῦ θρόνου καὶ κύκλῳ τοῦ θρόνου τέσσαρα ζῷα γέ-
μοντα ὀφθαλμῶν ἔμπροσθεν καὶ ὄπισθεν· 7 καὶ τὸ ζῷον τὸ πρῶτον ὅμοι-
ον λέοντι, καὶ τὸ δεύτερον ζῷον ὅμοιον μόσχῳ, καὶ τὸ τρίτον ζῷον ἔχον
τὸ πρόσωπον ὡς ἀνθρώπου, καὶ τὸ τέταρτον ζῷον ὅμοιον ἀετῷ πετομέ-
νῳ. 8 καὶ τὰ τέσσαρα ζῷα, ἓν καθ' ἓν αὐτῶν ἔχον ἀνὰ πτέρυγας ἕξ, κυ-
κλόθεν καὶ ἔσωθεν γέμουσιν ὀφθαλμῶν, καὶ ἀνάπαυσιν οὐκ ἔχουσιν ἡ-
μέρας καὶ νυκτὸς λέγοντες· ἅγιος, ἅγιος, ἅγιος Κύριος ὁ Θεὸς ὁ παντο-
κράτωρ, ὁ ἦν καὶ ὁ ὢν καὶ ὁ ἐρχόμενος.

9 Καὶ ὅταν δῶσι τὰ ζῷα δόξαν καὶ τιμὴν καὶ εὐχαριστίαν τῷ καθημένῳ
ἐπὶ τοῦ θρόνου, τῷ ζῶντι εἰς τοὺς αἰῶνας τῶν αἰώνων, 10 πεσοῦνται οἱ
εἴκοσι τέσσαρες πρεσβύτεροι ἐνώπιον τοῦ καθημένου ἐπὶ τοῦ θρόνου, καὶ
προσκυνήσουσι τῷ ζῶντι εἰς τοὺς αἰῶνας τῶν αἰώνων, καὶ βαλοῦσι τοὺς
στεφάνους αὐτῶν ἐνώπιον τοῦ θρόνου λέγοντες· 11 ἄξιος εἶ, ὁ Κύριος
καὶ Θεὸς ἡμῶν, λαβεῖν τὴν δόξαν καὶ τὴν τιμὴν καὶ τὴν δύναμιν, ὅτι σὺ
ἔκτισας τὰ πάντα, καὶ διὰ τὸ θέλημά σου ἦσαν καὶ ἐκτίσθησαν.

5

ΚΑΙ εἶδον ἐπὶ τὴν δεξιὰν τοῦ καθημένου ἐπὶ τοῦ θρόνου βιβλίον γε-
γραμμένον ἔσωθεν καὶ ἔξωθεν, κατεσφραγισμένον σφραγῖσιν ἑπτά.
2 καὶ εἶδον ἄγγελον ἰσχυρὸν κηρύσσοντα ἐν φωνῇ μεγάλῃ· τίς ἄξιός
ἐστιν ἀνοῖξαι τὸ βιβλίον καὶ λῦσαι τὰς σφραγῖδας αὐτοῦ; 3 καὶ οὐδεὶς ἐ-
δύνατο ἐν τῷ οὐρανῷ οὔτε ἐπὶ τῆς γῆς οὔτε ὑποκάτω τῆς γῆς ἀνοῖξαι τὸ
βιβλίον οὔτε βλέπειν αὐτό. 4 καὶ ἐγὼ ἔκλαιον πολύ, ὅτι οὐδεὶς ἄξιος εὑ-
ρέθη ἀνοῖξαι τὸ βιβλίον οὔτε βλέπειν αὐτό. 5 καὶ εἷς ἐκ τῶν πρεσβυτέ-
ρων λέγει μοι· μὴ κλαῖε. ἰδοὺ ἐνίκησεν ὁ λέων ὁ ἐκ τῆς φυλῆς Ἰούδα, ἡ
ρίζα Δαυΐδ, ἀνοῖξαι τὸ βιβλίον καὶ τὰς ἑπτὰ σφραγῖδας αὐτοῦ.

6 Καὶ εἶδον ἐν μέσῳ τοῦ θρόνου καὶ τῶν τεσσάρων ζῴων καὶ ἐν μέσῳ
τῶν πρεσβυτέρων ἀρνίον ἑστηκὸς ὡς ἐσφαγμένον, ἔχον κέρατα ἑπτὰ καὶ
ὀφθαλμοὺς ἑπτά, ἅ εἰσι τὰ ἑπτὰ πνεύματα τοῦ Θεοῦ ἀποστελλόμενα εἰς
πᾶσαν τὴν γῆν. 7 καὶ ἦλθε καὶ εἴληφεν ἐκ τῆς δεξιᾶς τοῦ καθημένου ἐπὶ
τοῦ θρόνου. 8 καὶ ὅτε ἔλαβε τὸ βιβλίον, τὰ τέσσαρα ζῷα καὶ οἱ εἴκοσι
τέσσαρες πρεσβύτεροι ἔπεσαν ἐνώπιον τοῦ ἀρνίου, ἔχοντες ἕκαστος κι-
θάραν καὶ φιάλας χρυσᾶς γεμούσας θυμιαμάτων, αἵ εἰσιν αἱ προσευχαὶ
τῶν ἁγίων· 9 καὶ ᾄδουσιν ᾠδὴν καινὴν λέγοντες· ἄξιος εἶ λαβεῖν τὸ βι-
βλίον καὶ ἀνοῖξαι τὰς σφραγῖδας αὐτοῦ, ὅτι ἐσφάγης καὶ ἠγόρασας τῷ
Θεῷ ἡμᾶς ἐν τῷ αἵματί σου ἐκ πάσης φυλῆς καὶ γλώσσης καὶ λαοῦ καὶ
ἔθνους, 10 καὶ ἐποίησας αὐτοὺς τῷ Θεῷ ἡμῶν βασιλεῖς καὶ ἱερεῖς, καὶ
βασιλεύσουσιν ἐπὶ τῆς γῆς. 11 καὶ εἶδον καὶ ἤκουσα ὡς φωνὴν ἀγγέλων
πολλῶν κύκλῳ τοῦ θρόνου καὶ τῶν ζῴων καὶ τῶν πρεσβυτέρων, καὶ ἦν ὁ
ἀριθμὸς αὐτῶν μυριάδες μυριάδων καὶ χιλιάδες χιλιάδων, 12 λέγοντες
φωνῇ μεγάλῃ· ἄξιόν ἐστι τὸ ἀρνίον τὸ ἐσφαγμένον λαβεῖν τὴν δύναμιν
καὶ τὸν πλοῦτον καὶ σοφίαν καὶ ἰσχὺν καὶ τιμὴν καὶ δόξαν καὶ εὐλογίαν.
13 καὶ πᾶν κτίσμα ὃ ἐν τῷ οὐρανῷ καὶ ἐπὶ τῆς γῆς καὶ ὑποκάτω τῆς
γῆς καὶ ἐπὶ τῆς θαλάσσης ἐστί, καὶ τὰ ἐν αὐτοῖς πάντα, ἤκουσα λέγον-
τας· τῷ καθημένῳ ἐπὶ τοῦ θρόνου καὶ τῷ ἀρνίῳ ἡ εὐλογία καὶ ἡ τιμὴ
καὶ ἡ δόξα καὶ τὸ κράτος εἰς τοὺς αἰῶνας τῶν αἰώνων. 14 καὶ τὰ τέσσα-
ρα ζῷα ἔλεγον, ἀμήν· καὶ οἱ πρεσβύτεροι ἔπεσαν καὶ προσεκύνησαν.

6

ΚΑΙ εἶδον ὅτε ἤνοιξε τὸ ἀρνίον μίαν ἐκ τῶν ἑπτὰ σφραγίδων· καὶ ἤ-
κουσα ἑνὸς ἐκ τῶν τεσσάρων ζῴων λέγοντος, ὡς φωνὴ βροντῆς· ἔρ-
χου. 2 καὶ εἶδον, καὶ ἰδοὺ ἵππος λευκός, καὶ ὁ καθήμενος ἐπ' αὐτὸν
ἔχων τόξον· καὶ ἐδόθη αὐτῷ στέφανος, καὶ ἐξῆλθε νικῶν καὶ ἵνα νικήσῃ.

3 Καὶ ὅτε ἤνοιξε τὴν σφραγῖδα τὴν δευτέραν, ἤκουσα τοῦ δευτέρου ζῴου
λέγοντος· ἔρχου. 4 καὶ ἐξῆλθεν ἄλλος ἵππος πυρρός, καὶ τῷ καθημένῳ
ἐπ' αὐτὸν ἐδόθη αὐτῷ λαβεῖν τὴν εἰρήνην ἐκ τῆς γῆς καὶ ἵνα ἀλλήλους
σφάξωσι, καὶ ἐδόθη αὐτῷ μάχαιρα μεγάλη.

5 Καὶ ὅτε ἤνοιξε τὴν σφραγῖδα τὴν τρίτην, ἤκουσα τοῦ τρίτου ζῴου λέ-
γοντος· ἔρχου. καὶ εἶδον, καὶ ἰδοὺ ἵππος μέλας, καὶ ὁ καθήμενος ἐπ' αὐ-
τὸν ἔχων ζυγὸν ἐν τῇ χειρὶ αὐτοῦ· 6 καὶ ἤκουσα ὡς φωνὴν ἐν μέσῳ τῶν
τεσσάρων ζῴων λέγουσαν· χοῖνιξ σίτου δηναρίου, καὶ τρεῖς χοίνικες κρι-
θῆς δηναρίου· καὶ τὸ ἔλαιον καὶ τὸν οἶνον μὴ ἀδικήσῃς.

7 Καὶ ὅτε ἤνοιξε τὴν σφραγῖδα τὴν τετάρτην, ἤκουσα φωνὴν τοῦ τετάρ-
του ζῴου λέγοντος· ἔρχου. 8 καὶ εἶδον, καὶ ἰδοὺ ἵππος χλωρός, καὶ ὁ κα-
θήμενος ἐπάνω αὐτοῦ, ὄνομα αὐτῷ ὁ θάνατος, καὶ ὁ ᾅδης ἠκολούθει μετ'
αὐτοῦ· καὶ ἐδόθη αὐτῷ ἐξουσία ἐπὶ τὸ τέταρτον τῆς γῆς, ἀποκτεῖναι ἐν
ρομφαίᾳ καὶ ἐν λιμῷ καὶ ἐν θανάτῳ καὶ ὑπὸ τῶν θηρίων τῆς γῆς.

9 Καὶ ὅτε ἤνοιξε τὴν πέμπτην σφραγῖδα, εἶδον ὑποκάτω τοῦ θυσιαστη-
ρίου τὰς ψυχὰς τῶν ἐσφαγμένων διὰ τὸν λόγον τοῦ Θεοῦ καὶ διὰ τὴν
μαρτυρίαν τοῦ ἀρνίου ἣν εἶχον· 10 καὶ ἔκραξαν φωνῇ μεγάλῃ λέγοντες·
ἕως πότε, ὁ δεσπότης ὁ ἅγιος καὶ ὁ ἀληθινός, οὐ κρίνεις καὶ ἐκδικεῖς τὸ
αἷμα ἡμῶν ἐκ τῶν κατοικούντων ἐπὶ τῆς γῆς; 11 καὶ ἐδόθη αὐτοῖς ἑκά-
στῳ στολὴ λευκή, καὶ ἐρρέθη αὐτοῖς ἵνα ἀναπαύσωνται ἔτι χρόνον μι-
κρόν, ἕως πληρώσωσι καὶ οἱ σύνδουλοι αὐτῶν καὶ οἱ ἀδελφοὶ αὐτῶν οἱ
μέλλοντες ἀποκτέννεσθαι ὡς καὶ αὐτοί.

12 Καὶ εἶδον ὅτε ἤνοιξε τὴν σφραγῖδα τὴν ἕκτην, καὶ σεισμὸς μέγας ἐ-
γένετο, καὶ ὁ ἥλιος μέλας ἐγένετο ὡς σάκκος τρίχινος, καὶ ἡ σελήνη
ὅλη ἐγένετο ὡς αἷμα, 13 καὶ οἱ ἀστέρες τοῦ οὐρανοῦ ἔπεσαν εἰς τὴν γῆν,
ὡς συκῆ βάλλουσα τοὺς ὀλύνθους αὐτῆς, ὑπὸ ἀνέμου μεγάλου σειομένη,

14 καὶ ὁ οὐρανὸς ἀπεχωρίσθη ὡς βιβλίον ἑλισσόμενον, καὶ πᾶν ὄρος καὶ
νῆσος ἐκ τῶν τόπων αὐτῶν ἐκινήθησαν· 15 καὶ οἱ βασιλεῖς τῆς γῆς καὶ

οἱ μεγιστᾶνες καὶ οἱ χιλίαρχοι καὶ οἱ πλούσιοι καὶ οἱ ἰσχυροὶ καὶ πᾶς δοῦλος καὶ ἐλεύθερος ἔκρυψαν ἑαυτοὺς εἰς τὰ σπήλαια καὶ εἰς τὰς πέτρας τῶν ὀρέων, 16 καὶ λέγουσι τοῖς ὄρεσι καὶ ταῖς πέτραις· πέσατε ἐφ' ἡμᾶς καὶ κρύψατε ἡμᾶς ἀπὸ προσώπου τοῦ καθημένου ἐπὶ τοῦ θρόνου καὶ ἀπὸ τῆς ὀργῆς τοῦ ἀρνίου, 17 ὅτι ἦλθεν ἡ ἡμέρα ἡ μεγάλη τῆς ὀργῆς αὐτοῦ, καὶ τίς δύναται σταθῆναι;

7

ΚΑΙ μετὰ τοῦτο εἶδον τέσσαρας ἀγγέλους ἑστῶτας ἐπὶ τὰς τέσσαρας γωνίας τῆς γῆς, κρατοῦντας τοὺς τέσσαρας ἀνέμους τῆς γῆς, ἵνα μὴ πνέῃ ἄνεμος ἐπὶ τῆς γῆς μήτε ἐπὶ τῆς θαλάσσης μήτε ἐπὶ πᾶν δένδρον. 2 καὶ εἶδον ἄλλον ἄγγελον ἀναβαίνοντα ἀπὸ ἀνατολῆς ἡλίου, ἔχοντα σφραγῖδα Θεοῦ ζῶντος, καὶ ἔκραξε φωνῇ μεγάλῃ τοῖς τέσσαρσιν ἀγγέλοις, οἷς ἐδόθη αὐτοῖς ἀδικῆσαι τὴν γῆν καὶ τὴν θάλασσαν, 3 λέγων· μὴ ἀδικήσητε τὴν γῆν μήτε τὴν θάλασσαν μήτε τὰ δένδρα, ἄχρις οὗ σφραγίσωμεν τοὺς δούλους τοῦ Θεοῦ ἡμῶν ἐπὶ τῶν μετώπων αὐτῶν. 4 Καὶ ἤκουσα τὸν ἀριθμὸν τῶν ἐσφραγισμένων· ἑκατὸν τεσσαράκοντα τέσσαρες χιλιάδες ἐσφραγισμένοι ἐκ πάσης φυλῆς υἱῶν Ἰσραήλ· 5 ἐκ φυλῆς Ἰούδα δώδεκα χιλιάδες ἐσφραγισμένοι, ἐκ φυλῆς Ρουβὴν δώδεκα χιλιάδες, ἐκ φυλῆς Γὰδ δώδεκα χιλιάδες, 6 ἐκ φυλῆς Ἀσὴρ δώδεκα χιλιάδες, ἐκ φυλῆς Νεφθαλεὶμ δώδεκα χιλιάδες, ἐκ φυλῆς Μανασσῆ δώδεκα χιλιάδες, 7 ἐκ φυλῆς Συμεὼν δώδεκα χιλιάδες, ἐκ φυλῆς Λευῒ δώδεκα χιλιάδες, ἐκ φυλῆς Ἰσσάχαρ δώδεκα χιλιάδες, 8 ἐκ φυλῆς Ζαβουλὼν δώδεκα χιλιάδες, ἐκ φυλῆς Ἰωσὴφ δώδεκα χιλιάδες, ἐκ φυλῆς Βενιαμὶν δώδεκα χιλιάδες ἐσφραγισμένοι.

9 Μετὰ ταῦτα εἶδον, καὶ ἰδοὺ ὄχλος πολύς, ὃν ἀριθμῆσαι αὐτὸν οὐδεὶς ἐδύνατο, ἐκ παντὸς ἔθνους καὶ φυλῶν καὶ λαῶν καὶ γλωσσῶν, ἑστῶτας ἐνώπιον τοῦ θρόνου καὶ ἐνώπιον τοῦ ἀρνίου, περιβεβλημένους στολὰς λευκάς, καὶ φοίνικες ἐν ταῖς χερσὶν αὐτῶν· 10 καὶ κράζουσι φωνῇ μεγάλῃ λέγοντες· ἡ σωτηρία τῷ Θεῷ ἡμῶν τῷ καθημένῳ ἐπὶ τοῦ θρόνου καὶ τῷ ἀρνίῳ. 11 καὶ πάντες οἱ ἄγγελοι εἱστήκεισαν κύκλῳ τοῦ θρόνου καὶ τῶν πρεσβυτέρων καὶ τῶν τεσσάρων ζῴων, καὶ ἔπεσαν ἐνώπιον τοῦ θρόνου ἐπὶ τὰ πρόσωπα αὐτῶν καὶ προσεκύνησαν τῷ Θεῷ 12 λέγοντες· ἀ-

μήν· ἡ εὐλογία καὶ ἡ δόξα καὶ ἡ σοφία καὶ ἡ εὐχαριστία καὶ ἡ τιμὴ καὶ
ἡ δύναμις καὶ ἡ ἰσχὺς τῷ Θεῷ ἡμῶν εἰς τοὺς αἰῶνας τῶν αἰώνων· ἀ-
μήν.

13 Καὶ ἀπεκρίθη εἷς ἐκ τῶν πρεσβυτέρων λέγων μοι· οὗτοι οἱ περιβε-
βλημένοι τὰς στολὰς τὰς λευκὰς τίνες εἰσὶ καὶ πόθεν ἦλθον; 14 καὶ εἴ-
ρηκα αὐτῷ· κύριέ μου, σὺ οἶδας. καὶ εἶπέ μοι· οὗτοί εἰσιν οἱ ἐρχόμενοι ἐκ
τῆς θλίψεως τῆς μεγάλης, καὶ ἔπλυναν τὰς στολὰς αὐτῶν καὶ ἐλεύκα-
ναν αὐτὰς ἐν τῷ αἵματι τοῦ ἀρνίου. 15 διὰ τοῦτό εἰσιν ἐνώπιον τοῦ θρό-
νου τοῦ Θεοῦ καὶ λατρεύουσιν αὐτῷ ἡμέρας καὶ νυκτὸς ἐν τῷ ναῷ αὐ-
τοῦ. καὶ ὁ καθήμενος ἐπὶ τοῦ θρόνου σκηνώσει ἐπ' αὐτούς. 16 οὐ πεινά-
σουσιν ἔτι οὐδὲ διψήσουσιν ἔτι, οὐδ' οὐ μὴ πέσῃ ἐπ' αὐτοὺς ὁ ἥλιος οὐδὲ
πᾶν καῦμα, 17 ὅτι τὸ ἀρνίον τὸ ἀνὰ μέσον τοῦ θρόνου ποιμανεῖ αὐτούς,
καὶ ὁδηγήσει αὐτοὺς ἐπὶ ζωῆς πηγὰς ὑδάτων, καὶ ἐξαλείψει ὁ Θεὸς πᾶν
δάκρυον ἐκ τῶν ὀφθαλμῶν αὐτῶν.

8

ΚΑΙ ὅτε ἤνοιξε τὴν σφραγῖδα τὴν ἑβδόμην, ἐγένετο σιγὴ ἐν τῷ οὐρα-
νῷ ὡς ἡμιώριον.

2 Καὶ εἶδον τοὺς ἑπτὰ ἀγγέλους οἳ ἐνώπιον τοῦ Θεοῦ ἑστήκασι, καὶ
ἐδόθησαν αὐτοῖς ἑπτὰ σάλπιγγες. 3 καὶ ἄλλος ἄγγελος ἦλθε καὶ ἐστάθη
ἐπὶ τοῦ θυσιαστηρίου ἔχων λιβανωτὸν χρυσοῦν, καὶ ἐδόθη αὐτῷ θυμιά-
ματα πολλά, ἵνα δώσῃ ταῖς προσευχαῖς τῶν ἁγίων πάντων ἐπὶ τὸ θυσια-
στήριον τὸ χρυσοῦν τὸ ἐνώπιον τοῦ θρόνου. 4 καὶ ἀνέβη ὁ καπνὸς τῶν
θυμιαμάτων ταῖς προσευχαῖς τῶν ἁγίων ἐκ χειρὸς τοῦ ἀγγέλου ἐνώπιον
τοῦ Θεοῦ. 5 καὶ εἴληφεν ὁ ἄγγελος τὸν λιβανωτὸν καὶ ἐγέμισεν αὐτὸν
ἐκ τοῦ πυρὸς τοῦ θυσιαστηρίου καὶ ἔβαλεν εἰς τὴν γῆν. καὶ ἐγένοντο
βρονταὶ καὶ φωναὶ καὶ ἀστραπαὶ καὶ σεισμός.

6 Καὶ οἱ ἑπτὰ ἄγγελοι οἱ ἔχοντες τὰς ἑπτὰ σάλπιγγας ἡτοίμασαν ἑαυ-
τοὺς ἵνα σαλπίσωσι.

7 Καὶ ὁ πρῶτος ἐσάλπισε, καὶ ἐγένετο χάλαζα καὶ πῦρ μεμιγμένα ἐν
αἵματι, καὶ ἐβλήθη εἰς τὴν γῆν· καὶ τὸ τρίτον τῆς γῆς κατεκάη, καὶ τὸ
τρίτον τῶν δένδρων κατεκάη, καὶ πᾶς χόρτος χλωρὸς κατεκάη.

8 Καὶ ὁ δεύτερος ἄγγελος ἐσάλπισε, καὶ ὡς ὄρος μέγα πυρὶ καιόμενον
ἐβλήθη εἰς τὴν θάλασσαν, καὶ ἐγένετο τὸ τρίτον τῆς θαλάσσης αἷμα, 9
καὶ ἀπέθανε τὸ τρίτον τῶν κτισμάτων τῶν ἐν τῇ θαλάσσῃ, τὰ ἔχοντα
ψυχάς, καὶ τὸ τρίτον τῶν πλοίων διεφθάρη.

10 Καὶ ὁ τρίτος ἄγγελος ἐσάλπισε, καὶ ἔπεσεν ἐκ τοῦ οὐρανοῦ ἀστὴρ
μέγας καιόμενος ὡς λαμπάς, καὶ ἔπεσεν ἐπὶ τὸ τρίτον τῶν ποταμῶν καὶ
ἐπὶ τὰς πηγὰς τῶν ὑδάτων. 11 καὶ τὸ ὄνομα τοῦ ἀστέρος λέγεται ὁ Ἄ-
ψινθος. καὶ ἐγένετο τὸ τρίτον τῶν ὑδάτων εἰς ἄψινθον, καὶ πολλοὶ τῶν
ἀνθρώπων ἀπέθανον ἐκ τῶν ὑδάτων, ὅτι ἐπικράνθησαν.

12 Καὶ ὁ τέταρτος ἄγγελος ἐσάλπισε, καὶ ἐπλήγη τὸ τρίτον τοῦ ἡλίου
καὶ τὸ τρίτον τῆς σελήνης καὶ τὸ τρίτον τῶν ἀστέρων, ἵνα σκοτισθῇ τὸ
τρίτον αὐτῶν, καὶ τὸ τρίτον αὐτῆς μὴ φανῇ ἡ ἡμέρα, καὶ ἡ νὺξ ὁμοίως.

13 Καὶ εἶδον καὶ ἤκουσα ἑνὸς ἀετοῦ πετομένου ἐν μεσουρανήματι, λέ-
γοντος φωνῇ μεγάλῃ· οὐαί, οὐαί, οὐαὶ τοὺς κατοικοῦντας ἐπὶ τῆς γῆς ἐκ
τῶν λοιπῶν φωνῶν τῆς σάλπιγγος τῶν τριῶν ἀγγέλων τῶν μελλόντων
σαλπίζειν.

9

ΚΑΙ ὁ πέμπτος ἄγγελος ἐσάλπισε· καὶ εἶδον ἀστέρα ἐκ τοῦ οὐρανοῦ
πεπτωκότα εἰς τὴν γῆν, καὶ ἐδόθη αὐτῷ ἡ κλεὶς τοῦ φρέατος τῆς ἀ-
βύσσου, 2 καὶ ἤνοιξε τὸ φρέαρ τῆς ἀβύσσου, καὶ ἀνέβη καπνὸς ἐκ
τοῦ φρέατος ὡς καπνὸς καμίνου καιομένης, καὶ ἐσκοτίσθη ὁ ἥλιος καὶ ὁ
ἀὴρ ἐκ τοῦ καπνοῦ τοῦ φρέατος. 3 καὶ ἐκ τοῦ καπνοῦ ἐξῆλθον ἀκρίδες
εἰς τὴν γῆν, καὶ ἐδόθη αὐταῖς ἐξουσία ὡς ἔχουσιν ἐξουσίαν οἱ σκορπίοι
τῆς γῆς· 4 καὶ ἐρρέθη αὐταῖς ἵνα μὴ ἀδικήσωσι τὸν χόρτον τῆς γῆς οὐδὲ
πᾶν χλωρὸν οὐδὲ πᾶν δένδρον, εἰ μὴ τοὺς ἀνθρώπους οἵτινες οὐκ ἔχουσι
τὴν σφραγῖδα τοῦ Θεοῦ ἐπὶ τῶν μετώπων αὐτῶν. 5 καὶ ἐδόθη αὐταῖς ἵνα
μὴ ἀποκτείνωσιν αὐτούς, ἀλλ᾽ ἵνα βασανισθῶσι μῆνας πέντε· καὶ ὁ βα-
σανισμὸς αὐτῶν ὡς βασανισμὸς σκορπίου, ὅταν παίσῃ ἄνθρωπον. 6 καὶ
ἐν ταῖς ἡμέραις ἐκείναις ζητήσουσιν οἱ ἄνθρωποι τὸν θάνατον καὶ οὐ μὴ
εὑρήσουσιν αὐτόν, καὶ ἐπιθυμήσουσιν ἀποθανεῖν, καὶ φεύξεται ἀπ᾽ αὐ-
τῶν ὁ θάνατος. 7 καὶ τὰ ὁμοιώματα τῶν ἀκρίδων ὅμοια ἵπποις ἡτοιμα-
σμένοις εἰς πόλεμον, καὶ ἐπὶ τὰς κεφαλὰς αὐτῶν ὡς στέφανοι ὅμοιοι

χρυσίῳ, καὶ τὰ πρόσωπα αὐτῶν ὡς πρόσωπα ἀνθρώπων, 8 καὶ εἶχον
τρίχας ὡς τρίχας γυναικῶν, καὶ οἱ ὀδόντες αὐτῶν ὡς λεόντων ἦσαν, 9
καὶ εἶχον θώρακας ὡς θώρακας σιδηροῦς, καὶ ἡ φωνὴ τῶν πτερύγων αὐ-
τῶν ὡς φωνὴ ἁρμάτων ἵππων πολλῶν τρεχόντων εἰς πόλεμον. 10 καὶ
ἔχουσιν οὐρὰς ὁμοίας σκορπίοις καὶ κέντρα, καὶ ἐν ταῖς οὐραῖς αὐτῶν ἐ-
ξουσίαν ἔχουσι τοῦ ἀδικῆσαι τοὺς ἀνθρώπους μῆνας πέντε. 11 ἔχουσι
βασιλέα ἐπ' αὐτῶν τὸν ἄγγελον τῆς ἀβύσσου· ὄνομα αὐτῷ Ἑβραϊστὶ Ἀ-
βαδδών, ἐν δὲ τῇ Ἑλληνικῇ ὄνομα ἔχει Ἀπολλύων. 12 Ἡ οὐαὶ ἡ μία ἀ-
πῆλθεν· ἰδοὺ ἔρχονται ἔτι δύο οὐαὶ μετὰ ταῦτα.

13 Καὶ ὁ ἕκτος ἄγγελος ἐσάλπισε· καὶ ἤκουσα φωνὴν μίαν ἐκ τῶν τεσ-
σάρων κεράτων τοῦ θυσιαστηρίου τοῦ χρυσοῦ τοῦ ἐνώπιον τοῦ Θεοῦ, 14
λέγοντος τῷ ἕκτῳ ἀγγέλῳ· ὁ ἔχων τὴν σάλπιγγα, λῦσον τοὺς τέσσαρας
ἀγγέλους τοὺς δεδεμένους ἐπὶ τῷ ποταμῷ τῷ μεγάλῳ Εὐφράτῃ. 15 καὶ
ἐλύθησαν οἱ τέσσαρες ἄγγελοι οἱ ἡτοιμασμένοι εἰς τὴν ὥραν καὶ εἰς τὴν
ἡμέραν καὶ μῆνα καὶ ἐνιαυτόν, ἵνα ἀποκτείνωσι τὸ τρίτον τῶν ἀνθρώ-
πων. 16 καὶ ὁ ἀριθμὸς τῶν στρατευμάτων τοῦ ἵππου δύο μυριάδες μυρι-
άδων· ἤκουσα τὸν ἀριθμὸν αὐτῶν. 17 καὶ οὕτως εἶδον τοὺς ἵππους ἐν τῇ
ὁράσει καὶ τοὺς καθημένους ἐπ' αὐτῶν, ἔχοντας θώρακας πυρίνους καὶ
ὑακινθίνους καὶ θειώδεις· καὶ αἱ κεφαλαὶ τῶν ἵππων ὡς κεφαλαὶ λεόν-
των, καὶ ἐκ τῶν στομάτων αὐτῶν ἐκπορεύεται πῦρ καὶ καπνὸς καὶ θεῖον.
18 ἀπὸ τῶν τριῶν πληγῶν τούτων ἀπεκτάνθησαν τὸ τρίτον τῶν ἀνθρώ-
πων, ἐκ τοῦ πυρὸς καὶ τοῦ καπνοῦ καὶ τοῦ θείου τοῦ ἐκπορευομένου ἐκ
τῶν στομάτων αὐτῶν. 19 ἡ γὰρ ἐξουσία τῶν ἵππων ἐν τῷ στόματι αὐ-
τῶν ἐστι καὶ ἐν ταῖς οὐραῖς αὐτῶν· αἱ γὰρ οὐραὶ αὐτῶν ὅμοιαι ὄφεσιν, ἔ-
χουσαι κεφαλάς, καὶ ἐν αὐταῖς ἀδικοῦσι. 20 καὶ οἱ λοιποὶ τῶν ἀνθρώ-
πων, οἳ οὐκ ἀπεκτάνθησαν ἐν ταῖς πληγαῖς ταύταις, οὐ μετενόησαν ἐκ
τῶν ἔργων τῶν χειρῶν αὐτῶν, ἵνα μὴ προσκυνήσωσι τὰ δαιμόνια καὶ τὰ
εἴδωλα τὰ χρυσᾶ καὶ τὰ ἀργυρᾶ καὶ τὰ χαλκᾶ καὶ τὰ λίθινα καὶ τὰ ξύλι-
να, ἃ οὔτε βλέπειν δύναται οὔτε ἀκούειν οὔτε περιπατεῖν, 21 καὶ οὐ με-
τενόησαν ἐκ τῶν φόνων αὐτῶν οὔτε ἐκ τῶν φαρμακειῶν αὐτῶν οὔτε ἐκ
τῆς πορνείας αὐτῶν οὔτε ἐκ τῶν κλεμμάτων αὐτῶν.

ΑΠΟΚΑΛΥΨΙΣ ΙΩΑΝΝΟΥ

10

ΚΑΙ εἶδον ἄλλον ἄγγελον ἰσχυρὸν καταβαίνοντα ἐκ τοῦ οὐρανοῦ, πε-
ριβεβλημένον νεφέλην, καὶ ἡ ἶρις ἐπὶ τῆς κεφαλῆς αὐτοῦ, καὶ τὸ
πρόσωπον αὐτοῦ ὡς ὁ ἥλιος, καὶ οἱ πόδες αὐτοῦ ὡς στῦλοι πυρός, 2
καὶ ἔχων ἐν τῇ χειρὶ αὐτοῦ βιβλίον ἀνεῳγμένον. καὶ ἔθηκε τὸν πόδα αὐ-
τοῦ τὸν δεξιὸν ἐπὶ τῆς θαλάσσης, τὸν δὲ εὐώνυμον ἐπὶ τῆς γῆς, 3 καὶ ἔ-
κραξε φωνῇ μεγάλῃ ὥσπερ λέων μυκᾶται. καὶ ὅτε ἔκραξεν, ἐλάλησαν
αἱ ἑπτὰ βρονταὶ τὰς ἑαυτῶν φωνάς.

4 Καὶ ὅτε ἐλάλησαν αἱ ἑπτὰ βρονταί, ἔμελλον γράφειν· καὶ ἤκουσα φω-
νὴν ἐκ τοῦ οὐρανοῦ λέγουσαν· σφράγισον ἃ ἐλάλησαν αἱ ἑπτὰ βρονταί,
καὶ μὴ αὐτὰ γράψῃς.

5 Καὶ ὁ ἄγγελος, ὃν εἶδον ἑστῶτα ἐπὶ τῆς θαλάσσης καὶ ἐπὶ τῆς γῆς,
ἦρε τὴν χεῖρα αὐτοῦ τὴν δεξιὰν εἰς τὸν οὐρανὸν 6 καὶ ὤμοσεν ἐν τῷ
ζῶντι εἰς τοὺς αἰῶνας τῶν αἰώνων, ὃς ἔκτισε τὸν οὐρανὸν καὶ τὰ ἐν αὐ-
τῷ καὶ τὴν γῆν καὶ τὰ ἐν αὐτῇ καὶ τὴν θάλασσαν καὶ τὰ ἐν αὐτῇ, ὅτι
χρόνος οὐκέτι ἔσται, 7 ἀλλ᾽ ἐν ταῖς ἡμέραις τῆς φωνῆς τοῦ ἑβδόμου ἀγ-
γέλου, ὅταν μέλλῃ σαλπίζειν, καὶ ἐτελέσθη τὸ μυστήριον τοῦ Θεοῦ, ὡς
εὐηγγέλισε τοὺς δούλους αὐτοῦ τοὺς προφήτας.

8 Καὶ ἡ φωνὴ ἣν ἤκουσα ἐκ τοῦ οὐρανοῦ, πάλιν λαλοῦσα μετ᾽ ἐμοῦ καὶ
λέγουσα· ὕπαγε λάβε τὸ βιβλιδάριον τὸ ἀνεῳγμένον ἐν τῇ χειρὶ τοῦ ἀγ-
γέλου τοῦ ἑστῶτος ἐπὶ τῆς θαλάσσης καὶ ἐπὶ τῆς γῆς. 9 καὶ ἀπῆλθα
πρὸς τὸν ἄγγελον, λέγων αὐτῷ δοῦναί μοι τὸ βιβλιδάριον. καὶ λέγει μοι·
λάβε καὶ κατάφαγε αὐτό, καὶ πικρανεῖ σου τὴν κοιλίαν, ἀλλ᾽ ἐν τῷ στό-
ματί σου ἔσται γλυκὺ ὡς μέλι. 10 καὶ ἔλαβον τὸ βιβλίον ἐκ τῆς χειρὸς
τοῦ ἀγγέλου καὶ κατέφαγον αὐτό, καὶ ἦν ἐν τῷ στόματί μου ὡς μέλι
γλυκύ· καὶ ὅτε ἔφαγον αὐτό, ἐπικράνθη ἡ κοιλία μου. 11 καὶ λέγουσί
μοι· δεῖ σε πάλιν προφητεῦσαι ἐπὶ λαοῖς καὶ ἔθνεσι καὶ γλώσσαις καὶ
βασιλεῦσι πολλοῖς.

11

ΚΑΙ ἐδόθη μοι κάλαμος ὅμοιος ῥάβδῳ, λέγων· ἔγειρε καὶ μέτρησον
τὸν ναὸν τοῦ Θεοῦ καὶ τὸ θυσιαστήριον καὶ τοὺς προσκυνοῦντας ἐν
αὐτῷ· 2 καὶ τὴν αὐλὴν τὴν ἔξωθεν τοῦ ναοῦ ἔκβαλε ἔξω καὶ μὴ αὐ-
τὴν μετρήσῃς, ὅτι ἐδόθη τοῖς ἔθνεσι, καὶ τὴν πόλιν τὴν ἁγίαν πατήσουσι
μῆνας τεσσαράκοντα δύο. 3 καὶ δώσω τοῖς δυσὶ μάρτυσί μου, καὶ προ-
φητεύσουσιν ἡμέρας χιλίας διακοσίας ἑξήκοντα, περιβεβλημένοι σάκ-
κους. 4 οὗτοί εἰσιν αἱ δύο ἐλαῖαι καὶ αἱ δύο λυχνίαι αἱ ἐνώπιον τοῦ Κυρί-
ου τῆς γῆς ἑστῶσαι. 5 καὶ εἴ τις αὐτοὺς θέλει ἀδικῆσαι, πῦρ ἐκπορεύε-
ται ἐκ τοῦ στόματος αὐτῶν καὶ κατεσθίει τοὺς ἐχθροὺς αὐτῶν· καὶ εἴ τις
θέλει αὐτοὺς ἀδικῆσαι, οὕτω δεῖ αὐτὸν ἀποκτανθῆναι.

6 Οὗτοι ἔχουσιν ἐξουσίαν τὸν οὐρανὸν κλεῖσαι, ἵνα μὴ ὑετὸς βρέχῃ τὰς
ἡμέρας τῆς προφητείας αὐτῶν, καὶ ἐξουσίαν ἔχουσιν ἐπὶ τῶν ὑδάτων
στρέφειν αὐτὰ εἰς αἷμα καὶ πατάξαι τὴν γῆν ἐν πάσῃ πληγῇ, ὁσάκις ἐὰν
θελήσωσι. 7 καὶ ὅταν τελέσωσι τὴν μαρτυρίαν αὐτῶν, τὸ θηρίον τὸ ἀνα-
βαῖνον ἐκ τῆς ἀβύσσου ποιήσει μετ' αὐτῶν πόλεμον καὶ νικήσει αὐτοὺς
καὶ ἀποκτενεῖ αὐτούς. 8 καὶ τὸ πτῶμα αὐτῶν ἐπὶ τῆς πλατείας τῆς πό-
λεως τῆς μεγάλης, ἥτις καλεῖται πνευματικῶς Σόδομα καὶ Αἴγυπτος,
ὅπου καὶ ὁ Κύριος αὐτῶν ἐσταυρώθη. 9 καὶ βλέπουσιν ἐκ τῶν λαῶν καὶ
φυλῶν καὶ γλωσσῶν καὶ ἐθνῶν τὸ πτῶμα αὐτῶν ἡμέρας τρεῖς καὶ ἥμι-
συ, καὶ τὰ πτώματα αὐτῶν οὐκ ἀφήσουσι τεθῆναι εἰς μνῆμα. 10 καὶ οἱ
κατοικοῦντες ἐπὶ τῆς γῆς χαίρουσιν ἐπ' αὐτοῖς, καὶ εὐφρανθήσονται καὶ
δῶρα πέμψουσιν ἀλλήλοις, ὅτι οὗτοι οἱ δύο προφῆται ἐβασάνισαν τοὺς
κατοικοῦντας ἐπὶ τῆς γῆς.

11 Καὶ μετὰ τὰς τρεῖς ἡμέρας καὶ ἥμισυ, πνεῦμα ζωῆς ἐκ τοῦ Θεοῦ εἰ-
σῆλθεν εἰς αὐτούς, καὶ ἔστησαν ἐπὶ τοὺς πόδας αὐτῶν, καὶ φόβος μέγας
ἐπέπεσεν ἐπὶ τοὺς θεωροῦντας αὐτούς. 12 καὶ ἤκουσα φωνὴν μεγάλην
ἐκ τοῦ οὐρανοῦ λέγουσαν αὐτοῖς· ἀνάβητε ὧδε. καὶ ἀνέβησαν εἰς τὸν οὐ-
ρανὸν ἐν τῇ νεφέλῃ, καὶ ἐθεώρησαν αὐτοὺς οἱ ἐχθροὶ αὐτῶν. 13 καὶ ἐν ἐ-
κείνῃ τῇ ἡμέρᾳ ἐγένετο σεισμὸς μέγας, καὶ τὸ δέκατον τῆς πόλεως ἔπε-
σε, καὶ ἀπεκτάνθησαν ἐν τῷ σεισμῷ ὀνόματα ἀνθρώπων χιλιάδες ἑπτά,
καὶ οἱ λοιποὶ ἔμφοβοι ἐγένοντο καὶ ἔδωκαν δόξαν τῷ Θεῷ τοῦ οὐρανοῦ.

14 Ἡ οὐαὶ ἡ δευτέρα ἀπῆλθεν· ἡ οὐαὶ ἡ τρίτη ἰδοὺ ἔρχεται ταχύ.

15 Καὶ ὁ ἕβδομος ἄγγελος ἐσάλπισε· καὶ ἐγένοντο φωναὶ μεγάλαι ἐν τῷ
οὐρανῷ λέγουσαι· ἐγένετο ἡ βασιλεία τοῦ κόσμου τοῦ Κυρίου ἡμῶν καὶ
τοῦ Χριστοῦ αὐτοῦ, καὶ βασιλεύσει εἰς τοὺς αἰῶνας τῶν αἰώνων. 16 καὶ
οἱ εἴκοσι τέσσαρες πρεσβύτεροι οἱ ἐνώπιον τοῦ θρόνου τοῦ Θεοῦ, οἳ κά-
θηνται ἐπὶ τοὺς θρόνους αὐτῶν, ἔπεσαν ἐπὶ τὰ πρόσωπα αὐτῶν καὶ προ-
σεκύνησαν τῷ Θεῷ 17 λέγοντες· εὐχαριστοῦμέν σοι, Κύριε ὁ Θεὸς ὁ
παντοκράτωρ, ὁ ὢν καὶ ὁ ἦν καὶ ὁ ἐρχόμενος, ὅτι εἴληφας τὴν δύναμίν
σου τὴν μεγάλην καὶ ἐβασίλευσας, 18 καὶ τὰ ἔθνη ὠργίσθησαν, καὶ ἦλ-
θεν ἡ ὀργή σου καὶ ὁ καιρὸς τῶν ἐθνῶν κριθῆναι καὶ δοῦναι τὸν μισθὸν
τοῖς δούλοις σου τοῖς προφήταις καὶ τοῖς ἁγίοις τοῖς φοβουμένοις τὸ ὄνο-
μά σου, τοῖς μικροῖς καὶ τοῖς μεγάλοις, καὶ διαφθεῖραι τοὺς διαφθείρον-
τας τὴν γῆν.

19 Καὶ ἠνοίγη ὁ ναὸς τοῦ Θεοῦ ὁ ἐν τῷ οὐρανῷ, καὶ ὤφθη ἡ κιβωτὸς
τῆς διαθήκης Κυρίου ἐν τῷ ναῷ αὐτοῦ, καὶ ἐγένοντο ἀστραπαὶ καὶ φω-
ναὶ καὶ βρονταὶ καὶ σεισμὸς καὶ χάλαζα μεγάλη.

12

ΚΑΙ σημεῖον μέγα ὤφθη ἐν τῷ οὐρανῷ, γυνὴ περιβεβλημένη τὸν ἥ-
λιον, καὶ ἡ σελήνη ὑποκάτω τῶν ποδῶν αὐτῆς, καὶ ἐπὶ τῆς κεφαλῆς
αὐτῆς στέφανος ἀστέρων δώδεκα, 2 καὶ ἐν γαστρὶ ἔχουσα ἔκραζεν
ὠδίνουσα καὶ βασανιζομένη τεκεῖν. 3 καὶ ὤφθη ἄλλο σημεῖον ἐν τῷ οὐ-
ρανῷ, καὶ ἰδοὺ δράκων πυρρὸς μέγας, ἔχων κεφαλὰς ἑπτὰ καὶ κέρατα
δέκα, καὶ ἐπὶ τὰς κεφαλὰς αὐτοῦ ἑπτὰ διαδήματα, 4 καὶ ἡ οὐρὰ αὐτοῦ
σύρει τὸ τρίτον τῶν ἀστέρων τοῦ οὐρανοῦ, καὶ ἔβαλεν αὐτοὺς εἰς τὴν
γῆν. καὶ ὁ δράκων ἕστηκεν ἐνώπιον τῆς γυναικὸς τῆς μελλούσης τεκεῖν,
ἵνα, ὅταν τέκῃ, τὸ τέκνον αὐτῆς καταφάγῃ. 5 καὶ ἔτεκεν υἱὸν ἄρρενα, ὃς
μέλλει ποιμαίνειν πάντα τὰ ἔθνη ἐν ῥάβδῳ σιδηρᾷ· καὶ ἡρπάσθη τὸ τέ-
κνον αὐτῆς πρὸς τὸν Θεὸν καὶ πρὸς τὸν θρόνον αὐτοῦ. 6 καὶ ἡ γυνὴ ἔφυ-
γεν εἰς τὴν ἔρημον, ὅπου ἔχει ἐκεῖ τόπον ἡτοιμασμένον ἀπὸ τοῦ Θεοῦ,
ἵνα ἐκεῖ τρέφωσιν αὐτὴν ἡμέρας χιλίας διακοσίας ἑξήκοντα.

7 Καὶ ἐγένετο πόλεμος ἐν τῷ οὐρανῷ· ὁ Μιχαὴλ καὶ οἱ ἄγγελοι αὐτοῦ
τοῦ πολεμῆσαι μετὰ τοῦ δράκοντος· καὶ ὁ δράκων ἐπολέμησε καὶ οἱ
ἄγγελοι αὐτοῦ, 8 καὶ οὐκ ἴσχυσεν, οὐδὲ τόπος εὑρέθη αὐτῷ ἔτι ἐν τῷ οὐ-

ρανῷ. 9 καὶ ἐβλήθη ὁ δράκων, ὁ ὄφις ὁ μέγας ὁ ἀρχαῖος, ὁ καλούμενος
Διάβολος καὶ ὁ Σατανᾶς, ὁ πλανῶν τὴν οἰκουμένην ὅλην, ἐβλήθη εἰς
τὴν γῆν, καὶ οἱ ἄγγελοι αὐτοῦ μετ' αὐτοῦ ἐβλήθησαν. 10 καὶ ἤκουσα
φωνὴν μεγάλην ἐν τῷ οὐρανῷ λέγουσαν· ἄρτι ἐγένετο ἡ σωτηρία καὶ ἡ
δύναμις καὶ ἡ βασιλεία τοῦ Θεοῦ ἡμῶν καὶ ἡ ἐξουσία τοῦ Χριστοῦ αὐ-
τοῦ, ὅτι ἐβλήθη ὁ κατήγορος τῶν ἀδελφῶν ἡμῶν, ὁ κατηγορῶν αὐτῶν
ἐνώπιον τοῦ Θεοῦ ἡμῶν ἡμέρας καὶ νυκτός. 11 καὶ αὐτοὶ ἐνίκησαν αὐ-
τὸν διὰ τὸ αἷμα τοῦ ἀρνίου καὶ διὰ τὸν λόγον τῆς μαρτυρίας αὐτῶν, καὶ
οὐκ ἠγάπησαν τὴν ψυχὴν αὐτῶν ἄχρι θανάτου. 12 διὰ τοῦτο εὐφραίνε-
σθε οὐρανοὶ καὶ οἱ ἐν αὐτοῖς σκηνοῦντες· οὐαὶ τὴν γῆν καὶ τὴν θάλασ-
σαν, ὅτι κατέβη ὁ διάβολος πρὸς ὑμᾶς ἔχων θυμὸν μέγαν, εἰδὼς ὅτι ὀλί-
γον καιρὸν ἔχει.

13 Καὶ ὅτε εἶδεν ὁ δράκων ὅτι ἐβλήθη εἰς τὴν γῆν, ἐδίωξε τὴν γυναῖκα
ἥτις ἔτεκε τὸν ἄρρενα. 14 καὶ ἐδόθησαν τῇ γυναικὶ δύο πτέρυγες τοῦ ἀ-
ετοῦ τοῦ μεγάλου, ἵνα πέτηται εἰς τὴν ἔρημον εἰς τὸν τόπον αὐτῆς, ὅ-
πως τρέφηται ἐκεῖ καιρὸν καὶ καιροὺς καὶ ἥμισυ καιροῦ ἀπὸ προσώπου
τοῦ ὄφεως. 15 καὶ ἔβαλεν ὁ ὄφις ἐκ τοῦ στόματος αὐτοῦ ὀπίσω τῆς γυ-
ναικὸς ὕδωρ ὡς ποταμόν, ἵνα αὐτὴν ποταμοφόρητον ποιήσῃ. 16 καὶ ἐ-
βοήθησεν ἡ γῆ τῇ γυναικί, καὶ ἤνοιξεν ἡ γῆ τὸ στόμα αὐτῆς καὶ κατέ-
πιε τὸν ποταμὸν ὃν ἔβαλεν ὁ δράκων ἐκ τοῦ στόματος αὐτοῦ. 17 καὶ ὠρ-
γίσθη ὁ δράκων ἐπὶ τῇ γυναικί, καὶ ἀπῆλθε ποιῆσαι πόλεμον μετὰ τῶν
λοιπῶν τοῦ σπέρματος αὐτῆς, τῶν τηρούντων τὰς ἐντολὰς τοῦ Θεοῦ καὶ
ἐχόντων τὴν μαρτυρίαν Ἰησοῦ.

13

ΚΑΙ ἐστάθην ἐπὶ τὴν ἄμμον τῆς θαλάσσης· καὶ εἶδον ἐκ τῆς θαλάσ-
σης θηρίον ἀναβαῖνον, ἔχον κέρατα δέκα καὶ κεφαλὰς ἑπτά, καὶ ἐπὶ
τῶν κεράτων αὐτοῦ δέκα διαδήματα, καὶ ἐπὶ τὰς κεφαλὰς αὐτοῦ ὀ-
νόματα βλασφημίας. 2 καὶ τὸ θηρίον ὃ εἶδον ἦν ὅμοιον παρδάλει, καὶ οἱ
πόδες αὐτοῦ ὡς ἄρκου, καὶ τὸ στόμα αὐτοῦ ὡς στόμα λέοντος. καὶ ἔδω-
κεν αὐτῷ ὁ δράκων τὴν δύναμιν αὐτοῦ καὶ τὸν θρόνον αὐτοῦ καὶ ἐξουσί-
αν μεγάλην· 3 καὶ μίαν ἐκ τῶν κεφαλῶν αὐτοῦ ὡς ἐσφαγμένην εἰς θά-
νατον. καὶ ἡ πληγὴ τοῦ θανάτου αὐτοῦ ἐθεραπεύθη, καὶ ἐθαύμασεν ὅλη

ἡ γῆ ὀπίσω τοῦ θηρίου. 4 καὶ προσεκύνησαν τῷ δράκοντι τῷ δεδωκότι
τὴν ἐξουσίαν τῷ θηρίῳ, καὶ προσεκύνησαν τῷ θηρίῳ λέγοντες· τίς ὅμοι-
ος τῷ θηρίῳ; τίς δύναται πολεμῆσαι μετ' αὐτοῦ; 5 καὶ ἐδόθη αὐτῷ στό-
μα λαλοῦν μεγάλα καὶ βλασφημίαν· καὶ ἐδόθη αὐτῷ ἐξουσία πόλεμον
ποιῆσαι μῆνας τεσσαράκοντα δύο. 6 καὶ ἤνοιξε τὸ στόμα αὐτοῦ εἰς βλα-
σφημίαν πρὸς τὸν Θεόν, βλασφημῆσαι τὸ ὄνομα αὐτοῦ καὶ τὴν σκηνὴν
αὐτοῦ, τοὺς ἐν τῷ οὐρανῷ σκηνοῦντας. 7 καὶ ἐδόθη αὐτῷ πόλεμον ποιῆ-
σαι μετὰ τῶν ἁγίων καὶ νικῆσαι αὐτούς, καὶ ἐδόθη αὐτῷ ἐξουσία ἐπὶ
πᾶσαν φυλὴν καὶ λαὸν καὶ γλῶσσαν καὶ ἔθνος. 8 καὶ προσκυνήσουσιν
αὐτὸν πάντες οἱ κατοικοῦντες ἐπὶ τῆς γῆς, ὧν οὐ γέγραπται τὸ ὄνομα ἐν
τῷ βιβλίῳ τῆς ζωῆς τοῦ ἀρνίου τοῦ ἐσφαγμένου ἀπὸ καταβολῆς κό-
σμου.

9 Εἴ τις ἔχει οὖς, ἀκουσάτω. 10 εἴ τις εἰς αἰχμαλωσίαν ἀπάγει, εἰς αἰ-
χμαλωσίαν ὑπάγει· εἴ τις ἐν μαχαίρᾳ ἀποκτέννει, δεῖ αὐτὸν ἐν μαχαίρᾳ
ἀποκτανθῆναι. ὧδέ ἐστιν ἡ ὑπομονὴ καὶ ἡ πίστις τῶν ἁγίων.

11 Καὶ εἶδον ἄλλο θηρίον ἀναβαῖνον ἐκ τῆς γῆς, καὶ εἶχε κέρατα δύο ὅ-
μοια ἀρνίῳ, καὶ ἐλάλει ὡς δράκων. 12 καὶ τὴν ἐξουσίαν τοῦ πρώτου θη-
ρίου πᾶσαν ποιεῖ ἐνώπιον αὐτοῦ. καὶ ποιεῖ τὴν γῆν καὶ τοὺς ἐν αὐτῇ κα-
τοικοῦντας ἵνα προσκυνήσωσι τὸ θηρίον τὸ πρῶτον, οὗ ἐθεραπεύθη ἡ
πληγὴ τοῦ θανάτου αὐτοῦ. 13 καὶ ποιεῖ σημεῖα μεγάλα, καὶ πῦρ ἵνα ἐκ
τοῦ οὐρανοῦ καταβαίνῃ εἰς τὴν γῆν ἐνώπιον τῶν ἀνθρώπων. 14 καὶ
πλανᾷ τοὺς κατοικοῦντας ἐπὶ τῆς γῆς διὰ τὰ σημεῖα ἃ ἐδόθη αὐτῷ ποι-
ῆσαι ἐνώπιον τοῦ θηρίου, λέγων τοῖς κατοικοῦσιν ἐπὶ τῆς γῆς ποιῆσαι
εἰκόνα τῷ θηρίῳ, ὃς εἶχε τὴν πληγὴν τῆς μαχαίρας καὶ ἔζησε. 15 καὶ
ἐδόθη αὐτῷ πνεῦμα δοῦναι τῇ εἰκόνι τοῦ θηρίου, ἵνα καὶ λαλήσῃ ἡ εἰκὼν
τοῦ θηρίου καὶ ποιήσῃ, ὅσοι ἐὰν μὴ προσκυνήσωσι τῇ εἰκόνι τοῦ θηρίου,
ἵνα ἀποκτανθῶσι. 16 καὶ ποιεῖ πάντας, τοὺς μικροὺς καὶ τοὺς μεγάλους,
καὶ τοὺς πλουσίους καὶ τοὺς πτωχούς, καὶ τοὺς ἐλευθέρους καὶ τοὺς
δούλους, ἵνα δώσωσιν αὐτοῖς χάραγμα ἐπὶ τῆς χειρὸς αὐτῶν τῆς δεξιᾶς
ἢ ἐπὶ τῶν μετώπων αὐτῶν, 17 καὶ ἵνα μή τις δύνηται ἀγοράσαι ἢ πω-
λῆσαι εἰ μὴ ὁ ἔχων τὸ χάραγμα, τὸ ὄνομα τοῦ θηρίου ἢ τὸν ἀριθμὸν τοῦ
ὀνόματος αὐτοῦ. 18 ὧδε ἡ σοφία ἐστίν· ὁ ἔχων νοῦν ψηφισάτω τὸν ἀρι-
θμὸν τοῦ θηρίου· ἀριθμὸς γὰρ ἀνθρώπου ἐστί· καὶ ὁ ἀριθμὸς αὐτοῦ χξς'.

14

ΚΑΙ εἶδον, καὶ ἰδοὺ τὸ ἀρνίον ἑστηκὸς ἐπὶ τὸ ὄρος Σιών, καὶ μετ' αὐ-
τοῦ ἑκατὸν τεσσαράκοντα τέσσαρες χιλιάδες, ἔχουσαι τὸ ὄνομα αὐ-
τοῦ καὶ τὸ ὄνομα τοῦ πατρὸς αὐτοῦ γεγραμμένον ἐπὶ τῶν μετώπων
αὐτῶν. 2 καὶ ἤκουσα φωνὴν ἐκ τοῦ οὐρανοῦ ὡς φωνὴν ὑδάτων πολλῶν
καὶ ὡς φωνὴν βροντῆς μεγάλης· καὶ ἡ φωνὴ ἣν ἤκουσα, ὡς κιθαρῳδῶν
κιθαριζόντων ἐν ταῖς κιθάραις αὐτῶν. 3 καὶ ᾄδουσιν ᾠδὴν καινὴν ἐνώπι-
ον τοῦ θρόνου καὶ ἐνώπιον τῶν τεσσάρων ζῴων καὶ τῶν πρεσβυτέρων·
καὶ οὐδεὶς ἐδύνατο μαθεῖν τὴν ᾠδὴν εἰ μὴ αἱ ἑκατὸν τεσσαράκοντα τέσ-
σαρες χιλιάδες, οἱ ἠγορασμένοι ἀπὸ τῆς γῆς. 4 οὗτοί εἰσιν οἳ μετὰ γυ-
ναικῶν οὐκ ἐμολύνθησαν· παρθένοι γάρ εἰσιν. οὗτοί εἰσιν οἱ ἀκολουθοῦν-
τες τῷ ἀρνίῳ ὅπου ἂν ὑπάγῃ. οὗτοι ἠγοράσθησαν ἀπὸ τῶν ἀνθρώπων ἀ-
παρχὴ τῷ Θεῷ καὶ τῷ ἀρνίῳ· 5 καὶ οὐχ εὑρέθη ψεῦδος ἐν τῷ στόματι
αὐτῶν· ἄμωμοι γάρ εἰσιν.

6 Καὶ εἶδον ἄλλον ἄγγελον πετόμενον ἐν μεσουρανήματι, ἔχοντα εὐαγ-
γέλιον αἰώνιον εὐαγγελίσαι ἐπὶ τοὺς καθημένους ἐπὶ τῆς γῆς καὶ ἐπὶ
πᾶν ἔθνος καὶ φυλὴν καὶ γλῶσσαν καὶ λαόν, 7 λέγων ἐν φωνῇ μεγάλῃ·
φοβήθητε τὸν Κύριον καὶ δότε αὐτῷ δόξαν, ὅτι ἦλθεν ἡ ὥρα τῆς κρίσεως
αὐτοῦ, καὶ προσκυνήσατε τῷ ποιήσαντι τὸν οὐρανὸν καὶ τὴν γῆν καὶ τὴν
θάλασσαν καὶ πηγὰς ὑδάτων. 8 καὶ ἄλλος δεύτερος ἄγγελος ἠκολούθη-
σε λέγων· ἔπεσεν, ἔπεσε Βαβυλὼν ἡ μεγάλη, ἣ ἐκ τοῦ οἴνου τοῦ θυμοῦ
τῆς πορνείας αὐτῆς πεπότικε πάντα ἔθνη.

9 Καὶ ἄλλος ἄγγελος τρίτος ἠκολούθησεν αὐτοῖς λέγων ἐν φωνῇ μεγά-
λῃ· εἴ τις προσκυνεῖ τὸ θηρίον καὶ τὴν εἰκόνα αὐτοῦ, καὶ λαμβάνει τὸ
χάραγμα ἐπὶ τοῦ μετώπου αὐτοῦ ἢ ἐπὶ τὴν χεῖρα αὐτοῦ, 10 καὶ αὐτὸς
πίεται ἐκ τοῦ οἴνου τοῦ θυμοῦ τοῦ Θεοῦ τοῦ κεκερασμένου ἀκράτου ἐν
τῷ ποτηρίῳ τῆς ὀργῆς αὐτοῦ, καὶ βασανισθήσεται ἐν πυρὶ καὶ θείῳ ἐνώ-
πιον τῶν ἁγίων ἀγγέλων καὶ ἐνώπιον τοῦ ἀρνίου. 11 καὶ ὁ καπνὸς τοῦ
βασανισμοῦ αὐτῶν εἰς αἰῶνας αἰώνων ἀναβαίνει, καὶ οὐκ ἔχουσιν ἀνά-
παυσιν ἡμέρας καὶ νυκτὸς οἱ προσκυνοῦντες τὸ θηρίον καὶ τὴν εἰκόνα
αὐτοῦ, καὶ εἴ τις λαμβάνει τὸ χάραγμα τοῦ ὀνόματος αὐτοῦ. 12 ὧδε ἡ
ὑπομονὴ τῶν ἁγίων ἐστίν, οἱ τηροῦντες τὰς ἐντολὰς τοῦ Θεοῦ καὶ τὴν
πίστιν Ἰησοῦ.

13 Καὶ ἤκουσα φωνῆς ἐκ τοῦ οὐρανοῦ λεγούσης· γράψον, μακάριοι οἱ νεκροὶ οἱ ἐν Κυρίῳ ἀποθνήσκοντες ἀπ' ἄρτι. ναί, λέγει τὸ Πνεῦμα, ἵνα ἀναπαύσωνται ἐκ τῶν κόπων αὐτῶν· τὰ δὲ ἔργα αὐτῶν ἀκολουθεῖ μετ' αὐτῶν.

14 Καὶ εἶδον, καὶ ἰδοὺ νεφέλη λευκή, καὶ ἐπὶ τὴν νεφέλην καθήμενος ὅμοιος υἱῷ ἀνθρώπου, ἔχων ἐπὶ τῆς κεφαλῆς αὐτοῦ στέφανον χρυσοῦν καὶ ἐν τῇ χειρὶ αὐτοῦ δρέπανον ὀξύ.

15 Καὶ ἄλλος ἄγγελος ἐξῆλθεν ἐκ τοῦ ναοῦ, κράζων ἐν φωνῇ μεγάλῃ
τῷ καθημένῳ ἐπὶ τῆς νεφέλης· πέμψον τὸ δρέπανόν σου καὶ θέρισον, ὅτι
ἦλθεν ἡ ὥρα τοῦ θερίσαι, ὅτι ἐξηράνθη ὁ θερισμὸς τῆς γῆς. 16 καὶ ἔβα-
λεν ὁ καθήμενος ἐπὶ τὴν νεφέλην τὸ δρέπανον αὐτοῦ ἐπὶ τὴν γῆν, καὶ ἐ-
θερίσθη ἡ γῆ.

17 Καὶ ἄλλος ἄγγελος ἐξῆλθεν ἐκ τοῦ ναοῦ τοῦ ἐν τῷ οὐρανῷ, ἔχων καὶ αὐτὸς δρέπανον ὀξύ.

18 Καὶ ἄλλος ἄγγελος ἐξῆλθεν ἐκ τοῦ θυσιαστηρίου, ἔχων ἐξουσίαν ἐπὶ
τοῦ πυρός, καὶ ἐφώνησε κραυγῇ μεγάλῃ τῷ ἔχοντι τὸ δρέπανον τὸ ὀξὺ
λέγων· πέμψον σου τὸ δρέπανον τὸ ὀξὺ καὶ τρύγησον τοὺς βότρυας τῆς
ἀμπέλου τῆς γῆς, ὅτι ἤκμασεν ἡ σταφυλὴ τῆς γῆς. 19 καὶ ἔβαλεν ὁ
ἄγγελος τὸ δρέπανον αὐτοῦ εἰς τὴν γῆν, καὶ ἐτρύγησε τὴν ἄμπελον τῆς
γῆς, καὶ ἔβαλεν εἰς τὴν ληνὸν τοῦ θυμοῦ τοῦ Θεοῦ τὴν μεγάλην. 20 καὶ
ἐπατήθη ἡ ληνὸς ἔξω τῆς πόλεως, καὶ ἐξῆλθεν αἷμα ἐκ τῆς ληνοῦ ἄχρι
τῶν χαλινῶν τῶν ἵππων ἀπὸ σταδίων χιλίων ἑξακοσίων.

15

ΚΑΙ εἶδον ἄλλο σημεῖον ἐν τῷ οὐρανῷ μέγα καὶ θαυμαστόν, ἀγγέ-
λους ἑπτὰ ἔχοντας πληγὰς ἑπτὰ τὰς ἐσχάτας, ὅτι ἐν αὐταῖς ἐτελέ-
σθη ὁ θυμὸς τοῦ Θεοῦ. 2 καὶ εἶδον ὡς θάλασσαν ὑαλίνην μεμιγμέ-
νην πυρί, καὶ τοὺς νικῶντας ἐκ τοῦ θηρίου καὶ ἐκ τῆς εἰκόνος αὐτοῦ καὶ
ἐκ τοῦ ἀριθμοῦ τοῦ ὀνόματος αὐτοῦ ἑστῶτας ἐπὶ τὴν θάλασσαν τὴν ὑα-
λίνην, ἔχοντας τὰς κιθάρας τοῦ Θεοῦ. 3 καὶ ᾄδουσι τὴν ᾠδὴν Μωϋσέως
τοῦ δούλου τοῦ Θεοῦ καὶ τὴν ᾠδὴν τοῦ ἀρνίου λέγοντες· μεγάλα καὶ
θαυμαστὰ τὰ ἔργα σου, Κύριε ὁ Θεὸς ὁ παντοκράτωρ· δίκαιαι καὶ ἀλη-

θιναὶ αἱ ὁδοί σου, ὁ βασιλεὺς τῶν ἐθνῶν. 4 τίς οὐ μὴ φοβηθῇ, Κύριε, καὶ
δοξάσῃ τὸ ὄνομά σου; ὅτι μόνος ὅσιος, ὅτι πάντα τὰ ἔθνη ἥξουσι καὶ
προσκυνήσουσιν ἐνώπιόν σου, ὅτι τὰ δικαιώματά σου ἐφανερώθησαν.

5 Καὶ μετὰ ταῦτα εἶδον, καὶ ἠνοίγη ὁ ναὸς τῆς σκηνῆς τοῦ μαρτυρίου ἐν
τῷ οὐρανῷ, 6 καὶ ἐξῆλθον οἱ ἑπτὰ ἄγγελοι οἱ ἔχοντες τὰς ἑπτὰ πληγὰς
ἐκ τοῦ ναοῦ, οἳ ἦσαν ἐνδεδυμένοι λίνον καθαρὸν λαμπρὸν καὶ περιεζω-
σμένοι περὶ τὰ στήθη ζώνας χρυσᾶς. 7 καὶ ἓν ἐκ τῶν τεσσάρων ζῴων ἔ-
δωκε τοῖς ἑπτὰ ἀγγέλοις ἑπτὰ φιάλας χρυσᾶς, γεμούσας τοῦ θυμοῦ τοῦ
Θεοῦ τοῦ ζῶντος εἰς τοὺς αἰῶνας τῶν αἰώνων. 8 καὶ ἐγεμίσθη ὁ ναὸς ἐκ
τοῦ καπνοῦ ἐκ τῆς δόξης τοῦ Θεοῦ καὶ ἐκ τῆς δυνάμεως αὐτοῦ· 9 καὶ
οὐδεὶς ἐδύνατο εἰσελθεῖν εἰς τὸν ναὸν ἄχρι τελεσθῶσιν αἱ ἑπτὰ πληγαὶ
τῶν ἑπτὰ ἀγγέλων.

16

ΚΑΙ ἤκουσα μεγάλης φωνῆς ἐκ τοῦ ναοῦ λεγούσης τοῖς ἑπτὰ ἀγγέ-
λοις· ὑπάγετε καὶ ἐκχέατε τὰς ἑπτὰ φιάλας τοῦ θυμοῦ τοῦ Θεοῦ εἰς
τὴν γῆν.

2 Καὶ ἀπῆλθεν ὁ πρῶτος καὶ ἐξέχεε τὴν φιάλην αὐτοῦ εἰς τὴν γῆν· καὶ
ἐγένετο ἕλκος κακὸν καὶ πονηρὸν ἐπὶ τοὺς ἀνθρώπους τοὺς ἔχοντας τὸ
χάραγμα τοῦ θηρίου καὶ τοὺς προσκυνοῦντας τῇ εἰκόνι αὐτοῦ.

3 Καὶ ὁ δεύτερος ἄγγελος ἐξέχεε τὴν φιάλην αὐτοῦ εἰς τὴν θάλασσαν·
καὶ ἐγένετο αἷμα ὡς νεκροῦ, καὶ πᾶσα ψυχὴ ζῶσα ἀπέθανεν ἐν τῇ θα-
λάσσῃ.

4 Καὶ ὁ τρίτος ἐξέχεε τὴν φιάλην αὐτοῦ εἰς τοὺς ποταμοὺς καὶ εἰς τὰς
πηγὰς τῶν ὑδάτων· καὶ ἐγένετο αἷμα.

5 Καὶ ἤκουσα τοῦ ἀγγέλου τῶν ὑδάτων λέγοντος· δίκαιος εἶ, ὁ ὢν καὶ ὁ
ἦν, ὁ ὅσιος, ὅτι ταῦτα ἔκρινας· 6 ὅτι αἷμα ἁγίων καὶ προφητῶν ἐξέχεαν,
καὶ αἷμα αὐτοῖς ἔδωκας πιεῖν· ἄξιοί εἰσι.

7 Καὶ ἤκουσα τοῦ θυσιαστηρίου λέγοντος· ναί, Κύριε ὁ Θεὸς ὁ παντο-
κράτωρ, ἀληθιναὶ καὶ δίκαιαι αἱ κρίσεις σου.

8 Καὶ ὁ τέταρτος ἐξέχεε τὴν φιάλην αὐτοῦ ἐπὶ τὸν ἥλιον· καὶ ἐδόθη αὐ-
τῷ καυματίσαι ἐν πυρὶ τοὺς ἀνθρώπους, 9 καὶ ἐκαυματίσθησαν οἱ ἄν-
θρωποι καῦμα μέγα, καὶ ἐβλασφήμησαν οἱ ἄνθρωποι τὸ ὄνομα τοῦ Θεοῦ
τοῦ ἔχοντος ἐξουσίαν ἐπὶ τὰς πληγὰς ταύτας, καὶ οὐ μετενόησαν δοῦναι
αὐτῷ δόξαν.

10 Καὶ ὁ πέμπτος ἐξέχεε τὴν φιάλην αὐτοῦ ἐπὶ τὸν θρόνον τοῦ θηρίου·
καὶ ἐγένετο ἡ βασιλεία αὐτοῦ ἐσκοτωμένη, καὶ ἐμασῶντο τὰς γλώσσας
αὐτῶν ἐκ τοῦ πόνου, 11 καὶ ἐβλασφήμησαν τὸν Θεὸν τοῦ οὐρανοῦ ἐκ
τῶν πόνων αὐτῶν καὶ ἐκ τῶν ἑλκῶν αὐτῶν, καὶ οὐ μετενόησαν ἐκ τῶν
ἔργων αὐτῶν.

12 Καὶ ὁ ἕκτος ἐξέχεε τὴν φιάλην αὐτοῦ ἐπὶ τὸν ποταμὸν τὸν μέγαν τὸν
Εὐφράτην· καὶ ἐξηράνθη τὸ ὕδωρ αὐτοῦ, ἵνα ἑτοιμασθῇ ἡ ὁδὸς τῶν βα-
σιλέων τῶν ἀπὸ ἀνατολῆς ἡλίου.

13 Καὶ εἶδον ἐκ τοῦ στόματος τοῦ δράκοντος καὶ ἐκ τοῦ στόματος τοῦ
θηρίου καὶ ἐκ τοῦ στόματος τοῦ ψευδοπροφήτου πνεύματα τρία ἀκάθαρ-
τα, ὡς βάτραχοι· 14 εἰσὶ γὰρ πνεύματα δαιμονίων ποιοῦντα σημεῖα, ἃ
ἐκπορεύεται ἐπὶ τοὺς βασιλεῖς τῆς οἰκουμένης ὅλης, συναγαγεῖν αὐτοὺς
εἰς τὸν πόλεμον τῆς ἡμέρας ἐκείνης τῆς μεγάλης τοῦ Θεοῦ τοῦ παντο-
κράτορος.

15 Ἰδοὺ ἔρχομαι ὡς κλέπτης· μακάριος ὁ γρηγορῶν καὶ τηρῶν τὰ ἱμά-
τια αὐτοῦ, ἵνα μὴ γυμνὸς περιπατῇ καὶ βλέπωσι τὴν ἀσχημοσύνην αὐ-
τοῦ.

16 Καὶ συνήγαγεν αὐτοὺς εἰς τὸν τόπον τὸν καλούμενον Ἑβραϊστὶ Ἀρ-
μαγεδών.

17 Καὶ ὁ ἕβδομος ἐξέχεε τὴν φιάλην αὐτοῦ ἐπὶ τὸν ἀέρα· καὶ ἐξῆλθε
φωνὴ μεγάλη ἐκ τοῦ ναοῦ τοῦ οὐρανοῦ ἀπὸ τοῦ θρόνου λέγουσα· γέγονε.
18 καὶ ἐγένοντο ἀστραπαὶ καὶ φωναὶ καὶ βρονταί, καὶ σεισμὸς ἐγένετο
μέγας, οἷος οὐκ ἐγένετο ἀφ' οὗ οἱ ἄνθρωποι ἐγένοντο ἐπὶ τῆς γῆς, τηλι-
κοῦτος σεισμὸς οὕτω μέγας. 19 καὶ ἐγένετο ἡ πόλις ἡ μεγάλη εἰς τρία
μέρη, καὶ αἱ πόλεις τῶν ἐθνῶν ἔπεσαν. καὶ Βαβυλὼν ἡ μεγάλη ἐμνήσθη
ἐνώπιον τοῦ Θεοῦ δοῦναι αὐτῇ τὸ ποτήριον τοῦ οἴνου τοῦ θυμοῦ τῆς ὀρ-
γῆς αὐτοῦ. 20 καὶ πᾶσα νῆσος ἔφυγε, καὶ ὄρη οὐχ εὑρέθησαν. 21 καὶ
χάλαζα μεγάλη ὡς ταλαντιαία καταβαίνει ἐκ τοῦ οὐρανοῦ ἐπὶ τοὺς ἀν-
θρώπους· καὶ ἐβλασφήμησαν οἱ ἄνθρωποι τὸν Θεὸν ἐκ τῆς πληγῆς τῆς
χαλάζης, ὅτι μεγάλη ἐστὶν ἡ πληγὴ αὕτη σφόδρα.

17

ΚΑΙ ἦλθεν εἷς ἐκ τῶν ἑπτὰ ἀγγέλων τῶν ἐχόντων τὰς ἑπτὰ φιάλας,
καὶ ἐλάλησε μετ' ἐμοῦ λέγων· δεῦρο δείξω σοι τὸ κρῖμα τῆς πόρνης
τῆς μεγάλης τῆς καθημένης ἐπὶ ὑδάτων πολλῶν, 2 μεθ' ἧς ἐπόρ-
νευσαν οἱ βασιλεῖς τῆς γῆς, καὶ ἐμεθύσθησαν οἱ κατοικοῦντες τὴν γῆν
ἐκ τοῦ οἴνου τῆς πορνείας αὐτῆς. 3 καὶ ἀπήνεγκέ με εἰς ἔρημον ἐν πνεύ-
ματι. καὶ εἶδον γυναῖκα καθημένην ἐπὶ τὸ θηρίον τὸ κόκκινον, γέμον ὀ-
νόματα βλασφημίας, ἔχον κεφαλὰς ἑπτὰ καὶ κέρατα δέκα. 4 καὶ ἡ γυνὴ
ἦν περιβεβλημένη πορφυροῦν καὶ κόκκινον καὶ κεχρυσωμένη χρυσίῳ
καὶ λίθῳ τιμίῳ καὶ μαργαρίταις, ἔχουσα ποτήριον χρυσοῦν ἐν τῇ χειρὶ
αὐτῆς, γέμον βδελυγμάτων, καὶ τὰ ἀκάθαρτα τῆς πορνείας τῆς γῆς, 5
καὶ ἐπὶ τὸ μέτωπον αὐτῆς ὄνομα γεγραμμένον· μυστήριον, Βαβυλὼν ἡ
μεγάλη, ἡ μήτηρ τῶν πορνῶν καὶ τῶν βδελυγμάτων τῆς γῆς. 6 καὶ εἶ-
δον τὴν γυναῖκα μεθύουσαν ἐκ τοῦ αἵματος τῶν ἁγίων καὶ ἐκ τοῦ αἵμα-
τος τῶν μαρτύρων Ἰησοῦ. καὶ ἐθαύμασα ἰδὼν αὐτὴν θαῦμα μέγα.

7 Καὶ εἶπέ μοι ὁ ἄγγελος· διατί ἐθαύμασας; ἐγὼ ἐρῶ σοι τὸ μυστήριον
τῆς γυναικὸς καὶ τοῦ θηρίου τοῦ βαστάζοντος αὐτήν, τοῦ ἔχοντος τὰς ἑ-
πτὰ κεφαλὰς καὶ τὰ δέκα κέρατα.

8 Τὸ θηρίον ὃ εἶδες, ἦν καὶ οὐκ ἔστι, καὶ μέλλει ἀναβαίνειν ἐκ τῆς ἀ-
βύσσου καὶ εἰς ἀπώλειαν ὑπάγειν· καὶ θαυμάσονται οἱ κατοικοῦντες ἐπὶ
τῆς γῆς, ὧν οὐ γέγραπται τὸ ὄνομα ἐπὶ τὸ βιβλίον τῆς ζωῆς ἀπὸ κατα-
βολῆς κόσμου, βλεπόντων τὸ θηρίον ὅτι ἦν, καὶ οὐκ ἔστι καὶ παρέσται. 9
ὧδε ὁ νοῦς ὁ ἔχων σοφίαν. αἱ ἑπτὰ κεφαλαὶ ὄρη ἑπτά εἰσιν, ὅπου ἡ γυνὴ
κάθηται ἐπ' αὐτῶν, 10 καὶ βασιλεῖς ἑπτά εἰσιν· οἱ πέντε ἔπεσαν, ὁ εἷς ἔ-
στιν, ὁ ἄλλος οὔπω ἦλθε, καὶ ὅταν ἔλθῃ, ὀλίγον αὐτὸν δεῖ μεῖναι. 11 καὶ
τὸ θηρίον ὃ ἦν καὶ οὐκ ἔστι, καὶ αὐτὸς ὄγδοός ἐστι, καὶ ἐκ τῶν ἑπτά ἐστι,
καὶ εἰς ἀπώλειαν ὑπάγει. 12 καὶ τὰ δέκα κέρατα ἃ εἶδες δέκα βασιλεῖς
εἰσιν, οἵτινες βασιλείαν οὔπω ἔλαβον, ἀλλ' ἐξουσίαν ὡς βασιλεῖς μίαν
ὥραν λαμβάνουσι μετὰ τοῦ θηρίου. 13 οὗτοι μίαν γνώμην ἔχουσι, καὶ
τὴν δύναμιν καὶ τὴν ἐξουσίαν αὐτῶν τῷ θηρίῳ διδόασιν. 14 οὗτοι μετὰ
τοῦ ἀρνίου πολεμήσουσι, καὶ τὸ ἀρνίον νικήσει αὐτούς, ὅτι Κύριος κυρί-
ων ἐστὶ καὶ Βασιλεὺς βασιλέων, καὶ οἱ μετ' αὐτοῦ κλητοὶ καὶ ἐκλεκτοὶ
καὶ πιστοί.

15 Καὶ λέγει μοι· τὰ ὕδατα ἃ εἶδες, οὗ ἡ πόρνη κάθηται, λαοὶ καὶ ὄχλοι
εἰσὶ καὶ ἔθνη καὶ γλῶσσαι. 16 καὶ τὰ δέκα κέρατα ἃ εἶδες καὶ τὸ θηρίον,
οὗτοι μισήσουσι τὴν πόρνην καὶ ἠρημωμένην ποιήσουσιν αὐτὴν καὶ γυ-
μνήν, καὶ τὰς σάρκας αὐτῆς φάγονται, καὶ αὐτὴν κατακαύσουσιν ἐν πυ-
ρί. 17 ὁ γὰρ Θεὸς ἔδωκεν εἰς τὰς καρδίας αὐτῶν ποιῆσαι τὴν γνώμην
αὐτοῦ, καὶ ποιῆσαι μίαν γνώμην καὶ δοῦναι τὴν βασιλείαν αὐτῶν τῷ
θηρίῳ, ἄχρι τελεσθῶσιν οἱ λόγοι τοῦ Θεοῦ. 18 καὶ ἡ γυνὴ ἣν εἶδες ἔστιν
ἡ πόλις ἡ μεγάλη ἡ ἔχουσα βασιλείαν ἐπὶ τῶν βασιλέων τῆς γῆς.

18

ΜΕΤΑ ταῦτα εἶδον ἄλλον ἄγγελον καταβαίνοντα ἐκ τοῦ οὐρανοῦ, ἔ-
χοντα ἐξουσίαν μεγάλην, καὶ ἡ γῆ ἐφωτίσθη ἐκ τῆς δόξης αὐτοῦ, 2
καὶ ἔκραξεν ἐν ἰσχυρᾷ φωνῇ λέγων· ἔπεσεν, ἔπεσε Βαβυλὼν ἡ με-
γάλη, καὶ ἐγένετο κατοικητήριον δαιμονίων καὶ φυλακὴ παντὸς πνεύ-
ματος ἀκαθάρτου καὶ φυλακὴ παντὸς ὀρνέου ἀκαθάρτου καὶ μεμισημέ-
νου· 3 ὅτι ἐκ τοῦ οἴνου τοῦ θυμοῦ τῆς πορνείας αὐτῆς πέπωκαν πάντα
τὰ ἔθνη, καὶ οἱ βασιλεῖς τῆς γῆς μετ᾽ αὐτῆς ἐπόρνευσαν, καὶ οἱ ἔμποροι
τῆς γῆς ἐκ τῆς δυνάμεως τοῦ στρήνους αὐτῆς ἐπλούτησαν.

4 Καὶ ἤκουσα ἄλλην φωνὴν ἐκ τοῦ οὐρανοῦ λέγουσαν· ἔξελθε ἐξ αὐτῆς
ὁ λαός μου, ἵνα μὴ συγκοινωνήσητε ταῖς ἁμαρτίαις αὐτῆς, καὶ ἵνα ἐκ
τῶν πληγῶν αὐτῆς μὴ λάβητε· 5 ὅτι ἐκολλήθησαν αὐτῆς αἱ ἁμαρτίαι
ἄχρι τοῦ οὐρανοῦ, καὶ ἐμνημόνευσεν ὁ Θεὸς τὰ ἀδικήματα αὐτῆς. 6 ἀ-
πόδοτε αὐτῇ ὡς καὶ αὐτὴ ἀπέδωκε, καὶ διπλώσατε αὐτῇ διπλᾶ κατὰ τὰ
ἔργα αὐτῆς· ἐν τῷ ποτηρίῳ ᾧ ἐκέρασε, κεράσατε αὐτῇ διπλοῦν. 7 ὅσα ἐ-
δόξασεν ἑαυτὴν καὶ ἐστρηνίασε, τοσοῦτον δότε αὐτῇ βασανισμὸν καὶ
πένθος. ὅτι ἐν τῇ καρδίᾳ αὐτῆς λέγει, ὅτι κάθημαι καθὼς βασίλισσα καὶ
χήρα οὐκ εἰμὶ καὶ πένθος οὐ μὴ ἴδω, 8 διὰ τοῦτο ἐν μιᾷ ἡμέρᾳ ἥξουσιν
αἱ πληγαὶ αὐτῆς, θάνατος καὶ πένθος καὶ λιμός, καὶ ἐν πυρὶ κατακαυθή-
σεται· ὅτι ἰσχυρὸς Κύριος Θεὸς ὁ κρίνας αὐτήν. 9 καὶ κλαύσουσιν αὐτὴν
καὶ κόψονται ἐπ᾽ αὐτῇ οἱ βασιλεῖς τῆς γῆς οἱ μετ᾽ αὐτῆς πορνεύσαντες
καὶ στρηνιάσαντες, ὅταν βλέπωσι τὸν καπνὸν τῆς πυρώσεως αὐτῆς,10
ἀπὸ μακρόθεν ἑστηκότες διὰ τὸν φόβον τοῦ βασανισμοῦ αὐτῆς, λέγον-
τες· οὐαὶ οὐαί, ἡ πόλις ἡ μεγάλη Βαβυλών, ἡ πόλις ἡ ἰσχυρά, ὅτι μιᾷ

ὥρᾳ ἦλθεν ἡ κρίσις σου. 11 καὶ οἱ ἔμποροι τῆς γῆς κλαύσουσι καὶ πεν-
θήσουσιν ἐπ' αὐτῇ, ὅτι τὸν γόμον αὐτῶν οὐδεὶς ἀγοράζει οὐκέτι, 12 γό-
μον χρυσοῦ καὶ ἀργύρου καὶ λίθου τιμίου καὶ μαργαρίτου, καὶ βυσσίνου
καὶ πορφύρας καὶ σηρικοῦ καὶ κοκκίνου, καὶ πᾶν ξύλον θύϊνον καὶ πᾶν
σκεῦος ἐλεφάντινον καὶ πᾶν σκεῦος ἐκ ξύλου τιμιωτάτου καὶ χαλκοῦ καὶ
σιδήρου καὶ μαρμάρου, 13 καὶ κινάμωμον καὶ ἄμωμον καὶ θυμιάματα,
καὶ μύρον καὶ λίβανον καὶ οἶνον καὶ ἔλαιον καὶ σεμίδαλιν καὶ σῖτον καὶ
κτήνη καὶ πρόβατα, καὶ ἵππων καὶ ρεδῶν καὶ σωμάτων, καὶ ψυχὰς ἀν-
θρώπων. 14 καὶ ἡ ὀπώρα τῆς ἐπιθυμίας τῆς ψυχῆς σου ἀπώλετο ἀπὸ
σοῦ, καὶ πάντα τὰ λιπαρὰ καὶ τὰ λαμπρὰ ἀπῆλθεν ἀπὸ σοῦ, καὶ οὐκέτι
οὐ μὴ αὐτὰ εὑρήσεις. 15 οἱ ἔμποροι τούτων, οἱ πλουτήσαντες ἀπ' αὐτῆς,
ἀπὸ μακρόθεν στήσονται διὰ τὸν φόβον τοῦ βασανισμοῦ αὐτῆς κλαίοντες
καὶ πενθοῦντες, 16 λέγοντες· οὐαὶ οὐαί, ἡ πόλις ἡ μεγάλη, ἡ περιβε-
βλημένη βύσσινον καὶ πορφυροῦν καὶ κόκκινον καὶ κεχρυσωμένη ἐν
χρυσίῳ καὶ λίθῳ τιμίῳ καὶ μαργαρίταις, ὅτι μιᾷ ὥρᾳ ἠρημώθη ὁ τοσοῦ-
τος πλοῦτος. 17 καὶ πᾶς κυβερνήτης καὶ πᾶς ὁ ἐπὶ τόπον πλέων, καὶ
ναῦται καὶ ὅσοι τὴν θάλασσαν ἐργάζονται, ἀπὸ μακρόθεν ἔστησαν, 18
καὶ ἔκραζον βλέποντες τὸν καπνὸν τῆς πυρώσεως αὐτῆς, λέγοντες· τίς
ὁμοία τῇ πόλει τῇ μεγάλῃ; 19 καὶ ἔβαλον χοῦν ἐπὶ τὰς κεφαλὰς αὐτῶν
καὶ ἔκραζον κλαίοντες καὶ πενθοῦντες, λέγοντες· οὐαὶ οὐαί, ἡ πόλις ἡ
μεγάλη, ἐν ᾗ ἐπλούτησαν πάντες οἱ ἔχοντες τὰ πλοῖα ἐν τῇ θαλάσσῃ ἐκ
τῆς τιμιότητος αὐτῆς· ὅτι μιᾷ ὥρᾳ ἠρημώθη. 20 εὐφραίνου ἐπ' αὐτῇ,
οὐρανέ, καὶ οἱ ἅγιοι καὶ οἱ ἀπόστολοι καὶ οἱ προφῆται, ὅτι ἔκρινεν ὁ Θεὸς
τὸ κρῖμα ὑμῶν ἐξ αὐτῆς.

21 Καὶ ἦρεν εἷς ἄγγελος ἰσχυρὸς λίθον ὡς μύλον μέγαν καὶ ἔβαλεν εἰς
τὴν θάλασσαν λέγων· οὕτως ὁρμήματι βληθήσεται Βαβυλὼν ἡ μεγάλη
πόλις, καὶ οὐ μὴ εὑρεθῇ ἔτι. 22 καὶ φωνὴ κιθαρῳδῶν καὶ μουσικῶν καὶ
αὐλητῶν καὶ σαλπιστῶν οὐ μὴ ἀκουσθῇ ἐν σοὶ ἔτι, καὶ πᾶς τεχνίτης
πάσης τέχνης οὐ μὴ εὑρεθῇ ἐν σοὶ ἔτι, καὶ φωνὴ μύλου οὐ μὴ ἀκουσθῇ
ἐν σοὶ ἔτι, 23 καὶ φῶς λύχνου οὐ μὴ φανῇ ἐν σοὶ ἔτι, καὶ φωνὴ νυμφίου
καὶ νύμφης οὐ μὴ ἀκουσθῇ ἐν σοὶ ἔτι· ὅτι οἱ ἔμποροί σου ἦσαν οἱ μεγι-
στᾶνες τῆς γῆς, ὅτι ἐν τῇ φαρμακείᾳ σου ἐπλανήθησαν πάντα τὰ ἔθνη,
24 καὶ ἐν αὐτῇ αἵματα προφητῶν καὶ ἁγίων εὑρέθη καὶ πάντων τῶν ἐ-
σφαγμένων ἐπὶ τῆς γῆς.

19

ΜΕΤΑ ταῦτα ἤκουσα ὡς φωνὴν μεγάλην ὄχλου πολλοῦ ἐν τῷ οὐρα-
νῷ λεγόντων· ἀλληλούϊα· ἡ σωτηρία καὶ ἡ δόξα καὶ ἡ δύναμις τοῦ
Θεοῦ ἡμῶν, 2 ὅτι ἀληθιναὶ καὶ δίκαιαι αἱ κρίσεις αὐτοῦ· ὅτι ἔκρινε
τὴν πόρνην τὴν μεγάλην, ἥτις διέφθειρε τὴν γῆν ἐν τῇ πορνείᾳ αὐτῆς,
καὶ ἐξεδίκησε τὸ αἷμα τῶν δούλων αὐτοῦ ἐκ χειρὸς αὐτῆς. 3 καὶ δεύτε-
ρον εἴρηκαν· ἀλληλούϊα· καὶ ὁ καπνὸς αὐτῆς ἀναβαίνει εἰς τοὺς αἰῶνας
τῶν αἰώνων. 4 καὶ ἔπεσαν οἱ εἴκοσι καὶ τέσσαρες πρεσβύτεροι καὶ τὰ
τέσσαρα ζῶα καὶ προσεκύνησαν τῷ Θεῷ τῷ καθημένῳ ἐπὶ τῷ θρόνῳ
λέγοντες· ἀμήν, ἀλληλούϊα. 5 καὶ φωνὴ ἀπὸ τοῦ θρόνου ἐξῆλθε λέγου-
σα· αἰνεῖτε τὸν Θεὸν ἡμῶν πάντες οἱ δοῦλοι αὐτοῦ καὶ οἱ φοβούμενοι αὐ-
τόν, οἱ μικροὶ καὶ οἱ μεγάλοι.

6 Καὶ ἤκουσα ὡς φωνὴν ὄχλου πολλοῦ καὶ ὡς φωνὴν ὑδάτων πολλῶν
καὶ ὡς φωνὴν βροντῶν ἰσχυρῶν, λεγόντων· ἀλληλούϊα· ὅτι ἐβασίλευσε
Κύριος ὁ Θεὸς ὁ παντοκράτωρ. 7 χαίρωμεν καὶ ἀγαλλιώμεθα καὶ δῶμεν
τὴν δόξαν αὐτῷ, ὅτι ἦλθεν ὁ γάμος τοῦ ἀρνίου καὶ ἡ γυνὴ αὐτοῦ ἡτοί-
μασεν ἑαυτήν. 8 καὶ ἐδόθη αὐτῇ ἵνα περιβάληται βύσσινον λαμπρὸν κα-
θαρόν· τὸ γὰρ βύσσινον τὰ δικαιώματα τῶν ἁγίων ἐστί.

9 Καὶ λέγει μοι· γράψον, μακάριοι οἱ εἰς τὸ δεῖπνον τοῦ γάμου τοῦ ἀρνί-
ου κεκλημένοι. καὶ λέγει μοι· οὗτοι οἱ λόγοι ἀληθινοὶ τοῦ Θεοῦ εἰσι. 10
Καὶ ἔπεσα ἔμπροσθεν τῶν ποδῶν αὐτοῦ προσκυνῆσαι αὐτῷ. καὶ λέγει
μοι· ὅρα μή· σύνδουλός σού εἰμι καὶ τῶν ἀδελφῶν σου τῶν ἐχόντων τὴν
μαρτυρίαν Ἰησοῦ· τῷ Θεῷ προσκύνησον· ἡ γὰρ μαρτυρία τοῦ Ἰησοῦ ἐ-
στι τὸ πνεῦμα τῆς προφητείας.

11 Καὶ εἶδον τὸν οὐρανὸν ἀνεῳγμένον, καὶ ἰδοὺ ἵππος λευκός, καὶ ὁ κα-
θήμενος ἐπ' αὐτόν, καλούμενος πιστὸς καὶ ἀληθινός, καὶ ἐν δικαιοσύνῃ
κρίνει καὶ πολεμεῖ· 12 οἱ δὲ ὀφθαλμοὶ αὐτοῦ ὡς φλὸξ πυρός, καὶ ἐπὶ τὴν
κεφαλὴν αὐτοῦ διαδήματα πολλά, ἔχων ὀνόματα γεγραμμένα, καὶ ὄνο-
μα γεγραμμένον ὃ οὐδεὶς οἶδεν εἰ μὴ αὐτός, 13 καὶ περιβεβλημένος ἱ-
μάτιον βεβαμμένον ἐν αἵματι, καὶ κέκληται τὸ ὄνομα αὐτοῦ, ὁ λόγος
τοῦ Θεοῦ. 14 καὶ τὰ στρατεύματα τὰ ἐν τῷ οὐρανῷ ἠκολούθει αὐτῷ ἐπὶ
ἵπποις λευκοῖς, ἐνδεδυμένοι βύσσινον λευκὸν καθαρόν. 15 καὶ ἐκ τοῦ
στόματος αὐτοῦ ἐκπορεύεται ῥομφαία ὀξεῖα δίστομος, ἵνα ἐν αὐτῇ πα-
τάσσῃ τὰ ἔθνη· καὶ αὐτὸς ποιμανεῖ αὐτοὺς ἐν ῥάβδῳ σιδηρᾷ· καὶ αὐτὸς

πατεῖ τὴν ληνὸν τοῦ οἴνου τοῦ θυμοῦ τῆς ὀργῆς τοῦ Θεοῦ τοῦ παντο-
κράτορος. 16 καὶ ἔχει ἐπὶ τὸ ἱμάτιον καὶ ἐπὶ τὸν μηρὸν αὐτοῦ ὄνομα γε-
γραμμένον, Βασιλεὺς βασιλέων καὶ Κύριος κυρίων.

17 Καὶ εἶδον ἕνα ἄγγελον ἑστῶτα ἐν τῷ ἡλίῳ, καὶ ἔκραξεν ἐν φωνῇ με-
γάλῃ λέγων πᾶσι τοῖς ὀρνέοις τοῖς πετομένοις ἐν μεσουρανήματι· δεῦτε
συνάχθητε εἰς τὸ δεῖπνον τὸ μέγα τοῦ Θεοῦ, 18 ἵνα φάγητε σάρκας βα-
σιλέων καὶ σάρκας χιλιάρχων καὶ σάρκας ἰσχυρῶν καὶ σάρκας ἵππων
καὶ τῶν καθημένων ἐπ' αὐτῶν, καὶ σάρκας πάντων ἐλευθέρων τε καὶ
δούλων, καὶ μικρῶν τε καὶ μεγάλων.

19 Καὶ εἶδον τὸ θηρίον καὶ τοὺς βασιλεῖς τῆς γῆς καὶ τὰ στρατεύματα
αὐτῶν συνηγμένα ποιῆσαι τὸν πόλεμον μετὰ τοῦ καθημένου ἐπὶ τοῦ ἵπ-
που καὶ μετὰ τοῦ στρατεύματος αὐτοῦ. 20 καὶ ἐπιάσθη τὸ θηρίον καὶ ὁ
μετ' αὐτοῦ ψευδοπροφήτης ὁ ποιήσας τὰ σημεῖα ἐνώπιον αὐτοῦ, ἐν οἷς
ἐπλάνησε τοὺς λαβόντας τὸ χάραγμα τοῦ θηρίου καὶ τοὺς προσκυνοῦν-
τας τῇ εἰκόνι αὐτοῦ· ζῶντες ἐβλήθησαν οἱ δύο εἰς τὴν λίμνην τοῦ πυρὸς
τὴν καιομένην ἐν θείῳ. 21 καὶ οἱ λοιποὶ ἀπεκτάνθησαν ἐν τῇ ῥομφαίᾳ
τοῦ καθημένου ἐπὶ τοῦ ἵππου, τῇ ἐξελθούσῃ ἐκ τοῦ στόματος αὐτοῦ· καὶ
πάντα τὰ ὄρνεα ἐχορτάσθησαν ἐκ τῶν σαρκῶν αὐτῶν.

20

ΚΑΙ εἶδον ἄγγελον καταβαίνοντα ἐκ τοῦ οὐρανοῦ, ἔχοντα τὴν κλεῖν
τῆς ἀβύσσου καὶ ἅλυσιν μεγάλην ἐπὶ τὴν χεῖρα αὐτοῦ. 2 καὶ ἐκρά-
τησε τὸν δράκοντα, τὸν ὄφιν τὸν ἀρχαῖον, ὅς ἐστι Διάβολος καὶ ὁ
Σατανᾶς ὁ πλανῶν τὴν οἰκουμένην, καὶ ἔδησεν αὐτὸν χίλια ἔτη, 3 καὶ
ἔβαλεν αὐτὸν εἰς τὴν ἄβυσσον, καὶ ἔκλεισε καὶ ἐσφράγισεν ἐπάνω αὐ-
τοῦ, ἵνα μὴ πλανᾷ ἔτι τὰ ἔθνη, ἄχρι τελεσθῇ τὰ χίλια ἔτη· μετὰ ταῦτα
δεῖ αὐτὸν λυθῆναι μικρὸν χρόνον.

4 Καὶ εἶδον θρόνους, καὶ ἐκάθισαν ἐπ' αὐτούς, καὶ κρῖμα ἐδόθη αὐτοῖς,
καὶ τὰς ψυχὰς τῶν πεπελεκισμένων διὰ τὴν μαρτυρίαν Ἰησοῦ καὶ διὰ
τὸν λόγον τοῦ Θεοῦ, καὶ οἵτινες οὐ προσεκύνησαν τὸ θηρίον οὔτε τὴν εἰ-
κόνα αὐτοῦ, καὶ οὐκ ἔλαβον τὸ χάραγμα ἐπὶ τὸ μέτωπον αὐτῶν καὶ ἐπὶ
τὴν χεῖρα αὐτῶν· καὶ ἔζησαν καὶ ἐβασίλευσαν μετὰ τοῦ Χριστοῦ χίλια
ἔτη· 5 καὶ οἱ λοιποὶ τῶν νεκρῶν οὐκ ἔζησαν ἕως τελεσθῇ τὰ χίλια ἔτη.

αὕτη ἡ ἀνάστασις ἡ πρώτη. 6 μακάριος καὶ ἅγιος ὁ ἔχων μέρος ἐν τῇ ἀ-
ναστάσει τῇ πρώτῃ· ἐπὶ τούτων ὁ δεύτερος θάνατος οὐκ ἔχει ἐξουσίαν,
ἀλλ᾽ ἔσονται ἱερεῖς τοῦ Θεοῦ καὶ τοῦ Χριστοῦ, καὶ βασιλεύσουσι μετ᾽
αὐτοῦ χίλια ἔτη.

7 Καὶ ὅταν τελεσθῇ τὰ χίλια ἔτη, λυθήσεται ὁ σατανᾶς ἐκ τῆς φυλακῆς
αὐτοῦ, 8 καὶ ἐξελεύσεται πλανῆσαι τὰ ἔθνη τὰ ἐν ταῖς τέσσαρσι γωνίαις
τῆς γῆς, τὸν Γὼγ καὶ τὸν Μαγώγ, συναγαγεῖν αὐτοὺς εἰς τὸν πόλεμον,
ὧν ὁ ἀριθμὸς αὐτῶν ὡς ἡ ἄμμος τῆς θαλάσσης. 9 καὶ ἀνέβησαν ἐπὶ τὸ
πλάτος τῆς γῆς, καὶ ἐκύκλευσαν τὴν παρεμβολὴν τῶν ἁγίων καὶ τὴν
πόλιν τὴν ἠγαπημένην· καὶ κατέβη πῦρ ἐκ τοῦ οὐρανοῦ ἀπὸ τοῦ Θεοῦ
καὶ κατέφαγεν αὐτούς· 10 καὶ ὁ διάβολος ὁ πλανῶν αὐτοὺς ἐβλήθη εἰς
τὴν λίμνην τοῦ πυρὸς καὶ τοῦ θείου, ὅπου καὶ τὸ θηρίον καὶ ὁ ψευδοπρο-
φήτης, καὶ βασανισθήσονται ἡμέρας καὶ νυκτὸς εἰς τοὺς αἰῶνας τῶν αἰ-
ώνων.

11 Καὶ εἶδον θρόνον μέγαν λευκὸν καὶ τὸν καθήμενον ἐπ᾽ αὐτῷ, οὗ ἀπὸ
προσώπου ἔφυγεν ἡ γῆ καὶ ὁ οὐρανός, καὶ τόπος οὐχ εὑρέθη αὐτοῖς. 12
καὶ εἶδον τοὺς νεκρούς, τοὺς μεγάλους καὶ τοὺς μικρούς, ἑστῶτας ἐνώ-
πιον τοῦ θρόνου, καὶ βιβλία ἠνοίχθησαν· καὶ ἄλλο βιβλίον ἠνοίχθη, ὅ ἐ-
στι τῆς ζωῆς· καὶ ἐκρίθησαν οἱ νεκροὶ ἐκ τῶν γεγραμμένων ἐν τοῖς βι-
βλίοις κατὰ τὰ ἔργα αὐτῶν. 13 καὶ ἔδωκεν ἡ θάλασσα τοὺς νεκροὺς
τοὺς ἐν αὐτῇ, καὶ ὁ θάνατος καὶ ὁ ᾅδης ἔδωκαν τοὺς νεκροὺς τοὺς ἐν αὐ-
τοῖς, καὶ ἐκρίθησαν ἕκαστος κατὰ τὰ ἔργα αὐτῶν. 14 καὶ ὁ θάνατος καὶ
ὁ ᾅδης ἐβλήθησαν εἰς τὴν λίμνην τοῦ πυρός· οὗτος ὁ θάνατος ὁ δεύτερός
ἐστιν. 15 καὶ εἴ τις οὐχ εὑρέθη ἐν τῇ βίβλῳ τῆς ζωῆς γεγραμμένος, ἐ-
βλήθη εἰς τὴν λίμνην τοῦ πυρός.

21

ΚΑΙ εἶδον οὐρανὸν καινὸν καὶ γῆν καινήν· ὁ γὰρ πρῶτος οὐρανὸς καὶ
ἡ πρώτη γῆ ἀπῆλθον, καὶ ἡ θάλασσα οὐκ ἔστιν ἔτι. 2 καὶ τὴν πόλιν
τὴν ἁγίαν Ἱερουσαλὴμ καινὴν εἶδον καταβαίνουσαν ἐκ τοῦ οὐρανοῦ
ἀπὸ τοῦ Θεοῦ, ἡτοιμασμένην ὡς νύμφην κεκοσμημένην τῷ ἀνδρὶ αὐ-
τῆς. 3 καὶ ἤκουσα φωνῆς μεγάλης ἐκ τοῦ οὐρανοῦ λεγούσης· ἰδοὺ ἡ
σκηνὴ τοῦ Θεοῦ μετὰ τῶν ἀνθρώπων, καὶ σκηνώσει μετ᾽ αὐτῶν, καὶ αὐ-

τοὶ λαὸς αὐτοῦ ἔσονται, καὶ αὐτὸς ὁ Θεὸς μετ' αὐτῶν ἔσται, 4 καὶ ἐξα-
λείψει ἀπ' αὐτῶν ὁ Θεὸς πᾶν δάκρυον ἀπὸ τῶν ὀφθαλμῶν αὐτῶν, καὶ ὁ
θάνατος οὐκ ἔσται ἔτι, οὔτε πένθος οὔτε κραυγὴ οὔτε πόνος οὐκ ἔσται
ἔτι· ὅτι τὰ πρῶτα ἀπῆλθον.

5 Καὶ εἶπεν ὁ καθήμενος ἐπὶ τῷ θρόνῳ· ἰδοὺ καινὰ ποιῶ πάντα. καὶ λέ-
γει μοι· γράψον, ὅτι οὗτοι οἱ λόγοι πιστοὶ καὶ ἀληθινοί εἰσι. 6 καὶ εἶπέ
μοι· γέγονεν. ἐγὼ τὸ Α καὶ τὸ Ω, ἡ ἀρχὴ καὶ τὸ τέλος. ἐγὼ τῷ διψῶντι
δώσω ἐκ τῆς πηγῆς τοῦ ὕδατος τῆς ζωῆς δωρεάν. 7 ὁ νικῶν, ἔσται αὐ-
τῷ ταῦτα, καὶ ἔσομαι αὐτῷ Θεὸς καὶ αὐτὸς ἔσται μοι υἱός. 8 τοῖς δὲ δει-
λοῖς καὶ ἀπίστοις καὶ ἐβδελυγμένοις καὶ φονεῦσι καὶ πόρνοις καὶ φαρμα-
κοῖς καὶ εἰδωλολάτραις καὶ πᾶσι τοῖς ψευδέσι τὸ μέρος αὐτῶν ἐν τῇ λί-
μνῃ τῇ καιομένῃ ἐν πυρὶ καὶ θείῳ, ὅ ἐστιν ὁ θάνατος ὁ δεύτερος.

9 Καὶ ἦλθεν εἷς τῶν ἑπτὰ ἀγγέλων τῶν ἐχόντων τὰς ἑπτὰ φιάλας τὰς
γεμούσας τῶν ἑπτὰ πληγῶν τῶν ἐσχάτων, καὶ ἐλάλησε μετ' ἐμοῦ λέ-
γων· δεῦρο δείξω σοι τὴν νύμφην τὴν γυναῖκα τοῦ ἀρνίου. 10 καὶ ἀπή-
νεγκέ με ἐν πνεύματι ἐπ' ὄρος μέγα καὶ ὑψηλόν, καὶ ἔδειξέ μοι τὴν πό-
λιν τὴν ἁγίαν Ἱερουσαλὴμ καταβαίνουσαν ἐκ τοῦ οὐρανοῦ ἀπὸ τοῦ Θε-
οῦ, 11 ἔχουσαν τὴν δόξαν τοῦ Θεοῦ· ὁ φωστὴρ αὐτῆς ὅμοιος λίθῳ τιμι-
ωτάτῳ, ὡς λίθῳ ἰάσπιδι κρυσταλλίζοντι· 12 ἔχουσα τεῖχος μέγα καὶ ὑ-
ψηλόν, ἔχουσα πυλῶνας δώδεκα, καὶ ἐπὶ τοῖς πυλῶσιν ἀγγέλους δώδε-
κα, καὶ ὀνόματα ἐπιγεγραμμένα, ἅ ἐστιν ὀνόματα τῶν δώδεκα φυλῶν
τῶν υἱῶν Ἰσραήλ. 13 ἀπ' ἀνατολῶν πυλῶνες τρεῖς, καὶ ἀπὸ βορρᾶ πυ-
λῶνες τρεῖς, καὶ ἀπὸ νότου πυλῶνες τρεῖς, καὶ ἀπὸ δυσμῶν πυλῶνες
τρεῖς. 14 καὶ τὸ τεῖχος τῆς πόλεως ἔχον θεμελίους δώδεκα, καὶ ἐπ' αὐ-
τῶν δώδεκα ὀνόματα τῶν δώδεκα ἀποστόλων τοῦ ἀρνίου.

15 Καὶ ὁ λαλῶν μετ' ἐμοῦ εἶχε μέτρον κάλαμον χρυσοῦν, ἵνα μετρήσῃ
τὴν πόλιν καὶ τοὺς πυλῶνας αὐτῆς καὶ τὸ τεῖχος αὐτῆς. 16 καὶ ἡ πόλις
τετράγωνος κεῖται, καὶ τὸ μῆκος αὐτῆς ὅσον καὶ τὸ πλάτος. καὶ ἐμέτρη-
σε τὴν πόλιν ἐν τῷ καλάμῳ ἐπὶ σταδίους δώδεκα χιλιάδων· τὸ μῆκος
καὶ τὸ πλάτος καὶ τὸ ὕψος αὐτῆς ἴσα ἐστί. 17 καὶ ἐμέτρησε τὸ τεῖχος
αὐτῆς ἑκατὸν τεσσαράκοντα τεσσάρων πηχῶν, μέτρον ἀνθρώπου, ὅ ἐ-
στιν ἀγγέλου. 18 καὶ ἦν ἡ ἐνδόμησις τοῦ τείχους αὐτῆς ἴασπις, καὶ ἡ
πόλις χρυσίον καθαρόν, ὅμοιον ὑάλῳ καθαρῷ. 19 οἱ θεμέλιοι τοῦ τείχους
τῆς πόλεως παντὶ λίθῳ τιμίῳ κεκοσμημένοι· ὁ θεμέλιος ὁ πρῶτος ἴα-
σπις, ὁ δεύτερος σάπφειρος, ὁ τρίτος χαλκηδών, ὁ τέταρτος σμάραγδος,
20 ὁ πέμπτος σαρδόνυξ, ὁ ἕκτος σάρδιον, ὁ ἕβδομος χρυσόλιθος, ὁ ὄγδο-

ος βήρυλλος, ὁ ἔνατος τοπάζιον, ὁ δέκατος χρυσόπρασος, ὁ ἑνδέκατος ὑάκινθος, ὁ δωδέκατος ἀμέθυστος. 21 καὶ οἱ δώδεκα πυλῶνες δώδεκα μαργαρῖται· ἀνὰ εἷς ἕκαστος τῶν πυλώνων ἦν ἐξ ἑνὸς μαργαρίτου. καὶ ἡ πλατεῖα τῆς πόλεως χρυσίον καθαρὸν ὡς ὕαλος διαυγής.

22 Καὶ ναὸν οὐκ εἶδον ἐν αὐτῇ· ὁ γὰρ Κύριος ὁ Θεὸς ὁ παντοκράτωρ ναὸς αὐτῆς ἐστι, καὶ τὸ ἀρνίον. 23 καὶ ἡ πόλις οὐ χρείαν ἔχει τοῦ ἡλίου οὐδὲ τῆς σελήνης ἵνα φαίνωσιν αὐτῇ· ἡ γὰρ δόξα τοῦ Θεοῦ ἐφώτισεν αὐτήν, καὶ ὁ λύχνος αὐτῆς τὸ ἀρνίον. 24 καὶ περιπατήσουσι τὰ ἔθνη διὰ τοῦ φωτὸς αὐτῆς, καὶ οἱ βασιλεῖς τῆς γῆς φέρουσι τὴν δόξαν καὶ τὴν τιμὴν αὐτῶν εἰς αὐτήν, 25 καὶ οἱ πυλῶνες αὐτῆς οὐ μὴ κλεισθῶσιν ἡμέρας· νὺξ γὰρ οὐκ ἔσται ἐκεῖ· 26 καὶ οἴσουσι τὴν δόξαν καὶ τὴν τιμὴν τῶν ἐθνῶν εἰς αὐτήν. 27 καὶ οὐ μὴ εἰσέλθῃ εἰς αὐτὴν πᾶν κοινὸν καὶ ὁ ποιῶν βδέλυγμα καὶ ψεῦδος, εἰ μὴ οἱ γεγραμμένοι ἐν τῷ βιβλίῳ τῆς ζωῆς τοῦ ἀρνίου.

22

ΚΑΙ ἔδειξέ μοι ποταμὸν ὕδατος ζωῆς λαμπρὸν ὡς κρύσταλλον, ἐκπορευόμενον ἐκ τοῦ θρόνου τοῦ Θεοῦ καὶ τοῦ ἀρνίου. 2 ἐν μέσῳ τῆς πλατείας αὐτῆς καὶ τοῦ ποταμοῦ ἐντεῦθεν καὶ ἐκεῖθεν ξύλον ζωῆς, ποιοῦν καρποὺς δώδεκα, κατὰ μῆνα ἕκαστον ἀποδιδοῦν τὸν καρπὸν αὐτοῦ, καὶ τὰ φύλλα τοῦ ξύλου εἰς θεραπείαν τῶν ἐθνῶν. 3 καὶ πᾶν κατάθεμα οὐκ ἔσται ἔτι· καὶ ὁ θρόνος τοῦ Θεοῦ καὶ τοῦ ἀρνίου ἐν αὐτῇ ἔσται, καὶ οἱ δοῦλοι αὐτοῦ λατρεύσουσιν αὐτῷ 4 καὶ ὄψονται τὸ πρόσωπον αὐτοῦ, καὶ τὸ ὄνομα αὐτοῦ ἐπὶ τῶν μετώπων αὐτῶν. 5 καὶ νὺξ οὐκ ἔσται ἔτι, καὶ οὐ χρεία λύχνου καὶ φωτὸς ἡλίου, ὅτι Κύριος ὁ Θεὸς φωτιεῖ αὐτούς, καὶ βασιλεύσουσιν εἰς τοὺς αἰῶνας τῶν αἰώνων.

6 Καὶ λέγει μοι· οὗτοι οἱ λόγοι πιστοὶ καὶ ἀληθινοί, καὶ Κύριος ὁ Θεὸς τῶν πνευμάτων τῶν προφητῶν ἀπέστειλε τὸν ἄγγελον αὐτοῦ δεῖξαι τοῖς δούλοις αὐτοῦ ἃ δεῖ γενέσθαι ἐν τάχει. 7 καὶ ἰδοὺ ἔρχομαι ταχύ. μακάριος ὁ τηρῶν τοὺς λόγους τῆς προφητείας τοῦ βιβλίου τούτου.

8 Κἀγὼ Ἰωάννης ὁ ἀκούων καὶ βλέπων ταῦτα. καὶ ὅτε ἤκουσα καὶ ἔβλεψα, ἔπεσα προσκυνῆσαι ἔμπροσθεν τῶν ποδῶν τοῦ ἀγγέλου τοῦ δεικνύοντός μοι ταῦτα. 9 καὶ λέγει μοι· ὅρα μή· σύνδουλός σού εἰμι καὶ

τῶν ἀδελφῶν σου τῶν προφητῶν καὶ τῶν τηρούντων τοὺς λόγους τοῦ
βιβλίου τούτου· τῷ Θεῷ προσκύνησον.

10 Καὶ λέγει μοι· μὴ σφραγίσῃς τοὺς λόγους τῆς προφητείας τοῦ βι-
βλίου τούτου· ὁ καιρὸς γὰρ ἐγγύς ἐστιν. 11 ὁ ἀδικῶν ἀδικησάτω ἔτι, καὶ
ὁ ρυπαρὸς ρυπαρευθήτω ἔτι, καὶ ὁ δίκαιος δικαιοσύνην ποιησάτω ἔτι, καὶ
ὁ ἅγιος ἁγιασθήτω ἔτι.

12 Ἰδοὺ ἔρχομαι ταχύ, καὶ ὁ μισθός μου μετ' ἐμοῦ, ἀποδοῦναι ἑκάστῳ
ὡς τὸ ἔργον ἔσται αὐτοῦ. 13 ἐγὼ τὸ Α καὶ τὸ Ω, ὁ πρῶτος καὶ ὁ ἔσχα-
τος, ἀρχὴ καὶ τέλος.

14 Μακάριοι οἱ ποιοῦντες τὰς ἐντολὰς αὐτοῦ, ἵνα ἔσται ἡ ἐξουσία αὐτῶν
ἐπὶ τὸ ξύλον τῆς ζωῆς, καὶ τοῖς πυλῶσιν εἰσέλθωσιν εἰς τὴν πόλιν. 15
ἔξω οἱ κύνες καὶ οἱ φαρμακοὶ καὶ οἱ πόρνοι καὶ οἱ φονεῖς καὶ οἱ εἰδωλολά-
τραι καὶ πᾶς ὁ φιλῶν καὶ ποιῶν ψεῦδος.

16 Ἐγὼ Ἰησοῦς ἔπεμψα τὸν ἄγγελόν μου μαρτυρῆσαι ὑμῖν ταῦτα ἐπὶ
ταῖς ἐκκλησίαις. ἐγώ εἰμι ἡ ρίζα καὶ τὸ γένος Δαυΐδ, ὁ ἀστὴρ ὁ λαμπρὸς
ὁ πρωϊνός.

17 Καὶ τὸ Πνεῦμα καὶ ἡ νύμφη λέγουσιν· ἔρχου. καὶ ὁ ἀκούων εἰπάτω·
ἔρχου. καὶ ὁ διψῶν ἐρχέσθω, καὶ ὁ θέλων λαβέτω ὕδωρ ζωῆς δωρεάν.

18 Μαρτυρῶ ἐγὼ παντὶ τῷ ἀκούοντι τοὺς λόγους τῆς προφητείας τοῦ
βιβλίου τούτου. ἐάν τις ἐπιθῇ ἐπὶ ταῦτα, ἐπιθήσει ὁ Θεὸς ἐπ' αὐτὸν τὰς
πληγὰς τὰς γεγραμμένας ἐν τῷ βιβλίῳ τούτῳ· 19 καὶ ἐάν τις ἀφέλῃ
ἀπὸ τῶν λόγων τοῦ βιβλίου τῆς προφητείας ταύτης, ἀφελεῖ ὁ Θεὸς τὸ
μέρος αὐτοῦ ἀπὸ τοῦ ξύλου τῆς ζωῆς καὶ ἐκ τῆς πόλεως τῆς ἁγίας, τῶν
γεγραμμένων ἐν τῷ βιβλίῳ τούτῳ.

20 Λέγει ὁ μαρτυρῶν ταῦτα· ναὶ ἔρχομαι ταχύ. ἀμήν, ναὶ ἔρχου, Κύριε
Ἰησοῦ.

21 Ἡ χάρις τοῦ Κυρίου Ἰησοῦ Χριστοῦ μετὰ πάντων τῶν ἁγίων· ἀμήν.

Opening the New Testament

CHRISTIANITY does not regard the language of her sacred book as sacred by itself — however, two recognitions prevail.

For texts of major philosophical importance translations create original forms, more or less giving birth and shape to new meanings. The second recognition, valid in Orthodox Churches as in Roman Catholic and Protestant ones, is the appreciation of the organism of Greek thinking, the Greek language, from Homer to our days, as enormously important.

Reading the Bible in Greek, the New and also the Old Testament (cf. what I write about this in *The Ancient Greeks*, Athens 2012, p 12 ff), we prepare conditions for a deeper understanding of biblical meanings, while by itself a contact with Greek elevates our thinking.

Several ways to read are possible, but to evaluate the prospects and decide each time the proper way, a certain precondition besides all else is necessary, which is rather underestimated by Protestant churches in particular: we need to understand that the main priority is never in the Bible, but in the Church, since the Church decided the Bible. Without the Church or before the Church the Bible does not exist and is unthinkable. It may sound distressing to the Protestant soul, where the authority of the

Church sinks in painful memories of the papacy, yet it remains accurate.

Any possible relationship with the sacred text is established in the quality of Church life, where one is informed about the very existence of the Bible. Our relation to everything, with most crucial and fundamental being the personal or potentially personal relationships, determines in the most essential dimensions the quality by which we approach the sacred text. In the first of John's epistles (4.20) this primacy is considered as obvious: ὁ μὴ ἀγαπῶν τὸν ἀδελφὸν ὃν ἑώρακε, τὸν Θεὸν ὃν οὐχ ἑώρακε πῶς δύναται ἀγαπᾶν; Something similar happens in the study of the Bible — the quality of personal life, of how we live our personal relationships, determines the quality of the studying of the text, beyond what can be drawn by a disciplined intellect alone.

We can understand in the same way the difference between the text that the Orthodox Churches recognize as genuine without even official proclamations, and texts that various scholars try to establish under the pompous term of the 'critical' edition, as if the life and tradition of the Church were uncritical. This shows a surprising carelessness coming from those who are supposed to care the most, since they didn't think to what extent the specific term and method, belonging to classical philology, can be applied to the study of the Bible.

In Platonic dialogues, for example, the so called critical edition, always under the precondition that research results to a single and certain text, may have a priority, since in Plato lies the only criterion of the genuineness of the text. If the criterion of authenticity lies in the Church, because the Church decided even the identity of the authors, only the Church can really know the accurate and valid text, in a discernment that is formed and extends through centuries of a living tradition of collective understanding. We can benefit from consulting 'critical' editions, thinking on possible variations of meaning, perhaps even equally important alternative meanings — however, valid in principle is the text we share in the tradition of the Church.

This doesn't mean that the Church is continuously free of errors or that errors cannot persist even for centuries. History shows how Church errors are traced in the Orthodox world.

Anyone may have objections and in the course of time after a lot of discussion the faithful, the common opinion of the Church, realize what to keep or change. This common opinion may find also a synodic expression by the clergy, but in any case it is followed. Regarding also the biblical text, the (usually small) differences of the 'critical' editions can be evaluated in the course of time and be incorporated or rejected.

Having in principle denied the authenticity of the 'critical' editions in favor of the traditional collective discernment of the Church, we can see some consequences easily right now using just a single example of a difference that I chose because it is not insignificant.

We read in the Gospel of Matthew (5.22) that *πᾶς ὁ ὀργιζόμενος τῷ ἀδελφῷ αὐτοῦ εἰκῇ ἔνοχος ἔσται τῇ κρίσει* (=everyone who is angry against a brother without reason will be found guilty in the Last Judgment). The 'critical' edition of Aland, Black, Martini, Metzger and Wikgren removes the adverb *εἰκῇ* (=without reason): *everyone who is angry will be found guilty...*

Following the 'critical' edition we have to presume that the specification of anger, the distinction between a bad and a good anger, is not due to the author of the first Gospel, but was added later — and this by itself, as we said, is not a problem, since the 'augmented' version is accepted by our common ecclesiastical consciousness. What we think now is the importance of the specification, with the 'critical' edition prohibiting absolutely a feeling that the text of the Orthodox Churches won't reject except under certain conditions.

Thinking about the importance of the 'addition', even conceding to the hypothesis that an addition indeed occurred, we can correct the text that is followed by the Churches, we can suggest the removal of the word, not mainly with literary but with semantic criteria, so that taking also into account literary criteria and the use of the text by Church Fathers, and whatever else may be of relevance, our common ecclesiastical consciousness might perhaps abandon the adverb in the course of time.

As it is, the New Testament of the Orthodox Churches won't expel anger completely from human life, only the absurdity, keeping anger as a rational force, a power that helps us to turn away from our dark self. The removal suggested by the 'critical' edition, leads to a person that is never angry for any reason whatever.

We realize easily how incongruous this is with a real man, even with God himself, who entered the synagogue and threw all the tables and idols all over the place, as Salinger notes in Franny and Zooey, reminding that the Christ of the New Testament has nothing to do with various syrupy figures of a constantly meek teacher, whence also arose this disgusting foul mildness of priests and other ecclesiastical 'officials', who the hero of the Catcher in the Rye rightly disdains:

"I can't even stand ministers. The ones they've had at every school I've gone to, they all have these Holy Joe voices when they start giving their sermons. God, I hate that. I don't see why the hell they can't talk in their natural voice. They sound so phony when they talk."

We need to be careful, not to adopt uncritically the 'critical' editions and the claim that they offer a more reliable version of the sacred text — even if they agree some time with each other on a single text. As I hope has become evident, it is just impossible for the 'critical' editions to have a greater authenticity compared with the original New Testament text preserved by the Greek-speaking Orthodox Churches inside their life and not in occasional laboratories. However, beyond any kind of authority, one should care most about what Paul says (Cor. I, 2.15), to question things personally: there can't be any benefit in the replacement of personal thinking with the authority of a text.

If we lack a living personal power of thinking, all texts are equally useless for us, otherwise this thinking is enough to reveal what the original text is, without external assurances. Beyond of this, it must be remembered always that *in ideal conditions the Bible is totally useless:* how could have ever existed time or reason for reading, if one remained face to face together with God? Here from we can safely infer the most fundamental requirement of studying.

Like when we have lost a beloved friend, and we try to grow his memory, to hold as much as we can of his existence, the same way the New Testament Canon was formed, as a body of texts / testimonies of the Presence of Christ and of the life of the first congregations of the Church. It is not about a remote representation of some past, the books of the New Testament contribute to our striving for a contact with the most intimate of our own time, the foundation of our spiritual birthday.

We have the New Testament as a treasure of *personal* memories, a book that is active even when closed, since it heals our mind even if only in the awareness that there's always saved in it something so close to Him as His words, His Disciples, emotions, thoughts and wishes. By reading we are not a remote audience, we come closer to Him — to the most real self of ours, to the relationship that defines us in and beyond any other relationship.

On this foundational understanding of the New Testament as a Place, where we come expecting a great help in the hope to recover our most personal relationship and authenticity, intermediate developments occur, attempts to think on particular problems, etc.

It is good to open the Bible having specific questions each time, through their needs shaping our reading in singularity and intenseness. However, we can also read two or three chapters each day, even if only to bring our mind to the biblical Place, or before we sleep to browse until we find a phrase that will show up by making some special impression, somehow calling us to end our day in the thinking of its Meanings.

In any case the top priority belongs to the urge of the Orthodox Liturgy: Wisdom upright let us listen! The Bible will not reveal its most essential value, except when we let it elevate our mind beyond any particular question and answer.

*

I am responsible for the present division in paragraphs. I would respect the traditional form, if such a form existed, but it does not, perhaps because manuscripts are divided only by chapters and not by paragraphs. Of course, grammar, syntax, vocabulary and any other aspect of the text is the one used by the Ecumenical Patriarchate of Constantinople and all Greek-speaking Orthodox Churches.

Let also be noted that this edition aims at personal studying, which is the reason of using a relatively large typeface contrary to pocket editions that facilitate reading during the liturgy (something rather uncommon in Orthodox Churches), when one may need to stand up.

The text is illuminated with images of Byzantine manuscripts, photos of churches in Athos Holy Mount and in other places in Greece, Orthodox Icons and various Orthodox style drawings.

George Valsamis

Easter 2012

ELPENOR
IN PRINT
WWW.ELPENOR.ORG

Printed in Great Britain
by Amazon.co.uk, Ltd.,
Marston Gate.